台州港航志

台州市港航事业发展中心 编

方志出版社
Publishing House of Local Records

图书在版编目（CIP）数据

台州港航志 / 台州市港航事业发展中心编. -- 北京 : 方志出版社, 2024. 10. -- ISBN 978-7-5144-5901-2

Ⅰ. F552.9

中国国家版本馆 CIP 数据核字第 2024YK6608 号

责任编辑：陈菁
责任校对：张玉霞
责任印制：梅中英
出 版 者：方志出版社
地　　址：北京市朝阳区潘家园东里 9 号（国家方志馆 4 层）
邮　　编：100021
网　　址：http://www.zgfzcb.cn
发　　行：方志出版社图书营销中心（010-67110500）
印　　刷：杭州现代彩色印刷有限公司
开　　本：889 毫米×1194 毫米　1/16
印　　张：42.5
字　　数：1031 千字
版　　次：2024 年 10 月第 1 版
印　　次：2024 年 10 月第 1 次印刷
定　　价：360.00 元

台州港日出　　蔡敦明 摄于 21 世纪 10 年代

椒江入海口　　沈海松 摄于 21 世纪 10 年代末

海门港区牛头颈作业区集装箱码头　　王宝明 摄于 21 世纪 10 年代末

海门港区牛头颈作业区码头　　洪子根 摄于 21 世纪 10 年代末

海门港区夜景　　张建彬 摄于 21 世纪 10 年代末

头门港区二期工程建成后码头前沿　　阮云莲 摄于 21 世纪 10 年代末

头门港区鸟瞰　　叶兴良 摄于 21 世纪 10 年代末

头门港区夜景　　叶兴良 摄于 21 世纪 10 年代末

大麦屿作业区 2020 年面貌　　黄宗发　摄

大麦屿港区大麦屿作业区通用码头　　沈海松 摄于21世纪10年代末

中远之星靠泊大麦屿滚装码头　　林平平 摄于21世纪10年代末

健跳港区牛山作业区台州第二发电厂及电煤码头　　郑晨 摄于 21 世纪 10 年代末

健跳港七市塘造船业基地　　陈伟杰 摄于 21 世纪 10 年代末

健跳港口门　　陈伟杰 摄于 21 世纪 10 年代末

龙门港区横门岛作业区码头　　蔡艳芳 摄于 21 世纪 10 年代末

松门礁山造船业基地　　赵国忠 摄于 21 世纪 10 年代末

石塘箬山渔港　　孙玲芬 摄于 21 世纪 10 年代末

2006 年 11 月 13 日，大麦屿港区国际集装箱内支线首航　　台州港航局新闻图片

2009 年 6 月 16 日，大麦屿港区开通至台湾集装箱运输直航　　台州港航局新闻图片

2022 年 4 月 10 日，“Star spirit 2201B”轮顺利靠泊大麦屿港区，标志着台州港正式开通 RCEP 国际水果进口航线　台州港航局新闻图片

2022 年 10 月 10 日，头门港——宁波舟山港集装箱内支线首航　台州港航局新闻图片

台州港规划、集疏运通道和港产城湾融合发展综合示意图【根据《台州港总体规划（2017—2030年）》规划资料、相关台州城市规划和交通线现状综合绘制】

《台州港航志》编辑委员会

主　　任　徐明堂

副 主 任　周祥寿　陈　安　郑青华　冯委令
　　　　　吴玲斌

编　　委　林　敏　林小杰　汤　晶　吕德河
　　　　　郑　波　罗琳丽　周玲春　王晨阳
　　　　　金坚勇　邵华荣　陈建伟　李　一
　　　　　张礼斌　石德苏　李　毅　吴霞霞
　　　　　陈启保　石　维　斯嘉亮　林云法
　　　　　邱晓华　王朝省　王卫军　郭国强
　　　　　戴　勇　陈振宇　季巧云　陈媛颖
　　　　　何大伟　梁　丹

编写组

主　　任　周祥寿

主　　编　缪鹤贤

编　　辑　李　毅　郑　波　季巧云　陈媛颖
　　　　　何大伟　梁　丹

装帧设计　罗加亮　孔　耐　姜笑婷

制　　版　台州市慧嘉广告有限公司

凡　例

一、本志以马克思列宁主义、毛泽东思想、邓小平理论、“三个代表”重要思想、科学发展观、习近平新时代中国特色社会主义思想为指导，坚持辩证唯物主义和历史唯物主义立场、观点和方法。

二、遵循当代修志规范，采用“横排门类，纵述史实”的记叙文体裁，尽力追求事以类聚、横不缺项、纵不断线、客观真实、言简意赅。

三、上限追溯事物发端，下限至2020年。每事必溯发端，对源头难考者间或采用旁征博引以求证。记事不以成败作取舍，发展过程重转折，务求叙事有始有终、有因有果，时间、地点、事物、人物、原因、结果六要素齐全。

四、采用编、章、节、目四层次结构，必要时目下有子目。设概述、大事记和正编6编20章。正编以志体为主；概述与港航历史采用史体；大事记、海难事故采用编年体，兼记事物始末。大事记除记港航业内事，兼记与其有关的地貌变化、体制沿革、经贸运行、军事活动、陆上交通、水利气象等事态的发展脉络。海难事件专节记述，不列入大事记。

五、所涉区域为现行台州市域9县（市、区）及所辖海域范围，历史记叙兼及当时的行政辖地。行文中称为境域、域内。对于局限行政区界难以说清的事物，以相干性和域内受益为准绳作相应延伸。

六、纪年运用：帝制时代随朝采用帝王纪年，用中文计数，括注阿拉伯数字公元纪年；民国时期采用民国纪年，用阿拉伯数字计数，括注公元纪年；中华人民共和国成立后采用阿拉伯数字公元纪年。每段文字首次出现非公元纪年，括注阿拉伯数字公元纪年，其余省括注。

七、地名、人名运用：在叙述古代内容时采用当时的地名，括号加注今名和别名；记述当代内容时采用今名，括号加注古名和别名。历史人名采用通行称谓，不拘泥于以“名”为正，“字、号、别名”列后，而以通行为正，括号加注别称。

八、政区名、职官名、机构名、企业名随各朝代、时代称谓，第一次出现用全称，下文如有简称，必要时加注说明。多变称谓用括号加注释，揭示沿革关系。

九、引文采用原文加引号。为免查索之烦，随行文说明出处，不设脚注、尾注。

十、有关数据来源：历史资料来源于所参阅的相应资料，当代数据来源于各职能部门提供的资料、官方文件、新闻媒体发布的信息，某些数据为多个部门资料的综合、相加。

十一、计量单位采用国家技术监督局1993年12月发布的《量和单位》系列国家标准。长度采用米、公里（1000米）、海里；面积采用平方米、平方公里；重量采用：公斤、吨（1000公斤）。货币计量单位采用第二套至第五套人民币的分、角、元单位。在运用历史资料时，度量衡和货币单位随用当时单位，必要时加注换算数值。物理、化学计量单位尽量采用中文标示。

十二、数字用法、标点符号用法分别采用国家标准《出版物上数字用法》（GB/T 15835—2011）、《标点符号用法》（GB/T 15834—2011），历史资料计数随原文，必要时加注阿拉伯数字。行文所称“以前”“以后”“以上”“以下”“以内”“届满”均包括本数、本级，所称“以外”“不满”“不足”“不超过”均不包括本数、本级。

十三、正文插图一般为历史图片或古迹遗存，超过下限年份的重要图片设卷首彩页。

目 录

概　述

台州港为浙江中部沿海地区性重要港口，是台州市及浙中南地区、江西等地物资运输的重要出海口，也是该区域发展经济、扩大开放的重要依托，是台州市发展临港产业、推进沿海开发、提升城市功能的重要基础，还是浙江省发展对台（湾）运输和贸易的重要口岸。全港包括台州湾河口、海岸、海岛与陆上内江、内河以及乐清湾东岸、三门湾西岸、隘顽湾、漩门湾，为一多港区集约化之组合港。其中大陆海岸线总长 630.87 公里，占浙江全省的 28.7%；岛屿岸线总长 913.24 公里；内河航道网岸线 993.01 公里。

台州港航历史悠久，源远流长。历史上，该地先以浙东南滨海一隅被春秋失国越人遗族移居开发，在 2000 多年中历经诸多坎坷、跌宕，终于在 20 世纪初和 80 年代两次重返正道，并在 90 年代末整合港口资源，以集约化的台州港面向 21 世纪，服务于海洋经济崛起的时代。

一

浙东南地区为崇山峻岭所隔，孤悬海隅，先秦时期为越国弃管的“外越”之地。春秋战国时期，列国相争，强国兼并弱国，其中地处江浙区域的徐国和越国先后被灭，两国遗族相继浮海寻求复国之地，都瞄准浙东南负山面海的瓯臾区域，选择台州湾畔的大溪入海口平原，建立徐偃王城和东瓯王国。先民所选即航海之地利。

及秦统一中国而汉又灭秦，汉朝廷选择灵江口东侧既可通内江又可达外海的回浦平原，设立瓯越地区最早的县级行政建制——回浦县（东汉章和元年改章安县），并以此为桥头堡开发整个浙东南区域。及汉末三国，浙东南以章安为郡治设临海郡，吴主孙权还借章安港口为航海中继站，派员“远规夷洲（台湾）”。时有丹阳太守撰《临海水土异物志》，将夷洲风物一一记录在以临海冠名的志书中。其时，章安港与秦皇岛、成山、句章、番禺、合浦（徐闻）并列为全国六大港口。

自两晋起，浙东南内陆逐步开发，郡县析分趋细，临海郡南部分设永嘉郡。隋唐时，两地改称台州、温州，台州州治从章安内迁灵江上游，今临海城关。台州湾畔章安港失去行政依托，渐行渐退，而离海口 50 多公里的临海县城，处感潮河段末端，非潮不得入，曾列六大港口之一的台州港航因逐步被北侧明州（宁波）和南侧温州两港虹吸而衰落。

宋元以降，海门关内内凹海湾淤涨成椒江，潮汐水动力对椒江的造槽有利于船舶在南岸靠泊，南岸栅浦、家子（葭沚）两渡口逐步取代北岸章安，成为椒江河口港的主要航埠，两埠内河沟通迅速沉积扩展的椒南平原，具备海、江、河转运的优势。元代，南粮北运以济京都，椒江口严屿（葭沚东侧区域，后称海门）及台州湾南侧石塘成为台温海道漕运的主要出发港。唐宋期间，其海上贸易远超新罗（朝鲜半岛）、日本和南洋岛国。

元末，酷吏暴政引发民变，台州盐民方国珍入海为盗，梗阻漕运，渔民、船民纷起响应，势力大致割据明、台、温三路。后受招安，授防御海道运粮万户府，拥有由1300余艘船舶组成的庞大船队，一度包揽江浙漕运，4年间平均每年运粮11万～13万石（宋元一石约97公斤）至大都。在元末各路义军纷起反元的岁月，方国珍以“保境安民”为诉求，“买田、造舟、殖货”，周旋于元廷和各路义军之间，还将海上贸易推至日本、高丽（朝鲜）。

二

元初，世祖忽必烈对日征战，造就元日交恶近百年。时及日本南北朝分裂，战败武士流落海上，在朝鲜、中国沿海劫掠海上商船，成为元末明初持续多年的倭患。明太祖初以怀柔之策对付倭患，但分裂的日本政权无从整肃本国海盗，甚至放纵海盗的劫掠行为，导致倭患愈演愈烈。明朝廷转而用武力剿寇，并推行海禁之策，禁绝民间海外贸易，同时在东南沿海度量地势，修筑备倭卫所，驻军守护。

台州总卫所数包括台州府城有3卫6所，除台州府城以外的备倭卫所均不与府县行政对应，余全部布置沿海港口要地。其2卫是海门卫和松门卫，前者设椒江入海口海门关（椒江口牛头颈山与小圆山对峙，古称海门山，隘口为海门关）南岸，即元漕运出发港严屿一带，以海门为名；后者在台州湾南翼的箬松河入海口，石塘漕运出发港就在其南。6所为前千户所（简称前所）、桃渚所、健跳所、新河所、隘顽所、楚门所。其中前所与海门卫隔江对峙，桃渚所在台州湾北翼海边（最先所址在今上盘以东城里头山西麓），健跳所在健跳港入海口，新河所在金清水系入海口，隘顽所和楚门所在楚门半岛的东西两侧海岸。

以上卫所布局由明代开国元勋汤和推荐方国珍从子方鸣谦选址督建，方鸣谦跟随方国珍在割据浙东过程中对海防、航运颇为熟识，其所选卫所基本与当代台州港各港区相符。但在明代延续始末的海禁国策下，港口主要用于军事，难以发挥港航贸易作用。贸易的禁锢滋生走私，走私的清剿更使海盗猖獗，结果酿成倭患大泛滥，抗倭剿寇，血刃遍野，扰得民不聊生。

清初的台州经历了短暂的南明鲁王监国，又经历了郑成功、张煌言抗清部队在此征集粮饷。清顺治十八年（1661年），朝廷为防沿海边民资敌，行“迁海”之策，迁弃江浙闽粤沿海土地，严禁片板入海。台州宁海、临海、黄岩、太平边海10里（旧市里）的居民撤出，迁入内地，玉环岛整体迁弃。虽然台州“迁海”的过程由于涉渔民、盐民生计，并未如福建长达21年，但其对港航的摧残却是致命的。

平定退踞台湾的郑氏集团势力后，沿海展界复业，椒江口家子（葭沚）航埠也于康熙二十四年（1685年）被设为浙海关的子口，金清、江厦、健跳、白峤为家子口辖下4旁口，家子港一度成为浙闽海上贸易重要商埠。

但清朝廷对港口的开放十分有限，仍然传承明代的海禁策略，害怕民间海商对外接触，由是虽无倭寇，仍是海盗不绝。台州航运除了国内贸易的粮、盐、鱼和土特产木材运销以外，少有对外贸易，如对日本、朝鲜、琉球的贸易基本只有官方使节的朝贡贸易，且均在宁波与泉州两港进出，只偶尔遇风漂泊海门、松门。

三

台州港航进入近代史，始于鸦片战争后的五口通商。鸦片战争后，闭关锁国的沉睡国人，在与西方工业文明的冲突中惊醒，社会变革势不可当。一边是迫于贫困的广西农民发动太平天国运动，一边是洋务派发起洋务运动，维新派发起维新变法。

五口通商后，根据鸦片战争后签订的一系列不平等条约，外国商人可通过转口贸易，在通商口岸上海、宁波两海关取得子口单，倾销商品到海门港。清道光三十年（1850年）以后，各类洋货纷纷通过椒沪和椒甬航线涌进台州湾，并引发近代港航和工商业模式的转变。社会的近代化由海门港逐步扩散至台州各地，同时渗入外国传教势力。

清同治十年（1871年），法国传教士在栅桥（今台州学院北侧）建天主教堂，随后在海门西门路建台州天主教总堂。教堂主教贱购海门江边新涨涂地200亩，控制港区1公里主岸线，并开建安川浮码头和街市。

清光绪二十一年（1895年）起，清廷逐步解除对华商行驶轮船的禁令，并于光绪二十四年（1898年）颁布《华洋轮船驶赴中国内港章程》。事实上，二十二年（1896年）即有甬商置海门轮开通椒甬班轮航线；之后有本地绅商陶祝华（寿农）、王勤甫、杨晨等集资创办越东轮船公司，购永宁轮投放椒甬线。光绪三十年（1904年），日商依《中日通商行船续约》，将载阳丸轮投入椒沪航线；光绪三十一年（1905年），杨晨等感叹“卧榻之旁，岂容外族鼾睡”，购永江轮开辟本地椒沪航班。

自此至清宣统三年（1911年），海门开辟椒沪、椒甬、沪椒瓯3条外海班轮航线，航轮11艘，共4477.15总吨。当年，除招商局外，全国注册国轮517艘、114885总吨，海门港轮船数和总吨分别占2.13%和3.9%。同时开通海门至临海、黄岩内江汽船航班；临海城关至仙居木质客船；黄岩城关至潮济客船；平原内河开辟小汽船航班。

法国主教控制的海门天主堂独占海门港埠地权达20余年，几经交涉无果，至民国3年（1914年）才经浙江巡按使呈准北洋政府，由地方绅商黄楚卿、陶祝华（寿农）、杨晨（定孚）等集资赎回，创办海门振市股份有限公司（以下简称振市公司），开发轮埠和港区房地产。民国时期，海门港有振市公司3座浮码头、永慈堂小码头、英美石油公司合建桩式码头、前所浮码头和众多石砌道头（含章安）；灵江沿线有临海城关、钓鱼亭、新亭头3座简易码头和一些石砌埠头；永宁江上黄岩北门外、江口江滨和潮济、北洋等均建有靠船码头、埠头。

从振市公司成立到民国26年（1937年）的23年，是海门港航运业迅速发展的阶段。民国4年至18年（1915—1929年），在海门港（包括金清港）运营的轮船有39艘。民国19年至26年（1930—1937年），海门港外海航线有定期班轮15艘，计11784.79总吨，不定期班轮8艘，计5171.61总吨，两者共16956.4总吨，此数较清末的11艘、4477吨增长近3倍。

以上两个时间段的记录，反映了前期航船投入之多和竞争之激烈，后期经整合，轮船数量有所减少。民国19年（1930年）后，除上列轮船外，海门港还有来往浙闽间的不定期汽船17艘。民国26年全年，海门港有至上海、宁波、温州、漳州、厦门及浙江沿海其他港口的外海轮船23艘；海门港到港、离港轮船共891艘次、431980总吨，平均每天进出港2.4艘、1183总吨。

民国时期，除海门港及其上游外，台州其他港区发展情况如下。金清辟有至宁波的客货航班，江厦辟有经楚门至温州的客货班轮，钓浜、石塘、松门为温岭平原货物进出口。抗日战争期间，台州客货运一度改道江厦港中转，内河开辟小汽船与之衔接。玉环航运主要依靠坎门、楚门，坎门与温州有小轮航班，也有沪椒瓯线航班在坎门挽埠停靠，有沪瓯线航班在楚门挽埠停靠，但仅有埠头，未建码头；抗日战争后，台湾重回中国主权管辖之下，经营南线的坎门、楚门船商还掀起了台湾经商热。三门海游港船舶停靠黄埠突埠头，轮船停靠善岙埠头；健跳港历代为海防重地，虽在唐时就有六市船航行东关（石浦），也仅有埠头，未建码头。

鸦片战争的失败催生了洋务运动，也催醒了台州人的海洋意识。虽然该过程缓慢起于20世纪之初，但是终于在诸绅商和社会贤达的努力下，扭转了历史上藐视港口地利的积弊，使身处河口港地位、有“六邑咽喉”之称的海门港，获得台州“小上海”之殊誉。与此同时，促使省县间的专署机构（等同于州郡）设置海门。自辛亥革命到第二次世界大战前夕，可以说是台州港走向现代的起步时期，然而正当台州港航建设展开宏图之际，日本侵华战争摧残了这棵成长中的幼苗。抗日战争后，临海县推出关于复兴海门市场的决议，浙江省政府主席来椒座谈海门设市事宜，但一应恢复计划，因随后国民党反动派发动内战未遑实施。解放战争后，留给接续政府一堆烂摊子。

四

1949年，人民政府接收的海门港所隶行政建制为原临海县海门区，辖区涵盖椒江两岸，包括海门、葭沚、栅浦、上辇、前所、章安、黄礁、玉岘、涌泉等区域。人民政府即以此辖区设立台州专署直属海门区，该设置给予了港航发展特殊的行政地位。1950年8月19日，设浙江省航务局海门管理所，负责海门及台州地区航政管理工作。

然而，自1950年3月椒江北岸涌泉、玉岘、章安、前岸从直属海门区划出归临海县起，5年内，直属海门区辖地一步步被缩小，至1956年只剩海门、葭沚弹丸之地，其所直属的海门区最终被撤销，海门划归黄岩县。从此，椒江河口港形成两岸分属不同政区的分割局面，并且由于1954年5月至1957年7月台州地区被撤销，椒南、椒北还分属温州和宁波两地区。台州地区复设1年之后，于1958年12月至1962年4月再次撤销；1964年4月恢复台州地区，划出宁海县，复建玉环县隶属台州。

1950—1980年，台州地区行政建制变化不定，加上人民公社化和“文化大革命”的开展，港航发展曲折跌宕。1955年1月18日前，台州湾口外大陈岛、一江山岛仍为国民党残军所驻守，海上航运受干扰，原椒沪、椒甬客货航班均停航，其他航运逐步恢复。1955年1月18日，解放军海陆空军联合作战攻克一江山岛，驻守大陈岛国民党残军于2月13日撤退台湾，浙江沿海军事对峙消除。

1953年8—11月，海门原振市公司所属码头及仓库、永慈堂小码头由新成立的海门航管所接管。其后，由于行政建制多变，港航管理机构也多变不定，但在台州几县分属宁波、温州的建制下，为便于椒江水系航运的统一管理，原台州航区的港航管理仍一直由设在海门港的管理机构统筹管理，各时段的称谓和隶属关系各有不同。

20世纪50年代中期，台州港航产业包括木帆船、轮船、装卸业、造船业，均通过收归国有或合作化、集体化，完成了社会主义公有制改造。在管理上，仅称航运管理，集港务、航运于一体。其间，在极力恢复航运生产的同时，在码头泊位建设、仓库建设、锚地划定、装卸设备改进、航标设立、航道清理、引航工作、海岸电台设置等方面都有所开拓和进步。

1958—1965年，港航系统在公有制的基础上还形成政企合一体制。在“大跃进”运动中，港航系统产生了一些土法技术革新，提高了部分生产力，但同时，在港口生产上反映出大起大落的不正常效应。

同时，在计划经济模式下，物资统筹管理，人员少流动，原十分活跃的椒沪、椒甬客运航班在1955年解除沿海军事对峙后，几经恢复都不成功，甚至使海门至大陈的客源都逐年减少。除此以外能维持的沿海客运只有海门至石浦、健跳至石浦以及坎门、楚门与温州、乐清、洞头间的客运，客运量均在低数值间徘徊。

台州各港区设施建设还是有所发展的，如海门港建成3000吨级1号高桩码头，3号、4号、5号、7号码头实施不同程度的新建或改扩建，前所改建新建3座码头；临海改建江下街木质码头为钢引桥浮码头，黄岩改建3座旧码头为浮式码头，江口建1座浮式码头；三门健跳港建车渡码头、炼焦厂码头；玉环坎门、大麦屿各建第一座客货码头，楚门港小龙王建简易码头；松门建礁山浮式码头。

1966—1976年台州港航陷入混乱。严重时，海门港区曾断续关闭和间断停产累计55天，万吨轮曙光轮触礁沉没。但港口设施建设还是有所进展的：海门港改扩建的码头有港务部门3号和7号码头、水产码头、海东造船厂码头、台州石油公司码头以及军用码头3座。临海新建下桥货运硬码头、水云塘直立式油库码头，在巾山、灵江山、烧碱厂、白塔、西岑建石砌码头。温岭松门增建礁山水产码头，江厦开辟潮汐电站后建沙山平台式码头，金清港出海口建平台式永安码头4座。玉环坎门建装卸码头 1 座，楚门建长钓咀码头。海游港建蒲西港（巡检司）码头，健跳港建鹭鸶山 1 号码头、油库码头。

1975 年 7 月 1 日复航椒沪客运航班，客流渐趋火爆。

五

台州港进入现代化发展时期，起始于改革开放后的 20 世纪 80 年代。在此过程中提出的发展外向型经济和开拓海洋经济，都与发展港航事业直接相关。

椒江河口在 1978 年首先因北煤南输海运条件被国家选址建设台州发电厂，随后在 1980 年由浙江省设为海门特区。翌年，国务院批准在椒江口设浙江省第一个县级市 —— 椒江市。这是依托海门港培育区域中心城市所作的第一步行政调整。

在椒江设市的十余年时间里，海门港的基础设施和客货吞吐量长足发展，实施外贸港区的开辟，开启集装箱运输，港口从一个封闭、单一的地方性小港发展成对外开放的综合性中型港口。1983 年 11 月，国务院批准海门港为国轮外贸运输业务港口，并开始设置港监、海关、边检、商检、卫检等机构。1984 年 5 月，交通部批准成立中国外轮代理公司海门分公司和中国外轮理货公司海门分公司，港口外贸运输迅速发展。1988 年，港口吞吐量 431 万吨，居当时全国沿海港口第 14 位，居浙江省四大港口第 2 位。1990 年 10 月 1 日，海门港正式开放，成为中国对外开放的第 49 个港口和国家一类口岸。

然而，海门港仍存在着航道水浅的先天不足和属地行政级别过低的体制制约。1987 年，椒江口内航道整治工程启动，虽有效果，终究不能获得深水条件。面对困境，台州在 1994 年迎来撤销地区建制的机遇，易地在椒江、黄岩、路桥设地级台州市的机遇。同时整合台州所有的港口资源，2001 年获批冠名台州港，达到港城同名。迄今，海门港区南岸岸线西起三山，东至岩头，几乎全线利用；北岸西起黄礁，东至松浦闸，自华景河至椒江二桥岸线都得到充分利用，二桥以东在开发中；全港区计有 500 ～ 10000 吨级大小码头 80 多座，为台州港开发程度最高的港区。

与此同时，台州航海学会专家牟重行等经过对台州湾浅滩成因的研究，提出在白沙山与头门岛之间筑坝拦挡海域北来悬沙，既整治海门港口外航道淤涨的问题，又开辟头门深水港的设想。该设想被采纳实施，于 2011 年 11 月开工建设，一期工程 2 万吨级（兼靠 3 万吨级）通用码头于 2014 年建成启用；二期工程新建 5 万吨级（兼靠 7 万吨级）泊位 2 个，于 2017 年 10 月 18 日开工建设。

1977 年全国沿海港址普查时，有关部门评价玉环大麦屿岸线深水迫岸，为天然良港，虽然陆域疏港不方便，但适于建水水中转港口。自 1985 年开始，大麦屿港区开始被开发，仅建千吨级客货浮码头，接纳万吨级外轮水上过驳木材、液化气。1993 年，大麦屿港被批准为二类口岸，1995 年被批准对外轮开放。至 2019 年，大麦屿港区拥有 1000 ～ 74000 吨级码头泊位 14 个，其中包括 2 万吨级多用途码头、华能电厂 2 个 7.4 万吨级泊位等。2008 年，港区升格为一类口岸，2012 年实现对外开放，并开辟对台湾客货滚装直航。

健跳港为天然深水良港，清光绪年间被意大利人觊觎，欲租借而未果。民国初，深得孙中山赏识，将其列为《建国方略》中的港口开发要地。改革开放后，港区得到重视，陆续兴建300～1000吨级2号、3号码头和水产码头、六敖1000吨级滚装码头。2002年，国家选址健跳北侧猫头咀和南侧牛山，建设包括核电、火电在内的华东电力城，配套建设3000吨级多用途码头、3.5万吨卸煤码头、3000吨级核电重件码头。此外随着临港产业的开发，建设造船舾装码头3座、砂石码头2座、货运码头1座、军民合用码头1座以及多泊位渔港码头。

1997年，台州市着手编制《台州市港口总体布局规划》，确立以海门港为中心，三门湾健跳港区、乐清湾大麦屿港区为两翼的“一中心两翼”的空间布局。全市港口整合为台州港后，2007年所编《台州港总体规划（2005—2020年）》将台州港分为大麦屿、海门、临海、温岭、健跳、黄岩六港区。该分区以行政区划命名的港区存在港点分散弊病，不利于行业集约化、规模化管理。《台州港总体规划（2017—2030年）》对此进行调整，将其分为“一港六区十港点”。

新命名六区为头门港区、大麦屿港区、海门港区、健跳港区、龙门港区、黄岩港区，十港点为永安、沙山、石塘、同头咀、浦坝以及灵江两岸的红光、长甸、马头山、八仙岩、五孔岙。全港以头门港为核心港区，大麦屿、海门港区为重要港区，健跳港区为电力等临港工业服务，龙门、黄岩港区为当地经济发展服务。

2003年，台州港实施港航体制改革，原台州港务管理局和原台州市航运管理处合并，组建成立台州市港航管理局，建立全市港口统一规划、建设、管理的港航新体制。2018年末至2019年初，台州市港航管理体制进一步改革，析分管理和事业职能，整合港航管理局、渔业局、口岸办三机构的管理职能，设立台州市港航口岸和渔业管理局。原港航管理局的事业职能重组为台州市港航事业发展中心。

截至2020年，台州港已建和规划建港用的岸线长133.78公里，其中，非深水岸线99.21公里，已开发38.3公里；具备开发港口有利条件的深水岸线34.57公里，已开发6.884公里。截至2020年底，台州港共建成107个经营性泊位，其中万吨级以上深水泊位8个，最大靠泊能力为7.4万吨级（兼靠10万吨货轮），货物通过能力4713.3万吨，集装箱通过能力41.3万标准箱。2018年台州港实际完成货物吞吐量7167.2万吨，2019年集装箱吞吐量42.8万标准箱，2020年全港货物吞吐量回落至5090.9万吨，集装箱吞吐量50.3万标准箱。

2016年，浙江省“两纵五横两放射”格局“五横”之一的金台铁路开工建设，其支线直通头门港陆基头门新区，西经金华连接赣东北、皖南、闽北，形成了头门深水港的西进疏港大通道。2021年6月，金台铁路建成通车。2017年，杭绍台城际铁路开工建设；2022年2月10日建成通车，二期工程将延伸玉环连接大麦屿港，大麦屿深水港也将获得良好的疏港通道。台州港将以大港口的姿态辐射至更远的腹地。

大 事 记

春秋战国（前 770—前 221 年）

周敬王八年（前 512 年）

流亡于今江苏邳县彭城的徐国为吴王阖闾所灭，国人南逃，浮海在今台州温岭市大溪大唐岭东建王城。宋《嘉定赤城志》记“故老云即徐偃王城也”。

周赧王九年（前 306 年）［《资治通鉴》作周显王三十五年（前 334 年）］

楚灭越，“越以此散，诸族子争立，或为王，或为君，滨于江南海上，服朝于楚”（《史记·越王勾践世家》）。其中一族也以今台州大溪为大本营，成为东越（瓯越、东瓯）的部落联盟。

秦（前 221—前 206 年）

始皇二十八年（前 219 年）

秦始皇征服瓯越和闽北闽越部落，废瓯越王、闽越王为君长，以其地置闽中郡，今台州境域属闽中郡；该建制仅是虚设，秦封第六代东瓯王安朱为君长，两地仍处于部落自管状态。

西汉（前 206—25 年）

汉惠帝三年（前 192 年）

瓯越首领摇因助汉灭秦有功，被汉朝廷封为东海王（东瓯王），为汉 103 郡国之一，辖仙霞岭、天台山、象山以南整个浙东南。

建元三年（前 138 年）

闽越攻东瓯，东瓯向汉朝廷求援，汉朝廷从会稽发兵，兵未至，闽越退，“东瓯请举国徙中国，乃悉举众来，处江淮之间”（《史记·东越列传》）。此处的“国”指王城，“中国”指中原，是指迁城内王族和居民至今安徽地带。

建元六年（前 135 年）

闽越王郢发兵拒汉，为其弟余善所杀，闽越分为越繇和东越，汉朝廷立余善为东越王，与繇王并处，分管浙南和闽北。

元鼎六年至元封元年（前 111—前 110 年）

东越王余善反汉，自立武帝，汉遣韩说、杨仆征讨。东越人杀余善降汉，汉武帝以“东越狭多阻，闽越悍，数反复”“将其民徙处江淮间，东越地遂虚”（《史记·东越列传》）。此处的“其民”指反复多变的悍民，“地遂虚”指治权空虚，并非尽迁百姓。

始元二年（前 85 年）

汉朝廷在权力空虚的东越地置回浦县，管辖浙东南，属会稽郡，隶扬州；设县治于回浦（今章安），并于回浦设置会稽郡东部都尉。

东汉（25—220 年）

建武六年（30 年）

降回浦县为回浦乡，隶会稽郡鄞县。

章和元年（87 年）［一作建武中元二年（57 年）］

改回浦乡为章安县。

永建四年（129 年）［一作永和三年（138 年）］

析章安县东瓯乡置永宁县（辖地为今温州市境域）。

阳嘉元年（132 年）

海盗曾旌聚众寇略会稽郡沿海诸县，杀句章、鄞、鄮三县长，并攻会稽郡东部都尉，朝廷下诏沿海各县屯兵防守。

建安元年（196 年）

分章安县西北置始平县（辖地为今天台、仙居两县）。

建安四年（199 年）［一作兴平二年（195 年）］

分章安县西南置松阳县（辖地为今丽水市境域）。

三国·吴（222—280 年）

黄龙二年（230 年）

吴大帝孙权遣将军卫温、诸葛直率甲士万人，浮海求夷洲（今台湾）及亶洲，军行经岁，得数千人还。

赤乌二年（239 年）

分永宁县置罗阳县（辖地为今瑞安、平阳、苍南一带）、罗江县（辖地为今福建北部罗源、连江一带）。

赤乌十二年（249 年）

分章安县西部及永宁县部分置临海县。

太平二年（257 年）

分会稽郡东南部置临海郡，隶扬州，郡治设章安，辖章安、临海、始平、永宁、松阳、罗阳、罗江 7 县。

天纪四年（280 年）

时任丹阳太守沈莹撰《临海水土异物志》，将夷洲风俗物产写入临海郡志书，学界据此推测卫温船队在建业（今南京）启碇，或在临海郡治章安集结，补充给养，再航行夷洲。

晋（265—420 年）

太康元年（280 年）

分鄞县 800 户、章安县北部 200 户置宁海县（辖地为今宁海、三门、象山），治设白峤，隶临海郡。改始平县为始丰县。

太康四年（283 年）

临海郡南部县制有变，罗江改属晋安郡，分罗阳置安固、横阳。时临海郡辖章安、临海、始丰、宁海、永宁、松阳、安固、横阳 8 县。

太宁元年（323 年）

分临海郡永宁、松阳、安固、横阳 4 县置永嘉郡，临海郡辖章安、临海、始丰、宁海 4 县，后世台州辖境大致形成。

永和三年（347 年）

分始丰县南部置乐安县（今称仙居县），隶临海郡。

隆安三年（399 年）

五斗米道首领孙恩于十月率部从海上攻临海郡（章安），里人周胄领众响应，太守司马崇逃遁。孙恩曾在永宁江灵石伐木造船，隆安四年至五年又两次进攻临海郡，均被赶回海中。

元兴元年（402 年）

孙恩四次攻临海郡（章安），太守辛景从章安败退临海江（灵江）上游，大固山麓，凿堑坚守，孙恩军伤亡惨重，败回海上投海自尽，从死者数以百计，余部推卢循为首，再攻临海。

南北朝（420—589 年）

宋泰始五年（469 年）

临海田流率众起义，踞鄞县沿海山谷自称东海王，北上海盐又回军杀鄞县令，次年被龙骧将军周山图围剿。

陈武帝年间（557—559 年）

侯景之乱后，窃据晋安（今福州）的陈宝应自海道进攻永嘉郡、临海郡，陈武帝令余孝顷率东路军，从章安出发袭击陈宝应军。

隋（581—618 年）

开皇九年至十二年（589—592 年）

九年，隋灭南朝陈，废临海郡，并章安、始丰、乐安、宁海入临海县，隶处州。其间，乐安蔡道人自称大都督，聚众谋反，隋朝廷于开黄十一年在大固山麓置军事机构临海镇，并迁临海县治至大固山麓。开黄十二年，处州改为括州。

大业三年（607 年）

改州为郡，括州改为永嘉郡，临海县隶属永嘉郡。

大业十一年（615 年）

东海郡丞县（今山东泽县）人李子通自称大将军、楚王，率众谋反，南渡淮水。

大业十四年（618 年）

隋末群雄之一的宇文化及发动江都兵变，弑杀隋炀帝，自立为帝。吴兴郡守沈法兴以诛讨为名起兵，拥兵六万，割据江南十余郡，并于次年自称梁王。此时，隋末另一割据英雄杜伏威向隋炀帝孙越王杨侗称臣，被封楚王，拜东道大总管。

唐（618—907 年）

武德二年（619 年）

梁王沈法兴改临海县为海州。楚王李子通占江都，建吴国，迁都余杭，江南士民多数归顺，领土东至会稽，南至五岭，西至宣城，北至太湖。此时，杜伏威降唐，任东南道行台尚书令、江淮以南安抚大使。

武德三年（620 年）

楚王李子通打败梁王沈法兴，海州归李子通割据范围。

武德四年（621 年）

杜伏威打败李子通，浙江归唐。唐复分海州为临海、章安、始丰、乐安、宁海 5 县。宁海县治移设海游。其时，今宁波地区置鄞州，治设小溪（今鄞州区鄞江镇）。

武德五年（622 年）

因海州与江北海州重名，改江南海州为台州，以境内天台山命名。

武德七年至神龙二年（624—706 年）

83 年间，台州县制频变：武德七年（624 年），宁海县并入章安县；武德八年始丰、乐安、章安并入临海县。贞观八年（634 年），复分临海县置始丰县。上元二年（675 年），分临海县南部再置永宁县（此永宁县非汉设永宁县），县治由章安迁永宁山西麓；同年复分始丰县重置乐安县。永昌元年（689 年），复分临海县东北部重置宁海县。天授元年（690 年），改永宁县为黄岩县。神龙二年（706 年），分宁海县和越州鄮县地设象山县（武德八年鄞州改鄮县），隶台州。

贞观三年（629 年）

健跳设六市，船航行健跳与象山半岛东关（今石浦）之间。

贞观二十一年（647 年）

唐伐高句丽，征发江南 12 州造船工匠，建造数百战船，其中即有台州工匠。

永昌元年（689 年）

奏报中称东镇山（今大陈岛）有一山名高丽头山，宋《嘉定赤城志》称“舟之往高丽者必视以为准焉”，表明唐时浙南与高丽（即高句丽）来往密切。

开元二十六年（738 年）

设明州，以四明山命名，治姚江小溪（长兴元年迁三江口），辖鄮、慈溪、奉化、翁山（今舟山）4 县；今宁波象山县时隶台州。

开元二十一年至光启三年（733—887 年）

155 年间，台州隶属关系频变：开元二十一年（733 年），台州隶江南东道；天宝元年（742 年）台州复称临海郡；乾元元年（758 年）置浙江东道，治设越州（今绍兴），领越、睦（今建德）、衢、婺（今金华）、台、明（今宁波）、处（今丽水）、温 8 州，临海郡复称台州（此后台州反复改隶浙江东、西两道）；上元二年（761 年），始丰县改称唐兴县；广德二年（764 年）象山县改隶明州；光启三年（887 年）台州置德化军。

开元年间（713—741 年）

涌泉寺僧人怀玉发起在健跳围筑健阳塘的行动，堤长五百丈，为台州最早的海塘围垦记录。

天宝年间（742—756 年）

婺源县令陈英夫在永宁江口覆舟，漂流至今洪家挡港桥，为盐民王氏所救。此事可证唐代台州湾海岸线在今洪家挡港桥，枫山、白云山间沙门为潮汐通道。

乾元元年（758 年）

台州湾北岸滨海辟涂渎盐场，置新亭监专管盐政。

元和十一年（816 年）

《唐会要》记："新罗（在今朝鲜半岛）饥，其众一百七十人求食于浙东。"

会昌二年（842 年）

乐成县在琉屿（今玉环岛）置玉瑠镇。

大中元年（859 年）

江南东道裘甫聚众谋反，波及明、台、衢、婺 4 州，夺取唐兴（天台）、上虞，攻击宁海、奉化，台州各地人居聚落纷纷筑营、栅自卫，椒江畔之栅浦渡口地名即在此时以栅命名。

乾符四年（877 年）

唐商崔铎等 63 人与日商多治安江自六月初一携香药等货物从临海出发，七月二十五日达日本筑前。香药来自东南亚，可见此时台州海商与东南亚、日本均有来往。

五代吴越国（907—978 年）

唐天祐四年至吴越国宝正六年（907—931 年）

开凿黄岩县官河，宋《嘉定赤城志》载："自南浮桥南流至峤岭（今温岭市温峤镇）一百三十里，陆程九十里，广一百五十步；又别为九河，各二十里；支为九百三十六泾，以丈计者七十五万，分为二百余埭，其名不可殚纪，绵亘灵山、驯雉、飞凫、繁昌、太平、仁风、三童、永宁八乡，溉田七十一万有奇。"

后梁开平二年（908 年）八月

唐兴县改称天台县（后唐同光初复名始丰县，后晋天福间改名台兴县）。避吴越王钱镠（读音 liú，与琉相同）讳，改木琉屿为玉环山。

吴越国宝正五年（930 年）

乐安县改称永安县，治理孟溪水患。

后晋天福八年（943 年）

桃渚金家岙鸿祐寺僧发起围垦东洋石井岐涂地的行动。

宋（960—1279 年）

建隆元年（960 年）

称明州为明州奉国军，属两浙路。台兴县改名天台县。

北宋年间（960—1127 年）

由天台万年寺筹资在健跳港南金鸡山嘴一带围筑万年塘。

太平兴国三年（978 年）

除吴越国外，台州皆入宋版图，州、县如故，隶两浙路。玉环岛建密鹦盐场，咸平三年（1000 年）改天富北监。

太平兴国八年至雍熙二年（983—985 年）

日本高僧奝然搭乘宋商陈仁爽、徐仁满的船舶抵台州，次年三月赴汴京谒见太宗。太平兴国年间，日僧携带天台国清寺 5000 卷《开宝藏》随台商郑仁德海船回国。后又有宋商朱仁聪携带日僧源信将其所著《往生要集》回赠给天台国清寺。

端拱二年至熙宁五年（989—1072 年）

知州张蔚于临海州城东侧白云、山宫数溪汇合处建船场，驻水军营；景祐年间（1034—1037 年），船厂归并温、明两州。熙宁四年（1071 年），知州钱暄将船场修筑为湖（今称东湖）。熙宁五年，临海县建涂渎盐场，围塘煎盐。

咸平三年（1000 年）

置黄岩盐监，监公署设迂浦（今温岭市新河），又称迂浦盐监，监管台州盐政，为两浙五监之一，下辖黄岩（迂浦）、杜渎、长亭（在宁海）三盐场。盐供越、处、衢、婺诸州。

景德四年（1007 年）

宋《嘉定赤城志》称，“以其洞天名山屏蔽周卫，而多神仙之宅”，诏改永安县为仙居县。

天圣四年至宝元元年（1026—1038 年）

日本史料记：日本天皇万寿三年七月(宋天圣四年)，台州商人周文裔从日本返航。天圣九年(1031 年)，台州商人陈惟忠等 64 人出明州赴高丽经商。宝元元年（1038 年），台州商人陈惟积与明州商人陈亮等 147 人赴高丽经商。

庆历五年（1045 年）

六月大水，江潮倒灌冲毁临海城墙，溺死居民数千，天台县溺死万余人，台州所属四县派工采石，分段修砌临海城墙。

熙宁七年（1074 年）

设越、明、温、台、婺、衢、处七州为浙东路，置转运提举于越州，置提点刑狱于温州，并命沈括委选官吏，在“温、台、明州以东海滩涂地”，兴筑堤堰，围裹耕种，收纳地利（《宋会要辑稿·食货》）。是年，在章安西侧设亭场寨防托海道。

熙宁年间（1068—1077 年）

设松门寨（元代改巡检司）。

建炎元年（1127 年）

章安设立市舶分务，进行外贸管理。

建炎四年（1130 年）

宋高宗赵构为金兵追击，逃避入海，于正月初三泊舟章安金鳌山，十八日离台去温州。

绍兴三年（1133 年）

设两浙东路，台州、明州、温州均属。

绍兴九年（1139 年）

黄岩知县杨炜发动民工疏浚河道，投入 170 余万工。

绍兴二十年（1150 年）

海寇连年犯临门寨、章安镇等地，朝廷命殿前司水军统制王交乘舰入海追捕，大败海寇。

绍兴二十一年（1151 年）

永康人萧东恒在仙居皤滩建沈店埠头，俗称永康埠，后世陆续建武义埠、东阳埠、缙云埠、金华埠，均为浙西盐商至皤滩贩运食盐所建。

乾道七年（1171 年）

日本海商来浙东酷好铜钱，一船常走私铜钱数万贯。乾道七年前后，临海商人也参与私运铜钱出海。日商在台州大肆交易，吸纳铜钱，致使台州铜钱奇缺。“台城（临海城）一日之间，忽绝无一文小钱在市行用”（《全宋文》卷 7328），此也说明输入货物之多，反映了台州对日贸易的旺盛。

淳熙八年（1181 年）

建造临海城南跨灵江中津浮桥，长 86 丈，宽 1.6 丈，25 节，每节由二船组成。

淳熙九年至十一年（1182—1184 年）

两浙东路常平茶盐公事朱熹巡历台州，勘踏沿海，称“水利修，则黄岩可无水旱之灾；黄岩熟，则台州可无饥馑之苦”，并奏请免纳台州丁捐。浙东路提举向昌泰大力推广河口建闸。宋《嘉定赤城志》载：“旧建闸一十有一，以时启闭，其隶仁风者曰常丰、清混、斗门；隶飞凫者曰交龙；隶灵山者曰鲍家步、长浦；隶繁昌者曰周洋、回浦、永丰、黄望、金青。其区画之详，昉（起始）于元祐中罗提刑适，广（推广）于淳熙中句提举昌泰，既而李谦、李大性踵将使指，又重修焉。”其间，黄岩西江建孝友桥。此时金清闸位于新河蔡洋金清埭。

庆元元年、二年（1195 年、1196 年）

元年，明州升为庆元府。庆元二年，黄岩西江孝友桥塌，重建为五洞桥。

嘉定元年（1208 年）

阇婆国（今印度尼西亚爪哇岛）番船入寇松门，失巡司印记。

嘉定四年（1211 年）

黄岩于城北跨永宁江建利涉浮桥，长百丈，宽 3 丈，桥船 40 艘，用篾索连接。清康熙十九年（1680 年）改篾索为铁索。

嘉定十五年（1222年）

为加强椒江海道防托，移里港管界寨至亭场寨对岸上马岩，设巡检司，使两寨对峙两岸。

嘉定年间（1208—1224年）

新凿家子浦泾（今葭沚泾），成为海江沟通椒南平原的通道，家子渡口渐趋兴旺。

宝庆元年（1225年）

赵汝适（寓天台）撰《诸蕃志》，为中国首部海外交通风物志。

绍定二年（1229年）

九月，大雨，永安、始丰两溪洪水下袭，海潮上涌，汇合临海城段灵江，大水自朝天门、括苍门涌入，决崇和门出，平地水高1.7丈，死2万人。仙居冲怀田地17000亩，天台沿溪村庄尽毁，一二十里无人烟。

端平年间（1234—1236年）

章安东逻浦（今华景河）旧有木桥名回浦桥，行旅危苦，里人蔡兴龙改修为石拱桥，名宏济桥，并在桥旁建堂栖旅，称蔡家堂。此处为椒北平原水系注入椒江之河口，为杜渎盐场盐运通道，河边曾设盐库蔡桥总廒，现存桥梁为清乾隆五十六年（1791年）重修，俗称蔡家桥。是年，重筑健跳健阳塘。

景炎年间（1276—1277年）

灵江汛桥晒鲞岩至钓鱼亭设青岭渡，至元代有孔化岙人阮宏道捐资造船建房实行义渡，改名利涉渡。宋《嘉定赤城志》所载“昔有新罗贾人舣舟于此”的“新罗屿”即在此。

宋代年份不详围垦海涂水利工程

黄岩县筑塘堤70里；椒江北岸围筑涂渎场堤，建后洋獭峙闸；三门浦坝港沿岸围垦沿江塘、两头塘、东山塘、梅岙塘等7处海塘；楚门围垦樊塘。

元（1206—1368年）

至元十三年至十四年（1276—1277年）

十三年改庆元府为庆元路；至元十四年改台州为台州路，隶江浙行中书省浙东道，治设临海。

至元十七年至三十一年（1280—1294年）

大汾蒋仲良会同杨、李两姓砌造东逻道头，也称蒋杨李三姓总埠。

至元二十年（1283年）

朝廷在江南设海道运粮万户府，下设温州台州、庆元（今宁波）绍兴、杭州嘉兴、昆山崇明、常熟江阴五海道运粮千户所。台州为温州台州千户所的支线，出发港是椒江口之严屿（今海门）、黄岩县之石塘（属温岭市）、宁海县之铁场。

至元年间（1264—1294 年）

设军事编制沿海万户府于临海，海门港为其前哨。

元贞元年（1295 年）

升黄岩县为黄岩州，仍隶台州路。

至治二年（1322 年）

浦坝港上游花桥溪建三孔石拱桥，栏板镌刻珍禽奇花，俗称花桥，该地即以花桥为名。

至正八年至二十七年（1348—1367 年）

至正八年，路桥洋屿盐民方国珍因吏治腐败、暴戾，使无辜良民陷入绝境，与兄弟几人入海为盗，聚众千余人，梗海道，劫漕粮，屡败讨伐元军，并逼元军向朝廷递交招降状，要求招安；朝廷许其请求，授方国珍定海尉官职。

九年，朝廷令泰不华调查方国珍。至正十年至十一年，方国珍与官军多次发生冲突均胜，至正十一年七月再次受招，任巡防千户所。

十二年，方国珍因朝廷进剿红巾军，心生疑虑，再次入海反叛，并占领黄岩城，攻打台州府城。至正十三年又被招安，方氏疑虑，不受官职。至正十四年，朝廷以授五品流官来收缴方氏船舶、遣散人员，方氏不交所拥 1300 艘海船，于九月攻入台州府城，至正十五年又攻陷庆元府城、温州府城，占据浙东三路全境。

十六年三月，方国珍又接受招抚，被授予海道运粮漕运万户兼防御海道运粮万户，授其兄方国章为衢州路总管兼防御海道事。八月，方国珍除前任外又授江浙行省参知政事。至正十八年，方国珍应诏讨伐张士诚，逼其投降招安，朝廷又授方国珍江浙行省左丞兼海道运粮万户，并授其子方明敏分省参政。至正十九年，朝廷重开海道漕运，由行省丞相达识帖木儿为总督，行省太尉张士诚调集粮食，行省平章政事方国珍组织船舶运输。

二十年至二十三年，方国珍船队负责每年从海道运粮至大都，四年的数量分别为十一万石、十一万石、十三万石、十三万石。

十六年至至正二十七年，朱元璋反元势力崛起，至正十八年派人说合方国珍，方国珍与元政权和朱元璋势力虚与委蛇，稳持两端，避免战争蹂躏，以收家乡不遭血刃的保境安民之效。方氏主政浙东三路期间，对农渔盐产业、农田水利、造船航运、货值商贸等国计民生均有积极推进。至元十八年、二十四年、二十五年，方国珍反复派使者至高丽开拓外贸。

二十七年二月，朱元璋叛将王保突袭仙居方国璋部，大败身亡；九月，朱元璋部将朱亮祖进军台州、温州；十二月，方国珍向朱元璋投降。

至正年间（1341—1368 年）

福建海商来椒江口经商日益频繁，据《葭沚天后宫泉漳会馆碑记》：闽商来台，“凡舟车所至之区，莫不建立天后宫以壮神灵……溯台郡路口，旧有天后宫殿，创自大元至正年间”，葭沚天后宫即泉漳海商开拓闽台海运的见证。

至正年间，黄岩县东南（今温岭市）沿海自盘马山至松门围筑萧万户塘，大闾围筑长沙塘和塘下、截屿等海塘；楚门围筑灵山塘（后为东岙塘）、能仁塘（后为徐都塘）、九眼陡门与江心塘（后为楚门南塘）；海运万户府赵师闾主持围筑坞根塘。

《嘉靖太平县志·元水利》载：“萧万户塘（在太平乡，北起盘马山，东抵松门）长沙塘、塘下塘……俱胜国时筑”，“胜国”指“明所胜之国”，即元朝。

明（1368—1644 年）

洪武元年（1368 年）

台州路改为台州府，隶浙江行中书省。全国沿海实行海禁，唯庆元有官方对外勘合贸易。

洪武二年（1369 年）

三月，黄岩州恢复黄岩县。

洪武三年（1370 年）

六月，倭寇劫掠台州、庆元（明州）。明太祖朱元璋遣莱州同知赵秩赴日交涉，日王遣使奉表，“送还明、台二郡被掠人口七十余”（《明史》卷 321）。

洪武四年（1371 年）

十二月，“诏（吴王左相）靖海侯吴祯籍方国珍所部温、台、庆元三府军士……隶各卫为军，仍禁滨海民不得私出海”（《明史记事本末》卷 55）。及兰秀山无田粮之民营充船户者凡十一万一千七百余人隶名卫为军。

洪武六年（1373 年）

刘基（字伯温）点基，在海门翠环山（太和山）顶建鸿文宝塔，后圮；清同治六年（1867 年），台州知府刘璈在葭沚集资重建太和山塔。

洪武十四年（1381 年）

十月，颁诏“禁并海民私通海外诸国”。为避国号讳，采纳鄞县书生单仲友建议，取“海定则波宁”之义，改庆元（旧称明州）为宁波府。

洪武十五年、十六年（1382 年、1383 年）

洪武十五年，浙江都指挥使司奏请，移台州卫水师驻海门；在此前后，还在海门驻台州府推官，官署俗称“四府衙门”，地址是城内芝麻园里。洪武十六年，倭寇侵扰乐清县，窜入松门。

洪武十七年（1384 年）

太祖朱元璋命开国元勋汤和御倭，汤和推荐方国珍从子方鸣谦同往。方鸣谦献策：“倭海上来，则海上御之耳。请量地远近置卫所，陆聚步兵，水具战舰，则倭不得入，入亦不得傅岸。近海民四丁籍一以为军，戍守之，可无烦客兵也”（《明史》卷 126）。太祖以为然，即派汤和“度地浙西东，并海设卫所城五十有九，选丁壮三万五千人筑之”。是年，浙东沿海首先定点的 4 个备倭卫城是：定海卫（今镇海）、海门卫、磐石卫、金乡卫。最先定点的 8 所是：平阳、三江、龙山、霏衢、大嵩、钱仓、新河、松门。后陆续添建。

同年，在南监街（新河）设河泊所，兼管周洋等9闸（嘉靖八年裁革）。

洪武二十年（1387年）

是年，台州所建卫城、所城有海门卫，城高二丈五尺，周回五里三十步，长一千三百一十丈、垛口八百三十个，拆黄岩城墙石料建筑；昌国所，初建象山，洪武二十七年移后门山；健跳所，城高二丈三尺，周回三里二十七步；桃渚所，初建桃枝山麓（今上盘旧城山麓，后二度移址）；松门所，城高二丈四尺，周回九里三十步，长一千二百八十六丈三尺；隘顽所，城高二丈四尺，周回五里三十步；楚门所，城高二丈四尺，周回七里一十步。同年，为避倭患，玉环岛及石塘等地居民全部内迁。

洪武二十六年（1393年）

调整卫所设置，浙江沿海特设备倭卫城增至9个，自北至南分别为海宁卫、临山卫、观海卫、定海卫、昌国卫、海门卫、松门卫（由松门所升级）、磐石卫、金乡卫。台州卫、绍兴卫等府城之卫属于内地卫，并非沿海特设备倭卫城。此时，台州隶海门卫的所城有健跳所、桃渚所、前所、新河所，隶松门卫的所城是隘顽所、楚门所。海门卫城内驻台州府推官，在芝麻园里建署，俗称四府衙门（因推官为府级第四位佐官），建署年份无考。

洪武二十七年（1394年）

正月，颁诏“禁民间用番香、番货”。倭寇劫掠浙东沿海。

洪武二十八年（1395年）

是年，台州所建所城有：前所（前千户所），城高二丈三尺，周回三里六十九步；垛口三百二十个；新河所，城高二丈三尺，周回五里六十八步。

洪武三十年（1397年）

颁诏“申禁人民不得擅出海与外国互市”。

洪武三十一年（1398年）

倭寇劫掠宁海。

洪武年间（1368—1398年）

临海县大汾李源和以海滨斥卤筑巨岸五万余丈，环御潮汐，东距朱家沟，西跨蟹儿岭，辟田三十余顷（见《汾川李氏族谱》）。

永乐二年（1404年）

颁诏“下令禁民间海船，原有海船者悉改为平头船，所在有司防其出入”。

永乐三年至宣德八年（1405—1433年）

29年间，明成祖朱棣连续七次启动“郑和下西洋”航海壮举，却于宣德八年戛然而止。

永乐七年（1409年）

八月十二日，飓风骤雨，坏海门卫城垣，桃渚所城遭台风袭击损毁。

永乐九年至二十年（1411—1422年）

永乐九年五月，倭寇扰磐石卫；永乐十五年五月，倭寇劫掠松门，磐石卫杨统巡追捕受伤；永乐十六年正月，倭寇攻陷松门卫；永乐二十年倭寇袭击桃渚城被徐忠击退。

永乐二十年（1422年）

倭寇犯桃渚，焚劫杀掠，“积骸如陵”。

永乐二十二年、洪熙元年（1424年、1425年）

永乐二十二年，朝廷“诏天下都司卫所修治城池”，桃渚所迁址中旧城（今中城村）。洪熙元年，倭寇围攻桃渚所，被屯军击退；海门卫水兵巡海，以石击碎倭船1艘。

宣德八年（1433年）

令行在都察院严禁私通番国，“尔宜申明前禁，榜谕缘海军民，有犯者许诸人首告，得实者给犯人家赀之半，知而不告者及军卫有司纵之弗禁者，一体治罪”。

宣德年间（1426—1435年）

于今桃渚古城东侧中城村重建桃渚所城。

正统四年至景泰六年（1439—1455年）

正统四年夏四月，倭寇船40艘连破大嵩、桃渚、昌国卫，史书描绘：“倭寇大嵩、入桃渚，官庾民舍，焚劫一空，驱掠少壮，发掘冢墓。束婴孩竿上，沃以沸汤，视其啼号，拍手笑乐。捕得孕妇，卜度男女，刳视中否为胜负饮酒。荒淫秽恶，至有不可言者。积骸如陵，流血成川。”正统七年，朝廷派员至桃渚，“乃集藩宪及都司臣僚，佥议内迁十里许，地曰芙蓉”，此即留存迄今的桃渚所城。正统八年九月，倭又扰浙东。景泰六年，倭攻桃渚，城固不入。

正统年间（1436—1449年）

椒江口严屿（今海门）设河泊所，收鱼课米。

成化五年至十八年（1469—1482年）

成化五年，分黄岩县南部方岩、太平、繁昌3乡设太平县，治设太平乡泉溪（今温岭老城区）。成化十二年，析乐清县山门、玉环2乡6都地隶太平县，属台州府。成化十八年，太平县围筑净社塘。成化年间，邑人曹衡主持疏凿栅浦，沟通东官河并建栅川闸，栅浦成为内河—内江转运要埠。

成化与弘治年间（1465—1505年）

天台海商漂泊暹罗，20年后作为暹罗使团翻译回家，因明朝廷行禁海政策，无法经商，悻然回暹罗。但走私仍然存在，万历《黄岩县志》载弘治后“奸商巨贾阑出不禁”。

弘治元年（1488年）

正月，朝鲜弘文馆副校理崔溥等43人在海上遭暴风，漂泊台州健跳，被转送至北京而回国。

弘治年间（1488—1505年）

围垦丁进塘，北起赤山，经古沙堤，沿横街山至新河寺前山。

正德前期（1506—1511年）

围垦洪辅塘，北起乃崦，经横河陈、横塘、下梁至金清港岸，其塘河即三才泾。

正德后期（1512—1521 年）

围垦四府塘，北起乃崦东侧，经南野份、水陡门、小五份、卷洞桥至金清港岸。因是台州府李推官主持，推官俗称四府，故称四府塘。

正德十二年至十三年（1517—1518 年）

福建海商聚集宁波东侧六横岛和佛度岛间双屿港走私海外货物，获利丰厚。一些安徽私商、印度和南洋海商、日商于 1523 年被取消勘合贸易，葡萄牙商人于 1526 年在广东被拒绝贸易，都闻风会聚双屿港，形成庞大走私基地。

正德年间（1506—1521 年）

健跳里人张士斌在黄门峡造舟以济渡，成为黄门渡。

嘉靖三年至二十七年（1524—1548 年）

双屿港走私基地聚集海商 3000 余人，高峰达万余人，成为 16 世纪东方最大的国际自由贸易市场，被后世学者称为“16 世纪的上海”。其时，台州三门湾蛇蟠岛也成为走私分支基地。

嘉靖十三年至二十五年（1534—1546 年）

嘉靖十三年，福建漳船假冒倭寇抢劫太平县茅岘及松门。嘉靖十五年，太平县围筑牌下塘。

嘉靖十八年，太平县疏浚周洋、迂浦诸河，使之首尾相汇出海，建永通闸；倭寇抢掠宁海石所庄。二十五年，朝廷重申禁海令，毁双桅以上渔船。

嘉靖二十六年（1547 年）

六月，双屿港葡萄牙走私商上岸讨账，充当岸上销货掮客的余姚望族谢氏凭借权势赖账，并以告官相恐吓，激怒走私商夜袭谢氏府邸，酿成烧杀抢掠的暴力动乱，地方官匆忙上报“倭寇来袭”。谢氏案发，“濒海千里告急，朝野皆惊”。七月，朝廷调右副都御史朱纨任新设浙闽海道巡抚，决定武力清剿双屿港走私窝巢。十二月，“海寇犯台州”。

嘉靖二十七年（1548 年）

浙闽海道巡抚朱纨因宁波官军不肯出兵，招福建官军 1000 人、丽水乡兵 1000 人，由都指挥、福建都司卢镗率领，乘战船 380 艘从海门港出发，捣毁舟山双屿港走私基地，并“聚桩采石”堵塞海港，以使番舶不得出入。

嘉靖三十一年至四十年（1552—1561 年）

双屿港走私窝巢剿灭后，走私海商残部四散为盗，寇掠沿海，形成江浙沿海倭患大爆发。台州罹患深重的年份是嘉靖三十一年至四十年。

嘉靖三十一年三月，“漳倭七十人焚掠江绾”；四月，倭入海门，掠岩屿街，其间隘顽、松门也遭行劫；五月，贼首福清人邓文俊率二千人入黄岩城，焚县衙，毁民宅，居城七日，又有贼寇自松门来攻太平县城，未入；十一月，贼首邓文俊被参将汤克宽捕捉。

三十二年，贼攻松门，被把总刘恩击退，追至舟山岑港。该年，新河、江绾、宁海、临海、黄岩、栅浦、太平县珠村和石头岭、泉洋、王湖、怀仁、安仁、板桥、厚仁等地均有贼寇骚扰或过境。

三十三年，贼寇自金山洋突入松门；二百余贼寇自海门直趋临海、仙居，过新昌、嵊县，屯绍兴柯桥；又有贼寇自霓岙登陆攻温州湖头，经乐清、黄岩、仙居，直至东阳南午岭。

三十四年八月，贼首林碧川海上遇风回泊台州螺门，被都指挥王沛、参将卢镗擒获于大陈岛。九月，数百海贼由海门登陆劫掠黄岩、仙居；十月有流寇由黄岩沙埠经茅畲六次劫掠仙居、天台；又有松浦贼自福宁越平阳、仙居、宁海至奉化，官兵追击后，余贼由诸暨、东阳、临海流窜太平县蒲岐港被歼。

三十五年二月，倭自临海入黄岩西乡；六月，贼自福建莆田岐头向北流劫青田、仙居；另有盘踞定海邱家洋的辛五郎余党被围，溃败流寇入鄞县，过奉化，入宁海、临海抢掠。

三十六年四月，贼船二十余艘入海门关，又流劫松门、象山、桃渚，围攻台州府，知府谭纶剿寇于隘顽所。

三十七年，寇在栅浦设寨，分掠长浦、路桥、泽库（泽国）、沙角、松门，又劫掠临海三石镇；又有寇船泊石马林港，分掠象山、宁海、仙居。

三十八年，贼攻桃渚所城，又有千人攻楚门、松门，并犯太平县城。

嘉靖三十四年至四十一年（1555—1562 年）

自嘉靖三十一年（1552 年）江浙倭患大爆发以来。三十四年，从山东登州调戚继光至浙江任都司佥事。鉴于卫所屯兵制“兵无专统，谋不佥同”，戚继光两次向总督胡宗宪提出自行练兵。次年秋，戚继光改任宁绍台参将，并得胡宗宪同意，领三千士兵于临山卫集训。

三十八年春，戚继光、俞大猷所部受命进剿盘踞舟山岑港海寇，久攻不下。其间因贼寇大肆扰掠台州、温州，戚继光又带兵驰援台、温，自四月初五至五月二十日，会同台州知府谭纶所部兵力在桃渚、章安、海门、新河、南湾、黄华、宁海和猫头洋取得九战九捷战果。入秋，戚继光调回岑港战场，因久攻不克，限期戴罪剿寇，最后攻克。年末，戚继光调任台金严参将，改守浙中，屯兵海门卫。

三十九年，戚继光第三次提出练兵请求，得胡宗宪同意至义乌招募3000名矿工，在海门外沙集训，两年后再次赴义乌招兵，将戚家军扩至万余人。

四十年四月、五月，大规模寇乱又在台州蔓延，从四月十九日至五月二十日，戚家军接连在新河、花桥、汛桥、大田、上峰岭、白水洋、楚门、小藤岭、长沙和乐清湾洋面取得九战九捷，史称“台州大捷”。

四十一年，戚继光驰援福建平寇，升副总官，分守台州、温州、福宁、福州、兴化。

戚继光初至海门，署城隍庙，移黄岩庆善寺铜钟悬挂钟楼以作备倭警报。戚继光驻台之后，参军常态驻守，建参军衙门于前巷，衙门级别高于当地行政，俗称大衙门，门前之路遂名大衙巷。

嘉靖年间（1522—1566 年）

栅浦何宠、何宽兄弟分别任潮州知府和礼部尚书，在外为官反哺家乡，在栅浦筑石埠开河道，俗称何埠、何浦。太平县于洞黄山外围垦牌下塘。

隆庆元年（1567 年）

“以蓟门多警”，调俞大猷、戚继光赴北方戍边。是年，隆庆帝解除海禁，调整海外贸易政策，允许民间私人远贩东西二洋。史称“隆庆开关”。

隆庆四年（1570 年）

太平县修周洋、迂浦两闸，又于东家泾及近海处筑坝，令两河之水俱汇于金清闸而出，自此，黄岩、太平之水俱经金清闸出海，金清水系因以形成。

万历四十二年（1614 年）

元月，海门卫守兵缺饷哗变。七月十五日，松门卫守兵也哗变。

万历年间（1573—1619 年）

栅浦里人曹衡发起疏凿栅浦泾流的行动，使自白鹤殿至椒江岸的河段畅通连接东官河，栅浦渡埠终于成为外通江海内接椒南平原黄、太两县的重要港埠。

崇祯元年（1628 年）

郑芝龙部将周三攻昌国、石浦、爵溪（象山境）未成，屯兵大陈岛，被官兵驱离。

崇祯十五年（1642 年）

太平县围筑薛浦塘、沙角浦塘、中扇浦塘。其间，海游港北岸围筑张老塘，健跳港南岸围筑毛张里塘、周水塘、南山塘、万年塘等七八处海塘。

明代年份不详围垦海塘工程

杜桥平原沿海海塘 4 条，健跳港盐坞塘、黄门塘、健阳塘，海游港师姑塘、黄岩塘。

清（1616—1911 年）

顺治二年、三年（1645 年、1646 年）

顺治二年六月，清军占领杭州，因颁布剃发令，“人护其发，道路汹汹”。临海明代在籍官员陈函辉、原明兵部尚书张国维、原明刑部员外郎钱肃乐等拥戴寓居临海的明鲁王朱以海为监国，赴绍兴就任，与清军对峙于钱塘江两岸。次年，天大旱，江底暴露沙滩，鲁王军失守败退台州，清军追击，部将方国安等被诱降，临海遭烧杀。鲁王逃向海门，辗转石浦去舟山，不为舟山总兵所纳，被郑成功族人郑彩接至厦门。张国维投水自尽，陈函辉自缢身亡。

浙江归清后，改浙江布政使为浙江省，置巡抚以统之。废海门台州“四府衙门”，改设临海县理民分县县丞署，址移城外道头新街椒济寺右。

顺治六年至八年（1649—1651 年）

顺治六年，原石浦游击张名振、鄞县举人张煌言所部反清义军收复健跳所，鲁王赴健跳重组小朝廷。顺治七年，因军需短缺，鲁王放弃大陆，再次退踞舟山，清军进健跳，“尽迁居民，空其地”。顺治八年，清军三路攻舟山（一路由海门出海），鲁王又回厦门，被郑成功收留。

顺治十一年至十四年（1654—1657 年）

调整定海镇（在镇海）驻黄岩，顺治十四年改宁绍台镇，移驻临海台州府。

顺治十二年至十六年（1655—1659年）

顺治十二年八月，张名振、张煌言会同郑成功合兵收复舟山；年底，郑军派人策反清台州协副将马信。

顺治十三年正月初二，马信引郑成功军队进入海门关，十二日策划台州府城军变，肇事者“劫仓库，掠民家……十五日，公廨巨室尽被焚，比夜始扬帆去”；是年，郑氏部将黄梧降清，清廷颁布禁海令，严令“寸板不许入海”。

顺治十四年八月十二日，郑成功水军由三江口而上攻黄岩城，守将投降，知县被杀；二十日围台州府城，二十六日城陷，“四乡俱受荼毒，惟城中免俘掠”，九月十七日撤离。

顺治十五年九月二十六日，郑成功所部为补充给养，再入海门关，在葭沚、栅浦登岸，经黄岩向临海进发，被清军拒于拗岭；十月，郑成功部将刘进忠奔海门降清，郑部将周全斌围海门，进忠突围，郑军踞海门。

顺治十六年初，郑成功部攻占太平县城；五月，郑成功所部与张煌言所部在台州会合，联合北伐，从水路进攻南京。

顺治十八年至康熙八年（1661—1669年）

顺治十八年，置浙江总督，设宁绍台道台衙门，以宁波府为道台治所。

郑氏降将黄梧献迁海之策，朝廷颁布迁海令。康熙《台州府志》载：顺治十八年十月，“尚书苏纳海等至台，撤边海三十里居民入内而空其地。以海贼累犯，由附海居民接济故，浙江、闽、粤边海地方悉行迁徙，台州临、黄、太、宁四邑失业者多，民生益困”。所记寥寥，文字虚指，未涉地界和田亩；以该志“正赋”所列“奉文弃置”人口、土地和“盐法”所列盐场迁弃状况相比较，迁弃土地存在诸多疑问。实况是，台州沿海三十里是粮食生产的命脉和盐税的来源。从“盐法”所记可知处于沿海的盐场都仅迁弃小部分，盐民仍在活动，盐场以内农田迁弃多少是个疑问。事实是迫于民生，迁海令在台州难以“奉文”严行。严行地仅是玉环岛全迁、太平筑木城为界（今木城河）、三门健跳空其地等，而且在康熙八年以后就陆续“展复”：太平拆木城；《临海县志》称“因民穷而复界，不十年间已复十分之七”。旧海门卫和属下桃渚、健跳、前所、新河4所理论上迁徙，实仍设台寨驻兵，城内仍有居民。

康熙二年至十九年（1663—1680年）

康熙二年，移右路水师驻黄岩，康熙八年改设黄岩协，同时移宁绍台镇驻宁海，称宁海镇，防守台州及宁属象山县。康熙九年撤宁海镇设为宁台总镇，移黄岩。康熙十五年，宁台总镇改水师提督；康熙十九年重设为宁台总镇，一度改为海门镇，在海门驻总兵官，又改黄岩镇，重移黄岩县城。

清初，海门废明设四府衙门，改设临海县县丞署，址设海门道头新街西侧椒济寺右，俗称粮厅、小衙门（康熙十三年遭兵燹，乾隆年间重建；咸丰元年又毁于夹板船匪，八年又重建）。

康熙四年（1665年）

因宁海县健跳一带曾为张煌言反清活动的基地，在亭旁驻设台州海防同知府以资弹压。

康熙七年（1668年）

僧人妙真募款，康熙七年在临海城靖越门外建造下津石桥，康熙十八年成，康熙二十五年洪水冲毁。

康熙十三年至十四年（1674—1675年）

清初，顺治帝借助明降将，封以藩王，控制江南，酿成“尾大不掉”的后果。康熙以“削藩”清除隐患，又导致“三藩之乱”。康熙十三年，闽藩耿精忠以“反清复明”为口号，兵分三路向浙东、浙西、江西出击，东路以曾养性为都督，驱兵十万攻温、台。康熙十三年六月至十四年七月，祸及台州仙居、太平、黄岩、天台、临海各县城和海门。海门县丞衙门被烧，乾隆年间重建。

康熙十六年至乾隆末（1677—1796年）

康熙十六年，黄岩知县张思齐主持围垦张塘，塘坝址在渠东份、南岸里、邱家、下陈、戴家一线，此后至乾隆末，金清港以北黄岩县东部沿海又围垦头塘、二塘、三塘（围垦具体年份失考，平均间隔时间约43年），形成一条河、二条河、三条河。康熙二十年（1681年）起，太平县松门鲸川港日趋淤涨，退潮陆地连接石塘、箬山、钓浜，松甘、朝阳、南塘、上马陆续围塘，鲸川港截流成陆。至乾隆末，金清港以南太平县东部沿海也围垦至三塘，在木城河东形成老湾河、二塘河、三湾河。

康熙二十年至六十一年（1681—1722年）

太平县松门东侧鲸川港日趋淤涨，在松甘、斗门头两岸围涂对接，逐步将对岸石塘、箬山、钓浜等地连入大陆。

康熙二十二年（1683年）

八月，台湾降清，开海禁，允许民船出海。

康熙二十四年（1685年）

全国设江、浙、闽、粤4海关，专收海舶货税（包括内、外贸），浙海关设宁波江东，下设分口、旁口等，包含乍浦、大关、古窑、小港、湖头渡、沥海、象山、白峤、家子（葭沚）、江埠、温州、瑞安、平阳等沿海港口；分口下辖旁口，又有大口、小口之分，不同时期分法不一。康熙二十四年所设家子分口下辖金清、江厦、健跳、白峤4旁口（康熙三十七年，家子仅留金清1旁口，白峤升分口，健跳为白桥旁口）。

康熙年间（1662—1722年）

黄岩永宁江江田汇实施截弯取直，变4900米弯道为410米直道。

雍正五年至六年（1727—1728年）

雍正五年，浙江巡抚李卫奏请展复玉环岛，招来沿海居民报荒垦种，划太平县二十四、二十五、三十六三都地设玉环厅，为温州分府，直隶浙江省，雍正六年春交接完毕。雍正六年，临海县妥桥李德麟等围塘御海潮（见光绪《汾川李氏族谱》）；黄岩永宁江孙家汇、牟村汇截弯取直，变5500米弯道为250米直道。

雍正十年至十一年（1732—1733年）

雍正十年，筑金清、永安、兴平三闸。雍正十一年天雨十日不止成灾，官府未启闸排涝，民众愤而拆毁兴平闸。

乾隆三年至六年（1738—1741年）

乾隆三年十月，琉球国使者金城在台州登陆；该年又有琉球中山国人新垣仁的双桅船遇风漂至海门关口。乾隆六年三月，朝鲜全罗道所安岛人文隆章等 20 人随风漂至海门。

乾隆二十二年（1757 年）

清廷关闭江、浙、闽三海关国际贸易，唯留粤海关从事对外贸易。乾隆以“四口归一”将康熙的有限开放退回至闭关锁国，从此，除广州外，全国港口只做国内贸易，对外关闭。

乾隆三十一年（1766 年）

太平县东部沿海海塘围至三塘；临海县涂下桥添筑涂渎场新堤，东自上盘大岙长腰峙，西至前所老鼠峙（见民国《台临松浦李氏宗谱》），同时围筑长沙堤。

乾隆三十八年（1773 年）

福建泉漳船商在葭沚建泉漳会馆，方便闽商旅居囤货，并开设烟栈，销售烟叶、烟丝。

乾隆四十五年（1780 年）

建牧屿闸，历五六年筑成，达水泄旱蓄之效。

乾隆六十年（1795 年）

石塘、横门等营汛之地和营罗等庄从玉环厅划归太平县。筑新渎闸。

乾隆年间（1736—1795 年）

健跳港虾屿山周边围垦寨聚塘、素塘、前门塘等；上盘旧城举人李安邦斥资在鲤鱼山东墩克峙南围垦长兴塘，也称举人塘。浙江道在大陈岛设汛官，驻营兵一哨，并理政务。

嘉庆元年（1796 年）

海门椒济寺僧人在椒江渡道头建石砌踏步码头，俗称老道头。新河建五拱寺前桥。桃渚岁贡王斌发起围筑大豫、益谦二海塘（围垦年份不详）。

嘉庆二年（1797 年）

临海县松浦横楼李拔尤、东横金仲春禀请筑海塘御潮（见民国《穿山七年金氏宗谱》）。

嘉庆五年（1800 年）

三月，清军在台州外洋捕盗 170 多人。六月，安南（越南）兵船与福建凤尾、水澳盗匪六七千人进逼台州湾，在泊松门山下，定海镇、黄岩镇合兵围歼，适遇大风，覆溺盗船过半，擒杀安南侯。九月，官军在外洋会剿水澳帮海盗船 50 余艘。

嘉庆六年至十四年（1801—1809 年）

嘉庆六年，福建同安人蔡牵自称镇海王，贩运安南及南洋土产至三门湾沿海销售。嘉庆九年，蔡牵与朱溃在三门湾口对抗温州总兵胡振声，胡败溺死；嘉庆十四年，蔡、朱在台州斗米洋被剿。

嘉庆十二年、十三年、十六年（1807 年、1808 年、1811 年）

嘉庆十二年，家子口移设海门后晏公巷北，称海门口；嘉庆十三年，设白查渡埠，沟通海游镇与宁海蛎江埠（俗称白岩下）之间的海上渡运；嘉庆十六年，官府在玉环大麦屿为埠头勒石，核定章程。

道光十八年至二十一年（1838—1841 年）

道光十八年，金清港在寺前山东 1.2 公里处建七孔挡潮闸，因七字不吉利，民间称为六闸。

道光二十年至同治五年（1840—1866年）

道光二十年，鸦片战争爆发。道光二十二年，中英签订《南京条约》，被迫开放广州、上海、宁波、福州、厦门五口通商；道光二十三年，移亭旁海防同知府驻葭沚，俗称二府衙门。道光二十六年，首任同知建葭沚同知署；咸丰十一年（1861年）葭沚同知署被太平军焚毁；同治二年（1863年），亭旁改驻宁海县理民分县县丞署（民国元年废署），并驻健跳左营守备，也称亭旁汛；同治五年，重建葭沚同知署。

道光二十八年（1848年）

七月，太平县大雨成灾，金清大闸被闸外地主关闭无法泄洪，数万乡民聚集县衙要求开闸，官府不理，致5万民众自行毁闸，闸外监生陈梅五施放火炮伤人，引发此后咸丰元年、三年、六年连续发生掘坝毁闸事件。

道光年间（1821—1850年）

道光二年，永宁江断江地段建利渡浮桥。道光十一年，金清港筑七洞琅岙闸。道光十八年，筑金清七洞闸，闸底高于琅岙闸二三尺，洞门狭，出水不畅。道光二十二年，金清旧港筑大坝，以资御蓄。道光年间，太和山至金清港沿海围筑四塘（具体年份失考），也称正监仓四塘；里人苏若溪在栅浦建苏义埠。道光年间，玉环沈、刘两族人在大麦屿白墩建埠头，开辟至乐清下堡津渡。

咸丰元年（1851年）

道光十八年（1838年），林则徐在广东禁烟，曾建造夹板船，招募5000名水勇抗英。林则徐被革职治罪后，夹板船水勇粮饷无着，最终成为“剽掠为食”的海盗。咸丰元年十月二十四日，定海镇、黄岩镇、温州镇三镇兵船出海护航，在螺头洋遭遇夹板船海盗追击运木商船，海盗以佛郎机火炮攻击官兵，三镇兵船竟转舵逃向台州湾，进入椒江口，海盗船也追击进港，三镇兵船逃进永宁江靠泊黄林。海盗进海门大肆劫掠，焚烧粮厅（县丞衙门）、衙署及民房千余间，北岸横山前、长甸等地居民受恐逃难，直至二十九日，海盗船始退。因夹板船状如蚱蜢，俗称该劫难为蚱蜢乱；又因蚱蜢船髹绿漆，台州人自此称强盗为“绿壳”。

咸丰二年至九年（1852—1859年）

浙海关海门分口再迁道头新街杨府庙南，俗称台大关。宁波口岸开放后，初期对外贸易仍归江东原浙海关办理，因兼顾内贸、外贸颇有不便，咸丰九年另设新关于江北岸，专征外贸税收，俗称“洋关”，老海关则称常关。海门海关分口只是浙海关的常关，仅收常关税，舶来品与国产机制品由上海、宁波转运。

咸丰十一年至同治元年（1861—1862年）

太平天国战乱对台州的影响历时七个月，始于咸丰十一年十月，终于同治元年四月。侍王李世贤所领太平军从金华、绍兴方向进入天台、仙居，渐次攻占临海、黄岩、路桥、太平、海游、宁海、玉环。其间，地方土寇有所响应，如黄岩黄延暄、屠敖三、项莲三、小三华，葭沚黄秀德、周大统，塘角头徐大度、夏宝庆、王明功等均支持协助太平军攻占县城。各地官府或闻风逃遁，或由内部策反，或由土寇代理攻占，唯海门“善于调停”，权宜行事，里人张西铭约同各方成立三和局，自动向黄岩太平军贡赋而“未遭俘馘”。

太平军在台州每占一地即设局崇教，编户给牌，征缴粮米；或派士卒“打先锋”，绑架富户，勒索赎金；目的在于征集军饷，支持战事所需。由于横征暴敛不下于清官，最终激发台州各县地方民团联合反攻，推举原江苏候补道栅浦人苏镜蓉为总董事，黄岩、葭沚、前所、章安等地发生了一些拉锯战，迫使太平军于同治四年撤出台州。浙江巡抚左宗棠因以奏报朝廷，特别恩准蠲免台州两年钱粮。

咸丰年间（1851—1861 年）

桃渚平原山场溪入海口从闸头移至天德闸，闸外感潮河道为洞港。

同治年间（1862—1874 年）

同治五年，海门关牛头颈山建石塔，成为航船进港的目识航标；栅浦丝商王先德在镇海经商入天主教。同治六年，宁波天主教会遣教士傅道安（中国籍）来栅桥建台州第一座天主教堂。同治七年，海门教务扩展至黄岩、玉环、乐清、丽水。九年，因椒北桐峙山区山寇出没，临海县撤海门理民分县县丞，移驻花桥，以资镇压。十年，英国基督教内地会牧师赖恩来海门传教，在东去思路建教堂。福建船帮为停靠商船，在老道头西侧建福建道头，除卸运桂圆、荔枝等闽货，还靠泊冰鲜渔船。同治年间，栅浦里人苏抱经再建石砌埠头，栅浦拥有 3 个石砌踏埠道头。

同治十一年至十二年（1872—1873 年）

同治十一年，部议改黄岩镇总兵为海门镇总兵；楚门围垦南北塘；同治十二年，黄岩镇获批移驻海门，改为海门镇。

光绪元年至三年（1875—1877 年）

光绪元年，椒江河口港港埠逐步由葭沚转移海门，海门设渔团局管理船舶出入，发牌照收费。福建道头直对通衢街设福建会馆，为浙闽船商服务。二年，中英签订《烟台条约》，列温州为对外通商口岸；三年四月一日，建立温州海关，半年后称瓯海关，在海门设立分关。

光绪五年至六年（1879—1880 年）

光绪五年，美孚、鸿泰祥、衡孚、鸿祥商行在海门港经营进口煤油。六年，温州建教堂，台州教务与温、丽脱钩。

光绪五年至三十三年（1879—1907 年）

光绪初，山区贫民集聚北桐峙山区，因遭人举报，首领桐坑人蒋世炳杀“宿仇”（举报者）一家三人。光绪五年（1879 年）八月，县役前往拘捕被拒，台州府派兵弹压又遭抗击，省派统领李光久率军进剿，焚桐坑村，死八十余人，蒋世炳与同伙涂下桥（杜桥）人金满逃逸海上，抢劫营船军火，绑架富户勒索。

七年，金满潜回桐坑，遭海门镇水陆兵围剿，其亲戚项道志被捕，金满逃脱。由是设计劫狱，而形成流传甚广的“金满大闹台州府”故事。此后，金满更为胆壮，专门攻击财富集中部门，如地方厘局、税卡、粮厂和富户，获得了闻名遐迩的“劫富济贫”名声，其身影在台州海陆神出鬼没，因有百姓掩护，官府穷于应对。

八年，长江水师大臣彭玉麟巡阅杭州，天台县廪生谢梦兰请愿说降金满。经说服，金满应允招抚条件，得朝廷允许，授金满五品功牌及战马，所部百人皆换发后膛枪，由彭玉麟收于帐下，留营效力。

中日甲午战争爆发后，服役奉军的临海钓鱼亭人董毓琦针对金满，建议招台州军横渡朝鲜，袭击日军后路，未被采纳。二十一年，时任安徽庐州知府的台州兆桥人王咏霓上书两广总督张之洞，保荐时任太平营水师千总的金满“堪调用”。张之洞组织金满所部集训。在训练中，中日达成协议，金满仍回任旧职，后任长江水师守备，仍驻安徽太平州，至光绪三十三年告老辞官。

光绪十三年至二十二年（1887—1896 年）

光绪十三年，葭沚船商黄蒸云承包临海、仙居、天台、宁海、永康、武义、缙云 7 县食盐运销，嗣后，除台州外扩大至婺州、处州其他县外，海门成为浙东重要食盐运销中心。项士元《海门镇志稿》引《悔无咎斋日记》，“光绪十三年，海门有轮船行椒沪”，又称“一云光绪二十八年法教士始开轮埠，通商轮”。但清廷在光绪二十一年始解除对华商行驶轮船禁令，光绪二十四年五月颁布《华洋轮船驶赴中国内港章程》，内港指未对外开放港口，以上记录存疑。

光绪十五年（1889 年）

金清港在六闸下咸田湖重建金清闸，为五洞兰田闸，又称玉洁闸。

光绪十九年（1893 年）

法籍神父李思聪在海门西门街购地建教堂，成为台州天主教总堂。同年，海门渔团局改为商办，所有进出船舶由代理行向渔团局报告，检验放行。

光绪二十年至二十一年（1894—1895 年）

光绪二十年，海门天主教堂神父李思聪通过地痞贱购海门沿椒江新涨涂地 200 余亩。光绪二十一年，由海关巡工司在北渔山建灯塔（宣统二年改造）；黄岩知县关钟衡主持围新塘，位于金清港以北四塘以外，俗称关塘，也称五塘；黄岩五峰山北南官河筑金字坝蓄水以保上游水位，因盈水过坝，称为滚水坝，其地即名坝头。

光绪二十三年（1897 年）

宁波商人与海门商人合资开办外海商轮局，购置海门轮，开辟椒甬客货班轮。十一月，海门绅商陶祝华（寿农）、王勤甫与路桥绅士杨晨集资创办越东轮船公司。

光绪二十四年（1898 年）

五月，海关总税务司颁布《华洋轮船驶赴中国内港章程》，准许在通商口岸注册的华洋轮船行驶内港。八月，越东轮船公司所购永宁轮开航椒甬航线，靠埠葭沚。是年，海门绅商王梦兰、蔡霖等创议，得海门镇官兵协助，在沙门开凿海门新河，连通江城河与乃崦岭外三才泾，再延伸江城河，在近江边向东折，形成与江岸平行的内河港池——大埠头，完善了解决地海港与内河航运的衔接，原靠泊葭沚的永宁轮改靠海门港。

光绪二十五年（1899 年）

一月，意大利军舰巡视三门湾，省令布防。二月，意大利驻华公使马丁诺向清廷提出租借三门湾，开办浙江矿务，清廷拒绝。三月，蓬街四甲应教痞阮小本霸占寡妇养老田，被义士张保雄挖眼，官府逮捕张保雄入狱，引发蓬街武生应万德率众“除洋灭教”，攻打海门天主堂，组织劫狱，并焚毁洋屿、栅桥、泉井、茅林、新河、石桥头、二塘等 11 处教堂。法国军舰由是至海门港示威，结局为反教运动被官府清剿，应万德与其弟被杀于兵船。

光绪二十七年至三十四年（1901—1908 年）

自光绪二十七年开始，海门天主堂在所占江滨新涨土地上建房屋，开辟东新街、西新街，在大埠头两岸建北新街、南新街，并在福建道头西侧建安川码头。光绪二十九年，《中日通商行船续约》签订，清政府核定《内港行轮试办章程》；海门与前所间设立义渡，以小驳船摆渡乘客和货物；海游至石浦间通航客货航运，每月往返六次，海游方使用木帆船，石浦方使用小轮船。光绪三十年，日本载阳丸轮开辟沪椒客货班轮，台商赴沪甚众。不久，载阳丸轮停航，景茂轮续航，越东轮船公司不堪外轮独占沪椒航线，于光绪三十一年购永江轮航行沪椒线。光绪三十二年十月，永江轮被撞，又购永利轮续航。光绪三十三年，海门椒济寺右设临海警察局海门巡警分局；光绪三十四年，永宁轮兼航温州。

二十八年，海门设邮政局，时台州各县邮件均由外海航轮运至海门邮局转发。海上邮路有两条，一为宁波经镇海、定海、石浦至海门，两轮船对开，24 小时可达；一为上海经定海至海门，36 小时可达；再由海门经水路转发临海、黄岩；台州湾平原北至花桥、康谷、小雄，南至松门、大溪、太平、江厦均由海门邮局直接投递，也大多经内河水路，往南步班邮路甚至送达乐清雾湖、大荆、虹桥；台州西部山区由临海局和黄岩局转递天台、仙居、宁溪等地。光绪三十二年，架通宁波至海门电报线，北线宁波至临海，南线临海至海门，初设台州府电报子店，沟通宁波、奉化、宁海、海门；后称台州电报局、海门电报局。

光绪年间（1875—1908 年）

太平县东部沿海从三塘围垦至七塘；东南部自苍山东麓甘岙至松门招宝山南麓、罾棚山均围海塘；南部自淋川苍山西麓至石桥沙角浦围垦盐场头、杨家浦、金家厂、闸头里、塘里、下李、王红下等海塘。坞根围垦坞根外塘、沙潴外塘、青屿外塘。健跳港有杭州寡妇出资围塘称杭州塘。晚清时期，健跳港还围盐塘灰漏塘；旗门港沙柳围垦南塘、砚池塘（门前塘），围筑年份均不详；大陈岛海防营汛划上大陈岛为黄标中营巡地，下大陈岛为黄标右营巡地。

宣统元年至三年（1909—1911 年）

宣统元年，黄岩邑人江茂才购置永裕轮开辟台州首条内江客货班轮。改海门巡警分局为海葭镇巡警事务公所。宣统二年，裁撤绿营，改海门镇为浙江外海水师巡防队中路分统。临海创办商轮公司，址设江下街，购船 4 艘。上海允康、华洋、纽约克、义记等保险公司在海门设立代理店。宣统三年，兴昌客轮首航海门至临海内江航线。公历 10 月 10 日，武昌起义，11 月 5 日，海门驻军入临海，宣布成立台州军分府都督；革命军招募仙居 200 名新兵经海门乘船赴南京。

中华民国（1912—1949 年）

民国元年（1912 年）

废府、州、厅制，各县直属省都督府。2 月，玉环厅改玉环县。8 月，临、黄两县协同在海门设立漏米局，查禁稻米偷漏出海，旋改为查米局。是年，临海潘炯章在江厦街金鸡岩头建首座轮埠；黄岩北门外建六顺堂、永利、黄海3埠；海门电报局接通至黄岩电报线。

民国2年至5年（1913—1916年）

民国初，由前清浙洋水师设水警筹备处。民国2年12月改编为浙江外海水上警察厅，由杭州移设镇海，下辖2总署11分署，第一总署驻海门，管辖第4—8分署，太平县警察署在大陈岛设凤尾山派出所，驻上大陈关帝庙。

民国2年，北洋政府于各省边要地区设置镇守使。民国3年，海门设台州镇守使，署设大衙门。民国5年10月改为宁台镇守使，署由海门移宁波，海门留警备队（15年，镇守使撤销）。时任浙江巡按使的临海人屈映光呈准北洋政府，由绅商黄楚卿（崇威）、陶祝华、杨晨、周萍洄、项沛霖、姚梧冈、洪宇清、周佩璜等筹款10万元，向海门天主堂赎回被占江滨土地200亩。

民国3年，行道县制，台州临海、黄岩、太平、天台、仙居、宁海6县属会稽道，玉环县隶温处道（6年改瓯海道）；同年，太平县改温岭县（大陈岛隶该县）。黄楚卿、杨晨等集资20万元创办海门振市股份有限公司，开始在东新街外侧开发振市街，以及振市第一、二、三号木质浮式码头，此为台州最早经营航埠兼房地产开发的股份公司。玉环坎门在鹰捕岙桑叶嘴头建外码道，在钓艚岙拗口西角建内码道，椒瓯、甬瓯、沪瓯客货班轮在此弯埠停靠。

民国4年，浙海关常关设海门分关。浙江省立甲种水产学校在葭沚原二府衙门旧址前的椒江书院创办，设渔捞、制造两科，在全国范围内招生（12年改高级水产学校，15年迁定海）。

民国5年8月26日，孙中山偕胡汉民、邓孟硕等乘建康舰考察三门湾，称三门湾为“实业之要港”，将其列入所著《建国方略》，定其为“东方第九渔业港”。

民国6年至26年（1917—1937年）

民国6年，浙江外海水上警察总署以区称呼，分署改为队，海门设外海水警第二区及第三游巡队，区辖11游巡队。11年撤区、队，并11队为5个水巡队。14年扩为6个水巡队，其中第六水巡队兼管椒江内港。25年改称浙江省外海水上公安局，辖6个队及2个特务队。26年复改浙江外海水上警察局。

民国7年、8年（1918年、1919年）

民国7年，宁海徐春荣、邹辉清等建议开辟三门湾为华侨回国自治居住区。

民国8年2月8日，民国政府颁发招来华侨兴办实业令；6月22日，成立三门湾自治农垦筹备处；10月，侨团代表至三门湾实地查勘，选海游为现行开辟地址。

民国10月19日，在五四运动影响下，台州救国协会、海门商学联合会成立，开展查禁日货活动。临浦商轮公司置临浦轮航行于石浦、鹤浦、泗洲头、海游之间（日军占石浦时停航）。

民国9年（1920年）

英国亚细亚石油公司和美国美孚煤油公司在振市公司三号码头东购地建造储油库，除建3只油罐外，建造平台长40.27米的石油码头。台州盐业督销局由临海迁海门。同年，北洋政府特许三门湾为模范自治农垦区域，作为华侨回国居住经营实业之地。

是年7月13—17日，暴发台风、暴雨、海潮、山洪，海门水深丈余，江岸房屋冲毁十之八九，大小船舶损失百余艘，淹死千余人；临海大水入城，深丈余；温岭平地水深数尺；宁海吴都、蒲峰、大周、晏站（今三门县地）均受淹。灾情为60年间所未有。临海、黄岩、温岭、天台、宁海共计溺死3000余人，灾民万余人。

民国10年（1921年）

临海东门（崇和门）脚建船埠，设粮食市场，木船可从灵江循护城河直达吊桥头。

民国11年（1922年）

海门振市公司购三江口沿江土地30亩建2座木质码头（民国18年卖予三宜合资社，民国19年买回，抗日战争时拆毁）；11月，日商伊藤坚勾在海门设铃木洋行采购樟脑，被海门统捐局驱逐。同年，黄岩、温岭商人成立金清商轮公司，开辟金清至宁波海上航运；海门重建椒江义渡，购永安轮投用。是年，孙中山发表兵工计划宣言，投入兵工2个团，在浙闽干线第二工区修筑天台县城至白鹤殿10公里和黄岩至泽国20公里路面，此为台州境内最早的公路工程。

民国12年（1923年）

椒甬班轮延伸至黄岩，宁台轮船公司在黄岩永宁江沿岸建六顺堂木质码头，永川轮船公司在其东侧建湖广木质码头。

是年8月7日，台风、洪潮大作，椒江江面损毁船舶数以千计，死亡万余人，葭沚700余户房屋倒塌；临海洪水入城，灵江长船覆没70余艘；黄岩金清积尸载道；温岭海堤决口，水深数尺，拔树倒屋；石塘沉没渔船600余艘；温岭东乡淹死2018人，灾民4735户，16560人无家可归；温岭南乡淹死1102人，灾民3582户，13153人无家可归。

民国13年至22年（1924—1933年）

民国13年春，浙江省甲种水产学校建立共产党组织。5月，日商加藤凡小男在海门开办日华公司收购木炭，士绅李惠人等请愿建立禁止柴炭出口公会，迫使日商离境。是年，临海小海门70多艘长船专营临海至仙居水上运输。民国16年，海门禁米局改称海禁局，在金清、松门设分局，江厦设分所；民国22年，粮食自由流通。

民国14年（1925年）

在上海五卅运动的影响下，海门学生在省甲种水产学校师生的带领下上街游行，临海、黄岩、温岭、宁海县城的学生、民众也上街游行，声援上海工人，抵制洋货。温岭阻止英国煤油上岸，烧毁洋烟2.5万包。

是年，玉环里人支鸿基等在坎门鹰东沙山顶建助航灯塔。台州湾南翼围垦五塘，因由临黄温塘工委员汤赞清主持，也称汤塘；约在同期，杜桥平原也围海塘1条。

民国15年至19年（1926—1930年）

民国15年，海门振市二号码头扩建，趸船长29.6米。该年，延伸椒甬客货班轮至三江口；开辟海游至象山鹤浦客货木帆船航班，每月往返6次。

民国16年，开辟海游至宁海白岩下客货木帆船航班，每月往返6次；辟路桥至太平内河客班船。温岭成立挑夫工会，500余会员分布于城关、新河、泽国、箬横、松门、温峤等11处。

民国17年，海门振市一号码头扩建，趸船长27.2米。达兴轮延伸椒沪客班航线至黄岩。海门社会法团永慈堂为筹集慈幼院小学教育基金，在振市公司一号码头西侧建永慈堂码头，靠泊能力100

吨，提供海门—临海和海门—黄岩内江客轮停靠，俗称小码头。路桥至温岭开通内河客班轮。开辟海游至宁海朱门木帆船客货航线，每月往返6次。省建设厅动议在台州湾口建穿礁灯塔，议而不决；民营益利轮船公司出资在大竹山建小型灯塔，后有永宁、永川、平阳三公司在乱礁洋建灯桩，在牛头颈山、腾云山建简易灯标。温岭包玉竹在钓浜建灯塔。

民国18年，海门振市三号码头扩建，趸船长27.2米，码头前沿水深可达6米，可靠泊1500吨级船舶。茂泰轮开辟黄椒客班轮夜航。临海商轮公司在江下街沿岸建木质浮码头1座，供椒临线客轮靠泊。温岭四通公司开通温岭至院桥内河客班轮。益利轮首航海游港蒲西巡检司与温州之间。民族资本家许廷佐在上海总商会的推荐下发起开发三门湾商港的行动，在海游蒲西旧巡检司址建益利码头；10月16日，经政府批准成立三门湾辟埠公司，设蒲西旧巡检司址。

民国19年2月，为避免椒沪线多艘班轮相互倾轧，在上海组织联安航务公司，进行联营。6月，三门海游蒲西有益利轮通航上海。是年，成立海门米粮出口检查处；海门港区新建同昌、协记过塘行（至21年，海门过塘行除以上两行，还有王永兴、雷阜成、新福泰、台公新、公信、公益等）。黄济轮船局在黄岩城关北门外樟树下永宁江岸建木质码头一座，供黄济班轮靠泊。黄椒汽轮局置黄椒客班轮开辟温岭—路桥航班，购太平轮往返温岭、洪家。

民国16年至19年（1927—1930年）

民国16年，废道县制，各县直属省政府；11月，在省内8个区域设立管理船舶事务所，海门设立浙江管理船舶第六区事务所，管辖区域自象山港以南象山、宁海、南田、天台、仙居、临海、黄岩、温岭8县沿海和内河水域。民国19年2月，成立浙江省航政厅，将原船舶管理的8个区事务所合并为4个区分局，温州设第四区分局，管辖温、台两地，海门设浙江省航政局第四区分局海门办事处（址设新堂）。

民国18年（1929年）

永宁江亢山汇牛轭弯道被山洪冲直，自然截弯取直。

民国20年（1931年）

行政院颁布县政府分区设署办法，临海县将椒江河口港两岸设为海门区（在民国20年、24年、28年、33年分别称为第七区、第四区、第二区、第六区），辖区涉海门、葭沚、山东、栅浦、三山、上辇、前所、章安、玉岘、涌泉（不同时期设乡各有不同）。

是年，浙江省航政局第四区分局海门办事处改为浙江省第四区管理船舶事务所第五分所，石浦设第六分所，象山、南田归第六分所管辖；7月，交通部上海航政局成立，辖区包括苏、浙、皖3省，设立上海航政局海门航政办事处于永慈堂码头边，与浙江省第四区管理船舶事务所第五分所成骈枝机构。浙海关海门常关裁撤；除英国亚细亚和美国美孚石油公司早已营销外，美国德士古石油公司、苏联光华石油公司也在海门设立代理行。

是年1月，黄（岩）泽（国）路（桥）椒（海门）公路汽车有限公司在路桥成立。2月，黄岩县成立挑夫职业工会。9月，“九一八”事变爆发。10月，临海、海门、黄岩、温岭等地的学界发起抵制日货运动，焚烧查获日货；温岭县成立抗日救国队。

民国21年（1932年）

2月，温岭县署在钓浜牛山岛着火嘴建灯塔。4月因交通部经费支绌，上海航政局海门航政处裁撤，归并温州航政办事处，海门设温州办事处海门登记所。5月，怡兴汽轮公司置云龙客轮航松门、路桥间，建温岭城关东门汽船埠头。6月，海门至路桥公路筑成通车，为海门港通汽车之始，也是台州采用汽车之始。

9月，省县间建立行政督察区，临海、黄岩、温岭、天台、仙居、宁海6县设为第五特区（台州），区署设临海；玉环县隶第四特区（温州），区署设温州。10月，第五特区改为第四特区，区署移设海门，驻原镇守使署（大衙门）；温州第四特区改为第三特区；宁波为第五特区。

民国22年至26年（1933—1937年）

民国22年1月，瓯海关在海门设立支关（也称分卡，12月对外办公）。3月，温岭县置平海号巡轮。10月，黄岩至泽国通车。是年，废除粮食出口发证办法，粮食自由流通。

民国23年，重设海门航政办事处，由宁波航政办事处兼理。是年，开通黄岩—临海—天台—新昌公路，派员勘定前所至杜桥公路走向；民国21年开工的位于金清港垃圾汇的廿二洞闸竣工；海游善岙有小汽船通象山石浦、鹤浦。

民国24年，第四特区改为临海行政督察区（区署设临海），第三特区改为永嘉行政督察区。同年，海门航政办事处址迁东新街14号新永川公司用房；甬椒瓯线各班轮协商组织联营机构——联合甬台瓯航务公司；临海至仙居内江开设定期客船，两艘16座木船对开；新河义记汽船公司购新河轮，横湖公司购横湖轮，横峰金国耕等购路太轮先后开辟新河—海门、温岭—黄岩、温岭—路桥客班航运。

民国26年，黄岩北门外有江大、金汇元、永升3码头；东官河山头金筑滚水坝蓄水以保持上游水位，内河航运为之受阻。

民国25年至37年（1936—1948年）

民国25年5月，临海行政督察区改为第七行政督察区，区署又移设海门；永嘉行政督察区改第八行政督察区，玉环县属之；宁波为第六行政督察区；民国29年，临海县东北部、宁海县南部和南田县全部设立三门县，隶属第七行政督察区。民国30年4月，为避日机轰炸，第七行政督察区署由海门迁临海。民国31年，天台县划归第六行政督察区（宁波）。民国32年，宁海县划归第六行政督察区。35年，磐安县划归第七行政督察区，天台县划回第七行政督察区，时第七行政督察区辖临海、黄岩、温岭、仙居、天台、三门、磐安7县。民国37年，第七行政督察区改称第六行政督察区，辖临海、黄岩、温岭、天台、仙居、三门、宁海7县。

民国25年至28年（1936—1939年）

民国25年，浙江省灵江民船船员工会成立，台州各县相应设立分会；修筑海游至高枧公路，仅筑成路基，在抗日战争时为阻止日军自毁。

民国26年2月，浙江省所设管理船舶事务所与交通部法令抵触，驻海门第四区管理船舶事务所海门分所撤销停办。7月，开工修筑前所至杜桥公路路基。8月13日，淞沪战役爆发，航行椒沪、椒甬航线的所有轮船为避免日机轰炸，转为中立国国籍。9月，海门籍军官包志秀在淞沪会战中阵亡，海门实行公祭，于“城门头”建抗日阵亡将士纪念碑；茂利小汽轮航海游—海门间。

民国27年3月4日，为防日军入侵，海门港进行自我封锁（其后至1942年，海门港时而开放，时而封锁；开放时间段：1938年7月18日至1939年3月、1940年10月至1941年3月；其余时间暂准在金清、岩头、松门运输橘果等物资）。6月，日军骚扰浙东沿海，奉命破坏黄泽、黄临、路椒公路，汽车运输停止（至民国29年彻底破坏路基，垦种路基）。9月15日，日舰泊大陈岛红美山附近海面，登茅垣沙地，立木牌上书“昭和13年9月大日本海军用地”。10月，上海沦陷，转葡萄牙国籍之神福轮遣返台州难民至海门港。11月，台州各地学生在东山中学成立学生救国联合会，阻止温岭张翰庭运米资敌，迫运米神福轮驶离海门港。

民国28年2—10月，日机、日舰连续在台州湾、海门、临海、黄岩、坎门、石塘、楚门、箬山、钓浜等地实施轰炸，各地船舶、码头设施、公共设施、民房损毁严重，人员伤亡惨烈。8月，日军拟在海门登陆，被土著武装王采平部佯装投敌反戈袭击，日舰封锁椒江口。该年，有船商在木船上安装发动机，经营临海至仙居、天台水上客运。

由于宁波、温州沦陷，海门港成为浙东仅存的连通外海的孔道。民国28年8月，第三战区司令部即以海门港为起点，开辟浙、赣、闽、皖4省省际水陆联运，其主要通道即是自椒江口经临海、仙居至皤滩，然后辐射浙西、江西、安徽的运输通道；其次，在温州尚未被日军占领期间，台州物资也可由内河运温峤，经江厦港从乐清湾运温州，再通过瓯江内运。

民国29年至30年（1940—1941年）

民国29年3月，浙江省战时温台航运管理处在永嘉（温州）成立，30日，投敌的汪精卫就任伪国民政府主席。6月，日军登大陈岛抢劫，烧毁凤尾山小学。7月，交通部在葭沚设立直辖海门航政办事处，归直辖宁波航政办事处兼管。10月，战时温台航运管理处裁撤；该月，海门各界召开讨汪大会，雕汪精卫夫妇跪像置抗日阵亡将士纪念碑前。12月，黄泽路椒汽车公司撤往丽水改营货运，因营业不佳破产。该年5—10月，坎门、三门沿赤、海门、黄岩、大麦屿、石塘、松门均遭日军轰炸、炮击，船舶房屋毁损、人员伤亡惨烈。是年，奉令破坏天临公路赤壁坑段、临黄公路黄土岭断，在前所至杜桥公路路基上每隔10米就挖一处壕沟。

民国30年3月，瓯海关在金清港设立分卡。4月，宁波沦陷，宁波航政办事处迁海门，与海门办事处合署办公。4月19日至5月3日，日军黑田部队500余人占领海门，振市公司三码头和仓库、港口商铺遭破坏、烧毁，第七行政督察区署驻地大衙门、印山国民党党部和总理纪念堂、东山中学、新建台州中学、葭沚原水产学校及原二府衙门、海门民众教育馆等行政、教育、文化设施悉被烧毁，“城门头”汪精卫跪像被日军捣毁并弃于旁边的废井中。其间，黄岩县城、临海县城、路桥短时间沦陷，县政府、党部、警察局和一些民房、商铺均遭焚烧。是年，黄岩县府向船户借贷，建江大、金汇元、永升3码头。

民国30年3月、4月、5月、10月，松门、石塘、箬山、钓浜、龙门、温岭县城、玉环鲜迭、玉环县城、楚门、黄岩宁溪、临海筱溪、三门海游、仙居县城均遭轰炸；该年日军入侵的区域还有松门、龙门、九洞门、淋川、咸田、度爿、箬山、钓浜、大陈岛等。

民国30年4—5月海门短暂沦陷后，日军舰巡航浙江沿海，阻扰轮船航驶，台州守备区也实施禁航，其间仅有海门正华公司雇用意大利籍玛贝利亚汽船和利利轮、永茂轮在7月、8月、11月、12月4

次冒禁在金清港偷运麻帽去上海，外海航运为之断绝。后又暂允帆船在金清、岩头运销土货出口。

民国31年（1942年）

1—2月，黄岩县征集临古、茅畲壮丁，对小澧汇、戴家汇截弯取直，取直新河165米、240米，缩短航道2935米。

民国31年至33年（1942—1944年）

民国31年4月18日，美机轰炸日本东京返航途中油尽，迫降三门县南田大沙村，5名飞行员中有4名负伤，三门县军民将其送至海游治疗，临海恩泽医院连夜接伤员至临海治疗，于5月初护送至昆明。该年4月，日军登陆披山、坎门、陈屿，烧毁坎门中心小学。5月，日军侵扰玉环环山、合垟、鸡山、坎门。6月，日军登陆温岭龙门，轰炸海门、临海。7月，日军入侵玉环陈屿、青普。8月，日军轰炸三门沿赤、小雄、泗淋，并在蒲西巡检司登陆。5月后，海门航政处派员在上盘、涂下桥、岩头、金清、松门核发船舶通行证。12月台州专署派人游说沿海岛屿各股土匪莫附敌。该年，永宁江小礼汇、戴家汇地段航道截弯取直，潮济航程缩短至10.6公里。

民国32年2月29日，美机炸沉靠泊大陈岛日军船舶1艘，大陈岛土著武装扣日军船舶4艘，连续与日军对抗几个月，致使日伪难以成立“维持会”。5月，瓯海关在石塘设立分卡。9月，海门航政处拟订《防止帆船资敌办法》，呈准交通部施行。6月，七区专署将海匪收编为台州外海护航队，300人为大队、100人为中队，白沙一带为杨心贵所部第一大队，健跳一带为仇灼华所部第二大队，温岭外海为李日忠、江可亮所部第三大队，岩屿王莲森所部为驻海门中队。10月，浙江省政府浙东行署迁驻天台县嘉图镇（今街头镇，民国34年10月离开）；同月，日军侵犯大陈岛，赶走当地武装王仙金（相义）部。12月，财政部货运管理局临海货运管理站成立，组织15艘帆船特许出入海门封锁线，抢运从沪甬沦陷区进口的物资。是年，黄岩永升码头被日军烧毁，临海渔棚庙和金鸡岩各建木质浮码头一座。

民国33年，迁址天台嘉图镇（街头）的浙东行署因始丰溪水少难行船，由天台县县长任主任组织始丰溪浙东委员会，决意疏浚嘉图镇至县城河道，期可直航，至民国34年2月完成嘉图镇至平桥段。1月，开通江厦至乐清东山埠航线，沟通台州与温州的交通。2月18日，一直与日军展开抗争的王仙金部，收复大陈岛。3月18日，3艘日舰、2艘汽艇进犯椒江口，护航队迎击，美机助战，日舰逃遁；同月，日军在洞头洋劫持坎门至洞头渡轮，并进犯北门山投。3月，为管制出海帆船，北至宁海，南至乐清湾遍设8个渔帆船检查所。6月5日，台州专署收编王仙金部，设第七区海上抗卫支队，授王仙金为护航支队长之职，所辖除已有三大队，增李文彬所部第四大队、江义仁所部第五大队、活动于南田的第六大队、陈明远所部特务中队、李庆余所部独立第一中队、余云德所部独立第三中队，收编海匪总人数达3000余人。12月29日，日军在温岭沙山塘东门登陆，扫荡盐场第十一、十二场务所，盐警抗击，被日军惨杀。是年，前所至杜桥辟拉纤快船，每日两班。

民国34年（1945年）

是年春，为配合盟军轰炸日本本土，中美合作所在兆桥朱家店设气象观察点，同时在天台添设测候站。3月，日军在玉环山头坑、鸡山登陆，并轰炸石塘。3月17日，日军南遣第4舰队司令、海军中将山县正乡乘机从新加坡返航，被美空军击伤机翼，迫降椒江水域，在葭沚江岸遭海门护航中队与水警队袭击，山原正相自杀，当场击毙出逃之人9个，俘虏4人，余上岸逃向涌泉，次日在涌泉九龙山擒获2人，击毙2人。

4月1—4日，美机在三门檀头山狗头滩、三门湾口白玉湾炸沉日军运输轮各1艘，另有万油丸轮炸伤逃至石塘洋面被护航队围歼；6日，1架日机迫降椒北涛江闸附近，被驻军击毙2人，俘虏1人；8日，日军至坎门抢粮；13日，日舰飞鳌丸在大陈岛洋面遭美机轰炸，被王仙金部围歼；19日，日军入侵玉环县城。

4月至6月5日，日军吉田部30余人登陆坎门，会同汉奸设立“玉环县维持会”、盐务稽查所、赌场、妓院。4月，宁波恢复通航，交通部直属海门航政办事处裁撤。

5月，日军第23师团野川部队攻陷楚门镇，国民护航教导队暨抗卫支队、温岭和玉环国民自卫队、北监盐场盐警奋力抗战历10余日。5月24日，日伪军在隘顽（岙环）登陆，护航队激战10小时退敌。

6月22日至7月5日，从福建溃退北窜日军第22、25混成旅团经乐清自黄岩入海门、临海，沿途产生一些交战。7月2日，日军撤离。8月15日，日军投降。8月，朱家店气象站迁移海门东山济公坛（今东山公园内）。

9月，成立海门市区复兴计划委员会；15日，台州沿海开放渔船，21日开放商船。10月19日恢复椒甬航班，10月25日恢复椒沪航班。该年，杜桥李温置南华轮往返于上海、台湾等地，翌年在舟山至上海洋面沉没。

是年，浙江省主席黄绍竑拨款疏浚连盘至新闸的4公里河道和新闸至天德闸的4.5公里河道，河段因以取名黄公河、黄公支河，成为沟通杜桥平原与桃渚平原的内河交通主干道。

民国35年至36年（1946—1947年）

连续三年修复海门港振市公司在战争中遭损毁的一、二、三号码头。修复黄泽、黄临、路椒、天临公路，重修前所—杜桥公路。民国35年，撤天台测候站，在温岭新河南监设黄岩测候站，中美合作所海门气象站移商会路。民国35年12月15日，浙江省政府主席沈鸿烈视察海门，在天主堂召集临海、黄岩、温岭三县县长及各界人士座谈。沈鸿烈针对黄岩绅士王希隐首议海门设市问题称：“要繁荣台属各县，先要繁荣海门，要繁荣海门，先要设市，唯望诸位先将设市条件完成起来。”

民国36年2月，椒江义渡恢复。9月，三门海康轮航海游—石浦—沈家门航线，每月3次。12月，章安、运大、江大、永升4轮联合经营海门至临海、黄岩内江航班。是年，中美合作所海门气象站由上海气象台接管，更名为中央气象局海门气象站。

民国37年（1948年）

第七行政督察区改称第六行政督察区，辖临海、黄岩、温岭、天台、仙居、三门、宁海7县，玉环县属浙江省第五行政督察区（温州）。3月，设立浙江省椒江口建设委员会。内战爆发致海门港航运急剧衰落，关税短绌，入不敷出；5月15日，瓯海关海门支关裁撤。年底，海门港客货班轮茂利轮、江苏轮撤逃台湾。民国期间，温岭县东部沿海海塘在七塘外围至九塘，围塘年份失考。

中华人民共和国

1949 年

2 月 17 日，共产党浙东第 2 游击队攻入三门县城。4 月 7 日，共产党浙南游击队括苍支队攻入玉环县城。5 月 23 日，驻天台国民党军逃亡宁海，中国共产党天新县工委、浙东行政公署部分人员进入天台县城。5 月 28 日，共产党浙南游击队括苍支队攻入温岭县城。5 月 29 日，国民党临海县县长、第六行政督察区独立团团长逮捕督察区专员起义；同日，前黄岩县长率部捕捉现任县长起义。6 月 3 日，黄岩盐场场长及盐监大队长率众起义。6 月 8 日，中国人民解放军华东军区政治部电令成立浙江省第六区专员公署，下辖临海、黄岩、天台、温岭、三门、仙居、宁海 7 县以及临海城区、海门区。6 月 15 日，解放军第 21 军 62 师进入临海城。6 月 23 日，解放军第 62 师 184 团与 185 团 2 营歼灭涂下桥（杜桥）国民党残军。6 月 25 日，解放军第 62 师 184 团自北岸渡江进入海门。7 月 5 日，解放军第 21 军 61 师攻入宁海县城；同日，解放军第 62 师 186 团攻入仙居县城。至此，台州全境除大陈岛、披山岛、一江山岛等沿海岛屿仍为国民党政权控制外，其余均为共产党政权控制。

6 月 8 日，解放军电令浙江省第六区专员公署改为台州专员公署，为浙江省人民政府派出机构，公署驻临海城区，下辖临海、黄岩、温岭、天台、三门、仙居、宁海 7 县以及台州专员公署临海城区直属区、海门直属区（以民国海门区为辖地）。国民党“温岭县政府”“临海县政府”流亡大陈岛、一江山岛。

12 月，修复临海至黄岩段公路；临海—新昌—杭州公路恢复通车。

是年，政府派员成立振市公司管理委员会，组织股权资产清理小组进行管理和清理；航政仍由浙江省航务局宁波办事处管理；中共海门工委对大杠行搬运工人进行登记。

1950 年

2 月，象山象南轮、福宝轮航行海游、鹤浦、泗洲头、石浦间。

3 月，海门直属区所属涌泉、玉岘、章安、前岸 4 乡划归临海县；临海成立搬运工会。

5 月 25 日，撤销临海城区直属区，划归临海县。海门直属区原有山东、葭南、三山、上蒆 4 乡划归黄岩县，直属区仅辖海门、葭沚两镇和栅浦乡。

5 月，解放军华东航空处气象处接收海门气象站，6 月开始编发气象电报。

8 月 18 日，浙江省航务局海门管理所成立，址设海门北新椒街 146 号。

10 月 15 日，海门港汽轮公司在海门东升街 4 号成立，新台州轮首次武装通航宁波。

11 月，新台州轮首次武装，首航上海。

12 月 7 日，海门搬运服务所成立，实行统一承揽物资、统一调配、统一运价的三统一管理；27 日，小台州轮首次武装，首航上海。

是年，温岭搬运工会成立。5 月，路桥至海门、黄岩至路桥公路由解放军驻黄岩部队修复。是年秋，温岭县金清片围垦民兵塘，松门围垦山后红至癞头屿玄真洞海塘。

1951 年

1 月，华东联运公司温州分公司联运工作组成立，业务涵盖温岭县。

3 月，三门县成立搬运工会。

4—8 月，黄岩县发动金清、三甲两区农民连接六塘外盐坛，完成七塘海涂围垦；温岭县东部围垦自卫塘。

5 月，海门汽轮公司改名为台州运输公司，并在宁波、上海设立办事处。

7 月，重修金清廿二洞闸。

10 月 3 日，成立椒江渡轮管理委员会；8 日，恢复海门港南北两岸轮渡。

10 月，国营华东联运公司浙江省公司在临海设立临海办事处；16 日，华东利民运输公司台州分公司成立，台州运输公司同时撤销。

11 月，黄岩搬运工会成立；国营华东联运公司浙江省分公司在黄岩、三门设立联运站。浙江内河航运管理局设立温岭管理站。

是年，修复台州至杭州、温州的公路。玉环县有木帆船小组联营组织。

1952 年

7 月，临海县成立搬运服务站；8 月，成立临海县船民协会，下设城西、双港、大石、南山（天台）、城埠、涌泉 6 个分会，船舶共 573 艘。

9 月，华东联运公司浙江省公司临海办事处改名为台州办事处；华东利民运输公司台州分公司改称华东区海运管理局海门办事处；临海县成立木帆船联运社。18 日，海门气象站从商会路迁江边圩。

10 月 22 日，宁海县划属宁波专区。

11 月，成立浙江省航运管理局台州管理处，址设临海江厦街 145 号，下设临海、黄岩、路桥、温岭、仙居、三门 6 个管理站，海门航务管理所也为其所属，改称浙江省航运管理局台州管理处海门管理所。海门港划定本港及外来船舶停靠地段。内河木帆船合作化历经 100 天，于 11 月 4 日完成。是年，实施木帆船民主改革和合作化，至 11 月 15 日，台州共建木帆船联合运输社 8 个、分社 8 个。

12 月，海门至路桥恢复通车。浙江内河管理局设立黄岩、路桥管理站。

是年，开始对民船运输和搬运业进行民族改革，促成合作化。成立海门区港口管理委员会，制定《海门港口船只出入、停泊、旅商货物检查管理暂行条例》，委员会的使命至 1955 年国民党军全部撤出浙江沿海岛屿时完成。是年至次年，各县成立船民协会；玉环县进行木帆船小组联营。温岭县东部围垦草碎南圩塘、草碎北圩塘、白蟹塘，松门南侧围垦人民塘（五七农场）。是年，国民党流亡政府在大陈岛设“浙江省政府”。

1953 年

1 月，华东联运公司浙江省公司改称浙江省联运公司；5 月，所设台州办事处撤销，业务分别并入汽车运输和航运部门。1 月 3 日，海门外海木帆船联运社成立筹备会，不久正式建社。

3 月 7 日，台州地区航运管理处颁发《临黄椒北内河、临天仙溪流的航运统一运价与统一货源管理规定》，形成统一调配、统一货源、统一运价的“三统”管理模式。

4 月，台州专员公署改称台州督察专员公署。

5 月 10 日，海门港由 9 人组成引水小组，开始引水业务。

5 月 15 日，华东区海运管理局海门办事处改称上海海运管理局海门办事处。

8月19日，海门航运管理所接管永慈堂小码头。

9月18日，海门气象站隶属省财政经济委员会气象科。

10月，黄岩县船民协会成立，与黄岩航运管理站合署办公。

11月8日，海门航运管理所接管原振市公司一号、二号、三号码头及附属仓库、房产。

12月11日，撤销临海航运管理站，业务由台州航运管理处兼办。

12月，全国实行粮食统购统销，农民除留口粮外按征购任务征购粮食，城镇非农业人口按定量供应口粮。

是年，黄岩北门外3码头改建为木质浮式码头；玉环县建立船民联合运输社；温岭县松门南侧新羊角塘围垦竣工。

1954年

1月15日，海门港新建1500吨级木质浮式5号杂货码头。

4月，椒临、椒黄内江客班轮统一业务，成立临黄椒私营船务行联营处。航运业开始对船舶实行统一货源、统一调配、统一运价的“三统”管理模式。

5月，温岭县航运管理站接收7个木帆船联合社和3个中队2个小队，进行小组联营。

5月22日，政务院批准撤销台州专区，临海、天台、三门3县划属宁波专区，黄岩、温岭、仙居3县及海门直属区划属温州专区。各县航管站冠名随所隶行政区更改。

7月11日，台州航运管理处搬迁至海门，并与海门航管所合并，改称浙江省航运管理局海门管理处；省交通厅航运管理局在临海设管理站。是月，城镇展开对私营工商业和手工业的社会主义改造运动，12月开始对私营企业全面清产核资，实行全行业公私合营，至1956年底基本完成。

7月20日，引水业务由海门航管处接管。

9月15日，实行棉花统购统销，棉布统销，按人定量发放布票供应。

10月，温州专署决定筹建海门县，后因故未果。黄岩建澄江大桥，次年6月竣工通车。

是年，海门组织军民修筑城区江堤长1500米，岸线外移102米；改建民国时石油码头为台州石油公司码头与部队合用油码头，平台长10米。玉环楚门驻军建长钓咀木质浮码头，1956年移交地方交通部门，1962年拆除。三门海游黄埠突建石砌岸壁式码头。温岭县东部海涂围垦五星塘。

1954—1956年，海军在玉环周边海域建灯桩、灯浮24座。

1955年

年初，农村合作化运动迅猛发展，初级农业生产合作社普遍建立。年末开展“并社升级”，将初级社合并为高级农业生产合作社。

1月，航管部门对江大、运大、茂生、新海东、黄济5轮进行私资联营，与公营章安轮一起组成公私合营临海轮船公司。台州地区航运管理处颁发《临黄椒内河（江）货运运价规定》。

1月18日，人民解放军组织海陆空三军联合作战，一举攻克一江山岛。

2月7—12日，盘踞大陈岛的国民党残军携岛上居民（军民共计33777人）撤退台湾。

2月11日，成立县级大陈区人民政府，驻地海门；13日，公安第16师进驻大陈岛。

4月18日，撤销大陈区建制，成立大陈办事处，大陈岛划归直属海门区管理。部队接管大陈岛时，建大陈海军观通站。27日，新章安轮定期航行海门至大陈航线。是月，海门航运管理处制定《海门港港务管理暂行条例章则》。

6月，前所创建临海造船厂，归口临海县工业部门。

7月1日，跨永宁江黄岩公路大桥建成通车，多空简支梁，总跨径911米，高12.2米。

8月，上海海运管理局海门办事处撤销。是月，农村实行粮食定产、定购、定销（简称三定）到户，合作化后以合作社为单位计算余缺，确定定购任务。城镇建立粮食供应分户册，发放供应证和粮票。

9月15日，修复民国时开筑的高枧（岭口）至海游公路。

10月1日，临海县水利局筹建括苍山气象站，址设米筛廊山顶海拔高度1383米处。

是年，下大陈岛大沙头建3座石砌码头和100米岸壁式油库码头；建大陈岛竹屿灯塔（此前已建缸爿、小礁头灯塔）；临海县成立了第一个木帆船运输合作社——红星运输合作社。

1956年

1月26日，经社会主义改造，黄岩县成立8个内河运输合作社、1个竹排运输合作社、2个搬运合作社；29日，在时任中国新民主主义青年团（1957年改称中国共产主义青年团）中央书记胡耀邦的号召下，温州、台州227名青年组成“大陈岛志愿垦荒队”赴大陈岛重建岛屿（后续又分5批上岛，截至1960年年底共计428人）。

2月25日，成立海门椒江第一木帆船运输合作社、海门椒江第二木帆船运输合作社、海门内河木帆船运输合作社、海门外海木帆船运输合作社。是月，温岭县成立搬运服务站；玉环县在联运社的基础上成立楚门木帆船运输合作社；海游至健跳港公路建成；东海舰队航保处气象科在大陈岛黄夫礁山顶筹建海军气象站（1964年改称气象分队，1967年隶属海军温州水警处，委托大陈海军观通站代管）。

3月1日，海门航运管理处下设港航监督股；9日，撤销温州专署直属海门区，划归黄岩县，为黄岩县属下海门区。是月，公私合营临海轮船公司迁海门，改称公私合营黄岩县海门轮船公司。

4月，温岭县组成城关、新河、松门、泽国、箬横、大溪、温西7个内河运输社。

5月，临海县头门岛、雀儿岙岛、田岙岛划归海门区管辖（1957年10月划回临海县）。海门航管处试办江、海、河、陆全国性联运业务。临海以红星运输合作社为基础，成立了第一民船运输合作社，随之陆续成立永安、城埠、涌泉、杜桥、拖牛坝6个低级民船运输合作社。玉环县成立公私合营坎门木帆船运输公司。

8月，玉环县成立鲜迭运输合作社。

10月，大陈岛成立大陈镇人民委员会，划归黄岩县管辖。

11月，经合作化，三门县航运业在海游组建第一运输合作社、第二运输合作社；在健跳组建第三运输合作社。是月，上海市气象局在玉环坎门择址东山头建坎门气象站。

是年，仙居县从温州专区划归宁波专区。因全面建立高级农业合作社，各县乡（镇）村制变为乡社制；内河私营轮船也实现公私合营；温岭县成立国营水产船队。是年，温岭县围垦老花塘、草坦圩塘。

1957 年

3 月，温岭县航运管理站石塘工作组接管原由水产科管理的石塘暴风警报站。

4 月 1 日，公私合营的海门轮船公司并入海门航运管理处统一经营。

5 月，临海至仙居、温岭至玉环公路建成并通车，台州各县城均通汽车。

7 月 13 日，复设台州专区，辖临海、黄岩、温岭、天台、仙居、三门、宁海 7 县。各县航管站恢复原名，三门县航管站改属海门航运管理处，称海门航运管理处三门管理站。

9 月，海门港主管部门制定《海门港船舶锚地、停靠地段划分规定》。

10 月，头门、雀儿岙、田岙 3 岛划回临海县；1 日，海门搬运服务所改组为国营海门搬运公司；以椒北舟山港籍 10 艘沿海船舶为基础组成临海县椒北临时运输大队，后为临海前所运输公司。

12 月，三门航运管理站下放到县，称三门县民船管理所。

是年，杜桥、仙居两航运工作组划归临海航运管理站管辖；台州湾南岸开始围垦八塘，北岸杜桥沿海围垦杜下浦至三石浦至推船沟内塘；温岭县东部箬横围垦盘马内塘；隘顽湾围垦东浦农场塘，岙环围垦南门涂里塘。黄岩东官河山头金滚水坝拆坝改闸，以利通航。

1958 年

1 月 1 日，浙江省航运管理局海门航管处下放台州专区，改组成立台州专区航运管理所、黄岩县民船管理所海门工作组、公私合营黄岩县海门轮船公司；撤销临海航运管理站，成立临海县民船管理所，辖涌泉、杜下桥工作组，不兼管仙居；与此同时，其他各县撤销航运管理站，成立民船管理所。是月，健跳港建成沿海货轮木质码头（后称 2 号码头）。是月，海门气象站从海门江边圩搬迁至洪家杨庄，为国家二等一级气象站。

4 月，浦坝三角塘建三门盐场气象站（1997 年停办）。

6 月，台州专署航运管理局成立，成为政企合一的机构。临海全县木帆船运输合作社从初级社转为高级社，始丰溪、永安溪的一社、二社合并为永丰社，城埠、涌泉的三社、四社合并为灵江社，杜桥、拖牛坝的五社、六社合并为椒北社。

6—9 月，海门港开展技术革命和技术革新的“双革”运动，发明吊煤网、拉河机、内河挂板、毛竹溜梯、海排、轮木拖带等土法装卸、运输方式。

8 月，海门老车站对出建木栈桥钢趸船客运专用交通码头，也称人渡码头、7 号码头；临海至金华公路通车。

9—10 月，台州 6064 个农业合作社合并为 133 个人民公社（以乡为单位），继又并为 91 个公社（以区为单位），并兴办“吃饭不要钱”的供给制公共食堂。与此同时，各县港航机构改为由当地政府统管，撤销航运管理站，以民船管理所隶属各县交通运输部门，一些集体单位并入全民所有制单位。海门港航系统在农村招工。

10 月 4 日，撤销三门县，并入临海县；撤销宁海县，并入象山县，属台州专区；撤销洞头县并入玉环县，属温州专区。相关航管机构、航运企业随所隶政区更名。13 日，黄岩长潭水库工程开工。18 日，松门建成礁山码头，为温岭县首座码头。

11月，大陈岛改为海门人民公社大陈大队（又称管理区）。

12月，玉环坎门木帆船运输公司和鲜跌运输社、楚门木帆船运输合作社归并县运输公司，分别称坎门营业处和楚门营业处，并改集体所有制为全民所有制。健跳港建成与公路衔接的石砌码头。是月12日，再次撤销台州专区，天台县、象山县划归宁波专区，临海、黄岩、温岭、仙居4县划归温州专区。与此同时，台州专署航管局改为浙江省温州航运管理局海门分局；各县航管机构、航运企业随所隶政区更名。

是年，海门港前所建500吨级木质浮式临海海水产码头，黄礁建木质浮码头；健跳港由炼焦厂兴建木质2号码头，两岸建南北车渡码头。杜桥沿海围垦推船沟经踏道山岛（达岛）至大跳山嘴海塘；浦坝港围垦三角塘。杜桥至前所公路筑成并通车。是年，黄岩、温岭、仙居等筹建气象站；黄岩由水利局在西江闸管理所内自办气象观测站（1960年改称黄岩县气象服务站，1963年裁撤），温岭站位于北门头山嘴，仙居站位于城郊；坎门气象站因体制下放、县制改变，划归温岭县。

1959年

4月，撤销玉环县，洞头、大门2公社划归温州，其余并入温岭县。复设临海县航运管理所，辖前所、海游两航运管理站和健跳工作组；临海搬运装卸合作社与航运合作社合并，成为地方国营临海运输公司，辖城关、前所、海游3个运输站；各县民船管理所也逐步撤销，并将航运合作社并入县运输公司，以提高公有制程度。

5月，海门港南岸沿江堤岸向外延拓工程完工，共筑江堤1265米。

9月，海门港改建原永慈堂小码头为港务局4号码头；5号码头扩建工程动工，年底完工。是月，健跳港至浦坝港三角塘公路建成。

12月1日，浙江省温州航运管理局海门分局改称浙江省温州专员公署交通运输管理局海门分局，原名仍保留。

是年，海门港前所建500吨级木质浮式客运公用码头。航运业推行水、陆、搬三环节“一票到底”的办法。海门航务电台设立，初建岸台发射功率100瓦。椒江航道建黄礁灯桩。三甲、金清自1957年开始围筑的八塘围垦工程竣工。温岭县金清片围垦泥涂塘、路廊塘，江厦围垦电站塘。临海县桃渚围垦方山沙角里塘。

是年1月，东海舰队在坎门大平头山建坎门海洋站，6月移交温岭县，称坎门海洋水文观测站。4月，下大陈岛大沙头杨府庙嘴山顶建大陈海洋水文气象站，一度与海门水文站合并，称海门海洋水文气象站；10月改称大陈海洋监测站（1962年迁至五虎山顶）。是年筹建大陈海洋水文气象站，建临海气象站于城关西门义元坦，于城关东门外黄婆园建天台气象站。

1960年

1月31日，海门港扎成首个海运木排，安全拖达上海。

2月，温岭县成立航道养护队。

3月，海门航海学校成立。

4月，海门港打捞队成立。19日，撤销黄岩县民船管理所，成立黄岩县运输公司，将原8个运输社和2个搬运社并入（竹筏社未并入）。

5 月，大陈岛从海门人民公社划出，设镇社合一大陈人民公社，直属黄岩县。

6—11 月，以区为单位的大人民公社体制陆续改为以乡为单位的小人民公社，人民公社下设生产大队（以村为单位），以生产大队为基本核算单位，大队下设生产队，为十几户农户的规模；沿海渔、盐业则设专业生产大队。但航运业仍向高度公有化发展，各县航运合作社并入全民所有制县运输公司；温岭县运输公司下的坎门营业处和楚门营业处改称坎门运输站和楚门运输站。

8 月 31 日，原振市公司二号、三号码头拆除，改建为3000吨级高桩框架双栈桥钢筋混凝土码头——海门港务局 1 号码头，工程竣工，此类码头时为浙江省首座。

9 月，因1959年春起，农村口粮紧张，出现饥荒，城镇主副食品供应日趋匮乏，是月起，各县成立“清理劳动力领导小组”，开始筹划清理城镇供应商品粮人口。

10 月 1 日，黄岩长潭水库库区设凌湖——宁溪、灵湖——小坑、凌湖——屿头 3 条客班轮渡。是月，大田经车口、溪口、杜桥至前所公路贯通，形成大田至路桥的大路线。

是年，海门港南北两岸前方仓库 41 座，占地 17066 平方米，有油库 5 座、粮食仓库 8 座、棉花仓库 12 座、橘果仓库 6 座、百货仓库 3 座、港方货运仓库 2 座。上大陈岛在大岙里建石砌岸壁式客货码头，俗称大码头。黄岩三江口建简易木质浮码头用于转运黄沙。黄岩南官河拆除坝头滚水坝，改建拦水闸，可使船舶过闸，以免驳货过闸。金清廿二洞闸外泥涂汇截弯取直工程实施。玉环楚门建小龙王石砌驳岸码头。漩门西侧南北两岸各建深浦汽车轮渡码头。温岭县东部围垦东片农场塘，箬横围垦养鱼塘，松门南侧围垦神址塘。临海连盘围垦连盘塘。

是年，海门气象站易名黄岩县海门气象服务站；坎门气象站与坎门海洋站合并，称温岭县坎门气象海洋水文服务站；玉环楚门建楚门盐场气象站（1998 年停办）；天台气象站改称天台县气象服务站。

1961 年

2 月，松门东门头建温岭盐场气象站（1998 年停办）。

5 月，临海、黄岩、仙居三县在机关、企业单位中精减人员 53578 人。海门港航部门清退在“大跃进”中发展招工的原农村人员。

5—10 月，纠正“食堂化”弊端，各地农村公社食堂相继解散。航运业将各县并入国营运输公司的原集体运输大队（社）陆续退回集体性质，实行自负盈亏、多劳多得。

7 月，温州交通运输管理局海门分局改称浙江省海门航运管理局。

9 月，各县重设航运管理所。

10 月，前所航管所在前所建木结构浮式 1 号码头，为 500 吨级公用码头。

是年，温岭县贯庄围垦泥鳅塘，坞根围垦胜利塘。货运急剧回落，运力过剩，考虑历史上的椒甬、椒沪客运停航多年，海门港将 240 吨级浙海 304 轮改为客货班轮浙江 302 轮，于是年投放椒甬航线（中途经停石浦），与宁波船舶隔天对开一班，但因市场经济不活，人流稀少，1964 年后换小轮单航石浦。

1962 年

2 月，恢复玉环县制；4 月 12 日，恢复台州专区建制。辖临海、黄岩、温岭、玉环、天台、仙居 6 县。

4月，坎门搬运站、鲜迭运输社、楚门运输站从国营县运输公司析出，改为集体性质。

5月，恢复三门县制，隶属台州专区。

7月，各县国营运输公司退回集体所有制性质；临海县航运管理所海游管理站恢复为三门县航运管理站。永宁江上游长潭水库建成，椒江河床开始变化，口内航道开始明显淤积。

8月，依据中共中央《农村人民公社工作条例》，农村人民公社体制改为公社、生产大队、生产队三级所有制，以生产队为基本核算单位。撤销大陈人民公社恢复镇建制。

12月26日，将原温州专区海洋气象流动服务台改建为台州中心气象服务站。

是年，重新设立台州航运管理处，其成为海门港的专管机构，不再管理全台州航运，海门港务企业精简机构，正式职工由1391人减至986人。温岭县江厦围垦西岸塘；临海桃渚围垦小泗淋外塘。黄岩县海门气象服务站改称浙江省海门气象服务站。

1963年

1月，坎门气象海洋水文服务站体制上收，恢复单列。

5月，浙江省海门港务管理所成立，与海门航运管理局合署办公。海门区登记船舶、船员，迄6月底共发放船舶户口簿375本、船员证2442本。各县成立运输联社，行使对各航运、搬运企业的管理。台州各县航运管理站建立养河队，执行航道治理、检查和航标维护。

6月，临海城关灵江建钢丝网水泥船浮桥。

7月，各县航运管理所改属浙江省交通厅，航运企业组成联运营业所或运输联合社，与航运管理所合署办公。临海县航运管理所辖涌泉、前所、邵家渡3个工作点；黄岩县航运管理所辖江口、路桥、金清等站点；温岭县航运管理所辖新河、泽国、松门、永安、温西等站点。三门县仅设县工交局，下有海游、珠岙、亭旁、健跳、花桥、小雄6个管理组。

是年，椒江航道建三山灯桩。台州农村共接收安置精减下放的职工及家属10余万人（包括省级及外地精减回乡的1.3万人）。海门港区道路改砂石路面为水泥路面。温岭县龙门岛开辟陆岛交通船，江厦客运停航。玉环坎门在路仔脚建客货码头。桃渚港入海闸从窑渡头闸移至蒲兰头，建蒲兰头闸，围垦蒲兰头塘。裁撤黄岩、临海、天台气象站，保留临海、天台气象站为自办机构。

1964年

1月，撤销温州至温岭县江厦客货班轮。

1月18日，台州中心气象服务站改名为台州专区气象服务台。海门气象站复称黄岩县海门气象服务站。

12月，浦坝港花桥溪出口段围涂建闸，航线外推至红旗塘闸外。

是年，海门港扩建5号码头，前所建300吨级木质浮式航管所码头（3号码头），栅浦开挖三丈六河，连通葭沚与上辇。温岭县横河围垦永安塘、白蟹外塘，淋川围垦养鱼塘、灰坦塘，松门围垦盐坦塘。

是年，自1955年国民党军撤出浙江沿海岛屿，台州各县人民代表大会提议恢复椒沪客运，1964—1965年，先后由舟山航运公司浙海701轮、前进807轮进行3次试航，终因商贸纳入计划经济，民间缺乏商贸活动，客流不足停航。

1965年

2月1日，海门港公布并实施《港口作业区安全管理暂行办法》；5日，台州航管处在前所建客货兼用3号码头，后交由海门港务管理部门统一管理。

4月，海门港浙海302轮首航天津港；坎门海洋水文站划归海洋部门，称坎门海洋站。

10月1日，临海建成灵江大桥，主桥长510米，单孔最大跨径122米，通航净高18米。是月，长潭水库北干渠开工，西自黄岩潮济，东至临海长甸，全长39.29公里。

12月，健跳港兴建木质浮码头1座。

是年，因筑长潭水库，永宁江淤浅，客班黄济轮无法到达潮济，改靠头陀，后又改靠山头舟。黄岩东官河山头新建螺旋杆插板式启闭新闸，以利通航。玉环清港凡塘建石砌驳岸泗头码头。温岭县横河围垦利民塘，淋川围垦东风塘，淋川南部围垦苍山门塘，箬山围垦杨柳坑塘，江厦围垦跃进塘。临海县桃渚港出海口南围垦双峙下塘、滨海内塘。上盘东部滨海围垦北洋大塘。

1966年

4月，大陈、坎门海洋水文气象站划归国家海洋局东海分局，归口温州海洋中心站，称大陈海洋站、坎门海洋站（1983年停止气象观测，大陈海洋站移交大陈气象站）。

5月，坎门航运站改为地方国营玉环县坎门航运站。

10月，健跳2号码头由炼焦厂改为木质趸船浮码头。

11月，黄岩县动工围垦九塘，北起岩头，南至金清白沙堤，全长22.77公里。

12月，浦坝港南岸洞港入海口建九孔洞港闸，闸内成内河，海船舶闸外。

是年，海门港改建原振市公司一号码头为木质浮式港务局3号码头。玉环楚门长钓咀建500吨级石砌驳岸客货码头。玉环县鲜迭运输合作社下放公社，改称鲜迭航运站。健跳港在瞭高山南麓建1号码头。杜桥沿海围垦杜下浦至三石浦至推船沟外塘。温岭县横河围垦新丰塘，淋川围垦六股头塘，松门围垦弹涂岙塘，大闾围垦南塘、北新塘。

1967年

1月27日，温岭县江厦七一塘大坝合龙，江厦港埠外移坝外沙山。

8月，海门港改建港务7号码头竣工投产。

是年，海门港5号码头西建木质浮式陆军船队码头，称为6号码头；海门外沙牛头颈至岩头塘堤于20世纪60年代修筑，渐被海潮侵袭，1967年修复加固。临海城外下桥建梁板式货运码头。是年筹建三门气象站。

1968年

3月19日至6月19日，港区关闭停工累计时间达55天，7艘轮船和259名职工离港。

是年，温岭县横河围垦新丰新塘、永安新塘，镇海围垦东风塘，松门围垦鱼种场外塘、南片塘。

1969年

4月28日，成立海门港务管理局（台州地区航运公司）“革命委员会”。

5月，自办临海气象站与水文站合并为临海县水文气象站。

11月，天台气象站迁移丽泽乡铺前良种场，与水文站合并为天台水文气象站(1971年恢复单列)。

是年，海门港在交通码头（7号码头）西建成500吨级水产码头，称为8号码头；海门港码头前沿首次人工疏浚，挖泥量2万余立方米。开工于1966年的黄岩县三甲、金清九塘围垦在是年完工；温岭县箬横围垦盘马外塘，松门围垦综合厂塘，横山围垦黄湾塘，江厦围垦革新塘。

1970年

3月，海门港航修造船厂建造第一座长60.3米、宽11.4米、深1.2米的船坞，可造1000吨级船舶。

8月，温岭县松门礁山码头围涂8960平方米用作堆场和建房，同时改建礁山码头木栈桥为钢筋混凝土结构。

10月，健跳港建成第一座300吨级钢筋混凝土趸船浮码头。

是年，海门港台州石油公司专用油码头扩建工程完工投产，海门海军船队码头建成投用；温岭县松门礁山码头改建为钢筋混凝土浮码头；玉环坎门在老油库外建装卸码头。永宁江黄岩城关以上客运停航。三甲九塘外坡砌石加固，至1981年完成；温岭县龙门围垦牛岙里塘，岙环围垦园山塘，江厦围垦青江塘；浦坝港南岸洞港入海口从天德闸移至陈栋山南，建九洞闸。台州各气象台、站改由当地军分区、县人民武装部接管。

1971年

10月，建立地区（专署）一级财政，县财政由省管改属地区。

12月，海游港蒲西建成300吨级钢筋混凝土趸船浮码头。

是年，海门港陆军船队码头（6号码头）西又建梁板双栈桥浮式陆军船队码头，称新6号码头或6号半码头；温岭松门建礁山水产码头；三门海游蒲西码头、健跳1号码头（此时改称3号码头）均改为300吨级混凝土浮式码头。临海县上盘拖牛坝安装由载船平车和轨道组成的内河升船机，通过能力15吨。温岭水产公司船队利用近海岩仓建成2座船坞，可纳4艘500吨级的船舶修造。温岭县松门围垦航管所塘、远景塘、乌岩塘，大闾围垦平底坑塘。

1972年

2—11月，椒江造船厂实施500吨级船坞的扩建。

4月，台州水产公司购进万吨级冷藏船曙光号轮，由浙江省食品公司委托海门航运分公司代管，减载为4000吨参加营运。

7月，海门港航修造船厂首次建造沿海300吨级钢丝网水泥货轮前哨42号轮。

9月，三门县蛇蟠岛开始围垦海涂。

是年，台州军分区修船厂在海门港三山建船坞和梁板式码头；玉环坎门在大山墩西麓建石砌岸壁式1号码头；临海建框架式运输公司码头。临海县杜桥沿海围垦松浦至杜下浦外塘，桃渚港出海口围筑方山沙角外塘；温岭县松门寨塘围垦竣工，龙门围垦上度岙外塘，淋川围垦淋松塘，大闾围垦礁门塘。

1973年

2月，黄岩县对永宁江特产、亢头、汇头、西周、下灰洋5汇弯道截弯取直，各凿新河300米、282米、427米、546米、519米，共缩短河道1.3公里。

5 月，天台县动工建设里石门水库。

5 月 19 日，黄岩县航运系统的 7 个外海运输社、6 个内河运输社、8 个搬运站、4 个航运兼搬运合作社、1 个浮桥被委员会明确认定为集体所有制企业。

12 月 29 日，三门县运输合作社改称三门县航运公司。

是年，海门港区江堤再次向外拓展，岸线长度 850 米；温岭县东部围垦团结塘，龙门卫东塘、大闾国庆塘、观岙中柱塘、江厦妇女塘竣工；江厦开工围涂建设潮汐实验发电站。章安回浦上游建溪口水库。坎门气象服务站改称坎门气象站。

1974 年

2 月 26 日，万吨级曙光号轮在舟山小菜花山触礁沉没，直接经济损失为 146.3 万元。

4 月 25 日，大陈海军气象站地面观测资料列入国际情报交换，括苍山气象站资料列入亚洲区域交换。

5 月 1 日，三门县航运公司保养场、机修车间与健跳造船厂合并为三门县航运公司船舶修造厂。

10 月，健跳港开通健跳至铁强客运班轮。

是年，在永宁江马鞍山建发电厂，配建电厂煤码头（2000 年废）。

是年，杜桥平原沿海涛江浦至杜下浦海塘经 1963 年、1966 年围筑，至 1974 年完工（东部 1000 米在 1976 年再向外移）；温岭县东部围垦白蟹北塘、白蟹东塘、利群闸东塘、利群闸西塘、五一塘；岙环南门涂外塘竣工；江厦围垦七一塘、对虾塘。临海县义城港河口改道，由罾棚埠入灵江，河口筑闸当潮。

1975 年

3 月，前所华景河（东逻浦）入江口升船机竣工，按 11 级航道设计，可通 15 吨船舶。

6 月，海门港航部门建成浙江 403 轮、浙江 404 轮，7 月 1 日投放椒沪航线，两轮对开，恢复椒沪客运。

7 月，三门县前分交通渡和农渡的民间渡运，全部由交通部门划归农业部门管理。

10 月 25 日，黄岩南官河坝头船闸建成，船闸是与水利控制闸配套的内河过船设施。

是年，临海水云塘建油库码头；玉环坎门建石砌驳岸赵三王县水产冷冻厂码头。椒江航道建栅浦灯桩。温岭县东部围垦堵口塘，大闾围垦后湾涂塘，坞根围垦八一塘；黄岩坝头修筑两墩三孔过船闸，每孔 8.8 米。

1976 年

1 月，浦坝港沿赤长坝头渡在三门县首用机动客船。

4 月，台州地区渔船管理站在海门港成立。

是年，玉环漩门在芦浦海岸牛头山建 1 号、2 号、3 号石砌驳岸码头，玉环茅埏岛礁头山建石砌码道。

1977 年

2 月 8 日，海门港航修造船厂建造 334.5 总吨的沿海水泥货轮浙海 308 轮，定型推广全国。

5 月 23 日，玉环漩门港堵口促淤工程大坝合龙，10 月 1 日，大坝通车，汽车渡撤渡。

7 月 19 日，长潭水库建成汽车轮渡，可载汽车 2 辆（1988 年因修公路停运）。

10 月，海门港务局新客运码头（新 7 号码头）竣工投产，码头坐落于老客运码头（7 号码头）与新陆军船队码头之间，为梁板双栈桥浮式码头，用以停靠椒申客班轮。

11 月 12 日，三门县搬运服务站改名为三门县搬运公司。

是年，温岭县开始向货主征收货物港务费。温岭县隘顽湾东浦新塘竣工。临海县桃渚港出海口外移至红脚岩，在河口建红脚岩闸。

1978 年

2 月，海门港第二作业区开始按浙江省海港收费规定收取规费。

3 月，坎门航运站更名为玉环县航运公司。天台里石门水库竣工，蓄水发电。

8 月，海门港务局航道工程科对 3 号码头扩建工程提出设计任务书。

9 月 16 日，撤销台州地区“革命委员会”，重设台州地区行政公署。

11 月，三门海游港废黄埠突水道，截弯取直三山至新港段航道。

12 月 13 日，国家计划委员会批准台州发电厂计划任务书，选址椒江口北岸前所君田山江岸建厂。

是年，灵江下游西芩沿岸兴建靠泊外海船舶的 500 吨级海运中转码头，称红光码头；玉环岛西北分水山咀建石砌码头；坎门鹰东南山建高桩平台石油码头。温岭县龙门围垦塘礁前塘、下度岙塘，箬山围垦上箬塘。

1979 年

3 月，浙江省自行设计制造的第一艘海上顶推试验船浙推 1 号（顶推能力 500 吨）在海门港投用。

3 月 25 日，台州发电厂 500 吨级施工码头在前所港区建成投用。

5 月 6 日，恢复三门县航运管理所，下辖健跳航运管理站、蒲西航运管理站。

8 月 8 日，成立临海气象局，为台州首个县级气象局（1984 年撤销）。

11 月 5 日，三门县采用钢质小客轮开辟健跳至宁海陈胡港的客运航班。

是年，温岭县松门围垦南片新塘，江厦围垦隔岭塘、横仔一塘，石塘群力塘、石桥东浦新塘、大闾观岙塘、横山殿嘴头塘竣工。

1980 年

4 月，健跳 2 号码头改木质趸船为钢筋混凝土趸船。

5 月，温岭县江厦潮汐发电站首台机组建成投产。是月 17 日，气象管理实行部门统管，台州专区气象服务台移临海北固山望天台，地区内各气象台、站恢复为省气象局下属单位。

7 月 7 日，浙江省批复以海门港为依托建立海门特区，辖原海门区和黄岩县大陈镇、山东公社及临海县前所公社。原冠黄岩县名的港航和运输机构、企业改冠海门特区名。

10 月 1 日，黄岩城关至海门公路建成通车，海门至黄岩内江客运班轮停航。14 日，外贸部批准台州为全国 33 个出口商品综合基地之一。

11 月，建立大陈渔港监督站。

12 月，国务院批准大陈岛列入出口鲜活海产品的长期性外轮交货点。

是年，浙江省木材公司在海门港三山建石砌码头和堆场，自是年起海门港栅浦沿岸自是年起民间建埠运销采自灵江的黄沙，逐步形成七星黄沙市场。玉环坎门在1号码头内侧建石砌平台式2号码头。健跳港水产码头改木质为3000吨级混凝土浮码头。温岭县江厦围垦乌岩头塘、下湾塘、杨梅山小塘、瞿屿小塘。

1981年

6月1日，台州发电厂一期工程开工。

7月1日，海门港候船厅建成投用，为椒沪客运航班服务。21日，国务院批准设立县级椒江市，辖地即海门特区，原特区建制同时撤销，企事业冠名由海门特区改冠椒江市。23日，成立浙江省黄岩港务管理所和三江口港务管理站，一套人员、两块牌子；三门县航运管理所增挂三门县港务管理所牌子，合署办公；健跳、蒲西航运管理站增挂港务管理站的牌子。

9月，浙江省人民边防武装警察海上巡逻大队在椒江市组建。建立浙江省温岭县港务管理所，下设永安、松门2港务管理站。

是年，海门港前所建台州发电厂浅万吨级梁板式高专电煤码头(3号泊位)；玉环坎门围垦前岙(前沙)，港区外移；坎门鹰东东沙建石砌驳岸渔业码头。葭沚废老泾河，在东侧取直开挖葭沚泾新河；温岭县松门围垦后岙塘。黄岩县海门气象服务站改称黄岩县气象站。椒江市接办大陈岛海军气象站业务，设置大陈气象站，为国家一级站。

1982年

1月，黄岩县界牌公社、临海县沿海公社划归椒江市。

2月，海门航运分公司船厂自行设计建造的1300座内江双层钢质渡轮建成投用。台州发电厂兴建3000吨级专用码头。

3月，浦坝港方山兴建高桩承台500吨级的钢筋混凝土货运码头。

5月，三门县燃料公司于健跳港铁冠山东南麓建钢筋混凝土趸船油码头。海游大桥竣工。

6月16日，海门港务3号码头扩建竣工投用，拥有3000吨级和1000吨级泊位各1个。

8月，三门县海游在取直河道建新港码头。

10月，设立椒江气象台，设大陈气象站接替大陈海军气象站。

12月，金清港南岸200吨级混凝土平台式永安3号码头建成投产（地属温岭县）。

是年，椒江市编制《椒江市城市总体规划(1982—2000年)》，其中港口规划设概况、港口自然条件、港口发展总体规划三章，为海门港的首次法定规划；海门港务局4号码头改建为1000吨级梁板式栈桥浮码头；浙江省海巡支队在海门港葭沚泾东侧江岸建500吨级梁板式浮码头；玉环坎门鹰东瓜子金建石砌梯形平台渔业码头；1964—1982年，金清港南岸永安港陆续建煤炭、油品码头4座；健跳港在油码头东建1000吨级（兼3000吨级）健跳港1号码头。

是年春，农村推行家庭联产承包责任制。大陈岛海军气象站移交地方，称大陈气象站。

1983年

4月，海门航运分公司1200吨级浙江307轮首航上海至深圳蛇口航线。

5月20日，宁海县沙柳公社划归三门县。

6月，成立椒江及河口综合开发的整治工程领导小组。玉环县楚门航运站更名为玉环县第二航运公司。

7月13日，三门县搬运公司改称三门县运输公司。

8月，台州发电厂一期工程竣工，安装2台12.5万千瓦发电机组；开工于1982年的山东九塘改建标准海堤竣工；温岭松门外海航运服务站改名为温岭县第一外海航运公司，温岭江厦外海运输社改名为温岭县第二外海航运公司；26日，黄岩三江口500吨级第一码头竣工。

9月，农村撤销人民公社、生产大队建制，恢复乡、村建制。

10月，500吨级货轮浙海311轮首航海门至营口。

11月7日，海门港台州石油公司油码头改建为3000吨级梁板式高桩码头。18日，国务院批准海门港为办理国轮外贸运输港口，并设置港监、海关、边检、商检、卫检和外轮代理、外轮理货等涉外机构。同月，海门港务局设立港务电信科。

12月，设立椒江市人民政府口岸办公室，为政府行政层面负责口岸管理、监督、协调、仲裁的机构。16日，交通部批准成立中华人民共和国海门港务监督。

是年，海门港外沙建1000吨级兼靠3000吨级台州物资局码头；7816造船厂建500吨级梁板式浮码头；岩头建50吨级高桩码头；黄岩三江口建500吨级高桩码头。杜桥沿海松浦至推船沟海塘再向外扩；温岭县松门建礁山木材专用码头（礁山第三码头）。温岭县淋川围垦南沙塘。

1984年

1月，浙江省船舶检验处海门检验所成立。

2月22日，三门航运公司船舶修造厂更名为三门县船舶修造厂。

3月，海门港航修造船厂500吨级码头建成；建立浙江省船舶检验处温岭检验站。

4月，地方国营温岭县轮船公司更名为温岭县运输公司，兼管汽车运输业务。

5月1日，浙江省政府批准海门港开办国轮对外贸易运输业务；23日，交通部批准成立中国外轮代理公司海门分公司和中国外轮理货公司海门分公司，成立中国对外贸易运输总公司浙江省海门办事处。是月，中华人民共和国海关总署批准在海门设温州海关驻海门办事处，同时设温州边防检查站海门分站、海门卫生检疫所。

8月2日，黄岩县将4个外海运输、5个内河运输、4个搬运业的“社、站”改冠“公司”头衔。

9月，三门县航运公司增开健跳至石浦客运航班。17日，成立椒江市政府外事办公室，与椒江市口岸办公室合署办公。

10月，海门港5号码头扩建工程竣工。

12月19日，黄岩县洪家区、三甲区以及金清农场北段划归椒江市，临海县章安、黄礁、梓林、杨司四乡镇及大汾乡横西、横蒋、五四、七年4行政村划归椒江市。

是年，国民经济逐步缩小指令性计划范围，扩大指导性计划和市场调节范围，加快从单一计划经济向计划指导下的市场经济的转变；台州成立决策咨询机构——地区经济研究中心，将建立台州中心城市列为首要课题。

是年，海门港建航标港监码头；玉环坎门建渡运码头，后沙建县海洋渔业开发公司石砌驳岸码头。

温岭县江厦横仔二塘围垦工程竣工，围垦横仔三塘、四塘、五塘。

1985 年

1 月 1 日，实行政企分家，临海、温岭等县航运管理所与联运营业所分离；温岭县航运管理所下辖 8 个航管站，联运营业所下辖 4 个联运站。玉环鲜迭航运站改称鲜迭航运公司。8 日，椒江市海东造船厂建造的浅万吨级散装货轮浙海 313 号轮下水启用。

3 月 1 日，椒江造船厂动工扩建 3000 吨级船坞，1987 年建成投用。

4 月 30 日，健跳港建成千吨级“T”字形高桩承台梁板式健跳 3 号码头。

5 月 7 日，因洪家划归椒江市，设于洪家的黄岩县气象站更名为椒江市洪家气象站。13 日，开工于 1979 年的临海牛头山水库竣工，下闸蓄水。

6 月 22 日，温岭县下放城关、新河、松门、大溪、泽国、箬横、温西内河运输企业至乡镇。

8 月 1 日，浙江省海门港务管理局与浙江省航运公司海门分公司在体制上分离。坎门气象站更名为玉环县气象站。

9 月 1 日，海门港成立轮驳站。9 日，海门港务监督制定《进出海门港船舶靠泊码头及系带浮筒的规定》，原港务局《关于海门港码头前沿停靠船舶的试行规定》同时废止。

12 月，温岭江厦潮汐实验电站 5 台机组发电，总装机容量 3200 千瓦，列全国第一，在世界上仅次于法国郎斯电站和加拿大安娜波利斯电站。

是年，农村取消粮食统购与粮食补贴，改为粮食合同订购，取消派购任务；企业推行厂长负责制及企业工资总额与经济效益挂钩，推进分配制度和劳动人事制度改革。台州行署召开大型经济社会发展战略研讨会，达成在椒江、黄岩、路桥建设台州中心城市的共识。

是年，海门港在水产码头西建海关缉私码头，葭沚建 500 吨级高桩梁板式星明渔业大队码头（后为浦东渔业公司码头），前所建 500 吨级 1 号码头。临海在白塔建 500 吨级木材码头，涌泉建 300 吨级浮码头。玉环大麦屿建 1000 吨级浮式综合码头。温岭县东部长新塘围垦竣工。

1986 年

1 月 1 日，洪家、大陈、括苍山、玉环 4 个国家基本气象站开始用 PC-1500 计算机编发气象电报。22 日，台州发电厂万吨级码头竣工投用。是月，浙江省航运公司海门分公司设立内江站。

2 月 1 日，国务院批准椒江市为对外国人开放地区。

3 月 1 日，撤销临海县，设立县级临海市。13 日，临海至海门的客运航班停航。20 日，下大陈岛 300 吨级客货码头动工兴建。

6 月 28 日，海门港开通直达香港货运班轮。

7 月 1 日，海门港货运处成立。

9 月，在椒设立台州进出口商品检验局。椒江口内航道整治工程采用长顺坝方案开工。

10 月，洪家气象站迁址街洪村，改建为国家基准气候站，为浙江省 3 个基准站之首建站；设中继差转台，配高频通信电话，组成省—地和地—县两级气象通信网。

是年，椒江外沙牛头颈至岩头围筑直立式石砌海堤，海门港栅浦建 300 吨级量版式杂货浮码头，椒江城区内解放路填河拓宽，新挖海门河从凤凰山西侧通过；临海在大柏叶建 600 吨级钢材码头；黄岩三江口建300吨级高桩码头；1979—1986年，玉环坎门建钓艚水产市场码头。温岭县淋川苍山门外塘围垦竣工。

1987年

1月5日，海门港前所椒江造船厂3000吨级船坞投入使用，时为台州最大吨位船坞，并建500吨级梁板式浮码头。10日，国务院批准天台县为对外国人开放地区。

4月13日至12月25日，椒江口内航道长顺整治工程第一期完工，共筑长顺坝1000余米。是月20日，台州地区首次出口30吨冰鲜鲳鱼，由海门港直运日本福冈。

5月，台州行署外事处改称外事办公室。

6月19日，省政府批准海门港为对台（湾）小额贸易口岸。继又批准温岭礁山港、玉环大麦屿港为对台（湾）小额贸易口岸。

8月，括苍山气象站与临海气象站合并为临海市气象站，1989年恢复单列。

10月29日凌晨1时，海门港东山北麓台州石油公司油库起火，并发生爆炸，死1人伤1人，椒江、黄岩、路桥、三门及台州发电厂消防队赶赴现场灭火。

11月21日，省经贸厅批准椒江海润贸易公司对台湾小额贸易拥有经营权，继而批准此项经营权的有温岭太平贸易公司和玉环琉泰贸易公司。

12月8日，长7.9公里的椒北渠道整治工程开工，投入劳工30万工。28日，健跳港开辟汽车轮渡，成立健跳汽车轮渡管理所。

是年，台州行署斥资在椒江市建设路16号建设面积为8983平方米的办公楼，准备搬迁。海门港葭沚道头西侧建台州水产冷库500吨级高桩码头（后为亿利达水产冷库码头），前所建临海县石油公司码头；健跳港南北两岸人渡码头改为五级锯齿形石砌斜坡码头。北渔山重建抗日战争时炸毁的灯塔。

1988年

3月10日，洪家、三甲、前所、大陈、葭沚、新桥、横街、金清、杜桥、大田列为对外开放重点工业卫星镇；18日，国务院批准椒江市、临海市、黄岩县为沿海经济开发区。31日，健跳港人渡码头竣工验收。

4月20日，健跳港渡运实施人、车分渡。是月，黄岩县在西江闸管理所设立黄岩县气象局（1995年改称黄岩区气象局）。

6—8月，台州地区本级与椒江市、临海市、黄岩县、温岭县、玉环县5县市相继成立进出口公司，并获自营进出口经营权。

7月4日，海门港集装箱首发式在海门港3号码头举行。是月，1000吨级灵江红光3号码头竣工。

8月4日，临海市、黄岩县、玉环县、温岭县列为对外开放地区。

10月，原设下大陈岛大沙头的大陈海洋站改称大陈海洋监测站；同月，坎门海洋站改称坎门海洋监测站。

12月18日，设立中国—欧洲共同体大陈岛互补能源系统示范项目，引进丹麦风力发电机组3台，建成元宝山风力发电站并网发电。

12 月 24 日，省重点工程椒江 5000 吨级商业冷库建成投用。

是年，海门港货物吞吐量达 432 万吨，时居全国 24 个港口第 15 位，列省内第二位。海门港外沙新建 1000 吨级（兼靠 3000 吨级）高桩梁板式粮食收储码头，海巡码头东侧建 500 吨级高桩梁板式木材公司码头，7 号码头西侧建 500 吨级渔业码头，重建水产码头，章安建 300 吨级黄礁轮渡码头。临海在白塔建 300 吨级粮食码头。玉环岛西海岸外马道建搬运码头。玉环坎门黄门赤礁山与大山墩狗仔尾山间的防波堤工程开工。三门蛇蟠岛海涂围垦面积达 15780 亩。

1989 年

4 月 6 日，重建黄岩气象站，11 月黄岩设市后改称黄岩市气象台。

5 月 6 日，浙江省海门港务管理局下放台州地区，为台州地区行政公署直属单位。

5 月 8 日，国务院、中央军委批准海门港对外轮开放。

6 月 30 日，海关总署批准设立中华人民共和国海门海关，隶杭州海关。（9 月 13 日开始筹备，1990 年 10 月 6 日正式开关，同时撤销前设温州海关驻海门办事处。）

7 月 16 日，浙江省航运公司海门分公司所属省内第一艘无吊杆 4000 吨级散装货轮浙海 312 号轮在海门港投用。

9 月 15 日，23 号强台风在温岭登陆，台州沿海海堤、江堤受损严重。

9 月 26 日，国务院批准撤销黄岩县，设立县级黄岩市。是月，开工于 1985 年的山东十塘围堤工程完工，塘地用于化工区建设。

11 月 27 日，海门港务管理局由副县级升为正县级，并挂中华人民共和国海门港务监督的牌子。是月，建立海门边防检查站。

12 月 30 日，椒江口内航道整治二期工程竣工，共筑长顺坝 2000 余米。

是年，海门港务管理局对椒江市城市总体规划中的港口规划做专业性的调整修改，形成《海门港总体规划（1990—2010 年）》，为台州最早港航专业规划。海门港外沙建 300 吨级高桩梁板式商业冷库码头，南岸轮渡路直出和北岸下浦建椒江汽车轮渡码头，台州电厂建 500 吨级粉煤灰码头。临海市拦截逆溪建牛头山水库；临海市上盘拖牛坝改建过船闸。

1989—1992 年，椒江两岸江堤、台州湾南北两翼岸线海堤砌石加固，为抵御 20 年一遇洪灾标准的海堤。

1990 年

1 月 1 日，海门至前所椒江汽车轮渡开航。

2 月 13 日，浙江省海门轮渡公司成立。

5 月 23 日，交通部无线电管理委员会批准海门海岸电台开放国内、国际公共船舶电报业务。28 日，省政府批准临海市白水洋镇、汛桥镇、尤溪镇和黄岩市院桥镇、蓬街镇、北洋镇为对外开放重点工业卫星镇。

7 月 24 日，海门港牛头颈外贸港区建设工程开工。是月，开通桐岩岭隧道，临海至宁波公路不必绕道天台、拔茅，改走宁海、奉化。

10 月 1 日，海门港正式对外轮开放，时为中国对外开放的第 49 个港口。6 日，海门海关正式开关，址设建设路 16 号，其原为台州行署移设椒江市所建的办公楼。是日，巴拿马籍新海昌轮首航海门港，来自美国、日本、意大利、沙特阿拉伯等国家及中国香港、台湾地区的60位客商参加了在椒江举办的台州地区经贸洽谈会。

11月12日，总吨2746吨、卧位728客的浙江406轮投入椒申线客运。23日，高闸浦疏浚工程开工。25日，日本冷藏船第七铁芯丸轮抵达海门港装货。

12月，黄礁至海门交通渡开通。仙居、三门设立气象局。

是年，椒江长顺坝三期工程完工，坝体高程增至2.5米。山东九塘海堤在1989年在台风中受损，按抵御20年一遇防潮的标准修复。

1989—1990年，下大陈岛杨府咀300吨级高桩客货码头建成，又称交通码头。

1991年

1月，临海、温岭、玉环、天台4县设立气象局。

3月18日，海东造船厂建造的远洋冷冻渔船下水。

4月，设置椒江市气象局，统一管理椒江气象台、大陈气象站、洪家国家基准气候站、黄岩气象台（1994年单利）4台站。

5月28日，金清新闸工程开工。

6月3—5日，省旅游局与椒江市在大陈岛联合举办“1991年中国椒江国际旅游钓鱼街”。10日，海门港改扩建后的7号码头投入使用。

6—10月，开工于1990年10月的三甲九塘修复水毁工程完工，筑成抵御20年一遇防潮标准的海堤。

9月16日，椒江三山沿岸开辟煤炭转运销售市场，年煤炭吞吐量达40万吨。

11月30日，临海市桃渚区未经批准围垦与三门县有权属争议的洞港海涂，引起争执。

12月1日，鲍浦河疏浚开工；17日，椒北梓林西大河改道工程开工。

是年，临海大田港建闸当潮，配升船机帮助船舶过闸，闸内成非感潮内河。

1992年

1月13日，国家经贸部批准台州地区进出口公司和椒江、临海、黄岩外贸公司获出口自营权。

4月27日，浙江省航运公司海门分公司多用途千吨级钱塘轮首航宁波至香港。

6月9日，由中国远洋运输总公司浙江分公司营运的浙鹭轮首航海门至日本横滨集装箱运输。

7月29日，国务院批准三门县、仙居县列为对外开放地区。是月，临海建成望江门大桥。

8月1日，温岭水产公司岭水10号轮直航日本出口渔货；18日，省政府批准设立椒江经济技术开发区，首期面积2.23平方公里；22日，经过6年施工的三门蛇蟠岛万亩海涂围垦工程通过验收；30日，海门航运分公司浙海311轮投入海门港至香港、澳门的杂货运输。

12月31日，海门港牛头颈外贸港区5000吨级码头竣工，码头平台长244米，三座栈桥平均长161米，拥有1个1000吨级和1个5000吨级件杂货兼集装箱船泊位。

是年，椒江山东十塘海堤和外沙江堤全线完成砌筑软斜坡式块石防浪墙，能够达到抵御20年一遇防潮的标准。

1993年

7月1日，台州首家椒江市海事律师事务所开办。

7 月 9 日，海门港牛头颈外贸港区三栈桥 5000 吨级梁板式高桩码头启用，年吞吐能力 34.6 万吨。

9 月 24 日，海门港 1 号码头改扩建工程通过设计会审。

12 月 12 日，永宁江治理工程开工；18 日，国家二类港口玉环大麦屿港开港，温岭江厦排涝隧洞工程开工，该工程旨在打通山洞，实现涝水西流入海。

是年，海门港外沙港埠集装箱公司成立；台州地区外贸出口总计 14177 万美元，进口 555 万美元。

1991—1993 年，灵江下游石仙妇山北侧建 1000 吨级浙江海圳荣液化石油气公司红光专用码头，1994 年扩建为 3000 吨级。

1994 年

1 月，临海市航运管理所体制下放，归属临海市交通局。

2 月 18 日，国务院批准撤销温岭县，设立县级温岭市。

4 月 12 日，海门航运分公司投资的 5000 吨级钢质尾机型无吊杆沿海多用途货轮浙海 315 号轮投产，结束了海门港无本港集装箱船的历史。

5 月，浙海 315 轮出租给招商局蛇口船务运输有限公司，经营大连—烟台—香港航线。

6 月 10 日，椒江市与日本高必士株式会社签署合资建设椒江大桥的合同，拟在 1995 年 5 月动工，1998 年 6 月完工，此合同后续并未执行。

7 月 1 日，括苍山气象站撤销，交由临海市气象局承接。

8 月 22 日，国务院批复浙江省人民政府：撤销台州地区和椒江市、黄岩区行政建制，成立地级台州市和市辖椒江区、黄岩区、路桥区，下辖玉环、三门、天台、仙居 4 县，代管临海市、温岭市 2 县级市；市人民政府驻椒江区。

是年，行政建制调整后，所有原台州地区职能机构冠名改台州地区为台州市；原椒江市、黄岩市机关和企事业单位冠名改椒江区、黄岩区、路桥区。台州建市伊始，相关部门即着手编制《台州市城市总体规划（1994—2020 年）》，其中包含台州市域内港口规划的内容。

是年，温岭石塘渔港启动建设小蚊虫屿与横屿间的防波堤；永宁江建闸治理工程开工。

1995 年

1 月 5—7 日，原台州地区行政机构 22 个部门改为台州市各部门（筹）机构，搬迁椒江区建设路 16 号临时驻地，10 日在椒江电影城召开台州市成立大会。

2 月 21 日，灵江红光液化气专用码头对外国籍船舶开放。

6 月 1 日，海门港务管理局更名为台州港务管理局，管理范围拓展至台州市辖区沿海、内江所有港口。

11 月 19 日，104 国道灵江二桥建成，跨径总长 359 米，最大跨径 80 米，净空 6 米。

是年，台州港务管理局编制《台州市港口总体布局规划》，将台州各港表述为以海门港为主体，大麦屿港、健跳港为两翼，首次在专业层面将台州域内的港口资源以统筹角度作全面、集约的规划。

是年，临海在水云塘建 300 吨级（兼靠 500 吨级）交通局高桩码头。

1996 年

1 月 2 日，国家外经贸部批准台州国际经济技术合作公司直接对外签约权。

10月31日，山东十塘堤坝加固第一期工程竣工，达到了抵御50年一遇洪潮的标准。

11月27日，成立铁路金华集装箱中转站台州代办站，隶属台州市汽车运输总公司。

12月18日，玉环漩门湾二期蓄淡围垦工程开工。20日，省气象局下达《台州市气象部门机构编制方案》，台州市气象局内设机构有6处，下置椒江区气象局、洪家国家基准气候站、大陈气象站、括苍山气象站、黄岩区气象局、临海市气象局、温岭市气象局、玉环县气象局、天台县气象局、仙居县气象局、三门县气象局11家单位。

是年，海门港5000吨级双栈桥高桩1号码头重建竣工，年吞吐能力50万吨。前所台州发电厂建成四期工程2个5000吨级泊位（1号、2号泊位）和4号泊位煤码头。1993—1996年兴建的葭沚渔业后方基地（国家一级椒江群众渔港）竣工投用，含500吨级浮码头4座，共4栈桥13趸船。温岭石塘渔港防波堤建成西延段。金清廿二洞闸北侧增建单孔过船闸。大陈气象站增设海洋气象广播电台，为航海和海洋捕捞服务。

是年，《浙江省城镇体系规划（1996—2010年）》设定大麦屿港区功能为“台州市对外开放重要窗口”。

1997年

1月29日，玉环岛陈屿隧道工程竣工通车，打通了大麦屿港区与玉环县城的通道。

2月1日，双向四车道上虞至三门一级汽车专用公路（上三高速）天台段一期工程竣工。

4月26日，浙江东大集团与尼日利亚一公司合作，组织台州渔民赴西非捕鱼。

5月12日，省级台州经济开发区设立，由原椒江经济开发区扩大概念，包括在建的台州市中心区。

7月9日，海门港至大陈岛高速客轮投入营运，航时较原先缩短2小时。

8月18日，9711号台风在温岭市石塘登陆，发生特大风暴和洪潮，海门港、健跳港潮位分别达7.9米、7.4米，多处塘地被冲毁，沿海各地受灾严重。唯椒江山东十塘塘堤不倒，被誉为“台州第一堤”，作为灾后重建的样板。

9月18日，全省最大的渔港防波堤坎门渔港防波堤工程开工，轴长1846.91米。形成有效水域3.7平方公里，可锚泊渔船3000余艘。

10月18日，台州市政府提出海塘坝重建规划，拟在3年内修筑高标准塘堤283.95公里，其中1998年完成112.83公里，1999年完成77公里，2000年完成94.12公里。

11月8日，台州市海洋气象台正式挂牌成立，与台州市气象台合署办公。

是年，1995年编制的《台州市港口总体布局规划》获省政府批准。海门港区三山作业区建3000吨级梁板式美标散装水泥专用码头。

1998年

3月，开工于1991年5月的省重点水利工程金清新闸竣工，该工程包括直通剑门的新开取直河道、老河道堵坝和位于剑门的新闸。新闸有8个排涝孔、2孔船闸，兼具挡潮排涝功能和通航功能。

5月4日，临海市航运管理所增挂临海市航道管理所、临海市港航监督所、临海市船舶检验所的牌子。

7月，永宁江建闸治理工程一期竣工，在三江口永宁江出口建每孔8米、宽10孔的泄洪闸1座，北侧新挖长1200米、宽106米、深8.3米的引河，建100吨级民船套闸1座。长潭水库以下永宁江成为非感潮内河。

8月19日，由国家、省、市、区四级共同投资的椒江大桥建设工程开工，桥址设栅浦闸东，为国家交通战备补助的“四自工程”项目。

是年，因公路客运逐步完善，沿海客运在航时上失去优势，椒沪客班轮在春运后停航。三门蛇蟠水道上敖与蛇蟠岛间开辟汽车轮渡，两岸建锯齿形斜坡式码头。

1999年

9月8日，台州市水产品交易中心在葭沚渔业基地建成开业。29日，开工于1994年10月16日的甬台温高速公路一期工程临海青岭至温岭大溪岭隧道路段建成通车。沿途互通口自北至南有临海南互通（青岭）、水样枢纽、台州互通（黄岩）、台州南互通（院桥）、温岭西互通（大溪）。

12月6日，仙居下岸水库工程开工，总库容1.35亿立方米。

是年，台州航海学会牟重行等专家在浙闽沪航海学术会议提交《椒江口综合治理方案与开发台州湾海洋经济新格局探讨》论文，提出在头门岛与白沙之间筑拦海大坝，阻挡南来悬沙，并形成椒江口外头门岛深水港。

2000年

6月，永宁江治理一期工程通过初步验收。

10月27日，海门海关更名为台州海关，下设驻玉环办事处、驻临海办事处2个派驻机构。

12月18日，全国最长的排涝隧洞温岭江厦排涝隧洞竣工投用，工程全长12公里，隧洞长2269米。26日，上虞至三门高速公路（今称常台高速公路）建成通车，台州域内沿途自北至南有白鹤互通、天台互通、洋头互通，在吴岙枢纽交于甬台温高速公路。30日，椒江区位于解放路至轮渡路江滨岸线的江滨公园建成开园，中间保留海关缉私码头。31日，天台铜柏抽水蓄能电站主体工程开工。

是年，海门港维修原商业冷库码头，改为1个300吨级（允许靠泊1000吨级）散货泊位，设计年通过能力15万吨。

永宁江口建闸当潮后，黄岩区失去出海港埠，作为补偿，三江口至三山属于黄岩区辖地的2公里椒江岸线随之开发，成为黄岩港区；迄今陆续兴建的码头有500吨级（兼靠1000吨级）芦村公用码头、2000吨级浙江标力建设集团码头、500吨级燃料公司码头、1000吨级（兼靠2000吨级）黄岩宏源码头、500吨级芦村天利码头、1000吨级联化（时进工贸）化学品专用码头。

2001年

1月15日，永宁江治理二期工程开工，以干河拓浚为主。

2月，台州市港航监督和中华人民共和国海门港务监督合并为中华人民共和国台州海事局。为正处级分支机构，负责对辖区水域内的交通安全和防止船舶污染实施统一监督管理。依法对进出口岸的中外籍船舶实施查验和监管，承担浙江省台州市海上搜救中心办公室的日常工作。下设派出机构有椒江海事处、玉环海事处、温岭海事处、三门海事处、灵江海事处和执法大队。

3月27日，甬台温高速公路灵江特大桥合龙，址在青岭北侧，桥长1687米，主跨6桥墩，桥下净空 30 米，通航等级 3000 吨级。

6 月 1 日，气象部门取消市—县高频电话会商，改由网上文字会商，台州气象局（气象台）由临海搬迁至椒江。

7 月 1 日，临海市港航监督所撤销，其职能成建制划归台州市海事局灵江海事处临海办事处。

10 月 18 日，椒江大桥建成通车，全长 2587.3 米，主桥为 5 跨 430 米连续梁，净空高 22 米，通航等级 3000 吨级；与此同时，椒江汽车轮渡撤销，码头改为渔用。

11 月 20 日，玉环县里墩水库建成蓄水；23 日，健跳大桥在黄门峡建成，单跨 245 米，通航等级 500 吨级。

12 月 25 日，开工于 1998 年 1 月 22 日的甬台温高速公路二期工程三门麻岙岭至临海青岭路段建成通车，沿途自北至南互通口有三门互通（岭口）、吴岙枢纽、临海北互通（大田）、临海南互通（青岭）。

是年，浙江省率先在全国实现粮食购销市场化，取消粮食定购任务；玉环小麦屿山建成 2 万吨级多用途粮食储运码头和国家粮食储运仓库；海门港区三山作业区建 500 吨级（兼靠 1000 吨级）顺岸式浦西装卸码头。交通部批准台州市港口整合，统一命名为台州港，实现港市同名、港城共荣。

2002 年

2 月 4 日，黄岩城关永宁江畔改港埠用途，建成永宁公园。

6 月 18 日，气象部门联合电信、移动、联通三大通信公司开通手机短信天气预报服务；28 日，海门边防检查站更名为台州边防检查站。

7 月 18 日，椒江渔港二期工程开工，工程选址为前所东路江岸，第一阶段建 500 吨级浮码头 4 座。

8 月 18 日，临海气象局在全市率先建成遥测自动气象站，逐步推广至台州各台站。

10 月 16 日，长潭水库除险加固工程开工。

是年，海门港区三山作业区建 500 吨级（兼靠 1000 吨级）高桩杨福装卸码头；临海五孔岙灵江岸建德仁木材公司 500 吨级专用码头，后为台州越航船业有限公司造船基地。

2003 年

3 月 10 日，上大陈岛丁沟头 300 吨级高桩客货码头竣工投用。

4 月 10 日，海门港区三山作业区 1000 吨级（兼靠 3000 吨级）三山村（文辉）高桩码头建成。

6 月 26 日，台州市人民政府办公会议决定将头门港区建设列入台州港总体规划。

8 月 15 日，台州市被长三角（长江三角洲）城市协调会纳为成员，成为长三角经济圈地 16 个城市。

10 月，高速客轮庆达号投入海门港至大陈岛营运，航时缩短至 2 小时；经农业部批准，椒江渔港由一级群众渔港升格为国家级中心渔港，其规划工程是在此前已启动的址在前所东路（东逻）江岸的椒江渔港二期工程基础上，建设 7 座 500 吨级浮码头，设置 25 艘趸船。

11 月 30 日至 12 月 2 日，“2003 驻华使节聚台州”联谊活动在椒江举行，韩国、澳大利亚、塞拉利昂等 38 国驻华使节和外交官参加活动。

12 月 25 日，开通省—市—县气象可视会商系统；是年，台州共建中尺度自动气象站 35 个，市气象局建派出机构路桥区气象办事处。30日，甬台温高速公路全线贯通，连接宁波、台州、温州三地，全长252.7公里，全线共设35个互通出入口、枢纽，台州境内8个互通口、枢纽，为G15沈（阳）海（口）高速公路的组成部分。

是年，椒江商业冷库（椒江冷冻厂）更名为中食集团台州宏大经贸有限公司；海门港岩头建500吨级冲水码头；海门港区三山作业区建500吨级五星物流码头、500吨级（兼靠1000吨级）宏发装卸码头、八达物流码头；玉环连屿山嘴头建滚装轮渡码头，沟通乐清湾两岸。

是年，温岭钓浜渔港在笔架山与海山岛南面嘴头间筑长560米防波堤；玉环坎门防波堤经一期、二期施工完成，海堤轴线长1846.8米，避风海域5.3平方公里。椒江长顺坝工程因永宁江建闸于1990年停工，1998年重新开工，迄2003年11月，坝长4300米，潜坝740米，导槽3016米。

2004年

1月1日，气象部门执行新版《地面气象观测规范》《自动站业务规章制度》，自动站与人工站并轨运行，以自动站为主。

2月9日，海东造船厂为希腊建造的4990吨级油轮下水，国产化程度91%。

7月，《临海市船舶制造基地发展规划》通过评审，年底临海市各造船企业总承建船舶共计153艘，436964总吨，年造船能力超过20万总吨，列台州乃至全省前列。

10月11日，临海市腾祥装卸有限公司于沿江镇长甸投资建设的1000吨级高桩散装装卸码头建成启用。

12月15日，由庆达5号轮承运上、下大陈岛之间的岛—岛渡运。

是年，临海市灵江马头山装卸有限公司建2座高桩码头；大陈岛洋面建蛇山岛灯塔。

2005年

3月9日，台州市滨海工业区块建设工程开工，首期开发区块位于椒江农场东九塘废盐田，规划面积148.8平方公里，涉三甲、金清的九塘、十塘及即将围垦的三山涂、三山北涂、十一塘；16日，诸（暨）永（嘉）高速公路台州段开工，在仙居县中部南北向通过。

4月24日，临海市首艘万吨轮在江海造船厂下水。

6月8日，临海市船舶工业协会成立，会员单位有31家。

10月27日，甬台温铁路开工。

11月3日，由临海市长顺船舶修造有限公司承建的1.8万吨长安轮下水。

是年，台州港务管理局与航道管理处编制《台州港总体规划（2005—2030年）》，将台州港口资源划分为“一港六区”，六区为大麦屿港区、临海港区、海门港区、黄岩港区、温岭港区、健跳港区。海门港4号码头改扩建竣工，为3000吨级（兼靠5000吨级）高桩梁板式多用途码头，码头平台与3号码头齐平，设计年通过能力48万吨；修复外沙粮食储运码头为1个1000吨级（兼靠3000吨级）高桩码头，设计年通过能力20万吨。健跳港黄门峡西侧建高桩健跳渔港工程码头。

是年，临海市主要的8家造船企业为台州市宏冠造船有限公司、临海市长顺船舶修造有限公司、临海市航畅船舶制造有限公司、临海市宏盛造船有限公司、临海市回浦船舶修造有限公司、临海弘州造船有限公司、台州市远洋船舶修造有限公司、临海市发龙船舶修造有限公司。

1996—2005 年，玉环县实施漩门湾二期（漩门西侧）蓄淡围垦工程，围垦总面积 5.6 万亩，其中土地 3.2 万亩，蓄淡水域 2.4 万亩，海堤线南北总长 7.8 公里，鹰公岛以东均为围涂范围，原楚门、清港、芦浦码头均失通海效用。

2006 年

1 月，台州兴港国际集装箱储运有限公司在海门港成立。

3 月 20 日，《城市竞争力蓝皮书：中国城市竞争力报告（2006 年）》发布，台州市产业化竞争力进入全国前 20 位。31 日，玉环县漩门三期围垦工程开工，址在漩门以东。

5 月 18 日，路桥区金清三山涂围垦工程开工，围垦面积约 3.04 万亩。

6 月 6 日，台州市第一个海外商会——阿联酋台州商会在迪拜成立。18 日，洪家国家基准气候站升级为国家气候观象台，国家基本站改为国家一级站，国家一般站改为国家二级站。该年全市有中尺度自动气象站 103 处，遍布玉环大鹿岛、玉环海山、玉环干江、三门蛇蟠岛、椒江十塘、黄岩富山、黄岩屿头、仙居横溪、天台龙溪、天台街头等处。

7 月 3 日，大陈岛风力发电项目拟建 66 台 750 千瓦风电机组。

8 月 15 日，玉环大麦屿下青塘华能玉环电厂码头工程竣工，工程包括卸煤码头和综合码头各 1 座。卸煤码头为（2 个泊位）7 万吨级（水工结构 10 万吨级），码头栈桥长 1200 米，平台长 539 米，配 4 台卸煤机，每台每小时卸煤能力 1500 吨，年输煤能力 940 万吨；综合码头 3000 吨级，用于建设工程。

10 月 10 日，位于椒江区栅浦的天天物流有限公司物流基地建成启用，占地 260 亩，包括高桩码头 1 座，含 2 个 1000 吨级（兼靠 3000 吨级）金属材料配送专用码头，年通过能力 65 万吨。25 日，台州市五洲船业有限公司所建 3200 立方米液化气船下水。

11 月 18 日，天台铜柏抽水蓄能电站 4 号机组建成并网发电。

12 月 28 日，台金高速公路临海水样至仙居城区段建成通车。

是年，海门港岩头冲水码头转让给椒江龙禹装卸有限公司；临海市浙江忠信混凝土有限公司在灵江长水岙建 500 吨级码头，正特物流公司在灵江钓鱼亭建 500 吨级（兼靠 1000 吨级）高桩码头；健跳港下沙塘建台州亚达公司 1000 吨级码头（后转给东南特钢集团三门特钢有限公司），高湾山西鸡公屿建浙江皓友船厂码头，原车渡码头东建 5000 吨级多用途码头。温岭市东横门建桥，除九洞门岛外，松门东部渡娄、龙王山、白岩山、龙门岛、断绷头、横门山都已陆路相连。金清廿二洞闸南侧增建排涝通航套闸。

2006—2016 年，实施玉环漩门湾三期（漩门以东）蓄淡围垦工程，在木杓头、冲坦屿、目鱼屿一线筑堤拦海促淤；工程围垦总面积约 6.8 万亩，其中新增土地 4.5 万亩，水域面积 2.3 万亩，海堤总长 5352 米。

2007 年

3 月，台州湾畔三山北涂围垦工程开工，该段海塘位于路桥区三山涂与椒江区十一塘之间，由台州市经济开发区负责施工，围涂面积约 2.08 亩。11 日，台金高速公路东延段（临海水样枢纽至杜桥大汾）开工建设。

7月3日，椒江区十一塘围垦工程开工，围垦总面积约4万亩。

12月26日，台金高速公路西段仙居至横溪建成通车。

是年，海门港前所台州电厂东侧建3000吨级（兼靠5000吨级）海螺水泥厂码头，年通过能力120万吨。一江山岛建交通码头。健跳港高湾山西老鼠屿建浙江海滨船业公司3000吨级码头，高湾山北麓建浙江金茂船业公司码头。大陈岛洋面建下屿灯塔，改造莲子礁灯塔。临海城区建独塔单索临海大桥连接台州府路与七一河路。

2008年

1月18日，一江山岛300吨级客货码头竣工验收。

6月25日，大陈岛风力发电场一期工程开建。

12月14日，甬台温铁路灵江特大桥合龙，大桥全长2183米，水中墩台11个。18日，路桥区三山涂围垦工程堤坝堵口。

是年，玉环大麦屿港区建5万吨级多用途码头，包括1个3万吨级泊位和1个5万吨级泊位，年通过能力235万吨。

2009年

1月8日，椒江滨海工业区块企业举行集中开工仪式。

8月14日，成立台州市栅岭汪排涝调蓄工程开发公司，承担“台州绿心”1.8平方公里飞龙湖区、18.8公里河道疏浚、栅岭汪排涝隧洞开凿和5座节制闸建造四大建设工程。

9月2日，台州发电厂执行国家减排计划，关停6台13.5万千瓦燃煤发电机组，每年减排二氧化硫2.8万余吨。

9月28日，甬台温铁路建成通车，台州域内分别在三门亭旁百亩头村、临海邵家渡溪边村、黄岩江口王林村、路桥螺洋罗家池村、温岭大溪利岙村设三门县站、临海站、台州站（2021年改为台州西站）、台州南站、温岭站，其中台州南站为货运站。台州大道和疏港大道一期工程建成通车。

12月11日，举行“台湾大陈认识故乡行”招待酒会。

是年，开通大麦屿港对台（湾）的海上直航；在健跳港黄门峡西启动建设国家二级渔港，建首座单栈桥双趸船码头，健跳港铁冠山西麓建高桩绣山水泥厂码头，在瞭高山东麓陆续建3座码头。该年，中国石油天然气集团公司上报在台州市建设“中国—卡塔尔炼化一体化”项目，选址为路桥区黄礁。

2009—2011年，临海市长发建材厂在长甸建1000吨级码头。

2010年

1月8日，海门港外沙港埠集装箱公司与宁波港合资成立浙江台州湾港务有限公司。

2月2日，大陈岛风力发电场风力发电和陆岛联网输变电等工程投入运行。

6月2日，开工于2006年12月的上大陈岛中咀避风港竣工，港池面积21.23万平方米。

12月，温岭市横门山开工建设浙江龙门港务有限公司3000吨级多用途码头。

是年，由浙江省交通厅、台州市、临海市三方合作投资开发的头门港区建设项目开工。临海建104国道“飞燕式”钢管砼拱桥灵江三桥。

2010—2011年，临海市浙江建力建材有限公司在灵江钓鱼亭建1000吨级散杂货码头。

2011年

3月11日，日本宫城县海域发生里氏8.8级地震，海啸波及大陈岛，12日6时30分，大陈岛附近海平面较正常上涨0.5米，12时海啸余波消退。

5月3日，大陈岛海域成功投放中国第一个海水核辐射实时检测实验浮标。

6月28日，台州湾循环经济产业集聚区成立，其范围包括台州市区东部、临海市东部、温岭市东部之台州湾南北两岸滨海区域。其中台州市区东部为疏港大道以东面积约220平方公里范围，临海东部平台为杜桥、上盘、跳渚3镇所属南洋涂、北洋涂和头门港区约145平方公里，温岭东部平台为75省道复线（今228国道）以东新河、滨海、箬横、松门4镇所属东部新区和龙门港区约141平方公里，设为东部园区、椒江分区、路桥分区、台州现代医药高新区。

9月，玉环大麦屿港区通过国家一类口岸验收。

10月11日，台金高速公路东延段（水洋枢纽至杜桥大汾）建成通车，公路在涌泉跨建灵江大桥，桥梁全长1400米。至此，东起台州杜桥、西至金华永康前仓的台金高速公路全线贯通，在仓前与长（春）深（圳）高速公路金丽温段相接，全长156公里，台州境内126公里。沿线互通出入口自东至西有杜桥（大汾）互通、章安互通、涌泉互通、沿江互通、水样枢纽（交甬台温高速公路）、临海互通、临海西互通、白水洋互通、仙居东（下阁）互通、仙居互通、白塔互通、白塔枢纽（交诸永高速公路）、横溪互通、壶镇互通、前仓互通、前仓枢纽（交长深高速公路）。浦坝港G288国道浦坝大桥建成通车，全长2215米，主孔宽256米，通航等级300吨级。

是年，因应“中国—卡塔尔炼化一体化”项目，由交通运输部规划研究院编制《台州港海门港区黄礁作业区总体规划》向上报批，后因形式变化无果。台州湾三山北涂围垦工程竣工。仙居县城东柴岭下弯道截弯取直，建橡皮坝和泄洪冲沙闸，形成坝上3000余亩水位可控湖面。

2011—2014年，健跳港黄门西渔港扩建，续建3栈桥6趸船，升级为国家一级渔港。

2012年

5月29日，大陈岛地震检测站成立，即日启动记录。

8月27日，2012年海峡两岸大陈乡情联谊酒会在椒江区举行，招待台湾新北市椒江（大陈）同乡会返乡访问团。

9月25日，大陈岛被列入浙江省海洋开发与保护示范岛，为全省首个省级示范岛。

12月27日，椒江区大陈镇被列入国家级生态镇建设。28日，在藤云山南腾云路征地128.2亩易地建设椒江粮食储备中心，启动建设一期仓库。

是年，椒江区十一塘围垦工程竣工。

2013年

5月15日，建于椒江大桥西侧的台州海事局监管码头竣工验收。

6月8日，“世界海洋日”暨“全国海洋宣传日”浙江省主场活动在椒江举办。

12月4日，上大陈岛丁沟头北侧在建500吨级高桩客货码头竣工。

12月9日，洪家场浦排涝调蓄工程开工，工程西起“台州绿心”栅岭汪排涝调蓄工程，东至十一塘调蓄湖，全长18.2公里，部分拓宽老河道，部分改道开新河，河道宽达百米。

是年，编制《台州港临海港区头门作业区总体规划》并获浙江省交通运输厅批准；台州、温州两市联合启动整治乐清湾进出主航道，以满足10万吨级散货船满载乘潮进港、5万吨级集装箱船双向通航；海门港在前所老鼠屿东侧建2000吨级（兼靠5000吨级）椒江航道服务区码头；玉环东海岸下栈台建300吨级海防执勤码头，兼具客运靠泊。

是年，临海县桃渚港出海口在红脚岩再扩建过船当潮新闸，并辟闸内80万平方米港池，成为国家一级渔港；温岭石塘渔港小蚊虫屿与横屿间防波堤整体完工，总长820米，包括岛屿在内的全长为2000米，堤内港池1.1平方公里，可泊渔船2000余艘；启动建设列为温岭市中心渔港二期工程的箬山港区防波堤，工程共筑3堤，总长2249米，可获避风面积215.57万平方米，可容渔船2400艘。

2013—2015年，健跳港洋市湾围涂，从高湾山柴爿花嘴围至平岩山东嘴头。

2014年

3月26日，温岭市龙门港区进港航道整治工程竣工，航道单向通航3000吨级船舶，长1.85公里，宽70米，扫海宽度120米。

7月5日，大麦屿港区对台直航客货运滚装专用码头试运营，码头含1个3万吨级泊位，年通过能力集装箱48万标准箱、14万车辆，中远之星轮首靠码头。

8月8日，开工于2008年的椒江二桥竣工，大桥位于腾云山与老鼠屿间，主桥长900米，主跨为长480米的双塔斜拉桥，通航净高40米，通航等级10000吨级。

8月11日，温岭市龙门港区3000吨级（2个泊位）多用途码头通过交工验收，码头3栈桥高桩梁板式，设计年吞吐量93万吨，其中集装箱1.2万标准箱。

11月27日，临海市浙江忠信混凝土有限公司在灵江长水岙建1000吨级码头；28日，台州湾大桥及所接甬莞高速公路工程开工；29日，大麦屿港区对台直航3万吨级客货滚装专用码头正式投入运营。

12月17日，浙能台州第二发电厂配套3.5万吨级卸煤码头通过质量鉴定；25日，温岭市龙门港区振威贸易有限公司1000吨级货运码头竣工；26日，开工于2007年的头门港区一期工程建成开港，首期开发泊位有2万吨级（兼靠3万吨级）通用泊位。是月，腾云路椒江粮食储备中心建成仓库7座，库容3万吨。

是年，着手编制《台州港总体规划（2014—2030年）》。海门港区外沙改造原物资码头，并入原外贸码头，成为新港埠公司码头，形成5栈桥平台总长396米的规模，扩建部分为1个5000吨级（兼靠10000吨级）多用途泊位，设计年通过能力186万吨、9.5万标准集装箱。海门港前所万隆船舶重工有限公司在松浦闸西侧建舾装兼货运码头，拥有1个4万吨级舾装兼停2000吨级货运泊位、1个万吨级舾装泊位。灵江下游红光液化气专用码头租予台州天棋石油有限公司。三江口北侧800米灵江岸建中石化临海油库配套码头，共2个3000吨级泊位。

是年建成的其他工程：金清港白沙老河道堵坝东侧兴建通航船闸，迄2020年并未启用；临海大田港拆除老闸另建新闸，不再考虑闸内航运。

2015年

1月9日，位于椒江北岸老鼠屿东侧的台州港椒江航道服务区2000吨级（兼靠5000吨级）码头建成；12 日，位于健跳港南侧牛山作业区的浙能台州第二发电厂配套码头 1 座 3.5 万（兼靠 5 万）吨级卸煤码头和 1 座 3000 吨级综合码头竣工，4 月 29 日验收，5 月 3 日正式靠泊作业，年通过能力 502 万吨。

6 月，原《台州港总体规划（2014—2030 年）》修改为《台州港总体规划（2017—2030 年）》，以台州市政府名义行文，并提供省政府审批，规划表述台州港将形成以头门港区、海门港区、大麦屿港区、健跳港区、龙门港区、黄岩港区“一港六区”为主体，小型港点为补充的布局空间。

11 月 20 日，台州市港航局组织召开“台州港口一体化发展研究”课题专家评审会。

12 月，椒江区洪家场浦排涝调蓄工程开工。

是年，组建温岭市浙江龙门港务有限公司，龙门 3000 吨级多用途码头投入营运；龙门港区领先船厂开建 2000 吨级舾装码头。海门港区 7 号码头改建工程开工，建为双栈桥 4 趸船；台州东部新区涂面整理和临时航道工程年度疏浚吹泥 3750 万立方米；椒江口外航道试挖槽工程试挖土方 1500 万立方米。开工于 2001 年的永宁江河道拓浚工程完工，截弯取直潮济、断江、埭西 3 处，缩短河长 5830 米。

2015—2016 年，下大陈岛扩建下咀头土地堂渔用码头。

2016 年

1 月 4 日，金台铁路开工建设，西起永康南站，东至台州站（黄岩王林），支线达头门港站，为国铁 1 级单线电气化客货共线铁路，是沪昆高速铁路和杭深铁路的快速连接通道。

5 月 12 日，台州海上客运中心启用，该中心即原椒江轮渡码头候船厅及经扩建的 7 号码头和岸上停车场；同日，海门港至大陈岛庆达 9 号启用，陆岛航时缩短至 1 小时 10 分。是月，台州市交通投资集团有限公司成立，为台州市政府授权市国资委履行出资人监管责任的国有全资企业。

8 月 11 日，海门港区 7 号码头改建工程竣工，建成双栈桥 4 个 42 米趸船。

9 月 28 日，乐清湾进港航道整治一期工程竣工，航道长 6 公里，满足 10 万吨级散货船单向通航，5 万吨级集装箱船双向通航。

10 月 12 日，海门港区椒江航道服务区后方陆域房建等附属工程竣工。

11 月 3 日，位于灵江长甸的临海市长顺建材有限公司 1000 吨级码头竣工；11 日，大麦屿港区对台直航码头陆域配套工程竣工，包括 53588 平方米堆场和 35980 平方米道路。

是年，灵江下游红光液化气专用码头由天棋石油有限公司收购。玉环岛分水山咀建 2 座梁板式码头，选址为金清港白沙老出海河道兴建台州国际游艇俱乐部码头，共 400 余个泊位；此前在金清港五洞闸东先期建有 20 多泊位行宫国际游艇俱乐部码头。玉环漩门二期围垦地被国家林业局公布为国家湿地公园。台州东部新区涂面整理和临时航道工程完工，疏浚吹泥约 8100 万立方米；椒江口外航道试挖槽工程完工，累计挖方量 1500 万立方米。

2017 年

7 月 9 日，海门港区前所人渡码头改建工程竣工启用，130 路、131 路、136 路、150 路公交车始末站延伸至前所人渡码头；13 日，温岭市石塘棺材屿建 3000 吨级码头，成为浙江物产港洲石化有限公司成品油储运基地；18 日，黄岩长潭水库全面完成库区 30 艘客渡船收购，为推进库区渡运提升改造奠定了基础。

8 月 9 日，浙江省头门港经济开发区挂牌成立；16 日，大陈航运集聚区建设座谈会在椒江区港航管理处召开。

9 月 27 日，头门港区二期工程暨一期工程码头滚装改造开工，一期工程改造是将原 2 万吨级兼靠 3 万吨级通用泊位提升为 5 万吨级通用兼具汽车滚装功能。

10 月 27 日，交通运输部发文将金台铁路头门港支线工程等 10 个港口集疏运铁路项目纳入《“十三五”港口集疏运系统建设方案》，头门港支线获补助 21070 万元。是月，大陈岛旅游度假区获评全国精品休闲渔业示范基地（休闲渔业主题公园）。

11 月，大陈海域海洋牧场示范区被列入国家级海洋牧场示范区名单。

12 月 18 日，港航事务窗口入驻台州市人民政府行政服务中心，向社会提供一站式服务；19 日，龙门港区集装箱内支线正式启动。

是年，杭绍台城际铁路椒江特大桥开工，址在百家沙西侧，主跨为长 480 米之双塔斜拉桥，通航净高 38.6 米，通航等级 5000 吨级。台州海事监管码头在椒江大桥和杭绍台铁路桥之间的岸线建成，高桩平台 200×16 米。台州市振港物流有限公司物流基地工程在岩头开工建设。金清港老出海河道白沙西门口建成金清港 500 吨级客货运码头和 1428 平方米候船厅，为大陈岛陆岛交通服务，同时对航道清淤 712 万立方米。浙江海事局台州大陈海事工作船码头与车客渡滚装码头在下大陈岛杨府咀西侧开工兴建。临海市开凿长石岭排涝隧洞，将义城港水分流至汛桥入江，河口筑闸挡潮。

2018 年

1 月 30 日，中央电视台《世界周刊》摄制组在台州章安等地采访摄制的《走进台州寻迹卫温首航》专题节目播放，时长 20 分钟。

5 月 4 日，开通金清港客运码头至大陈岛的客运班轮，由台州市荣远客运有限公司庆达 9 号承运，航程 24 公里，不及海门至大陈航程的半数，可使航时减至 45 分钟。但八九月台风季后，航道回淤快于预计，鉴于疏浚成本高、陆上交通未完善等诸多原因，航班停航。

6 月 28 日，海门客运码头至大陈岛东镇山号旅游客轮首航，至此，海门至大陈岛水上交通航班共有 6 艘，总运力 862 客位。

7 月 16 日，大陈岛景区观光巴士试运营，共有中巴 20 辆，旅游专线 5 条。

8 月 28 日，三门健跳港成洲船厂 33000 载重吨散货船开工建造。

9 月 1 日，《台州港总体规划（2017—2030 年）》获省人民政府批准。

10 月 30 日，海门—前所椒江轮渡试行使用支付宝乘车码或台州出行 App 扫码过闸乘船。

11 月 22 日，宁波舟山港股份有限公司与玉环交通投资集团有限公司、苏泊尔集团有限公司签署浙江大麦屿港务有限公司股权转让协议，宁波舟山港股份有限公司购入浙江大麦屿港务有限公司 100% 股权，实现对台州大麦屿港区的并购。同日，台州市椒江区人民政府办公室出台《关于印发台州大陈岛航运集聚区运力补助办法（试行）的通知》，为引进优质航运企业、提升航运保障和综合服务能力提供了政策保障。

12 月 27 日，台州市机构改革整合了原台州市港航管理局、渔业局、口岸办三个机构，设立台州市港航口岸和渔业管理局，址设市府大道468号。与此同时，临海、温岭、玉环3县市调整设立港航口岸和渔业管理局。

是年，台州恒投工贸有限公司在三门蛇蟠水道上敖沿岸建5000吨级货运码头；与金清游艇码头配套的金清游艇小镇项目开工建设；下大陈岛杨府咀客货码头维修更换前沿趸船。

2019年

1月16日，甬莞高速公路建成通车，北通宁海、象山、宁波，南通乐清、温州。沿途的跨海、跨江大桥自北至南有蛇蟠大桥，位于六敖至蛇蟠岛，跨海桥梁约长12公里，通航等级3000吨级；健跳港大桥，双向通航道孔，通航等级500吨级；浦坝大桥，全长2852米，通航等级300吨级；台州湾大桥，为全长948米、主跨488米的双塔双索斜拉桥，通航等级10000吨级；乐清湾大桥，全长10.09公里，由1号桥、2号桥、海山大桥、海山互通组成，主桥采用双塔双索斜拉桥，通航等级3000吨级（通车后，玉环连屿滚装轮渡撤渡）。同日，开工于2016年3月18日的台金高速公路东延二期工程大汾至沿甬莞高速公路头门港南枢纽路段建成通车。

1月18日，头门港区一期码头改造完工，吉利汽车首航滚装运输。

3月1日，头门港区综合服务保障基地建设开工。是月，优化整合的台州市交通投资集团有限公司整合原台州市轨道交通集团有限公司、台州市机场管理公司、台州市铁路建设投资有限公司为集团全资子公司，同时整合台州高速公路集团股份有限公司，并受市政府委托管理台州市沿海高速公路有限公司，海门港埠总公司整体划转台州市交通投资集团。

3月29日，《台州市港航口岸和渔业管理局职能配置、内设机构和人员编制规定》出台，局内设办公室（挂行政审批处）、港航管理处、口岸管理处、渔业处、综合处（挂渔政渔监处）5处室，下属4家事业单位，其中参公事业单位2家（执法支队、船检）、事业单位2家（信息中心、推广站）。

4月21日，金台铁路灵江大桥合龙，桥址紧靠台金高速公路灵江大桥北侧。

5月16日，原台州市港航管理局在机构调整中改设台州市港航事业发展中心，为市政府直属正处级事业单位，挂台州市航道事务中心、台州市船舶检验中心的牌子。与此同时，临海、温岭、玉环、三门4市县调整原港航管理处为港航事业发展中心，台州市辖椒江、黄岩、路桥3区仍保留港航管理处。29日金台铁路完成接轨金温或线。

6月30日，海门港区因装卸废金属噪声扰民，关停1号、3号、4号码头作业，实施“椒江航道服务区开港作业＋外沙新港区征迁新建＋老港区收储开发”搬迁方案，将1号、3号、4号码头作业易地搬迁至外沙作业区和北岸椒江航运服务区。

7月1日，椒江大桥与椒江二桥停止收费。10日，台州同“长三角”经济区域内15家单位共同在“中国航海日”主题活动上海分会场组成“长三角航运新发展联盟”。

8月3日，新海滨号客轮投入海门至大陈岛航线，拥有260客位，能抗7级风浪。

10月10日，黄岩港区标力建设集团2000吨级码头竣工，并通过验收。16日，中共中央台办、国务院台办批准在大陈岛设立海峡两岸交流基地。

11月28日，台州交通投资集团港务有限公司启用椒北作业区，作业区占地81.5亩，拥有2000吨级高桩综合性码头1座，兼具货物运输装卸功能和航道服务功能。

12 月 3 日，椒江区三甲街道、椒江农场交由台州循环经济产业聚集区托管。

是年，启动建设下大陈岛望夫礁 1000 吨级陆岛客货码头；温岭市石塘棺材屿浙江物产港洲石化有限公司成品油储运基地增建 5000 吨级油码头。

2020 年

1 月 16 日，建于椒江前所涛江闸东的台州远洲石化仓储（油库）配套码头工程竣工。

2 月 24 日，由三门健跳浙江新洲造船股份有限公司所建 3.3 万吨级散货船英豪 1 号下水。

6 月 19 日，黄岩港区芦村台州市时进工贸有限公司 1000 吨级化工码头竣工。

8 月 8 日，国务院批复同意台州港口岸全域扩大开放，扩大范围包括头门港区、健跳港区、龙门港区，新增水陆域开放范围 690 平方公里。至此，在原有海门港区、大麦屿港区开放的基础上，台州港口岸沿海各港区实现全面开放，总开放范围达 970 平方公里。

9 月 1 日，金台铁路主线全面贯通。6 日，头门港区二期工程（水工结构）交工验收，新建 2 个 5 万吨级（兼靠 7 万吨级）泊位及后方陆域堆场，设计年通过能力 554 万吨。22 日，浙江省港航管理中心组织完成乐清湾航道养护工程的竣工和验收。30 日，玉环浙江君安能源股份有限公司与上海申能能源服务有限公司签订大麦屿液化天然气（LNG）储运项目合作协议。是月，玉环市成立海上公交有限公司，投入 1100 万元收购东、西部航线陆岛渡船，招聘船员，设置管理制度，升级支付系统，于元旦开始运行，共有航线 7 条、渡口 11 处、渡船 9 艘、船员 21 名，日运载能力 3500 人次。

12 月 11 日，金台铁路（台州段）开行市郊列车项目一期工程设计获批；30 日，黄岩港区公用码头装卸储存设施改建工程竣工。

是年，下大陈岛扩建改造浪通门 2 座渔用码头为高桩墩式；下大陈岛下嘴头再建墩式渔用码头；玉环东海岸灵门 1000 吨级货运码头竣工。是年在建的工程项目有浙江海事局台州大陈海事工作船码头工程（含 1 个 40 米和 1 个 60 米巡逻艇泊位及 5000 吨级海巡船泊位）；头门港区港航服务保障基地，总建筑面积约 7000 平方米；大麦屿港区多用途码头一期工程；健跳港区管理艇码头工程；健跳港区洋市涂支航道挖槽工程。

第一编

港口地理资源

浙江地貌以绍兴—江山断裂带为界线，分成浙东南和浙西北两单元。浙东南古陆在中生代后期的燕山运动中发生断裂、褶皱、凹陷，构成连绵不断的多山地貌。于是，由武夷山脉延伸的仙霞岭、大盘山、天台山、大雷山斜亘阻隔今台温地区于东南一隅，南侧又为洞宫山脉所挡，成为春秋越国弃管的“外越”之地。台州地区又是该丛山中被雁荡山、括苍山再分隔的一块负山面海区域。但其河谷盆地和河口滩涂却早有人类活动，向海一面是古代先民唯一的对外出入口。

台州全域陆地总面积 9411 平方公里，东西宽 172.8 公里，南北长 147.8 公里，域内大部分群山和山谷盆地、平原都被椒江水系流域贯穿和覆盖，水系下流主干河道为椒江，其上分灵江、永宁江两支流，灵江上游又分永安溪和始丰溪。河口台州湾畔经数千年淤涨沉积，至明清已成为浙江省内继杭嘉湖平原、宁绍平原之后的沿海第三大平原。椒江流域面积 6613 平方公里，占台州全域陆地面积的 70%。在未有公路之前，椒江流域对外货物进出全依赖于椒江口的海上船运。

台州人居基本集中于沿海平原和山谷平原（盆地），在总面积 2750 平方公里平地中，沿海平原占 70%。沿海平原连片，内河成网，均可沟通椒江口，都是椒江口海港的直接腹地。于是，椒江口海门港素被称为台州“六邑咽喉”，其海向腹地指向全国沿海及国际港口。

不在椒江流域范围的区域是三门县湫山丘陵、玉环岛、楚门半岛三地，这些区域有自成系统的港口资源，但也是椒江口海港的海向腹地，通公路后也是椒江口陆向腹地。金清水系虽有单独的入海口，但其水网均与椒江口相连，为椒江河口港直接腹地。

第一章　沿海陆域地貌变迁

远古时代，东海大陆架历经反复沧桑变迁。距今 4 万年前，海平面比现在低 120 米，近海大陆架露出海面，台州湾外台州列岛、东矶列岛等皆与大陆相连。至距今 3.3 万年时，海平面上升 90 米，台州东部海域形成第一海相沉积层。距今 3 万年时，又发生海退，然后，海平面又缓慢上升，至距今 9000 年时，升至今 30 米等深线左右，浅海再形成第二海相沉积层。至距今 7000 年，海平面达今高度。此时，今台州地域东部沉积平原大多为浅海区域。

亘古以来，长江和钱塘江出海口泥沙悬浮海域，随海岸流向南北两翼海岸线扩散，在距今 7000 年时，处南翼的浙江中部沿海接受两江出海悬沙沉积，加上当地江河携带泥沙下泄，极易在浅海区域沉积成滩涂。由是，古灵江出海口两翼逐渐沉积成台州湾平原，终致成为浙江沿海第三大平原。这是境域地貌变迁最大的区域，带来湾内河口港埠的不断移位。

由海相沉积而成的台州湾平原居于椒江水系出海口南北两岸，它在 7000 年间由西部山麓逐步向海推移，唐宋后由人工围塘促淤，成为一马平川。平原上河道纵横成网，既是农田灌溉渠道，亦成内河交通运输网络，百川汇集于椒江入海口构成优良的通江达海航运体系。

台州港所涉海岸除台州湾外，还包括北侧三门湾、健跳港、浦坝港和南侧大港湾、隘顽湾、漩门湾、坎门湾、乐清湾；在这些海岸，也有不同程度的滩涂淤涨、扩张，形成山岬间的小流域和小谷地，极适宜海洋捕捞业和海滩盐业的发展，也利于航运发展。借助沿海水路，那些被山脉围隔的小谷地也都可以沟通台州湾大平原及西部山区，同时也与全国沿海所有港口取得联系。

以下以台州湾为起点至两翼逐一记述其地貌概况和历史变迁。

第一节　台州湾海陆沧桑

台州湾为浙江沿海中部拥有航运内江的最大河口海湾，古今沿海地貌沧桑变化巨大。距今 7000 年时，海湾内凹至西部山麓，海水直拍茅畲盆地北侧和临海市望洋店一带，流传至今的潮济、北洋、沙埠、汛桥、水家洋、大田港、义城港、望洋店、小海门等地名佐证今永宁江河谷平原、大田盆地、义城港河谷平地、涌泉江涂淤涨地、水洋江涂淤涨地在古代都曾经是海湾水域；而今椒南平原（温黄平原）和椒北平原大部更是汪洋一片，今平原上的桐屿、牧屿、长屿、洋屿、岩屿、老鼠屿等地名，也都佐证这些平原上的陆屿在远古时代都是海岛。

古今台州湾海域是一个不断变化的区域，若以现代台州湾外缘台州列岛起算，古代台州湾海域东西宽度可达50公里以上，南北长度近50公里。现代海湾东西宽仅26公里，南北宽度若从北岸白沙至南岸金清港，直线距离约26公里，若至石塘直线距离约50公里。

迄春秋时代，注入台州湾的较大河流是后来所称的永宁江和灵江（灵江在南北朝时称临海溪，上游为始丰溪、永安溪），但两江江滨早期缺乏淤涨平地。而另有大溪河和回浦两小河分别处海湾南北两翼，两河所在的山麓前沿和河滨逐渐淤涨成较宽广的沉积平地，成为当时两大人类聚居区域。此即今温岭市大溪区域和今椒江区章安区域。大溪曾有春秋失国徐人和越国遗族设置王城；章安区域成为汉代东南港埠和县郡治所，为开发浙东南桥头堡。

春秋战国以降，2000多年内，台州湾内侧逐步由海域悬沙和河流下泄泥沙沉积成滨海平原，直至将湾内白沙山、穿礁山、琅矶山、白果山、老虎山、龙王山、利擅头、炮头台、狮子山、黄牛山、石塘后山都包入陆域。

广义台州湾包括南起石塘北至上盘（畔）柱头山的广大海域。由于琅矶山至石塘后山一段岛礁崖岸众多，海岬之间形成大港湾、松门港等独立港湾。松门南侧石塘半岛东海岸有钓浜、石塘、箬山等港湾；箬山西侧，有面南弧形滩涂，尽西端又有大斗山和犁头山两岬夹持的小海湾，湾中有名为隘顽（今称呑环）的聚落，此海湾就被命名为隘顽湾。但在古代，以上港湾都不存在，是台州湾的外围海域和海中岛屿。

台州湾北翼海相沉积

台州湾古海域由于一组岛屿挡在河流下泄出口前方，下泄江水向两侧扩散，在潮汐的共同作用下，南北两翼都形成一条古沙岗。据地质钻探，碳-14测定，古沙岗系距今2425±35年前的河口滩涂沉积物。

2000多年前的北翼古沙岗沿五指山、太平山、大山头、画眉尖、石马头山、沙巷、嵩（松）山延伸至杜桥凤凰山一线。太平山南陈呑门为潮汐通道，以南黄牛坪山、君田山、炮台山、小圆山、老鼠屿均是海上岛屿。古沙岗向东延伸的海岸是绵延群山，起自杜桥凤凰山，向东排列塘岸山、陡门山、呑底坑山、市场山，直至狮子口和红洞背为海角尽头。大陆以东、以南的沙塘岗、下海呑山、短株山、蒲蓝山、天门山、石牛山、道人精山、竹岭山、大呑山头、踏道山（达岛）、穿礁山、白沙山均为海中岛屿。

古沙岗西北为老海相沉积地，最早的沉积平原即回浦两岸的章安区域，秦汉时期，相继在此设回浦乡、回浦县、章安县治所，回浦入海口成为港埠都会，三国时设有管辖整个浙东南的临海郡治所。

古沙岗东南为新海相沉积平原，自宋代熙宁五年（1072年）起，开始为涂渎盐场围塘。海涂围垦过程一般先用于刮土淋卤煮盐，然后再围新塘，老塘养淡种植，一步步向海推移。台州湾北翼平原在宋代围塘两条，明代围塘四条，清代围塘两条，民国围塘一条，直至当代围垦南洋涂、北洋涂。

宋海塘自石马头山、嵩（松）山、上洋桥闸连线起，推至道感堂、墩头、塘岸头、长大、穿山、陡门龙头闸一线。其时，前所黄牛坪、君田山包入大陆。明海塘自洪武年间（1368—1398 年）起，在宋海塘南围垦四条海塘，推至外西、树桥头、陶龙闸、竹屿山、上畔（盘）一线，其时，上畔北面沙塘岗、下海岙山、桃枝山（城里头山）、短株山、石牛山、竹峙山等均包入大陆。清海塘在明海塘南再向海推移，经雍正六年（1728 年）、乾隆三十一年（1766 年）、嘉庆二年（1797 年）、光绪年间（1875—1908 年）四次围塘，围垦两条海塘，推至松浦中央闸、石社团、推船沟下闸、河里一线，大岙山包入大陆。民国海塘再向海推进五六百米。上盘东部海塘在清乾隆年间围筑旧城鲤鱼山以东长兴塘，因举人李安邦出资，亦称举人塘。

至20世纪50年代，老鼠屿至松浦闸海岸基本接近今海岸线，松浦以东海岸继续围涂。经过1957年、1958 年、1966 年、1972 年的围塘，海塘岸线从松浦闸弧形东延至踏道山（达岛），再折东北，弧形延伸至城里头山。

1999—2010 年，围垦南洋涂、北洋涂，形成今台州湾北翼海岸线。北翼海岸线杜下浦以西几乎与椒江北江岸成一直线，杜下浦以东略微向东北倾斜至穿礁山，堤内为南洋涂，最宽达 1.3 公里。北洋涂海堤自白沙山包抄鹿啃山北延至石牛山下山头，再包抄柱头山围至桃渚港红脚岩，最宽达 3.4 公里。南洋涂与北洋涂之间有踏道山（达岛）、穿礁山、白沙山围合的小海湾，其余海岸皆为直线或略弧线海堤。

椒江北岸江岸自汉初迄今淤涨地延伸在600～1500米宽度，各部位不等。最初岸线在玉岘狮子山、黄礁山、墩头山、金鳌山、东山、五指山、太平山前沿，逐步向江心淤涨。

台州湾南翼海相沉积

台州湾南翼平原是台州最大平原，既是台州古今经济、社会中心，也是史上地貌变迁最繁复的区域（民国以来，以该地大部属黄岩、温岭两县，习惯称温黄平原，但江南海门区域史上属临海县，该称谓在逻辑上并不周延，不如称为“椒南平原”）。椒南平原西南倚靠括苍山和雁荡山余脉，古沙岗将平原分为老海相沉积地和新海相沉积地，平原中部金清水系干流又将地块分为南北两片。下分南北两片记叙。

椒南平原北片成陆过程

北片平原西倚括苍山余脉黄毛山、帽峰尖、大岳山、徐山（犁头山）、老人尖、雷公尖等陆屿，南临金清水系干流。古沙岗北起赤山（今椒江区赤龙山），南延沙巷（今称沙王）、挡港桥、横街沙山，至温岭长屿，将平原分为新、老海相沉积地。2000 多年前，沙岗以东所有陆屿均是海岛，但沙岗以西并未完全成陆，大部分区域处在湿地或潮间带状态。20 世纪中叶，东山头民间挖地层中的贝壳烧制蛎灰，佐证该地原先是海涂；院桥鉴洋湖地貌充分说明该地原先分布众多潮间潟湖。

迄唐代（618—907 年），古沙岗以西区域大部分已成可耕地，但今椒江仍呈宽阔海湾洋面，凤凰山、枫山、太和山、腾云山仍为海中岛屿。《兆桥灵政庙碑记》所记唐婺源县令陈英夫（719—810 年）在永宁江口覆舟，漂流至挡港桥，为晒盐王氏所救的传说，佐证唐代台州湾南翼海岸线在挡港桥一带。

而枫山与白云山之间的沙门仍是潮汐通道，陈英夫才能随潮漂过沙门至挡港桥。

古沙岗外新海相沉积地史载最早围塘为明弘治年间（1488—1505年）围丁进塘；其后，明代相继在正德初（1506—1511年）围洪辅塘，正德后期（1512—1521年）围四府塘。清康熙十六年（1677年）围张塘，数十年后围头塘，海岸线推至老海城（古代围塘均在堤内挖土垒堤，留下塘河，今一条河东即老海城河），离古沙岗3.2～4.4公里。以上区域俗称老塘。

从老海城起，清代持续围二塘、三塘、四塘（围塘年代失考），清光绪二十一年（1895年）围关塘，其间琅矶山局部围塘。至民国14年（1925年），围汤塘，金清港以北海岸线推至六塘海堤。老海城至六塘海堤平均宽度4公里。

1949—1999年，相继围七塘、八塘、白沙堤、剑门港大坝、王屿堤、黄琅三塘、九塘、白沙外堤、十塘、王屿外堤、黄琅四塘，海岸线东扩至十塘海堤。2007—2012年围十一塘，将琅矶山、三山头岛都围入大陆，一举向海扩展约4公里，形成今海岸线。今海岸线距六塘平均宽度6.6公里。

椒南平原南片成陆过程

椒南平原南部有北雁荡山余脉，西有太湖山及其支脉塘岭山和四方山，南有楼旗山、嵩岩山、坞根岭、元宝山、旷望山、横山、大雷山、饭萆山，东有湖漫山、五支山、鸡冠山、长屿山。诸山在西、南、东三方面围成“W”形两个盆地区，形如仰釜。西部盆地即是最早成陆，曾被徐偃和越族后裔设王城的大溪地域；东部盆地较凹陷，今温岭江洋、西塘、下洋应一带河渚相间地貌，正反映这些地方在2000多年前曾是潟湖遍布的潮间带湿地。

唐宋时期，温岭湖漫山、五支山、鸡冠山、长屿山东部山麓有少量沉积陆地，在今木城河和车路横河西北形成三角形舌状陆地。以上所叙山间盆地和木城河以西陆地称为老海相沉积地。唐宋时，老海相沉积地以东所有陆屿均是海上岛屿。此后淤涨沉积土地称为新海相沉积地。

金清港干流以南新海相沉积地为温岭东部平原。其地东南面斜布两列山系，在陆地未淤涨前均是海中岛屿，西有苍山、老虎山、伏龙山、龙王山、龙门山、九洞门岛（狗洞门岛）、南港岛、北港岛形成断续岛链，东有石塘山、黄牛山、狮子山、炮台山、直大山、南北沙镬岛组成岛链。东晋王羲之《游四郡记》云“永宁县界海中有松门，岛屿上皆生松，故名”，可证彼时松门一带为岛屿（当时今温岭区域为永宁县）。南宋《嘉定赤城志》载“黄岩松门寨，在县东南一百二十里”，其时松门仍是岛屿。

明嘉靖《太平（温岭）县志•元水利》载“萧万户塘（在太平乡，北起盘马山，东抵松门）、长沙塘、塘下塘……已上诸塘，俱胜国时筑”。明志所谓“胜国”指“明所胜之国”，“胜国时”即元朝将亡时。此时松门之地始与大陆相连，但与东南侧石塘山、黄牛山、狮子山、炮台山仍隔水相望，水域被称为鲸川港。

清嘉庆《太平县志》载明嘉靖时于洞黄山外筑牌下塘，崇祯十五年（1642年）围薛家浦塘、沙角塘、中扇浦塘等。清康熙二十年（1681年）后，松门东侧鲸川港日趋淤涨，先与对岸南塘头间形成退潮时的陆地通道，继而在松甘、斗门头等两岸围涂对接，逐步将对岸石塘、箬山、钓浜等地连入大陆。清乾隆三十一年（1766年），海塘围至三塘；光绪年间（1875—1908年）围至七塘，东部海岸在松门北侧老虎山向北呈“S”形曲线至金清五洞闸对岸。民国围塘再推东部海岸至九塘（官塘）；鲸川港进一步成陆。

20 世纪 50 年代初，沿海乡民向海要地心切，自发围垦人民塘、民兵塘、自卫塘等众多小海塘。嗣后，在政府组织下，50 年代末至 70 年代初，先后在东部围垦盘马内塘、东风塘、盘马外塘、淋松塘、五一塘、团结塘、新丰塘、南一塘等 40 余处海塘。

图 1-1　21 世纪 10 年代松门礁山港区及周边造船基地　（孙金标摄）

1975 年，政府利用龙门岛与金清港南淤积型环境，发动长新塘、东海塘促围工程，塘堤南起松门礁山，连接渡娄、龙王山头、白石山头、龙门山、石板殿、横岐山、下墨（蒙）礁、上墨（蒙）礁，总长 8.65 公里，北为 1972 年动工的长新塘堤，向北接五百屿（小五泊）团结塘，堤长 4.55 公里。工程于 1981 年、1984 年被缓建。此后多次发起复建立项报批，因难以达到“既围垦又保港”的目的，经反复进行可行性研究和勘测设计，工程于 1997 年获批，2000 年 7 月开工建设，2012 年 7 月竣工，总计围涂 36.4 平方公里。

衍生海湾和港埠

衍生海湾是指台州湾内海相沉积平原拓展至原湾口岛屿后，岛屿间形成新的小海湾，分琅矶山南的大港湾和龙门港（松门港）、石塘半岛沿岸和隘顽湾两块记叙。

大港湾、松门港造陆拓港过程

琅矶山至石塘连绵断续山体在元以前均为台州湾口岛屿。宋代设松门寨，为近岸岛屿的海防驻兵处，石塘在元代曾是台州三大海上漕运出发港，虽在海中，也因其近岸，大陆内河运粮船可跨海峡运至石塘驳载海船漕运北上。元末围萧万户塘将松门连入大陆。明代，松门因处港埠要地被设为备倭卫城。至清代，石塘与松门间的鲸川港水域逐渐淤涨成陆，炮头山、黄牛山、狮子山、石塘山与大陆连接。

至 21 世纪 10 年代，原鲸川港北端所围神祉塘堤在伏龙山与白沙岙咀头之间，南侧松门盐场滩涂在米珠山与上屿之间。龙王山、龙门山北侧围垦东海塘后，松门港水域仅在龙王山、龙门山与大岩山、直大山之间。主要港埠在箬松河出海口、罾棚头东侧的礁山港区、神祉塘坝外至坦和岙一带。此外就在白岩、龙门、横门与九洞门岛间开发港区，称之为龙门港。而所谓大港湾，即是东海塘之东的岙湾。21 世纪，大港湾北面地属路桥区的白果山、黄礁岛、子云山、道士冠诸岛之间筑堤，连接西部团结塘五百屿。

石塘半岛沿岸和隘顽湾

松门东南部炮头山以南是一个伸向海域的犄角，称为石塘半岛。半岛由大岙山头、金阿顶、箬山、石塘山等连绵山体组成，东部海岸岩基深入海洋，崖岸较陡不淤，形成众多小海湾。自北至南有钓浜、石塘、箬山 3 处优良渔港。

今日所指隘顽湾在石塘半岛和楚门半岛北侧大斗山之间，东西宽约 18 公里，湾北陆地其实就是温岭东部新海相沉积平原的南部。该处呈弧形滩涂海岸状态，成陆前是海域；车路横河以北为老海相沉积地，新海相沉积地在其南发育。清代经围塘，海岸向南推进到石桥沙角浦至淋川苍山脚一线。20 世纪 50 年代后，围垦南片塘、盐坦塘、国庆塘、群力塘、上箬塘、南片新塘、东浦新塘等十几处海塘。1987 年后，又围苍山门塘、苍山门外塘、新羊角塘、杨柳坑塘等。迄 21 世纪，隘顽湾海岸线在沙角山与米珠山间呈略弧状，向东延至上屿、下屿。

该海湾名为隘顽湾是因为大斗山南侧与犁头山之间还有一个小海湾，湾底人居聚落名为隘顽（今谐音写作岙环），明代曾设备倭所城隘顽所。至 21 世纪 10 年代，大斗山与犁头山间正拦坝围涂造地，该处以水系流域论，不属椒南平原的金清流域，而属楚门半岛。

台州湾地貌总体变迁

原始的台州湾深入更楼谷地、大田盆地、筱溪盆地、汛桥谷地、涌泉谷地、头陀谷地、沙埠谷地、院桥谷地、鉴湖谷地、螺洋谷地、大溪谷地、太平谷地，湾内岛屿散布，可说是个丫杈形海湾。及上游盆地、谷地淤涨成陆，逐渐成为“C”字形深凹河口海湾。此时值唐宋时期，椒江逐步形成。

及明末期（1641 年），滨海平原进一步淤涨扩展。椒江口在牛头颈山和小圆山之间有 900 多米宽关口，口外南北两岸在 3 公里和 2.3 公里处又有岩头山和老鼠屿隔江对峙，相距 2.4 公里。台州湾南翼的海岸线从岩头急转向西南和正南延伸至新河、松门，琅矶山、白果山等为岛屿；北翼也从老鼠屿向东北凹进，延伸至上畔（上盘）大岙山头等岛屿。海湾呈“C”字形半弧形状态，踏道山（达岛）、穿礁山、白沙山均为岛屿。

清以后，台州湾北翼海岸线逐渐与椒江江岸拉平，南翼海岸线由内凹逐渐变为向外凸，台州湾逐渐变为喇叭形。21 世纪围十一塘后，自牛头颈山向东延伸的海岸线越过岩头 6.6 公里，然后折向东南至琅矶山，转折点距老海门关口达 9.6 公里，该转折点至北岸海岸 4.2 公里。依其发展趋势，9.6 公里椒江出海口已可视为椒江的延伸。台州湾成为一个八字口，其南面是大港湾、龙门港、礁山（松门）港、钓浜渔港、石塘渔港等山岬小海湾。

第二节　楚门玉环东南海岸

华夏褶皱带泰顺—温州断坳区有北雁荡山余脉大雷头山延伸至台州湾平原南缘，以此为分水岭，南部有楚门半岛和玉环岛。该地西靠乐清湾，东临披山洋，南濒洞头洋，地境在当代行政区划上基本属玉环县，北部古隘顽、坞根、江厦今属温岭市城南镇、坞根镇。

玉环岛古称地胏山、木榴山、榴屿。名为玉环，一据《太平寰宇记》“晨雾绕岛，形状如环，上有流水，洁白如玉”之句；一云宋高宗南渡遗玉环于此，故名。古代玉环岛四周围海，与北面楚门半岛隔一漩门水道，水道与乐清湾相通，为古海峡潮汐道通。

楚门半岛与玉环岛海岸山岬众多，构成一些大小海湾。1977 年，漩门水道筑坝，玉环岛与大陆连接，成为楚门—玉环半岛。潮汐通道堵截后，引起水坝两侧潮间带淤积加速，地貌大幅改观。

楚门半岛东海岸

楚门半岛东海岸北起温岭隘顽湾，岸线多山岬，山岬间形成一些凹湾。最北面的小海湾是原始的隘顽湾（今隘顽湾概念扩大，区域从古隘顽湾延至箬山），有大闾河、隘顽河注入海湾，形成港埠，为明代隘顽所城所在地。至20世纪，海湾逐渐淤涨，可用土地增多。21世纪，大闾、隘顽（岙环）、横山组合为温岭市城南镇，并在大斗山和犁头山间筑堤促淤，以期将整个海湾变为陆地。

隘顽(岙环)以南犁头山与大圆头山间是沙门湾(南岙湾)。在古代，大园头山南侧捕门山、中门山、大长兰山、西沙山等成串小山均是海中岛礁，海湾内侧古称沙门，有桐丽河、下岙口溪在此入海。20世纪以来，沙门外侧围涂促淤，开发桐丽盐场、沙门盐场，成串小岛礁逐渐与陆地相连。21世纪，新增土地设为玉环滨海工业城，北侧捕门山北留有桐丽河出海口，称灵门港。西沙山与南侧老炮台山之间仍有凹湾伸至笔架山和湾底坑，此处海域较深，迄今仍是海湾。

大岙山和炮台山在古代也是悬于海外的岛屿，与灵山、垟岭头山隔海相望。后海域逐渐淤涨。两岸最突出的灵山盐盘岭与炮台山暗墩岗首先由淤涨地对接，而后，加上人工围涂促淤，开发盐场，大岙山、炮台山与西北侧灵山、老炮台山之间陆地持续扩大，由于该处缺乏地表水来源，河流经常干枯，故名干江乡。21世纪初开发为干江工业区并置干江镇。炮台山南侧有小凹湾为栈台（栈头）港。干江镇东北和西南两端仍持续不断围涂造地。

漩门北侧山岙是龙溪、花岩浦入海口，此泊船港湾古称花岩浦港。漩门筑坝后港口淤涨为滩涂。

漩门湾

楚门半岛与玉环岛相隔150米宽漩门水道。清光绪《玉环厅志》载：“漩门港两山壁立，一水中流，西接清港、楚门诸水，东流于海。潮涨时水平而缓，退则波流湍急，旋绕成涡，舟行不得其时，往往覆没。”文中所称两山壁立，南为玉环岛北端狭窄山岬芦浦寿星山，北即楚门半岛南端狭窄山岬龙岩金鸡山，所隔水道俗称漩门头，古称漩门港。

漩门湾指漩门水道东侧海湾。玉环岛和楚门半岛多山，原始地貌除山地外少有平地。玉环岛东部海岸自漩门头起向南，有寿星山、挡屿山、白岩、峦岩、前山头、礁头山、炮台山等岬角连成弧线，弧线外即为漩门湾，山岬谷地形成一些淤涨地；在漩门水道北面，则是由金鸡山、渡头山、塘厂山、方家岗头、木杓头等岬角连成的湾北海岸。总体呈“C”字形海湾。

1977年，漩门大坝修筑后，坝东“C”字形海湾迅速淤涨。先有人民塘围垦，2006—2016年，实施漩门湾三期蓄淡围垦工程，从木杓头起，将冲担屿、目鱼屿与南部坎门半边山连成一线筑堤，整个湾区拦坝围涂促淤，坝长5352米，围涂纵深亦有6公里余。总围涂面积约6.8万亩，几乎将湾北面山嘴与湾南山嘴拉成直线，海湾消失，湾内可用土地将增4.5万亩。

坎门湾

玉环岛南部海岸古今变化小，迄今仍是海水直拍山麓。坎门湾在玉环岛南端，由外僚山、大岗山、小里岙山、宝垒山和大山墩围绕，面对洞头洋，海湾东西长约 3.7 公里，纵深约 1.4 公里，外僚山至大山墩间的口门仅 1.9 公里，为天然避风良港，近年在口门筑防浪堤，仅留 270 余米宽供船舶出入。口外有南排山、外黄门山为屏风，构成中、左、右三条水道，东为坎门，西为黄门，中间水道俗称黄坎门。

坎门湾东侧还有钓艚、鹰捕、后沙、赤口、后台 5 个岙湾，西侧还有白沙岙、鲜迭 2 个岙湾。钓艚岙因停泊福建钓艚大船而得名，岙南与前方南排山之间形成一条航道，北侧鹰捕岙大山坎—坎门头被往来船舶视为导航标志，是以有坎门之称。

远古时代，钓艚岙、鹰捕岙孤悬海上，后北部乌沙头、前后沙一带峡口沉积成陆，设玉环厅校场，俗称校场头，并成为人居聚集地。钓艚岙、鹰捕岙也集聚为渔村。

第三节　乐清湾古今陆域海岸

乐清湾古名白沙海，为玉环岛、楚门半岛与乐清、清江、雁荡陆域之间的内凹海湾。湾两岸多山，北部为深入内地的半封闭海湾，南部以洞头县小门山为界连接温州湾、洞头洋。

古代乐清湾洋面宽阔，海水直拍山麓，在迄今 7000 年历程中，山岬间逐渐沉积泥沙，海湾淤涨呈外宽内窄葫芦状，东西宽度 8 公里至 15 公里，南北长 45 公里。

湾内西侧海岸今属乐清市，山岬间溪流自北至南有湖雾溪、大荆溪、白溪、清江、淡溪、银溪、白石溪流注入海，溪流所在峡谷和入海处逐步沉积为淤涨平地，自北至南发育湖雾、大荆、雁荡（白溪）、芙蓉—清江、虹桥—蒲岐、乐成（乐清）、柳市等人居聚落，近年围涂造地甚多，其中柳市地域为瓯江口北岸淤涨地。乐清湾东侧海岸可分为楚门半岛西海岸和玉环岛西海岸，大部隶属玉环市，北面江厦、乌根隶属温岭市。

楚门半岛西海岸和江厦海峡

1977 年前，玉环岛与楚门半岛被漩门水道分隔，水道连通乐清湾与漩门湾。当时，楚门半岛西海岸地貌被众多山岬分割成 5 条峡谷溪流和河系注入海湾，自北至南为梅溪下泄江厦港、横坑溪下泄乌根塘河、横山溪（珠溪、白溪）下泄九眼港、芳杜河下泄同善塘清港、大皿山溪和筠岗溪下泄楚门港。诸水系入海口，在清光绪《玉环厅志》中称为中州港、乌洋港、青港、楚门港。20 世纪中叶前，仅楚门、清港一带有较宽阔淤涨地，两港汊都是古代港埠，明代于楚门设备倭所城。

江厦（江下）海峡处青屿山和九龙山之间，纵深 6 公里余，两山岬相距 1 公里，内陆经 3 公里峡谷有人居聚落温峤，温峤内河水路 15 公里可至大溪，16 公里可至泽国，10 公里可至太平（今温岭城区）。江厦是古代台州南部重要港口，清康熙二十四年（1685 年）设浙海关时，台州设分支机构家子口，江厦为家子口 4 旁口之一；1980 年，江厦海峡利用其近 8 米的特殊潮差，在乌沙门山东侧筑坝，建成潮汐发电站。港口转移闸外，称沙山港。

1977 年，在漩门水道筑坝（称一期工程），实现陆路通岛，而潮汐通道却被堵死。乐清湾北部迅速淤涨，在坞根下泄水道东侧形成三条舌状滩涂延伸带向西南伸展，与南岸玉环岛半圆弧形淤涨地靠拢。至 20 世纪末，两岸新增陆地间仅留一条宽 400 米弧形河道。

1999—2005 年，实施漩门湾（指漩门以西）二期蓄淡围垦工程，将三条舌状淤涨滩涂和玉环岛芦浦新涨涂地围在一起，塘坝北起小青山，南至玉环岛分水山，海堤总长 7.8 公里，围垦范围约计 5.6 万亩，其中可增土地 3.2 万亩、水域 2.4 万亩。河南芦浦涂地成为城市拓展区，河北全部淤涨地开发为漩门湾观光农业园和国家湿地公园。

玉环岛西海岸

玉环岛西部海岸前沿水域较深，淤涨较少，以连屿为界，可分南北两段。

南段鲜迭山、大麦屿白墩、陈屿铁龙头、蜈蚣岗古顺、大岙坑米桶岙、高尖山大岩头等山岬迄今仍直指洋面或濒临海岸，仅山岬之间有陈屿、西青塘等少量淤涨地；全域沿线建港条件良好，航道水深在 11 ～ 15 米，可通 3 万～ 5 万吨船舶。清道光年间（1821—1850 年）始建航埠，20 世纪 80 年代开发深水港口。

北段乌岩山和双峰山间有较大岙湾淤涨成西青塘，北面有大山和高家山头，山谷间有芦浦，芦浦周边及北面沿岸有淤涨地。1977 年筑坝堵截漩门水道后，海岛北面沿岸迅速淤涨，陆地呈圆弧形向北凸出近 2 公里。

乐清湾岛屿淤涨趋势

千年以前，乐清湾内大小岛屿周边水域均有相当水深。湾北岛屿，隶属玉环市的有小鸟山岛、大鸟岛、江岩山、大檐岛、南山、五亩田山、茅坦岛、大青山、大横床岛，属于乐清市的有小横床岛、西门岛、白沙岛，属于温岭市的有横仔岛、杨梅山。20 世纪以降，乐清湾北部滩涂沿着三条舌状线迅速淤涨南下。西侧是从清北乡大山岗头南延的滩涂吞噬小横床岛；中间是从大荆铁场南延的滩涂吞噬白沙岛、西门岛、横仔岛直至大横床岛；东侧杨梅山已包围在江厦北岸伸出的陆地中，大青山即将被从江厦延伸的滩涂吞噬；南山与五亩田山已被滩涂合为一岛，名为茅埏岛，而且茅埏岛、茅坦岛、大横床岛之间只相隔四五百米，最终将包进从大荆铁场南延的滩涂。

第四节　三门湾古今陆域海汊

三门湾西靠三门县海岸，东临象山半岛，南起猫头洋，湾北沿岸属宁海县，湾内多海汊，呈指状深嵌内陆，状如伸开五指的手掌；海湾三面环山、一面临海，是浙江省三大半封闭海湾之一。历史上，三门湾东北侧宁海、象山均属台州境域，今仅三门县归属台州地境。属三门县的大海汊有蛇蟠水道、健跳港。蛇蟠水道内又有海游港、旗门港、正屿港，处浅海地带，易淤涨，古今陆域地貌变化较大；健跳港为不淤深水港湾，陆域地貌变化少。

三门湾总体地貌

三门湾口门有五子岛、三门岛，湾中部有狗头山（龙山）、田湾岛和下万山、满山，自西至东排列，间隙形成猫头水道、满山水道、白礁水道三道水门，故称三门湾。现代测距，口门象山花岙岛至三门牛山小牛嘴约11公里，南北从三门岛至湾顶宁海南湾39公里，海域面积约540平方公里。

三门湾湾内有众多深水海汊和舌状滩涂分布周边，按顺时针序列，有健跳港（汇集白溪、横渡溪等溪流入海）、海游港（汇集珠游溪、亭旁溪、头岙园里溪入海）、旗门港（清溪入海口）、青山港（湾底有青屿山，无大溪流）、白峤港（也称力洋港，汇集白溪、茶院溪、力洋溪入海）、陈胡港（汇集西溪、中堡溪、虎溪入海）、大塘港（也称白礁水道、岳井洋，深处为蟹钳港）、石浦港（象山半岛与南田岛、高塘岛之间水道）、珠门港（高塘岛和花岙山岛之间水道）。其中西侧健跳港和东侧石浦港是湾内两大重要海港。

以上不属台州所辖的青山港、白峤（力洋）港、陈胡港在宁海县地域；石浦港、珠门港在象山县地域；大塘港也称白礁水道，处宁海县与象山县分界线；旗门港处三门县与宁海县分界线。仅健跳港、海游港、正屿港、旗门港属三门县。

三门湾南部多岛屿，海岸多山岬，三门县境内自北侧猫头山至南侧木鱼山（浦坝港北岸），有猫头山嘴、平头山、高湾山、平岩山、牛山嘴、五指山、宫前山、太平山嘴（烟墩岗）、白象山嘴、牛头山嘴（木杓山嘴）、木鱼山等连绵山岬。山岬间形成洋市湾（洋市涂）、石塘湾（后坑涂）、宫前湾（渔西涂和从岙涂）、大域湾（也称大河湾和大域旁涂）、山后湾（山后涂）等小海湾，各小海湾以及健跳港北侧至猫头山间海岸，都有滩涂发育。

三门湾海面散布狗头山（龙山）、下万山、青门山、田湾山、灶窝山、满山、外鲎岛、里鲎岛、五子岛、踏道山、三门岛、龙塘山、燕坤山、马鞍山、十三眼礁、箬帽礁、西泽礁等岛礁。

三门湾北部为浅海地带，前方属淤涨型岸滩，古代海水直拍山麓，几千年来，逐渐沉积悬沙和溪流下泄泥沙，形成四大块舌状延伸沉积平原和滩涂，均在宁海县境。三门县所属蛇蟠岛西侧滩涂经围涂造地，21世纪初已与宁海县所属大陆相连。

蛇蟠水道内海汊和口门深港

蛇蟠岛与南侧大陆岸滩间的水道称蛇蟠水道。水道西部有珠游溪、清溪注入，两溪入海海汊又称海游港、旗门港。古代港湾两侧淤涨地少，水道宽阔，珠游溪—海游港潮间界在三门县城海游桥；清溪—旗门港在龙头山、老鼠山之间入海。海游港、旗门港间有正屿、涛头山、练槌山3个小岛礁，后岛礁间淤涨滩涂，在正屿北侧又形成小港汊，称正屿港。蛇蟠水道是3海汊以外的海域，以涛头山为起点至猫头山八分嘴头、黄岩嘴头长约11公里，宽1.5～4.5公里。

两三千年来，蛇蟠水道西侧3海汊因海中悬沙和溪流下泄泥沙沉积，不断淤涨。

清溪入海口旗门两岸有门前塘（砚池塘）、南塘淤涨为塘地。旗门港与海游港之间的正屿、涛头山、练槌山 3 岛间逐渐淤涨成由晏站涂、烂漫涂、大巉、长巉、泥沙背组成的舌状沙滩，在 1966—1969 年经人工围涂，连成整体滩涂，称花鼓岛，西部与大陆仅隔一条岔流；21 世纪初延伸至涛头山北面，延伸长度 7.3 公里。旗门港北面蛇蟠岛西北发育蛇蟠涂，与宁海县陆域间的水域在 20 世纪下叶起不断淤涨围垦，今已与大陆相连。

今海游港水道潮区界在海游桥，向东延伸 18.5 公里入海，最宽处约 570 米，最窄处仅 60 米，南侧心湖（师姑塘与黄岩塘）、上枫坑、下枫坑、潺岙、头岙、小蒲、西渡等山岙原始均为海域，在历史演变中逐步淤涨为塘地。

蛇蟠水道口门南侧六敖小平原有新塘岙、下洋潭、灰漏（流）塘、盐灶村、杭州塘、寨聚塘、素塘、前门塘等地名，整个海相沉积地均为不断淤涨围垦的塘地。当代六敖海岸围垦六敖北涂、岣岩北涂；猫头山嘴之南海岸围垦高泥巉。猫头山为伸向海域的犄角，前沿水深良好。

健跳港

健跳港的上游为白溪、横渡溪，两溪交汇于下罗山，以下海水侵入的弯曲港湾称为健跳港。史传宋高宗避金兵时船经此地，投琴于港，故又别称琴江。港湾绕过大屏山，过铁冠山峡口，在瞭高山和高湾山之间入海，“厂”字形港湾全长约 17 公里，宽 300 ～ 1000 米。

距今七八千年前，今六敖小平原为海湾洋面，东侧猫头山、平头山、后砂山、麦碎山、瞭高山、盖门塘山均为海中岛屿。健跳港南侧岙口一带淤涨地也是海湾深入海域，西侧海域直伸横渡。后六敖地带逐渐沉积成陆，海岸线移至平头山等山体东麓，健跳港北侧逐步淤涨成陆的塘地有盖门塘、木桥塘、山后塘、猪头岩塘、黄门塘、健阳塘等；南侧岙口一带围垦万年塘，黄门以东围垦七市塘。西侧湾顶史上有横渡蛎江滩发育，亦分称铁场滩、下罗滩、西郭滩。

健跳港口门外南北海岸当代围垦涂地是北岸下沙塘，南岸洋市涂、牛山电厂作业区。

健跳港虽不是大江入海口，但水深优良，不淤不积，为浙江 4 大深水港之一。唐贞观三年（629 年）有六市船（每月 6 次）往返于健跳与东关（在今象山石浦）间，宋设为海防要地，明初置备倭所城健跳所。清康熙二十四年（1685 年）设浙海关时，台州设分支机构家子口，健跳港为家子口 4 旁口之一。二次鸦片战争后，意大利于清光绪二十五年（1899 年）提出租借三门湾，事未果；辛亥革命后，孙中山在所著《建国方略》中将三门湾定为东方第九渔业港，但仅是设想。20 世纪中叶后逐步有所开发。

第五节　浦坝港南北陆域变迁

浦坝港在三门湾和台州湾之间，地属三门县，为花街溪下泄的内伸海湾，古代海水直拍两岸山麓；迄今北岸淤涨地为三岩、浬浦、沿赤、三角塘小平原，南岸淤涨地为蜍下、浦坝滩涂塘地。而在大雄岭、三角山、陈栋山之南，则为四面皆山，唯留三处出口的桃渚平原。三出口中两个出海口是洞港、桃渚港，一个陆地出口是连盘峡谷，有水道连通杜桥平原。该平原仅山场溪和洞港以北属三门县，余皆属临海市。

浦坝港及周边

民国《临海县志》载："铺（浦，下同）坝港（江）……源出长大山，北流经花桥镇东北，曰花桥港；又东而南经仙岩南，曰仙岩港；又东南经铺坝渡，曰铺坝江；又东经大域营南，其海口有牛头、白岱（带）两门，东则经牛头门入海，东南则经白岱（带）门入海。"文中所称"铺坝港"为水域中一段，江底有沙岗，似水下堤坝，因而得名，后即以浦坝名全段水域。

浦坝港原为狭长内凹海湾，今湾内南北两岸山体间的沉积平地，在古代都曾是海域。古代浦坝港自然水域宽达四五公里，海水直拍山麓，湾顶水井岗至口门白带门长达 19 公里，湾顶有花桥溪从西南流注。由于长期受海域悬沙沉积，现浦坝港南北两岸已有浦坝塘、蟹山塘、大域塘、三角塘等大片可耕地，并再向水域淤积穿仓涂、羊峙港涂、高巉涂、赖屿涂、下栏涂、浦坝涂、七干涂等大片干出滩涂，使海湾可通航水道日趋狭窄。今海湾顶部仅存两条不足 200 米宽沟壑，下游宽度淤涨至仅剩 650 ～ 1000 米，东西长仅 10 公里。

浦坝港入海口有扩塘山岛挡在口门，将水道隔成南北两支，南称白带门，为主通道，北为牛头门，亦称方山港。古代，白带门最窄处宽 2.5 公里，牛头门最窄处宽 1 公里。今扩塘山南北淤涨彰化涂与秤钩涂，白带门仅宽 1 公里，牛头门涨狭仅留二三百米宽水道。牛头门以北山岬众多，山岬间沉积滩涂有渔西涂（宫前涂）、从岙涂、大域涂、山后涂等。

洞港和桃渚港

"桃渚"一词来源于一段历史。宋嘉定《赤城志》"州境图"中所标"桃枝山"即今所称城里头山，宋时尚是岛屿。元明时期，城里头山—石牛山已与大陆相连。明初台州沿海配置备倭卫所，设桃渚所于桃枝山（城里头山）山麓，该处为海岸线最突出的犄角。明永乐二十年（1422 年），桃渚所遭倭寇劫掠，明宣德年间（1426—1435 年），迁桃渚所于今桃渚古城东侧中城村，可见彼时该处为滨海地。明正统四年（1439 年），中城桃渚所又遭倭寇袭击；八年，又移建今桃渚古城址，所城已不在海口。桃渚的土音为"táo zhi"，即"桃枝"之音，并非普通话的"táo zhu"，最后的所城周边为河渚相间地貌，或是命名桃渚的根据。

桃渚平原是四面环山的区域，古代海水侵入，汪洋一片，后逐渐沉积为滨海湿地，由西向东逐步成陆。河渚相间的桃江十三渚即古自然地貌的遗存。桃渚平原海塘围垦年份难考，零碎而少规律。遗存的古代塘名，在桃渚城至窑渡头一线有上塘、大有塘、大汾塘、双淮塘、大豫塘、益谦塘等；在中城至连盘一线有武坑塘、石卓塘、新塘、狗塘、菖蒲塘、新闸塘、石相塘、蛇尾塘、朝西塘、宝珠塘、山西塘、草板塘（永兴塘）、东岸塘、方山塘、双峙塘等，在洞陡门至天德闸一线有北洞塘、东洋塘、荷花塘、横路塘、瓜篓塘、包边塘、北塘、芙蓉塘、十三份头塘、八份塘、箬帽礁塘、猪峙塘、四岔塘、小悬塘、小泗淋塘、前塘等，在今三门县泗淋有长春堂、黄岩塘、道头塘等。20 世纪下叶围垦的海塘有方山沙角里塘、连盘塘、小泗淋外塘、蒲兰头塘、双屿下塘、方山沙角外塘、南门坑猪屿东西二塘、田岙塘、红脚岩一期和二期海塘等。

桃渚平原东部有陈栋山—干头山、蒲蓝山—天门山、沙塘岗—里头山—石牛山三组向海伸出的山岬。湿地河流经过千年流淌自组后，形成两个水系入海，在北者是洞港水系，在中者是桃渚港水系。市场山、沙塘岗之南是杜桥平原，市场山狮子口与沙塘岗黄猫山头之间有山谷湿地，这是桃渚平原与杜桥平原间的水路通道，有人工疏凿的黄公河南北向连接杜桥平原水系和洞港出海口。

流注洞港的水系主流是山场溪，入平原后的山场河在天德闸处与南来黄公河汇合，折东北河段称洞港，在陈栋山南纳小雄溪，于山东北流注白带门。天德闸以下洞港原为感潮河段，海船直抵天德闸。1971 年，在陈栋山入海口建九孔洞闸，闸内成内河，海船靠泊闸外。

流注桃渚港的水系集上游芙蓉河（桃江）、雉溪（知溪）水，于新闸交黄公河再往东流，在蒲兰山南入海。民国时在窑渡头建闸挡潮，后逐步向海推移，分别在 1963 年、1977 年改筑蒲兰头闸、红脚岩闸。2013 年在红脚岩再扩建过船挡潮新闸，并辟闸内港池，成为国家一级渔港。

第二章　江河海岛古今地貌

台州内陆主要内江为椒江水系，上游为灵江、永宁江，以及灵江上游永安溪、始丰溪。流域横贯仙居、天台、临海、黄岩、椒江 5 县（市、区）。上游流量充沛，但受降水丰枯影响，水位变化大；下游受海潮顶托，感潮河段较长。

主要平原内河分布于台州湾畔南北两翼，以椒江、杜歧山、黄土岭、杨梅岭、划岩山为界，南侧有永宁江河谷两岸内河水系排永宁江，金清港以北内河半排椒江，金清水系涵盖温岭市和路桥区境域；北侧玉岘、章安、杜桥平原百里大河水排椒江。桃渚平原内河向洞港和桃渚港排水，但河道与椒北百里大河相通，可通达椒江口。

三门丘陵和玉环、楚门溪流源短坡陡，内河短小且各自隔离，航运意义不大。

台州西部多山，东部为软土地带，未有公路前，不适车马行走。内江、内河船运是台州古代首要运输方式。迄现代公路、铁路和机动车风行，航程不长的内江河船运失去优势，但低值重货如砂石、煤炭、土砖运输仍有所赖。而人皆喜山乐水，河塘溪流即使不作运输，也用来漂流、游乐，有水之处仍建码头，但功能转换。故本章对椒江水系内江以古今分叙，专设“当代内江蜕变”记叙 20 世纪 50 年代以后的变化。

沿海最大列岛有以大陈岛为主岛的台州列岛和由田岙、雀儿岙、头门、东矶等岛组成的东矶列岛。玉环岛、蛇蟠岛古时为域内大岛，迄今均已与大陆相连。其余有人居集聚的小岛，依赖陆岛水上交通联络，且人爱自然风光，海岛旅游正逐步兴起。

海岛被先民用作海洋捕捞业的中继站、避风港、渔货晒制场所，现代航海、捕捞、水产保鲜技术日趋进步，岛屿作为渔业中继站的功能衰退，转而发展养殖业和旅游业，陆岛交通仍是港航要务。一些近岸深水岛屿承接大陆海港转移，成为岸基海港的延伸。

第一节　椒江水系内江旧貌

椒江为浙江省第三大河，三江口以上支流为灵江水系（上游分永安溪、始丰溪两支流）和永宁江水系。3000 年前椒江为内凹海湾时，灵江、永宁江直注海湾。汉晋起，海湾逐渐淤涨，隋唐后形成椒江，汇集灵江、永宁江水于一江，由海门关（牛头颈山、小圆山夹峙的口门）注入台州湾。椒江水系干流全长 206 公里，流域面积 6613 平方公里，占台州陆域 9411 平方公里的 70.3%。

永安溪水系

永安溪原名乐安溪，五代十国吴越王改永安溪，发源于仙居与缙云边界天堂尖长石坑，东至永安溪、始丰溪相汇的三江村，干流长约 141 公里。曹店（溪港）以上称金坑（曹溪），在曹店汇入发源于陈岭水壶岗的曹店港后称永安溪。

干流右岸自括苍山脉流入的主要支流自上而下有曹店港、四都坑、六都坑、万竹坑、朱姆溪、十三都坑（韦羌溪）、十七都坑、十八都坑、七里坑、二十都坑、朱溪、括苍坑，临海市境内有大岙溪、方溪；干流左岸自大雷山脉流入的主要支流自上而下有方宅坑、杨岸港、苍岭坑、桃源洞坑、郑桥坑、四乌坑、黄榆坑、九都坑（大陈坑）、岙里坑、大姆坑、北岙坑、三桥溪、盂溪坑、三井坑、彭溪坑和临海市境内的黄沙溪（白溪）、双港溪、箬溪。全流域 40 多条支流呈两侧分散状汇集干流，可谓羽毛状河系。永安溪流域面积 2702 平方公里，占灵江流域面积的 47.1%。河道平均坡降 1.8‰。

永安溪流域东西两端和南北均为山岭沟谷，地形复杂，干流流经仙居盆地坡度平缓，再经白水洋盆地、张家渡盆地至三江村与始丰溪汇合入灵江。自然条件下干流通航里程约 90 公里，上航可抵曹店，清末民初下退至溪口湖；民国后期，丰水期可达横溪，平时达皤滩。

始丰溪水系

始丰溪别名大溪，发源于磐安大盘山南麓，干流全长约 138 公里，全流域面积 1615.6 平方公里，落差 768 米，河道平均坡降 1.8‰。河道自源头至街头（埠头街）山头下多行于群山峡谷之中，山头下至花桃横贯天台盆地，地势始平坦，天台县境内河道平均坡降 2‰。干流至亭头折南，在花桃溪以下两岸又趋陡峻，进入群山峡谷，水流深泓弯曲，渲泄不畅，途经大石盆地在三江村与永安溪相遇汇入灵江。街头至永安溪全长约 100 公里，平原河床宽度 80 ～ 800 米，两岸支流众多。

始丰溪干流右岸自大雷山脉流入支流自上而下有小姆坑（小溪坑）、大姆坑、燥坑、天柱坑、黄水溪、寒岩水、藤岭坑、茶山溪、猫认湖坑、岙口叶坑、田岙坑、打铁坑、崔岙溪、巧坑、西坑、磨刀坑、小法溪、梅坦溪、龙王坑、花桃溪、大淡溪、小淡溪、肚脐坑，临海境内支流有居溪、江官溪；左岸自天台山流入支流自上而下有寺岙坑、焦坑、金满坑、小溪坑、雷马溪、火塔窑坑、岢溪、乌岩溪、五百溪、王里溪、前山倒溪、上坑溪、金家塘、杨柳河、黄家坑、三茅溪、赭溪、螺溪、丘桶岩水、苍山倒溪、波楞溪、下洋坑，临海境内支流有大石溪、潘岙西、八叠溪。

20 世纪 50 年代以前自然状态下，始丰溪年平均流量每秒 20.53 立方米，枯水季节流量较少。天台城关以下可通 3.5 吨以下船舶，平桥以下可通长船，丰水期可上行至今街头镇，平时可通木排、竹筏。

灵江水系干流

灵江古称临海溪、临海江，水系干流河段自三江村至三江口，全段为感潮河段（潮区界还可上溯至永安溪望洋店和始丰溪杨家渡一带），全长 50.4 公里。河道平均坡降 0.03‰，区间集水面积 1058 平方公里。灵江干流段平时水量由感潮水流控制，每天两次涨退，涨潮时河水受潮水顶托，下泄受阻，退潮时顶托作用取消，水流快速下泄；较大洪水时由洪水径流控制。

灵江河道多弯曲，自三江村向东南流 6.7 公里至临海城西；折南抱城而东流，至两水村折东北流，至小两山折向东南流；在五孔岙左侧汇大田港，折南，于罾（棕）棚埠右侧汇义城港，继向南流；经 2.5 公里长庙龙港峡谷段后，向东穿汛桥晒鲞岩转东北，过钓鱼亭又折东南；过石村折南和西南，在管岙外侧形成江心沙渚；河道于马头山折东，在涌泉折南，至黄岩三江口注入椒江。

灵江江面上窄下宽，河床切割较深。临海城西以上宽 220 ～ 235 米，庙龙港峡谷江面宽 260 米，汛桥外侧江面宽 850 米（含滩地），钓鱼亭外侧江面宽 539 米，管岙江心沙渚西侧主江面宽 432 米，涌泉横山前江面宽 930 米。河床一般最深高程为负五六米，庙龙港、晒鲞岩旁、石村南侧、石仙妇山前沿等处局部河床底最深高程可达 -9.72 米至 -22.5 米。

水系干流航道，临海城关以上 6.3 公里可通 50 吨以下船舶，以下乘潮可通 500 吨以下船舶，西岑段可通 1000 吨级船舶，乘潮可通 2000 吨级船舶。

灵江水系支流

灵江干流河段两岸仅大田盆地和筱溪河谷为人口旺聚区域，两地分别为灵江两大支流大田港和义城港流域。

大田港

大田港为灵江最大支流，流域面积 511 平方公里，干流发源于桐峙山区之大罗山，全长 54.1 公里。大田港为大路王以下河口段，有洋头河注入，于小两山南注入灵江。自然状态下，大田港从河口东至丁桥、北至洛河有 18.3 公里感潮河段，可通 40 吨以内船舶（1987 年入江口筑闸，大田港成为内河，对外断航）。大路王以上有东、东北二支流。

大田港主流为东支流，因是向西“百廿里倒流水”，又有逆溪之称，其最上游是小芝溪，乌岩至四年村段称逆溪（又分寨溪、滩溪两段），四年村以下至大路王称邵家渡港。东支流右岸汇入石牛坑、康谷溪、毛山羊溪、杨岙溪、小岭溪、狼坑溪（琅溪）、塘里河，左岸汇入西坑溪、南坑溪、严坑溪、枧桥河。流域连接主要集镇有小芝、康谷、车口、东塍、广营、溪路、邵家渡等（1989 年筑牛头山水库后，广营、溪路淹没于库底）。

大田港东北支流称大田河，上游为两头门溪（又名黄肚溪），源于桐岩岭，右侧注入西溪，左侧注入东溪，上沙桥以下称上沙溪，大田桥以下称大田河，为平原河道，右侧有白石溪、柘溪（洛河）、五加殿河注入，至大路王汇合邵家渡港后称大田港。东北支流连接主要集镇有两头门、大田、塘里等。

义城港

义城港为灵江第二大支流，源于双坑牛岗，至两水入灵江，干流全长 40.2 公里，流域面积 228.8 平方公里。从两水河口至灰炉头长 12.6 公里可通 10 吨级船舶（1974 年改道在罾棚埠入江，江口建红旗闸，对外断航）。义城港上游从白岩至羊尾段称双坑；然后，左侧汇入梓树坑和长加坑至尤溪镇，称为柴坦溪；于尤溪镇右侧汇入温家岙溪、大左岙溪，至塘里称为尤溪；于塘里左侧汇入香年溪，称义城港，右侧又汇入章家溪，然后至两水村入灵江。流域连接主要集镇有双坑、连坑、尤岭、尤溪、筱溪（小溪）等。

灵江沿岸其他小支流

右岸，在义城港以西有龙潭岙溪，义城港以东有阮家洋溪、蒋山溪、清潭头溪、外王溪等；左岸，大田港以西有松山溪，大田港以东有石村河、西岙溪、外岙溪等。以上山溪性小溪流均无航运价值，仅涌泉、西岑等淤涨平地上有店头浦、涌泉浦、水洋浦（车坑水）、西岑河等内河起农用航运作用。临海城东东湖水、花街水也有一些短程航运功能。

永宁江水系

永宁江别称澄江，水系干流自发源地大寺尖至三江口汇入椒江，全长 80 公里，流域面积 889.8 平方公里。水系上游为黄岩溪、永宁溪。黄岩溪上游大源大横溪出自尘山东南大寺尖，小源出自黄岩山东北，两源于圣堂汇合后，改称黄岩溪，东流至半山岭溪合汇，流水方宁，称为永宁溪。古永宁溪右岸汇入半山岭溪、日溪、上垟溪、小坑溪，左岸汇入五部溪、柔极溪、杨岙溪下至乌岩合汇（1961 年筑长潭水库后，日溪、上垟溪、小坑溪、柔极溪、杨岙溪诸水直接注入水库，乌岩沉入库区），在泥河岭和应家坑之间出谷，进入河谷盆地，自潮济起称为永宁江。永宁溪以上干流长 34 公里。

历史上永宁江河谷曾为海湾，由海相沉积而成，潮水直达潮济。在沉积过程中，下泄水因地形所限，呈弯曲状态，在水流冲击下弯道愈益弯曲，形成所谓“九曲”奇观。潮济以上溪涧性河道可通木排竹筏。潮济以下为感潮河段，右岸支流注入九溪（通茅畲）、西江（上游汇入南岙溪、北岙溪、秀岭溪—官路河；闸内内河可通高桥、沙埠、鼓屿、店头、院桥），左岸支流注入元同溪（通头陀）、剑山溪（通新前）、龚屿浦（在拱东）。至三江口入椒江，全长 46 公里，潮济以下感潮河段 41.5 公里，30 吨船舶可至潮济，700 吨船舶可至黄岩城关。

椒江形成与港埠移位

椒江在古代为台州湾内伸海域，海湾出口被南岸的葭沚山、白云山、枫山、太和山（翠环山）、东山和北岸的五指山、太平山、黄牛坪山、君田山包围，仅留海门、沙门、陈岙门等狭窄出口，宽阔水面中央早就有心滩出现。

椒江未形成前，临海江（灵江）、永宁江（澄江）在三江口直接入海，以东 8 公里有回浦从北翼入海，其上游是龙溪、南溪、马宅溪，河口形成章安古港埠。唐宋时，内伸海湾淤涨成椒江，从永宁江、灵江相汇处起，东延 12 公里至牛头颈山与小圆山对峙的海门关入海。因江面两头窄中间宽，状如辣椒，故名椒江。

自宋迄清末，椒江作为河口港，由于地貌变迁，水动力造床运动代有变化，致岸线水深变化不定，故其宜港位置在历史长河中始在章安，继转南岸栅浦、家子（葭沚）、海门和北岸前所。元代，严屿（海门的古称）为江南粮食漕运大都（今北京）港埠。明代，椒江入海口两岸被设为备倭军事要寨，南岸设海门卫城，北岸设前千户所所城，海门、前所自此成为地名。清康熙二十四年（1685 年），椒江口设浙海关家子（葭沚）口，成为浙江沿海港口要埠。至晚清，椒江河道最宽处 2000 米，最窄为牛头颈山与小圆山夹峙处，宽仅 913 米，河道深槽偏向南岸，牛头颈山西段江岸前沿水深 6 ～ 7 米，小圆山东南最深处水深达 14 米。

椒江两岸为内河水网地带，南岸有栅浦（永宁河）、葭沚泾、三才泾—海门河和诸塘河汇聚的岩头港注入，北岸有玉岘后泾、下洋浦、百家王浦、回浦（今梓林东大河）、东逻浦（今华景河）、涛江浦、三礁浦、松浦、杜下浦、三石浦、推船沟、上盘浦注入，河口形成众多港汊。20 世纪末流域面积 393.8 平方公里，21 世纪围垦十一塘后有所扩大。

椒江航道分口内和口外两段，传统习惯以牛头颈山海门关以西为口内，海门关以东为口外。民国时，整条河段为海门港港区。由于海门关最窄处以东洋面突然放宽，落潮流速减缓，在喇叭口中间形成水下浅滩“拦门沙”，水深仅 2 ～ 3 米，局部 1 ～ 2 米，影响航运。

第二节　当代内江蜕变

江河的存在，不仅为航运提供载体，同时还为农业灌溉、防洪排涝、水源利用、水力开发、生态维护、气候调节等等诸多方面提供支撑。自然状态下的江河，对于人类常利弊共存，先民为自身利益，以人力改变地表水的自然状态，诞生水利工程。围堰、筑埭、开渠、挖湖早见于春秋秦汉，但其能力微弱，无损大江大河自然状态。

唐宋以降，水利工程发展到围海涂、建水闸，但也仅用于挡潮、排洪。盆地、平原仍免不了久晴则旱，久雨必涝，农田靠天收成。直至 20 世纪 50 年代，在江河上游修筑水库，成了治理旱涝、农田保收的强力措施。二三十年内，椒江水系上、中游大量兴建水库，拦截大量径流，致使坝下河流枯竭，原始内江航运逐步衰退，甚而影响椒江水动力，危及航道水深。

本节记叙20世纪50年代以来椒江水系内江兴修水利对航运产生的影响，以及河床泥沙沉积走势。分当代永安溪、当代始丰溪、当代灵江、当代永宁江、当代椒江 5 小节记叙。

当代永安溪

仙居盆地苦于旱涝水患，在 20 世纪 50 年代开始大规模水利建设。挖山塘，建水库，围堰筑堤，凿盘山渠道，开穿岭隧洞，逐步取得防洪保土、农田旱涝保收的效果。但在拦截径流的同时，自然河道流量减少，围堰蓄水使河段封闭，水道逐步丧失航运功能。

1953 年，永安溪支流朱溪修筑方岩背水库（仰天湖）。此后 33 年中，仙居全县共建水库 63 座，总库容 7329 万立方米。其中库容 10 万～ 100 万立方米水库 34 座，库容 100 万立方米以上水库 14 座。主要水库基本情况如下。

1962 年于城区西北 3.5 公里处建西岙水库，库容 645 万立方米。

1969 年于九都坑大陈坑筑里林水库，1978 年建成，集水面积 92 平方分公里，正常库容 1280 万立方米。

1970 年于下阁羊棚头建括苍水库，1982 年建成，集水面积 9.35 平方公里，正常库容 800 万立方米。

1971 年于郑桥建郑桥水库，库容 480 万立方米。

1977 年于官路镇临近磐安交界处建谷坦水库，1981 年建成，库容 956 万立方米。同年于步路黄岙建双西水库，1986 年建成，库容 450 万立方米。

1999 年于曹店港建大型下岸水库，2003 年建成，集水面积 257 平方公里，总库容 1.35 亿立方米，为一座以防洪灌溉（供水）为主，结合发电功能的综合性水利枢纽工程。后又利用下岸水库为下水库，建仙居抽水蓄能电站，于 2016 年建成启用，可为华东电网提供约 300 万千瓦调峰容量。

2016 年于连头溪和溪上溪汇合口启动建设朱溪水库，库容 1.25 亿立方米，为台州市北水南调重要工程。

此外，地处临海市境内的永安溪支流亦建有水库，双港溪上游有界岭水库。2015—2019 年于方溪建方溪水库，总库容 7205 万立方米，以供水为主，结合防洪、灌溉、发电。

除上列水库外，众多小型水库分布于黄塘坑、大林、九都、蒙坑、水帘寺、良潭、油岭、沙坑、里加山、馆田坑、官岭坑、王古坦、白岭脚、津溪岙、长家坑、裘安、米坑、石昔下、前椿岩、下湖、三井、六加岙、大岙、夹岭、平田寺、金塘坑、西石安、杨丰寺、板辽坑、龙潭背、新益、羊麻坑等处。

水库拦截径流后，永安溪水量大减，一些河段干枯露底，许多河段出现拦水堰坝。2011 年，实施柴岭下弯道截弯取直工程，并在新河道建橡皮坝和泄洪冲沙闸，形成坝上 3000 多亩水位可控湖面。21 世纪 10 年代，最下游堰坝在杨杜，距三江村 5.8 公里，此段仍为六级航道，杨杜以上断航。

当代始丰溪

1958 年于桐柏溪百丈坑落差较大的桐柏瀑布处建桐柏水库，1961 年建成，用于发电灌溉；集雨面积 92 平方公里，正常库容 1072 万立方米。

为提高天台盆地农田抗旱能力，1973 年于上游干流里石门修筑里石门水库，1979 年建成并修建总长 95.3 公里北干渠，横贯盆地北缘，保障灌溉区 16.64 万亩农田自流灌溉；同时结合灌溉放水，建总装机容量8505 千瓦的5 座水电站。里石门水库坝上集水面积296 平方公里，总库容1.99 亿立方米，水库干流总长 35.2 公里。

1985 年在黄水溪建龙溪水库，1990 年建成，集雨面积 76 平方公里，以发电为主，负担台州电网顶峰任务，无防洪灌溉功能，库容 2123 万立方米。

2001 年，以原桐柏水库为上水库，在西侧再建下水库，建为纯抽水蓄能电站，2006 年建成，日发电量 600 万千瓦时，水库集雨面积 21.4 平方公里。

在以上水库工程建设的同时，兴建的较大水库还有乌岩溪上的横坑水库和伍佰水库、王里溪上的王里溪水库、前山倒溪上的杨家岙水库、欢溪上的利民水库、苍山倒溪支流上的龙珠潭水库、崔岙溪上的王浪水库、小法溪上的幸福水库等等。

21 世纪 10 年代，天台全县已建水库 67 座。其中里石门水库为大型水库，龙溪水库和桐柏水库为中型水库；其他 12 座小型水库总库容 0.28 亿立方米，52 座微型水库总库容 0.15 亿立方米；7255 座山塘水库总库容 0.12 亿立方米。全部水库合计总库容 2.93 亿立方米。唯里石门水库有通航航道直达磐安县方前。

水库截水以后，始丰溪干流径流大幅减少，河道不断拦筑堰坝截水、蓄水，航运功能丧失。迄今，自街头镇以下，共有堰坝 17 道，自上而下所筑位置在浙酋村、大溪河村、下王村、平桥镇、里山岩下村、后山王村、小法溪汇入处、螺溪汇入处、大杨山、寺下、下湾、百步、中渡岙、溪西、沿溪、溪口、董岸。

迄今，董岸沙段堰坝下 1 公里几乎断水为滩涂，2 公里外的坊前村（杨家渡）至三江村尚有 5.8 公里长河道宽度约 32 米，涨潮水深约 4.3 米。

天台县城段河道经筑堰坝蓄水，已“拓溪成湖”，成为城市休闲游览水域。

当代灵江及其支流

灵江全流域的集水关乎灵江径流，包括始丰溪、永安溪所建水库对其流量都有影响。全流域共有天台里石门水库、仙居下岸水库、临海牛头山水库 3 座大型水库；有仙居里林水库、天台桐柏水库和龙溪水库 3 座中型水库；总计一类小型水库 37 座，二类小型水库 132 座，微型水库 745 座，山塘 11923 处。各类水库总蓄水库容 6.24 亿立方米，总集水面积约 2050 平方公里，占流域总面积的 30%。

20 世纪 80 年代末于灵江支流逆溪（大田港）建设牛头山水库，坝址邵家渡牛头山村，1989 年建成。水库集水面积 254 平方公里，总库容 3.025 亿立方米，正常库容 1.56 亿立方米，以灌溉、防洪为主（受益区域为大田盆地及椒北平原），结合供水、发电；大田港其他支流上游还有一些小型水库。1989—1991 年，在大田港出口建闸，并在一侧建升船机帮助船舶过坝。2007 年，在小两山东北侧、大田港北侧挖凿水面面积 1200 亩的灵湖。2014—2016 年，大田港出口老闸改建新闸，港内断航。

1974 年，义城港河口改道，在罾（棕）棚埠汇入灵江，河口筑闸断航。2016 年在灵江支流义城港上游尤溪改建龙门水库，2018 年建成。2017 年开凿长石岭排涝隧洞，将义城港水分洪至汛桥入灵江，河口筑闸。

2006 年，台州市、临海市水利部门曾以解决台州东南平原缺水为由，编制《台州市北水南调工程规划报告（送审稿）》，提出在仙居和临海西部兴建水库蓄水和在椒江水系干流筑闸拦水两个方案。其中在灵江庙龙港筑闸方案是在灵江中段拦坝挡潮，使坝上江水变淡，成为可用水资源。其后，该方案排上临海市“十三五”规划（2016—2020 年）中名为“灵江扩排挡潮工程规划”的水利建设议事日程。项目除在望江门、两水山、伏龙滩、庙龙港、晒鲞岩几处拓岸“扩排”外，即是在钓鱼亭西南侧江面建筑灵江大闸，虽在闸左设船闸，闸右设鱼道，河流自然状态将彻底改观。

当代永宁江治理及长潭水库

永宁江为台州当代水环境变化最大的河流。

1958 年开始在乌岩东侧泥河岭和应家坑之间筑坝拦水，建设长潭水库，1964 年建成。库区水面东西宽约 1200 米，南北长约 4200 米，总库容 7.32 亿立方米，最高水位 42 米；正常水位 36 米，正常库容 4.57 亿立方米；集雨面积约 441.3 平方公里，占永宁江流域面积 890 平方公里的 50%。永宁溪、

图 1-2 2000 年，永宁江流入椒江口门建挡潮闸。（来自黄岩区新闻办公室编《中国·黄岩》宣传画册）

柔极溪、杨岙溪、日溪、上垟溪、小坑溪等永宁江主要水源均注入水库。

长潭水库初始功能主要是改善黄岩、椒江、温岭和临海西芩百万亩农田的灌溉，也提供电力。平时放水基本引入灌溉渠道，坝下永宁江除汛期溢洪放水外，已无上游下泄水源。由于潮济以下为感潮河段，下泄流水断供，立即引起涨潮泥沙沉积河床，河道日益萎缩，平均宽度由建库前的155米缩至83米，河床平均高程抬高3.67米，容积减少70%，河流几成“永宁沟”，由是又引发排涝防洪能力大幅度下降，涝灾频仍。

永宁江排涝能力差还与其“九曲”奇观大有关系，先人对此有裁弯取直的治理措施。如清康熙年间（1662—1722年），永宁江中游江田汇裁弯取直，该段江道从4900米减至410米；雍正六年（1728年），孙家汇裁弯取直，将5500米江道减至250米；民国18年（1929年），亢山汇牛轭湾被山洪冲断弯颈，自然取直；民国31年在小澧汇取直新江165米，在戴家汇取直新江240米，都取得良好效果；1973年，在特产、亢头、汇头、西周、下灰洋5处也作过取直工程，共缩短河道1.3公里。

1994年，启动永宁江治理工程，在三江口筑永宁江大闸，2000年6月竣工，2001年启动干河拓浚工程，在埭西河段实施裁弯取直。虽然永宁江建闸工程将江口一分为二，南建排涝闸，北建民船套闸，考虑了航运，治理目标兼顾蓄水、排涝、航运、生态，但实际仅满足蓄水，改善排涝效果不佳，坝区一些物种消失，而航运却因过闸不便濒临中断。

当代椒江

20世纪50年代，椒江江面平均宽约1500米，栅浦至葭沚河宽约1900米，海门关收窄仅913米。河段潮流特性是涨潮流主流偏北，落潮流主流偏南，河槽中间出现缓流区，泥沙沉积，江中有葭沚心滩，河道分为南北两槽。

椒江成江后的水动力状况是：上游下泄流水从灵江南下，汇合永宁江流水，向东南直冲三山江岸，以南岸为主导河岸，河床南槽顺河势，贴近栅浦、葭沚、海门江岸，直至牛头颈山海门关。三江口至三山段3公里航道，最小水深1.1米，乘潮可通航千吨级船舶；三山至7号客运码头航道长7.5公里，最小水深1.6米，乘潮可通航3000吨级船舶；客运码头至牛头颈山航道长1.7公里，水深3～7米，乘潮可通航5000吨级船舶。

口外航道为海门关外至台州湾深水区的通海航道，长约18公里，航道平均水深-2.6米，最浅处仅2.1米，3000吨级船舶需乘潮通航；但北岸小圆山东南最深处达14米，可靠泊浅万吨船舶。

20世纪50年代末起，因受上游建水库、支流建闸筑堰等水利工程的影响，改变下游感潮河道的水动力，使得水深条件本就不佳的椒江航道淤积加剧，每年靠疏浚维持港区水深。

20世纪60年代，灵江平均洪峰流量7326立方米/秒。永宁江径流量原为灵江径流量的10%，建长潭水库后，永宁江基本断流。

椒江粗颗粒泥沙为流域来沙，来自上游；细颗粒泥沙为海域来沙，由涨潮流带入；海域来沙远大于流域来沙。永宁江未筑长潭水库时，椒江河道处于冲淤平衡状态，筑水库后，永宁江径流减少91.5%，河床容积减少70%，即纳潮量减少70%，造成椒江径流量减少32%。1958年，海门断面进潮量1.57亿立方米，至1983年仅1.33亿立方米。1962—1972年，石仙妇至老鼠屿河段中潮位下河槽淤积500万立方米。

长潭建水库前，椒江南槽主汊断面占全断面63.3%，北槽占36.7%；建库后南岸主槽流量减少，发生淤积，1983年，南槽断面占全断面41%，北槽占59%。建库前，葭沚心滩头部在栅浦对出，滩长4200米，滩高在低潮位附近，有利冲刷海门港水深；建库后，心滩整个西移，头部上移到三山附近，尾部冲刷，至1984年全部消失。

1987—1991年，实施椒江航道整治长顺坝工程（工程详情参阅第三编第一章第二节“椒江口内外适航水道”），南槽潮量由工程前的43.6%增加至工程后的48%～50%，大潮测点流速增加13%～23%，河道南北两槽均有不同程度冲刷。

至21世纪，随着永宁江口筑闸和灵江上游更多的拦水工程实施，椒江航道面临更为严峻的淤浅。对河口流场的影响：栅浦断面落潮流速降低9%～16%，南槽进潮量减少11%，台州电厂码头附近涨落潮平均流速均降低13%。对南岸港区和河口河床的影响：落潮水流在三江口转弯，直冲三山后跳向北槽，落潮主流偏离南岸港区，抵消长顺坝整治效果；径流进一步降低，引起闸下河段淤积。

1998—2002年，实施整治工程的补充与调整（工程详情参阅第三编第一章第四节“椒江口内口外航道”），后续工程在长顺坝上端北槽布置低潜坝、加长长顺坝、在长顺坝北侧增设一组短丁坝、南侧增加导流槽。经过后续工程，有效消除建闸所引起的部分负效应，南槽落潮分流增大到52%～55%，逐步恢复复式双深槽河形，南槽航道和南岸港区水深得以改善。

由于椒江口外南北岸平原不断淤涨围塘，原喇叭口逐渐收窄，1998年《浙江省水利志》定椒江河口延伸至北岸松浦闸和南岸山东十塘南端。2007—2012年围垦十一塘，塘坝接山东十塘再延伸3.2公里折转东南。椒江口实际已在老海门关东9.5公里，口门宽度4公里。

第三节　台州湾平原内河水网

浙江地理惯称沿海五大平原为杭嘉湖平原、宁绍平原、温黄平原、温瑞平原、鳌江平原，实则“温黄平原”字义内涵只指黄岩和温岭一带的平原，远不能表达台州滨海平原的整体概念，故本志称其为台州湾平原，涵盖台州湾畔椒江南北两翼之全部平原。

椒江南岸惯称温黄平原，源于地属黄岩、温岭（太平）两县。但无论古今，“温黄平原”称谓在逻辑上都不周延。历史上，明成化前无温岭县，成化分县始称太平县，民国3年（1914年）后才改称温岭县，且海门区域民国前一直属临海县；1980年后，椒江南岸平原有椒江市（椒江区）属地，1994年后有路桥区属地。椒江南岸平原难以用“温黄”二字涵盖全域，实以“椒南平原”称谓为宜。与之对应，北岸称为“椒北平原”也更合乎逻辑。

椒江北岸也有杜桃平原之惯称，同样不能周延前所、章安、玉岘等地，故本志采用“椒北平原”“桃渚平原”两个称谓。

椒南平原水网

椒南平原总面积 2361 平方公里，包括永宁江河谷平原。椒南平原除永宁江河谷、院桥、鉴洋湖、桐屿、螺洋、温岭、大溪等地有山脉围成半封闭状，松门、金清沿海有山体为屏障，椒江附近和横街散布少量陆屿以外，余皆一马平川。迄今平原河网排水口有两个方向：往北排入椒江者应属椒江水系，往东排入金清港（包括排入松门）统称金清水系。椒南平原西侧隔着黄毛尖山、帽峰尖山与永宁江河谷小平原连接，小平原内河水网排入永宁江，最大水系为西江水系。

不管水排何方，除永宁江北岸与南岸被感潮河道永宁江相隔外，平原河网都相通，故下文仅以新、老海相沉积平原划片记叙。

永宁江河谷和椒南老海相沉积平原水网

处于最西边的永宁江河谷平原是最古老的海相沉积平原，地处黄毛尖山以西，永宁江南北两岸。该处的自然泄水体系北岸有元同溪、剑山溪、龚屿溪，南岸有九溪、西江水系，诸溪流入平原后，即成平流内河。北岸三河系凭河发育头陀、西范（今称新前）、拱东三集镇，南岸九溪凭河发育北洋镇，西江水系为该区域最大水系，上游来自太湖山秀岭、佛岭两山岙。西侧佛岭有南岙溪、北岙溪下注永丰河、西江；东侧秀岭有秀岭溪、西溪下注官路河连通西江，以西江为主干在黄岩县城西侧注入永宁江。西江串联沙埠、高桥、委羽山 3 集镇；官路河通西江，也可通后来开凿的南官河，串联院桥、店头、鼓屿、十里铺 4 集镇。

五代十国吴越国时期（907—931 年），以黄岩县城为起点，开凿南官河、东官河后，曾有西官河开凿，自西江五洞桥至仙浦王。20 世纪 60 年代初筑长潭水库后，在永宁江两岸各开灌溉渠道。江北渠道自潮济经头陀、西范（新前）、拱东直至杜岐、西芩；江南渠道自长潭经北洋、后林、焦坑直至南官河。

2000 多年前，东部平原沉积区域不大时，最早的平原河流由发源于太湖山的太湖溪流至今沙岸村出谷，进入平原，称大溪河，流至楼旗山北直面海洋。春秋战国时，亡国的徐人、越人先后浮海在大溪大塘岭下建王城，即依靠海口通航之便。

此后，陆地进一步淤涨，下泄干流大溪河逐步向牧屿（鹜屿）、沈桥、麻车桥、牛桥、新河延伸入海。此时，山市、温峤、太平分别有冠城河、翁岙河、潘郎河、西月河（琛峤河）、月河（今亦称横峰河）向牧屿汇聚，接大溪河下泄干流；又有石黏河连接田洋与麻车桥，下保河连接温峤与太平，联树桥河连接泽国与麻车，新桥河连接路桥与新河。院桥、螺洋、桐屿、石塘岗（西山）区域有鉴洋湖水系、下分水、山水泾、徐山泾引水向海。温岭东部长屿山、五支山、鸡冠山东麓老海相沉积地有运粮河连通新河。至此，椒南老海相沉积平原河流成网。平原上大溪、温峤、太平（今温岭）、横峰、鹜屿（牧屿）、泽库（泽国）、新安（路桥）、桐屿、东山头、朱家店、石塘岗（西山）、桐屿、院桥、箬横等集镇全部水路相通。

迄隋唐，古沙岗以西老海相沉积地成熟开发。唐上元二年（675 年），析临海县南部设永宁县（后改黄岩县），约在五代十国吴越国时期（907—931 年），以黄岩县城护城河为起点，开凿南官河、东官河、东南官河（今称永宁河），连接月河（今或分段称泽国河、横峰河）和西月河，并与大溪下泄干流相交于牧屿（鹜屿）一带。永宁江南岸小平原虽可借南官河、东官河与东部大平原连接，但由于两地河道存在微小水位差，晚清时在南官河五峰山北坝头与东官河江口山头金筑滚水坝拦水，给航运带来驳载或拖船过坝的不便。

此时，南官河石曲以上河段因处椒南平原与永宁江河谷小平原的联系带和中心位置，由内河航运造就平原上最繁华的前店后埠十里长街——新安市（路桥镇）。

台州湾平原负山濒海，虽然各条内河入海口都是内河外海转运港口，但由于自然河道出口为纳潮河段，咸潮灌入内河，既难潴蓄淡水不利农耕，又易于淤涨，泄流不畅。在采用筑闸技术前，台州滨海河口均筑埭挡潮蓄水，内河船舶难通外海，也不利排放洪水。故此时滨海平原常处于“雨则众水奔趋，顿成湖荡；旱则诸源隔绝，而成斥卤”状态。

北宋元祐七年（1092 年），因埭堤利蓄不利泄，在新河南监一带改大埭为闸，首建黄望、周洋、永丰三闸。南宋淳熙九年至十二年（1182—1185 年），由浙东常茶盐公事朱熹奏请，改新河蔡洋金清埭为金清闸。清嘉庆《太平县志》记：“金清港，在披云山下，与南监、新河故皆为迂浦。朱子筑闸，因海潮泛浊，镇以金鳌（因金为水母，浑潮见金则清），始名金清。”

披云山在新河寺前桥北，此“金清”为河名而非地名，更非今日金清镇，后即以金清命名椒南平原南部的河网水系干流，称其为金清港。而迂浦则为新河一带诸河的总称。明中期后，原独自入海诸河，改由金清闸一流为入海口。古迂浦诸河迄今现状仍然曲折复杂，在今温岭市河流水系中被统称为高桥诸河。

宋时，椒江江岸淤涨至栅浦、家子（葭沚），椒江形成，内河水最先依靠蛟龙浦排三江口，筑有蛟龙闸（宋代建），并新创家子浦泾南通南官河北通椒江，家子成为航埠。同时，北片平原又开凿鲍浦、长浦，将南官河水引向东部海域。南宋淳熙十一年（1184 年），于鲍浦挡港桥东侧建鲍浦闸，向台州湾排水。

明初，因新河为海口重地，设备倭所城新河所。此时，栅浦浚凿栅川连通东官河和椒江，栅浦亦成为椒江口通海航埠。

椒南新海相沉积平原水网

元明时起，椒南新海相沉积地开始围塘垦地，一般在堤内取土筑堤，每围一道海塘留下一条塘河，使新海相沉积平原更是河网如织，平原以金清港为界分南北两片。

明嘉靖十八年（1539 年），在周洋浦口下梁下蒋庄（今蒋桥）新筑三洞永通闸取代原周洋闸，成为明时黄太两县内河运输枢纽。明弘治后，金清闸向南移位约一市里。

新海相沉积平原北片自明弘治年间（1488—1505 年）筑丁进塘迄今共围 15 道海塘，留下完整塘河自西至东有三才泾、一条河、二条河、三条河、五条河、六条河、七条河、八条河、九条河。丁进塘塘河消失，洪辅塘塘河即三才泾，四府塘、张塘、正鉴仓四塘诸塘河呈不完整断续状。

人工开凿横向主要河道自北至南有高闸浦、洪家场浦、鲍浦、长浦、青龙浦、迂浦。明万历年间（1573—1619 年）建栅浦闸；清道光年间（1821—1850 年）建葭沚闸；清光绪二十四年（1898 年）开海门新河，引三才泾水绕过枫山连通海门大埠头。北片新海相沉积平原水网连接集镇有栅浦、葭沚、海门、界牌头、洪家场、灵香店、长浦、新桥、横街、新河、下陈、三甲、石柱、竿蓬、蓬街、卷桥、下梁、金清等。

清道光十八年（1838 年），新河金清闸以东建七洞闸（民间以为不吉利称六闸），光绪十五年（1889 年）又在东侧咸田湖（蓝田胡）建蓝田闸（玉洁闸）。晚清，闸外外港河畔发育港埠集镇金清。康熙二十四年（1685 年）设浙海关时，金清港（指港口）成为浙海关家子口 4 旁口之一。

20 世纪 50—80 年代，椒江南岸江滨附近河道逐步调整：葭沚泾取直挖新河（1981 年）；栅浦疏浚永宁河出口，并在西侧新开富强河至江滨开辟内河港池；开凿栅浦天打岩，开挖三丈六河与上埠河道贯通（1964 年），以引长潭水库水灌溉；开乌石河、三山河至江滨，以开发椒江与内河过驳航运；在海门凤凰山西南侧新开新海门河（1986 年），连通葭沚、栅浦，接三丈六河。

南片自元至正年间（1341—1367 年）围筑马潘山东至松门萧万户塘迄民国，南北纵向遗留塘河有运粮河—湾张河、木城河—箬松河、肖家桥河、施福河、老湾河—老塘河、二湾河—二塘河、三湾河—三塘河、四湾河—四塘河、五湾河、六湾河—六塘河、七湾河—七塘河、八塘河、场西河、场东河等；横向河道有廿四弓河、雨伞浦、伍家堂浦、新街浦、前王浦、娄江浦、山前浦、苏家浦、平溪浦、贯庄浦、严家浦。南部隘顽湾畔淤涨地横向河流有九份横河、车路横河，纵向河流有杨家浦、西浦、彭林河—庙南河、杨府庙河—下闸浦、东马浦、七份浦、八份浦、淋川浦、运盐浦。

以上河道连接集镇有箬横、横河、滨海、新街、淋川、石桥头、东浦、松门等。20 世纪下叶和 21 世纪，随着东、南新塘围垦，产生团结闸水系范围东风塘、五一塘、团结塘内一些塘河和松南闸水系的解放河、超英河等新河。南片河流主要排水入海口和航运港口有金清和松门两处，其他排水口在龙门、隘顽湾两侧，但所有河道，与北片河道相通相连，在航运上都可直达海门港。

金清水系干流水利工程和现代新塘水利工程

金清水系建闸随陆地延伸而多次外移，最早河口闸建于南宋淳熙九年（1182 年），位置在新河蔡洋金清埭。其后，在明弘治十八年（1505 年），外移一市里。由于挡潮不严，难达闸内蓄淡效果，清乾隆四十一年（1776 年）在上游牧屿再建牧屿闸。道光十一年（1831 年）又在琅岙麻车桥附近建琅岙闸。道光十八年建六闸，由于设计不佳，难以排涝挡潮，常引发咸潮倒灌上游，光绪十五年（1889 年）在东侧咸田湖（蓝田胡）再建蓝田闸（玉洁闸）。

此时，玉洁闸外港感潮水道北岸入海的河闸有靖海陡门闸（在下梁港口）、清河闸（在二条河上塘角）；南岸入海河道河闸有平安闸（在横河老湾）、永兴闸（在横河）、泥涂闸（在横河东北）。

20 世纪 20 年代，玉洁闸年久失修，两次洪潮袭击造成重大水灾，民国 18 年（1929 年），于温岭县金闸村建钢筋混凝土 22 洞新金清闸，俗称廿二洞闸。上游流域达 734 平方公里。

图 1-3　民国 18 年（1929 年）建成时的金清廿二洞闸（来自《钱江晚报》2019 年“小时新闻”）

20 世纪 50 年代后，闸下南北均已多次再围新塘，金清闸下感潮河道已逶迤8公里至白沙山南侧西门口入海，两侧新塘塘河另筑五丰闸、平安闸、五洞闸、永安闸向新金清闸外水道排水。1958—1972年，筑剑门港大堤、白沙堤、黄屿堤，使琅矶山、婆屿、白沙山都连入大陆，金清闸外水道仍从白沙山南西门口入海。

图1-4　剑门金清新闸　（来自中华书局2000年版《台州会要》）

1991—1998年，实施金清新闸排涝工程，将金清河口闸外移10公里至白沙山北侧剑门，并开凿新引河至新闸，同时在老河道堵坝。

至21世纪10年代，金清水系干流全长50.7公里，大溪以上太湖溪为山溪性河流，1958—1962年在太湖乡和照洋乡交接堵坝建太湖水库，以下为平原河道，至麻车桥18公里，水深3～3.5米；麻车桥至廿二洞新金清闸14.7公里，深约4.5米；廿二洞闸至剑门金清新闸入海口长10公里，深6.5米。该河道自牧屿沈桥以下总称金清港（指河流），分段又俗称沈桥港、麻车桥港、牛桥港、寺前桥港。

金清水系流域主要是指南片温岭市区域，北片界线不明，河道两头排水，主要排向椒江和岩头闸，属椒江流域。向椒江排水通过永宁河、葭沚泾、三才泾从栅浦闸、葭沚闸、海门闸排放，一条至九条河则汇集岩头闸排入台州湾。在宋至清代，也靠鲍浦闸、长浦闸、迂浦闸、陡门闸、高闸（在高闸浦口）直接向东排入台州湾。

21世纪，金清港北面实施三山涂、三山北涂和十一塘围垦工程，南面实施东海塘围垦。十一塘围垦区内正在实施月湖规划，有洪家场浦、鲍浦、长浦、青龙浦延伸与月湖相连接，海堤上有多处排水涵闸。东海塘、隘顽湾海岸新塘也产生新的河道和排水涵闸。

当代排涝调蓄工程

2011年、2013年，旨在防洪排涝、改善城市水环境、提供应急备用水源的栅岭汪排涝调蓄工程和洪家场浦排涝调蓄工程相继开工。

栅岭汪排涝调蓄工程起自路桥螺洋下分水与山水泾交汇处，向北拓浚下分水，在新山村接入徐山泾，向西拓浚徐山泾至共和村，往北开挖桐屿低地调蓄区（亦称飞龙湖，面积1.8平方公里，有效拦截绿心范围1000万立方米径流量，库容621万立方米）及高新河，于东北栅岭汪开凿排涝隧洞，出隧洞新开东山河、东山湖（2021年定名璟湖）连接永宁河并扩建栅浦闸，线路总长17.65公里。

洪家场浦排涝调蓄工程西接东山湖，东至十一塘，全长18.2公里，河面宽60～100米，其中机场路以东利用旧河道拓宽，机场路以西开挖新河道，中心大道两侧河段挖成休闲湖区，至十一塘连接月湖。

椒北平原水网

椒北平原现状面积约167平方公里，最先自然径流是章安地块来自龙溪下泄水的纵向回浦。河流在溪口入平原，近椒江（远古为海湾）段迂回曲折，故称回浦；同时因墩头山、鲎山等地形影响，在鲎山北形成潟湖——章安湖，继而在金鳌山西侧入江（海）；河口西侧7.2公里有灵江、永宁江入江（海）。西汉以回浦为名置县，东汉在此设章安县治，三国设临海郡治，均缘该地有通江达海的航运地利。

椒北东部老海相沉积地在太平山、嵩山以北，唐宋时期已成陆。此时，回浦以东有源自大岩头山下泄水的东逻浦（今华景河）在章安东山东侧入江（海）；东部沉积地在古城山南麓和太平山北麓有两条河道，西接东逻浦，东连涂下桥（今称杜桥）。涂下桥南新涨涂地自宋代起开始围塘造地，初围海涂均先用于刮土煮盐，形成涂渎盐场，盐场产品由河道运至东逻浦出江，上溯灵江供应“西乡”。南宋淳熙九年至十二年（1182—1185 年），时任浙东常茶盐公事朱熹奏请在台州湾平原筑闸，回浦闸即为其中之一。

随着椒北新海相沉积滩涂进一步发育，通过围涂造地，平原从涂下桥起逐步向南推进，直至包裹陈岙门南的黄牛坪山、君田山、老鼠屿，以达今海岸线。平原上亦是河道纵横成网，但与椒南不同，塘河呈东西横向，南北纵向为排水河道。总体归纳，迄今形成的椒北水网，总称为椒北百里大河，细分河名，因土地隶属不同政区不甚一致。

椒江区水利部门以华景河（古东逻浦）为界，称西部横河为椒北干渠，东部横河分北、中、南 3 支渠。杜桥镇水利部门将横河分为上横河（西洋河）、中横河、下横河。上横河即椒江区所称北支渠，但延伸至梓林回浦（梓林东大河）；中横河即椒江区所称南支渠；下横河仅在杜桥镇辖区内。而属涌泉镇的玉岘区域河道，则均被椒江区和杜桥镇忽略。

为统一称谓，本志作如下综合归纳：称椒江区所称椒北干渠和中支渠为椒北西干渠，西起玉岘太平山东麓，经玉岘、下洋（黄礁）、百家王、山前山、后洋陈、谢杨至大汾。称杜桥镇所称上横河、椒江区所称北支渠为北横河，西起山门回浦河（梓林东大河），经古桥、横湖至杜桥焦坑。称椒江区所称南支渠、杜桥镇所称中横河为椒北东干渠，东起华景河（古东逻浦），经陈岙门、道感堂、上墩头、西堑、洪家、三石徐、上盘，直至北洋涂附近。称杜桥镇所称下横河为东南横河，西起杜下浦河东，经西横、东横至里潘交于长沙浦。

迄今，椒北纵向河道可分三部分：华景河以西、杨司区域、东部杜桥平原。

华景河以西纵向河道有玉岘后泾（塘头浦）、道头金环村河、下洋浦、山横环山河—东埭支河、八亩头河—百家王浦、新开梓林西大河、回浦河（又称梓林东大河）、华景河（古东逻浦），各自在椒江沿岸建闸排水，闸外形成小港汊。

杨司区域北横河和椒北西干渠之间有 4 条南北向河流布置，为 2 条杨司中心河和 2 条杨司定向河。

杜桥平原从西至东主要南北纵向河道有“三沟六浦一江”，自西至东为：涛江、山礁浦、松浦、下朱沟、涂（杜）下浦、牛沟、三石浦、长沙浦、推船沟、上盘（畔）浦，所及流域均为椒江流域。其中涛江、山礁浦、松浦、涂（杜）下浦、上盘浦仍向台州湾排水，河口建闸，闸外形成港汊，其他纵向河流已不完整，或为南洋涂所挡，不能直接通海。

以上河网所系近代主要集镇有玉岘、黄礁、章安、梓林、溪口、小芝、杨司、大汾、前所、道感堂、杜（涂）桥、川南、市场、上盘（畔）等。

20 世纪以来，在上盘（畔）南侧和东侧的南洋涂和北洋涂围垦过程中，产生几条与海岸平行的塘河，其出海口一在踏道山（达岛）西侧，一在石牛山下山头南侧。都直接排向台州湾。

图 1-5 华景河口的升船机（来自黄山书社 1995 年版《椒江市交通志》）

椒北平原东部市场山和东侧黄猫头山间本就为海峡，淤涨后，东部连陆，海峡成河渚相间地貌，水道可通北面桃渚平原。后水道有所淤涨，但杜桥水系与桃渚水系一直相通。由于陆地淤涨经历不同，两水系存在微小水位差，杜桥水系水位高于桃渚水系 0.6 ～ 0.8 米，在上盘河道筑拖牛坝拦水，用牛拖船过坝。1971 年，拖牛坝建升船机，用斜坡轨道机械推拉船舶过坝；1984 年改建，适应增大的船型；1998 年，改建为两头筑闸的过船套闸。

椒北平原有众多直排椒江和台州湾的河口，这些河口均建闸挡潮，椒北内河船民历来有出闸过江习惯，水闸在潮水与内河水位持平时虽可让内河船进出闸门，但时间有限，也易使咸潮倒灌。1973—1975 年，华景（东逻）河口建升船机，以斜坡轨道电子操作协助船舶过闸，可过 15 吨船舶。

桃渚平原水网

桃渚平原面积约 100 平方公里，四面皆山，由海域淤涨沉积成陆，西部为桐峙山区。古代，此处海水直拍西部山麓，潮水涨至埠头、北涧（监）、十三渚、武坑、肯埠，后逐渐淤涨成陆，并在下泄河口建闸以蓄淡水。地名中埠头、道头、肯埠等均佐证海域从原始溪坑口逐步向海推移。最终平原水网形成洞港、桃渚港两大水系。

民国《临海县志》载：“洞港，亦曰后港，出山场岭，东南流，又东曲流，泗淋水自西北来合，又东经朱门，入于海。”所言为洞港水系，洞港既指港埠，亦指河名。

洞港水系所连内河为桃渚平原北部三门县所属的小雄溪（泗淋水）和山场溪。小雄溪上游在大雄岭，经小雄、泗淋、下湾在陈栋山南麓汇入洞港入海，流长约 12 公里。山场溪发源田岙山，流经西芩、山场、埠头、梅岙、上道头、下道头、闸头至天德闸折东北，始称洞港，在陈栋山南汇入小雄溪（泗淋水），然后入海，流长约 20 公里。

洞港水系在下大桥、埠头以下地势平坦，泗淋原为海涂湿地，闸头是山场溪最先出海闸门。清咸丰年间（1851—1861 年），在河道向东北折转处建天德闸，闸成，因遭雷击被民间传为天打闸，文人记为天德闸。此时天德闸外是感潮河段，海船可达闸下。

桃渚平原南部水系为桃渚港水系，上游有三源：北支为发源于岙坤的北涧（监）河水系，途经石湖山、北涧，北涧以下即为淤涨塘地，又经涧陡门、四岔接黄公河，长约 11 公里。中支为发源于九岭岙的芙蓉溪（又称桃江），经上蒋、桃渚古城、桃江十三渚、中城、石相山新闸、小方山、窑渡头、拗罾岩至蒲兰头、红脚岩出海，长 22.2 公里。南支为发源于虎头背的雉（知）溪，经童潦水库、垦埠、雉溪至连盘，长 14.4 公里，再折北连黄公河新闸。民国时，桃渚港以窑渡头闸为出口，闸下感潮河段至红脚岩南侧入海，外海渔船可至窑渡头。

桃渚港水系平原河道因处群山之中的淤涨地，在沉积过程中产生潟湖湿地，河渚交织成网，迄今仍遗留“桃江十三渚”地貌。平原中部，河系复杂，水道条条相通，既可向北连接北涧河，也可通过多条河道在大汾塘、后塘等处连接黄公河或黄公支河。

在公路未筑、汽车未通时，桃渚平原运输主要依靠内河。黄公河为桃渚平原南北向人工开凿河道，南接杜桥平原水网，北通洞港，是平原的重要交通水道。民国 26 年（1937 年），桃渚港河道逐渐淤涨。34 年，在时任浙江省主席黄绍竑的拨款支持下，展开对连盘至新闸 4 公里河道和新闸至天德闸 4.5 公里河道的疏浚。为表纪念，两段河道分别取名黄公河及黄公支河。与此同时，开始考虑在陈栋山洞港入海口建新闸，但仅置条石基础而未成。

直至 1971 年，洞港入海口才续建成九洞闸，闸内成为内河，但由于桃渚水系与洞港水也存在微小水位差，天德闸仍在，给航运带来不便。1973—1975 年，天德闸处建升船机，用斜坡轨道机械拖拉方式帮助船舶过闸坝。20 世纪 90 年代，建过船和平闸，升船机淘汰。

1963 年，桃渚港干流当潮闸从窑渡头东进至蒲兰头建新闸，闸下至红脚岩段为感潮外河，渔船集聚为渔港。1977 年，在红脚岩下建三孔红脚岩闸，船可进闸，两闸之间仍为渔船靠泊处，但过船闸仅容许 3 米宽船舶进出，难以适应渔船体型增大的现实。2012—2013 年，在红脚岩建新闸，并辟 80 万平方米闸内港池，使其成为国家一级渔港。

椒北桃渚平原水系虽不属椒江水系，但杜桥平原河网可在上盘北面山谷经连盘沟通桃渚平原河网，史上也将两地并称涂桃平原。椒北航运可通椒江口，也可通白带门边的洞港和红脚岩下的桃渚港。

第四节 玉环楚门短溪河

以当今行政区划论，楚门半岛似乎是指玉环县境内楚门、清港、沙门、龙溪、干江五镇区域。但从分水岭地形观测，南雁荡山余脉大雷头山以南今属温岭市的乌根、江厦、城南、岙环在地缘上应同属楚门半岛。楚门半岛东部排水于隘顽湾、漩门湾，西部排水于乐清湾。玉环岛在 1997 年筑漩门大坝前是围海岛屿，岛上河流更为短小，且向四面排水互不连接。

楚门半岛东流水

楚门半岛东部群山将地貌分割成隘顽湾、沙门湾、干江塘地、漩门湾，也就组成了四组水系。

北面为注入隘顽湾的大闾河水系，河道包括大雷溪、大闾河、隘顽河等；流域面积 22.17 平方公里。该地域在明代设隘顽备倭所城，2001 年合并岙环（隘顽）、大闾、横山 3 乡为温岭市城南镇，今在湾口大斗山和犁头山间筑坝围塘促淤，已成熟的沉积平原有纵横内河，仅用于农田排灌，新涨涂用于产盐、养殖。

沙门湾北部海底淤浅，21 世纪 10 年代全部沉积成陆，被开发为玉环滨海工业城；南部水深，仍保留海湾状态。淤涨平原上河道为桐丽河系，包括桐丽河、下岙口溪和围塘形成的张岙塘河、爱国河、双斗河等，河道总长 29.17 公里。当今公路发达，短程内河已无航运价值，仅作农用。但桐丽河入海口设有灵门港池；南部海湾下沙建靠船泊位。

干江涂地为垟岭头山和炮台山间淤涨平原，古为盐田。该地干江河系河道短小，20 世纪中叶后增开 4 条新河，总长 27.9 公里，集中在小范围内，航运意义不大。今域内开发干江工业区，东北侧筑堤促淤，继续开发工业，西南侧已包在漩门湾围垦工程内，滩涂开发农光互补光伏电站。

南部龙溪河系上游有大密溪、小密溪，流入塘地后有花岩浦河、塘厂河等注入漩门湾，均为短小山溪性河道和涂地塘河，主流仅长 3.6 公里。1977 年拦筑漩门大坝后，坝东西海湾迅速淤涨成陆，原先的玉环岛实际已连入半岛，漩门湾新围塘地有人民塘河系，于当代来说均无航运价值。

楚门、坞根西流水系

楚门半岛西海岸水系自北至南有 5 条河系：江厦港水系，上游为短小的梅溪，至江厦为宽阔海峡；横坑溪水系，上游横坑溪，下游接乌根塘河；横山溪水系，上游珠溪、白溪，汇入九眼港河系；芳清河系，上游源于大雷山芳杜溪，下游接徐都塘河、同善塘河；楚门河系，上游大皿山溪、筠岗溪，汇入北门河、南门河等平原河网。相应交接的集镇是江厦、乌根、竹坑、清港、楚门。

江厦海湾上游梅溪短小，无航运价值，但湾底 3 公里山峡北面的温峤有内河连接大溪、温岭以至整个椒南平原。在古代、近代，江厦是个内河转海运的港口，也称中州港，但货物需经过 3 公里陆路挑运。1967 年，江厦筑七一塘，在 4 公里外筑闸坝，1980 年利用潮汐落差建潮汐发电站，港埠外移，称沙山港。

历史上，楚门半岛西海岸山溪短小，内河航运价值小。但楚门一带元末开始围塘垦殖，因牡荆（楚树）丛生，故称楚门，其平原水网和海口得到利用，人口聚居，明初被设为备倭所城。此后，上列溪流入海港汊大都用于海洋捕捞渔船靠泊。

1977 年筑漩门大坝后，楚门西海岸和玉环岛芦浦沿岸迅速淤涨。20 世纪末，楚门西海岸淤涨地大幅向西扩展，漩门通道、芳清河水系、横山溪—九眼港水系间形成巨大三角形舌状淤涨滩涂；九眼港水系出海口已将小青山岛包入大陆，自小青山向西南延伸的舌状滩涂长达 5.6 公里，接近鹰公岛，直逼玉环岛西北芦浦淤涨地。楚门半岛淤涨地与玉环岛芦浦淤涨地间的漩门通道形成宽仅 400 米的弧形河道。

1999—2005 年，实施漩门湾（指漩门西侧）二期围垦工程，北起苔山塘外小青山沿海涂外缘筑堤，在舌状滩涂尖端和玉环岛分水山嘴间筑堵港大坝，蓄淡围垦作业使海岸线由明清海岸西扩六七公里，形成水域面积达 16.1 平方公里的玉环湖及由塘河、沼泽、湖渚组成的滨海特色湿地，被开发为漩门湾观光农业园和国家湿地公园。其中称之为玉环湖的主河道长 11.3 公里，宽 400 ～ 1600 米，在当今道路发达状况下，虽无航运价值，但可开发休闲观光的水上娱乐和健身活动。

玉环本岛河流水系

玉环本岛内河依存于山谷平原。最大平原为东部城关至坎门的城坎平原，其次是陈顺平原（陈屿、大麦屿）、青马与鳝塘一带、普青山岙、芦浦一带。这些地块都被山体分隔，河道不能互通，河系各自分隔。

城坎平原上的内河有城坎河（也称城外河、城河、城坎交通河）、天开河、玉坎河（1956 年沿玉坎公路新开河）、三潭河等多条平原内河，总称玉坎河系，但平原地域最长不过六七公里，主流仅长 6 公里。在无汽车运输时，内河有航运价值。

岛内其他河系有：青沙河系，处青马与鳝塘境内，由南大岙河（也称青峰河）、西青塘河等组成；陈岙河系（也称庆澜河系），处陈屿、古顺境内，有陈岙河、汇中河、烟墩岗河、双峰河、永安塘河诸水，于长屿闸入海；普竹河系，在普青山岙，有仰天湖、中塘河、里墩河、外塘河诸水，于普青闸入海；芦浦河系，在芦浦淤涨涂地。以上河系，在山谷平原内常呈河渚相间的龟裂网络状，一些部位成湖泊。其中陈岙河有 1.4 公里河段宽及 60 ～ 200 米，今在其河滨建庆澜公园、游船埠头，使河段成为休闲游览的庆澜湖。

第五节　湫山诸溪和浦坝水系

台州东北部浦坝港以北为湫山丘陵，细分为北支双尖山脉、中北支大龙山脉、中支湫水山脉、中南支石笋山脉、南支长大山脉，山脉均西南至东北走向，水系自行注入三门湾。山谷间自北至南有清溪、珠游溪、亭旁溪、头岙溪、园里溪、蒲溪、西渡河、白溪、小横渡溪、羊峙溪、花桥溪，自西向东或东北，由旗门港、海游港、健跳港、浦坝港流注海洋；形成沙柳、海游、亭旁、邵家、悬渚、头岙、园里、小蒲、西渡、六敖、横渡、健跳、岙口塘、花桥、三角塘、小雄等河谷小平地。浦坝港以南为桐峙山余脉谷地和桃渚平原，主要溪流为山场溪、北涧河、桃江（芙蓉江）、雉溪（知溪），下游是平原水网和密集河塘，分两支由洞港、桃渚港入海。

清溪和海游港水系

清溪发源于天台苍山北麓，由天台下溪头进入宁海市桑州境内，自西逶迤向东，经三门县沙柳，在龙角山与老鼠山间入海。清溪全长 40 余公里，支流有路上周溪，上游溪涧不便行船。古沙柳处于海口，有航海之利，称旗门港，40 ～ 50 吨船舶乘潮可达沙柳溪头村，火炉山以下航道以中心线为界，北属宁海、南属三门。1979 年沙柳截港建闸，外侧海峡逐渐淤涨至龙角山，两岸均是养殖滩涂，江口形成三角沙渚，船舶不可再至沙柳，1000 吨船舶可泊闸外 4.8 公里的东头村。

海游港西纳珠游溪（又称海游溪，支流有吴岙溪、珠岙溪、竹岭坑），南纳亭旁溪（支流有梅坑溪、上樸溪、南溪、湫水溪、岙王溪、岱阜溪、悬渚溪）、头岙溪、园里溪，向东注蛇蟠水道。在古代，珠游溪、亭旁溪部分河段可行竹排、木排。海游港潮流界在县城海游桥，有航运价值的仅在海游桥以下河段。通常认为海游桥至新港口（亭旁溪注入处）2.6 公里为近口段，新港口至水岙门 5 公里为河口段，水岙门至花鼓岛涛头瀺之间 11.4 公里为海滨段，总长约 19 公里。河口段以上低潮水深不到 1 米，高潮可达 3 ～ 5 米，最佳港埠在蒲溪西侧，前沿水深可达 5.8 米，明代曾在此设巡检司。

20 世纪中叶以前，海游港河道较为弯曲。1956 年，在黄埠突处实行截弯改直，新河道从下山木桥直通新港、善岙渡头，原 2600 米航道缩短至 1500 米。另在上枫岙、下枫岙间，水道分汊又合拢，最后留存较直水道，填塞弯道。迄 20 世纪末，海游港随着上游河道段段围堰，下泄水量逐渐减少，河道进一步淤塞。港埠逐步从城区下退至黄埠突，至新港，至潺岙，至蒲西。

健跳港和白溪、小横渡溪

健跳港古名琴江，为弯曲形内伸深槽港湾，全长 17 公里，西起横渡下罗山麓，东至健跳狗头门入海。湾顶有白溪、小横渡溪注入，中间左侧有罗岙溪、盖门塘河注入，右侧有岙口塘港注入。全港可分三段深槽，口门内深槽段 2.1 公里宽约 300 米，深 10 ～ 30 米，最深 47 米；中段眠床头嘴至黄门峡长 3.3 公里，宽度约 200 米，水深 9 ～ 20 米，最深 42 米；内段从蟹钳山至罗城礁长度 4 ～ 5 公里，宽度约 200 米，水深 7 ～ 8 米，最深 30 米，为天然深水良港。民国以前，上游白溪、小横渡溪有竹排运输。

浦坝港与花桥溪

浦坝港为原长 19 公里的内凹浅海湾，西北部有花桥溪、羊峙溪（吴都溪）注入，北部有芝麻港注入，东部经白带（岱）门和牛头门注入猫头洋。原先海水直拍两岸山麓，海面宽达 2.5 公里，西段曾称花桥港，湾顶花桥曾为港埠。由于湾底浅而易淤，港湾逐步淤涨。1964 年，花桥围垦红旗塘，浦坝港口门至红旗塘闸外 12.5 公里水深仅 3 ～ 5 米，30 吨船舶乘潮可至闸外。

至 20 世纪中，两岸干出滩涂逐渐成为塘地，港湾变窄变短，迄今水道面宽 700 ～ 1000 米，长度 10 公里，西部分汊，港内不宜大船航行。口门有扩塘山立于港中，南侧白带门水深 4 ～ 10 米，为主航线，北侧牛头门因两侧滩涂不断淤涨，迄今宽仅二三百米。

第六节　沿海岛屿

台州沿海岛屿均是大陆基岩丘陵延伸的余脉。出露面积 500 平方米以上岛屿有六七百个，占浙江全省海岛总数 22.4%。排除玉环岛、蛇蟠岛、花鼓岛等已与大陆相连的岛屿，按自然环境相对独立为单元，主要列岛有台州列岛和东矶列岛，其他小岛群分布在三门湾、浦坝港口外、金清港口外、积谷洋、隘顽湾外围、披山洋、玉环岛东南侧、乐清湾内。

台州列岛

台州列岛位于椒江口东南侧，分布在北纬 28° 23′ 24″ 至 28° 37′ 02″，东经 121° 44′ 55″ 至 121° 55′ 10″，西靠脚桶洋，东临大陈洋。由上、下大陈岛及附近岛屿组成，共有面积大于 500 平方米的岛屿 97 个。

南朝刘宋孙诜《临海记》所记“洋山东百里，有东镇大山，去岸二百七十里”，即指大陈岛主岛。明初《郑和航海图》所标大陈山、羊琪山、三母山均为台州列岛岛屿。台州列岛主岛分上大陈岛和下大陈岛，两岛相距约 2.5 公里，上北下南。下大陈岛客运码头距海门港客运码头约 53 公里，距金清港客运码头约 29 公里，距温岭龙门码头约 23.5 公里。

上大陈岛如“3”字形，面积约 7 平方公里，由红美山、上大陈山、大半天、风门岭、南山、关帝山、夹五山、钉钩头、高梨头、高山谷、乌沙头、帽后山等山体组成；岸线曲折，东侧悬崖峭壁，西侧和南侧有象头岙、中咀、大岙里三海湾，大岙里为传统渔船靠泊港湾。

下大陈岛如“7”字形，面积约 4.89 平方公里，由凤尾山、黄夫礁山、堂上山岗、元宝山、五虎山、甲午岩山、马道头等山体组成；岸线迂回曲折，多岛岬，北面大沙头港湾（今称梅花湾，湾顶为南坑里）处两山岬间，为传统渔船靠泊避风处。

除大岙里、大沙头外，传统靠泊点还有上大陈岛钉钩头、中咀、下钩咀、象头岙，下大陈岛浪通门、大小浦、小岙里、下咀头（土地堂）、鸡笼头等。

台州列岛人口主要集中上、下大陈岛，以下大陈岛大沙头港湾周边为集聚中心。周边稍大岛屿有竹屿、洋旗 3 岛、屏风山、猪腰屿等，均无定居人口。

台州湾外大陈洋为浙东重要渔场，大陈岛港湾历来为渔民提供渔船靠泊、给养、避风和渔货中转。动乱时也被海匪作为活动据点。

大陈岛何时开始聚集人口，无确切文献可考，先有渔民和海盗驻足岛屿，后逐渐有渔民定居，渔民来源以福建居多，其次为台州、温州沿海。大陈岛行政管辖始自清乾隆年间（1736—1795年），设“红美汛”，负责检查进出船舶，民国时属温岭县。1955 年，国民党军携岛上居民从大陈岛撤退台湾，继有青年垦荒队和移民上岛恢复产业，海岛相继由海门区、黄岩县、椒江市、椒江区管辖。

东矶列岛

东矶列岛位于台州湾东北侧，分布于北纬 28° 38′ 至 28° 50′，东经 121° 43′ 至 121° 56′，南邻台州列岛，东北临猫头洋，与渔山列岛相峙，由东矶岛、田岙岛、雀儿岙岛、头门岛、一江山岛等大小 57 个岛屿组成，总面积约 18.3 平方公里。

东矶岛古称东箕山，又名东麂、东鸡，面积约 1.91 平方公里，仅西侧大岙里、大人坑有缓坡凹湾可泊船居住，南部有沙滩，余皆山体崖岸；清末曾驻防汛官兵。

田岙岛在东矶岛西北 3 公里，面积约 4.3 平方公里，由网对岙山头、岗魂山头、黄夫岙山头组成，形成向西 3 个凹湾，主要宜居地网对岙有水田，故名田岙岛。

雀儿岙岛在田岙岛北面 2 公里，由鹅冠头、雀儿颈、风坑山头、陆姑山头等长条形山体组成，因岛上种植豆麦招来麻雀而名，清代曾名金门岛，面积约 4.38 平方公里。主要宜居地是雀儿岙、大岙、小岙 3 个向西岙湾。

头门岛又名台门岛，宋《嘉定赤城志》标为主山，在田岙岛西南 5 公里，由东侧老爷山、珠伞顶（点灯岛）和西侧马叉岗、箱笼、坞咀头、南山、木杓头等山体组成；居民点在马叉岗西侧龙洞岙里，箱笼山东山岙名皮箱里，围坝筑有水库；北侧还有面杖山、龙珠岛、大竹山、小竹山诸小岛。主岛总面积 3.67 平方公里，距海门港牛头颈山约 30 公里，距大陆最近点白沙岛 12 公里。因头门岛周边海域水深较深，20 世纪 10 年代实施深水港区开发，筑海上长坝跨大竹山与白沙连接。

一江山岛在头门岛南偏东约 9 公里，西北正对海门牛头颈山约 35.7 公里，由北一江山岛、南一江山岛组成，两岛面积分别 0.88 平方公里、0.35 平方公里，中隔水道如江，故名一江山岛，历来无人居住。由于有扼守椒江口的军事优势，20 世纪 40 年代末国民党军在内战中战败退出大陆，在大陈岛、一江山岛驻重兵据守。1955 年 1 月 18 日，人民解放军登陆一江山岛，大陈岛、披山岛等国民党守军随之撤退台湾，结束浙江沿海军事对峙。2015—2018 年，岛上建成一江山战役遗址纪念馆，辟为旅游胜地，由是开设至海门港陆岛客运设施。

其他岛群

其他岛群自北至南是三门湾口岛群、白带门猫头洋岛群、黄琅岛群、积谷洋岛群、乐清湾岛群、鸡山岛群、大鹿山岛群、披山岛群、玉环岛南面岛屿。

三门湾口岛群

三门湾口门有五子岛和三门岛。五子岛包括踏道山、小踏道山、干山、青士豆等五六个小岛；三门岛包括三门岛、龙头岛、燕坤山等小岛。湾中部有三岛群分隔为猫头、满山、白礁三水道，名为三门。西南是以龙山岛（狗头山）为主的岛群，中间是以田湾岛为主的岛群，东侧是满山岛。龙山岛面积约 1.03 平方公里，周边有小狗山、长山、木杓岛、点灯岛，除龙山岛有少数居民，余均无居民。田湾岛由田湾山、青门山组成，北面有长屿、灶窝山（北面大柴门岛隶属宁海市），南侧有下万山，主岛面积约 1.3 平方公里，曾有人居住，从事张网捕捞，今滩涂开发养殖，定居人口已撤。满山系火山凝灰岩构造，分东西两块，总面积约 0.4 平方公里，东北水浅且多礁石，无人居。

白带门猫头洋岛群

浦坝港口扩塘山（亦作壳塘山）为最大岛，面积约 4.86 平方公里，南隔白带门与小门山相望，北隔牛头门水道与三角塘相邻，岛上山体由赭褐红色火凝灰岩组成，多礁石群和洞穴，东部崖岸濒海，西、南、北有淤涨涂地，牛头门水道涨狭仅宽 200 多米；涂地用作养殖，岛上无居民。东部猫头洋海域散布小鸡山、大鸡山、五峙山、豆腐渣山、西泽礁、马鞍山、箬帽礁、泽山岛、大靠背等小岛。

黄琅岛群

位于金清港入海口，主岛琅矶山面积约 7.25 平方公里，北有三山头岛、上屿、中礁岛、婆屿，东有西廊岛、东廊岛，南有白沙山、白果山、黄礁岛、子云山、道士冠。20 世纪 50 年代前，所有岛屿均在海中。后经 1958—1972 年围塘，琅矶山、婆屿、白沙山连入大陆。2006—2011 年实施三山涂围垦工程，三山头岛、上屿、中礁岛围入海塘，金清港入海口北仅余西廊岛、东廊岛在海面。2005 年实施黄礁涂围垦工程，从白果山西门口咀筑堤连温岭团结塘，从团结塘南大五泊筑堤连接道士冠岛与子云山、连接黄礁岛与白果山，金清港入海口南岛屿全部围入大陆。

积谷洋岛群

汉晋时代，今松门、钓浜、石塘、箬山一带陆上丘陵都是汪洋中岛屿，元明时，这些丘陵才被沉积陆地连接。此时，龙王山、白岩山、龙门山、横门山、九洞门岛、北港山、南港山、横岐山、直大山（鹅米岛）、甘草屿、北沙镬岛、南沙镬岛、长乌礁、坎下屿、竹屿、龟屿、积谷山等诸多岛屿仍然都在汪洋之中。

经明、清、民国不断围塘，20 世纪 50—70 年代又围新塘、农场塘、五一塘、团结塘，大陆陆地更接近沿海岛屿。龙王山、龙门山两座长条形岛系被人工陆路连接于罾棚头山岬。1975—1981 年、2000—2008 年，掀起大跨度围筑东海塘工程，在龙门石板殿—横岐山—下墨礁—上墨礁—团结塘大五泊间围堤，陆地向最东延伸，而龙王山、龙门山不再是岛屿。横门山、南港山与大陆间也造桥梁连接。

龙门山、横门山、九洞门岛、北港山、北沙镬岛、南沙镬岛都有渔民定居。迄今，横山岛、龙门半边山、白岩开发码头泊位，成为龙门港区。南港山和横门岛间成为避风港，南港山与白果山之间海湾则为东海塘前缘，成为大港湾的浅海海域。迄今，松门港口外仍孤悬海面的岛屿还有甘草屿、花罗屿、直大山岛、九洞门岛、北港山、北沙镬岛、南沙镬岛、积谷山岛、龟岛等。

石塘半岛以东海面水深不淤，海面有隔海山岛、望潮岛、腊头山岛、高沙山、牛山岛、内钓浜山、外钓浜山、洛屿、对面山、鸡冠山、一蒜岛、二蒜岛、三蒜岛、西咀岛等；石塘西侧又有落星山、九爪沙头、大扁屿等岛。上列隔海山岛与钓浜隔海相望围成渔港港湾，岛上人居密集，其他岛屿仅二蒜岛、三蒜岛有少数渔民居住。

乐清湾岛群

玉环市所属乐清湾内最大岛屿是茅埏岛，位于海湾中部，由南山、五亩田山及周边淤涨滩涂组成，面积约 4.88 平方公里。今以茅埏岛为主体，组合北面大横床岛（约 0.88 平方公里）、茅坦岛（约 0.52 平方公里）、大青山、小青山（今已围入大陆），南面江岩山（约 1.1 平方公里），以及大檐山（大担山）等无人小岛，组成海山乡，全乡共有农用地 5388 亩和一些养殖滩涂。主岛抛西山嘴、南山嘴、大岩头嘴建有码头。茅坦岛、大横床岛、江岩山、大青山也都有码头泊位。

鸡山岛群

鸡山岛是漩门湾东南两列长条形岛屿的总称，明代称鸡脐山，清称鸡冠山、长屿、蛇山、虎山。今北岛称鸡公山头，亦称洋屿，岛长约 2 公里；南岛分段称西山头、蛇山、火车山、半廊、鸡公山、陡面山等，岛长约 3.3 公里。两岛相距 1.8 公里。岛链总长约 7.1 公里，北距楚门半岛栈台约 3 公里，南距坎门尖屿约 5 公里，可谓漩门湾之屏风。岛上居民众多（21 世纪 7000 多人），历来以海洋捕捞和腌制、干制海产品为业。南岛主要聚居前岙、后岙、大小火等山岙，北岛聚居中段洋屿村。21 世纪开发休闲度假，鸡山村设鸡山岛景区游客服务中心。2012 年洋屿居民整体搬迁，已成无人岛。

大鹿山岛群

大鹿岛位于鸡山东南约 3.3 公里，由相隔仅 40 多米海峡的大鹿山和小鹿山组成，北侧还有一个砚墨屿，总面积约 1.75 平方米。岛屿东南海岸长年受海浪侵蚀，陡崖洞穴随处可见。岛上本无人居，1963 年后相继植树和凿刻摩崖海生动物形象，1991 年列为省级森林公园，成为旅游景区。

大鹿山南约 2.8 公里有中鹿岛，包括前山（中鹿山）、下前山、张网岙、老鹰屿等岛屿，均无人居。

披山岛群

位于漩门东南面约 23 公里洋面，明代称邳山，面积约 2.38 平方公里。初为海盗出没之地，明末始有人定居，以海洋捕捞为业。披山岛周围小岛礁有小披山、大洞精岛、小洞精岛、上浪珰岛、下浪珰岛等。

玉环岛南面岛屿

玉环岛南面有横趾山、外黄门山、南排山 3 座无人小岛，离陆岸仅 500 ～ 1500 米，为鲜迭、坎门港湾前之屏风。其中外黄门山辟有油品码头和储油区。

第三章　气象水文和海底地貌

气象关乎气温、降水、风云、雾霾等大气物理现象，都与航运相关。久旱不雨则致使江河枯水，连续暴雨则引发洪涝漫岸，都会导致河运中断，而海雾则迫使海上禁航，其中对台州港航影响最大的当属台风。台州古志书对自然灾异的记叙，以“洪潮”最为触目惊心，它即是由台风、强降雨、高潮位“三碰头”引起的巨大天气灾害。

水文涉自然界中水的变化与运动。在海洋，有洋流、潮汐、风浪等因素，也直接影响海域和感潮江河的航运。台州沿海属于强潮海区，多数海域、港湾的潮汐性质为不规则浅海半日潮型，河口区和海湾区潮差较大，且由湾口向湾顶逐步增大，流速则由湾口向湾顶逐渐降低。台州地区台州湾、乐清湾、三门湾三湾洋流、潮汐有各自的特色。

海域水底地貌更直接关系航道和港口前沿水深条件，为港航最为关注的生命线。本章不对数万、数千年前的海侵和海退作追溯，所记海域地貌仅为海平面相对稳定后的海底地貌现状、发展趋势和人类活动对其产生的影响和改变。

综观台州海域水底地貌，台州湾南北两翼近岸滩涂发育迅猛，形成宽阔的台州湾浅滩，仅椒江入海处留有不深的航道，湾口东侧头门岛及东矶列岛周边有较深水域；台州湾南部金清至石塘间诸港汊中，唯石塘前沿水深较好，其他不尽如人意；三门湾、乐清湾湾顶亦淤涨严重，唯健跳港和玉环岛西侧大麦屿沿岸水深条件良好；台州列岛上、下大陈岛间的大陈水道水深条件优越。

第一节　气温　降水　海雾

台州地区属亚热带季风气候区，夏季受东南热带海洋气团控制，湿热多雨；冬季因西北高峻山脉阻滞寒流，温凉少雨。夏冬长，春秋短，季风交替明显。台州各地因地理条件差异形成不同气候特征，大致可分平原、盆地、山区、海岛 4 种类型。

气温

台州全市域年平均气温 17.1℃，基本上由东南沿海岛屿向西北内陆递减。全年各月平均气温 1 月最低，7 月最高。极端最高气温以天台县为最高，玉环岛和大陈岛最低；极端最低气温北部山区明显低于南部地区。

全年全市域≥0℃活动积温6084℃～6381℃，天台最少，温岭最多，持续天数359～363天。日平均气温稳定≥10℃之初日在3月24—27日，终日在11月22日至12月2日。初日、终日间持续天数241～251天，由北向南渐次推迟，南部比北部长10天。≥10℃活动积温，玉环、大陈岛、天台、三门5125℃～5275℃，其他地区5335℃～5464℃，以温岭最多。10℃～20℃活动积温4293℃～4502℃，以天台最少，温岭最多，间隔日数186～197天，南北相差11天。

全市域初霜日在11月15日至12月30日，终霜日在次年1月29日至3月18日，无霜期241～334天。西北地区初霜日比东南海岛提前，终霜日推迟，大陈岛、玉环无霜期在319天以上，天台仅241天。

平原气温

平原属海洋性气候，温和湿润，常年平均气温17℃～17.5℃，最冷1月平均气温6.4℃～6.8℃，极端最低气温-7.1℃～-6.6℃；最热7月平均气温27.6℃～28.1℃，极端最高气温40.3℃～40.6℃。年日照时数1630～1765小时，年无霜期257～266日。≥10℃活动积温5330℃～5460℃，持续天数249～251日。平原地区水热条件全市最优，日照时数全市最少。

盆地气温

盆地偏向大陆性气候，冬冷夏热，春季升温快，秋季降温早。常年平均气温16.7℃～17.2℃，最冷1月平均气温5.2℃～5.9℃，极端最低气温-9℃，年≤0℃日数30～33日；最热7月平均气温27.9℃～28.2℃，≥35℃高温天数16～24天，全市最多。全年温差为全市之最，年较差22.2℃～22.7℃。年日照时数1780～1860小时，年无霜期241～246日。≥10℃活动积温5270℃～5390℃，持续天数241～246日，其中天台≥10℃积温及持续天数全市最短。

海岛气温

海岛具海洋性气候特色，冬暖夏凉，常年平均气温16.7℃～17.1℃，最冷1—2月平均气温7.0℃～7.2℃，极端最低气温-6.5℃～-5.4℃，年≤0℃日数5～7天；最热8月平均气温26.8℃～27.1℃，极端最高气温35.1℃。气温年较差19.1℃～19.9℃，全市最小。日照充足，年日照时数1830～1850小时，年无霜期长达319～334日。

山地气温

垂直差异大于南北差异，由低至高，气温随海拔升高而降低，冬冷夏凉，冬长夏短，甚至春秋连季。括苍山顶年平均气温10.1℃，和北移10个纬度的华北地区相近。最冷1月平均气温-0.7℃，最热7月平均气温20.7℃。≥10℃活动积温2844℃，年日照时数1815小时。气温递减率：海拔850米以下每升高100米，年平均气温下降0.49℃；海拔850米以上每升高100米，年平均气温下降0.52℃；夏季递减率大，冬季小，并因地形、坡向而异。每升高100米，初霜提早2天，终霜推迟2～5天。

降水

全年全市域降水量1350～1749毫米，平均1545毫米。5月下旬至6月下旬为梅雨汛期，平均降水量300毫米，占全年降水量19%，年际间相对稳定，变率约30%；8月上旬至9月中旬，为台风雨期，平均降水量365毫米，占全年23.6%，年际间变化较大，相对变率达40%～60%。6—9月，平均降水量 804 毫米，占全年 52%。

降水量地域差异明显，主要由台风降水受地形影响所致，以括苍山及东南侧长潭水库周边山区为最多，年平均降水量在 2000 毫米。玉环、大陈岛最少，仙居、天台次之。下文亦以 4 种地理类型分叙。

平原降水

平原地区易受台风及热带云团影响，降水较多。年降水量 1570 ～ 1750 毫米，其中 5—9 月汛期降水量占全年降水量的 61% ～ 62%。同时由于西部山区降水汇集排泄灵江、永宁江、椒江，加之海潮顶托，易成洪涝。

盆地降水

因地形而有差异，台风降雨从东南海面延至括苍山脉，在高山东南麓永宁江河谷特多降水，可达 1800 ～ 2000 毫米，大田盆地降至约 1600 毫米，背风的永安溪河谷盆地、始丰溪河谷盆地再降低，年降水量在 1390 ～ 1440 毫米。

海岛降水

受海洋水体影响，各月降水分布相对均匀，年降水量在 1350 毫米左右。海上风强蒸发量大，七八月易发生干旱。

山地降水

山地降水比平原多，以梅雨降水为主。海拔 200 米以上年降水量 1700 ～ 2100 毫米。海拔 600 米以下，每升高 100 米年降水量增加 65 毫米；海拔 600 米以上，每升高 100 米年降水量增加 14 毫米。台风季节，山脉东南坡年降水量多于西北坡约 300 毫米。

海雾

台州沿海为多雾区，年平均雾日在 70 天左右，年际多变化，与海水温度密切相关，一般海温偏高为少雾年，反之为多雾年。

海雾主要出现在 3—6 月，占全年总雾日 71.5%。一般从 3 月中旬开始，至 5 月达盛期，盛期月平均可达 14 天左右，通常终止于 6 月底 7 月初。海雾消失与太平洋副热带高压北抬及梅雨结束相关。海雾变化规律在滨海、内陆存在差异：当大陈洋面处盛雾期，坎门海滨雾日只有大陈洋面的 77%，内陆洪家只有大陈洋的 37%；而当 8—12 月大陈洋枯雾时，陆上雾日反多。

海雾以平流雾为主，其次是锋面雾，日变化滨海没陆上明显。一般半夜至上午 10 时为相对多雾时段，下午少雾。多数海雾持续时间较短，平均 4.6 小时。3 小时以内短雾占总数 55.2%，越接近海岸，短雾所占比例越大。

近海龙门海域 1—6 月为雾季，8 月无雾，秋季较少，冬季又渐增，年平均雾日 56 天。乐清湾冬、夏两季多海陆风，空气乱流交换，有利水汽蒸发，产生平流雾。乐清湾海雾以夜间和清晨为多，范围广，厚度大，持续时间长，常在沿岸呈带状分布，能见度常能降至数百米，甚至数十米。

第二节　海浪　台风　风暴潮

地球表面空气流动成风，海洋水面在风的推动下波动，形成风浪。俗称的“台风”为北太平洋和南海地区发生的热带气旋，有飘忽不定的移动路径，每年会有数次对台州海陆产生影响，并伴随强降雨，造成多方面灾害。而台风恰遇高潮位，会导致海水猛涨，风狂潮涌，俗称“洪潮”。若台风、高潮位、山洪下泄“三碰头”，往往给台州沿海各业和生活带来严重灾难。

常风风向和风速

台州沿海海域常年风向的季节变化较陆上明显，各月盛行风规律为：11 月至翌年 2 月多北（N）风，月频率为 36% ～ 39%；3—5 月和 9—10 月多东北偏北（NNE）风，月频率为 22% ～ 37%；6—8 月以西南偏南（SSW）风为主，月频率为 21% ～ 51%。全年风向以东北偏北（NNE）风最多，年出现频率 24%，次为北风，年出现频率 20%，再次为西南偏南（SSW）风，年出现频率 13%。静风年出现频率 3%。

台州沿海海面年平均风速 6.8 米 / 秒，大陆年均风速 2.5 米 / 秒。除台风而外周年风速相对稳定。风速日变化随地面、洋面热状况不同而变化，每日随温度升高风速增强，至 17 时达最强，而后递减。风速极值在台风季节，最大风速 37 ～ 45.9 米 / 秒，年平均≥ 6 级大风日数 141.9 天，大陈洋海面年均≥ 8 级大风日数达 103.6 天。（详见下文“台风”专题）

龙门近海岸冬季盛行北风，其次为东北 (EN)、东南偏南（SSE）；强风为西南（WS），其次为东北 (EN)、东北偏北（NNE）。

三门湾主导风向为西北（NW）和东南（SE）向，西北（NW，含 WNW 和 NNW）向出现频率为 41%，平均风速 4.3 ～ 8.2 米 / 秒；东南（SE，含 ESE 和 SSE）向出现频率为 25%，平均风速 3.4 ～ 5.7 米 / 秒。

乐清湾受地形影响，形成十分典型的地域小气候——海陆环流的海陆风。这是因海洋陆地受热不均匀而在海岸附近形成的日变化风系。海陆风明显季节在夏、冬两季，此时天气晴好，陆地昼夜温差大，海风从每天上午开始至傍晚，风向一般为东或东南风（E-SE），下午 2 时最强，风速最大能达 5 ～ 6 米 / 秒；夜间，风从内陆吹向海洋，形成陆风，风向西或西北（W-NW），风速一般 2 ～ 3 米 / 秒。

海陆风也见于夏季天气晴朗的台州其他沿海。一般白天风由海面吹向陆上，风向偏东；傍晚至次日早晨风从陆地吹向海上，风向偏西，风速 2 ～ 4 米 / 秒。民谚“早西晚东风，晒死老长工”，即反映时为艳阳高照的夏日晴天。

俚传风类

民间对于地方常见风有独特分类见于民谚俚语，如龙风、山旋风、雪志风、出鲎风、大浪风等。

龙风　每于风平静浪时忽见水面片云腾空而起，云雾晦暝，半空高挂戽水之声，百丈风涛壁立，遮光蔽日，鱼虾凭空跳踯，俄尔大雨倾注。此即现代所称之龙卷风，是由强对流天气引起的直立空管状旋转气流。

山旋风 俗称山兽风，因风力为山势抗扼，不得自然流动，逼勒激射所致，风向常横掣斜牵，舟船疏忽不慎，易酿事故。

雪志风 冬雪过农历四月，或春雪后农历二月易发此风；雪大风大，雪小风小，夏至后消停。此为民间根据经验积累总结的规律性现象，因而判定冬雪盛则来年鱼汛不旺。

出鲎风 鲎为海生节肢动物。俚传：午前出鲎必有雨，谓鲎雨；秋后出鲎必有风，谓鲎风；农历九月出鲎须连发九日风；农历十月出鲎须连发十日风。言之凿凿，谓不差晷刻，不稍增减。

大浪风 此“大浪”指一种夏季阵雨，多发于农历六月、七月间天气闷热时，发作时有云浓黑成块，谓大浪云；下雨雨滴粗疏，谓大浪雨；每伴猛烈东北向阵风，谓大浪风。

海浪

海浪分风浪、涌浪、近岸浪三种。风浪为风直接作用于水面的波动，波面较陡，高低不等，波峰有浪花，波形不规则，此起彼伏瞬息万变，对航行影响较为复杂。涌浪是风停尚存的水面涌动，外形规则，波面平滑，传播过程中会因内摩擦发生弥散而逐渐降低，对航行影响相对直接。近岸浪则是受岸壁地形影响有所改变的波浪。各种波浪也混合成混合浪。

图 1-6 大陈岛浪通门海浪在礁石上激起的浪花（来自《椒江旅游》宣传报道）

台州沿海海浪周年变化主要受季风和台风支配。在秋、冬、春三季，浪向偏北，至夏季转偏南。全年常浪向主要为东北偏东向，出现频率 28%～30%；第二常浪向为东向，频率 15%～25%；第三常浪向东南偏东，频率 12%～17%。强浪向来自东向，次强浪向为东—东北偏东。国家海洋局在浙江沿海布置乍浦、滩许、嵊山、大陈、南麂 5 个海洋代表测站，大陈海洋站负责监测浙江中部沿海海洋水文。表 1-1 反映大陈洋海面海浪状况。

表 1-1 **大陈洋海面各季主浪向和发生频率** （以坐标 NSEW 表示北南东西方向）

季　节	冬　季		春　季		夏　季		秋　季	
波浪类型	风浪	涌浪	风浪	涌浪	风浪	涌浪	风浪	涌浪
主浪向	N-NNE	ENE	N-NE	E-ENE	S-SSW	ESE-SSE	N-NE	E-ENE
发生频率	68%	60%	52%	64%	40%	75%	69%	74%

按海浪分级统计，大陈洋海域全年以 3～4 级风浪（波高 0.6～2.5 米）居多，多年平均波高 1.2 米，发生频率占全年 80%，≥ 6 级以上海浪（波高 6～9 米）一般发生在台风季节，发生频率为 1.3%；

冬季寒潮大风也能掀起 6 级风浪，但概率较小。大陈洋涌浪平均年发生频率 56%，平均波高 1.2 米，为浙江全省之最。

在台风裹挟下，海面会发生巨浪，浙江沿海常见几种台风路径所发生的风浪大致如表 1-2 所示。

表 1-2 台风路径对台州沿海波浪的影响

台风类型	风情	波浪性质	波浪周期（秒）	平均波高（米）	最大波高（米）
浙江中部登陆台风	东北大风	风浪、混合浪为主	9.6 ～ 15.2	6 ～ 9	6.6 ～ 12.8
浙江南部登陆台风	偏东大风	风浪、涌浪、混合浪	9.3 ～ 15.3	1.01 ～ 2.5	3.6 ～ 14.4
浙江近海北上台风	东北大风	风浪、混合浪为主	10	8	10
浙江远海北上台风	东北大风	风浪、混合浪为主		3.1 ～ 6	3.5 ～ 6.5
浙江北部登陆台风	7 ～ 8 级风	风浪、混合浪为主	10.7	2.7	3.7

乐清湾为伸入内陆的半封闭海湾，口门朝向南和西南，呈两头大中间窄的葫芦形，湾内波浪主要是由外海传入的混合浪和本地局部风场产生的局地风浪组成。主要传入途径是大门岛和鹿西岛之间的黄大峡水道。由于大门岛和鹿西岛的阻挡以及海底的摩擦阻力，外海浪传入湾内明显减弱，湾南侧海域浪高仅为黄大峡口门外的 20% ～ 30%，岛后波影区更小。在湾南部，传入的外海浪比局部风场产生的局部风浪显著，且西侧大于东侧，西侧外海浪占比 33% ～ 42%，东侧仅占 17% ～ 24%。湾北部的外海浪较弱，可忽略不计。大麦屿岸线东偏北方向有高山为屏障，岸线风力比外海海域减弱 1 ～ 2 节，波高一般不超过 1 米。

三门湾亦为伸入内陆的半封闭海湾，一方面由口门传入外海浪，一方面又由本地局部风场产生局部风浪，两者形成湾内混合浪。湾内风浪全年频率 83%。

俚传风浪种类

台州民间对风浪有地方性分类，分为桃花浪、白头浪、啸涂浪、发痍浪、大浪等。

桃花浪　桃花初放时的海浪，不疾不徐，风浪虽高，但较平稳。

白头浪　浪头发白，势较凶猛，此浪常随大水而至，须慎防。

啸涂浪　发生于气候剧变时，常使人猝不及防，但时间较短，不久平息。

发痍浪　亦称漫痍浪。每当青天白日，忽然浪涌如沸，有直涌而无横浪。

大浪　俚称“大浪”，是指一种夏季阵雨，发生于天气闷热时，海上发作大浪雨每伴猛烈东北向阵风，也掀起海面大浪。大浪雨见于大水期必连降三日而止，见于小水期必四日而后止。大浪雨每逢雷电即止。外海发大浪雨，渔户收网拢岙。

台风

南朝刘宋沈怀远《南越志》记：“熙安多飓风，飓者，其四方之风也；一曰惧风，言怖惧也，常以六七月兴。”所称“飓风”即今俗称之“台风”，它来自北太平洋国际日期变更线以西海域发生的热带气旋（北太平洋东部称飓风，南太平洋称旋风），明代始有“台风”的称谓。

1989年起，国家技术监督局按近中心最大风力，对热带气旋作分类命名：风力6～7级为热带低压、风力8～9级为热带风暴、风力10～11级为强热带风暴、风力≥12级为台风。2006年，中国制定热带气旋等级国家标准为：超强台风（风力≥16级）、强台风（风力14～15级）、台风（风力12～13级）、强热带风暴（风力10～11级）、热带风暴（风力8～9级）、热带低压（风力6～7级）。表1-3列出各级台风的风速和浪高。

表1-3　**1～12级风对应风速和浪高一览表**

风级	1级～软风	2级～轻风	3级～微风	4级～和风	5级～劲风	6级～强风
风速（米/秒）	0.2～1.5	1.6～3.3	3.4～5.4	5. 5～7.9	8.0～10.7	10.8～13.8
浪高（米）	0.1	0.2	0.6	1	2	3
风级	7级～疾风	8级～大风	9级～烈风	10级～狂风	11级～暴风	12级～飓风
风速（米/秒）	13.9～17.1	17.2～20.7	20.8～24.4	24.5～28.4	28.5～32.6	32.7～36.9
浪高（米）	4	5.5	7	9	11.5	14

12级以上风速如下：13级风速37～41.4米/秒；14级风速41.5～46.1米/秒；15级风速46.2～50.9米/秒；16级风速51～56米/秒；17级风速56.1～61.2米/秒。

台州古志书对自然灾异的记叙，以“洪潮”最为触目惊心。俗称之“洪潮”即由热带气旋裹挟的暴潮。自东晋咸和三年（328年）至1949年，志书记载的255次重大灾异中，大水淹灾61次、海溢潮灾31次。以下为各朝代影响最大的“洪潮”灾异：

晋咸安元年（371年），临海等五郡大水，稻稼荡没，黎庶饥馑。

宋绍定二年（1229年），夏旱秋潦，“台州府大水，天台、仙居水自西来，海自南溢，俱会于城，平地水高丈有七尺，死人民逾两万……什物蔽江塞港，漂浮

图1-7　民国9年（1920）7月15日，海门港一至三号码头遭强台风受灾情况（来自椒江区档案馆）

入海者三日”。

明隆庆二年（1568 年），“飓风挟大雨，海潮大涨，始丰溪水入台州府城没三日，城乡溺死三万余人……号泣之声彻城。水未退有在屋上生育者、裹尸者，或操舟市中者；水退，人畜尸骸满闾巷，埋葬数月方尽”。

清咸丰四年（1854 年）七月初三，“飓风陡作，初五日午后，潮涌海溢，水如山立，倏忽之间，陆地成海，自三塘以下荡然无存，沿海淹死男妇五六万计，积尸遍野，庐舍一空”。

民国 9 年（1920 年）7 月 13—17 日，连日飓风暴雨，“15 日夜 10 时，海潮暴涨，未 5 分钟间，沿江平地水深丈余，市房漂去十之七八，存者门壁俱空；自三山至海门关外，沿岸 20 余里漂失房屋无数，淹毙千余人，毁船只百余艘”。

民国 12 年（1923 年）8 月 7 日，飓风在瓯江南岸登陆，海潮骤溢，松门潮高 8 米以上，毁堤倒屋；海门至临海石村沿江百里顿成一片白地。

1951—2000 年，对台州有影响的台风有 156 次，直接登陆台州的 17 次，平均 3.3 年一次。以下为几次影响较大的台风。

1952 年，7 号台风，7 月 19 日在温岭石塘登陆，登陆风力强度虽仅 7 级（风速 15 米 / 秒），但带来大面积暴雨，温黄平原陆地可行船，水深没过橘树梢。台州地区倒塌房屋 6216 间，淹死 104 人。

1961 年，26 号台风，10 月 4 日在三门三角塘登陆，近中心最大风力 13 级（风速 40 米 / 秒），普降大暴雨，过程雨量最大在天台桐柏，达 397 毫米。台州地区倒塌房屋 13 万余间，死亡 147 人。

1962 年，8 号、14 号台风；8 月 5—7 日遭 8 号台风，毁房 2 万余间，死 14 人；9 月 6 日 14 号台风在福建连江登陆，伴特大暴雨，台州各县陆上极大风力 9 ～ 11 级，过程雨量均在 200 毫米以上，黄岩 500 毫米，天台 400 毫米，农田普遍受淹，毁坏房屋 1.65 万间，死亡 60 人。

1963 年，12 号台风，9 月 12 日在福建连江登陆，台州陆上风力 8 ～ 10 级，温岭极大风速＞ 40 米 / 秒，局部暴雨 500 毫米，毁坏房屋 2706 间，死亡 7 人。

1974 年，13 号台风，8 月 19 日在三门登陆，台州倒房 3729 间，死亡 14 人。

1975 年，4 号台风，8 月 12 日在温岭松门登陆，近中心最大风力 13 级，玉环坎门风速达 44 米 / 秒，毁坏房屋：玉环 2508 间、温岭 13742 间、黄岩 1656 间。

1985 年，6 号台风，7 月 30 日在玉环坎门登陆，登陆风力 13 级，台州过程雨量 100 ～ 300 毫米，玉环城关 437 毫米，台州倒塌房屋 3921 间，死亡 143 人。

1989 年，23 号台风，9 月 15 日在温岭松门登陆，风力虽仅 11 级，但遇中秋大潮，三门至温岭沿海形成百年不遇风暴潮，海门港潮位达 6.9 米，灵江水位 8.19 米，椒江城区积水 1 ～ 2 米，台州海江堤溃决 40%，毁沉船舶 2149 艘，倒塌房屋 1.98 万间，死亡 164 人。

1997 年，11 号台风，8 月 18 日在温岭石塘登陆，近中心风力 13 级，大陈岛洋面风力达 57 米 / 秒，12 级以上大风持续 29 小时。恰逢“风、雨、潮三碰头”，台州市区极大风速 40 米 / 秒，12 级大风持续 9 小时，过程雨量 280.8 毫米。海门港潮位仪被冲坏，据水痕推测潮位 7.9 米，台州湾海江堤几乎全线冲毁，海水淹没半个海门城区，东升街水深超过 2.5 米，油桶、船舶冲上街道，外沙水深 2 ～ 2.5

米，最深 3.2 米。临海水位 11.34 米，健跳港潮位 7.55 米，三门海塘坝全线坍塌，临海、三门城区均进水。台州市域倒塌房屋 1.7 万间，死亡 197 人。

1997 年 11 月，世界气象组织台风委员会第 30 次会议决定，自 2000 年 1 月 1 日起，对每次台风采取新的命名方法，由亚太地区 14 个成员国提供 140 个名字，按英文名称字母顺序排列，循环使用。21 世纪，对台影响巨大的台风有“云娜”“麦莎”“卡努”“摩羯”“利奇马”。2006—2017 年，台州连续 12 年未遭台风袭击。遭遇并受损失的台风如下。

2004 年“云娜”台风，8 月 12 日在温岭石塘登陆，近中心风力 14 级，过程雨量超过 175 毫米，黄岩上洋达 688 毫米，受淹县城 2 个，倒塌房屋 46941 间，死亡 110 人。

2005 年 8 月 6 日，“麦莎”台风在玉环干江登陆，台州全域倒塌房屋 824 间；9 月 11 日，“卡努”台风在金清登陆，近中心风力 15 级，大陈最大风力 59.5 米 / 秒，台州市域受淹面积 695.78 平方公里，倒塌房屋 6100 间，死亡 8 人。

2018 年“摩羯”台风，8 月 12 日在温岭沿海登陆，近中心最大风力 10 级。

2019 年“利奇马”台风，8 月 10 日在温岭城南登陆，近中心风力 16 级，登陆时有效浪高 7 米，最大浪高 11.2 米，8—11 日市域雨量达 326 毫米，括苍山达 834.3 毫米，临海洪水围城，并涌入城内，台州全市域倒塌房屋 4107 间，农田绝收 2.13 万公顷。

图 1-8　2004 年云娜台风卫星影像图

中国沿海台风路径大致可分如下 5 类 9 条。

一类在台州沿海登陆，然后西北行在内陆消失，或北上转东北在江苏出海。该路径对台州影响最大，发生频率约占影响中国沿海的台风之 21.8%。

一类在浙闽边界至厦门登陆，然后西行在内陆消失，或北上经浙江在杭州湾一带出海。从福建登陆西行的台风发生频率次高，北上一支又次之，对台州有一定影响。

一类在厦门至广州间登陆，然后往西北内陆，或转东北在浙江出海，发生概率较小，转东北一支对台州也存在影响。

一类在浙江沿海洋面北上在杭州湾以北登陆，或转东北去韩国。洋面台风发生频率最高，对台州沿海航行和海洋渔业有较大影响。

一类在台州警戒区擦边，在海上消失。对远海航行、海洋捕捞有一定影响。

风暴潮

指台风过境引起的风暴大潮。尤当台风与天文大潮及暴雨引发山洪暴发三者相叠加时，海溢潮涌受下泄山洪顶托，常使椒江河口段水位暴涨，溢过或摧毁堤坝，海水倒灌，造成惨剧。案例如上文所记宋绍定二年海溢、明隆庆二年海溢、清咸丰四年海溢、民国9年和12年洪潮、1989年23号台风、1997年11号台风、2004年“云娜”台风、2019年“利奇马”台风，详情不赘。

第三节 洋流 潮汐

洋流因大气运动、行星风系、密度差异、地形状态而产生，常呈季节性变化。太阳、月球对地球物质的引力产生气潮、海潮、地潮，潮汐为最显著的反映。台州沿海海洋为半日潮区域，每日涨落两次潮汐。因月球绕地球公转，在天球上每天东移13度余，地球自转24小时需再追48～50分钟才赶上月球移位位置，故两次潮汐总周期24小时48～50分，潮汐也就每天推迟48～50分钟。又因太阳、月球所处位置周期变化，月相处朔、望点时，月亮与太阳在地球的一侧或两侧成一直线，引潮力最强，发生大潮；上弦、下弦时，月亮、地球、太阳成直角分布，引潮力互相抵消，呈小潮。潮期还因地形、季节不同发生差异，变化复杂，不定期的潮期推算给人带来不便和麻烦。

洋流、潮汐是影响海域和感潮江河航运的两大方面。台州沿海属于强潮海区，多数海域、港湾的潮汐性质为不规则浅海半日潮型，河口区和海湾区潮差较大，且由湾口向湾顶逐步增大。潮流流速椒江口最大，港湾区平缓，流速由湾口向湾顶逐渐减少。洋流潮汐影响可分台州湾、三门湾、乐清湾3个区域记叙。

台州沿海洋流

台州东部海域处台湾暖流中，该暖流为源起于低纬度海域的一股泥沙含量极低的高盐暖水，水清澈，夏季逼岸北上，秋季离岸南撤。经过东海之流量相当于长江年均流量1000倍。每年梅雨结束，台湾暖流进入大陈洋海域，海水即由微黄转为清澈，沿海含盐量陡增。

东海沿岸流由长江、钱塘江等入海径流组成，随季风转换，沿海岸带南北流动。冬季盛行偏北风，东海沿岸流贴岸南流；夏季盛行偏南风，贴岸北流。沿岸流是一股含沙量较高的“冲淡”水，携挟大量陆源物质，影响海洋生态和沿海地貌。台州滩涂的不断发育，即由东海沿岸流输送的悬沙沉积而成。

海洋上升流亦称“涌升水”。台州外海海洋上升流由台湾暖流沿坡爬升，并经偏南风及潮汐推动而成。具低温、高盐、高密度、低氧、富营养盐、多生物种特征。每年5月下旬形成，9月至10月消衰。

台州湾及近海潮汐

台州湾外海（台州列岛、东矶列岛洋面）潮汐为正规半日潮，头门岛附近海域属不正规半日潮，在 24 小时 48 ～ 50 分时间内周而复始，涨落两潮，属于大潮差强潮海域。潮流为不规则半日浅海潮流。

台州列岛海域最大涨潮流速 1 米 / 秒左右；最大落潮流速，表层 0.4 ～ 0.6 米 / 秒，底层 0.5 ～ 0.7 米 / 秒。平均潮位 3.02 米，最高潮位 6 米，最低潮位 -0.2 米。平均潮差 3.39 米，最大潮差 5.85 米。周年潮差变化呈双峰形，两高两低。3 月和 10 月太阳、月球在赤道附近，两高发生在 3 月和 10 月，两低在 5 月和 11 月；因台风影响，主峰也会在 8—9 月。平均涨、落潮历时基本相当，最大差值 15 分钟。

东矶列岛海域潮流流速较缓，大潮平均流速小于 0.5 米 / 秒。头门岛周边海域平均潮差 3.66 米，最大潮差 6.15 米，涨、落潮平均历时 6 小时 12 分、6 小时 13 分，基本接近。平均高潮位、平均潮差由外海向椒江口、由南向北逐渐增高或增大；涨、落潮平均历时由涨潮平均历时稍大于落潮，逐渐转为落潮平均历时稍长于涨潮平均历时。

椒江河口至头门岛前沿水域潮流基本为往复运动，其他均为顺时针旋转流运动。头门岛南北两侧大潮时涨、落潮最大流速分别为 0.63 ～ 0.98 米 / 秒和 0.64 ～ 0.99 米 / 秒；平均涨、落潮流速分别为 0.39 ～ 0.54 米 / 秒和 0.42 ～ 0.59 米 / 秒。有余流，头门岛北侧大潮时余流流速 0.04 米 / 秒、0.18 米 / 秒，小潮时 0.01 米 / 秒、0.08 米 / 秒；头门岛南侧及雀儿岙北侧余流小，在 0.07 米 / 秒以内。

台州湾近岸海域与台州列岛周边海域潮位、潮差稍有不同。温岭龙门港区东侧有南沙镬岛、北沙镬岛、九洞门岛为屏障，海域为非正规半日潮，潮流从炮台山和南沙镬岛间的海峡进入，涨潮流向北和东北偏北（NNE），落潮流向南和西南偏南（SSW）。涨潮、落潮历时基本相同，潮差较大，历年最高潮位 6.38 米，最低潮位 -1.4 米。潮流流速较小，涨潮表层流速 0.4 米 / 秒，落潮表层流速 1 米 / 秒。

以上数据说明地形效应使近岸潮能辐聚趋大。台州湾外海潮波属前进波，近岸水域，特别是港湾、河口，潮波遇岸壁发生反弹，改为前进驻波或驻波性质。故涨、落潮最大流速发生在中潮位附近，涨憩、落憩和转流发生在高、低潮位附近。

理论上，月中天时刻潮水涨到最高，实际上，潮汐涨平迟于月中天时刻，存在月潮间隙（分高潮间隙和低潮间隙）；地形和季节也影响月潮间隙，潮汐时刻便因地而异。以月亮绕地球公转为依据的中国农历最便于计算潮汐。原则上，以朔、望日（初一、十五或十六）0 时或 12 时加高潮间隙时间，就可得出当天潮平时间，然后每天推迟 48 ～ 50 分钟便可算出全月每日高潮、低潮时间。如椒江口平均高潮间隙 9 小时 21 分，平均低潮间隙 3 小时 42 分，可以推知初一、十五潮平约在 9:21、21:21，潮落约在 15:21、3:21；其余各日每日往后推迟 48 ～ 50 分钟。

但实际潮汐涨落并不如此简单，尤其在不规则半日潮区，月潮间隙是一个每日不同的变数，实际潮汐时刻就与按平均月潮间隙计算的时刻存在差异。每年农历八月是全年潮差最大的月份，以下采 2019 年农历八月上旬下大陈岛和白沙两海域观测点的潮汐时刻为例（下文均采此时段为例），列表 1-4、表 1-5，从中可见变化的复杂。总体上，白沙海域潮汐时刻比下大陈岛海域潮汐时刻迟几分钟到十几分钟或更多。

表 1-4 **下大陈岛海域 2019 年农历八月上旬潮汐时刻表** 潮高单位：米（吴淞）

时 间	潮 时	潮 高	潮 时	潮 高	潮 时	潮 高	潮 时	潮 高
初一	02:22 潮落	1.41	08:18 潮平	5.26	14:37 潮落	0.36	21:02 潮平	5.79
初二	03:04 潮落	1.17	09:05 潮平	5.49	15:20 潮落	0.31	21:43 潮平	5.85
初三	03:44 潮落	1.01	09:50 潮平	5.59	16:02 潮落	0.42	22:21 潮平	5.79
初四	04:23 潮落	0.94	10:34 潮平	5.55	16:42 潮落	0.66	22:58 潮平	5.62
初五	05:02 潮落	0.97	11:18 潮平	5.38	17:21 潮落	1.01	23:38 潮平	5.36
初六	05:42 潮落	1.09	12:03 潮平	5.10	18:03 潮落	1.43	涨潮翻转次日凌晨	
初七	00:13 潮平	5.03	06:23 潮落	1.30	12:54 潮平	4.67	18:50 潮落	1.88
初八	00:56 潮平	4.65	07:19 潮落	1.56	13:58 潮平	4.41	19:50 潮落	2.31
初九	01:50 潮平	4.26	08:31 潮落	1.80	15:24 潮平	4.20	21:20 潮落	2.59
初十	03:10 潮平	3.97	10:11 潮落	1.88	17:01 潮平	4.24	23:07 潮落	2.58
十一	04:52 潮平	3.94	11:35 潮落	1.73	18:15 潮平	4.48	落潮翻转次日凌晨	
十二	00:23 潮落	2.34	06:10 潮平	4.15	12:37 潮落	1.50	19:07 潮平	4.76
十三	01:12 潮落	2.05	07:02 潮平	4.42	13:23 潮落	1.29	19:47 潮平	4.98
十四	01:50 潮落	1.80	07:43 潮平	4.67	14:00 潮落	1.14	20:20 潮平	5.13
十五	02:22 潮落	1.60	08:18 潮平	4.87	14:31 潮落	1.05	20:51 潮平	5.23
十六	02:51 潮落	1.45	08:49 潮平	5.01	14:59 潮落	1.01	21:18 潮平	5.27

农历八月是全年潮位差最大时段，以上最高潮位在初二 21 时 43 分，潮高 5.85 米；最低潮位在初二 15 时 20 分，潮高 0.31 米。

表 1-5 **椒江口白沙海域 2019 年农历八月上旬潮汐时刻表** 潮高单位：米（吴淞）

日 期	潮 时	潮 高	潮 时	潮 高	潮 时	潮 高	潮 时	潮 高
初一	02:29 潮落	1.42	08:31 潮平	5.71	14:42 潮落	0.36	21:14 潮平	6.23
初二	03:10 潮落	1.07	09:17 潮平	5.98	15:25 潮落	0.20	21:55 潮平	6.34
初三	03:50 潮落	0.82	10:02 潮平	6.12	16:05 潮落	0.22	22:34 潮平	6.32
初四	04:29 潮落	0.70	10:47 潮平	6.12	16:46 潮落	0.44	23:13 潮平	6.16
初五	05:08 潮落	0.72	11:33 潮平	5.97	17:27 潮落	0.83	23:53 潮平	5.89
初六	05:50 潮落	0.89	12:20 潮平	5.70	18:10 潮落	1.34	涨潮翻转次日凌晨	
初七	00:34 潮平	5.54	06:35 潮落	1.19	13:12 潮平	5.43	18:58 潮落	1.90
初八	01:20 潮平	5.14	07:27 潮落	1.55	14:14 潮平	4.97	19:58 潮落	2.43
初九	02:16 潮平	4.74	08:36 潮落	1.90	15:34 潮平	4.71	21:28 潮落	2.79

续表 1-5

日 期	潮 时	潮 高	潮 时	潮 高	潮 时	潮 高	潮 时	潮 高
初十	03:35 潮平	4.44	10:08 潮落	2.07	17:07 潮平	4.69	23:13 潮落	2.81
十一	05:56 潮平	4.41	11:35 潮落	1.98	18:25 潮平	4.90	落潮翻转次日凌晨	
十二	00:29 潮落	2.57	06:24 潮平	4.61	12:40 潮落	1.75	19:20 潮平	5.17
十三	01:21 潮落	2.26	07:19 潮平	4.89	13:28 潮落	1.49	20:01 潮平	5.42
十四	02:00 潮落	1.96	08:01 潮平	5.15	14:07 潮落	1.26	20:36 潮平	5.59
十五	02:32 潮落	1.71	08:37 潮平	5.37	14:40 潮落	1.10	21:06 潮平	5.71
十六	03:01 潮落	1.49	09:08 潮平	5.53	15:10 潮落	1.01	21:33 潮平	5.76

白沙海域最高潮位在初二 21 时 55 分，潮高 6.34 米；最低潮位该日 15 时 25 分，潮高 0.20 米。

温岭龙门的潮时大概率是：初一和十六，03:00 潮落，09:00 潮平，15:00 潮落，21:00 潮平；余可按每日延时 48 ～ 50 分钟推算。

椒江口与感潮河段潮汐

椒江口海域受地形影响，潮汐为非正规半日潮，是中国沿海潮差较大地区之一。口门平均进潮量 1.33 亿立方米。潮流在农历每月十二日和二十七日开始增强，十三日至十九日、二十八日至次月初四为大潮汛期；农历每月初五和二十日，潮流开始减弱，初六至十一日、二十一日至二十六日为小潮汛期。

椒江口潮流为往复流，涨潮流向西，落潮流向东，强流以东南流和西北流为主。椒江口附近流速最大，2009 年 4 月大潮实测涨、落潮最大流速分别为 1.65 米 / 秒、1.51 米 / 秒，涨、落潮平均流速分别为 1.05 米 / 秒、0.9 米 / 秒。余流较大，大潮时为 0.10 米 / 秒、0.19 米 / 秒，小潮时为 0.05 米 / 秒、0.14 米 / 秒。表 1-6 为椒江口潮位特征数值。

表 1-6　**椒江口潮位特征值一览表**　潮位单位：米（吴淞）

平均高潮位	平均低潮位	平均最高潮位	平均最低潮位	平均海面高度	最大潮差	最小潮差	平均潮差	涨潮历时	落潮历时
4.24	0.25	5.78	-0.45	2.09	7.13	0.81	3.99	5:02	7:20

椒江河口是山区性强潮河口，洪水暴涨暴落，洪枯流量变幅大，对潮汐也有影响。椒江口门和内江水深状况不佳，航船、渔船进出江口必依潮汐涨落规律而行，尤其是内江感潮河段，均需涨潮上行，落潮下行。故船家、渔民自古关注潮汐在每个月内的变化周期。

椒江口平均高潮间隙 9 小时 21 分，平均低潮间隙 3 小时 42 分，也就是高位平均迟于月中天时刻 9 小时 21 分，低潮位与月中天时刻平均相隔 3 小时 42 分。

台州民间自古流传潮经谚语顺口溜，椒江口流传的顺口溜为："初一十五鸡啼涨；初三十八昼平潮；初五二十天光泽（'泽'指潮水落尽）；初八廿三晚霞平；初十廿五两头平；十三当廿七，潮平日头出、潮平日头没；廿九十四进洞黑（言天黑平潮）。”

民谚只反映其大概，若以平均高潮间隙 9 小时 21 分推算椒江口涨、落潮时刻，农历初一、十六日的潮平、潮落时刻便是：9:21、21:21 潮平；03:21、15:21 潮落；其余每日推迟 48 ～ 50 分钟。

但实际上季节、地形等因素对潮汐都有影响，真实的涨、落潮变化十分复杂。从表 1-7 的潮汐时刻，可见与机械运算存在较大差距。

表 1-7　**海门港 2019 年农历八月上旬潮汐时刻表**　潮高单位：米（吴淞）

日 期	潮 时	潮 高	潮 时	潮 高	潮 时	潮 高	潮 时	潮高
初一	03:32 潮落	1.05	08:42 潮平	5.65	16:10 潮落	0.23	21:25 潮平	6.16
初二	04:23 潮落	0.83	09:31 潮平	5.85	16:54 潮落	0.15	22:06 潮平	6.19
初三	05:07 潮落	0.68	10:16 潮平	5.91	17:33 潮落	0.22	22:44 潮平	6.09
初四	05:48 潮落	0.62	11:00 潮平	5.83	18:08 潮落	0.41	23:21 潮平	5.89
初五	06:25 潮落	0.63	11:42 潮平	5.65	18:39 潮落	0.70	23:58 潮平	5.62
初六	06:59 潮落	0.72	12:25 潮平	5.38	19:07 潮落	1.04	潮平翻转次日凌晨	
初七	00:34 潮平	5.26	07:32 潮落	0.87	13:13 潮平	5.05	19:33 潮落	1.43
初八	01:14 潮平	4.83	08:06 潮落	1.08	14:10 潮平	4.68	20:05 潮落	1.86
初九	02:06 潮平	4.35	08:50 潮落	1.34	15:21 潮平	4.38	21:04 潮落	2.31
初十	03:25 潮平	3.96	10:22 潮落	1.56	16:58 潮平	4.31	23:36 潮落	2.33
十一	05:00 潮平	3.86	12:20 潮落	1.41	18:28 潮平	4.62	潮落翻转次日凌晨	
十二	00:58 潮落	1.99	06:28 潮平	4.14	13:31 潮落	1.12	19:24 潮平	5.04
十三	01:50 潮落	1.62	07:26 潮平	4.54	14:26 潮落	0.87	20:06 潮平	5.39
十四	02:32 潮落	1.33	08:08 潮平	4.91	15:10 潮落	0.74	20:42 潮平	5.62
十五	03:11 潮落	1.14	08:43 潮平	5.18	15:47 潮落	0.71	21:14 潮平	5.73
十六	03:48 潮落	1.03	09:15 潮平	5.36	16:18 潮落	0.73	21:42 潮平	5.74

以上海门港海域潮时比白沙海域潮时又推迟几分钟至几十分钟，且不规则。海门港最高潮位在初二 22 时 6 分，潮高 6.19 米；最低潮位在该日 16 时 54 分，潮高 0.15 米。

椒江上游感潮河段，永宁江可达潮济，灵江可达永安溪、始丰溪相汇的望洋店和坊前村。上游潮汐涨落时刻与椒江口也存在差异。

三门湾旗门、健跳海域潮汐

三门湾为典型半封闭强潮海湾，口门牛山小牛嘴至花岙岛间距离约 10 公里，从口门到西北最低潮线 20 多公里，中间有大狗山、下万山、满山及花岙岛隔成分别宽 3.6 公里、4.6 公里、3.6 公里的猫头水道、满山水道、白礁水道三水门。湾内岛屿罗列，滩涂广阔、水道纵横，潮差大，水深流急，流路变化复杂。

三门湾属不规则半日潮海区，湾口大潮高潮位 6.2 米，小潮高潮位 4.7 米，平均高潮位 3.5 米。平均潮差 4.25 米，最大潮差可达 7 米多。潮流基本顺水道而流，平均流速湾口 1.5 ～ 2.5 节，蛇蟠水道 2.3 ～ 3.3 节。春季，大多数情况下涨潮流速大于落潮流速；秋季，大多数情况下涨潮流速小于落潮流速。

三门湾潮汐，基本上涨潮流历时 6 小时 30 分，落潮流历时 5 小时 54 分。因为海湾口窄内宽，湾内滩涂广泛，港汊密布，潮差大，湾内外水沙交换剧烈。但涨、落潮流量要满足相等原则，由是，湾内落潮时间短促，必以落潮流速增大来补偿。因此海湾平均涨潮流速 0.5 米，平均落潮流速却有 0.7 米。

在青门山、田湾山附近，平均高潮间隙 9 时 17 分。依据旗门和健跳观测点的资料，旗门、健跳两地农历八月上旬潮汐如表 1-8、表 1-9。两地潮时，或迟或早，几无规律可寻。

表 1-8 **旗门海域 2019 年农历八月上旬潮汐时刻表** 潮高单位：米（吴淞）

日期	潮时	潮高	潮时	潮高	潮时	潮高	潮时	潮高
初一	02:53 潮落	1.48	09:13 潮平	6.92	15:03 潮落	0.44	21;45 潮平	7.63
初二	03:32 潮落	1.13	09:54 潮平	7.32	15:44 潮落	0.24	22:23 潮平	7.82
初三	04:10 潮落	0.91	10:34 潮平	7.64	16:22 潮落	0.24	23:00 潮平	7.82
初四	04:47 潮落	0.82	11:13 潮平	7.67	17:00 潮落	0.45	23:36 潮平	7.64
初五	05:24 潮落	0.88	11:52 潮平	7.40	17:37 潮落	0.84	潮平翻转次日凌晨	
初六	00:12 潮平	0.72	06:02 潮落	1.10	12:33 潮平	7.05	18:16 潮落	1.40
初七	00:49 潮平	6.81	06:42 潮落	1.44	13:17 潮平	6.56	19:00 潮落	2.07
初八	01:29 潮平	6.23	07:30 潮落	1.88	14:07 潮平	6.01	19:55 潮落	2.77
初九	02:14 潮平	5.64	08:38 潮落	2.34	15:13 潮平	5.50	21:32 潮落	3.32
初十	03:16 潮平	5.11	10:20 潮落	2.61	16:50 潮平	5.26	23:26 潮落	3.44
十一	04:57 潮平	4.84	11:48 潮落	2.57	18:34 潮平	5.45	潮落翻转次日凌晨	
十二	00:44 潮落	3.22	06:41 潮平	5.03	12:54 潮落	2.34	19:38 潮平	5.82
十三	01:39 潮落	2.88	07:44 潮平	5.43	13:44 潮落	2.05	20:22 潮平	6.18
十四	02:19 潮落	2.51	08:28 潮平	5.85	14:23 潮落	1.77	20:58 潮平	6.48
十五	02:50 潮落	2.16	09:05 潮平	6.22	14:56 潮落	1.52	21:30 潮平	6.72
十六	03:18 潮落	1.84	09:38 潮平	6.52	15:24 潮落	1.32	21:59 潮平	6.90

旗门最高潮位在初二 22 时 23 分、初三 23 时整，潮高 7.82 米；最低潮位在初二 15 时 44 分、初三 16 时 22 分，潮高 0.24 米。

表 1-9 **健跳海域 2019 年农历八月上旬潮汐时刻表** 潮高单位：米（吴淞）

日期	潮时	潮高	潮时	潮高	潮时	潮高	潮时	潮高
初一	02:44 潮落	1.52	08:31 潮平	6.29	15:03 潮落	0.38	21:14 潮平	7.02
初二	03:30 潮落	1.21	09:18 潮平	6.61	15:48 潮落	0.25	21:55 潮平	7.13
初三	04:11 潮落	1.02	10:03 潮平	6.76	16:30 潮落	0.33	22:33 潮平	7.06

续表 1-9

日期	潮时	潮高	潮时	潮高	潮时	潮高	潮时	潮高
初四	04:50 潮落	0.96	10:47 潮平	6.70	17:08 潮落	0.61	23:10 潮平	6.81
初五	05:26 潮落	1.04	11:30 潮平	6.47	17:43 潮落	1.04	23:46 潮平	6.44
初六	06:00 潮落	1.23	12:14 潮落	6.21	18:18 潮平	1.56	潮平翻转次日凌晨	
初七	00:22 潮平	5.99	06:34 潮落	1.52	13:01 潮平	5.69	18:54 潮落	2.12
初八	01:02 潮平	5.48	07:15 潮落	1.87	13:58 潮平	5.26	19:42 潮落	2.66
初九	01:54 潮平	5.00	08:17 潮落	2.21	15:11 潮平	4.96	21:13 潮落	3.05
初十	03:07 潮平	4.63	10:10 潮落	2.34	16:47 潮平	4.94	23:12 潮落	2.98
十一	04:41 潮平	4.56	11:40 潮落	2.12	18:14 潮平	5.24	潮落翻转次日凌晨	
十二	00:27 潮落	2.65	06:10 潮平	4.83	12:42 潮落	1.80	19:19 潮平	5.63
十三	01:18 潮落	2.29	07:06 潮平	5.21	13:30 潮落	1.51	19:52 潮平	5.96
十四	02:00 潮落	1.97	07:48 潮平	5.55	14:11 潮落	1.30	20:28 潮平	6.18
十五	02:36 潮落	1.73	08:23 潮平	5.82	14:46 潮落	1.17	21:01 潮平	6.30
十六	03:08 潮落	1.55	08:57 潮平	6.02	15:18 潮落	1.10	21:29 潮平	6.35

健跳最高潮位在初二日 21 时 55 分，潮高 7.13 米；最低潮位在当天 15 时 48 分，潮高 0.25 米。

乐清湾口、江厦、坎门海域潮汐

乐清湾为湾口朝南的半封闭海湾，为半日潮海区，湾内以 10 米等深线为界，其东侧涨、落潮流基本在南北方向，其西侧流向较散，有横向余流。故东侧落潮流历时长于涨潮流历时，西侧反之。

湾口外有岛屿掩护，外海涨潮自东向西经洞头鹿西岛直抵湾口，然后转为由南向北，紧贴大麦屿港区岸线进入湾内。湾内潮流流速在 1 米 / 秒以上。

乐清湾外湾水体半交换时间在 7 天以内，中湾为 7 ～ 10 天，内湾 11 ～ 13 天，全湾平均 8 天；外湾平均滞留时间从 2 天递增至 11 天，中湾为 12 ～ 15 天，内湾超过 15 天，湾顶附近 18 天，全湾平均 11.2 天。

乐清湾内部水交换最活跃的区域，小潮出现在中湾，大潮出现在中湾内侧。在累积频率为 3.95% 情况下的大潮期纳潮量为 23.5 亿立方米，在累积频率为 89.2% 情况下的小潮期纳潮量为 10.1 亿立方米。中湾海域纳潮量相对较大，水体自净和交换能力也相应较大。湾内垂向平均余流流速基本在 0.15 米 / 秒以下，湾口海域余流流速明显增大，在 0.2 米 / 秒左右，小门岛东西两侧余流流速分别在 0.15 米 / 秒和 0.3 米 / 秒左右。

图 1-9 江厦海湾利用高潮差建设潮汐发电站（来自《科技金融时报》新闻报道）

1977 年漩门拦坝，乐清湾海域富营养化程度迅速提高，无机氮浓度从1985年至2000年增长21倍，海域水质为劣四类海水，湾顶水质劣于向海开口的湾口。堵坝前，从漩门进入乐清湾的海水量超过进入乐清湾总海水量的7%，堵坝减而为零，使乐清湾海水交换周期延长为原来的2～3倍，导致海湾内污染物滞留，而随后围塘工程的进展，使海水更新周期更长。2017年，漩门实施建桥拆坝工程，以挽回造成的环境影响。

下以江厦东门头、乐清湾口门（温州市洞头区大门岛黄大岙）、坎门附近3处海域列举2019年农历八月上旬潮汐涨落状况，表1-10、表1-11、表1-12览其大概。

表1-10　**江厦海域2019年农历八月上旬潮汐时刻表**　潮高单位：米（吴淞）

日期	潮时	潮高	潮时	潮高	潮时	潮高	潮时	潮高
初一	03:01潮落	1.79	09:16潮平	7.55	15:16潮落	0.61	21:52潮平	8.10
初二	03:41潮落	1.37	09:58潮平	7.96	15:57潮落	0.39	22:30潮平	8.28
初三	04:19潮落	1.07	10:40潮平	8.21	16:37潮落	0.37	23:08潮平	8.28
初四	04:57潮落	0.92	11:20潮平	8.25	17:16潮落	0.66	23:45潮平	8.10
初五	05:35潮落	0.94	12:02潮平	8.07	17:55潮落	0.97	潮平翻转次日凌晨	
初六	00:23潮平	7.75	06:14潮落	1.14	12:46潮平	7.69	18:26潮平	1.54
初七	01:02潮平	7.27	06:57潮落	1.51	13:33潮平	7.17	19:21潮落	2.22
初八	01:45潮平	6.71	07:45潮落	1.98	14:30潮平	6.60	20:14潮落	2.92
初九	02:37潮平	6.15	08:48潮落	2.46	15:43潮平	6.13	21:33潮落	3.48
初十	03:51潮平	5.71	10:19潮落	2.77	17:14潮平	5.96	23:21潮落	3.66
十一	05:26潮平	5.58	11:53潮落	2.73	18:38潮平	6.15	潮落翻转次日凌晨	
十二	00:48潮落	3.45	06:48潮平	5.80	13:03潮落	2.47	19:41潮平	6.50
十三	01:47潮落	3.09	07:49潮平	6.19	13:56潮落	2.16	20:29潮平	6.87
十四	02:30潮落	2.71	08:36潮平	6.58	14:37潮落	1.88	21:08潮平	7.18
十五	03:04潮落	2.37	09:15潮平	6.90	15:11潮落	1.66	21:42潮平	7.39
十六	03:33潮落	2.10	09:49潮平	7.15	15:40潮落	1.52	22:12潮平	7.50

江厦东门头海域最高潮位在初二日22时30分、初三日23时08分，潮高8.28米，为台州海域最高潮位。最低潮位在初三日16时37分，潮高0.37米。

表1-11　**乐清湾黄大岙海域2019年农历八月上旬潮汐时刻表**　潮高单位：米（吴淞）

日期	潮时	潮高	潮时	潮高	潮时	潮高	潮时	潮高
初一	02:45潮落	1.36	08:33潮平	6.49	15:08潮落	0.23	21:19潮平	7.09
初二	03:29潮落	1.07	09:19潮平	6.47	15:51潮落	0.15	22:00潮平	7.15
初三	04:19潮落	0.89	10:05潮平	6.83	16:32潮落	0.25	22:39潮平	7.06
初四	04:50潮落	0.82	10:50潮平	6.77	17:11潮落	0.53	23:18潮平	6.84
初五	05:29潮落	0.87	11:36潮平	6.57	17:49潮落	0.95	23:56潮平	6.53
初六	06:10潮落	1.04	12:26潮平	6.26	18:29潮落	1.45	潮平翻转次日凌晨	

续表 1-11

日 期	潮 时	潮 高	潮 时	潮 高	潮 时	潮 高	潮 时	潮 高
初七	00:37 潮平	6.13	06:53 潮落	1.31	13:18 潮平	5.88	19:14 潮落	2.01
初八	01:23 潮平	5.69	07:45 潮落	1.66	14:23 潮平	5.50	20:13 潮落	2.54
初九	02:23 潮平	5.25	08:56 潮落	1.98	15:43 潮平	5.24	21:41 潮落	2.88
初十	03:46 潮平	4.95	10:29 潮落	2.09	17:13 潮平	5.27	23:21 潮落	2.86
十一	05:18 潮平	4.95	11:56 潮落	1.92	18:27 潮平	5.55	潮落翻转次日凌晨	
十二	00:36 潮落	2.57	06:31 潮平	5.20	13:00 潮落	1.63	19:21 潮平	5.88
十三	01:29 潮落	2.22	07:24 潮平	5.51	13:48 潮落	1.36	20:03 潮平	6.16
十四	02:09 潮落	1.91	08:04 潮平	5.78	14:27 潮落	1.16	20:37 潮平	6.34
十五	02:43 潮落	1.67	08:37 潮平	5.99	15:00 潮落	1.05	21:08 潮平	6.44
十六	03:13 潮落	1.05	09:07 潮平	6.14	15:29 潮落	1.01	21:36 潮平	6.46

乐清湾口门潮时基本比湾顶江厦海域提早几分钟至十几分钟（个别除外）。最高潮位在九月初一21时31分，潮高7.17米（八月初二潮高7.15米）；最低潮位在八月初二15时51分，潮高0.15米。最高潮位比江厦低1米多。

表 1-12 **坎门海域2019年农历八月上旬潮汐时刻表** 潮高单位：米（吴淞）

日 期	潮 时	潮 高	潮 时	潮 高	潮 时	潮 高	潮 时	潮 高
初一	02:25 潮落	1.22	08:22 潮平	5.92	14:46 潮落	0.10	21:08 潮平	6.48
初二	03:08 潮落	0.93	09:09 潮平	6.16	15:28 潮落	0.02	21:49 潮平	6.54
初三	03:48 潮落	0.75	09:55 潮平	6.26	16:09 潮落	0.13	22:28 潮平	6.46
初四	04:28 潮落	0.68	10:40 潮平	6.20	16:48 潮落	0.41	23:06 潮平	6.26
初五	05:08 潮落	0.73	11:26 潮平	6.01	17:28 潮落	0.82	23:44 潮平	5.96
初六	05:49 潮落	0.90	12:14 潮平	5.71	18:09 潮落	1.32	潮平翻转次日凌晨	
初七	00:24 潮平	5.59	06:34 潮落	1.17	13:08 潮平	5.35	18:57 潮落	1.85
初八	01:09 潮平	5.18	07:27 潮落	1.50	14:14 潮平	4.99	19:59 潮落	2.35
初九	02:09 潮平	4.77	08:42 潮落	1.80	15:35 潮平	4.76	21:30 潮落	2.66
初十	03:34 潮平	4.49	10:17 潮落	1.89	17:05 潮平	4.80	23:10 潮落	2.63
十一	05:09 潮平	4.50	11:42 潮落	1.73	18:19 潮平	5.05	潮落翻转次日凌晨	
十二	00:23 潮落	2.36	06:22 潮平	4.73	12:45 潮落	1.46	19:13 潮平	5.35
十三	01:13 潮落	2.04	07:15 潮平	5.02	13:31 潮落	1.21	19:54 潮平	5.60
十四	01:52 潮落	1.75	07:56 潮平	5.27	14:08 潮落	1.02	20:29 潮平	5.77
十五	02:25 潮落	1.51	08:29 潮平	5.47	14:40 潮落	0.91	20:59 潮平	5.87
十六	02:55 潮落	1.33	08:59 潮平	5.61	15:10 潮落	0.87	21:26 潮平	5.90

坎门潮时明显比江厦海域早20～30分钟，甚至更多，比黄大岙海域也早几分或十几分钟。最高潮位在初二21时49分，潮高6.54米；最低潮位约在当日15时28分，潮高0.02米。

第四节 海域及海底地貌

本节不对数万、数千年前的海侵和海退作追溯，所记海底地貌仅为海平面相对稳定后的海底地貌现状、发展趋势和人类活动对其产生的影响和改变。分三门湾、猫头洋海域，浦坝港口外南北海域；东矶港、垃圾港、头门港海域，台州湾浅滩和海域，脚桶洋、大陈洋海域，大港湾、松门、龙门海域；石塘半岛周边、钓浜门、积谷洋海域，隘顽湾、漩门湾、披山洋海域，坎门湾及周边海域，乐清湾海域 10 部分记叙。

三门湾、猫头洋海域

三门湾口门宽度自三门牛头山木杓山嘴至象山花岙岛（大佛岛）炮台山约 15.5 公里，海面中间自南至北有燕坤山、三门岛（龙塘山、龙头岛）、七子礁、五子岛（包括干山、踏道岛、小踏道岛、鸡笼山、青土豆山）等小岛礁，岛礁之间礁岩罗列，船只不宜穿越。岛礁东西两侧均为航道。东侧航道宽阔，深 8 ～ 10 米，为常用航道；西侧有平礁立于水道中央，平礁西侧水深 2 ～ 5 米，可通小船；平礁东侧为主航道，深 5 ～ 7 米，至狗头山南侧，即为健跳港入口。健跳港口门有奶儿礁立于水道中央，两侧水深 6 米多。

湾中部有狗头山（龙山）、田湾岛（青门山）和下万山、满山、花岙岛，自西至东将洋面分割为猫头水道、满山水道、白礁水道。三水道分别宽 2.7 公里、3.4 公里、3.3 公里，分别深 7 ～ 46 米、5 ～ 12 米、0.8 ～ 1.5 米。猫头水道水深最佳，西北猫头山嘴前沿水深 40 米，今设为核电基地；再往西北，至蛇蟠岛南侧，水深减至 5 ～ 6 米，接蛇蟠水道和旗门港，另一岔流在蛇蟠岛北入宁海南湾。满山水道多礁石，田湾岛东侧有拦门礁和水深 2.2 米暗礁，北上通沥洋港和胡陈港，均为宁海境域。白礁水道显著淤浅，不宜通航。

从猫头山至浦坝港海岸山岬间岙湾众多，除猫头山嘴和健跳港口门水深，其他岙湾都有泥涂发育，近岸水域都有浅滩。

猫头洋北接三门湾和南田湾，南接东矶列岛和大陈洋，海域西浅东深，水深由 6 米逐渐加深至 10 米以上，东侧渔山列岛历来为外海助航标识，周边海域水深 30 多米，岛上导航灯塔首建于清光绪二十一年（1895 年），时有“远东第一大灯塔”之称。

浦坝港口外南北海域

浦坝港口门有扩塘山（壳塘山）为屏障，分口门为白带（岱）门、牛头门，白带门今仅宽 1 公里，水深仅 2 ～ 3 米，牛头门水道涨狭仅二三百米宽。南翼洞港出口为桃渚平原水系入海口，朝向白带门，今出口两侧均为围垦滩涂。

浦坝港口外南北两翼海岸虽多山，但水下崖基并不陡峭，除南门坑有沙滩发育，余皆发育泥滩，不断向外淤涨，近岸海域水深仅 1 ～ 2 米。北翼近陆有豆腐渣山、小鸡山、大鸡山、五峙山等小岛礁；南翼近岸有毛草峙、长大山等岛礁。远至离岸五六公里有西泽礁、马鞍山、北泽岛、东泽岛、南泽岛、大靠背、饭毕岛等小岛礁分布。

东矶港、垃圾港、头门港海域

东矶列岛呈东北西南倾斜走向布置台州湾东北角，东北部自北至南分列雀儿岙岛、田岙岛、东矶岛三大岛；北侧小鹅冠岛可作助航标识。三大岛间形成垃圾港（金门水道、金门湾锚地）和东矶港（田岙锚地）两水道。垃圾港水深 3 ～ 10 米，宽约 3 公里，泥底，可避西北、西及东南风；东矶港水深 5 ～ 10 米，宽约 3.7 公里，泥底，可避 6 ～ 7 级西北、西南风。海门港往北船舶大都经过两水道，水道周边岛屿间有较多碍航礁石和暗礁。

头门岛独处列岛西南角，西距海门关 30 公里，西偏北距白沙山 12 公里。头门岛与白沙山间有大竹山岛、小竹山岛两小岛。头门岛南侧海域泥底，水深一般 3 ～ 12 米，可避 7 级偏北风，向为海门进港船舶候潮锚地。唯头门岛与大小竹山、白沙山间为浅水域。西南侧孤立小岛撑横礁为助航标识，海门港南去船舶一般在撑横礁西面折转向南。

一江山岛在头门岛南侧约 8 公里，中间海域水深 5 ～ 10 米，亦可锚泊避风。东矶列岛西北与大陆之间海域为滩涂发育带，水深从 0 ～ 3 米由陆岸向岛屿西北侧推进。

2011 年开始在白沙山、大竹山、头门岛间筑堤，启动头门深水港建设，东海主航道即在头门港东侧 25 公里、东矶岛东侧 2.5 公里处通过。

台州湾浅滩和海域

台州湾畔滩涂的淤涨使古代内凹至西部山麓的海域逐步变为陆地平原，至民国 14 年（1925 年）围垦汤塘（六塘），台州湾南翼海岸线已在岩头向东南偏南方向直指松门老虎山。此时，海岸线外琅矶山、白沙山、白果山、黄礁岛、道士冠山、北港山、南港山、横岐山、龙王山、龙门山、横门山、九洞门山、北沙镬岛、南沙镬岛、积谷山全是海中岛屿，六塘离琅矶山 6.2 公里。而至 1969 年围垦九塘，海岸线已推至距琅矶山 2.7 公里，退潮时干出海涂接琅矶山、白沙山、白果山。

据测算，1931—1970 年，从六塘海岸线至 10 米等深线之间的 880 平方公里台州湾浅海海域中，40 年间淤积泥沙 11 亿吨以上，年平均淤积量达 2800 余万吨。这些沉积物，仅 4.4%来自椒江流域输送泥沙（年均约 123 万吨），其余巨量泥沙，主要由长江径流挟带微细悬浮泥沙至海域，随沿岸流输移南下，在此沉积。沉于浅海的泥沙又被潮汐、波浪反复掀翻悬浮，涌向岸边。台州湾近海终年混浊的海水日积月累为湾畔输移泥沙，使沿岸滩涂不断发育，海域不断缩小。

台州湾古代海涂自然沉积成陆，滩涂平均坡度 1:1000，平缓宽广。宋代起开始人工筑堤挡潮，只为避免高潮位海水侵袭农田，所围者是已经长草的涂地，高程一般达海拔 3.4 ～ 3.2 米。后因人口激增，要地心切，清代所围一塘、二塘高程在 2.9 ～ 2.8 米。20 世纪下叶围垦八塘、九塘、十塘，高程降至 2.6 ～ 2.4 米。而 21 世纪初围垦十一塘，前沿涂地还处于海拔 -2.4 米高程就一举向海扩展 4 公里，运用船舶和机械在水淹浅滩抛石筑堤，然后以吹填技术提高涂地高程。如此围筑的海岸外侧，不再退潮时露出数公里宽滩涂。

迄今，台州湾北侧海岸自老鼠屿至涂下浦入海口，海岸线已基本与椒江江岸成一直线，往东的南洋涂海堤略偏北直指穿礁山、白沙岛、鹿啨山，然后筑北洋涂海堤直指短株山、柱头山至蟹钳岙红脚岩。南岸自牛头颈山至十一塘堤坝转弯处长达 9.7 公里是向东偏南的直线，与椒江江岸仅有 10° 左右的转向，然后在十一塘堤转角处折向东南偏南，包抄至三山头岛、琅矶山，仅东廊岛、西廊岛仍在海面。

传统台州湾以海门关为椒江入海口，至 21 世纪两岸围垦十一塘和南洋涂，涂下浦至十一塘转角处仅 4100 米，已可视为向东延伸的椒江入海口。若以老海门关作椒江入海口计，台州湾北翼海岸线至蟹钳岙红脚岩约长 33 公里，南翼至金清港长 29.8 公里。若以涂下浦对出作椒江入海口计，台州湾海岸线北翼长 24 公里，南翼长 20.3 公里。

台州湾海域东部以台州列岛和东矶列岛为屏障，若以两列岛西缘为界，则西至新椒江入海口约 24 公里，至老海门关约 33 公里。南北向从红脚岩至金清港斜线约 36 公里。若从浦坝港起算至隘顽湾，则曲折海岸线长约 138 公里。20 世纪末以前，从上盘（畔）城里头山、短株山至琅矶山，海岸全是宽阔泥涂。21 世纪围垦十一塘、南洋涂后，原宽阔泥涂均成为吹填造陆范围，海岸外宽阔滩涂景象暂时消失，新的滩涂在若干年后将在堤外重新发育。

台州湾海底自西至台州列岛、东矶列岛边缘，总体上是一个从水深 0 ～ 10 米的平缓斜坡，椒江口航道水深仅 1.2 ～ 2.7 米，头门岛面杖山至撑横礁、一江山岛间海域深 6 ～ 10 米，琅矶山外围东廊岛至大陈岛之间水深 4 ～ 10 米。台州湾海底土质属粉砂质黏土和黏土质粉砂类型。

晚清民国，台州湾沿岸港汊有金清港、岩头、涛江浦口、山礁浦口、松浦口、涂下浦口、三石浦口、推船沟、上畔浦口、红脚岩。迄今，以椒江新入海口为界，台州湾沿岸可靠泊港汊有金清港、琅矶山的同咀头和婆屿、涂下浦、白沙湾、红脚岩渔港。

脚桶洋、大陈洋海域

台州列岛为台州湾东南屏障，列岛西侧海域为脚桶洋，东侧海域称大陈洋。

脚桶洋北侧为一江山岛、撑横礁、百夹山，南接积谷洋，西与金清琅矶山相望，也可算是台州湾东侧海域。脚桶洋北部水深 6 ～ 7 米，南部可达 9 ～ 17 米。因洋面平静如脚桶水，故名。脚桶洋为海门港出港船舶南行必经海域。

上、下大陈岛之间航道水深，且南北有岛屿挡风，西部水深 14 ～ 18 米，东部孔横岛、高梨头南侧水域深达 21 ～ 23 米。下大陈岛马道头和竹屿之间以及南部海域水深达 21 ～ 26 米。洋旗三岛周边海域水深达 20 ～ 21 米。东海主航道在洋旗下屿东侧 5 公里通过。

大陈岛东部海域为东海大陆架，一直东延至冲绳海槽。东海大陆架自中国大陆往东，有规律地逐渐加深，海底坡度也渐次增大，直至水深 150 ～ 185 米。大陈岛以东 20 多公里，水深可达 40 米以上。

大陈岛东侧、东南侧岸线水域水深不淤，西侧、西北侧岸线海域水浅。上大陈岛大岙里、中咀岙、

图 1-10　大陈岛海域（来自《椒江旅游》宣传报道）

象头岙有泥涂发育，水深 0.5 ～ 2 米。帽羽沙、浪通门有卵石滩发育。屏风山西侧和猪腰屿周边海域深仅 3 ～ 5 米，下大陈岛凤尾山、马道头西侧海域深仅 2 ～ 4 米。

大陈岛周边主要锚地有：缸爿礁与孔横岛间，水深 5 ～ 8 米，泥沙底，潮流东南、西北流，流速 1.5 ～ 1.8 节，可避 6 ～ 7 级北—东北风；杨府咀与困龙山间，水深 3 ～ 9 米，泥沙底，可避 6 ～ 7 级南—东南风；杨府咀与小鸡头间，水深 3 ～ 10 米，泥沙底，可避 7 级南—东南风；黄屿与猪腰屿间，水深 3 ～ 5 米，泥沙底，可避 6 ～ 7 级南—东南风；下大陈岛西南岙，水深 4 ～ 10 米，泥底，可避 7 级东北—西北风。

海域主要助航标识有：大陈岛北侧蛇山岛、上大陈岛主峰红美山（风门岭）、屏风山西北小礁头、上大陈岛西南缸爿礁、下大陈岛西南竹屿和莲子礁、下大陈岛南侧洋旗下屿等。碍航物有：上大陈岛北侧墨鱼礁（七妹礁）、猪腰屿西南鱼目礁、上大陈岛东侧草鞋礁、下大陈南侧女心礁等。

大港湾、松门、龙门海域

金清港至石塘海岸多山，古代全是岛屿，近代一部分包入大陆，一部分仍是岛屿。连入大陆的山岬间形成大港湾、松门、龙门、钓浜、石塘等小港湾和港汊，从台州湾分立。

琅矶山至龙门山之间岸线水浅，滩涂发育迅猛，20 世纪 70—80 年代，退潮时，北部滩涂已连接白果山、道士冠、黄礁岛、子云山；南部滩涂从松门北侧海塘东扩，已连接横岐山、龙门岛、横门山。至 21 世纪围垦东海塘，上述诸岛均已连入大陆。北港山、南港山虽还未与大陆连接，但退潮时滩涂已延伸至岛，南港山已建桥坝连大陆。北、南两延伸塘地之间的滩涂海塘尚呈现向内凹的海湾，称之为大港湾，湾内水深仅 1 ～ 2 米，最终将涨为陆地。

松门为传统内河入海通道，老入海内河为松门卫城北的箬松河；近代，松门东南海湾逐渐淤涨为神祇塘，在伏龙山和坦和岙间筑堤，堤两端均有内河入海，坦和岙成港埠；松门城北有新水道接受北面新围海塘水网，从罾棚头和龙王山夹持的上度岙山入海，称礁山港。三支水汇合的洋面通过花罗屿、甘草屿、直大山（鹅米岛）间峡谷，水道深 3 ～ 7 米，再拐东南，从直大山和沙镬山间入大海（水深 4 ～ 5 米）。直大山南海峡则称之为鹅米门，水深 2 ～ 3 米。

龙门山、横门山、九洞门（狗洞门）岛与沙镬山之间有直径约 3 公里海域，水深 1 ～ 3 米。21 世纪 10 年代，启动开发龙门港区，在横门山与九洞门岛间的水道，以及龙担屿、白岩等处建码头，由于前沿水深仅 3 米，3000 吨船舶须在大陈岛西侧海域锚泊候潮，待高潮位进港。

石塘半岛周边、钓浜门、积谷洋海域

松门至石塘之间海岸均为山体，岩基入海坡度较陡，切割较深，海域水深达 4 ～ 5 米，崖岸小

海湾众多，有七十二岙之称。局部岙湾有沙滩，在大坑、洞下、金沙滩等处。钓浜、石塘、箬山范围为三面环海半岛，山间有缓坡台地，宜居住，发育为渔村。钓浜以隔海山岛为屏风，在笔架礁与隔海山岛间筑防波堤，陆岛间形成优良避风港池。石塘半岛东、南、西分别形成粗沙头、石塘、箬山 3 个避风港池。石塘避风港利用海湾外蚊虫浜屿、横屿连线围筑防波堤，利用棺材屿建油品储运基地。箬山渔港外围有落星山岛、小星山（九爪沙头岛）为屏障。

钓浜东侧有腊头山岛与牛山岛对峙，形成约 1300 米宽水道，称为钓浜门，水深 6 米。钓浜门北口腊头山东北有外伸礁脉白礁等，余无碍航物，南北航线在此通过。牛山岛东南有内钓浜山、外钓浜山、洛屿、大七礁、小七礁等岛礁，外钓浜山与大七礁间水深 10 米以上。钓浜门南侧航道外有蛾屿（大乌屿）、三蒜岛（白龙头）、二蒜岛、一蒜岛等岛屿。

松门、龙门、钓浜门外侧洋面称积谷洋，以沙镬山岛东侧的积谷山岛命名。海域西北浅东南渐深，深度 6 ～ 16 米。北来至坎门、温州船舶在此通过。

隘顽湾、漩门湾、披山洋海域

隘顽原是楚门半岛北部台头山和烟灯山间山岙的地名，早有人居聚落，明初在此设备倭所城——隘顽所，今用谐音称为岙环。台头山北有山岙称观岙。今两地均属温岭市城南镇，而隘顽湾概念则扩大为从隘顽包含至箬山的全部海域。该海域大部为潮间带滩涂发育区域，-2 米等深线在落星山、小星岛、丈八礁，以及茅草山岛外 1.5 公里处，离岸距离 3 ～ 4 公里。-2 米等深线南延至干江炮头顶山，逐渐接近海岸。-2 米等深线外，小星岛至大鹿岛斜线以西水深 2 ～ 5 米。

漩门本为楚门半岛和玉环岛间的狭窄潮汐通道。1977 年水道筑坝，坝东“C”字形半圆湾称为漩门湾，湾口长 6 公里，纵深 6 公里。21 世纪初在湾口拦坝，湾内全部为滩涂围垦区域。漩门湾外洋面鸡山岛、洋屿、后草屿、砚墨屿、小鹿山、大鹿岛均在大陆近岸 4.5 米等深线浅海范围内，3 ～ 4 米水深区域延至大鹿岛，其中洋屿与鸡山岛、小鹿山岛间有 5 ～ 9 米深槽。

大鹿岛东南为披山洋海域，北接积谷洋，南连洞头洋。洋内岛屿，在大鹿岛南有中鹿岛（包括前山和下前山等），在大鹿岛东有披山岛（包括小披山、上浪珰、下浪珰等）。此处南北航道有两条：一条在石塘东侧钓浜门向西南斜插，在大鹿岛与中鹿岛间通过，航道水深 5 ～ 9 米，其中大鹿岛至中鹿岛海域水深 10 ～ 13 米，航线中途有大洞精、小洞精岛礁为助航标识物，碍航物有鸡山洋屿周边暗礁；一条北连积谷洋，南接洞头洋，在披山岛外侧通过，以下浪珰为助航标识物，碍航物有披山南门礁，航道水深 -10 米以上，东南渐次加深。

披山岛东、西两侧都有锚地，东侧锚地在披山岛东南方湾澳 10 米等深线内，可避 7 ～ 8 级西北—西风；西侧锚地在披山岛和小披山、草屿间，-5 米等深线内可避 7 级东—东南风。

坎门湾及周边海域

玉环岛南部山体崖岸入海较陡，除坎门湾内和左右两岙湾以外，前沿水深 5 ～ 12 米，外侧深至 12 ～ 27 米。海域南侧鹿西岛属于温州市洞头区，西侧横趾山岛属于玉环市。

20 世纪末，坎门湾在大墩山西南角与外僚山之间筑避风坝，湾内可靠泊小型船舶，可避除南—

东南风以外诸向8级风，大船锚泊坝外深水区。坎门港有三条进出水道，东门在南排山和坎门头之间，宽370米，水深6米；南门在南排山和黄门山之间，宽约222米，水深10～14米，东侧有马祖印礁和百亩田礁；西侧为外黄门，处外黄门山与小门仔之间，可航宽度150米，水深5米，有沉船为碍航物。坎门东西两侧岙湾有鲜迭、黄门、东沙、后沙、赤口、玉岙等地可靠泊渔船，玉环岛西南角大岩头与横趾山岛间为宽1.4公里的海峡，是乐清湾的进港航道，水深达46～61米。

乐清湾海域

乐清湾海域南起温州市大门岛、小门岛，北至乐清市湖雾塘里，为两头宽中间狭葫芦形内伸海湾。最狭处在玉环岛连屿与乐清打水湾山之间，直线距离约4.5公里。口门玉环岛高尖山大岩头至乐清山屿山外海涂直线距离约14.5公里。

当代乐清湾由于1977年漩门水道筑坝，海水交换不畅，湾顶急速淤涨，有大片干出泥滩，分三支舌状延伸线：西侧有清江入海流水和大荆溪入海流水夹持的舌状淤涨滩涂，以小横床岛（属乐清）为前沿；中间有大荆溪入海流水和湖雾溪入海流水夹持的舌状淤涨涂地，包裹了白沙山、西门岛（属乐清），一直延伸至横床岛（属玉环）；东边是江厦港入海水流以东楚门半岛西海岸的淤涨土地，已将小青山包入陆地。横床岛以北滩涂间狭窄水道水深均在3米以下。

乐清湾最窄处至横床岛一段岛屿众多，海底地貌复杂。一般是岛周边水下有缓坡，宜滩涂发育，稍远或岛与岛之间却有深槽，可深至30～60余米。北侧较大岛有茅埏岛、茅坦山、横床岛，三岛东部几乎被水下滩涂相连，但西部有深槽，特别在横床岛与茅坦山间有-48米深槽。西北小青山已被包入陆上涂地，大青山仍在海中。南部江岩岛、大担岛、小乌山、大乌山（属乐清）岛与岛间都有海底深槽。玉环岛西北山麓沿线海域有滩涂发育，滩涂外水深3～4米；北侧滩涂发育迅猛，漩门西侧海湾已全部围涂垦殖开发。

乐清湾南部海域开阔，无岛屿，地貌西浅东深。乐清东海岸大量海涂淤涨，玉环岛西海岸海域4公里范围水深一般10～12米，在西南角和连屿外侧，局部水深可达50～60米。玉环岛西侧锚地可避东北—东—东南诸向大风。

20世纪末，玉环岛西海岸开始开发大麦屿深水港区。

第二编

港口区位与历史

台州港地处中国大陆18000余公里海岸线中点略北，以南海岸线至广西北仑河口约10900公里，以北海岸线至辽宁鸭绿江口约8000公里，境域拥有630.87公里陆地海岸线。台州港亦地处浙江省海岸中部。

当代台州港为集台州市域台州湾、乐清湾、三门湾港口资源为一体的组合港。三海湾虽然南、北、中分布，但陆向经济腹地同为台州地区，相互关联。台州港所辖港口类型齐全，直接腹地为台州全域，间接陆向腹地可远伸至浙西乃至江西。

历史上台州地貌变迁幅度巨大，港埠随地貌和行政建制变迁，时有兴衰更替，发展曲折跌宕。早在春秋战国时期，台州海湾即为失国徐人和越人遗族所瞩目，相继浮海于台州湾沿岸立国。汉代利用台州湾畔回浦港埠设章安（回浦）县治，以为开拓浙东南瓯越之地的桥头堡，时为全国六大港口之一；三国吴设章安为临海郡治，为开疆拓土，派员远规夷洲（台湾），船队经章安港集结开赴。

隋唐宋元时港口重心随行政建制内迁，影响发展，但亦有国际交往，造船业发达。明清行海禁，港航受挫。晚清民国受沪甬开放商埠影响，走向近代化。第二次世界大战期间，港口又遭劫难。20世纪中后期，受冷战和“左”倾路线影响，港航还是举步维艰。

20世纪80年代改革开放为台州外向型经济带来发展机遇。海洋经济得到重视和发展。1994年，顺应台州海洋经济迅猛发展态势，台州行政中心重归台州湾畔，台州港口资源获得合理配置和组合，良性发展正在将新台州推向浙东南沿海现代化港口城市。

第一章 区位与类型

台州沿海港口历来是区域内对外交往的海上门户，历史上，主要港口为台州湾椒江口的河口港（相沿有章安、栅浦、葭沚、海门、前所等港埠），北侧三门湾内的海游港、健跳港，南侧玉环岛和楚门半岛的坎门港、楚门港。同时，台州湾口南侧近岸诸岛群被包入沉积平原后，衍生金清、松门、石塘等海港；当代开发玉环岛西海岸大麦深水港和椒江口头门深水港；而大陈岛的深水条件还展示其潜在的港口资源。

港口类型可从规模、所处地理位置、功能等方面划分。规模在历史长河中处于变化状态，不可一语定性；以所处地理位置可分为河口港、海岸港、河港、海岛港等；功能有商用、工业用、军用、渔用、避风、休闲观光等，往往综合一起，难以分清。本章只以所处地理位置做类型划分，港口设施详情记叙于本志第三编“港口建设与规划”。

从规模论，当代以吞吐量做依据，此标准难以纵向认识历史面貌，如秦汉两晋时期，中国海港屈指可数，仅秦皇岛、成山、句章、章安、番禺、合浦（徐闻）文献有载，章安可算全国六大海港之一，但其运输量十分有限。现代港口还以是否直达运输（直接挂靠）分为基本港与非基本港。这些分类都就当代而论。

1994 年台州易地设市后，国家交通部整合台州沿海所有港口资源，于 2001 年批准台州市港口统一冠名为台州港。台州港以其处浙江沿海中部、长江三角洲港口群南翼的区位，属于当代中国对外开放一类口岸、浙中沿海水运枢纽、浙江省沿海地区性重要港口，为台州市及浙中南地区发展经济、扩大开放的重要依托。本章仅反映当代港口布局。

第一节 区位与分区

台州港地处中国沿海海岸线中点略偏北，无论往南往北，都具有便捷优势。海门港区又处台州海岸线中点，地理坐标北纬 28° 41′，东经 121° 27′。以海门港区为出发点，北航线至最远的营口港航程约 1520 公里，南航线至最远的防城港航程约 1870 公里，南北航线最远点在 1900 公里以内。

浙江陆域海岸线 2200 公里，为全国 18000 公里的 12.2%；而台州陆域海岸线 630.87 公里，占浙江全省陆域海岸线的 28.7%。浙江为全国岛屿最多的省份，海岛岸线 4500 公里，台州海岛岸线 913.24 公里，占全省的 20.3%。

三大地理区片

当代台州港按地理区位可分为台州湾、玉环—楚门半岛、三门湾西海岸三大块。

台州湾区片

台州湾区片包括椒江河口港诸作业区、椒江流域上游河港、椒江口外头门港、台州湾南翼衍生的诸海岸港、台州湾北翼桃渚海岸港、台州湾平原内河航埠、台州湾口海岛港。其范围南至石塘港，北至桃渚港，东至东矶列岛、台州列岛，西及椒江上游诸河港。其中椒江口外头门深水港在21世纪初得到开发，将接受海门港部分功能的转移，成为该区域的核心港区。

玉环—楚门半岛区片

玉环—楚门半岛在古代分为玉环岛和楚门半岛，经过漩门筑坝和两侧海湾淤涨，迄今已可视为两地连体的半岛。该地历史港口主要为坎门港和楚门港，其他有隘顽湾、灵门港、栈台（栈头）港、花岩浦港、漩门港、青港、乌洋港、沙山港（江厦港、中州港）等小海汊。迄今，半岛最主要的港口是20世纪80年代后着力开发的大麦屿深水港，其次为坎门港，其他除隘顽犁头咀、灵门、沙门下沙、栈台、江厦沙山等海岸尚是港埠和渔港外，均因滩涂淤涨失去港口作用。

三门湾西海岸区片

三门湾传统港口主要为海游港和健跳港，其他是北侧与宁海交界的旗门港、正屿港，南侧与临海交界的浦坝港、洞港。迄今，湾顶滩涂急速淤涨，旗门港、正屿港逐渐失去港口作用，海游港可以沿线逐步向外推移；浦坝港逐步淤涨，牛头门淤窄，白带门南洞港仍起渔港作用。唯健跳港得到大力开发，北侧猫头山嘴设为核电基地，南侧牛山辟为浙能台州第二发电厂。

三轮规划分区

台州撤地建市初制定的《台州市城市总体规划（1994—2020年）》中的港口规划提出，台州湾的海门港区、乐清湾的大麦屿港区、三门湾的健跳港区，系台州三大水上门户。未来应朝着以海门港为中心，以健跳港、大麦屿港为两翼，发展成港口腹地辐射至台州三区两市四县以及温州北部、宁波南部和金华市东部市县的组合型大港。

2007年编制的《台州港总体规划（2007—2020年）》，规划全港为“一港六区”，其中大麦屿港区、海门港区、健跳港区以地理区位命名，临海港区、黄岩港区、温岭港区以行政区的称谓命名，命名有违逻辑规范。六区范围如下：

大麦屿港区　划分为鲜迭、大岩头、大麦屿、连屿、普竹5个作业区，实际仅罗列玉环岛西海岸一段岸线，并未述及传统坎门港。

海门港区　分为椒江南岸三山至岩头岸线作业区；椒江北岸黄礁至松浦闸岸线作业区；大陈岛作业区。

临海港区　分为两块，一块为新辟椒江口外头门岛深水港区，在白沙、大竹山、头门岛之间筑坝连接陆岛；另一块为三江口以上至灵江二桥间灵江河港作业区。

健跳港区　列有健跳江口内的沙塘、七市塘作业区和健跳江口外的牛山、洋市涂作业区；但附近浦坝港、海游港均未列入。

温岭港区　列有龙门、石塘、沙山、永安等作业区，其中沙山在乐清湾顶部原江厦港外侧，永安为金清水道的内河港，除龙门、石塘一带是连接的海岸线外，沙山、永安不在一个区域，且不属于一个类型。在永安对岸属于路桥区的金清港却被疏忽，既未被包入海门港区，也未包入温岭港区。

黄岩港区　传统黄岩港区在永宁江沿岸，20 世纪末实施永宁江口筑闸治理工程后，闸上航运功能衰竭，开发椒江岸线三山以西至三江口的黄岩属地芦村作业区作为补偿，成为黄岩港区。

《台州港总体规划（2017—2030 年）》将原“一港六区”调整为“一港六区十港点”，六区调整为头门港区、大麦屿港区、海门港区、健跳港区、龙门港区、黄岩港区（详细内容见第三编第四章第八节“二轮台州港总体规划”），前五港区已按地理区位命名，第六港区仍用行政称谓命名。对原临海港区、温岭港区、金清港区，规划按区位与性质不同剔出灵江河港（红光、长甸、马头山、八仙岩、五孔岙 5 港点）和永安河港，另立石塘港点、江厦沙山港点、琅矶山同头咀港点、白带门浦坝港点 4 个港点。以上分区命名比上一轮规划有所进步，更趋科学合理。

第二节　河口港

河口港是位于入海河流河口段的港口。其优势是既有通海航道，又有内江（河）航道，构成通江达海的双向集疏运条件。

台州真正拥有通江达海之利的港口，唯有处椒江河口段的海门港。除椒江外，还有珠游溪、白溪—健跳港、花桥溪—浦坝港、金清港等入海河流，但其上游或为短小山溪，无通江运输条件；或为平原内河，河口建闸不可直航。这些实际仅有海汊意义的港口，严格意义上并无河口港优势，只起海港作用，至多有外海与内河的过驳功能。

海门港

椒江未形成之前，上游山溪下泄直接入海，海水直拍山崖，河口缺少人口聚居的平原，成港条件缺乏。2200 多年前的春秋战国时期，台州湾畔大溪入海口、回浦入海口有少量适宜人类生活的沉积平原，大溪首先作为海岸港埠被失国徐人和越人用作流亡栖居地。汉初，朝廷选择回浦河口设回浦县治（东汉改章安县），即瞄准该处既可通海，也可借助西侧灵江、永宁江水系上溯内陆山谷盆地的地利。通海的外部环境是南可借瓯江水系上溯整个浙南地区，北可借三门湾沟通宁海和象山半岛，而且对于北方中原联络浙东南来说，章安是最近的港口。此即章安成为古代浙东南区域中心的原因。

隋唐后，椒江逐步形成，在本该更好发挥椒江河口港作用之时，隋朝廷为镇压乐安（仙居）叛逆，撤移章安郡治建制至内陆大固山下灵江畔，唐代又撤章安县设永宁（黄岩）县，移章安县治至今黄岩城关。港口重心由是随行政西移临海、黄岩两县城。两县城虽都处于潮区界内，但河道弯曲，船舶受制于潮候，港口发展大受制约。

椒江由海湾变江，其河床发育却趋势不佳。由于江面呈两头窄中间宽的形状，涨落潮流水使河床分成南北两槽，中间出现心滩，北槽水动力弱于南槽，北岸淤涨，港岸线宜转移至江南。此时，江南迅速淤涨成陆，且椒南平原远大于椒北平原，章安港因而衰落，江南栅浦、家子（葭沚）港埠崛起。

由于入海口狭窄，近关口水流急，水深条件更好，椒江南岸港埠在元、明代逐渐东移。至明、清代和民国时期，海门港区成为椒江河口港主体，北岸港埠也移向前所。民国时期起，以海门港统称椒江口河口港。

椒江水系干流全长约 197.3 公里，内江潮区界至永安溪望洋店和永宁江潮济、至临海和黄岩县城都可通 500 ～ 700 吨船舶；上游航运采用长船、竹排，永安溪可通仙居县城直至曹店港，始丰溪可通天台县城直至埠头街，永宁溪可通乌岩、宁溪。20 世纪 50 年代后，上游大量建设水库、坝闸，改变河道水文，至 21 世纪，除灵江而外，内江运输逐步停止。

除内江外，椒南、椒北平原内河运输依靠栅浦泾（永宁河）、葭沚泾、海门新河、椒北百里大河，可在章安、栅浦、葭沚、海门、前所实现内河过驳转外海运输。海门港的内河腹地涵盖椒南平原、椒北平原全部和桃渚平原。

自古迄今，椒江河口港都发挥着商港、军港、渔港、造船等综合功能。元代起，家子（葭沚）为浙闽贸易商埠，严屿（海门）为漕运港口；明代设备倭海门卫城；清康熙后设浙海关家子口；清光绪二十三年（1897 年）开通海门至宁波客货班轮，相继开通海门至上海、温州、石浦客货班轮，海门港成为台州商贾来往沪、甬各地的门户，台州物资进出的咽喉。当代，海门港发展电力、造船等临港型工业，1983 年国务院批准其办理国轮外贸运输港口，1989 年开通集装箱运输，1990 年对外轮开放，属于基本港类的中国对外开放一类口岸。至 1998 年，由于公路发展，海上客运在时间上失去优势，海门至上海、石浦客运航班停航。

20 世纪 80 年代起，海门港港区再向牛头颈山、小圆山以东的外沙延伸，南岸发展至外沙港区，北岸发展至台州发电厂港区。同时，南岸港埠向栅浦西侧发展，直至三山、芦村，渔业后方基地和造船业占领葭沚岸线。椒江南岸岸线全线利用。

21 世纪初，造船业勃发，南岸岩头西侧，北岸前所下浦、老鼠屿至松浦闸岸线密布造船企业，前所东路江岸开发渔港，椒江两岸岸线利用更广。21 世纪 10 年代中，台州主城区城市建设提出“一江两岸”发展目标，老海门港区货运码头噪声扰民，栅浦、三山港区煤炭粉尘污染严重，有违城市品位提升，港口规划拟逐步退出海门港区部分岸线，转移至海门关外和头门港区。2019 年 6 月，海门港 1 号、3 号、4 号码头关停，撤移外沙港区和前所航道服务区，三山煤炭码头等都面临转移。

河口港外延

从椒江河口港的发展历程可见其向海延伸转移的轨迹。在唐宋以前，今海门、前所都是海上岛屿，后来才连入大陆，港埠逐步向东推移至海门、前所。进入 21 世纪，为寻求深水港埠，2010 年启动白沙至头门岛的陆岛大坝和头门深水港建设，于 2014 年开港。开港后的头门港将逐步接受海门港部分功能的转移，根据头门港的建设规划，头门港区与临海北洋涂连接为整块陆地，是椒北平原的向东延伸，也是椒江的延伸。从地域看，头门港不再是海岛港，而是椒江河口港的向外延伸。

其他海汊港埠

其他海汊港埠分处珠游溪、白溪、花桥溪、金清水系等下泄水道入海口。

海游海汊港埠

海游港上游干流珠游溪仅长32.6公里，支流亭旁溪仅长27.6公里，水流湍急，比降大，20世纪50年代前有竹排运输，1955年后排运消失。下游潮区界在三门县城海游桥，因河流逐渐淤塞，船运靠埠逐步由黄埠突、新港、潺岙而下退至蒲西。古代曾在蒲西设军事巡检司，港口发挥商港、渔港功能。

健跳海汊港区

健跳港其实是条狭窄形的海湾，上游白溪、横渡溪短小，海湾至出海口全长亦仅17公里，港湾水深条件十分优良，但缺乏腹地。明设备倭军事所城；清设浙海关家子（葭沚）口时，为其4旁口之一；鸦片战争后被意大利人觊觎，企图租借而未果；也被孙中山当作待开发东方大港写入《建国方略》，迄今正在努力开发中。传统港口兼具商港、军港、渔港功能。当代除开发航运、渔业和临港造船产业外，在其南北两侧发展包括核电、火电在内的电力基地，列浙江省4大深水港和20大重点渔港之一。

浦坝海汊港埠

古浦坝港为19公里长的内凹浅海湾，入海口有扩塘山，南侧白带（岱）门为主航道，北侧有牛头门，均注入猫头洋。湾顶西北部有花桥溪、羊峙溪（吴都溪）注入。古代海船可至花桥溪入海口，曾称花桥港。今海湾全面淤浅，湾顶围垦红旗塘，两岸干出滩涂逐渐成为塘地，湾内仅可通行30吨船舶，牛头门涨狭仅二三百米宽，现港埠有牛头门北侧的方山港、沿赤盐场码头（后因产盐量减少停业）和白带门南侧洞港闸外的洞港。其主要功能为渔港，兼少量货运，牛头门北有造船产业布置。

金清海汊港埠

作为港口，金清港是内河入海口。历史上，宋代入海口在新河金清埭，宋淳熙九年（1182年）改埭为闸，一步步向东移建六闸、玉洁闸、廿二洞闸。海船一般靠泊闸外河段，性质属于泄洪外港道。明代在新河设备倭所城。清代设浙海关家子（葭沚）口时，为其4旁口之一。民国开辟至宁波客货航班。1991—1998年河口段取直，在剑门建新闸，闸外已是海洋，无外港河段，海船一般泊闸外，也可通过船闸进内河，泊廿二洞闸以下。民国23年（1934年）建廿二洞闸，当时无过船闸，1996年加建1孔4.5米宽过船闸，2018年又在闸南建过船套闸。

剑门建新闸后，白沙老入海河道在上段筑坝，坝外仍起海港作用，主要靠泊渔船。2016年、2018年，老港开发游艇码头和对大陈岛客运（后停航）。2014年，白沙老港航道修建渔港通航排水闸，船闸单孔净宽25米，采用三角门船闸，但建成迄今尚未启用。

永安港埠

永安港区处廿二洞闸和剑门新闸金清河段的南岸，地缘上应与金清港同属一个河口港，由于历史上黄岩、太平（温岭）两县以河道划界，迄今，金清港仍为路桥区与温岭市界河，造成一个港区两个名称。在民国建金清廿四洞闸时，闸外外港两岸都可靠泊海船。河口闸外移剑门后，永安港已在闸内，但仍靠船闸通海船，经营煤炭、建材、燃油等运输。

沙山海汊（江厦港）港埠

江厦港地处乐清湾顶部，上游是短小的梅溪，但因为通过3公里平坦温峤岭峡谷与大溪平原水网近在咫尺，故历史上为温岭平原货物出乐清湾的通道，为太平（温岭）县主要通海港口。清设浙海关家子（葭沚）口时，为其4旁口之一。抗战时期其他港口封锁，该处曾是浙东沿海重要货物转运站。1967年，在乌沙门山南侧筑坝围垦七一塘。1980 年，在坝址建潮汐电站，港口外移至乌沙门山外，称沙山港点。

其他海汊港埠

除上列而外，台州海岸还有处于小溪河入海口的港汊，如旗门港、正屿港、洞港、桃渚港、松门港、礁山港、灵门港、花岩浦港（楚门半岛龙溪古入海口，今已淤涨）等。其主要功能为渔港，兼少量货运。这些港埠虽在河口，但内河不可上溯，无通江达海之利，实际也可归属海岸港。

第三节 海岸港

海岸港是指位于有掩护或平直海岸上的海港，大都位于海湾或有岛屿、山岬掩护的海岸。处于玉环岛、楚门半岛以及石塘、隘顽、钓浜、箬山、龙门、金清琅矶山的海港均属于海岸港类型。其中楚门等地的海港虽也在河系的出口，但楚门半岛、玉环岛的河系十分短小，没有内河航运的价值，且码头都在海岸而不在河口，故均列为海岸港。

玉环岛海岸港

玉环岛传统海岸港地处南部坎门，西海岸大麦屿为新开发深水港区。东部漩门湾利用于 20 世纪 70—90 年代，90 年代后，海湾逐渐淤涨，海岸港不再存在。

坎门港

坎门港地处玉环岛东南部，以黄门赤礁山和大山墩对峙为口门，内有岙湾，前有南排山（岛）、外黄门山（岛）做屏障，为传统渔港、商港，有对温州、洞头客运，清末开始兴旺，现为国家级中心渔港。港区除坎门湾外，在鲜迭岙、白沙岙、黄门岙、鹰东、瓜子金、东沙、钓艚岙、后沙、玉岙、后台等处有众多渔港小海湾。

大麦屿港

玉环岛西海岸大麦屿所在的陈屿小平地因山体阻隔，陆路交通不便，人居稀少，开发较迟。清道光年间（1821—1850 年）建埠头提供坎门至乐清渡船的中途停靠。由于前沿水深优良，风浪少，20 世纪 70 年代它被中国航海学会推荐为中国沿海八大避风锚地之一，1977 年被国家交通部认可适建水—水中转港，辟北煤南运捷径。1993 年浙江省政府批准其为二类口岸，1995 年交通部批准对外开放，各类码头大批兴建。2002—2003 年相继建中央直属中转粮库及配套码头、华能国际电力股份有限公司玉环电厂及配套码头，设有对温州、洞头、乐清 3 条客运航线。2006 年其开通内贸集装箱航线，继而成为沪甬国际集装箱运输支线港和原油、煤炭等大宗货物集散中转港。2008 年其升格为一类口岸。2010 年其实现对台湾基隆港客货运直航。港区包括大岩头、大麦屿、华能电厂、连屿、普竹 5 个作业区。

2003 年 6 月，连屿至乐清南岳开通滚装轮渡，至 2018 年 9 月乐清湾大桥建成通车，运行 16 年的滚装轮渡于 10 月停航。

楚门半岛海岸港

楚门半岛传统海岸港在东、西海岸的隘顽、楚门，以西海岸拥有较大淤涨平地的楚门最为兴旺。西海岸除楚门为海港外，还有清港可靠船；东海岸除隘顽外，还一些山岬间小港埠。

楚门港

明清时楚门河系出口面海，明初以港埠优势设立备倭楚门千户所，也是地方性渔港和货运港口，同时是对玉环岛的津渡。晚清民国常有其他地区的渔船进港避风，也开辟对温州、乐清、洞头客运。1977 年拦筑漩门大坝后，岸线前沿迅速淤涨。1999—2005 年实施漩门湾二期围垦工程，原楚门港全部包入陆地，2000 年在塘外玉环岛分水山建码头延续货运。

清港

清港为芳杜水系出海口，元曾设清港渡，故称清港。后世该地不断围塘造地，海岸迅速西移，迄 1999—2005 年实施漩门湾二期围垦工程，海岸移至小青山（岛），在小青山岛建海运码头，为泗塘河的出海口。

隘顽港

隘顽港在明代为面海港埠，曾设备倭隘顽千户所。近现代因滩涂淤涨，港口功能不彰，仅留渔港功能，21 世纪围坝促淤，拉直海湾，仅在犁头咀处留有港池。

漩门港

漩门港传统为玉环岛与楚门半岛间的潮汐通道，1977 年筑坝连接玉环岛和楚门半岛，在坝东南北两侧建码头。1998 年后漩门周边海域淤涨，港口报废。2006—2010 年实施漩门湾三期围垦工程后，漩门湾被围坝拉直，原港湾最终变为陆地。

其他海岸小港

楚门半岛东部海岸有下礁门、栈台（头）、白马岙、大岙、沙门、灵门、隘顽等传统渔港。楚门、漩门港埠丧失功能后，栈台头成为通航鸡山岛、大鹿岛、披山岛的陆岛交通航埠。

琅矶山至石塘沿线海岸港

琅矶山至石塘的众多陆屿初始均在海中，连陆后，各山岬、海湾、河口的港埠才成为海岸港，自北至南为：琅矶山与白沙山间的金清港口门、箬松河口的松门口门、钓浜、石塘、箬山，而龙门为松门口门外延的最后连陆的港埠。

金清闸外海岸港

金清港自 1998 年建剑门新闸起，闸外已无泄洪外港道，白沙南旧入海河道上段筑坝，下段仍为海运港埠。至 21 世纪 10 年代，金清外围海港航埠共 3 处，一处在老河道入海口，一处在琅矶山南山头剑门东侧，一处在琅矶山北端沙岙里与婆屿间。琅矶山东部同头咀在劈山造地，若开发港埠，有待凿山建造疏港公路。

松门港（礁山港）

传统松门港地处箬松河口，明代曾设军事备倭松门卫城。当代港口兼具渔港、商港和造船功能。

20世纪下叶，随着海涂不断围垦，原箬松河口逐渐淤涨，港埠转移到罾棚头、上度岙、下度岙之间，称礁山港。

龙门港

随着陆域继续淤涨围垦，自20世纪末起，松门港外白岩山、龙坦屿、横门山均有陆路连接大陆，白岩山、龙坦屿、横门山均开发码头，称为龙门港，成为温岭市港口开发的重点。迄今，南港山（岛）也筑坝连大陆，开发码头。

钓浜港

钓浜港在石塘半岛黄牛山和隔海山岛之间，西、南、东三面围山，今建有防浪堤，外有腊头山、望潮海岛、牛山、内钓浜山、外钓浜山等岛屿做屏障，有良好避风条件，为温岭主要渔港之一。

石塘港

石塘港向为浙东南著名渔港，兼有货主码头、油品码头及造船功能。自然岸线曲折，北侧东海岸有五岙、小拦头嘴南两个岙湾，南端为温岭市中心渔港，外围有小蚊虫屿、蚊虫浜屿、横屿岛链做屏障，1996年连诸岛建防波堤，形成136.57万平方米有效掩护面积，可为700艘渔船提供避风靠泊。流水坑和棺材屿成品油石化产品作业点形成万吨级规模。

箬山港

箬山港东接石塘港，西连隘顽湾东浦滩涂，2017年建2249米长防波堤，有效掩护面积215.56万平方米，可容2400艘渔船避风，有造船业。

第四节　河港　河埠　渡口

河港是指位于河流沿岸且有河流水文特征的港口，广义包括湖泊、水库的港埠，也往往兼做渡口。内江、内河运输既服务于陆地，也是内陆腹地与海港联系的纽带。台州灵江、永宁江下游虽均是感潮河段，但自三江口以上，习惯称其为内江，称平原上在河口筑埭闸挡潮蓄淡的水系为内河。

在台州地区，20世纪50年代前，永宁江、灵江均为自然径流，内江航运（包括竹排、木排、长船）可达上游永安溪和始丰溪河谷盆地、灵江河谷盆地、永宁江河谷盆地、永宁溪河谷。50年代后其上游广泛兴修水库，流量减少，航运逐步萎缩，直至永安溪、始丰溪断航，永宁江也被拦截。历史上椒江水系上游虽贯穿临海、黄岩、仙居、天台四个县城，运输量较大的却只在临海、黄岩两埠，称之为港口勉为其难。下文仅以两县城港埠称临海河港、黄岩河港，余皆称为航埠。

古代造桥不易，江河常设津渡沟通两岸，本节所记津渡包括大陆与近陆岛屿间的渡运，较远距离的陆岛渡运交通则列入第五节“海岛港陆岛交通埠”。

临海河港及灵江沿途诸埠

本节以临海城关灵江段港埠为临海河港，则灵江其他港埠称为沿途诸航埠。

临海河港

灵江上游大固山麓设为临海县城，灵江绕城西、城南而过。城南金鸡岩头设中津渡，在宋《嘉定赤城志》中，所记津渡还有城西西渡（上津渡）和城东南冷水（两水）渡（下津渡）。渡口均建简易石砌斜坡式道头，也是江运埠头。宋淳熙八年（1181 年），金鸡岭下建中津浮桥，中津渡埠撤渡，转为临海城关主要航埠。同时城东东湖有水道通江，为当时全国十大造船基地之一。

宋时临海城内设有通远坊，《嘉定赤城志》记“以税务在焉，故名”，足见彼时已有外贸商船通航临海河港，但宋《嘉定赤城志》又载：“新罗屿，在县东南三十里，昔有新罗人舣舟于此。”县东南 30 里约在今汛桥晒鲞岩，可见船行临海河港需候潮上溯，进港不易，外来船舶常靠泊新罗屿。

迄民国时期，临海江滨拥有道头 9 处，江厦街鱼棚庙外有木质浮码头，由它们承担上乡、下乡的物资转运以及临椒客运。20 世纪 50—80 年代，临海河港陆续改建、新建浮式码头和梁板式高桩码头，并在灵江二桥以东至水云塘、五孔岙，开发白塔港区，兴建多座高桩码头，靠泊 200 ～ 1000 吨级船舶，转运物资主要为粮食、木材、煤炭、建材、油品。80 年代后，由于公路逐步完善，上游航运需求日衰，也因为海上航运船舶大型化，而灵江上游水深有限，灵江城关段航运逐步衰退。

灵江沿途诸埠

灵江沿途航埠用途众多，传统功能有三个：一为运输当地所需物资，一作为海门至临海客货运的弯埠停靠点，一兼做渡口。20 世纪 50 年代前，灵江沿途航埠均是石砌道头。自上游至下游，白塔港区以下有汛桥道头、钓鱼亭道头、石村道头、渡头道头、管岙道头、马头山道头、长甸道头、石灶头渡口、龟礁头道头、涌泉码头、新亭头道头（花街渡口）、西岑道头、江口道头。

20 世纪 80 年代后，随着临海城关航运逐步衰退，港口基础设施进一步调整，开始在灵江下游石仙妇山边开辟红光港区。红光港区接近椒江河段，直接从外海海运液化气、水泥、煤炭、粮食等，靠泊 1000 ～ 3000 吨级船舶，其实际功能与海门港同质，倾向于河口港。

当代临海城区以下灵江沿线，除红光港区外，五孔岙、汛桥、钓鱼亭、八仙岩、西管岙、马头山、长甸、涌泉、西岑各处都有码头开发和岸线利用。主要开发项目为造船业、砂石和商品砼加工转运、石油制品和化学原料储运，等等。

灵江及其支流的渡口

灵江让两岸隔水对望，古代造桥困难，交通唯赖津渡。

宋《嘉定赤城志》载临海津渡 21 处（包括非灵江段津渡，下同），在灵江的津渡自上至下有三江渡、西渡、中渡、冷水（两水）渡、泾山渡、碛村（石村）渡、礁头渡、亭山渡、西岑渡、石仙渡。清代县志载临海县津渡 37 处（包括灵江以外），灵江城区段设浮桥撤渡，新增楼石渡、梅浦塘头渡、新亭头渡（花街渡）。民国统计临海津渡 48 处（包括灵江以外），名录中有些称谓不同；新增津渡有松山渡、伏龙渡、小两山渡、汛桥渡、钓鱼亭渡、长甸渡、西管岙渡、沙渚后门渡、沙渚前门渡、涌泉渡。

20 世纪 50 年代起，陆续兴建临海大桥、石鼓大桥、河头大桥、塘里桥等桥梁，相应撤销和增设渡口，灵江段曾有渡口自上而下为：松山渡、下桥渡、两水渡、小两山渡、伏龙渡（木龙渡）、晒鲞岩渡和上午（五）渡、汛桥渡、钓鱼亭渡、石村渡、西管岙渡、沙渚后门渡、沙渚前门渡、马头山渡、石灶头渡（庄头渡）、涌泉渡、花街（新亭头）渡、西岑渡、红光（石仙妇）渡。2005 年仅存上午（五）

渡、汛桥渡、马头山渡、沙渚后门渡、石村渡、西管岙渡、西岑渡、花街（新亭头）渡，并逐步撤渡。迄今，灵江渡运只剩青岭—沙渚、西洋—马头山、西芩—花街（新亭头）3处。

20世纪30年代，杭绍台温通汽车，时造桥不易，除钱塘江大桥外，一般避开跨江，天台至临海绕高枧走，但绕不过灵江。临海城南长期靠浮桥过江，此时只有木质三洞桥，无法通汽车，即以三五艘长船拼接载空车，人力拉拔过江，乘客下车走便桥。至1965年建成临海大桥，汽车渡船才撤销。

灵江支流大田港在宋代就有津渡邵家渡，逆溪和小芝溪上有三十六渡。清代和民国后增津渡有黄家渡、万村渡、前庄渡、杨家渡、章家渡、旧下渡、五峰渡，20世纪50年代后增设庄头渡、七一港渡（新桥头渡），2003年增设枧西渡。随着公路桥梁建设进展，津渡逐步撤销，2005年仅存黄家渡、枧西渡。迄今全部津渡撤销。1979年逆溪上游建牛头山水库，库区人口仍有4000多人，辟有3条航线：大坝至龙潭坑的牛头山渡（龙南渡）、大坝至前岩的前岩渡、大坝至严坑的严坑渡（大坑渡）。另在库内开辟游船。

灵江支流义城港在宋代有姆窟渡；清代和民国增设潘庄渡、塘里渡；20世纪50年代后有高家渡、里洋渡用于村民生产、生活。

黄岩河港及永宁江沿途诸埠

唐高宗上元二年（675年）设永宁县，旋改黄沿县，县城濒临永宁江中游而设，拥有一个河港，沿江还有江口、潮济、乌岩、宁溪等航埠。

黄岩河港

黄岩河港坐落城关北门外永宁江南岸，该处为永宁江九曲湾道之凹岸，水深较好，西侧西江与永宁江共同构成黄岩城的西北护城河，东南面人工开凿护城河并开南官河、东官河沟通东部平原。黄岩河港可构成内河、内江、外海的转运。宋《嘉定赤城志》载黄岩“新罗坊，在县东一里，旧志云五代时以新罗国人居此，故名”。古新罗坊后称柏树巷，可证新罗人在五代就通过航海到台州经商；资料显示菲律宾苏禄省和巴布延群岛出土晚唐时期黄岩窑瓷器，这可见唐代黄岩航运已通东南亚。

迄民国时期，黄岩港建有多个木质浮码头，曾靠泊外海客货轮直航沪甬，抗战遭毁。20世纪50年代逐步改善设施；60年代初，上游建长潭水库，航道淤浅；1993—2000年实施永宁江治理，在江口筑挡潮泄洪闸，并设船闸，河道成内河，疏浚河道和局部截弯取直，闸内航道恢复至前蒋。建闸虽可使水位无涨落，可24小时通航100吨级船舶，但失去通江达海之便利，航运衰落，几近断航。

永宁江沿途诸埠

古永宁江干流30吨船舶可至潮济，潮济以上至乌岩、宁溪可通小木船和竹木排，黄岩城关以下可通700吨级船舶，沿途靠埠自下而上有江口、王林、拱东、桥头王（澄江）、焦坑、临古、头陀、北洋、潮济等主要村镇。通过支流，西江还可通航院桥、店头、沙埠。其中潮济为东部平原物资、海运进口物资与西部山区物资的中转港埠；江口为最大港埠，可靠300～500吨级船舶。1974年为备战建马鞍山电厂，附建电煤码头，20世纪80年代初台州电厂建成，马鞍山电厂关停，码头报废。

永宁江横贯河谷平原，分隔平原为南北两片，古代造桥不易，沿途摆渡过河，产生津渡埠头。宋《嘉定赤城志》载黄岩县境津渡自下而上有上广渡、白石渡、黄林渡、江亭渡、西浦渡、断江渡。其中上广渡被人们记在临海县条目中，称“上广渡，在县南九十里”，此“广”字为古汉字，非“廣”字简化，读 yán。临海县城南九十里有三江口上犖，也写作上研，土音读 shàng yán，上广渡疑为上犖渡。

迄 20 世纪，永宁江渡口自下而上有：车埭渡（上犖渡）、江口渡、平义渡（白石渡）、王林施渡、王林渡、丁家渡、七里渡、七里王渡、后洋黄渡、东江渡、戴家汇渡、下路道头渡、新界渡、下古竹渡、上古竹渡、汇头渡、三官堂渡、双楠渡、小澧汇（小里灰）渡、亢（康）山渡、称（程）歇渡、坦头（坎头）渡、长潭渡、凌湖渡。其中车埭渡为江口与北岸杜岐的交通渡口。长潭水库建成后，江面涨狭，陆续在三官堂、下路道头、汇头、双楠、小澧汇、潮济等处建桥，渡口逐步撤销。

黄岩城关北门外宋代就有浮桥，20 世纪 30 年代建杭温公路，在黄岩北门外过境，靠渡船过江，至 1955 年建澄江大桥，汽车船渡撤销。

长潭水库客货运输线

长潭水库建成后，水库上游有宁溪、上郑、富山、上垟、屿头诸乡镇，库区开辟水上客货运输，有水库大坝殷家坑头至宁溪、至屿头、至桐外岙—板费头—小坑 3 条航线。1977 年，库区新建汽车渡驳，1988 年头（陀）白（鹤殿）公路通车，至宁溪、屿头 2 航线停航。

永安溪航埠

自然状态下，永安溪上航可抵曹店，清末民初下退至溪口湖，民国后期，丰水期可达横溪，平时达皤滩。沿途自下至上主要港埠有望洋店、小海门、张家渡（今括苍镇）、叶家滩、白水洋、横路丁、黄梁陈、支埠头、柴岭下、仙居城关、步路、官路、萍溪、田市、白塔、皤滩、埠头、横溪、湫山、曹店等。

灵江水系运输木船俗称长船，下行载 4 ～ 5 吨，上行减半；竹排载重约 1 吨。在未通公路前，水道运输为当地主要运输方式，地产竹、木、板、柴、炭和土特产置长船或编排流放至临海、海门外销，食盐、布匹、日用品等则由临海、海门输入。其中盐运为中转浙西南、江西通道，明清时年中转食盐近 2000 吨，民国时年中转 30000 吨。皤滩为主要中转航埠。

永安溪定期客船每船 16 客座，在仙居县城和临海城关间对开，下行 12 小时，上行一昼夜。其通公路后，客运于 1958 年停航。

永安溪使两岸隔水相望，自古就有津渡解决两岸人货交往。宋《嘉定赤城志》载仙居县境内永安溪津渡自下至上有石牛渡、赵岙渡、河头渡、清口渡、石井渡、榉溪渡、韦羌渡、广业渡；临海县境内自下至上有三江渡、曹庵渡。

迄民国时期，仙居县境内共有津渡 45 处。20 世纪 50 年代后，随着桥梁、公路建设的发展，津渡逐步减少至 28 处。1985 年，仙居县境内永安溪干流津渡尚有 23 处，自下至上为下王沈渡、下垟渡、横路丁渡、黄梁陈下渡、黄梁陈上渡、虎坦渡、下张渡、支埠头渡、石牛渡、柴岭下渡、浮石园渡、东岸渡、清口园渡、乌上潭渡、白岩渡、桂坑渡、官路渡、下历渡、郭岩渡、井头垟渡、茶溪渡、后山根渡、沙地渡。临海市境内永安溪干流曾有的津渡自下至上为浦叶渡、三江渡、柴埠渡、望洋店渡、马料坑渡、磨头渡、塔儿头渡、张家渡（小海门渡）、砍柴渡（岭溪渡）、叶家岙渡、猢狲岭脚渡、塘头朱渡、太尉殿渡、新串渡、岩头王渡、象坎渡、斋坦渡（白水洋渡）、罗渡 18 处。

以上津渡在公路不断完善、溪流分段围堰后逐步撤渡。2005 年仅存临海市境内望洋店渡、磨头渡、塔儿桥渡、新串渡 4 处，迄今全部撤销。

其他津渡，位于朱溪的有桐园溪渡、下满渡、大战渡；位于十三都坑的有下叶渡；位于杨岸溪的有垟飞头渡。1971 年建小海门至车口公路，在永安溪张家渡（小海门渡）设车渡，至 1993 年才建桥撤渡。

永安溪可通航木排、竹筏的支流，从下至上有方溪、双港溪、黄沙溪、朱溪、北岙溪、十三都坑（韦羌溪）、九都坑（大陈坑）、万竹坑、六都坑、四都坑、杨岸溪 11 条。航埠连接的集镇分别是张家渡（今括苍镇）、溪头叶、白水洋、厦阁（下各）、官路、淡竹和白塔、埠头、皤滩、横溪、杨岸和湫山。

20 世纪下半叶开展大规模水利建设，建水库、围堰筑堤，大量拦截径流，自然河道流量减少，围堰蓄水使河段封闭，水道逐步丧失航运功能；公路、桥梁的完善，也使各处津渡退出。1999—2003 年在永安溪上游溪港建设下岸水库，水库东侧有公路通上游乡镇，库内虽无航运之利，但于今设为仙女湖旅游景区，有皮划艇水上运动开发。2011 年对仙居城东柴岭下弯道截弯取直，并建橡皮坝蓄水，使城东南河段成为水位可控湖泊，湖上建游艇码头。20 世纪 90 年代，在城南溪涧开发永安溪竹筏漂流旅游项目，路程自浮石园至步路乡西门村，全程 7.68 公里。

始丰溪航埠

始丰溪在自然状态下，平桥以下可通长船，丰水期可上行至埠头街（今街头镇），平时可通木排、竹筏；天台城关以下可通 3.5 吨以下船舶。

民国及以前，沿途主要航埠连接的集镇，自下至上有石鼓（今称永丰镇）、董岸、沿溪、河头（以上在临海境内，以下在天台县境内）、百步、滩岭、花桃、城关南门、溪头、清溪、平镇（今平桥镇）、埠头街（今街头）。清溪航埠在三茅溪汇入始丰溪处；溪头航埠在赭溪汇入始丰溪处，位于县城南侧，在干流中居中，为全线最大航埠。城关客船下行临海可朝发夕至。

始丰溪支流前山倒溪、三茅溪、苍山倒溪、崔岙溪等也可通木排、竹筏。通过黄水溪可至龙溪，通过崔岙溪可至雷峰，通过三茅溪可至白鹤，通过苍山倒溪可至坦头、三合。始丰溪盆地西北侧山脉连绵，不若永安溪上游翻越苍山就达金华盆地，始丰溪干流离新昌、嵊县遥远，经三茅溪至白鹤江船不通，因而水运对外转陆路不如永安溪。

古代造桥困难，始丰溪均依赖津渡沟通两岸。宋《嘉定赤城志》载天台县境内津渡自下至上有杜潭渡、澥渚渡、溪南下渡、溪南上渡、曹家岩渡，临海境内自下至上有小石渡、仙人渡；发展至 20 世纪 50 年代，始丰溪津渡天台县境内自下至上有下湾渡、石岭渡、蔡孟渡、三港口渡、隔水江渡、响岩渡、峩园渡、曹家岩渡、龙头山渡、安科渡、双连头金渡、浙酋渡；临海县境内津渡自下至上有石鼓渡、坊前渡、董岸渡、蓼岸渡、尹村渡、许岙渡、溪口渡、赤缪渡（今沿溪）、沿岸渡、谢岙口渡、小石渡、岭西渡、青龙头渡、下甘渡、仙人渡、河头渡、百步渡。21 世纪，随着公路不断完善，溪流分段修筑堰坝或桥梁，始丰溪津渡逐步撤销。

1957 年建成临海至仙居公路，在始丰溪石鼓设汽车渡口，至 1967 年建成石鼓大桥，取消车渡。

自 1958 年建桐柏水库、1973—1979 年筑里石门水库、1985 年建龙溪水库迄今，始丰溪流域已建水库 67 座。水库截水以后，干流径流大幅减少，河道不断筑堰坝截水、蓄水，航运功能丧失。唯里石门水库开有始于花墙埠头，经靠茶园、田芯，达于磐安县方前的航线。各地津渡随着公路、桥梁的兴建逐步关停。现仅三江村以上 5.8 公里河道仍为六级航。筑堰蓄水使天台县城段河道成为“始丰湖公园”，里石门水库被开发为寒山湖风景旅游区，新的环境和新的需求提供航运业开辟水上游览、休闲活动等新的课题。

椒江岸线和溪口水库渡运航埠

椒江岸线渡运只用于两岸交通，但航埠码头也兼具河口港功能。宋代就载入志书的栅浦渡、家子渡，仅记其渡运功能。嗣后，章安渡、前所渡、黄礁渡、东埭渡对南岸海门的渡运也都仅属于渡运范畴。位于玉岘的后泾上渡、后泾渡，沟通玉岘与南岸上鞏、江口的交通。

直接流入椒江的唯一山溪性河流是回浦河，1958 年溪口筑坝拦截上游龙溪、南溪，成为溪口水库，1973 年竣工后在水库设龙南渡、大坑渡，沟通溪口乡与龙南乡间的渡运交通。

台州湾平原内河航埠

台州湾平原为海相沉积平原，全部为软土地带，自然地面遇雨即泥泞不堪，乡村道路铺石板丁步防滑，自古就无车马应用，交通运输唯赖交叉成网的内河。台州湾平原又是富饶的鱼米之乡，居民饭稻羹鱼，集中了台州大部分人口，唐宋以后犹然。朱熹所言“黄岩熟，则台州无饥馑之苦”，是事实的写照。

宋代以后，台州湾平原逐步形成“五里一集，十里一镇”的繁华城镇布局。连接各集市、集镇的运输线就是内河航运。平原上所有集市、集镇均倚河而建，典型的路桥“十里长街”就一字形排在南官河岸，前门是商铺，后门即河埠。最大集镇是黄岩、太平（温岭）两县城和海门、路桥两商埠。县城每旬集市圩期三六九，其他集市每旬两天，轮回做市。有市船专门为集市服务，在圩期前一晚帮商家将货物运至集市点，交易后为购物者送货至家门。

至晚清民国，农村集市日臻完善，其时设区、乡行政建制，基本对应集镇的梯度关系，每乡基本有一集市，若干乡组成一区，形成一个较大集镇。大集镇是交通枢纽，有较大规模的航埠，小集市则有简易河埠。台州湾平原椒南、椒北两地内河航埠各有千秋。内河航运在 20 世纪末公路大量修建后，由于水运运程短，最远的海门、黄岩至松门也仅 50 多公里，虽然水路船运价廉，但加上装卸搬运费用，优势不显，及至村村通公路，内河水运逐渐式微。本节所记仅指兴旺时期。

椒南平原航埠

椒南平原西部永宁江河谷狭长，水上交通主要靠内江，仅西江、官路河两条纵向内河沟通沙埠、院桥方向沿途集镇；与永宁江平行的内河仅有古代西官河和建长潭水库后开凿的北干渠和中干渠。椒南平原主体在东部，大平原河网纵横交叉，集镇星罗棋布，归纳集镇航埠，还可分为处于航路末端、处于入海入江河口、处于交通枢纽三种类型。

下文以几条主要河道记其串联的集镇航埠（包括岔道附近）。

永宁江河谷北干渠　串联潮济、头陀、西范、拱东、杜歧等集镇河埠。

西江（永丰河） 串联黄岩城关、羽山、高桥头、沙埠等集镇河埠。

官路河（西南中泾） 串联十里浦、鼓屿、店头、院桥等集镇河埠。

西官河或中干渠 串联山头舟、焦坑、松兴堂、桥头王、半洋岗、黄岩城关等集镇河埠。

山水泾 串联院桥、鉴湖、螺洋、路桥等集镇河埠。

东官河—东南官河（永宁河） 串联黄岩县城、山下周、山下廊、山头泾（金）、埭头、北山、汇头金（通栅浦）、东山头、龙口舌（通洪家）、兆桥、上洋桥、石曲等集市河埠。

南官河—月河 串联黄岩县城、十里浦、横山头、坝头、桐屿、马铺、路桥、白峰桥、泽国、新渎、牧屿、五里金、横峰、下叶、下保、横湖桥、三星桥、太平（今温岭城关）等集镇航埠。

西月河和下保河 串联温峤（温西、温岭街）、桐山、马公、琛山等集市河埠。

葭沚泾 串联葭沚、界牌头、洪家、灵香店等集镇航埠。南端可借灵香店铺串联路桥、灵香店、水陡门等集市河埠。北端有横向高闸浦、界牌河串联东山头、界牌头、沙老爷殿、二月二殿等集市河埠。

三才泾 串联海门、杨家（南野份）、横河头、横河陈、水陡浦口、鲍浦浦口（通下陈）、横塘、双桥、三脚撑、横街、下梁、卷桥、下梁港口等集镇航埠和河埠。其中下陈、石柱河埠由水陡浦、鲍浦横向连接路桥航埠；横河陈由洪家场浦横向连接洪家、东山等集镇航埠。

一条河 串联岩头、徐家殿、沙老爷殿、三甲耶稣堂（东通三甲）、平安桥、花门、杨府庙（蓬街）、南新市、金清等集镇航埠和河埠。

二条河 串联高闸、飞龙庙、二月二殿、三甲、石柱、竿蓬、蓬街东侧、金清等集镇和航埠。其中竿蓬航埠由长浦河横向连接长浦、路桥。

大溪河—金清水系干流 串联大溪、新建、潘郎、野于头、水脚汇、牧屿、汛桥、麻车、小屿港口、新河寺前桥、老弯头、金清、永安等集镇航埠。金清水系干流河道宽阔，晚清在新桥、新河等地还设孟桂渡、南岸渡。

翁岙河 串联市山、白山、牧屿等集镇航埠和河埠。

石黏河 串联石黏、山凰、汇头王、横湖桥、三星桥、太平等集镇航埠和河埠。

联树桥河、新桥河 串联泽国、联树、琅岙、新桥等集镇航埠和河埠。

木城河—箬松河 串联新河、塘下、箬横、贯庄、严家桥、汇头、淋川、河头、松门等集镇航埠和河埠。

运粮河 串联长屿、河头梁、上桥头、晋岙口、李婆桥、石岩头、水仓头、高龙、石桥头、沙角等集镇航埠和河埠。

车路横河 串联石桥头、乌沙、淋川等集市河埠。

以上集镇航埠处于航路末端的是大溪、桐山、太平（温岭县城）、院桥、市山、石桥头，太平虽处航路末端，但因为是县城，商贸较为繁华。处于江海出口的是栅浦、葭沚、海门、金清、松门、黄岩县城、温峤（温峤虽处航路末端，但近处有江厦海港成为其航运出口；黄岩县城连接江海区位虽不甚佳，但因为是县城也较繁华）。处于交叉枢纽地位的是路桥、泽国、新河、牧屿、洪家，尤其是路桥、泽国、新河三地，商贸发展也最好。

永宁江河谷平原与东部椒南平原内河存在微小水位差，清代在南官河坝头和东官河山头泾（金）

筑滚水坝维持上游必要水位，航运受阻，货物在坝头过驳。20世纪下半叶，滚水坝改闸，又建为过船闸。

椒北平原航埠（含桃渚平原）

椒北平原地域较窄，纵深最多9公里余，但包括桃渚平原的横向跨度也有40余公里，杜桥处横向航道中点，集镇发展最好，俨然为椒北平原中心。各航道串联集镇航埠如下。

百里大河椒北西干渠（椒江水利部门称椒北干渠、中支渠） 西起涌泉花街，东止大汾山礁浦，串联花街、玉岘（后泾）、黄礁（下洋，曾为黄礁乡驻地）、东埭、百家王、山前、蔡桥、大汾等村镇河埠。

回浦（梓林东大河）、梓林西大河 串联溪口、西洋、梓林、章安等村镇河埠。

华景河（古东逻浦） 串联古桥、蔡桥、东逻（东路）等村镇河埠。

百里大河北横河（椒江水利部门称北支渠） 串联山门、古桥、杨司（靠纵向河道连接）、涂下桥（杜桥）、陡门头等村镇航埠和河埠。

椒北东干渠（椒江水利部门称南支渠、杜桥水利部门称南横河） 串联蔡桥、前所、道感堂、双甲塘、洪家（曾为山项乡驻地）、六柱闸、陡门头、新潘（曾为市场乡驻地）、拖牛坝、上盘等村镇河埠。

涛江浦 串联道感堂、陶家、里西潭等村镇河埠。

山礁浦 串联西峙、大汾、西洋堂、下洋屋（曾为沿海乡驻地）等村镇河埠。

松浦 串联东峙、楼下、树桥头、河坎下等村庄河埠。

涂（杜）下浦 串联涂下桥（杜桥）、洪家、西岸（曾为川南乡驻地）、杜下浦等集镇航埠和河埠。

三石浦 串联陡门头、汇头、上炮台、闸头等村庄河埠。

推船沟 串联新潘（市场）、城山村、拖牛坝、推船沟村等村庄航埠。

上盘港 起于上盘（畔），离海仅3.5公里，沿途无村居，围南洋涂后，河道已不直接出海，需通过横河在踏道山（达岛）西侧出海。南洋涂、北洋涂围垦后，在老塘地处都有与海岸平行的塘河，但当今运输靠公路，新塘河不起河运作用。

椒北平原与桃渚平原被连绵山丘相隔，但在海头山与沙塘岗间自古就有海峡通道，南北两片海域沉积为两块陆地后，该海峡通道呈河渚相间的湿地状态，不影响水陆交通，航道从拖牛坝经岩下坝至连畔（盘），达桃渚平原，拖牛坝处略有水位差，船舶用畜力拖拉过坝（20世纪下半叶建升船机，然后又改为过船套闸）。宋代，水道无桥，设有莲（连）盘津渡。连畔其名，或者正蕴含连接两个海畔陆地之意。

椒北、桃渚两平原内河水运一直互通，整条航道从涌泉花街（新亭头）起经玉岘、黄礁、东埭、百家王、山前（南经回浦连章安）、蔡桥、前所、道感堂、双甲塘、洪家（北侧有涂下浦沟通杜桥）、陡门头、新潘（市场）、拖牛坝（上盘）、连盘、盈峙、新闸（西北侧为桃渚平原最大集镇四岔，该集镇频繁改名，作为集镇始于四岔街，后驻东洋乡政府称东洋，后并乡扩镇又称桃渚镇）、大汾塘（八份）、后塘（北塘），终至洞港（附近集镇为泗淋）。沿途串联区域内最大集镇为章安、前所、杜桥、四岔（今桃渚镇）、泗淋。

桃渚平原有南北两水系。北部小雄溪、山场溪、北涧河上游连接西岺、山场、小雄，平原河道串联官塘、上道头和北涧、涧陡门、下道头、闸头（横路塘）、天德闸、泗淋等航埠，至洞港入海。

南部芙蓉溪（桃江）、雉（知）溪上游连接肯步、知溪、武坑、芙蓉，平原河道串联桃渚古城、中城、四岔、屯峙、方山、拗罾岩，至蒲兰头红脚岩入海。

湫山丘陵港汊津渡航埠

三门县所属湫山丘陵溪流短急，平原河流短小，均乏水运之利，但境内阡陌纵横，河汊交错，岛屿棋布，自古民间就备舡自渡，渡口航埠既为渡运服务，也是沿途航运的靠埠。古津渡有海游渡、善江渡、上山头渡、长潭渡、连杜渡、水岙门渡、涛头渡、常乐渡、金鸡渡、黄门渡、铁场渡、横渡渡 12 处。20 世纪 50 年代，有外黎渡、涛头渡、潺岙下渡、潺岙上渡、善岙下渡、善岙上渡、沙岙渡、健跳渡、沙木渡、东郭渡、铁强渡、下罗渡、长坝头渡、浦坝上渡、浦坝下渡 15 处。

1988 年，三门县境内津渡发展至 20 处。其可归纳为旗门港津渡、海游港津渡、健跳港津渡、浦坝港津渡 4 区片。蛇蟠岛与大陆间的陆岛津渡归陆岛、海湾津渡子目记叙。

旗门港渡口航埠

其共有 2 处津渡：旗门义渡（大周渡），沟通南岸龙头山与北岸旗门圆珠山后周村；外黎渡（道岸头渡），处于清溪下游外黎村，沟通南岸葛岙与北岸宁海县道岸头村。

海游港渡口航埠

其自下至上有 6 处津渡：巡检司渡（涛头渡），南岸渡口设古巡检司，北岸渡口设涛头；江边山渡（花鼓漫渡），南岸渡口设头岙江边山村，北岸渡口设正屿山麓花鼓漫；水岙门渡（黄屿山渡），南岸渡口设头岙黄屿山，北岸渡口设葛岙水岙门山嘴；潺岙渡（长潭义渡、沙塘渡），南岸渡口设头岙乡潺岙村，北岸渡口设葛岙沙塘；善岙渡（三山渡、上山头义渡），南岸渡口设悬渚三山村，北岸渡口设善岙蒋村，为海游镇东重要津渡；海游渡，位于县城木杓山南。以上江边山渡与巡检司渡连通的正屿与涛头前期是岛屿，属于陆岛津渡，后期滩涂淤涨，两岛连入大陆。

健跳港渡口航埠

其自下而上津渡有 8 处：长洛渡（常乐渡）；健跳渡，处于健跳镇南，古称车马渡；黄门渡；沙木渡，东北岸渡口在沙木山蟹山脚，西南岸渡口在大宅塘；金鸡渡，在金鸡塘；梅岙渡，南岸渡口在梅岙塘，北岸渡口在凤凰山；铁强渡，西岸渡口在铁强东山，东岸渡口在东郭西边村；下罗渡（小水埠），处于上游大横渡下罗。其中健跳渡为健跳港重要津渡、南北交通咽喉，1959 年开通健跳汽车渡。

浦坝港渡口航埠

其自下而上津渡有 4 处：赖峙渡，南岸渡口设洞港闸边，北岸渡口在赖峙山，为沿赤乡与洞港间的津渡；高湖渡，北岸跃进塘，南岸高湖村；长坝头渡，北岸渡口在沿赤长坝头，南岸渡口在小雄双峙村；浦坝渡，南岸渡口在小雄浦坝村，北岸渡口在三岩乡小湾山南麓，为小雄与浦坝港北岸间重要津渡。

近岸陆岛渡埠

台州海岸一些贴近大陆的海岛，与陆岛间距如隔一条江河，故列入本节内容，如玉环岛漩门津渡、蛇蟠岛津渡、健跳港龙山岛津渡、白带门扩塘山津渡、松门外侧近陆岛屿津渡等。距离较远的陆岛交通航埠，如大陆至大陈岛、玉环楚门至周边岛屿、乐清湾两岸交通等，则专设“海岛港陆岛交通埠”一节记叙，更小的渔业生产性摆渡，则不做记叙。

漩门陆岛渡口航埠

1977年筑漩门大坝前，从楚门半岛往玉环岛均需在漩门摆渡，大陆渡口在东山头渡头村，岛上渡口在深浦，相距仅200余米。1960年，泽国至坎门公路筑通，在深浦渡两岸建汽车轮渡码头，直至1977年撤渡。

海游港入海口和蛇蟠水道陆岛渡口航埠

海游港入海口的正屿、涛头在20世纪90年代前为岛屿，故江边山渡（沟通江边山与正屿）、巡检司渡（也称涛头渡，沟通巡检司山北与涛头）在彼时属陆岛津渡。今正屿、涛头淤涨大片涂地，统称花鼓岛，实际已与大陆相连。

蛇蟠岛与大陆的津渡横跨蛇蟠水道，有2处渡口：蛇蟠渡，陆上渡口设巡检司，岛上渡口设蛇蟠岛黄泥岗；上敖渡，陆上渡口设六敖上敖村，岛上渡口设蛇蟠岛山前村。蛇蟠岛原为岛屿，20世纪90年代后，围塘促淤，现已与宁海市蛇蟠涂陆地相连。

健跳港口门陆岛渡口航埠

其有龙山渡。龙山也称狗头山，在健跳港出海口东北侧海面，陆上渡口在健跳港北岸人渡码头，龙山岛渡口在龙肚沙。

浦坝港白带（岱）门、牛头门陆岛渡口航埠

扩塘山处于浦坝港口门白带门与牛头门之间。跨白带门有扩塘山渡（洞港渡），北岸渡口设扩塘山老鼠屿，南岸渡口设洞港闸，为南岸泗淋与扩塘山岛间的津渡。跨牛头门有下园山渡，南岸渡口在扩塘山岛东北角下园山，北岸渡口设三门盐场六工区。

温岭龙门陆岛渡口航埠

松门外围陆屿、岛屿在古代均为海岛，其中龙门岛、横门岛、九洞门岛、南港山、北港山都有渔民聚居。1987年前，岛上渔民陆岛间交通均由渔民自发以渔船摆渡解决，1987年由专设机构统筹管理，迄2000年，龙门岛、横门岛、南港岛都已有陆路相通，龙门渡运渡口设石板殿龙门渡运中心，仅沟通九洞门岛、北港岛。

钓浜隔海山渡口

2020年5月始设渡轮，前此均是渔民以渔船过渡。

第五节　海岛港　陆岛交通埠

台州海域岛屿众多，历史上最大岛屿玉环岛和第二大岛屿蛇蟠岛今都与大陆相连，不再为岛屿，岛上港口不列为海岛港。近年筑坝连通头门岛建深水港区，与大陆相连，也不列为海岛港。唯上、下大陈岛为近代崛起的渔港，有发展能源港的前景。余皆零星小岛。

台州沿海受海相沉积影响，近岸岛屿均在由海岛演变为陆屿的过程中。宋《嘉定赤城志》所记津渡，在黄岩县条目中称“磊石渡，在县东南一百里”。今温岭市沙角山麓磊石村即此古渡口，其时属黄岩县，津渡的对岸是今石塘、松门，当时都是岛屿。这是台州古文献记载最早的陆岛交通。

松门、石塘在元以后与大陆相连。如今，更多的历史岛屿与大陆相连，如玉环岛、蛇蟠岛、头门岛，还有玉环茅埏岛有甬莞高速公路跨桥通过，金清、松门、石塘近陆岛屿大都因围塘包入大陆。迄今真正属于海岛，且有较多常住人口，并独立设乡镇行政建制的岛屿，仅有椒江区大陈镇所辖台州列岛，玉环市鸡山乡所辖鸡山岛、洋屿、大鹿岛、披山岛，玉环市海山乡所辖茅埏岛、茅坦岛、横床岛等。本节所记“海岛港、陆岛交通埠”主要在这些岛屿，此外也涉乐清湾两岸的交通渡。

大陈海岛渔港及陆岛交通埠

大陈岛主要传统港湾为下大陈岛大沙头港湾（今命名梅花湾）和上大陈岛大岙里。下大陈岛大沙头港湾位于凤尾山与五虎山交接处，两山岬间内凹区域即湾区，处于岛屿的西北角。杨府咀和南磊坑咀为湾区入口犄角。湾区面积 0.16 平方公里，湾腹较大，可泊渔船 500 余艘，水最深 8 米，高潮位水深 11 米。码头船埠主要布置在杨府咀向东南延伸岸线，海湾深处为南坑里，东侧山坳为岛上居民传统聚居地，今大陈镇镇区。大沙头湾外是杨府咀与小屿间的锚地，可泊渔船 200 ～ 300 艘；东北侧杨府咀与困龙山间为浪通门锚地，可泊渔船 2000 余艘；西部小屿西南和下咀头（土地堂）外侧海域锚地可泊渔船 600 余艘；南部西南岙（小岙里）锚地可泊渔船 400 ～ 500 艘。

上大陈岛大岙里港湾位于岛屿南端关帝山、缸爿礁和孔横岛、油菜花屿、高山谷之间，入湾两犄角是钉钩头与油菜花屿，港湾面积约 1.4 平方公里，湾内侧水深在 5 ～ 8 米，外侧水深 9 ～ 12 米，避北至东北风，可泊渔船千余艘。主要渔港即大岙里，20 世纪末在钉钩头建客货交通码头。此外，岛屿西部有象头岙和中咀，两岙均三面环山，为天然避风良港，水深 3 ～ 5 米，总数可泊渔船 2500 艘，其中中咀椿头岙在寮头岩与中咀间，2006 年启动建设避风港。油菜花屿与高丽头（高梨头）之间海域水深 10 ～ 20 米，为建深水港的优良区域。

上、下大陈岛间的水道水深 10 ～ 20 米，可锚泊万吨轮船，避偏南、偏北风。

大陈岛陆岛交通最近处是下大陈岛杨府咀至温岭市龙门（23.1 公里）、下大陈岛杨府咀至路桥金清白沙（28.7 公里）。民国及以前，仅有民间渔船、货船联系陆岛间交通。1955 年后，大陈岛划归海门政区，始有官方定期航班，一般由海门客运码头出发，在上大陈南岙或钉钩头“弯埠”，再至终点下大陈杨府咀，全程 55.19 公里。20 世纪 80 年代和 2018 年曾开辟下大陈至金清客运班轮，均因航道水深和陆上交通集散存在问题未有结果。上、下大陈岛间的摆渡，在杨府咀与南岙间对开。

迄 21 世纪 10 年代，因大陈海域深水条件优良，建设能源中转港就成为一种开发设想。

东矶列岛、一江山岛交通埠

东矶列岛中的雀儿岙岛、田岙岛、东矶岛、头门岛均有渔民定居，四岛均有埠头方便陆岛交通，但均为渔民自助，并无政府交通部门交通船。2010 年后开发头门深水港，头门岛已与大陆陆路相连，也不再属于渔村。

一江山岛由南一江山岛和北一江山岛组成，岛呈东北—西南走向，中间形成约宽 150 米、长 1.5 公里的水道，故称一江，岛上无定居人口，向来是渔民临时晒制鱼货的荒岛。1947—1955 年成为退踞海岛的国民党残军军事据点。国民党军败退后，有简易码头用于渔民临时作业。21 世纪 10 年代初该战争遗址作为旅游观光地开发，相应建设陆岛交通码头。

玉环岛、楚门半岛古交通埠

1977 年前，玉环为海岛，周边有众多小岛。宋以盐场开发海岛，明清曾遭“迁海”遗弃。明成化十二年（1476 年）前和清雍正六年（1728 年）至 1962 年，楚门半岛与玉环岛隶属永嘉郡或温州辖下乐成县（乐清县），或者为温州辖下玉环厅、玉环县。与温州、乐清关系密切，陆岛和岛岛之间的交通全赖渡运，且玉环全岛以山体为骨架，各山岬间淤涨地彼此分割，来往均需翻山越岭，故史上交通埠众多。据清代光绪《玉环厅志》记载，有如下一些交通渡埠。

西青交通埠　埠设西青马道，通乐清铧锹，清嘉庆年间（1796-1820 年）设为官渡。

琛（深）浦交通埠　为漩门两岸津渡，南岸埠头在漩门西侧深浦，北岸在渡头山南东山头，官办，由地方绅士管理。

白磴（墩）交通埠　埠设大麦屿与白墩，两埠合渡通乐清下堡，民船自营。

长山嘴交通埠　埠设古顺长山嘴，通乐清三眼陡门，民船民营。

乌岩嘴交通埠　埠设楚门半岛下沙乌岩嘴，绕过漩门，通乐清南浦，民船民营。

下陡门交通埠　埠设玉环岛东海岸下陡门，与茅埏岛礁头配合，由礁头过漩门行至下陡门，再至鸡冠山（鸡山）岛，民船民营。

楚门交通埠　埠设楚门港，民船民营，有两线，绕穿漩门，一至鸡冠山，一至洋屿。

芳杜交通埠　埠设芳杜河出海口，民船民营，绕穿漩门至鸡冠山。

鸡冠山交通埠　埠设鸡山岛，民船民营，过漩门，至太平温岭。此温岭指今温峤镇，时称温岭街，今温岭则为太平县城，渡船所达显然为江厦港埠。

《玉环厅志》另记四渡为豆腐岩渡、口筐渡、三盘渡、灵昆渡，四渡分别在大门岛豆腐岩、鹿西岛口筐岙、洞头三盘岛、瓯江入海口灵昆岛，通达地是乐清翁洋和盘石、永嘉双门。当时，今温州洞头区属于玉环厅。

当代乐清湾两岸与湾内诸岛交通埠

1949 年后，玉环隶属台州地区。20 世纪 50 年代至世纪末，玉环岛、楚门半岛与乐清湾对岸蒲岐一直有交通船来往，玉环县一方沿岸的坎门、鲜迭、外马道、白墩、连屿、陡门头等处曾为始发或弯靠埠头。2000 年政府在连屿建滚装轮渡码头，连屿成为两岸唯一的交通埠，直至 2019 年 10 月，因甬莞高速公路大桥贯通两岸，滚装轮渡停航。

乐清湾中有人定居的大青山岛、茅埏岛、茅坦岛、大横床岛，为当代玉环市所属岛屿，设为海山乡。此外有江岩岛靠近玉环岛蒲竹。虽然 2018 年筑通甬莞高速公路乐清湾大桥，桥跨茅埏岛，并设高速公路互通出入口，但诸小岛仍需渡运，现 4 条渡运如下：

历史上的小青山是岛屿，今包入陆地，设小青—大青线，渡船往返大青山与小青山间。

对茅埏岛、茅坦岛、大横床岛的渡运，以玉环岛西侧箬笠礁码头、茅埏岛抛西码头、乐清南塘东山底码头、大横岛山岗头航埠、茅坦岛西侧航埠为渡口，组织渡运。因为海山乡诸岛与乐清靠得更近，与乐清东山来往最密切，渡运设有横床—东山线、茅坦—东山线、抛西—东山线。江岩岛更接近玉环岛，渡运有箬笠礁—江岩岛线。

当代鸡山岛渔港和交通埠

鸡山岛南岛长 3.3 公里，北岛（洋屿）长 2 公里，两岛相距 1.8 公里，岛链总长 7.1 公里，为漩门湾东南屏障。岛上居民众多，南岛大多集中于陡面山以北前岙、后岙的北山村（鸡北村）、南山村（鸡南村）和后岙村，其次在南端火车村；北岛集中在披头和鸡公山间的山岙（洋屿村），部分分布在鸡公山头南。南北两岛主要居民区都朝西面对漩门湾。

南岛主要渔港和客货运港埠在后岙，其次在度礁、黄沙岙、火车村也有靠泊港埠；北岛主要靠泊港埠在披头，其次在鸡公山嘴、后岙也有靠埠。

位于南岛后岙的鸡山岛旅游客服中心码头西北距楚门半岛栈台客运码头 3.6 公里，西南距坎门鹰东客运码头 9.4 公里。洋屿岛皮头码头距楚门半岛栈台客运码头 3.6 公里，距坎门鹰东客运码头 13.2 公里。迄今，公路交通便捷后，水路舍远就近，渡运仅保留鸡山—栈台、洋屿—栈台线。2012 年，洋屿岛居民整体搬迁，客运撤销，但每逢清明祭祖，仍开船渡客。

当代大鹿岛旅游交通埠

大鹿岛本无人居。1963 年起持续植树，全岛覆盖森林；1985 年起中国美术学院教授洪世清以石赋形，在海岸蚀崖致力海生动物摩崖石刻创作；1991 年海岛列为省级森林公园后，跟进各项旅游配套设施建设，在仅隔 40 多米的大鹿山、小鹿山两岛间建悬索桥，在两岛连接处西侧、蟹山东侧建客运码头，该无人岛成为旅游热点。

大鹿岛客运码头开通两条航线，一至干江栈台客运码头，距离约 7 公里；一至坎门鹰东客运码头，距离约 12.5 公里。迄今，公路交通便捷后，水路舍远就近，渡运仅保留大鹿岛—栈台线。

当代披山岛渔港及交通埠

披山古称邳山，在坎门以东 23 公里的披山洋，呈倒“凹”字形，面积 2.38 平方公里。其向来是渔船靠泊地，也是海盗出没据点。明末始有渔民定居。20 世纪 50 年代初，国民党残军退踞岛上，军民近千人。1955 年，岛上居民随军迁撤退台湾，后经移民上岛，人口大不如前。

披山岛居民点和港埠在岛屿中部水咀头东朝西北山岙，渔港面积约 11 万平方米，可泊渔船 400 余艘。20 世纪末起，近海渔业资源衰退，渔船和捕捞保鲜技术进步，海岛作为海洋捕捞中继站作用逐步减弱，人口大多迁往大陆，常住岛上的极少，海岛业态逐步转为海水养殖和渔业观光，陆岛交通每周两班至坎门，主要为岛上驻军输运物资。

第二章　经济腹地与疏运条件

港口经济腹地指港口集散客货所涉范围，从紧密程度可分为直接腹地、间接腹地，从陆海地域角度可分为陆向腹地、海向腹地。腹地是港口存在与发展的前提和基础，港口是腹地经济发展不可或缺的通道。

浙江沿海自北至南布置宁波、台州、温州三个港口群，台州居中。受地形和南北两港影响，台州港南北腹地均受制约。台州地区西、北、南被高山围隔，在未通汽车、火车前，港口腹地也难以向西发展。

两汉、三国、西晋时期，章安港是浙南开发桥头堡，其时温州尚未开发，章安港通过沿海航线，海向腹地广及浙南温州、丽水地区和宁海、象山地区，至东晋，永嘉独立设郡，瓯江流域为台州河口港海向腹地的功能逐渐衰减；至民国 32 年（1943 年），宁海划归宁波，后有反复。1952 年，再归宁波，象山半岛的海向腹地也逐步丧失。自唐宋以来，台州航运逐渐伸向福建、杭州湾、长江口、环渤海区域，甚至达于新罗、高丽、日本、东南亚。海向腹地逐渐拓展。

20 世纪 50 年代以后，公路建设逐步跨越山区，南北贯通宁波、温州，西部连通丽水、金华，但南北通道不能拓展腹地，甚至反被强势港口宁波吸附；西侧公路盘山过岭，也无交通畅途，腹地仍然难有拓展。直至 2011 年台金高速公路全线建成、2016 年开工建设金台铁路，并于 2021 年 6 月 25 日通车，西部交通大通道建成，给台州港腹地西延打下了疏港基础。

第一节　陆向直接腹地

今台州港由台州湾区、玉环—楚门半岛海岸、三门湾区各港组成，三地港区陆向腹地都是台州地区，中心港在台州湾区。

用圈层结构来分析台州港经济腹地，以台州湾河口为中心，其半径 50 公里的内圈层，包括椒南平原、椒北平原、黄岩宁溪、临海大田、健跳海游、松门石塘、楚门隘顽、大荆雁荡等地；半径 100 公里的中圈层，包括玉环、乐清、仙居、天台、宁海、象山等县市。

内圈层腹地

在未筑公路以前，台州平原、山区均依赖船舶运输。内圈层的椒南平原和椒北平原，凭借内河运输，与椒江出海口关系最为密切，是椒江河口港最为直接的经济腹地；永宁江中上游黄岩、乌岩（今长潭水库库区）、宁溪，灵江中上游临海、大田、邵家渡、东塍、张家渡、筱溪、汛桥、水家洋（今沿江镇）等地，凭借内江及支流水道，也都是椒江河口港的直接腹地。至于健跳、海游、松门、石塘、隘顽、楚门、大荆、雁荡，既通陆路又通近岸海路，直线距离都在50公里内，也属椒江河口港的直接经济腹地。

中圈层腹地

处于中圈层的仙居、天台地处永安溪和始丰溪的河谷盆地，先民历来凭借长船、柴昆船、溪船、竹排、木排与下游往来。天台县街头、平桥和仙居县横溪、皤滩的竹、木、柴、炭和土产，都可直运或经临海转运，达于椒江口；上乡所需食盐、海产品、南北货、工业品等也都江运西送，这是次一级的陆向直接经济腹地。

至近代修筑公路后，港口疏运条件开始变化，经济腹地也有所变化。公路通达首先使椒江水系上游航运逐渐被公路运输取代，平原内河运输由于椒南平原、椒北平原航程不长，短距离船运加上装卸费，相较于汽车运输优势很小或没有，部分货运也被汽车运输取代，但这尚不构成腹地的流失。

20世纪末甬台温高速公路和上（虞）三（门）高速公路建成后，交通的便捷不仅未使腹地拓展，反而将台州北部的货源拉向宁波港，造成海门港部分货源流失。台州港南北被强势的宁波港、温州港夹持，是其弱点。

第二节　当代陆向腹地点轴

经济腹地的点轴法结构，是指沿着交通轴线布置的城镇和经济区。当代台州港集疏运通道主要有甬台温方向六纵轴线、杭绍台方向五纵轴线、椒北横向轴线、椒南横向轴线。

甬台温方向六纵轴线

甬台温方向南北六纵轴线是指G15甬台温高速公路、214省道、甬台温铁路、路泽太一级公路及南北延线、G1523甬莞高速公路、228国道。其是沟通宁波至温州、玉环方向的南北通道，以及台州中心城区向南北延伸的通道。

民国时期，台州地区至宁波借杭州至台州公路，在新昌拔茅转江（口）拔（茅）线经溪口至宁波；1955年改线从三门、宁海通过，即后来的214省道。甬台温高速公路与之平行，沿途相关互通口有宁海南互通、三门（岭口）互通、吴岙枢纽、临海北（大田）互通、临海南（青岭）互通、水洋枢纽、台州（黄岩）互通、台州南（院桥）互通、大溪互通、雁荡山互通。连接城镇有宁海市城区、前童镇；三门县海游镇、珠岙镇、高枧乡；临海市汇溪镇、临海城区、邵家渡、沿江镇；台州市黄岩城区、院桥镇；温岭市大溪镇；乐清市湖雾镇、大荆镇、雁荡镇等。

甬台温铁路与甬台温高速公路基本平行，沿途相关站点有宁海站、三门县站（亭旁百亩头）、临海站（邵家渡溪边）、台州西站（黄岩王林，2021年6月前为台州站）、台州南站（螺洋货运站）、温岭站（大溪下洋张）、雁荡山站。

路泽太一级公路也称台州中央通道，南接玉环旧76省道，北接东环大道，在椒江城区转台州大道接章溪公路可达溪口、康岭。北线连接临海市东塍镇、康岭乡、小芝镇、溪口乡；台州市椒江区章安街道、葭沚街道、白云街道、洪家街道。南线连接台州市路桥城区、新桥镇；温岭市泽国镇、联树镇、城北街道（石黏）、温岭城区、城南镇；玉环市沙门镇、楚门镇、玉环城区、大麦屿港区等。

直至20世纪末，台州沿海陆路交通不畅。21世纪初，台州湾北岸利用新建224省道，从甬台温高速公路三门互通口（岭口）起南延，经海游、六敖、健跳、浬浦、浦坝港、泗淋、桃渚、上盘、杜桥，连接新建椒江二桥；南岸从椒江二桥起新建225省道复线，经山东、三甲、竿蓬、金清、永安、滨海、东海塘至松门接324省道。其建成后纳入国家辽宁丹东至广西东兴的高等级沿海通道规划，成为228国道（也称丹东线）。228国道在海游港江边山处建海游港特大桥往北去宁海，在温岭龙门港西侧折西经温岭城区，温峤再折南在玉环芦浦互通口过玉环跨海大桥去乐清。

2019年，政府建成甬莞高速公路，与228国道基本平行。高速公路相关互通口有象山新桥互通、宁海长街互通、蛇蟠互通、健跳（六敖）互通、浦坝港（浬浦）互通、桃渚互通、头门港（上盘）互通、头门港南（杜桥）枢纽、台州东（十塘）互通、路桥（金清）互通、温岭北（滨海）互通、温岭南（城南）互通、沙门互通、玉环互通、芦浦互通、海山（茅埏岛）互通、乐清南塘枢纽。连接城镇的有象山县新桥镇、定塘镇、石浦镇；宁海县长街镇、沥洋镇；三门县蛇蟠岛、六敖镇、健跳港区、浬浦镇、浦坝港镇（三角塘）、泗淋乡；临海市桃渚镇、上盘镇、头门港、杜桥镇；台州湾经济集聚区（2020年7月改台州湾新区）、金清镇；温岭市滨海镇、箬横镇、松门镇、城南镇；玉环市沙门镇、干江镇、龙溪镇、玉环城区、芦浦镇、海山乡；乐清市南塘镇等。

杭绍台方向五纵轴线

西北杭绍台方向五轴线是指104国道（京福线、京岚线）、G1522常台高速公路（省内也称上三高速公路）、S26诸永高速公路、杭绍台高速公路、杭绍台高速铁路。五线形成台州至绍兴、诸暨、杭州通道，南及永嘉、温州。

台州北至杭州、南至温州的最早公路是建于民国23年（1934年）的杭温公路，1981年使用国家干线公路网编号，称为G104。常台高速公路上虞至三门段于2000年通车，时称上三高速公路（后连线跨杭州湾至常州），在吴岙枢纽接甬台温高速公路至台州、温州。104国道原也走吴岙线，从高枧折南至临海，再经黄岩、路桥、泽国、大溪去温州，后自天台改沿始丰溪南下至临海，两路目标一致，基本平行。高速公路相关互通口有交接甬金高速公路的嵊州枢纽、新昌互通、新昌南互通、双彩互通、白鹤互通、天台互通、洋头互通、吴岙枢纽，以南与甬台温高速公路共线。沿途连接城镇有嵊州城区；新昌县城区、新昌城南、双彩乡；天台县白鹤镇、天台县城、三合镇、洪畴镇；三门县高枧。104国道沿始丰溪段连接集镇的有天台县福溪街道，临海市河头镇、沿溪乡、永丰镇。

S26诸永高速公路处于台州西部，2014年筑通，北连磐安、东阳、诸暨，南连永嘉、温州。公路交甬金高速公路于东阳怀鲁枢纽，以南互通口有歌山互通、湖溪互通、横店互通、马宅互通、磐安互通、双峰互通、埠头互通、白塔枢纽、神仙居互通、公盂岩互通、岩坦互通、枫林互通、花坦互通、古庙互通、永嘉互通。其沿途连接城镇有东阳市怀鲁镇、歌山镇、湖溪镇、横店镇、马宅镇；磐安县城区、双峰乡；仙居县埠头镇、白塔镇、田市镇；永嘉县岩坦镇、枫林镇、花坦乡、古庙乡、永嘉县城。

杭绍台高速公路在常台高速公路西侧，穿越山区，连接众多原交通不便的山区集镇，2020年12月筑通。在嵊州西侧甘霖枢纽与甬金高速公路相交，以南的互通口有新昌西（澄潭苍岩）互通、镜岭（十九峰）互通、回山（尖山）互通、街头（砻溪）互通、雷峰互通、白水洋（双港）互通、括苍枢纽，在括苍枢纽与台金高速公路相交。沿途连接集镇有嵊州市甘霖镇；新昌县澄潭街道（含梅渚）、镜岭镇、回山镇；磐安县尖山镇；天台县三洲乡、平桥镇、街头镇、龙溪乡；临海市双港镇、白水洋镇、括苍镇。杭绍台二期工程在施工中，在括苍镇向南开隧道，经尤溪，再过划岩山隧道，经溪头、北洋、茅畲、沙埠接甬台温高速公路台州南（院桥）互通，并再延伸温岭大溪。

2017年开工建设杭绍台城际高速铁路，台州域内站点有天台站、临海站、台州中心站（2021年6月改台州站）、温岭站，于2022年2月10日通车，二期工程延至玉环。

椒北横向轴线与台金衢通道

椒北横向轴线有早期临（海）石（柱）公路（今322省道）、大（田）路（桥）公路（旧75省道，今S225）、岭（口）三（角塘）公路（今224省道）、临（海）前（所）公路（旧83省道）、台金高速公路、351国道、台金铁路。

台州最早横向公路临（海）仙（居）公路于民国22年（1933年）开始修筑，但始终未成，直至1957年才建成通车，随后西延至永康石柱镇，接金丽温公路，称为临（海）石（柱）公路，今编号S322。20世纪30—70年代，临海向东除杭温公路至黄岩、路桥，再由路椒公路至海门港，另有1960年建成的大田经东塍、岭根、小芝、杜桥、前所、海门至路桥的大（田）路（桥）线（旧75省道）。1980年建黄岩至海门82省道。

1977—1985年，政府逐步分段筑通临（海）前（所）沿江公路83省道，连接海门港前所港区。1959年筑成三门岭口经上叶、海游镇、枫坑、浦西、六敖、健跳至三角塘公路（S224），与健跳港连接。这些公路仅改善港口对周边集镇的集疏运环境。

进入21世纪，随着开辟头门深水港、建设大港口思路的确立，为头门港开拓西进疏港通道提上议事日程，并得到实施。2007年，台金高速公路水洋枢纽以西路段建成通车，2010年水洋至大汾段建成通车，2019年延伸至甬莞高速公路头门港南（杜桥）枢纽。公路西部交于永康前仓枢纽，接G25长（春）深（圳）高速公路金丽温段，全线互通口有壶镇互通、横溪互通、白塔枢纽、白塔互通、仙居互通、仙居东（厦阁）互通、白水洋互通、括苍（张家渡）枢纽、临海西互通、临海互通、水洋枢纽、沿江互通、涌泉互通、章安互通、大汾互通、头门港南（杜桥）枢纽。沿途连接城镇有永康市前仓镇、石柱镇；缙云县壶镇；仙居县横溪镇、皤滩、白塔镇、田市镇、官路镇、仙居县城、下各（厦阁）镇；临海市白水洋镇、括苍镇、永丰镇、临海城区、沿江镇、涌泉镇；台州市椒江区章安街道、前所街道；临海市杜桥镇、上盘镇。

旧 83 省道沿灵江而行，弯曲而路长，沿途连接钓鱼亭、石村、管岙、涌泉镇、玉岘、黄礁、章安至前所。2008 年，开工建设 83 省道复线，起自大田，直线指向杜桥，逢山开洞，凿大龙山隧道、马鬃岗隧道、西白岩隧道、桐峙山隧道，经溪口，再凿马岙岭隧道至杜桥，2013 年贯通；再凿凤凰山隧道至白沙连接头门—白沙跨海大坝，直达头门港，2018 年全线贯通。大田以西又凿大岭山隧道、西山尖隧道，利用原临仙公路或开新道，在仙居境内多处开隧道截弯取直，于长岗岭凿隧道，通磐安，过横店，经东阳、义乌、浦江、兰溪、衢州出省。此线被《国家公路网规划（2013—2030 年）》编为台州头门港至四川小金县的 351 国道（也称台州—小金公路）。

2016 年开工建设金台铁路，2020 年 9 月主线长轨贯通，2021 年 6 月 25 日正式通车。铁路从永康南站引出，向东经壶镇、磐安、仙居、临海、台州市区，客货线分别接入台州西站和台州南站，支线直达头门港，沿途站点为金华南站、永康南站、壶镇站、仙居站、临海南站、台州西站、杜桥站、头门港站，为浙江省内五横铁路线之一。

椒南横向轴线

椒南横向交通轴线自北至南为旧 82 省道今 S325 线、院（桥）路（桥）一级公路和东方大道、白（峰桥）剑（门）公路、大（溪）石（黏）一级公路和石（黏）松（门）一级公路、228 国道温岭段、林（岙）石（塘）线。

旧 82 省道黄海公路至 1980 年才筑通，西延长潭、宁溪、富山，直至永嘉与诸永高速公路相交，今称 S325 线。今黄海公路已为城市道路，改线走永宁江北岸，东接椒江城区工人路，西线串联黄岩西部山区，经新前、头陀、潮济、屿头、宁溪、富山、决要入永嘉县境。

院路线西起甬台温高速公路台州南（院桥）互通口，经院桥、鉴洋湖、螺洋，过肖岙岭隧道接迎宾大道、东方大道至甬莞高速公路路桥互通口，再延至三山涂台州湾集聚区。

白剑公路为 20 世纪 50 年代修筑的早期公路，起自 104 国道白峰桥，经新桥、横街、下梁至金清，与金清港连接，后又延至剑门。

大石线和石松线相连，西起甬台温高速公路大溪互通口，经大溪、横峰、城北（石黏）、长屿、新河、箬横、淋川至松门。

228 国道温岭段指国道纵行至箬横七塘严家浦大桥后向西转弯，经甬莞高速公路互通口，在浦岙穿越肖浦隧道至温岭城区，然后至温峤折南，经江厦、坞根至玉环漩门，过玉环跨海大桥去乐清。该线温岭城区部分走线尚不确定，东延可至龙门港。在未列为国道前，该路称 S325 复线。延伸至龙门港段仍称 S325，该线为龙门港疏港通道。

林石线西起零林岙，东至温岭石塘，途经石桥、东浦、松门，为温岭西部沟通石塘渔港的重要通道。

第三节 海向腹地

海向腹地相对于港口的陆向腹地而言，是指通过海运与海外其他港口的沟通范围。陆向腹地是港口发展初始时期关注的传统条件，但随着港航商贸的展开，海向腹地成为衡量港口活力的重要因素。

宋元以前海向腹地拓展

先秦时代，台州湾处于“外越”化外之地，浙南温州、丽水地区均未开发，两汉设章安县治于台州湾口，先民虽无远航，但瓯江流域和环三门湾区域都是章安港的海向经济腹地。汉末三国时期，东吴孙权甚至遣将“远规夷洲（台湾）”，文人将台州物产风情都写入《临海水土异物志》。

温州港发育后，瓯江流域自成港口，其作为台州河口港海向腹地的区位逐步衰减。台州湾和三门湾相接，环三门湾的宁海、象山通过海运，与台州湾往来便捷，经济联系密切，海门至象山石浦客轮运行至1998年才因公路发展而撤销。行政上，宁海、象山也向来属于台州地区，至唐广德二年（764年）象山改属明州，至1958年宁海并入象山，两地才全属宁波地区。

唐宋以来，台州经济趋向繁荣，稻米、食盐、柑橘、茶叶、蚕丝、苎麻、纺织品、陶瓷生产都自给有余，谋求向外推销，也渴求外地物资进口，海运首先达于福建沿海和长江三角洲地区，再远伸到东南亚和日本、新罗、高丽。元代漕运还达于渤海地区。元以前的台州航运，不仅将海向腹地推向了国内苏、浙、闽沿海，甚至推向国外。

明清以后海向腹地的曲折发展

明清朝廷以海禁自残港航事业，海上运输受到重创。鸦片战争后，台州海航受沪甬开放港口影响，活力重现，海门港通过沪甬对外通商口岸的转口，对接了欧美国际市场，呈现一时繁荣，却又遭日本侵华的摧残。

20世纪50—70年代，受国际冷战局势影响，台州海运颇受制约。80年代改革开放后，提出发展外向型经济，台州港航获得良好发展机遇，海向腹地大幅度拓展。

到21世纪10年代，台州港国内货运港埠，南至温州、瑞安、龙港（鳌江）、台湾基隆、福州、马尾、秀屿、泉州、石井、厦门、东山、汕头、汕头海门、香港、深圳赤湾蛇口、广州黄埔、澳门、湛江、海口、清澜、三亚、八所、防城等；北至石浦、沈家门、普陀山、定海、北仑、镇海、宁波、岱山、上海、陈家港、燕尾港、连云港、日照岚山、日照石臼、青岛、乳山口、荣成石岛、烟台、蓬莱、龙口、天津塘沽、天津新港、秦皇岛、葫芦岛、营口、旅顺、大连等；通过长江航道，可达沿岸港埠上海、宝山、崇明堡镇港、崇明南门港、南通、张家港、江阴、泰州高港、镇江大港、镇江、南京、马鞍山、芜湖、芜湖狄港、铜陵、安庆、九江、黄石、湖口、汉阳等。

以上航运线，甬—台、沪—台、津—台是三条物资运输主要渠道，北方电煤主要由北仑港、连云港、舟山老塘山港转运。

唐宋时已发轫的台州海外贸易，在明清毁于海禁，清末民初重新抬头，并伸向欧美，但台州出口的麻帽、绣衣、肠衣，进口的火柴、肥皂、洋油、洋布还都依靠上海开放港口转运。

20 世纪 80 年代改革开放后，1987 年海门港直运冰鲜鲳鱼至日本福冈，1988 年开通海门至香港集装箱运输，1990 年海门港对外轮开放。由于种种条件的限制，台州港迄今仍只能作为外贸集装箱运输的内支线，但通过宁波、上海国际大港口，可转运至世界各地。较为兴旺的是通过日本，向海门港转运废旧金属产品，支撑当地废旧金属拆解产业。东南亚国家向海门港出口原木，支撑当地木材加工产业。

第四节 潜在腹地

台州港半径 100 公里中圈层以外的区域自古以来被高山阻隔，在无公路时代，交通相当困难，开辟驿道后，少量货物亦有流通，如新昌、嵊县（今嵊州）、永嘉、缙云、丽水、永康、金华、东阳、义乌等地所需的食盐、药材、茶叶、染料、土产、粮食，也可经船运至天台、仙居皤滩，然后雇挑夫翻越山岭，再经水路运输。这些地区均可算间接腹地。迄今，西进道路已突破高山封锁，高速公路和铁路都已开通，西部腹地已有挖潜条件。2001 年 12 月，中国加入世界贸易组织（WTO），也给航运业提供了广阔的潜在海向腹地。

陆向挖掘西进潜力

中圈层以外的外圈层属于温州、丽水、金华、绍兴、宁波各市辖地以及更远地区。由于北面宁波、南面温州均是强势港口，台州南北腹地没有延伸的前景，唯一扩展的前景在西部。

1957 年，临海至仙居筑通公路，1958 年将公路延伸至缙云，终于突破高山阻隔，但其时公路等级极低，通过高山是狭窄的碎石盘山道。金华地区货物出港还是靠铁路输送至宁波港。

为打破西向通道的僵局，2003 年，台金高速公路开工，2006 年建成永康前仓至甬台温高速公路水洋互通枢纽的路段；2010 年从水洋互通枢纽东延至杜桥大汾。2014 年 10 月，金华至台州铁路项目获批，2016 年开工建设，2020 年 9 月主线长轨贯通，2021 年 6 月 25 日通车。金台铁路横贯浙江省东中部，全线长 226.12 公里。该货运大通道的打通给台州港口带来间接腹地的潜在延伸，范围涉浙江西南部金华、丽水、衢州地区，以远还涉上饶、鹰潭、抚州、宜春、萍乡、株洲、长沙、娄底等江西和湖南的铁路沿线。

2013 年，旧 83 省道取直改建复线，直指头门港，并连通和改造原 S322 临海去仙居公路、仙居至东阳公路，最终将其纳入《国家公路网规划（2013—2030 年）》中的 351 国道。该国道东起头门港，西至四川小金县，称为台州—小金公路。公路在浙江连通磐安、横店、东阳、义乌、浦江、兰溪、衢州；在江西连通婺源、景德镇、湖口、九江、瑞昌；在湖北连通洋新、咸宁、嘉鱼、洪湖、容城、程集、郝穴、熊口、毛家港、斑竹垱、新江口、刘家场、五峰、鹤峰、宣恩、恩施、咸丰、利川；在重庆连通石柱、丰都、合川、潼南；在四川连通岸岳、乐至、资阳、仁寿、眉山、丹棱、洪雅、雅岸、芦山、宝兴、小金。该线路的开通，有助于台州港腹地的西拓。

海向拓展国际贸易

就海向腹地而论，太平洋西海岸的国际大港东京、基隆、马尼拉、中国香港、新加坡，形成一个扇面，台州港正在这个扇面的中间。虽然由于种种原因，台州港还未能成为国际集装运输干线，但台州外易货物实际已通过宁波、上海等干线港覆盖以上国际港口，也不定期直航日本、朝鲜和中国香港、台湾基隆地区，并且航运公司海外运输已进入东南亚和澳大利亚。从就近原则看，浙西、江西货物如往北运，可以舍温州选台甬，如往南运，则应舍宁波选台温，居中的台州港还是具有成为干线港的优势的。

第三章 港航历史

台州港航历史发轫于春秋战国时期徐、越失国，遗民浮海，“滨于江南海上”(《史记•东越列传》)。此时浙南滨海沉积平地稀少，最大两块滨海平原在台州湾畔大溪、回浦（章安）。徐、越遗民就浮海栖居于此。先是徐人在大溪建徐偃王城，继而又由浮海而至的越人遗族踞此建为东瓯王国。迨秦统一中国，汉又灭秦，汉朝廷以具备港航地利之回浦（章安）设为浙南第一县治，并置会稽郡东部都尉，该地遂成为开发“外越”的桥头堡。迄三国，吴主升章安县为临海郡，曾一度以万人船队，以章安为集结站“远规夷洲（台湾）”。

经过两晋南北朝纷乱，隋重新统一中国。隋王朝以农耕社会视角注重内部管理，为震慑台州内陆叛逆，朝廷撤销章安郡县建制，移设灵江中上游大固山麓，导致台州港航优势渐失，并延续千余年劣势。唐宋虽有兴旺海外贸易，但浙江口岸基本在明州。

宋元时期，椒江成江，台州湾口港航处于自发状态。朝廷有所举错，在河口港重置兵寨、市舶、盐监、税场、河泊所等管理机构。此时，章安港埠转移南岸家子（葭沚），与福建、长江口间的航运逐步发展，并承担南粮漕运大都的重任。

明清两代闭关自守，行海禁之策，港航手足被困。明在沿海设备倭卫所，置于海门卫、松门卫和诸所城，沿海港埠成为军港，海门港开始被置于要隘地位；清代“迁海”却反其道而行，迁弃沿海军事要地，港航连同渔业、军事均遭荼毒。至平定台湾，才得“展复”沿海各业。迄鸦片战争后，海门港受沪甬开放口岸影响，才将港航推向近代化，取得一时繁荣，在民国时期成为闻名遐迩的台州“小上海”。

1937—1949 年，台州港航连遭日军侵华、内战等战争磨难，港航艰难挣扎。本章记叙历史下限在 20 世纪 40 年代末，当代港航发展反映在各章记述中，本章从略不记。

第一节 先秦汉晋之东瓯古港

“东瓯”之词出于《史记・东越列传》所载：“孝惠三年（前 192 年），举高帝时越功，曰闽君摇功多，其民便附，乃立摇为东海王，都东瓯，世俗号为东瓯王。”

因后人俗成认知“瓯”源于瓯江，致使普遍认为“东瓯”即今温州地区。其实“瓯”的本义是盆盂类瓦器，《荀子・大略》中有“流丸止于瓯臾，流言止于知者”句，“瓯臾”比喻地面洼陷不平之处。“瓯”是指浙东南沿海洼陷不平的淤涨地，包括三门湾以南至福建界的沿海一带。瓯江原名永宁江、永嘉江、慎江、温江，直至明代才称瓯江。秦汉人不可能依据不存在的江名专称温州地区为东瓯，反而是后人依据地域名给瓯江命名。

据地理勘测，今温州瓯江、飞云江和鳌江口的海相沉积平原，在秦汉之交的公元前200年左右，大部分都未成陆，部分成陆地的地方也只是山体前沿小范围淤涨地。今温州地区在东汉顺帝永和三年（138年）才从章安县分出，设立永宁县，而且设县城于江北今楠溪江口（后来的贤宰乡），直至东晋明帝太宁元年（323年）才建今温州鹿城。温州建城晚于楚灭越（前306年）、越人流散东瓯629年，在此600多年中，今温瑞平原才逐步沉积成陆。它不可能是越人流散的主要栖居地。

事实是古东瓯历史由两次中原部落浮海南迁缔造，其遗迹均在台州湾畔。

大溪古王城的航海史迹

春秋周敬王八年（前512年），淮北徐国被吴阖闾所灭。徐国部落也称徐方，为古代东夷中的方夷一族，“方”是古代的边架舟，方夷指会制造使用边架舟的氏族。因其善于造船驾舟，精于舟行的徐人失国后也就浮海求生，来到台州湾畔。

此时，台州湾畔最早沉积成陆的淤涨地在温岭大溪。南宋地理总志《舆地纪胜》载：“古城，在黄岩县南三十五里，……故老云即徐偃王城也。”宋嘉定《赤城志·纪遗门·遗迹》也载“古城在黄岩县南三十五里大唐岭东，外城周十里，高仅存二尺，厚四丈；内城周五里，有洗马池、九曲池、故宫基址，崇一十四级，城上有高木可数十围，故老云即徐偃王城也，城东偏有偃王庙”；同书《冢墓门》又载“徐偃王墓，在县东南二十五里胜果院后山，有土砖台址及石笋尚存”，《辨误门》又记“黄岩有岙曰徐岙，山曰徐山，或云徐偃王之庙……”

大唐岭在今温岭大溪，胜果院后山、徐山即今路桥、椒江区界之犁头山，山下还有徐山泾，这些地名典故都佐证古代徐人浮海栖居此地的事实。大溪河东流不远有牧屿，今日陆屿即古之岛屿，又佐证这是一片负山面海之地。

2002年9月至2008年，由浙江省文物考古研究所主持的古城考古，先后三次对大唐岭东里宅村和大岙村的古城遗址做了试掘，发现古城遗址的地层堆积分上下两层，上层是宋代遗迹，下层四面土筑城墙构成古城的平面范围。其面积约1平方公里，东城和南城墙基隐约可见；西南侧有一座较大规模的台基，基周每隔1米排列绳纹水管一根，地面随处可见春秋战国时期的印纹硬陶碎片。这些文化层堆积是城内居民活动的真实反映，遗垣显示的城内建筑构成古城的核心内容，正与宋《嘉定赤城志》所描述的“徐偃王城”相吻合。

《慎子》说“行海者，坐而至越，有舟也”；《庄子》成玄英疏说“吴越比邻，地带江海，兵戎相接，必用舻舡”。周赧王九年（前306年；一说前250年，又说周慎靓王九年），楚灭越，“越以此散，诸族子争立，或为王，或为君，滨于江南海上……”（《史记·越王勾践世家》）。“以楫为马”的越人遗族流栖地，一在浙东南，一在闽北，史上分别称为瓯越、闽越。

至秦统一中国，浙南、闽北设为闽中郡，徒有虚名，瓯越、闽越仍各自为王。秦末，瓯越王摇、闽越王无诸依附鄱阳令吴芮反秦。至刘邦兴起，又助刘灭秦。《史记》写该段历史称“汉五年（前202年），复立无诸为闽越王，王闽中故地，都东冶。孝惠三年（前 192 年），举高帝时越功，曰闽君摇功多，其民便附，乃立摇为东海王，都东瓯，世俗号为东瓯王”。

上述文字存在一些问题，致使后人不知东瓯都城在哪里，而引起史学界争议。《史记》原文的句式是“王某地，都某地”，前句是说“以哪些地域为统治地盘”，后句是说“在哪里设都城”。如“闽中”指地域，“东冶”指具体地址，十分明确，但写东瓯却句式不全，漏写“王某地”，跳到“都某地”。“东瓯”一词在《史记》的其他章节全部是指地域或引申为居住这里的族群，没有一处是指地名。事实是，它完全不是一个有具体所指的地名。古籍文字中常有脱字、脱句和专业术语、衍文，不足为怪，所谓“都东瓯”显然是错句，应该是“王东瓯”，而未说出都城在何处。而且同段中称摇为“闽君”也是明显错误。

汉武帝建元三年（前 138 年），闽越发兵围攻东瓯。东瓯向朝廷求救，朝廷派遣庄助从会稽（今苏州）发兵，航海救东瓯。汉军未至，闽越闻讯退兵。东瓯王摇不忍骚扰，获准“举国徙中国”（《史记·东越列传》）。“举国”的“国”是指城邦，并非迁徙全部百姓，“中国”指中原，即迁“江淮之间”。不管是越人迁入、闽越攻东瓯、汉军救东瓯，还是东瓯举国迁徙，都说明过程中“必用舻舡”，而且反映其航海能力的强大。

2006 年，浙江省、台州市考古专家又对温岭大溪塘山一大型古墓进行发掘考古，发现墓葬发掘的陶瓷器质地、器形和纹饰都显示越系文化特征。对照福建崇安闽越王城出土的文物，专家认为塘山大墓应是一座西汉初期墓葬。联系大唐岭王城出土文物也有不少越系文化特征，专家认为古城、古墓共同显示东瓯文化特征。它说明大唐岭徐偃王城，在 200 年后也可能成为《史记》所言“都东瓯”的东瓯王城，王墓也可能就是东海王族墓。墓葬发掘可佐证东海王的大本营就在台州湾畔。

先秦时期的台州湾畔滨海河流均是感潮河流，若要利用河流灌溉农田，必须在河口围堰挡潮，以蓄淡水。围堰后船舶就难以从外海驶入内河，一般可靠畜力拉船过堰坝。

章安古港史迹

汉建元六年（前 135 年），闽越王郢被弟余善所杀，闽北地立丑为越繇王，余善立为东越王。汉元鼎六年（前 111 年），余善谋反；次年，东越人杀余善降汉，东越国撤除。

汉始元二年（前 85 年），东越故地置回浦县，县治设今椒江区章安回浦河畔，辖境广及今台州、温州、丽水 3 市域和部分宁波地、闽北地。《汉书·百官公卿表》载：“县大率方百里，其民稠则减，稀则旷。”回浦县疆域如此之大，可见其地人口非常稀少，尤其南部基本为蛮荒之地。县治设在回浦因为其地人口最多，交通方便，可作开发南方的桥头堡。县治为何放弃原在大溪的王城而选择回浦，可从水路交通方面分析彼此优劣。

台州湾畔沉积平原处在不断向外淤涨的过程中，其时，大溪沉积平原进一步向外扩展，唐岭王城已远离海岸，而且新涨涂地不利于舟船靠泊，平原河道狭小，也不利海船航行。在台州湾北翼由回浦河形成的港汊地处海滨，河口有金鳌山、东山为挡风屏障，河口内侧还有一个潟湖群（后称的章安湖）可靠泊舟船；最优越的区位还在于其西侧不远有灵江和永宁江入海河口，借此可方便沟通上游河谷盆地和山区。通江达海的区位，不仅可使台州全境成为腹地，也便于通过海路连接环三

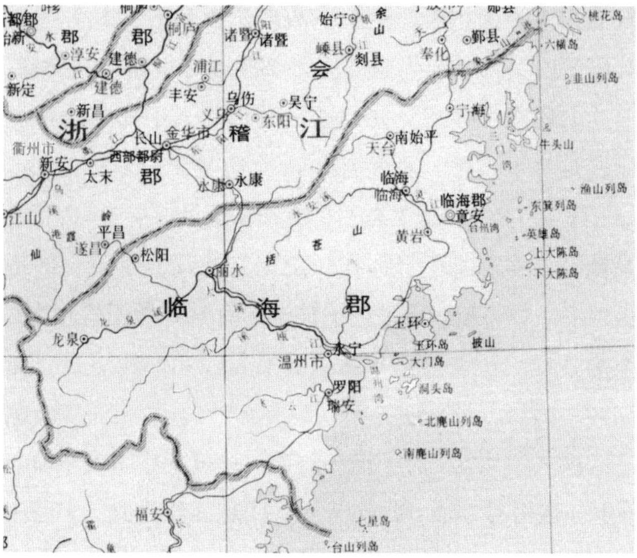

图 2-1 谭其骧编 1982 年版《中国历史地图集》中三国吴地图中的临海郡（图中浅色字为现代地名，其中古临海县城标错，三国时临海县城并不在今临海城）

门湾区域和瓯江流域，同时与北方中原的联系又最近。

回浦县隶属会稽郡，设县同时，还驻设会稽郡东部都尉。西汉始元二年（前85年）起，会稽郡都尉分东西两部，西部都尉设钱唐（今杭州），东部都尉设台州湾畔回浦，可见该地已被朝廷视为重要军事要冲，也说明该地已发展得较具规模。东汉章帝章和元年（87年），回浦县改为章安县。

两汉时，章安既设县治又设军事管理机构，不仅是中原文明向东南推进的前沿阵地，也是中国东南沿海武备要地，这些全因为章安是一个河口海港。往后历史无不显示港口对于经济、政治、军事的重要性。

东汉阳嘉元年（132 年）二月，海盗曾旌攻掠会稽，杀死句章县、鄞县、鄮县三县县令，转而进攻会稽郡东部都尉章安，朝廷诏令沿海各县屯兵戍防，这是中国在沿海部署军队戍守海防的开始。

汉末，三国割据，章安属吴国辖地。吴主孙权追求“普天一统”，于黄龙二年（230 年）正月派卫温、诸葛直率“甲士万人，浮海求夷洲（台湾）及亶洲……但得夷洲数千人还”。吴太平二年（257年），浙东南从会稽郡分出设置临海郡。正当此时，有丹阳太守沈莹著《临海水土异物志》，它不仅记录临海郡风物，还详细记录夷洲物产和风土人情，却以“临海”冠书名，将夷洲视为临海疆域，有学者便推定卫温的船队曾在章安港靠泊集结，然后赴夷洲。

在汉至六朝 700 余年间，章安古港始终以中国东南“海疆都会”面目显示其航运和军事要冲的地位。无论官方卫戍、征讨或民间聚众谋反，均倚重和凭借港航之利，如两汉在章安设东部都尉，对东南边远地区起震慑作用。东汉曾旌起事，利用海道进攻章安；东吴更利用章安港周转水军“远规夷洲”开疆拓土。吴末帝凤凰三年（274 年），临海郡太守奚熙隐瞒章安侯孙奋欲自立太子的信息，朝廷发兵攻章安，奚熙以兵断海道，封锁台州湾口。东晋隆安年间（397—401 年）孙恩起义借章安港口开展海上活动，并在永宁江畔灵石寺“毁木为船”，曾发展到拥有楼船千余艘，战士 10 余万人。东晋义熙元年（405 年），孙季高赴粤远征卢循谋反，海道经章安，临海郡太守臧熹为 3000 人军队提供粮秣。南朝梁时，闽中豪雄陈宝应自海道侵犯临海，进攻章安，居然还顺便“载米粟与之贸易”；至南朝陈，为铲平割据雄豪，水军也由章安出海袭击陈宝应。

东晋太宁元年（323 年），析出临海郡南部设永嘉郡（辖地为今温州、丽水区域），临海郡版图缩小，仅统章安、临海、始丰、宁海 4 县。

第二节 隋唐两宋之港城舛迕

隋至两宋，临海郡演变为台州。其间，唐宋盛世是台州社会经济发展得较好的时期，内陆和沿海都得到充分的开发。尤其沿海，通过围塘等水利建设和引进早熟占城稻、两熟丹丘谷，成为富庶的鱼米之乡。宋乾道四年（1168年）福建崇安水灾，黄岩调运义仓米6万石赈济；淳熙八年（1181年），时任浙东常平茶盐公事的朱熹在《奏巡历至台州奉行事件状》中称：（台州）沿海平原所产稻米“一州四县皆所仰给，其余波尚能陆运以济新昌、嵊县之阙。”台州迂浦（黄岩）、杜渎、长亭三盐场所产食盐更运销越、处、婺、衢各州，新亭盐监为国内十大盐监之一。台州所产稻米、食盐、柑橘、茶叶、陶瓷、蚕丝、苎麻、罗绢、生姜、鱼鲞都自给有余，不仅运销国内市场，还外销日本、菲律宾等地。

自隋代起，台州的行政布局却出现逆向运作，行政中心由海口章安内迁灵江上游大固山麓，县政也舍沿海而内迁永宁江中游。行政建置的舛迕，使具港航优势的椒江口沦为“皇权不下县”的乡野之地。

其间，北面明州州治于唐长庆元年（821年）从句章（小溪）迁至三江口（宁波），南面温州州治于东晋太宁元年（323年）从楠溪江口移至永宁江（瓯江）南岸鹿城，都是移向海口，并在州级行政依托下，港城共荣，良性发展。唯独台州逆向迁移上游，并形成港口与行政的分离，从而使整个社会经济恶性衰落。台州港航较之明、温两港城，渐行渐退。

隋内迁郡县治所

隋开皇九年（589年），南朝陈被隋消灭，中国统一。因隋所行均田制限制江南豪族利益，引发旧势力逆反，临海郡乐安县（今仙居县）蔡道人自称大都督，割据一方。隋朝廷为加强中央集权统治，实施废郡并县措施。开皇九年，临海郡和郡属所有县均撤，归并为一个临海县，隶处州（州治设今丽水城区，后又改括州）。

宋嘉定《赤城志》载：“（开皇）十一年（591年），置临海镇（军事机构）于大固山，移其县于镇。”起先，归并的临海县治在章安，“移其县于镇”就是将在章安的临海县治，内迁至大固山麓临海镇。大固山处大田盆地和仙居盆地之间，扼仙居盆地出口，并处台州地理中心，移县治于此，显然是为有效管控内地，却全然忽视了台州的海路咽喉。

《隋书》上一段隋文帝在开皇十八年（598年）下诏江南州县的文字，露骨显示其所思：“吴越之人，往承敝俗，所在之处，私造大船，因相聚结，致有侵害。其江南诸州，人间有船长三丈已上，悉括入官。”

把航运说成“敝俗”，以弹压百姓理念治国的隋王朝，虽然仅历38年而亡，但以内地为中心替代以海口为中心的行政建制却从此定型。此后1000多年中，台州南北港口城市宁波和温州，均是州治。在行政和港口的相互依托下，城以港荣，港以城兴，都得到良性的发展。台州湾口的港口则因为州治内迁，南北两岸都仅有乡级建制。

港口龟缩和肢解离析

唐立国初之四年（618—621年），浙江先处于自立梁王的隋叛臣沈法兴控制之下，3年后为李子通义军所灭；翌年，唐将杜伏威平定李子通，浙江归唐。宋嘉定《赤城志》记：“（隋）大业四年（十四年之误，时为618年）沈法兴擅立为海州。唐武德四年（621年），平李子通，以临海县置台州，取天台山而名。”

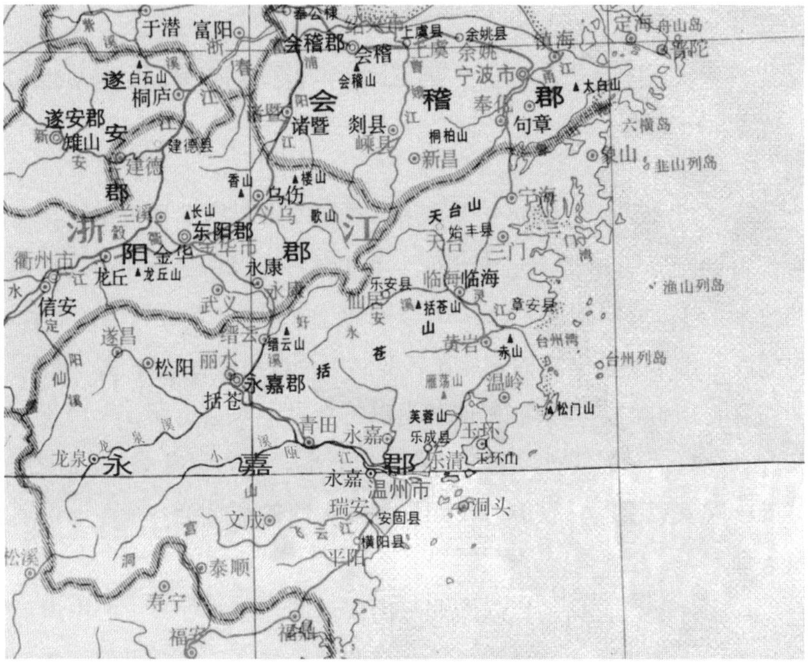

图 2-2　谭其骧编1982年版《中国历史地图集》中隋代地图中的永嘉郡（浅色字为现代地名，其时台州仅留临海县，其他县均撤，地图仍然标出）

传统建制州高于郡，且都单名。沈法兴升临海为州，取其中“海”字设海州顺理成章，也显现吴人沈法兴的海洋意识，但归唐后，隋唐相承的宗教意识使处事者更重天台名胜，取天台的“台”为州名。唐初，台州辖下县制经反复分并，虽然曾短暂复设章安县，但最终在武德八年（625年）并入临海县而永远撤销。唐高宗上元二年（675年），析临海县南部置永宁县，县境虽即章安故地，但县治移设至永宁江中游永宁山（九峰山）西侧。

至此，椒江水系航道上的州治、县治都不在河流干道入海口，而在支流上游。州治临海距海口约50公里，县治黄岩距海口约28公里。在感潮河段上，唐宋时的海上帆船，须涨潮才可上行，且在一个潮时内到不了临海，需在中途停靠等候下一潮时；黄岩县城虽较近，但九曲航道也使航运障碍重重。

据宋嘉定《赤城志》，临海、黄岩两县的划界，基本以永宁江流域和灵江流域来划分，东部椒江江段则将江南岸明化乡（今栅浦、葭沚、海门范围）划给临海县。

据清光绪《黄岩志》“沿革”记述，初设的永宁县疆域是唐初的章安县境。其原文是：“自吴析章安置临海县，而临黄始分。唐上元初以章安故疆置永宁，而治始徙（是时，县治始徙永宁山西北，在章安镇西南三十余里）。天授初改为黄岩，而县名始定。前明成化析置太平，而县境始狭。盖以今视古，东北则缺章安一镇、海门六里，东南则割方岩、太平、繁昌三乡，于章安旧县仅得其半耳。”以上文字中的“临黄始分”应是临海、章安始分，吴时还没有黄岩；永宁山即今所称的黄毛山、九峰山，章安镇、海门六里的“里”是“乡、里、村”的里，不是里程的里。

在秦以来的郡县制下，地方官吏以县政疆域为食邑，常使疆域成为经济生活的壁垒。当古章安县以台州湾畔两岸为县境时，作为河口港，拥有完整的经济腹地。当以分水岭和河流为界，将港口腹地拆分为临、黄两县，并且内迁县治，分别设于灵江、永宁江中上游时，椒江河口港已被肢解，港口重心拆分到两县城，成为临海、黄岩两个内江河港。

划分行政区以“山川形便”为原则，对于经济、交通均有利。譬如，以河谷盆地划分天台、仙居均属合理，但统治者也惯以“犬牙相入”手法划分政区，以防地方割据自立，这对于经济、交通的发展却十分不利。譬如，临、黄分县就大有损于台州河口港的发展。

唐宋外贸需求和港口制约

宋嘉定《赤城志》“山水门”在“黄岩”目下记：“东镇山在县东二百四十里……山上望海中突出一石，舟之往高丽者必视以为准焉”东镇山即今大陈岛。在“临海”目下记“新罗屿，在县东南三十里，昔有新罗贾人舣舟于此，故名”。同书“地理门”在“黄岩”目下记“新罗坊，在县东一里，旧志云五代时以新罗国人居此，故名”。《唐会要》记元和十一年（816年），“新罗饥，其众一百七十人求食于浙东”。高丽、新罗均为当时朝鲜半岛上国名，以上记载说明其时台州与朝鲜半岛间已有商船往来。

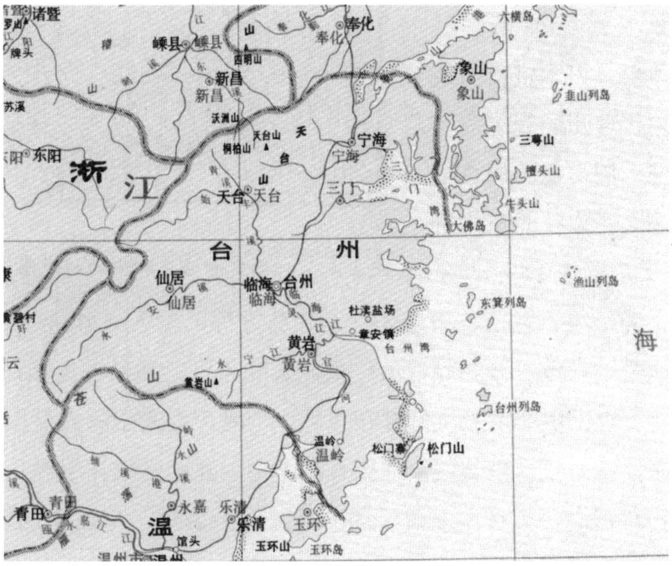

图 2-3 谭其骧编1982年版《中国历史地图集》中南宋地图的台州（图中浅色字为现代地名）

据姚嶂剑《遣唐使》，唐代往返日本的航线有南北两条，北线为新罗路，先至朝鲜半岛，经对马岛、壹岐至九州岛博德（今福冈）；南路则经琉球横渡东海，后又辟一线，是经九州岛、值嘉岛（今五岛列岛）横渡东海来浙江。台州既有通朝鲜半岛航线，便可循此延伸，再往日本。由于传统文化鄙视经济，旧志只记地理、公廨、秩官、版籍、财赋、军防、山水、人物等类，不记工农产业和交通运输，是以史料极少有台州与日本通商的直接记载，但亦可间接寻觅蛛丝马迹。

例如，日本典籍《安祥寺惠运传》记有日僧惠运曾于武宗会昌二年（842年）八月二十四日搭乘唐商人李处人（渤海船商李延孝）在日本建造的楠木船，从肥前国植嘉岛启航，于二十九日到达“温州乐成玉留镇”，此玉留镇即今玉环。又如，《智证大师全集》载日僧圆珍于唐高宗大中七年（853年）七月十六日随新罗人王超商船来大唐求天台佛法，九月十四日至福建连江，十二月一日达台州；又于唐高宗大中十二年（858年）“辞（台）州，上商人李延孝船回国”。十余年后，又有日僧圆珍、圆载、智聪等随李延孝船来台，遇风险。李延孝往来日本前后二十余年。又有《三代实录》记僖宗乾符四年（877年）六月一日，台州商人崔铎等63人从台州启航，于七月二十五日到达筑前国。以上信息仅大中十二年圆珍乘李延孝船回日本言及“相送至海门”，这是海门二字初见文献，但它不是地名和港口名，仅指出海通道。

宋代，台州与日本交往比唐稍多，但也只见间接史料，如《宋史·日本传》载“雍熙元年（984年），日本国僧奝然与其徒五六人浮海而至……二年，随台州宁海县商人郑仁德船归其国”。日本资料所载宋代台州船商有周文德、周文裔、周良史等人。宋代对日本群岛贸易的物资，输出有锦、绫、香药、茶碗、文具、苏方等，输入有砂金、水银、绵、绢、扇、刀剑等。贸易过程因铜钱短缺导致铜钱漏海现象严重，宋商和日商都参与走私，也说明中日商贸的旺盛。

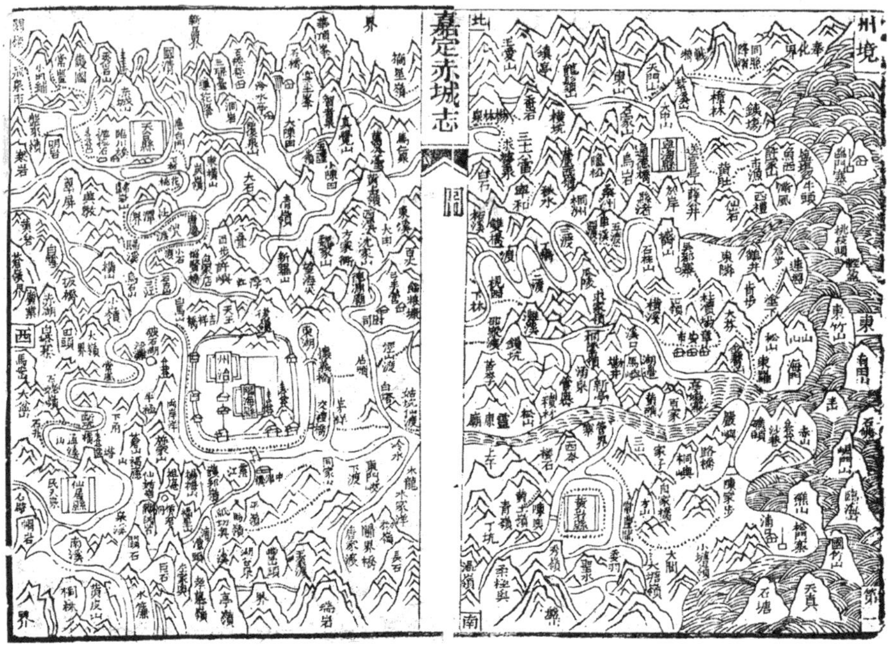

图 2-4 宋《嘉定赤城志》中的州境图（来自宋《嘉定赤城志》插图）

以上资料所载实例都在玉环、宁海。南宋宁海人储国秀在其《宁海县赋》描叙海上交通云：“其海停纳万流，宗长四渎，控直港于稽、鄞，引大洋于温、福；出乌崎，通鸭绿，晞日本，睇旸谷……一日再潮，阳往阴复，千艘万艘，东奔西逐。”还有的现象是，台州赴高丽经商商人不少，但很多人是从明州（今宁波）出海。《宁波港史》记：宋天圣九年（1031 年），台州商人陈惟忠等 64 人出明州港赴高丽贸易；宝元元年（1038 年），又有台州商人陈惟积与明州商人陈亮等 147 人到高丽。

宋《嘉定赤城志》所绘郡城图，西南两面濒临灵江，东面有河汉通东湖，临海城池自西至东朝天、括苍、丰泰、镇宁、兴善、靖越、崇和七城门均朝水岸。水路环境虽好，但离入海口近 50 公里。黄岩县城仅北门临永宁江，江水九曲逶迤，离入海口亦近 30 公里，均非候潮莫入。史料绝少有商船由临海城和黄岩城出海的记载，恐是因为海船到临海、黄岩实在不便。

嘉定《赤城志》所言新罗商人舣舟于新罗屿，正说明舟赴临海县城不能在一个潮时到达，必须停靠新罗屿，等待下一个涨潮时刻。新罗屿即今汛桥晒鲞岩。台州郡城临海城内设通远坊、博易务等外贸设施，但海船到达不易，换作在章安就无此虞。此时章安是无县政的乡村，但粮盐产地都在沿海，临海县官办酒库、醋库和州级盐监都还在章安。

松门虽还是海岛，宋时已是航海要道。顾祖禹《读史方舆纪要》载：“凡海舰西去温州乐清，北趋台州黄岩，率由此舣泊。”南宋，该地设松门寨。

宋嘉定《赤城志》“山水门”“宁海”条载：“宁海淮河源，在县东一百步桃源桥北，经桐山、罗坑、凑黄塴，三十里入海。五代后周显德三年（956 年），令祖孝杰用水工黄允德言，谓县北地坦夷，宜凿渠通海，引舟入渠，以通百货……”此策是从宁海县城凿渠通象山湾，虽有雄心，结果未做成。

台州湾，现成一个河口港郡治却被放弃！

重识海港与行政弥补

唐以章安故地划设永宁县（黄岩县），清光绪《黄岩志》论县境沿革曰“……盖以今视古，东北则缺章安镇、海门六里……”章安、海门何时从黄岩县划予临海县无考。临海是州治所在的台州首县，将椒江口两岸划给临海可见当局已认识其重要性，但这远远无法弥补河口港行政地位的缺失和南北两岸腹地的分裂。

至宋代，台州湾南北两翼进一步沉积成陆，尤其是南翼成陆土地迅速向海延伸。先是在海涂上刮土煮盐，然后养淡，成为农田。农田水利建设使该片土地河网密布，河道不仅用于农田灌溉，同时成为运输通道。黄岩以县城为基点凿官河水系，但椒南平原通江达海的通道不是黄岩城关，而是栅浦、家子（葭沚），物资从黄岩城关出海是逆行。

此时椒江形成，章安航埠处于淤涨带，椒江口航埠逐渐转移江南栅浦、家子（葭沚），其腹地通过东南官河、家子泾可涵盖路桥、泽国、温峤、大溪、迂浦（新河）、太平、松门、院桥、沙埠、黄岩在内的椒南平原和永宁江河谷全部土地。

宋时沿海所产食盐、柑橘经常外运，稻米时有对外调运，这都在椒江口出入。唐宋间台州造船业大兴，造船量总数居浙江明、台、温三州之首，为全国十大造船基地之一。南宋初，高宗避金兵，入海南逃，于建炎四年（1130年）正月初三至十八日驻跸章安金鳌山，此前此后在象山昌国、三门湾、温州、松门等地流转，但难以深入内港至州府临海。这些客观现实不得不使人重新认识行政治所与港口的区位关系。

宋代地方军防除在州、县治所设置机构外，也置寨兵于各要塞。台州各县兵寨除仙居白塔寨为防山寇啸聚外，均设海口，有黄岩松门寨、宁海临门寨；在临海县则为加强椒江海道防御而设，北岸设亭场寨（在今黄礁溪头村，唐贞观间曾设新亭盐监），对岸设管界寨。宋嘉定《赤城志》在“管界寨”条目下注释“嘉定十五年（1222年），齐守硕及臣僚奏言：‘管界、亭场两寨，皆防托海道，亭场既处海门之北，而管界乃入里港之中，甚亡谓也。乞以管界徙海门南，与亭场对峙。’有旨：依令本州岛下县体量于上马岩改建焉……”

以上引文中的“海门”非后世海门地名，彼时椒江尚未命名，习惯称入海口小圆山与牛头颈山为海门山，两山对峙间的水道为“海门”（指椒江水道）。文中“里港之中”是指三江口以内的内江。管界寨设里港的布局显然不利于海口防控，于是奏请移设黄礁对岸的上马岩。两寨各驻巡检一员。两寨以外，北岸还驻监章安税场一员、监杜渎盐场一员、监长亭盐场一员、监悬渚镇一员、监港头镇（在三门湾白溪）一员、临门巡检一员；南岸驻监浦盐场一员、监路桥镇一员、松门巡检一员。这些官员均为县级属官，也算是县政对沿海的延伸。

唐代设市舶使管理海上船舶和贸易，宋、元则设市舶司，相当于后世的海关。虽然全国只设“三路市舶”（两浙、福建、广南东路，址设明州、泉州、广州），但市舶涉及各地港口，三路市舶下也有场、务分支机构，否则难以行使检查、抽税职能。台州官方文献无关于市舶的记载，可能因管理者无正式官衔，但在《临海涌泉冯氏族谱》、元卢伦《金鳌山集》中载有：“观察使冯安国父宝，以武德大夫从高宗南渡，安国以荫仕观察，巡视金鳌（章安）、松门市舶。卒于台，葬海门赤山，子原吉遂家临海。”可见章安、松门设有市舶机构。

宋时，台州海上国内商贸也十分活络，与福建的海上贸易往来特别密切。南宋时，台州官府对海舶所课税收，一度为官府“财赋所赖”；淳熙年间（1174—1189 年），台州知州赵汝愚致信宰相反映浙提举以缉捕私盐商贩影响海上商贸云：“海舶自闽广来者，皆为提举司以私盐捕送括苍（今丽水）禁勘……余者悉凿舟溺货而去，望风不入天台（台州）之境者凡数月矣。然则财赋所赖，惟有榷酤（指酒税）耳……”（《全宋文》卷 193）。

从上文可见台州对外贸易之盛。唐宋官方不同于隋，知道“东南之利，舶商居其一”，对海上贸易给予相当的重视，如南宋高宗赵构说：“市舶之利最厚，若措置合宜，所得动以百万计，岂不胜取之于民？朕所以留意于此，庶几可以少宽民力。”还说：“市舶之利，颇助国用，宜循旧法，以招徕远人，阜通货贿。”但是，官方实际只着眼“助国用”，在章安、松门设市舶务主要就是管税收。至于具体的航运与商务活动，都还依靠民间力量自主进行。

民间港埠自发崛起

台州行政建制内迁虽不利于港航发展，但先民也不负地利的恩赐，自发开拓沿海航运。宋元时期，台州椒江口和其他沿海港口航运有不同程度的发展，尤其是椒江南岸的栅浦、家子（葭沚）取代章安，并向东延伸，成为海上航运的焦点。除临海、黄岩城关外，内陆江运也催生一些河港商埠。

椒江河口港埠

为沟通台州西部与东南滨海平原的物资交往，宋代在三江口蛟龙浦建闸，以便江船物资通过蛟龙浦、东官河转运椒南平原。同时新创家子浦泾，连通南官河，泄水椒江，家子渡成为沟通内河与外海的对闽贸易航埠。栅浦作为川名本为“椒江南分之细流”，后以川名为地名，其地在五代时就有人聚居，宋代成为南北两岸津渡。明代浚凿栅川，取代蛟龙浦的江、河转运功能，也成为内河对接内江、外海的转运航埠。

宋嘉定《赤城志》“山水门”还记临海县东一百二十里有严屿（岩屿），这是宋末元初开始转移发展的椒江南岸航埠，它位于家子东侧江滨。由于椒江南岸近口门水深条件好，因而元代的漕运船埠便设置在严屿，这是后话。

其他沿海、岛屿港埠

台州沿海产业非盐即渔，滩涂聚集盐民，岩岸海汊聚集渔民。由于旧志古籍无视农工产业，民间渔港总不入志。直至明初沿海设备倭卫所，才以军防入志。实际这些卫所在唐宋时已经是渔民集聚的渔港聚落。除椒江口以外，这些海汊自北至南有海游、健跳、桃渚、迂浦（新河）、松门、石塘、隘顽、楚门、坎门、江厦等。

宋嘉定《赤城志》宁海津渡中就列有海游渡。唐贞观三年（629 年），健跳港有六市船（每月往返六次）航行于健跳和东关（象山石浦）之间。

迂浦（新河）在宋元时代处于大溪下泄的金清水系干流北侧，干流出海口在平原向海推进过程中由牧屿而至沈桥、至麻车桥、至牛桥，宋时延伸至迂浦入海。宋淳熙九年（1182 年），在蔡洋改埭建闸，称为金清闸，河道始称金清港。迂浦（新河）成为内河外海转运的港口。

金清水系另一个内河转外海出海口在温峤，有西月河与水系连通，西月河虽在温峤为峤岭所阻，但仅隔3公里平坦谷地就有江厦水道通乐清湾。明嘉靖《太平县志》载：“温岭街（今温峤镇），在十八都峤岭，南通江下（厦）水路入海，西陆路通乐清、温州，北水路通路桥官河……贾舶交会，人烟辏集，实一大市镇。”

晋代王羲之《游四郡记》记：“永宁县界（晋设永宁县在今温州范围，非唐设永宁县）海中有松门，西岸及岛屿上皆生松。”说明松门当时还是岛屿。宋在松门设兵寨，说明岛上已有居民集聚。松门在元末筑萧万户塘时才与大陆相连。

唐宋时期的石塘更是海岛，定居人口皆以捕鱼为生，居民不少来自闽北。

处于楚门半岛东、西两侧的隘环和楚门，在宋元时已集聚人口。明永乐《乐清县志》记叙“楚门海，一名楚门港，去县东南一百九十里，港门之外，则海洋无际，海舰由此出入”，说的实际即漩门，楚门与漩门仅隔一丫髻山。有资料显示宋淳熙二年（1175年）进士戴明，仕途中在故乡楚门竹岗寨创办皆山书院，说明此时楚门人口集聚已不少。

玉环本岛在唐代隶属永嘉郡乐成（清）县，会昌二年（842年）置玉榴镇。宋太平兴国三年（978年），岛上有直密鹦盐场，后改天富北监盐场，驻有巡检司、盐课司。出海港口在坎门，其地以钓艚岙口与南排山（岛）间有一航门，故称坎门。

内江、内河航埠

随着内江航运的发展，西部山区突破封闭状况，物资交流渐多。商贸的开展使一些航埠成为集镇节点。两晋南北朝开始有集市习俗，唐宋时发展成州府日日市、县城三六九、其他集镇每旬两市的圩期规律。

宋代，除州、县大航埠临海城关、黄岩城关、仙居城关、天台城关外，串联在椒江水系支流航道上的集镇航埠如下。

永宁江沿线　黄岩县城西南十五里有黄肚屿市（焦坑一带）、西三十里有小沣市（头陀一带）。

灵江及支流沿线　临海县城东二十里有拓溪市（邵家渡）、三十里有大田镇市、四十里有绚珠市、四十五里有东陈（塍）市；县城西二十里有路口市（望洋店）。

永安溪沿线　仙居县城西十五里有石井市、二十五里有石姥市和田头市（田市）、三十里有白塔市、四十五里有皤滩市。

始丰溪沿线　西部“大西乡”五代后梁起就有人集聚，天台县城西三十里的平镇（今平桥）、四十八里的仙人镇（今街头）已成集聚点，但尚未设集市，西北三茅溪距县城二十五里有飞泉市（今白鹤镇）。

三门湾白溪沿线　宁海县城东南十五里有港头市。

椒南平原内河　黄岩县城东南三十里有新安市（路桥）、东南六十里有于浦市（新河），椒北平原内河，临海县东南一百二十里有章安镇市、县东一百八十里有杜渎镇市。

唐宋时台州造船业

台州多产樟木，常用作造船材料，造船业在唐宋时期发展为全国14个著名造船场之一。唐贞观二十一年（647 年）八月，朝廷为征伐高丽，建造大船数百艘，征发江南 12 州造船工匠，其中就有台州工匠（见《资治通鉴》）。北宋端拱二年（989 年），临海东门外为水军营地兼造船场地，形成后来的东湖，并发展至灵江下浦。至道三年（997 年），东湖年造船 126 艘，为全国十大造船基地之一。景祐年间（1034—1037 年）撤废临海船场，归并明、温造船场。南宋嘉熙年间（1237—1240 年）起，朝廷每年对明、台、温征用民船用于江防，台州临海、黄岩、宁海三县共征民船 6288 艘，占明台温总数 1/3（见开庆《四明续志·三郡隘船》）。

第三节　元朝漕运与浙海割据

元代是中国第一个由非汉民族统治的朝代。它以蒙古族为“国族”，实行严酷的民族压迫。国内其他民族被划分为色目人、汉人、南人。色目人指畏兀儿、吐蕃、唐儿等族人；汉人指金统治下的汉人和汉化的女真、契丹等族人；南人指南宋统治下的汉人，在元文献中称“蛮子”。元地方行政管理分行省、路、府、州、县五级，各级都设达鲁花赤长官，由蒙古人和色目人担任，掌实权。在元统治的将近一个世纪中，上层不断内讧，政局动荡，财政空虚，对农民则残酷剥削，江南农民租赋沉重，元末起义军四起，台州方国珍即其中之一。

《元史·食货志》记载：“元都于燕（今北京），去江南极远，而百司庶府之繁，卫士编民之众，无不仰给于江南。”燕地不产大米，南粮漕运主要由苏南、两浙供给，台州是重要产地。由是，方国珍揭竿下海为盗，便以“梗海道、劫漕粮”为反抗方式和生存手段。此人其实并无问鼎中原的宏图大志，他只是以暴力威胁当局，希求获得招安，管辖一片乡土，以达“保境安民”的愿望。其最终演出了一场割据浙东三路十几年的传奇故事。

元代漕粮海运

台州三面围山，一面临海，出口粮食必由海运，元代浙南漕运均由海道运至长江口。元代初期，江浙漕粮集中扬州，由运河运往淮水与黄河交汇处淮阴（此时黄河河道由涡河入淮，汇入淮河出海），再经黄河废道运至封丘，然后转会通运河，经东平、临清、直沽（今天津）至通州转大都。其中在封丘、淇县还有一段路程需陆路转运。整个过程迂回曲折，历时较长，常不能及时满足供应。

《大元海运记》载：“……以河运弗便，至元十九年（1282 年），用丞相伯颜言，初通海道漕运抵直沽，以达京城。立运粮万户府三，以南人朱清、张瑄、罗璧为之。初岁运四万余石，后累增及二百万石，今增至三百余万石；然春夏分二运至，舟行风信，有时自浙西不旬日而达于京师……”

海运漕粮先集中今江苏太仓刘家港，然后“自刘家港开船沿出扬子江，盘转黄连沙嘴，望西北沿沙行驶，潮涨行船，潮落抛泊，约半月或一月余，始至淮口，经过胶州、海门、浮山、劳山、福岛等处，沿山一路东至延真岛，望北行驶，转过成山，望西行驶行驶到九皋”，进渤海湾。以上是明嘉靖《海道经》所辑元明海道漕运线路。

台州漕运本就依赖海运，至元二十年（1283 年），朝廷在江南设海道运粮万户府，下设温州台州、庆元（今宁波）绍兴、杭州嘉兴、昆山崇明、常熟江阴五海道运粮千户所，管理漕运事宜。台州为温台所支线，漕运的出发港是椒江口之严屿（今海门）、黄岩之石塘（今属温岭市）、宁海之铁场。台州湾口是元代重要的海道运粮口岸。元延祐七年（1320 年），台州漕粮额定秋粮 70341 石。

浙东漕运由多个海道运粮千户所分管，各地船型各异，江南海道运粮万户府常根据各地运粮多寡、港口靠泊能力、船舶适应性来调拨船舶。温台漕船底尖吃水深，进不了绍兴浅水带，常被调拨至庆元（宁波）、刘家港。到元明宗至顺元年（1330 年），漕船才有定籍，台州定严屿、铁场 23 艘，石塘 11 艘。此外也在乐清湾白溪、沙屿（今江厦沙山）设出运点。

至元二十二年（1285 年），中书右丞卢世荣建议实行官本商办的“官本船”制度，即由民间经营官造船舶出海贸易，得利后，商贾留三成，官府得七成。此举一边为民商化解投资风险，一边为朝廷开辟财源，同时为沾手权贵获得从中敛财的机会。其中弊端横生，此制度行四五十年后最终被废止。

元初漕运由官方出资造船，不久雇用民船承运，按千斤百里计算海运“脚水”。皇庆二年（1313 年）规定：福建地远，“脚水”最高，每石十三两白银，温、台、庆元次之，每石十一两五钱白银。由于给付“脚水”不在雇用时支付，在装运时仅付半数，而期间雇用船工、置办用具口粮等耗费较巨大，受雇船民不胜重负，常无力赔贴，如《大元海运记·镇抚所》载有至大四年（1311 年），温台运粮漕船在海上遭风损失后，至直沽，为补欠缺，只得出卖船舶赔赎。又载温州穷船户陈孟四，为筹钱雇用船夫，将 13 岁女儿卖予乐清傅县尉。

方国珍割据浙东

元朝统治下的台州，是元统治者所谓“南人”聚居的区域，因此当地人民在军事、政治、经济等方面所受到的歧视和迫害特别深重。元统治者不许汉人持有兵器，而台州是南宋末代太后谢道清的故乡，更受统治者的防范。

元代台州设为台州路，先后 23 任达鲁花赤全部是蒙古人。终元之统治，台州先有仙居王仙人起义（1285 年），后有宁海杨镇龙起义（1290 年），直至方国珍割据台州的至正十四年（1354 年），先后 58 年间，台州发生灾荒 18 次。两次严重到志书所记的“人相食”地步，一次在元贞二年（1296 年），一次在至正十四年（1354 年）。浙江的赋税竟占全国的 7/10。

元末浙江诗人王冕《江南民》描写的正是包括台州在内的江南惨状：“江南民，诚可怜，疫疠更兼烽火然。军旅屯驻数百万，米粟斗直三十千。去年奔走不种田，今年选丁差成边。老羸饥饿转沟壑，贫富徭役穷熬煎。”南宋时台州户籍曾达 26.6 万户，至元朝降至 20 万户，可见台州社会经济所遭残害之深。

元灭亡前 20 年的至正八年（1348 年），台州洋屿（今属路桥区）盐民方国珍不堪酷吏凌辱，揭竿起事。清光绪《黄岩县志》所记其事大意是：方国珍兄弟五人，以渔、盐为业。国珍与盐业同行蔡乱头因争夺牢盆（煮盐工具）有隙，但州官（时黄岩户达 5 万，设为黄岩州）不主持公正，不予仲裁是非曲直。当时正有李大翁在海上聚众抢劫，蔡乱头跟随为盗，抢劫漕粮，刺杀官吏，气焰嚣张。行省悬赏拘捕。方国珍既与蔡乱头有宿怨，又羡悬赏，便企图纠集人手捉拿蔡乱头。蔡乱头闻讯自首，并贿赂总管官焦鼎。焦鼎受贿，从轻发落蔡乱头。方国珍愤然说：“蔡乱头能做海盗，难道我不能？”当时正有官吏为方国珍拖欠牢盆租税来方家捕人，正在吃饭的方国珍随手拿起饭桌当盾牌，操起门杠当棍棒，击倒巡检，与五兄弟一起入海为盗。

方国珍入海为盗，郡、县无以搪塞责任，只能做些诫止老百姓的事情，但沿海百姓反而纷纷投奔方国珍，使其队伍在十天内增至数千人，所聚非但有人，更有船舶。可见当时台州沿海处于生活困顿、流离失所状态的百姓相当多，被逼得走投无路的船户也不少。

方国珍入海之初，主要凭据松门、金清以东积谷洋上一些沿海岛屿和台州列岛、东矶列岛，展开对漕运的抢劫。由于漕运是元朝廷的命脉，朝廷闻讯，即令江浙参政朵儿只班统领舟师来缉捕。至正九年（1349 年），朵儿只班以十倍于义军的 3 万水师在海上追捕方国珍至福州五虎门。官兵却因为看到方国珍焚舟遁逃的火焰，自相惊吓溃散，可见元军的军心溃散和人心向背。结果反倒是官军被方国珍击败，朵儿只班被俘，方国珍则逼其代向朝廷递交招降状，要求招安。朝廷允许招降，授方国珍定海尉官职，方国珍兄弟也各授官职。

此后方国珍处境一再变化，一会儿招安，一会儿又被征剿。在至正十一年至十六年（1351—1356 年）的 6 年间，反反复复。在此过程中，方国珍的水军船队却一再壮大，已从千余艘发展到数千艘。控制地盘也一再扩大，十四年（1954 年）攻入台州路，十五年（1955 年）攻占庆元，同年占领温州城，形成割据浙东三路的局面。招安所授的官职也越来越大，从定海尉到台州海道巡防万户所（至正十四年）、防御海道运粮万户府（至正十五年）、海道运粮漕运万户兼防御海道运粮万户（至正十六年）。其中至正十三年（1953 年）商议授方国珍浙东元帅府都事职，朝廷不允，而授方国珍为徽州路治中、方国璋为广德路治中、方国瑛为信州路治中。三人疑虑不受命。十四年（1954 年）拟授五品流官也不受，更不愿意交出千余艘海船。至正十七年（1357 年）八月，方国珍除海道运粮万户外，又加授江浙行省参知政事。

方国珍割据浙东三路时期，已经离元灭亡仅 13 年。元至正十一年（1351 年）起，全国各地陆续发生多起起义，河南刘福通的红巾军拥立韩林儿为“小明王”，徐寿辉和陈友谅在湖北、江西，郭子兴与朱元璋在安徽濠州、张士诚在江苏高邮也揭竿起义。方国珍在此乱世中不与群雄角逐，最后在朱明与元朝生死博弈中，方国珍也与两方周旋，两面接受招安，只考虑如何保浙东家园不罹血刃，避免战争蹂躏。

图 2-5　元代漕舫图（来自生活读书新知三联书店 2011 年版《中国古船图谱》）

枭雄割据下的浙东航运与台州围涂

盐民出身的方国珍不像流寇出身的枭雄，一味劫货夺地争霸称王，“梗海道、劫漕粮”只是权宜之计，目的在威胁当政者承认其存在，给予他合法地位。因而在他接受招安之后，便任海道巡防万户，转而去为漕运保驾护航。由于他拥有庞大船队，结果还任职防御海道运粮万户府，直接承担运粮任务。

元至元十一年（1274 年）与十八年（1281 年），元世祖发动两次对日远征，诏令江浙采伐樟木制造征倭船，台州大批樟木被砍，造船技术进一步提高。在参与漕运的福建船、温台船、庆元船、绍兴船、长江口沙船中，温台船尖底，“食水深浚”，抗风能力强，航速快，优势特具，常调拨至长江口承运漕粮。方国珍割据庆元、台、温三路后，浙东船舶几乎由其统揽。元朝廷就让其包揽两浙和刘家港至直沽的海道漕运，自至正二十年至二十三年（1360—1363 年），各年运粮数为 11 万石、11 万石、13 万石、13 万石。

尽管方国珍招安授高官，但对统治者始终存有戒心，在割据浙东期间不断造船。有人问其故，方国珍答：“倘有兵来，吾即乘舟浮海去耳。”人听此言，总认为他没志气。黄岩有好纵横术的章子善前来游说方国珍，劝其在此朝末乱世中夺权成霸业。方国珍却说：“智谋之士不为祸始，不为福先。朝廷虽无道，犹可以延岁月，豪杰虽并起，智均力敌，然且莫适为主（都不适宜做主）。保境安民，以俟（等待）真人之出，斯吾志也。愿君勿复言。”

在方国珍割据浙东十几年中，相对于战乱不断的中国其他区域，浙东客观上避免了战争蹂躏。在方氏兄弟管理期间，基本上是方国珍坐镇庆元，方国璋、方国瑛管理台州，侄方明善管理温州，方国珉则管“政刑租赋”。

由于方氏兄弟子侄均出身于渔盐农家，对农渔盐业生产、农田水利建设、造船航运、货殖商贾等国计民生，都较熟知和重视。史志记载“明善颇循法度，而国璋、国瑛惟以买田、造舟、殖货为发家计”，唯对国珉主管“政刑租赋”稍有微词，说他“任意为轻重”。

盐业是方氏家族的老行当，台州湾南北两岸自宋代起就形成北侧杜渎盐场、南侧迂浦盐场的格局。洋屿就处在迂浦盐场的居中位置，盐场范围在今赤龙山东、沙王、洪家、长浦、洋屿、横街、新河、长屿、松门一线的滨海滩涂。北侧杜渎盐场在今前所太平山至杜桥镇南缘至上盘一线的滨海滩涂。

在航运方面，方国珍入海为盗两年，就拥有海船 1000 余艘，在他割据浙东三路的前后十几年内，他不断地造船，以至成为浙东独一无二的航海力量，几乎独揽了元末海上漕运的任务。方国珍庞大航海船队，不只是为朝廷漕运粮食。元朝在对外贸易方面传承了唐宋以来的对外开放政策，方国珍故居东南的松门市舶务仍然开设，因而方氏兄弟都有较强的商业意识。在割据浙东三路后，随着拥有船舶数的不断增多，航运实力日趋雄厚，与日本、高丽的通商也便成了常态来往。至正十八年（1358 年）、二十四年（1364 年）、二十五年（1365 年），方国珍多次派使者至高丽开展外贸活动，这种官方海外贸易活动在元统治时期却未曾有过。

图 2-6 葭沚《福建泉漳会馆碑记》记载元明时期葭沚（家子）已成为浙闽通商要埠（朱鹏提供）

另外，方国珍兄弟出身盐农，对水旱灾害有痛切感受，因而也特别关注地方的水利建设。台州滨海沉积涂地的围垦，在宋代就已开始，但元朝统治者对此视而不见，在末代皇帝至正年间（1341—1367 年）及以前，没进行过一次海塘围垦。

至正年间（1341—1367 年），今温岭市松门一带和玉环县楚门一带围垦不少海塘，如松门的萧万户塘；大闾的长沙塘、塘下塘、横山截塘；坞根的赵万户塘；楚门的能仁塘、东岙塘、江心塘、九眼塘、崇德塘、三山塘、吊山塘、花岩塘、渡头塘、枫林塘、上青塘、陈司徒塘等。这些海塘大多为方国珍割据浙东时所围。其中萧万户塘“北起盘马山，东抵松门”，筑该塘后，松门才与陆地相连。

此外，在路桥、泽国水乡地带，方国珍割据时期也造了不少桥梁，如清嘉庆《太平县志·地舆志》载泽国“三衙桥即方衙桥，与黄境四衙桥皆洋山兄弟炽盛时建”。

方国珍割据浙东南还不忘为地方兴学，如黄岩羽山文献书院相传由方国珍指定兴建。

元初，棉花种植传入中国，元世祖下令在浙东等地设提举司负责推广，至方国珍割据时期，棉花种植在滨海围垦地已广泛种植。

镌刻于清光绪元年重修的葭沚天后宫《福建泉漳会馆碑记》称：“……海疆著绩，商旅蒙庥，凡舟船所至之区，莫不建立天后圣宫……溯台郡路口（何处待考），旧有天后宫殿，创自大元至正年间……泉漳二郡商船抵台，均在葭沚贸易，缘乏屯货之所，议设会馆，以为泉漳客帮暂可栖身……”天后为宋代福建莆田林愿第六女，卒后屡显应于海上，百姓将其奉为航海保护神，元至元（1264—1294 年）中期被封为天妃神号，清康熙加封天后。家子在元代就建天后宫，足见其时已成为台州对闽贸易航埠。

宋嘉定《赤城志》“山水门”还记临海县东一百二十里有严屿（岩屿），此名也成为家子东侧江滨的地名。由于椒江南岸近口门水深条件好，漕运船埠也因此东移至严屿，这是元代台州漕运最主要的出发港。

第四节 明廷海禁与备倭军港

元初对日征战使中日官方断交整一代。元明易代（1368 年）前后，正是日本南北朝诸侯混战时期（1336—1392 年），大批溃兵败将入海为盗，导致朝鲜半岛和中国沿海倭患不断。明太祖朱元璋始以怀柔之策求安定，未得分裂中的日方响应，反遭斩使羞辱，由是被朱元璋定为“不征之国”，改用防御之策对付不断骚扰的倭患，东南沿海因而遍地设置备倭卫所，港口成为军事哨所。

明永乐年间（1403—1424 年），日本室町幕府向明称臣，官方建立“勘合贸易”，由于有限的官方朝贡式贸易满足不了中日间的物资来往需求，民间走私猖獗，明朝廷以严厉的海禁政策杜绝民间经营海上贸易，致使中外海商转而为盗，并被明朝廷等同于“倭寇”，与倭寇一起遭受清剿弹压。海禁一直持续至“隆庆开关”（1567 年），沿海港航受到极大负面影响。

明以前旧志通常不载交通航运事，由于设置备倭卫所，在武备文献的战船记载和有关漕运的专志中，可以较详了解当时船舶的形制。

明代浙江沿海和台州备倭卫所

明代初，朱元璋命汤和赴东南沿海御倭，汤和推荐方鸣谦协从。《明史·汤和传》载："鸣谦，（方）国珍从子也，习海事，常访以御倭策，鸣谦曰：'倭海上来，则海上御之耳。请量地远近，置卫所，陆聚步兵，水具战舰，则倭不得入，入亦不得傅（靠）岸。近海民四丁籍一以为军，戍守之，可无烦客兵也。'帝以为然。（汤）和乃度地浙西东，并海设卫所城五十有九。"

明洪武十七年（1384年），汤和巡视海上，在浙东沿海首先定点的备倭卫城是定海卫（今宁波镇海，非舟山定海）、海门卫、盘石卫（今瓯江口北岸盘石镇）、金乡卫（今苍南县东南角金乡镇）四卫城。这是与行政建制完全脱开的军事设置。最先定点的8所是龙山（在慈溪）、三江（在宁波）、霩衢（在北仑）、大嵩（在鄞州）、钱仓（在象山）、新河、松门、平阳。集中建设年份是洪武二十年（1387年），至二十六年（1393年）大体完成后续调整和增设。完成后的格局是内地卫7个，沿海特设备倭卫10个。

内地卫有杭州前卫和右卫、绍兴卫、宁波卫、台州卫、温州卫、处州卫，与州府行政建制对应。沿海特设备倭卫城有海宁卫、临山卫（在余姚）、观海卫（在慈溪）、定海卫（在镇海）、宁波卫（为内地卫兼备倭卫城）、昌国卫（今象山县东门岛，后移后门山）、海门卫、松门卫（由所升级）、盘石卫、金乡卫，完全依军事地理和港口航运条件设置，除宁波卫以外，均与行政区划不对应。

以上备倭卫所安排，地处嘉兴、杭州、绍兴、宁波、台州、温州沿海六府，卫所总数达10卫30所，占总数六成以上，而且呈南北纵向一线排开；而对应州府建置的内地卫比例不足四成，分布呈孤立点状。同时，置于沿海的卫所，以杭州湾为界，浙北地区布置较疏，浙中、浙南布置较密。在台州，隶海门卫的所城有健跳所、桃渚所、前所、新河所；隶松门卫的所城有隘顽所、楚门所。

浙江沿海10卫又分组设"总"来管理。明初设四总：海宁总，总杭州湾北岸；临观总，总临山、观海两卫；松海昌总，总昌国、海门、松门三卫；金盘总，总盘石、金乡两卫。嘉靖时期，因为"地方多事，卫所窎远，分而为六"，为海宁、临观、定海、昌国、松海、金盘六总，但还是分由杭嘉湖参将、宁绍参将、台州参将（后为台、金、严参将，严为严州，辖建德、桐庐、淳安一带）、温处参将四参将辖领。

观察以上设置，卫所与行政建制相悖逆状况，在浙北、浙南尚不大明显，在台州则显得尤为典型。台州的行政建制是以河谷盆地为布点的分散块片，天台、仙居、临海各居三大盆地，后设的黄岩、太平县城也藏进山岙。备倭卫所设置则完全以沿海水上交通为轴线，设海门卫为中心，向南北两翼展开，串联沿海所有港口，把临海县的桃渚、健跳、前所、海门和太平县的新河、松门、隘顽、楚门诸港口都提到重要位置，将其全部归由海门卫总管。海门卫不仅在嘉靖前设松海昌总时处于中心地位，嘉靖年间设台、金、严参将也以海门为中心。

综观台州卫所选址，均选河口港或险要海角港湾，所起作用岂止防务，实际还包含航运，组成的一条港口链正与当代台州组合港不谋而合。只是在海禁环境下，卫所仅发挥军防作用，难以发挥港航功能。

明代海门卫军事机构俗称“大衙门”，衙署设仓前街东大衙巷北，不同时期所驻的官员职称不同，如松海昌总兵官、松海总备倭把总、台金严参将等，但如此颇具市井规模的高级别军事卫城，在行政上仅有明化乡建制。为提升行政管辖以求军政平衡，将台州府推官移驻海门，产生府级分支机构“四府衙门”（因推官是府级职官中的第四位，故称四府）。

明代海禁和沿海平寇

明初，朱元璋招安方国珍，但有残部流落海上，与倭寇一起成为沿海安全隐患。洪武四年（1371 年）起，明朝廷就不断下达禁海令：四年（1371 年），“诏吴王左相靖海侯吴祯籍没方国珍所部温、台、庆（庆元，洪武十四年改宁波）三府军士”“禁濒海民不得私出海”。十四年（1381 年），又“禁濒海民私通海外诸国”。十七年（1384 年），“派信国公汤和巡视浙、闽，禁民入海捕鱼”。二十三年（1390 年）又下令称“今两广、浙江、福建愚民无知，往往交通外番，私易货物，故严禁之。沿海军民官司纵令相交易者，悉以治罪”。二十七年（1394 年），“禁民间用番香、番货……命礼部严禁绝之。干有私下诸番互市者，必置重法”。三十年（1397 年），“申禁人民无得擅出海与外国互市”。

图 2-7　明万历《黄岩县志》成化以后县境图（来自明万历《黄岩县志》插图

明永乐元年（1403 年），中日建立邦交，以“勘合贸易”作为官方经贸往来，允许日本在规定时间来朝贡方物并领获回赠，贡期、船数、人数和贡品数都严格规定。民间海外贸易仍遭严禁。由于需求旺盛而渠道狭窄，引发嘉靖二年（1523 年）的日两使团争贡事件，造成流血械斗，致使明廷关闭勘合贸易。

明朝廷虽禁民间海上贸易，实际货物流通转向暗中走私。成化、正德时期（1465—1521 年），福建商人“私造双桅大船，广带违禁军器，收买奇货”“与番舶夷商贸贩方物”已相当普遍。浙江海商船队，每天航行舟山群岛达“一千二百九十余艘”（清顾祖禹《读史方舆纪要・海防考》）。许多地方乡绅、官僚都参与走私活动。

明正德十二年至十三年间（1517—1518 年），福建海商驾漳船至宁波东侧洋面的双屿港（双屿门海域）从事走私贸易，获利丰厚。许多宁波、安徽走私商也向双屿港集聚。印度和南洋（东南亚）各国商人、1523年被取消勘合贸易的日商、1526年在广东被拒门外的葡萄牙商人，也都闻风而动，会聚双屿港，该地成为上规模的走私基地。在明嘉靖三年至二十七年间（1524—1548年），长期在双屿港经商的外国商人达3000余人，高峰时达万余人，俨然成了16世纪的东方最大“国际自由贸易市场”。

图2-8 遗存的海门卫东门岭头晏清门（缪鹤贤摄）

在台州，明万历《黄岩县志》载弘治以后（1488年后），黄岩有“奸商巨贾阑（阻拦）出不禁”。成化和弘治年间（1465—1505年），天台海商漂至暹罗，20年后作为暹罗使团翻译回家，但因禁海政策无法开展贸易，只好回暹罗（见许明远《天台诗选·赠节妇史氏》）。台州三门湾蛇蟠岛也与双屿港呼应，成为走私集散地。海门港船舶也参与走私，走私货物有丝绵、红线、水银、针、铁链、铁锅、瓷器、文钱、医书、药材、毡毯、小食箩、漆器、醋等。其中尤以日本所无的货物获利最为丰厚，如台州药材川芎，在日本100斤卖67两银子，铜钱每1000文在日本值2两银子。

走私必须取得销售地的呼应。宁波地方绅商、百姓，甚至军政官员都参与其事。因为走私是违禁活动，贸易过程不规范，经常发生贸易摩擦。为保护自身权益，走私海商自组武装，或与武装海盗相依相伴，发生冲突就诉诸武力，烧杀、抢劫等暴行随之发生，成为扰乱人民正常生活的“寇乱”。典型案例如嘉靖二十六年（1547年）六月余姚谢氏赖账案，谢氏府邸被烧，财产被劫，械斗伤人。地方官向上汇报“倭寇”来袭。

谢氏案发，濒海千里告急，朝野皆惊。七月，朝廷调右副都御史朱纨为新设浙闽海道巡抚，决定用武力清剿双屿港走私窝巢。因宁波地方势力大多与走私有染，军方不肯出剿，朱纨调用福建、丽水军队各1000余名（一说共兵士6000人，战船380艘），集结台州湾口，由海门港出发直指双屿港，于嘉靖二十七年（1548年）四月二日至七日剿灭双屿港走私基地，并下令“聚桩采石”堵塞双屿港，以使番舶“不得入”。此举引发沿海地方利益集团强烈不满，上章弹劾朱纨，告其“专杀启衅”。在压力下，朱纨被罢官并服毒自杀。

被剿走私海商残部流散海上，生计无着，由商变盗，形成嘉靖后期的“倭患”大爆发。嘉靖三十一年（1552年）四月，“倭”入海门，劫掠严屿街。五月二十八日，贼首福清人邓文俊率2000人入黄岩，焚县衙，毁民宅，居城七日。台州府知事武炜赴救，战死于钓鱼岭。知府宋治与仙居知县马濂合兵追至，贼才散逸。直至十一月，贼首邓文俊才被参将汤克宽捕捉。该年三月，另一股“漳倭（来自漳州）七十人焚掠江绾”；三四月间，隘顽、松门及过往沿途都有贼寇行劫；五月，还有贼寇自松门弃舟登陆来攻太平县城，城守严而未入。这就是台州“倭乱”最频繁、最惨烈的“壬子之变”。

此后7年，台州每年都有“倭乱”，沿海波及松门、桃渚、海门、栅浦、新河、江绾、大陈岛、蒲岐、隘顽、楚门、石马林、长浦、路桥、泽库（泽国）、沙角等地，内陆深入黄岩、沙埠、茅畲和临海、仙居各地。嘉靖三十四年（1555年），戚继光自山东调浙江抗倭；三十八年四五月，在舟山岑港剿寇的戚继光，因台州倭患爆发驰援台、温，与台州知府谭纶率军在桃渚、章安、海门、新河、南湾、黄华、宁海和猫头洋等地取得九战九捷的战果。入秋，戚继光被调回岑港战场，战后，调任台、金、严参将，改守浙江中部，屯兵海门卫4年。嘉靖四十年（1561年）四五月间，台州寇乱又起。戚家军接连在新河、花街、汛桥、大田、上峰岭、白水洋、楚门、小藤岭、长沙和乐清湾洋面再次取得九战九捷，史称台州大捷。

嘉靖后，穆宗继位。隆庆元年（1567年），解除海禁，允许民间远贩东西二洋，史称“隆庆开关”。崇祯二年（1629年）有三门人张五官、杨明州等因风漂泊琉球后，就在琉球生活繁衍，但至清初，中国沿海又遭海禁。

从明代军防看台州港埠

明代台州沿海所设备倭卫所囊括了台州沿海的港口资源。海门卫与前千户所设台州门户椒江入海口南北两岸，进一步改善加强了宋代设亭场寨、管界寨“防托海道”的宗旨。松门卫处台、温两府交界处的突出海隅，为台州的东南门户，有所谓“守门户，则堂奥自安矣”的意义和作用（雍正《浙江通志》“海防二·李卫奏状”）。海门卫处于甬、台、温三府中间，嘉靖年间的御史屠仲律因而上疏称“据海门之险，则不得犯温台”。海门卫大北门外城隍浦入江处有开阔港池为水军兵船靠泊基地，称为营防浦（也称城隍浦）。台州其他所城，自北至南排列有健跳、桃渚、新河、隘顽、楚门。当时这些所城都在海口，其中桃渚所最初设今上盘城里头山（古名桃枝山）处，为台州湾北侧濒海犄角（后经两次搬迁至今桃渚古城，所城已不在海口）。

嘉靖前，浙江沿海有9卫32所，哨船548艘，分配松海昌总158艘，其中400料船每艘用兵100人，200料船每艘用兵75人，八橹船每艘用兵50人，风快船每艘用兵20人。嘉靖三十一年（1552年），雇用民间福船、苍山船等116艘。三十五年（1556年）后有军渔船55艘（每船用兵23名）、白艕船39艘（每船用兵20名）、叭喇唬船128艘（每船用兵16名）、河田船5艘（每船用兵7名）、大网船7艘（每船用兵4名）、小网船127艘（每船用兵2名）；三十五年（1556年）十一月添造喇叭唬船10艘，增员140名，松海总共配备战船426艘。

海门卫为松海备倭把总驻地，松海把总统率水兵893名，战船44艘，屯泊大陈岛巡哨（见明范涞撰《两浙海防类考续编》）。嘉靖三十九年（1560年）后，海门卫驻台金严参将，是高于府级行政的军事机构。戚继光驻守台州时期，海门卫城共统兵7075名，其中水兵4483名，分成12支，汛期分布漩门、灵门、猫头洋、深门、主山（头门岛）、东矶列岛、三门湾牛头门、静寇门、大佛头等海洋汛地巡逻。

明代所设台州卫所均为港口，用作备倭外，本身就有航运功能，最主要的是用作粮运、盐运、鱼销和国内外贸易。椒江栅浦有何、苏两大家族致力于港航，明嘉靖年间（1522—1566年），何宠、何宽兄弟科举入仕，为官不忘家乡，出资筑石砌埠头，并在老浦东开凿新浦，称为何埠、何浦。万历年间（1573—1619 年），栅浦里人曹衡浚凿栅川径流，使该条连接东官河的水路通道更顺直通畅，江运、海运借此贯通整个椒南平原。家子发展浙闽航运更为兴旺，已成为闽商对台贸易的聚集地，也有家子泾沟通椒南平原。

明代台州粮食自给有余。万历年间（1573—1620 年），临海人王士性说："台、温闭粜，则宁、福二地遂告急矣。"台州粮运分内河、外海两路，内河为卫所储运军粮，外海为福建、宁波和京师运输漕粮。雍正《浙江通志·漕运上》载：天顺年间（1457—1464 年）台州漕运京师的船舶 289 艘，占全省的 14%。明代，海门卫、松门卫、台州卫分别建有广储仓、广盈仓和永盈仓，各千户所也设分仓。海门、前所、桃渚、健跳分别设广储一仓、二仓、三仓、四仓，海门卫所辖的新河所则设广盈四仓。

盐务在古代满足人民生活之必需，盐税更是政府财政主要来源。台州三大盐场，除长亭场在宁海，黄岩（迂浦）场和杜渎场就在海门卫两侧，但官运官销的所有食盐，均通过海门港运往设在临海的都盐仓，盐商只能在都盐仓"买引掣销"，再运往销售地。如此辗转运输使商人畏难，结果弄成私盐盛行，临海批验所因形同虚设而裁撤，迫使官方改盐引为税票。

海洋捕捞自古是台州沿海先民的主要产业。健跳、桃渚、前所、海门、前所、家子（葭沚）、新河、松门、石塘、隘顽、楚门、坎门、江下（江厦），都是渔民聚集地。台州渔民出海捕鱼远至舟山，近至大陈洋、猫头洋。由于木帆船航海受制于天气条件，而且航速缓慢，捕获海鲜常无法及时销售。在海岛或船上就地腌制，是渔民保存海产品的唯一办法。因而除出售鲜货外，黄鱼鲞、龙头烤、咸带鱼、墨鱼干、虾干、虾皮是本地外销的土特产。

明代椒江河口港国内贸易主要仍面向浙闽沿海，间有南赴广东和北上长江口的航船。贸易货物是谷米、鱼货、苎麻、茹、榔、木材、南北货等。明代实行禁海，主要是针对国外贸易，国内沿海货运基本照常运行。

第五节　清代迁海和有限开禁

清初，由于南明政权在江南持续一段时间，并有郑成功、张煌言北伐反清之举，清朝廷为防沿海边民资敌，于顺治十八年至康熙二十二年（1661—1683 年）实施"迁海令"，迁弃滨海膏腴之地三十里，港航和沿海产业被窒息。康熙二十二年（1683 年），台湾郑氏割据势力被平定，沿海各业使得解禁展复，但清朝廷秉承明代海禁之策，民间对外贸易仍受严格控制。

鲁王监国逸事

清顺治二年（1645 年）六月，临海在籍官员陈函辉、明兵部尚书张国维、明刑部员外郎钱肃乐等拥戴寓居临海的鲁王朱以海监国（未称帝，无年号）。七月，鲁王赴绍兴就任，部署军队，与清军对峙于钱塘江两岸。

其时，由都督佥事张廷绶统领台州明军，驻扎海门，为钱塘江前线招兵、训练、办粮饷。顺治三年（1646 年）二月至五月，大旱缺粮，鲁王派沈履祥来台州督办粮饷，百姓视征粮衙役如夺人口粮之虎狼。钱塘江水位因旱下降，江底暴露沙滩，清兵趁机突破防线，明军溃败，绍兴失守。清军诱降明军将领，鲁王被挟持。

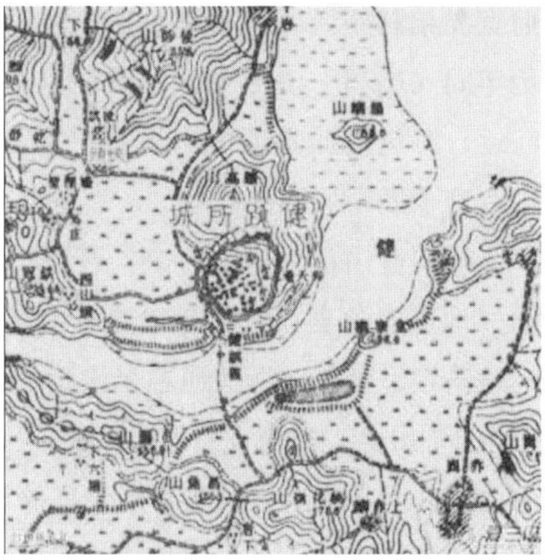

图 2-9　健跳所城（来源：民国 9 年参谋本部陆地测绘总局据民国 3 年地形原图绘制的台州地图，民国 17 年制版）

六月，鲁王趁机逃脱，辗转至海门，在海门守将张廷绶与石浦游击张名振（鸣俊）的帮助下渡海至舟山，舟山总兵黄斌卿不纳。福建郑成功奉南明唐王隆武为正统，鲁王便被郑彩接至厦门重建小朝廷，与清军拉锯占地，最终不敌清军。

鲁王监国失败后，台州被清军占领，民众不服清人剃发令，天台、仙居、临海、黄岩、太平民间仍有抗清力量以白布裹头，号称白头军。椒北桐峙山便是白头军扎营立寨之地，兰田乡东京村迄今遗存一座白头城。宁波举人张煌言与张名振在浙东招募义军，不少白头军加入。顺治六年（1649 年）夏，张名振、张煌言收复健跳所，迎鲁王至健跳重组小朝廷。当时有苏州提督吴胜兆反正，张煌言前往支持，在崇明岛外遇风大败，被俘，七天后逃脱，重新在浙东招募义军，屯扎上虞县平冈寨。

顺治七年（1650 年）秋，健跳所军需供应严重短缺，鲁王退至舟山。清台州提督田雄攻破健跳所，“尽迁居民，空其地”。八年（1651 年）七月，清军三路围攻舟山，其中一路从海门港出发。十月，舟山攻破，鲁王与张名振驾船返回厦门，被郑成功收留。此时，唐王败毙，郑成功遥奉桂王永历帝为正统，否认鲁王监国地位，只以藩王之礼对待。康熙元年（1662 年），鲁王逝于金门。

张煌言、郑成功抗清台州行踪

顺治十年（1653 年）八月，张名振、张煌言率五六百艘战船向长江口崇明岛进发。崇明县城内清军不敢出战，被围 8 个月。清朝官方档案称：“近城十里之外，贼众充斥。百姓菜色相望，饥馑难支。为我用者恹恹待毙，为贼用者欣欣向荣。”次年，张军又连续发动“三入长江之役”，终因兵力单弱，无功而返。

顺治十二年（1655 年），张名振、张煌言会同郑成功部队收复舟山。岁末，张名振猝死，部队由郑成功部将陈六御接掌。次年，清军再度占领舟山，陈六御阵亡，张煌言成为统领，率部队进入台州。与此同时，郑成功部将洪旭潜入海门港，招降台州协副将马信，授予中权镇，商议承造战船 38 艘，于年末竣工。

顺治十三年（1656 年）正月初二，马信献船予洪旭部，引郑军进入海门关，并于十二日晚发动台州府城军变，清官员被杀、被绑送出海。康熙《台州府志》称肇事者“劫仓库，掠民家，执（绑架）男妇一千八百人，童子七百余人，围守天宁寺及城南民舍。次日海船至，因分馈之，自缢及赴水者甚众。十五日，公廨巨室尽被焚，比夜始扬帆去。二十二日，官军至”。

顺治十四年（1657 年）八月十二日，郑成功水军由三江口而上进攻黄岩县城，守将投降，知县被杀。马信引导郑军攻府城，城中仅数百人，向外求援。二十三日，清援军自省城来，在天台被郑军歼击。郑军再破天台、仙居、宁海，二十六日攻陷府城。九月八日，郑成功入城登大固山视察地势，出兴善门回船，十七日扬帆撤离。康熙《台州府志》称“四乡俱受荼毒，惟城中免俘掠”。

顺治十五年（1658 年）九、十月间，郑成功部第三次进入海门关。据康熙《台州府志》所载，二十六日，郑军为补充给养，在葭沚、栅浦登岸，太平县调参将张德俊孤军深入，被围于海门，后突围。接着，郑军到达拗岭，清台州总兵张杰领兵至拗岭御敌，郑军发觉守军有备，加上飓风大作，退出拗岭。据江日升《台湾外记·郑氏始末》以及项士元《海门镇志稿》所载却如下述：“（顺治）十五年十月，成功解（解除）北将（指福建以北反复叛降者）兵权，进忠（投降郑军的太平县人刘进忠）不自安，奔海门纳降。周全斌（郑军右武卫统领）追至海门围之，进忠突围走，全斌不追，遂据城。”周全斌部何时撤出海门，没有记载。又据清廷所藏有关奏折，郑成功部第三次进入海门关，有自九月二十五日至十月二十日几乎一日一报的详细战报，所报战绩竟共计歼敌 2800 余名，击沉敌船 65 艘。

顺治十六年（1659 年）五月，郑成功与张煌言会兵台州，联合北伐，北伐失败后，郑成功率部驱逐侵占台湾的荷兰殖民者，收复台湾，割据一方，本节对此不作赘述，但对郑成功所部三进台州湾的历史疑点，应有所交代与分析。

郑成功既以反清复明为目标，所到之处均有内应，说明“反清复明”仍有相当社会基础。其到台州是为筹措粮饷，必不恋战消耗军力，抢劫官方仓库、富豪财产和俘杀顽抗官吏必然存在，但烧杀扰民恐不敢为。康熙《台州府志》载郑军第二次进台州府时“城中免俘掠”，说明前一年已“劫仓库”，目的已达，就不再扰民。第三次进海门事件，当以《台湾外记·郑氏始末》和《海门镇志稿》为可信，清廷所藏奏折战报，恐是邀功谎报。

郑成功、张煌言北伐围攻江宁失败后，郑军退回海上，张军处于进退维谷、腹背受敌处境。清军劝降，张煌言拒降，率残兵焚舟登陆，潜行 2000 余里，九死一生回到浙东沿海收集旧部，屯义军于宁海长亭乡，筑塘辟田养军，准备东山再起。顺治十八年（1661 年），清廷颁布“迁海令”绝义军粮饷来源，张煌言又开屯南田自给。康熙元年（1662 年），张煌言踞宁海林门村一带，旋移驻桃渚；三年，见复明无望，在南田悬岙岛解散义军，隐居海岛不出；夏天，清军抓获张煌言，于九月初七杀于杭州弼教坊。

隐晦的台州“迁海”实况

清人入关统治中国，逐个歼灭几个“南明”小朝廷后，唯郑成功势力东征台湾，建立反清长远基地，仍对清朝廷构成威胁。顺治十八年（1661 年），清廷颁布“迁海令”，废弃东南沿海几十里土地，迁滨海居民入内地，防其资敌。

台州“迁海”具体细节文献少有记载。康熙《台州府志》只寥寥几行字：“尚书苏纳海等至台，撤边海三十里居民入内地，空其地。以海贼累犯，由附海居民接济故，浙、江、闽、粤边海地方悉行迁徙，台州临、黄、太、宁四邑失业者多，民生益困。”黄岩和太平县志也都寥寥几字。

迁海界址难以确认

康熙《台州府志》“正赋”有关于人口、土地在迁海前后的状况。正文载：“皇清原额户丁共二十一万七千九百四十丁口（丁口为男性）”，附注“顺治十八年（1661年），奉文弃置临、黄、太、宁四县共五万三千五百六十三丁口”，弃置人口几乎占总数1/4。鉴于明末清初纳税以人口为对象，各地匿报人口成风，且相当严重，上述统计数字不一定真实。

志书所记“弃置”土地占“皇清原额”土地的百分比在田、地、山、塘四项约20%、37%、30%、33%，但从康熙《台州府志》“盐法”所记盐场迁弃状况，可见上述土地弃置并不一定属实。

根据《台州府志》记“原额灶丁（烧盐的男性盐民）”和“迁遣后存丁”计算“迁海”后盐场保留的比例，黄岩盐场保留了67%，杜渎盐场先全撤后招复，保留了70%，长亭盐场保留了21%。台州三盐场都在滨海海涂，清初黄岩盐场在今三才泾以东的沙北、水陡、下陈、横街、下梁至温岭木城河以东一线；杜渎盐场在今杜桥镇南侧。这些盐场当年都在海滨。在海滨活动的产业都保留六七成，“撤边海三十里居民入内地”显得不可信。

台州各县志书唯康熙《临海县志》有关于都图（乡以下区划）“迁遣”的记录：“顺治十八年，沿海迁遣，都十有九（十九个都），图五十（五十个图）。康熙十年展界复图三十有七（即三十七个图），所遣者：二十都一图、二图、四图；二十三都二图、三图；三十八都二图、三图并杜渎都耳。始因寇警而迁遣，继因民穷而复界，不十年间已复十之七。”

二十都一图、二图、四图是赤墈庄（今三门县浦坝港北沿赤）、大域庄、沿海庄（今浦坝港三角塘一带），二十三都二图、三图是北监庄（今北涧）、桃渚庄，以上属于承恩乡；三十八都二图、三图是海门庄和赤山东庄，属于明化乡；杜渎都在今杜桥镇。

据临海洪若皋所撰《南沙文集·遵谕陈言疏》，台州湾南翼“自台及温，目击沿海一带，当迁遣时，即将拆毁民房木料，照界造作木城，高三丈余，至海口要路，复加一层二层，缜密如城隍。防兵于木城内。或三里，或五里，搭盖茅厂看守。以是海寇不得闯入，奸民不得阑出”。据传，温岭木城河即筑木城的界址，但它离当时海岸线仅二三里。

按三十里迁弃的范围，台州椒南平原、椒北平原、桃渚平原、三门湾滨海丘陵谷地都该迁弃，这是台州的粮仓。一说是十里，则椒南黄、太县境的界牌、洪家、灵香店、墩头（长浦）、洋屿、下梁、陈头闸北岸、南闸、新河塘下、箬横、淋头、松门都被迁弃，也都是种粮膏腴之地。在此以外的盐场都保留生产活动，在盐场以西的粮田怎会迁弃？

港埠迁弃语焉不详

地方志书少有直接记述迁海具体范围、时间的文字。在涉及各卫所港埠的有关条文中，所记均语焉不详。

有关海门卫城记为：“……顺治十八年，并前所、桃渚迁弃，立台寨置兵为守，康熙二十二年海寇悉平，城守复旧。”

有关健跳所城记为：“……顺治七年海寇（指张名振、张煌言）叛据，提督田雄攻破之，遂墟其地，康熙二十四年复为寨。”

有关松门卫城记为：“新设松门寨：明卫城，顺治十八年（1661年）迁弃，康熙二十四年（1675

年）复界改。自本寨起至黄岩界，其瞭台六，其十八年所置陈北闸、陈南闸等十八台俱革；五十八年添设松门炮位，续定辖台、寨八，塘、汛、口址五。”有关新河所城未见迁弃记载。

玉环岛在明洪武二十年(1387年)就为抗倭遭迁弃，后被乐清、太平游民私种，清顺治十八年(1661年)，玉环全境迁弃，至雍正五年（1727年），才召太平、乐清、永嘉、平阳、瑞安五县平民复垦。楚门半岛上的隘顽所和楚门所文献均载“顺治十七年废”，改寨设把总防守，迁弃与否交代含糊。

另据众多沿海寺庙碑记，均有顺治十八年（1661年）废、康熙九年（1670年）恢复的记录。

明代卫所均设港口，这些节点在军防外都关乎航运和渔业。有关海门、前所、桃渚等卫所迁弃的记述都模糊不清，既然“置兵为守”，城内居民不能资敌，也就没必要迁移。项士元《海门镇志稿》记述复界“尽复沿海迁界民业，许民出海网鱼”，可以想见“迁海”期间海门居民实际并未迁出，只是不准出海，禁绝一些民业而已。此外，“迁海”后十三年，就有福藩耿精忠部曾养性进海门屠城，也可见海门、前所、桃渚城内居民其实并未迁出。从寺庙记叙看，迁海历时至多9年。

台州迁海执行的最严区域可能是三门湾沿岸，那正是张煌言活动的区域，如健跳在顺治七年(1650年）破张煌言据点后，就已“墟其地”。宁海海游（今属三门县）王家村人王文贵《起迁歌》描写迁界状况：“朝廷令下安边策，东南附海尽迁移。一炬烧尽沿村屋，划界编桩谨护持。军民不许潜透越，墩台营寨密如棋。”写百姓流离失所状况：“姿容美者嫁营兵，丑陋为奴忍作婢。嗟彼鳏寡无所靠，寒昏暑午填沟渠。”但康熙四年（1665年）台州就在亭旁驻设海防同知署，该地离健跳直线距离仅26公里，离海游水道仅12公里。

顺治十八年(1661年)行“迁海”后，沿海民不聊生，经济凋零，迅速转化为财税锐减，府库枯竭。福建总督李率泰临死前（迁海第四年）上疏说真言：“数年以来，令沿海居民迁移内地，失其故业，宜略宽界限，俾获耕渔，庶苏残喘。”康熙八年（1669年）和后续的九年（1670年）、十年（1671年）、十六年（1677年），清廷陆续做出局部“展界”的决定。至康熙二十二年（1683年）台湾平定，前“迁海”之地全部“展复”。

“迁海”实际影响

“迁海”主意出自原投奔郑成功反清、后投降清廷的降将黄梧。熟知郑军内情的黄梧献言：“成功全借内地接济，木植、丝绵、油麻、钉铁、柴米，土宄阴为转输，赍粮养寇，请严禁。”所提“灭贼五策”之一是“金、厦两岛弹丸之区，得延至今日而抗拒者，实由沿海人民走险，粮饷油铁桅船之物，靡不接济。若从山东、江、浙、闽、粤沿海居民，尽徙入内地，设立边界，布置防守，不攻自灭也”。

实施结果不如所期。《长乐福清复界图记》载有了解内情人士的记述文字，大意为：官吏以为界外是人迹阻绝的荒漠，贼寇没几日就会饿死。其实贼寇正在岛屿暗笑——“是界我以田园矣！予我以薮泽革野矣！”结果是，“奸民”昼伏宵行，使那里成为热闹的夜市，竹木、五谷、油铁、布帛、麻枲，全都有卖……

《台湾外记》记厦门周边“虽泛地谨防，而透越不时可通，有佩鞍穿甲追赶者，明是护送；即巡哨屡行，有耀武扬威才出者，明使回避。故台湾货物船料，不乏于用”。康熙十七年(1678年)，福建总督姚启圣发布文告说：“近闻界内不法居民每每鸠输米谷于贼，公然赍为盗粮。……其中必有为首之人，代贼科敛。”

台州松门、隘顽、楚门、玉环都在海边，但离台湾遥远，迁弃整个玉环岛岂不正好予海贼“以薮泽”？史料并无这些地方迁弃后的有关记叙，这对官方其实是讳莫如深的话题。

“迁海”是否给转移台湾的郑成功造成给养断绝呢？《野史无文·郑成功海东事·郑成功传》记载显示：郑成功在台湾得悉清廷下“迁海”之策，叹息这种政策“累及桑梓人民……徒殃民而已”，觉得自己“若不决志东征……株守各岛，岂不笑吾英雄为其束缚？”于是驰令各处“收沿海之残民，移我东土，开辟草莱，相助耕种，养精蓄锐，候有衅隙，整甲而西……”杜臻所撰《粤闽巡视纪略》也记郑成功入台后，“规度便近地，给兵屯种，而收赋于诸社以自给，又多种桐树及棠麻为治船之需”。

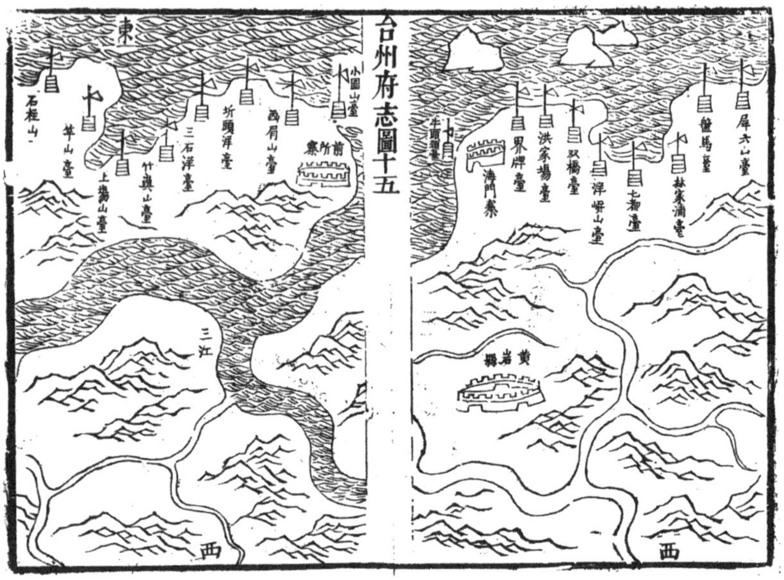

图 2-10 清光绪《台州府志》沿海寨台图（来自清光绪《台州府志》插图）

郑氏父子在台湾“课耕积谷，务生聚，招徕远人”，通过军民努力，台湾成了“四庐辟，亩侩治，村畜饶”“人居稠密，户口繁息，农工商贾，各遂其生”的宝岛。到台湾平定，施琅走上台湾岛，看到的是一幅“物产利薄，耕桑并耦，渔盐滋生，满山皆属茂树”的繁华景象。这表明清廷“迁海”政策不仅没有达到从经济上困死郑成功的目的，相反，倒是促使他们开发台湾，自力更生。

“迁海”既没有堵绝台海间的物资流通，也没能在经济上困死郑成功，它只是无端给东南沿海百姓制造流离失所、生计凋敝的人为灾难。

“展复”和有限开禁

清朝廷向来擅吹政绩，唯极少提“迁海”。《清实录》也只寥寥数字，一笔带过，各地方志也少记述，均显隐忍心态。

“迁海”案的修正，实际在该政令发布第四年就已开始。先有福建总督李率泰临死前上奏要求“略宽界限”；接着是康熙七年（1668 年）福建水师提督施琅、广东巡抚王来任上疏请求复界：“以海边为界，修复废毁诸营，听民出田界外。”清廷权衡轻重，同意在“片板不许下海”的前提下撤界。

全面“展复”开海禁在康熙二十三年（1684 年）。康熙四十一年（1702 年），海门修城，金商《海门志稿》描述其时城内“居民稀少，市井萧条，加之以灾殃，癫之以瘟疫，夕阳初泯，人则闭户而卧，合城如此，相沿百余年”。到乾隆元年（1736 年），方才“帆樯云集，商市渐兴”。

海门航运和社会经济恢复期为何“相沿百余年”？它既说明“迁海”影响之深，也说明清廷开海禁，只是有限放宽。《清圣祖实录》记录康熙执政后期言论：“海外有吕宋、噶喇吧等处常留汉人，自明代以来有之，此即海贼之薮也。”乾隆帝对“夷人”说：“天朝物产丰盈，无所不有，原不借外夷货物以通有无。特因天朝所产茶叶、瓷器、丝巾为西洋各国必需之物，是以加恩体恤。”这些帝王思维最终都归结于对外贸易的重新禁锢。

开禁之初，条令规定允许五百石以上商船出海贸易，地方官员在船头烙号码，发给印票，验票后才得放行。十年后（1694 年），却又禁止商人在国外造船以及暗带外国人进入国内。不久，因船舶不敷所需，又允许将大型渔船改成双桅商船。从此，中国“商船海舶往返关东、天津及福建、南洋各处，习以为常”（清王庆云《石渠余记·纪市舶》）。海门港则在对闽航运上尤显兴旺，出口桐油、黄蜡、樟脑、纸张、棉花、药材，进口木材、红白糖、建烟、桂圆、荔枝。

康熙二十四年（1685 年），宁波设立浙海关，下设口址（分口）15 处，家子口即其中之一，管辖范围涵盖临海、黄岩、太平、宁海的健跳港、金清港、江厦埠、白峤四旁口。

家子口初设家子（葭沚），后移海门，设城内龙须巷，后设道头新街，俗称“台大关”。初设时，家子口的收税货种主要是靛青（染料）、烟糖、鱼鲞、杂木、柴炭、冬笋、橘子等。管理所及是国内贸易，职责似乎仅在收税，而发放执照和验照放行，则由地方行政官员和军事机关执行。

康熙、乾隆年间，海门关口防范“偷运”物资主要为稻米、食盐。清光绪《台州府志》载：“临、天、仙等县山多田少，郡城更人民辐辏，即岁稔（成熟，指丰收）之年，亦必借黄、太两邑之米源源装运，以借民食，亘古为然。”

台州有限开埠的管理，与军防交结一起。康熙年间（1662-1722 年），台州军事机构黄岩镇设黄岩，海门设营汛，专管港口船舶出入检查放行事宜。雍正七年（1729 年），浙江总督管理巡抚事务李卫为进一步加强防务，在海门、前所各设大巡船二艘，以使偷运奸徒难以飞渡，又在三江口、家子各设炮台一座和巡船一艘，在对岸新亭和章安道头也设炮台和快船。

在官府只管收税和查禁的体制下，港航发展仅是民间所为。椒江口河口港栅浦、家子港埠都依赖民间力量自发发展。清道光年间（1821—1850 年），栅浦里人苏若溪在何埠东建苏义埠；同治年间（1862—1874 年），又在何埠与何浦间再筑港埠。家子浙闽航运进一步开拓，乾隆三十八年（1773 年），家子建泉漳会馆，成为闽商旅居和囤货场所。椒江口航埠，也是清代运输黄、太稻米至临、天、仙的中转埠，而官府所为仅是派兵弁稽查“以防漏海”而已。此时，章安仍设有税场，仍发挥部分港埠作用，主要是运盐，将杜渎盐场所产食盐通过蔡桥总廒发往各地。前所港埠则主要用于渔业。明、清官方对海门更注重军事作用，其时海门无内河通达椒南平原，导致“市井萧条”，不及葭沚。

椒江口国内货运主要在浙闽之间，其次通航江北扬州一带，再次远及天津、营口。出口货物主要是军粮、食盐、鱼鲞、柑橘、茶叶、桐油、黄蜡、樟脑、棉花、纸张、茯苓、白术；进口货物主要是福建的红白糖、木材、建烟、桂圆、荔枝等，北方的豆饼、红枣、黑枣等。也有船商直运福建木材到长江口出售。

唐、宋、元以来与朝鲜、琉球、日本、南洋的国际商贸，经明、清禁海演变为走私和寇乱。台湾平定后，海禁解除，康熙从郑氏那里得知对日贸易的好处，也着力推动对日商贸，赴长崎商船空前骤增，但日本颁布《贞享令》，对中国商贸进行限额，总数不得超过白银 6000 贯，超额入港商船被勒令返回，商人便就地走私，如康熙二十七年（1688 年）全国赴日商船 117 艘，勒令返回而就地走私的商船22艘，而且日本限额越来越少，康熙三十七年（1698年）降为80艘，五十四年（1715年）行《正德新令》又降为30艘。由于海门港地位低下，无一艘商船列入。

其时，琉球朝贡规定在泉州进行，贡船一般直指台州松门港，再顺海岸南下泉州，回国时也由水师护送至石塘洋面，在三蒜岛放洋，长行回国。因此琉球贡商常在松门登陆，乾隆三年到道光三十年（1738—1850年），计有六次登陆。乾隆三年（1738年）六月，琉球中山国人新垣所驾商船，遇风漂至海门关口，地方官进行抚恤，供给食物、衣服，并修复船舶，送其安顿福州，等候本国贡船回国。乾隆六年（1941年）三月，朝鲜一艘商船因遇风折断桅木樯桿，漂泊至海门关外川礁洋，知府接船上20人安顿于临海天宁寺，垫还船货价值，由前所巡检马莲送至省城，再转京城交使者带回本国。同样由于港口地位的低下，海门港和松门港在官方贸易上搭不上边，民间贸易也仍在受控之下难以开展。

顺治十八年（1661年）迁弃玉环全岛后，至雍正五年（1727年）才展复，招来温、台两府居民报荒垦种，于雍正六年（1728年）设玉环厅为温州分府，直隶省。坎门渔港逐步恢复。台州其他原卫所港埠也都在“展复”后恢复旧业。

门户失防和海匪泛滥

清朝廷因惧怕汉人据海顽抗，采用“迁海”之策，贻笑天下；也由于游牧民族不谙海事，在海防布局上倒行逆施。明建立的沿海卫所防御体系是较为周全的布局，浙江习俗惯用藩篱、门户、堂奥来描述海防形势，藩篱是作为屏障的沿海岛屿，门户是港航口岸，“守藩篱而蔽门户，门户蔽而堂奥安”是沿海防务常识，但台州在清廷主政下，废明代卫所建制后代之以省级提督（巡抚）统领下的镇、协、营、汛。此“镇”为军事机构，意即以武力镇压维稳，偏重弹压百姓，疏忽对外防守，导致福藩乱军入海门关如入无人之境。

同时，游牧出身的清朝执政者也不懂江南沿海民生所赖为何，明代虽未能更正隋代以来行政内迁局面，但也作出在海门派驻州府推官，设置“四府衙门”等弥补举措，清代却在“迁海”中将其取消，后仅代之以临海县理民分县县丞。因其漠视地域经济主脉，民生难以发展，致使百姓谋生无门，生活无着，流离失所，其所设的“镇”也难以震慑遍地滋生的盗寇。

军镇内设以致堂奥洞开

清人统治中国后，浙东武备一反明代的卫所制布局。初期，在原定海卫（在镇海）设定海镇。顺治十一年（1654年），移定海镇驻黄岩；十四年（1657年），改宁绍台镇，移驻临海台州府城。康熙二年（1663年）移右路水师驻黄岩；八年（1669年）改黄岩协，同时移宁绍台镇驻宁海，称宁海镇；九年（1670年）撤宁海镇设宁台总镇，移黄岩；十五年（1676年），宁台总镇改为水师提督；十九年（1680年），重新设为宁台总镇，一度改为海门镇，在海门驻总兵官，接着又改为黄岩镇，又移驻黄岩县城。

清代浙江较稳定的军事镇是舟山镇、黄岩镇、温州镇、处州镇4镇。除处州镇管内地外，余皆在沿海。费解的是宁绍台的防务设置，无论是管宁绍台还是宁台，在无现代公路的条件下，黄岩城关或临海府城对宁波、绍兴都隔着高山，陆路来往不便，水路也因距海口远，十分不便。其后移宁海，虽居宁台之中点，但港口条件不佳，又移回黄岩，并固定黄岩县城至清末，却疏忽海门这么好的航海条件。是因为“迁海”意识遗留，还是从官本位视角看，海门缺乏相应行政级别呢？

实际从清代台州一系列海防事件看，无论是郑成功北伐三进海门关，还是康熙十三年（1674 年）藩乱攻台州，还是咸丰元年（1851 年）“蚱蜢乱”，海门防务的缺失，都直接导致黄岩、临海失守，驻黄岩城关的军事镇，几乎起不了作用。

此事在修纂于康熙年间的《临海县志》就遭非议：“浙东近海者三郡（指府城），温最近，明（宁波）次之，惟台实最远（指离海远）。乃明与温近海而不闻海寇陷城，台远海屡闻寇陷。何也？郡城腹心也。海门、前所咽喉也，二城两山如锁，进而沿岸小港非潮则不得行，距九十里方得至郡城。使咽喉既锁，寇舡其能飞渡乎？岂不虞我兵之袭其后也？明朝设舡五百号，驻兵七千，春防夏掣，及桃渚、牛头、健跳一带烽火相望，声息互援，故数百年来无海氛之警。国朝减兵撤舡，递设水陆提镇于黄岩，所谓舍门庭而守堂奥。一旦贼舺越椒江而进，北台东黄，可以惟其所向，黄岩自顾不暇，安能分兵以援……”其实编志之前，发生于康熙十三年（1674 年）的福藩进攻台州之役，就已将此弊端暴露无余了。

清初，满族统治者借助汉族降将吴三桂等军阀之力，封藩管理南方，导致诸藩割据“尾大不掉”局面。康熙皇帝又以“削藩”激起“三藩之乱”。福藩耿精忠以“反清复明”为口号反叛，于康熙十三年（1674 年）六月至十四年七月，进兵台州，范围波及仙居、太平、黄岩、临海、天台各县城及海门卫城。

福藩除陆路由乐清进入太平县、由金华东进仙居县外，另一路大军是由都督曾养性率水军 10 万余人，从海上进入台州湾的。其时，海门卫城只驻几个台寨兵，如何阻挡 10 万之众水师船队呢？福藩船队进海门关如入无人之境，直捣黄岩县城，战船从栅浦一直排至黄岩北门外浮桥。叛军“反清”口号极易策反建政不久的汉族清官，黄岩县城遂被策反攻破。叛军转而围攻台州府城，却围半年之久未能破城。最后，清军反击，于康熙十四年（1675 年）八月十四日围剿黄岩城叛军，结束叛乱。

清人入关统治汉人，原就不得人心，南明小王朝抗清、郑成功反清、三藩反清，本来都有相当民意基础，但为何都难成事？在福藩围攻台州府城中，有一位汉人巡道杨应魁发挥极佳的处处为民请命、时时为大局着想的“得人心”影响力，就是此种“怀柔”政策抹淡了汉人心中的种族意识，服从其统治。反观反清义军在“人心向背”问题上有时未免表现不好，最终影响其大事难成。

说回军防布局，其实军营方面自知水师应驻扎海边。因而，总兵官和镇机构虽驻黄岩，但自康熙二年（1663 年）起，已将下属右营游击、中营守备派驻海门。直至清同治三年（1864 年），新任台州知府刘璈为改变扭曲的台州防务体系，上呈《请移驻武职衙门禀》曰：“台州滨临大海，海口要地有三。中为临（临海）邑海门汛；左为宁（宁海）邑健跳汛；右为太（太平）邑松门汛，设有卫城一所。海门城内向建总镇行台并三营各署，为巡洋驻扎之所。前刚署抵任时，因黄邑署已遭匪毁，仅存海门行台，适为扼要地方。经前督宪左（左宗棠）奏明移海门办公，附近洋面颇资弹压，应请俯照前禀，核准所有镇标中左两营游击，即令随同驻扎海门，足敷调遣。”

同治九年（1870 年），黄岩镇获准迁移海门；十二年（1873 年），改黄岩镇为海门镇，但是，清末的海门镇与明代的海门卫相比，受重视程度已相去甚远。

同治五年（1866）七月，另一项建制调整，也是行政、防务、港航向海口回归的信号。浙江巡抚马新贻奏请将原设亭旁的台州同知署（俗称二府衙门）移驻家子（葭沚），职责为分掌地方盐、粮、捕盗、江防、海疆、河工、水利以及清理军籍、抚绥民夷等事。

延续不断的“海贼”骚扰

清康熙五十一年（1712 年）五月，台州湾发生一起海盗击杀官兵案件，事见苏州织造李煦上报康熙皇帝的奏折：黄岩镇左营游击阎福玉率兵 80 余名出牛头门（浦坝港）巡逻，有人告知洋面有海贼船，官兵驾船追剿，反被海贼杀死 60 余人，焚毁官船。细访缘由是：黄岩镇前任总兵官韩祖蕲招人在海涂搭厂提供渔民晒鱼做鲞，收取租银，相沿为例。近来因朝廷派员巡视海疆，现任总兵官李近担心鱼厂有碍观瞻，将其烧毁，激起渔民怨恨，希图泄愤。因而诱官兵上套，借海盗之手格杀官兵。

此事震惊朝野，引发沿海数省水师联手查缉海盗，查清海盗团伙基本情况：主要骨干为广东、福建一带生计窘迫的沿海贫民、水手，夺取渔船、商船和行伍军械，从事海上劫掠。势盛时拥有盗船 11 艘、1000 余人，经常随风往来作案，夏季乘南风自闽、广北上，沿途劫掠客商货物，直达山东、辽宁海域；秋季顺风南驶，或者烧船从陆路潜回原籍蛰伏。

查清情况后，官兵加紧缉盗收网。康熙五十一年（1712 年）十月，参与袭杀黄岩镇官兵的海盗头目陈尚义等走投无路，在山东刘公岛向清军水师自首，被押解北京。康熙帝了解审讯资料后对浙江提督吴郡说：“闻浙江海中渔船甚多，其船进海口时，防汛官兵横索钱财，方令入口。中有不聊生之穷人，不得入海口，遂为海贼。观此，海贼即内地渔民，乃官兵迫而驱之海中为贼也。”

康乾过后，台州无视百姓生计，对之横征暴敛的痼疾日趋恶化，更使“土寇蜂起”，台州海盗劫掠事件不断。

嘉庆年间（1796—1820 年）主要海盗活动：五年（1800 年），水澳帮盗船活动于台州外洋；六年（1801 年），凤尾帮、水澳帮寇船和安南（今越南）“夷艇”六七十艘进迫松门，被会师于海门的黄岩镇驻军和浙江提督水师剿灭；八年（1803 年），海盗尤升、黄葵骚扰台州湾，被剿于披山洋；十年（1805 年），击捕邱獭帮海盗于台州湾三盘洋；十一年（1806 年），海盗蔡牵在台州湾与清军遭遇；十三年（1808 年），水澳盗船一艘于披山洋被缉捕，狗洞门（九洞门）缉捕盗船一艘；十四年（1809 年），浙、闽两省提督联合追捕海盗蔡牵于台州渔山洋。

道光年间（1821—1850 年）海盗劫掠事件略少。七年，海门中营守备缉捕海盗陈兆龙等 9 人；二十一年（1841 年），英殖民者侵略宁波，土寇乘机劫掠数日；二十八年（1848 年），因金清闭闸导致水灾，乡民哄闹太平县城，土寇乘机劫掠富户。

第六节　列强叩关与晚清变局

1840 年鸦片战争至 1949 年是中国近代史划界时段，该时期又可分为晚清和民国两阶段。晚清时，闭关锁国的沉睡国人，在与西方工业文明的冲突中惊醒，社会变革已势不可当。一边是迫于贫困的广西农民发动太平天国灭清运动，一边是在知识界、军政界发起维新改革和洋务运动。随着上海、宁波等五口通商港口对外开放，近代工商业和港航模式，与进口洋货一道，涌进台州湾海门港，引领各业的近代化转变，并逐步扩散台州各地。

在港航方面，先有甬商置轮船投放椒甬航线，打破传统木帆船运输格局。本地船商随之购轮船跟进，同时与外国船商、外国传教士在航线、港埠上展开激烈竞争与维权。

社会动荡带来的海陆寇乱

在鸦片战争前后，清王朝统治下的社会矛盾日益尖锐，发生了席卷16省的波澜壮阔的太平天国运动，余波也及台州各县，地方称之为“长毛乱”；另一项来自海上的劫难，民间称之为“蚱蜢乱”，却起因于鸦片战争善后处理的不当。

“蚱蜢乱”祸及海门港

鸦片战争中，林则徐在广东禁烟，曾建造夹板船，招募水勇抗英。林被诬陷弹劾后，这些夹板船与船上水勇无人管辖，粮饷无着，闲游海上，剽掠为食，成为海匪，计有大战艇5艘、小艇18艘。

清咸丰元年（1851年）春，夹板船海寇北上天津及登莱，又至定海，行劫于象山、石浦、宁海海面。十月二十四日，舟山镇、黄岩镇、温州镇三镇兵船50余艘会合巡哨台州外海洋面，恰遇夹板船海匪追逐运木商船，商船急忙向兵船靠拢以求保护，三镇兵船竟然惧怕海匪，匆忙避入海门关，而海匪也尾追入关。三镇兵船退黄岩，黄岩县下令关城门不纳，兵船退泊至永宁江黄林。海匪即在椒江下碇，上岸抢劫。

广东夹板船船形如蚱蜢，俗称蚱蜢船，故台州民间称此次匪乱为“蚱蜢乱”。又因为蚱蜢船髹绿漆，俗称绿壳，“绿壳”遂成浙东指称土匪强盗的方言。

上述海匪进关过程在同治《临海县志稿》《黄岩县志稿》，金商《海门志稿》中大同小异，少有出入；《清史稿·周士法列传》和各县官修正式志书对此事的记载都很简略。自称“椒江山农氏”的目击者陈凤藻所撰《记夹板船匪事》，则有更详细的绘声绘影记录。

陈凤藻《记夹板船匪事》记：“……蓦遇商船数十号载杂木往四明求售者，方被海匪追逼，诸商望三镇渐近，即号呼乞援。奈镇艇单薄，艰于驾炮，犹豫间，贼已驾佛郎机炮轰攻，三镇惶迫，急转舵疾走，木客随之，俱遁入台之海门卫。缘关禁废弛，贼亦随入。镇将等念卫城坍坏，不堪坚守，遁至黄岩。邑令以诸镇平日未曾训饬麾下，且虑居民之扰也，即闭关不纳。镇将不得已，离黄邑数里壁于黄林村。贼以诸镇之易与也，亦弃不追，复乘潮扬帆，欲进攻郡城。日哺，椒江长甸庄前炮声哄然，火丸飞击坠岸……俄报江北横山前村被掠，众始骇愕……”

另有汪度《记海寇事》记：“……廿六日（海匪）焚海门卫，贼上岸抢夺猪牛，掳掠妇女，乡民拒之，杀贼数人，贼遂发火箭烧卫城官民屋舍殆尽。连日闻长甸、石村、管岙诸乡村皆有匪徒乘机抢掠。廿九日，府尊张英伟往黄岩、郡城招募乡勇；闻家子招募乡勇，三江口挑筑土城。连日沿江南北乡村妇女迁避入城者甚多。十一月初三日，前临海县仲孙樊自宁波至。时仲在宁波，府尊张公以书招之来台，商防守事……”

此事一见三镇官兵的无能，二见废撤海门卫军防的荒唐，三见州县行政与军事镇的不协调。

《记夹板船匪事》在文尾记叙：贼“以入关日久，惧为官军所袭，乃日鞭诸木贩，令各出饼金二百，诸木贩悉被窘辱，逾旬，各措白金交纳，贼放炮启程。时府县官与镇将等虽调集各路兵船，皆相顾错愕，竟无一船尾而击之者。呜呼！朝廷岁靡兵饷，本期保护生灵。一旦小丑窥关，各自仓皇飞遁；无事上输官府钱粮，有事忍听吾民涂炭，聊为吹毛！曷胜指发？”

“蚱蜢乱”事件暴露了清王朝一塌糊涂的海防部署状况，一个被贬大臣组建的抗英水师竟可让其沦落为海盗，台州的海防重镇竟可龟缩河流上游，一个设上游的军政机构竟可自顾安宁以邻为壑，实属匪夷所思。

太平军东征波及台州六县

太平天国运动发生在咸丰元年至同治三年（1851—1864年），是一场大规模反清和反外国侵略的农民起义运动，初始为马克思所热情赞誉。

与太平天国反清运动类似的乡民起事，在台州也有靡久社会根基。据地方志书记载，咸丰年间（1851—1861年），台州本地时有“土寇作乱”，如咸丰三年（1853年），太平县李大六、小六屯花居洞；四年（1854年），乐清瞿震汉起事，陷乐清城，剿诛后，余党邬岳周遁入黄岩，被畲川人俘获；八年（1858年），临海铜坑林大广、王彝牙陷宁海，杀知县，转攻府城；十一年（1861年），黄岩黄延暄在奇田聚集屠敖三、项莲三、小三华等人，并联络家子（葭沚）黄秀德、周大统和水港管继涌等，聚众千余人劫掠螺屿、沙埠、塘里张、邬家岙、廖湖桥、土屿；还有黄岩塘角头人徐大度与夏宝庆、王明功等结为十八党，在十一年（1861年）声言守城，架梯爬入太平县城，胁迫县令吴奎祥交出县印。乡土寇乱，也与太平军起义一样，或因天灾，或因人祸（包括横征暴敛、重租、欺压等），酿成民不聊生，才揭竿而起，铤而走险。

太平军夺取江宁（南京），并将其设为天京，成立太平天国，发动北伐、西征和东征。北伐为直捣北京，以图消灭清王朝；西征为消灭湘军，解除威胁；东征为占领江浙富庶之地，扩充财政、军饷。战争波及台州时间为咸丰十一年（1861年）十月至同治元年（1862年）四月。

咸丰十一年（1861年）四月，太平天国侍王李世贤率军由皖入浙，夺取金华。十月二十三日，攻陷天台县城；二十七日，进入仙居城，焚烧郑氏宅第和县衙。

十一月初一，临海周边数千土寇奋起响应，迎太平军入台州府城，知府退避黄岩，知县退避涂下桥；初六，太平军由上洋邱人邱善潮和县衙门丁朱子珊领进黄岩城，知县、总兵和退避城内的知府闻风逃逸；初七，徐大度攻取太平县城，知县、参将等逃逸；初八，驻天台太平军赴宁海，知县、参将闻风逃遁；初九，太平军入太平县；同日，太平军派员来海门要求贡献军需，海门地方立“三和局”商议对策，以为“既不能战，又不能守，暂且权宜行事”，于十一日送所要军需至黄岩。十一日，太平军率队去隘顽、玉环。至此，台州各县均被太平军控制。

太平军每占领一地，均张贴告示安民，设局崇教，并分设乡官，编户给门牌，令其征缴粮米。如有不从，就派士卒去“打先锋”，即到富户绑架主人，逼其拿财物来赎。由于太平军东征意在筹饷，其横征暴敛常酷于清官府，迅速在民间引起反弹。

太平天国灭亡前两年，马克思表示极大失望，在其《中国纪事》中说：“（太平天国）除了改朝换代以外，他们没有给自己提出任何任务……他们的全部使命，好像仅仅是用丑恶万状的破坏来与停滞腐朽对立。”

咸丰十一年（1861年）十一月十一日起，台州各县地方民团开始联合反攻。自此迄十二月底，各地民团和太平军在黄岩城关、太平城关、葭沚、栅浦展开反复的拉锯战。侍王李世贤感到“台州非匹战之地，入虽易，而出难”，便于十二月二十九日回金华，部分人员留守台州各地。

同治元年（1862年）三月二十三日，太平军欲由海门渡江攻北岸，大汾廪生李承谦在大汾设立同声局，筹兵千余，筹饷万余，率民团依江守御。四月份，台州各县全面击退太平军：三日克复仙居县城，九日克复台州府城，十日克复黄岩县城，十一日克复太平县城，十五日克复宁海县城，天台县城在正月便已克复。在此过程中，仅太平县未发生烧杀抢掠，各县双方伤亡都较惨烈。事后，左宗棠奏称：台郡之克，全籍民团，官军曾无一旅与之周旋。朝廷因而特别恩准蠲免（免捐）元年、二年两年钱粮。

舶来洋货对传统产业的冲击

清道光二十年（1840年），鸦片战争爆发，二十二年（1842年）签订《南京条约》，广州、上海、宁波、福州、厦门列为对外五口通商口岸，后又签订《天津条约》（1858年）、《北京条约》（1860年）、《烟台条约》（1876年），开放南京、汉口、天津、温州等更多通商口岸。

根据条约规定，洋商可通过转口贸易，在通商口岸海关取得子口单，倾销商品至各海关子口。海门港为浙海关家子分口，道光三十年（1850年）起，各类洋货开始输入海门港，转销台州各地。最著者有洋布、洋纱、洋油（煤油）、洋钉、熟铁、铁丝、缝针、洋火（火柴）、香烟、肥皂、毛巾等。

杨晨《路桥志略》记叙洋货冲击状况云：“其昔无而今有者：一曰洋货。道光末年（1850年），东西洋商各以智力争夺利权，如呢布绒线、玻璃灯镜及诸玩物，日新月异，炫巧矜奇，朘人脂膏，莫此为甚……一曰洋烟。本以药料入贡，华人嗜之成癖，道光初年，种花之法既传，食便愈众，士风日颓，细民失业，且有仰药而死者矣。一曰洋纱。本地产棉不多，昔多贩自余姚，今洋纱盛行，人乐其便，乃设布厂，女工织之，或收利于万一也。一曰洋铁，自洋铁行而本铁少。一曰洋靛（染料），自洋靛盛而本靛微。一曰药材。各县药肆多宁波人，吾镇则皆土著，近来东西洋丸药列肆市中，尚未甚信用。一曰枪炮。自道、咸以后，各乡团防始有火枪，继尚洋器，往往私斗伤人，资寇行劫，此见其利而害仍不免也。”

图2-11　2005年3月19日，国内最大仿古木帆船“绿眉毛”从青岛海军博物馆码头南下驶往泉州，该船型最接近清代台州海船。（新华社记者刘主森摄）

在舶来洋货冲击下，地方土纱织布、手工锻铁、土烟、菜油照明等传统产业逐步被洋货取代，或采纳洋材料、洋工艺创办新厂。《烟台条约》签订后，温州也列为对外通商口岸，台州不仅从上海、宁波输入洋货，光绪十七年（1891年）后，还从温州输入棉纱，以作织布之用。路桥、横街、下陈、横塘是台州利用洋纱织布的聚集地，临海城关有留日学生开办毛巾厂（《光绪二十九年温州口华洋贸易情况论略》）。

鸦片在18世纪末就从广州或台湾走私进入台州，本地奸商常偷运稻米换取鸦片，获利倍蓰（光绪《黄岩县志》），同时导致内地种植罂粟。光绪年间（1875—1908年），台州土制鸦片烟“台土”（也称“台浆”）与徐州“徐土”成为全国两大著名土烟产地。临海县厘局对鸦片收取的厘金甚至成为税收大项，海门港成为其运输通道。

传统船帮和轮船启用

雍正《潮州府志》编纂者蓝鼎元言：“天下舟楫之利，无如闽广，而江南（江苏）则逊浙江，山东又逊江南。”这是清前期中国沿海海运状况。其时，闽、浙两地海商“率取道海上，以贩运米粮、木植为大宗”，也有浙船至台湾“贩卖黑白糖斤”。（清包世臣《海运南漕议》）

鸦片战争前，椒江口外海航运主要在浙、闽沿海。葭沚《福建泉漳会馆碑记》记“漳浦荔枝船络绎不绝”，到达葭沚航埠的福建船帮来自漳浦、乌石、白沙、诏安、东山、厦门、同安、福州、兴化等地。

鸦片战争后，上海、宁波口岸崛起。光绪元年（1875年），原在葭沚贸易的福建泉、漳商船开始转移到海门码头靠埠，为经营需要，又在海门设立福建会馆（址在通衢路）。会馆既是航运业团体，又相当于船舶业行会，又是管理贸易的机构。在福建会馆直对的江岸，建设福建道头（石砌码头，址在今江城路北终点）。

晚清，海门本地货运木帆船共约210艘，其中南岸约160艘，北岸约50艘。最大船商是葭沚人黄蒸云、黄楚卿父子和王梦熊，拥有的木帆船载重量在2000担至5000担（约400吨），大宗货物是木材，此外是南北货。除浙、闽间的贸易外，也直接沟通福建与长江口扬州等地的木材贸易。渔船多若繁星，海门港区约220艘，葭沚约50艘，椒北达1200多艘。

其时，西欧各国经工业革命已将机器动力装上船舶，成为轮船。帆船航行依赖风力，受制于气候，不能控制航时、航向。机器动力用于船舶是一项伟大的革命，它让定时、定向航行成为可能，但清王朝开始不接受这新鲜事物，五口通商后也只让外国轮船开进通商口岸。

光绪二十一年（1895年）后，清政府逐步解除对华商行驶轮船的禁令，二十四年（1898年）颁布《华洋轮船驶赴中国内港章程》，准许在通商口岸注册的华洋轮船行驶内港，所有内河也准许华洋商人行驶小轮。中外商人经营的轮船也就可以进入非对外通商口岸的海门港，它既有利于本地航业发展，也将市场向外国开放。

同治年间（1862—1874年）到海门经商的宁波人，早就看好海门商机，光绪二十二年（1896年）即与当地合资开办外海商轮局，购置“海门”客货轮，于次年开辟椒甬航线。椒甬线开通的同年，海门陶祝华（寿农）、王勤甫与弃官回乡的路桥绅士杨晨集资创办越东轮船公司，于次年购置“永宁”客货轮，再投放椒甬线。

永宁轮开航第一年靠泊葭沚，《葭沚重修海防同知署碑文》载：“沿江著名乡镇，先栅浦，次葭沚，又次海门，葭沚更据要害……居民不下三千余家。船埠所在，蚁聚蜂屯，行旅辐辏，上达黄、太，四望平夷，诚合郡之咽喉，为海隅之隘塞……”当时，由于葭沚有内河直通黄、太内河水道，海门则为山体所隔，城厢内河不接黄、太水道，海门航运与市面受到制约。

光绪二十四年(1898年)，由绅商王梦兰、蔡霖等倡议，得海门镇官兵协助，在沙门开凿海门新河，将江城河与乃岭外的三才泾连接，再向北延伸至江城河，在西新街南形成与椒江江岸平行的内河港池——大埠头，完善解决海港与内河航运的衔接。新河开凿后，永宁轮改为靠埠海门码头。

光绪二十九年（1903年），清政府与日本签订《中日通商行船续约》《内港行轮暂行试办章程》，给予日本轮船行驶不通商内港的权利。次年，日本“载阳丸”客货轮占据椒沪航线。杨晨深感不安，以为“卧榻之旁，岂容外族鼾睡”，遂以永宁轮公积金为基础，别招新股，购永江轮投入椒沪航线。又次年，永江轮被闽船碰撞，以赔偿了事，越东公司再添资购永利轮续航椒沪线。光绪三十四年（1908年），永宁轮又兼航温州。

椒江轮埠地权纷争

清同治十年（1871年），法国传教士进入台州，先在栅桥（今台州学院北栅桥小区）建天主教堂，继而在海门西门路印山旁建天主教堂。教会势力迅速延伸至长浦、茅林、新桥、田际、蓬街、四甲应等处。海门天主教堂法籍神父李思聪对港航事业特别敏感。光绪前期，海门的港埠岸线在今东升街一带，道头新街杨府庙以北是一片新涨涂地，由于官府港口意识薄弱，这些无主涂地为地痞霸占。李思聪见状，即以贱价在地痞手中收购土地，以致海门江岸一线土地全被教堂控制。

自光绪二十八年（1902年）开始，海门天主教会开始在新涨涂地上开发东新街、西新街，在“大埠头”两岸开发北新街和南新街，还在福建道头之西开辟安川码头。海门港近1公里主岸线尽为天主教堂所独占。

图 2-12 晚清海门天主教堂旧貌

天主教堂霸占海门港埠岸线长达20余年，时人终于觉察这是对地方的无理侵权，光绪、宣统年间，地方与之几经申诉，李思聪以“契买田地”为辩词，清政府最后一位临海知县程和回驳：“河道为合境公业，非同契买田地，可由个人主张……近来主行宪政，兴办地方自治，一应庶政尤须公诸舆论，非可以专制行之。”此事拖到民国3年（1914）才解决。

沿海航运发展

清末台州航运主体为包括葭沚、前所在内的海门港。光绪元年（1875年），浙江省在海门设立渔团局，委托台州府同知、通判和临海知县专管船舶编团、给照、收费各事，十八年（1892年）改为府办，旋改商办。

自光绪二十三年（1897 年）海门轮通航椒甬线，至民国 3 年（1914 年）收回天主教堂所占港埠，海门港轮船通达上海、宁波、温州及沿途港埠，初步使海门从传统古港转化为近代航埠。其时，上海、宁波为两大对外开放港口，温州也在光绪三年（1877 年）被列为对外开放口岸，其实海门、温州均是上海港、宁波港的辐射区域，而海门与辐射源更近。

图 2-13 晚清宁波船

海门轮船初期只行驶沪、甬，光绪三十四年（1908 年），椒甬线始兼航温州，上海、宁波和温州间贸易货物不少在海门转口。当时“上海往来温州的轮船，仅有招商局的普济、广济二艘，且须五日或七日一班，不若海门商船之多”。相比于椒沪线，轮船有永利、可贵、平安 3 艘，班期短，若由海门转口只需 3 日。所以“家子关（设海门）自设立轮埠以来，凡由申运温、由温运申，货物大率皆在海门转口”。同样，宁波与温州之间，也常在海门转口。（据民国 24 年（1935 年）《交通史・航政篇》）

光绪二十三年至民国 3 年（1897—1914 年），先后靠泊海门港行驶沪椒、甬椒、沪椒瓯、甬椒瓯 4 条航线的轮船总数共 16 艘，各航线具体配置轮船详见本志第四编第一章第二节“近代外海货运”。

椒沪线或沪椒瓯线一般途经穿山、定海、石浦湾埠，甬椒线或甬椒瓯线一般途经镇海、定海、象山、石浦湾埠。宣统三年（1911 年），总计外海航线 3 条，航轮 11 艘，4477.15 总吨。当年除招商局外，全国注册国轮 517 艘，114885 总吨，海门港轮船数和总吨分别占 1.93% 和 3.9%。

晚清时台州沿海轮船均兼载客货，旅客以到上海、宁波经商和做工为主。货运出口物资为大米、木料、木炭、竹箬、食盐、柑橘、禽蛋、生猪、菜饼、柏油、杂色油、松香、樟脑、茯苓、白术、蜂蜜、黄蜡、棉花、苎麻、茶叶、肉类、纸张、水产品、鸦片土烟等。进口舶来品为洋布、洋纱、洋钉、铁丝、熟铁、煤油、香烟等；进口国产工业品为机制棉布、棉纱、绸缎、肥皂、火柴、香烟等；进口外地土特产为南北货、烟丝、烟叶、食糖、薹菜、杂木、棉花、水产品等。

海门港开轮埠后，木帆船运输仍占相当的比重，货运船只仍有一百几十艘，主要运输竹木、板炭、耕牛、禽畜和食糖、南北货等土特产。

清末，海游章氏兄弟建造木帆船定期航行海游与石浦间，每月往返 6 次，称为“六市船”；海游章以全等建 25 吨木帆船，每月往返海游至宁海长街 6 次。松门港在明清时是浙江沿海南来北往商船中途抛泊港湾，也是转运港埠。江厦港在清康熙年间设为浙海关家子口旁口之一，晚清货物吞吐更为兴旺。玉环、楚门在明代与清初“迁海”中一度废弃，复垦和展复后相继分属乐清县、太平县、玉环厅，渔港复业，也为台州、温州间的航运港埠。平原所产粮食、食盐、渔货外运也由海游、健跳、金清、松门、石塘、楚门、江厦、坎门等港汊出运。

内江航运发展

晚清台州沿海经济的发展，带动西部山区突破封闭状况，物资交流渐多。内江使用轮船始于光绪年间（1875—1908年）灵江轮航行椒临线。宣统元年（1909年），购永裕论航行椒黄线，次年，临海六埠拖轮公司购兴昌轮、怡昌轮投放椒临县。此时，轮船使用仅限于黄岩、临海城关两埠，均为客货兼载，航线和所置船舶如下：

内江椒临线：灵江轮（吨位不详）、兴昌轮（23.15总吨）、怡昌轮（32总吨）。

内江椒黄线：永裕轮（7总吨）、永新轮（20.96总吨）。

临海城关古航埠在兴善门外、靖越门外灵江岸；黄岩城关航埠在北门外。轮船开辟之初，临、黄两城航埠均为石砌道头。航线沿途都有弯埠，弯埠一般在传统渡口，上落客由小船接送。灵江沿途站点有新亭头、涌泉、马头山、钓鱼亭、汛桥等；永宁江沿途站点有江口、镇东、王林、马鞍山等。

上游溪涧性河流航运仍然依靠长船和竹排、木筏。因为山谷盆地货物运输主要靠船运，商贸的开展使一些航埠成为集镇节点，沿江、沿溪集镇得到更为宽广的发展前景。

图2-14 晚清灵江长船

永宁江除黄岩城关外，自下至上具圩期的集镇有三江口、焦坑（澄江）、临古、头陀、北洋、潮济、乌岩（在今长潭水库库底）、宁溪，支流上集镇有十里铺、土屿、店头、院桥、高桥、沙埠、茅畲、上垟、屿头等。

灵江沿线除临海城关外，自下至上具圩期的集镇有西岑、涌泉、水洋、长甸、管岙、汛桥、钓鱼亭、花街（城东）、许墅（西郊）；大田港沿线集镇有塘头、大田、绚珠、邵家渡、溪路（在今牛头山水库库底）、两头门、东塍等；义城港沿线集镇有筱溪、尤溪等。

永安溪沿线自下至上具圩期的集镇有更楼、张家渡（今括苍镇）、白水洋（支流上有双港）、厦阁（支流上有大战、双庙、朱溪）、仙居城关、步路、官路、田市、白塔、皤滩、埠头、横溪、杨岸、溪港等。

始丰溪沿线自下至上具圩期的集镇有石鼓（今永丰镇）、白毛、赤缪街（今沿溪）、河头、天台县城、平镇（今平桥）、街头；支流三茅溪上集镇有白鹤（古飞泉市）；支流苍山倒溪上集镇有坦头、洋头、洪畴等。

台州西部上乡土特产由江船顺江运至海门转口外运，上乡所需进口物资和台州东部平原产稻米、食盐、海产品，集中海门、葭沚、前所由江船溯江上运。

三门湾各港汊均有具圩期的集镇发育。沿清溪发育的集镇有沙柳。沿珠游溪及其支流的集镇有海游、亭旁、高枧、珠岙。沿健跳港发育集镇有健跳、横渡、东郭门。沿浦坝港发育的集镇有三角塘、小雄、花桥、三沙洋。以上港汊上游溪涧流短、落差大，航运困难。玉环岛和楚门半岛河流更短，缺乏航运意义，集镇基本只在海口发育。

沿海平原内河航运

迄晚清，台州湾滨海沉积平原已经延伸至包容近海岛屿，南翼海沿线推至琅矶山和松门、石塘，北翼海岸线推至老鼠屿与白沙岛连线。沉积平原在连续围塘工程下形成塘河与甲河交叉成网的布局，十分有利于内河运输。

在椒南、椒北平原水网地带，内河航运在集镇发育过程中起着关键作用。农村圩期集市本质就是商贩和农户周期性轮回在各集市展开营销聚会，由是产生一些专为商贩运货服务的市船，在圩期前夜帮商贩把货运到集市点，交易后，又帮购物农民将所购物资分送到家，台州湾平原因此逐步形成五里一市、十里一镇格局。下即以集市网点反映内河航埠的布局。

图 2-15 在太平县新河寺前桥通过的金清水系航道

平原集市网点在椒南可分为金清港南北两片，在椒北可分为椒北平原和桃渚平原两片。

椒南平原金清港以北纵向主干航道有永宁河—月河、联树桥港、葭沚泾、三才泾、老海城一条河、二条河、三条河、五条河等；横向主干航道有界牌头河—高闸浦、洪家场浦、徐山泾、南官河—鲍浦、长浦、青龙浦等。相应集市自西向东有横山头、桐屿、螺洋、西山、栅浦、东山、朱家店、路桥、葭沚、界牌头、洪家场、白峰桥、泽库（泽国）、灵香店、长浦、横河陈、南野份、水陡门、横塘、新桥、下陈、横街、联树、新河、沙老爷殿街、二月二殿街、三甲、石柱殿街、蓬街、卷桥、下梁、新市、金清等。

椒南平原金清港以南纵向主航道有月河、西月河、石黏河、运粮河—杨府庙河、木城河—箬松河、老湾河—老塘河、二湾河—二塘河、三湾河—三塘河等；横向主干航道有翁岙河—麻车桥港—牛桥港—金清港、大溪河、廿四弓河、娄江浦、山前浦、平溪浦、严家浦等。相应集市自西向东有大溪、山市、白山、潘郎、牧屿、横峰、温峤、石黏、太平（今温岭城区）、长屿、塘下、箬横、石桥头、淋川、新街、松门、石塘等。

椒北平原内河统称百里大河，横向主航道有椒北西干渠（椒江区称百里大河干渠和中支渠）、椒北东干渠（椒江区称南支渠，杜桥镇称中横河）、北横河（椒江区称北支渠，杜桥镇称上横河、西洋河）、东南横河（杜桥镇称下横河）等；纵向主航道有回浦河、东逻浦（今华景河）、涛江浦、三礁浦、松浦、涂下浦、三石浦、推船沟、上盘浦等。

椒北平原相应集市自西向东有后泾（玉岘）、下洋（黄礁）、东埭、百家徐、百家王、章安、溪口、梓林、古桥、杨司、前所、道感堂、大汾、西洋堂（曾为沿海乡驻地）、涂下桥（今杜桥镇区）、草坦堂（曾为川南乡驻地）、独木堂、赖头闸（曾为市场乡驻地）、上畔（盘）等。

桃渚平原横向主航道分两支，北侧有山场溪、小雄溪（今属三门县）及北涧河，归为洞港水系；中间芙蓉溪（又称桃江），南侧雉（知）溪，两溪汇合为桃渚港水系。纵向主航道是南通杜桥平原、北通洞港的黄公河—黄公支河，因桃渚平原与杜桥平原水系相通，也可合称杜桃平原。桃渚平原傍水发育的集市有山场、桃渚城里、桃渚城外、连盘、四岔、泗淋等。

三门滨海小平原傍水发育的集市有六敖、浬浦、石桥等。

第七节　民国台州港航近代化

鸦片战争催生中国的洋务运动，促使民族资本主义生产的兴起，但这股办工业之风吹到台州已是20世纪初。从辛亥革命到第二次世界大战前，是台州湾椒江口区域近代化工商业、航运业和城镇建设的起步时代。

在诸绅商和社会贤达的努力下，台州终于扭转历史上藐视港口地利的积弊，使地处河口港地位拥有"六邑咽喉"之称的海门港，获得台州"小上海"之殊誉。在以港航带动工商各业近代化发展的同时，促使省县间的专署机构（等同于州郡）设置海门，然而正当海门建设展开宏图之际，日本侵华战争摧残了这棵成长中的幼苗。

收回港埠地权，台州"小上海"勃兴

民国3年（1914年），清末遗留的收回轮埠案，在时任浙江巡按使的临海人屈映光斡旋下了结。乡绅黄楚卿（崇威）、陶寿农（祝华）、杨晨（定孚）、周萍洄、项沛霖、姚梧冈、洪宇清、周佩璜等人筹款10万元，赎回天主堂所占码头岸线200亩新涨地，再筹款20万元创办海门振市股份有限公司（港埠开发兼房地产经营公司），开始在老道头东建设一、二、三号木质浮码头，并与东、西新街平行，在其北侧开发东、西振市街。

海门自开航轮船以来，商贾辐辏，"六邑咽喉"功能更为凸显。物流、人流、资金流的汇合，终于在20世纪二三十年代使海门走向辉煌的时代，被时人誉为台州"小上海"。

清开海禁以来，旅椒商贾组织商会开拓业务，泉漳会馆、福建会馆、四明会馆在葭沚、海门开设。台州商人也组织本土南北货同业公会升平公所。民国2年（1913年），宁波商务总会海门商务分会成立。在迄民国的二十几年中，海门商业发展到52个行业，680户以上。民国25年营业额达5400万元，其中批发4212万元，从批发所占的比重可见海门商业涵盖面广及整个台州。

图2-16　赎回海门轮埠碑记

海门近代新兴商业涉及绸布百货、南北货、鲜果、陶瓷、钟表、西医药、卷烟、煤油、化工油漆等门类，经营商无不依赖海运成为业内翘楚和全台州供应商。因该类商品全为舶来品，即使江西出品的陶瓷器，也因其易碎不可翻山越岭靠人力挑运而必须经由上海转口，水运至海门，然后分销台州各地。

台州近代工业的引进，却至20世纪初才姗姗来迟，海门又因港口航运站在潮头，勇当先锋。海门近代工业门类涉及电力、机械制造、化工、造船、火柴、卷烟、肥皂、电池、玻璃器皿、罐头食品，也使传统酿造业、糕点业、食品加工业、印染业完成近代化转型，并开拓绣衣、麻帽、肠衣等国际贸易。

工商业的发展，又带动近代服务业和金融业的诞生和发展。邮电、照相、文具印刷和近代旅宿业、餐饮业，也在海门迅速发展。自民国 2 年（1913 年）起至抗战时，浙江地方实业银行海门分行、中国银行海门支行、瓯海实业银行海门分行等相继开设。民国 18 年（1927 年），临海县共有钱庄 14 家，海门占 11 家。自清宣统二年（1910 年）起，上海各保险业就到海门设分支机构，民国时设有上海四明水火保险公司海门经理处、中国保险有限公司海门经理处、上海通易信托公司海门分部。

图 2-17 海门振市公司开发的振市街拆除前遗貌（缪鹤贤摄）

海门工商业的崛起，把文教、行政落后的畸形状态暴露无遗。民间对此努力襄助，解囊兴办东山中学、葭沚椒江中学堂等私立学校。官方终于采取举措改变行政、文教与港口城市不相适应的状态。民国 4 年（1915 年），官方斥资改办椒江中学堂为省立甲种水产学校（后移舟山）。民国 18 年（1929 年），官方移设浙江省第六中学于原水产学校址，并在海门江边圩（今台州军分区营房址）建六中新校舍，民国 21 年（1932 年），六中迁海门，25 年（1936 年）改称台州中学。

辛亥革命后，商贾云集的海门也成为新闻机构云集之地，民国期间，在海门出版的报刊计有 30 种之多，海门俨然成为台州文化舆论中心。民国 19 年（1930 年），海门创办台州第二民众教育馆（亦称临海县立海门民众教育馆）。民国 22 年（1933 年），省县间设大区（相当于郡、州），台州地区设浙江省第四区行政专员公署（后相沿称第七区、第六区），大区公署设海门，等于将历史上的州府机构从临海移驻海门。

民国 4—26（1915—1937 年）年海门港客货轮和营运航线

从振市公司成立到抗战前夕的 23 年，是台州航运业迅速发展的阶段。民国 4—18 年（1915—1929 年），台州沿海客货运班轮航线有沪椒线、沪椒瓯线、沪椒瑞线、沪椒泉线、甬椒线、甬椒瓯线、甬金（金清）线 7 条航线，营运轮船 39 艘。

图 2-18 椒江口传统沿海木帆船

民国 19—26 年（1930—1937 年）统计的台州沿海客货运班轮航线有沪椒线、沪椒黄线、沪椒瓯线、甬椒线、甬椒瓯线、椒坎（门）厦（门）线、椒瓯线 7 条航线，营运轮船 23 艘，其中定期班轮 15 艘，计 11784.79 总吨，不定期班轮 8 艘，计 5171.61 总吨，两者共 16956.4 总吨，此数较清末的 11 艘、4477 吨增长近 3 倍。

总计民国 4—26 年（1915—1937 年），台州营运沿海客货轮总数达 47 艘，总吨位达 25000 吨以上；前后营运 12 条航线，5 个靠埠，62 个航班，主要靠泊港口为海门港，停靠 28 航班、兼靠 28 航班；由海门港延伸至黄岩城关停靠 11 航班（其中 1 航班停靠三江口），金清停靠 4 航班，坎门兼靠 3 航班，海游巡检司兼靠 1 航班。具体航班、航线、营运船名吨位、始航终航时间详见本志第四编第一章第二节“近代外海货运”。

图 2-19　海门内河大埠头遗貌（来自椒江区档案馆）

以上两个时间段的记录，反映前期航船投入之多和航线竞争之激烈，后期经整合，轮船数量有所减少。以上轮船大多各自成立轮船公司。民国 19 年（1930 年）后，除上列轮船，海门港还有来往浙闽间的不定期汽船 17 艘。民国 26 年（1937 年）全年，海门港有至上海、宁波、温州、漳州、厦门及浙江沿海其他港口的外海定期班轮 23 艘；海门港到港、离港轮船共 891 艘次，431980 总吨，平均每天进出港 2.4 艘，1183 总吨。

海门港传统木帆船运输

民国时期，运输需求激增，与轮船发展平行，木帆船运输仍然兴旺。20 世纪 20 年代，海门港 1000 担（每担合 80 公斤，12.5 担为 1 吨）以上外海大型木帆船有 100 艘左右，较大型的载重在 3000 ～ 9000 担，1000 ～ 3000 担的柴爿壳船主要用于装运柴、板、炭、条木等去上海，然后带杂货进口。3000 担以上木帆船主要装运福建木材到江北，主要木材贩运商是葭沚的黄楚卿（崇威）和百川乡缪家的缪清甫（正华）。3000 担以上大型木帆船和较知名柴爿壳船的船名和船商如下：

黄楚卿拥有船舶：金万生、金万丰、金万宗、金万泰、金万孚、金万顺、金万元、金万通，总载重 26400 担。

上海人（胡阿二代理）船舶：长茂、长森、长兴、财长、裕顺，总载重 34800 担。

岩头人杨仙船舶：杨顺发、协新，另两艘船名不详，总载重约 11000 担。

杨子轩拥有船舶：金宝兴、金恒茂、金源祥、金茂盛，总载重 10867 担。

缪清甫拥有船舶：黄万生、新发兴、金永兴，总载重 6975 担。

此外，苏其坤船金宝发，载重 4000 担；谦方船金泰孚，载重 4000 担；船主佚名的吴益利，载重 4000 担；娄晋阶船乾泰，载重 3000 担；洪老二船金泰隆，载重 3000 担。曾经拥有大型木帆船的船商还有王梦熊、周东源、张茶保、盛星甫等人。

另有柴爿壳船船主柯宝光拥有船舶：金合发、金源利，总载重 2711 担；卢泉山拥有船舶：卢利发、卢永发，总载重 2477 担。

抗战前海门港进出口物资类别和吞吐量

海门港出口货物类别是粮食类的大米、大麦、小麦、大豆、甘薯；林木类的原木、木板、炭、松柴、茶叶；油料类的桐油、柏油；原料类的棉花、苎麻；果品类的柑橘、荸荠、枣、杏、李；蔬菜类的芋艿、竹笋；药类的白术；畜类的牛、猪、猪鬃；禽类的鸡、鸭、鸡蛋、鸭蛋、彩蛋；其他有麻帽、草席、土布、麻草鞋、棕绳、渔网、佛珠、发网、烛芯等。进口货物是棉布、绸缎、绢、呢绒、棉纱、棉花、食糖、煤油、火柴、洋烛、机油、卷烟、化肥、豆饼、面粉、南北货、罐头食品、百货、玻璃器皿、瓷器、铜锡器等。以民国 21 年（1932 年）为例，出口货物总计 196641.09 吨，进口货物总计 46579.5 吨。

客运客流主要在椒沪和椒甬间。按民国 21 年（1932 年）统计的客运量，椒沪线总计 227552 人次，椒甬线总计 135044 人次。

港口码头建设

19 世纪以前，台州各港埠只有石砌道头，至光绪二十八年（1902 年）后，才有海门天主教堂在海门福建道头西侧首建栈桥浮式安川码头。民国 3 年（1914 年）收回椒江新涨涂航埠地权后，海门振市公司开始修建振市一、二、三号栈桥浮式码头。至民国 15 年（1926 年），振市三座码头陆续进行改扩建，趸船分别长 27.2 米、29.6 米、27.2 米，二号码头前沿水深达 6 米，可靠泊 1500 吨级轮船。至民国 26 年（1937 年），海门港常班客货轮多达 15 艘，平均在港轮船四五艘，码头不敷所用，常多艘轮船在外舷并泊。

海门港除振市公司 3 座码头外，有永慈堂码头在一号码头之西，是海门社会法团为筹集慈幼院小学教育基金而建。永慈堂码头和一号码头之间即老道头，为渡船码头。此外在三号码头东有英国亚细亚石油公司和美国美孚煤油公司所建石油专用码头，并在岸上建储油罐。

图 2-20　海门东新街和北大街（北新椒街）交叉的十字街口遗貌。该处为民国时海门港埠闹市，一些港航企业和机构均驻设该地）

海门港木帆船停泊则仍然依靠众多石砌道头。南岸沿线自西至东有栅浦道头、葭沚道头、北岸道头（靠泊北岸的淘粪船等）、福建道头、老道头、下埠道头等。北岸沿线自西至东有西庄道头（在黄礁岩）、塘头道头、道头金道头、黄礁道头、东埭道头、百家沙道头、百家王道头、墩头道头、章安道头、前所道头等。其时，临海城关江岸也布满石砌道头，几乎全用海门、章安、前所、黄岩的地名命名，有海门道头、葭沚道头、栅浦道头、章安道头、东路（前所）道头、福建道头、黄岩道头、盐埠道头、肥船道头等，反映出临海与海门、黄岩以及福建的密切货运关系。

民国时期，临海、黄岩、三江口港埠也开始建造浮式码头。临海江厦街鱼棚庙外木质浮码头始建于民国元年（1912 年）。黄岩城关在民国初年（1912 年）建六顺堂、永新和黄海公司码头，民国 26 年（1937 年）又建江大、金汇元、永升码头。三江口初由振市公司建码头，后卖予三宜合资社，称三宜码头。

台州其他港埠在民国时期仍用石砌道头，无浮式码头建设。

其他出海通道

民国时期，除海门港外，台州外海运输其他出海通道自北至南有海游港、健跳港、浦坝港、桃渚天德闸、金清港、松门港、石塘港、江厦港、楚门港、坎门港。

海游港、健跳港、浦坝港在民国时都只有石砌埠头。海游港出海船舶一般靠泊善岙埠和蒲西的巡检司埠；健跳港出海船舶停靠琴江车马渡埠；浦坝港出海船舶，南岸一般靠泊小雄吊钟岩北麓渡埠，北岸一般靠泊小湾山南麓渡埠。

民国时，桃渚出海船舶在北涧河、桃渚港出海口天德闸外埠头靠泊。

海门关外椒北平原有几条通海港汊，如松浦闸外、杜下浦闸外、推船沟闸外、三石浦闸外、上盘浦闸外，也可以靠泊沿海木帆船。

金清港除一般木帆船货运外，在民国 11—12 年（1922—1923 年）间也营运至宁波、坎门等埠的客货轮船。

民国时，松门、石塘港埠有外海货运木帆船营运，无载客轮船。

江厦港向为温峤、大溪、太平的出海通道，民国时仍然，抗战时海门港遭封锁，江厦港曾为浙东沿海重要转运站。

楚门港民国时期只有石砌道头，对外可通外海木帆船，靠埠在外陡门。

坎门港在 19 世纪中叶即有福建、台湾、温州的渔船、商船弯埠贸易。民国 3 年（1914 年）后，海运兴盛，椒瓯、甬瓯、沪瓯客货轮均在此弯埠停靠，但无码头设施，只在南排山一侧锚泊，由小舢板转驳。

图 2-21 始丰溪上游街头镇（古湖窦镇）埠头路廊（缪鹤贤摄）

内江、内河客货运输

在外海轮船蓬勃发展的同时，内江、内河小汽轮也覆盖灵江、永宁江内江和黄太（太平，今温岭）平原内河。成立的轮船公司有临海六埠拖轮公司、黄海商轮公司、临海商轮兴记有限公司、茂泰商轮公司、江大商轮公司、黄济轮船公司、黄椒汽轮局、怡兴汽轮公司、黄太汽轮公司、公大汽轮公司等。

内江、内河小轮船以载客为主，捎带货物。货运则仍由内江木帆船（柴昆船）、长船、竹排、木筏和内河舨承担。

通航永安溪、始丰溪的木船俗称长船，体形狭长，两头尖，平底，有箬篷做盖。备篙、桨、帆、纤，顺风顺水可张帆航行，逆风逆水依靠桨、篙或拉纤行驶。可于溪流浅滩间行驶，一般下行载重 4 ～ 5 吨，上行减半。长船上行，永安溪可达皤滩，始丰溪可达街头，下行可达临海、海门，永安溪长船最多时共有 700 余艘。永宁江货运小木船上行可达宁溪。上乡输出原木、竹材，可做成木筏，竹筏顺流直放海门港，零星少量货物依靠竹排可在溪涧上游深入更远。

图 2-22 21 世纪 10 年代末永安溪上游皤滩古镇水埠修复后面貌（游得趣摄）

通航灵江以及永宁江下游段的敞口木帆船有柴昆船和大舨。柴昆船长约 11 米，载重 20 余吨；大舨有桅，使软帆，抗浪性能差；两类船一般不出海。

内河使用船舶称内河舨，木制平头平底，设无檐仰口舱，有三舱、四舱、大四舱之分，可加箬篷防雨，可摇橹前进或用撑竿在岸上推进，也可辅以拉纤。拉纤航速快于摇橹，中长途批量载货常采用大四舱拉纤，称为快船。若装顶篷并加“壁壳”，可成客驳用于载客。

图 2-23　2020 年永宁江上游潮济沚江亭古迹　（缪鹤贤摄）

内江采用轮船客运始于清末，至民国 17 年（1928 年），椒临线有兴昌轮（23.15 总吨）、怡昌轮（32 总吨）；椒黄线有永裕轮（7 总吨）、永新轮（20.96 总吨）；黄临线有江裕丰轮（12 总吨）。民国 16—26 年（1927—1937 年），椒临线有章安轮（97.55 总吨）、运大轮（22 总吨）；椒黄线有永新轮（20.96 总吨）、茂泰轮（6 总吨）、江大轮（25.24 总吨）；黄济（黄岩至潮济）线有黄济轮（19.58 总吨）；椒江渡（海门至前所）有怡昌轮（32 总吨）。

内河采用汽轮始于民国 16 年（1927 年），航行路桥至太平（温岭城关）间，轮船名与吨位不详。其后开辟的航线和轮船如下。

路桥—太平（温岭）线黄椒轮（8 总吨，1930 年由椒黄内江线改航此线）、横湖轮（吨位不详，航行时间 1932—1935 年）。

路桥—松门线运龙轮（4.21 总吨，1932 年始航）。

路桥—大溪—太平（温岭）线太平轮（5 总吨，1930 年始航）。

海门—松门线太平轮（5 总吨，1933 年由路桥—大溪—太平线改行此线）。

海门—路桥线临太轮（4.44 总吨，1934 年建造）。

路桥—黄岩线公大一号、公大二号（均 4.06 总吨，航行于 1934—1935 年）。

松门—太平（温岭）线松湖轮（吨位不详，航于 1934 年）。

椒北平原较为落后，民国期间内河运输未采用轮船，内河市船以摇橹湖艓为主，在通海的松浦、杜下浦、推船沟等内河，也有红头渔船用作市船。民国 33 年（1944 年）后，前所与杜桥间有拉纤快船每天两班对开。

民国时期的航政管理机构

清康熙二十四年至光绪元年（1685—1875 年）椒江口虽设浙海关家子口，实际并无航政管理可言，对进出口船舶的发照和收取号金，仍分别由临海县衙和黄岩镇中营执掌。光绪初年（1875 年），海门设渔团局管理船舶出入；十九年（1893 年），渔团居改商办，延续至民国初年（1912 年）。

民国 3 年（1914 年），改由水上警察厅对船舶发照、收费，遭船户反对而罢。民国 4—16 年（1915—1927 年），海门设浙海常关海门分关，但无专设航政管理机构。民国 16 年（1927 年），随着浙江省政府的成立，在全省 8 个区域设立管理船舶事务所，海门设浙江省管理船舶第六区事务所，管辖区域自象山港以南至台州湾南翼，包括石浦和环三门湾沿岸的象山、宁海、南田、天台、仙居、临海、黄岩、温岭8县。

民国19年（1930年），浙江省成立航政局，全省分四区设分局，海门港属四区，四区分局设温州，海门设“浙江省第四区管理船舶事务所第五分所”。民国20年（1931年），上海航政局成立，辖区包括苏、浙、皖三省；次年，在浙江省杭州、宁波、台州（海门）、温州、兰溪5处设航政办事处。当时，海门的上海航政局所属“上海航政局海门办事处”与浙江省航政局所属“浙江省第四区管理船舶事务所第五分所”成为骈枝机构。

在此布局下，海门竟设两个职能相同的机构，把权限分拆开来由两机构分担，既难做事又多花经费。“九一八”事变后，交通部经费困难，海门航政办事处一度裁撤，归并温州航政办事处，但据《交通部航政局组织法》规定，一应船舶登记、发照、考核、监督、检验等均为航政局及所属办事处职能。浙江省另设的“管理船舶事务所”显然与中央规定相抵触。

民国26年（1937年），浙江省发通告撤销各区“管理船舶事务所”。当时的政府如此折腾，只给地方带来不便，如民国20年（1931年）撤浙海常关，同时撤海门分关，给商人制造极大不便，民国22年（1933年），又让瓯海关在海门设分卡。其实，海门港既需要海关也需要航政，政府的一些不切实际的人为安排，都已违背经济发展的需求。台州港航的发展，在这些方面实际遭受了诸多制约。

图2-24 从上海运载台州难民的轮船靠泊海门码头（方正中摄）

战争劫难

20世纪30—40年代，中国接连遭受日本侵华战争和国内内战两场战争的磨难。台州海门港首当其冲，蒙受巨大损失，刚刚起步的港航近代化被残酷摧残。

日本侵华战争下的台州港航

民国26年（1937年），日本全面侵华战争爆发。8月25日，日军宣布封锁中国沿海北自秦皇岛、南至北海湾的港口，海门港在被封锁的范围之内。

淞沪战役前，战争使北洋与长江口航运中断，椒沪航线货运曾更为繁忙。淞沪开战（1937年8月13日），大量难民乘椒沪轮船返椒。

抗战期间，民国政府以《非常时期轮船移转外籍办法》应对日军的封锁，特准不能驶入长江口的中国海轮转为中立国国籍。海门港的台州、舟山、穿山等12艘共计10423总吨的轮船转为希腊、德国、葡萄牙国籍，占全国移转国籍轮船总吨数的1/14。台州国轮移转外籍具体状况详见本志第四编第一章第二节“近代外海货运”。

移转国籍后的轮船复航椒沪线，对当年10月上市的柑橘销沪做出有力的贡献，但到民国27年（1938年）3月4日，海门港被民国政府自行封锁，这些轮船也都停航。从1937年的统计数字可见海门港的贸易地位更优于温州港：当年海门港进出口轮船891艘次，吞吐量431980总吨；温州港为452艘次，195889总吨，不及海门港半数。

日军对中国沿海的封锁，使中国重要通商口岸阻塞。民国政府又制定《沿海港口限制航运办法》和《核发外国轮船通行证书办法》，将非通商口岸暂行开放，在闽、浙、粤三省开放36处港口以通国际贸易。海门港在民国27年（1938年）7月18日对外开放，特许外轮通商。民国30年（1941年）3月，国民党第十集团军总司令部公布《浙东沿海各口岸通航暂行规则》，规定开放庵东、穿山、石浦、椒江、清江、瓯江、飞云江、鳌江各口岸。

图2-25　汪精卫投敌后，海门人民刻其夫妇跪像置城门头抗战阵亡烈士纪念碑前，日军登陆海门在跪像前观看（来自椒江区档案馆）

外来移转外籍国轮，多数仅靠泊石浦，不进海门港，因规定海门港每月仅准进1艘外轮。同时，民国政府因战略需要，对沿海港口实施军事管制，海门港在民国27年（1938年）3月4日实施封锁，以松浦闸至飞龙庙为封锁线，打桩、沉船、抛砂石，仅留一缺口出入船舶。海门港振市公司三码头因易被日舰发现，被拆除。

不过，海门港实际处于时而封锁、时而开放的。具体关闭与开放时段如下：1938年3月4日起封锁，1938年7月18日起开放；1939年3月起关闭，1940年9月起开放；1941年4月起关闭，1942年6月开放。其中1941年4月19日至5月3日，日军占领海门。

在海门港关闭期间，台州的传统出口货物麻帽、木炭、柑橘、蛋类等亟待运销，在不影响军事管制前提下，金清、岩头、松门等港埠被暂准帆船出入。其中1939年10月至次年3月和1941年7月、11月，这些港埠起了运销应时物资的积极作用。

抗战时期，外海航运受阻。为贯通外销和内运，战区长官在民国28年（1939年）8月启动浙、赣、闽、皖四省水陆联运。初始以宁波、温州两港口为起点，以浦城、咸平、上饶三省联运交接运输站为终点。宁波、温州沦陷后，海门港成为浙东唯一通道，由灵江经永安溪至皤滩成为水运食盐和其他内运物资的热线，江上穿梭375艘长船，船工1123人。还有一条通道是由内河运至温峤，在江厦海运乐清，通过永嘉分运温州、丽水地区。

战时，海门港输沪物资依据《禁运资敌运沪审核办法》对粮食、竹木、畜禽蛋、油类等战备物资加以限制，以“租界范围为限”，“其用途以供应我国或友邦厂商采用，或为当地民生日用所需者为限”。战时，进口物资品类如旧，数量锐减，走私兴起。走私活动分散于岛屿、沿海小港湾、锚地和村庄，如金清、石塘、松门、上盘、涂下桥和乐清湾的乌根、水涨等地。

民国30年（1941年）4月19日，宁波、海门、温州同时被日军攻陷，宁波沦陷时间持续4年，除象山、宁海少部分地区外全部成为敌占区，宁波港口被日军封锁，国内贸易地位被舟山沈家门取代。温州沦陷时间分3次，第一次在4月19日至5月3日，占据温州、瑞安；第二次在1942年7月11日至8月15日，占据温州、瑞安、乐清磐石、青田、丽水；第三次在1944年9月9日至次年6月26日，在磐石、黄华、慎江等地建公路、机场、弹药库等。海门沦陷时间仅在1941年4月19日至5月2日，短时间窜入黄岩城关、路桥镇；温岭县松门、淋川、咸田、度爿、箬山、钓浜、上马；临海城关；

三门县蒲西等地。1945 年 6 月 22 日至 7 月 5 日，从福建溃退的日军经永嘉、乐清北撤，过境台州，院桥、药山、横山头、大球、泽国、路桥、海门、柘溪、临海、东塍、三门海游、天台等地沿途遭劫掠，也遭地方自卫队阻击。

宁波、温州沦陷后，海门、前所亦被封锁，但三地唯台州日据时间最短，浙东航线为之调整。沈家门至台州形成三条贸易通道：其一为海上航线，由沈家门至海门港的外围各港埠，如上盘、岩头、金清、松门、石塘等，再由内河分运各地；其二是水陆连线，由沈家门经石浦到健跳、海游，改由陆路至临海两头门、钓鱼亭，循灵江运上下游各地；第三条水陆连线是由沈家门从象山港至桥头湖，然后经陆路至临海，循江分运上下游各地。

台州抗日事迹

民国 21 年（1932 年），南京国民政府为加强军事防御力量，拨款在葭沚西侧征地 600 亩建造飞机场（址在今大桥公园一带），拟筑公路通乌龟山，凿山洞作机库。因经费困难，事半停工，27 年（1938 年）杭州危急，撤机场加以破坏，器材物资转移至南昌机场。

“八一三”淞沪抗战爆发，海门籍军官包志秀阵亡，海门举行公祭，并在“城门头”建造抗日阵亡将士纪念碑。民国 29 年（1940 年），投敌叛国的汪精卫被日军设为傀儡政府主席，海门各界召开讨汪大会，刻汪精卫夫妇跪像，置于抗日阵亡将士纪念碑前，镌刻《汪逆夫妇跪像志》文曰“相彼夫妇，汉奸之尤，民众公敌，举国同仇。男名精卫，汪家败类，女曰璧君，陈门妖魅。认贼作父，卖身倭奴，斫石肖像，跪诸道途。人人唾骂，万类见羞，臭闻当世，污流千秋。”

同仇敌忾的义愤激起台州人民的抗日意志，这主要表现为青年学生的抗日宣传活动和军方、民间的陆上防御与海上抗击。

抗日救亡宣传方面以学校为基地，利用各种文艺手段，发动对民众的宣传，鼓动青年应征奔赴抗日战场。1937 年“七七事变”后，台州各地组织的救亡宣传团队有：海门春野救亡剧社、力行剧团、东山中学救亡化妆宣传队；温岭青年战时服务团、抗日自卫会、鸣戈剧团；临海政工队；黄岩政工队；天台组织政工队、民众抗日救国团、大公中学剧团；玉环组织战时服务队等。各团队排练节目，巡演于台属六县各地。其中海门东山中学在中共组织的主持下，实施改革，招聘进步青年教师，调整课程设置，使该校形成“以抗日救亡为主线”的特色，展开办壁报、开讲座、组织读书会、教唱抗战歌曲、开展文艺宣传等活动，俨然成为台州抗日救亡宣传的核心阵地。

抗日剧目有《中国的母亲》《青纱帐里》《放下你的鞭子》《最后一课》《罗店秋月》《婚礼》《大义灭亲》《张家店》《吉夕》《芙蓉与牡丹》《小英雄》等，印发救亡刊物有《统一》《怒潮》《火炬报》《努力》《力行》等。

在救亡宣传的鼓动下，台属民众战地服务团、台州学生救国联合会等组织相继成立。救亡组织成功阻止温岭张翰庭从海门运米资敌，迫其离开海门港。一些青年奔赴延安追求革命理想。国民党系统的征兵，改原来的抽签办法为发动志愿兵团，台州各县青年纷纷参加志愿兵团走上抗日战场。

在抗日实战方面，陆上防御，除采取自我封锁的防御策略，在海上打桩沉船布封锁线、掘断公路以防敌人深入内地，在陆上做炮火还击，等等以外，仅在 1945 年日军撤退过境台州时有些阻击行动，并无轰轰烈烈的战事，但在大陈岛及周边洋面、海岸线却有一些海匪与日军展开夺岛夺地的拉锯战、袭击战，如民国28年（1939）8月，大陈岛土著武装头目王采平佯装投敌，领得一批枪弹，反戈袭击企图登陆海门的日军，击沉日艇2艘，毙敌40余人。31年（1942年）12月，另一支土著武装头目王相义（仙金）策反敌伪运输船员，在温岭箬山洋面击沉日舰1艘，击毙日军9人。29年至33年（1940—1944年），王相义在大陈岛反复与日军争斗，使其无法在大陈岛形成基地。

民国31年（1942年）12月，台州专署保安司令杜伟派人去沿海岛屿游说各股土匪切勿附敌。次年6月，七区专署在海门成立收编海匪委员会，将收编海匪编为台州外海护航队（开始称温台外海护航队）。300人编为大队，100人编为中队。其中活动在白沙一带的杨信贵部编为护航第一大队，活动在三门健跳的仇灼华部编为第二大队，活动于温岭外海的李日忠、江可亮部编为第三大队，岩屿人王莲森部以中队驻海门。

民国33年（1944年）6月5日，台州专员派员往温岭白岩山点验王相义部，授予王相义护航支队长之职。编组为第七区海上抗卫支队，计辖第四、五两个护航大队（以李文彬、江义仁分任大队长）和特务中队及独立第一、三中队（以陈明远、李庆余、余云德为中队长），又收编在南田活动的陈部为第六护航大队。至此，台州收编海匪总人数达3000余人，在日军投降前的一段时间，抗卫支队、护航队与日军在大陈岛和周边海域展开频繁交战，取得良好战果。

民国34年（1945年）8月15日，日本无条件投降，日军撤离大陈岛。该年上半年，台州湾内陆经历两次日机误降、迫降事件。3月17日，1架日机误降葭沚江面，驻海门护航队、水警队闻讯合力围捕，机身着火焚毁，当场击毙日军9人、生擒4人；18日至20日，在涌泉乡击毙6名窜逃日军，俘获2名。机组人员包括海军中将山县正乡及其随员共计35人。4月7日，又有1架被盟军飞机击伤日机迫降椒北岸头乡涛江浦里西部地方。区自卫队会同护航第一大队前往围击，当场击毙日军2名，俘获日军官藤本良雄，缴获机枪1挺和航空地图多件。日机由台州守备指挥部转送第三十二集团军总司令部。

台州港航在战争中遭受的损失

抗战时期，台州港航所遭荼毒以海门港最为惨烈。外海轮船损失计有460吨三江轮沉塞于上海十六铺；691吨福兴轮、843吨福安轮沉塞于镇海；1525吨茂利二号轮沉塞于江阴要塞；1525吨台州轮被日机炸沉于吴淞口；512吨平阳轮被日军占扣沉没于新港；1054吨新宝华轮被鱼雷炸沉于天星桥；714吨宝华轮被炸沉于九江；1039吨达兴轮被日军强征卖给日伪中华航业公司；514吨黄岩轮（改德籍亨熙轮）炸沉于浏河；655吨新瑞平轮遭空袭炸沉于长江大通码头。以上11艘轮船总吨位9555吨，占战前海门港外海轮船的半数。

战时，外海航运受阻，内江航运亦遭破坏。民国27年（1938年）8月7日，日机轰炸海门，运大轮、章安轮遭轰炸后，运大轮被凿沉，章安轮被掳至上海改为“台占丸”。30年（1941年），日军占领海门，45吨临浦轮被日机炸沉于下浦；椒江义渡轮被掳至椒江口外沉没，永升轮遭损毁。其后内江仅存远大、江大、新章安、金汇源、黄济5轮。

战时海门港帆船损失：新发兴被掳至穿山洋面烧毁；黄万生被掳至上海；金恒兴、包万利、泰顺利在海门被烧；卢利发、卢永发被掳；金合发、金源利在葭沚被烧毁。椒江口渔船被劫焚沉没数百余对，战后只剩200余对。

海门码头设施损失：轮船码头4座废弃6年，其中3座被毁，1座遭破坏；趸船被毁2只，破坏2只。公司用房、仓库、船厂损失：被毁仓库栈房51间，轮埠公司用房5处，振市公司房产58间，曹恒梁造船厂被破坏；江东轮船局机器被毁。民国34年（1945年）6月30日，日军崩溃前由福建窜入海门，再次破坏掳掠。

民国27—34年（1938—1945年），台州其他城镇、港埠遭受炮击、轰炸的有临海县城关；黄岩县城关；温岭县松门、石塘、箬山、上马、钓浜、龙门、九洞门；玉环县环山镇、坎门、楚门、钓艚、东沙、鹰东、教场头、鲜迭、大麦屿、披山；三门县海游镇、高枧、沿赤、小雄、泗淋；仙居县城。除大批房屋毁烧、人员伤亡外，据不完全统计，共炸毁兵船3艘、盐船7艘、商船55艘、渔船123艘。三门县巨丰商行船舶在上海吴淞被烧，涂下桥有渔船在沈家门穿鼻洋被掳。

战后恢复和内战损失

抗战后海门港航运恢复状况如下：椒沪线通航机动船舶恢复24艘，椒甬线通航机动船舶恢复14艘，椒瓯线通航机动船舶恢复15艘。

民国35年（1946年）内战爆发后，逐步恢复的航运急速下滑。该年上半年进出轮船1051艘，帆船1031艘；下半年降为轮船84艘，帆船128艘。民国37年（1948年）8月1日后，营运轮船剧减，椒沪线仅存6艘，椒甬线仅存5艘，椒瓯线仅存3艘。其他33艘小轮航线不明。

抗战结束后，海门港船舶数量恢复不少，但吨位有限，运能已不及战前。从下列1937年与1946年海门港外海运能数据中可见其航运难以恢复到战前水平。

1937年进口轮汽船445艘，总吨位215224吨；出口轮汽船446艘，总吨位216756吨。1946年进口轮汽船562艘，总吨位59878吨；出口轮汽船563艘，总吨位61321吨。

1937年进口帆船1604艘；出口帆船1597艘。1946年进口帆船1540艘；出口帆船1548艘。以上帆船数量略近战前，但大多战时轮船航运中断，赶造的小帆船，根本没有3000担以上大型帆船，

图2-26　1949年海门港沿岸（解放军部队摄于渡江进驻海门的1949年6月）

战后仅存寥寥几艘大型帆船均是战前孑遗。

战后，码头设施得到修复，沿岸江滨路从石油码头修至福建道头，并加阔至16米。海门港进口货物仍以棉布、棉纱、颜料、五金、百货、南北货、药材及机器为大宗；出口货物仍以麻帽、柑橘、木材、木板、木炭、草席、灯芯、棉花、中药材为主；战时从内江转陆运至浙西、赣、湘的食盐，改由海门港水运至上海、九江。

抗战胜利后，民国34年（1945年）9月，临海县推出关于复兴海门市场的决议；民国35年（1946年）12月，浙江省政府主席沈鸿烈巡视海门，在天主教堂召集临海、温岭、黄岩县长和七区专员、地方绅士等百余人座谈，议及海门设市。随后，内战起，此议胎死腹中。

民国37年（1948年）下半年，国民党政府面临总崩溃，物价飞涨，法币狂跌，市面萧条，人心不定。茂利、江苏轮率先在年底逃往台湾，战后恢复的50多艘轮船，最后只剩华象、利生、永嘉、东利、新永大等几艘。域内航商所有机帆船只剩祥泰、澄江、周升发、周升利、宝丰和、阜财、通一、源丰、永孚、周永利、建兴、张源利、张源顺、金义兴14艘，合计总吨位1400吨，不及台州轮一艘的吨位数。此外还剩48艘外海木帆船和58艘内江木帆船。

第三编

港口建设与规划

港口建设涉及航道及助航标志、港口靠泊设施、锚地和驳载、港口装卸设施、仓储堆放设施、导航和疏港六方面，六方面又统系于港口规划。本编即依此分章，各章又分为区域分叙。由于民国以前的内容在第二编第三章“港航历史”中已作记叙，本编所记仅涉及20世纪50年代后内容，仅以简要词语贯穿古今传承关系。

台州自然航道和人工航道并非一成不变，而是随着地貌变迁、人为工程，处于动态变化之中。第一编“港口地理资源”关于江河、岛屿、海域自然地貌的历史变迁以及水利工程对航道的影响，已做较详记叙，本编不赘述。本编所述仅限于各港区海、江、河航道的当代应用、治理和助航设施布置。

港口靠泊设施、装卸设施、仓库堆场等方面发展较为曲折繁杂，历史悠久的海门港区尤甚，记叙时既分时段，又分数个作业区做横排直叙，冀能条理清晰，脉络分明，无所遗漏。驳载是海门港因口门水深不足，影响船舶进港，而采取的减载进港办法。海门港驳载锚地远在头门岛附近，迄今在头门岛水域开发深水港，正是寻求解决进港航道水深不足的良策。

总而言之，港口在利用之初就包含着规划，但立法意义上的规划则晚至20世纪80年代才出现在城市总体规划的交通运输规划中，其时台州各港区都在所属行政区内各自分散规划。至1994年设立台州市，台州港口才有统筹的规划。港航系统行业内的独立规划则始于2005年编制《台州市港口总体规划（2005—2020年）》，迄今已有三轮规划。

第一章　航道、航标

航道是指海洋、江河、湖泊内可以通航船舶、排筏的水域，可广义理解为水道或河道整体，但不包括堤防和河漫滩；狭义理解等同于航槽，是用航标标示的可供船舶航行利用的水域。航道由可通航水域、水域条件和助航设施组成。

航道可按自然成因、使用性质、管理归属、通航条件、所处地域来分类。本章按所处地域分为台州湾及沿海航道、玉环岛周边航道、三门湾航道、椒江口内口外航道、内江航道、平原内河航道六部分记叙，各节兼叙助航设施和航道整治。

在古代未开西北部翻山越岭驿道前，台州域内沿海航道是台州先民对外交通的唯一通道。由椒江水系上游诸支流组成的内江航道，则是台州域内货物运输的主要通道。唐宋起，台州湾两翼滨海沉积平原迅速淤涨扩大，平原开发形成密布的排灌河网，也是该地的内河航运通道。在古代，外海、内江、内河三方面航道构成台州区域以椒江口为集散中心的交通枢纽，史称“六邑咽喉”。

本章着重记叙航道的当代应用，追溯历史和了解水域地貌，可参阅第一编“港口地理资源”有关江河、海岛、海域地貌的记叙。

古人航海除使用罗盘外，还依据海岸、岛礁山形认路，但易认错，便在关键位置造塔识别。建灯塔助航始于清末，民国有船商资助兴建航标。1949 年后，沿海航标先由海军设置和保养，1983 年转交通部专设的航标站，台州管理机构为温州航标处海门航标站；1989 年改属上海海上安全监督局；台州建市后改称上海海上安全监督局温州航标处台州航标站；2012 年改属交通运输部东海航海保障中心，称东海航海保障中心温州航标处台州航标管理站。

第一节　台州湾沿海适航水道

台州湾海域南北以台州列岛、东矶列岛为屏障，金清港至石塘间有近岸岛屿构成的众多海汊。本节记叙航道涉台州湾岛屿与陆岛之间，以及沿海南北航线通过的海域，不包括椒江入海口口内、口外航道。台州湾沿海航道主要是椒江口向北和向南航道，此外为金清港、松门港、龙门港、钓浜港、石塘港的出海通道以及台州列岛（大陈岛）、东矶列岛与大陆之间和岛岛之间的航道。相关地貌可参阅第一编第二章“江河海岛古今地貌”，以及第二编第一章第三节“海岸港”、第五节“海岛港陆岛交通埠”。

古人航海依靠观察岛礁山形辨认航道，如宋人即以东镇山（大陈岛）、高丽头山为“舟之往高丽者必视以为准”的助航标志。台州湾口头门山（岛）为古代海上巡防中心节点，称为主山（俗称老官人山），古船出入台州湾必以头门山为天然助航地标。

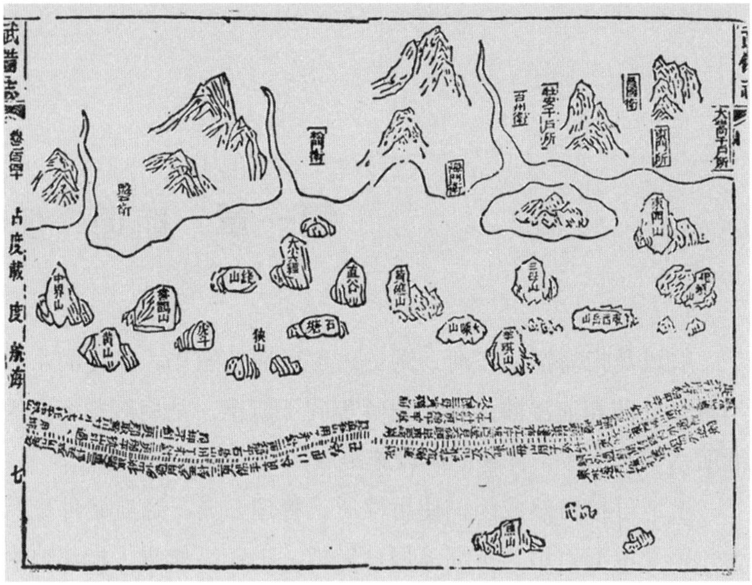

图 3-1 明代《武备志》所载郑和航海图，其航线从台州海域大陈岛外国际航线通过

山峰地标无助于夜间航行，清光绪二十一年（1895 年），在台州湾口外北渔山岛建灯塔，此为台州湾最早设置的助航设施。清光绪《太平续志》载：台州南翼金清港外海域有众多岛礁，外国人曾在横门水道设置浮标。

民国 17 年（1928 年），浙江省建设厅动议在穿礁建灯塔，议而不决。民营益利轮船公司创办人许廷佑出资在大竹山（岛）建造小型灯塔。此后又有永宁、永川、平阳等轮船公司在乱礁洋（象山县东北磨盘洋）设置灯桩；又有温岭包玉竹等发起在钓浜牛头山建灯塔。

1949 年后，台州湾海域航标由海军温州水警区航标科航标站设置和保养，1955 年消除沿海军事对峙后，在东矶列岛和台州列岛设置助航灯桩 20 余处；在金清至石塘近岸海域设置助航灯桩近 30 处。

东矶列岛间海路通道

在椒江口外海域，往北航道经由东矶列岛中间通过，分为两支。

头门山北至垃圾港（金门湾）水道

自海门关口外航道 1 号灯浮起，在头门岛和大竹山间通过，再经雀儿岙岛、石坦岛与田岙岛间的垃圾港北上，可经三门湾至健跳、海游，可经南田湾、林门港道至石浦港。垃圾港航道水深 3 ～ 10 米，西南水深仅 3 米，西南口北侧有礁石，可航宽度 1100 ～ 1500 米，东北口宽约 2.96 公里，吃水 5 米船舶在低潮时不宜通过。

沿途助航灯桩自西至东有洋礁灯桩，三闪 10 秒，高 5.5 米，射程 11 公里；小竹山灯桩，单闪 4 秒，高 36 米，射程 13 公里；雀儿岙岛水牛头颈岛灯桩，单闪 4 秒，高 53 米，射程 13 公里。此外，垃圾港向东折北航线上有小鹅冠岛灯桩，为北来航船走垃圾港水道进海门港的重要标志；其西部近大陆岸线浅海有饭毕灯桩，双闪 2 秒，高 16 米，射程 13 公里，警示船舶避免搁浅。

2011 年启动头门岛深水港开发工程，从白沙山筑堤，跨大竹山连接头门岛，过大竹山航道趋向废止。

头门山南至东矶港水道

其从海门关口外航道 1 号灯浮起，行经头门岛南侧，在田岙岛与东矶山间的东矶港通过，水域宽约 3.7 公里，水深 5 ～ 10 米，可供较大型船舶通航，出洋可航行浙北、长江口及北方沿海港口。进海门港船舶如需候潮进港，一般在头门岛南侧锚泊。此航道为经过临时驳载锚地、联检引航锚地进出海门港的北线航道。以上航道海面潮流，涨潮向西，落潮向东，流速 1 ～ 2 级，岛屿间流速 2 ～ 3 级。

沿途助航灯桩自西至东有撑横礁灯桩，双闪 6 秒，高 19 米，射程 13 公里；点灯山灯桩；大茶花灯桩，单闪 4 秒，高 41 米，设有雷达应答器，是大中型船舶、外籍船舶进入第一引航检疫锚地的重要指示目标；头门岛下截山灯桩，三闪 10 秒，高 20.4 米，射程 13 公里；大骨牌灯桩；半边屿灯桩；五栅屿灯桩，四闪，渔用，射程 13 公里；鲈鱼礁灯桩，上设有 AIS（船舶自动识别系统）；癞头屿灯桩；东矶山灯桩，双闪 6 秒，高 83 米，射程 16.7 公里，是进入东矶港水道的重要标志。

大陈水道与大陈洋航道

台州列岛为台州湾东南屏障，由上、下大陈岛及附近岛屿组成，西侧海域为脚桶洋，东侧海域称大陈洋。椒江口至大陈岛航道自海门港 1 号灯浮东南行，经撑横礁西侧、缸爿礁北侧、孔横岛西侧进入上、下大陈岛之间海域。沿途水深由 2.8 米至 10 米。大陈岛至大陆航线除至海门港以外，还可至金清、松门、石塘。

大陈水道

上、下大陈岛间有水深 10 ～ 30 米潮流槽，称为大陈水道，长约 5000 米，平均宽 1700 米，最宽处为猪腰屿与马道头间海域，宽约 3100 米；最窄处为高丽头与小礁山间，仅宽 1000 米。此为西连脚桶洋、东通大陈洋的通道，有不规则半日潮，涨潮流向西，流速 1.8 节，退潮流向东，流速 1.5 节，且南北有岛屿挡风，正航道水深 12 ～ 23 米，可通万吨级轮船。

大陈水道助航设施自西至东有 4 灯桩：竹屿灯桩，三闪 10 秒，高 57.4 米，射程 13 公里；缸爿礁灯桩，单闪 3 秒，高 6.1 米，射程 5.6 公里；杨府咀灯桩，四闪 12 秒，高 8.8 米，射程 11 公里；小礁头灯桩，双闪 6 秒，高 16.2 米，射程 13 公里。

大陈洋航道

台州列岛东侧大陈洋东至东海，南及披山岛，北至渔山岛，西连脚桶洋。大陈洋南北长约 110 公里，东西宽约 56 公里，面积约 6000 平方公里。西部水深约 17 米，东部最深可达 40 米，有不规则半日潮，流速约 1.7 节。列岛东侧 5 公里外为东海主航道。

大陈洋北端离东矶列岛 33 公里有象山县所属渔山列岛。清光绪二十一年（1895 年），由海关巡工司（英人总管）在北渔山岛建灯塔，塔高离水面 105.2 米，此为台州湾外最早设置的助航设施。岛西南麓有石碑刻“此路通东京”，为台州至日本航线必经海域。北渔山灯塔于抗战时炸毁，1987 年重建，灯光射程 48.15 公里，为东海海面大型灯塔之一，是台州沿海北航线重要助航航标。

台州列岛最早航标为建于 20 世纪 40 年代的屏风山灯桩，由大陈绅士王相义（仙金）捐资设立，使用汽油灯照明，时有“屏山灯影”，为大陈十景之一，今无存。1949 年至 1955 年，大陈岛建有灯桩 2 座。1955 年后，陆续建灯塔 1 座、灯桩 3 座，迄今共有台州航标站管理航标 6 座，另有渔业部门管理浮标数处。6座航标规格和建设年代如下。

缸爿礁灯桩　位于上大陈岛西南角，1955年前建，1959年、1994年、2010年改建，单闪3秒，海拔高程7.6米，标高9米，射程5.6公里。

小礁头灯桩　位于屏风山北端，1955年前建，双闪6秒，海拔高程23米，标身高12米，射程19.45公里；1959年、1999年、2016年改建，海拔高程16.2米，标高5.2米。

竹屿灯桩　位于下大陈岛西南约1.1公里竹屿，1955年建，1959年、1997年改建，三闪10秒，海拔高程63米，标高9.8米，射程19.45公里。

蛇山岛灯桩　位于上大陈岛东北约4.5公里蛇山岛，2004年新建，2010年改建，单闪4秒，海拔高程43.3米，标高8.2米，射程19.45公里；2016年建登陆点小码头。

莲子礁灯桩　位于下大陈岛马道头南偏西约3.8公里，2007年改建，2016年维修，双闪6秒，海拔高程12.9米，标高9.9米，射程7.4公里。

下屿（下洋旗）灯塔　位于下大陈岛黄夫礁东南约5.1公里下洋旗岛，2007年建，双闪10秒，海拔高程153.5米，标高11米，射程29.6公里；2014年重建登陆点。

脚桶洋、积谷洋、钓浜门航道

脚桶洋为大陆和台州列岛之间的洋面，因洋面平静如脚桶水，故名；积谷洋在脚桶洋南，以积谷山岛命名。钓浜门为牛山岛与腊头山间的水道，海门港与玉环、温州往来船舶通常从此水道通过。

脚桶洋、积谷洋航道

脚桶洋和积谷洋为椒江口船舶向南航线的航道，最窄宽度约23公里。海域西北浅、东南渐深，水下地形平坦，海洋中线北部水深6～7米，南部可达9～17米。近岸航道在积谷山岛东侧折向西南，过大钓浜门，经披山洋去乐清湾、温州湾。至闽粤航线可在积谷山岛、洛屿东侧洋面通过。

洛屿外侧航线设有如下助航标志：牛山东侧洛屿灯桩，单闪4秒，高75米，射程29.6公里；一蒜岛灯桩，三闪10秒，高82.2米，射程19.4公里。

大钓浜门航道

钓浜门航道通常指大钓浜门，别称大港洋，位于腊头山与牛山岛之间，呈东北—西南走向，长约1.4公里，航门宽度约1300米，水深6米，平均潮位差5～6米，流速1.5～1.8节，除航门北口白礁山北方有外伸礁脉外无碍航物，为北来船舶赴乐清湾、温州湾航道。

航道通过钓浜门水道，途中助航标识有：钓浜门牛山岛灯桩，双闪6秒，高47.9米，射程19.4公里；石塘东侧蛾屿灯桩，三闪6秒，高47米，射程13公里。

金清港至石塘海沿港汊航道

金清港至石塘海岸岛屿、陆屿棋布，历史上的岛屿逐步与大陆相接，形成众多港汊水道，自北至南排列如下。

金清港水道

宋时，金清港在新河金清埭入海，淳熙九年（1182年）改埭建闸，闸外自然径流感潮河道弯曲逶迤，形成牛子汇、拉萨汇等牛轭形弯道沿海港汊，后随海塘围垦进展，入海闸逐步外移。至民国23年（1934年），取直垃圾汇弯道，建廿二洞新金清闸，闸外感潮外河道通过泥涂汇弯道，曲折东流，在白沙山南西门口入海。其时，处于泥
涂汇北岸的金清镇是临港集镇，东侧琅矶山、白沙山、白果山、黄礁岛、道士冠等均为岛屿。

20 世纪 40—50 年代，海塘围垦进一步东扩，琅矶山连陆。1961 年，泥涂汇截弯取直，金清镇已不临港，南岸温岭辖地兴起永安航埠。1995 年，五洞闸东开凿新河道，直通琅矶山与白沙山间的剑门入海，在剑门建金清新闸，同时筑坝废弃白沙山南出海河道，剑门新闸以内河道成为内河，但由于新闸设船闸，海船仍可进新闸至廿二洞闸段河道，河道兼具外海、内河双重航道功能。白沙山南 2 公里老河道仍为通海港汊。

金清港外围海域助航标识有：鲤鱼背礁灯桩，渔用，双闪 5 秒，高 9.8 米，射程 13 公里；黄礁岛东湖屿灯桩，高 25 米，射程 7.4 公里。

大港湾水道

道士冠、黄礁岛与北港山之间的水域称为大港湾，水道宽约 2.5 公里，内侧水域更宽，为温岭东海塘前沿浅滩区，长约 6.6 公里，水深自岸至东 0 ～ 5 米。口门外有马蹄礁、小洋礁，礁外正对脚桶洋，两礁各设双闪 6 秒和三闪 6 秒的助航灯桩。

北港水道和南港水道

北港水道位于北港山与南港山之间，东连积谷洋，西抵东海塘滩涂，长约3.5公里，宽450～650米，入海口水深 5.4 米，往西渐浅，平均潮位差 5 ～ 6 米，潮流速 1.5 ～ 1.8 级，可避风。南港水道位于南港山与横门山之间，又名淡水门，西南—东北走向，东北入积谷洋，中段南接横门水道，长约 4.2 公里，两端宽 200 ～ 250 米，中宽约 560 米，东北水深 4.6 ～ 5 米，为避风良所。

两水道水域周边助航标识有：东海塘外1号灯浮；东海塘外2号、3号灯桩，灯桩高12.3米，射程7.4公里；南港山东灯桩，高 29.2 米，射程 8.1 公里。

横门水道与九洞门（狗洞门）水道

横门水道处于龙门、大蛤蜊、横门山三岛间，西北—东南走向，长约 1 公里，宽约 250 米，东南入口宽 400 米，深 1.4 ～ 2.7 米，高潮位可通 20 ～ 30 吨级船舶，内多礁，为险航道。九洞门水道处于横门山与九洞门岛之间，东北—西南走向，长约 1.3 公里，两端宽约 300 米，中部仅宽 60 米，东北入口水深 4.6 米，中段深 6.8 米，流速平缓，可通航 200 吨级船舶。

以上航道水域周边助航标识有九洞门灯桩，高 13.4 米，射程 13 公里；小龟屿灯桩，高 11.6 米，射程 7.4 公里；横门南口灯桩，高 7 米，射程 13 公里；蟛蜞礁灯桩，高 16.2 米，射程 7.4 公里。其中横门水道航标在清末光绪年间即已设置。

松门港水道

其为传统内河排水入海和航运通道，是龙王山和直大山（鹅米岛、捣米岛、斜头岛）之间的内伸海湾，水深 3 ～ 7 米，有花罗屿、甘草屿屹立于水道中间。近代，湾顶和王龙山北侧海涂淤涨成陆，内河入海形成 2 支出海通道：一为伏龙山北侧的箬松河入海通道，一为罾棚头与礁山之间的新涨涂地河道入海通道，称礁山港。

松门港入口海域助航标识有积谷山与沙镬山间灯桩，三闪 10 秒，高 13 米，射程 11.1 公里；松门水道直大山北甘草屿设有助航灯桩，高 6.2 米，射程 7.4 公里；羊角礁灯桩，高 4.8 米，射程 3.7 公里；斜头岛灯桩，高 15 米，射程 7.4 公里；坎下屿灯桩，高 27.2 米，射程 7.4 公里。

鹅米门（捣米门）水道

其位于直大山（鹅米岛）与小交陈之间，东北—西南走向，长约 2.5 公里，东北口宽 600 米，西南仅 45 米，主航道深 3.4 米，可通航 50 吨级船舶，西南端即松港涂。

大钓浜门、中钓浜门、小钓浜门水道，梭屿门水道

大钓浜门西侧有中钓浜门与小钓浜门，中钓浜门别称二门、小港洋，处于腊头山—高沙山与隔海山之间，长约 2 公里，宽 0.5 ～ 0.8 公里，水深 3.6 ～ 4.7 米，高潮可航 500 吨级船舶；小钓浜门可视为隔海山岛与大陆钓浜间的港湾，长 1.5 公里，宽 250 ～ 400 米，水深 3.4 ～ 4 米，今在南侧出入口筑防浪堤，湾内成为优良避风渔港。梭屿门水道位于腊头山与和尚屿之间，东西走向，长 50 米，宽 30 米，水深 2 米。

钓浜港周边助航标识有钓浜南灯桩，高 22.8 米，射程 7.4 公里；白礁灯桩，高 22.6 米，射程 7.4 公里。［民国 21 年（1932 年）曾有包玉竹在牛头山建灯塔］

桂岙门水道、横屿门水道

桂岙门水道、横屿门水道分别位于石塘鹿头咀与棺材屿间、棺材屿与横屿间，为石塘渔港的西南通道，前者在西，宽 200 ～ 400 米，后者在东，宽 650 ～ 800 米，可通航 100 吨级船舶。

石塘周边海域助航标识有：横屿灯桩，高 29.3 米，射程 7.4 公里；狗屙礁灯桩，高 13.6 米，射程 7.4 公里；外龙眼灯桩，高 18.5 米，射程 19.4 公里；乌屿灯桩，高 54.5 米，射程 13 公里；车关南湾南口灯桩，高 11.4 米，射程 7.4 公里。

二蒜门水道

二蒜门水道在石塘外侧二蒜岛与三蒜岛之间，东北—西南走向，长约 1.5 公里，宽 400 ～ 800 米，深 9 ～ 11 米。过往通过钓浜门的船舶均从三蒜岛西侧通过，不走此水道。

第二节　椒江口内外适航水道

三四千年前，今椒江南北两岸除章安、西山一带有沉积平地，大多为海域，今海门、前所一带山丘均为海岛。岛屿间有通海 3 水道：牛头颈山与小圆山间的海门水道、白枫山与白云山间的沙门水道、太平山与黄牛坪山间的陈岙门水道。沙门、陈岙门淤涨成陆后，独存海门水道，水道自灵江、永宁江出口至牛头颈山，即今日椒江。

海门港口内、口外航道是椒江形成后产生的称谓。20 世纪中叶及以前，视牛头颈与小圆山间狭口为海门关，习惯称关内至三江口为口内，关外至头门岛海域锚地为口外。20 世纪 80 年代后，海门关外岸线开始利用，海门港也以岩头闸至涛江闸连线为分界，视以西为内港区，以东为外港区。21

世纪，岸线利用更及于松浦闸口及十一塘坝北端。本节所指口内、口外仍按地貌特性，以海门关狭口为界分为口内与口外。

相关地貌详情可参阅第一编第二章“江河海岛古今地貌”，以及第二编第一章第二节“河口港”。

椒江口天然航标有撑礁岛、老鼠屿、腾云山、牛头颈山、小圆山、太和山，因地理标志易错认，清代台州知府刘璈于同治五年（1866 年）主持建造牛头颈塔做助航标志，此外还有小圆山塔、老鼠屿塔（今已无存）用于助航；太和山塔则早在明洪武六年（1373 年）即建造。民国 17 年（1928 年）后，有永宁、永川、平阳等轮船公司在椒江口腾云山、牛头颈山设置简易灯标。1949 年后，航标由解放军海军温州水警区建设管理，逐步完善口内、口外助航标设施。1983 年后，航标属于上海航运局温州航标区海门航标站建设管理。2012 年改属交通运输部东海航海保障中心，称东海航海保障中心温州航标处台州航标管理站。

椒江口内航道及整治

在千年淤涨过程中，由于口门狭窄，椒江形成中间宽、两头窄的辣椒形江面。又因江面宽阔，上游流水至此动力减弱，造成河床心滩淤积，并移动不定。最宽处的葭沚心滩的移动，影响着两岸前沿水深。在隋唐时，它导致章安港前沿水深淤浅，在近代又威胁着南岸水深。

20 世纪中下叶口内航道现状

迄 20 世纪中叶，椒江口内航道状况大致如下：三江口至牛头颈山河段长 12 公里，河势顺直，岸线稳定，呈辣椒形（藕节形）河势，平均河宽约 1500 米，最大河宽 1900 米；从栅浦至葭芷河宽从 1200 米增至 1900 米，到牛头颈山断面，河宽又变小，仅有 970 米。

口内航道自灵江口石仙妇山起，以西岸为主导河岸，顺河势经永宁江江口沙滩北侧转向南岸。然后以南岸为主导，顺南槽河势直至牛头颈山。航道走向与历年深泓线基本一致。涨潮流向西，流速 2 节；落潮流向东，流速 4 节；洪水期落潮流速可达 6 节。椒江河段潮流特性为涨潮流偏北、落潮流偏南，河槽中间出现缓流区，泥沙落淤，形成葭沚心滩，将河道分为南、北二槽。葭沚心滩发育于三山至栅浦对出的江心，长约 3700 米，低潮时部分露出。永宁江出口处为沉积三角形江口沙滩。

椒江水域粗颗粒泥沙为流域来沙，来自上游，随径流向下运移。细颗粒泥沙一般为海域来沙，由涨潮流带入口内。海域来沙量远大于流域来沙。

历史上，椒江河段在山水和潮水的共同作用下，具有洪冲枯淤规律，河床长时期基本稳定。1962 年，永宁江上游筑成长潭水库，下泄径流量锐减 91.5%，基本断流，河床发生严重的单向淤积，中潮位下河床平均淤高 3.67 米，长潭至三江口河床容积减少 70%，进潮量也相应减少 70%。

长潭建水库前，椒江河道基本处于冲淤平衡状态，建水库后，受永宁江淤积影响，椒江径流量减少 32%，海门断面进潮量 1958 年有 1.57 亿立方米，至 1983 年仅 1.33 亿立方米。1962 年至 1972 年，石仙妇至老鼠屿河段中潮位下河槽淤积达 500 万立方米。

长潭建水库前，南槽主汊断面积占全断面的 63.3%，北槽占 36.7%，葭沚心滩头部在栅浦附近，心滩长 4200 米，滩高在低潮位附近，对维持海门港水深有利。建库后，南槽发生较多淤积，1983 年断面积减至全断面的 41%。北槽增至 59%，由于径流量减少，心滩尾部冲刷，头部上移到三山附近，整个心滩西移，至 1984 年全部消失。

此时形成的椒江航道现状是椒江南槽航道，三江口至三山段长 3000 米，航道最小水深 1.1 米（吴淞基面），乘潮可通航 500 吨级船舶；三山至海门 7 号码头航道长 7500 米，最小水深 1.6 米，乘潮可通航 1000 吨级船舶；7 号码头至牛头颈山航道长 1700 米，水深 3 ～ 7 米，乘潮可通航 3000 吨级船舶。椒江北槽航道普遍浅于南槽，也呈西浅东深递进变化，前所岸线水深好于章安。

航道疏浚

椒江两岸靠泊沿线的水深是港口发挥航运能力的关键，码头前沿淤积不仅使航船靠泊困难，甚至迫使船舶在江中过驳卸货。椒江内江航道在民国以前只凭自然生成，无人工疏浚行为。民国时期有整治意识，但无力付诸实施。进入 20 世纪后，开始采用机动轮船，船体增大，航道水深成为航运业的密切关注点。

鉴于椒江两岸江涂仍在不断淤涨，也不可能在短时间频繁向外推移江岸，自 1969 年起，海门港作业区码头前沿开始正常性挖泥疏浚。

表 3-1　**1969—1990 年海门作业区码头前沿挖泥量统计表**　单位：立方米

年份	挖泥量	年份	挖泥量	年份	挖泥量	年份	挖泥量	年份	挖泥量
1969	20400	1974	199800	1979	191740	1984	154840	1989	120000
1970	27800	1975	229200	1980	未疏浚	1985	128300	1990	109000
1971	29600	1976	296400	1981	339607	1986	185400		
1972	108300	1977	363440	1982	146000	1987	128300		
1973	81600	1978	200000	1983	171400	1988	123500		

此后，每年挖泥量都在 10 万～ 20 万立方米，如 2012 年海门港区公用码头前沿疏浚工程总长 1032 米，含外贸码头、1 号、3 号、4 号货运码头，7 号港航管理艇码头前沿，疏浚工程土方量约 150000 立方米。2013 年，疏浚工程土方量 171724 立方米。

航道整治

民国 32 年（1943 年），浙江省第七区（台州）经济委员会注意到椒江的自然淤涨，认为：“椒江……距海甚近，山洪挟沙而下，遇潮水上涨时，挟沙即沉淀于河底，甚易淤塞。故整治之法，宜于两岸择要建筑挑水坝，束水攻沙，

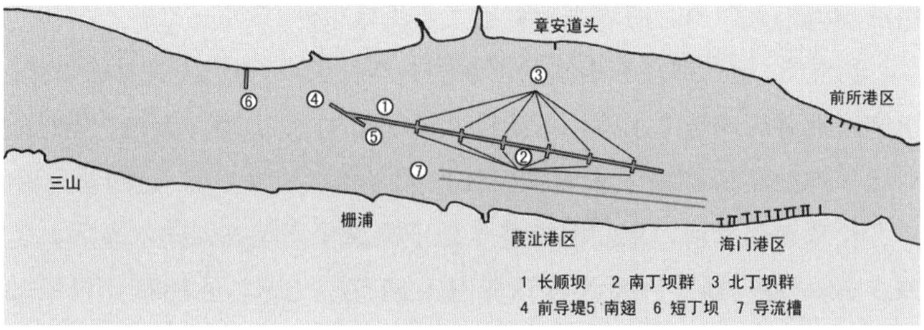

图 3-2　椒江口内航道整治长顺坝工程示意图（参考人民交通出版社 1995 年版《海门港史》插图重绘）

始可维持河床之深度。”但此设想未付诸实施。

为改善南岸码头前沿水深，1986 年 8 月，浙江省交通设计院综合分析椒江口内外水沙条件和历史冲淤计算，提出长顺坝等五种治理方案，经可行性论证，选定采用长顺坝方案对口内航道进行治理。

长顺坝方案以历史存在的葭沚心滩河势为前提而提出，其思路为利用心滩，束窄南槽宽度，增加流量、流速，改善南岸码头前沿水深。工程在北岸百家王闸头对出至南岸轮渡路对出的江心抛筑由西北向东南倾斜的长顺坝，目的是引导落潮水流在坝南由宽阔处流向收窄处，形成强大冲刷力，冲刷南岸码头前沿。工程在 1987 年 4 月开工，分两期共抛筑 1000 余米和 2000 余米长顺坝，总土石方量 31 万立方米、土方量 12 万立方米。

工程后的 1990 年 4 月，测得南、北槽 2 米水深线纵向全线贯通，横向明显拓宽，北槽最窄处宽 350 米，南槽最宽处达 600 米。牛头颈山小圆山 3 米深槽水深线，南槽向上游延伸 100 米，北槽向上游延伸 400 米。工程后南、北槽断面平均水深较整治前刷深 0.4 米，最多者刷深 0.65 米。南、北槽冲刷量分别为 94 万立方米和 93 万立方米。

1990 年，三期工程将已抛筑的坝体加高至高程 2.5 米。工程后，心滩淤积情况是心滩头部发育，向上游延伸 700 米，淤积约 10 万立方米，尾部向下游延伸 300 米，淤积约 3.5 万立方米。滩脊冲淤变化不大。总体显示槽冲滩淤趋势。

长潭水库的修筑导致永宁江淤积严重，泄洪能力降低，引发洪涝灾害。1994 年，又实施在永宁江口建闸的整治措施，2000 年筑成坝闸。

1990—1998 年，长顺坝工程因永宁江建闸暂停，1998 年重新开工，2003 年 11 月工程通过验收，共筑成长顺坝 4300 米、潜坝 740 米，导流槽 3016 米。工程实施有效调整椒江河段和海门港区潮流结构，使河床从单一宽浅河床恢复成浮式双深槽断面，海门港区码头前沿出现 -6 米深槽，南槽主航道不仅 -3 米等深线全线贯通，-4 米等深线也呈贯通趋势。

永宁江口筑坝建闸后，拦截了上逆的潮流，南京水利科学研究院通过物理模型试验表明：建闸削减永宁江全部纳潮量，造成椒江河段沿程各断面上垂线平均流速不同程度减小，台州电厂码头附近涨落潮平均流速降低 13%，栅浦断面落潮垂线平均流速减小 9% ～ 16%，涨潮垂线平均流速降低 4% ～ 22%，南槽进潮量减少 11%，北槽进潮量减少 25%，落潮垂线平均流速降低 13%。这对河床和南岸港区的影响是落潮水流在三江口转弯直冲三山，然后挑向北槽，落潮主流偏离了南岸港区的码头前沿，抵消长顺坝整治工程的效果；建闸引起椒江纳潮量减小，径流量进一步减少，引起闸下河段持续淤积。

2009 年，浙江省交通规划设计研究院张瑾、沈先荣、田林根据上述情况形成题为“椒江河口航道整治与效果分析”的研究论文，指出后续工程措施应为：长顺坝上端北槽布置低潜坝，坝顶高程为 -1 米；加长长顺坝，在已实施的 3000 米基础上再延长 1300 米；长顺坝北侧增设一组短丁坝；南侧增加导流槽。

口内助航设施

椒江口内航道 20 世纪 60 年代开始设置航标，迄今全航道自西至东有如下灯桩：黄礁灯桩，位于黄礁道头，高 4.8 米，射程 6.5 公里，1960 年建；三山灯桩，位于三山山嘴江边，高 4.8 米，射程 11 公里，1963 年建；栅浦灯桩，位于栅浦口西侧，高 6.7 米，射程 2.6 公里，1974 年建；牛头颈山灯桩，民国时初设，后改建，高 27.3 米，双闪 6 秒，射程 22.2 公里。

长顺坝筑成后，配置 8 座警示航标，南部相邻水域设置 2 座航道侧面浮标。

1998—2001 年，椒江大桥在栅浦闸东侧建成，主桥为五跨 430 米连续梁，主通航孔净空高度 22 米。桥墩编号和通航桥孔如下：桥墩编号从北往南排列，30 号与 31 号桥墩间为进港通航桥孔，31 号与 32 号桥墩间为出港通航桥孔，32 号与 33 号桥墩间为备用通航桥孔。

大桥所设固定桥梁航标分上行（进港）通航孔标志和下行（出港）通航孔标志。上行标志 3 个，分别在 30 号桥墩、31 号桥墩和进港通航孔横梁的迎上行船舶一面；下行标志 3 个，分别在 31 号桥墩、32 号桥墩和出港通行孔横梁之迎下行船舶一面；灯光射程 5.56 公里。另设水域浮标 3 处：大桥 1 号灯浮设大桥以东、长顺坝以南，大桥 2 号灯浮设大桥以西、长顺坝以南，大桥 3 号灯浮设大桥以西、长顺坝以南。

由于椒江大桥净空高度仅 22 米，影响上游海圳荣液化石油气工业有限公司等企业 3000 吨级船舶通过（该桥仅能满足 3000 吨级船舶在每天低潮位一段时间通过），桥成时引发侵权诉讼。

2017 年，杭绍台城际铁路椒江特大桥开工建设，桥位在百家沙西侧过江，为主桥桥跨 480 米的双塔斜拉式桥梁，主通航孔净空高度 38.6 米，通航等级 5000 吨级，设置 4 座施工期水上作业专用航标。

椒江口外航道及施治方案

迄 20 世纪初，椒江口外北岸海岸线基本与椒江江岸成直线，南岸海岸线向东南折 25° ～ 30° 至岩头闸，再向东南折。口外水域从海门关最窄部位 970 米宽突然展宽 2500 米以上，形成喇叭状。口外航道自牛头颈山至头门岛外点灯山锚地，约 30 公里。

20 世纪下叶口外航道现状

海门关外 18 公里的航道，处于突然放大的喇叭口，涨落潮水的冲刷动力在此迅速稀释，泥沙由是沉积，形成所谓“拦门沙”，航道平均水深 2.6 米，最浅处为 2.1 米。

抗战期间，台州湾口航道曾因军事需要实施沉船、打桩等自我设障封锁。战后清障工作限于技术和资金，一时无法清除，一直延续至 20 世纪 50 年代上叶才陆续清除。1952 年，海门航管部门在松浦闸外有障碍处抛设油桶浮标，以做警示。

口外喇叭口两侧浅水海域历来为渔民沪艚张网作业区，仅留中间 300 米为航运通道，渔网成为碍航物。1953 年，海门航管部门在口外航道设置红旗、红灯浮标，指示航船避免触网。20 世纪 80 年代后，随着海门港的开放和航运的发展，进出港船舶在数量和吨位上均迅速提升。港务部门拟将主航道加宽至 500 米，通过相关部门协调，以经济补偿办法限制渔民张网范围。

1989 年，海门港批准对外轮开放后，在引航锚地与进港航道上设置海门港 1 ～ 4 号助航灯浮，外加设于头门岛南侧的海门港联检灯浮和海门港 H1 号灯浮，构成自海门关至头门岛南临时驳载锚地和引航联检锚地的全航道助航航标。海门港 1 ～ 4 号灯浮序列由东至西，后又增加到 1 ～ 8 号。

联检灯浮和 H1 号灯浮分别处于北纬 28° 40′ 08″、东经 121° 46′ 04″和北纬 28° 38′ 51″、东经 121° 49′ 42″。

21 世纪口外航道

迄 21 世纪 10 年代，口外地貌随着南岸十一塘和北岸南洋涂的围垦，椒江口外喇叭状水域延长至 9 公里，最窄 950 米，最宽 4100 米，平均宽 2525 米。

2008—2014 年，椒江二桥在老鼠屿和腾云山间建成，为主桥长 900 米、主跨长 480 米的双塔斜拉桥，主通航孔净空高度 40 米，通航等级 10000 吨级。大桥建成后，按国家有关规定设置桥柱灯标、桥涵标及桥区水上航标，并配套必要的维护及安全管理设施。同时，全桥装设 LED 夜景灯、长杆路灯等照明设施，也能起夜间助航、警示作用。

2014—2018 年，甬莞高速公路台州湾大桥建成，桥位在松浦闸和十一塘堤北端间，大桥为主跨 488 米双塔斜拉桥，主桥全长 948 米，线路全长 4.038 公里。主通航孔净空高 40 米，主通航孔双向通航，等级 10000 吨级，2 个副通航孔在主通航两侧，单向通航，通航等级 500 吨级。

台州湾大桥建成后，在通航孔北侧上、下游和南侧下游各设水上浮标 1 座，共 3 座；拆除上、下游原有海门港 4A、5A、6 号、8 号灯浮，在距离桥梁轴线上游 800 米和下游 1400 米处分别新设 2 座灯浮，共 4 座。在主通航孔桥桁上、下游中央设置双向固定标志共 2 处；在两副通航孔（单向通航）通航一侧桥桁上各设置单向通航标志共 2 处，在另一侧桥桁设禁航标志；在单向通航孔外侧两个非通航孔桥桁上设禁航标志，在 3 个通航孔的 8 座桥墩上设置桥墩警示标志。在主通航孔下游侧桥桁中央设置无线电航标雷康 1 座。

口外航道困境和施治方案

由于椒江口外航道存在拦门沙，航道淤浅，只允许 3000 吨级海轮乘潮出入，5000 吨级和浅万吨级需在头门岛南侧锚地过驳减载后方可进港，过驳耗资增加运输成本，成为制约海门港航运发展的困境。

为增深口外航道，椒江航道整治领导小组办公室于 1989 年 7 月委托浙江省交通设计院研究椒江口外航道整治可行性，设计研究院根据椒江口外水文特征和对拦门沙演变的认识，提出三个整治方案：

一为单导堤方案。因口外江岸北岸较陡、南岸较缓，航道偏北，方案在涨落潮主流线南布置一条顺坝，束窄口外段中潮位河宽，控制流量不致沿程扩散。顺坝从腾云山对出位置开始向东 18 公里布置。

二为双导堤方案。该方案在南北两岸均布置导流坝，南侧导流坝 14 公里，北侧导流坝 8 公里。另在岩头外

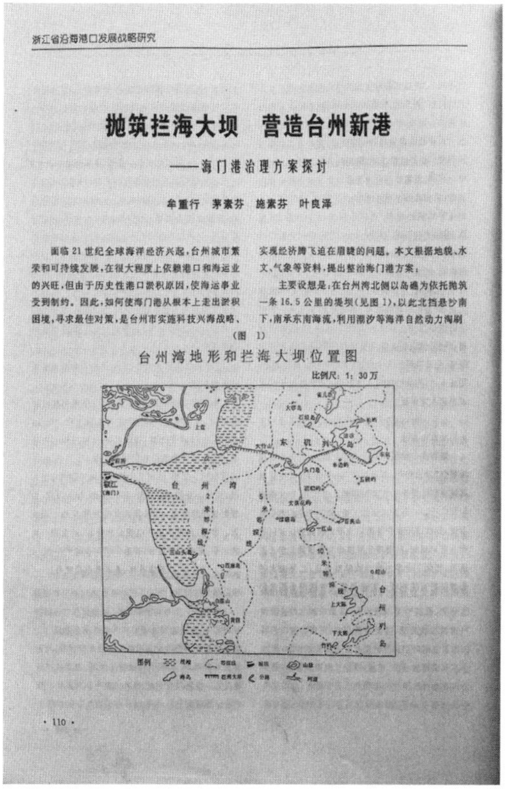
浙江省沿海港口发展战略研究

抛筑拦海大坝　营造台州新港

——海门港治理方案探讨

牟重行　茅素芬　施素芬　叶良泽

面临 21 世纪全球海洋经济兴起，台州城市繁荣和可持续发展，在很大程度上依赖港口和海运业的兴旺，但由于历史性港口淤积原因，使海运事业受到制约。因此，如何使海门港从根本上走出淤积困境，寻求最佳对策，是台州市实施科技兴海战略、实现经济腾飞迫在眉睫的问题。本文根据地貌、水文、气象等资料，提出整治海门港方案：

主要设想是：在台州湾北侧以岛礁为依托抛筑一条 16.5 公里的堤坝（见图 1），以此北挡悬沙南下，南承东南海流，利用潮汐等海洋自然动力淘刷

（图　1）

台州湾地形和拦海大坝位置图

比例尺：1：30 万

· 110 ·

图 3-3 发表于 2002 年《浙江省沿海港口发展战略研究》的关于整治口外航道营造台州新港的文章。

侧筑两个丁坝挑流刷深外航道浅水段。

三为丁坝与顺坝结合方案。除在主流线南侧布置长顺坝外，在北岸杜下浦至白沙山段布置一组丁坝，以利于在北岸形成边滩和深槽。

1999年，台州航海学会牟重行等专家在江浙闽沪航海学术会议提交《椒江口综合整治方案与开发台州湾海洋经济新格局探讨》一文，其治理方案基于台州湾沉积泥沙大部分来自长江口漂移而来的海上悬沙这一事实，提出在白沙和头门岛之间筑拦海大坝，阻挡南来悬沙，使湾内海域由自然淤积向自然刷深转化，同时形成口外的头门岛深水港。

以上方案经台州港航局委托交通部上海河口海岸研究中心做数值模拟试验，得到肯定，2011年，《台州港临海港区头门作业区总体规划》获批，随之开始实施，在3年内建成白沙经大竹山岛拦海大坝和大竹山岛至头门岛跨海公路桥。首期工程在头门岛西端面杖山和南山之间填海建码头，原临时驳载锚地、联检引航锚地均在新建深水码头东南前沿。

海门港口外两翼沿岸港汊航道

海门港口外南翼沿岸离牛头颈山3.3公里有椒南塘河水系出海口岩头闸，闸外有渔船靠泊。北翼沿岸离小圆山3.9公里、6.1公里、7.3公里、9.2公里分别为涛江浦、三礁浦、松浦、杜下浦排水口，闸外也靠泊渔船。北翼海岸穿礁山与白沙山间有白沙湾，湾底踏道山（达岛）西侧为上盘浦入海口，闸外排水通道为渔船出入和靠泊航道。海岸在白沙山东侧折北，至蒲蓝山南麓红脚岩，有桃渚平原水系在此出海，闸内有港池，为渔业基地。

第三节　椒江水系内江航道

椒江水系内江包括灵江、永宁江及灵江上游永安溪、始丰溪。历史上航道及于灵江全域及其支流大田港、义城港，永宁江可上溯至宁溪，永安溪可上溯至曹店，始丰溪可上溯至街头，其他众多支流也可通航竹排。近代航道逐渐萎缩，20世纪50年代后，上游大量兴修水库，下泄径流降低，永安溪、始丰溪逐步丧失航运功能，永宁江建闸挡潮，也失通江达海地利。有关地貌变迁和沿江航埠，可参阅第一编第二章“江河海岛古今地貌”，以及第二编第一章第四节“河港、河埠、渡口”。

20世纪50年代前，灵江、永宁江航船仅凭地理山形和经验识别航道。人工助航标志设置始于1961年，逐步完善。

灵江航道

灵江全长约46.38公里，上起临海城西永安溪、始丰溪、灵江三江汇合处，下至灵江、永宁江、椒江三江汇合的三江口，江面宽160～1300米，航道宽度140～400米。其沿途自上至下汇入松山溪、龙潭岙溪、东湖水、花街水、大庆河、大田港、义城港、汛桥港、店头浦、涌泉浦、清潭头溪、水洋浦（车坑水）、西芩河等支流。

干流航道状况

全河段均为感潮河段。在永安溪、始丰溪汇合处，有三江沙沉积江底，为著名的优质建材“更楼三江沙”产地。在城关东南原有三角形江下渚峙立江中，水分南北两港绕渚而过；1917年北港渐淤；1965年建临海大桥，水流偏北；1983年南港淤平。自义城港汇入处罾棚埠起至庙头马角山为峡谷带，名庙龙港，长2.5公里，水流湍急。在管岙一侧有管岙渚靠近东岸。在西岑东侧有桩头渚、新渚靠西岸。

图3-4 20世纪上叶灵江航道上的长船（来自江海报览《家乡老照片》）

灵江江面自上而下渐宽，河床切割较深，水深3～8.8米，最高通航水位5.04米（椒江）至7米（临海西门），最低通航水位0.3米（椒江）至0.4米（临海）。上游白马山江面宽220米，河床底最深高程-5.68米；临海城西江面宽235米，河床底最深高程-5.35米；庙龙港峡谷江面宽260米，河床底最深高程-9.72米，过此，江面渐宽；汛桥外侧江面宽850米（含滩地），晒鲞岩河床底最深高程-22.5米；钓鱼亭外侧江面宽539米，河床底最深高程6.58米；石村南侧河床底最深高程-12米；前洋外侧河床底最深高程-5.75米；管岙江心沙渚西侧主江面宽432米，东侧江面宽129米；马头山江面断面宽450～600米，河床底最深高程-16.77米，涌泉横山前江面宽930米，河床底最深高程-6.99米，石仙妇山前沿河床底最深高程-17.06米，江面宽800米。

水系干流航道，三江村至灵江二桥里程11.31公里为六级航道，按水深可通200～300吨级船舶，由于望江门大桥限高，只能通航100吨级以下船舶；灵江二桥至水云塘码头1.83公里为五级航道；水云塘码头至石仙妇山红光码头32.17公里为四级航道，可通500吨级船舶，乘潮可通1000吨级船舶；红光码头以下可纳入椒江航道，可通1000～3000吨级船舶，属于三级航道，但椒江大桥22米净高对上游航行有所影响。

灵江古无桥梁，宋淳熙八年（1181年）起，在临海县城兴善门外金鸡岩下有中津浮桥设置，后又有朝天门外上津浮桥设置，江船可过专设浮桥洞，不甚方便。清康熙七年至十八年（1668—1679年），在靖越门下建成16洞下津石桥，中间10洞宽6丈6尺，便于航船。清康熙二十五年（1686年），石桥毁于洪水。

灵江上现代桥梁的修造始于1965年建灵江大桥，相继建设的桥梁自上至下共计10座：2010年建104国道灵江三桥；1994年建望江门大桥，通航净高2.6米；1965年建灵江大桥；2007年建临海大桥，俗称三桥，独塔单索面斜拉桥；1995年建灵江二桥，2013年扩建，通航孔净高5米；伏龙大桥在建，双塔斜拉桥；甬台温高速公路灵江大桥；甬台温铁路灵江大桥，通航孔2个，通航净空高度21.5米，通航等级1000吨级海轮；金台高速公路灵江大桥和金台铁路灵江大桥，两桥并列于一处，通航净空高度20米，通航等级1000吨级。

灵江干流航标设置

灵江临海城关及周边沿岸有巾山、靖江山、小两山等小山包为航行目识标志，自宋代起就有官府或寺庙筹资造塔，无论动机如何，都成为助航标志。迄今留存或经重建的古塔有巾山双塔（始建于宋大中祥符年间）、靖江山白塔（始建于明隆庆年间）、小两山塔（始建于清同治年间）。

迄2003年，灵江航道设永久性航标22处，以太阳能为电源，射程2.4～7公里。此前在大田港、小两山、渡头岭、半边岩所设航标因开岩造陆、港闸建设、航道变迁等原因在20世纪90年代废弃。现存航标自下游至上游设置如下。

石仙妇山航标　设灵江左岸石仙妇山公路边，1962年建成，高6米，单闪4秒，射程7公里。

蛤蟆礁灯桩　位于灵江左岸蛤蟆礁，单闪4秒，射程2.4公里。

台金高速公路灵江大桥航标　12处桥涵标和9处桥墩警示标，共21处。在建台金铁路灵江大桥在其上游与之并列。

三条岭航标　位于灵江右岸三条岭外侧江边，1963年建成，高3.7米，双闪6秒，射程7公里。

石灶头航标　位于灵江右岸石灶头山嘴外侧江边，1965年建成，高5.2米，双闪10秒，射程6公里。

甬台温铁路灵江大桥航标　设桥涵标、桥墩警示标等相应航标。

马头山航标　位于灵江左岸码头山公路外侧江边，1963年建成，高3.7米，双闪6秒，射程3.5公里。

甬台温高速公路灵江大桥航标　1号、3号灯浮标2座；4号、7号、8号、11号桥墩警示标4处；12号水中构建物标志1座；5号、6号、9号、10号、13号、14号桥涵标6处。

钓鱼亭航标　位于灵江右岸钓鱼亭村山嘴，1961年建成，高4.1米，单闪3秒，射程3.5公里。

猪头岩航标　位于灵江左岸汛桥十八湾山嘴，1961年建成，高4.6米，三闪10秒，射程6公里。

上午渡航标　位于灵江左岸汛桥上午渡，双闪6秒，射程2.4公里。

小两山西侧在建伏龙大桥，施工中有警示标。

龙脚爪航标　位于灵江左两水山嘴，1963年建成，高4.8米，单闪4秒，射程6公里。

灵江二桥以上已建桥梁有临海大桥（三桥）、灵江大桥、望江门大桥、104国道灵江大桥5座，诸桥均设桥涵标、桥墩警示标。

灵江干流航道整治

由于灵江多弯道，为防止河床淤塞，民国32年（1943年）就有浙江省第七区（台州）经济委员会提出整治实施意见："以妙（庙）龙港河面过狭，泄水不易，尤易成灾。治导的方法：甲，择要多筑丁坝、顺坝，束水攻沙，防止河床淤塞；乙，放宽妙（庙）龙江（港）河面，增加泄水量；丙，大田港入江处，改至妙（庙）龙江（港）下游，由石年经钓鱼亭入江，则可减少妙（庙）龙江（港）上游之水灾。"但未有整治行动。

进入21世纪，台州水利部门于2006年委托浙江省水利水电勘察设计院编制《台州市北水南调工程规划》，提出在柏枝岙筑堰坝和在庙龙港、椒江口筑大闸的三个治水方案。此方案引起众多怀疑。

支流航道概况

灵江有航运价值的最大支流是大田港和义城港。其他支流，如松山溪、龙潭岙溪、清潭头溪等为短小溪涧，无航运价值。东湖水原为临海城北溪流汇合南流灵江的小河，宋端拱二年（989 年）曾在此建造船场，驻水军；宋熙宁四年（1071 年）开凿为湖。花街水、大庆河为临海城东平原内河，汛桥港、店头浦、涌泉浦、水洋浦（车坑水）、西芩河为中下游山谷平原内河，内河在公路不完善时起短距离航运或农用运输功能。

大田港航道

大田港为大田盆地水运航道的总称，包括汇自桐峙山区的逆溪及其下段邵家渡港，以及以大田河为总汇的北侧水系。

大田河上游发源于大岩岭，沿途汇东溪、两头门溪、白石溪、柘溪（洛河）、五加殿河诸支流，在新桥头与邵家渡港汇合为大田港。邵家渡港上游为逆溪，发源于小芝大罗山，沿途汇入康谷溪等众多溪涧，俗称“百廿里倒流水”，牛头山以下称邵家渡港。在大田港口未筑闸时，灵江潮水涌进河系，大田河大田桥以下（12 公里）邵家渡港丁桥以下（13.8 公里）为感潮河段。感潮河段新桥头以上宽 30 ～ 80 米，新桥头以下大田港宽 30 ～ 150 米；感潮河段可通航 50 吨以内船舶。

1987 年，大田港出水口建闸挡潮（1991 年建成），与此同时选址牛头山为坝址，拦截逆溪水建牛头山水库（1989 年建成）。自此，大田港感潮河段变为内河，通航河段仅洛河至新桥头 4.5 公里和丁桥至新桥头至大田港口 13.8 公里。2007 年，在小两山东北侧、大田港北侧挖凿水域面积达 80 万平方米的灵湖。2014 年，老闸拆除，新建五孔新闸，2020 年验收启用。

21 世纪，公路交通渐趋完善，大田盆地大多扩展为城区，内河航运逐步式微，牛头山水库和灵湖的开凿，开启水上游乐项目。牛头山水库辟为旅游景区，库区开设牛头山渡（大坝至龙潭坑）、前岩渡（大坝至前岩）、严坑渡（大坝至严坑）3 条航线，另在库内开辟游船。

20 世纪 90 年代前，大田港在邵家渡、大路王、排头、五夫、旧渡 5 处设有航标。1990 年后筑闸，内河断航，航标废弃。

义城港航道

义城港水系源自双坑牛岗，于尤溪汇合温家岙溪后称义城港，并在塘里汇合香年溪，再汇入章家溪，沿途流经上江、灰炉头、筱溪、金家汇、高家，于两水注入灵江。1974 年，义城港河口改道，在罾棚埠注入灵江，河口筑闸挡潮。此前，航道从两水港口至灰炉头 12.6 公里，河宽 40 ～ 60 米，通航 50 吨以内船舶。河口改道建闸后，由于未建船闸，导致断航，内河仅起短途农用运输功能。

2016 年，在义城港上游温家岙建龙门水库，2018 年建成；尤溪以上双坑溪也分段围堰筑坝，成为“临海江南大峡谷”旅游景区。2017 年，开凿长石岭排涝隧洞，将义城港水分洪至汛桥入灵江，河口筑闸挡潮。

永宁江航道

永宁江全长约 80 公里，源于括苍山脉大寺基。上游为黄岩溪，至宁溪汇入半岭溪始称永宁溪。干流又汇入柔极溪、杨岙溪、小坑港，经乌岩从长潭出谷至潮济。潮济以下入河谷平原，称永宁江，全江为感潮河段，有九溪、元同溪、龚屿浦、西江再汇入。

民国以前宁溪至潮济可通竹排，永宁溪、小坑溪、柔极溪可通竹排，航线总长 32.5 公里；杨岙溪水浅，无法通竹排。潮济以下41.5公里河段候潮可通30吨以内船舶，黄岩县城以下可通700吨级外海船舶。平原支流内河口建闸挡潮，内河可使用内河舨航运，通过西江可达院桥、沙埠；通过九溪可达茅畲；通过元同溪可通头陀、溪头；通过龚屿溪可通西范（新前）、黄潭。

图 3-5　永宁江船闸（缪鹤贤 摄）

永宁江航道缺陷在于水道呈“九曲奇观”，既拉长航程，又不利于排涝，且易淤积。为改善航道和排涝，清代有过江田汇、孙家汇截弯取直工程，民国时期有过小澧汇、戴家汇截弯取直工程，但弯曲河道的水动力总是使河流再趋弯曲。

20世纪50年代末，出于下游平原农田灌溉需要，选址长潭拦截永宁溪，建长潭水库。1962年库成，水坝上下航道阻断。同时，由于拦截近50%径流，导致坝下河道严重淤积，永宁江可用航道自潮济向下游逐步萎缩，不仅使枯水河段断航，还妨碍排涝功能。

据浙江省河口海岸研究所和省水利水电勘测设计院测量队实测资料，1958年10月长潭水库开工至1983年，江道平均宽度由原来154.5米减少到82.6米，为原来的53%；河底高程从-3.75米（黄海高程）抬高到-0.08米；全程平均淤高3.67米；总淤积量达3928万立方米。黄岩城关段江道1958年低潮位0.58米，1983年抬高到1.58米；潮济断面，低潮位河底出露达6小时。河道淤塞引发排洪不畅，洪涝频发。

为减轻洪涝灾害，1973年，黄岩县组织力量对潮济至临古下灰洋段河道进行疏浚，并取直特产、康山、汇头、西周、下灰洋5个汇头，取直段总长2074米，但到1975年，河床淤涨如旧。1960—2000年的40年中，永宁江有17年发生洪灾。

依据“上蓄、中疏、下控（建闸）、利航”原则，1994年启动永宁江治理工程。“上蓄”是使长潭水库达到设计蓄水位，以利拦洪削峰；“中疏”是拓疏江道，裁直潮济、断江、八一厂、埭西4个弯道，并在两岸修防洪堤，以利排水；“下控”是在江口建挡潮泄洪闸，阻挡泥沙随潮入江淤积河道，使永宁江成为蓄淡内河；“利航”是让江道重新成为航运通道。

首先开工的一期工程是大闸枢纽工程。工程在江口渚南侧建每孔宽8米的10孔挡潮排洪闸。坝闸于1998年建成，然后在江口三角渚北侧建民船套闸，过船等级100吨级，1999年完工。其他配以堵坝、引河、切滩等工程。工程迄2000年竣工。同时，因100吨以上船舶已不可过船闸，又在闸外芦村建1000吨、500吨码头作为补偿工程。

二期河道拓浚工程于2001年开工，2015年通过竣工验收。拓浚河道自前蒋至永宁江闸，全长37公里。具体为老江道疏浚33.67公里，裁弯取直潮济、断江、埭西3处（八一厂段代为疏浚），共缩短河长5830米。新建改建交通桥梁14座。工程后，河底宽度30～90米，挖深1.7～5.1米，平均挖深3.4米，河底高程-0.2～-4米，航道被认定为六级航道。

治理工程为排洪取得降低洪峰淹没时间的效果，也为长潭水库大流量泄洪创造一些条件，但仍未能根除头陀、北洋等地的洪涝。在航运上，虽使河道不受潮汐影响，100 吨船舶可全天候通航闸内内河，但已失去过去 700 吨级船舶通江达海的便利，实际效果已使航运近乎窒息。

21 世纪，城市扩张和公路大量修建后，永宁江全航道迄今已建、在建桥梁 36 座，其中通航桥梁 34 座，桥梁均设桥涵标和桥墩警示标。

1960 年长潭水库大坝合龙后，蓄水区开辟航线，始以大坝北侧凌湖为起点，设凌宁线（凌湖—里垟—短垟—楼岙），航程 8 公里；凌屿线（凌湖—渔岙—高园—前礁—下盲—屿头），航程 7 公里；凌小线（凌湖—东溪—小坑—董岙—箬厂埠），航程 12 公里。1961 年，水库水位提高，航线起点移大坝南侧殷家坑，再开辟至桐岭岙航线，航程 9 公里。20 世纪 80 年代后，黄岩西部山区公路逐步完善，长潭至宁溪、屿头航线停航。

永安溪航道

永安溪发源仙居县境以西长石坑，全长 141 公里，沿途有 40 余条支流汇入，呈羽毛状分列干流两侧。河道平均坡降 1.8‰。干流流经仙居盆地坡度平缓，再经白水样盆地、张家渡盆地至三江村，与始丰溪一起汇入灵江。

自然条件下干流通航里程 90 公里。明代以前，5 吨木质长船可上溯至曹店；清末民初下退至溪口湖；民国后期，丰水期可达横溪，平时达皤滩。不能通木船的上游和朱溪、韦羌溪、北岙溪、杨岸溪、四都坑、六都坑、万竹坑、大陈坑、双港溪、方溪等10大支流可通木排、竹筏。望洋店以下为感潮河段。

永安溪航道溪流湍急，多浅滩，行舟艰难，需经常疏浚。古代大都由各河段船户分段自理。枯水期间，中途搁浅，各船户常联合互助，随航随疏通。民国期间，曾按船只收缴疏浚费，交由船业公会集资疏通，因经营不力，河床日益淤塞，航道缩短。

20 世纪 50 年代初，仙居船业工会发动船民疏通航道。1959 年，成立仙居航管站，清除航道中肥桶岩、棺材岩、锤岩、柴岭头、铁沙湾等处碍航乱石，并成立专业养护队巡回作业，清理航道。

图 3-6 21 世纪初永安溪竹排漂流（张福华摄）

仙居盆地苦于旱涝水患，在 20 世纪 50 年代开始大规模水利建设。1953 年，永安溪支流朱溪修筑方岩背水库（仰天湖）。此后 33 年中，仙居全县共建水库 64 座（大型 1 座、中型 3 座、小型 60 座），正常总库容 2.045 亿立方米。其中，1999—2003 年建大型下岸水库，总库容 1.35 亿立方米。

水库拦截径流后，永安溪水量大减，一些河段河床干枯露底，许多河段围堰蓄水，不计横溪以上坡降较高河段的堰坝，横溪以下，在田市山岙塘、步路湾里、仙居城东柴岭下、白水洋上元地，都有拦水堰坝。迄今，最下游堰坝在杨杜，距三江村 5.8 公里，此段仍为六级航道，杨杜以上断航。

最大的水利工程是 2011 年对城东柴岭下弯道裁弯取直，在柴岭下南劈山开河，废弃原“几”字形弯道，缩短河道 2200 米。同时在新河道建橡皮坝和泄洪冲沙闸。橡皮坝为长 400 米、高 4 米充水坝袋，高度可随蓄水需要升降，形成坝上 3000 多亩水位可控湖面。截流造湖完全改变传统河流的功能。迄今，仙居城东河段建有游艇码头，开发水上休闲娱乐，城南溪涧开发永安溪竹筏漂流旅游项目，路程自浮石园至步路乡西门村，全程 7.68 公里。

始丰溪航道

始丰溪源于磐安县大盘山南麓，全长 138 公里，沿途有 60 多条支流汇入，主要支流有三茅溪、苍山溪等。航道状况如下：民国时及以前，1 吨竹筏可上溯天台城关 28 公里以上的街头镇，城关以下至临海可通 3.5 吨木船。一些支流可通竹排。

图 3-7　21 世纪 10 年代，始丰溪上游堰坝筑成休闲游乐地（缪鹤贤摄）

20 世纪 60 年代至 21 世纪初，始丰溪流域相继建桐柏水库、里石门水库、龙溪水库、桐柏水库下水库以及横坑水库、伍佰水库、王里溪水库、杨家岙水库、利民水库、龙珠潭水库、王浪水库、小法溪幸福水库等小型水库，总计共建 67 座水库，合计总库容 2.93 亿立方米。

水库截水致使始丰溪干流径流大幅降低，河道不断拦筑堰坝截水。自街头镇以下，共有堰坝 17 道，最下游堰坝在临海董岸，以上河道航运功能丧失。董岸沙段堰坝下 1 公里几乎断水为滩涂，2 公里外的坊前村（杨家渡）至三江村尚有 5.8 公里长河道为八级航道，宽度约 32 米，涨潮水深约 4.3 米。

上游修筑里石门水库后，库区开辟航道，可从后求乡花墙村经茶园、田芯达磐安县方前。

天台县境内始丰溪的治理目标只是在提高提防护岸的基础上“扮靓一湾溪水”，拓溪成湖，使城区段成为城中溪、生态溪、休闲溪、文化溪，成为“始丰湖公园”“城市客厅”。虽然始丰溪已失去航运价值，但正如“有水不断鱼”，喜山乐水者将利用新的河道，转而开发休闲、健身等水上泛舟活动。

第四节　台州湾平原内河航道

台州沿海平原主要是台州湾畔椒南平原、椒北平原、桃渚平原，其中椒北平原与桃渚平原河网相通。台州湾南北两翼平原河网各自纵横交叉互通，最远航程达 50 公里左右，在未有公路前，水路几乎为交通运输的唯一方式。其他湫山丘陵和玉环、楚门山谷小平地都面积狭小，且互相为山岭所隔，短小河道互不连贯，仅有农用功能，缺乏航运价值。

椒南平原内河航道

椒南平原，以水系流域分，北片属于椒江流域，南片属于金清水系流域，西片属永宁江流域；以政区分，历史上先为章安县境，后分属临海、黄岩、太平三县，当代分属椒江、黄岩、路桥、温岭四政区，但无论怎么分区，平原上的河网都相通，从航运角度论，具不可分割性。

在古代，沿海平原不如后世宽广，但内河通江达海自椒江形成后便已存在。以地貌而论，黄毛山、帽峰尖以西院桥、沙埠和永宁江河谷平原，均属于永宁江流域；徐山泾、山水泾、永宁河、葭沚泾、三才泾、一条至九条河塘河覆盖区域北侧均属于椒江流域；南侧排向金清水系。水系流域仅反映河流排水，以排水论，固然可向东从金清、松门、岩头排海，但以航运论，连接西江闸、栅浦、葭沚、海门的通江达海河道，才是意义巨大的货物集散通道。因为它上可通过内江沟通西部山区，下可出入海口联系全国沿海，具有“百川汇海”之势。

黄岩设县222年后唐亡，台州属于吴越国，尊中原五代为正朔。后梁开平元年至吴越国宝正六年（907—931年），以黄岩县城护城河为中心，人工开凿南官河（路桥以南至太平、温峤河段也称月河）、东官河（汇头金折南河段今称永宁河）、西官河，先人将平原内河运输网络连接椒江水系以通达外海和内江。只是位于永宁江中游的黄岩县城位置偏西，通灵江还需迂回倒行，难以充当航运中心；同时，由于东部平原与永宁江河谷平原内河水位存在微小落差，南官河和东官河分别在坝头和山头金两处筑有埭坝挡水，航运并不方便，是以江口蛟龙浦、栅浦、葭沚泾沟通椒江南岸三江口、栅浦、葭沚诸航埠。

鸦片战争之后，航运的重要性更为凸显，处于椒江入海口的海门港地位日益提升，但海门南侧有群山包围，无内河水道连接椒南平原，难以实现内河与江海的近距离转运。清光绪二十三年（1897年）凿通海门新河连接三才泾，是海门港建设的重要举措。

梳理时至20世纪末的椒南平原内河网络，可以分为纵向航道和横向航道，总括平原上的主要航道。

纵向航道主干线（自西至东排列）

西江航道　西江北端兼为黄岩护城河，北起西江闸，经五洞桥、雅林汇至羽山3.7公里，该处河道西侧有分支，但均出自沙埠山岙，途经高桥，源头有佛岭水库，羽山至高桥河道也称永丰河。西江干流自羽山南1.3公里又有东侧分支，称西南中泾（官路河），经土屿、店头而达院桥，源头有秀岭水库，此河向东北也可通十里铺接南官河。高桥闸以上为山溪性河道，古代航运可达沙埠，近代筑高桥闸影响上行航运。羽山至沙埠、院桥航道均约长8公里。西江航道羽山以北宽26～60米，深4.4米；羽山以南宽12～20米，深3.5米。

永宁河—月河（南官河）航道　永宁河北起栅浦闸，经栅浦、汇头金、东山头、大板桥、上洋桥至路桥石曲接南官河，长18.4公里，宽30～60米；永宁河在古代也称东南官河，在汇头金接东官河。月河为南官河在石曲折南后的河道，北段北起石曲，经峰江（白峰桥）至泽国，河道称谓混乱，也称南官河、永宁河、峰江河、泽国河等，全长7.3公里；南段北起泽国，经新渎、牧屿、横峰桥、洋江桥、下洋应、下保、横湖桥、三星桥至温岭太平河头，全长17.36公里，宽约31米，深3.5米。西月河为月河西侧分支，又名琛峤河、江厦港，北端在横峰街接月河，经章郎桥、下三桥、楼旗桥至温峤（温岭街、温西），长 7 公里，宽约 29 米，深 3.5 米。

葭沚泾和长浦街—新河街航道　葭沚泾北起葭沚闸，经葭沚、殿后陶、陶家洋、洪家至灵香店交于灵香店浦，东西可通永宁河和三才泾，以达南部各地。总长 10.5 公里，宽 15～20 米，深约 3.5 米。长浦—新河河道北起长浦街，经横街、高桥至新河接金清港干流，长约 14 公里，宽约 15 米，深约 3 米。该线路现状河道在灵香店与长浦街间无直接连线，但可拐弯东西两侧经其他河道连接。长浦至新河一带古有迂浦，现状河网较为零乱，公路完善后，河运式微，一些航道废弃。

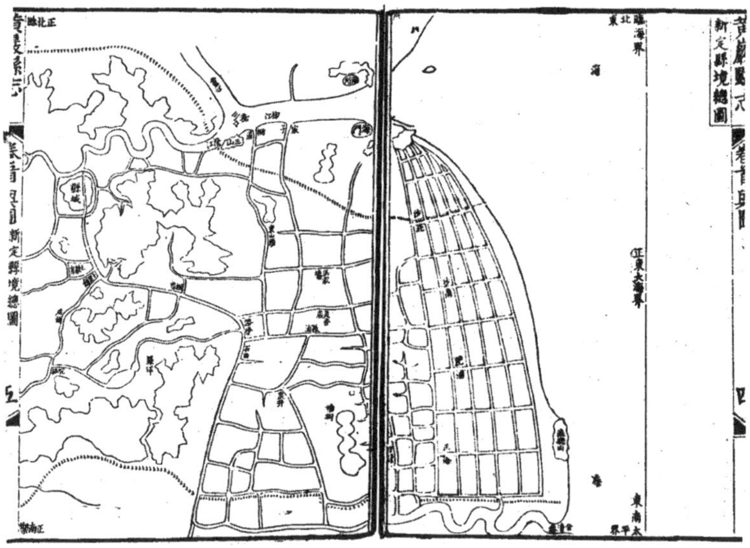

图 3-8　民国《黄岩县志》县境总图中反映的平原河道凭臆想机械画出，新围海塘塘河并不如此规整（来自民国《黄岩县志》插图）

联树桥河—石黏河航道　联树桥河北起泽国月河，往东南经水次洋、联树桥街至太儿埭汇入金清港干流，长 7.5 公里，宽约 30 米，深约 3 米。此为南官河（月河）向东南分汊之航道，往南可经金清港干流拐西通石黏河。石黏河北起金清港麻车，经山凤至横湖桥接月河，长 8.5 公里，宽 30～50 米，深约 3.5 米，往北可经金清港干流拐东通联树桥河。

新桥河（峰江—牛桥）航道　起自峰江，经新桥至牛桥接金清港干流，也为南官河向东南分汊的航道，长约 10 公里，宽约 15 米，深约 3 米。

江城河—海门新河—三才泾航道　江城河为海门护城河（今填废），清光绪二十三年（1897 年）凿通海门新河连接三才泾后，该航道成为海门港连接椒南平原的重要通道。航道北起海门港大埠头，经沙门、塘岸、当角桥、横河陈、水陡门、横塘、横街、下梁、卷桥至下梁港口接金清港干流，往西拐至新河，可连接运粮河和木城河，往东拐可接温岭老湾河。航道全长约 27.3 公里，宽 16～30 米，深 3.3～3.4 米。由该航道连接木城河，海门至松门全程 48.6 公里。

运粮河航道　古称南塘，起自温岭翻水站控制闸，经下帽、河头梁、上桥头、李婆桥至箬横东入车路横河，全长 14.5 公里，宽 17 米，水深 2.19 米。往北跨金清港干流可通三才泾航道。

木城河—箬松河航道　两河实为一河。木城河北起蔡洋六闸接金清港干流，南经塘下、大路毛至箬横接箬松河，长 10.3 公里，宽 24 米，水深 2.6 米；箬松河，北接木城河，经严家桥、淋川至松门鲸山闸入海，长 11 公里，宽 23.8 米，水深 2.64 米。往北跨金清港可通三才泾航道。

一条河航道　北起岩头闸，经徐家殿、沙老爷殿、冷水路廊、老海城、蓬街、新市、林家，在金清镇西侧接金清港干流，全长约 22 公里，宽 16～25 米，深约 3.5 米。往南跨金清港可接温岭老湾河航道。

老湾河航道　北经平安闸通金清港干流，南经横河、滨海、横泾堂、山前、庙前街、北咸田至淋川八甲，南段也称贯塘横河。河道总长约 17.5 公里，宽约 14.7 米，深 2 米。往北跨金清港干流可通一条河航道。

二条河航道　北起岩头闸，经飞龙庙、二月二殿（甲北）、三甲、石柱、竿蓬至金清五丰闸接金清港干流。长约 20 公里，宽 15 ～ 20 米，深约 3 米。与之平行的东侧河道还有三条河、五条河、六条河，其中四条河呈断续状。

五湾河航道　北起金清港干流永安港，经东片农场，南至淋川，全长约 18.6 公里，宽约 25 米，深约 2.8 米，其西侧并行二湾河、三湾河、四湾河，诸河道并不平直，可相互穿插，南端也称二塘河、三塘河、四塘河、五塘河，东侧又有新塘河。北跨金清港干流可通二条河、七条河航道。

七条河航道　北起岩头，沿椒江农场东侧、滨海工业园区西侧（20 世纪下叶，今滨海工业区为沙北盐场、三甲盐场、下陈盐场、石柱盐场、蓬街盐场、新市盐场）至金清五洞闸接金清港干流，全长约 20 公里，宽 18 ～ 30 米，深约 3 米。往南可接温岭永安港、五湾河和诸湾河航道。与之平行，东侧还有八条河、九条河。

在当今台州市内河航道规划的“三横二纵一弯”主要航道中，二纵为“栅温线”和“七条河”。栅温线即本文中永宁河及其南延的南官河（峰江河、泽国河）、月河（横峰河）航道，全长约 53 公里；“七条河”还可南延温岭东部诸湾河、塘河直至松门，航程 40 余公里。规划中的“一弯”航道指温岭城关经石黏河至金清港干流，再转折向东南，经木城河、箬松河至松门。

横向航道主干线（自北至南排列）

三丈六河—海门河航道　20 世纪 60 年代，疏浚和开凿海门十字马路（解放路中山路口）至永宁河河道，称海门河，长 4.7 公里；随后，又开凿栅浦天打岩，向西延伸海门河，开挖三丈六河至应家山北麓，长 3.2 公里；河道宽度 17 ～ 20 米，深 3 米；再往西有上辇、江口河道连通黄岩，并在江口双龙闸连通永宁江。1986 年，在海门凤凰山西南开凿 1.2 公里新海门河，使之与沙门老海门新河连接，贯通三才泾，十字马路至中山广场 635 米河道填废。

西官河—东官河航道　西官河东起西江五洞桥，经罗家汇、桥头王至永宁江岸仙浦汪，长 7 公里，宽 11 米，深 2.4 米；古为宁溪山区竹木柴炭输出东南平原通道，永宁江淤涨后，江河联系中断。东官河西起黄岩城关小南门，经护城河至东门，途经柔桥、山下周、山下郎、山头金、埭头、王门岙、北山至汇头金接永宁河（称东南官河），长 13.7 公里，宽 17 ～ 23 米，深 3 米；曾为海门至黄岩内河汽船航道。

界牌头河—高闸浦航道　西起东山头永宁河，交葭沚泾，经界牌头至三才泾，稍折北，经倪李张、渠东、沙殿街、高闸迄九条河；三才泾以西称界牌头河，以东称高闸浦。两河错开交三才泾，并不直通；全长 13.5 公里，宽约 18 米，深 3.5 米。今全河道统称高闸浦。

洪家场浦航道　老河道西起永宁河龙口舌，交葭沚泾，经洪家场，交三才泾，经横河陈，交一条河、二条河直至九条河，横河陈以东河道旧称横河陈浦。2011 年、2013 年，栅岭汪排涝调蓄工程和洪家场浦排涝调蓄工程相继开工，洪家场浦自机场路以西改道开新河，新河东起横河陈东侧老河道，经河头陈、马庄、新辟台州市商贸核心区、锦扇桥、下陈坝接新开东山河，连通西山栅岭汪排涝隧洞；机场路以东老河道拓宽，延伸至新围十一塘挖新河，线路总长 18.2 公里，宽 100 米，深 4 ～ 5 米，局部在商贸核心区挖为休闲湖区。

徐山泾航道　西接南官河坝头闸，北行至梁家折东，经高桥章、土岙、塔下程、朱家店，在小板桥交于永宁河，再东行至葭沚泾，全长 11.8 公里，宽 12 ～ 21 米，深约 3.5 米。21 世纪 10 年代，台州“绿心”挖调蓄湖泊飞龙湖，湖东、湖西河道均汇入湖泊。

中干渠（江南渠道）—南官河—鲍浦航道　中干渠为长潭水库送水渠道，西起水库坝下，经潮济岩头、北洋、三官堂、临古、山头舟、焦坑、松兴堂，在雅林汇交于西江，长约 24 公里，宽 15 ～ 24 米；南官河开自五代，起自黄岩护城河小南门，往南经十里铺折东，经横山头、坝头、桐屿、马浦至路桥街北端，长 14.5 公里，宽 21 ～ 30 米，深约 3.5 米；再折东南至石曲，交于永宁河，该 2.8 公里河段是“前门开店后门河埠”号称“十里长街”的路桥街市，河道宽约 23 米，深约 3.5 米；鲍浦则在街北端接南官河，向东延伸，经松塘、下陈、石柱至十一塘月湖，全长 17.9 米，宽约 20 米，深 3.5 米。以上河道横山头以西和以东水位存在微小落差，清末在坝头建滚水坝，航船过坝，空船“人推滑竹”而过，重船需卸货换船；1975 年建过船闸。

鉴洋湖—山水泾航道　山水泾为院桥方向下泄水至路桥汇入南官河的河道，西起院桥，经鉴洋桥、上倪殿、双庙、下水龟至南官河山水泾桥，河道长 7.4 公里，宽约 26 米，深约 3 米。河道鉴洋湖以西为分南北两支，北支经山北尤至沙门店，长 13.6 公里；然后又分汊，北支至店头交于南中泾（长 2.2 公里），南支至院桥（长 1.8 公里）。从鉴洋湖分汊的南支，历 6.3 公里又绕回沙门店。螺洋以西鉴洋湖地貌属于古代海滨湿地的遗存，呈湖渚相间地貌，河道宽窄不一。

长浦航道　西起永宁河与南官河相接处北侧 390 米，向东经上张、长浦街、南岸、甲头、青龙、竿蓬，直至十一塘月湖，全长 17.3 公里，宽 18 米，深 3.5 米。

青龙浦航道　西起永宁河与南官河相接处南侧 741 米，向东经泉井、洋屿、山下李、蓬街（杨府庙）、镇海，直至十塘，全长 15.3 公里，宽约 22 米，深 3.5 米。

翁岙河—江洋河航道　翁岙河，自山市至月河；江洋河，自月河至麻车桥。两河相接，总长 11 公里，宽 45 米，深 3.7 米。

大溪河—潘郎河—金清港航道　大溪河，自大溪至潘郎长 6.5 公里，宽约 27 米，深 3.2 米；潘郎河，自潘郎至牧屿，长 6 公里，宽 50 米，深 2.9 米；金清港（包括西段沈桥港、麻车桥港、牛桥港、寺前桥港），自牧屿沈桥至剑门金清新闸，总长 29.7 公里（现状，不计历史弯道），宽 65 ～ 220 米，深 3.5 ～ 6.5 米。三河相连为金清水系干流，也是该流域东西向水运大通道。

廿四弓河及以南航道　廿四弓河在金清港南，西起木城河坦头，东至永安闸，长 9.8 公里，宽约 28 米，深约 3 米。其南至淋川头有多条平行横向河道，自北至南主要航道有：娄江浦，木城河箬横北侧经海塘下、泥城里至八塘，长 6.5 公里，宽约 17 米，深约 2 米；贯庄浦（平溪浦），箬松河贯庄经三房村至南盘马闸，长 6.3 米，宽 21 米，深 1.85 米；严家浦，箬松河严家村至盘马塘，长 6.5 公里，宽 20 米，深 1.6 米。以上为温岭新海相沉积平原横向主要航道。

车路横河航道　石桥至箬松河，长 8.23 公里，宽约 20 米，深 2.3 米。

东浦新河航道　西起岩头嘴东至苍山门，为隘顽湾畔东浦农场滨海塘河，长约 9 公里，宽约 28 米，深约 3 米。

在当今台州市内河航道规划的“三横二纵一弯”主要航道中，其中“二纵”是“外环城河（黄路金）”和“金清港线”。“外环城河（黄路金）”就是南官河加鲍浦或长浦、青龙浦航道，其实它还可以借中干渠（江南渠道）向西延伸至长潭水库坝脚，全航程长达五六十公里。“金清港线”可从剑门新闸一直上行至大溪，全航程也达40多公里。

椒北平原百里大河航道

百里大河为椒北平原河网的总称，由于该地行政区划多变不一，近代分属涌泉、章安、涂下桥三区片，当代也分属涌泉、椒江、杜桥三区片。此处跨政区的横向河道，因囿于政区壁垒，称谓不甚统一。椒江区归纳结果是将华景河（古东逻浦）以西主干横河称为椒北干渠，华景河以东横河则分为南、中、北三支渠；杜桥镇有上横河、中横河、下横河之说，所指与椒江区南、中、北三支渠不甚相同，并且两者都忽略属于涌泉镇的玉岘区域和上盘镇区域。

为统一称谓，本志综合诸说，以整体视角对连贯河道加以整合，也用纵横分类法归纳为横向主航道和纵向主航道两组做整体记叙。

椒北百里大河横向主航道

北横河航道　即杜桥镇所称上横河、西洋河，椒江区所称北支渠。西起山门回浦河（梓林东大河），经古桥、东坦头（东西）、坑口、石地道、横湖、东屿、杜西至焦坑（杜北），全长11.9公里，宽约16米，深约3.5米。该航道是椒北平原北部横贯章安梓林至杜桥的航运大通道。

椒北西干渠航道　即椒江区所称椒北干渠和中支渠并西延至玉岘。西起玉岘太平山东麓，经花街、炉头、玉岘、下洋（黄礁）、东埭、百家王、湖嶂、山前至后洋陈交于华景河（古东逻浦），过华景河，经谢杨、高塘至大汾交于山礁浦，全长17.2公里，宽17～22米，深约3.5米。该航道是椒北平原西部横贯玉岘至大汾的航运大通道。

椒北东干渠航道　即椒江区所称椒北南支渠、杜桥镇所称中横河。西起华景河（古东逻浦）蔡桥南520米，经沙田、陈岙门、道感堂、横西，在山礁路廊交于山礁浦；又经上墩头，在蟠龙寺交于松浦；又经东际、西堑，在西堑路廊交于下朱沟；又经洪家，交于杜下浦；又经后地、独木堂，在三石徐交于三石浦；然后北折450米在门头东折，经严庵、张万，在里潘与长沙浦相交；又经外透，在拖牛坝相交推船沟；又东进经上盘（畔）直指北洋涂附近，全长25.2公里，河宽12～40米，深4米。该航道为椒北平原东部横贯前所至上盘的航运大通道。

东南横河航道　即杜桥镇所称下横河。西起杜下浦河东旗杆里，经西横、东横至里潘交于长沙浦，并连接通上盘之中横河大通道，长3.7公里，河宽15～20米，深约3.5米。椒北平原东南部成陆历史短，围涂工程中留有几条完整纵向河道，但横向多短河、池塘，少长河，有航运功能的仅此3.7公里杜下浦至上盘航道，其余不连贯河道仅用作农用运输。

在当今台州市内河航道规划的“三横二纵一弯”主要航道中，台州湾北翼平原中的“前（所）泗（淋）线”为“三横”之一，所考虑的是将杜桥平原与桃渚平原主航道贯串一线。这就是本文中的椒北东干渠航道与桃渚平原上盘至洞港航道的连线，但因杜桥平原与桃渚平原内河水位存在微小落差，古代在交接处筑埭坝，由牛拖船过坝，该地即称拖牛坝。就椒北整体而论，该线还应向西延伸，包括本文中的椒北西干渠，形成洞港经泗淋、四岔、连盘、上盘、杜桥、前所、章安、黄礁至玉岘的大通道，全航程约达 49 公里。

椒北百里大河纵向诸航道

椒北西部老海相沉积平原主要纵向航道是古自然径流回浦、东逻浦（今华景河）以及后世开凿的梓林西大河；其他仅为后泾（塘头浦）、下洋浦、百家王浦等几条向椒江排水河道以及山横环山河等山谷平地农用河道。东部新海相沉积平原纵向河道有所谓三沟六浦一江，迄今保留入海口完整的河道仅有涛江、山礁浦、松浦、杜下浦 4 条，三石浦、长沙浦、推船沟、上盘浦已为新围南洋涂所挡，但尚可借助东海第三大道北侧横向塘河从踏道山（达岛）西侧出白沙湾；下朱沟和牛沟河道淤塞不可通海。以下为自西至东排列的主要纵向航道。

梓林西大河航道　原为山兵溪下泄河道，北起山坑，经陈宅、西洋、湖魄、墩头至建设闸入江（清代在墩头闸入江），长 7.6 公里，宽 12 ～ 22 米，深 2 ～ 3.5 米。

回浦（梓林东大河）航道　原为龙溪下泄河道，1973 年上游建溪口水库，航道北起溪口，经马岙、铁场、山门、梓林、山前山、章安至回浦闸入江（清代在桥西闸入江），长约 11 公里，宽 11 ～ 22 米，深约 3.5 米。

华景河（东逻浦）航道　原为大岩山、古城山下泄水河道，也为古回浦自山门分支河道，若山门至古桥河段为北横河之一段，则华景河北起古桥，经后洋陈、蔡桥在新华景闸入江（1955 年在老华景闸入江，可容船舶过闸），河道长约 4.1 公里，宽 12 ～ 32 米，深约 4 米。古入江河道在东侧 200 多米留有遗迹。

涛（陶）江航道　北起石马头山岸头，经道感堂、陶家至涛江闸入江，长 5.3 公里，宽 11 ～ 20 米，深 3.5 米。

山礁浦航道　北起东山西屿，经后洋、半洋、横西、妥桥、下洋屋（六联村，曾为沿海乡驻地）、胡东至山礁闸入江，长 9.9 公里，宽约 12 米，深 3.5 米。

松浦航道　北起双桥北横河（上横河），经上四份、上墩头、树桥头至松浦闸入江，长 9.8 公里，宽 12 ～ 23 米，深 4 米。

杜（涂）下浦航道　北起杜桥北横河（上横河），经杜桥镇、下八年、洪家、河东（川南）、戴家至杜下浦闸入江，长 10.7 公里，宽 12 ～ 32 米，深 4 米。

三石浦航道　北起三石徐，交椒北东干渠（中横河），经汇头、赖头闸、上炮台、厂横、闸头、浦外，在禹王殿交横向塘河，长 7.2 公里，再行 6 公里经踏道山（达岛）西侧踏道（达岛）闸出白沙湾。

长沙浦航道　北起新潘东南横河（下横河），经横岐、新潮交横向塘河，长 3.9 公里，沿塘河东折 1 公里至推船沟，再行 5.1 公里可在踏道山（达岛）西侧至踏道（达岛）闸。

图 3-9　上盘拖牛坝船闸（缪鹤贤摄）

推船沟航道　北起拖牛坝椒北东干渠（中横河），经增福堂、胜利闸交横向塘河，河道较弯曲，长5.4公里，沿塘河5.1公里可在踏道山（达岛）西侧至踏道（达岛）闸。

上盘（畔）浦航道　北起上盘椒北东干渠（中横河），3公里南至横向塘河，折东沿塘河3.2公里可在踏道山（达岛）西侧踏道（达岛）闸出白沙湾。

桃渚平原水系航道

桃渚平原为古山岬淤涨地，多短溪流和沼泽湿地湖渚相间地貌，后世串联一些河道，较为凌乱复杂。梳理航道，可归纳为南北纵线、西部五横线、桃渚镇（前称四岔）至红脚岩桃渚港出海线。南北纵线自白带门洞港往南经黄公河和连盘河道连接上盘椒北平原水系。西部五横线自北至南为小雄水道、山场水道、北涧河、桃江（芙蓉溪）水道、雉（知）溪水道。

椒北平原东部市场山和东侧黄猫头山间本就为海峡，淤涨后东部岛屿连陆，海峡成河渚相间地貌，水道可通北面桃渚平原。后水道有所淤涨，民国34年（1945年）疏浚连盘至新闸的黄公河，杜桥水系与桃渚水系更为畅通。

洞港至上盘南北纵向航道

北起洞港闸，往南至天德闸交山场溪水道，长3.5公里；再至北塘村交北涧河，长1.3公里；再至大汾塘交桃渚港航道，长2.6公里；再至石相山新闸交桃江水道，长1.3公里；再至连盘交雉（知）溪水道，长3.1公里；再至上盘拖牛坝接椒北东干渠，长5.2公里。其全长约17公里，由于经过连盘湖渚相间湿地地带，河道宽窄不一，人工河道宽约20米，宽处呈湖泊状态，水深也参差不一；由于桃渚平原内河水系与杜桥平原内河水系水位有微小落差，在拖牛坝处筑坝拦水，旧时航船用牛拖拉过坝，20世纪下叶设升船机，又改过船闸。

西部五横向航道

小雄溪航道　西起石门水库坝外，经小雄、五支岙、泗淋、下湾至洞港闸南侧接洞港航道，长8.1公里。

山场溪航道　西起埠头村，经官塘、上道头、下道头、闸头至天德闸接洞港至上盘纵向航道，长10.5公里。

北涧河航道　《临海市交通志》称东涧线。西起北涧，经涧陡门、桃渚镇北（四岔）、黄夫瓦，至北塘接洞港至上盘纵向航道，长7.9公里。

桃江（芙蓉溪）航道　西起沙门头，经桃渚古城、石柱下、中城村，至石相山新闸接洞港至上盘纵向航道，长8.8公里。

雉（知）溪航道　《临海市交通志》称连知线。西起童燎水库坝外，经垦埠（肯步）、雉（知）溪、应山塘至连盘接洞港至上盘航道，长2.7公里。以上航道在桃江十三诸、垦埠、泗淋一带都有湖渚相间地貌，航道宽窄不一，宽者如湖面，窄者仅一二十米宽，深度不一。

桃渚港通海航道

《临海市交通志》称四浦线。西起桃渚镇（四岔）北侧北涧河水道，经桃渚镇区、川下，在大汾塘于洞港至上盘纵向航道相交，然后擦小方山、拗罾岩、蒲兰头至红脚岩入海，全长约11.7公里，宽12～100米，深3～4米。

内河航道整治

台州沉积平原内河产生于围塘取土和农田排灌水利的需要，多年不做疏浚，容易回淤。局部水利由业主自行修复，但全局性水利必须多方或全面合作，或由官方集中决策操办。因而自有水利建设以来，大型水利工程建设和阶段性日常疏浚，必然由民间社会团体或官府组织人力和资金付诸实施。古代，民间自建自营工程常采用“业食佃力”之法解决劳力和资金，即地主、业主出钱给伙食，佃农出劳力；官府则通过徭役来征发无偿劳动力，把工料经费分摊给受益民众，或者由官府牵头，采用“业食佃力”办法实施。明中叶后实行均田均役的赋役改革，也有实物力役转货币税、徭役变差银的按亩摊费雇工的方式出现。

民国时期也采用义务工役制或给养工役制。义务工役制是被征民工自备伙食参加劳动，给养工役制是给被征民工发放伙食费，如海门新河挖凿就由绅商发起，有驻军义务助役。征用民工一般是“论田起夫”，即按受益田亩分派工役。

20 世纪 50 年代农业合作化、人民公社化后，农村兴修水利的劳力组织更为简便，集体农民出工修水利，与平时劳动一样记工分，在生产队获得年终分红，政府只要一声令下，就可调动自带干粮的千军万马，等于是修水利费用全部由农民无偿负担。因此在 20 世纪 50 年代起的 30 年间，内河航道整治随着农田水利建设的进展取得十分优良的效果。当时农民一般年年冬修水利，俗称的“捞河”，就是传统的纯人力的人海战术，由劳工排队手递手把河底泥块传递到岸上。

20 世纪 80 年代后，农村实行家庭联产承包责任制，内河疏浚等水利工程再难由生产队无偿承担。此后的河道疏浚工程逐步由农户义务出工过渡到由水利部门投资招标，施工单位应标，采用机械挖泥方式施工。21 世纪，航道疏浚纳入河道疏浚整治的全面规划，确定的原则为统一规划、统一设计、统一政策，分级负责，分年实施；以疏浚清淤、河岸砌石为主，结合重点整治。

第五节　玉环岛周边适航水道

玉环岛、楚门半岛东侧为披山洋，西侧为乐清湾，岛和半岛多山而少平地。传统港埠在坎门和楚门，是因为两港背后分别是玉瑠—坎门和楚门—清港两块聚居人口较多的平地。虽然玉环岛西海岸大麦屿一带水深条件最佳，但其地为山所隔，沿岸地窄人稀，导致历史上未形成航埠。当代经济面向海洋，于 20 世纪 80 年代开始重视大麦屿港开发。

葫芦状的乐清湾中间窄、两头宽，北部多岛屿、滩涂，海底地貌复杂；南部西浅东深。玉环岛南侧隔 5 公里与温州市洞头区鹿西岛相望，中间有横趾山（岛）将水道隔成南北两支，南面鹿西岛与横趾山相距 3.6 公里，水面宽而浅；北面横趾山与玉环本岛大岩头相距 1.5 公里，水面窄而深浚。玉环岛、楚门半岛东海岸多浅滩发育，近岸航道水浅，较深航道在大鹿岛以东和披山岛以东。

相关地理信息可参阅第一编第二章“江河海岛古今地貌”，以及第二编第一章第三节“海岸港”、第五节“海岛港陆岛交通埠”。梳理玉环岛周边航道，可将其归纳为乐清湾北部航道、至温州和至洞头航道、乐清湾进港航道、东海岸航道和北线航道、坎门港区进出航道、联络周边小岛航道6块。

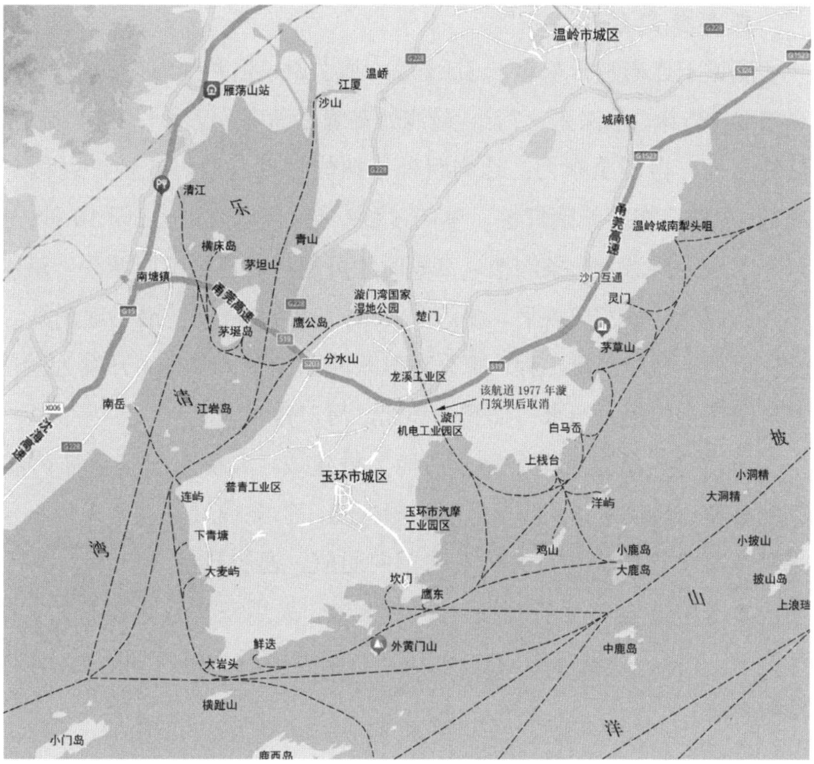

图3-10 乐清湾及玉环周边水域航道

玉环岛周边海域岛屿棋布，礁石丛生，水道复杂，时有船舶迷航失事。例如民国2年（1913年），始有船商史火顺在鹰东山头悬灯助航历12年；民国14年（1925年），里人支鸿基等筹资于鹰东东沙山顶建灯塔，煤油汽灯为光源，费用以渔船收捐分摊，1953年风毁。1954—1956年，由人民解放军海军部队在海域（包括洞头岛）建灯桩、灯浮24座，又有水产部门建若干航标，助航设施逐步趋向完善。

乐清湾北部航道

乐清湾北部多岛屿，湾顶有3道舌状淤涨滩涂南延。中间一道自湾顶大荆起几乎将白沙山、西门岛、横床岛、茅坦山、茅埏岛都包含在舌状滩涂或浅滩中；西部自陆岸朴头山、大山岗头延伸至小横床岛（山门）；东部自陆岸乌根、清港一直延伸至小清山、鹰公岛。水域被滩涂分割成3条航道。

西部乐清澳水道

航道南起海湾最窄处小乌山（岛）、大乌山（岛）西侧，在茅埏山岛与大陆之间通过，水道宽约2公里，水深5米余；航道向北直通大荆，但水道淤涨。在小横床岛南侧可进入清江入海口，河口可航宽度仅约260米，水深2～7米。该航道是大麦屿港通航清江口的航道，也是连接茅埏岛和横床岛的交通水道。

中部至沙山港（古江厦港）水道

该水道南起海湾最窄处连屿西侧，可在江岩岛、大担岛西侧通过，再在茅埏岛、鹰婆岛东侧，大清山（岛）西侧通过，再过横仔岛屿与沙山间的海峡，即至江厦港入海口。1980年建江厦潮汐电站后，江厦港埠外移至沙山。该航道最窄处约360米，水深3～8米，最浅处在大青岛西侧，水深仅2米。其设有助航灯桩7座，其中外屿灯桩双闪6秒，射程7.4公里；鹰婆灯桩单闪4秒，射程13公里；大青山灯桩双闪6秒。

东部楚门航道

航道于连屿咀折东北，过江岩岛、鹰公岛，沿芦浦海岸线进入楚门港水道，航道宽度一般 650 米，最窄处 185 米，水深 2 ～ 7 米，最浅处在鹰公岛南，仅深 1.2 米。航道中途可至江岩岛。航道设有灯浮、灯柱 9 处，自西至东为：连屿咀外草捆屿灯桩，双闪 6 秒，射程 7.4 公里；江岩岛东泥滩礁灯桩，三闪 10 秒；南箬笠礁灯桩，单闪 4 秒；猪娘礁灯桩，三闪 10 秒；鹰公岛灯桩，双闪 5 秒。鹰公岛以东水道为滩涂上一条沟槽，高潮时才可通行，直至漩门渡头，沿沟槽设 4 灯桩。

1977 年，漩门筑坝后，漩门以西楚门前沿和芦浦前沿迅速淤涨。1999—2005 年，实施漩门湾（指漩门以西）二期围垦工程，鹰公岛以东滩涂围垦为陆地，开发为漩门湾观光农业园和国家湿地公园，原航道变为内河，出水口在鹰公岛北，河口建闸。

2018 年，甬莞高速公路乐清湾大桥建成，大桥东起玉环岛芦浦分水山，横跨乐清湾东侧水道、茅埏岛和乐清澳水道，西至乐清南塘枢纽，全长 13.1 公里。东段 1 号桥分水山至茅埏岛，长 4768 米，采用混凝土连续钢构，主桥双孔单向通航，通航孔径 300 米，净高 30.5 米，通航等级 3000 吨级；西段 2 号桥茅埏岛至东山底，长 3613 米，采用双塔双索斜拉桥，单孔双向通航，通航孔径 388 米，净高 35.5 米，通航等级 5000 吨级。桥梁建成后，桥身和附近水域设置桥涵标、桥墩警示标等相应助航标志。

至温州和至洞头航道

玉环县传统至温州航线有从楚门、江厦和从坎门起航两条航道，现代有从大美屿起航线路。由于瓯江南口滩涂淤涨严重，进温州航道均选择瓯江北口。因而从楚门、坎门、江厦、大麦屿等起航，都在乐清湾南部大乌星岛北侧选择沙头水道进入瓯江北口。沙头水道两侧滩涂发育较盛，可航水道狭窄，仅宽 220 米左右，水深 2 ～ 5 米。沿途助航灯桩有：北入口小乌星灯桩，三闪 10 秒，高 15 米，射程 13 公里；水道中途南侧有半洋礁灯桩；南出口岐头山温州角灯桩，双闪 6 秒，高 13 米，射程 14.8 公里。航道内设 3 灯浮标。

楚门、大麦屿至洞头可在乐清湾南部选择大门岛与鹿西岛间的黄大峡水道，坎门船舶也可经鹿西岛东侧南行，在四屿东南侧海域行至洞头。

乐清湾进港航道

乐清湾正南偏东有鹿西岛与大门岛（黄大岙）间的黄大峡口门，海峡水深虽在 21 ～ 37 米，但两端有浅至 7 米的浅水区；横趾山（岛）与鹿西岛间水域也浅至 5 ～ 8 米；唯大岩头与横趾山（岛）间水道深达 26 ～ 85 米，其东南鹿西岛与南爿山间水道也深达 22 ～ 26 米。因而进出乐清湾航道选择通过大岩头与横趾山岛间航道，往北航线东行至披山群岛下浪珰折东北；往南航线过鹿西岛与南爿山间水道，但两深水区中间和东南部有 11 ～ 16 米较浅水域。自然状态下，该航道可供 3 万吨级船舶全天候出入，10 万吨级船舶则需候潮出入。

大岩头与横趾山间航道自西至东有助航灯桩 2 座：横趾山灯桩，三闪 10 秒，射程 13 公里；大岩头灯桩，双闪 6 秒，射程 13 公里，设有雷达应答器，是进入大麦屿港区的重要目标。

2013年，台州、温州两市跨区域联合整治乐清湾进出主航道，对乐清湾外航道水深小于12.6米的第一浅段进行单侧疏浚，满足10万吨级散货船满载乘潮进港和5万吨级集装箱船双向通航的要求。挖槽总长6.65公里，工程于2016年竣工。

乐清湾进出港航道所设助航灯桩，除大岩头灯桩、横趾山灯桩外，北航线在北爿山有助航灯桩，双闪6秒，高60米，射程13公里；中鹿岛灯桩，单闪4秒，高43米，射程13公里；在披山岛下浪珰有助航灯桩，双闪6秒，高60米，射程16.7公里。至台州列岛洋旗岛有下屿助航灯桩；南航线在鹿西岛有助航灯桩，四闪2秒，射程13公里；在四屿岛有园屿助航灯桩，三闪，射程16.7公里；洞头群岛东侧有虎头屿助航灯桩，双闪6秒，高103米，射程11.1公里。

东海岸航道和北线航道

玉环岛和楚门半岛东海岸为浅滩发育带。1977年漩门筑坝后，漩门湾迅速淤涨，2006—2010年，实施漩门湾三期围垦工程，在木杓头、冲担屿、目鱼屿一线筑堤，堤内促淤成陆，冲担屿以西不再有沿海航道，但东侧下礁门和栈台码头仍为航运港埠。

至21世纪10年代，玉环岛东部近岸海域-3米等深线可远至鸡山岛。楚门半岛东海岸可远至四五公里，因而近岸逐渐退出航运，但隘顽在古代曾为航海要埠，明初设隘顽千户所；近现代仍有温岭城南镇江湾犁头山、玉环沙门镇灵门、玉环干江镇栈台和下礁门等海岸港汊用于渔业和陆岛客运。漩门湾冲担屿设有灯桩，单闪4秒，射程5.6公里。

东侧海域用于航运的航道有内外两条。

内侧航道在外黄门山（岛）和南排山（岛）南侧通过，往东至大鹿岛与中鹿岛间水道折向东北，在披山岛西北侧通过，经钓浜门水道去松门和海门。往东北途中助航灯桩有：中鹿岛灯桩，单闪4秒，高43米，射程13公里；大洞精灯桩，双闪6秒，高80米，射程13公里；外龙眼灯桩，四闪10秒，射程13公里；再往北过钓浜门水道、积谷洋、脚桶洋入台州湾。

外侧航道在披山岛东侧海域通过，披山岛东南小岛下浪珰有助航灯桩，双闪6秒，高60米，射程16.7公里。

坎门港区进出航道

坎门港处于玉环岛东南角凹湾内，南面有外黄门山（岛）与南排山（岛）做屏障，形成东、南、西三门出入通道。

东为坎门水道，是航行北线的航道，处于南排山与北侧坎门头之间，航道宽约270米，水深6米余。此为往北去台州湾航道出入口。口门北侧坎门头设有助航灯桩，渔用，单闪4秒，高53米，射程13公里；该处航标至关重要，早在民国2年（1913年），就有里人史火顺用桅灯为过往船舶提供信号，14年（1925年），又有里人支鸿基建普安灯塔，并设专人管理。

南为黄坎门水道，位于外黄门山与南排山之间，为港湾南口门，航行南线主航道，宽约2200米，水深10～14米。坎门湾内有小礁助航灯桩，三闪6秒。

西为外黄门水道，处于小门仔与外黄门山之间，水道狭窄，可航宽度小于185米，水深5米余，涌浪大。黄门山灯桩，南北各一座，渔用，双闪 6 秒。坎门至温州、乐清经此水道，然后跨乐清湾，经沙头水道进入瓯江北口，拐北通过乐清澳水道可至清江。

联络周边小岛航道

鸡山岛、大鹿岛、披山岛的陆岛交通有两条航道，一条连接坎门头鹰东客运码头，一条连接楚门半岛寨头角栈台客运码头。栈台至鸡山岛鸡北码头约 3.3 公里，至大鹿岛约 7 公里，航道水深 1.5 ～ 3.4 米，至披山岛约 16.5 公里，航道水深 1.5 ～ 7.4 米。坎门头至鸡山岛鸡北约 8.3 公里，至大鹿岛约 11.3 公里，至披山岛约 22 公里。航道出坎门头水深即达 5 ～ 7 米，至三岛周边，水深渐浅。

航线途中助航灯桩：北鸡山洋屿设灯桩，双闪 10 秒，高 107 米，射程 13 公里；中鹿岛前山设灯桩，单闪 4 秒，高 43 米，射程 13 公里；披山岛下浪挡设灯桩双闪 6 秒，高 60 米，射程 16.7 公里。

第六节　三门湾海域港汊航道

三门湾介于象山半岛与三门县大陆之间，湾顶为宁海市辖境。三门湾称谓源于有三条水道通向湾顶，自西至东布置猫头水道、满山水道、白礁水道，形成三个口门。三个口门之间由田湾岛（青门山）、下万山岛和满山岛隔开。满山水道居中，处于田湾岛—下万山岛与满山岛之间，上通宁海历洋港和陈胡港。白礁水道在满山岛东侧，通象山大塘港（蟹钳港），由于湾顶陆地淤涨南延，水道东南花岙岛（大佛岛）北缘淤涨北延，南北滩涂趋向连接，水道口门淤浅，航行困难，今宜改由花岙岛东侧珠门港进入，与台州相关的航道主要是田湾岛—下万山岛西侧的猫头水道及其北延、南延线。

三门湾东西横向航道也有三道，分别处于海游港、健跳港、浦坝港三个出海口，北侧海游港出海口外蛇蟠水道，古代可东穿猫头水道、满山水道、白礁水道通往石浦港水道，今海域淤浅，不可直航。健跳港口门向东直航绕过南田岛可达石浦港，或者从南田岛与尖洋岛间的林门港道进入石浦港。浦坝港口门有白带（岱）门水道可直通东海。

三门湾海域在民国以前无航标设施，航船靠识别洋面高湾山嘴、泽山岛、大鸡岛、涛头岛、青山岛、猫头山嘴等地理实体认路。1956 年后才有航管部门设置人工航标。

猫头水道及北延、南延航道

猫头水道夹于灶窝山（岛）、田湾岛（青门山）、下万山（岛）与大陆猫头山、健跳港口门龙山（狗头山）之间，呈西北—东南走向，长约 9.5 公里，北接蛇蟠水道，跨蛇蟠水道有青山港海汊直通宁海青屿山。南延水道在五子岛、三门岛西侧通过，可接东矶列岛航道，为健跳、海游至台州湾诸港通道。猫头水道宽约 1500 米，涨潮流向西北，落潮流向东南，流速约 2 节，水深 10.4 ～ 40 米，猫头山老鹰嘴外侧水域水深达 40 米。

猫头水道南延航道始自健跳港入海口，沿大陆海岸，在五子岛、三门岛与大陆海岸之间通过，沿途水深 5.8 ～ 10.8 米。在小鹅冠岛东侧折西南可进垃圾港（金门湾水道）。途中东侧有三门岛龙塘山助航灯桩（渔用，单闪 4 秒，高 27 米，射程 13 公里），西侧有平礁助航灯桩（四闪 10 秒，高 13 米，射程 13 公里）。健跳港口门有 4 座助航灯桩，航道西侧有奶儿礁灯桩（双闪 6 秒，高 4.5 米，射程 3.7 公里）、大礁灯桩（三闪 10 秒，高 12 米，射程 5.6 米）、点灯岛灯桩（双闪 6 秒，高 5.5 米，射程 11.1 公里），航道东侧有杨礁灯桩（单闪 4 秒，高 9 米，射程 13 公里），孤立明显，是船舶进出健跳港良好目标，设有雷达应答器。

蛇蟠水道及东西延伸航道

蛇蟠水道介于大陆岸滩与蛇蟠岛之间，东西走向，西接海游港、正屿港、旗门港，东接猫头水道，自涛头巉至八分嘴头（老鹰嘴头），长约 11 公里，宽 1.5 ～ 4.5 公里，水深 3 ～ 10 米，潮流为规则半日潮，涨潮流向西，落潮流向东。涛头巉设有涛头灯浮标，单闪 3 秒，高 3.5 米，射程 6.5 公里。蛇蟠岛本为岛屿，近现代岛屿西北侧滩涂迅速淤涨，湾顶宁海陆地前沿也迅速淤涨，经围涂促淤，迄 21 世纪，蛇蟠岛已与宁海陆地相连。

历史上，蛇蟠水道向东可横跨猫头水道、满山水道、白礁水道进入石浦港。航道在灶窝山北水域通过，途中设有长屿灯桩（双闪 6 秒，高 39 米，射程 13 公里）、鲳鱼礁灯桩（三闪 6 秒，高 3 米，射程 5.6 公里）。近代以来，田湾山西北有浅滩向北延伸，与从开井山岛向东南延伸的舌状滩涂对接；花岙岛西北侧滩涂也北延，与宁海下洋涂南延的滩涂对接；致使猫头水道与满山水道之间以及白礁水道口门都布满浅滩，蛇蟠水道东航石浦的航道渐趋淘汰。蛇蟠水道西侧连接海游港、正屿港、旗门港三港汊。

2018 年，甬莞高速公路蛇蟠大桥建成，桥址位于六敖花市与蛇蟠岛滑泥公园之间，为连续梁桥，主桥设两个单向通航孔，净宽 110 米，净空高度 30.5 米，通航等级 3000 吨级杂货船。助航标志设单向通航桥孔标、航道左右侧标，桥孔禁航标、桥墩警示标等 20 处航标。

海游港航道

海游港为珠游溪入海河段，潮流界在海游桥。海游桥至下山桥为近口段，长约 1.5 公里；下山桥至水岙门为河口段，长约 6.5 公里；水岙门至涛头巉为海滨段，长约 10 公里；总长约 18 公里。港面宽 50 ～ 500 米，自入海口向上游逐渐收窄。蒲西（巡检司）码头至潺岙宽 250 ～ 300 米，水深 3 ～ 4 米；潺岙至下山桥（新港口）宽 40 ～ 60 米，水深 2 ～ 3 米。

海游港弯曲狭窄，泥岸，易淤积，排水缓慢，易成洪灾。20 世纪 50 年代以来，原弯曲河道有三处进行大的裁弯取直。第一段原弯道在县城东侧木杓山，经大洋桥、天妃宫、黄埠突折向大湖塘再汇入亭旁溪折北。经 1951 年、1956 年修水利，河道改为自木杓山直达下山、斗门头岗，直冲善岙。航道从原约 3500 米减至约 2000 米。第二段原弯道在上枫岙、下枫岙间，水道分汊又合拢，中间形成枫坑塘沙洲，整治后留存较直的东北侧葛岙水道，填塞南侧弯道。第三段在水岙门东侧，河道也分两支，中有沙渚，今南支淤涨，北支为主航道。

迄 20 世纪末，海游港随着上游段围堰，下泄水量逐渐减少，水道进一步淤塞。港埠逐步从城区下退至黄埠突，至新港，至潺岙（水岙门），至蒲西。

海游港设置助航标志有狮子岩灯桩（单闪 4 秒，高 3 米，射程 6.5 米）、水岙门灯桩（单闪 4 秒，高 5 米，射程 6.5 米）、横江口灯桩（位于花鼓岛西，单闪 4 秒，高 4 米，射程 6.5 米）。海游港古有下山木桥，今自海游桥以下有下山大桥、海沙线桥、新港桥、善岙蒋村桥、甬台温铁路桥、水岙门大桥、G228 海游港特大桥 7 座。桥梁均相应设置助航和警示标志。其中新建 228 国道海游港特大桥位于江边山东侧，主桥为 3 跨连续箱梁，通航孔分别为 76 米、135 米、76 米。

正屿港航道

正屿港为正屿北侧水道，历史上正屿与涛头巉均为岛屿。今正屿至涛头巉一线已淤涨成陆，并向东西两侧延伸，命名为花鼓岛。正屿港成为围绕花鼓岛的一湾河沟。

旗门港航道

旗门港在正屿港北侧，与正屿港隔一条滩涂，为清溪的入海水道。旗门港指沙柳镇至白旗巉与胡巉之间的水道，长约 10 公里。古代海船可达沙柳东侧道岸头村，今河道自上游逐步淤涨至笔架山北麓，以上河宽不上百米，海船已不可进；以下河口段水道宽 400 ～ 800 米，水深 3 ～ 7 米，海船仅靠笔架山北麓东头村沿岸。

2020 年 12 月，228 国道新线路在乌龟山东跨港建桥，主桥为双塔双索斜拉桥，主跨为双向通航孔，通航净空 161 米 ×23.5 米，可通航 1000 吨级船舶。

健跳港至外海及石浦航道

航道从奶儿礁灯桩北侧、点灯岛灯桩和杨礁灯桩南侧通过，向东，在花岙岛（大佛岛）、大甲山岛、南田湾、南田岛南侧通过，再向东可至外海，水深 9 ～ 12 米，至外海水深可达 15 米以上。沿途南侧有草鞋婆屿灯桩，双闪 8 秒，高 23 米，射程 14.8 公里；北侧有弥陀岛助航灯桩，单闪 4 秒，高 43 米，射程 13 公里。

至石浦港有两条通道：其一，在大甲山南折东北，进南田湾，从林门港道通过至石浦港；南田湾有浅滩，水深 1.8 ～ 5 米；林门港道呈 S 形，口门狭窄，宽不上百米，港内宽仅三四百米，水深 6 ～ 7.8 米，设有 3 座助航灯桩；石浦港水深 4 ～ 17 米。其二，向东至弥陀岛折北，进檀头山岛西侧水道，可从下湾门、东门、铜瓦门三水道进入石浦港；沿途水深不等，在对面山和东门岛东侧有浅滩，沿途除弥陀岛灯桩外，在下湾门口有 3 座灯桩、1 座灯浮，航道东侧在称柱礁、水桶礁、小百亩礁各有 1 座灯桩，在铜湾门有 3 座灯桩。石浦港内有大毛屿灯桩、黄胖礁灯桩。另在南田湾可通过西侧珠门港进白礁水道。

健跳港口门、港内航道

健跳港历史口门在瞭高山南麓，今瞭高山与狗头山岛（龙山）间淤涨为滩涂和浅滩，口门外移至狗头山岛与高湾山之间。健跳港内港狭长弯曲，呈“厂”字形，也称琴江，总长约 16 公里，宽 300 ～ 500 米，两岸高山环抱，最狭处在黄门峡，宽仅 200 米。水深一般为 3 ～ 10 米，局部可达三四十米。有三段深槽，口门深槽段在狗头山南侧，俗称狗头门，长 2100 米，水深 10 ～ 48 米；中段瞭高山眠床头咀至黄门峡西侧，长 3300 米，水深 9 ～ 42 米；内段蟹钳山至罗臣头，长 4000 ～ 5000 米，水深 7 ～ 30 米。

口外有狗头山（龙山）、小狗山、木杓岛、长屿岛、点灯岛做屏障，诸小岛间有米筛门、长杓门。奶儿礁居口门中间偏南侧，其南侧为奶港门，西北侧为狗头门。港内为三门湾区域最佳避风良港，可避 12 级诸向大风。潮流与水道方向一致，流速 2 ～ 3 节，口门附近有涡流。高湾山、圆山为进出健跳港目测标志，口门有助航标志奶儿礁灯桩（双闪 6 秒，高 4.5 米，射程 3.7 公里）、大礁灯桩（三闪 10 秒，高 12 米，射程 5.6 公里）、点灯礁灯桩（双闪 6 秒，高 5.5 米，射程 11.1 公里）。

港内自东至西设置助航灯桩有：狗头山南龙洞礁灯桩，单闪 3 秒，高 6.6 米，射程 7.4 公里；高湾山北蛇头灯桩，单闪 4 秒，高 3.8 米，射程 7.4 公里；瞭高山（鹭鸶山）南灯桩，双闪 4 秒，高 15.6 米，射程 13 公里；黄门峡西山嘴灯桩，单闪 4 秒，高 4 米，射程 7.4 公里；凤凰山灯桩，单闪 4 秒，高 4 米，射程 7.4 公里；罗臣头灯桩，单闪 4 秒，高 4.7 米，射程 3.7 公里。

健跳港在 2001 年建设首座大桥，位于黄门峡，为单跨 245 米中承式钢管混凝土肋拱桥，桥址水面宽 200 米，净空高 22 米，通航等级 500 吨级，水面无碍航桥墩。

2018 年，甬莞高速公路健跳港大桥建成，桥址在凤凰山东侧，为连续梁桥梁，主桥设双向通航孔，净宽 125.5 米，净空高度 17.5 米，通航等级 500 吨级杂货船。助航标志设双向通航桥孔标、航道左右侧标，桥孔禁航标、桥墩警示标、专用标等 18 处航标。

浦坝港、洞港航道

浦坝港为花桥溪入海海湾，古代海湾开阔，湾底直伸花桥，近现代海湾迅速淤涨，湾顶向东推至蟹山塘，港面涨狭仅 550 ～ 1000 米，水深 3 ～ 5 米，为半日潮港，潮流流向与航道一致。蟹山塘以上仅存两条宽不过百米的泄水沟槽。浦坝港口门有扩塘山岛做屏障，入海水道在其南北形成白带（岱）门和牛头门。口门东泽岛北有箬帽礁灯桩，双闪 6 秒，高 16 米，射程 13 公里；扩塘山有钩湾口灯桩，单闪 4 秒，高 9 米，射程 13 公里。

现状白带（岱）门口门扩塘山至小门山间宽 2200 米，内侧仅宽 1000 米，中间水域南通洞港入海口，水深 1.8 ～ 5.6 米，洞港与扩塘山相距 4500 米。现状牛头门仅宽 180 ～ 950 米，水深 2.6 ～ 5.2 米。

2011 年，建 G228 浦坝港大桥，桥址在七头山北侧过江至浬浦胜利塘，全长 2215 米，主桥长 256 米，净空高度 15 米，通航等级 300 吨级杂货船。

2018 年，甬莞高速公路浦坝港大桥建成，为全长 2852 米 89 跨连续梁桥梁，桥址位于吊钟岩和小湾山之间，主桥设一个双向通航孔，净宽 90 米，净空高度 15 米，通航等级 300 吨级杂货船。助航标志设双向通航桥孔标、航道左右侧标，桥孔禁航标、桥墩警示标等 10 处航标。

洞港为桃渚平原水系在东北侧的入海口，朝向白带（岱）门，今入海口两侧均为围垦滩涂，洞港闸外有港池，为渔业基地。

第二章　港口靠泊与锚泊

港口靠泊设施指码头泊位，包括护岸、引堤、防波堤、港池等。锚泊指由于避风、候潮、候检、驳载、待靠等需要，让船舶抛锚停泊。靠泊设施或由政府、公益机构建设，具有公用性质，或者由货主自建，也可对社会有偿服务。其投资都将产生效益回报。

台州由海相沉积而成的江岸、海岸，自然岸基呈缓坡状，船舶靠岸困难；加上海域潮差大，落潮后水际离岸距离较远。在古代，一般砌筑斜坡式石砌“道头”，以利于船舶停靠；在近代，则向水域延伸栈桥，建造浮式码头；在现代，则由栈桥引至水深处建高桩式码头。故有较长栈桥是台州河口港码头的特色。

台州惯称直通海洋的河流为内江，称河口筑闸挡潮的淡水河流为内河。平原内河入海河口均筑埭或水闸挡潮蓄淡，河岸较陡，水位变化小。内河航埠一般利用砌石护岸，再筑石级埠头，以适应水位的高低，仅金清港下游宽阔河段有码头设施。台州平原内河埠头繁多，仅做概括性记叙，不一一罗列；内江及金清河口则记具体码头、道头。

台州当代靠泊设施在各港区有各自的发展历程，且较复杂。原则按照最近港口总体规划所设“一港六区十港点”分节。考虑规划对渔港有所遗漏，而2018年行政机构调整已将港航、口岸、渔业整合一起，故本志所记包含渔港；由于规划所称大麦屿港区、健跳港区、龙门港区难以涵盖周边渔港，故分节标题以南部海港、北部海港、中部海港取代，同时将沙山港点纳入南部海港，将浦坝港点纳入北部海港，将石塘港点、金清口外海港纳入中部海港。

又考虑新开发港区为老港区的延伸和转移，老港区拥有历史根基之地位，故未敢遗弃椒江、灵江、永宁江港埠历史贡献，在先后顺序上做由先及后彰显传承关系的安排。由于第二编第三章“港航历史”对民国前港航历史已有简要记叙，本章所记除有明晰发展脉络之必要，一般忽略民国以前内容。

第一节　埠头　道头　码头

靠泊设施即可供船舶停靠岸边，方便货物装卸和乘客上落船的设施，台州俗称其为埠头、道头（码道）、码头。海岸、岛屿、江河入海口、内江、内河，船舶均依靠靠泊设施完成客货装运任务。标准船型停靠码头所占用的岸线长度或占用的囤船数目称为泊位，它与码头前沿水深共同构成港口靠泊能力。

埠头

埠头为最原始、最初级的靠泊设施，通常指在水位较为恒定的河岸用石料、石板砌筑石阶，以利于船舶停靠和人货上落。

埠头一般有两种形式：一种是在呈现一定坡度（如 30° ～ 45° 坡度）的泥岸或岩岸，用石板砌筑向水中延伸的台阶石阶。它既能在水位有所涨落情况下满足船舶靠岸的需要，也便于乘客上下和货物搬运，但不一定能使船帮贴岸，需借助跳板上落船；一种是在河岸或海岸砌筑向前突出适当宽度的垂直平台，然后在平台一侧或两侧砌石阶梯，船舶直接靠在平台前，水位不同时，借助侧面阶梯石级能很好满足船舶靠泊和客货上落船的需要。这种方式在现代码头分类中属于重力岸壁式码头。也有一种形式是在河坎打木桩，上覆石板，形成垂直于水面的平台，这是现代高桩码头的雏形。

埠头普遍应用于台州平原区域内河各航埠，也应用于内江、山溪性支流、岩基海岸、海岛一些适宜应用此方式的部位。20 世纪 60—70 年代普遍应用钢筋混凝土后，可在直立式驳岸建造向前悬挑一二米的平板，内河船靠泊悬挑平台下，可方便使用手拉车直接向船舱倾倒煤炭、黄沙等散装物资，也便于用吊杆起吊船上货物。

道头（码道）

台州湾平原由海相沉积物沉积而成，在自然状态下只有缓坡状泥涂江岸，没有陡岸；沉积平原海岸更是极目甚远的滩涂，船舶根本无法靠岸，又因平均潮差达 4 米，即使在相对坡度较陡的江岸，涨潮、落潮时，水与岸的界面也相距较远。在不同潮位，船舶在岸线靠泊的位置差异甚大，人货上下船不可能在泥涂间进行。由是，前人在江涂缓坡上用块石砌筑道头（玉环地方俗语也称码道），由高处向水中倾斜延伸，使船舶无论在何种潮位都能靠着石砌道头，人货便于在道头上落和装卸，但需借助跳板在船帮和道头间架设通道。这种形式在现代码头分类中属于斜坡式。

斜坡道头为便于系船，方便乘客上落和装卸货物，有时也筑成锯齿形，船舶停靠锯齿中，可在船头船侧同时装卸货物。

台州沿海沉积平原纵深处，即原始的山麓海岸线。那些地方遗留的地名，往往反映古代航埠的存在和采用的靠泊方式，如西江上游的沙埠，雉溪边上的垦埠（肯步），桃渚平原北涧河上的埠头村、上道头、下道头，三门旗门港内侧的道岸头，浦坝港湾底的道头山，白沙湾的踏道山，……种种古地名都显示该地曾是古代靠船的航埠。

在未有码头前，历史上建道头最多的是椒江河口港。其次，珠游溪河口港、健跳河口港；临海河港、黄岩河港、江口河港；金清、松门、石塘、坎门、楚门、江厦等海岸港；大陈岛等海岛港，都采用道头停靠船舶。20 世纪 50 年代起，道头靠泊方式逐步由码头取代，迄 80 年代，除一些海岛外基本淘汰。

码头分类与结构

解决岸线前沿有缓坡滩涂及潮差较大条件下的靠泊问题，最佳方式是建造码头。近现代码头可按平面布置、结构形式、货种用途和周围水域是否有掩护进行分类。

码头按平面布置可为分岸壁式、顺岸式、墩式、突堤式四类；按结构形式可分为浮式、高桩式、板桩式、重力式、斜坡式、墩柱式等；按货种和用途可分为杂货码头、客用码头、集装箱码头、多用途码头、专用码头（如油码头）、修船舾装码头、渔用码头、军用码头等；按水域是否有掩护可分开敞码头、有掩护码头。

随着港航的发展，台州码头建设逐步涉及各种类型。迄今现状为浮码头和连续墩式（栈桥式）高桩码头居多。用途由较单一逐步涉及所有方面。

台州浮式码头最早见于光绪二十八年（1902 年）海门天主教堂在椒江口建安川码头。初期浮式码头应用木质栈桥、木质趸船。栈桥用木桩打入泥涂，然后在高于高潮位的平面铺设木桥板，一直延伸至有相当水深的位置。再建造木趸船浮于水面，用活动引桥连接趸船与栈桥，并用锚链、撑杆、撑墩链系趸船。因趸船随水位升降，甲板面与水面的高差不变，船舶靠泊趸船，十分便利客货上落和装卸。这种码头最适用于水位变幅较大的台州海岸和内江。

根据水域潮差，浮码头的活动引桥在 21 ～ 24 米，太短在落潮时的坡度就太陡。20 米以上跨度的活动引桥很难依赖纯木质材料制作，直至有了钢材才解决这个技术性问题。

木结构栈桥和趸船容易腐烂，使用寿命有限，在境域的应用时段是20 世纪初至50 年代。1960 年，海门港在原振市公司三号码头位置建高桩框架结构 1 号码头，时为浙江省内第一座 3000 吨级高桩框架结构双栈桥永久性码头。此后，域内木结构浮式码头逐渐改建为钢筋混凝土梁板结构栈桥、钢结构引桥、钢丝网水泥趸船的浮式码头。

随着船舶大型化和装卸设备改进，小吨位浮式码头逐渐不适应现代港航的发展需要。20 世纪 80 年代起，台州区域海门港区以及逐步开发的大麦屿港区、健跳港区、灵江口红光港点、龙门港区、大陈岛港区、头门港区等均建设高桩梁板式码头，并配备轨道，装备门座起重机械，适应无吊杆散装船舶、件杂或船舶、集装箱船的靠泊装卸作业。

高桩码头由基桩和上部结构组成。基桩在一定水深部位打入水下泥涂，采用长桩、大跨、透空结构，水流通过时不时对波浪发生反射，不影响潮流和泄洪，可减少淤积。上部平台高于高潮水位，有梁板式、无梁大板式、框架式和承台式等，域内码头一般采用引桥梁板式。在牛头颈山、三山、健跳、石塘、大陈岛等前沿水深较深的岩基岸边，也采用满堂式接岸。

由于江岸泥涂缓坡长，椒江口岸线无论浮式码头还是高桩码头，栈桥都较长，尤其在外沙作业区，如粮食码头栈桥长达 219 米，集装箱码头栈桥长 161 米。

泊位

泊位长度一般包括船舶的长度和船与船之间的必要安全间隔。泊位数量与大小是衡量港口规模的重要标志。泊位利用率是指一年中船舶实际在泊位作业的时间占总营运时间的百分数，反映泊位通过效力。泊位利用率高，说明港口码头等设施利用充分，它可能造成船舶待泊严重；反之，会导致码头泊位空闲，资源得不到有效利用。台州各港区泊位拥有量及其利用率参阅下文分区记叙和有关航运章节。

在古代，域内海门、松门、楚门、坎门、健跳等地的靠船道头仅几个，商船、渔船却数以百计、千计，一般以多船并靠方式来解决泊位紧缺。古代装卸货仅靠人力背、扛，凭借跳板上落船，在多船并靠时，也可穿过并靠船只进行装卸。

在近代，浮式码头靠泊紧张时，也穿过并靠船舶上下客货。尤其渔船数量巨大，难在鱼汛时满足靠泊卸货要求，渔船并靠装卸渔货是常态。

第二节 海门港区靠泊与锚泊

自清康熙二十四年（1685 年）设浙海关家子口起，椒江河口港就已被视为整体。民国所设海门区和 1949 年所设台州专署直属海门区也都循此思路而设。自 1950 年开始，一种反向思维影响政区划分，最终形成以椒江为界、南北两岸分属黄岩县和临海县的格局，给港口的统一管理带来负面影响。1959 年、1961 年、1963 年，浙江省交通厅、港务部门与两县行政部门协商，将临海县所属北岸前所小圆山至回龙浦（东逻浦，今称华景河）的沿线划为海门港区，由海门航运管理局统一管理，这是回应行政区划不合理而推出的挽救性举措。

1980 年划设椒江市和 1994 年设置台州市是进一步强化港口集约化管理的行政调整，但椒江区的划界不同于民国海门区，民国海门区江南西及三江口上辇，江北西及涌泉管岙，而椒江区西界只及栅浦三山和道头金，是以才有三山以西的芦村码头属于黄岩港区。

1980 年，国务院批准大陈岛海面交货点对外开放，1995 年，又批准灵江下游红光码头对外籍船舶开放。1997 年，大陈岛海面交货点和红光液化气专用码头（口岸）并入海门港统一管理。这都说明港口利用有待整合。2011 年，《台州港临海港区头门作业区总体规划》《台州港海门港区黄礁作业区总体规划》获批，此时解释台州港“一核”由海门港区（包括大陈岛作业区和金清黄礁作业区）、头门作业区组成。至 2017 年，在新编《台州港总体规划（2017—2030 年）》中，海门港区仍包括大陈作业区，但金清作业区则析出称为琅矶山同头咀港点。

自民国起，椒江河口港的习惯范围就是从三江口直至头门岛外侧点灯山锚地，虽然该区域在历史和现状上都曾因行政设置而分属不同政区，但从港航角度出发，历来管理海门港的机构都兼管整个台州航区，椒江两岸更被视为整体，1956—1957 年还将头门乡划归海门区，但事实上的归属，却分属椒江区港航管理处、黄岩区港航管理处、临海市港航管理处，规划上也列为海门港区、黄岩港区、头门港区，在前所作业区还遗留原临海县属地的一些地权“飞地”。

椒江河口港在历史演变中形成章安、栅浦、葭沚、海门、前所 5 个作业区，20 世纪 80 年代后在口外发展外沙作业区和北岸小圆山以东港区，黄岩区在三山以西发展芦村港区。因为该区域历史最悠久，发展历程最复杂，难以统括综述，兹按地理区位归纳为海门作业区（包括外沙）、葭沚栅浦作业区、椒北作业区 3 子目予以记叙，时间上限为 20 世纪 50 年代。

虽然总体规划按属地将大陈海岛港归在海门港区内，还将金清黄礁作业区也纳在其内，但在十港点中又有金清同头咀，显然“撞车”。因本节容量过于庞大，且大陈海岛港与椒江河口港不属于同一类型，故将大陈海岛港内容归并在头门港区一节记叙。三山以西的黄岩港区则另立一节，兼叙永宁江岸曾经的靠泊设施。

海门作业区（包括外沙）靠泊设施

海门作业区在20世纪50年代迄今，为海门港的主体。70余年中，港口自然环境变化不大，但在行政隶属和体制变革上经历反复折腾，产生诸多挫折，可将其分为计划经济时代、椒江设市时期、台州建市以后三个时段进行记叙。

计划经济时代

1949年，海门政区沿袭民国时期海门区，设台州专署海门直属区，辖区覆盖椒江两岸宜港沿线，对港口统一管理极为有利。在传统概念上，海门作业区沿线为牛头颈山至烂泥道头（今7号码头），或者再西延至杨家浦。1953年，原振市公司所属一、二、三号码头及仓库、房屋和原属慈幼院小学校产的永慈堂小码头都由海门航管所接管。

图3-11　1949年6月25日解放军从椒北渡江至海门

图3-12　1955年海门港木质码头栈桥（来自椒江区档案馆）

海门港在20世纪50年代初修复的码头只有原振市公司三码头和原永慈堂小码头4座。小码头被称为交通码头，专供内江定期客货轮靠泊，一号码头供沿海货轮和海军舰艇轮流合用，二号码头专供海军使用，三号码头供沿海大轮使用。

1953年新建1500吨木质浮式5号码头，1954年改建油码头为台州石油公司与部队合用。至1954年，海门港的码头现状由东至西是石油码头、下埠道头、原振市公司三号码头、原振市公司二号码头、原振市公司一号码头、老道头、小码头（原永慈堂码头）、港务局新建码头（木质浮码头）、新道头（福建道头）、百家道头（北岸道头、烂泥道头）、蛎灰道头。当年，港区江岸新筑江堤，原有3个道头3个栈桥被围在堤内，大批木帆船、渔船无法靠岸。由是对小码头（4号）和5号码头进行延伸栈桥的改造，但栈桥仍为木结构。

图3-13　20世纪70年代海门港框架码头

20世纪50年代末，海门港沿线江涂进一

步外涨，道头和一些码头前沿都遭淤泥沉积，1958 年又外移江堤，港区码头陆续得到改造，并增建一些码头。原振市公司三号、二号码头拆除改建为3000 吨级混凝土高桩框架结构双栈桥永久性码头，1960 年竣工，为浙江省首座此类码头，命名港务局 1 号码头。

自此，海门港码头编号推翻振市公司的编序，改为由东向西编序，原振市二号码头消失，原振市一号码头成为 3 号码头。1962 年，永宁江上游建成长潭水库，拦截大量下泄径流，椒江水动力受损，河床形态更易淤涨，航道南漕水深逐渐变浅，1973 年，1 号码头至 6 号码头江堤再次外移 45 米。

迄 20 世纪 70 年代末，海门作业区码头状况如下（自东至西排列）。

台州石油公司码头　1954 年在原民国油码头基础上改建，油库专用，初建平台长 10 米，1970 年改建，向东延伸平台长 38 米，泊位 1，前沿水深 7.5 米。

港务局 1 号码头　1959 年在原振市公司二号、三号码头位置建造，1960 年建成，杂货码头，3000 吨级高桩框架梁板式，平台长 105 米，泊位 1，东栈桥长 69 米，西栈桥长 70 米，前沿水深 5 米。

港务局 3 号码头　即原振市公司一号码头，1966 年改建，杂货码头，木质浮码头，栈桥接长 20 米，泊位 1，前沿水深 3 米。

港务局 4 号码头　即原永慈堂小码头，1959 年改建，杂货码头，木质浮码头，栈桥接长 20 米，泊位 1，1965 年又进行扩建，前沿水深 3 米。

港务局 5 号码头　1953 年新建，杂货码头，木质浮式，泊位 1。1959 年改建，接长栈桥 20 米。1964 年又进行扩建，前沿水深 3 米。

港务局客运码头（新 7 号码头）　1977 年建，1000（500）吨级双栈桥梁板式浮码头，栈桥长 49 米，36 米长趸船 3 只，泊位 3，前沿水深 4 米。该码头为椒申客运航线复航的停靠码头。

人渡码头（7 号客运码头）　1958 年始建时为木质栈桥钢质趸船浮码头，1967 年改建为 500 吨级梁板式浮码头，趸船 2 只各长 36 米，栈桥长 49 米，泊位 2，前沿水深 3 米。

水产码头（8 号码头）　1969 年建，500 吨级，梁板式浮码头，水产专用。

海东船厂码头　1974 年建，500 吨级梁板式高桩码头，修船专用，平台长 32 米，栈桥长 55 米，泊位 1，前沿水深 3 米。

椒江设市时期（1981—1994 年）

1980 年，浙江省政府批准依托海门港设立海门特区，睿智地体现了海洋意识的觉醒，次年即获国务院批准建立椒江市。依港设市无疑对海门港口建设产生积极的推动。1983 年，国务院批准海门港为办理国轮外贸的运输港口，为港口发展迈出重要一步。1988 年 7 月，海门港开通国际集装箱运输。1990 年 10 月 1 日，海门港对外轮开放，成为中国对外开放的第 49 个港口。

椒江设市期间，海门港在基础设施方面有长足进步，传统港区东西两侧沿线开始延伸利用：在外沙

开辟新的港区，安排

物资、粮食、冷库等货主码头；在 7 号人渡码头以西至葭沚泾间开发服务于造船业、水产、渔业、海巡、缉私、汽车轮渡等类专业码头。老港区码头普遍改扩建，提高靠泊能力。

下列为截至 1994 年，海门港区海门作业区（含外沙作业区）西起葭沚泾东至岩头闸现状码头序列。

图 3-14　20 世纪 80 年代初海门港码头（近处为新客运码头，右下角为椒沪客轮候船厅。台州港航局档案资料）

海巡大队码头　1982 年建，500 吨级梁板式浮码头，巡警专用，趸船 2 只各长 40 米，栈桥长 73 米，泊位 2，前沿水深 2 米。

木材公司码头　1988 年建，500 吨级梁板式高桩码头，木材专用，平台长 38 米，栈桥长 90.25 米，泊位 1。

7816 船厂码头　1983 年建，500 吨级梁板式浮码头，修船专用，趸船长 36 米，栈桥长 75 米，泊位 1，前沿水深 5 米。

海运公司船厂码头　1984 年建，500 吨级梁板式高桩码头，修船专用，平台长 30.3 米，栈桥长 100 米，泊位 1，前沿水深 2 米。

海东船厂码头　1974 年建，500 吨级梁板式高桩码头，修船专用，平台长 32 米，栈桥长 55 米，泊位 1，前沿水深 3 米。

汽车轮渡码头　1989 年建，梁板式浮码头，车渡专用，趸船 2 只各长 50 米、23 米，栈桥长 60 米，前沿水深 3 米。

海关缉私码头　1985 年建，梁板式浮码头。

水产公司码头　1988 年重建，500 吨级梁板式浮码头，渔业专用，趸船长 36 米，栈桥长 50 米，泊位 1，前沿水深 2 米。

渔业码头（8 号码头）　1988 年建，500 吨级梁板式浮码头，渔业专用，趸船 2 只各长 32 米，栈桥长 56 米，泊位 2，前沿水深 2 米。

人渡码头（7 号码头）　1967 年改建，500 吨级梁板式浮码头，人渡专用，趸船 2 只各长 32 米，栈桥长 49 米，泊位 2，前沿水深 3 米。

港务局客运码头（新 7 号码头）　1977 年建，1000（500）吨级双栈桥梁板式浮码头，客货兼用，趸船 3 只各长 36 米，栈桥长 49 米，泊位 3，前沿水深 4 米。

航标港监码头　1984 年建，梁板式浮码头，港作专用，双趸船各长 36 米，栈桥长 40 米，泊位 2，前沿水深 4 米。

港务局 5 号码头　1981 年改建，500 吨级梁板式浮码头，杂货码头，趸船长 36 米，栈桥长 57 米，泊位 1，前沿水深 3 米。

港务局 4 号码头　1982 年改建，1000 吨级双栈桥梁板式浮码头，杂货码头，双趸船各长 36 米，西栈桥长 56 米，东栈桥长 36 米，泊位 2，前沿水深 3 米。

港务局 3 号码头　1981—1982 年改扩建，改造为 1 个 3000 吨级件杂货泊位、1 个 1000 吨级散货通用泊位，双栈桥梁板式高桩结构，平台长166米，栈桥长66米，前沿水深6米。设计通过能力50万吨/年。

港务局1号码头　1960年建，3000吨级双栈桥梁板式高桩码头，杂货兼集装箱码头，平台长105米，东栈桥长69米，西栈桥长70米，泊位1，前沿水深5米。

石油公司码头　1983年扩建，3000吨级梁板式高桩码头，石油码头，平台长87.3米，栈桥长90米，泊位1，前沿水深7.5米。

外沙外贸码头　1991—1993年建，为1个1000吨级和1个5000吨级固定式件杂货兼集装箱泊位，平台总长220米，3栈桥梁板式高桩结构，3栈桥均长161米，前沿水深7.5米，设计通过能力34.6万吨/年。

外沙台州物资码头　1983年建，1000（3000）吨级梁板式高桩码头，杂货码头，平台长70米，栈桥长179米，泊位1，前沿水深6米。

外沙粮食收储码头　1988年建，1000（3000）吨级梁板式高桩码头，杂货码头，平台长66米，栈桥长219米，泊位1，前沿水深5.6米。

外沙商业冷库码头　1989年建，300吨级梁板式高桩码头，杂货码头，平台长44米，栈桥长156米，泊位1。

岩头码头　1983年建，50吨级梁板式高桩码头，杂货码头，平台长13.8米，栈桥长14.2米，泊位1。

台州建市后（1995年至今）

台州建市后，海门作业区的靠泊设施发展状况如下：

1996年2月，5000吨级1号码头重建工程竣工，码头为双栈桥高桩梁板式，平台长110米，左栈桥长77米，以通车为主；右栈桥长89米，固定皮带输煤机兼通车，前沿水深7米。

因沿海公路大幅度改善，沿海水路客运失去优势，1998年春运后，椒申客运终结，新7号码头仅供货运。

图3-15　20世纪80年代末，海门港新7号浮码头（靠泊码头的为椒沪客轮403轮、406轮。缪鹤贤摄）

为改变市民居住港城不见江状况，按城市规划要求改造江滨西路北侧700米长岸线为江滨公园，2000年建成。沿线海关缉私码头保存。2001年10月椒江大桥建成通车，汽车轮渡撤销，码头改为停靠渔船。

2005年，4号码头改扩建，建成后的码头为高桩梁板式3000吨级（兼靠5000吨级）多用码头。平台与3号码头齐平，并有通道连接，使3号、4号码头实际成为三栈桥的整体码头。两码头都设有轨道门机。2007年5—7月，海门港区公用1号、3号、4号、7号码头进行前沿疏浚，挖槽走向沿码头线布置，宽55米，泥面底标高根据各码头船舶靠泊吨级分别是1号、3号、4号浚深至9米，7号码头为6.4米（85国家高程）。

迄2020年，海门作业区自东至西各作业区的码头状况如下。

牛头颈山以东区域（自西至东）：

外沙港埠（集装箱）公司码头　西侧为原外贸码头，于2013—2014年改造原物资码头并入原外贸码头为新港埠公司码头，形成5条栈桥，平台总长达396米。其扩建部分为1个5000吨级多用途泊位（允许靠泊10000吨级），平台长150米，前沿水深10.2米，设计通过能力186万吨/年，9.5万标准箱/年。

图 3-16　改造后的海门港一号码头（海门港航局档案资料）

粮食收储码头　2003—2005年实施修复为1个1000吨级散货泊位（允许靠泊3000吨级），顺岸式高桩结构，平台长66米，前沿水深5.7米，设计通过能力20万吨/年。

原商业冷库码头　2000年维修、改造为1个300吨级固定码头泊位（允许靠泊1000吨级），顺岸式高桩结构，平台总长74米，前沿水深7.85米，设计通过能力15万吨/年。2003年5月，椒江冷冻厂更名为中食集团台州宏大经贸有限公司。

岩头500吨级冲冰码头　2002—2003年建于岩头闸口东侧，岸线用地总长220米，建有混凝土驳岸和两个约30米长平台高桩码头，前沿水深1.5米，2006年，被转让予椒江龙禹装卸有限公司。

牛头颈山以西区域（自东至西）：

牛头颈山北平台式泊位　平台长95米。牛头颈以西250江堤内凹，堤外有砌石硬岸提供黄沙运输作业，另有20米平台江城渔业小码头。

图 3-17　21世纪10年代，海门港区牛头颈山以内码头布置（台州港航局档案资料）

石油公司码头　3000吨级，平台长87.3米，1泊位。

海军浮式码头　500吨级，趸船长38米，1泊位。

1号高桩码头　1995—1996年改造为1个5000吨级煤炭码头泊位，岸线总长187米，平台长110米，前沿水深6.2米。设计通过能力50万吨/年。

3 号高桩码头　延续 1981—1982 年改造规模，为 1 个 3000 吨级件杂货泊位、1 个 1000 吨级散货通用泊位，岸线总长 166 米，前沿水深 6 米。设计通过能力 50 万吨 / 年。

4 号高桩码头　2003—2005 年改建为 1 个 3000 吨级沿海码头泊位（允许靠泊 5000 吨级），平台长 110 米，前沿水深 6 米。设计通过能力为 48 万吨 / 年。

5 号码头　500 吨级浮式，2 趸船分别长 24 米、37 米。

6 号码头（航标站码头、荣远客运码头）　500 吨级浮式，趸船长 60 米。

陆军船队码头（新 6 号码头）　500 吨级浮式双栈桥，趸船长 60 米。

新 7 号码头　1000（500）吨级 3 栈桥浮式，4 趸船各长 42 米，4 泊位。

7 号客运码头　500 吨级浮式码头，3 栈桥 3 趸船，趸船长 60 米、60 米、38 米，3 泊位。

渔业码头　建江滨公园后遗留，500 吨级浮式双趸船，趸船各长 32 米。

海关缉私码头　500 吨级浮式，趸船长 60 米。

原汽车轮渡码头　改用于渔业，趸船长 56 米。

海东船厂舾装码头　500 吨级高桩，平台长 100 米。

海运船厂舾装码头　平台长 31 米。

7816 船厂码头　500 吨级浮式，平台长 38 米。

一利物资装卸有限公司码头　梁板浮式，趸船长 60 米，用于装卸液碱、盐酸、硫酸等化工原料。

木材公司码头　500 吨级梁板式高桩，平台长 38 米。

海巡大队码头　500 吨级梁板式浮码头，趸船 2 只各长 40 米。

海门作业区南邻城市居民区，21 世纪以来，1 号、3 号、4 号码头大量装卸废钢铁，因噪声扰民，中央环保督察组要求整改。2019 年 8 月，关停 1 号、3 号、4 号码头作业，异地搬迁至外沙港区和前所椒江航道服务区。外沙港区开始实施“新港区征迁新建”，征迁现有地块以东土地，以扩充码头和堆场，新港区总占地面积 14.87 万平方米，计划新建 5000 吨级（结构按 10000 吨级设计）泊位 3 个。

葭沚、栅浦、三山作业区靠泊设施

民国时期，椒江口航运从葭沚转移至海门。20 世纪 50—70 年代，葭沚、栅浦岸线仍只采用道头靠泊船只，主要为渔船服务。1972 年，驻军在三山建船坞和梁板式码头 1 座。

1985 年，星明渔业大队于葭沚泾西建 500 吨级浮式自备码头，用于渔业和货运，趸船长 48 米，栈桥长 60 米，泊位 2，前沿水深 -2.2 米。

1987 年，台州水产冷库在原葭沚道头西侧建 500 吨级梁板式高桩码头，用于收购渔货，平台长 42 米，栈桥长 77.5 米，泊位 1。

20 世纪 70 年代，三山农民在江涂涉水装卸蛎壳，烧制蛎灰，为解决蛎灰内运，乡民开凿运输通道三山新河至江滨，南与三丈六河相接，后蛎灰淘汰，该处成为民用煤炭市场。20 世纪 80 年代初，栅浦街西开挖永宁河分支河道富强河，在江边向西湾，形成内河港池，与江运配套发育成黄沙市场。

1986 年，永宁河西江岸建栅浦杂货码头，为 300 吨级梁板式浮码头，趸船长 40 米，栈桥长 58 米，前沿水深 2.8 米，泊位 1。其后沿江陆续布置 13 个黄沙装卸泊位，码头均为石砌或简易梁板式，运用传送带将黄沙输往江岸堆场。乌石亦有乌石河连通三丈六河，在椒江岸边砌筑石砌码头，形成又一个黄沙市场。

由于永宁河通达整个椒南平原，栅浦、三山内河港池与椒江航运衔接的优势始终存在，在港口运输向海门转移阶段，栅浦仍然承担黄沙转运的功能。椒江建市后，海门作业区煤炭、黄沙、矿建材料转运不堪重负，东起栅浦闸西至三山的江岸取而代之。

1980 年，浙江省木材公司于三山建石砌埠头与堆场，木材由木排运入，用机械起吊上岸。

台州建市后，葭沚建渔业后方基地，栅浦、乌石、三山江岸逐步发展为庞大的建材、煤炭运销市场，岸线几乎布满靠泊码头和平台。以下对葭沚泾至三山的靠泊现状作梳理排列。

浦东渔业公司（原星明渔业）码头　1985 年建，梁板浮式，渔货两用码头。

亿利达水产冷冻厂（原台州水产冷库）码头　1987 年建梁板式高桩码头。

星光砂场小平台：平台长 25 米。

渔业后方基地码头（国家一级椒江群众渔港）　1993—1996 年建成，有 500 吨级浮码头 4 座，4 栈桥，栈桥长 42 米，8 米 ×32 米趸船 13 艘。

椒江大桥西简易泊船平台　椒江大桥西有栅浦装卸、仙亮建材、梁森装卸、金小雄砂场等简易埠头，共七八个泊船平台（1980 年后陆续建）。

天天物流公司码头　2004—2006 年建，顺岸式栈桥高桩结构，有 2 个 1000 吨级金属材料配送专用码头泊位（允许靠泊 3000 吨级），平台总长 130 米，栈桥长 73 米，前沿水深 8 米，设计通过能力 65 万吨 / 年。2018 年，天天物流公司破产倒闭。

七星砂场简易黄砂埠头　共七八个泊船平台（1980 年后陆续建）。

台州海事局监管码头　2012 年建，梁板式高桩码头，平台长 120 米，栈桥长 129 米。

五星物流码头　2003 年建，500 吨级梁板式高桩码头，平台长 130 米。

八达物流码头　2003 年建，500 吨级连片顺岸式码头，平台长 70 米。

三山村（文辉）码头　2003 年建，1000 吨级（兼 3000 吨级）梁板式高桩码头，平台长 60 米，前沿水深 4 米，设计通过能力 40 万吨 / 年。

宏发装卸站码头　2003 年建，梁板式高桩码头，有 1 个 500 吨级（兼 1000 吨级）散货泊位，岸线总长 115 米，平台长 85 米，前沿水深 5 米，设计通过能力为 35 万吨 / 年。

杨福装卸公司码头　2002 年建，500 吨级（兼 1000 吨级）顺岸式梁板高桩结构码头，岸线总长 95 米，平台长 60 米，前沿水深 3.2 米，设计通过能力 30 万吨 / 年。

西郊装卸站码头　2002 年建，500 吨级（兼 1000 吨级）梁板式高桩码头，岸线总长 150 米，平台长 70 米，前沿水深 6 米，设计通过能力 150 万吨 / 年。

美标散装水泥专用码头　1997 年初建，2001—2002 年扩建，梁板式高桩码头，有 1 个 3000 吨级水泥专用泊位，岸线总长 133.28 米，平台长 90 米，栈桥长 35 米，前沿水深 5.5 米，设计通过能力 120 万吨 / 年。

浦西装卸站码头　2000—2001 年，浦西装卸站兼并木材公司码头而建，500 吨级（兼 1000 吨级）

连片式顺岸码头，岸线总长 51 米，设计通过能力 30 万吨 / 年。2007 年扩建平台长度 88 米，可减载靠泊 3000 吨级船舶。

报废 1972 年建台州军分区修船厂码头。

以上台州海事局码头中的西码头栈桥很短，有些直接贴岸，为连片式顺岸码头。

椒北作业区靠泊设施

20 世纪 50 年代初，章安仍依靠传统道头靠船，前所除一座石砌道头外，建有木质浮式码头 1 座。其时，前所至海门客渡为浙江省运量非常大的渡口之一，也是椒江口主要渔业基地，但码头建设直至 1958 年才开始。

1958—1980 年前所港埠靠泊设施建设情况

1958 年建临海水产码头，200 吨级木质浮式码头，趸船长 36 米。1959 年建前所 1 号码头，为前所客运公用码头，500 吨级木质浮式码头，趸船长 22.5 米，栈桥长 56.5 米，木质构引桥仅长 13.45 米。1964 年建前所 3 号码头，台州航管处投资，300 吨级木质浮式码头，客货兼用，栈桥长 72 米，后交海门港务部门统一管理。1970 年建海军码头，梁板式浮码头。

椒江建市期间椒北靠泊设施

椒江建市期间，台州发电厂选址前所兴建，小圆山东深水沿线得到应用，也为口内沿线带来更好发展机遇。至期末，前所、章安新建和原有码头自西至东有以下 18 个：

黄礁轮渡码头　1988 年建，300 吨级梁板式浮码头，趸船长 23.3 米。

章安码头　始建年不详，位于回浦入江口东、金鳌山南，梁板式高桩，平台长 45 米。

临海石油公司码头　1987 年建，梁板式浮码头，趸船长 20.5 米。

汽车轮渡码头　1989 年建，梁板栈桥浮码头，双趸船各长 50 米、23 米。

椒江船厂码头　1987 年建，500 吨级梁板式浮码头，趸船长 45 米，栈桥长 87 米。

前所 3 号码头　1964 年建，300 吨级梁板式浮码头，双趸船长各长 36 米。

前所 1 号码头　1985 年建，500 吨级梁板浮式，趸船长 36 米。

临海水产码头　1958 年建，200 吨级梁板式浮码头，趸船长 36 米。

台州电厂施工码头　1980 年建，500 吨级梁板式浮码头，趸船长 36 米。

台州发电厂电煤码头与重件码头（4 号泊位）　1980—1981 年建，3000 吨级梁板式高桩码头，平台全长 220 米，三栈桥分别长 106，6 米，泊位 2，前沿水深 6.5 米，设计通过能力 150 万吨 / 年。

台州发电厂核万吨级煤码头（3 号泊位）　1984—1985 年建，梁板式高桩码头，1 个 10000 吨级煤码头泊位，平台长 144 米，东栈桥长 106 米，西栈桥长 149 米，前沿水深 8 米。

台州发电厂粉煤灰码头　1989 年建，500 吨级梁板栈桥浮式码头，趸船长 36 米，栈桥长 62 米。

以上码头前沿水深除小圆山以东台州发电厂所用码头沿线水深达 5～8 米外，水深均在 3～4 米，栈桥较短码头前沿水深仅 1～2 米。

台州建市后椒北靠泊设施

台州建市后，椒北临港型产业迅猛发展，政府主导在江北打造渔业基地，发展不少造船舾装码头、水泥厂码头和成片渔业基地码头。岸线利用趋势向东延伸至松浦闸，而西部黄礁、章安等地逐步淘汰。迄 2020 年，全线靠泊设施现状如下（自西至东排列，原有不变码头仅点名）。

黄礁轮渡码头　原码头周边淤涨，码头报废，堤外江涂有黄沙转运作业。百家沙江岸有渔船停靠道头。

章安码头　位于梓林西大河和回浦入江口之间，梁板式高桩，平台长 45 米。

章安渡口码头　2 趸船浮式，滩涂已涨至码头前沿。

临海石油公司码头　沿岸淤涨，码头报废，堤外江涂有黄沙转运作业。

前所渔业后方基地码头　新建梁板式浮码头，沿线总长约 1 公里，共 8 栈桥 25 个趸船，栈桥长约 90 米，趸船各长 36 米。

兴旺水产公司新码头　梁板式高桩码头，栈桥长 200 米，平台长 80 米。

兴旺水产公司码头　梁板式浮码头，双趸船各长 36 米，栈桥长 90 米。

下浦码头（原汽车轮渡码头）　2001 年，椒江大桥通车后轮渡停运。

椒江船厂舾装码头　改建为梁板式高桩，平台长 120 米，栈桥长 180 米。

新建人渡码头　梁板式双栈桥浮码头，双趸船各长 36 米、23 米，栈桥长 120 米。

双信冷冻公司码头　梁板式高桩码头，平台长 40 米，栈桥长 104 米。

20 世纪 80 年代人渡码头　发展为 6 趸船浮式码头，趸船长 32 米，栈桥长 86 米。

20 世纪 50 年代客运公用码头　发展为 4 趸船浮码头，趸船各长 32 米，栈桥长 80 米。

椒江海洋渔业局码头（前临海水产码头）　趸船长 43 米，栈桥长 34 米。

五洲（原椒江）船厂舾装码头　梁板式高桩码头，平台长 37 米，栈桥长 50 米。

大洋渔轮舾装码头　梁板式高桩码头，平台长 36 米。

前所村小圆山码头　2002—2003 年扩建。梁板式高桩双栈桥码头，1 个 500 吨级（兼 1000 吨级）沿海码头泊位，平台长 88 米，栈桥长 37 米，前沿水深 5 米，设计通过能力 10 万吨 / 年。

小圆山船厂舾装码头　原小圆山海军码头址已转为小圆山船厂，从山麓外伸 20 米建双栈桥梁板式高桩码头作造船舾装之用，平台长 120 米。

台州发电厂 4 号泊位码头　保持原有 3000 吨级码头，平台长 220 米。

台州发电厂 3 号泊位码头　保持原有浅万吨级码头，平台长 144 米。

台州发电厂四期煤码头(1 号、2 号泊位)　1993—1996 年建，2 个 5000 吨级煤码头泊位，顺岸布局，梁板高桩结构，平台总长 264 米，栈桥长 138 米，前沿水深 6.5 米，设计通过能力 84 万吨 / 年。

台州发电厂粉煤灰码头　500 吨级梁板浮式码头。

海螺水泥厂码头　2005—2007 年建，顺岸布局，梁板式高桩码头，1 个 3000 吨级（兼 5000 吨级）泊位，平台长 150 米，前沿水深 6.5 米，传输带长 300 米。设计通过能力 120 万吨 / 年。

建材码头　梁板式高桩码头，平台长 35 米，栈桥长 135 米。

老鼠屿小码头　梁板式高桩码头，平台长 25 米，栈桥长 50 米。

椒江航道服务区码头　2013 年建，2000 吨级(兼 5000 吨级)T 形梁板式高桩码头，平台 110 米 ×21 米，用于港航供油供水、维修保养、收费管理等公共服务。2019 年，海门 1 号、3 号、4 号码头关停，该码头承接海门老港区码头部分作业，经扩建改造，将成为新港区的辅助综合性通用港区。

台州远洲石化仓储码头　梁板式高桩码头，平台长 92 米，栈桥长 278 米。

宁兴特钢贸易公司（台州强联钢板加工有限公司）码头　梁板式高桩码头，平台长 158 米，栈桥长 126 米。

万隆船舶重工有限公司舾装兼货运码头　2013—2016 年建，顺岸式，栈桥高桩式结构，岸线总长 521 米，有 1 个 4 万吨级舾装兼靠 2000 吨级货运泊位（平台长 200 米）及 1 个 1 万吨级舾装泊位（平台长 164 米），前沿水深 8.1 米，设计通过能力 21.9 万吨 / 年。

海门港区锚地

船舶在港口锚泊，出于避风、候潮、待泊、驳载、引航、检查等需要。因避风、候潮而锚泊古已有之，抛锚等待靠埠是港口繁忙现象，驳载出现在船舶大型化以后，引航、商检、检疫等出现在港口对外开放后。海门港锚地设置随港航发展而变化，自 20 世纪 50 年初划设锚地迄 2020 年，有多个时间段的不同设置和划分。

初划锚地

20 世纪 50 年代，经过抗战、内战战乱后的海门港航运迅速复苏，随着工农业生产的发展和海运局面的打开，在海门港等待靠泊的船舶日益增多，民间小型船舶只在道头装卸货，常无序拥挤岸线水域等待靠泊，影响码头靠泊作业。

鉴此，海门港于 1953 年划定本港船舶和外来船舶靠泊地段和锚地。对民船抛泊地段作分段规定：下埠道头至三号码头（今 1 号码头）沿线停泊渔船和肥船；一号码头（今 3 号码头）至老道头沿线停泊章安、东路（前所）、老鼠屿等赶市船；老道头至小码头沿线停泊驳运船舶；小码头至新码头（5 号码头）沿线停泊海门本地民船；新码头至新道头沿线停泊临海、仙居、路桥、黄岩、温岭民船；新道头至百家道头沿线停泊柴草船、渔船和机动船队；百家道头至汽车站对出（今 7 号客运码头）沿线停泊黄岩柴昆船；汽车站以西沿线停泊渔船。

同时，划定江中心大船锚泊水域如下：一号码头至三号码头对出 300 米以外水域，锚泊上海海运局 500 吨级以上船舶；新码头至百家道头对出 200 米以外水域，锚泊上海海运局 500 吨级以下船舶。

1957 年修订锚地

1957 年，海门港进出港船舶数量和吨位大幅提升，重新制定《海门港船舶锚地、停靠（泊）地段划分规定》如下。

划分 1000 吨级以下船舶锚地 2 处：第一锚地，在椒江南岸距第一码头对出线 60 米以东离岸 300 米以外水域，南北 200 米，东西 300 米；第二锚地，在椒江南岸 6 号码头对出线 100 米以西离岸 350 米以外水域，南北 200 米，东西 1200 米。

设定 1000 吨级以上船舶锚地，在北岸前所石街对出线以东离岸 300 米以外水域，南北 200 米，东西 3000 米。

设定非机动船锚地，在椒江南岸百家道头对出线 60 米以西水离岸 350 米以内水域，南北 200 米，东西 940 米。

划分装运危险品船舶锚地分为 2 处：第一锚地在椒江南岸海军码头对出线 50 米以东离岸 300 米以外水域；第二锚地在椒江南岸岩屿街浦浦口对出以西水域。

同时规定椒江南岸 1 号至 6 号码头对出江面未经港监部门特许，禁止船舶抛锚。

1963 年修订锚地

20 世纪 60 年代，随着椒江岸线因淤涨外移以及改建 1 号码头，原划定锚地不适应发展需要，1963 年对锚地进行如下修改：原 1000 吨级第一锚地处于新建 1 号码头和海军码头前沿，不利于船舶靠泊，予以取消；原危险品第一锚地取消；原 1000 吨级第二锚地改为机动船锚地，向东延伸至 3 号码头对出，宽度减少，设置灯浮以利于识别；原危险品第二锚地改为木帆船危险品锚地；小型木帆船在海门港南岸边沿停泊地段重新划分。

1982 年抛设系船浮筒

20 世纪 80 年代初，台州发电厂在前所建成，载煤货轮锚泊待卸越来越多，为满足大吨位货轮系泊和过驳作业的需要，港务部门在海门港小圆山附近原机动船锚地抛设 5000（3000）吨级和 1000（500）吨级系缆浮筒 3 只，两挡间距，5000 吨级 180 米，1000 吨级 130 米。浮筒连线走向与涨潮流流向（290）一致，与落潮流向（120）偏度 10。东浮筒（1 号）距南岸 720 米，距北岸 450 米；中浮筒（2 号）距南岸 710 米，距北岸 440 米；西浮筒（3 号）距南岸 750 米，距北岸 490 米。

1988 年划定港界和对外开放锚地

1988 年，海门港获准对外轮开放，有关部门划定水域港界及对外轮开放锚地。划定海门港水域港界为西至三山灯桩与黄礁连线，东部口外为岩头—台州列岛竹屿、凤凰山—东矶列岛五棚屿、竹刀屿—麂啨山（白沙山东，今已夷平）、踏道山（达岛）、老鼠屿的连线，总面积约 865 平方公里。

与此同时，在头门岛西南洋面和大陈水道划设引航联检锚地、临时驳载锚地。

第一引航联检锚地，即点灯山锚地，位于头门岛南 1.85 公里处，水域面积约 610 万平方米，水深 8 ～ 8.6 米，可避北风 8 ～ 9 级，可供 4 ～ 5 艘 3000 吨级以上船舶锚泊；第二引航联检锚地，即大陈锚地，位于上、下大陈岛之间的大陈水道，水域面积约 116 万平方米，水深 12 ～ 14 米，可避除东北风外的诸向风，可供 1 ～ 2 艘万吨以上船舶锚泊。

划定点灯山临时驳载锚地，位于头门岛西南约 1.85 公里处，水域面积约 292 万平方米，水深 8.4 ～ 9.2 米，可避北—东北风 8 ～ 9 级，驳载风力 6 ～ 7 级，可供 2 艘 3000 吨级以上船舶驳载。

2017 年台州港总体规划划定锚地

海门港区共有锚地 15 块，分为口内和口外。口内 2 块锚地设在牛头颈山以西深槽中，口外 13 块锚地供船舶候潮进港和联检使用。处于台州湾口的 6 块锚地为：

点灯山候潮锚地　4.5 平方公里，水深 4 ～ 8 米，泊 0.1 万～ 0.5 万吨级船舶。

台州第一引航检疫锚地　10.7 平方公里，水深 4 ～ 8 米，泊 0.5 万吨级船舶。

头门东待泊锚地　16 平方公里，水深 17 ～ 22 米，泊 5 万～ 7 万吨级船舶。

东矶岛东候潮锚地　6.24 平方公里，水深 19 ～ 22 米，泊 5 万吨级船舶。

危险品锚地　9.2 平方公里，水深 4 ～ 6 米，泊 0.2 万吨级船舶。

一江山危险品锚地　2.94 平方公里，水深 8 ～ 10 米，泊 0.5 万吨级船舶。

另有 7 块锚地处于大陈岛海域，详见下文第三节“头门及岛港泊船设施·大陈岛海域锚地”。

随着港区建设的发展，原有锚地位置与码头前沿水域存在冲突，为适应头门港区、海门港区开发建设，对口外 3 块锚地进行相应调整。其中点灯山候潮锚地向西南侧迁移和扩大；随着台州港第一引航检疫锚地向西南侧迁移，位于南侧的危险品锚地相应南移；另在头门港主航道端部附近布置头门东待泊锚地，可泊 5 万～ 7 万吨级船舶 15 艘。

第三节　头门及岛港泊船设施

头门岛古称主山，为椒江入海口首当其冲的天然屏障，离椒江口牛头颈山海门关约 30 公里。椒江河口港往北航线均从其南北两侧通过，岛前方点灯山历来为海门港入港自然助航标识。头门岛为东矶列岛中最靠近椒江口的岛屿，东矶列岛之南有台州列岛，共同成为台州湾的海上天然屏障。

正如白枫山、太和山、腾云山、东山、小圆山、君田山曾为古灵江入海口的天然屏障一样，而今上述古海岛都成陆地之后，其外围东矶列岛、台州列岛又成为椒江入海口的天然屏障。恰如古港埠从内向外转移至葭沚、海门的历史演变轨迹再次上演，今为寻求深水港埠，港口再次向口外屏障岛屿转移。至 21 世纪 10 年代初，开始建筑从白沙连接头门岛的跨海大堤，开发头门深水码头，成为台州港最具发展前景的核心港区——头门港区。

本节记叙作为椒江河口港转移延伸的当代头门港区，以及作为台州湾屏障的东矶列岛和台州列岛主岛大陈岛上的海岛港靠泊设施。

新辟头门港区深水泊位

头门岛开辟深水港区酝酿于 20 世纪 90 年代末，先由台州航海学会专家牟重行等提出《抛筑拦海大坝，营造台州大港》论文，形成课题项目，2004 年通过可行性研究， 2010 年由浙江省交通局、台州市、临海市三方合作投资开工建设。

头门港区为规划中的台州港核心港区，承接海门港区货运功能转移，主要服务于临港工业、综合物流，逐步形成以干散货、集装箱、液体散货和件杂货运输为主的综合性港区。规划分为通用作业区、集装箱作业区、液体散货作业区、装备制造业发展区、港口物流区、港口支持系统区及预留发展区等功能区。

头门深水港一期工程为 1 个 2 万吨级件杂货码头泊位（水工建筑允许靠泊 3 万吨级）。工程在南山木杓头和面杖山西段山嘴间筑堤，堤长 1.1 公里，堤东北填海成岸线用地；码头设堤西南侧，采用引桥式布局，高桩式结构。一期所建码头在 240 米长栈桥外，平台总长 232 米，前沿水深 11.2 米。总设计通过能力 100 万吨 / 年，总用地面积 21.64 万平方米，填海新增用地 20.5175 万平方米。

2014 年 12 月，头门港一期工程建成并开港试运行。一期工程 2 万吨级通用泊位为规划中通用作业区（一）的首期开发部位。2017 年 9 月，二期工程暨一期码头滚装改造开工，对已建一期工程进行改扩建，将原建 2 万吨级兼靠 3 万吨级通用泊位，提升为 5 万吨级通用泊位兼具汽车滚装功能。

2020年8月，二期工程建成，建设规模为2个5万吨级通用泊位（水工结构按靠泊7万吨级船舶设计），码头泊位长度为676米，宽度为35米，设计年吞吐量530万吨，设计通过能力554万吨/年。一、二期工程相接，码头沿线向西北延长至968米，港区设计年总吞吐能力将达580万吨及10万辆汽车。

图3-18　经过二期开发的头门港区码头（叶兴良摄）

规划通用作业区（一）可开发岸线总长约3800米，一、二期工程外的剩余岸线在已建码头东延至西瓜岐咀对出，长度2832米，还可布置14个3万～5万吨级泊位，陆域纵深560～1010米，占地面积约3.3平方公里。其他远景规划参见港口规划一节。

头门港区锚地与海门港区锚地共享，详见上文第二节“海门港区靠泊与锚泊”海门港区锚地。

东矶诸岛渔用、军用、交通靠泊码头和锚地

东矶列岛古为无人居住荒岛，明清以后渐成渔民捕捞作业避风靠泊场所，清末岛上曾驻兵防汛。民国时期，渐有渔民暂住岛上，以便海上捕捞和晒制渔货，但少有定居人口。20世纪50年代初，有前所、杜桥、上盘渔民搬迁头门、雀儿岙、田岙、东矶4岛，每岛人口发展至二三百人，设为头门乡，1956—1957年曾划归海门区，1957年以后归属临海县上盘乡（镇）。

东矶列岛兴建码头始于20世纪50年代初，分布在东矶、雀儿岙、头门三岛。主要锚地有金门湾锚地、田岙锚地、头门大岙里锚地。

东矶码头　位于东矶岛西侧，始建于20世纪50年代初，初为石砌平台，80年代、90年代进行两次扩建，为钢筋混凝土岸壁式平台，今码头沿线总长约1500米，以停靠渔船为主，港区有供油、供水设施，被农业农村部列册为国家二级渔港。

雀儿岙码头　位于雀儿岙岛，始建于20世纪50年代，初为石砌结构，主要用于部队舰艇停靠，有大沙、垮头、黄沙岙3处。1972年，在小岙兴建民用码头，长约60米，用于渔业。

头门码头　位于头门岛南山，始建于1965年，20世纪70年代进行扩建，1997年遭台风毁坏，1999年恢复。该岛曾是头门乡政府和驻岛部队驻地，码头主要用于陆岛交通。头门深水港区开建后，该码头报废拆除。

金门湾锚地　介于雀儿岙岛与田岙岛间，水深5～8米，泥底，可避西北—西及东南风。

田岙锚地　位于田岙岛东侧岙里，水深4～5米，泥底，可避西北—西南风。

头门大岙里锚地　位于岛屿南侧，水深3～9米，泥底，可避偏北风。

头门岛南侧洋面有海门港划定的临时驳载锚地和引航联检锚地，前文已有记叙不赘述。

一江山岛靠泊设施

一江山岛从群岛分组论属于东矶列岛，行政归属台州市椒江区。一江山岛由南一江山岛和北一江山岛组成，岛体为东北—西南走向，中间形成约宽150米、长1.5公里一条江，向为渔民临时

居住晒制渔货的荒岛。1947—1955 年成为退踞海岛的国民党残军的军事据点。国民党军败退后，有简易码头为渔民临时作业地。21 世纪 10 年代，该战争遗址作为旅游观光地开发。2006—2007 年，开工建设陆岛交通码头，平台 36 米 ×10 米，栈桥长 12 米；2015 年，在码头前沿设置 40 米 ×6 米趸船。

大陈岛靠泊设施

大陈岛为台州列岛主岛，清初以前，无常住居民和行政建制，但早有渔民、海盗出入。清代起，大陈岛渐有福建和台州渔民聚居。乾隆年间（1736—1795 年），浙江道始在岛上设汛官，逐步发展为规模宏大的渔港。民国元年（1912 年），大陈岛隶属温岭县；20 世纪 40 年代末，人口繁衍至 2 万人以上，陆岛交通频繁。

民国时期，大陈岛传统靠泊条件十分简陋，主要依靠在岛岸建筑石砌埠头或石砌岸壁式码头，有 6 座石砌码头分布在下大陈岛大沙头、南坑里和上大陈岛大岙里、关帝庙岙口。

1949—1955 年，大陈岛、一江山岛、披山岛等沿海岛屿与大陆处于不同政权军事对峙下。1955 年 1 月 18 日，解放军攻克一江山岛，国民党军携大陈岛、披山岛居民撤退台湾，大陈岛成为空岛。此后，大陈岛归属海门区，经移民重建，恢复产业，修复损坏的原有码头靠泊设施，大陈渔场再度兴旺。

1975 年，大陈渔港被列入全国重点渔港项目，政府拨款建设用于渔港配套的各项设施，涉及改善渔船锚泊港池、水产简易码头、油库专用码头、客货码头、供水码头等。20 世纪 80 年代初鱼汛期间，上大陈大岙里渔港常云集浙、闽、苏、沪渔船 5000 余艘；渔船并舷靠泊，呈水泄不通状态，蔚为大观。

上大陈岛主要靠泊点在大岙里，位于岛屿南端关帝山与油菜花屿、高山谷之间的山岙里，湾口两犄角是钉钩头与油菜花屿，港湾面积约 1.6 平方公里，水深在 5 ～ 12 米，避东、南、北风，可泊 60 ～ 100 吨渔船 3500 艘。大岙里北侧岸边中间有礁石半围合的小岙里。传统渔船仅凭石砌岸壁式护岸靠泊，众多渔船通常并舷靠泊，连成一条条排列阵形。

下大陈岛主要靠泊点在大沙头港湾以及湾顶向内凹的南坑里（今称梅花湾）。港湾位于岛屿北侧凤尾山、五虎山相夹的凹湾处，杨府咀和南磊坑咀为湾区入口的犄角。湾区面积 0.16 平方公里，湾腹较大，可泊渔船 500 余艘，最深水深 8 米，高潮位水深 11 米。传统船埠布置在杨府咀向东南延伸岸线，岛民船舶均靠泊南坑里凹湾，可避东、南、北三面之风，海湾山坳为传统居民聚居地，即传统大陈镇镇区。

此外，下大陈岛浪通门、大小浦、小岙里、下咀头、鸡笼头和上大陈岛钉钩头、中咀、下钩咀、象头岙、帽羽沙等处也有可靠渔船的简易岸壁式砌石埠头。

图 3-19　20 世纪 80 年代初，大陈渔港大岙里景象（金立新摄）

1955 年至 1999 年大陈岛拥有靠泊设施

上大陈岛码头　1958 年，浙江军区后勤部在上大陈岛南岙建造军民共享客货固定码头。1959—1960 年，在大岙里海湾西端关帝庙边建石砌岸壁式结构客货码头（俗称大码头），泊位长 70.4 米，前沿水深 2 米，可靠泊 100 吨级船舶，用于运输粮食和渔需物资。中咀码头位于中咀湾北端，岸壁式简易军用码头，泊位长 65 米，前沿水深 1 米，可靠泊 50 吨级船舶。

20 世纪 70—80 年代，上大陈岛大岙里建放水码头 1 座，另在大岙里、钉钩头、南坑、外嘴头、象斗岙、双架岙、帽羽沙等有渔民聚居的岙口或晒制渔货场地均有岸壁式简易渔用靠埠设置，其中大岙里为人口最大集聚点，建有 3 座 300 吨级岸壁式码头，其中长 100 余米油库固定码头配置 2600 立方米储油罐。

下大陈岛码头　大沙头杨府咀至南坑里口门转角处的岸线为下大陈岛最集中的船舶靠泊岸线，传统码头均在该处。1955 年后，在此新建三座石砌码头和平台长 100 米的岸壁式油库码头。1986—1990 年建杨府咀 300 吨级客货码头（又称交通码头），高桩框架平台栈桥结构，平台面积 24 米 ×9 米，栈桥面积 8 米 ×8.4 米，码头岸线长 80 米，前沿水深 3 米；1999 年扩建码头，平台面积 38 米 ×9 米，在码头前沿设置规格为面积 36 米 ×8 米的趸船，以利于客轮靠泊。

20 世纪 70 年代，下大陈岛建放水码头 1 座，至 20 世纪末，杨府咀至南坑里口门转角处沿岸已全线布满混凝土驳岸或纵坡式码头。

此外，在南田、鸡笼头、下咀头土地堂、小岙里、大小浦、浪通门等有村落集聚岙口均建有简易渔用靠埠，其中下咀头土地堂简易岸壁码头平台面积 29.3 米 ×7.7 米，浪通门建东、西 2 座石砌岸壁式码头。

2000 年迄今大陈岛拥有靠泊设施

20 世纪末，淘汰木质机帆船，渔轮和客货轮均趋大型化。21 世纪的渔轮航速快，配以冷冻保鲜技术，可使海洋捕捞无须借海岛中转、靠泊、避风，大陈岛传统渔业基地功能逐渐减弱、衰退。2012 年，大陈岛提出打造生态岛、休闲岛、能源岛、临港物流岛的“四岛四基地”战略目标；由单纯海洋捕捞业态向海洋生态养殖基地、海岛旅游休闲基地、风电能源基地、石油储运基地四方面业态转变，港航靠泊设施也应与时俱进。

上大陈岛新建码头和避风港　2003 年，上大陈岛钉钩头西南建 300 吨级梁板式高桩客货码头，平台面积 42 米 ×12 米，栈桥长 58 米、宽 8 米。由于该码头周围掩护条件差，受风浪影响大，西南风超过 7 级时无法靠泊。2012—2013 年在钉钩头北侧再建 500 吨级梁板式高桩客货码头，平台面积 67 米 ×11 米，栈桥长 56 米、宽 7.5 米。2010 年，在上大陈岛南山与中咀之间的凹湾建设中咀湾避风港。避风港三面环山，西面临海，湾口筑 196 米防波堤，湾内有护岸（兼码头）1911.34 米，港池面积 21.23 万平方米，可为 400 艘小型渔船提供避风泊位，可避北、东、南向 12 级以下大风。湾

图 3-20　1990 年建下大陈 300 吨级客运码头（来自黄山书社 1995 年版《椒江市交通志》）

内水深较浅，渔船能在高潮位入湾锚泊，在低水位搁浅。

下大陈岛杨府咀新建码头　2016—2018年，对杨府咀客货码头进行维修，并更换前沿趸船，规格升为50米×8米。2017年，浙江海事局台州大陈海事工作船码头与车客渡滚装码头开工建设，工程位于下大陈岛杨府咀客货运码头西侧，向海延伸布置。海事工作船码头固定平台面积130.1米×15米，通过车客渡码头与陆域相连；车客渡码头为1000吨级滚装泊位兼靠120客位客轮，码头占用沿线121米，平台长100米，宽15米，其中靠泊部分长55米，采用混合式重力结构，接岸结构采用滚装连接桥，设置门墩架、钢吊桥、桥台墩、栈桥等结构；设计年吞吐能力4万人次，车1万辆次；同时在码头北侧50米处平行布置1座长190米斜坡式防波堤。以上工程在2019年完成主体工程。

图3-21　2012年建上大陈客货码头（缪鹤贤摄）

下大陈梅花湾（大沙头）港岸现状　岸线自杨府咀码头至南坑里转角约长400米，呈7字形，分三折。北侧面南岸线有4个突堤式平台；中段西岸线驳岸平直，南端在建1个突堤式高桩平台；南端面向西南驳岸平直；在中段与南段折弯处有倾斜伸出纵坡道头和1个在建突堤式高桩平台。

下大陈下咀头土地堂码头扩建　2015—2016年，改造土地堂码头为有四个高低不同平台，长38米宽18米的钢筋混凝土墩式渔用码头。2019—2020年，在其旁再扩建1座一字形高低不同四平台的钢筋混凝土墩式渔用码头，长33.74米，宽7～10.2米。

下大陈浪通门码头改建　2020年，扩建改造浪通门两座老码头为钢筋混凝土高桩墩式渔用码头，西侧码头向外拓展，呈L字形，长26米，宽7.5～15米，分高低不同三个作业平台；东侧码头整体加高0.7米。

在建望夫礁客货码头　2019年，启动建设下大陈1000吨级陆岛客货运码头，码头位于浪通门西侧400米望夫礁位置，规模为1个1000吨级客运码头泊位（兼靠1个500吨级客运船舶和1个500吨级货运船舶），年客运通过能力20.7万人次，年货运通过能力5.2万吨。

大陈岛海域锚地

大陈岛水域锚地主要分布在上、下大陈岛间的大陈水道上，因有南北两岛做屏障，避风环境十分优越。大陈水道中段被海门港划为第二引航联检锚地，已在上文记叙不赘述。其他主要近岸锚地有下列7处：

缸爿礁与孔横岛间锚地　水深5～8米，泥沙底，面积0.18平方公里，东南、西北流，流速1.5～1.8节，可锚泊大轮或渔船1000艘，可避6～7级北—东北风。

杨府咀与困龙山间锚地　水深3～9米，泥沙底，面积0.66平方公里，可锚泊渔船2000艘，可避6～7级南—东南、东—东北风。

杨府咀与小鸡头间锚地　水深 3 ～ 10 米，泥沙底，面积 0.3 平方公里，可避 7 级南—东南风，可锚泊渔船 200 ～ 300 艘。

猪腰屿与黄屿间锚地　即上大陈岛西侧海域，水深 3 ～ 5 米，泥沙底，面积 1.5 平方公里，可避 6 ～ 7 级东—东南风，可锚泊渔船 2500 艘。

油菜花屿与高梨头间锚地　水深 10 ～ 20 米，泥沙底，面积 0.2 平方公里，可避 6 ～ 7 级北—西北风，可锚泊万吨级大轮或 1000 艘渔船。

下大陈岛西（小屿西南侧）锚地　水深 4 ～ 10 米，泥底，面积 0.9 平方公里，可避 7 级东—东南风，可锚泊渔船 600 艘。

下大陈岛西南岙锚地　水深 4 ～ 10 米，泥底，面积 0.2 平方公里，可避 7 级东北—西北风，可锚泊渔船 400 ～ 500 艘。

第四节　中部海港泊船设施

中部海港包括金清水系入海口港埠及南至石塘半岛沿线的全部海港。该区域传统称谓只有金清港、松门港、石塘渔港。进入 21 世纪，松门外侧龙王山、白岩山、龙门岛、龙坦屿、横门山岛链均与大陆陆路相通。2010 年，开始在横门山开辟龙门港区。2017 年的《台州港总体规划（2017—2030）》以龙门港区指称松门港口外新开发海港，并划分白岩山、龙坦屿、横门 3 个作业区。

2017 年，《台州港总体规划（2017—2030）》中的龙门港区内涵孤立，忽略了历史传承和周边众多渔港。为彰显港航发展传承关系，包容更广内涵，本节内容以时间先后序列记叙传统金清港埠；松门、礁山港埠；新开发龙门港区的靠泊设施，同时包含台州港总体规划十港点中的石塘港点和金清外侧同头咀港点。

《台州港总体规划》所称十港点除灵江河港外，为石塘、浦坝、沙山、永安、同头咀。其中，石塘是龙门港的南延，同头咀在金清琅矶山海岸，金清港出海口外港埠（包括黄礁、白沙、剑门、同头咀）均是龙门港的北延。2005 年，《台州港总体规划》将金清黄礁和大陈岛作业区列为海门港区。2017 年所编规划仍称黄礁作业区为海门港的预留作业区，而金清琅矶山同头咀在海岸线上比黄礁更接近海门港，却列为独立的十港点之一。这就产生逻辑上的矛盾，其实以地缘关系论，黄礁、同头咀都是金清水系出海口附近的港点，合为金清河口港区更为合理，故一并列入“中部海港”范围。

金清至石塘海岸为台州渔业兴旺海岸，油库较多，其靠泊设施专设“中部海港各港点油库码头”一目集中记述。

金清闸历史变迁和入海口内外港埠靠泊设施

金清河口在历史上处于不断从内陆向海推进的过程，每一历史时段，金清水系干流外港（感潮河段）都在所建挡潮排水闸外侧。现存史料对建闸时间、地点记叙不清，致使有悖事理，如通常认为金清干流第一座挡潮涵闸在南宋淳熙十年（1183 年）改金清埭为金清闸（闸址据称在蔡洋，但今蔡洋村在金清河道南 1.7 公里），但其上游却有建于清乾隆四十一年（1776 年）的牧屿闸（鹜屿闸）、建于清道光十一年（1831 年）的琅岙闸。若不明了明代外移的当潮闸存在问题，常有咸潮倒灌现象，上游苦于咸潮倒灌才再牧屿闸、琅岙闸挡咸水，就会迷失于难解的悖论。

当代在剑门建金清闸，设有船闸，因而在民国廿二洞闸和剑门新闸之间仍然可以通海船，故将此段港口也包括在海港靠泊设施范畴内。

金清闸变迁轨迹

依据史料，可以认定南宋以来金清干流外港起点，先是在新河金清埭改埭为闸；明弘治十八年（1505 年），闸址向下游移 500 米；清道光十八年（1838 年），因老闸损毁，在其下游半里牌坊汇复建金清闸，因七孔数字不吉，民间称为六闸（址在今六闸大桥）；光绪十五年（1889 年），在六闸下游 2.3 公里咸田湖建玉洁闸（址在今玉洁桥附近）；民国 21 年（1932 年），在玉洁闸下游 4.5 公里垃萨汇建廿二洞新金清闸；1996 年，在廿二洞闸下游 10 公里剑门建金清新闸，入海口推至琅矶山南剑门。各时段的闸外外港都是相应时段的海船靠泊水道，但剑门新闸建有船闸，海船仍可进闸，剑门至廿二洞闸和段成为外海、内河兼用航道。

宋元以降，新河集镇得以发展，有赖金清河系的出海通道。当时不仅金清水系入海，北侧还有周洋浦入海口也是黄太两县的航运枢纽。是故明代在此设新河千户所，利用海口航埠收海上御敌之效，闸外航埠也为渔业、货运提供便利。此后，依次在闸外航道沿岸发展下梁、卷桥、金清等集镇。至清康熙二十四年（1685 年）设浙海关，金清被设为浙海关家子（葭沚）口所辖旁口。民国 11 年（1922 年），黄岩、温岭两县船商联合设立金清商轮公司，经营金清至宁波客货运输。民国 21 年（1932 年）筑廿二洞新金清闸后，海船只能靠泊闸外。

新河金清闸外泄水道自宋迄今已历 800 多年，水道在新涨海涂自由流淌，由于水流离心力作用，河道总是离凸岸而迫凹岸，越流越弯曲，致使六闸以下河道呈现牌坊汇、牛子汇、拉萨汇、泥涂汇等连续几个弯道和牛轭弯。其间，新围海塘塘河三才泾、一条河、二条河、老湾河、横河从北南两侧向闸外水道排水，河口各自建设下梁靖海陡门闸、上塘角清河闸、五丰闸、五洞闸、永通闸、平安闸、永兴闸、永安闸、泥涂闸等，以挡咸潮倒灌。

弯道妨碍排洪，第一个牌坊汇后来在其北侧开新河；第二个牛子汇在弯道弯曲至两弯相碰时，稍施人力取直，使废道成为牛轭湖；第三个垃萨汇在民国建廿二洞闸时取直，湾道东出口填堵，弯道成内河；第四个泥涂汇在 1961 年经人工挖新河裁弯取直，泥涂汇西河段填为陆地，东河作为五丰闸出口保留；1991—1996 年建剑门金清新闸，开凿直线新河 3.3 公里，废弃原从白沙山南入海的旧水道，改从白沙山北剑门入海。

晚清和 20 世纪，新围海塘塘河也向廿二洞闸外外港水道排水，河口建闸挡潮，四条河出口建五丰闸，老湾河出口建平安闸，七条河出口建五洞闸，五湾河、廿四弓河出口建永安闸，环场河出口建环场东河闸。各塘河闸外河口也成为小港汊，其中发展得最好的港埠为永安闸外永安港点。1996 年后，以上港埠都在剑门金清新闸以内，成为内河兼外海港埠。

进入21世纪，围涂造地成为风尚，琅矶山北围垦三山塘，将琅矶山包入大陆。金清干流以南，不仅白沙山连入大陆，南部白果山、黄礁岛、子云山、道士冠岛4岛围坝也连接温岭东海塘边缘五百屿，全部连入大陆。至21世纪10年代，金清港闸外海港一在闸南白沙老河口和黄礁新围地，一在闸北琅矶山周边。

金清港史上诸闸外航埠

以宋为起点，可分为宋元时期、明弘治后、清道光后、清末、民国几阶段。前期时间长，移位不远，航埠情况难考，六闸南岸贴近木城河，北岸沟通三才泾，闸内外应是重要航埠。晚清建玉洁闸至民国建廿二洞闸，时间跨度仅43年，推移长度却达4.5公里。在此河段上，北岸重要的航埠有与三才泾相通的下梁港口；与一条河、二条河相通的上塘港（拉萨汇北岸）；与三条河相通的下塘港（泥涂汇北岸）。南岸重要航埠有与老湾河相通的平安闸外航埠。廿二洞闸建在垃萨汇取直段，堵死垃萨汇东出口，上塘港成内河，泥涂汇在闸外，北岸下塘港即发育为重要集镇金清镇，港埠沿河设驳岸和埠头。

金清港廿二洞闸外河段靠埠现状

1961年，泥涂汇截弯取直，老湾道西段填河成陆，东段四条河口五丰闸下河道保留，成为金清镇的通海港汊。南岸五湾河、廿四弓河出口永安闸外港汊为温岭县所属港埠。1996年建剑门金清新闸后，理论上闸内成为内河，但新闸100.8米总宽闸室除8个排涝孔（每孔8米）外，设2个通航兼排涝孔，孔宽10米，可通航500吨级以内货船和渔船进港靠泊和避风。鱼汛时，廿二洞闸至剑门新闸间河道云集外海渔船。

船闸由于经常开闸进出船舶，进入咸潮水，不能保持闸内淡水纯度，廿二洞闸仍在挡水，保护上游农田灌溉。1996年，在廿二洞闸北增开通航孔，净宽4.5米，过船吨位80吨级；2006年，又在闸南侧60米外新挖宽52米、长500余米的河道，建排涝通航套闸，套闸设2个各10米宽的通航孔，以实现闸内闸外更为通畅的船舶互通。闸下河段实为海港、河港兼用。

2017年，《台州港总体规划（2017—2030）》所列永安港点，即永安闸外港汊。20世纪60年代起，港汊左右金清港河岸陆续兴建众多码头，成为温岭县重要通海港埠。

廿二洞闸至剑门新闸新河道总长约10公里，宽80～100米，该地段行政归属以老河道为界，南北岸分属温岭市和路桥区，泥涂汇取直和新凿通剑门河道后，温岭市占西部新河北岸，路桥区占东部新河南岸，中段仍以河为界，21世纪10年代两岸岸线利用现状如下。

图3-22 2006年，在金清民国廿二洞闸南建设排涝通航套闸 （台州市港航事业发展中心提供）

北岸（自西至东） 廿二洞闸至泥涂汇老河口1.9公里岸线属于温岭市，沿岸布置温岭船舶修造实业公司、金闸船舶有限公司、台州市宏基船舶修造公司等船企造船和渔船靠泊岸线；四条河五丰闸至泥涂汇老河口1.3公里河段西侧岸线为温岭市东鼎船舶修造公司造船和渔船靠泊岸线，东岸归金清镇渔船靠泊。G228 大桥与甬莞高速公路大桥间有路桥金清海祥船舶修造有限公司造船岸线。五洞闸外汉口和西侧岸线各有 135 米、350 米驳岸可靠泊渔船，驻有路桥区红十字雄鹰水上救援队；汉口东侧有高桩码头，平台长 15 米，栈桥长 30 米；汉口东 600 米设行宫国际游艇俱乐部，港池面积 84 米 ×74 米，有 20 多个游艇泊位，岸线长 380 米。

南岸（自西至东） 金清大桥东有东海船厂所用岸线 320 米；接续 1.1 公里岸线为宏大船舶修造公司所用，全线驳岸，可靠渔船。G228 与甬莞高速公路之间岸线呈凸岸，未利用，仅甬莞高速公路西侧有元通沙场，系船平台长 40 米。甬莞高速公路东至永安闸出口为永安港区，1964—1982 年建 1 ～ 3 号和煤炭码头 4 座，存续的改建、新建码头自西至东有两个靠岸平台各长 18 米、19 米；永安油库梁板式 1000 吨级高桩码头 2 座，一座平台长 40 米，栈桥长 28 米，一座平台长 23 米，栈桥长 27 米。油库东有砂石码头（一座长 15 米墩式平台，一座平台长 18 米，栈桥长 8 米梁板式高桩码头）。永安闸汉口有搬运码头（高桩，平台长 16 米，栈桥长 10 米），汉内可靠泊渔船。永安闸汉口东有一座高桩码头，平台长 23 米，栈桥长 15 米；再往东为坤垚再生资源有限公司梁板式高桩码头，平台长 25 米，栈桥长 41 米。

金清老河口和黄礁新围地靠埠设施

1996 年，金清出海口改道，建新闸，白沙山南侧老出海通道在上段筑坝，下段河道虽淤涨迅速，仍努力开发新设施，河道北岸新建码头设施如下（自西至东）。

台州国际游艇俱乐部码头，约 400 个游艇泊位。

白沙浮码头，双栈桥三趸船，趸船各长 40 米，栈桥长 46 米，引桥长 28 米。

三栈桥梁板式高桩码头，平台长 212 米，栈桥长 42 米；墩式平台，长 76 米。

图 3-23　20 世纪末，金清港南岸永安港埠面貌（来自 1987 年《温岭水运志》）

2017 年，在白沙西门口建金清港客运码头，高桩梁板式，平台长 87 米，栈桥长 60 米。

2014 年，在老出海通道上段堵坝附近建通航船闸，旨在便利海船进内港，闸孔净宽 25 米，闸底板顶面高程 -3.9 米，采用三角门启闭，一次启闭仅需 1 分多种。闸建成至 2020 年未启用，闸前仍淤涨，闸后仍堵坝。

2016 年，延伸行宫游艇俱乐部项目，选址白沙浮码头和新建船闸之间沿线，建成拥有近 400 个泊位的台州国际游艇嘉年华永久会址。

图 3-24　位于金清港老出海口的行宫游艇俱乐部码头　（2019 年 4 月 2 日《台州晚报》）

白果山、黄礁岛、子云山、道士冠山已全部筑海堤相连，围塘促淤，与温岭东海塘相接。2009 年因有“中卡（卡塔尔）炼化一体化”项目选址黄礁塘。2011 年编制开发黄礁作业区规划时，因项目搁浅，规划未实施。

琅矶山周边靠埠设施

剑门新闸北侧有环场东河闸排水口，闸口至南山头油库岸线长约 800 米，全部石砌驳岸。南山头建有高桩码头 2 座，一座平台长 33 米，栈桥长 6 米；一座平台长 80 米，栈桥长 26 米。

在琅矶山北端婆屿有造船用地，三山涂海堤并不接琅矶山北端，而是与琅矶山留 200 余米宽空隙，长约 800 米，形成一个小海湾，满足渔船靠岸，建有高桩码头，平台长 62 米，栈桥长 20 米。

琅矶山东部 2 公里外有东廊岛、西廊岛，对峙形成有掩护水域，琅矶山同头咀在此水域南端，现为凿山采石区域，但无路可通，欲开辟航埠，尚需开辟陆域土地和疏港道路。

松门、礁山港埠靠泊设施

宋代设松门寨时，其地尚为海岛边防地。元至正年间（1341—1368 年），围萧万户塘将松门连入大陆。此时有木城河—箬松河在老虎山和伏龙山之间入海。明初设松门备倭卫城，即在箬松河南岸，因其是河口港埠，有利于海上御敌。其时入海口北侧老虎山、罾棚头、礁山和南侧伏龙山都已连入大陆，但东面渡楼（大娄）山、龙王山、龙门山、横门山、九洞门岛还是海中岛屿。松门港的港湾在以上岛链的南面，直大山岛北面，港湾中间夹着甘草屿、花罗屿。

松门南部狮子山与炮台山间的古鲸川港水域在清代已淤涨成陆。至 20 世纪中叶，松门南面的松港塘逐步向东北神祉塘推进，伏龙山东北也有舌状淤涨滩涂向海湾延伸。20 世纪末，北面海塘进一步围垦，将礁山、龙王山连入大陆。此时的港口态势是箬松河入海口日益淤狭，北面海塘塘河从罾棚头、礁山与渡楼（大娄）山间入海，入海口水面较宽，称为礁山港，泊船条件优于老松门港；南面神祉塘在伏龙山与白沙岙间围堤，堤外水域成为渔船靠泊地。

古松门港船舶靠埠使用石砌道头，1958 年始建浮式码头，位于礁山港西岸，初建为木质浮码头，因腐蛀，屡修屡蛀，于 1970 年改建为钢筋混凝土一号浮码头，趸船长 29 米，靠泊能力 200 吨级，前沿水深 2 米，1971 年，建礁山水产码头于其南，浮式，趸船长 40 米，靠泊能力 400 吨级，1983 年，建木材专用码头（礁山第三码头），位于一号码头北侧，规格雷同。

21 世纪初，松门、礁山港区沿线迅速发展造船企业，船坞布满伏龙山东舌状滩涂和罾棚头、礁山、渡楼山、龙王山周边海岸以及南部大岩山丰门岭北麓海岸。礁山港东西两岸有 3 座梁板式高桩码头兴建。西岸有海事工作码头，处于水产码头南，平台长 40 米，栈桥长 153 米。东岸 2 座码头，一座平台长 62 米，栈桥长 36 米；一座近岸平台长 42 米。龙王山西南侧凹湾有 30 米长突岸平台用于渔船靠泊。南部丰门岭北麓海岸除船厂利用以外，岸线均有石砌驳岸提供渔船靠泊。

图 3-25　20 世纪 80 年代松门礁山港靠埠设施（来自 1987 年《温岭水运志》）

龙门港区靠泊设施

渡楼山、龙王山、白岩山、龙门岛、

断硼头、横门山、九洞门岛是松门港水道北面的连绵岛链，中间仅渡楼、龙门、横门、九洞门 3 处不相连接，而且龙门非常小，横门宽 186 米，九洞门最狭处仅 100 米。20 世纪末，其连通龙王山，2006 年横门建桥后，除了九洞门岛外，其他岛屿全部陆路相连。

21 世纪初，造船业基地延伸到白岩山岙和龙坦屿，随后在这些地方发展码头。2005 年，台州市港航规划将温岭辖区港口统称为温岭港区，2017 年调整更名为龙门港区，其范围指龙门岛、横门山岛、九洞门山岛及南北沙镬岛围成的港湾，分为白岩山、龙坦屿、横门山 3 个作业区。21 世纪 10 年代，港区码头泊位如下。

白岩山作业区　白岩山作业区原始地貌无平地，规划推平发财头山体，挖方填筑陆域用地，布置万吨级泊位 10 个。至 2020 年仅在发财头北侧有石砌驳岸，并在驳岸外侧建 160 米平台，48 米栈桥梁板式高桩白岩码头。北侧山岙为浙江天时造船有限公司所利用。

龙坦屿作业区　在开山填土的造船基地，建有 2 座梁板式高桩码头，一座平台长 60 米、栈桥长 42 米；一座平台长 250 米，双栈桥长 60 米，135 米。

横门山作业区　2010 年 12 月，在九洞门横门山一侧开工建设浙江龙门港务有限公司 3000 吨级多用途码头，2015 年 1 月建成试运行。码头为顺岸式三栈桥梁板式高桩结构，岸线总长 268 米，栈桥长 60 米，前沿水深 8.8 米，设计通过能力 118 万吨 / 年。在横门山北侧蟹钳嘴头建有振威公司 1000 吨级梁板式高桩码头，平台长 72 米，栈桥长 64 米。

南港山、北港山靠泊设施　在南港山南麓高埠嘴头有岸壁码头和造船厂梁板式码头（平台长 40 米，栈桥长 36 米）、墩式平台，东侧还有油库岸壁式码头和面积为 167 米 ×60 米大型平台；在北港山南麓高鸟嘴等地有多处石砌驳岸，其中岛屿中部有较大平台外加梁板式高桩码头，平台长 30 米，栈桥长 20 米。

除以上码头外，在横门大桥北侧岸线和南侧左右两岙湾，在白岩山南北两岙湾，都有混凝土石砌驳岸可供渔船靠泊。

图 3-26　21 世纪 10 年代末龙门港区横门作业区　（蔡艳芳摄）

龙门港区锚地

按照 2017 年《台州港总体规划》，龙门港在港区东南部设 1 号、2 号锚地，分别为大型船舶候潮锚地和小型船舶候潮锚地，位置随进港航道布置，进港航道由洛岛东侧向西北通过直大山和南沙镬岛间水道，1 号锚地在洛岛北侧 3 公里、牛山东北 4.5 公里，水深 13.5 米，可泊 5 万吨级船舶；2 号锚地更靠近港区，水深 6.5 米，可泊 1.5 万吨级船舶。两锚地面积均约 2 平方公里。

石塘诸渔港靠泊设施

石塘半岛海岸山岬岙湾棋布，民国《台州府志》称“塘多泥筑，少石砌者，唯此塘独砌以石，故即以为全岛总称”。半岛海岸线总长 58.6 公里，渔村分布密集，在 58 个建制村中 54 个为纯渔业村，为全国著名渔乡、国家一级渔港。

石塘在鲸川水道未淤积成陆前为海岛。元代曾是台州三大海上漕运出发港，虽在海中，也因其近岸，大陆内河运粮船可经运粮河、箬松河，跨鲸川海峡运至石塘驳载海船漕运北上。清康熙二十年（1681 年）后，鲸川水道日益淤涨，退潮时可通行上马、石塘、箬山、钓浜，后在松甘、朝阳、南塘、上马等地陆续围塘，鲸川港成陆，炮头山、狮子山、黄牛山、大岙山头、石塘山、箬山与大陆连接。因其是伸向海域的犄角，故称为石塘半岛。

半岛东海岸自北至南有水桶岙、石子湾、大坑沙、洞下沙、钓浜、车关、粗沙头、石塘、箬山等岙湾，除洞下沙以北海岸不适发展渔港外，南部海岸均是良好渔港，大体可分为钓浜、石塘、箬山 3 个片区。

钓浜渔港靠泊设施

钓浜渔港东面有隔海山岛做屏障，港区范围从北侧高岩至隔海山岛北侧沙头，以隔海山岛为外缘，南至笔架礁，构成一个天然避风良港。港内水深 1.7 ～ 7 米，平均高潮位 5.82 米，北侧口门宽约 270 米，东南口门长约 730 米，岸线总长约 5.4 公里，防波堤内港池面积约 1.2 平方公里，可泊各类渔船 2000 余艘。历史上，渔民大多依山砌驳岸靠泊渔船。

图 3-27　20 世纪 90 年代石塘渔港（来自网络新闻）

为减弱港内风浪，2003 年在笔架礁与隔海山岛南面嘴头间修筑长 560 米防波堤。至 21 世纪 10 年代港内有驳岸码头泊位 400 米，固定码头泊位 600 米。其中，位于隔海山岛的码头有 1 座双栈桥梁板式高桩码头，平台长 63 米，栈桥长 25 米；1 座中间串联 52 米 ×38 米墩式平台的梁板式高桩码头，平台长 29 米，栈桥长 45 米；陆岸码头有 1 座 30 米 ×35 米突岸式平台、1 座长 63 米菱形平台。

石塘渔港靠泊设施

石塘渔港海岸自东北至西南，从五岙“东海好望角”经小拦头嘴、流水坑山嘴、蚊虫浜屿、横屿、棺材屿到鹿头咀，弧线长约 6.6 公里，曲折岸线长约 11.3 公里。以流水坑嘴为界，可分为南北两片。北片包括五岙至车关的岙湾和粗沙头两个港湾；南片为石塘本港。北港忌东风，南港忌南风，南北港水深均在 0.5 ～ 4.5 米。

为改善石塘港湾避风条件，1994 年启动建设小蚊虫屿至横屿防波堤，1996 年建成；续建防波堤从横屿向西延伸，于 2013 年完工。防波堤总长 820 米，包括岛屿全长近 2 公里，堤内港池面积约 1.1 平方公里，可泊各类渔船 2000 余艘。

石塘本港和粗沙头、车关两岙湾海岸普遍砌筑驳岸以供系泊渔船，一些部位建较规范岸壁式平台。例如，五岙山嘴有 45 米 ×23 米的岸壁平台，车关有长 256 米的岸壁平台，兰头有根据岙湾地形布置的锯齿形平台和尖突形平台，粗沙嘴有宽 42 米的突堤平台，流水坑山嘴有梁板式高桩码头（油库用，平台长 60 米，栈桥长 23 米）。石塘本港有两个岙湾，以东侧岙湾为主体，湾顶有长 156 米、纵深

48 米岸壁式平台，湾口东侧山嘴有油库岸壁式码头。其他沿岸全依地势砌筑驳岸，西侧岙湾驳岸略少。

箬山渔港靠泊设施

箬山渔港在鹿头嘴西北至杨柳坑岛的沿线。杨柳坑岛、后山、水桶岙岛原都是岛屿，20 世纪 70 年代围垦上箬塘后，岛屿连入大陆，岛东南形成一个大岙湾，大湾两侧有两个小湾。鹿头咀至杨柳坑岛两山岬直线距离约 3 公里，曲折海岸线约 9.8 公里。湾内水深条件不佳，特别是湾顶上箬塘塘坝前沿均为浅滩，苍岙直出海域渐深，苍岙、里箬、东山、杨柳坑为渔民聚居区域，岸线多石砌驳岸，三处突出山岬有突出平台。鹿山咀北小湾和水桶岙也有系船驳岸，小箬村有平台式东海码头，后山西侧有后山码头和造船船台，水桶岙岛东麓有填海造船基地。

箬山鹿头咀向西 1000 多米有大落星岛和小落星岛。2013 年，启动列为温岭市中心渔港二期工程的箬山港区防波堤建设，工程共筑三条总长 2249 米的防波堤，其中南防波堤长 1268 米，连接鹿头咀和大落星岛、大落星岛与小落星岛间堵口长 143 米，从最小落星岛向北筑西防波堤 838 米。三条防波堤阻挡西南风浪涌向箬山渔港，可获有效避风面积 215.57 万平方米，堤内可容 2400 艘渔船停泊。

中部海港各港点油库码头

松门、龙门港区有 4 处储油、供油码头，基本依地势建岸壁式码头，具体位置如下。

花罗屿油库码头　在松门港水道中部龙王山南，与龙王山仅隔 110 米，两岸均有岸壁平台和储油库。

大岩山油库码头　在大岩山与直大山夹持的鹅米门（捣米门）水道最窄处，最窄处通道仅宽 100 米，在其东侧有凹入式岸壁码头。

白岩山嘴油库码头　在白岩山南发财头山嘴，有岸壁式码头。

南港山昌兴油库码头　在南港山南麓高埠嘴头东，有岸壁式码头。

钓浜、石塘、箬山渔港有众多油库分布，有些在崖岸，有些在岛屿，均依地形而建，大都仅靠岸壁式码头靠船。具体分布如下。

钓浜油库码头　共 3 处，一处在港湾中部红岩村岩头，为温岭市东港渔业水产有限公司 2000 吨级菱形平台；一处在南部沙头村，为台州市南方渔业石油有限公司 2000 吨级岸壁式码头；一处在隔海山岛北端沙头，有岸壁和高桩码头。

石塘油库码头　共 8 处，分别位于五岙、兰头、海丰村、流水坑山嘴、湾口东侧山嘴、湾口西侧水仙岙上嘴、梅花屿、棺材屿。其中，较大规模的是建于棺材屿的浙江物产港洲石化有限公司成品油储运基地，2017 年建成 3000 吨级码头，2019 年在建 5000 吨级码头；建于流水坑山嘴的台州华东中油石油公司 2000（5000）吨级梁板式高桩码头；建于湾口东侧山嘴的中国石化温岭石塘油库 500 吨级岸壁式靠埠；此外，大多为岸壁式码头。

箬山油库码头　水仙岙鹿头咀油库岸壁式码头，小箬村 200 吨级万达渔业油品码头。

金清油库码头　位于剑门闸外北侧琅矶山南麓，建有 2 座高桩码头。

第五节　南部海港泊船设施

南部海港包括隘顽、江厦以南楚门半岛和玉环岛的全部海港，其地东、南、西三面环海，北面连陆。在玉环与温岭分设县政的行政区划上，该地并不全部属于玉环县（市），北部江厦、坞根、隘顽属温岭市，但就分水岭地缘而论，江厦、坞根、隘顽区域不属于金清水系流域，其间的梅溪—江厦、横坑溪、横山溪流注乐清湾，大闾溪流注隘顽湾，应属于楚门半岛地缘范畴。

早期港埠依人口集聚情况自然形成，不太考虑水深。故古代楚门半岛港埠在楚门、隘顽（今称岙环、温岭市城南镇）和江厦（今属温岭市沙山港点）三地。玉环岛古港埠以坎门为主，西海岸大麦屿前沿虽有深水条件，但因封闭山岙地小人稀，未被重视。1977 年，全国进行港址普查，对大麦屿岸线作出港口开发的肯定评价，被中国航海学会推荐为全国沿海八大避风锚地之一。20 世纪 80 年代，改革开放的中国转向发展海洋经济，玉环岛西部大麦屿海岸得到重视并着力开发，成为台州港南翼重要港区。

楚门半岛东海岸靠泊设施

楚门半岛东海岸从隘顽到冲担屿均为岬角岙湾地貌，众多岙湾均集聚渔村。自北至南有隘顽（今称岙环、江湾，属于温岭市城南镇）、灵门、沙门、白马岙、下栈头、上栈头（沙头角）、小屿门等处。隘顽为东海岸最早人居集聚地，明洪武二十年（1387 年）因港埠所在，设为备倭千户所。至 2001 年，楚门半岛东海岸形成的较大人居集聚点是温岭市城南镇（古隘顽、大闾，今称岙环、江湾、城南）和玉环市沙门镇、干江镇、龙溪镇。

隘顽古地貌处于大斗山至犁头咀的岙湾内，今岙湾围塘筑坝促淤，海湾消失，湾南犁头山北麓留有渔用港池，四周石砌驳岸利于靠泊渔船。南侧日岙全部崖岸，无利用价值。

灵门至西沙山西部全部淤涨为平地，今开发为沙门镇滨港工业区，北侧桐丽河入海口灵门在闸内辟有渔用港池，池岸砌石，中有砌石长堤均可系船。2019 年，在建灵门 1000 吨级货运码头。灵门南捕门山麓有玉环海航船舶修造公司造船基地，

沙门镇与干江镇间有两个凹湾，处于西沙山和大岙山连线的口门内。南侧凹湾是干江沉积地北延的盐业滩涂，在大岙老宫和钉耙屿建有盐运石砌驳岸码头，老宫盐运码头平台分高低，分别长 15 米、28 米；钉耙屿盐运码头平台面积 55 米 ×16 米。北侧岙湾以西沙山至下沙连线为口门，湾内水域趋向淤涨，西沙山北侧大长兰山山嘴有 1 座伸出式高桩平台（长 80 米）和 1 座梁板式码头（平台长 56 米，栈桥长 20 米），服务于西侧工业园区和砂石运输。

楚门半岛漩门东侧为龙溪水系入海处，此处山岙在 20 世纪末为龙岩乡，今为龙溪镇。1977 年漩门堵坝，楚门通往东北的航线被切断，在大坝东面南侧建 200 吨级石砌岸壁式结构漩门南货运码头，泊位长 16.9 米，宽 11.5 米，前沿水深 5 米；在漩门北侧小山外建小山外口石砌驳岸货运码道，泊位长 14.3 米，宽 16.7 米，前沿水深 2 米；在法山头建石砌纵坡码道。1981 年，又在大坝东侧建石砌纵坡式客运码头，泊位长 26.6 米，宽 6.5 米，靠泊至栈台、白马岙和鸡山、洋屿等岛屿的客轮。

漩门堵坝的后果不仅是让陆路通达玉环岛，实际还起到阻断潮汐通道，使漩门两侧水域迅速淤涨的效果。玉环人即循此后果向海要地，在1999—2005年围筑尖屿至冲担屿至南面山的拦海大坝，实施漩门湾二期蓄淡围垦工程，围垦整个漩门湾。

漩门湾围垦海堤筑成后，堤内水域迅速变为滩涂，原建的三座客货运码头失去作用。客货运航埠转移至坝外栈台山嘴，建有200多米长砌石岸壁供船舶停靠。随着大鹿岛、鸡山岛开发旅游，客流日益增多，为改善栈台码头超负荷营运状况，2013年在下栈台建设300吨级海防执勤码头，弥补客运靠泊的不足。该码头为单侧锯齿形平面多级斜坡道码头，长160米，宽7米，前岸水深2～6.2米。此外，下礁门利用下小屿建梁板式高桩码头，平台长50米，陆地连接下小屿栈桥长80米，下小屿伸出栈桥长40米。

干江镇东侧大岙山至栈台是一列山体崖岸，仅栈头和白马岙有居民，渔村一般以石块砌筑驳岸系船，20世纪70—80年代建的主要码道有下栈头码道（平台面积50米×6.5米）、下栈头水产码头（驳岸6.5米×7米）、白马岙老码道（面积16米×9.2米）、白马岙新码道（平台分高低，分别为57米×7米、20米×5米）等。

进入21世纪，一些部位在岙口筑防波堤，形成避风港，如栈台沙角头；一些部位大片围涂造地，留下狭窄港池作为渔船靠泊地，如灵门渔业港池和隘顽犁头山与犁头嘴间的渔业港池；白马岙有石砌驳岸码头，前方缺乏护卫。

楚门半岛西海岸靠泊设施

楚门半岛西海岸北起江厦港，南迄漩门海峡。北侧梅溪—江厦河系和横坑溪—乌根塘河河系属于温岭市，南部九眼港河系、芳清河系、楚门河系属于玉环市。

江厦、沙山靠泊设施

沙山港即古之江厦港，为乐清湾湾顶梅溪入海口。梅溪短小，但入海口宽大，自江厦至东门头与杨梅山连线的海口长达6.7公里，两岸山谷宽约1.2公里，古代均为海域，俨然是个长条形海湾。明清时海湾水域两侧渐淤，水域仍宽达五六百米，称为江厦港。

江厦港虽无内江航运之利，但湾顶仅隔3公里平坦谷地就是温峤镇，有金清水系西月河、琛峤河通达温峤镇河头。故自大溪成为古徐偃王城、东瓯国王城起，江厦就是台州湾平原经由乐清湾通向温州湾的海口通道。清康熙二十四年（1685年）设浙海关，江厦被设为浙海关家子（葭沚）口所辖旁口。

抗战时期，由于沿海被封锁，温州、台州间的客货运输就改由江厦进出，一时航运十分旺盛，计有客货小气轮十多艘，日客流量五六百人。1955年起，浙江沿海海运畅通，江厦客货运减少，1963年客轮停航。

1967年，在乌沙门山东侧拦坝围垦七一塘。由于江厦地处乐清湾湾顶，海湾最大潮差高达8.93米，1980年，在坝址南端建江厦潮汐发电站。江厦航埠外移至坝外斗门头和乌岩头。

至20世纪末，江厦海湾坝外现状为港湾长2.7公里，原宽达4公里余的湾口，可用航道宽仅130～180米，水深4.5米左右。在北岸乌沙门建有纵坡式道头，南岸道头建有12米长的平台、45

米的长栈桥高桩码头，两岸道头、码头在落潮时都海涂干出。唯在距江厦电站出水口 160 米外，约 600 米长岸线处有六七个石砌驳岸可靠船舶，船舶基本从事砂石转运。

20 世纪末，港埠向港湾口门外沙山西侧东门头转移，直接面对乐清湾，由是称为沙山港点，但东门头道头小港湾基本渔用，前沿落潮时也有滩涂干出。货运港埠再向南移至东门头南侧瞿屿，建双栈桥高桩码头，平台长 128 米，栈桥分别长 78 米、28 米；另在南侧又建 88 米长靠岸平台。

楚门、清港靠泊设施

楚门、清港为楚门半岛西海岸淤涨地上非常早的人居集聚点之一，元至正年间（1341—1368 年），楚门区域开始围垦南塘，人口逐渐集聚，形成楚门、清港两个古渡口。

明洪武二十年（1387 年），楚门设为备倭千户所。明永乐《乐清县志》载："楚门海渡……在玉环乡南社、北社往来所渡"；明嘉靖《太平县志》载："在山门（指清港以北横山、乌根直至乐清水涨、大荆一带）、楚门往来之冲，官置渡夫二名。"前者指楚门与玉环岛芦浦间的深浦古渡，后者指清港两岸间的清港渡。深浦古渡口在今楚门渡头村和芦浦道头村，清港渡在玉升桥处，桥建于清咸丰三年（1853 年），桥成渡废。古渡口靠泊设施仅是石砌道头。

楚门航运不止于陆岛津渡，海船还可西通乐清，南通温州、福建，过漩门往北，还可通台州湾、杭州湾、长江口。因其地利优势，明代在楚门设置备倭千户所，成为军港。明代楚门对外航埠在古所城外侧，清同治十一年（1872 年）再围南北塘，平原扩大，港埠外移至外陡门，此时的航埠只有石砌埠头，大船依靠舢板过驳上落客货。

1954 年，楚门驻军在长钓咀南建小型木质浮码头，此为玉环县首座码头；1956 年，部队调防，码头移交地方交通部门，1962 年因腐蛀拆除。20 世纪 50 年代，因外陡门港区过于狭窄，港埠转移至西南 600 米小龙王处。始建于 1960 年的小龙王码头为石砌驳岸结构，长 50 米，宽 8 米，候潮可泊 50 吨以下船舶；同年，在漩门西侧南北两岸各建深浦汽车轮渡码头，码头单边锯齿形石砌，北码头平台面积 80 米 ×20 米，南码头平台面积 85 米 ×20 米，1964 年改为双边锯齿形。1965 年，在楚门北侧清港凡塘建石砌驳岸泗头码头，平台面积 19 米 ×10 米。1966 年，于小龙王南侧长钓咀建 500 吨级石砌岸壁式客货码头，分设高、低水位平台各长 45 米、28 米，分别供货船和客船靠泊。

1976 年，芦浦海岸牛头山建 1 号、2 号、3 号石砌驳岸码头，平台面积分别为 19.5 米 ×7 米、11.2 米 ×5.4 米、13.4 米 ×5 米。

1977 年，漩门筑坝堵口，陆岛连接通车，渡口和汽车轮渡撤销，同时阻断了楚门通过漩门至鸡山岛、披山岛、海门、宁波、上海的东北航线通道。

漩门筑坝后，潮汐通道阻断，近岸水动力减弱，楚门和芦浦海岸迅速淤涨，楚门至乐清湾航道淤浅变窄，由是于 1978 年在航道出口分水山嘴建简易石砌码头。2006—2010 年，实施漩门湾（漩门以西）三期蓄淡围垦工程，围垦地西及鹰公岛，原西出航道变为内河，楚门已不在海岸，航埠淘汰；清港泗头码头、芦浦牛头山石砌码头也都失去效用。2016 年，围堤内河诸相间地貌被国家林业局公布为国家湿地公园，原出海通道被称为玉环湖，与之相接的主要水系为九眼港水系和芳清河—泗头港水系。纵横河道为开发水上游览提供良好条件。

三期围垦海堤南起分水山嘴，经鹰公岛北至小青山、台山。由是，在分水山嘴简易石砌码头处又建 2 座梁板式码头。一座码头的平台长 36 米、栈桥长 146 米；一座码头的平台长 30 米、栈桥长 20 米。又在小青山建梁板式码头，平台长 46 米、栈桥长 22 米；又建简易码头 1 座，其平台长 12 米，栈桥长 140 米。

坎门港、玉环岛南部靠泊设施与锚地

玉环岛南端海岸自西南角大岩头起至东部坎门头，又转北至尖屿，均为基岩海岸，极少淤涨涂地，山岬谷地遍布渔村。最大港湾坎门湾位于中部偏东，三面为陆域群山环抱，湾口向南，水深西浅东深，主要人口聚居在东北湾顶前沙（前岙）以及钓艚岙、鹰捕岙。主要港埠在钓艚岙、前沙、鹰捕岙。

清同治年间（1862—1874 年），坎门工商兴起，渐有客货往来。民国 3 年（1914 年），在鹰捕岙桑叶嘴头建坎门外码道，在钓艚岙拗口西角建坎门内码道，甬瓯航线客货轮在坎门弯埠停靠，继有椒瓯、黄瓯、沪瓯诸线客货轮弯埠停靠。当时港埠作业区只有码道，无码头，轮船锚泊南排山一侧，靠舢板过驳客货。货船、渔船则在前沙搁滩装卸。

20 世纪 50 年代末，曾以条石砌岸，供 20 吨以下的船舶靠岸装卸。1963 年，在外口路仔脚建首座客货码头；1970 年，又在老油库外建一座装卸码头。1972 年于大山墩西麓建 1 号石砌岸壁式码头，设高、中、低水位平台各 18 米、10 米、14.4 米，前沿最小水深 3.5 米，但该处向西，夏秋风浪大，不能常年作业。1980 年在其内侧建 2 号石砌平台式码头，泊位长 27 米，可泊 500 吨级船舶。1981 年，坎门前岙（前沙）围垦，原码头被围在大坝之内，港区外移。1984 年，建坎门渡运码头。

20 世纪 70 年代末至 80 年代，坎门湾内东部东安村、路仔脚曾建石砌驳岸码头有东安冷冻厂码头、坎门木材站码头、坎门粮管所码头、县水产公司码头、县水产公司制冷码头、鞍玉冷冻厂码头、县燃料公司码头、县渔工产品码头、坎门渔港管理所码头、坎门盐业所码头、坎门供水码头等。湾西部里黄的里岙冷冻厂、南山冷冻厂、黄山冷冻厂都建有石砌驳岸码头。20 世纪末 21 世纪初，随着湾内岸线的改造，这些驳岸码头发生兴废变化。

为减轻港内风浪，1988 年启动防波堤工程，在黄门赤礁山和大山墩狗仔尾山间筑堤，轴线长 1846.9 米。一期工程为 630 米东堤，二期 930 米西堤于 2003 年完工。堤内避风海域达 5.3 平方公里。2007 年后，东部湾内全线为砌石护岸，在前岙塘堤外兴建双栈桥 110 米长平台梁板式高桩码头 1 座、32 米长伸出式高桩平台 2 座、平台长 16 米、栈桥长 46 米高桩码头 1 座，共形成 14 个泊位，其中卸鱼加冰泊位 7 个、货运泊位 6 个、渔政专用码头 1 个。

坎门湾周边鲜迭、黄门北岙、钓艚岙、鹰捕岙（鹰东）、东沙、后沙、前台、玉岙、赤口、后台等岙口均分布渔村。各渔村石砌驳岸大都在 20 世纪 70—80 年代建造。此时或其后建造的平台式码头、高桩码头，自西至东排列如下。

鲜迭码头　20 世纪 70 年代有 3 座石砌驳岸码头，后筑堤围涂，今留南山头嘴 7 字形石砌平台，总长约 100 米。

黄门北岙码道　20 世纪 80 年代建，石砌驳岸，长 24.6 米，宽 3.6 米。

黄门外辽码道　20 世纪 80 年代建，石砌驳岸，长 30 米，宽 4 米。

贼岙口民主冷冻厂码道　1985 年建，石砌驳岸，长 110 米，宽 16.3 米。

打锣坑民主冷冻厂码道　1985 年建，石砌驳岸，长 33 米，宽 20 米。

赵三王县水产冷冻厂码头　1975 年建，石砌平台面积 68.5 米 ×10 米，石砌岸壁面积 42 米 ×12.5 米。

钓艚水产市场码头　1979—1986 年建，石砌岸壁和伸出平台，总长约 340 米。

鹰东客运码头　1998 年建，梁板式高桩码头，平台面积 52 米 ×11 米，栈桥长 30 米。

鹰东南山石油码头　1978 年建，120 米栈桥接叫人屿，再以 33 米栈桥接高桩平台，平台面积 52 米 ×11 米，另加靠礁平台面积 60 米 ×11 米。

鹰东南山渔业码头　石砌梯形伸出式平台，平台长 34 米，宽 15 ～ 24 米。

鹰东瓜子金渔业码头　1982 年建，独立石砌梯形平台，平台长 28 米，宽 25 ～ 35 米。

鹰东东沙渔业码头　1981 年建，石砌驳岸，长 26 米，宽 14 米。

后沙县海洋渔业开发公司码头　1984 年建，石砌驳岸长 30 米，宽 16 米。

西台 5 座水产冷冻码头　20 世纪 80 年代建，鲳鱼岙水产码头，伸出式石砌平台，平台面积 32 米 ×11 米；玉岙水产冷冻码头，石砌驳岸长 20 米，宽 15 米；玉岙水产码头，石砌驳岸长 30 米；灯塔冷冻厂码头，石砌驳岸长 8.6 米，宽 20 米；红旗冷冻厂码头，石砌驳岸长 40 米，宽 14 米。

以上各码头驳岸长宽仅是初建数据，以后均有扩建。其中，玉岙是个驳岸建筑较完整的渔船靠泊岙湾，驳岸几乎布满岸线。

坎门湾防波堤外锚地一般是西侧锚泊小型船舶，吃水较深船舶宜在东部锚泊，水域泥底，可避 8 级除南—东南风以外诸向风。

大麦屿港区靠泊设施

大麦屿原为玉环岛西海岸中部陈岙河系入海处一个陆连岛，周边有渔民聚居，为大麦屿村。晚清时期，西海岸外马道设渡船，摆渡对岸乐清华锹。嘉庆十六年（1811 年），官府为埠头勒石，核定章程。清道光年间（1821—1850 年），沈、刘两族里人又在大麦屿与白墩建埠头，开辟至乐清下堡的津渡，但由于西海岸被群山围绕，交通闭塞，人口稀少，渡运并不正常，埠头也简陋。

1959 年筑环峰公路，1960 年兴建一座石砌纵坡客货码头，长 101 米，前沿水深 2 米。20 世纪 70 年代，建白墩码头，石砌纵坡，长 28.5 米，宽 5.7 米；建青马老码头，石砌驳岸，长 14.5 米，宽 5.8 米。20 世纪 80 年代，建连屿码头，石砌纵坡，长 29 米，宽 10.5 米；建青马新码头，石砌驳岸，长 14 米，宽 7 米。1986 年，建龙湾码头，石砌岸壁，长 20 米，宽 11.5 米。1988 年，建外马道搬运码头，石砌驳岸，长 19 米，宽 15 米。

1985 年，省交通厅批准大麦屿海上煤炭过驳基地项目，在石砌码头北侧兴建 1 座 1000 吨级综合浮码头，置 2 艘长 40 米趸船，栈桥长 120 米，前沿水深 7 米。与此同时，在码头外 1000 米处的深海设置间距 253 米的 3 只系船浮筒。码头建成，石砌纵坡码道为渔民所用。

1996 年编制的《浙江省城镇体系规划（1996—2010 年）》设定大麦屿港功能为“台州市对外开放重要窗口”；1997 年，台州市港口总体布局规划设定大麦屿港区 9 个作业区为电厂专业煤码头区、散杂货区、件杂货区、集装箱区、客运区、港口支持岸线、修造船基地、石油基地、地方小船区。至此，玉环岛西海岸自西南角大岩头至连屿再向东北拐至蟹钳山头均为规划中的大麦屿港区，各种靠泊码头陆续兴建。

《台州港总体规划（2017—2030 年）》对大麦屿港区的作业分区为：连屿以东岸线为普竹作业区（包括通用作业区、液体散货作业区、港口物流区），连屿至华能玉环电厂为连屿通用作业区，连屿作业区至白墩为玉环电厂区，白墩至小麦屿东侧为港口支持系统区，小麦屿至大麦屿为大麦屿集装箱作业区，大麦屿至米桶岙为规划外军事区，米桶岙至大岩头为大岩头液体散货作业区。

其中尚未开发的作业区是：普竹作业区，岸线长约 6.7 公里；连屿作业区，岸线长约 1.8 公里；大岩头作业区，岸线长约 2.1 公里。已开发区域是：华能玉环电厂区，岸线长约 1.4 公里，陆域纵深 640 ～ 800 米；港口支持系统区，岸线长约 1.1 公里；大麦屿作业区，岸线长约 2.5 公里；军事岸线长约 2.2 公里。

至 2020 年，原大麦屿千吨级浮码头已消失。下文按规划分区，自北至南，罗列大麦屿港区现存和新建码头。

规划普竹作业区

箬帽礁码头　位于蟹钳山头外侧，平台长 54 米，栈桥长 36 米。

玉环滚装轮渡码头　位于连屿山嘴头，2001—2003 年建，平台长 160 米，栈桥长 400 米，用于对乐清的汽车轮渡，2019 年 10 月，因甬莞高速公路乐清湾大桥建成撤渡。

规划连屿作业区

其尚未开发，现状岸线为浙江佳诺混凝土有限公司、浙江海诚造船有限公司、玉环昌利锻造机械有限公司所用。

华能玉环电厂区

其位于下青塘，电厂码头分两期建设，2004 年 6 月开工，2006 年 11 月试运行，2013 年 4 月竣工。一期工程平台长 104 米，栈桥长 470 米；二期工程平台长 550 米，栈桥长 1200 米，前沿水深 15.95 米，为 2 个 5 万吨级泊位（允许靠泊能力 10 万吨级）梁板式高桩码头。总设计通过能力 940 万吨 / 年。

港口支持系统区

白墩码头　20 世纪 70 年代建，位于白墩山嘴对出，平台长 20 米，栈桥长 70 米，民用。

港口支持工作码头　位于海事处码头北，有 2 平台 2 栈桥，一平台长 190 米，栈桥长 140 米；另一平台长 60 米，栈桥长 140 米。

玉环海事处工作码头　位于鸡蛋山北，梁板式高桩码头，平台长 60 米，栈桥长 140 米。

鸡蛋山码头　位于鸡蛋山，高

图 3-28　10 万吨级巨轮靠泊玉环华能电厂码头　（2023 年 8 月 18 日《浙江日报》）

桩码头，平台长 80 米，栈桥长约 25 米，民用。

大麦屿作业区

2 万吨级多用途码头（粮食储运码头）　位于小麦屿对出，梁板式高桩码头，1999 年开工，2001 年试运行，2018 年验收。其兼顾 3 万吨级散粮船和 1.5 万吨集装箱船（水工建筑允许靠泊 3 万吨级），岸线总长 280 米，平台长 153 米，栈桥长 324 米，前岸水深 15 米。

5 万吨级多用途码头　位于小麦屿与大麦屿之间，2006 年 8 月开工，2008 年 8 月试运行，2010 年 1 月验收。顺岸布局梁板式高桩码头，岸线总长 598 米，平台总长 615 米，三栈桥各长 195 米，前沿水深 17.2 米。有 1 个 3 万吨级泊位（允许靠泊能力 7 万吨级）和 1 个 5 万吨级泊位（允许靠泊能力 7 万吨级），总设计通过能力为 235 万吨 / 年、集装箱 10 万标准箱 / 年。

对台直航客货滚装码头　紧接 5 万吨级多用途码头之南，顺岸布局梁板式高桩码头，2013 年 8 月开工，2014 年 5 月试运行，2017 年 9 月竣工。平台总长 340 米，双栈桥各长 200 米、225 米，前沿水深 15 米。有 1 个 3 万总吨客货滚装泊位。设计通过能力集装箱 48 万标准箱 / 年、14 万车 / 年。

图 3-29　21 世纪 10 年代大麦屿港区 5 万吨级多用途码头　（庞伟伟摄）

大麦屿改建码头　梁板式高桩码头，改建于原 1000 吨级浮码头处，平台长 90 米，栈桥长 140 米；再向东续接平台长 100 米，连接栈桥长 62 米。

大麦屿尖嘴礁码头　高桩式码头，平台长 33 米，栈桥长 33 米。

尖嘴礁无栈桥系船平台　位于尖嘴礁南，高桩平台，长 306 米，宽 12 米。

大麦屿斜坡道头　位于尖嘴礁南，纵坡长 380 米。

军事岸线

军事岸线位于古顺草皮塘外，在大麦屿南围塘至米桶岙陡门上，围堤平行建顺岸布局梁板式高桩码头。平台总长 350 米，栈桥长 447 米，平台南连接 50 米长趸船 3 只，前沿水深 13.5 米。

大岩头作业区

米桶岙山嘴靠泊驳岸　陡门上山嘴有 2 处石砌驳岸可供渔船靠岸。

大龙湾靠泊驳岸　大岩头北侧大龙湾山嘴有 2 处石砌驳岸可供船舶靠岸。

玉环周边岛屿靠泊设施

玉环周边海域 13 个有人居住岛屿组为 2 个乡：由茅埏岛、茅坦岛、大横床岛、大青岛、小青岛（今已连入大陆）组成海山乡；由鸡山岛、洋屿岛、大鹿岛、中鹿岛、披山岛组成鸡山乡。乐清湾中部江岩岛隶属玉城街道，坎门南部外黄门岛隶属坎门街道。这些岛屿都有陆岛交通需求和渔船靠泊需求，尤其是辟为旅游景区的大鹿岛更是陆岛交通热点。各处交通船靠埠状况如下。

茅埏岛靠埠设施　20 世纪 60 年代，茅埏岛在抛西建石砌驳岸高、低码道，各长 85 米、103 米。1976 年在礁头山建石砌驳岸高、低码道，各长 45 米、18 米。今茅埏岛上抛西建有高桩码头，平台长 44 米，栈桥长 31 米。南山建有高桩码头，平台长 30 米，栈桥长 43 米，南侧有石砌锯齿形斜坡平台。大岩头礁有石砌纵坡码道。虹田有石砌驳岸。

茅坦岛靠泊设施　1988 年于岛西侧建石砌驳岸高、低码道，各长 30 米。

大横床岛靠泊设施　1984 年于山岗头建锯齿形石砌岸壁坡道。东头村建有石砌驳岸。

大青岛靠泊设施　1981 年于西岙建石砌驳岸高、低码道，各长 11 米、45.2 米；东岙建有石砌驳岸 60 米。21 世纪在东岙建高桩码头，平台长 70 米，栈桥长 64 米。

江岩岛靠泊设施　在马槽山嘴建高桩码头，平台长 53 米，栈桥长 28 米。

外黄门岛靠泊设施　21 世纪初，岛西北建梁板式高桩码头，平台长 63 米，双栈桥长 23 米、11 米，为储油库服务。

鸡山岛靠埠设施　鸡山岛主要人居聚落在北部前岙，港埠为面西凹湾，1967 年在前岙建老码道，石砌驳岸，长 47 米；20 世纪 80 年代又建石砌驳岸客运码道，长 52 米。后又建 30 米长平台、88 米长栈桥高桩码头，继改造扩建为一个约 240 米长伸出式高桩平台和一个用 100 米栈桥连接的 100 米长锯齿式高桩平台。前岙凹湾有驳岸良好的港池，沿线长 500 余米。此外在鸡北渡礁建有 97 米 ×45 米重力平台。岛屿向南延伸狭长山体，称为火车山，西南端有聚落称火车村，在大火车村、小火车村、黄沙岙、蛇山、后岙均有石砌驳岸和码道。

洋屿岛靠泊设施　在 20 世纪 70—80 年代，先有客运老码道和水产码道，后在水产码道建楔形石砌客运码头平台，伸出海域约 90 米；其他在后岙、鸡公山有石砌驳岸。

大鹿岛靠泊设施　位于大鹿岛、小鹿岛连接处南侧，建面积 55 米 ×22 米的石砌平台。

披山岛靠泊设施　靠埠在岛屿西海岸中部中岙，有石砌平台水产码头、军用码头和避风小凹湾。

在公路不畅的年代，玉环岛沿海某些山岙因陆行为山岭所阻，常靠渡运与外界联系，这些闭塞海岸，如大龙湾、鲜迭、木杓头栈台、白马岙等地在无公路时，对外交通常依赖船运，因而都修建靠埠以应需要。

乐清湾锚地和披山锚地

乐清湾夹在乐清大陆和玉环岛、楚门半岛之间，三面挡风，在 1977 年全国沿海港址普查中被认为是天然避风良港。1986 年《中国沿海航路图集》在乐清湾海域标有 1 ～ 5 号锚地，具体如下。

1 号锚地　在清江入海口南，茅埏岛西，也称清江渡锚地，水深 2 ～ 10 米，泥底，面积约 3.48 平方公里，可避西北风。

2 号锚地　在大乌山与茅埏岛西角连线以西乐清澳水道，水深 5 ～ 10 米，泥底，面积约 3.36 平方公里，可避西—西北大风。

3 号锚地　在江岩岛与玉环岛西北海岸之间，水深 5 ～ 7 米，泥沙底，面积约 1 平方公里，可避 7 ～ 8 级东—东南风，可泊 0.1 万～ 0.3 万吨级船舶。

4 号锚地　在白墩至连屿海岸对出海域，水深 5 ～ 20 米，泥底，面积约 9.8 平方公里，可避东北—东—东南诸向风，可泊 0.1 万～ 5 万吨级船舶。

5 号锚地　在大麦屿对出海域，水深 5 ～ 20 米，泥底，面积约 7.5 平方公里，可避东北—东—东南诸向风。

2017 年的《台州港总体规划（2017—2030 年）》所划锚地除维持以上现状外，在鲜迭南侧海域设大麦屿引航检疫锚地，面积约 2.6 平方公里，泥底，水深 10 ～ 18 米，可泊 1 万吨级船舶。在水深 18 ～ 20 米海域扩大候潮锚地至 13 平方公里，可泊 5 万～ 10 万吨级船舶，并在 -15 米等深线附近设 12 平方公里的危险品锚地，可泊 5 万～ 10 万吨级船舶。

披山岛孤悬东部披山洋海域，岛屿东西两侧可为渔船提供避风锚地。东南向东湾锚地位于湾澳 -10 米等深线以内，泥底，可避 7 ～ 8 级西北—西风；西侧锚地位于草屿与小披山之间 -5 米等深线以内，泥底，可避 7 级东—东南风。

第六节　北部海港泊船设施

北部海港包括桃渚港、洞港、浦坝港以北三门湾西岸全部海港。三门湾沿海有五大水系入海，自北至南为清溪—旗门港、珠游溪—海游港、白溪—健跳港、花桥溪—浦坝港、山场溪—洞港。以健跳港区为最具发展前景的深水港。

旗门港靠泊设施

清溪下游在三门县境内，但其入海口旗门港则为三门与宁海之县界，潮区界可达沙柳溪头村。古代，沙柳东侧海域宽阔，清光绪《宁海县志》载“旗门义渡……右龙头山，左旗门圆珠，两山对峙。清光绪二年（1876 年），周应甫设渡船及南北道头”。民国期间，南岸渡口设笔架山西侧外黎，北岸渡口设道岸头。渡口布置石砌道头，也是海船靠泊处。

近代海湾逐步淤涨，笔架山、火炉头以西淤积为旗门塘，仅留宽百米以内河道，已难通航。笔架山嘴至白旗巉段长 10 公里，水道仍宽 350 ～ 1000 米，尚可通航，仅在乌龟山外侧有石砌斜坡道头和面积为 43 米 ×32 米的宽石砌平台可靠船。

海游港靠泊设施

珠游溪潮区界在今海游桥，以下称海游港，水面较宽。宋代以前有海游渡设木杓山南麓。海游港近海段长浪山北麓靠海山嘴在唐代即为海疆卫防之地，明代设备倭巡检司，民国时也驻海警，1949 年后也设边防哨所，都设靠船埠头。

清代，海游港全段在上山头、善岙—三山岙、潺岙—沙塘、水岙门—黄屿、江边山—花鼓漫岛、巡检司—花鼓漫岛等处均设渡口。渡口两岸均有石砌道头，也是对外海船靠泊处。

民国时期，岭下埠头可靠100吨级以下船舶，在黄埠突设轮船埠头。民国18年（1929年），上海商人许廷佐在历史上的巡检司驻地建益利码头。1954年，在黄埠突建102米长石砌岸壁式码头。1971年，在蒲西巡检司旧地建300吨级钢筋混凝土浮式码头，趸船长36米、宽8米，前沿水深5米。

由于黄埠突位于珠游溪弯道和亭旁溪的入海河口，潮水涨落使河岸坍塌，航道淤塞，50吨船舶难以进入。1978年，废弃黄埠突水道和航埠，裁直河道；1982年在新河岸建面积为50米×15米的石砌岸壁式新港码头，前沿水深3米，靠泊能力50吨级。

图 3-30　21世纪10年代三门六敖港口沿岸利用卫星影像图

至2020年，海游港上段进一步淤涨，沿途仅善岙两对岸、水岙门两对岸有石砌岸壁式码头可供船只靠泊。主要靠埠在蒲西（原巡检司区域），有一座300吨级高桩梁板式蒲西油库码头（货运兼用），平台长28米，栈桥长38米，码头西侧78米岸壁式平台也可靠船；此外，西侧又有一座面积为40米×9米的墩式平台用于装卸建筑用砂石。

蛇蟠水道两岸靠泊设施

历史上主要有为蛇蟠岛陆岛津渡所设的渡口埠头，有两渡，一为巡检司渡口对蛇蟠岛黄泥洞（野人洞），一为上敖渡口对蛇蟠岛山前村。

至2020年，蛇蟠岛的靠泊设施有石砌斜坡道头3处，一为上（敖）蛇（蟠）轮渡码头，锯齿斜坡道头，连接陆上上蛇线公路；一在野人洞山嘴对出，为锯齿斜坡道头；一在山前村，在轮渡码头西侧，建有1座梁板式高桩码头，平台长83米，栈桥长134米；1座浮码头，趸船长40米，栈桥长116米。

蛇蟠水道大陆沿岸靠泊设施有：上敖轮渡码头，1998年建，为锯齿形斜坡式道头；轮渡码头东有三门县海湾实业有限公司码头，梁板式高桩码头，平台长85米，栈桥长400米。21世纪10年代末，建甬莞高速公路蛇蟠大桥，桥址在上敖轮渡码头东侧和蛇蟠岛山前村间。大桥桥址至赤头山嘴4.2公里沿线为造船基地，中间位置有2017年建台州恒投工贸有限公司5000吨级货运码头，赤头山嘴西侧有渔船靠泊港池。

赤头山嘴以东至黄岩嘴头为电力基地岸线，乌龟嘴头建有三门核电厂重件码头，建于2007—2010年，梁板式高桩，平台长122米，斜插栈桥长100米，前沿水深6米。

图 3-31　三门核电项目效果图，右侧海岸有配套重件码头。（来自2009年12月16日《济南日报》）

健跳港区靠泊设施

健跳港在唐贞观三年（629年）即有六市船定期（每月六次）航行在健跳与东关（今石浦）间，宋驻军防，明设备倭千户所，清驻水师，历代均为港口要地。区域内设有下罗、铁强、梅岙、沙木、黄门（王门）、健跳、龙山（狗头山）7津渡，渡船靠泊石砌道头。清康熙二十四年（1685年）设浙海关，健跳被设为浙海关家子（葭沚）口所辖旁口。鸦片战争后，意大利人觊觎健跳港深水条件，提出租借三门湾而未果；辛亥革命后，健跳港深水条件又被孙中山看中，将开发三门湾写入《建国大纲》。

20世纪50年代至2013年，健跳区域行政建制仅辖健跳港下游段和至猫头的东海岸，2013年调整建制，合并北部六敖镇，辖区包含蛇蟠水道南岸。因而现行健跳港区包含六敖海岸、健跳港北岸、健跳港南岸、龙山海岸、洋市涂海岸、牛山海岸（地属浦坝港镇）6处。六敖作业区已在上文“蛇蟠水道两岸靠泊设施”记叙，以下分叙其他5区靠泊设施。

健跳港北岸靠泊设施

北岸王门峡至鹭鸶山为传统港区，20世纪60—70年代所建部分码头今已无存。当代岸线向东西两侧延伸，西侧有渔港安排，东侧下沙塘作为一个作业区来开发。以下为健跳港北岸自西至东消失和现状码头布置。

下罗渡口　已消失古渡口，位于健跳港上游下罗滩北侧，也称小水埠。

铁强渡口　已消失古渡口，位于健跳港上游东山东麓，对岸为东郭渡口。

凤凰山码头　位于凤凰山脚下，为古梅岙渡北渡口，20世纪60—70年代始建码头，今西侧山脚有浮码头1座，趸船长34米，引桥长20米，东侧山脚有石砌道头。

健跳一级渔港码头　位于黄门峡西侧七八百米，分两期建设，首先于2009年建成东侧单栈桥双趸船浮码头，栈桥长60米，趸船各长40米，前沿水深8米，定为国家二级渔港。继于2011—2014年在西侧续建3栈桥6趸船浮码头，栈桥长60米，趸船各长40米，升为国家一级渔港。

健跳渔港工程码头　位于健跳渔港东侧，建于2005—2006年，梁板式高桩码头，平台长116米，双栈桥长215米，前沿水深7米。

绣山水泥厂码头　位于铁冠山脚西麓，建于2009年，梁板式高桩码头，L形平台长62米、22米，斜插栈桥长30米，前沿水域狭窄。

黄门渡口　已消失古渡，见清光绪《宁海县志·津渡》，明崇祯《宁海县志》记有“常乐渡，健跳城外，明正德年间（1506—1521年）里人张士斌造舟以济渡”。

图3-32　21世纪10年代健跳港两岸码头和造船基地　（许伟杰摄）

健跳油库码头　位于铁冠山东南麓西山

头村南，1982 年建，钢筋混凝土浮码头，趸船 32 米 ×6 米，栈桥长 26 米，前沿水深 5 米，靠泊能力 300 吨。

健跳港一号码头（原称三号码头） 位于油库码头东，该码头原于 1982 年选址在现码头东侧 300 米建设。1983 年发生滑坡，改选现址建设。1985 年完工，改建为梁板式高桩码头，平台长 63 米，栈桥长 100 米，前沿水深 5 米，靠泊能力 1000 吨级（兼靠 3000 吨级）。

三门海事工作码头 位于一号码头东侧，梁板式浮码头，趸船长 62 米，栈桥长 73 米。

健跳二号码头 位于海事码头东侧，水产码头西侧，1958 年由健跳炼焦厂始建，初为 200 吨级木结构埠头，泊位长 34 米；1966 年改建为 200 ～ 300 吨级木质浮码头；1980 年改建为钢筋混凝土浮码头，趸船长 36 米，宽 8 米，栈桥长 28 米，前沿水深 3.8 米。

健跳水产码头 位于二号码头东侧，车渡口西侧，原为木质浮码头，1980 年改建为钢筋混凝土浮码头，趸船长 36 米，宽 9 米，栈桥长 30 米，前沿水深 3 米，靠泊能力 300 吨级。

健跳车渡北岸码头 位于琴江路口，是面积为 52 米 ×5 米块石混凝土结构的五级锯齿形码头，前岸水深 1 ～ 1.5 米，建于 1958 年，2001 年健跳大桥建成，码头废弃。

健跳人渡北岸码头 也称北道头渡口，位于车渡码头东，自古为南北津渡要冲，1987 年改建原有埠头为五级锯齿形石砌码头，前沿水深 1 ～ 1.5 米，2001 年健跳大桥建成，撤渡。

健跳三号码头（原一号码头） 位于瞭高山南鹭鸶山南麓，始建于 1966 年，初为木质浮码头。1971 年改建为钢筋混凝土浮码头，趸船长 32 米，宽 8 米，前沿水深 10 米，靠泊能力 300 吨级。

健跳船厂码头 位于瞭高山鹭鸶山东麓，船厂岸线长 647 米，前沿水深 3.5 米，2009 年起就陆续建了 3 座码头。最南侧为 36 米长趸船浮码头，紧靠北侧为 68 米长平台高桩码头，北面为大型梁板式高桩码头，平台长 150 米，栈桥长 30 米。

台州亚达公司码头（后为东南特钢集团三门特钢有限公司码头） 位于瞭高山东下沙塘，2006 年建成，为 1000 吨级双栈桥梁板式高桩货运码头，平台长 113 米，栈桥长 44 米，前沿水深 4 米。

下沙塘浮码头 趸船长 45 米。

健跳港南岸靠泊设施

南岸古渡埠在圆山之东，鲳鱼山东北江岸，南宋高宗南渡曾经此，故有车马渡之称。今岸线东部多造船企业和砂石转运场地，黄门峡至鸡公屿沿线将作为七市塘作业区来开发。健跳港南岸自西至东消失和现状靠泊码头布置如下。

下罗渡口 已消失，位于健跳港上游峙山，流亭公路下罗大桥建成，渡撤。

东郭渡口 已消失，位于东郭长山嘴，为铁强渡东渡口，对岸渡口为铁强渡。

梅岙渡口 已消失古渡口，位于梅岙江岸，对岸为凤凰山渡口。

大宅渡口 已消失古渡口，位于大宅塘，为沙木渡南渡口。

岙口塘黄沙码头 位于岙口塘南侧，大牛山北，20 世纪 60—70 年代建。

健跳车渡南岸码头 位于圆山东侧，建于 1958 年，是面积为 52 米 ×5 米块石混凝土结构的五级锯齿形码头，前岸水深 1 ～ 1.5 米，2001 年健跳大桥建成，码头废弃。

健跳人渡南岸码头 位于鲳鱼山东北，古为石砌道头，1987 年改建为五级锯齿斜坡码头。2001

年健跳大桥建成撤渡。

圆山浮式码头 原车渡码头撤渡后改建为浮式码头，趸船长 50 米，宽 20 米。

健跳 5000 吨级多用途码头 位于原车渡码头东侧，2004—2006 年建成 5000 吨级梁板式高桩码头，平台面积 105 米 ×18 米。

浙江晧友船厂码头 位于高湾山西侧鸡公屿，建于 2006 年，为梁板式高桩造船专用舾装码头，平台长 187 米，栈桥长 82 米，前沿水深 4 米。

浙江海滨船业公司码头 位于高湾山西麓老鼠屿，2007 年建成，3000 吨级梁板式高桩码头，平台长 112 米，栈桥长 42 米，前沿水深 4 米。

浙江金茂船业公司码头 位于高湾山北麓，建于 2007 年，梁板式高桩码头，平台长 180 米，前沿水深 5 米。

鑫捷砂石码头 位于高湾山北麓，2003 年建成，梁板式高桩码头，平台长 54 米，前沿水深 5 米。

三门金海岸装卸队码头 位于高湾山东北角门头嘴，始建于 20 世纪 60—70 年代，后改建为梁板式高桩码头，平台长 60 米，栈桥长 62 米。

图 3-33 洋市涂在围涂开发中（来自台州在线）

龙山海岸靠泊设施

龙山为健跳港口门的岛屿，古称狗头山，全岛皆山，仅东北部龙肚沙（狗头沙）岙里有少数渔民聚居，渔民除靠渔船出入外，也开辟渡运来往大陆，岛上渡埠在龙肚沙，仅有石砌道头，陆上渡埠在健跳人渡码头。因其西南岸线水深条件优良，拟作为龙山深水港作业区来开发。

洋市涂海岸靠泊设施

洋市湾为高湾山与平岩山两山岬间的凹湾，湾顶洋市村、上洋村、下洋村、武曲村均为传统渔村，清代以前渔船可靠泊村口。20 世纪以来，湾顶逐渐淤涨，洋市涂向湾口延伸，20 世纪末，大基岩—下洋山上礁头—平岩山下礁头间筑堤围涂，渔船靠泊上礁头堤外。

21 世纪 10 年代初，洋市湾农业围垦用海项目获批，2013 年开工围涂，从高湾山柴爿花嘴围至外鲞岛、里鲞岛直至平岩山东嘴头。2015 年，大坝合龙。2020 年，开始洋市涂堤外航道试挖槽作业，将挖出的泥浆用于堤内吹填，冀在堤外利用栈桥伸至前方深槽建设码头。

牛山海岸靠泊设施

牛山是宫前湾北面向海伸出的犄角，牛山与南侧木杓嘴之间有小海湾，湾顶草头村和木杓嘴南木杓村为传统渔村，木杓嘴南有石砌驳岸和平台可系渔船，草头村前沿已淤涨为涂地。

为维护环境免受电厂粉尘污染，台州电业提出“上大压小”，压缩前所台州发电厂排放标准达不到要求的小型装备，另辟低能耗、高效率、低排放大型装备发电项目。2013 年，选址健跳牛山，利用外侧海域水深良好条件，建设浙能台州第二电厂。

台州第二电厂工程开凿牛山，在其西侧填海造地，以做厂房基地，在其东侧建设 1 个 3.5 万吨级卸煤码头泊位（允许靠泊 5 万吨级）和 1 个 3000 吨级多用途码头泊位，岸线总长 430 米，设计通过能力 502 万吨 / 年。码头采用梁板式高桩结构。码头前沿水深 15.35 米。工程于 2013 年 11 月开工，2015 年 4 月验收。

健跳港、三门湾锚地及三门湾岛屿靠埠

健跳港两岸群山环抱，为良好的避风港湾。港内锚地以黄门峡为界分为东西两片。东片即健跳镇前锚地，水深 5 ～ 24 米，泥底，可避 10 级以下诸向大风；西片在黄门峡和凤凰山之间，水深 3.4 ～ 10 米，泥底，可避台风。另在龙山岛东北水域，也可作为锚地，水深 5.2 ～ 7.2 米，可避西—西南风。

图 3-34　台州第二发电厂建设现场，配套 3.5 万吨级煤码头参阅卷首彩图（许从伟摄）

进入健跳港的主航道在三门岛、五子岛东北，健跳港区口外水域 4 个锚地设在猫头水道和主航道附近，具体如下。

三门湾大中型船舶避风 1 号锚地　位于猫头水道田湾岛、竹屿西北海域，面积 1.27 平方公里，水深 4 ～ 20 米，可泊 0.3 万～ 2 万吨级船舶。

三门湾大中型船舶避风 2 号锚地　位于猫头水道下万山岛西南海域，面积 4.83 平方公里，水深 7 ～ 30 米，可泊 2 万吨级船舶。

三门湾引航检疫驳载锚地　位于象山花岙岛（大佛岛）西南海域，面积 9.7 平方公里，水深 4 ～ 8 米，可泊 1 万吨级船舶。

大甲山待泊锚地　面积 10.8 平方公里，水深 7 ～ 10 米，可泊 1 万吨级船舶。

三门湾、猫头洋海域虽有众多小岛，但大部分无人居住，仅由田湾山、青门山组成的田湾岛，面积约 1.3 平方公里，曾有人居住，从事张网捕捞，由于滩涂开发养殖，定居人口已撤。岛屿西海岸建有长 160 米的石砌锯齿形道头。

浦坝港及周边港汊靠泊设施

浦坝港及其南北两岸浬浦、沿赤、三角塘、桃渚平原都属于同一个地缘单元，因而将桃渚平原水系出海的港汊合在浦坝港内容内记叙。

浦坝港靠泊设施

浦坝港起于花桥溪，古代海域开阔，潮水可达溪头坊。今花桥镇古称西岑，宋改名城门，元建雕花石桥，始称花桥。明清时期，花桥为滨海口岸，也称花桥港，为一方港埠，区位显要，清曾设临海县丞署，港埠离海口白带（岱）门 19 公里。

浦坝港自然原貌水域宽阔，但上游仅一小溪流，无大江，港内缺乏冲刷水动力，千百年来，湾顶和两岸逐渐淤涨。20 世纪末，地貌为蟹山塘以上唯存两支 200 米宽以内的小沟壑，下游 650 ～ 1000

米宽水面仅长10公里。曾经的浦坝渡，南岸渡埠在小雄金鸡山麓，北岸渡埠在小湾山南麓，渡宽2.5公里，至2020年，原南岸渡埠离江岸1公里以上，北岸渡埠离江岸七八百米，沿岸滩涂均无法靠船。

浦坝港南北两岸津渡还有洞港与三角塘、扩塘山间的交通，三角塘渡埠在赖屿，扩塘山渡埠在老鼠屿、下园山。至2020年，赖屿离岸也逾1公里，不再充当靠埠。

至2020年，浦坝港航运港埠仅在扩塘山北侧牛头门水道，也称方山港。水道北侧淤涨地原为三门盐场，今开辟为三角塘沿海工业区。现状岸线靠泊设施自西至东有：中洲船舶制造厂码头，高桩平台长250米；500吨级盐场码头（方山码头），建于1982年，梁板式高桩承台码头，平台面积32米×6.8米，栈桥长105米，初建用于盐运，后也运粮、煤、化肥；渔用码头，石砌驳岸209米。

21世纪10年代，浦坝港口门两岸岸线利用主要业态为造船、砂石转运和水泥制品。北岸落户浙江凯航船舶工业有限公司、中洲船舶制造有限公司；南岸落户台州华贵建材有限公司、台州博圣水泥制品有限公司、浙江铭飞造船有限公司、台州方兴船业有限公司等。这些岸线有简易靠泊设施可运输企业所需原材料。

洞港靠泊设施

浦坝港南桃渚平原有两水系入海，北侧山场溪、北涧河水系在陈栋山南入海，称为洞港；南侧芙蓉河（桃江）、雉溪（知溪）水系在天门山南红脚岩入海，称为桃渚港，但在古代，入海港埠先在西部山麓线外，随着平原淤涨逐步向东推移。

北涧河水系在流经念寺塘河段有上道头村、下道头村，应是最先的海口航埠，然后东移至闸头，清咸丰年间（1851—1861年）推移至天德闸。山场溪在泗淋西侧下畔村均呈河渚相间湿地地貌，为古代潮水到达之处，航埠也是随着年代逐步向东推移。迄20世纪中叶，两水系相汇于陈栋山南麓入海。1970年，入海口建九洞闸，海船只能靠泊闸外，故称洞港。闸外现状是两侧滩涂持续淤涨，但闸口保有长680米、宽120米的港池，港池南岸建有370米长混凝土石砌驳岸码头。

桃渚港靠泊设施

芙蓉河（桃江）、雉溪（知溪）水系也是从内至外不断淤涨的过程。雉溪上溯至兰江塘都呈河渚相间地貌，为古代海水直拍的地方，此处地名肯埠（垦步）实际就是古代航埠。后逐步向东推移至新闸，再向东与芙蓉河（桃江）汇合，先后在拗罾岩（呑增岩）、蒲兰头入海，然后在天门山南红脚岩入海，动态移动的入海口称为桃渚港。

在以上过程中，芙蓉河的桃江十三渚地貌说明这些地方在古代都是海岸。明洪武二十年（1387年），为在海滨设置备倭所城，在今桃渚港入海口南侧的桃枝山（城里头山）山麓设置桃渚千户所，俗称下旧城，该处为海岸线最突出的犄角。滨海设所城的目的是驻扎水师，海上御敌，因而它必然是个航埠。明永乐二十年（1422年），桃渚所遭劫，宣德年间（1426—1435年），迁桃渚所于今桃渚古城东侧中城村，俗称中旧城，可见彼时该处也为滨海地。正统四年（1439年），桃渚所又遭倭寇袭击，八年（1443年）又移建今址，所城已不在海口。

今红脚岩桃渚港的靠泊条件是在河流入海口南侧辟一港池，长1.5公里，平均宽245米，南侧有400米长混凝土砌石驳岸，池顶有2个64米长伸出式平台。

第七节 灵江河港靠泊设施

2017年编制的《台州港总体规划（2017—2030年）》所指十港点为永安、沙山、石塘、同头咀、浦坝及灵江两岸红光、长甸、马头山、八仙岩、五孔岙十处。其实灵江上的五港点只是五处码头，将其整合为灵江河港群更为科学。同时，由于传统灵江河港最关键港埠在临海城关，今日虽逐渐衰退，但自唐宋至20世纪中叶，临海城关作为台州北片三大河谷平原中心城市，实为北片交通枢纽，其港埠在台州有着举足轻重的地位，相关内容在第二编第三章“港航历史”中有所记叙。为彰显历史文脉，特将五港点和传统临海港合为一节，整体记述临海城区范围及中下游的河港靠泊设施。同时，对已淘汰的灵江上游支流的航埠靠泊设施做一回顾。

永安溪、始丰溪航埠靠泊设施

灵江及其支流均处于山谷之中，在古代，永安溪沿途曹店、湫山、横溪、皤滩、埠头、白塔、田市、萍溪、官路、步路、仙居城关、柴岭下、支埠头、黄梁陈、横路丁、白水洋、叶家滩、张家渡、小海门、望洋店，始丰溪沿途街头、平镇（今平桥）、清溪、溪头、花桃、天台城南、滩岭、百步、河头、沿溪、董岸、石鼓（今永丰）等均设航埠。其中，天台城南、仙居县城为两大航埠，次一等航埠有横溪、皤滩、白塔、埠头街、平镇、白水洋、张家渡等。

灵江支流航埠在第二编第一章第四节“河港、河埠、渡口”已作记叙。众多渡口兼作航埠。其靠泊设施基本为在溪岸用石块或石板砌筑“水埠头”。

仙居县航埠以皤滩最为典型，它是台州盐销转运浙西的水陆转运点，设有长短不一的众多埠头，最长埠头长60多米。最先有永康人萧东恒于南宋绍兴二十一年（1151年）建沈店埠头，成为永康埠；后陆续有武义埠、东阳埠、缙云埠、金华埠设立，为浙西各地盐商所专用；也有公用埠头满足多元需求。古皤滩商埠的繁荣，曾使其拥有与县城相同的三、六、九集市圩期。永安溪运输长船形体狭长，两头尖，平底，适于溪滩浅水航行，载重4～5吨，可直航临海或椒江口；永安溪下运物资为竹木、柴炭、木板，竹木也可编排流放。

20世纪50年代后，永安溪支流不断截水建水库，其后公路、桥梁逐步完善，至20世纪80—90年代，溪上航运逐渐淘汰，而利用溪流开发休闲旅游取而代之。仙居城南至步路7.68公里河段开发为竹筏漂流河段，分别在起点步路乡西门村，中途块活林，终点城南龙王山东麓浮石园建石砌驳岸码头，起点还建游客候排休息长廊。2012年，在柴岭下裁弯取直并修筑橡皮坝，坝上至浮石园河段成为广达3000多亩水面的城区休闲湖泊，在湖滨公园建有34米长平台双栈桥游艇码头。南峰山麓、永安公园临湖也有靠船驳岸。

清康熙《天台县志》载：“县前大溪（始丰溪）在县南三十步，顺流凡一百一十七里至郡，力可胜四十斛舟，水落则不可行。”古代始丰溪最大埠头在天台城关广济大桥北端西面，建于清康熙年间，全长50多米，可靠泊三四艘江船，岸上还建路廊供旅客、船工、搬运工休息。大南门外所建埠头由条石砌成，名“天台逸步”，除转运物资之外，还作为客运埠头。20 世纪 50—60 年代，重修溪头埠头、新建滩岭埠头（1955 年），1960 年新建广济大桥东侧埠头（长 30 米），1962 年新建麻车王埠头（长 15 米）。

始丰溪上游可通航集镇街头始名仙人镇，明代改湖窦镇，清康熙改今名。以远越山可通磐安、东阳，但货运中转不多，市面不如皤滩兴旺。街头与县城间有平桥。街头、平桥均沿溪设置埠头。

20 世纪 50 年代后，始丰溪流域也大建水库，径流量大减；1979 年建成里石门水库，库内开辟航道，在花墙设始航埠头，以上有茶园埠、田芯埠、磐安县方前埠。20 世纪 80 年代后公路逐步完善，始丰溪各河段筑堰蓄水。21 世纪，天台县城河段在城东、溪头围堰，达到“拓溪成湖”效果，“始丰湖”成为城市休闲游览水域。

临海城关灵江河港靠泊设施

通江达海是椒江水系航道自古以来的要义，在陆路为山阻隔难以畅通的古代，也可说是台州交通的命脉。汉晋时期，临海郡辖地广及整个浙东南，郡治章安位于灵江口附近，上可凭借江运通达大田盆地、仙居盆地、天台盆地，下可凭借海运沟通浙南瓯江流域和三门湾沿岸。隋以后台州行政中心移灵江大固山麓临海城，航运中心随之转移临海，灵江水道更显台州母亲河的地位。

临海城关古航埠均为石砌道头，民国时期有 9 个石砌道头和 1 座位于江厦街鱼棚庙外的木质浮码头。9 个道头各以海门、葭沚、栅浦、章安、东路（前所）、黄岩、福建、盐埠、肥船命名，反映其靠泊货船来自何地和载货种类，可见货运来往关系。此外，两岸在松山—两桥、下桥—江厦渚、伏龙—花街的渡埠以及下桥的汽车轮渡，直至 1965 年筑通灵江大桥才撤销。

20 世纪 50 年代，改建江厦街木质浮码头，使用钢引桥和钢筋混凝土趸船，泊位长 36 米，可靠泊 200 吨级船舶，称客运码头。石砌道头逐步淘汰，唯留金鸡岩头天然岩基埠头。1967 年，建成下桥钢筋混凝土梁板式货运硬码头。六七十年代还在西郊建运输公司码头和松山船舶电站码头。

20 世纪 80 年代后，在老城区东部岸线开辟白塔港区，陆续建成码头 6 座。1986 年因公路畅通，至海门客运班轮撤销。随后因公路铁路逐步完善，灵江货运也开始衰退。2015 年，灵江临海城区段修筑高标准防洪堤，南北两岸江滨均规划为休闲绿地公园，北岸灵江二桥以西堤外规划为治水公园，二桥以东堤内、堤外规划为靖江山公园，并付诸实施。原码头岸线功能转换为城市休闲生活功能，码头逐步淘汰和改变用途。至 2020 年，从西郊至小两山灵江沿岸，曾经有过和现状存在的码头靠泊设施如下（自西至东排序）。

图 3-35　民国时期临海江厦街前浮桥和码头（来自中国文史出版社 2012 年版《临海海洋文化研究集》）

松山船舶电厂码头　20 世纪 60 年代末，因电力不足，租用水利部跃进一号发电船，在西郊松山灵江北岸建框架式码头供其靠泊，码头仍可靠船。

台州烧碱厂码头　位于西郊护郭岭灵江南岸，1991 年建，框架式结构，因地势险峻，未用报废，今为 104 国道灵江三桥桥址。

临海运输公司码头　位于烧碱厂码头下方 30 米，1972 年建，框架式码头，因地势险峻，未用报废。

江厦客运码头　位于金鸡岩头东，始建于民国时期，20 世纪 50 年代改建，采用钢引桥和钢筋混凝土趸船，泊位长 36 米，靠泊能力 200 吨级。已废弃，留存遗迹趸船长 28 米，栈桥长 22 米。

下桥码头　位于灵江大桥东侧临海市港航管理处前，1967 年建，平台长 50 米，靠泊能力 200 吨级。20 世纪末前沿淤涨，水深不足 1.5 米，后拆除。

灵江二桥一号码头　位于灵江二桥东 150 米，梁板式高桩休闲码头，平台长 26 米，栈桥长 10 米。栈桥正对江滨绿化休闲地的半圆形硬铺地中心。

白塔木材码头　位于一号码头东 50 米，始建于 1985 年，梁板式高桩码头，平台长 18 米，栈桥长 4 米，前沿水深 0.8 米，靠泊能力 500 吨级。

白塔粮食码头　位于木材码头东 100 米，始建于 1988 年，梁板式高桩码头，平台长 32 米，栈桥长 12.2 米，前沿水深 2.5 米，靠泊能力 300 吨级。

水云塘油库码头　位于供水公司东 250 米，1975 年建，梁板式高桩结构，初建平台长 20.8 米，栈桥长 5 米；2003 年与古城沙钢钢材有限公司合作扩建，成为直立式岸壁平台，平台长 42 米。

大柏叶钢材码头　位于水云塘油库码头东，1986 年建成，为临海燃料公司码头，梁板式高桩结构，平台长 20.8 米，栈桥长 5 米，前沿水深 0.5 米，设计靠泊能力 600 吨级；2003 年与大柏叶钢材有限公司码头连成一体，平台长 52 米。

水云塘岸壁式平台　位于燃料公司码头东侧，平台长 62 米。

交通局水云塘码头　位于水云塘，1995 年建成，梁板式高桩码头，平台长 52 米，栈桥长 12 米，前沿水深 3.7 米，设计靠泊能力 300 吨级（兼靠 500 吨级）。

临海城区段灵江南岸在 20 世纪 50 年代有人渡和车渡埠头，埠头在灵江大桥边。灵江二桥以下两水江岸在 20 世纪末 21 世纪初迅速发展造船工业，岸线布满造船船台，有 4 处简易靠泊设施，提供造船材料运输和船舶舾装。

以上白塔、水云塘货主码头或交通局所属公用码头，随岸线功能转变而逐步拆除、改造或转变。

灵江中下游靠泊设施

小两山以下灵江沿岸传统靠埠有汛桥、钓鱼亭、马头山、涌泉、新亭头等。20 世纪 50 年代前后，靠埠点均建石砌道头，既做渡口，也做靠埠，自上游至下游，两岸靠埠有汛桥道头、钓鱼亭道头、石（碛）村道头、渡头道头、管岙道头、马头山道头、长甸道头、石灶头道头、龟礁头道头、涌泉码头、新亭头道头（花街渡口）、西岑道头、江口道头。

灵江处山谷间，呈弯曲状态，在山体临江和易淤凸岸河段，一般不宜建航埠，宜港河段均在非山体崖岸的凹岸。2017 年编制的《台州港总体规划（2017——2030 年）》将灵江港埠归纳为红光、长甸、马头山、八仙岩、五孔岙5港点。其实灵江航埠分布在左岸、右岸，对现状港埠难以用上列5称谓概括，故下文分为五孔岙、汛桥、钓鱼亭、八仙岩、管岙、马头山、长甸、涌泉、西岑9段记叙。

五孔岙岸线靠泊设施

五孔岙位于大田港出口的灵江左岸，指小两山至马角山河段左岸，岸线长约4.6公里。古代有小两山渡沟通两岸，设有渡埠，右岸有伏龙渡埠、义城港口罾（棕）棚埠。20世纪末至2020年，该河段岸线所建码头如下。

大田港闸北侧码头　浮式码头，趸船长36米，引桥长20米。

五孔岙码头　2002年，在五孔岙建德仁木材专用码头，梁板式高桩，平台长56米，栈桥长15米，前沿水深3.6米，靠泊能力500吨级，兼靠1000吨级。2020年，该处为台州越航船业有限公司造船基地。

浙江忠信混凝土有限公司500吨级码头　位于长水坑，2005—2006年建，顺岸式栈桥高桩结构，500吨级（兼靠1000吨级）散货泊位，前沿水深4.7米，平台总长52米，栈桥长24米，设计通过能力50万吨/年，用于经营商品混凝土。

忠信混凝土有限公司1000吨级码头　2012—2014年建，顺岸式栈桥高桩结构，前沿水深4.1米，平台长62米，设计通过能力20万吨/年。

马角山码头　位于马角山西侧，岸线由台州世建水泥有限公司利用，建梁板式高桩码头1座，平台长46米，栈桥长18米。

汛桥岸线靠泊设施

该段岸线指长石大岙至杨梅岭山嘴灵江右岸，全长约3.1公里。陆上为汛桥镇人居集聚地，古有晒鲞岩渡埠对接左岸上午渡埠。至2020年，岸线几乎全部被造船企业、医药化工企业和临海市江南污水处理公司利用。除晒鲞岩南侧保留渡口斜坡式石砌道头外，尚无其他靠泊设施建设。

钓鱼亭岸线靠泊设施

该段岸线指马角山至钓鱼老官山之间的灵江左岸，全长约5.7公里。陆上有后村、峙山、下洋峙、钓鱼亭等村落。古有钓鱼亭渡埠对接对岸杨梅岭，民国时钓鱼亭建木质浮码头。至2020年，岸线70%左右为宏大、宏冠、越航等造船企业和物流、化工、建材、砂石堆放、报废车辆回收等企业利用。除峙山上午渡埠头仍在使用外，有下列新建码头。

越航船业有限公司码头　位于下洋峙村南船厂船台前沿，平台长18米。

钓鱼亭正特物流码头　位于钓鱼亭村南，2005—2006年建，顺岸式栈桥高桩结构，1个500吨级（兼靠1000吨级）泊位，岸线总长110米，平台长80米，双栈桥长38米，设计通过能力14万吨/年。

浙江建力建材有限公司专用码头　位于钓鱼老官山西侧，2010—2011年建，顺岸式栈桥高桩结构，1个1000吨级散杂货泊位，岸线总长142米，前沿水深4.7米，平台长65米，双栈桥长31米，设计通过能力40万吨/年。

八仙岩岸线靠泊设施

该段岸线指八仙岩北600米至甬台温高速公路灵江大桥的灵江右岸，岸线长约3.2公里，陆地称杨梅岙、章后洋。古有龙角渡埠对接对岸石（碛）村渡，至2020年，岸线30%为宏盛船厂利用，尚无码头建设。

管岙岸线靠泊设施

该处宜港河段在石（碛）村至管岙沙渚前门渡的灵江左岸，岸线长 3.5 公里。古有碛村（石村）渡埠、西管岙渡埠、沙渚前门渡埠对接对岸龙角渡埠、前岙洋渡埠、孔化岙渡埠；另有沙渚后门渡在沙渚和管岙岸边均设渡埠。

今沙渚左侧江道淤涨，后门渡连通陆路，岸线除石（碛）村、西管岙、沙渚前门渡口仍存石砌道头外，管岙岸线由枫叶船业有限公司利用，建有双栈桥梁板式高桩码头 1 座，平台长 200 米，栈桥长 77 米。

马头山岸线靠泊设施

该岸线在后岭山至甬台温铁路灵江大桥的灵江右侧凹岸，岸线长约 5 公里。古代有西管岙渡、沙渚前门渡、马头山渡沟通两岸，右岸有前岙洋渡埠、孔化岙渡埠、马头山渡埠（对接左岸戎旗渡埠）。

今在孔化岙、清潭头、马头山东 3 段岸线有临港企业发展，除保留 3 个渡埠，仅在铁路大桥西侧有马头山装卸有限公司所建 2 座梁板式高桩码头，一座建于 2004 年的 500 吨级（兼靠 1000 吨）散货码头，岸线总长 93 米，平台长 60 米，栈桥长 54 米，设计通过能力 15 万吨 / 年；一座平台长 40 米、栈桥长 57 米，主要用于砂石转运。

长甸岸线靠泊设施

该岸线为灯盏头至桩头山龟礁头的灵江右岸，岸线长约 3.6 公里。古代有长甸渡沟通两岸，右岸渡埠在长一村，对岸渡埠在梅岘村石灶头，均为石砌道头。

至 2020 年，两岸渡埠仍存，长甸岸线发展砂卵石建材加工转运和修船、拆船产业，集聚发达建材、恒驰建材、长顺建材、金耀建材、长远砂场等企业。建有 3 座梁板式高桩码头：西侧码头平台长 60 米，栈桥长 36 米；中间码头平台长 64 米，栈桥长 33 米；东侧码头平台长 100 米，双栈桥长 60 米。其中，2009—2011 年建发达建材厂码头为 1000 吨级货运泊位，岸线总长 175 米，设计通过能力 40 万吨 / 年；长顺建材有限公司 1000 吨级货运码头于 2016 年建成。台州海鑫拆船有限公司在桩头山龟礁头建 160 米的斜坡码头和 57 米的平台。

涌泉岸线靠泊设施

涌泉岸线在灵江左岸，自戎旗至新亭头岸线长约 9 公里。唐代在新亭头设盐监，其为盐运航埠。民国时，新亭头建有木质浮码头，为海门至临海客轮重要靠埠点，也是渡口。此外有设埠戎旗的马头山渡、设埠石灶头的长甸渡。

近代陆域发展成规模较大的涌泉镇，20 世纪 50 年代后在涌泉镇江岸（今灵泉街口）建客运浮码头，取代新亭头码头，为涌泉客货运输主要通道。1985 年，在客运码头下游又建 300 吨级钢筋混凝土浮码头——涌泉码头，趸船长 25 米，前岸水深 5 米。

1985 年，大田至前所 83 省道建成通车，水运衰败，涌泉两座浮码头最后均淘汰拆除。渡运回归新亭头（花街）石砌道头，原新亭头浮码头处今有以 17 米长小船为趸船的简易靠泊点；戎旗、石灶头渡埠也仍保持。

至 2020 年，自甬台温铁路灵江大桥至石灶头岸线现状为华杰船业、回浦船业、昌盛机械化工设备、星光真空设备、兆恒建材等造船、建材和其他企业利用。船厂前岸可靠泊舾装船舶；兆恒建材公司建有 230 米长岸壁平台，但前沿淤涨。

西岑岸线靠泊设施

西岑岸线在灵江出口段右岸，岸线长约 6 公里。古代有西岑渡，渡埠在渡头村，对岸渡埠在新亭头（花街），均为石砌驳岸埠头。

1978 年，在石仙妇山江岸建 500 吨级梁板式高桩码头，其为临海县外海航运重要靠泊码头，因地处红光村而名红光码头，并逐步续建，形成红光作业区。至 2020 年，西岑岸线与桩头沙渚靠泊设施现状如下（自上游至下游排列）。

桩头村码头　1983 年，建小型钢筋混凝土浮码头，趸船长 16 米，引桥长 16 米，为江中小沙渚农业生产服务。

桩头沙渚西码头　与桩头村码头隔水相对，规格相同，为陆岛往来服务。

桩头沙诸东码头　在沙渚东侧，小型浮码头，趸船长 22 米，引桥长 13 米。21 世纪 10 年代初，民间开发沙渚为农业休闲观光园，码头用于接送游客。

西岑简易浮码头　位于台金高速公路大桥南，以 28 米长船体为趸船，架简易引桥。

西岑渡埠　混凝土砌石斜坡式道头，与对岸新亭头渡埠对应为渡船靠埠。

黄家峙砂石场简易靠埠　位于黄家峙闸口南，有贴岸平台长 22 米。

浙江海圳荣液化石油气公司红光气站专用码头　位于石仙妇山北侧，1991—1993 年，建 1 座 1000 吨级泊位梁板式高桩码头，1994 年扩建为 3000 吨级码头，岸线总长 178 米，平台长 62 米，栈桥长 31 米，前沿水深 7.5 米，用于海运地方所需燃油和燃气。2014 年，将其租给台州天棋石油有限公司，2016 年由该公司收购。

红光新码头　位于石仙妇山南侧，以地处红光村命名，1988 年建成，梁板式高桩码头，平台长 44 米，栈桥长 26 米，前沿水深 3.5 米，靠泊能力 500 吨级。

红光老码头　位于红光新码头南侧，1978 年建成，梁板式高桩码头，平台长 26 米，栈桥长 31 米，靠泊能力 300 吨级，用于海运地方所需煤炭水泥等重货。

红光老码头南侧为临海市法龙船舶修造有限公司造船岸线。

中石化临海油库配套码头　位于三江口船闸北侧 800 米亭山村，2014 年建，梁板式高桩码头，2 个 3000 吨级泊位，平台长 178 米，栈桥长 261 米。

大田港、义城港、牛头山水库靠泊设施

1974 年筑闸前义城港和 1987 年筑闸前大田港均为感潮河段，可通江船。大田港干流、支流途经的大田港口、新桥头、邵家渡、赤水、丁桥、下洋岩、洛河等地都建有埠头；义城港沿途两水、下叶、高家、金家汇、筱溪、灰炉头等地都有埠头。1987 年，大田港上游逆溪建牛头山水库，水库内开辟牛头山渡、前岩渡、严坑渡 3 条航线，在水坝南侧、严坑、前沿、西坑、外蔡均设靠埠。

1987—1991 年建大田港闸时，在控制闸则建一座升船机，以保持闸内闸外航运畅通。升船机在闸内闸外两侧分别设 75.5 米和 83.5 米长斜坡轨道，双峰顶部高程 5.15 米，承船平车长 10 米，宽 5.1 米，载重船只 40 吨，1991 年 2 月启用，1999 年停止使用。由于该闸防洪标准仅满足 20 年一遇的洪灾，

2014年，老闸拆除建新闸，已不再考虑大田港航运。2003—2006年，大田港闸内结合疏浚整治开挖水域面积达1.2平方公里的灵湖，成为城市休闲湖区，湖岸建有游艇码头可供水上游乐。

第八节　黄岩港埠靠泊设施

传统黄岩港指黄岩城关所在的北门外永宁江岸，其他内江航埠分布于整条永宁江沿岸以及上溯至宁溪的永宁溪沿岸。潮济为永宁江潮区界，也是永宁江和永宁溪的分界线，因而整条水道可分为三段记叙其航埠：最上段永宁溪历史上串联乌岩、宁溪两集镇；中段潮济至黄岩城关串联潮济、头陀、北洋、临古、焦坑等集镇；下段串联黄岩、江口两集镇。

20世纪下叶，长潭水库和永宁江筑坝治理工程使航运格局骤变：上段成为水库库区，乌岩沉没库底；中下段因水库截水，河流淤涨，20世纪末又采取三江口筑坝闸治理方案，永宁江航运衰竭，最后以三江口至三山椒江河段作为补偿建设港埠，称为黄岩港区。

传统黄岩港靠泊设施

传统黄岩港在黄岩县城北门外永宁江岸，该处离三江口直线距离8公里，而航道曲折，实际航程达16.3公里。自唐在此设黄岩县城，永宁江及支流西江就成为县城北侧、西侧护城河，北门外永宁江岸成为一方港埠。时沙埠所产陶瓷器，断江（在头陀）、方山下（方山也称永宁山、黄毛山、九峰山）所产乳橘，皆靠江海水运销往外地。

清宣统元年（1909年），开通海门至黄岩城关客班轮。民国初，黄岩北门外有三义、六顺、永新、黄海公司4埠头；民国11—25年（1922—1936年）港埠曾相继停靠沪—椒—黄、甬—椒—黄航线客货班轮；19年（1930年），建黄济码头，开辟黄岩城关至潮济客货轮；30年（1941年），县府向船户借贷建江大、金汇元、永升码头，由船户承租，以承租费抵还借款；32年（1943年），永升码头被日军烧毁，战后恢复。

1950年，永宁江码头存江大、永升2座，1953年由县航管部门改建成3座浮式码头，泊位4个，最大靠泊能力300吨级。20世纪60—70年代逐步改建为钢筋混凝土栈桥和钢筋网水泥趸船。20世纪末，永宁江口筑坝闸，航运衰竭，城区段永宁江两岸改建为亲水休闲永宁公园，公园建成后，在东官河口西侧、西江口西侧各建游艇码头1座。

图3-36　20世纪80年代，黄岩港码头（来自上海三联书店1992年版《黄岩交通志》）

黄岩城关以上内江、水库靠泊设施

永宁江潮区界在潮济，潮济以下可通航30吨级江船，潮济以上小木船、木排、竹筏可通乌岩、宁溪。黄岩城关至潮济沿途靠埠有：罗汇林—桥头王（焦坑）—山头舟—临古（后林）—北洋—潮济。民国时期及以前，这些靠埠大多为石砌道头，或者阶梯石级，潮济为上乡、下乡物资交流中转要埠。潮济以上乌岩、宁溪为商贸要埠，沿永宁溪设石阶埠头。

20世纪60年代后，木帆船、摇橹船逐步为机动船取代，船型趋大，旧式石砌道头、埠头不便靠船。1970年始，对老埠头进行砌坎筑埠改造。新砌航埠有两种形式：一为元宝式，即中间平台，两侧梯形石级；一为简易木桩上复石板的平台。尽管靠埠有所改善，但1960年筑长潭水库口后，永宁江径流锐减，航道淤塞，黄岩至潮济航运最终衰亡。

长潭筑水库后，乌岩淹没库底，库内辟凌湖—宁溪（经停里垟、短垟、长垟、楼岙）；凌湖—小坑（经停东溪、小坑、董岙、箬厂）；凌湖—屿头（经停渔岙、高园、前礁、下盲）3交通航线。在各经停点建靠埠。1961年，水库水位提高，航埠起点从坝北凌湖移坝南殷家坑。1963年，增桐岭岙航线和靠泊埠头。1977年，大坝至宁溪线埠头可靠汽车渡驳。1988年，建成环库公路，长潭至宁溪、屿头两航线停航，留存长潭经板费头至小坑和长潭至铜岭岙2条航线。

黄岩城关以下内江靠泊设施

黄岩城关以下永宁江呈严重弯曲状态，晚清民国时期，海门沿永宁江至黄岩客运航线沿途靠埠有：江口—白石道头—堆水—王林—马鞍山—邵家浦。

江口为距永宁江出口仅2公里的集镇，民国11年（1922年），有海门振市公司在江口购地建码头2座，日本侵华时拆毁。20世纪50年代，江岸有石砌埠头。1960年，建简易木质浮码头转运黄沙。

1974年，在马鞍山设发电厂，建电煤专用码头，平台长30米，栈桥长19.7米，前沿水深3米。2000年，码头随电厂关停废弃。

20世纪80年代，黄岩城关航埠因淤浅衰退，1983年、1986年，在江口建梁板式高桩码头2座，分别为500吨级、300吨级。另建伸出式平台3座。至2020年，留存1座码头，平台长32米、栈桥长20米。1993年，启动永宁江治理工程，永宁江口拦江大闸于2000年竣工，虽然留有过船闸，治淤也有效果，因无潮水涨落，100吨级船舶也可24小时通航，但通江达海航运已经不再，至2020年，永宁江仅有黄沙装卸点11处，均为简易式埠头。

芦村港区靠泊设施

20世纪末在永宁江口建闸时，船闸仅能通过100吨级船舶，因而追加补偿工程，在闸外芦村建1000吨级、500吨级码头。芦村位于三江口至三山约长2公里的椒江江岸，与三山作业区相邻。补偿工程于1999年建成投用，后陆续扩建，至2020年，所建靠泊设施自东至西有：

芦村公用码头　建1个1000吨级散货码头泊位和1个500吨级多用途码头泊位，顺岸式高桩结构，岸线总长140米，前沿水深7米，设计通过能力58万吨／年。

浙江标力建设集团混凝土搅拌站码头　2000吨级泊位一个，平台长140米。

燃料公司码头　500 吨级泊位 1 个，平台长 28 米，前沿逐步淤涨。

黄岩宏源码头　顺岸式梁板高桩结构散杂货码头，1000 吨级泊位 1 个（兼靠 2000 吨级），岸线总长 135 米，平台长 100 米，前沿水深 5 米。设计通过能力 25 万吨 / 年。

芦村天利码头　散杂货码头，500 吨级泊位 1 个，平台长 60 米。

联化（时进工贸公司）码头　化学品专用码头，1000吨级泊位1个。

图 3-37　黄岩港区芦村码头（缪鹤贤摄）

第九节　平原内河靠泊设施

台州湾平原分为椒南、椒北两片，椒北平原又连接桃渚平原。南北两片平原均倚水网形成若干航运枢纽，这些枢纽也就成为地域中心城镇，几个中心集镇间的次级航运枢纽相应成为人口和商贸次级集聚点。20 世纪末，公路逐步完善，台州湾平原内河航程短，加上装卸搬运费用，水运优势丧失。迄 21 世纪，除低值重货如砂石、砖、煤炭等仍有内河船运外，其他客货运均由汽车陆运取代，下文所记仅为 20 世纪末之前状况。

金清港河口 1932 年建廿二洞闸，1996 年东移建剑门新闸，以挡潮论。1932 年，廿二洞闸内为内河；1996 年，剑门新闸内为内河。由于在实际运用上，剑门新闸设有过船闸，廿二洞闸仍保留未拆，也增建船闸，该河段实为海港、河港兼用河段。故本节不包括该河段内容，详可参阅第四节“中部海港泊船设施”。

椒南平原内河航埠

椒南平原内河网主要城镇节点有海门、路桥、新河、泽国、温岭、温峤、大溪、松门、金清、黄岩、院桥等。最主要的航线可归纳为“二纵二横一弯”。纵线一为栅浦、葭沚经永宁河、葭沚泾转南官河、月河至温岭（太平）；纵线二为海门、岩头经三才泾或一条河、二条河、七条河转木城河至松门。横线一是黄岩经南官河、青龙浦或长浦、鲍浦至金清，该线的一个缺陷是在坝头有蓄水坝挡水（1975 年建过船闸）；横线二是大溪经大溪河、金清干流至金清。一弯是温岭城关经石黏河北上至新河，最折东南经木城河一箬松河至松门。其中，路桥、泽国处于纵线一和横线一的中段位置，新河处于纵线二、横线二和“一弯”线经过之地，均成为平原水运枢纽。

以上主要城镇中，海门、葭沚、栅浦、金清、松门、黄岩处于内河转运江海的节点；温峤虽地处内河末端，但过 3 公里谷地可与江厦海港衔接；温岭（太平）、大溪、院桥处于内河航运的末端。

路桥、泽国、新河处于平原的中心地带。因而河埠的类型也大致可分为三类。

平原中心集镇河埠以路桥为典型，古路桥街市沿南官河一字排列，俗称“十里长街”（实际长2.7公里），河流西北—东南走向，商街沿河道左岸设置，临河房屋前门朝街，后门以石驳岸，几乎每户建埠头，均可系船装卸货物。大宗物资货运埠头在右岸，以南栅、卖芝桥、中街、新殿、河西为最盛。

图3-38　路桥南官河，河北岸建“十里长街”，前门店铺后门河埠（来自2020年1月2日《光明日报》）

泽国古街倚靠月河和联树桥河，虽不若路桥清一色前店后埠，却也河埠密集，有泽国客运南埠头、泽国货运埠头等大埠头，方便集市贸易。

新河古集镇离金清水系干流约800米，明代设为千户所，建城墙包围方形街区，城外虽有护城河与河网水系相连，但航运主要依靠金清水系干流，在寺前山南麓临河建设近500米长寺前桥街，也与路桥一样前店后埠，客货运输均称便。

处于江海沿线的内河航埠货物吞吐量大，以海门为典型。与路桥商户后门临河不同，海门大埠头、江城河、西沙河、东沙河都是沿河设街，河道石砌驳岸，商铺对着临河街道，河运物资可在门前埠头直接入户。其中，大埠头为与椒江滨江作业区平行仅相距100余米的内河港池，河岸遍布埠头，是内河与海运、江运转换的枢纽。20世纪50年代使用手拉车装卸后，采用在驳岸建悬挑板的方式，便于手拉车向船舱倾倒煤炭等散货。濒临椒江的葭沚、栅浦情况雷同海门，也是海运、江运与内河运输的转运枢纽。葭沚曾为闽粤南货转运点，古街布置葭沚泾老河西侧，河东有东河岸路遍设内河航埠（今老河填为葭中路），大桥头为街市和内河航运的中心。栅浦曾为上乡物资转运椒南平原的节点，有排民专事排运物资分拆转运。

金清干流清末在玉洁闸入海，1932年至廿二洞闸入海，1996至琅矶山剑门入海。廿二洞闸内主要航埠在下梁港口。1996年后，廿二洞闸至剑门新闸河段因剑门新闸设通航船闸，海船仍可入内，故将该河段纳入第四节“中部海港泊船设施”记叙，本节不赘述。

松门集镇在箬松河之南，河埠主要分布在北门闸（鲸山闸）内城北箬松河和城西护城河岸，西门埠及城西北汽船轮埠为主要航埠，与外海转运在北门闸进行。

温峤虽无河流直接通海，但与江厦港湾仅隔3公里，也曾是转运航埠。航埠在西月河尽头的河头，历史上转运繁忙，但需由挑夫挑运约3公里至江厦外海码头。

图3-39　温岭新河寺前桥　（来自2016年10月5日“台州19楼”）

黄岩县城是椒南最早行政中心，城外护城河连通南官河、东官河，在东门东禅桥、南门关帝庙、西门五洞桥均有航埠，北门外为永宁江内江航埠，可通海；永宁江上三江口也通江海，但转运量少。20 世纪末，永宁江淤塞后，江口筑闸整治，通江达海功能消失。

温岭县城是后分的行政中心，县城三面靠山，内河航埠在月河尽头温岭老车站旁。大溪、院桥集镇虽较大，航埠也在内河尽头，但运输量不多。

图 3-40　20 世纪 50 年代海门江城河里的内河船。江城河石砌驳岸，随处可装卸货物（来自椒江城建档案馆）

20 世纪初，内河主要航线陆续发展汽船客运，所经各停靠点都有埠头建设。各航线靠埠分布如下（选捷径，与客运实际航线有所不符）。

海门（栅浦）至温岭航线　沿江城河、三才泾转洪家场浦航埠：海门大埠头—沙门—杨家—横河陈—洪家；沿永宁河航埠：龙口舌—十字井；沿南官河、月河航埠：石曲—峰江—安溶—泽国—新渎—牧屿—五里金—横峰—下叶—下保—横湖桥—三星桥—温岭客货埠头。温岭至栅浦在龙口舌沿永宁河北上，靠埠有钗洋—东山—汇头金—栅浦。

海门至松门航线　沿江城河、三才泾航埠：海门大埠头—沙门—杨家—横河陈—水陡浦口—浦口—横塘—双桥—三脚撑—尚家—下梁—卷桥—靖海庙—下梁港口；沿木城河、箬松河航埠：浮桥头—坦头桥—跛脚店—塘下—大路毛—箬横—严家桥—淋川—松门轮埠—松门西门。

海门至路桥航线　沿三才泾、鲍浦河航埠：海门大埠头—西门—沙门—杨家—横河头—横河陈—水陡浦口—鲍浦口—茅林—十字井—路桥街。

海门至黄岩航线　沿海门河转永宁河、东官河航埠：海门十字马路—葭沚—栅浦—汇头金—北山—埭头—山头金—山下郎—山头舟—黄岩东门。

岩头至新河航线　沿一条河航埠：岩头—管家—沙殿—炮台殿（水汆殿）—三甲耶稣堂—平安堂——花门—杨府庙（蓬街）—南新市—上塘角；沿金清干流航埠：下梁港口—浮桥头—寺前桥。

黄岩城关至路桥至金清航线　沿西江、南官河航埠：黄岩西门—黄岩南门—十里铺—横山头—坝头—桐屿—马铺—路桥—石曲；沿青龙浦航埠：洪洋—泉井—洋屿—三脚撑—小五份—杨府庙（蓬街）；沿一条河航埠：南新市—金清。

黄岩城关至北洋航线　沿中干渠航埠：五里牌—屿下浦—罗汇蔡—大树下—老港口—桥头王—仪凤彭—山头舟—头陀—三官堂—双楠渡—小里汇—北洋。

黄岩城关至院桥航线　沿西江、南中泾航埠：黄岩西门—羽山—土屿—店头—院桥。

黄岩城关至三甲航线　沿东官河、永宁河、洪家长浦航埠：黄岩东门—山头舟—山下郎—山头金—埭头—北山—汇头金—东山头—蔡洋（钗洋）—洪家—横河陈—二月二殿—三甲。

路桥至院桥航线　沿山水泾航埠：路桥南官河—马路桥—石棋盘—寺头（池头）—螺洋街——螺

洋闸—上倪浦口—后叶—鸡笼山—沙门店—横泾—院桥。

路桥至三江口航线　沿永宁河、东官河航埠：石曲—张施桥—十字井—兆桥—龙口舌—东山头—汇头金—北山路廊—山头泾—三江口。

温岭至新河航线　沿石黏河（东月河）航埠：温岭（太平）—三星桥—横湖桥—汇头王—山凰—石黏—麻车桥—小屿港口—新河寺前桥。

新河至石桥头航线　沿运粮河、东路横河航埠：长屿新挑河—东埠（回府吏）—下帽—河梁头—上桥头—牛头屿—晋岙口—李婆桥—川石殿—彭岭（石岩头）—水仓头—双丁桥—高龙—石桥头。

温西（温峤）至泽国航线　沿西月河、月河航埠：温峤河头—三碰桥—琛山—横峰—五里泾—新渎—泽国。

大溪至金清航线　沿大溪河航埠：大溪—新建—潘郎—野芋头—水脚汇—牧屿；沿金清干流航埠：沈桥—麻车桥—小屿港口（牛桥）—长屿新挑河—新河寺前桥—下梁港口—金清。

金清至三甲航线　沿二条河航埠：金清—分水闸基—回龙桥—竿蓬、石柱路廊—石柱—三甲。

其他未尽列的农村集市均建有靠船埠头，通市船。

椒北平原、桃渚平原内河埠头

椒北平原纵深短浅，离海岸最深距离不上 10 公里，东西横线距离也仅约 30 公里，但其东北与桃渚平原连接，百里大河连接桃渚平原，从最西端玉岘可通达东北端洞港。航运意义较大的仅此航线，《台州市志》《临海市交通志》所称前泗线，就指前所至泗淋洞港一段，全长 39.26 公里，西延至玉岘航程全长达 50 余公里。

宋时，椒北平原已有溪口、章安、大汾、涂下桥（今杜桥）四大集市，桃渚平原有白石街、雉溪上街、下街（垦埠）三集市。后世椒北最大集镇为杜桥（涂下桥），集镇倚涂下浦而建，涂下浦南行交椒北东干渠（中横河、椒北南支渠、前泗航道）于洪家，水路贯通椒北、桃渚两大平原。杜桥城镇段河流又称龙浦，上桥至下桥河岸全部砌石驳岸，全线可做集市航船靠泊岸线。

椒北内河航埠一般是在河岸砌石板台阶，或者石砌驳岸，在驳岸一侧设台阶。

历史上，椒北内河船习惯过埭闸驶入椒江以达南岸，小型外海红头渔船也驶入内河销售渔货；上盘推船沟出海口也推船过埭坝入海，后在河口筑闸，要待闸外潮水涨至与内河水位相平，才可开闸放船，但会引起咸水溢进和淡水流失。20 世纪 70 年代初，分别在上盘推船沟、前所东逻浦（华景河）、桃渚天德闸 3 处建造升船机，运用电力拖船过坝。

椒北平原主要航线沿途靠埠如下。

前所至泗淋洞港航线　沿椒北东干渠（南支渠、中横河）航埠：东逻浦—前所—道感堂—横西—东际—西堑—洪家—独木堂—三石徐—新潘（市场）—拖牛坝（水路张）；沿桃渚平原纵向河道（含黄公河）航埠：连盘—新闸—和平闸—天德闸—洞港。

椒北西干渠（椒北干渠、中支渠）航线　沿途航埠：花街—炉头—后泾（玉岘）—下洋（黄礁）—东埭—百家徐—下洋孔—山前—蔡桥—谢杨—大汾。

北横河（上横河、北支渠）航线　沿途航埠：山门—古桥—东西（朝东头）—坑口—赖峙—横湖—

东峙—横路—杜桥。

梓林东大河（回浦）航线 沿途航埠：溪口—马岙—铁场—马峙—梓林—山前—章安。

梓林西大河航线 沿途航埠：陈宅—九子—西洋—梓林—湖巉—墩头。

华景河（东逻浦）航线 沿途航埠：古桥—闸头—蔡桥—东逻（东路）。

松浦航线 沿途航埠：上横河—上四份—朝西堂—草坦—松浦闸。

图 3-41 穿过杜桥镇的杜下浦又称龙浦，全线可供集市航船停靠（来自浙江人民出版社 2009 年版《杜桥志》）

杜下浦航信 沿途航埠：桥头王—下桥—杜南—西岸（川南）—杜下浦—下浦闸。

推船沟至踏道山（达岛）航线 沿途航埠：新潘—水路张—推船沟村—下闸—踏道山。

椒北平原尚有一些未列入上列靠埠的集市，如半杨（杨司）、下洋屋（沿海）等都有支河连接，都建有航运埠头。

桃渚平原 5 条横向水系的东部均接连盘至洞港纵向河道黄公河、黄公支河，5 条河系靠埠如下：

知溪（雉溪）水系航线 沿途航埠：肯埠—下洋陈—应山塘—连盘—盈峙—新闸—窑渡头—拗罾岩—蒲兰头（红脚岩）。

桃江（芙蓉溪）水系航线 沿途航埠：十三渚—上塘—龙头口—新闸。

北涧河水系航线 沿途航埠：北涧塘—大顺—后塘。

山场溪水系航线 沿途航埠：下大桥—官塘—寺头洋—上道头—下道头—闸头—天德闸。

小雄溪水系航线 沿途航埠：五支岙—泗淋—下湾—洞港。

黄公河—黄公支河航线 沿途航埠：拖牛坝—连盘—四联—盈屿—新闸—八份—方山—天德闸—洞港。

拖牛坝位于上盘，为椒北平原水系与桃渚平原水系的连接点，因两平原水系水位存在微小落差，在此筑滚水坝保持水位，古代用畜力拖船过坝。在 1971 年、1984 年、1998 年，先后改建斜坡轨道升船机，增大过坝船型，改建过船套闸。

桃渚平原由山谷海滨湿地淤涨而成，水网较为复杂，除上列埠头外，其他未列入。农村集市均建有埠头，内河船均可靠泊。

第三章　港口装卸与仓储

港口装卸是指在港口进行各种装卸搬运作业，包括码头前沿的船舶装卸作业、前沿和后方间的搬运作业、港口仓库的堆码拆垛作业、分拣理货作业、港口理货场的中转作业、后方火车汽车的装卸作业以及清舱、平舱、配料、计量、分装、取样等辅助作业。

在未有装卸机械以前，先民依靠人力背驮肩扛装卸船舶货物。20 世纪中下叶，货轮装有船用吊杆起重装置，可将货物从船舱吊上码头，或者从码头吊入船舱；码头也配设起重吊车，以利于船舱和码头间的货物装卸。从码头运往仓库和存放地，则由手拉车或电瓶车搬运。20 世纪末至 21 世纪，海运船舶大型化，并开启集装箱运输，船舶不再配备装卸设备，相应配置高桩码头和大型码头吊装设备。

港口仓储为港口运输中供货物中转及短暂储存之用，有港口前、后方仓库和堆场。历史上，台州港埠始有过塘行货栈为货主提供储货服务，继有各轮船公司设置仓库；在计划经济时代，有港航部门和货主单位设置的仓库。21 世纪，物流业发展迅猛，运输追求“门到门”全程直达，省去中转储存。除了油品、粮食等储备仓库以及煤炭、建材、木材、钢材、集装箱、废旧物资等重物需要大量堆场外，一般仓库存储模式式微。随着集装箱运输和现代物流业的兴起，传统装卸和传统仓储都发生根本性蜕变。

装卸搬运作为行业只存在于人力操作的时代，是人力对于码头需求的不固定流动服务。在应用机械进行装卸和搬运后，机械是固定并从属于码头的设备，因而与码头捆绑一起，成为码头经营，流动服务的装卸搬运行业渐退。对于前期装卸搬运行业，台州各港区情况基本雷同；前期仓储基本发生在大港口，对此，设“装卸仓储初始状况”一节作概括性记述，不分地区细述。对当代港口装卸和仓储的发展，则按港区分片详记设施建设和日常作业。

第一节　装卸仓储初始状况

20 世纪 40 年代以前，台州各港埠均处于无机械设备和无机电动力源状态，因而港口装卸完全依靠人力。各港埠码头搬运作业方式大体相同，人力组织上存在小异。仓储也处于萌芽状态，较大港埠有较好发展，如海门港和临海、黄岩港埠，小港埠基本处于空白状态。

人力装卸状况

人力装卸方式通常是用跳板搁置道头和船舷间，由苦力背驮货物沿跳板走向道头，再由道头背至岸上目的地。不宜背负的货物，也用扁担挑，或者多人用竹杠扛抬。此情况自远古直至 20 世纪 40 年代和 50 年代初都依然如故。

古代港口装卸还牵涉大船与小船间的驳运、内河船舶与江海船舶间的转运，甚至而因为内河与海港相距较远，发生长距离陆上挑运。

台州平原内河排水入江、入海，为了挡潮蓄淡，古代常在河口筑埭，造成江海船舶与内河船舶不能互通。宋以后河口建闸，虽可排水，只能在水位内外持平时可开闸通船。在这些地方均需搬运工将海运、江运货物搬至河舨，或者将河舨货物搬至海船、江船。

椒南老海相沉积平原南片有两个海运出口，一个在大溪河主干道入海口，这个入海口从牧屿向沈桥、麻车、牛桥、新河逐步东移，河口均筑埭闸挡潮，物资进出海口必须靠人力搬过埭、闸；另一出口在江厦，内河可达温峤，但不能直达江厦，中间隔 3 公里多平坦谷地温峤岭，物资进出海口需由人力挑运过谷地。

隋代以前，椒北平原内河、外海港埠在章安回浦河口，盐运集中在章安西侧亭场寨（今黄礁一带，后移玉岘新亭头）。唐宋以后，盐运集中东逻浦蔡桥，蔡桥、东逻（今写为东路）为盐运内河转江海的转运点；后河通前所，内河转江海的货物搬运转至前所。迄明清时代，东部海涂迅速被围垦，海洋捕捞渔货一般在各出海河口闸外港汊搬运过闸，或者由红头小渔船过闸运入内地。

椒南平原北片内河与江海之间转运在西江闸、蛟龙闸、栅浦闸、葭沚、海门等地进行，内河转江海都需人力搬运过驳。栅浦有排民专门为上乡排运拆卸，分装内河船运往椒南平原；葭沚有为福建泉漳货船装卸的服务；晚清以前，椒南内河不能直达海门，仅达乃崦岭南三才泾，货物靠人力挑运过岭，经 3 公里才至海港。清光绪二十四年（1898 年）开凿海门新河，才将内河引至与海港间隔百来米的“大埠头”内河港池，方便“里水”“外水”搬运。

椒南新海相沉积平原南部为今温岭市东部。初始时，货物经金清干流运至六闸、玉洁闸或民国后的廿二洞闸，由人力搬运至闸外海船。另一支经运粮河或木城河一箬松河运至松门，由搬运工搬上海船。松门、石塘未连陆的元代，由内河船搬至外海小船，再用小船由人力驳载至靠泊石塘的外海大船。

明清至 20 世纪 40 年代，台州海游、健跳、楚门、坎门、大陈岛等海港以及临海、黄岩、仙居、天台城关等河港，也存在航埠人力装卸搬运等需求，但规模都较小，最大的装卸市场唯有椒江河口港—海门、葭沚。

民国以来，海门码头十分繁忙，如民国 26 年（1937 年）海门港每天进出口货物，外海 940 吨、内河 310 吨，合计 1250 吨，全靠人力肩扛背驮。其时温岭运生猪至海门出口上海，因体脏，禁止运猪船驶入大埠头，在江城河南段卸货，由人工抬 1 公里至码头上船。

人力装卸搬运团队组织

民国时期，海门码头搬运工人近千，分大扛行、小扛行、小工、挑夫四行当。大扛行约 180 人，分 8 班，负责振市公司 3 码头装卸及内河与货栈的搬运；小扛行在福建道头等处装卸柴炭、砖瓦、蛎壳等。小工、挑夫为个体出卖劳力者，以趸船为界，小工从事码头驳运；挑夫仅在小码头为客人挑运行李和捎包。

民国以前，临海港埠无专业搬运组织，由当地农民按地区和物资分类，分占轮埠、岩头、税务街、横街、西门头、天后宫板木、竹杠岸板木、担壳、东大河、南门板木、盐业等 11 个道头，有大小头目 37 个，各自把持一方，总人数达 323 人。

清同治年间（1862—1874 年），黄岩官府调集军犯担当港埠搬运劳务。道光至宣统期间，也调集无业游民从事搬运装卸作业。搬运作业除北门外永宁江岸外，也涉东门东禅桥、南门关帝庙、西门五洞桥埠头的内河运输。民国初，黄岩搬运工先组织“脚行”，民国 20 年（1931 年），“脚行”在大寺巷成立挑夫职业工会，会员 531 人。29 年（1940 年），路桥成立埠夫职业工会，址设九老社。

民国 16 年（1927 年），温岭县有挑夫工会组织，会员 555 人，分布在城关、新河、泽国、松门、箬横、温峤、大溪等 11 处。会员身穿印有“挑夫”字样背心，以其为从业标志。

清末民初，楚门原有“龙王挑班”，由把总操纵，调派农民装卸搬运，计量取酬。民国25年(1936年)，玉环组织挑挽工会，楚门设分会。搬运工称为“挑夫”，须向把头缴纳股金，始可出卖苦力谋生。

三门海游由村民入股经营搬运，出钱购买股份者称为“段头”，再由“段头”雇用苦力“脚夫”，从中谋利。民国 30 年（1941 年），海游镇行文取消“段头”，指定上西村、溪南村、溪北村组成 3 个“担夫班”轮流作业，并义务承担“送官差”，人数 40 余人。健跳等港埠货运量少，无搬运团队。

最为奇特的码头搬运为温峤至江厦的内河转外海，需要组织挑夫人力挑运 3 公里多路程。更为辛苦的远距离翻山挑运是翻越“婺括孔道”苍岭盐道的盐运。光绪《仙居县志》载：“东阳、永康、武义三县共年销（食盐）正引四千五百一十四引（每引 600 斤），皆由该县皤滩而上……”皤滩流传挑夫歌谣：“头戴凉帽哎，冷饭缠腰！一里三歇哎，不怕苍岭比天高！”

民国时期，仙居永安溪江运长船达 700 多艘，每船载货 4 ～ 5 吨，上行减半；竹排 600 多张，载重约 1 吨。上落船搬运通常由货主自行雇人挑运，无专业搬运团队。天台情况雷同。台州湾平原内河船装卸一般也都由货主自行运作，主要服务于农村集市。松门、石塘、楚门、坎门集聚渔民、盐民，航埠主要为盐运、鱼销服务，装卸货物均业内自行运作。

仓储需求的诞生和发展

港口仓储是指港口装卸过程中为货物暂存而备的场所。古代指称储货用房的词有府、库、仓、廪、廒、栈、楼店等。府、库一般用于收藏储备；其他词语也有专用对象，一般是仓储谷，廪储米，廒储盐，楼店、货栈用以暂存杂货。近代用词有货栈、货棚、货囤、仓库、堆场、油罐（库）等。港埠仓储需求产生于货物在港口的滞留，建于港区的仓库大都与暂存相干；其目的在于暂存待运、集散货物，而不在于储备。古代台州，港埠仓储主要见诸“六邑咽喉”椒江河口港，其他港埠较少。

鸦片战争前港埠仓储

农耕时代经济自给自足，少有商品流通，境域较大宗流通货物先有粮食和食盐，其次是渔货、山货等土特产。大宗粮食储运和食盐、酒醋专卖都是官方行为，宋元明清时期的粮仓、盐廒、酒库、醋库都有官储功能，港埠运输直接取自仓库。

例如，宋代台州湾两翼有迂浦（黄岩）盐场、杜渎盐场，盐场分设盐仓，盐销及于台州本地和浙西永康、武义、东阳、义乌等地和江西。黄岩盐场元代设赤山、沙北、沙南、鲍浦、正鉴、平溪、青淋、高浦 8 仓；杜渎盐场清代有洪德、涂东、上畔、下东、砂基、旧城、蛟巉、山石、上西、峡石、后盘等盐廒。北岸先以内河船将杜渎盐场各仓食盐运至椒江东逻浦蔡桥总廒、新亭盐监，再通过江运集聚临海都盐仓，然后分运台州各地，并溯江至仙居皤滩，再陆运浙西。南岸迂浦盐场由内河船运送蛟龙浦口、栅浦口、家子（葭沚），再转江船运送临海都盐仓，再转运皤滩。

明嘉靖《浙江通志》载台州航运京师船舶有 289 艘，占全省 14%。海门卫、松门卫、台州卫分别建有广储仓、广盈仓、永盈仓。在海门、前所、桃渚、健跳分设广储一仓、二仓、三仓、四仓；在松门、隘顽、楚门、新河分设广盈一仓、二仓、三仓、四仓。这些建于卫所的粮仓均临近港埠，除为官府、军队储备粮食外，也是漕运出口的仓库。

古代民间交易的土产和渔货，因数量不多，无专门库场存放，上乡运入数量较多的竹木、柴炭一般临时露天堆放或搭棚暂放。栅浦是将上乡山货转运沿海平原的转运航埠，一些富户以自有房屋为船商存货，发育成专业的过塘行。

古代地产陶瓷曾在宋元时远销南洋，著名窑址在黄岩沙埠。出口外洋当先由内河运抵黄岩城关，再由永宁江出运外海；或者由内河运抵三江口、蛟龙浦口、栅浦、家子（葭沚）存放，再装海船出运。

渔货和生姜、药材等土特产是渔民、农民生产和采集的商品，在古代一般均由小生产者自行储存、出售，在未出现规模经营的收购商贩前，一般用不着仓库储存。小商贩少量收购，一般直接委托船商运输。

元明时期，家子（今葭沚）渐兴浙闽贸易，产生过塘行和泉漳会馆。过塘行大都利用靠近航埠的房屋（自有住宅或租赁）为商贾提供存货服务，有时还兼办转运业务；泉漳会馆则是泉漳商人自建房屋，为同乡提供旅居、屯货服务。

仙居县皤滩、太平县温峤因大量转运物资，也出现过塘行形式的货栈。

晚清民国港埠仓储

清光绪元年（1875 年），椒江河口港主要港埠由葭沚转移海门，通衢街建福建会馆，以做闽商旅居屯货的场所。十三年（1887 年）、二十三年（1897 年），相继开通椒申（沪）、椒甬客货轮航线，近代轮埠创立。自此洋货大量输入，本地商品也大量外运，港口存货库场的需求开始凸显。

清光绪二十八年（1902 年），海门天主教堂法籍传教士李思聪贱买海门港老道头两侧新涨江岸涂地 200 余亩，建房开辟东、西新街，旨在控制江岸港口作业和仓储场地。当地绅商群起交涉多年，至民国 3 年（1914 年）才由黄楚卿、陶寿农等集资赎回该地块，建立振市有限公司进一步开发。

振市公司初建时期主要精力用于开发码头、航运和房地产。民国 21 年（1932 年）前，海门港货物暂存基本由过塘行经营。该时期过塘行有协记、同昌、王永兴、公信、雷阜成、新福泰、台公新、公益 8 家，建有货栈，除提供储货服务外，还负责货物转运和报关。

民国 21 年（1932 年）后，海门港各轮船公司陆续建设自备仓库，至 20 世纪 30 年代末，海门港各轮船公司自备仓库如下：振市公司仓库七八间，面积约 300 平方米；宝华轮船公司仓库 2 处，总面积约 160 平方米；穿山轮船公司仓库 1 处，面积约 130 平方米；舟山、达兴轮船公司各有面积约 100 平方米的仓库 1 处；台州航业公司仓库 1 处，面积不详。仓库建筑砖木结构，储存货物有百货、杂货、棉纱、肥田粉、煤油、漂白粉等。

除以上轮船公司仓储的货物外，晚清民国时期海门港大宗进出口商品还有粮食、竹木、柴炭、果品、鱼盐、陶瓷、煤炭、油品等，各自都有独特的储运方式。

粮食是将稻谷碾成大米出口，海门碾米厂集中于大埠头周边西新街、甬兴街、江城路一带，还设于郊外三才泾塘岸、葭沚、沙老爷殿等地便于装运的河埠边。所产大米出运沪、甬，都直接从碾米厂拉上码头，或者由内河船运至大埠头，再驳运外海货轮。

出口和内销的竹木主要来自台州西部山区。木材由木材行经营，海门港木材行分布安川路、营防浦一带，有萃龙、新萃龙、永春、祥记、益利、荪发、利兴等，内销竹木从上游以木筏直放海门，一般只堆放堆场，供建筑和造船之用。出口木材主要是黄岩出产的三元条、松板，大都由永宁江运至海门，驳载柴爿壳船转运上海，无须经过木材行。

柴炭为台州运销沪甬的传统商品，也是沿海集镇所需物资，海门港沿江设有众多木炭行，一般是租一块地，以竹离围界，再搭简易办事房屋。民国时期，海门木炭行有新公大、义记、大生、公胜、大东、大丰、一利、寿记等。

民国时期及以前，境域出产水果虽不多，但晚清民国时期商品经济兴起后，海门成为台州果品和南北果品的汇聚营销地。尤其是黄岩柑橘，成为海门港的大宗出口物资。民国 21 年（1932 年），黄岩柑橘行销沪甬 40 万箱（每箱 45 斤），其转运大都由黄岩人在海门开设橘栈经营。其他外销果品、土产还有竹笋、生姜、芋头、枇杷、杨梅、李等，海门经营商为水果行，也进口苹果、香蕉、天津梨。民国时期，海门水果行计有沈万和、干利、公兴、成元、胡一利、潘大成、陈万顺等，水果行是果品运销过程中的直达仓库。

民国时，干制腌制渔货出口由鱼行、鱼栈收购，再转运。鲜鱼在海上由冰鲜船收购直运上海、宁波、温州。民国时，台州内销食盐出自位于浦坝港的杜渎盐场和位于乐清湾的北监盐场，由海船循海岸线运进海门港直运临海；长林、双穗盐场所产食盐经松门入内河运海门，再转运临海。本地消费食盐由黄岩场供应，在海门港设有食盐转运站，1947 年改称官盐仓。管理食盐运销的是台州推运局（或称督销局）。

至近代，除了粗陶外，台州所需陶瓷器均靠外地输入。因是易碎品，在公路尚不完善的晚清民国时期，江西瓷器均由水运经上海转运海门。20 世纪 30 年代，海门有喻美利、太和、品美、人和、成业、金干茂、金顺兴等陶瓷店，不仅是当地的零售商，更是台州的批发供货商，其店铺其实也是货物的转运仓库。

煤和石油制品是清光绪年间（1875-1908 年）开始进入台州的货物，煤油在清光绪五年（1879 年）进入，初期只是零星销售，至民国 14 年（1925 年），才由上海美孚公司和亚细亚煤油公司在下埠建 3 个储油罐。煤炭进入台州较迟。20 世纪 30 年代，海门港有茂记煤号开设码头一带，设有煤炭堆场。

除大宗货物外，民国时期本地出口货物还有禽、蛋、猪、牛、渔货、络麻、渔网、麻帽、花边等，众多物资的加工企业就集中港口附近，如台州盛产出口麻帽，台州、宁波经营商总数达 66 家，所有帽行集中海门港码头边的振兴街（俗称草帽街）。花边绣衣也都集中海门。行销宁波、舟山的渔网，由农家妇女来料编织，成品集中葭沚几家网业公司，产销过程中的原材料和成品存放均由经营公司储运运作，如生猪、耕牛等也是经营商直接联络船舶，直运上船，一般都无须再经仓库储存转运。

除海门外，台州临海、黄岩、温岭（太平）、仙居、天台、三门各县城以及路桥、泽国、新河、松门、皤滩、楚门、坎门等集镇，都是规模不等的货物集散地。集散过程中或多或少都需要货物暂存场所，如临海港埠是上乡仙居、天台竹木柴炭和土产以及下乡鱼盐、粮食的中转站，少不了储货场所。由于各县（市）所编《交通志》对此或忽略不记，或语焉不详，致使史料阙如。

零星流传资料：临海记有雷阜成、王永兴、协记等过塘行7家；天台、仙居均记清光绪年间（1875—1908年），开设过塘行姜保山，民国8年（1919年）开设许万泰，10年（1921年）开设姜协兴、公益、王载昌，36年（1947年）开设姜宝庆。以上这些过塘行与海门港8家过塘行较多同名，或者为同一家企业多地开设。温岭县江厦港设3家运输行（栈），办理托运、联运。玉环坎门为晚清民国时期南北货中转站，时有福建惠安人郭启逵后裔在坎门西前街和后沙街开设的恒源南货号、郭源顺南货号，可说是闻名遐迩的桂圆、荔枝储运分销店。

第二节　海门港区装卸与仓储

本节记述起自1949年，终于2020年；范围不包括三山以西黄岩港区（芦村港区），分为装卸和仓储两部分。

海门港区装卸作业

在20世纪50年代至21世纪10年代的70年中，海门港区的装卸作业经历了计划经济和改革开放两个时期。在这两个时期，其不仅存在着体制的不同，还明显存在现代化发展程度的巨大差异。

计划经济时期

1949年，海门港装卸搬运业将原大扛行、挑夫合为第一分会，小扛行设为第二分会，小工设为第三分会。1950年，中央人民政府政务院颁布《废除各地搬运事业中封建把头制度处理办法》，12月，海门搬运工人组织海门搬运服务所，下设3个办事处，实行统一承揽业务、统一调配、统一运价的“三统”管理，并实行等级工资制和八小时工作制。

1949年，海门港有2辆负荷0.5吨的木轮板车，用于搬运大件货物；1952年有54辆负荷0.3吨滚珠轴承橡胶轮胎手拉车。直至1957年，手拉车才发展到100辆。1958年，海门港有装卸工人597人，平均每人每天完成2吨装卸任务，尚不能完成每天2300吨的装卸量。

1958年，在“大跃进”运动下开展“双革”（技术革命、技术革新）运动，工人提出大批革新建议，其中一些付诸实施，如吊煤网，用棕绳网代替1吨吊煤箱，每次可吊2吨；拉河机，依靠辘轳牵引手拉车过活动引桥，减轻工人体力，提高功效；毛竹溜梯斗，在溜梯上加弹跳斗，避免货物滑脱；内河挂板，在河岸装伸出式挑板，方便手拉车倒装煤炭、黄沙。

1959—1960年，一些革新进一步提升，如将拉河机提升为电动卷扬机；试制“少先吊”取代人力装卸，用于没有起重杆的船舶；制作皮带输送机和堆高机取代手拉车和人力。以大搞群众运动方式开展的“双革”，在取得一定成绩的同时，由于忽视科学技术规律，造成不少资源浪费和事故损失，如1959年发生各类货损、货差事故多达85件。

1960年，海门港开始添置塔式起重机、汽车式起重机、八一式起重机、电瓶运输车等装卸机械。至1965年，全港共有1～5吨各式起重机6台、1吨电瓶运输车6辆、15米皮带输送机4台、1吨卷扬机5台、0.3～5吨手拉车233辆。

1976年，海门港新添置16吨轮胎式起重机1台、5吨汽车起重机1台、3～10吨平板车18辆、85米皮带输送机1台。已有设备增减如下：各式起重机（1～8吨）增至11台，1吨小型运输车增至12辆，输送机（10～18米）增至16台，保持1吨卷扬机5台，手拉车载重增至0.5吨、数量减至160辆。

图3-42　20世纪70年代，海门1号码头卸煤作业（缪鹤贤摄）

椒江设市期间（1981—1994年）

改革开放初，劳务随着市场开放而开禁，郊区农民纷纷以集体的名义组织搬运站介入港区搬运作业，时有海搬、椒搬、东方红、枫山、红卫、椒渔、红旗、星星、界牌、葭沚、三甲、栅浦、山东等集体搬运站和农民副业队，甚至个体搬运工参与港区搬运，造成一时乱象，时采取一些行政手段进行整顿。

1982年，海门港新添3～12吨牵引车10辆、3～5吨叉车起重机5辆、2.5吨铲斗车1辆。原有设备增减如下：保持16吨轮胎式起重机1台、5吨汽车起重机1台、85米皮带输送机1台、1吨卷扬机5台；1～10吨各式起重机增至20台，1吨小型运输车增至20辆，3～10吨平板车增至26辆，10～18米输送机增至20台，手拉车载重增至1吨、数量增至195辆。

1990年，海门作业区各种装卸机械增（减）量如下：保持5吨汽车起重机1台、3～5吨叉车重机5辆、1吨卷扬机5台；16吨轮胎式起重机增至4台，各式起重机（2～8吨）减至12台，牵引车（8～12吨）减至7辆，铲斗车（1～2.5吨）增至3辆，小型运输车（1～2吨）增至39辆，3～10吨平板车减至13辆，85米皮带输送机增至2台，10～18米输送机减至12台，手拉车淘汰使用。

20世纪80年代起，前所台州电厂电煤码头的兴建和外沙作业区外贸码头（今外沙港埠集装箱码头）的兴建，为海门港港口装卸现代化翻开新的一页。

图3-43　台州发电厂桥式抓斗卸船机（来自1994年《椒江》画册）

台州电厂首期电煤码头（4号泊位）建于1980—1981年，3000吨级泊位平台总长220米，装备桥式抓斗卸船机，该装卸机械不靠臂架俯仰实现抓物装卸，而靠水平移动抓斗小车在起重机桥架轨道上行驶实现装卸，有较高的水平移动速度和生产率，最适用于电煤的卸货。其生产率可高达每小时2500吨左右。电厂煤码头与煤炭堆场相距200米至600米，之间依靠胶带输送廊桥链接，实现从码头至堆场的直接自动输送。

图 3-44　1993年，海门港首台门式吊机用于外沙外贸集装箱码头（来自1994年《椒江》画册）

门座起重机最先于1993年装配外沙外贸码头（今外沙港埠集装箱码头），第一台门座起重机起重能力35吨，几年后再装1台，并配备集装箱卡车、牵引车和平板车等。

门座起重机是旋转臂架起重机的一种，又称门吊、门机。有起升、旋转、变幅、行走相互协调的工作机构，在码头上沿地面轨道行走。门座起重机臂架长，起升高度值大，各机构工作速度快，工作范围大，生产效率高，且可配装不同的取物装置，通用性强。

1993年，海门港成立海门港埠总公司，其经营范围包括装卸、港口货运、仓储服务、船舶代理、水陆联运。集约化、专业化、机械化的现代企业公司自此开始取代传统的装卸、搬运行业。

台州设市后

1994年后，海门港区经改建和新建的众多高桩码头相继装备门座起重机，迄2020年，港区南岸共有门座起重机33台，各高桩码头配置门吊和其他装卸设备情况如下。

岩头制冰厂码头（后变更为龙禹装卸有限公司码头）　配置16吨门座起重机1台、20吨门座起重机1台、5吨装载机1辆。

原商业冷库码头　2003年，椒江冷冻厂更名中食集团台州宏大经贸有限公司。1994年，码头扩建，延长平台至74米，2000年改为1000吨级固定码头，新建东面1个水上系缆墩，配置管道装卸运输，为陆域液态油品、化学品储运服务。

粮食收储码头　经修整，配置简易LQ16臂架起重机2台。

外沙港埠（集装箱）公司码头　2013—2014年扩建原物资局码头，与原外贸码头相接，成为外沙港埠码头，增添10.5米轨距多用途门座起重机2台，并陆续增至总数8台。

牛头颈山高桩平台　配置门座起重机2台。

1号码头　配置ZL40装载车4台，10～25吨门座起重机2台。

3号码头　配置10～25吨门座起重机2台，皮带输送机2条。

4号码头　配置10～25吨门座起重机2台和皮带输送机。

天天物流码头　配置门座起重机40吨1台、16吨2台以及后方堆场龙门吊、装载机、轮胎吊、铲车等机械设备。

五星物流码头　配置门座起重机2台。

八达物流码头　配置门座起重机 2 台。

三山村码头　配置 10 ～ 25 吨港口门座起重机 2 台。

宏发装卸站码头　配置门座起重机 2 台。

杨福装卸站码头　配置 20 吨门座起重机 2 台。

散装水泥专用码头　配置 HX 型负压抽吸后续机械输送系统设备 2 台。

西郊装卸站码头　配 10 ～ 25 吨门座起重机 2 台。

此外还有 10 余台固定起重机、简易起重机分布在栅浦码头和乌石七星沙场等岸线。

以上码头在装卸设施中，海门作业区 1 号、3 号、4 号码头，噪声扰民，在 2019 年移撤；天天物业公司在 2018 年破产倒闭，码头及装卸机械报废。

台州电厂自 1981 年开工至 2005 年，先后分五期建设，先期建设 3000 吨至 5000 吨级码头和浅万吨码头，后又建一座平台长 265 米浅万吨级码头。先期安装桥式抓斗卸船机 6 台，最多时增至 10 台，经压缩小机组产能淘汰 1 期、2 期、3 期工程后仍留 6 台。

椒北作业区除台州电厂卸船机外，各类码头共安装门座起重机 11 台，分别为：五洲船业码头 1 台、圆山船务公司码头 1 台、海螺水泥公司码头 2 台、椒江航道服务区码头 2 台、宁兴特钢贸易公司码头 2 台、万隆船舶重工有限公司码头 3 台。台州远洲石化仓储码头装备管道运输，台州电厂和海螺水泥公司均装有长距离输送带，直接装卸煤炭、水泥至目标地。

南北两岸各码头装配的门座起重机、固定起重机的起重能力有 5 吨、10 吨、16 吨、35 吨、60 吨等不同级别。

20 世纪末至 21 世纪 10 年代，大吨位货轮均靠泊高桩码头，依靠码头上的门座起重机装卸货物。靠泊浮码头的现代小吨位货轮，包括渔轮，则都装有转动吊杆，可由船舶吊机装卸舱内货物。因而在浮码头趸船上的起重机械逐渐退出。

图 3-45　21 世纪 10 年代，海门港装卸设备（来自台州港航局存档资料）

图 3-46　海门港外沙港区码头（缪鹤贤摄）

图 3-47　天天物流公司门座起重机（金立新摄）

20 世纪 80 年代，海东造船厂置办门座起重机用于船舶舾装。20 世纪末至 21 世纪，造船企业普遍使用龙门起重机，起重机依靠水平桥架设置于两支腿上，构成门架形状的桥架型起重机，可在地面轨道上运行。龙门起重机除用于船坞、船台外，也用于物流公司货物堆场。起重量一般为 100 ～ 1500 吨；跨度可达百多米；起升速度 2 ～ 15 米 / 分。

迄 21 世纪 10 年代，椒江两岸前所、小圆山、老鼠屿以东、岩头闸西、轮渡路西的江岸造船基地密密麻麻布满不低于七八十台龙门起重机，在椒江大桥西栅浦、三山江岸的天天物流、五星物流、八达物流等物流企业，也都装备众多龙门起重机。

迄 2020 年，在栅浦、乌石黄沙市场、葭沚冷库，一些小型起重机、皮带输送机、堆高机仍在使用。石油和液态化学品装卸则靠管道运输实现自动化装卸。

海门港区仓库堆场

库场是港口设施的重要组成部分，港口若因缺乏仓储场地致使船舶不能及时卸货，就要造成滞港损失。海门港区仓库堆场在 20 世纪 50 年代至 21 世纪 10 年代也可分为前后两个时期记叙。前期计划经济时代的仓储可分为货主仓库和港务部门建设的公用仓库；后期随着经济体制的改革、公路逐步完善、货种改变、集装箱运输开发、“门对门”物流体系推行，港口仓储方式发生大幅度蜕变。

计划经济时期

20 世纪 50 年代，国家迅速进入计划经济时代，1953 年 12 月，实行粮、棉、油统购统销，其他物资也都相继进行计划控制。对于港口来说，在国家掌控下的货物，不如市场经济条件下货主提货及时快速；若提货不及时，船舶就成为水上仓库。因而建仓库在市场经济条件下更为需要。

1954 年，海门港区仓库情况如下：航管部门有租用仓库 150 平方米；海门粮食局有自有仓库 1330 平方米、公有仓库 1525 平方米、租用仓库 1315 平方米、茅房仓库 2595 平方米，合计 6675 平方米；供销合作社中转站有自有仓库 300 平方米、租用仓库 150 平方米，合计 450 平方米。1957 年，海门港共有仓库 9 座，其中货主单位 8 座计 2975 平方米，航管部门 1 座计 1010 平方米。

然而，尽管 1958 年海门港区近港口位置的仓库增至 16 座，达 7910 平方米，但港方仅有 1 座，其他都是货主自有，不由港方管理。为解决港口岸线用地紧张问题，1958 年，海门港向外移筑堤岸，共增用地面积 8400 平方米。至 1964 年，港口南北两岸共有前方仓库 41 座，计 23700 平方米，堆场 9 处，共 22436 平方米。

1964 年，分布南岸的仓库共 28 座，合计建筑面积 13053 平方米，分别为：海门港务所 3 座，总建筑面积 1070 平方米；海门粮管所 10 座，总建筑面积 4008 平方米；黄岩橘果办事处 10 座，总建筑面积 5916 平方米；黄岩五金机械公司 1 座，建筑面积 540 平方米；台州生产资料站 4 座，总建筑面积 1519 平方米。此外，下埠储油罐区扩大至占地 40000 平方米。

图 3-48 20 世纪 70 年代，海门港码头仓库

1964年，分布北岸的仓库共23座，合计建筑面积10674平方米，分别为临海粮食局8座，总建筑面积4932平方米；临海前所棉花加工厂11座，总建筑面积4290平方米；临海县废品站1座，建筑面积289平方米；临海县生产资料站3座，总建筑面积1163平方米。

1964年南北两岸堆场：海门港务所1号码头煤炭和杂货堆场3处、3号码头堆场1处、5号码头杂货堆场1处，共计10329平方米；台州燃料站下埠煤铁堆场1处、5号半码头煤场1处，共计9231平方米；前所航管所3号堆场1处、1号水产晒场1处，共2876平方米。

1972年，海门港1号至6号码头江岸再次外移45米，库场得以进一步扩展。至1976年，南岸仓库总面积扩至17980平方米，其中港务部门仓库扩至3920平方米；堆场总面积扩至51140平方米，其中港务部门堆场扩至26334平方米。

椒江设市期间

1981年，海门港区内共有大小仓库78处，占地445500平方米。其中，地区级仓库32处，占地191900平方米；椒江市级仓库26处，占地132000平方米；临海县仓库16处，占地100900平方米；黄岩县仓库3处，占地19700平方米；上海市所属仓库1处，占地1000平方米。以上仓库包括了一些储备性质的仓库，如沙门粮食仓库、山北洋（今云西公园）化工仓库等。

20世纪80年代初，与海门港航相关的仓库除设海门作业区岸线外，主要集中地在大埠头周边的永兴街、屋基里、安川路、通衢路、下埠、营防（城隍）浦路、江城路一带，其次，属于储备和危险品性质的扩展至沙门、山北洋一带。种类有石油产品、煤炭、农资、物资、五金交电化工产品、渔需、水产、百货日杂、烟糖酒菜、医药、果品、工艺品、粮食、罐头食品等。

椒江设市期间（1980—1994年），海门港南岸自三山至外沙商业冷库码头1.5万米未用岸线相继开发利用，北岸汽车轮渡码头至老鼠屿4300米未用岸线逐步开发利用，仓库、堆场建设快速发展。台州电厂电煤堆场达80000余平方米，1985年开始在外沙九条坑扩建储油罐区。

至1990年，海门港共有仓库140座，使用面积达74551平方米。其中，海门作业区77座，使用面积52066平方米；前所作业区53座，使用面积19925平方米；栅浦作业区9座（含三山、乌石），使用面积2290平方米；岩头作业区1座，使用面积270平方米。除海门作业区有港务局所属仓库10座10298平方米、航管所所属仓库3座770平方米外，余皆货主仓库，包括外沙粮食中转仓库、台州物资局仓库8008平方米、台州商业冷库和工人路外轮理货公司仓库。

图3-49　20世纪90年代初新开发的外沙外贸码头及堆场（来自浙江工商大学出版社2019年版《台州江海行》）

1990 年，海门港堆场总数 82 处，共计 294921 平方米。其中海门作业区 30 处 103977 平方米；前所作业区 23 处 68284 平方米（包括台州电厂首期建设电煤堆场 29448 平方米）；栅浦作业区 27 处 107660 平方米；岩头 2 处 15000 平方米。除海门作业区有港务局所属堆场 6 处 25624 平方米、航管所 7 处 32000 平方米外，余皆货主堆场。

20 世纪 90 年代，计划经济向市场经济转轨，公路运输大幅度改善、水路运输方式改变、进出口货种变化使港口运输和仓储都发生巨变。计划经济条件下的货主仓库，如物资局仓库、农资仓库、棉花仓库、橘果仓库、粮食仓库、百货仓库等，或因机构撤销退出，或因职能转换由市场取代，或因产业转移丧失货源，或因运输方式改变供需直达，不再需要仓储。

随着进出口货种变化和采用集装箱运输，原港口库场已不适应发展需要，改造势在必行。

台州设市后

进入 20 世纪 90 年代末，海门港区两岸沿线的仓库、堆场有大幅度变化。

海门作业区借江滨路全面改造之机，大幅度改造沿线库场：江滨路北 1 号码头至牛头颈山段江岸，除两处军用设施与渔民用地外，仅留 1 座仓库，余皆成为煤炭堆场。在 1 号码头至原港务局大楼长 516 米、纵深 80 米范围内，原仓库全部拆除成为堆场，主要堆放进口废金属；江滨路南光明路至华荣名筑地块长约 270 米、纵深约 65 米，用于停泊装卸机械和堆放集装箱。5 号码头至解放北路沿线约长 540 米，因椒申客运停航，7 号码头候船厅拆除，建轮渡码头候船厅和台州港务大楼；5 号码头原港务大楼改为海门港轮驳公司所用，其西原仓库用地辟为蔬菜批发市场，6 号和新 6 号码头沿岸为大陈岛客轮上船通道和军用地；军用地块西仅 100 多米存少量仓库。

2019 年 8 月，1 号、3 号、4 号码头因大量装卸废钢铁，噪声干扰堆场南面华荣名筑住宅区居民，被中央环保督察组指令关停作业，场地有待调整使用。

解放路至轮渡路沿岸，改造原渔业、水产、渔需物资用地为江滨公园。该地仓库全部拆除，包括建于工人路北的外轮理货公司仓库也改作他用。

轮渡路至葭沚泾沿岸仍保持造船用地，其中木材公司码头东有液态化学品储罐场地。

葭沚作业区沿线为渔业用地，前期仅有台州水产冷库，后期有大量小冷冻厂兴办，西部渔业码头江岸陆域设台州水产市场，港域配套 2 只 800 吨级油罐、1 座 500 吨级冷库和占地 6666 平方米的鲜水产品交易市场。

椒江大桥至三山作业区长 3.7 公里、纵深 300 多米，区内台州市天天物流控股集团、浙江五星物流有限公司、美标散装水泥、华能金属公司、向海钢材公司、杨福装卸站、宏发装卸站等公司拥有较多堆场和仓库。

其中，天天物流后方堆场面积 5.5 万平方米，拥有 3 幢占地 4.2 万平方米的大型仓库，面积 2.85 万平方米；五星物流有限公司拥有堆场 1.1 万平方米，仓库 1000 平方米；宏发装卸站拥有堆场 1.5 万平方米，堆存能力 3 万吨；杨福装卸站拥有堆场 1 万平方米，仓库 4300 平方米，堆存能力 1.5 万吨；西郊装卸站拥有堆场 8700 平方米；浦西装卸站拥有堆场 9000 平方米，堆存能力 2 万吨；美标散装水泥公司拥有堆场 0.55 万平方米，堆存能力 1 万吨，拥有仓库 0.102 万平方米，仓储能力 2 万吨；八达物流等公司有部分仓库，余皆为煤炭、钢材、黄沙堆场。以上仓库、堆场用地占据工人路以北至江岸全部土地，这些土地原为栅浦、乌石、三山农村集体所有农田，除部分征用为国有土地外，大都物流企业租用农地，或者农民利用自有集体土地经营物流业、装卸业。

图 3-50　21 世纪 10 年代，海门港区牛头颈作业区集装箱堆场（来自台州市港航局档案资料。洪子根摄）

外沙作业区粮食收储仓库后方堆场面积 8000 平方米，仓库面积 5000 平方米。拆除原物资局仓库扩充集装箱堆场。2004 年，海门港外沙港埠集装箱公司集装箱堆场面积约 5 万平方米，一次仅容装卸 1000 只集装箱，堆放 5 万多标准箱；2005 年，公司着手收购周边 6 家企业，开辟粮食收储仓库东侧约 17000 平方米集装箱堆场，集装箱堆场增至可堆放 8 万多标准箱。此外，原商业冷库码头沿岸液态化学品储罐区进一步扩大。

2012 年，择址腾云山南腾云路易地新建椒江粮食储备中心，中心占地 106 亩，一期 7 幢仓库仓容 3 万吨，2014 年建成；二期 9 幢仓库于 2019 年 2 月动工建设，两期共建仓库 16 幢，总仓容 6.5 万吨。

2019 年，关停海门作业区 1 号、3 号、4 号码头后，功能部分向外沙集装箱作业区转移，拟再征迁东部地块，以扩充码头和堆场，新港区总占地面积达 14.87 万平方米。

2017 年，在岩头闸东十塘堤坝外围涂约 18 万平方米，作为台州市振港物流有限公司物流基地，启动建设配套码头、堆场和库房。

北岸作业区主要变化：在原汽车轮渡码头至华景河口间建一级群众渔港，2003 年升格为国家级中心渔港。渔港建设目标除具备渔船靠泊外，也有水产品交易、加工、渔需物资供应等功能，岸上设施尚未启动建设。

临港型企业海螺水泥公司落户老鼠屿西侧，公司产品和原料可直接由海船装运，尽得临港优势，后方堆场面积 0.45 万平方米，堆存能力 0.84 万吨。水泥筒库面积 1.48 万平方米，堆存能力 4.27 万吨。

图 3-51　椒北航道服务区码头改建为综合性通用码头，承接海门作业区转移的部分功能（来自台州交通投资集团港务有限公司 2021 年 2 月 4 日新闻报道）

进入 21 世纪，老鼠屿以东至松浦闸沿线迅速被众多造船企业利用，后造船业务低迷，沿线调整使用。2012 年，在涛江闸东建台州远洲石化仓储有限公司码头和储罐区，储罐区可用面积约 200 米 ×300 米。2013 年，在老鼠屿东建椒江航道服务区码头。2019 年，海门 1 号、3 号、4 号码头关停后，航道服务区码头扩建改造，承接海门老港区部分作业，成为综合性通用港区，沿线可用场地面积约 160 米 ×350 米。山礁浦西台州强联钢板加工有限公司（宁兴特钢贸易公司）码头沿线有堆场用地面积约 180 米 ×190 米。松浦闸口万隆船舶重工有限公司码头后方堆场面积 5.61 万平方米，堆存能力 30 万吨。

第三节 头门及大陈装卸仓储

头门指新开发的头门深水港区。大陈指上、下大陈岛的港埠。头门港区在 21 世纪 10 年代开始开发，至 2020 年 8 月建成二期工程，逐步走向台州核心港区地位，装卸仓储完全现代化；头门岛所在的东矶列岛港埠仅用于渔业。大陈岛在清末已受行政重视，逐步纳入县政管辖，20 世纪 40 年代末人口最多时达到军民近 30000 人，物资补给需求旺盛；1955 年岛上军民撤退台湾后，经移民重建恢复为重要渔场；及 20 世纪末，海洋捕捞的进步使岛屿作为海洋渔业中继站的功能减弱，大陈岛港埠设施开始适应旅游发展方向。

头门港区装卸和堆场

头门港区首先开建的是连通陆岛的疏港公路和一期通用作业区的启动部分。疏港公路工程在大陆鹿峙山与大竹山岛间筑拦海坝堤，在大竹山至头门岛建跨海大桥连接。2014 年 12 月建成启用的一期通用作业区位于头门岛西南侧南山与面杖山之间，码头沿岸用地以开山填海获得，总用地面积 21.64 万平方米，填海新增用地 20.52 万平方米。

一期工程配备的装卸设施是 40 吨门座式起重机 1 台，25 吨门座式起重机 3 台；后方堆场面积 11.281 万平方米，堆存能力 280 万吨。2018—2020 年建成二期 2 个 5 万吨级通用泊位工程，码头泊位长度 676 米，配备装卸设施为 5 台门座式起重机；后方堆场及辅助设施包括 1 号变电所控制楼、中水池及中水泵房、煤污水池基础、候工楼、变电岸电楼、地下井及管沟等 15 件单体，形成陆域场地面积约 38 万平方米。

头门港区疏港方式以公路和铁路为主。在建金台铁路头门支线终点站延至北洋涂，2021 年 6 月 26 日通车。现有至头门港公路已被确定为起点头门港，途经浙江、江西、湖北、重庆、四川，终于四川小金县的横贯中国东、中、西内陆腹地的 G351。除已建疏港公路外，规划港区疏港通道还有疏港二路、疏港三路；铁路也将引入港区，直接疏运通用作业区和规划中的一港池、二港池的到港货物。

图 3-52 头门港区陆域扩展（来自 2021 年 11 月 8 日“台州发布”）

未开发深水港以前，头门岛有简易码头用于

渔业和陆岛交通，今已报废拆除。与头门岛同属于东矶列岛的雀儿岙岛有 4 处渔用码头，分布在大沙、埼头、黄沙岙、小岙；东矶岛西侧有一处渔用码头；码头均为岸壁式，主要用于对避风渔船供油、供水及上落晒制渔货，也用于陆岛交通，但因岛上人口稀少，码头无专业装卸，货物仅货主自携自搬而已。

大陈岛港埠装卸与仓储

清末民初，大陈岛集聚人口约万人，岛上生活、生产所需物资供求旺盛。民国时，大陈岛行政隶属温岭县，陆岛物资运输来往松门、金清、海门等港埠之间。20 世纪 40 年代末，因国民党政权在大陆溃败，军政人员撤退岛屿，大陈岛人口曾暴增至军民总数 30000 余人，居民 15400 余人，但陆岛物资运输却处于隔绝和偷渡的畸形状态，也发生与台湾的海运关系。

岛上码头装卸搬运

晚清民国时期，岛上码头装卸搬运依靠苦力肩挑背扛，因无固定航班，且受潮汐风浪制约，船舶靠岸无常不定，码头装卸搬运只是临时凑集人员，具体操作不详。

1955 年 1 月 18 日，解放军攻克一江山岛，据守大陈岛的国民党军队于 2 月 8—12 日携岛上居民撤退台湾。人民政府接收大陈岛后，组织移民和青年垦荒队员上岛重建。5 月，由 12 名海门搬运工人、5 名复员军人、7 名垦荒队员组成大陈搬运组，配备手拉车从事码头船舶装卸搬运作业。

20 世纪 50—60 年代，大陈岛接受 400 余名青年垦荒队员，170 余户从象山、洞头、黄岩、温岭迁居的渔民、农民，100 余户黄岩长潭水库移民。初期人口以农业为主体，渔民仅占 10%；经持续移民生聚，迄 80 年代恢复人口 5000 余人，恢复渔业主业人口占 70% 以上。

由于人口不多，大宗货物粮、油、煤、盐、建材吞吐量也不大，而蔬菜、日杂百货等小宗货物常由客班轮托运捎带，码头装卸搬运业务不多，1978 年，大陈搬运组改为黄岩县大陈搬运站，除手拉车和 4 辆手扶拖拉机外，还置办 4 艘木帆船，并将其改为机帆船，又购置拖轮 1 艘改装为货轮，其业务已兼营海上运输。1984 年，企业更名椒江市大陈运输公司，又增添钢质货轮 1 艘，开辟江、浙、闽及长江中下游水运业务。1998 年，大陈运输公司转制，产权出售。

图 3-53　下大陈岛杨府咀车客渡滚装码头兼海事工作码头（缪鹤贤摄）

迄今，岛上货物吞吐主要在杨府咀和大沙头（今称梅花湾）码头，装卸主要依靠货船、渔船自备吊杆起重机和岸上小四轮、拖拉机，岸上也相应配有简易吊机。

岛上仓储

晚清民国时期，大陈岛所需生活资料，如粮食、百货、副食品、柴薪、蔬菜等，大多依靠供货地（如金清南街口、海门小码头、黄岩北门头、宁波半边街、永嘉小东门等）的商业货栈储货运至大陈则直接进商店。20 世纪 50 年代初非常时期，退踞岛屿的国民党“浙江总部”因货源断绝，于 1952 年在竹屿设立大陈物资供应社，其为专事采购大陆物资的储货商站；1954 年，供应社归属“大陈防卫部”，专事向台湾采购岛上所需物资和运销大陈所产渔货。

1955 年后，在计划经济体制下，供应大陈的大宗物资都建仓库储存，主要针对粮食、燃油、渔盐三方面。冷库采用现代冷藏技术，水产品能得到长时间保鲜储存。

粮仓　晚清民国时期，大陈岛粮食从松门、金清采购，岛上开设米行数家，即储粮处。1955 年后，大陈岛粮食由海门港运输，在下大陈大沙头设粮食供应站；1956 年，在上大陈庄周庙设粮油供应站，为驻岛部队服务。1957 年，在上、下大陈岛建设半隐蔽碉堡式粮仓 7 座，每座储粮 15 万斤。1958 年，又在下大陈新建粮仓 2 座，库容 60 万斤，茅棚粮仓 1 座，库容 12 万斤；又在上大陈新建粮仓 2 座，库容 80 万斤。1962 年，在上、下大陈各建库容 100 吨粮仓 1 座。1993 年，废止粮食计划供应，粮库储粮只出不进，1996 年清空存粮，砌封地下粮库。此后粮食供销自由，以超市经营为主。

油库　20 世纪 50 年代末与 60 年代，大陈渔场在鱼汛期间常集聚 5000 余艘渔船，每年至少耗费柴油 1500 ～ 2000 吨。1962 年，设立大陈石油商店，经营石油、煤炭，兼营五金交电、化工材料。1964 年，下大陈岛建库容 200 吨地下钢板油库 1 座。1971 年，又新建油库 1000 余立方米，油码头建 30 米挡浪坝，能同时给 3 艘渔船加油。1974 年，兴建挡浪式加油码头 90 米。1977 年，大陈石油商店共拥有 50 立方米油罐 38 只。1978 年，扩建油亭和汽油房各 25 平方米。

1980 年，大陈油库有 50 立方米油罐 36 只、30 立方米油罐 2 只，总容量 1860 立方米；并兴建 1000 立方米加温油罐 2 只，建成后停用 50 立方米小油罐。1992 年，大陈油库新建储油量 1500 立方米加油站，并建立渔船污油、污水接收站。1999 年，大陈岛柴油供应改由台州石油公司独家经营。

20 世纪末，因近海渔业资源衰退，大陈渔船大都移驻大陆港口，大陈油品供应量减少。2000 年大陈油库 50 立方米卧式油罐全部拆除。2020 年，因旅游开发需要，原大陈石油商店北面营业区全部拆除，保留南面油罐区及 1000 立方米油罐 2 只。

盐仓　未有制冰保鲜技术前，渔货大多靠腌制保存，耗盐量巨大。民国 2 年（1913 年），大陈岛设渔盐局管理并征收盐税。民国 10 年（1921 年），大陈岛开设渔盐站专供渔盐，由海门官盐廒批发配售，26 年（1937 年）改由金清、石柱盐场配给。

1957 年，岛上设大陈盐业经营组（后为大陈盐业管理所）专管渔盐批发和战备盐储备。1974 年，盐管所新建营业房和仓库，至 1982 年有盐仓 5 间。1983 年，大陈盐业管理所改为椒江市盐业批发站大陈经营组。1984 年，翻建旧仓库，上、下大陈岛各有盐仓 5 间 175 平方米，仓容 260 吨。1985 年，渔盐、食盐同价，不再专批，敞开供应。1999 年，大陈盐业管理站撤销，保留批发点，盐仓委托承包经营。

冷库　20 世纪 80 年代起，制冷保鲜技术广泛应用。大陈发电厂在 1986 年实现 24 小时发电，也为冷库建设提供了能源保障。大陈岛大沙头港岸自油库向南至南坑里转角一线既是渔船靠岸的集聚地，岸上也就布满冷库，成为渔货冷藏的集聚地。

第四节 中部海港装卸与仓储

中部海港范围北起金清琅矶山，南至石塘半岛沿岸。该处最早港埠为金清港、松门港（礁山港）、石塘港，今陆域与海港均外移，产生龙门港区。

金清港口外港埠装卸与仓储

清康熙二十四年（1685 年）设浙海关，金清被设为浙海关家子（葭沚）口所辖旁口，彼时海船达新河金清闸。清道光十八年（1838 年），河闸东移至六闸；清光绪十五年（1889 年），又东移至咸田湖玉洁闸；民国 21 年（1932 年），取直拉萨汇弯道建廿二洞新金清闸；1961 年取直泥涂汇弯道；1996 年，开凿新河直通琅矶山南剑门，建入海闸—金清新闸。

自民国 21 年（1932 年）上溯至宋、明，金清外海港埠在新河、六闸、玉洁闸渐次向东推移，为黄太两县的内河转外海航运枢纽，依次在新河以东发展下梁、卷桥、金清等集镇。1932 年后，外海船舶止于廿二洞闸，金清镇处于廿二洞闸下河道北岸，集镇临河建埠。

民国 11 年（1922 年），黄岩、温岭两县船商联合设立金清商轮公司，经营金清至宁波客货运输。民国以前，海船靠岸，至多在石砌驳岸或道头凭借跳板用人力装卸货物，雇脚力、挑夫将货物运送至目的地。1932—1961 年，金清外海港埠在金清镇南侧泥涂汇岸边，船舶装卸从纯人力逐步引用手拉车、手扶拖拉机、简易吊机等机械。

1961 年后，泥涂汇取直，老河道逐步填废，金清镇区不再临港，仅在四条河五丰闸外老河道可靠渔船。南岸永安闸外永安航埠兴起。1996 年后，剑门新闸内成为内河，因设船闸，兼具海港功能。白沙山南老出海河道仍起海港作用。

金清老河口装卸仓储

1996 年，金清出海口改道，建新闸，在白沙山南老出海通道上段筑坝，下段仍作为港埠开发，所建渔用码头、游艇码头、客运码头尽见本编第二章第四节“中部海港泊船设施”，不赘述。2014 年，在老出海通道建三角门启闭通航船闸，以期重新贯通老航道，引导海船进内港，但迄今未启用，闸前、闸后仍为淤涨滩涂。因开发尚未取得效果，无装卸仓储可记。

琅矶山周边港埠仓储设施

琅矶山周边港埠状况，尽见本编第二章第四节“中部海港泊船设施”，不赘述。剑门新闸东侧琅矶山南山头油库现有大小储油罐 16 只，南山头 2 座高桩码头主要为渔船供油而设。琅矶山北端婆屿西南小港湾满足渔船靠泊卸鱼，附近有永顺达水产冷冻厂可冷藏水产。

金清廿二洞闸外河段港埠的装卸与仓储

1996 年建剑门金清新闸后，闸内虽成内河，但设 2 个通航兼排涝孔，可通航 500 吨级以内货船和渔船。鱼汛时，廿二洞闸至剑门新闸间河道常渔船云集。此时，廿二洞闸仍保留挡水功能，但在闸北增建通航孔；2006年，又在闸南新挖河道，建排涝通航套闸，以实现闸内外更为通畅的船舶互通。

行政区划上，金清港上、中游两岸均在温岭辖地，下游下梁港口一带和拉萨汇以下均以河流为界，北岸属于黄岩（后为路桥区），南岸属于温岭。两次截弯取直后，泥涂汇老河道南新河北岸属于温岭县；剑门新河南白沙老河道北为路桥区（黄岩县）地。台州港总体规划所称“永安港点”在金清港南岸温岭市辖地。以下不论政区，仅以现状河流南岸、北岸记叙港埠利用状况。

北岸港埠渔船卸鱼、鱼销库藏、临港企业状况

廿二洞闸至泥涂汇老河口岸线布满修造船基地，也泊渔船；泥涂汇老河口至甬莞高速公路大桥间零星布置修造船岸线，也泊渔船。四条河五丰闸外汊口和七条河五洞闸外汊口有驳岸可靠泊渔船，卸渔货，附近有浙江台水食品有限公司、路桥永顺达水产冷冻厂、海都水产冷冻厂等水产冷藏加工企业，有路桥区水产流通与加工行业协会为渔货保鲜和销售服务。

南岸永安港点渔船卸鱼和货物库藏状况

有关金清港廿二洞闸以东南岸岸线利用和永安港点码头建设，详见本编第二章“港口靠泊与锚泊”第四节“中部海港泊船设施”，不赘述。至2020年，永安油库拥有立式储油罐5只、卧式小油罐23只，码头装有输油管。油罐区南有20000余平方米仓库区。煤码头陆域有6000余平方米堆场。永安闸汊口东岸另有煤炭堆场，坤垚再生资源有限公司码头陆域有废物堆场。西部元通沙场有相应装卸机械和堆场。白沙老河道为路桥区属地，开发客运、渔港、游艇俱乐部，见本编第二章“港口靠泊与锚泊”第四节“中部海港泊船设施”，不赘述；无仓储。

松门、礁山港埠装卸与仓储

松门港在宋代为海岛边防地松门寨，元至正年间（1341—1368年），围萧万户塘才连入大陆，为木城河一箬松河入海口，明初设松门备倭卫城，城内置军备粮仓广盈一仓，储米10590石，粮食由黄太平原（椒南平原）河运抵达。

松门港初始港埠在卫城北侧箬松河入海口，入海口水闸内外分别为外海和内河航埠，其间存在过驳装卸搬运，民国16年（1927年）有温岭县挑夫工会组织的分支，从业者身穿印有“挑夫”字样背心，以此为标记。20世纪50年代设松门搬运站从事装卸搬运作业。后箬松河入海口日益淤狭，北面海塘塘河从罾棚头、礁山与渡楼（大娄）山间入海，成为泊船条件优于松门老港埠的礁山港埠。

图3-54 20世纪80年代松门礁山港码头装卸作业（来自1987年《温岭县水运志》）

礁山港埠建造木质浮式码头始于1958年，1970年改建为钢筋混凝土浮码头，1971年再建浮式水产码头，1983年再建木材专用码头（礁山第三码头）。迄20世纪80年代，松门搬运站拥有5吨吊机1台、牵引机2台以及若干手拉车和货运小汽车。港区附近设有粮食、原盐、木材、煤炭、水泥、水产冷冻等仓库和堆场。其中，航管部门所属堆场8960平方米。

21世纪初，礁山港埠岸线迅速发展造船企业，船坞、船台遍布，龙门吊机林立。东西两岸再建包括海事工作码头在内的3座梁板式高桩码头和多处石砌驳岸。礁山港埠主要用于渔业，渔货卸船依靠渔轮自装吊杆，搬运由冷库和渔贩开车自运。

与渔货储藏销售相关的冷库、冷冻厂与水产市场大多分布在松门城郊，主要企业有鑫丰冷库、华丰冷库、松华冷冻厂、庆丰水产冷冻厂、通源水产冷冻厂、沿海冷冻厂、松门环城冷冻厂、温岭市顺达冷冻厂、松门胜利冷冻厂、松门水产批发市场。

与进出松门、礁山港埠渔船供油相关的油库分布在屹立松门水道中间的花罗屿与捣米门水道南侧大岩山麓，花罗屿有大小储油罐7只，在其对岸龙王山脚又置2只储油罐。捣米门水道大岩山麓有储油罐8只。

龙门港区装卸设施和仓储

20世纪末，道路连通龙王山，2006年横门建桥，此时除九洞门岛外，横门山至大陆岛链全部陆路相连。2010年，龙门港区启动建设。2017年，原先所称温岭港区调整更名为龙门港区，其范围指龙门岛、横门山岛、九洞门山岛及南沙镬岛、北沙镬岛围成的港湾，分为白岩山、龙坦屿、横门山3个作业区。迄今港区有生产用千吨级以上码头泊位14个，尚无万吨级以上码头。三作业区装卸仓储设施如下。

白岩山作业区装卸仓储设施　总体规划虽布置万吨级泊位10个，但迄今仅在发财头北侧有石砌驳岸和一座160米平台、48米栈桥梁板式高桩码头。岸壁式码头边建有5个储油罐，开始凿山填土开辟陆域用地。北侧山岙浙江天时造船基地，配有龙门吊机七八台。

龙坦屿作业区装卸设施　在开山填土的造船基地，布置浙江金港船业有限公司、曙光装配式建筑有限公司等临港企业，在凿平的半边山南建有平台长250米，双栈桥长60米、135米梁板式高桩码头，配有吊机。西侧一座高桩码头平台长60米、栈桥长42米。该处于临港企业北面，为山体阻隔，物资全赖码头进出。

横门山作业区装卸堆场设施　作业区在九洞门横门山一侧，2015年建成浙江龙门港务有限公司3000吨级多用途码头1座，泊位2个，岸线总长268米，用地面积约3.94公顷，设计通过能力118万吨/年，配置后方堆场面积3.3万平方米，堆存能力为集装箱重箱0.052万吨，空箱1.012万吨。主要装卸设备包括堆高机1台、正面吊1台、龙门吊1台、40吨门机1台、45吨

图3-55　龙门港区横山岛陆域集装箱堆场（来自网络新闻）

门机1台、16吨门机1台。其主要功能为港口公用码头经营，沿海货运港口服务，仓储服务（不含危险品、成品油、燃气），集装箱修理、清洗服务。

此外，在横门大桥两侧均有驳岸为渔船服务，大桥西侧建有龙门水产品市场。横门山北侧蟹钳嘴头建有梁板式高桩码头，平台长72米，栈桥长64米。该处设温岭市龙门港物资储运公司、龙门沙场。2015年，在横门村兴建浙洋建材有限公司水泥罐区。

南港山、北港山码头装卸和仓储　南港山西侧已有坝桥与大陆相连，岛屿南麓设有造船基地和码头，东侧有5个储罐组成的油库。北港山定居渔民较多，所建石砌驳岸均为渔用。

石塘半岛诸渔港装卸和仓储

元代石塘曾是台州三大海上漕运出发港，因在海中，运粮需跨鲸川海峡运至石塘驳载海船。近代石塘半岛布置石塘、钓浜、箬山三大渔区。渔货卸船在采用机械以前是依靠跳板人力搬运、挑运，采用渔轮和机动车后，卸船依靠船上吊杆，陆上搬运采用机动车。

采用机动渔轮和现代保鲜技术后，渔船也需从港埠加油、配备冰块，上岸渔货保鲜则需进冷库。因而油库、冷库在渔区必不可少。

钓浜渔港卸鱼驳岸与油库

钓浜渔港主要卸鱼驳岸在岩头至笔架礁岸线，详见本编第二章“港口靠泊与锚泊”。此处有公路可通石塘、箬山、松门，便于运货。岩头油库建有大小储油罐6只，笔架礁附近油库建有大小储油罐7只。此外在隔海山岛北端和南端也有油库。钓浜海岸有钓浜鲜活水产冷冻厂、台州海华水产食品有限公司等冷库可冷藏水产或加工。

石塘渔港卸鱼驳岸与油库

石塘渔港从五岙到鹿头咀，曲折岸线长约11.3公里，以流水坑嘴为界，可分为南北两片。北片包括五岙至车关的岙湾和粗沙头两个港湾；南片为石塘本港。各港湾普遍砌筑驳岸和较规范岸壁式平台以供系船卸鱼。详见本编第二章“港口靠泊与锚泊”。

石塘渔港油库分布较多，浙江物产港洲石化有限公司大型油库建于棺材屿，有大容量储油罐12只、小油罐3只。其他部位布置大小储油罐如下：上咀西侧3只、上咀东侧2只、石塘本港10只、流水坑嘴18只、粗沙嘴2只、兰头2只、五岙2只。

石塘渔港沿岸冷库较少，有绿洲冷冻厂和浙江兴迪水产食品公司等可提供水产品冷藏或加工，但在箬山有一些冷库和冷冻厂可提供水产品冷藏。

箬山渔港卸鱼驳岸与油库、冷库

箬山渔港在鹿头咀西北至杨柳坑岛沿线。苍岙、里箬、东山、杨柳坑4地为渔民聚居区域，岸线多石砌驳岸，4地突出山岬有突出平台。鹿山嘴北小湾和水桶岙也有系船驳岸，小箬村有平台式东海码头。详见本编第二章“港口靠泊与锚泊”。后山西侧、水桶岙岛东麓修造船基地配备多台龙门吊机。

箬山渔港仅在鹿头咀、小箬岛、水桶岙下山嘴头各有1～2只储油罐，冷库分布在上马工业区，有台州腾云水产冷库、台州臻兴水产冷库、温岭市箬山水产小包装冷冻厂等。

第五节 南部海港装卸与仓储

南部海港范围为隘顽（岙环）以南绕过玉环岛，沿乐清湾东海岸直至湾顶沙山（江厦）港埠。明清和20世纪前期，客货运港埠主要在坎门、楚门。20世纪50年代起，装卸逐步从纯人力走向初步机械化，仓储适应于计划经济时代。80年代开始开发大麦屿港区，逐步成为台州港南翼重要港区，装卸、仓储适应现代化港口要求。隘环至鲜迭海岸渔港设施随海洋捕捞业的进步与时俱进；栈台、鹰东有近岸陆岛客运。漩门以北乐清湾东海岸滩涂淤涨，仅留沙山等地方性运输小港点。南部海港下分坎门、楚门等地客货运港埠装卸和仓储；大麦屿港区现代化装卸和仓储；渔港装卸和仓储三目记叙。

坎门、楚门等地客货运港埠装卸和仓储

玉环岛和楚门半岛区域传统港埠先起于楚门、隘顽，后及坎门。楚门、隘顽在明初就被设为备倭千户所，分别设有储粮仓广盈二仓和广盈三仓，分别储米4952石和3282石，粮食收自太平县各地和楚门半岛。

楚门港埠装卸在清末民国有龙王挑班，出苦力者为周边农村剩余劳力。20世纪50年代初，整顿搬运组织，废除把头制度，建立楚门镇搬运大队，将搬运任务分配给各村从业者。1955年，撤销楚门搬运大队，成立搬运工会和盐区挑挽业工会，由于两家分地段争夺货源，1956年合并为楚门镇搬运合作社。该阶段，坎门搬运情况雷同。

1958—1962年“大跃进”和人民公社化期间，楚门、坎门搬运组织并入地方国营玉环县运输公司，为运输公司下属楚门营业处搬运队、坎门营业处搬运队。1962年整顿冒进，搬运组织析出国营运输公司，以队为核算单位，改为楚门搬运站和坎门搬运站。1983年，坎门搬运站更名为玉环县第一搬运公司，楚门搬运站更名为玉环县第二搬运公司。

20世纪50年代，楚门、坎门港埠装卸搬运工具仍为纯人力的扁担、短拄、竹杠、络麻绳。方式为肩挑、背驮通过跳板。扛抬重物需多人喊“夯子”以求齐心协力。1951年，楚门搬运工开始使用木轮手拉板车，至50年代后期，楚门搬运站为工人配置滚珠轴承胶轮手拉车。70年代初，坎门、楚门两家搬运站配有四轮简易机动车和手扶拖拉机，短途搬运开始机动化。至70年代末，两家搬运企业都购置大货车，从港埠到城镇，均实现机动车搬运。

20世纪80年代起，交通运输公用码头开始装配起重吊机，坎门1号客货两用码头装有5吨吊机2台，坎门2号码头装有3吨吊机1台，以上吊机均由玉环县第一搬运公司承担装卸作业。70年代末80年代初，建成的漩门南货运码头和漩门北货运码头各置3吨吊机1台，均由玉环县第二搬运公司承担装卸作业。60年代建的长钓咀客货码头和小龙王简易码头分别有3吨吊机2台和0.5吨吊机1台，由玉环县第二搬运公司承担装卸。

20世纪80年代后，其他企业单位货主码头的装卸设备如下：坎门小山屿县燃料公司煤炭码头，

装配5吨吊机1台，拥有堆场7000平方米；坎门路仔脚坎门盐业所码头，装配1.5吨吊机1台，拥有仓库277平方米；东安木材码头，拥有堆场3200平方米；东岸粮食码头，拥有堆场1440平方米；坎门鹰东县石油公司油库码头，装配0.5吨吊机1台，拥有7座储油罐；漩门搬运站码头，装配1.5吨吊机1台。21世纪后，楚门周边货运港埠基本被淘汰，坎门货运港埠随码头改建，装卸设备也有改善。

位于乐清湾顶部的沙山港点，历史上是内伸至温峤岭脚的江厦海湾，民国前作为温峤出海口，依靠挑夫挑运货物上海船。1972年，建江厦潮汐电站后，港埠外移，迄今渔船靠泊北岸乌沙门和南岸东门头一带，依靠驳岸卸鱼。货运靠泊港埠在电站泄水口前方和沙山东门头南侧瞿屿，所运货物主要为建材、黄沙，岸壁码头置简易吊机协助装卸，陆域开辟宽广堆场。瞿屿双栈桥高桩码头设有龙门吊机，南侧台州久腾高分子材料有限公司建有一些筒仓。

大麦屿港区现代化装卸和仓储

大麦屿区域拥有码头始于清道光年间（1821—1850年）建白墩埠头，隔数日才有乐清至坎门航船在此弯埠停靠，无专业装卸和仓储设施。1960年，在白墩兴建纵坡式客货码头。1985年，在大麦屿建千吨级浮式码头，配备若干装卸机械。

大麦屿港区现代化建设启动于20世纪、21世纪之交，自北至南有普竹作业区、连屿作业区、华能玉环电厂作业区、港口支持系统区、大麦屿作业区、大岩头作业区6个作业区，大麦屿作业区与大岩头作业区间有军事区。以上各规划作业区或未启动建设，或已建成，自北至南逐一记其装卸仓储设施于下。

普竹作业区

普竹作业区位于连屿以东的玉环岛西北沿岸，岸线长约6.7公里。域内现只有箬帽礁码头和位于连屿山嘴头的原玉环滚装轮渡码头。滚装轮渡码头建于2003年，用于对乐清的汽车轮渡，2019年10月，甬莞高速公路乐清湾大桥建成，轮渡撤渡。

连屿作业区

连屿作业区位于连屿至华能玉环电厂，岸线长约1.8公里。尚未开发，岸线为浙江佳诺混凝土有限公司、浙江海诚造船有限公司、玉环昌利锻造机械有限公司所用。

华能玉环电厂作业区

其位于下青塘沿岸，电厂陆域岸线长1.4公里，纵深635～840米，分两个工期建2座长栈桥高桩码头。一期工程码头平台长104米，配置装卸设备为门座起重机；二期工程码头平台长550米，配置桥式抓斗卸船机4台。后方堆场面积约12万平方米，配置履带式推耙机4台，堆存能力60万吨。

港口支持系统区

其位于白墩至鸡蛋山南侧，岸线长约1.1公里。现状是自北至南有白墩码头、港口支持工作码头、玉环海事处工作码头、鸡蛋山码头。港口工作码头无装卸仓储设施。

大麦屿作业区

其位于小麦屿至大麦屿南侧，岸线长约2.5公里。现状建成的码头自北至南有2万吨级多用途码头（粮食储运码头）、5 万吨级多用途码头、对台直航客货滚装码头、大麦屿改建码头、大麦屿尖嘴礁码头、尖嘴礁无栈桥系船墩台、大麦屿斜坡道头。各万吨级以上泊位配置装卸设施如下。

2 万吨级多用途码头　平台长 153 米，配置 AHJ1635 型门座起重机 1 台、AHJ4035 型门座起重机 1 台、AHJ4035F 型门座起重机 1 台，1 道长约 490 米的胶带输送廊桥可将散粮直接输送粮库，库区面积约 8.5 万平方米，后方堆场面积 3.83 万平方米，堆存能力 60 万吨。

5 万吨级多用途码头　码头平台总长 615 米，配置 2 台桥式卸船机（双 6 米岸桥额定起重量 61 吨，外伸距 63 米）、2 台门座起重机（额定起重能力 40 吨，轨距 16 米），后方堆场面积 23.22 万平方米，堆存能力集装箱 55 万标准箱、150 万吨件杂货。

图 3-56　大麦屿港区 5 万吨级多用途码头卸船机　（来自 2019 年 12 月 10 日“台州发布”）

图 3-57　21 世纪 10 年代大麦屿港区集装箱堆场　（沈海松摄）

对台直航客货滚装码头　岸线长 340 米，配置 16 吨门座起重机 1 台、登船车 1 辆；后方堆场面积 10.588 万平方米，停车场面积 0.88 万平方米，总设计通过能力为集装箱 48 万标准箱 / 年、汽车 14 万车 / 年。

大麦屿其他改建码头、大麦屿尖嘴礁码头、尖嘴礁无栈桥系船墩台、大麦屿斜坡道头等民用码头均无装卸设施或仅有简易吊机。

大岩头作业区

大岩头作业区位于米桶岙至大岩头，岸线长约 2.1 公里，尚未开发，仅在米桶岙山嘴和大龙湾山嘴有几处驳岸可供渔船靠岸，无装卸仓储设施。

渔港装卸和仓储

古代渔港渔货上岸均由鱼贩自行挑运，除鲜货现卖外，可储存者仅腌制咸货卖予咸货行。20 世纪中下叶，国家推广冷冻保鲜技术，并获得电力支持后，水产渔货有了集中储存的可能，渔港也就遍设冷冻厂，并有了大宗渔货装卸的要求。

楚门半岛、玉环岛渔港虽然散布隘顽至江厦的几乎全部海岸，但坎门周边尤为集中，因而坎门地区是冷冻厂的集中地，渔港的装卸设施大多为冷冻厂服务。以下为坎门地区渔港的装卸设备和冷库（冷冻厂）、堆场：

东安玉环县水产公司码头，装配 1 吨吊机 1 台；东安冷冻厂码头，装配 5.5 吨吊机 2 台；贼岙口民主冷冻厂码道，装配 0.5 吨吊机 1 台；打锣坑民主冷冻厂码头，装配 2 吨吊机 3 台；赵三王县冷冻厂码头，装配 2 吨吊机 2 台；钓艚坎门水产冷冻食品厂码头，装配 0.5 吨吊机 1 台；钓艚坎门冷冻厂码头，装配 1.5 吨吊机 3 台；鹰东瓜子金友谊渔业大队码头，装配 1 吨吊机 2 台；东沙渔业大队码头，装配 0.5 吨吊机 1 台，拥有堆场 2000 平方米；后沙县海洋渔业开发公司码头，装配 2.5 吨吊机 2 台；西台水产冷冻厂码头，装配 1.5 吨吊机 1 台；西台冷冻厂码头，装配 1 吨吊机 1 台，拥有堆场 1450 平方米；西台灯塔冷冻厂码头，装配 0.5 吨吊机 1 台；西台红旗冷冻厂码头，装配 0.5 吨吊机 1 台。

坎门地区用上渔轮后，供油须臾不可缺，坎门油库分布于外黄门岛（油罐 4 只）、鹰东（油罐 7 只）、坎门头（油罐 4 只）、玉岙尾（油罐 3 只）4 处。

第六节　北部海港装卸与仓储

北部海港指旗门港至桃渚港的三门湾西海岸各港区和港点，自北至南分布在旗门港、正屿港、蛇蟠水道、海游港、健跳港、浦坝港、洞港、桃渚港。其中，旗门港、正屿港由于海涂淤涨沉积，渐趋式微，在装卸仓储层面可予忽略。海游港航运也逐渐下退至入海口河段。《台州港总体规划（2017—2030 年）》对健跳港区的规划已北至六敖海岸，南至牛山。南侧浦坝港、洞港、桃渚港均为小港点。故本节重点只在健跳港区，分为海游港埠、健跳港区、浦坝及附近港点三目记叙。

海游港埠装卸与仓储

因珠游溪为三门县最大水系，古代人口会聚于水系谷地，三门县城海游镇也依托河流发育，故珠游溪航运为历史上的重点。古海游镇恰处于海游港潮间界，其时，海游桥至下山桥河道称近口段，下山桥至水岙门称河口段，以外为口外海滨。后因海涂淤涨，河口逐步向外推移，港埠从岭下到黄埠突，到新港口，到潺岙，到水岙门一路外移，直到蒲西巡检司旧址。

民国以前海游港埠装卸搬运处于原始纯人力状况，使用扁担、竹杠、绳索、箩筐等工具，通过跳板扛抬货物上船落船，从业者称为“脚夫”。民国时，有上海商人许廷佐在蒲西巡检司旧地建益利货栈。1950 年，海游镇以自愿结合方式组织海游脚夫组。1951 年成立三门县搬运工会，会员 88 人（包括健跳，继而裁减为 44 人），半工半农。1956 年，设三门县搬运服务站（含珠岙、亭旁、健跳搬运服务组），人员 110 人。其间，使用工具开始从木轮人力车进到钢圈硬橡胶轮胎人力车。

图 3-58　20 世纪 70 年代海游港码头煤炭输送机（来自 1990 年《三门县交通志》）

1958年，发起“大跃进”，三门全县搬运业猛增至450人（海游200人），建办公房336平方米、仓库196平方米。1959年，撤销三门县并入临海县，海游搬运业为地方国营临海县运输公司海游运输站搬运大队，站部办公房增至656平方米，仓库增至820平方米，下设珠岙、亭旁、健跳3个服务组。其间，开始使用钢圈轴承充气轮胎手拉车。

1962年，整顿冒进，恢复三门县，搬运企业300人精减回农村，改为三门县运输公司搬运大队。1963年搬运单位改称三门县运输联合社搬运大队。1965年，撤销三门县运输合作联合社，搬运大队成为三门县工交局辖下独立核算集体单位，称三门县搬运服务站。其间，开始使用吊车、卷扬机、输送机。

1977年，三门县搬运服务站改称三门县搬运公司，随着工具改进，提高效率，并因业务量有限，搬运企业建化工车间拓展门路。1978年，化工车间成为三门县化工厂，1979年，化工厂与搬运公司脱离。1981年，搬运公司又兴办汽水厂，并购置吊车3台、输送机3台、卷扬机3台、货车7辆、客车5辆。1983年，三门县搬运公司改称三门县运输公司，除汽水厂外，还开拓客运、货运、修理、仓储等延伸业务。1989年，三门县运输公司一分为三，成为三门县联运公司、三门县饮料果酒厂、三门县装卸搬运公司。

迄今，海游港主要港埠已外移至蒲西（原巡检司旧址），300吨级蒲西油库码头（兼货运）装有输油管道和塔式吊机，岸上配备390立方米储油罐2只，西侧78米岸壁平台设有两台简易吊机，再西侧40米长墩台供转运建筑砂石，配置2台简易吊机和输送带，岸上有宽敞砂石堆场。传统装卸搬运模式已由机械取代。

健跳港区装卸设施与仓储

明代设健跳备倭所城时，健跳即有军粮储运活动，所城内设有广储四仓，储米1868石，粮食收自宁海县各地，由海运输入健跳港。

20世纪50—70年代，健跳码头装卸业先为三门搬运工会下的健跳搬运服务组，从业人员几十名。“大跃进”期间成为地方国营临海县运输公司海游运输站搬运大队健跳服务组。1962年，整顿后相继为三门县运输公司搬运大队、三门县运输联合社搬运大队、三门县搬运服务站、三门县搬运公司下属的健跳服务组。随着浮码头的出现，装卸方式逐步适应需要，从纯人力进到使用手拉车、卷扬机、简易吊机、输送机、拖拉机等简单机械。

20世纪80年代开始，健跳港才陆续开发梁板式高桩码头，装卸设备相应进入现代化。至2020年，港口规划认定的健跳港区包括六敖作业区、北岸作业区、下沙塘作业区、龙山作业区、七市塘作业区、洋市涂作业区、牛山作业区7个作业区，当代装卸与仓储按此7区记叙。

开发中的六敖作业区

六敖作业区现状岸线利用自西至东为1998年建上敖轮渡锯齿形斜坡式道头，三门县海湾实业有限公司梁板式高桩码头；甬莞高速公路大桥至赤头山嘴岸线分布三门县利阳水产公司、浙江成洲船业有限公司、台州恒意重工机械有限公司、台州恒投工贸有限公司、浙江丰熙港务有限公司、九洲船业有限公司和渔船靠泊港池；2007—2010年建乌龟嘴头三门核电厂梁板式高桩长重件码头，为核电厂装卸长重件服务，配有 500 吨龙门吊机，具备装卸特长特重物件的能力。

图 3-59 健跳港首座千吨级码头装卸设施（来自 1990 年（三门县交通志）

北岸作业区装卸设施与仓储

20 世纪 80 年代后，新建码头自西至东罗列如下，所配装卸仓储设施随条记叙。

健跳一级渔港码头　2009 年起，分两期建设，有 4 栈桥 8 趸船，可满足 1000 余艘渔船正常锚泊和渔货卸港。陆域回填 4.5 万立方米及配套水电设施。

健跳渔港工程码头　建于 2005—2006 年，梁板式高桩码头，配 2 台吊机。

绣山水泥厂码头　建于 2009 年，梁板式高桩码头，配有吊机 2 台。

健跳油库码头　1982 年建，500 吨级浮码头，配输油管道，配置 2000 立方米、500 立方米、400 立方米储油罐各 1 只。

健跳港一号码头（原称三号码头）　1985 年，改建码头为梁板式高桩码头，靠泊能力 1000 吨级（兼靠 3000 吨级），配置 8 吨、5 吨固定吊机和 3 吨轮胎吊机各 1 台，陆域堆场面积 16000 平方米。

健跳二号码头　配置塔吊 1 台、卷扬机 1 台。

健跳三号码头　靠泊能力 300 吨级，配置塔吊 1 台、轮胎吊机 1 台、小吊机 2 台、卷扬机 2 台，陆域堆场面积 1200 平方米。

下沙塘作业区装卸设施与仓储

其岸线基本布置造船和临港工业，有货运码头和船舶舾装码头。其中，健跳造船厂在 2009 年起陆续建设 3 座舾装码头，配有门座吊机；台州亚达公司码头在 2006 年建 1000 吨级梁板式高桩货运码头（后为东南特钢集团三门特钢有限公司码头），有吊机 2 台；下沙塘浮码头趸船长 45 米，岸线另有砂石装卸作业平台，配简易吊机。

规划中龙山作业区

龙山为古称狗头山岛的健跳港口门屏障岛，周边有小狗山、木杓岛、长山环抱，围垦后可形成 217 万平方米土地和宜港岸线，2010 年通过开发利用规划。

七市塘（健跳港南岸）作业区装卸设施与仓储

其范围西起黄门东至高湾山门头咀。健跳大桥未建前，有健跳人渡南岸码头和车渡南岸码头位于圆山东侧。2001 年健跳大桥建成，两渡口废撤。2004—2006 年在原车渡码头东侧建 5000 吨级梁板式高桩多用途码头，配置 10 吨四连杆门座起重机（俗称老鹰吊）2 台。

其他岸线由浙江海航船舶制造有限公司、中柴新能源科技有限公司、台州老根金属制品有限公司、浙江五维铁路轨道有限公司、七市工业区、枫叶船厂、浙江晧友船厂、台州海滨船舶修造有限公司、浙江金茂船业公司、三门玄黄砂石有限公司、鑫捷砂石等企业所用。

其中，晧友船厂、海滨船厂建有舾装码头，装配门座吊机。造船企业有众多龙门吊，砂石公司装备众多简易吊机。高湾山东北角门头咀建有三门金海岸装卸队码头。

围涂中的洋市涂作业区

洋市湾为高湾山与平岩山两山岬间的凹湾。20 世纪以来，湾顶逐渐淤涨，洋市涂向湾口延伸，经 20 世纪末、21 世纪初围涂。1915 年，围涂海堤从高湾山柴爿花嘴至外鲞岛、里鲞岛筑至平岩山东嘴头，继而实施堤外挖槽堤内吹填作业，以期在堤外建设码头。

牛山作业区装卸设施与仓储

牛山作业区工程是开凿牛山，在其西侧填海造地建设浙江台州第二发电厂，在其东侧建设 1 个 3.5 万吨级卸煤码头泊位（允许靠泊 5 万吨级）和 1 个 3000 吨级多用途码头泊位。工程于 2013 年 11 月开工，2015 年 4 月验收。其建成岸线总长 430 米，用地面积 95.6515 公顷，仓库面积 4.6 万平方米，筒仓容积 32 立方米。主要装卸设备配置有散货装船机 2 台、连续卸船机 2 台、斗轮堆取料机 2 台、皮带输送机 2 台。

浦坝港及附近港点装卸设施和仓储

浦坝港在近现代淤涨迅速，港内水浅滩宽，航运逐步式微，可利用者仅口门扩塘山北侧牛头门水道中的方山港和白带门南面的洞港。浦坝港南岸桃渚平原水系有南北两入海口，北入海口即洞港，南入海口为桃渚港。

浦坝港古今航埠的装卸仓储

浦坝港古称花街港，海船可乘潮直至湾顶花街（古称西岙），明清为通外海港埠，可对外海吞吐货物。浦坝港水面宽阔，2011 年筑通浦坝大桥前无桥可通，两岸先民唯靠津渡来往，至今消失的渡运航线有小雄金鸡山（南）至小湾山（北）、双屿（南）至长坝头（北）、高湖（南）至沿赤（北）、洞港（南）至赖屿（北）、洞港（南）至扩塘山老鼠屿（北）、扩塘山下园山（南）至方山（北）6 条。渡运人货兼带，一般货主自携货物落船上岸，无须他人搬运代劳。

古浦坝港滩涂有盐场，1958 年在北岸三角塘建国营盐场（时为浙江省最大盐场），并在牛头门水道（也称方山港）方山建盐场码头，配装吊机 2 台，场内 6 工区均有储盐仓库，由盐场运输队负责装卸运输。2002 年，盐场转废，三角塘开辟沿海工业园区。

今方山港岸线有中洲船舶制造厂码头、500 吨级盐场码头（方山码头）、断山渔用码头。浦坝港北岸有临港企业浙江凯航船舶有限公司、中洲船舶制造有限公司；南岸有临港企业台州华贵建材有限公司、台州博圣水泥制品有限公司、浙江铭飞造船有限公司、台州方兴船业邮箱公司等。临港企业配有简易靠泊设施和装卸吊机，一般依靠水运获得生产原料。

洞港与桃渚港装卸仓储

洞港与桃渚港是浦坝港南面桃渚平原两水系入海口的闸外小港点，闸内为内河航运系统。随着平原逐步淤涨，历史上，两水系闸外感潮河道都处于变化之中。

图 3-60 浦坝港渡口（来自 1990 年《三门县交通志》

洞港水系最早潮水可达念寺塘上道头村、下道头村，然后东移至闸头、天德闸，再折东北，20世纪中叶，洞港水系与北侧山场溪相汇于陈栋山东南麓入海，入海口建九洞闸。历史上，桃渚水系也由内陆逐步外移至新闸，最后在天门山南红脚岩建闸入海，称为桃渚港。在各历史时段，闸外海船货物过驳内河船，势必产生装卸搬运工序，古代一般由货主自搬或雇脚夫代劳。

当代洞港在九洞闸外形成680米×120米港池，港池南岸建有370米长混凝土石砌驳岸码头。今桃渚港闸外有15000米×245米港池，池侧有长400米混凝土砌石驳岸，池顶有2个64米长伸出式平台。两港点闸外主要聚集渔船，少有货船。渔船和小型货船都自装吊杆，渔货吊上码头驳岸，一般由渔贩自行运往销货市场，或者由冷冻厂收购，运往冷库暂存。两港点还有一些砂石储运企业，均有简易吊机和相应堆场。

历史上，明代设桃渚备倭所城，城内建有粮库广储三仓，储米3082石，粮食收自临海县杜桃平原，均由内河运输聚集，部分由宁海海运而来。两港内河运输还为农村集市贸易发挥良好作用，通常是市船直接为赶集商人和农民捎货，上落船搬运均由货主自行解决。随着现代公路的逐步完善，短距离内河运输日渐式微。

第七节　灵江河港装卸与仓储

本节“灵江河港”不仅指处于灵江的河港，也包括其上游永安溪、始丰溪沿岸港埠。20世纪60—80年代，两上游溪流航运逐步衰退，以致断航，只剩灵江河段有港埠。60年代前，灵江沿岸河港仅局限于临海城关河段，其他岸线仅有一些渡口。此后逐步在城关以下花街、水云塘开辟白塔港区，1978年在下游西岑建红光码头，开辟红光港区；此时，城关以下河段可开发岸线陆续兴建各类码头，而城关河段却退出航运。至2020年，灵江岸线自上而下存在白塔、五孔岙、汛桥、钓鱼亭、八仙岩、西管岙、马头山、长甸、西岑（红光）9处港点。本节循此发展轨迹逐一记叙各港点的装卸与仓储设施。

永安溪、始丰溪航埠装卸与仓储

民国以前，永安溪水道运输为流域内货物运输的重要一环，上乡所产竹、木、板、柴、炭及其他土产均靠编排流放或由长船外运；食盐、布匹、百货等日用品则依靠长船从海门、临海输入。沿途埠头有张家渡、白水洋、仙居城关、步路、官路、白塔、皤滩等，最大航埠在仙居城关和皤滩。埠头设过塘行储货已见诸晚清：清光绪年间（1875—1908年），仙居开设过塘行姜宝山，民国8年（1919年）开设许万泰过塘行，10年（1921年）又开设姜协兴、公益、王载昌过塘行，36年（1947年）开设姜宝庆过塘行。

皤滩的兴旺源于它是台州至浙西水运转陆路的转运港埠，为台州食盐西输通道的转运节点。货物水运至皤滩，依靠挑夫运过苍岭，是水陆转运最为艰难的险境。尤其在抗日战争时期，海运封锁，皤滩更成为浙东浙西货物转运的关口。为便利货物转运，战区食盐收运处拨款修建皤滩至镇头的手拉车路 12.5 公里，并用上人力手拉车。

20 世纪 80 年代初，永安溪因上游筑水库，流量减少，一些河段围堰蓄水，航运渐废。

始丰溪沿途有更楼（今永丰）、沿岸（今沿溪）、河头、滩岭、花桃、南门、溪头（赭溪口）、清溪（三茅溪口）、平镇（平桥）、埠头街（街头）等埠头，南门、溪头、清溪埠头在天台城关河段。南门埠头名“天台逸步”，既集散货物，也营客运。溪头埠头居中也最大，名“近水楼台”，埠长 50 余米，可同时靠泊 4 艘长船，岸边建有 3 间路廊，可供船工、搬运工休息。

清光绪年间，天台县也在与临海县交界的滩岭设置姜宝山过塘行，为客商提供货物暂存服务，民国时期又增 6 家。

埠头街（今称街头），顾名思义就是航埠边上的街市，但它不如皤滩有浙东西通道的名气，因其西为磐安山区，翻山通浙西更为艰难。也因此，在抗日战争时期，为避战火，浙东行署西迁至埠头街，改其名为嘉图镇，并试图疏浚平镇（平桥）至嘉图镇航道，以使水运通畅。

20 世纪 50—60 年代，始丰溪天台县城河段还在努力增建航埠，永安溪航运也有所发展，但自 1965 年始，因上游筑水库拦截流量，下游百步、小港、董岸等河段开始围堰蓄水，航道被截流，始丰溪断航。

临海城关港埠装卸和仓储

民国以前，灵江客货运航埠主要在临海城关，船舶装卸和货物搬运由社会底层“苦力”承担。民国时，300 余“苦力”分布在江岸轮埠、岩头、税务街、西门、横街、西门头、天后宫、竹杠岸、担壳、东大河、南门、盐业 12 个埠头，有大小头目 37 个，划地为界承揽生意，装卸搬运方式完全依靠人力背驮肩挑。其中，盐业埠头专运食盐，天后宫、竹杠岸、南门 3 个埠头专运竹木板材，担壳埠头专运烧制蜊灰的贝壳。

临海港埠在吞吐本地所产、所需货物外，还是沿海货物输送西部山区和山区货物输送沿海平原的中转港。民国时，临海港埠开办新泰、雷阜成、王永兴、协记等 7 家过塘行从事水道转运生意，并为客商暂存货物。业务涉及天台、仙居山货转运海门和黄太，以及沿海鱼盐和海门港进口货物转运天台、仙居。此外还有转运行 10 余家，从事水陆转运或水水转运。民国 29 年（1940 年）在天后宫设驿运站，37 年（1949 年）改名“临天段”，专营临、天、仙三县货物转运。

1950 年，组织原行帮“苦力”成立临海县搬运公司，革除帮派积弊，实行集体经济管理。其后，在历次政治运动中，机构名称屡有更迭，装卸方式逐步由纯人力向机械化转变。至 20 世纪 80 年代，公司拥有各类搬运专用车 277 辆（内含汽车 33 辆）、各类装卸机械 21 台，并拥有 3.5 吨汽车起重机等大型吊装机械，业务扩展至道路运输和汽车修理等领域，最终以临海县运输公司命名。

20 世纪 80 年代后，临海老城区灵江河段逐步退出航运，港埠东移至白塔一线，建公用 1 号码头、水云塘码头以及货主码头白塔木材码头、白塔粮食码头、水云塘油库码头、大柏叶燃料码头，并建相应仓库、堆场。至 20 世纪末，公路建设的突飞猛进使水路运输在速度、时间上相形见绌，客运班轮首先在 1986 年停航，灵江货运也开始衰退。水运塘以上临海城区段灵江两岸正在逐步转换为城市休闲生活岸线。

灵江中下游港埠装卸和仓储

临海小两山以下灵江水道传统航埠渡口在五孔岙、汛桥、钓鱼亭、八仙岩、西管岙、马头山、长甸、涌泉、新亭头、西岑等部位，较大人居集聚点为涌泉、汛桥。这些渡口既用于摆渡，也作靠埠。1978年以前，除涌泉、钓鱼亭在民国时建有木质浮码头外，其余渡口均仅有石砌道头，海门至临海客轮经停各埠通常不靠岸，由小船驳载客货至石砌道头上岸。其时客商只是随身携带或挑运货物，一般不需搬运工协助装卸。浮码头偶有货船靠泊，需“脚夫”协助装卸搬运。

1978年，在西岑石仙妇山江岸建500吨级梁板式高桩码头（红光码头），开启灵江直接的外海航运。此后，灵江中下游岸线纷纷开发造船业和砂石建材加工转运，逐步形成西岑（红光）、长甸、马头山、西管岙、八仙岩、钓鱼亭、汛桥、五孔岙8个港点。原建有木质浮码头的涌泉，虽再建300吨级钢筋混凝土浮码头——涌泉码头，却因83省道公路于1985年筑通，所有码头全废，仅留新亭头（花街）渡埠。至2020年，灵江岸线所建新码头基本为顺岸式栈桥高桩结构，各港点码头配置装卸设备如下。

五孔岙港点码头装卸仓储设施

浙江忠信混凝土有限公司500吨级码头　配置ATXL200A高效螺旋卸船机1台、FY-100负压卸船机1台，后方堆场面积26000平方米，堆存能力6000吨。

浙江忠信混凝土有限公司1000吨级码头　配置25吨汽车起重机1台，后方堆场面积6000平方米，堆存能力3000吨。

五孔岙码头原为木材专用，今陆域为造船基地；马角山码头陆域为世建水泥有限公司，装卸设施有吊机和传送带。

汛桥港点装卸仓储设施

其岸线布满造船、非金属回收、医药化工、污水处理等企业，除晒鲞岩南侧保留渡口斜坡式石砌道头外，尚无其他码头和装卸设施。

钓鱼亭港点装卸仓储设施

钓鱼亭正特物流码头　配置25吨汽车起重机1台，后方堆场面积6000平方米，堆存能力3000吨。

浙江建力建材有限公司专用码头　配置门座式起重机2台，后方堆场面积7336.25平方米，堆存能力3万吨。

其他岸线现状基本为造船、物流、化工、建材、砂石堆放、报废车辆回收等企业利用。

八仙岩港点装卸仓储设施

八仙岩现状岸线30%为宏盛船厂利用，船厂有众多龙门吊，尚无码头建设。

西管岙港点装卸仓储设施

西管岙岸线除石村、西管岙、沙渚前门渡口仍存石砌道头外，唯一建码头的是枫叶船业有限公司造船基地，舾装码头平台长200米，造船船台布满龙门吊机。

马头山港点装卸仓储设施

马头山岸线现状除保留3个渡埠，在孔化岙、清潭头、马头山东有临港企业发展外，码头仅有2

图 3-61　临海红光港点油库应急演练消“险情”　（来自 2020 年 7 月 31 日浙江新闻客户端）

座码头山装卸有限公司所属高桩码头，其中 500 吨级（兼靠 1000 吨级）散货码头配置 GQ32-16、GQ16-16 门座式起重机各 1 台，主要用于砂石转运。

长甸港点装卸仓储设施

岸线除仍存古渡埠，发展砂卵石建材加工转运和修船、拆船产业外，还建有 3 座梁板式高桩码头，其中发达建材厂 1000 吨级码头配置负压抽吸机 1 台、管螺旋机 1 台，后方筒仓容量 3 万吨。其他 2 座码头各有 2 台轮式起重机。

西岑（红光）港点装卸仓储设施

西岑岸线在灵江出口段右岸，与椒江相接，出海条件同椒江河口港。1978 年建红光码头即旨在由外海直接运输地方所需煤炭、水泥等重货。由是又于 1993 建液化石油气码头从外海直接进口油气。迄今具备液体产品储运装卸条件的码头有如下 2 座。

浙江海圳荣液化石油气公司红光气站专用码头　配置管道运输，有两条 DN150 无缝钢管，共计 600 米；后方用地面积 9665 平方米，储油罐 5 只，容量共计 10200 立方米。2016 年公司由台州天棋石油有限公司收购。

台州市昌益塑业有限公司专用码头　为液态化学品储运服务，在梁板式高桩码头 178 米长平台和 261 米长栈桥配置管道运输，直通储罐区；后方储罐区面积约 53000 平方米，大小储罐 16 只。

此外，红光老码头、红光新码头都较简陋，装卸设备不完善；西岑简易浮码头、桩头村码头、桩头沙渚西码头、桩头沙渚东码头用于渡运或农用，无装卸设施；黄家峙砂石场简易靠埠用于砂石转运，西岑渡埠为老道头。

第八节　黄岩港区装卸与仓储

1999 年前，黄岩港区指永宁江岸线河港。1999 年后，永宁江口筑坝闸，虽在北侧建 100 吨级船闸，但航运已衰退至忽略不计。此后，黄岩港区指三江口外椒江岸线的芦村作业区。

传统黄岩港区装卸与仓储

传统永宁江最大港埠在黄岩县城北门外永宁江岸，自唐高宗上元二年（675 年）在此设永宁县城（690 年改黄岩县）就已形成。自然状态下，永宁江航运江船可达潮济，竹木排可达宁溪。沿途船舶靠埠，黄岩城关以上为：北门码头—罗汇林—桥头王（焦坑）—山头舟—临古（后林）—北洋—潮济—乌岩—宁溪；城关以下为：北门码头—邵家浦—马鞍山—王林—堆水—白石道头—江口。较重要航埠为黄岩城关、江口、潮济、乌岩、宁溪。

自清宣统元年（1909年）开通海门至黄岩城关客班轮迄20世纪50—60年代，黄岩城关航埠均人流物流两旺，码头装卸搬运成为行业。清同治年间（1862—1874年），县衙门调集军犯做码头搬运劳务，后此项劳务转由城乡游民承担。民国期间，搬运工人主要来源为码头附近乡民和城市贫民。

图3-62　2000年永宁江筑闸后，黄岩城区退出航运功能，沿江建为永宁公园（来自2019年9月1日“黄岩发布”）

20世纪50年代，黄岩港埠从事装卸搬运人员180余人。起初，80%为全职，20%半工半农，后逐步组织纳入县运输装卸公司，作业也逐步由纯人力转向半机械化、机械化。迄80年代，黄岩城关港区拥有1.5～2吨吊杆起重机3台和绞车牵引机等；陆域用地达5200平方米，拥有简易堆场500平方米，仓库2座470平方米。

2000年，永宁江口筑坝闸，黄岩城关港埠淘汰。2004年，城关岸线1.5公里改建为城市休闲绿地——永宁公园。

江口港埠装卸与仓储

江口为距永宁江出口仅2公里的集镇，民国11年（1922年）就有海门振市公司在江口购地建码头2座，日本侵华时被拆毁。1960年，江口黄沙销售上海，建简易木质浮码头转运黄沙。20世纪80年代，黄岩城关航埠因淤浅衰退，1983年、1986年，江口建梁板式高桩码头2座、伸出式平台3座。港区有搬运工人20余名，陆域用地9500平方米，拥有堆场3190平方米，仓库面积1582.6平方米，拥有1.5～2吨轮胎式吊机2台及其他装卸配套设施。1985年建有储油能力162立方米油库1座，可对停靠船舶直接供油。

图3-63　20世纪80年代，三江口码头装卸设施（来自上海三联出版社1992年版《黄岩交通志》）

1993—2000年筑永宁江口拦江大闸后，虽留有过船闸，可通过100吨级船舶，但通江达海航运已经不再。至2020年，永宁江口岸线仅有黄沙装卸点11处，均为简易式埠头。

1974年，因备战在马鞍山设发电厂，建电煤专用码头，有专门卸煤设施。2000年，码头随电厂关停废弃。

芦村港区装卸与仓储设施

永宁江口建闸致使闸内航运受损，由此追加补偿工程，在闸外芦村椒江江岸开辟黄岩港区。陆续兴建 500 ～ 2000 吨级码头 7 座，包括 2 座公用码头、1 座燃料码头、1 座化学品码头和其他散杂货码头，以及造船船台 17 座，包括 3 万吨级船台 1 座、2 万吨级船台 5 座、1 万吨级船台 6 座、5000 吨级船台 5 座。

港区共有 16 ～ 35 吨各类吊机 25 台和一批铲车。自东至西码头装卸仓储设施如下。

图 3-64　黄岩港区利用仓库屋顶设置光伏发电（来自 2023 年 3 月 8 日“今日黄岩”）

芦村公用码头　拥有陆域用地面积 57562 平方米，后方堆场面积 7600 平方米，堆存能力 25 万吨；仓库面积 8568 万平方米，堆存能力 30 万吨；拥有门座起重机 2 台。陆岸有砂石堆场。

浙江标力建设集团砼搅拌站码头　装备固定吊机和其他传输设备，陆域搅拌站用地近 30000 平方米，另有砂石堆场近 50000 平方米。

黄岩燃料公司码头　约有 23000 平方米堆场和仓库用地。

黄岩天利物资有限公司码头　配置 35 吨门座起重机 2 台。

黄岩宏源码头　拥有陆域用地面积 55500 万平方米，后方堆场面积 10700 平方米，堆存能力 10 万吨；仓库面积 6000 平方米，储存能力 2 万吨；拥有 16 吨固定式电动起重机 3 台。2003 年，宏源货运公司更名为浙江亚东物流有限公司，码头经营除水上货运外，还包括仓储服务、仓库租赁、预拌混凝土砂浆等。

联化（时进工贸公司）码头　为化学品专用码头，陆域储罐区占地约 10000 平方米，配置相关管道运输设备。

7 座码头以外还有 2 个造船基地和一些砂石转运驳岸，配有众多简易吊机和龙门吊机。

第九节　内河航埠装卸与仓储

内河船埠主要分布在椒南平原、椒北平原、桃渚平原。台州平原地带自宋明起，凡人居趋于成熟区域，均形成“五里一集，十里一镇”的集镇梯度格局，全部集镇都分布于纵横交错的内河河网间，倚河而市，凡大宗物资或重物均靠船运。

20 世纪上中叶，“五里一集”的小集市通常设置乡建制，小集市仅满足农户间的物物交换，一般无大宗货物交流，个人常挑担赶集，商家则凭借市船，运载不能一担挑的物资，村民也可借市船

图 3-65 路桥内河航埠(来自 2016年9月30日“台州汇”)

捎带一些重物。故在小集市通常不产生专业装卸搬运或仓储需求，但也有例外，如历代沿海的盐仓、盐廒，民国时海门郊外沿河而设的碾米厂均涉储运。至20世纪50年代后，一些乡级集市也设供销社、生猪仓库，需批量储运；80年代，乡镇企业崛起，就地加工农副产品或其他工业品，其时公路尚未完善，还需船运解决物资批量进出。

“十里一镇”中的集镇已集聚相当人口，在20世纪上中叶，一般设区、镇行政建制，也包括县城。此类集镇的内河运输已有大宗物资吞吐。民国以前，有官府粮仓、盐仓、酒库、醋库等；计划经济时代的区、镇，会有粮食仓库、棉花仓库、生猪仓库、农资仓库等设置，航埠会产生装卸搬运需求，但可分为县城、航运枢纽、一般区镇三个不同层次。

台州内河运输由于里程短，虽然水运运价相对低廉，但加上上水落水装卸搬运费，在20世纪90年代逐步实现村村通公路后，与公路运输已失可比优势，不免逐步淘汰。因而，本节记叙仅为90年代之前事。

县城内河航埠装卸和仓储

台州沿海平原自隋唐撤销章安县治，初始仅黄岩一县；明初设海门卫驻四府衙门，清驻台州同知府于葭沚，海门实际等于州治辅城；明成化五年（1469年）析黄岩县东南设太平（温岭）县，平原已有2县城和1州治辅城。迄1981年，台州湾平原正式存在黄岩、椒江、温岭3县城。县级城镇人口规模大，物流兴旺，近现代还发展上规模工商业，港埠装卸搬运和仓储都呈现专业化、规范化。本节记事止于20世纪末内河运输消退时，故不涉1994年台州设市后的建制。

海门内河航埠装卸和仓储

图 3-66 20世纪80年代初海门化肥厂前内河运输船(来自椒江城建档案馆)

海门港为明代以来成为台州“六邑咽喉”的河口港，关于海门港内河航埠的内容，民国以前，详见第二编第三章“港航历史”有关章节。20世纪50年代后，可参见本编第二章“港口靠泊与锚泊”第九节“平原内河靠泊设施”与本章第二节“海门港区装卸与仓储”。海门港内河装卸是与外海装卸紧密结合的作业，内河港池“大埠头”与江岸外海港区平行，离外海码头仅百余米，十分方便实施内河“里水”与椒江“外水”的转运。江城河、海门新河连接三才泾，沟通整个椒南平原。与航运有关的仓库、加工厂均集聚在大埠头、江城河、西沙河、海门新河沙门段河岸。城区航道均石砌驳岸，水位高时内河舨可靠岸直接装卸货物，水位低时靠附近石级埠头，或者借毛竹溜梯装卸货物。葭沚、栅浦内河航埠情况与海门雷同。

黄岩城关内河航埠装卸和仓储

黄岩城关为原黄岩县的行政经济中心，自唐代立县起，县城北靠永宁江，西靠西江，城郭东南凿护城河，南凿南官河沟通路桥、泽国、太平（今温岭）、温峤，东凿东官河沟通东山、洪家、海门，西凿西官河沟通永宁江河谷平原，构成水路辐射网。

鸦片战争后，商贸渐兴，随着货物吞吐日盛，装卸搬运作业在黄岩港埠兴起，北门外装卸针对江海运输；城关内河埠头分布在南门关帝庙、东门禅桥头、西门五洞桥一带。初始，黄岩搬运行业形成“脚行”，由头佬垄断生意，作业方式为纯人力背驮肩挑。民国 20 年（1931 年），由县总工会成立挑夫职业工会，址设大寺巷，有会员 531 人，归县社会部主管。

20 世纪 50 年代后，推行集体主义计划经济，成立城关搬运服务站，物资归类分明，码头、埠头、碾米厂等固定物资的装卸、短驳、转运、理货出现分工，并逐步采用手拉车。南门、东门、西门河埠主要搬运柑橘和农副产品，人数各有三四十人。由于内河运输主要针对农副产品，旺淡季节差突出，粮食和其他物资的搬运在城内仓库、内江航埠和内河埠头之间。

1958 年，掀起“大跃进”运动，黄岩县内各搬运服务站并入黄岩县运输公司，改按劳取酬为固定工资，共吃“大锅饭”，企业发生亏损。1961 年，搬运站恢复原体制。1980 年后，开放运输市场，大批乡、村办组织和个体涌入搬运行业，打破计划经济独家垄断，使原计划体制搬运站处于竞争状态。为提高竞争和生存能力，1984—1987 年，黄岩县重组运输和装卸搬运企业，将两者组合，设为县运输装卸公司和各区镇第二至第七运输装卸公司。

温岭城关内河航埠装卸和仓储

温岭（太平）县于明成化五年（1469 年）从黄岩县析出设立，其温峤岭以南和玉环岛归属多变，曾为温州乐清县属地，也曾为温岭（太平）县属地。温岭县城设温黄平原（椒南平原）南部元宝山、饭萁山、湖漫山三面围合的 U 字形山岙间，以温岭、楚门、玉环合为一县论，处于地域中心，以平原水系论却处于偏角。

是故，温岭城关内河水运，不如县内处于河网交叉地的新河、泽国发达，但既为县城，一应县级仓储设施必“五脏俱全”，特别在计划经济时期，物资常先集中在县城，然后分配给各区，如 1970 年河道干枯，温岭县从海门进口积存的化肥、煤炭，也必须组织水陆联运运至温岭县城再分发给各区镇、人民公社。

温岭城关航埠的装卸组织基本与黄岩县相似：民国 16 年（1927 年），即有温岭挑夫工会成立，会员 555 人（全县，包括城关、泽国、箬横、松门、温峤等 11 处），发背印“挑夫”字样背心，以其为从业标记。1950 年，其成立温岭县搬运工会。1956 年，其成立温岭县搬运服务站（分城关和各区）。1959 年，合航运、搬运企业为温岭县运输公司。1962 年，其恢复原城关和各区搬运站体制，自成基本核算单位。改革开放后也都受到市场竞争的冲击，另谋多元出路。

交通枢纽航埠装卸与仓储

根据河网布局，路桥、新河是椒南平原航运枢纽，杜桥、四岔（桃渚）是椒北平原、桃渚平原航运枢纽。此外椒南平原除海门而外，衔接内河与外海的集镇有松门、金清、温西（温峤）3 处；而在椒北（包括桃渚）平原，衔接内河与外海的集镇有前所、章安，但洞港与红脚岩桃渚港处于海口，并非集镇，洞港附近集镇是泗淋。

以上集镇中的松门、新河、桃渚，在明代设备倭卫所时就布置军粮仓库，如松门卫设广盈一仓，储米10590石；前所设广储二仓，储米2545石；新河所设广盈四仓，储米2868石；桃渚所设广储三仓，储米3082石。

通常，农村集镇航运均受集市圩期影响，呈周期间息状态。即使集镇有农产品收储仓库设置，航运也呈季节性。这都无法使装卸搬运成为行业，但上述交通枢纽航埠可少受间息性、季节性影响。其一是衔接外海航运的集镇吞吐物资牵涉面广；其二是路桥、杜桥等因其枢纽地位，集镇规模大，商贸发达，并有工业发展，物资往来不局限于集市圩期和农产品。

比如，路桥卖芝桥、南栅、中街、新殿、河西等处河埠的装卸搬运作业都极其活跃，受集市圩期影响较少；杜桥镇倚靠（涂）杜下浦，镇区段又称龙浦，上桥至下桥河岸砌石筑埠，为货运集散地，镇内酒厂和米行、树行、板行、柴行等专业行场，都需储货和搬运。

比如，前所、章安、松门、金清、温西（温峤），从海外进口化肥、农药、煤炭、种子等物资，非单为满足当地需要，更需分运全县各地，甚至接受外县任务，如前所的物资储运关乎临海全县；章安港埠货运在古代关乎全台州，后逐步被南岸葭沚、海门和北岸前所取代；松门进出物资关乎温岭县全境；温峤承运进出乐清湾的货物，关乎椒南平原南部。衔接外海的内河航埠有时还担当应急之需，如航战时期，港口封锁，温峤—江厦港成为台州至温州的航运通道；1954年，为建设路桥机场，从南方海运木材8000立方米进江厦港，然后由搬运工每日搬运300立方米木材至温峤，再从内河运往机场；温峤内河航埠发挥巨大的装卸、搬运、暂存作用。

一般区镇航埠装卸与仓储

除路桥、杜桥、新河3航运枢纽集镇外，台州沿海平原一般性区镇内河航埠有椒江区境内的洪家、三甲；黄岩区境内的院桥、江口；路桥区境内的新桥、横街；温岭市域的泽国、大溪、箬横；临海市域的上盘、桃渚（四岔）；三门县的泗淋等。

图3-67 20世纪计划经济时期，三甲镇建于河边的粮仓（缪鹤贤摄）

以上集镇在民国或计划经济时代曾为区级镇，一般设有收储当地农产品的粮食仓库、棉花仓库、生猪仓库等，但所有农产品仓库的储运都存在季节性，因此在农耕经济状态下，其装卸搬运作业并非常态，通常由附近农民或城市待业人员临时性充任。

迄20世纪50年代，各区级集镇都努力发展工商企业，工商促进物资流通，以上集镇也都有了搬运站的设置，但至80年代，随着公路建设逐步实现乡乡通、村村通，内河运输业随之衰退，装卸搬运行业也逐步式微。

第四章　港口规划

古代港口貌似自生自长，实则均有执政者出于海防、航运、税收等目标的筹划。古越人流亡浙东，栖居台州湾畔；汉朝廷于回浦河口设会稽郡东部都尉，并置章安（回浦）县治；隋、唐政权废章安郡治，移郡治于大固山麓灵江畔，设黄岩县治于永宁山（九峰山）麓永宁江畔。先人虽都傍水设置行政治所，但地舆之选，各有差异，得失臧否，也正反映对港口规划的妥善与否。因文献阙如，后人难考前人所思。

纵观台州诸港埠，无不留前人筹划之心迹。章安港濒海近江，临海港深溯上游，黄岩港沿途九曲，海门港守护咽喉，金清港随涂东移，松门港夹岛演进，大麦屿港后起居上，健跳港蓄势待发，头门港连陆成为台州中心港区，每一港区，在每一时段、某一领域，各领风骚，都凝聚着历代先贤的智慧和匠心。只是因为古人的策划并未形成法定层面的文件，古籍未有关于港口规划的记载。

中国古代城市规划学说散见于《考工记》《商君书》《管子》《墨子》等典籍，历代皇城布局之规整，可见规划之功，但地方少见此类文献，台州地方志书“地理门”中的城郭、津渡、桥梁等项，仅记现状，不涉规划。近代大城市如上海、天津等也经精心规划，但地县以下通常无法定规划。

1952 年，全国首届城市建设座谈会草拟《中华人民共和国编制城市规划设计与修建设计程序》，后遇“大跃进”“文化大革命”，无从实施。1984 年由国务院颁布《城市规划条例》，港口规划才成为城市规划中的子项。台州之有法定意义的港口规划始于椒江设市之初编制的《椒江市城市总体规划（1982—2000 年）》中的港口规划、《海门港总体布局规划（1990—2010 年）》。台州建市后，相继有 1997 年编的《台州市港口总体布局规划》《台州港总体规划（2005—2020 年）》《台州港总体规划（2017—2030 年）》。

本章对各轮规划的摘录均依原文，规划期限一般分基础年、水平年，文中“现状”指编制规划时的基础年状况，水平年或分为近期、远期，以“规划”和“预期”来叙述。

第一节　隐于史迹的港口规划

回顾史迹，凡港口基本与城市相连，港口与城市实际同在一个谋划之中。古徐人、越人流亡台州湾畔既选中栖居地，也找着浮海靠泊港口。被吴国“水灌灭徐”的逃亡徐人，看中台州湾畔大溪河入海口周边的平地，在其北侧唐岭台地建王城，既因为此地无淹没之虞，又有河道通海。西汉朝廷看中台州湾畔北侧回浦河口，设立旨在开拓浙南的县治，既考虑它与北方最近，又考虑它可借灵江上溯流域全境、借海道沟通瓯江流域和环三门湾区域，所考虑者不啻为现代的城市规划与港口规划。它也为章安成为统辖浙东南的临海郡治打下了基础。

隋初，江南豪族不服隋统治，乐安（仙居）蔡道人自立都督叛反。隋朝廷为镇压台州西部反叛势力，撤销台州境内全部县制，在通往仙居的路口大固山麓设临海镇，实行军事管制，并以此为统管全台州的临海县治。唐代复设台州各县，既并章安入临海，又析临海南部置永宁（黄岩）县，设县治于永宁山（九峰山）麓永宁江畔。章安郡县建制从此消失，台州东部仅临海、黄岩两县治位于灵江和永宁江畔。港口随行政建制而西移，椒江口不再有县级建制及与之相配的港口名位。这无疑是隐形的牵涉港口规划的大调整。

唐宋时代海外贸易看好，时临海筑大城，东湖包于城内，城内开三河，理论可通航，东湖成为全国十四个造船场之一。其实环绕城西、城南的灵江是感潮河段，城内河道通灵江必至淤涨，不利排涝，且易受洪。北宋熙宁年间（1068-1077 年），堵断城内河道，摒东湖于城外。虽然，为适应对外贸易，临海城内设有通远坊，但由于潮汐、航道等因素，新罗（今韩国）船舶通常只靠泊汛桥晒鲞岩，宋《嘉定赤城志》所载“新罗屿，有新罗贾人舣舟于此”，即指晒鲞岩。

黄岩建县于唐高宗上元二年（675 年），北城濒临永宁江，城西依傍西江，东南凿护城河，形成水道围合。及五代十国（907—979 年），吴越王钱镠大兴水利，开凿南官河、东官河，使涵盖东部广阔平原的航运水道可通县城，并与永宁江衔接，但实际上，滨海平原物资内输西部山区，不必由内河送黄岩城关，只要送至椒江岸边，如三江口蛟龙浦、栅浦、葭沚、海门，便可借江运、溪运上溯永宁江和灵江上游。

从航运角度看，黄岩、临海城关显然都不如三江口周边具备海、江、河中转之利，隋唐对县治（牵涉港航）的调整，显然有悖交通枢纽选址的自然规律。

元代至元十七至三十一年（1280—1294 年），涂下桥大汾蒋仲良会同杨、李两姓，砌造椒北东逻（东路）道头，并每姓造航船一艘。该道头为椒北抵临海、黄岩、太平的要埠，是对过去以章安为航埠的调整。至清代，又有大汾人李平湖（乾隆间）、李锟（咸丰间）重甃（筑）东逻道头并建路廊，改善靠泊条件。这些都是民间贤达对港航规划的贡献。

迄明代，开国帝王朱元璋为抵御倭寇，采纳方鸣谦御敌于海上之策，令汤和、方鸣谦“度地浙东西”“量地远近，置卫所”。汤和、方鸣谦之所思，颠覆了隋唐以来的行政布局，所设置的卫所，完全依据各地防卫、交通、战略需要布置，所选全是沿海适宜建港的区位。

汤和布置的台州二卫六所备倭卫所为海门卫及所辖前千户所、桃渚所、新河所、健跳所；松门卫及所辖隘顽所、楚门所。这是一个军港链布局，也是一条沿海港口集镇链。方鸣谦为元末割据浙东三府的方国珍从子，他以据守海疆 10 余年的经验，对台州沿海港口资源的挖掘功绩甚伟。其所规划的港口链，排除地貌变迁使然的起伏（如楚门、隘顽、新河、桃渚消退，大麦屿、头门、龙门兴起），几乎与当代台州港的布局不谋而合。

可惜朱明王朝以闭关锁国的海禁国策对付倭患，实乃缘木求鱼，非单历 200 年倭患依旧，却阻碍了对外交流和经济发展，直至“隆庆开关”（指明隆庆元年允许民间对海外通商，时为 1567 年），海禁才开。时有临海人王宗沐于明隆庆五年（1571 年）列举海运 12 点好处，创议海运。创议虽未在台州掀起波澜，亦见其苦心。

明清以迄民国，对于港口虽无明文的规划，但事在人为，无明文不等于无规划。许多规划都在先贤们或为公、或为私、或有成、或无果的努力之中。

明嘉靖年间（1522—1566年），栅浦里人何宠、何宽筑何埠、开何浦；万历年间（1573—1619年），曹衡疏浚栅川贯通东官河；清代又有苏若溪、苏抱经再筑航埠。栅浦港埠先后倾注了何、曹、苏三姓乡贤的苦心规划。

清光绪十九年（1893年），海门天主教堂的法籍传教士李思聪前瞻海门港口前景，购江岸新涨涂地400丈，建街开埠造码头。二十四年（1989年），绅商王梦兰、蔡霖等发起开凿海门新河与内河港池的“大埠头”，使温黄平原（椒南平原）内河直通海门港。民国3年（1914年），绅商黄楚卿、陶祝华等赎回天主教堂所占江岸涂地，并购置三江口埠头房产，开发港区，取得牛头颈山至三江口水域利用权。这些举措虽不属法定港口规划，实际均起规划作用。

三门湾开发在清末和民国都有人策划，但均未果。首先觊觎的有意大利驻华公使于光绪二十五年（1899年）向清朝廷提出租借三门湾及入湾处三小岛，并请求准予修筑三门湾至鄱阳湖铁路，清廷未允。民国5年（1916年），孙中山视察三门湾，将三门湾定为东方第九渔业港并写入所著《建国方略》。后南洋华侨郭春阳、邹辉清以及上海实业家许廷佐等先后筹划开发三门湾，提出“三门湾辟埠计划”，皆因战乱和时局动荡未成。

民国10年（1921年），临海邵远等提创实业，辟临海城东门脚船埠（崇和门旁，此时东湖南有护城河通灵江），建粮食市场。26年（1937年），上盘开凿内河运盐水道，从老塘岸屋柱头至水路张三港口，可使滨海盐场通过椒北东干渠直运前所。

民国34年（1945年），海门设复兴海门市区计划委员会；37年（1948年），设浙江省椒江口建设委员会，着意开启海门港口的规划和建设，未及行动而遇政权更替。

1949年后，港口和航运在几年之内完成社会主义改造，亦即全部纳入政府掌控的计划经济体系。在20世纪50年代至70年代，海门港和台州其他港口虽无定时段地明确港口规划，但所有码头建设、靠泊地段划定等无不在政府职能部门的计划之下实施。

第二节　椒江设市初港口规划

海门港之有法定意义的规划，始于椒江设市之初编制的《椒江市城市总体规划（1982—2000年）》。该规划中的港口规划分“概况”“港口自然条件”“港口发展的总体规划”三部分，第三部分设港口规划原则、港口发展规模预测、港口规划总体布局、海门老港区改造规划、新建港区规划、岸线的调整分配、椒江及台州湾口航道整治、附表附图八节。本节仅就第三部分前六节作摘要记叙。另有“内河水运”在“对外交通”一节，亦作摘要记叙。摘要基本依据原文，对于表述有欠缺、错误之处，略作必要修正。

港口规划原则

图 3-68 《椒江市城市总体规划（1982—2000）》文本

以治理椒江、台州湾航道为重点，进行全面规划、合理布局、分期实施。

加强对港口的统一管理，逐步调整现有岸线并改造老港区，积极开发深水港区。

坚持水水、水陆交通衔接，形成海、江、河和公路紧密结合的交通运输枢纽，同时保证船舶停靠、码头装卸、库场存放、后方运输作业线路的畅通。

岸线分配首先满足港口发展的需要，遵循“深水深用、浅水浅用”的原则，统筹规划，合理安排，并留有一定余地。

积极开展航道整治工作，改善椒江和台州湾航道的水深条件，同时充分利用海涂，少占农田，节约用地，将航道整治与围垦海涂紧密结合。

港口发展规模预测

港口总吞吐量：1985 年为 385 万吨；1990 年为 500 万吨；2000 年为 700 万吨。各港区吞吐量及相应设施如下。

海门老港区　1981 年件杂货、煤炭合计吞吐量 140 万吨，500 ～ 3000 吨级泊位 5 座；1990 年件杂货吞吐量 100 万吨，500 ～ 3000 吨级泊位 8 座；2000 年依旧。

台州电厂煤炭专用码头　1990 年吞吐量 250 万吨，0.3 万～ 1 万吨级码头 3 座；2000 年吞吐量 250 万吨，0.05 万～ 1 万吨级码头 4 座；远期增 500 吨级泊位 1 座。

外沙煤码头　1990 年吞吐量 50 万吨，3000 吨级泊位 1 座；2000 年吞吐量 100 万吨，增 3000 吨级泊位 1 个；远景再增 3000 吨级泊位 1 个。

外沙物资局码头　1990 年、2000 年吞吐量均为 10 万吨，3000 吨级泊位 1 个。

油码头　1990 年、2000 年吞吐量均为 10 万吨，3000 吨级泊位 1 个。

前所港区　1981 年件杂货、煤炭合计吞吐量 23 万吨，500 吨级泊位 1 个；1990 年、2000 年件杂货、煤炭合计吞吐量 30 万吨，500 吨级泊位 2 个。

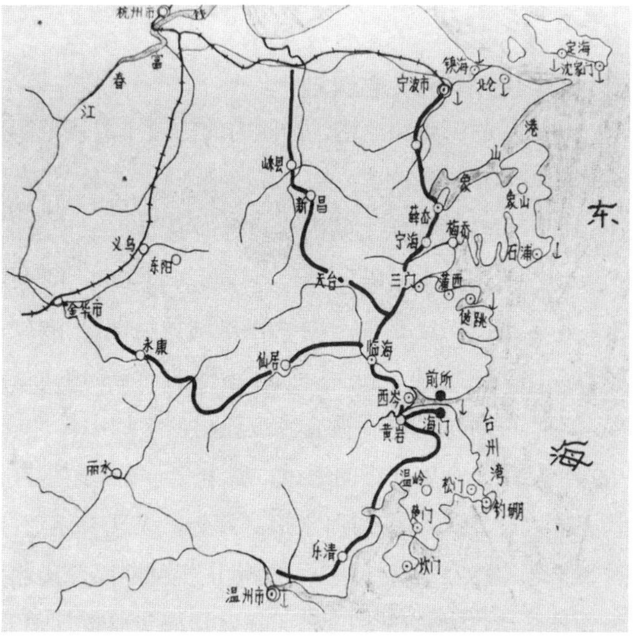

图 3-69 椒江市城市总体规划中的港口腹地水陆交通图

老鼠屿港区　2000 年件杂货、煤炭合计吞吐量 140 万吨，500 ～ 5000 吨级泊位 4 个。

港口规划总体布局

货运、客运主要港区设南岸，港区有较好的水深、避风、疏运条件。规划仍以老港区为重点，在现有基础上形成椒江市的主要件杂货和旅客运输港区，老港区内再新建 3000 吨级件杂货码头 1 座，外贸船舶可在此作业。

根据港口规划的“黑白分家”原则，煤、砂等散货物资迁出老港，选择城市下风、下游方向的南岸外沙地段另建煤、砂专用码头。

随着北岸建设的发展，北岸增设货运作业港区一处。前所岸线将随航道整治有所变化，新港区选择老鼠屿地段，不占农田，但水深不佳，待作可行性研究。

根据大小码头相结合原则，城东西两侧分设栅浦、岩头两个小吨位码头。

台州电厂设专用码头，现有两个 3000 吨级泊位以东留有发展余地，待二期工程上马，可再建 1 ～ 2 个万吨级泊位。

现状（指作规划当年的现状，下同）水产码头位于客运码头西，有碍城市中心地段环境，规划调整至葭沚西侧沿岸，并建完整水产基地和渔业码头。

现状油码头位于市区，存在安全隐患，目前尚无理想之地，待椒江整治后确定。

现状部队码头应妥善安排，所涉问题较多，暂时维持现状。

两岸渡运需求日盛，规划开辟 3 条人渡线和 1 条车渡线。人渡线为海门—前所、海门—章安、外沙—老鼠屿。汽车轮渡码头南岸设原蛎灰道头，北岸设前所船厂西；设置 100 吨级渡轮，可载 6 辆 10 吨汽车。

海门老港区改造规划

含码头的新建和改造，港区内的陆域布置，港区后方疏运，开辟港口客运码头广场四个方面。

码头的新建和改造　接长和改造 4 号、5 号及 7 号轮渡码头，兴建港作专用码头和内江客运码头。迁移货运与客运码头之间的台物金属仓库、军分区部队、台州化肥厂煤场，同时新建一些管理设施和库场，使东起 1 号码头西至客运码头的 1050 米岸线连成一片，形成完整的件杂货、客运港区。

港区内的陆域布置　扩大港区陆域纵深至 150 ～ 180 米。为提高港口吞吐能力，港区按作业程序形成码头—堆场—仓库—内河港池的一个通畅的装卸和转运的作业流线。港区仓库应是中转性仓库，现有的各部门储存性仓库应迁出，增加中转性仓库。保留原贯穿港区东西的横向干道，增加码头与至堆场、仓库的纵向通道，城市交通不穿越港区。

港区后方疏运　内河水运：规划扩大现有港池，使回旋方便，提高装卸能力。公路陆运：开辟城市外环道路（东环城路），为港区提供陆路疏运服务，避免港区交通与城市交通的混杂、交叉。

开辟港口客运码头广场　在客运码头候船厅前开辟广场，组织交通流线，配置绿化游园，西侧留作新建外贸高层大楼等用地，改善港口城市面貌。

新建港区规划

规划内容分新建外沙港区，北岸老鼠屿港区，栅浦、岩头辅助港区，外沙专用码头四部分。

新建外沙码头　在牛头颈山东面新建3000吨级煤码头，岸线长450米，纵深150米，转移老港区煤炭、黄沙运输，并开辟内河港池连接外沙河。

北岸老鼠屿港区　电厂东至老鼠屿沿线长1000米，水深3～4米，规划建1个5000吨级泊位和1个100米长浮码头，用作煤炭、黄沙和件杂货中转港区。（台州电厂煤码头在“规划总体布局”中叙及，此处省略）

栅浦 岩头辅助港区　为分担海门老港区货运运粮的压力，在栅浦、岩头新建500吨级码头4～6个泊位，因有后方内河疏运条件，可在两处分建40吨过船设施各1座。

外沙专用码头　在外沙煤码头东，现状有3000吨级台州物资仓库专用码头1座，规划在此下游建1座5000吨级冷库码头。

岸线的调整分配

规划对航运、港务、国防、水产、工业、外贸、市政、居民生活、市容旅游等方面需求，根据“深水深用，浅水浅用”的原则，统筹兼顾，协调配置。

南岸岸线　从牛头颈山至葭沚全长4750米大部分已用，规划调整如下。

军分区船队岸线迁移葭沚泾西，岸线150米；台州物资局金属仓库集中外沙台物仓库；台州化肥厂煤场移外沙煤码头附近；渔业船舶集中葭沚西侧和汽车轮渡西侧，岸线分别长300米、80米；椒江市第一、第二航运公司迁移葭沚道头西边，岸线长150米；搬迁7号客运码头至汽车轮渡码头之间的工商企业、渔业岸线，使之成为长度700米之江滨公园生活岸线；海军让出牛头颈山及西侧用地，作为东山公园用地；军分区油库迁移至九条坑；过江通信电缆移至三山。

北岸岸线　东起老鼠屿，西至汽车轮渡码头，岸线总长3800米。原港区岸线150米调整至1375米。台州电厂岸线850米、海军岸线330米、船厂岸线320米保持不变。渔业岸线535米减至135米。规划新增生活岸线400米、粉煤灰砖厂岸线150米。

内河水运

台州湾南北两翼平原为海门港的直接腹地，在公路未通和不完善的状态下，内河水运为海门港的主要疏运方式。规划对之亦有策划。

近期规划　新开联谊河（今银河商城、金海商城地块）和甬新河（今江城路西的东升街位置为原“大埠头”港池向西延伸），新辟内河港池，伸入港区，沟通海门河和江城河，提高内河疏运能力。连接外沙河与三条河，以疏运外沙港区物资。在新建汽车站南面新建内河客运码头和候船室（今解放南路椒江商务中心南侧第一幢圆筒形住宅址）。在联谊河、海门河开挖港池，作为建材、物资、农副产品装卸作业区。

远期规划　新辟老鼠屿内河航道与椒北水系沟通，以疏运老鼠屿港区货物。开辟凤凰山西侧河道，与沙门—下洋陈河道、三才泾沟通（该规划在20世纪80年代中期已实施）。

第三节　海门港总体布局规划

1989年，海门港务管理局根据新形势发展和浙江省建设厅《关于调整、补充与完善城市总体规划的通知》，对原椒江市城市总体规划中的港口规划作部分修改，形成《海门港总体布局规划（1990—2010年）》。规划文本分地理位置、自然条件、现状及评价；吞吐量发展水平预测；性质和功能；船型发展预测；岸线利用规划；总体布局规划；配套工程布局规划；环境影响评价及环境保护规划；规划的分期实施；问题及建议10章。本节选摘吞吐量发展水平预测、性质和功能、船型发展预测、岸线利用规划、总体布局规划5章要点作记叙（基本依据原文，对原文条理结构有所调整和精简）。

图 3-70　《海门港总体布局规划（1990—2010年）》文本

吞吐量发展水平预测

规划建设重点工业：台州发电厂2×30万千瓦四期扩建工程、规模7000～10000吨铅锌矿冶炼厂、年产5万吨钢厂。

根据海门港历年吞吐量发展情况，按1977—1988年12年吞吐量数据，剔除对港口吞吐量影响巨大的电厂用煤，预测1995年、2000年、2010年港口货物吞吐量水平如表3-2。

表3-2　**海门港1995年、2000年、2010年货物吞吐量预测表**　单位：万吨

类　别	1995年			2000年			2010年		
货　　种	总　计	进口	出口	总　计	进　口	出口	总　计	进　口	出口
煤　　炭	402	397	5	506	501	5	526	516	10
矿　　建	88	45	43	99	47	52	106	47	59
石　　油	32	24	8	40	30	10	48	36	12
总吞吐量	582	532	50	758	661	97	847	720	127

性质和功能

性质　浙江中部和台州地区水上重要门户。以椒江市为依托，外连沿海众多港湾，内接温黄平原（文本对此表述有误，尽管因为公路发展和其他港口开发，港口腹地有所流失，但海门港内接腹地绝不止于温黄平原，而应表述为台州地区）。腹地内水产、柑橘和山区土特产以及矿产资源丰富，具备发展加工工业，促进外贸，并利用充足电力开发矿产发展重工业的优势。发展方向为综合性中型港口。

功能　直接为椒江市、台州地区经济建设服务，为浙江中部地区内、外贸运输服务。

船型发展预测

预测海门港2010年总吞吐量为847万吨，其中煤炭516万吨，外贸物资40万吨，货物流向大致为国内沿海及长江中下游诸港口以及东南亚、日本、朝鲜等近海国家和地区。根据椒江口内外航道整治可达程度、货物吞吐量及其流向诸因素，港口船型与其相适应，应以5000吨级常规货轮和浅吃水肥大型10000吨级运煤船舶为主要船型。

表3-3 **各航道适航各类船型发展预测表**

适用航道	船舶类型	吨级（吨）	总长（米）	型宽（米）	满载吃水（米）	型深（米）
三山以上	沿海货轮	300～500	51	9	3.5	—
栅铺 葭沚	沿海货轮	1000	65	11	4.5	5.5
海门及沿海	沿海货轮	3000	78	14	3.4	4.7
海门及沿海	沿海货轮	3800	98.7	14.03	5.8	6.1
海门及沿海	沿海货轮	5000	112	17	7	9.2
台电及沿海	浅万吨货轮	10000	139	21	6.8	11.8

岸线利用规划

海门港岸线分南北两岸，南岸又分东段、西段。

椒江南岸东段岸线西起栅浦码头、东至外沙商业冷库码头。岸线总长7500米，老港利用岸线1700米，为海门港主要岸线。根据20世纪90年代初已利用现状进行合理调整如表3-4（对老港区保持原状者未作记录，排列以自西至东为序）。

表3-4 **椒江南岸岸线东段20世纪90年代初现状及规划调整表**

岸线利用企业单位	岸线现状	占总岸线(%)	岸线规划	占总岸线(%)
海军、陆军岸线（由海门老港区7号码头东、1号码头东原址位置迁调栅浦码头与栅浦闸之间）	原有470米	6.3	新规划350米	4.7
预留椒江大桥岸线	尚未利用	0	规划250米	3.3
椒江市第一、第二航运公司及船舶修造厂（由今江滨公园原址迁椒江大桥东）	尚未利用	0	规划300米	4
现状渔船无序搁滩靠泊，规划在葭沚形成集中渔业岸线	分散利用	2.7	规划200米	2.7
椒江市水产公司码头（原址在7号码头东，移葭沚台州水产冷库码头西，与之相邻，缩短岸线）	原有200米	2.7	规划150米	2
葭沚渔业岸线（包括现有海谊渔业岸线60米）	分散利用	2.7	规划260米	3.5
葭沚工业岸线	尚未利用	0	规划250米	3.3
椒江市木材公司（缩短岸线）	原有350米	4.7	规划240米	3.2
海东船厂（缩短岸线）	原有600米	8	规划500米	6.7
江滨公园（迁第一、第二航运公司和船舶修造厂获得）	多企业布置	9.3	规划700米	9.3
拟在江滨公园安置航标、公安类码头（今海关缉私码头）	多企业布置		江滨公园内	

续表 3-4

岸线利用企业单位	岸线现状	占总岸线（%）	岸线规划	占总岸线（%）
台州石油公司码头迁原海军码头	原海军码头	0	迁入石油公司码头	0
新建万吨级码头	原台州石油公司码头	0	改建为万吨级码头	0
东山公园生活岸线	牛头颈山周边	0	规划 200 米	2.7
尚未利用海涂（商业冷库以东至岩头岸线）	1900 米	0		0

椒江南岸东段在上一轮规划后已实施而未列入表 3-4 的项目有台州地区水产冷库码头、海巡大队码头、7816 船厂、航修厂码头、海东船厂码头、汽车轮渡码头、台州物资局码头、粮食中转码头、椒江市商业冷库码头。老港区码头均不在表 3-4 记叙。

椒江南岸西段自栅浦码头至三山灯标，长 3100 米。20 世纪 90 年代初现状为民间建造大批道头和靠泊点，进行黄沙、煤炭转运作业。规划港务部门占用岸线 450 米，过江电缆占用岸线 450 米。

椒江北岸自汽车轮渡码头至粉煤灰码头段，调整如下：小圆山以西 300 米规划为生活岸线，岸线内临海水产码头迁临海石油公司码头以东，占岸线 220 米；粉煤灰码头至老鼠屿 1000 米岸线用于港务部门远期发展作业区。具体规划如表 3-5（顺序自西至东，岸线范围内老港区保留现状详情省略不记）。

表 3-5　**椒江北岸岸线 20 世纪 90 年代初现状及规划调整**

利用单位	现状长（米）	占全部（%）	规划长（米）	占全部（%）	利用单位	现状长（米）	占全部（%）	规划长（米）	占全部（%）
水产部门	—	—	220	5.1	农用及海涂	1300	30.2	200	4.6
工业岸线	150	3.5	300	7	汽车轮渡	130	3	130	3
造船企业	320	7.4	320	7.4	老港区岸线	1000	—	—	23.3
生活岸线	无	—	300	7	部队利用	330	7.7	330	7.7
台州电厂	1000	23.3	1200	27.9	其他岸线	850	19.8	200	4.6
预留岸线	—	—	300	7	总　　计	4300	—	4280	—

总体布局规划

规划原则为：适应椒江市和整个台州地区经济发展的需要，从近期出发，远近结合；加强统一管理，逐步调整现有货主码头、仓库、堆场布局，实现“黑白”分家，改善城市环境；发挥港口枢纽作用，坚持水水、水陆中转相衔接，形成海、江、河与陆路紧密结合的运输网络纽带。

陆域布局规划

陆域布局分海门港区、前所港区、栅浦港区 3 个港区。

海门港区　从西至东分为客运作业区、货运作业区、外贸作业区、货主码头作业区。

客运作业区自 7 号码头至航标码头，搬迁陆军船队码头，扩建 1 个 3000 吨级泊位，搬迁金属仓库、台化煤场，候船厅前建游息广场。

货运作业区自航标码头至现存海军码头，近期改建1号码头，迁移煤炭、黄沙作业至栅浦港区；远期迁海军码头，移石油码头，新建万吨级码头。

外贸作业区自牛头颈山部队油库至台州物资局仓库，建5000吨和1000吨泊位各1个，辟仓库5000平方米、堆场4600平方米，一期、二期工程通过能力达34.6万吨、50万吨。

货主码头作业区自台州物资码头至商业冷库码头，中间有粮食中转码头，均已建。

前所港区　发展方向为台州发电厂煤炭运输及椒北地区煤炭和物资中转。台州发电厂现有码头2座，需再建1座万吨级码头；中转作业区在台电以东建3000吨级码头1～2座。

栅浦港区　为减轻市区污染，实现“黑白”分家，设三山煤炭黄沙作业区，承担椒江、黄岩、温岭3县（市）煤炭、黄沙转运，根据运量再建1～2座1000～3000吨级码头及相应仓库堆场；煤炭作业区以东至栅浦码头，除过江电缆占用450米岸线外，其余都供建造货主码头。

水域布局规划

航道规划　自上游红光码头起以西岸为主导河岸，顺势经江口沙北侧转向以南岸为主导河岸，顺南槽河势至牛头颈山南折25°～30°，与历年深泓线基本吻合。南槽宽度550～650米，水深较大。规划通过航船等级：三山——客运码头段通航3000吨级；客运码头——口外，近期通航5000吨级，远景通航万吨级。各段航道水深：三山—客运码头3米，客运码头—牛头颈山3.46米，牛头颈山—口外3.68米。乘潮水位：三山—客运码头3.38米，客运码头—牛头颈山3.70米，牛头颈山—口外3.92米。

锚地规划　此次规划中，锚地扩展至乐清湾大麦屿和三门湾，形成五大锚地。

港内避风锚地设3处，大型机动船锚地位于小圆山东南0.3海里处，面积23.2万平方千米，水深6～8米，泥沙底质，可避除东风外8～9级诸向风；中型机动船锚地位于小圆山西面0.5海里处，面积23.2万平方公里，水深3～5米，泥沙底质，可避8～9级诸向风；小型机动船锚地位于小圆山以西面1.3海里处，面积47.9万平方公里，水深2.3～2.9米，泥沙底质，可避除南风外7～8级诸向风。

抛泥区规划　航道维护性挖泥，抛泥区定口外浅滩处；航道整治性挖泥，待口外航道整治可行性报告审定后确定抛泥区。

助（导）航规划　导航系统现状简陋，规划近期（指作规划时的近期）新建信号台配置雷达导航设备。

港界划定

陆域港界　海门港区陆域北以江堤为界，客运作业区南界在江滨路，货运作业区南界在振市街，外沙作业区南界在外沙路。栅浦港区东起栅浦码头，西至三山灯标，北及江堤，南至进深200米之东西向小河。前所港区除电厂外，以西以沿江路为界，以东以规划道路为界。（以上港界叙述线条极粗，细节多有遗漏和难以确定处）

水域港界（待批）　西界为三山灯标与黄礁灯标连线，东面为岩头、竹屿、屏风山、五棚屿、竹刀屿、鹿嵴山、踏道山（达岛）连线。

第四节　台州建市初港口规划

图 3-71　《台州市城市总体规划（1994 年至 2020 年）》文本

台州撤地建市伊始，即已着手编制《台州市城市总体规划（1994 年至 2020 年）》，并经交通部水运规划设计院专家论证，于 1997 年编成《台州市港口总体布局规划》。这是台州第一次将域内港口资源从统筹的角度作全面的、集约性的规划。

1994 年，台州市港口现状是：海岸线长 1026 公里，占浙江沿海岸线 1/4；由北向南分布 21 个海港和河口港，码头岸线 50 余公里，已建泊位 93 个；1994 年吞吐货物总量 840 余万吨，其中海门港吞吐量 454 万吨；辟有海门至香港、海门至横滨集装箱班轮及大麦屿港对台经济贸易区；沿海货运南达三亚、广州、福州，北至上海、天津、大连，西进长江中下游各港口。

首轮《台州市城市总体规划》对市域港口建设的规划

首轮台州市城市总体规划第二章“市域城镇体系”和第四节“市域重要基础设施”中的“港口建设”高屋建瓴地提出台州港口建设的目标，文本原文如下。

港口建设目标

台州市港口应建成以海门港为中心，以健跳、大麦屿港为两翼，逐步形成点线连接、布局合理、功能完善的浙江中部沿海多功能、综合性的组合港口。

港口功能

海门港主要是为区域经济发展、对外贸易以及客运、能源运输等服务的综合性港口；健跳港主要是为三门电力城（火力发电）服务的能源专用运输港口；大麦屿港近期发展以能源运输、大型石化工业基地建设以及大宗散货水水中转运输为主，远景则向多功能、全方位、综合性港口目标迈进。

港口腹地

台州市港口的经济腹地近期主要为台州市及毗邻宁波市的宁海县和温州市乐清市的部分地区，中、远期随集疏运条件的改善，进一步扩大到浙江中部、浙闽沿海和金温、金椒及浙赣铁路沿线部分地区。

港口布局

海门港　是台州市港口近期发展的重点。港口泊位沿椒江两岸顺岸布置，港口分为客运泊位区、件杂货泊位区、集装箱作业区、货主码头区、电厂泊位区、散杂泊位区，共建设 20 个泊位。岸线总长 4500 米，港区占地 100 万平方米，另有 26 万平方米港口仓储区和 5 万平方米的铁路货物中转区。

大麦屿港　是台州市港口泊位顺岸式高桩码头，依据泊位性质，共建设 8 个作业区：电厂专业码头作业区、散杂货作业区、集装箱作业区、地方小船作业区、客运区、件杂货作业区、修造船基地、石油基地，共建设 12 个泊位，港区占地总面积 200 万平方米。

健跳港　优越的水陆域条件极其适合发展大型电力基地。港区泊位为外伸开敞式，码头前沿线位于天然深槽。港区包括电厂专业煤码头作业区、件杂货及集装箱作业区、石油码头作业区，共建 12 个泊位，陆域面积 290 万平方米。

港口集疏运

腹地交通运输以公路、铁路为主，以水运、航空为辅，形成海、陆、空合体集疏运体系。台州组合港规划以健跳—椒江—大麦屿一级、二级公路和宁波—台州—温州铁路干线相串联，以金椒铁路、甬台温高速公路、缙椒汽车专用道、三门—高枧一级公路及 104 国道为骨干，形成港口腹地运输网络。

首轮《台州市城市总体规划》对城区港口岸线的规划

《台州市城市总体规划（1994—2020 年）》第七章“城市综合交通”是对城区交通的规划，其中第二节“港口与岸线分配”对海门港区的主要规划，内容摘要如下。

海门港区是组合型台州港的中心港，是浙中沿海地区以能源和集装箱运输、客运为主的重要综合性港口。其直接腹地为台州市域和丽水、金华部分地区。

海门港区港界为永宁江与灵江汇合的三江口以东，岩头、竹屿、屏风山、五棚屿、竹刀屿、鹿峙山、达岛（踏道山）连线以西所包括的水域及其按城市总体规划布局确定的陆域。

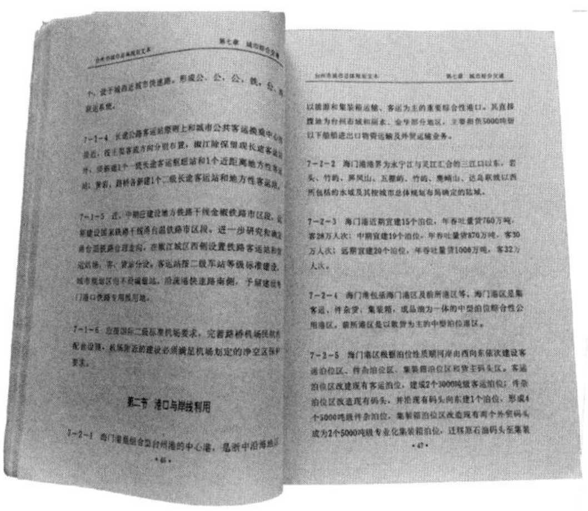
第二节　港口与岸线利用

图 3-72　《台州市城市总体规划》关于港口与岸线利用规划的书影

海门港区近期宜建 15 个泊位，年吞吐量货运 760 万吨，客运 28 万人次；中期宜建 19 个泊位，年吞吐量货运 870 万吨，客运 30 万人次；远期宜建 20 个泊位，年吞吐量货运 1000 万吨，客运 32 万人次。

海门港区包括海门作业区及前所作业区等。海门作业区是集客运、件杂货、集装箱、成品油为一体的中型泊位综合性公用港区。前所作业区是以散货为主的中型泊位港区。

海门作业区根据泊位性质由西向东依次建设客运泊位区、件杂货泊位区、集装箱泊位区和货主码头区。客运泊位区改建为 2 个 3000 吨级客运泊位；件杂货泊位岸线现有码头向东建 1 个泊位，形成 4 个 5000 吨级件杂货泊位区；集装箱泊位区改造现有两个外贸码头为 2 个 5000 吨级专业化集装箱泊位，迁建原石油码头至集装箱泊位区东侧下游 300 米处，与原有物资局码头、粮食中转码头、商业冷库码头形成货主码头区。海门港区岸线长 2800 米（包括海门作业区和外沙作业区），陆域纵深 220 米，其中生产区陆域纵深 180 米、生产生活辅助区陆域纵深 40 米，港区全部占地 60 万平方米。

前所作业区到 2020 年在电厂煤码头东侧新建 2 个 3000 吨级煤码头、1 个 2000 吨级水泥码头及

1个2000吨级化肥码头。前所港区岸线总长1700米，陆域纵深150米，其中生产区陆域纵深100米，生产生活辅助区陆域纵深50米，港区占地25万平方米。

在章安设地方小型货运和轮渡港区，占用岸线300米，陆域平均纵深150米，占地4.5万平方米。

在黄岩芦村设地方小型货运港区，占用岸线1300米，陆域平均纵深150米，占地19.5万平方米。

海门港航道应采取开挖和整治工程相结合，航道走向应选取椒江南槽深泓线，航道底标高-3.22米（黄海高程），航道底宽130米，航道全长18公里。

海门港锚地分设口内锚地和口外锚地，口内锚地在椒江深槽中，为双浮筒系泊，锚地面积25万平方米；口外锚地供船舶候潮进港用，位于椒江入海口外7～8米水深海域，锚地面积约7.5平方公里。

遵循深水深用、浅水浅用、合理安排、统筹兼顾原则，将规划区内54公里岸线功能划分为生活、工业、仓储、渔业、港口、沿海围涂、军用7类。

椒江北岸岸线长16.5公里。自西向东规划：下洋至椒江大桥4500米为柑橘种植岸线；椒江大桥向东生活岸线440米、工业岸线780米、章安港口岸线460米；章安与前所间自西向东渔业岸线730米、生活岸线510米、工业岸线1200米、港口和仓储岸线600米、生活岸线（建小圆山公园）1050米、工业岸线400米、港口岸线1100米、预留工业岸线1000米；涛江闸以东围涂岸线2910米。

椒江南岸岸线长37.5公里。自三江口向东规划为：1300米芦村港口岸线，3400米地方小型码头港口岸线、600米工业岸线、200米军用岸线、500米生活岸线、800米渔业基地岸线、550米生活岸线、150米海巡支队岸线、1400米工业岸线、800米生活岸线、1520米港口岸线、200米生活岸线、1270米仓储岸线、3850米工业岸线、20160米渔业和围涂岸线。

椒江第一和第二航运公司船厂、水泥船厂迁椒江大桥西沿江工业区，陆海军基地迁椒江大桥以西规划岸线。控制和保留渔业基地和海巡支队现有岸线。

第五节　台州市港口总体布局规划

台州撤地设市前夕，台州地区港口规划建设领导小组即委托交通部水运规划设计院编制《台州市港口总体布局规划》，1995年12月出台。规划发展目标为：适应区域经济发展和对外开放的需要，适应能源、内外贸运输和国际海上运输发展的需要，台州市港口将建成以海门港为中心，健跳港、大麦屿港为两翼，逐步形成点线连接、布局合理、功能齐全的浙江中部沿海多功能、综合性的港口。

规划主要结论如下。

台州市海岸线北起三门县南至玉环半岛，绵延数百公里，其中较大的海湾有三门湾、台州湾和乐清湾，规划在此三湾中分别布置健跳港、海门港和大麦屿港。

预测2020年台州市港口货物吞吐量为5440万～6680万吨，其中健跳港吞吐量为2229万～3469万吨，海门港吞吐量为1000万吨，大麦屿港吞吐量为2211万吨。根据各港自然条件和生产力发展布局，各港功能和发展方向格局特色，健跳港主要为三门电力城服务；海门港主要为区域经济发展、对外贸易以及能源运输服务；大麦屿港近期发展能源运输、大型石化工业基地及大宗散货水—水中转，远期向多功能、全方位、综合性港口发展。

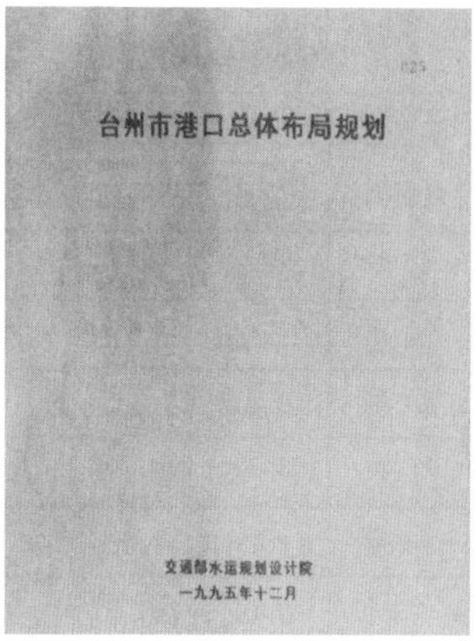

图 3-73 《台州市港口总体布局规划》文本

规划设八章三分册。八章分别为：前言、台州市港口吞吐量预测、性质与功能、船型发展预测、各港规划及配套设施规划、环境保护规划、规划实施的政策和措施、问题和建议。三分册为：海门港总体布局规划、健跳港总体布局规划、大麦屿港总体布局规划。下以腹地经济及交通的预测、港口性质和功能、船型发展预测、各港总体布局规划四方面作择要记叙，余皆省略。

规划在第八章“问题与建议”中提出：“由于台州中心城市规划尚在编制，故本规划报告要待（依据）今后城市规划实际情况进行调整”，同时提及“有关部门准备在乐清湾和健跳江内建设潮汐发电站，这项工程（将）给岸滩的稳定、流场的改变、泥沙回淤等带来影响，需作专门研究。”

腹地经济及交通的预测

根据省级台州市规划，台州作为全省三大经济带之一，充分利用优良港湾，建设大型火电厂和核电厂，成为华东地区主要二次能源基地，并获得外向型经济较大发展。腹地将重点发展机械、电器、轻工、纺织、精细化工、食品以及为电力配套的有关产业。预测至 2020 年的经济指标和吞吐量如表 3-6、表 3-7 所示。

表 3-6 **台州市 1994—2020 年主要经济指标规划（预测）**

指标项目	单位	1994 年实际	1995 年预计	2000 年计划	2010 年预测	2020 年预测
国内生产总值	亿元	268	250	500	1300	2800
年末人口	万人	526	532	555	601	632
人均国内生产总值	元 / 人	5092	4700	9000	21630	49380
第三产业增加值	亿元	65.5	75	180	535	1290
外贸出口值	亿美元	8.5	10	30	80	175
其中自营出口	亿美元	2	3	15	44	110

表 3-7 **台州市 1990—2020 年港口吞吐量预测汇总表** 单位：万吨

年份 / 进出口 / 货种	1990 年实际			2000 年规划			2010 年预测			2020 年预测		
	总计	进口	出口	总计	进口	出口	总计	进口	出口	总计	进口	出口
合计	407.9	383.6	24.3	1019	944	75	3736	3174	562	5440	4779	660

续表 3-7

年份/进出口/货种	1990 年实际			2000 年规划			2010 年预测			2020 年预测		
	总计	进口	出口	合计	进口	出口	总计	进口	出口	总计	进口	出口
煤炭	305.0	303.5	1.5	722	717	5	3225	2000	425	4725	4270	455
石油	15.26	14.36	0.5	38	36	2	69	62	7	97	87	10
钢铁	3.47	3.1	0.37	21	20	1	51	49	2	81	78	3
矿建	15.92	9.16	6.36	75	54	21	76	55	21	81	60	21
水泥	10.4	10.4	—	31	31	—	56	56	—	79	79	—
木材	0.58	0.57	0.1	4	4	—	6	6	—	6	6	—
非金属矿	4.1	3.58	0.52	5	—	5	11	—	11	15	—	15
化肥	13.79	12.59	1.2	22	21	1	71	55	32	85	64	21
盐	4.77	0.14	4.63	—	—	—	—	—	—	—	—	—
粮食	9.38	9.16	0.62	22	21	1	28	27	1	36	35	1
其他	24.83	16.64	8.19	77	38	39	143	64	79	225	100	125
集装箱	—	—	—	34	14	20	91	40	51	163	68	95

注：表中 1990 年为所有港区吞吐量，2000 年后为海门、大麦屿、健跳三港区合计吞吐量；表中“出口”“进口”指港口进出口，非外贸进出口，2000 年后“出口”“进口”数据包括内贸、外贸货物。在合计中，2000 年 944 万吨进口包括 24.5 万吨外贸货物，75 万吨出口包括 37 万吨外贸货物；2010 年 3174 万吨进口包括 87 万吨外贸货物，562 万吨出口包括 76 万吨外贸货物；2020 年 4779 万吨进口包括 126 万吨外贸货物，660 万吨出口包括 130 万吨外贸货物。2020 年预测吞吐量总数浮动，为 5440 万～6680 万吨。

规划对腹地陆路交通和水路客运吞吐量的前瞻性囿于各种不确定因素，显得过于保守。其时台州有海门至上海、大陈、石浦和玉环至温州 4 条水路客运航线，高等级公路除甬台温高速公路已动工，铁路建设尚无眉目，仅寄希望于争取建设甬台温铁路和金椒铁路，规划对其预计“不会有大的改善”。故预测 2000—2020 年水运客运量仍将基本维持 2000 年海门港 28 万人次、大麦屿港 70 万人次的水平（1993 年实际客运量海门港 26.6 万人次、大麦屿港 49.8 万人次）。实际未到 2000 年，海门至上海、石浦的沿海客运航线就因公路畅通而停航。

港口性质和功能

分析台州市港口腹地经济、交通发展、区位特点及港口发展趋势，规划认为台州市港口的地位和作用有三。

其一，台州已有、在建和规划电厂有台州电厂、三门电力基地、乐清湾火力电厂，均需运输大量煤炭，故三大港区均为能源运输重要港口。

其二，台州中心城市的基本性质为浙江中部沿海科工贸发达的现代化港口城市，三门电力城、大麦屿经济开发区、东海油气田开发基地的建设也离不开大型港口。因而港口是台州发展经济的重要依托。

其三，台州内陆腹地公路运输网逐步完善，未来甬温铁路、金椒铁路连接港口将使上述综合运输网骨架布局进一步优化，港口将成为台州市沿海综合运输网主骨架的重要支撑点。

因而台州市港口的性质可表述为：能源运输的重要港口；台州市发展经济，促进开发区建设的重要依托；完善台州市综合运输网布局，发展台州市综合运输网主骨架的重要支撑点；是浙江沿海重要的以内外贸物资、能源运输为主的多功能、现代化、综合性港口。

台州市港口的主要功能表述为：台州市对外开放主要窗口，为台州市经济建设和外向型经济开发区服务；为滨海工业及能源运输服务；随高速公路和铁路的建设，将为毗邻有关地区的经济建设服务；具有船舶修理和制造功能；为沿海地区客运及陆岛运输服务。

船型发展预测

规划根据港口吞吐量发展、货类的流量流向和对国内外散杂货船现状及发展趋势的分析，结合港口水深条件，对台州市港口至国内外航线进行初步论证，提出到港船型。原则上根据费用最低为最优，一般运距长、运量大宜采用大吨位船舶，反之采用小吨位船舶，对煤炭船、杂货船、化肥船、油船提出适合船型。

煤炭船　根据流量流向分析，北方港至浙江沿海港口运距约800海里，5万、3.5万、2万吨级船舶的每吨费用指标为：5万吨级船舶投资85.65元/吨，营运费10.31元/吨，平均年费用21.39元/吨；3.5万吨级船舶投资94.28元/吨，营运费13.71元/吨，平均年费用26.48元/吨；2万吨级船舶投资92.95元/吨，营运费14.56元/吨，平均年费用27.57元/吨。以5万吨级船舶为最优。

杂货船（粮食、钢材、木材及其他杂货和集装箱）　需依据运距、运量、批量不同选择船型。表3-8为各型轮船在不同运距下的运输成本。台州各港区可依据不同情况采用2000吨级、3000吨级、5000吨级、10000吨级船舶，远期集装箱可采用15000吨级或更大的集装箱船。表3-9为各种轮船尺度。

表3-8　**杂货船航线成本测算表**

船型	3000吨级船舶				5000吨级船舶				10000吨级船舶			
运距（海里）	80	180	550	1000	80	180	550	1000	80	180	550	1000
成本（元/海里）	159.3	75	42.7	40.25	165.1	76.5	35.12	31.3		87.5	30.15	25.4

表3-9　**散、杂货船主尺度表**

船舶吨级（吨）	散货船				杂货船			
	总长（米）	型宽（米）	型深（米）	满载吃水（吨）	总长（米）	型宽（米）	型深（米）	满载吃水（吨）
1000	—	—	—	—	65	11	5.5	4.5
2000	71	13	5.5	4.2	75	12	6.8	5.2
3000	—	—	—	—	97	15	7.9	6.1
5000	110	15	9	6.5	112	17	9.2	7

续表 3-9

船舶吨级（吨）	散货船				杂货船			
	总长（米）	型宽（米）	型深（米）	满载吃水（吨）	总长（米）	型宽（米）	型深（米）	满载吃水（吨）
10000	—	—	—	—	153	20	11.8	8.8
30000	190	26	14.6	10.8	—	—	—	—
35000 浅吃水船	180	32	14.6	9.5	—	—	—	—
50000	230	32	17.5	12.7	—	—	—	—
50000 浅吃水船	226	36	16	10～10.5	—	—	—	—
1.5 万吨级集装箱船	197	25	15.8	9.8	—	—	—	—

化肥船　从运输经济性和外贸进口情况考虑，宜用 4 万～5 万吨级船舶，运距 100 海里以内中转运输，在批量小的情况下，宜采用 2000 吨级船舶。

油船　根据预测流向，北方港口至台州宜采用 5000 吨级船舶，宁波至台州可采用 2000 吨级船舶。

各港总体布局规划

分陆域布局规划和水域布局规划两部分，规划仅涉海门、大麦屿、健跳三港口，未及河港及其他小港湾。

陆域布局规划

由北及南分布海门港、大麦屿港、健跳港三个港口。三港功能分别是：海门港为集客运、件杂货、散杂货、石油、煤炭运输为一体的中型综合性港口；大麦屿港为以大型深水泊位为主的综合性港口；健跳港为发展大型散货专用泊位及少量集装箱、件杂货泊位的港口。

海门港陆域布置　海门港是台州市港口近期发展重点，泊位布置于椒江河口两岸，港口发展已有一定规模，受制于水深条件，目前（指作规划时）只适宜发展中型泊位。泊位沿椒江两岸顺岸布置，分为客运泊位、件杂货泊位、集装箱作业区、货主码头区、电厂泊位区、散杂货泊位区，共规划建设 20 个泊位，岸线总长 4500 米，港区占地 100 万平方米，另有 16 万平方米港口仓库区和 5 万平方米铁路货物中转区。港区集疏运主要采用公路运输，部分货物采用水路中转和铁路运输，主干道与城市路网相同。

大麦屿港陆域布置　大麦屿港位于乐清湾东岸玉环岛一侧，深水近岸，泊稳条件好，为台州市优良港湾之一。港口泊位为顺岸式高桩码头，规划共建 8 个作业区，分别为电厂煤炭码头作业区、散杂货作业区、集装箱作业区、地方小船作业区、客运区、件杂货作业区、修造船基地、石油基地，共建设 12 个泊位，港区占地面积 200 万平方米。规划疏港采用公路和铁路，港区后方建 60 米宽环岛公路与岛外道路相连，港区建铁路与国家铁路接轨。

健跳港陆域布置　健跳港位于三门湾健跳江入海口，港区依山傍海，除内伸健跳江外，还包括南北两侧外伸敞开式海岸，沿线均有天然深槽，适宜发展大型电力基地。规划港区包括电厂煤码头作业区、件杂货及集装箱作业区、石油码头作业区，共建 12 个泊位，陆域面积 290 万平方米。港区集疏运采用公路运输，港区后方建 30 米宽道路与城市路网相连通。

水域布局规划

分航道、船舶回旋水域、锚地三项。

航道　海门港航道较浅，水体含沙量大，外航道应采用疏浚与整治相结合，确保 5000 吨级船舶乘潮进港，需进行航道开挖至吴淞面 5.1 米，乘潮水位 3.4 米，航道底宽 130 米，航道长 18 公里，走向顺椒江深泓线布置。大麦屿港天然水深条件良好，能满足船舶航行要求。健跳港洋市涂港区位于健跳江深槽区，船舶由码头至外海需经过一段浅滩区，需进行航道开挖至 -7.7 米，满足乘潮 5 米进港水位。南侧牛头港区航道自然水深可满足乘潮航行需要。

船舶回旋水域　海门港各泊位掉头区位于江中深槽，江面开阔，3.4 米天然水深可满足船舶掉头要求。大麦屿港码头前沿已伸至 10 米水深线处，天然水深满足船舶掉头要求。健跳港岸 5 万吨级散货船调头，设计掉头圆直径为 2 倍船长即 460 米。

锚地　海门港有口内锚地、口外锚地。口内锚地位于江中深槽处，面积 25 万平方米，用作避风候泊；口外锚地位于椒江口 9 ～ 11 米外海处，面积 7.5 平方公里，用作船舶进港候潮和联检。大麦屿港设内外锚地各一处：内锚地位于乐清湾内，水深 14 ～ 20 米，面积 6 平方公里；外锚地位于外海 15 ～ 19 米处，面积 6 平方公里。健跳港有港外锚地，位于外海 14 ～ 20 米处，距规划航线 1 公里，面积 5 平方公里。

各港泊位和吞吐能力规划

规划年份 2000 年、2010 年、2020 年 3 档。

海门港　2000 年段建泊位 15 个，年吞吐能力为货运 760 万吨，客运 28 万人次；2010 年段建泊位 19 个，年吞吐能力为货运 870 万吨，客运 30 万人次；2020 年段建泊位 20 个，年吞吐能力为货运 1000 万吨，客运 32 万人次。

大麦屿港　2000 年段建泊位 3 个，年吞吐能力为货运 33 万吨，客运 70 万人次；2010 年段建泊位 10 个，年吞吐能力为货运 1323 万吨，客运 70 万人次；2020 年段建泊位 12 个，年吞吐能力为货运 2201 万吨，客运 70 万人次。

健跳港　2000 年段建泊位 2 个，年吞吐能力为货运 200 万吨；2010 年段建泊位 7 个，年吞吐能力为货运 1538 万吨；2020 年段建泊位 12 个，年吞吐能力为货运 2229 万～ 3469 万吨。

第六节　首轮台州港总体规划

2001 年，交通部批准台州市港口整合，统一命名“台州港”，实现港市同名、港城共荣。冠名台州港后的台州港航管理局的内设机构更为健全，其中有专管港口规划的规划与航道管理处。随着省内外经济形势的变化发展，1997 年获批的《台州市港口总体布局规划》已不适应港口发展的要求，由是，台州港航管理局规划与航道管理处于 2005 年组织编制《台州港总体规划（2005—2020 年）》。

规划基础年为2005年，水平年为2010年和2020年，并对长远发展有所展望。

因追求深水港埠，港口发展出现新的方向，同时现状受行政区划的制约，新规划改变原规划认定的“以海门港为中心，健跳港、大麦屿港为两翼”之陈述，将台州港分为大麦屿港区、临海港区、海门港区、黄岩港区、温岭港区、健跳港区。（以上大麦屿港区、海门港区、健跳港区以地理名命名；余皆以行政名命名，并包含政区内分散的各港点，黄岩港区则指椒江岸的芦村港区）

图 3-74《台州港总体规划》文本

规划内容分地理位置、自然条件、现状分析；港口吞吐量发展水平预测；港口性质与功能；船型发展预测；岸线利用规划；总体规划；港区配套设施规划；环境影响评价及环境保护规划；港区分期实施方案；政策建议共10章。下文择要对港口吞吐量发展水平预测、港口性质和功能、船型发展预测、岸线利用规划、总体规划5章作摘要记叙。摘要对原文作必要重新组织，有些列为表格，对一些表述有误、地名用字不妥等作必要修正。

港口吞吐量发展水平预测

规划在2005年现状的基础上预测2010年、2020年台州港吞吐总量分别为5000万吨、7300万吨。2005—2010年吞吐量年均增速12.1%，2010—2020年吞吐量年均增速3.9%。预测2010年、2020年台州港集装箱总吞吐量分别为50万标准箱（TEU）、100万标准箱（TEU）；其中2010年、2020年外贸集装箱吞吐量分别为10万标准箱（TEU）、20万标准箱（TEU）。预测2010年、2020年旅客吞吐量保持80万人次。表3-10反映主要货类吞吐量预测，以表3-11反映分港区吞吐量预测，以表3-12反映集疏运方式占比预测。

表3-10　台州港2005年、2010年、2020年主要货类吞吐量预测表　单位：万吨

年 份	2005	2010	2020	年 份	2005	2010	2020	年 份	2005	2010	2020
煤炭	767.7	1800	2500	油品	156.9	350	600	钢铁	204	300	450
矿建	1174.6	900	1100	水泥	163.4	500	600	木材	9.98	50	100
农资	4.5	10	10	粮食	18.88	150	200	其它	314.7	315	605

表3-11　台州港分港区吞吐量预测　单位：万吨

年 份	2005	2010	2020	年 份	2005	2010	2020
台州港总计	2820.42	5000	7300	健跳港区	34.43	400	800
大麦屿港区	352.71	1600	2600	温岭港区	398.76	450	600
海门港区	1796.91	2200	2300	黄岩港区	122.36	200	300
临海港区	115.25	150	700				

表 3-12 **台州港集疏运方式占比预测**

疏运方式	各类集运量占比（%）				各类疏运量占比（%）			
	水运	公路	管道	其他	水运	公路	管道	其他
2010 年	90.6	8.2	1.2		12	44	7	37
2020 年	90.5	7.9	1.6		12.8	41.7	8	37.5

港口性质和功能

台州港性质　浙江省沿海的地区性重要港口是浙中南、闽北地区对外交往的重要口岸，是台州城市发展和发展外向型经济的依托，是发展临港产业参与国际竞争的基础，承担腹地经济发展所需能源物资、原材料的中转运输，是集装箱运输的喂给港，将逐步发展为现代化、多功能的综合性港口。

台州港功能　具备装卸储存、换装中转功能；临港工业开发功能；现代物流功能；综合服务、城市生活功能。

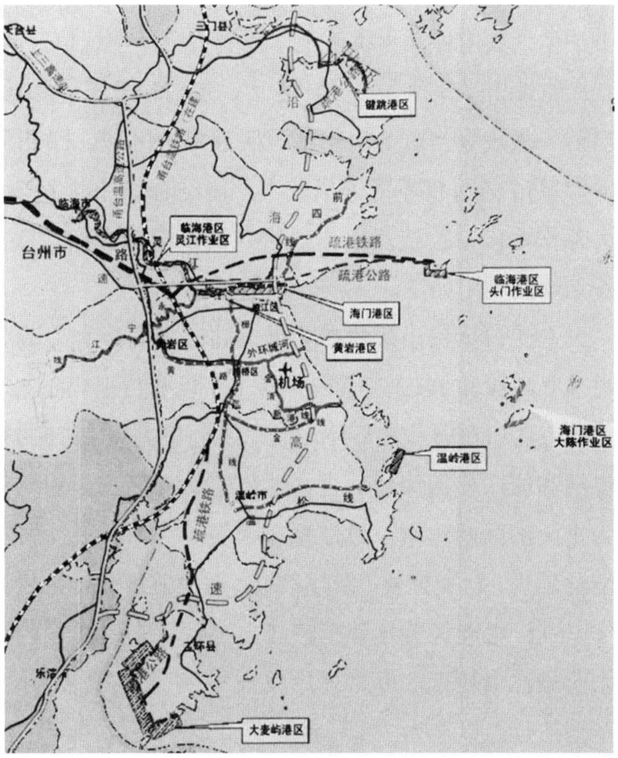

图 3-75　台州港总体规划中的“台州港总体布局规划与疏运通道规划图”局部

船型发展预测

未来台州港主要货类运输组织方式如下。

煤炭　采用 5 万～ 7 万吨级散货船，从北方煤炭下水港直达电厂自备码头。

石油及制品　油品运输仍以内贸进口为主，部分外贸进口。外贸进口的运输船型以 3 万吨级、5 万吨级油船为主，内贸运输船型以 1 万吨级、3 万吨级油船为主。

集装箱　船型以 2000 ～ 4000 标准箱（TEU）的集装箱为主，远洋航线主要包括到欧洲和美洲的航线，运输船型以 4000 ～ 6000 标准箱（TEU）的集装箱船为主。

件杂　沿海和近洋运输船型以 5000 ～ 10000 吨级为主，远洋以 10000 ～ 20000 吨级为主。

客运　向高速化、客滚化、舒适化方向发展，1000 总吨位左右的客船、2000 总吨位左右的客滚船将是未来发展的主要船型（总吨位即 GT，以船舶容积计算，2.83 立方米为 1 总吨位）。

岸线利用规划

《台州市城市总体规划（2005-2020）》认定：台州市性质为浙江沿海中部区域性中心城市，工贸型现代化港口城市。《台州市海洋功能区划（2013-2020 年）》划定：三门湾为海水养殖、能源、港口主导功能区，椒江口为港、工、贸主导功能区，乐清湾为海洋渔业、港口、潮汐能主导功能区。台州市港口岸线利用规划并依据近年经济发展形势、城市规划和岸线资源特点制定。

台州市大陆岸线总长 630.87 公里，海岛岸线总长 913.24 公里，本次规划中已建和规划建港用岸线长 96 公里、23 公里，具备开发港口的条件的深水岸线 30.75 公里，占港口岸线的 32%。

由于规划文本中“岸线利用规划”与“总体规划”中的“港口陆域布局规划”内容基本相同，为节省篇幅，糅合两者内容，综合摘录于本节。括号里的作业区为“港口陆域布局规划”的命名。

椒江口内岸线

椒江口内宜港岸线可分为两段，灵江二桥至三江口（原文为红光码头）长约 37 公里，规划作为地方小船发展岸线。三江口至松浦闸河段长约 19.3 公里，口内掩护条件好，适宜建设 5000 吨级以下泊位，其中椒江大桥以上岸线受大桥净空现值，宜建 1000 吨级泊位。规划岸线总长 29.2 公里。

椒江南岸岸线（三山作业区、海门作业区、牛头颈作业区）　椒江南岸岸线总长 16.6 公里，为当前（指规划当时）台州港码头最集中区域，2005 年台州港 74% 的货物吞吐在该区域完成。但老港区对城市交通和环境干扰较大，需结合城市规划要求，逐步退出部分岸线，通过建设前所作业区、大陈作业区，改造三山作业区，调整椒江大桥以下岸线和牛头颈作业区，提高港区社会综合效益。规划岸线利用如下。

三江口至三山岸线在“港口陆域布局规划”列为“黄岩港区”，现有（指规划当时，下同）芦村 500 吨级和 1000 吨级码头各 1 个以及货主码头 5 个，规划以 3000 吨级以下船舶运输为主。

三江口至吉祥船厂岸线长 1.8 公里，现有 1000 吨级以下小船泊位及修造船厂；规划为地方小船靠泊和船厂使用岸线。吉祥船厂至军分区三山船坞东 430 米岸线，除已有船厂占用外，规划以绿化为主。部队船坞东至过江电缆西警示牌岸线长 1450 米，已建 500 ～ 1000 吨级泊位 8 个，规划通过泊位延长、功能调整、新建泊位，形成散货和件杂货运输作业两个功能区。以上规划为三山作业一区。

过江电缆西警示牌至跨江电缆铁塔东岸线长约 700 米，为电缆保护区和绿化带。跨江电缆铁塔东至椒江大桥西 300 米处岸线长 1220 米，现状为简易砂石码头和自然状态，规划建 3000 吨级以下小型泊位。以上为三山作业二区。

椒江大桥西 300 米至大桥为大桥保护区。椒江大桥至人渡码头岸线长 3700 米，规划为城市生活景观岸线，可适当建设港航支持系统管理码头。

人渡码头至牛头颈山岸线长 1600 米，现状为港务码头、货主码头、部队码头，岸线利用基本饱和；该段水深条件较好，规划为公用码头，其他单位逐步调整到合适地点。牛头颈山山体岸线长 200 米，规划为绿化区。

牛头颈山东至粮食中转码头岸线长 730 米，规划兼顾原有功能，通过整合提升港口功能；粮食中转码头至商业冷库码头岸线长 470 米，规划为危险品泊位岸线，商业冷库码头以东 4 公里岸线逐步变浅，需结合外航道整治加以利用，规划为地方工业及小船靠泊预留岸线。

椒江北岸岸线（前所作业区）　总长约 12.60 公里，规划岸线利用如下。

椒江大桥至北汽车轮渡码头岸线长 3.9 公里，其中大桥至华景河口岸线长 2.1 公里，根据城市规划为生活岸线，华景河口至北汽车轮渡码头岸线长 1.8 公里，规划为渔业、工业、生活岸线。

汽车轮渡码头至中山矶头岸线长 2.1 公里，其中汽车轮渡码头至人渡码头 600 米岸线，规划为生活岸线；人渡码头至小圆山 900 米岸线，规划为渔业岸线；规划小圆山至中山矶头 600 米为绿化区。

中山矶头至松浦闸岸线长 6.6 公里。其中，中山矶头至台州电厂码头东 900 米岸线为台州电厂码头；电厂码头东至老鼠屿西侧 800 米岸线规划为 5000 吨级以下通用泊位；老鼠屿两侧 370 米岸线为电厂灰库及过江电缆保护区；老鼠屿东侧至松浦闸 4.53 公里岸线规划为临港型工业及修造船发展岸线。（预留椒江二桥保护区）

台州湾岸线

岸线范围自浦坝港南岸至金清港河口，包括临海市、椒江区、路桥区属地大陆和岛屿岸线，岸线总长 151.46 公里。大陆岸线大部分为人工围堤，平直开敞，掩护条件差，不断淤涨滩涂，以城市公用和滩涂养殖为主。海岛岸线曲折，有良好宜港条件。

头门岛及东矶列岛宜港岸线　头门岛区位得天独厚，建港条件良好，南侧岸线长度 4.3 公里，前沿水深 8 ～ 9 米，适合建设集装箱、石化、煤炭等深水泊位。规划为深水港口岸线。东矶列岛较好的深水岸段在田岙岛西南侧，规划为远景港口岸线。

大陈岛宜港岸线（大陈作业区）　大陈岛临近国际航线，建港条件好，现有 300 吨级客货码头一座，上大陈岛高梨头至油菜花屿岸线长 2 公里，水深条件优越，适合建 30 万吨级大型液体、散货深水泊位；下大陈望夫礁至木杓头 1.6 公里岸线宜建深水泊位，规划为深水港口岸线。

金清港两岸岸线　地处路桥、温岭辖地交界线，规划为地方工业及小船使用岸线。黄琅山（琅矶山）东侧同头咀与西廊岛之间的水域水深 4 米左右，掩护条件好，规划为小型泊位使用岸线。

乐清湾岸线

包括玉环县岸线和温岭市岸线，全长约 222.3 公里。宜港岸线位于玉环岛西侧，自黄门西经大岩头、大麦屿、连屿至分水山，规划岸线长 31.85 公里。前沿水深，掩护条件好，后方有宽阔滩涂可成陆域，宜建万吨级以上码头泊位。

黄门山至大岩头岸线（鲜迭作业区）　长约 8 公里，前沿水深 15 米以上，规划为远景港口岸线。

大岩头至牛头颈（乌龟头）岸线（大岩头作业区）　岸线长 2.2 公里，规划为石化码头专用岸线，可建 4 个 5 万～ 10 万吨级液体散货码头泊位。

牛头颈至大麦屿岸线（大麦屿作业区）　长约 2.9 公里，现有 3000 吨级客运码头、1000 吨级件杂货码头各 1 座，满足地方经济、国防军用、城市生活岸线需求。

大麦屿至鸡蛋山岸线　长约 1.75 公里，为良好深水岸线，规划为集装箱码头及多用途码头建设岸线。现有 20000 吨级粮食码头，可延伸建 5 个 1.5 万～ 10 万吨级多用途泊位。

鸡蛋山至连屿岸线（连屿作业区）　其中，鸡蛋山至白墩岸线长约 1.2 公里，鸡蛋山 700 米岸线山体伸入海域，后方陆域狭窄，规划为生活岸线，适度建港航支持公务泊位；鸡蛋山北侧至白墩长 500 米，可建通用泊位；白墩至外屿岸线长约 1.8 公里，规划为华能电厂岸线，建 3 个 5 万吨级和 1 个 3000 吨级泊位；外屿至连屿岸线长约 1 公里，规划为临港型工业配套，建万吨级以上泊位 4 个。

连屿北侧至分水山岸线（普竹作业区）　其中，连屿金鸡礁岸线长约 3 公里，近期（指规划当时的近期）为电厂灰场，远期规划为临港型工业岸线，可建 14 个 3000 ～ 10000 吨级通用泊位；金鸡礁北侧至分水山岸线长约 8 公里，部分为电厂远期灰场，规划为地方工业及小船使用岸线。

温岭市属地沙山东门头岸线（沙山作业区）　规划为小型船舶及临港工业岸线。

三门湾岸线

三门湾及浦坝港大陆的岸线长约 165.2 公里。湾内风浪小，多潮流通道，规划岸线长约 21.88 公里。其中，洋市涂、牛山水陆条件好，可建万吨级以上泊位，健跳江内水深条件好，但水域窄，口门有小于 4 米的浅段，宜建 5000 吨级以下码头泊位。

健跳江北岸（眠床头嘴以下为下沙塘作业区）　黄门峡上游为渔业岸线，黄门峡下至眠床头嘴 2 公里岸线近期建有小型泊位，远期规划为城镇生活岸线，眠床头嘴至下沙塘规划为地方工业及小船使用岸线。

健跳江南岸（七市塘作业区）　黄门峡上游 1 公里及黄门峡至鸡公屿 2.5 公里岸线，均规划为地方工业及小型船舶使用岸线；鸡公屿至高湾山蛇头东侧 2.1 公里，规划为修造船等临港工业岸线。

洋市涂岸线（洋市塘作业区）　蛇头至柴爿花嘴 2 公里，深槽近岸，水深稳定，规划作工业港口岸线；柴爿花嘴至东嘴头长约 1.75 公里，规划为临港型工业岸线，门头嘴向上游建 1 ～ 2 个 5000 吨级油品码头，门头咀向下游建 5 个 3.5 万～ 5 万吨级通用散货泊位。

石塘湾岸线　从东嘴头至长栏嘴头长约 2.5 公里，规划为预留临港型工业岸线。

牛山岸线（牛山作业区）　从长栏嘴至宫前山岸线长 4.53 公里，小牛嘴前有深槽，深水岸线长 2 公里，后有大片滩涂可建火电基地，前沿可建 4 个 5 万吨级散货泊位。

海游港至浦西岸线（浦西作业区）　共 3 公里岸线，用于地方工业及小型船舶使用岸线。

猫头山岸线　500 米岸线提供核电厂建设配套码头。

远景预留发展区（龙山作业区）　龙山岛北侧连接小狗山、木杓岛、长山，围垦其间滩涂，可成大面积陆域，深水岸线长约 2.22 公里，预留为远景大型液体化工等工业发展岸线。

大港湾至隘顽湾岸线

位于温岭市东海岸，长 114.74 公里。松门—石塘半岛以基岩海岸为主，有众多岛屿为屏障，宜建为临港工业服务的码头配套设施。大港湾、隘顽为淤泥质滩涂发育区。

龙门、九洞门岸线（龙门作业区）　位于横门岛东南侧，岸线长约 400 米，水深稳定，水域较窄，掩护条件好，在建 3 个 1000 吨级、1 个 500 吨级泊位，另在九洞门岛西侧有 500 米可建港岸线。其他岸线具备一定建港条件，可根据下一步研究论证开发。

石塘（石塘作业区）、松门岸线　为海洋渔业基地，具备外贸、商业、水产加工及旅游功能，先有 5 个 2000 吨级油品码头。松门有宜建临港工业及小型泊位岸线。

总体规划

前文“岸线利用规划”与总体规划中“港口陆域布局规划”在内容上呈实质性相似，不同处在前者以自然地理为关联线，后者以行政建制为关联线。故后者所分大麦屿港区、临海港区、海门港区、黄岩港区、温岭港区、健跳港区 6 个港区，均着眼于行政归属，除大麦屿、海门、健跳采用地理名称，余皆直接运用行政名。因逻辑思维矛盾，易产生分片区的混乱。

譬如在“岸线利用规划”中，“椒江口内岸线”包括“临海港区”的灵江二桥至三江口岸线，也包括处椒江沿岸的“黄岩港区”；“乐清湾岸线”包括处于温岭市辖地的沙山作业区；“台州湾岸线”的大陆岸线包括临海东部海岸和路桥区东部海岸，海岛岸线拥有包括头门岛在内的东矶列岛和大陈岛在内的台州列岛。

为避免重复，节约篇幅，上文“岸线利用规划”已综合糅进“港口陆域布局规划”的内容，本节不再赘述。以下摘要只选其对六港区的定性以及对作业区的布置和命名。另外，“临海港区”对头门深水港开发有较详的规划陈述，由于头门作业区另有专门规划收录于下节“新开发港区规划”，本节亦不详记，详情可参阅下节相关内容。

规划原则　结合腹地经济发展特点，综合考虑台州港与周边港口的关系，突出台州港发展特色。贯彻“深水深用”原则，结合港口货物结构和运输组织情况，体现大中小泊位、专业化与通用作业区相结合。根据各港区的地利位置、自然条件，明确各港区功能分工，各具特色，各有侧重。远近结合、层次分明，充分利用资源，集约化开发，走可持续发展道路。港口发展与城市发展相协调。注重保护港区周围生态环境。

陆域布局规划

规划将台州港分为大麦屿港区、临海港区、海门港区、黄岩港区、温岭港区、健跳港区6个港区，以临海港区和大麦屿港区为主，发展能适应大型船舶运输和内陆转运为主的深水综合性港区，海门港区、黄岩港区、温岭港区则承担服务于台州市主城区及温岭地区的沿海运输，健跳港区以发展临港工业为主。

大麦屿港区　是台州市南部的综合性枢纽港区，充分发挥水深优势，为浙南及附近地区内外贸运输服务，重点发展外贸集装箱、煤炭、石化中转运输和物流园区建设，并随着两岸关系改善，发展对台“三通”。作业区划分为鲜迭、大岩头、大麦屿、连屿、普竹5个。

临海港区　是为地区经济发展服务的综合性枢纽港区，临海港区的头门作业区是椒江口外的深水作业区，将以发展深水泊位为主，为台州市及周边腹地内外贸运输服务，并具有发展临港工业的能力；椒江口内上游的灵江作业区的小泊位承担地方生产、生活所需的沿海、沿江物资运输。

海门港区　是为市区经济发展服务的综合性港区，以承运台州市主城区生活、生产物资的中小船舶运输为主，并发展旅游客运，发展临港加工业和物流。下设三山作业区、牛头颈作业区（包括调整中海门、外沙作业区）、前所作业区、大陈岛作业区。其中，大陈岛近岸水深22～24米，至国际航道距离短，可根据发展需求建设30万吨级大型液体散货码头泊位。

黄岩港区　服务市区和港区后方的产业发展，承担生活、生产物资小船运输功能。

温岭港区　以满足温岭市当地经济发展所需的生产、生活物资运输为主，结合临港工业开发，建设配套码头基础设施，提供原材料、物资运输。下设龙门作业区、石塘作业区、沙山作业区。

健跳港区　结合深水港口岸线资源和后方土地资源形成临港工业优势，为华东电力基地服务，依托现有修造船业的基础，发展修造船业。在发展临港工业的同时，建设一批为地方经济发展服务的大中小泊位。下设作业区为下沙塘作业区、七市塘作业区、洋市涂作业区、牛山作业区、浦西作业区、远景预留发展区（龙山作业区）。

水域布局规划

台州港水域南北相距约160公里，有四块相对独立水域。下分航道、锚地两方面内容。

航道方面　四水域为台州湾口及椒江水域、温岭沿海水域、乐清湾水域、三门湾水域。

三门湾水道为船舶进出健跳港区各作业区天然航道，但需对眠床头嘴至土地礁浅段进行适当浚深，达到5000吨级船舶基础港要求。洋市涂作业区和牛山作业区至外海需要通过一段浅滩区，应对其进行航道开挖，航道深度和底宽应满足3.5万吨级散货船进出港要求。

台州湾口和椒（灵）江水域为临海港区、海门港区、黄岩港区船舶进出航道，规划仍利用现有航道，可采用工程措施对老鼠山—白沙口外航道中的18公里浅段进行整治，将2米水深浚深至4米，满足常规5000吨级和万吨级船舶进出港要求。椒江口内航道三江口至牛头颈山长约12公里，水深3～8米；灵江航道自三江口至灵江二桥，全长35.07公里。

温岭市东部沿海水域为龙门作业区、松门作业区、永安（金清港）作业区、石塘作业区船舶进出航道，永安、石塘、松门作业区利用原有航道，新开辟的龙门作业区可利用港区北面经横山岛与九洞门岛之间的九洞门水道，航道开通需进行疏浚、炸礁和扫海等工程。

乐清湾水道是出入大麦屿港区的航道，入湾有东线和西线两条航道。东线航道由鹿栖岛东侧南排山经玉环岛与横趾山之间水道进入乐清湾，贴近大麦屿向北长约31.5公里；西线航道沿虎头屿、笔架礁经鹿栖岛西侧的黄大峡，经横趾山入乐清湾。台州大麦屿港区和乐清湾西岸北侧港区主要利用东航道。规划东航道经整治、浚深，近期达到3万～5万吨级集装箱船舶全天候进出港，7万～10万吨级散货船舶乘潮进出港要求。按单向航道标准，航道底宽170米，底标高-13.5米。远期达到5万～10万吨级集装箱船舶全天候出入，按双向航道标准，航道底宽310米，底标高-15.5米。

锚地方面　亦按水域分为三门湾、椒江和台州湾、温岭沿海、乐清湾四区片。

三门湾水域共有锚地4块，在田湾岛、下万山岛西南侧和大佛岛（花岙岛）西南侧，总面积约25.4平方公里，锚地水深在8～12米。规划在大甲山锚地南侧开辟新锚地。

台州湾及椒江共有锚地10块，分口内、口外。口内2块在牛头颈山以西深槽中，面积0.94平方公里。口外8块供候潮、驳载和联检用，分别为台州第一引航检疫锚地、台州第二引航检疫锚地、头门山北驳载锚地、点灯山临时驳载锚地、危险品锚地、大陈岛1号锚地、大陈岛4号锚地、大陈岛5号锚地，总面积约20.7平方公里。头门作业区一期开发可使用海门港区点灯临时驳载锚地和台州第一引航检疫锚地，随着规模扩大，作为头门港区专用锚地，同时在头门岛附近开辟新的锚地以满足海门港区需要。

温岭市东部沿海规划引航检疫锚地1块，面积0.24平方公里，避风可利用大麦屿锚地。

乐清湾水域可利用锚地6块，面积约26.2平方公里。由外海向内分别为大麦屿引航检疫锚地、大麦屿3号锚地、大麦屿4号锚地、大麦屿5号锚地、大麦屿2号锚地、大麦屿1号锚地，近期可满足需要。因码头建设影响5号、1号、2号锚地，规划将1号、2号锚地东移，适当调小3号锚地范围。规划废除大麦屿驳载锚地，扩大大麦屿引航检疫锚地。结合水深条件，沿东航道边界形成大麦屿4号锚地和5号锚地，并新开辟危险品锚地。

抛泥区划定　海门港区抛泥区位于撑机礁附近，可将港区疏浚所挖淤泥用于台州湾浅滩围垦造地及头门港区造陆。规划大麦屿港区抛泥区中心点为北纬 28° 01′ 00″，东经 121° 24′ 00″，范围半径 0.75 海里。规划健跳港区抛泥区中心点为北纬 28° 57′ 30″，东经 121° 45′ 42″，范围半径 0.75 海里。

第七节　新开辟港区规划

21 世纪港口规划中重要新开发项目是头门港区和黄礁作业区。分别于 2011 年和 2013 年编制《台州港海门港区黄礁作业区总体规划》和《台州港临海港区头门作业区总体规划》，前者为因应台州市“炼化一体化”石化工业园区项目，由交通运输部规划研究院编制的报批规划，后者为经浙江省交通运输厅批准的实施规划。

台州港海门港区黄礁作业区总体规划（报批稿）

黄礁作业区位于金清港南侧大港湾黄礁岛至北港山岛之间水域和岸线，未纳入 2005 年编制的《台州港总体规划》。2009 年，中国石油天然气集团有限公司向中华人民共和国国家发展和改革委员会上报在台州市建设“中国一卡塔尔炼化一体化”（以下简称为“中卡炼化”）项目，选址路桥区黄礁涂围垦区。为此，台州市港航管理局和台州市发展改革委员会委托交通运输部规划研究院编制黄礁作业区的总体规划。择要摘录有关内容于下。

海岸地貌及淤积趋势

拟建港区位于黄礁岛南大港湾，南北两侧有黄礁岛、道士冠岛、北港岛对湾内水域形成掩护，东向开敞。海岸除基岩岛屿外，各岛间和西侧湾顶有大面积粉砂质淤泥潮滩。自然岸线约 10.5 公里，湾内平均水深约 2 米，湾口水深约 5 米，-10 米等深线距湾口 9 公里。

历史上，台州湾畔平原由椒江径流输沙、海域来沙及边滩泥沙掀翻再搬运三方来源沉积而成，以来自长江口的海域来沙为主。据 1934—1998 年海域测图对比，椒江口南侧海域 0 米、-2 米、-5 米等深线分别年均外移 23.9 米、55.3 米、81.3 米；1988—2003 年海域测图对比则显示 0 米等深线内移，-2 米等深线基本稳定，-5 米等深线向海推进，等深线位置有冲有淤，移动缓慢。由此综合分析，台州湾海域由整体淤积环境逐渐过渡为略有冲淤变化的基本稳定状态。

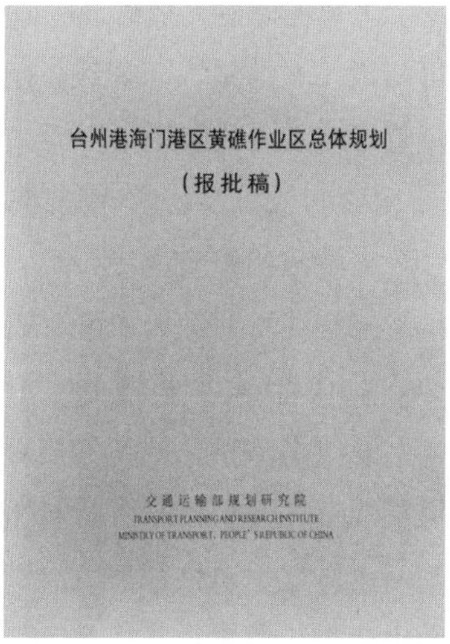

图 3-76　《台州港海门港区黄礁作业区总体规划（报批稿）》文本

作业区性质和功能

作业区性质　黄礁作业区是台州港的重要组成部分，以服务沿海产业为主，近期主要服务于大型石化产业基地，中远期拓展服务范围，逐步发展成以油品、化工品等液体散货和通用货物运输为主的综合性港区。

作业区功能　具备包括装卸、仓储在内的基本运输功能和中转换装功能、临港工业功能、物流服务功能以及其他服务功能。

吞吐量和船型发展预测

综合大石化产业发展方向和腹地经济发展趋势，黄礁港区的货种有石油及制品、煤炭、钢铁、矿建材料、水泥、化学原料及制品和其他件杂货。运量随经济发展逐步增多，表 3-13 为黄礁作业区吞吐量预测。

表 3-13　**黄礁作业区吞吐量预测**　单位：万吨

港　口	2015 年		2020 年		2030 年	
	总吞吐量	外贸吞吐量	总吞吐量	外贸吞吐量	总吞吐量	外贸吞吐量
台州港	9500	3200	13500	5100	20000	9200
黄礁作业区	1500	50	2100	300	3500	500
占总量比例	15.8%	1.6%	15.6%	5.9%	17.5%	5.4%

注：大石化项目进口原油从大陈岛接卸后，通过管道输送到黄礁石化厂区

到港船型预测：煤炭内贸进口主要来自秦皇岛、天津等港，以 3 万～ 5 万吨散货船为主，逐步向 5 万～ 7 万吨级发展。石油及制品以大石化所产油品内贸出口为主，以 1 万～ 3 万吨级成品油船为主，最大可达 5 万吨级。化工原料及制品运输是石化项目产成品向周边地区分拨运输，主要是 1 万～ 3 万吨级化学品船，最大可达 5 万吨级。钢铁运输从沿海、沿江产钢企业内贸进口，船舶以 2 万～ 3 万吨级杂货船或多用途船为主。件杂货运输以 1 万～ 3 万吨级杂货船为主。

岸线利用规划

大港湾北侧为黄礁岛、道士冠岛，两岛南侧岸线分别为 0.7 公里、0.9 公里；两岛之间通过围填，可形成 1.3 公里人工岸线；道士冠岛西侧为后方挡沙堤，通过围填可形成 2.5 公里人工岸线；北侧规划形成 5.4 公里港口岸线。

大港湾湾底现建有南北向 4.1 公里围涂挡沙堤，后方围填造陆可全部规划为港口岸线。

大港湾南侧有北港山岛，岛北侧岸线 3.5 公里；北港山岛西至挡沙堤长度 3.2 公里，可通过围填形成岸线；两处相加可形成南侧港口岸线 6.7 公里。

港区陆域布置规划

利用港湾条件，在湾口黄礁岛子云山东侧至湖屿围坝造陆，并向东延伸筑防波堤，与南岸防波堤形成双堤掩护，湾内以顺岸为主布置，规划为四大功能区。

液体散货泊位区　位于北岸北防波堤至子云山西侧，主要服务于中卡炼化项目，码头沿线沿子云山成折线布置，长度 2450 米。其中，子云山东侧顺岸长 1610 米，可布置 6 ～ 8 个万吨级泊位，西侧顺岸长 840 米，可布置 3 ～ 5 个万吨级泊位。通过能力共 2400 万吨 / 年。

通用泊位区　位于道士冠岛至黄礁岛子云山之间及道士冠岛东南侧，通过填海造地，形成陆域和顺岸码头岸线 3130 米，可建 12 个 5 万吨级通用泊位，其中岸线转折处可布置 100 米支持系统岸线。

通过能力2400万吨/年。

杂货泊位区　大港湾顶通过回填造陆，形成1500米码头顺岸岸线，可建6个万吨级杂货泊位，前方纵深630米为码头作业区。

港口预留发展区　北港山岛北侧可填海成陆形成2950米岸线，作为港口预留发展区。

物流仓储用地及临港工业区　规划在港口生产作业区后方布置纵深600～1000米为物流仓储用地，陆域面积5.2平方公里；规划在物流仓储用地后布置临港工业用地30.2平方公里，其中中卡炼化项目15.5平方公里。

规划未对自然状态仅2～5米水深的状况给出改善水深的措施，却将泊位规划为万吨级至5万吨级。但在“港口起步工程方案”中，在“建设5万吨级油品泊位3个”的后面用括号标注“或等岸长度的万吨级和千吨级油品泊位”，也在吞吐量预测的表格下面标注“大石化项目进口原油从大陈岛接卸后通过管路输送到黄礁石化厂区”。说明该工程的深水泊位实际需要开发大陈岛深水港区来配合，黄礁作业区本身无建深水泊位的条件。

台州港临海港区头门作业区总体规划

2011年2月，国务院批复《浙江省海洋经济发展示范区规划》，台州湾循环经济产业集聚区被列为重点发展产业区之一。台州市落实浙江省“港航强省”战略，将头门作业区作为台州港中心港区来开发。鉴于2007年编制的《台州港总体规划》对头门港区规划较粗略，特编制头门作业区总体规划，于2013年获浙江省交通运输厅批复。规划以2010年为基础年，2015年、2020年为水平年，2030年为展望年。文本按常规列现状、定位、预测、岸线利用、总体布置、配套设施、环境保护、相互关系、问题建议等九章，下就功能定位、发展需求预测、岸线利用规划、总体布置四部分内容作摘要记叙。

功能定位

在2007年批复的《台州港总体规划》基础上，深化临海港区及头门作业区的定位如下。

临海港区是台州港的重要组成部分，是为地区经济发展服务的综合性枢纽港区。头门作业区规划建设外海深水泊位，将其作为临海港区的主题，主要服务于腹地物资转运和临海产业开发，以大宗散货和通用货物为主，逐步发展集装箱运输。头门作业区应具备装卸仓储、中转换装、运输组织、现代物流和临港工业等多种功能。

发展需求预测

根据海门港区部分功能向口外深水港转移的趋势，预测头门作业区港口吞吐量于2015年达800万吨，2020年达3300万吨，2030年达5500万吨。其分货类集疏运量预测如表3-14、表3-15所示。

图3-77　《台州港临海港区头门作业区总体规划》文本

表 3-14　　头门作业区 2015 年分货类集疏运量预测　　单位：万吨

货种	总计	集运量					疏运量				
		水路合计	水路内贸	水路外贸	公路	其他	水路合计	水路内贸	水路外贸	公路	其他
煤炭	250	250	250	—	—	—	—	—	—	100	150
钢铁	120	120	100	20	—	—	—	—	—	120	—
矿建	150	150	150	—	—	—	—	—	—	150	—
水泥	60	60	60	—	—	—	—	—	—	60	—
其他	220	150	120	30	50	20	70	50	20	120	30
总计	800	730	680	50	50	20	70	50	20	550	180

表 3-15　　头门作业区 2020 年分货类集疏运量预测　　单位：万吨

货种	总计	集运量					疏运量				
		水路合计	水路内贸	水路外贸	公路	其他	水路合计	水路内贸	水路外贸	公路	其他
煤炭	500	500	300	200	—	—	—	—	—	200	300
油品	200	200	120	80	—	—	—	—	—	100	100
矿石	800	800	100	700	—	—	—	—	—	—	800
钢铁	460	160	100	60	300	—	300	200	100	160	—
矿建	300	250	250	—	50	—	50	50	—	250	—
水泥	80	80	80	—	—	—	—	—	—	80	—
粮食	100	100	20	80	—	—	—	—	—	100	—
化工品	210	160	80	80	—	50	50	50	—	50	110
其他	300	150	75	75	150	—	150	75	75	150	—
集装箱	350	250	100	150	70	30	100	50	50	250	—
总计	3300	2650	1225	1425	570	80	650	425	225	1340	1310

注：其他集疏运方式包括铁路、管道和皮带传输

船型发展预测　散货船舶：1 万吨级至 7 万吨级，远景 20 万吨级。成品油船舶：5000 吨级至 5 万吨级。化学品船舶：5000 吨级至 5 万吨级。集装箱船舶：3000 吨级船舶用于 201 ～ 350 标准箱（TEU）内支线；1 万吨级船舶用于 701 ～ 1050 标准箱（TEU）内支线；2 万吨级船舶用于 1051 ～ 1900 标准箱（TEU）内支线；3 万吨级船舶用于 1901 ～ 3500 标准箱（TEU）沿海、近洋航线；5 万吨级船舶用于 3501 ～ 5650 标准箱（TEU）近洋、远洋航线；7 万吨级船舶用于 5651 ～ 6630 标准箱（TEU）远洋航线。杂货船舶：5000 吨级用于沿海运输；1 万吨级用于沿海、近洋运输；2 万～ 4 万吨级船舶用于近洋、远洋运输。

岸线利用规划

头门作业区陆域岸线范围北起柱头山以北，南至白沙（北洋涂）。岸线面向开敞海域，岸外岛

屿棋布（头门岛所属东矶列岛）。2010 年，北洋涂一期围填已完成，正式实施二期围填。白沙至大竹屿至头门岛疏港大堤开工建设，陆侧为堤，岛侧为桥。头门岛南山嘴至面杖山间万吨级码头工程完成前期工作，准备施工。结合港区后方围填现状，规划港口岸线如下。

北洋涂围垦及以北岸线　北洋涂围填在白沙与柱头山间形成岸线，长度约 16 公里，规划为港口岸线。

头门岛岸线　头门岛南侧岸线长 4.3 公里，水深 8 ～ 9 米，北侧岸线长度约 4 公里，水深 3 ～ 13 米，西侧岸线长度 3 公里，水深 3 ～ 8 米，全部规划为港口岸线。

田岙岛北侧、石担岛和雀儿岙岛两侧岸线　岸线长度约 23.5 公里，水域宽阔，水深条件好，有岛屿自身掩护，泊稳条件好，是建港条件较好的深水岸线，规划为预留港口岸线。

陆域布置规划

依托头门岛，形成南、北部码头区的总体格局。南部顺岸布置码头，北部建设防波堤，形成环抱式格局，内部采用突堤与港池相结合的布置形式。

南部码头区　南部码头区规划东侧（头门岛东部南侧与南山嘴的连接线）为大顺岸，西侧为环抱式港池格局。其中，东侧顺岸 3925 米，码头前岸顺应涨落潮水流方向，可布置万吨级泊位 16 个，发展液体散货、通用泊位，规划通过能力 1600 万吨 / 年；过南山嘴向北约折 30° 连接面杖山，形成 910 米岸线，在面杖山再向北约折 25° ，与大竹山连接形成 2560 米岸线，可布置万吨级通用泊位 14 个，通过能力 1400 万吨 / 年。最南端（南山嘴折角处）250 米长岸线规划为港口支持岸线。

西部环抱式港池为预留发展区，是在平行于大竹山、面杖山岸线 1000 米外填海造突堤式护岸，抵挡椒江口下泄泥沙和混浊水流对码头的影响，形成水域宽 1000 米，纵深 2130 米的港池。

北部码头区　位于头门岛北侧海域，规划在陆域柱头山东侧向头门岛东北角倾斜的海域建筑西北—东南轴线的 4900 米北防浪挡沙堤，同时依头门岛东北角山体筑 100 米南防波堤，口门朝东南，宽 800 米，形成双堤环抱式港池。保持头门岛与田岙岛、石坦岛间潮汐通道。口内采用东西向突堤与港池相结合的布置形式，由南至北规划为一港池、二港池，其中突堤外侧岸线平行于防波堤轴线，与防波堤相距 900 米。二港池西侧、南侧和北侧防波堤内均围填为物流仓储用地和临港工业用地，形成的陆域面积约 39.5 平方公里。

一港池紧邻头门岛，港池纵深 2600 米，宽 800 米，共规划码头岸线 7450 米，布置 5 万～ 20 万吨级泊位 28 个，共计通过能力 9200 万吨 / 年，作业区陆域纵深 500 米，占地面积 18.9 平方公里。细分功能区是：港池南侧近口门处规划散货泊位，布置 2 个 7 万～ 10 万吨级泊位，通过能力 5500 万吨 / 年；南侧西段为通用泊位区，布置 14 个 5 万吨级泊位，通过能力 2100 万吨 / 年；港池北侧顺岸 2000 米为液体散货泊位区，布置 8 个 5 万吨级泊位，通过能力 1600 万吨 / 年。南侧最东端 150 米布置港口支持系统岸线。

二港池在一港池北侧平行于一港池。港池纵深 4900 米，宽 900 米，规划码头岸线 13950 米。港池南侧顺岸线布置 26 个 5 万吨级泊位，通过能力 4200 万吨 / 年，作业区纵深 500 米，占地面积 3.6 平方公里。其中，南侧顺岸 5400 米为预留发展区，布置 20 个 5 万吨级泊位，通过能力 3000 万吨 / 年；一、二港池间突堤东侧平行于防波堤岸线 1850 米，布置 6 个 5 万吨级通用泊位，通过能力 900 万吨 / 年；

顺岸最北端 150 米岸线布置港口支持系统。港池垂岸段和北侧顺岸段形成码头岸线 6700 米，规划为装备制造业发展区。

远景预留发展区　规划利用田岙岛、石坦岛、雀儿岙岛的自身掩护，形成向东北西南敞开的 3 个港池，并封堵雀儿岙与陆侧通道，围填造陆，形成码头岸线 31980 米。

水域布置规划

规划头门作业区进港航道从头门岛东南方向进入，分北航道、南航道。北航道满足 5 万吨级散货船乘潮双向通航要求，兼顾 20 万吨级散货船单向乘潮通过，航道底宽 240 米，设计底标高 -17 米，航道走向 129° ～ 309° ；南航道在 10 米等深线附近从北航道分汊引入南港区，满足 3.5 万吨级散货船乘潮双向通过要求，航道底宽 240 米，设计底标高 -9 米，航道走向 100° ～ 280° 。

在进港主航道东侧新建 5 万吨级以上通用待泊锚地和危险品锚地。

第八节　二轮台州港总体规划

《台州港总体规划（2005—2020 年）》颁布实施近十年后，以能源、原材料进口运输为主的台州港支撑台州电力、修造船等产业临港布局，有力促进台州市生产力布局由沿路、沿江向沿海推进，但港口仍存在基础设施薄弱，缺少规模化、具备竞争力的综合性深水港区的短板，亟待进一步调整、优化港口与城市协同发展的格局。由是，又着手编制新一轮《台州港总体规划（2014—2030 年）》，并以调整完善后的《台州港总体规划（2017—2030 年）》报批，于 2018 年获浙江省人民政府批准。

2017 年，编台州港总体规划由总则、现状、港口性质与功能、港口吞吐量和船型发展预测、港口岸线利用规划、港口空间布局规划、港区陆域布置规划、水域布置规划、港界、港口配套设施规划、环境保护规划、港口总体规划与相关规划关系、规划实施等 13 部分以及各种图标附件组成。下文择要对港口性质与功能、港口吞吐量与船型发展预测、港口岸线利用规划、港口空间布局规划、港口陆域布置规划、港口水域布局规划 6 部分作摘要记叙。摘要基本依据原文，对部分表述模糊和错误之处，作必要清晰化处理和修正。

港口性质与功能

港口性质　台州港是浙江省沿海地区重要港口，是服务于交通强国战略，助推浙江大湾区建设的有力支撑；是台州市及浙中南地区、江西等地物资运输的重要出海口，发展经济、扩大开放的重要依托；是台州市发展临港型产业、提升城市功能的重要基础；是浙江省发展对台运输和贸易的重要口岸。

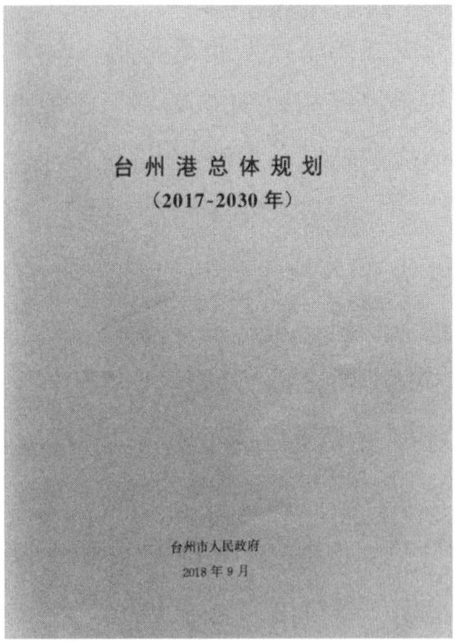

图 3-78　《台州港总体规划（2017—2030 年）》文本

台州港以服务本地区经济为主，兼顾服务丽水、金华、衢州和江西等地区，以能源、原材料、集装箱等货类运输为主，积极拓展现代物流、航运服务、临港工业和对台客货运等功能，逐步发展成为布局合理、功能完善、安全绿色、港城协调的现代化综合性港口。

港口功能　台州港具备运输、贸易、物流和临港工业等功能。其中，运输是基本功能，包括装卸、堆存、中转和多式联运；贸易包括保税、交易、展示及租赁；物流包括仓储、配送、流通加工及供应链管理；临港工业包括电力、装备制造、海洋重工等产业。

港口吞吐量和船型发展预测

港口经济腹地范围

台州港主要腹地为台州市。随着港口基础设施的不断改善以及台缙高速公路、金台铁路的建设，腹地范围将逐步扩大到丽水、金华和衢州等地。

吞吐量总量预测

2020 年、2030 年分别为 0.9 亿吨、1.3 亿吨。2017—2020 年年均增长 8.4%，2020—2030 年年均增长 3.7%。

集装箱运输以内贸线和内支线为主，2020 年、2030 年吞吐量将分别达到 30 万标准箱、50 万标准箱。

主要货类吞吐量预测

煤炭　2020 年、2030 年分别为 2600 万吨、4100 万吨。

石油及制品　2020 年、2030 年分别为 450 万吨、950 万吨。其中，2030 年进口液化天然气（LNG）300 万吨。

钢铁　2020 年、2030 年分别为 450 万吨、600 万吨。

矿建材料　2020 年、2030 年分别为 2500 万吨、2600 万吨。

水泥　2020 年、2030 年分别为 550 万吨、500 万吨，全部为进口。

化工原料及制品　2020 年、2030 年分别为 100 万吨、300 万吨。

滚装运输　2020 年、2030 年分别为 1000 万吨、600 万吨。

其他件杂货　2020 年、2030 年分别为 950 万吨、2850 万吨。

集装箱　2020 年、2030 年分别为 30 万标准箱、50 万标准箱。

船型发展预测

煤炭散货船　内贸进口以 3 万～ 5 万吨级灵便型散货船和 5 万～ 7 万吨级巴拿马型船舶为主，部分为 8 万吨级以上船舶；外贸进口以 10 万吨级左右散货运输船为主。

集装箱船　内贸航线以 1000 ～ 5000 标准箱集装箱船型为主；内支线以 1000 标准箱以下船型为主；近洋航线以 2000 ～ 5000 标准箱集装箱船型为主。

石油及制品运输船　内贸进口以 1 万吨级以下成品油船为主；外贸进口以 3 万吨级以下成品油船为主，未来以 2 万～ 5 万吨级成品油船为主，最大可达 2 万～ 8 万吨级。

钢铁运输船　内贸进口钢材、长江沿线运输以 5000 吨级以下散杂货船或多用途船为主，沿海运输以 1 万～ 2 万吨级杂货船或多用途船为主；外贸进口以 2 万～ 5 万吨级散杂货船或多用途船为主。

化工品运输船 内贸沿海以 1 万吨级以下船舶为主，长江沿线以 1000 ～ 5000 吨级化工品船为主；近洋和沿海运输船型基本为 2 万吨级以下化学品船。

滚装运输船 对台湾直航滚装运输以 3 万～ 5 万吨级大型滚装运输船为主；商品汽车滚装运输船型以 1 万～ 3 万总吨汽车滚装船为主，最大可达 5 万总吨。

液化天然气（LNG）运输船 近期以 10 万～ 15 万立方米标准船型为主，未来以 15 万～ 20 万立方米船型为主，最大为 26.6 万立方米船型。

港口岸线利用规划

港口岸线概况

大陆海岸线总长约 630.87 公里，海岛岸线总长约 913.24 公里。自北向南分布三门湾、浦坝湾、台州湾、椒（灵）江、大港湾、乐清湾。目前（指作规划时），椒江岸线开发程度较高，交通运输、渔业、工业、支持系统等码头齐全；乐清湾建成华能玉环电厂码头、多用途码头、对台直航码头；三门湾健跳港有一批造船企业，牛山嘴建台州第二电厂码头；头门岛建一期工程码头。

岸线利用规划

本次规划岸线长 133.78 公里，已开发利用 45.26 公里。根据港口岸线开发条件，分为Ⅰ、Ⅱ两大类。Ⅰ类为运输功能岸线，又分Ⅰ⑴、Ⅰ⑵、Ⅰ⑶三类，分别长约 34.6 公里、34 公里、39.6 公里。Ⅰ⑴类为已开发利用和易于开发的岸线，Ⅰ⑵类为有开发前景但开发代价较大的岸线，Ⅰ⑶类为预留岸线。Ⅱ类为临港工业岸线，长约 25.58 公里。

Ⅰ⑴类——已开发利用和易于开发的岸线。

椒江河口牛头颈岸段 范围为海门人渡码头至岩头闸，已利用岸线和规划岸线均长约 3.8 公里，已建台州港务集团码头、台州石油公司码头、外沙集装箱码头、粮食中转码头、商业冷库码头等。

椒江河口三山岸段 范围为小普陀山至椒江大桥，已利用岸线和规划岸线均长约 3.68 公里，已建浦西装卸码头、美标水泥码头、西郊装卸码头、杨福货运码头、文辉装卸码头、八达东场装卸码头等。

椒江河口前所岸段 范围为中山矶头至松浦闸东，已利用岸线 1.2 公里，规划岸线 5.8 公里，已建台州电厂码头、海螺水泥厂码头等。

椒江河口黄岩岸段 范围为三江口至小普陀山，已利用岸线 1.84 公里，规划岸线 2 公里，已建中兴造船厂、时进码头、宏远码头、标力码头、天利码头、芦村码头等。

灵江北岸（左岸）岸段 范围为长水坑至忠信建材公司南，已利用和规划岸线长 0.36 公里，已建浙江忠信新型建材有限公司及码头。

灵江南岸（右岸）岸段 外王溪至寺前隧道（长甸西）岸段，已利用和规划岸线长 0.31 公里，已建临海市盛威五金电镀有限公司。道头至下亭山岸段（红光段），已利用岸线长 0.44 公里，规划岸线长 3.5 公里，已建海圳荣红光石油码头等。

台州湾头门岛南岸段 范围为头门岛南侧，已利用岸线 0.5 公里，规划岸线 4.3 公里，已建 1 个 2 万吨级通用散杂货泊位。

大港湾龙门岸段 范围为东咀头，已利用和规划岸线长 0.25 公里，已建 3000 吨级码头。

金清港永安岸段　范围为金清港（河）南岸，已利用和规划岸线长0.4公里，已建小型油库码头。

乐清湾大麦屿岸段　范围为大麦屿至鸡蛋山，已利用和规划岸线长1.9公里，已建对台直航码头等。

乐清湾连屿岸段　范围为鸡蛋山至连屿，已利用岸线3.8公里，规划岸线长4.1公里，已建电厂煤炭码头、滚装码头、海事码头等。

三门湾牛山岸段　范围为牛山嘴前，已利用和规划岸线长2公里，已建电厂码头。

Ⅰ⑵类—有开发前景但开发代价较大的岸线。

头门岛北侧岸段　范围为头门岛北侧，规划岸线长4.9公里，现状为自然岸线。

上大陈岛岸段　范围为缸爿礁至上大陈码头，规划岸线长0.7公里，现状为自然岸线。

北洋涂围填岸段　规划岸线长8.8公里，为计划围垦岸线。

金清港岸段　剑门闸外海岸线，规划岸线长2公里，现状为自然岸线。

三门湾洋市涂岸段　范围为鹰头至东咀头，规划岸线长3公里，为围垦后岸线。

龙门东咀头南岸段　规划岸线长0.6公里，现状为自然岸线。

龙门下尾咀头岸段　范围为下尾咀头至猫儿头，已利用岸线1公里，规划岸线长4.4公里，现状已建金港船厂。

乐清湾普竹岸段　范围为连屿至箬笠礁，规划岸线长9.6公里，现状为自然岸线。

Ⅰ⑶类—预留岸线。

东矶列岛岸段　范围为田岙岛北侧、石坦岛和雀儿岙岛两侧，规划岸线长30.5公里，现状为自然岸线。

黄礁岸段(大港湾北侧)　范围为黄礁岛南面至道士冠南侧至后方挡沙堤段，规划岸线长5.4公里，现状为自然岸线。

乐清湾黄门岛岸段　已利用岸线0.3公里，规划岸线长2.3公里，现状为自然岸线。

三门湾龙山岸段　健跳港口门龙山岛南侧，规划岸线长1.4公里，现状为自然岸线。

Ⅱ类临港工业岸线，分布如下。

灵江北岸（左岸）岸段　大田港闸至五孔岙段，已利用和规划岸线长0.63公里，已建台州越航船业有限公司等；后村至上午渡段，已利用和规划岸线长0.6公里，已建台州宏大船业有限公司等；上午渡东宏冠船舶公司至下洋屿段，已利用和规划岸线长0.98公里，已建台州宏冠船业有限公司、临海航畅船舶制造有限公司等；西管岙至乌岩下段，已利用和规划岸线长0.83公里，已建台州枫叶船业有限公司等。

灵江南岸（右岸）岸段　长石大岙至汛桥闸，已利用和规划岸线长1.2公里，已落户江海、海丰、弘州三家造船厂；八仙岩浦口至杨梅东岙北，已利用和规划岸线长1.6公里，已落户浙江宏盛造船有限公司；长甸至峰山段，已利用和规划岸线长0.64公里，已落户长顺船舶修造有限公司、发达建材厂码头等。

温岭东海岸岸段　石塘岸段，石塘镇南，已利用和规划岸线长1.8公里，已建小型油库码头、造船厂等。

乐清湾沙山岸段　沙山塘南至革新塘河，已利用和规划岸线长0.3公里，已建修造船码头。

三门湾六敖岸段　猫头山西侧，已利用和规划岸线长3公里，已建成洲和九洲等修造船厂。

健跳北岸岸段　健跳造船厂至健跳江口外北侧下沙塘，已利用岸线长1.4公里，规划岸线长2.5公里，已建健跳船厂及钢厂自备码头等。

健跳南岸岸段　黄门峡至鹰头，已利用和规划岸线长5.2公里，已建金茅、皓友等修造船厂。

浦坝港三角塘岸段　位于赖屿南侧，已利用和规划岸线长0.7公里，已建中博船厂、凯航船舶工业有限公司等。

浦坝港南岸岸段　位于浦坝大桥下游岸线，已利用岸线4.6公里，规划岸线5.6公里，已建方兴船业有限公司、铭飞造船有限公司、博圣水泥制品公司等。

港口空间布局规划

本次规划在延续上轮规划的基础上，按照发展规模化港口、便于行政管理的原则，对部分港区的划分和命名进行调整。

港区划分

原临海港区头门作业区是台州港未来发展的重点，台州港将其提升为头门港区；灵江码头布置分散，规模小，划为诸小型港点；原温岭港区分散，其中仅龙门作业区发展空间较大，余皆空间有限，将龙门作业区提升为龙门港区，余皆调整为中小港点。调整后形成如下分层次布局、货类运输布局、各港区功能。

港区分层次布局规划

按照突出重点、层次分明原则，形成以头门为核心港区，大麦屿、海门为重要港区，统筹发展健跳、龙门、黄岩港区和其他港点的分层次布局。

主要货类运输布局

煤炭运输　主要为电厂、企业和城市生活服务，主要布局在健跳牛山作业区、海门前所作业区、大麦屿连屿作业区和头门港区。海门三山作业区煤炭码头将逐步调整至头门港区。

原油、成品油、液体化工品等液体散货运输　规划海门港区大陈作业区预留原油码头功能，成品油、液化天然气（LNG）、液体化工品可布置于头门港区、大麦屿港区。头门港区液化天然气（LNG）码头布置于头门岛南侧东段，大麦屿港区须开展前期论证，再明确选址。

集装箱运输　近期（近期、远期就规划基础年而言，下同）以大麦屿、海门港区为主，远期海门集装箱运输逐步转移头门港区。

滚装运输　大麦屿港区承担大麦屿至乐清、大麦屿至台湾的滚装运输，商品汽车滚装运输规划布置于头门港区。

各港区功能

头门港区　为核心港区，服务临港工业发展，承接海门港区货运功能转移，发展综合物流，逐步形成以干散货、集装箱、液体散货、件杂货运输为主的综合性港区。

大麦屿港区　重要港区，以集装箱、煤炭、滚装运输为主，重点发展现代物流和对台直航运输，为浙南及附近地区的内外贸运输服务。

海门港区　重要港区，以服务台州主城区生产、生活物资运输为主，根据城市发展需要，适时调整优化港区功能。

健跳港区　主要为电力等临港型工业服务，兼顾三门县经济发展所需物资的运输。

龙门港区　以满足温岭市当地经济发展所需的生产、生活物资运输为主，结合临港工业开发，建设配套码头基础设施，提供物资运输服务。

黄岩港区　以服务港区后方工业和黄岩区经济发展所需生产、生活物资运输为主。

诸中小港点　规划永安、沙山、石塘、同头咀、浦坝及灵江两岸红光、长甸、马头山、八仙岩、五孔岙等10个港点，主要以发展临港工业和承担地方生产、生活所需物资运输为主。

港口陆域布置规划

按头门港区、大麦屿港区、海门港区、健跳港区、龙门港区、黄岩港区顺序记叙。

头门港区陆域布局

规划头门港区西起白沙陆屿，东至头门岛东缘，南临点灯山临时驳载锚地，北及石牛山、柱头山向东直出海域，港区东北缘岸线为西北至东南斜线。

已建起步工程从白沙鹿峙山筑堤，经大竹山连头门岛，形成连岛大堤作为集疏运道路。然后在头门岛南山木杓头与面杖山嘴间筑堤，在两山间填海造陆，获得首期建码头岸线。

港区整个用地除头门岛3.67平方公里外，都需在北洋涂向东至头门岛的浅滩围涂造陆。起步工程后，需在头门岛南北两侧围堤造陆，将南北山岙海域和西至大竹山海域全部填为陆地，从而形成第一块南北两侧均可建泊位的陆地。然后在连岛大堤北侧至柱头山直出海域大规模填海，形成西北至东南的倾斜沿岸，同时留出两个西北偏西—东南偏东走向的平行港池。在南的一港池纵深4700米，宽700米，在北的二港池纵深5300米，宽760米。预留项目在大竹山与最先开发泊位连线的西南侧再围成一个港池。在此总布局上形成以下诸作业区。

通用作业区　有两个区域，通用作业区（一）位于头门岛南侧岸线，长3800米，已建1个3万吨级通用泊位，剩余岸线可布置14个3万～5万吨级泊位，总通过能力1500万吨/年，陆域纵深560～1010米，占地3.3平方公里。通用作业区（二）位于规划二港池南侧，岸线长4500米，共布置16个3万～5万吨级泊位，总通过能力2000万吨/年，陆域纵深510米，占地2.6平方公里。

液体散货作业区　有两个区域，液体散货作业区（一）位于一港池南岸口门处，长2300米，布置5个5万吨级泊位，通过能力2000万吨/年，陆域纵深200～1300米，占地2.4平方公里。液体散货作业区（二）与液化天然气（LNG）泊位一起，位于头门岛南侧岸线东边，液体散货作业区在西，长660米，布置2个5万吨级泊位，通过能力600万吨/年，陆域纵深1280米，占地0.8平方公里；液化天然气（LNG）泊位在东，长810米，布置2个大型液化天然气（LNG）泊位，通过能力1000万吨/年，陆域纵深1280米，占地1平方公里。

集装箱作业区　位于一港池除液体散货作业区外的所有岸线，总长6400米，近期发展南侧2500米岸线，布置5万～10万吨级集装箱泊位7个，陆域纵深690米，占地2.1平方公里，通过能力400万标准箱/年，北侧、西侧预留远景发展。

装备制造业发展区　位于二港池北，岸线长7500米，陆域纵深1000米，占地8.9平方公里。

港口物流区　位于一港池作业区的南侧和西侧，为通用作业区（一）（二）的后方陆域，面积约6.5平方公里。

港口支持系统　分两部分，支持系统（一）布置在通用作业区（一）西侧两个泊位后方的小港池，岸线长1000米；支持系统（二）布置在二港池南侧突堤端部，岸线长1240米。

预留发展区　一处在支持系统（一）西侧建一港池，一处是将东矶列岛作为远景发展区。

大麦屿港区陆域布局

上轮规划有鲜迭作业区，该岸线水深条件虽好，但掩护条件差、后方为山地，缺乏陆域空间，建设难度大，本轮规划将其取消，剩普竹、连屿、大麦屿、大岩头4个作业区。

普竹作业区　位于玉环岛北侧连屿至分水山岸段，岸线长约9.6公里，规划利用连屿至箬笠礁5.6公里岸线，建3000～10000吨级泊位，西侧2公里岸线发展液体散货码头，东侧3.6公里岸线建通用泊位，陆域纵深约700米，占地约5.7平方公里。

连屿作业区　位于玉环岛西侧连屿至鸡蛋山岸段，岸线长约4.1公里，外屿至白墩段已建1个3000级乐清湾滚装轮渡码头、2个10万吨级华能电厂配套码头。规划在外屿南侧940米岸线布置4个万吨级以上泊位，在华能电厂现有泊位北侧预留三期工程泊位。连屿作业区陆域纵深320～710米，占地4平方公里。

大麦屿作业区　位于鸡蛋山至牛头颈岸段，岸线长1.9公里，已建1个对台直航泊位、2个多用途泊位、1个粮食泊位，均为万吨级以上。多用途泊位与粮食泊位间规划建设1个10万吨级泊位，陆域纵深300～1000米，占地1.2平方公里。

大岩头作业区　位于牛头颈至大岩头岸段，岸线长2.2公里，可顺岸布置3个5万～10万吨级和6个5000吨级液体散货码头，后方滩涂通过围垦作为仓储用地，陆域纵深约700米，面积约0.87平方公里。

海门港区陆域布局

海门港区包括椒江口内的三山、牛头颈、前所作业区及预留的黄礁（金清港南）、大陈岛作业区。椒江口内各作业区是目前台州港码头最集中区域。由于条件限制和对城市环境的干扰，依据城市总体规划要求，三山港区逐步退出煤炭等污染较大货物的运输功能，转移头门港区；牛头颈以西逐步退出货运功能，发展旅游客运，煤炭转移头门港区，其他货运转移牛头颈以东；前所作业区以服务临港工业为主，下游段适当发展散货运输。

三山作业区　位于三山至椒江大桥，岸线长约3.7公里，以在建杭绍台铁路大桥为界分两段，目前以煤炭、钢材、木材、矿建材料运输为主，规划逐步退出港口生产线，布置城市生活岸线。

牛头颈作业区　上段自渡口码头至牛头颈山，岸线约长1.1公里，为海门老港区，紧贴椒江主城区，与城市发展矛盾突出，规划迁移海门港埠总公司至牛头颈山东，老城区岸段发展旅游客运与港口支持保障功能；下段为牛头颈山东至椒江二桥，岸线长约1.3公里，现有集装箱码头、粮食码头、冷库码头，规划在粮食码头与冷库码头之间新建3000～5000吨级码头泊位，承接上段货运功能转移。

前所作业区　椒江二桥以上岸线现由台州发电厂与海螺水泥厂利用；椒江二桥以下至松浦闸东，

规划为临港工业及修造船业发展区。

黄礁作业区和大陈岛作业区　黄礁作业区指金清港南业已连陆的白果山、黄礁岛和道士冠岛;大陈岛作业区指上大陈岛南部缸爿屿—油菜花屿—高梨头一带。两作业区均划为预留发展区，大陈岛作业区有建设30万吨级原油码头的条件，可根据发展需要深入开展前期论证。

健跳港区陆域布局

取消原规划蒲西作业区，新增六敖作业区，成为下沙塘、龙山、洋市涂、七市塘、牛山、六敖6个作业区。

下沙塘作业区　位于健跳港（江）北岸健跳镇东新张涂，处于浅水区，作业区后方陆域宽阔，岸线长1240米，规划顺岸布置1000～5000吨级码头泊位9个，通过能力240万吨/年，港区陆域纵深约380米，占地0.5平方公里。

龙山作业区　位于健跳港（江）口外东北龙山岛（狗头山），现尚未连陆，后方陆域条件差。规划通过围垦造地形成岸线950米，可建万吨级泊位5个，通过能力100万吨/年，陆域纵深340米，占地面积0.4平方公里。

洋市涂作业区　位于健跳港（江）口门高湾山东侧，现处围涂造地中。可形成岸线长约1900米，由门头咀（柴爿花嘴）向东南可布置5个3.5万～5万吨级通用泊位，通过能力600万/年，服务于后方临港工业，陆域纵深约1000米，为1.5平方公里围垦土地。

七市塘作业区　位于健跳港（江）南岸，现状为被修造船厂占用，规划在海航船厂至东阳正极船厂间布置5000吨级码头泊位2个，服务临港工业和城市生活。

牛山作业区　位于牛山嘴与小牛嘴间，距城市远，依托条件差，主要为后方台州第二发电厂服务，已建1个3.5万吨级泊位，可再建1个3.5万～5万吨级泊位。

六敖作业区　位于猫头山西蛇蟠水道南岸，地属六敖镇，现状为被修造船厂利用，规划发展临港工业。

龙门港区陆域布局

位于老松门港口外龙门岛、横门山岛、九洞门岛及南北沙镬岛围合的港湾内，通过东海塘围垦，龙门岛已经连陆，通过兴建九洞门岛—竹岛防波堤，形成掩护港湾。本次规划提出港区功能定位和初步水陆布局方案，将陆域划分为横门山岛、龙坦屿、白岩山3个作业区。

横门山岛作业区　现有龙门港务3000吨级多用途泊位2个，规划适当扩建码头规模。

龙坦屿作业区　现为金港船业所用，规划调整为以件杂货、散货运输为主的2万吨级以下通用码头区，服务于临港产业。

白岩山作业区　位于白岩山东北方，陆域基本依靠挖方填筑而成，以发财嘴为依托向外填海形成大突堤式码头平面形式，作业区突堤伸出岸线，北侧长1300米，布置5000吨级通用泊位6个，1万～5万吨级泊位2个；南侧长1400米，布置1万～5万吨级散货泊位5个；东侧岸线长840米，布置1万～5万吨级通用泊位3个。

黄岩港区陆域布局

西起三江口，东至三山，岸线长约2公里，现有芦村500吨级和1000吨级码头1个、货主码头5个，规划以3000吨级以下船舶运输为主，配套后方陆域，建设5～7个3000吨级泊位，服务市区生产、生活需要。

港口水域布局规划

分航道规划、锚地规划两部分。

航道规划

台州湾（头门、海门、黄岩港区） 规划头门港区进港北航道服务于北部一、二港池，航道轴线沿128°～308°走向至一港池边界，满足5万吨级集装箱船乘潮双向通航，兼顾7万吨级集装箱船乘潮单向通过，远期视需要提高等级，航道总长20公里，底宽340米。南航道服务于南部港区，沿106°～286°走向至一期工程起步码头港池东边界，满足5万吨级散货船乘潮单向通航，航道总长10.7公里，宽170米。规划海门港区进港航道长30.2公里，沿90°～270°走向11.3公里，沿97°～277°走向18.9公里，满足5000吨级货船满载双向、兼顾万吨级船舶乘潮双向通航需要。黄岩港区航道利用海门港区进港航道。

大麦屿港区 由鹿西岛与南爿山屿间水道进港，航道方位角118°～298°，长度24公里，至玉环岛南引航检疫锚地南侧折西，通过横趾山岛与大岩头间水道，航道方位角89°～179°，长度5.5公里，在大岩头西南折北至各作业区。规划进港航道满足10万吨级散货船舶乘潮单向进港，航道宽210米，总长约45.5公里。

健跳港区 规划健跳港区主航道起于东矶岛东侧待泊锚地，向西北延伸至草鞋婆屿东南侧，行至杨礁西南方后向西南方向行至洋市涂作业区，满足5万吨级散货船满载乘潮单向通航。牛山支航道在主航道行至青土豆东北方位后，向西航行至牛山作业区，满足5万吨级散货船满载乘潮单向通航。健跳港（江）支线在主航道行至杨礁西南继续前行，经大甲山待泊锚地南侧水域进入健跳港（江）狗头门，满足1万吨级散货船满载乘潮单向通航。

龙门港区 由斜头岛和南沙镬岛间水道自东南向西北进港，航道方位角145°～325°，规划进港主航道满足5万吨级散货船舶乘潮进港。

锚地规划

台州湾（头门、海门、黄岩港区） 海门港区原有锚地15处，口内2处锚地在牛头颈山西北深槽水域，口外13处锚地供候潮、联检用。随着港区的发展，原有锚地与新建码头前沿水域有所冲突。规划调整口外3处锚地：点灯山候潮锚地向西南迁移并扩大，南侧台州港第一引航检疫锚地亦向西南迁移并扩大，南侧的危险品锚地也相应南移。另在头门港进港主航道端部附近布置头门东待泊锚地，位于进港航道一期工程东侧，东航路以东，面积16平方公里，水深17～22米，可锚泊5万～7万吨级散货船约15艘。

大麦屿港区 现状7处锚地，由外海向内，分别为候潮锚地、大麦屿引航检疫锚地（在鲜迭南侧）、5号锚地（在大岩头西侧）、4号锚地（在大麦屿、连屿西侧）、3号锚地（在普竹北侧）、2号锚地（在乐清打水湾东北）、1号锚地（在乐清凤凰山东侧）。规划新增危险品锚地1处，位于大岩头西南15米等深线处，面积12平方公里，可锚泊5万～10万吨级危险品船舶，同时将候潮锚地扩大至13平方公里。

健跳港区　现状 4 处锚地，规划对大甲山待泊锚地向西扩大至 10.8 平方公里，水深 7 ～ 10 米，可锚泊万吨级船舶约 25 艘。猫头水道锚地因核电项目需要迁至大甲山锚地北侧，更名三门湾引航检疫驳载锚地，面积 9.7 平方公里，水深 4 ～ 8 米，可锚泊万吨级船舶约 22 艘。原猫头水道锚地改为 1 号、2 号避风锚地。

龙门港区　规划在港区东部布置 1 号、2 号锚地，分别为小型船舶候潮锚地和大型船舶候潮锚地，面积均为 2 平方公里。

第九节　规划的实施与缺失

自有法定港口规划至 2020 年，台州港曾有规划如上文。在与时俱进的不断调整中，各轮规划在各个规划时段对港口建设均发挥良好的指导作用，促使宜港岸线朝着服务于社会经济发展的方向，顺利实施规划目标。但有些规划也显现兑现困难、不符实情、迟缓滞后、定调孤立、疏忽遗漏等情况，在实践过程中，正反两面都给后人留下宝贵的借鉴和启迪。

已按规划实施的新港埠岸线

在 20 世纪 80 年代至 2020 年，台州海、江、河岸线出现的新港埠无不与港口规划有关，自北至南大型项目有：猫头山三门核电基地、牛山浙能台州第二发电厂、头门深水港区、椒江台州发电厂、椒江牛头颈作业区、温岭龙门港作业区、大麦屿深水港区、华能玉环电厂。各港区遵循规划逐一实施的主要项目如下。

健跳港区　蛇蟠水道两岸诸码头、核电基地重件码头、健跳港北岸老码头改造和岸线开发、健跳港南岸七市涂开发、洋市涂开发前期准备、牛山台州第二电厂配套卸煤码头。

海门港区　海门老港扩建区改造、江滨公园建设、葭沚渔业后方基地、栅浦三山作业区、牛头颈外作业区、台州电厂配套卸煤码头、前所老港区扩建改造、前所国家一级渔港、前所临港工业岸线利用、大陈岛陆岛交通码头建设、大陈渔港建设、椒江口内航道整治等。

头门港区　建成深水港一期工程，在建二期工程，后方基地列为国家级头门港经济开发区，延伸开发区的金台铁路于 2021 年 7 月建成通车。

龙门港区　建成横门作业区 3000 吨级多用途码头，在松门、礁山、白岩山、龙坦屿、南港岛均有多处造船基地、临港企业和码头建设。

大麦屿港区　华能玉环电厂及配套卸煤码头、粮食运储码头及储备仓库、大麦屿作业区诸功能码头、连屿滚装轮渡码头、开辟对台湾直航、鸡蛋山港口支持码头等。

黄岩芦村港区　开发临港工业和 5 个航运码头。

灵江岸线　白塔岸线利用；五孔岙、长水岙、汛桥、上午渡、钓鱼亭、八仙岩、西管岙、马头山、长甸、涌泉等临港工业岸线的开发；西岑至三江口岸线临港工业和航运、仓储开发。

金清港口内口外　金清港口内两岸临港企业、永安港点诸码头、行宫游艇码头、金清港老出海口码头、剑门闸外码头、婆屿造船基地和码头等。

沙山港点　在原江厦港围坝用作潮汐发电后，向外转移至沙山建港点。

始料未及的内河运输和沿海客运

传统海门港的强项是有内江河与外海的转运优势、有椒沪沿海客运的优势。由是，《椒江市城市总体规划》中的港口规划和《海门港总体规划》都重视内河港池的规划，设想在原“大埠头”西侧延伸港池，在今银河商城、外沙、老鼠屿边、栅浦三山开挖内河港池，以利内河与外海的驳运，并在解放南路汽车站南规划内河客运站。

但未料想台州内河由于航程短，加上上落水的装卸搬运费，优势不敌公路运输，至 20 世纪末公路迅速普及乡村后，内河运输即刻濒临绝境。椒沪客班航线自民国以来就是台州人出行上海的唯一通道，20 世纪五六十年代停航后，1975 年复航火爆得一票难求，规划拟在 7 号码头候船厅前开辟游息广场。不料，公路改善和客运市场开放后，长途汽车客运在速度、时间上已悄然秒杀沿海客运，广场未遑建设，沿海客班却已在 1998 年谢幕停航。

迟缓和超前

椒江河口港淤浅的弊端，历来为台州航海者的共识。1994 年，台州航海学会地理和航海专家研究发现，浙中南沿海凡朝西南、朝南海湾，均有深水潮槽发育，而朝东北海岸则多浅滩海涂，由是启发在台州湾口白沙至头门岛筑坝阻挡北方悬沙以免椒江口淤涨，并开发头门深水港的设想。此建议在上海河口海岸研究中心所作数值模拟试验中获得肯定。

但首轮台州市城市总体规划和 1995 年编《台州市港口总体布局规划》均并未将此构想列入规划；2005 年规划编入头门港开发内容，但开工迟至 2011 年 10 月，至 2014 年建成一期开港。当时，相似性质的温州洞头状元岙深水港开发早在 2004 年开工，2007 年建成试运营，2011 年 1—11 月实现吞吐量 442 万吨。上海洋山港建设于 1995 年提出，2002 年立项，2005 年一期工程建成投产。相较而言，头门港开发显得迟缓和拖沓。

社会发展到现代，环境备受重视，各轮港口规划都提出城区退出一些生产岸线，设置生活休闲岸线。但该需求在社会发展进程中，有与生产力发展程度相适应的问题。超前或滞后、过度或保守，都会对生产或生活带来不利，也会对规划的实施产生阻力。难能可贵的是在适当的时候契合当前社会经济发展和城市发展水平从而提出适度的规划。

难点与缺项

自椒江设市初进行港口规划至 2020 年，已历 40 余年，有些项目在每轮规划中都提出，但都得不到落实。譬如每轮规划都将椒江南岸牛头颈山和北岸小圆山列为城市生活游息绿地，也都提出迁移海门老港区军用岸线，但始终无法兑现。像此类的河口关隘要地，对于旅游观光是宝地，但对航运、军事、航标同样是宝地。这亟须规划部门掌握各方利益的平衡点，取得各方的谅解，才能求得可行性。

虽然，以运输角度论，渔业非航运一类，但以港口角度论，渔港、商港、军港、工业港、避风港均属港口范畴。台州各轮港口规划对此显然有所忽视，以致遗留缺项。在记叙岸线利用时，大量渔港岸线不被提及，必然导致查阅志书者无法知道这些岸线作何用途。

第四编

航运及相应服务

航运为港航主体，为本志中心，其所涉领域宽广。有关航道与靠泊设施，由第三编“港口建设与规划”专叙其事；有关陆上疏运与经济腹地，纳入第二编第二章“经济腹地与疏运条件”记叙；有关所用工具，专设第五编“船舶类型修造和检验”作记叙；而对航运的直接服务，则专记于本编第四章“港航服务”。

航运与其他运输方式一样，可分货运、客运。以航路类型来分，则又可分沿海航运、远洋航运、内江航运、内河航运。本编设水路货运、水路客运、港航企业、港航服务四章。

港航与临港工业、商贸、旅游等相关产业有机组合，称之为港航综合经济。港口是所在区域与外界之间进行物资和信息交换的重要载体。可以说，港航综合经济是以港口为中心，以港口城市为载体，以综合运输体系为动脉，以港口相关产业为支撑，以海陆腹地为依托，并实现彼此间相互关联、密切协调、有机结合、共同发展，进而推动区域繁荣昌盛的开放型综合经济。故本编叙事大量涉及地方产业、货运的品类以及在地方经济发展中的作用与演变。

台州内陆为高山所封闭，古时航运为对外唯一通道。陆路受阻既有利于航运发展，又是制约港口腹地扩展的短板，但台州先民也努力开拓沿海航运、发展临港产业，充当闽广与长江口沿岸物资流通的媒介，并延伸南洋、日本、高丽、新罗。其虽在明清海禁中遭挫折，但在鸦片战争后，也能抓住机遇，由航海引入近代工商业，助推区域经济一度繁荣。

20 世纪末叶，台州经 30 多年计划经济构筑工业基础，在 20 世纪 80 年代改革开放洪流中迅速崛起外向型经济，临港型火力电厂、造船业、废旧物资拆解业以及医药化工、汽车摩托车及配件、机电产品、阀门水泵、服装鞋帽等出口产业蓬勃发展。港口的陆向经济腹地正由不断兴建的高速公路和铁路逐步扩散延伸，海向经济腹地遍及中国沿海和全球各大洲。

第一章 水路货运

水路运输通常在海、江、河水域运营，在台州航运业的习惯称谓中，凡出海航行，不论在国内沿海，还是跨国至日、韩、东南亚，还是航驶长江中下游，均以“外海”航运称之。江、河的界线是：平原地带静止、平流的河道为河、浦、泾，通称内河，通海河口均有闸、坝挡潮；发源于山区，直接下泄海洋的流动性水道称涧、溪、江，归于内江范畴。

台州水运的重头在外海，古有南北两线。南及闽、广，北至长江口和渤海湾，并深入长江，互通南北货物。唐宋已涉国际海运。元明有粮食漕运北方。明清两代行海禁之策，民间国际交流禁绝，酿成走私。近代受沪、甬开放口岸影响，工商业开始近代化革新，处椒江河口的海门发展为时人所称之“小上海”，航运繁荣兴旺；时有绣衣、麻帽等外贸产业出现，但因港口地位低下，只能由上海港转口，随之又被日本侵华战争摧残。

20 世纪 50—70 年代推行计划经济，一应物资按国家计划调拨供应，运输企业组合为国营、集体两类，历经经济恢复时期、“大跃进”时期、“文化大革命”时期，航运在国家计划的挫折中跌宕起伏，缓慢进步。1978 年进入改革开放时期，地方工业获得快步发展机遇，航运随之提升，将港口推向对外开放地位。20 世纪末期，台州外向型经济蓬勃发展，井喷而出的发展态势推动大麦屿、头门岛、健跳等深水岸线开发建设，逐步形成以头门港区为核心，大麦屿港区、海门港区为重点的组合式台州港，航运企业多元化发展，以船舶大型化应对全球化经济格局，货物吞吐量从 1977 年的仅百万吨递增到 2018 年的 7167 万吨以上。

台州内江水运基本局限于椒江水系。20 世纪以前，内江水运为椒江河口港海运连通西部腹地的唯一集散通道。20 世纪中期后，水利建设拦截径流，永安溪、始丰溪、永宁江航道逐步淤塞，相继断航，西部腹地运输为公路取代，唯留灵江河段仍为内江运输通道。台州湾南北两岸平原河道成网，素为椒江河口港的直接疏港通道，但因范围小、航程短，在 20 世纪末实现村村通公路后，水运的廉价优势不再，内河航运逐步式微。

第一节 古代外海货运

本节所称外海货运概念包含国内沿海和长江中下游沿线货运，也包括对朝鲜半岛、日本岛和东南亚诸国的国际货运。外海货运是台州水路货运的重头，内容最为丰富，为免单节容量过大，故以古代、近代、当代分节，并分当代为（上）（下）两节予以记叙。依据中国历史通例，以 1840 年鸦片战争前为古代，1840—1949 年为近代。当代分段也按常规以改革开放前后分段。古代部分划为汉晋南北朝、隋唐五代宋、元代、明代、清代五时段。

汉晋、南北朝时期外海货运

自吴灭徐（前 512 年）、楚灭越（前 323 年），徐人、越人散居台州湾畔，初以温岭大溪为徐偃王国、东瓯国大本营，其出海口一赖大溪河直接入海，一凭借温峤岭南侧江厦港出乐清湾入海。汉设回浦县、章安县，又以灵江口左岸平原为县治大本营，以海门水道为出海口。及三国吴，章安设为临海郡治，此后 600 多年间，台州湾口作为开发浙东南的桥头堡，章安港口凭借沿海航运，南通永嘉江口（今瓯江口），北连句章（今宁波余姚）、会稽（今浙江绍兴）、扬州，区域间的客货来往全赖海上航运。今台州区域的古陶瓷窑址和出土文物所证明的农、渔、盐业状况，都显示古时区域间已有广泛的货物交流。

汉末三国，吴主派员远规夷洲（今台湾），船队在章安集结出发，事后有丹阳太守沈莹著《临海水土异物志》，称“夷洲在临海东南，去郡二千里”，记夷洲和临海的物产风情。夷洲虽未因“远规”服朝东吴，但亦显示彼时章安港埠的航运能力。

六朝以降，临海郡虽在东晋太宁元年（323 年）析出永嘉郡，但章安的浙南海疆都会地位已经确立，而且地方经济在水稻和经济作物种植、海洋捕捞、陶瓷工业等方面都有可观的发展。《南齐书·竟陵王子良传》记：“三吴奥区，地惟河、辅，百度所资，罕不自出”，“三吴”指吴兴、吴郡、会稽，会稽包括临海，它说明临海所出物资在南朝占有重要地位。其时，本地所产稻米、干姜、蜂蜜、板栗、陶瓷、海产等都是常见的外运物资。

隋、唐、五代、宋时期外海货运

隋代虽撤章安的临海郡治，内迁于今临海城关，但迄唐宋，台州湾畔平原地带农田水利建设蓬勃开展，并借围涂造地，拓展农耕土地，引种“夏冬再熟”的丹丘谷，经济和人口优势仍在椒江口两岸。宋朱熹《朱子大全·奏巡历至台州奉行事件状》记黄岩县所产稻米“一州四县皆所仰给，其余波尚能陆运，以济新昌、嵊县之阙”。此外，南宋乾道四年（1168 年），黄岩义仓还海运 6 万石稻米赈济福建建宁饥荒。宋理宗时（1225—1264 年），黄岩稻米还运销广东。

除稻米外，食盐、鱼鲞、柑橘、茶叶、酒醋、陶瓷、蚕丝、苎麻、纺织品、纸札等均为唐宋时代台州湾港口的外运商品，进口商品有南北货。宋高宗在绍兴七年（1137 年）、十六年（1146 年）两次下诏曰：“市舶之利最厚”“颇助国用”，强调依靠市舶“以招徕远人，阜通货贿”的重要。其时，台州商品的海运目的地是福建、广东和杭州湾、长江口沿岸。

由于自隋以降，台州州治设灵江上游临海城关，唐以降又设黄岩县治于永宁江中游黄岩城关，除此两地，沿海再无别的行政建制，台州湾对外口岸内缩至临海、黄岩县城。宋《嘉定赤城志》所记大陈岛高丽头山、灵江新罗屿、黄岩新罗坊，也是宋代台州与高丽、新罗（均为朝鲜半岛国家）有海上交往的佐证。黄岩城内有新罗坊，临海城内有通远坊，均为对外交往的遗迹。但外海船舶溯江并不容易，非潮不得入，故又有“新罗屿，在（临海）县东南三十里，昔有新罗（贾）人舣舟于此”的记录，此新罗屿在今汛桥晒鲞岩，可能古代海船趁潮上溯到不了临海城关，只能在新罗屿下碇。

唐宋时，台州湾港口国际海运及于新罗、高丽、日本和南洋。《唐会要》载：唐元和十一年（816年），“新罗饥，其众一百七十人求食于浙东”。唐乾符四年（877年），本地商人崔铎等63人航行日本，到达筑前贸易。宋代，台州海商陈仁爽、陈仁德、徐仁满、周文裔、陈惟积等都曾从事与日本的贸易。唐宋时，出口货物以锦、绫、香料为主，其次有陶瓷器、文具、苏方等；由日本进口的是砂金、水银、绵、绢、布、扇、刀剑等。

唐贞观三年（629年），时隶宁海县的健跳港有六市船定期航行健跳与东关（今象山石浦）间。北宋太平兴国三年（978年），玉环岛置密鹦盐场，后改天富北监盐场，行政隶属温州乐清，驻巡检司、盐课司，有盐运。

元代外海货运

元代海运重点是为大都漕运粮食。《元史·食货志》云：“元都于燕，去江南极远，而百司庶府之繁，卫士编民之众，无不仰给于江南。”前期，长江下游、杭嘉湖平原漕粮靠运河漕运，浙南温州、台州则必须先海运至长江口刘家港，再转为运河漕运。

元至元十九年（1282年），朝廷开始由海道运输江南漕粮，次年设海道运粮万户府，下设杭州嘉兴、常熟江阴、昆山崇明、庆元（今宁波）绍兴、温州台州五海道运粮千户所，专管漕粮运输事宜。

元至大二年（1309年），改原先官船官军转运为雇民船包运。后又演变为视港口实际情况调拨船舶，如台州船底尖吃水深，在本路运粮力有所余情况下，也调拨刘家港、庆元装运。元延祐七年（1320年），朝廷又规定春粮在长江口装运，台州等地漕粮在秋季装运。当年台州路定额秋粮70341石，漕船靠泊临海港，由脚夫从3里路外官仓挑担上船；同时由于航道上有长甸沙浅之险，只能使用小船。

直到元至顺元年（1333年），台州漕运的出发港才调整到沿海，即椒江口严屿（今海门）、黄岩石塘（今属温岭市）、宁海铁场（今象山港顶部宁海县西店古名铁场，又健跳港顶部有铁强）三处。当年，严屿、铁场有漕船23艘，石塘有漕船11艘。严屿处椒江口，椒南平原产粮区稻米可直接由官河、家子泾运达港口。台州至大都水程3000余里，往返约9个月，官府按千斤百里计算运费，装运时先付半数，船户常赔贴不起途中费用。

图4-1　2014年，慈溪发现元代漕运海船（来自2014年7月23日《宁波日报》，周燕波摄）

元至正八年（1348年），台州方国珍因吏治不公入海为盗，阻梗海道抢劫漕粮，发展到割控台州、温州、庆元三路。后受官府招安，授防御海道运粮万户、海道运粮漕运万户之职，其千余艘船在至正二十年至二十三年（1360—1363年）4年间几乎包揽全部漕运，从台州、温州、嘉兴澉浦海运48万石粮食去大都，4年分别为11万石、11万石、13万石、13万石。

元代为畅通外国进贡奇珍货物的进口渠道，曾在福建泉州至杭州间设立海上站赤 15 所，各站配船舶 5 艘，水军 200 人，以保护海上运输。从海防布局看，台州设有海道防御千户所，站赤应在其中。方国珍割据浙东三路期间，割据政权拥有庞大海上船队，更重视海外贸易，在至正十八年至二十五年（1358—1365 年）间，不断派使者至高丽、日本、琉球发展贸易交往。

明代外海货运

明初困于倭患，在沿海设置备倭卫所御倭，海门、松门、新河、前所、桃渚、健跳、隘顽、楚门等港埠因而被重视，但目的是建军港。在建卫所的同时，也迁弃岛屿。明洪武二十年（1387 年），以“居者死，耕者断足”的严令，迁玉环岛上居民入内地，岛上人烟绝迹近两个世纪。名为保护居民免遭倭患，实则奉送海岛给海盗，成为其栖居地。

图 4-2 泉州出土古船。元明时代，椒江口家子（葭沚）是福建泉漳商船聚集地（来自泉州海外交通博物馆档案）

明代从开国起就为防御倭寇和沿海叛逆势力滋扰，实施海禁国策，不允许民间与海外通商。国与国间只存在藩属国入贡的勘合贸易。明永乐、宣德年间，朝廷也曾发起郑和下西洋这一大航海之壮举（1405—1433 年），但由于农耕社会闭关自守思维支配的明王朝害怕民间商品经济崛起，大航海昙花一现，迅即终止，仍归一贯的海禁。

实际难以禁绝暗中走私。万历《黄岩县志》所载“奸商巨贾阑出不禁”，《明史纪事本末》所记“倭人利市舶入贡，来者皆大获而去”“而我国沿海人，亦往往至彼市贸者”，就是明嘉靖二十五年（1546 年）以前的状况。明代走私贸易除高丽、日本、琉球外，也及于南洋，常是夏去秋来，彼此互市。明成化和弘治年间（1465—1505 年），一位天台籍海商漂泊暹罗，成为暹罗使团翻译，但因明朝廷严禁民间与外国贸易，无法促成两地贸易。

明代走私货物有生丝、丝绵、布、锦绣、红线、水银、针、铁链、铁锅、瓷器、古文钱、古字画、古医书、药材、毡毯、马背毡、小食箩、漆器、食醋等。其时，国内生丝每担 60 银两，日本价格为五六百银两。自 16 世纪初开始，处宁波外围海域的六横岛双屿港逐渐形成规模宏大的走私基地，宁波绅商、官员和军队还暗中成为走私海商的陆上销货搭档。由于走私贸易缺乏章程制约，常引发冲突，一起余姚谢氏赖账案酿成烧杀抢掠的暴动，地方官以“倭寇来袭”上报，使朝野震惊。

明嘉靖二十五年（1546 年），朝廷任命朱纨为浙江巡抚，在浙南调兵，于海门港出发，剿灭在双屿港形成的走私基地。此后，直至明隆庆元年（1567 年）解除海禁，是海禁最严厉的 21 年，除了连续“剿倭”，几无外贸航运可言。

但台州的内贸海运仍然兴旺。明代台州粮食自给有余，万历年间临海人王士性所言：“台、温闭粜，则宁、福二地遂告急矣”，说明台州粮食出口为明代常态。明天顺年间（1457—1464 年），全国漕船 11770 艘，浙江都司承担 2046 艘，其中台州 289 艘。明成化年间（1465—1487 年），浙江总运粮

665311石，台州漕船262艘，领运漕粮84372石。明嘉靖年间（1522—1566年），浙江漕粮船11帮，台州1帮，明嘉靖三十二年（1553年）运漕粮62845石。明万历六年（1578年）同明嘉靖三十二年。明代台州沿海货运除粮食外，还涉渔货、食盐和其他土产，货运线路主要是至福建，也去温州、宁波、杭州湾、长江口。

明代台州航运港埠除椒江口外，台州湾畔松门卫、石塘、新河所、桃渚所均为航运通道。三门湾海游港、健跳港也为航运通道，在蒲西设有巡检司，蛇蟠岛则成为与双渔港遥相呼应的走私基地。楚门半岛隘顽所、乐清湾楚门所和温峤岭外江厦港也为航运通道。明成化十二年（1476年）起，玉环岛隶属台州府太平县，隆庆开关（1567年）后，四方游民始陆续上岛定居。

清代外海货运

清人入关之初，境域先后历经南明小朝廷鲁王抗清、郑成功张煌言抗清、清廷出“迁海”之策迁移沿海居民以免资敌（指接济退踞台湾的郑成功）等共计38年的战乱和折腾。项士元《海门镇志稿》描叙海门港的状况是：“居民稀少，市井萧条，加之瘟疫流行，夕阳初没，相率闭户而卧。”此情“相沿百余年”，至清乾隆元年（1736年）才重现“帆樯云集，商市渐兴”状况。

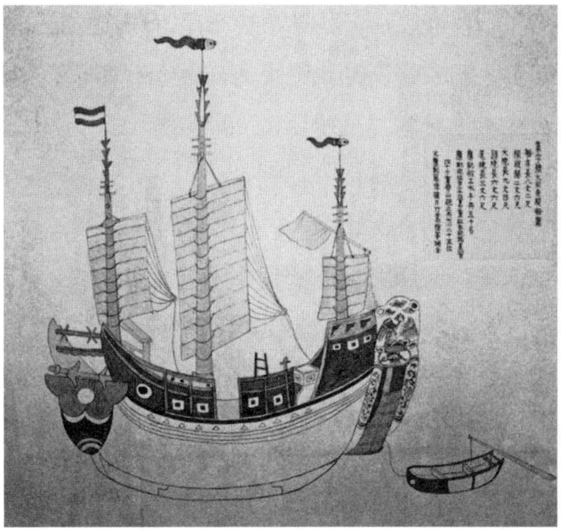

图4-3 清嘉庆间绘制的同安梭船图，该船型被官方认定为全国水师装备典型船型，该船型源于福建同安货船，也是浙闽通用商船船型

清康熙二十一年（1682年）收复台湾展复迁界后，二十三年（1684年）开海禁，“商船海舶往返关东、天津及福建、南洋各处，习以为常”。椒江口海运主要为对福建、宁波、长江口运输桐油、黄蜡、樟脑、纸札、棉花、药材、靛青、鱼鲞、杂木、柴炭、冬笋、柑橘等土特产；从福建运入木材、红白糖、建烟、南货（桂圆、荔枝）等，从宁波、长江口运入红枣、黑枣、豆饼等北货。主要港埠在家子（葭沚）、海门，其次有松门、金清、石塘、楚门、江厦、坎门、健跳、海游等。

玉环岛初属太平县，在“迁海”时期又遭一次内迁，至清雍正六年（1728年）改属温州，招来垦复移民，再聚民居，逐渐恢复，直至清光绪三年（1877年）才回升至12万人（包括洞头岛）。玉环船商在台湾收复后努力构建两地商贸。

清初，粮食漕运北京仍在继续，康熙中期后，漕粮以银两折收，南米主要就地支给地方军队，漕运变为地方运输。清朝廷的开海禁其实只是有限开放，虽于清康熙二十四年（1685年）在海门设浙海关家子口，它只是给船舶发照和收税，验照管理均由军事机关黄岩镇驻海门的营汛执行，主要为严控“偷运米石，夹带私盐出口”，更遑论国际航运。

但也有外商入境，如清朝廷虽规定琉球朝贡在泉州进行，琉球向西是松门，贡船先至松门再往南去泉州，也会在台州登陆。自清乾隆三年（1738 年）琉球使者金城登陆台州，此后 100 年有 5 批琉球使者来台州。另外，也有朝鲜人在乾隆六年（1741 年）随风漂至海门港。

第二节 近代外海货运

鸦片战争至民国时期是传统中国农耕社会受西方工业化文明冲击，逐步发生蜕变的时代，反映在航运上就是大批洋货进口。依靠人力、自然力驱动的传统木质船舶，开始被机器驱动钢质轮船所取代；而且航运吞吐量飙升，运输货种大幅更新。然而正处成长期的航运幼苗却遭日本侵华战争的摧残，战后未遑恢复，解放战争随起，航运又遭挫折。

鸦片战争后，虽然洋货充斥市场，但舶来品都来自沪、甬转运，无直接国际航船；本地出口绣衣、麻帽、肠衣等商品也经上海转运，台州仅有间接国际货运。

本节对鸦片战争至 1949 年的历史，分晚清时期、民国时期抗战前、抗日战争时期、战争损失和解放战争时期 4 部分记叙。

晚清时期外海货运

晚清，洋货东渐最先是从广东开始，清知名学者蓝鼎元所说“天下舟楫之利，无如闽广，而江南（今江苏）则逊浙，山东又逊江南”是鸦片战争以前的状况。那时台州地区以葭沚为主的航运主要是对福建泉州、漳州的贸易。

清道光二十二年（1842 年），在鸦片战争中战败的清廷被迫与英国签署中英《南京条约》，开放广州、厦门、福州、宁波、上海五处为通商口岸。上海、宁波以强势辐射周边。清道光三十年（1850 年），各类洋货开始输入台州。清光绪元年（1875 年），椒江口主要港埠由葭沚转移海门，并在十三年开辟椒沪客货轮往来。

清光绪二十年（1894 年），中日甲午战争爆发，翌年签订《马关条约》，台湾割让予日本，与台湾素有通商传统的玉环船商从此处于尴尬境地。

清光绪二十一年（1895 年），清政府对华商轮船行驶非开放港口的禁令有所松动。二十二年，旅椒宁波商人在海门合资开办外海商轮局，购海门轮于次年航行椒甬线。翌年，弃官回乡的路桥绅士杨晨与海门绅士陶祝华（寿农）、王勤甫等创办越东轮船公司，购永宁轮航行椒甬线。二十四年，海关颁布《华洋轮船驶赴中国内港章程》，准许在通商口岸注册的华洋轮船行驶内港。此内港指没有对外开放的港口，海门港即属此类港口。

清光绪二十九年（1903 年），清廷与日本签订《中日通商行船续约》，准许日轮航行非通商口岸的内港。翌年，日本商船载阳丸航行椒沪线，盛极一时。杨晨等感觉“卧榻之旁，岂容外族鼾睡”，于三十一年以永宁轮公积金为基础，别招新股，再购永江轮投放椒沪航线。次年永江轮被闽船撞伤，越东公司再购永利轮继续航行椒沪线。

以下为清光绪二十二年至宣统三年（1896—1911 年）行驶海门港之外海轮船一览，营运船舶总数共 16 艘。

甬椒航线　海门轮，177 总吨，1897 年始航，终航不详；永宁轮（木质），438 总吨，1898 年始航，终航不详；平安轮，455 总吨，1901 年始航，终航不详；永川轮（木质），372 总吨，1904 年始航，终航不详；海宁轮（木质），106 总吨，1909 年始航，终航不详；湖广轮（木质），329 总吨，1909 年始航，终航不详；新瑞兴轮，总吨、航期不详。

甬椒瓯航线　新海门轮，673 总吨，1907 年始航，终航不详；宝华轮，724 总吨，1907 年始航，终航不详；安川轮，总吨、航期不详。

沪椒航线　永江轮，总吨不详，1905 年始航，终航不详；永利轮，764 总吨，1906 年始航，终航不详；可贵轮，440 总吨，航期不详；平安轮，455 总吨，1910 年始航，终航不详；海通轮，总吨、航期不详。

沪椒瓯航线　普济轮，总吨、始航时间不详。

清末，海游港有“六市船”以每月六次往返的周期开辟至周边各地的航运，有海游至石浦、海游至宁海长街。迁海展复后恢复人居的玉环岛以渔、盐为主业，至清末，坎门也聚集福建、台湾、温州、海门、宁波等地商船靠泊运货，有鸿发小轮航驶温州—坎门间。乐清湾内楚门、江厦也都是货运进出口港埠。

民国时期抗战前外海货运

民国时期，海门至各地航线投入众多客货运轮船，形成激烈的竞争态势。

抗日战争爆发前，台州航运业迅速发展，海运基本集结在海门港，主要通航口岸是上海、宁波。因海门地属临海县，黄岩、温岭两县商人寻求在海门以外创建航埠，于民国 11 年（1922 年）联合向浙江省海关监督署申请注册，在金清设立商轮公司，经营金清至宁波航线的运输。次年所置永清轮因超载在椒江口沉没，随后又有 2 艘商轮起而代之，却因互相竞争，直至两败俱伤而停航。民国 15 年起，一些航商开始把甬椒航线、沪椒航线延伸至黄岩城关，形成甬椒黄线和沪椒黄线。

民国元年至 26 年（1912—1937 年），台州外海轮船总数达 47 艘，总吨位达 25000 吨以上。前后营运 13 条航线，7 个靠埠，66 个航班。其中，海门港停靠 25 航班、兼靠 31 航班，黄岩城关停靠 13 航班(其中 1 航班停靠三江口)，金清停靠 4 航班，石塘钓浜门兼靠 4 航班，坎门兼靠 3 航班，海游巡检司兼靠 1 航班。以下为民国元年至 26 年（1912—1937 年）先后在海门、黄岩、金清、坎门、海游巡检司、温岭钓浜等港埠营运的各航线轮船（其中有些轮船调整航线，重复出现在不同航线）。

图 4-4　民国 17 年（1928 年）上海码头停靠的轮船（来自上海老照片）

沪椒航线（上海—海门）　永利轮，764 总吨，航于1906—1928年；可贵轮，440总吨，航期不详；平安轮，455总吨，1910年始航，终航不详；宝华轮，724总吨，1915年始航，终航不详；和济轮，318总吨，航于1915—1916年；大宁轮，252总吨，航于1918—1922年；福康轮，1440总吨，航期不详；新宝华轮，1054总吨，1922始航，终航不详；舟山轮，1252总吨，1922年始航，终航不详；三江轮，640总吨，1923年始航，终航不详；达兴轮，1040总吨，1926年始航，终航不详；穿山轮，1040总吨，1927年始航，终航不详；台州轮，1524总吨，1927年始航，终航不详；益利轮，789总吨，1927年始航，终航不详；大华轮，1071总吨，1928年始航，终航不详；海光轮，899总吨，航期不详；美南轮，364总吨，航期不详。

沪椒黄航线（上海—海门—黄岩）　达兴论，638总吨，航期不详；茂利轮，752总吨，1935年始航，终航不详；福兴轮，691总吨，航期不详。

沪椒泉航线（上海—海门—兴化—泉州）　华丰轮，875总吨，航期不详；美南汽轮，364总吨，航期不详；海光轮，899总吨，航期不详；金陵轮，总吨不详，1929年始航，终航不详；福安轮，640总吨，航期不详；福源轮，300总吨，航期不详。

沪椒瓯航线（上海—海门—温州）　广济轮，360总吨，1923年始航，终航不详；益利轮，789总吨，1927年始航，终航不详。

沪椒瑞航线（上海—海门—瑞安）　永安轮，700总吨，1927年始航。

沪三瓯航线（上海—三门海游巡检司—温州）　益利轮、新益利轮，吨位不详，1929年始航，终航不详。

沪钓瓯航线（上海—温岭石塘钓浜—温州）　营运船舶有金源利轮、金德兴轮、金源发轮、金飞鲸轮等，吨位不详，航于1919—1922年。

甬椒航线（宁波—海门）　海通轮，总吨不详，1913年始航，终航不详；海宁轮，220总吨，1915年始航，终航不详；新海宁轮，201总吨，航期不详；北安轮，478总吨，航于1916—1917年；慈北轮，127总吨，航于1918—1934年；瓯江汽轮，130登记吨，航期不详。

甬椒黄航线（宁波—海门—黄岩）　鸿兴轮，总吨不详，1926年始航，先泊江口后延伸黄岩城关；黄岩轮，由永宁轮改名，514总吨，航于1934—1936年；新海门轮，759总吨，航1936年；新永川轮，439总吨，航1931年；宁台轮，472总吨，航期不详；新宁台轮（木质），473总吨，航期不详；鳌江轮，200总吨，航期不详；湖广轮（木），328总吨，航于1931—1937年；南海轮（木质），420总吨，航于1934—1936年；湖广轮，328总吨，1937年改航此线，终航不详。

甬椒瓯航线（宁波—海门—温州）　永宁轮（木质），438总吨，1908年始航，终航不详；永川轮（木质），372总吨，1913年始航，终航不详；定海轮，135总吨，1915年始航，终航不详；新宝华，1054总吨，航期不详；新宁海，201总吨，航期不详；新永川，439总吨，1931年航此线；平阳轮，587总吨，航期不详，1932年曾航椒瓯线。新海门轮，759总吨，1936年始航此线，终航不详。

甬金航线（宁波—金清）　永清轮，总吨、航期不详；海宁轮，126总吨，临时；金清轮，133总吨，航期1922—1923年；镇宁轮，总吨不详，1923年始航，也航黄岩、坎门，终航不详。

椒瓯航线（海门—温州）　平阳轮，512总吨，1932年改航此线，终航不详。

椒坎厦航线（海门—坎门—厦门）　顺兴轮，127总吨，始航终航不详。

民国时期，三门县有载重 90 吨的木帆船 6 艘、小汽船 1 艘、汽轮 4 艘。有小轮航行周边港埠，如海游—石浦、海游—长街、海游—鹤浦、海游—白岩下、海游—朱门等。

民国 19 年（1930 年），温岭箬山人陈其凤在温州建造载重 200 吨泰顺号铁壳小火轮，船长 37 米，宽 7 米。

图 4-5　民国时期航行松门港的泰顺号货轮

玉环坎门郭源顺店主为繁荣玉环市场，招来行驶甬瓯线、瓯椒线轮船兼靠坎门，民国 3 年（1914 年），相继有永宁、永川、永安、平阳等轮兼靠坎门；5 年，沪椒线延伸温州，又有新宝华、大华、益利、新海门等轮兼靠坎门。13 年，温州辟至楚门、清江、江厦航线，先后投入永环、运大、常川轮；18 年，楚门航商陈楚材、韩约渔购瑞平轮行驶瓯沪线，并在平阳、瑞安、楚门停靠，又置新瑞平轮投入同线并南延福建沙埕；坎门、楚门、大麦屿、西青有一些小轮航驶周边洞头、清江、下堡、华锹、白溪、江厦等航埠。

鸦片战争至抗日战争爆发前，台州外海航线轮船均为客货混装轮船，而且客货两旺。从上海、宁波输入的货物主要为工业产品，如洋布、洋纱、绸缎、百货、洋铁、洋针、洋钉、铁丝、五金、洋油（煤油）、化肥、颜料、洋皂（肥皂）、洋火（火柴）、香烟、毛巾、面粉、豆饼、食糖、罐头、北货等；从福建输入的货物主要是福建土产，如建烟、建烟叶、桂圆、荔枝、白糖、红糖、干海蜇、水海蜇、淡鲟、干白鲞、白腌鲟、薹菜、虾皮、木材、木炭等。

出口货物基本是本地农林土特产，如大米、豆麦、栗子、甘薯、荸荠、棉麻、烟叶、柑橘、菜饼、茶叶、药材、桐油、柏油、杂色油、松香、樟脑、黄蜡、蜂蜜、水产品、禽畜、禽蛋、食盐、竹箬、草帽、蔺漕席、土布、丝绢、木板木条、柴炭、台土等。其中，台土是指本地种植罂粟提取的土制鸦片烟。当时英国传入鸦片，本地农民看到有利可图，自种罂粟制土烟，兴极一时。

直至抗战前，木帆船在沿海运输中仍占相当比重，并形成船帮，有福建船帮、宁波船帮、本地船帮等几大系。福建船帮在葭沚时有泉漳会馆，清光绪元年（1875 年）移至海门后在通衢街设福建会馆；本地船帮亦组织台属商船公会；宁波帮在海门设四明会馆；此外还有上海船商；光绪初，椒江口有货运木帆船 210 艘，其中南岸 160 艘，北岸 50 艘。据民国 26 年（1937 年）统计，海门港仅台州籍货运木帆船就有 421 艘之多，当年进口 1604 艘次，出口

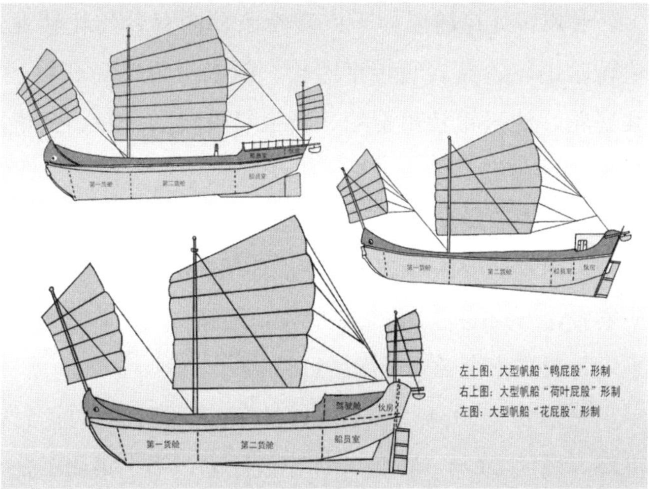

图 4-6　民国至抗战前海门大型木帆船型制（根据人民交通出版社 1995 年版《海门港史》资料绘制）

1597 艘次，合计 3201 艘次。

台州四五千担载重量的大型木帆船从事木材运销，常在福建购入木材，贩销长江口通州（今南通）的云台山、姚港、银加港、天生港和扬州的仙女庙以及杭州湾乍浦港一带；每年往返四五次，一般农历八月从海门空放福州，最快 28 小时，最慢 4 天，从福州到长江口，顺风 10 天，逆风 30 天。农历十一月回海门，正月又出发，至五月十八停秋避台风，八月又开航。

3000 担以下小型木帆船一般装载椒江水系上游来的竹木、柴炭、三六条、木丁贩卖上海，捎带杂货回海门，也到福建转运食糖、桂圆、荔枝。

海门港近代货运吞吐量以民国 21 年（1932 年）为例，数据如下。

正常货运量（包括各类船舶）　进口 46579.5 吨，出口 196641 吨，合计 243220.5 吨。贸易对象港以上海、宁波两港为主，对营口、苏州、南京、杭州、乍浦、舟山、石浦、温州、福州、厦门、兴化、石马等港有零星进出口。

转口贸易　以沪瓯之间、甬瓯之间在海门港中转棉布、原棉为主。

走私贸易　以木帆船为主，也有轮船夹带走私。走私进口货物有食糖、鸦片、海洛因、柴油、人造丝、染料、香烟、香烟纸、药品等。其中，食糖为大宗。也有英商亚细亚公司和美商美孚煤油公司不顾法规私运油品至海门。

三门、玉环、温岭等沿海船商均各自经营，自行兜揽货源，三门运出物资有木材、柴炭、粮食、禽畜、水产、土产等，玉环、温岭运出物资以海盐、水产品居多；三地运入物资除布匹、食糖、南北货、日用品相同，玉环、温岭还需输入竹制农家具、薪炭及毛笋等山区土产，但都缺失运输量和营运船舶数等记录。

抗日战争时期外海货运

民国 26 年（1937 年），日本全面侵华战争爆发，椒沪、椒甬航线所有轮船为免遭日军轰炸，于民国 26 年至 27 年（1937—1938 年）转为中立国国籍。

台州转外籍轮船如下：转希腊籍的有台州轮转亚生轮；转德国籍的有舟山轮转海福轮、穿山轮转哈纳轮、黄岩轮转亨熙轮、新永川轮转高登轮、南海轮转海德轮；转葡萄牙籍的有大华轮转棠赛轮、达兴轮转山泰轮、新宝华轮转棠鲁轮、宝华轮转棠乔轮、平阳轮转棠贝轮、新海门轮转万利轮。

淞沪战争爆发（1937 年 8 月 13 日）前，海门港至各港航路畅通。民国 26 年（1937 年）7 月前从上海、闽广进口食糖合计 721.087 吨，远超 25 年（1936 年）的 250.615 吨。此时，长江航运中断，物资供应紧张，海门港为上海提供物资，运输一度更为繁忙。1937 年，进出港轮船 891 艘次，431980 总吨，平均每天进出港 2.4 艘次，1183 吨。

民国 27—30 年（1938—1941 年），海门港时而封锁，时而开放，时而借用岩头、金清、松门等港埠。民国 29 年（1940 年）宁波沦陷，第十集团军公布《浙东沿海各口岸通航暂行规则》，上海—石浦—海门航线开辟。30 年（1941 年）1—3 月行驶该航线的轮船如下。

海宜 HeiNi（挂德籍，356 总吨）、海福 Elbbof（挂德籍，1253 总吨）、永生 Frosty Moller

（挂英籍，500 总吨）、江南拖轮 Kung Nan（挂德籍，72 总吨）、克莱司丁拖轮（挂英籍，800 总吨）、飞康 Peli Kan（挂德籍，781 总吨）、瑞泰（挂德籍，1813 总吨）、永茂 Ready Moller（挂英籍，268 总吨）、江定（挂德籍，189 总吨）、利平 Marsala（挂意大利籍，73 总吨）、曼丽·密勒 Marie Moller（挂英籍，593 总吨）、高登 Kondor（挂德籍，430 总吨）、海康 Hail Kong（挂德籍，298 总吨）、新安利 Elsie Moller（挂英籍，977 总吨）。

以上 14 艘轮船名为外籍，实际均为国轮转移，基本只行驶上海—石浦，进海门一般每月仅 1 艘。

淞沪战争爆发（1937 年 8 月 13 日）后，台州籍旅沪人员纷纷撤离。9 月，椒沪线暂停，神福轮于 9 月 12 日载 3000 余名人员回椒，无货物返还上海。沪椒贸易中断，一些物资改由宁波运入海门。11 月 12 日，上海沦陷，转外国籍的轮船仍航行椒沪线。民国 27 年（1938 年）3 月 4 日，海门港封锁。

抗战初期，海门港航运未因战争衰落。1937 年，轮船进口 445 艘次，215224 总吨；出口 446 艘次，216756 总吨；共计进出口 891 艘次，431980 总吨。同年温州港进出口轮船 452 艘次，195889 总吨，不及海门港半数。

民国 27 年（1938 年），《浙江省战时物产出入口管理规则》颁布，海门成立检查处，严格统制农林产品运往上海，如米麦、竹木、柴炭、鲜蛋、鲜冰肉类、火腿、牲畜、生漆、棕及其制品、樟脑、松胶、松节油、大蒜、桐油、桐子、豆油、花生油、芝麻油、花生、大豆、菜籽、棉籽、豆饼、大栗、樟冰等战备物资均加限制，并按《禁运资敌物品运沪审核办法》规定，运沪物资只能以“租界范围为限”“其用途以供应我国或友邦厂商采用，或为当地民生日用所需者为限”。

战前，海门港进口大宗货物有棉布、棉纱、绸缎、食糖、煤油、纸烟、化肥、豆饼、面粉、火柴、肥皂、五金、颜料、北货、南货等，战初依然。民国 27 年（1938 年）后，港口频繁关闭，进口货物锐减。

民国 28 年（1939 年），根据军事需要，海门港在当年 3 月至次年 9 月停航，海门组织台州草帽运销处，一度由内河和乐清湾运温州港出口；是年，温岭横河张翰廷向葡商购利泰小轮往返江厦、楚门、温州间。29 年（1940 年）10 月至次年 3 月，海门港恢复外海航运。

民国 28—29 年（1939—1940 年），台州沿海大小港口与岛屿均在禁航之列，走私代之而起，椒江口外、台州沿海港汊密布，如上盘、杜下桥、金清、石塘、松门、乌根、水涨及玉环岛、蛇蟠岛都是走私活跃之处。30 年（1941 年）禁航期间，便有意大利籍玛贝利亚轮违禁在金清港装运草帽去上海，又有利利轮、永茂轮违禁行驶金清港。

民国 30 年（1941 年）4 月 19 日至 5 月 3 日，海门沦陷。台州守备区指挥部于 5 月关闭海门港轮船交通，7 月禁止帆船出入，并关闭金清、松门海上交通。

海门港禁航期间，为运销土产和输入沦陷区物资，地方政府也以变通办法让帆船在岩头、金清等口外小港营运，如民国 30 年（1941 年）11 月暂开金清港，为常德轮、利利轮核发通行证；31 年至 32 年（1942—1943 年）指定“岩头为橘子出口之特许口岸……金清港为土产橘子运销出入口岸，准许帆船进出”；1943 年又批转金清港为轮船出入口，海运烟叶、橘果去上海，输入纱布、药材。

抗战期间，三门湾、乐清湾航运同样遭劫。民国 26 年（1937 年），临海陆安文购茂利轮与海门人一艘汽轮对开海游—海门线，海门汽船为免暴露目标，夜航不开灯撞礁停航，茂利轮亦遭日机轰炸。战前玉环借助南北线航班兼靠坎门，商贸兴旺。战争爆发后，南北航线中断，坎门、鲜迭渔货出运艰难，唯靠木帆船夜航，以策安全。唯乐清湾内航运影响较小。

抗战后期，帆船运输复苏。民国31年（1942年）起，海门港在烂泥道头赶造外海帆船百余艘，但因设防需要，不准驶入封锁线，只在岩头装卸货。当时，因宁波沦陷，舟山沈家门成为浙东航运中心，台州对外运输线调整为以下格局。

其一，海上航线：由沈家门至上盘、岩头、金清港、松门、石塘等处；由定海经象山石浦至三门健跳、海游；由沈家门沿象山港至宁海桥头胡。

其二，水陆连线：由宁海桥头胡上岸，从陆路经宁海城关或黄坛、两头门至临海转台州各处；或由健跳、海游上岸，从陆路经两头门至临海，转运台州各处。

抗战期间，为沟通外销和内运，第三战区曾于民国28年（1939年）8月推出浙、赣、闽、皖省际水陆联运方案，开始时以宁波、温州为起点，以铺城、咸坪、上饶联运交接站为重点。抗战后期，宁波、温州相继沦陷，海门港成为浙东外海运输的唯一孔道，四省联运起点改为海门港。民国33年（1944年），温岭县松门区成立帆船业商业同业公会，翌年，又成立温岭县船舶运输队。

战争损失和解放战争时期外海货运

抗战期间，海门港航运业惨遭严重破坏，外海船舶损失如下。

被征用沉塞封锁线与要塞的轮船　民国26年（1937年），达兴商轮公司460总吨三江轮被征用沉塞于上海十六铺；达兴商轮公司691总吨福兴轮被征用沉塞于镇海；福昌商轮公司843总吨福安轮被征用沉塞于镇海；茂利商轮总局1547总吨茂利二号轮被征用沉塞于江阴要塞。

被日军掳掠占扣或炸沉的轮船　民国26年（1937年），玉环新瑞平轮被炸沉于南京江面。27年，台州信记轮船公司1524总吨台州轮解送白俄间谍去温州被日军侦悉，劫往上海，34年被盟军炸沉于吴淞口。28年，平安轮船局512总吨平阳轮在上海被日军占扣，31年在新港倾覆沉没。28年，沪兴商轮有限公司655总吨新瑞平轮被日伪占有，32年在长江大通码头遭空袭沉没。31年，达兴商轮公司1039总吨达兴轮被日军强征卖予日伪中华行业公司，改名达兴丸。34年，平安轮船局1054总吨新宝华轮在天星桥触雷沉没；同年，714总吨宝华轮被炸沉于九江，玉环瑞平轮在长江口遭鱼类炸沉。战时，514总吨黄岩轮转德国籍，改名亨熙轮，改航江北航线，在浏河被炸沉。以上被毁的12艘轮船（瑞平、新瑞平2轮航沪瓯线），共9554.58吨，占战前海门港外海营运轮船的半数。

抗战期间海门港损失外海木帆船　黄万生（载重4073担）被掳至上海，新发兴（载重1902担）被掳至穿山烧毁，金恒兴（载重1227担）在海门烧毁，卢利发（载重1067担）被掳，金合发（载重1104担）被掳，金源利（载重1607担）在葭沚烧毁，包万顺（载重756担）在海门烧毁，泰顺利（载重555担）在海门烧毁。此外尚有200担以下冰鲜船10余艘被掳至椒江口外烧毁。被掳与沉没的9艘帆船总载重13704担。

三门、玉环、温岭航船在战时也有不同程度的损失，仅坎门一地，被烧毁、炸毁船舶就达200余艘。

战后民国34年至37年（1945—1948年），海门港外海各航线逐渐恢复，以下为各航线不同年份恢复营运的轮船。

沪椒线　民国 34 年（1945 年）复航或开航船舶：752 总吨茂利轮、291 总吨通利轮、济民机帆船、中华 3 号机帆船、中华 9 号机帆船、中华 12 号机帆船。35 年复航或开航船舶：773 总吨江苏轮、209 总吨渔惠轮、东元轮、东利轮、安泰轮、187 吨瑞光轮、衡阳轮、永利拖轮。36 年复航或开航船舶：300 总吨南华快船、德明汽轮、泰顺汽轮、永益轮、诚心快轮。37 年复航或开航船舶：276 总吨利生轮、永舟货轮、利洲轮、280 总吨济华轮、1612 总吨沪宁轮、江苏轮、茂利轮。

甬椒线　民国 34 年（1945 年）复航或开航船舶：42 总吨鄞余镇轮、80 总吨岱山轮、53 总吨浙海 1 号轮、79 总吨海利拖轮、73 总吨华速轮、华追轮、镇余汽轮。36 年复航或开航船舶：317 总吨永敏轮、194 总吨华象轮、40 总吨华溯轮、40 总吨华遒轮、84 总吨新中和汽轮、77 总吨海盛货轮。37 年开航船舶：中益轮、临安轮。

椒瓯线　民国 36 年（1947 年）复航或开航船舶：44 总吨新同安汽轮、大源轮、光天轮、光大轮、金鹰轮、华生轮、利华轮、兴仁轮、新永大轮、134 总吨永铭机帆轮、福利轮、华述汽轮、永益轮。37 年复航或开航船舶：永安轮、光明轮、浙惠 6 号轮。

除上述轮船外，温岭县复航的外海小汽轮有：江东轮、永光轮、光明轮、永川轮、新永利轮、新顺利轮、惠民轮等 10 余艘。还有航线不明的复航或新开航船舶：海福轮、文星轮、慈航轮。复航机帆船有：利群、南华、祥泰、永嘉、周升初、周升利、金联顺。

战前战后相比，战后轮船容量偏小，民国 35 年（1946 年）海门港轮船 22 艘，民国 26 年（1937 年）轮船 23 艘，但 35 年的总吨位仅为 26 年的 22%。35 年轮船进出口总艘数 1125 艘，虽是 26 年 891 艘的 126%，但运输吨位总数 121199 吨，仅是 26 年 431980 吨的 28%。

民国 35 年（1946 年）上半年，海门港进出口轮船总数 1051 艘次，帆船 1031 艘次。下半年解放战争爆发，航运直线下降，进出口轮船仅 84 艘次，帆船 128 艘次，只运柑橘和食盐，极少其他货物。

民国 37 年（1948 年）下半年起，国民政府在大陆面临崩溃。海门港各航线中，沪椒线有茂利、江苏、渔惠、利生、沪宁、衡阳、东利诸轮，甬椒线有海盛、华象、华溯、永敏、临安诸轮，椒瓯线有永安、光明、永益诸轮。此外尚有航线不明的中华、嵊泗、公平、江南、航深、兴南、常安、美元、利江、天兴、万森、鼎安、亚平、光复、德明、金都、海旦、天宝、振德、远东、通以、荣以、鸿赉诸轮。

民国 37 年（1948 年）年底，茂利轮、江苏轮去台湾。海门港战后惨淡经营逐渐恢复的 50 多艘轮船开始四散，所剩轮船仅有 195 总吨华象轮、276 总吨利生轮、35 总吨永嘉轮、东利轮、新永大轮几艘以及本地航商拥有的机帆船 140 总吨祥泰轮、68 总吨澄江轮、142 总吨周升发轮、160 总吨周兴利轮、14 总吨宝丰和轮、60 总吨阜财轮、58 总吨通一轮、72 总吨源丰轮、111 总吨永孚轮、198 总吨周永利轮、88 总吨建兴轮、220 总吨张源利轮、120 总吨张源顺轮、40 总吨金义兴轮等。合计吨位 1400 吨，不及抗战前一艘台州轮（1524 总吨）。

抗战胜利后，分割长达半世纪的台湾得以收复，有南线经商传统的坎门船商率先运水产品去台湾，运回食糖、煤油和工业品，掀起一股台湾经商热。玉环航运随之中兴。楚门人毛光照、金英昌购置上百吨机动船航琛轮、金鹰轮；坎门人叶根生、郑显元扩建大帆船，拓展航线至山东、长江沿线；

温岭江厦有至永嘉汽船5艘、至乐清东山埠汽轮6艘。但自1946年下半年内战爆发起，海上盗匪蜂起，威胁航运安全，无自卫能力的孤帆小船，屡遭洗劫。此情直至1955年解放军攻克一江山岛，国民党军从浙江沿海岛屿撤退至台湾，结束军事对峙后，才得改观。

第三节 当代外海货运（上）

当代历史起于1949年，迄今70余年内航运内容丰富，为免单节容量过于臃肿，以改革开放为界，分（上）（下）两节记叙。由于（上）节外海货运基本以海门港为核心，记叙只以时间段分目，其他港区内容附后。时段划为：国民经济恢复时期、“大跃进”时期、“文化大革命”时期和拨乱反正时期三段。

国民经济恢复时期外海货运

解放战争以后，人民政府接管海门港时，港口无一艘能沿海航行的轮船。台州专员公署生产委员会修复被遗弃于金清滩涂的张源利轮，更名新台州轮，用于甬椒航线，又修复毁于舟山战场的90吨轮船为小台州轮，并于1950年10月成立海门汽轮公司。海门汽轮公司仅靠230载重吨新台州轮、90载重吨小台州轮和租用土特产公司的95载重吨合成轮营运。

1949年至1954年底，台州湾口大陈岛、一江山岛、披山岛等岛屿仍为国民党军盘踞，海运常遭劫掠和空袭，1950年上半年，海门港沿海进出口货运量仅950吨。此时，有华祥轮、海鑫轮、永嘉轮、东利轮、华象轮及台州军分区新永大轮等轮船相继要求海门汽轮公司代理航运。沿海货运必须在武装人员护航下航行。

1951年5月，海门汽轮公司改为台州运输公司；10月，台州运输公司海运部分交由华东财委接管，成立利民运输公司台州分公司。当年，海门港进出港总运输量为8657吨。进出港货物种类如下：海门运上海货物—粮食、淀粉、榨菜、木材、鲜蛋、杂货、橘子；海门运宁波货物——粮食；上海运海门货物——豆饼、肥田粉、鲁盐、水泥、杂货等。

1952年，利民运输公司台州分公司交由华东交通部领导，改为华东区海运管理局海门办事处。是年，航线扩充至温州、福州、沈家门、高亭、东沙角等处，实现出口货物12059吨，进口货物973吨。

至1953年初，华东区海运管理局海门办事处（同年5月又改称上海海运管理局海门办事处，1955年8月又改为浙江省航运管理局海门管理处）已拥有自有船舶总载重吨2060吨，为120载重吨建成轮、210载重吨海鸿轮、245载重吨杨州轮、245载重吨通州轮、200载重吨利南轮、210载重吨利运轮、170载重吨振兴轮、160载重吨东方35号轮、230载重吨新台州轮，共9艘。地方国营代理船总载重吨185吨，为95载重吨合成轮、90载重吨小台州轮。私营代理船总载重吨2025吨，为100载重吨永嘉轮、195载重吨永益轮、230载重吨金泰来轮、120载重吨祥泰轮、140载重吨天福轮、

195 载重吨金都轮、160 载重吨泉福轮、185 载重吨金龙轮、230 载重吨大丰轮、520 载重吨三利轮；另有利兴轮、中利轮、鸭绿江轮吨位不详。至 1953 年底，发展到船舶总数 33 艘，总载重吨 8065 吨；外海木帆船 57 艘，总载重吨 2700 吨。

1955 年 1 月 18 年，解放军攻克一江山岛，国民党军从浙江沿海岛屿撤退，沿海航运威胁解除，海门港腹地的电力、机械、化工、食品加工等产业有所发展，农业对化肥的需求增加，石油、煤炭、化肥等物资进口量逐年增加。海运货种和进出口比重发生一些变化，但腹地经济仍以农业为主，农副产品出口比重仍高。由于直属海门区的辖地已小至仅海门、葭沚两地，1956 年 3 月被撤销，隶属于黄岩县。在迄 1957 年的 3 年里，海门港运往上海粮食 6.6 万吨、柑橘 7 万多吨，木材 16500 立方米，水产品、鲜蛋、皮蛋、草席等 700 多吨；从上海运入汽油、柴油、水泥、化肥和工业品 9.8 万吨。表 4-1 反映海门港的吞吐量。

表 4-1　**1953—1957 年海门港沿海货物吞吐量**　单位：吨

年 份	1953	1954	1955	1956	1957
吞吐总量	130465	133361	162839	150374	205707
进口量	22223	31639	34905	35688	38355
出口量	108242	101722	127934	114686	167352

注：不包括内江、内河

1954 年 3 月起，中共台州地委组织轮改工作组对台州私营轮船业进行社会主义改造，组成公私合营临海轮船公司。公司于 1956 年迁海门，并改名公私合营黄岩县海门轮船公司。境内全部私营船务行、运输行，包括椒江渡轮全部加入公私合营海门轮船公司，接受统一经营管理。其中，公股占总资产 45.49%，私股占总资产 54.51%。

与此同时，海门木帆船船主组合为海门椒江第一木帆船运输合作社、海门椒江第二木帆船运输合作社、海门内河木帆船运输合作社、海门外海木帆船运输合作社（部分吨位较大沿海木帆船加入海门轮船公司），对船舶实行统一货源、统一调配、统一运价的管理。

1949 年政权更替之初，海门地区延续民国海门区建制，并升格为台州专署直属海门区，辖区包含椒江两岸宜建港埠的海门、葭沚、栅浦、上𡎚、前所、沿海、章安、玉岘、涌泉等地。1950 年 3 月，北岸辖地全部划归临海县。6 月，南岸山东、葭南、三山三乡划归黄岩县。

港口集散显示一个地区的经济聚合力，拆分港口属地等于无视其功能，它导致了 1954 年 5 月撤销台州地区，形成北面临海、天台、仙居、三门归宁波地区，南岸黄岩、海门、温岭、玉环归温州地区的更为分裂的局面。3 年后的 1957 年 7 月，经济运行不利的现实又迫使台州地区重新建立。

在此阶段，台州有不少运销国际市场的商品，如绣衣、麻帽、玻璃工艺品、稻米、柑橘、医药化工产品等，均需运往上海转运，无直接国际货运。

在国民经济恢复时期，台州其他各县的沿海货运和运力状况如下。

黄岩县　1949 年后，此前进入永宁江的至上海客货班轮均停航，永宁江通沿海的货运一时难以恢复，所有出口粮食、柑橘和进口肥料、日用品均由海门转运。1952 年成立黄岩县木帆船联合运输社仅经营内江、内河运输。有关航运船舶参见第五节“内江和水库货运”中计划经济时期的内容。其间，海门在1956年后隶属黄岩县，黄岩县统计沿海年货运量包括海门在内的县属集体航运企业，历年数据为1954年1.76万吨、1955年4.05万吨、1956年5.57万吨、1957年6万吨，其中柑橘为出口重头货物。

临海县　1950年，椒江北岸划归临海县，沿海货运主要从前所出口，部分溯灵江直运临海城关，零星农用物资也从涛江闸外、杜下浦闸外、松浦闸外港汊出入，部分石板、建材从洞港闸外港汊进出。原个体民船均经合作化纳入航管部门管控的运输社。1957年，临海县沿海运输能力为客货轮合计18艘，741总吨。

温岭县　1949年12月，有江厦、大同等3家私营运输行复业，有小轮瓯海轮、惠民轮、永利轮、永久轮往返江厦至温州，至1955年停航。1951年，由国营华东联运公司温州分公司成立江厦联运工作组。1953年，其由温岭航管站接管。沿海货运港埠分松门、江厦、永安3地。1956年，外海民船经合作化，组成松门镇外海运输合作小组（外海航运服务站）、江厦外海运输合作社、石塘外海运输合作社。1956年，沿海运输船加内河运输船2850总吨；沿海年货运量为1949年2.7万吨、1951年2.5万吨、1953年1.7万吨、1955年1.6万吨、1957年2万吨。

玉环县　1949年后，有沿海运输小船1000余艘。1952年，建立船民协会。1953年，建立民船联合运输社。1954年，由航管机关实行“三统”管理。1956年合作化，建立公私合营坎门运输社、楚门木帆船运输合作社、鲜迭运输合作社，松散的经营归于统一。但由于货源不足，发展缓慢，大多船舶出租给水产公司，其中坎门运输社运力仅为木帆船23艘，326总吨。1957年，坎门运输社货运量0.8万吨，楚门运输社货运量2.19万吨。

三门县　1953年，在个体运输业组织互助组。1955年，发展为专业水路运输合作社，处海游的有海游第一社、海游第二社，第三社在健跳，分别拥有7艘大船、15艘小船、9艘小船和361载重吨、220载重吨、108.5载重吨。全县水路年货运量：1952年3.85万吨、1954年3.93万吨、1955年4.02万吨、1956年4.07万吨、1957年4.08万吨。

“大跃进”时期外海货运

1958—1965年为“大跃进”及后续时期，这一时期由于行政建制频变，台州港航的经营模式和管理体制也频繁变更。

海门港行政隶属关系虽在1957年7月台州地区恢复后重新归属台州，但“大跃进”形势又一次导致台州地区撤销，时间为1958年12月至1962年4月，此次是临海与黄岩同属温州地区，但海门港已不属台州地区驻地临海县，而隶属普通县黄岩县。

“大跃进”思路在交通部门的方针是依据“中央集权和地方分权互相结合的原则”，发挥“地、群、普”的积极性，更好地支持地方工农业生产的发展，“多快好省地建设社会主义”。其措施是构建政企合一的体制。

1958年1月，交通部上海海运管理局所属南洋航线部分船舶以及宁波、温州两港港务，下放浙江省交通运输厅统一经营管理。浙江省航运管理局海门管理处下放台州专区，改组为台州专区航运管理所、黄岩县民船管理所海门工作组、公私合营黄岩县海门轮船公司三单位。

外海航运主要由台州专区航运管理所和海门轮船公司两单位经营管理，民船管理所经管内河木帆船，但也管外海大型帆船。轮船公司除经营至石浦、定海、大陈等沿海航运，至临海、黄岩、潮济等内江航运亦是经营范围。

图 4-7　1958 年由上海下放的和平 30 号海轮改称浙海 301 轮（来自台州海运公司编制的企业画册》

1958 年 6 月，上海海运局将南洋线和平 13 号等 6 艘小轮下放台州，合计总吨 2205 吨，由台州专区航运管理所接管，并将其改组为政企合一的浙江省台州专员公署航运管理局。1958 年 12 月再次撤销台州地区后，将其改为浙江省温州专员公署交通运输管理局海门分局，同时将海门轮船公司、国营海门搬运公司、海门外海木帆船运输合作社并入统一经营管理。

图 4-8　海门港外海货轮浙海 303 轮（来自台州海运公司编制的企业画册）

1961 年，航运体制又改为省属，椒江口的航运机构又改称浙江省海门航运管理局。1962 年 4 月，复设台州地区，又将其设为台州航运管理处。

1958 年，国家提出“鼓足干劲，力争上游，多快好省地建设社会主义”的总路线，掀起“大跃进”热潮。在全民“大办钢铁”和农业产量“放卫星”等狂热风潮推动下，港口运输也出现畸形的发展。

1958—1960 年，海门港外海货运量大增，三年吞吐量分别为：1958 年 597318 吨，1959 年 795899 吨，1960 年 888384 吨。进出口货物变化最大的是粮食和煤炭，1958 年“大办钢铁”，海门港煤炭进口量猛增到 57287 吨，为 1957 年 985 吨的 58.2 倍；农业产粮浮夸，增加粮食征购，海门港 1959 年出口粮食达 123772 吨，为 1957 年 51621 吨的 239.8%。

图 4-9　浙江轮船公司海门分公司拥有的浙海 306 轮（来自台州海运公司编制的企业画册）

“大跃进”期间，海门港的外海运力主要靠 8 艘编号为浙海 301 至 308 的沿海货轮。8 轮载重状况为：浙海 301 轮，钢质，840 净载总吨；浙海 302 轮，钢质，220 净载总吨；浙海 303 轮，木质，440 净载总吨；浙海 304 轮，木质，240 净载重吨；浙海

305 轮，木质，215 净载总吨；浙海 306 轮，木质，160 净载总吨；浙海 307 轮，木质，185 净载总吨；浙海 308 轮，木质，95 净载总吨。共计载重吨 2395 吨。

在运力不足的情况下，航运业也掀起技术革命、技术革新的“双革”运动，主要措施是推行轮船拖带一艘至几艘木帆船的“轮木拖带”以及对木帆船进行改型扩吨、捆扎木排运输。同时，成立海洋打捞队打捞沉船材料，用于修造船。

“大跃进”致使国民经济各部门之间比例严重失调，1959 年起，国家进入三年困难时期。1961 年，政府提出“调整、巩固、充实、提高”八字方针，海门港货运量明显下降。1962 年，吞吐量减至 44.07 万吨，仅为 1960 年 88.84 万吨的 49.6%。与此同时进行精减机构，将原先合并统一管理的木帆船运输合作社等集体企业重新分出，并精简大批从农村招工的职工。1965 年，海门的轮船公司称为浙江轮船公司海门分公司。木帆船运输部分称为黄岩县海门外海运输合作社。

经过调整，海门港货运物资中的粮食明显减少，1963 年运输量 9.9 万吨，仅为 1960 年 20.2 万吨的 49%，但农产品的运输量在缓慢上升。这说明粮食“浮夸风”已制止，而农业生产有所恢复。同时，航运企业的利润也在回升，重回正常状态。1965 年，210 载重吨浙海 302 轮开辟北方航线至天津。表 4-2 反映海门港吞吐量和企业利润。

表 4-2 **海门港 1961—1965 年吞吐量和企业利润一览表**

年份	吞吐量（吨）	利润（万元）	年份	吞吐量（吨）	利润（万元）	年份	吞吐量（吨）	利润（万元）
1961	407634	38.80	1963	450453	42.80	1965	510953	87.66
1962	440727	36.79	1964	429064	67.89			

“大跃进”期间，除海门区域外，台州其他滨海县沿海货运状况如下。

黄岩县　1959 年，将 1 艘沿海木帆船改建为机动货轮，载重量 420 吨，航行黄岩至上海航线。1961 年，改澄江运输合作社为澄江航运大队。1963 年，大队一分为二，其一为城关外海运输社；1963 年，前身为上荸渔业大队的澄江渔业大队转业货运，1965 年成为三江口外海运输社，又成立三甲外海运输社，靠泊基地在岩头；此外金清运输社除经营内河运输外，也有木质外海帆船。至 1964 年，全县拥有外海帆船 13 艘，载重量 603 吨。其间的沿海年货运量在 6 万～8 万吨间徘徊，1965 年达 11.29 万吨。

临海县　其时成为集体性质的水运企业有临海县木帆船运输社、灵江运输社、涌泉运输社、前所运输社（时前所在临海县属下）、杜桥运输社、拖牛坝运输社；除杜桥运输社、拖牛坝运输社基本经营内河运输，余皆兼顾内江、外海运输。1958—1965 年全县沿海运输能力状况：1959 年，货轮 3 艘，总吨位 330 吨；木帆船 51 艘，总吨位 1989 吨。1961 年，货轮 3 艘，总吨位 415 吨；木帆船 53 艘，总吨位 2103 吨。1965 年，货轮 1 艘，总吨位 180 吨；木帆船 26 艘，总吨位 1118 吨。

温岭县　时温岭县设立县运输公司，下设城关、温西（江厦）、大溪、泽国、新河、箬横、松门 7 运输站和轮船营业处，其中仅松门、温西运输站涉沿海货运。1962 年，恢复为 8 个运输合作社和松门外海航运公司，其中江厦运输合作社也涉外海运输。1963 年，金清河口南岸永安建港，温岭运输公司派驻5艘沿海货船，共计952吨位。1958—1965年，全县沿海年货运量：1958年2.1万吨，1959年3.3万吨，1960年10万吨，1961年3.1万吨，1962年3.3万吨，1963年3.64万吨，1964年2.83万吨，1965年4.23万吨。

玉环县　1958年，玉环县归并运输企业成立大一统的玉环县运输公司，下设坎门营业处、楚门营业处，以下又有航运队、搬运队之分。1959年，玉环并入温岭县，设温岭县运输公司坎门运输站和楚门运输站。1962年，恢复玉环县，企业又复归玉环县运输公司，为其属的下坎门航运站、楚门航运站、鲜迭航运站也重新析出。1960年，坎门沿海货运量4.21万吨，楚门沿海货运量3.17万吨；1965年，坎门沿海货运量0.52万吨，楚门沿海货运量2.59万吨，均反映“大跃进”后的经济衰退。

三门县　1959—1962年，三门并入临海县，水运企业合并为地方国营临海县运输公司海游运输站航运大队，健跳运输合作社为航运大队下之健跳工作组。1962年，恢复三门县，改为三门县运输公司航运大队，健跳工作组随之。1963年，改称三门县运输合作社，后又分运输大队、机动船大队、海帆大队、船舶保养场等基本核算单位。其间全县沿海船舶年拥有量和吨位如下：1958年，木质帆船39艘，1130总吨；木质机动船2艘，50总吨；总货运量4.39万吨。1960年，木质帆船33艘，1079总吨；木质机动船5艘，460总吨；总货运量6.85万吨。1965年，木质帆船30艘，1014总吨；木质机动船3艘，423总吨；总货运量5.03万吨。

图4-10　1958年，三门县自建浙三机5号木质货船（来自1990年《三门县交通志》）

“文化大革命”和拨乱反正时期外海货运

1966—1976年，进入“文化大革命”时期。1966年，原浙江省轮船公司海门分公司改称为浙江省航运公司海门分公司。1971年，公司下放给台州地区，改称台州地区航运公司。其间，台州也陷入动乱境地。首先是处于政企合一体制中的航运部门领导机构在运动中瘫痪，而因运动遭挫折的国民经济也严重影响航运，航运吞吐量呈滑坡状态。海门港历年货物吞吐量见表4-3。

表4-3　**1966—1976年海门港货物吞吐量状况**　单位：万吨

年份	1966	1967	1968	1969	1970	1971	1972	1973	1974	1975	1976
吞吐量	49.0	35.7	22.9	42.9	52.4	75.0	83.9	76.2	57.0	59.9	58.5

上列数据不包括椒江北岸临海县所属船舶的运量。从表4-3数据看出“文化大革命”时期初始3年吞吐量直线下跌，1969—1972年攀升向上，1973年起又严重下滑。1969年开始攀升，一因当时政治形势相对稳定，二因当时有一些只能装在舱面的轻泡货物（如猪、牛等）需要压舱货物，便组织

黄沙出口。从该时期海门港航运企业利润变化，可见自 1966 年、1967 年盈利直线下跌至亏损后，除 1971 年、1972 两年略有盈余，就直线下滑到谷底，状况见表 4-4。

表 4-4　**1966—1976 年的海门港航运企业利润变化轨迹**　利润单位：万元

年份	1966	1967	1968	1969	1970	1971	1972	1973	1974	1975	1976
利润	49.3	4.91	-42	-70.8	-19.1	3.72	5.23	-30.4	-89.5	-85.9	-49.2

“文化大革命”期间，海门港出口货物主要是建材（砂石）、柑橘、草席、麻帽、罐头、机械、粮食、轻工物资等，进口货物为煤炭、石油、水泥、木材、钢铁、五金等。其间，海门港海运船舶有所增加，从本地船厂的状况看，只是对已有船舶的修理，但也有较大投入。

1971 年，台州水产公司购进万吨级货轮曙光号，委托海门航运分公司代管，于 1972 年调入该单位，该轮减载为 4000 吨后可安全进出海门港，却于 1974 年 2 月在定海莱花山触礁沉没。同期，海门港事故频发，1974 年共发生 23 次，被民间传为“吊臂落江，船舶上山”。这是“文化大革命”期间视各种规章制度为对工人的“管、卡、压”，从而废除规章的直接后果。

1976 年，“文化大革命”运动结束，全社会进入拨乱反正时期，经济运行开始获得较为宽松和有序的环境。1978 年，中共十一届三中全会提出“对内改革，对外开放”的一系列经济改革措施，社会经济开始复苏。

港口航运与社会经济发展处于互相依存的关系中，改革开放十分见效地促使经济增长。1978 年 8—10 月，台州物资局有 32 个车皮的钢材、木材指标在宁波、杭州火车站，由于海门港运力不足，无法按时运抵台州。当时海门港沿海运力有全民所有制性质货船 26 艘，总吨位 3553 吨；集体所有制性质货船 23 艘，总吨位 2663 吨。亟待提高运力以适应新的发展需要。

“文化大革命”期间，海门区域以外台州其他滨海县沿海货运状况与海门港大同小异，都是前期严重下跌，中途有所抬升又趋下跌或徘徊，直至 1976 年以后才逐步回升，至 1978 年改革开放才有大幅提升。船型陆续改木帆船为木质机帆船。

黄岩县　时外海航运企业仍为城关外海运输社、三江口外海运输社、三甲外海运输社 3 家；1969 年，头陀运输社建 72 吨沿海木质货轮转入外海货运，内江、外海兼营。其间，沿海货运量发展曲线呈现前 8 年徘徊不前，1973 年有所提升又连续下降，至 1978 年猛然翻番。历年外海货运量如下：1965 年 11.29 万吨，1966 年 10.01 万吨，1970 年 12.09 万吨，1973 年 17.32 万吨，1976 年 13.72 万吨，1978 年 22.94 万吨。由于永宁江运输船兼容内江、外海运输，有关航运船舶参见第五节“内江和水库货运”。

临海县　其间，外海运输企业由前期延续。沿海货轮运力发展一路平稳向前：1965 年 1 艘，180 总吨；1967 年 6 艘，689 总吨；1970 年 13 艘，1077 总吨；1976 年 23 艘，2341 总吨。但沿海货运量呈起伏曲线：1966 年，3.57 万吨；1967 年，5.1 万吨；1968 年，3.98 万吨；1970 年，6.83 万吨；1972 年，8.4 万吨；1975 年，5.7 万吨；1978 年，16.06 万吨。20 世纪 70 年代末，接近椒江的灵江下游石仙妇山东南建高桩结构红光公用码头，1978 年启用，用于海运煤炭、粮食、水泥、盐等物资。

温岭县　运输企业沿袭前期，沿海货运量总体呈倒退和徘徊不前的状态：1966 年 4.6 万吨，1967 年 4.2 万吨，1968 年 4.5 万吨，1970 年 3.8 万吨，1972 年 6.42 万吨，1974 年 3.9 万吨，1976 年 4.66 万吨；至 1978 年才跃至 7 万吨。

玉环县　运输企业沿袭前期，为县属玉环运输公司属下坎门航运站、楚门航运站以及乡镇属鲜迭航运站。十年间，全县沿海货运量始终徘徊在 5 万吨上下。“文化大革命”结束后的两年稍有起色，1976 年吞吐量为 5.48 万吨，至 1978 年跃至 8.12 万吨。

三门县　1965 年，合并机动船大队、海帆大队为三门县运输合作社，1973 年改为三门县航运公司。十年间，三门外海运力和货运量状况总体为木帆船平稳下降，木质机动船持续上升，记其首尾年数据如下：1966 年，木帆船 27 艘 827 总吨，机动船 4 艘 617 总吨；1976 年，木帆船 6 艘 234 总吨，机动船 10 艘 1235 总吨。货运量 1966—1973 年缓慢上升，1974 年断崖下降又缓慢上升：1966 年 6.09 万吨，1973 年 14.8 万吨，1974 年 9.16 万吨，1976 年 10.95 万吨。

第四节　当代外海货运（下）

改革开放前，由于行政建制的错位，处于台州港航枢纽地位的海门港，行政归属置于黄岩县所属海门镇的管理之下，导致台州港航形不成集约发展趋势。为改变此窘境，在改革开放的第一时间，省、地两级政府立即着手调整行政设置，于 1980 年 7 月设立海门特区，翌年 7 月，国务院批准设为椒江市（因江苏省有海门县，改冠椒江名）。但此县级建制仍然存在无法整合台州港口资源，达到良性发展的效果。1994 年 8 月，台州易地设市，将椒江、黄岩、路桥三区设为地级台州市，市政府驻椒江，理顺了 1400 余年来港、市错位的行政关系。在 1980 年至 2020 年的历史进程中，海门港前沿水深制约迫使台州港航开发大麦屿、健跳、头门等深水岸线，台州港区的重心逐步发生转移。但在前期，海门港仍是台州港主体，故在头门港区未开发前，沿海货运的主要内容仍在海门港，其后，大麦屿、头门港货运逐步提升，份额比重才开始转变。

图 4-11　海门港外海货轮浙海 313 轮（来自台州海运公司编制的企业画册）

椒江设市期间台州港航国内沿海货运和国际货运

改革开放后，处海门港的台州地区航运公司又于 1979 年 1 月收归省交通厅，改称浙江省航运公司海门分公司；1989 年又更名为浙江省海门海运公司，隶属于浙江省海运总公司。椒江设市后，原集体企业黄岩县海门外海运输合作社改称为椒江市第一航运公司；原黄岩县海门椒江运输社改称为椒江市第二航运公司；原黄岩县三甲外海运输社改称为椒江市远东航运公司。

其时，海门港货运量明显增长，运力呈现不足。如1978年台州物资局在宁波、杭州有32车皮钢材、木材指标因运输不畅作废，3批水泥少运5000吨。为此修复报废的英造蒸汽机拖轮，改为500吨级钢质沿海货轮浙海306轮。1981年，从福建购旧船闽海102轮整修为浙海303轮。1982年，从上海中华造船厂购3800吨级浙海304轮、浙海305轮。

图4-12　20世纪80年代为台州发电厂运煤的浙海352货轮（来自台州海运公司编制的企业画册）

海门港沿海货轮从1976年的26艘3553载重总吨，增长至1982年的31艘16086载重总吨。集体所有制货轮从23艘增至34艘，载重总吨从1663吨增至5527吨。木帆船从23艘减至6艘，载重吨从1130吨减至301吨。从数据可知外海运输货轮在数量增长的同时，正朝大吨位发展，而木帆船正在逐渐淘汰。

1982年，台州发电厂一期工程投产，月电煤运输增加至4万吨进口量。海门港航系统为此打造3781吨载重量浙海403轮、浙海405轮，专运电煤。1984年，台州发电厂一期二号机组投产，海门港航系统再造浅吃水万吨级浙海313轮承运。1989年又造无吊杆4000吨级散装货轮浙海312轮专运煤炭。

1983年，海门海运公司1200吨级浙海307轮开辟南洋航线至蛇口；同年，500吨级浙海311轮开辟北洋航线至营口。20世纪80年代上叶，航运企业陆续再辟航线，运行于营口、大连、龙口、青岛、连云港、张家港、厦门、赤湾、蛇口、黄埔、广州、湛江、三亚等港口，西进长江至武汉，不仅为海门港运输进出口物资，也从葫芦岛运玉米至广州，从汕头运糖至上海，从北仑装化肥去南通。

1984年，原黄岩县大陈航搬站发展海上运输木帆船、机动船，改为椒江市大陈运输公司，航行江、浙、闽及长江中下游。表4-5反映1990年海门港各航运企业船舶拥有量。

表4-5　**1990年海门港国有、集体外海航运船舶总量和各航运企业船舶拥有量**

航运企业	船数（艘）	总载重（吨）	航运企业	船数（艘）	总载重（吨）
海门海运公司	17	30140吨	椒江市远东航运公司	6	3795
椒江市第一航运公司	5	6180吨	椒江市大陈航运公司	1	187
椒江市第二航运公司	8	4347吨	全部航运企业总计	37	44649

20世纪80年代，开始出现私人或股份合作船企。1980年，有个体联产沿海货轮6艘，420总吨，至1887年发展至62艘，5000总吨。1989年，船数降为42艘，总吨升为7850吨。

20世纪80年代，海门港外海运输的主要进口物资是煤炭、石油制品、化肥农药、水泥、钢铁等，出口货物主要是粮食、柑橘、矿建材料（黄沙）等，具体见表4-6。

表 4-6　　**1976 年、1980 年、1986 年、1990 年海门港几种主要货物运量统计表**　　单位：万吨

货种	煤炭	钢铁	水泥	化肥农药	粮食	矿建	石油
1976 年	18.89	0.56	0.90	2.27	3.69	16.29	5.15
1980 年	42.42	4.33	3.47	12.19	2.66	53.00	5.58
1986 年	205.78	5.19	12.83	10.40	6.88	83.55	12.73
1990 年	293.73	3.23	3.08	11.66	5.96	13.32	14.34

椒江建市后，台州进出口外贸物资激增，但由于港口未开放，许多物资必须经宁波、温州、舟山等港口中转，既误时、耗资，也损失港口收益。1983 年至 1984 年，国务院、省政府相继批准海门港办理国轮对外贸易运输业务；1984 年，交通部批准成立中国外轮代理公司海门分公司和中国外轮理货公司海门分公司。当年，海门港进出口外贸货物有：进口朝鲜水泥 56746 吨、木材 2063 吨、糖 2780 吨；出口橘子 1651 吨、石斑鱼 3 吨。1981—1990 年海门港外贸进出口运输量增长见表 4-7。

表 4-7　　**1981—1990 年海门港外贸运输量**　　单位：万吨

年份	1981	1982	1983	1984	1985	1986	1987	1988	1989	1990
出口	1114	2580	1360	1654	1339	6526	9948	18578	16654	23746
进口	28469	31308	48696	60995	85360	57383	108297	45938	43017	25268
总量	29583	33888	50056	62649	86699	63909	118245	64516	59671	59014

表 4-7 数据显示海门港外贸进出口货物，先是进口远高于出口，1986 年后出口货物迅速增长，至 1990 年，两项运输量接近持平。1977—1994 年海门港总吞吐量见表 4-8。

表 4-8　　**1977—1994 年海门港总吞吐量统计表**　　单位：万吨

年份	1977	1979	1981	1983	1985	1987	1989	1991	1993	1994
吞吐量	92	130	180	222	274	389	424	390	401	454

集装箱运输是指将货物集合组装成集装单元，通过各种运输实现货物“门到门”的新型运输方式。1984 年以后，其成为国际海上运输的成熟方式。当地出口的绣衣、麻帽、罐头、工艺品、药品等商品都是适箱货物，由于海门港未能办理集装箱运输，货物只好送上海、宁波装箱再发往国外，费时且增加费用。1988 年 7 月，海门港开通集装箱运输，开启海门至香港集装箱航线。1988—1994 年海门港集装箱运输量增长见表 4-9。

图 4-13　1988 年 7 月 14 日，海门港开通集装箱运输首航香港（来自 1998 年版《椒江市志》）

表 4-9　　**1988—1994 年海门港集装箱运输量增长情况**

年份	1988	1989	1990	1991	1992	1993	1994
标准箱(TEU)	172	736	1793	2062	4400	6458	10887

1985 年，为扭转港航合一、政企不分的吃“大锅饭”的弊端，海门港实行港航分家：港口部分设浙江省海门港务管理局；航运部分设浙江省航运公司海门分公司。1989 年，浙江省航运公司更名浙江省海运总公司，海门分公司随之更名为浙江省海门海运公司。

1987 年 4 月，海门港海运鲳鱼至日本福冈；6 月，海门港被批准为对台湾小额贸易口岸。1990 年 10 月 1 日，海门港正式对外轮开放，成为国内对外开放的第 49 个港口；6 日，巴拿马国籍新海昌轮首航海门港；是年，又有日本冷藏船第七铁芯丸抵椒。1992 年 6 月，海门开通至日本横滨货运班轮。

1980—1994 年，海门港以外各滨海县（市）沿海货运船舶逐步从木质船体向钢筋网水泥船或钢质船体发展，经营业者也在集体企业以外创办乡办集体和个体联户，开放后的运输渐趋活跃。

黄岩县（市）　1984 年，县内经营沿海货运的企业澄江外海运输社（三江口外海运输社）、城关外海运输社、头陀运输社、城关内江运输社，分别更名为黄岩县第一、第二、第三、第四外海航运公司。外海运输主要货种是进口煤炭、水泥、粮食、化肥，出口黄沙、铅锌矿粉、食品罐头。货运量增长如次：1981 年 14.56 万吨，1982 年 17.44 万吨，1983 年 15.06 万吨，1984 年 20.24 万吨，1985 年 20.54 万吨，1986 年 25.3 万吨，1987 年 35.44 万吨，1988 年 44.68 万吨。

图 4-14　20 世纪 80 年代，黄岩外海货轮浙黄机 40 号（来自上海三联书店 1992 年版《黄岩交通志》）

临海县（市）　临海县于 1978 年起在西岑开发红光码头承担外海运输，同时在前所保留部分码头。前临海县木帆船运输社、灵江运输社、涌泉运输社、杜桥运输社、拓牛坝运输社，分别更名为临海市海州海运公司、临海市海运公司、涌泉航运公司、前所航运公司、杜桥航运公司、上盘航运公司，另组建临海市联运营业所。海运货种以煤炭、建材、粮食、木材、矿石、液化气为主。历年货运量增长如次：1980 年 15.41 万吨，1981 年 16.19 万吨，1982 年 17.64 万吨，1983 年 15.56 万吨，1984 年 20.5 万吨，1985 年 26.98 万吨，1986 年 33.6 万吨，1987 年 37.2 万吨，1988 年 34.9 万吨，1989 年 39.1 万吨，1990 年 23.3 万吨，1991 年 22.97 万吨，1992 年 30.89 万吨，1993 年 28.6 万吨，1994 年 19.09 万吨。

温岭县　其间，前松门外海航运服务站、江厦外海运输社分别更名为温岭第一外海航运公司、温岭第二外海航运公司，另有沿海运输队 6 个。共有机动船 21 艘（1515 总吨）、非机动船 21 艘（552 总吨）。主要沿海港口为松门礁山港、金清河口永安港、江厦沙山港。1980—1985 年全县沿海货物吞吐量如下：1980 年 13.2 万吨，1981 年 14 万吨，1982 年 15.15 万吨，1983 年 16 万吨，1984 年

18.3万吨，1985年24.41万吨。其中，以礁山港和永安港为主，1985年两港吞吐量分别为11.42万吨、11.84万吨，沙山港仅1.15万吨。

图4-15 20世纪80年代，使用的460吨温岭机10号货轮（来自1987年《温岭县水运志》）

玉环县　其间，前县属企业玉环县运输公司坎门航运站和楚门航运站分别改称玉环县航运公司、玉环县第二航运公司，前乡镇企业鲜迭航运站改称鲜迭航运公司。玉环沿海货运货种以进口煤炭、钢铁、水泥、木材、化肥，出口盐、粮食、矿建材料为主，20世纪70年代兴起的鱼粉饲料出口占比较大。期内历年货运量如次：1980年12.03万吨，1981年11.77万吨，1982年13万吨，1983年11.51万吨，1984年16.91万吨，1985年18.92万吨，1986年28.97万吨，1987年34.97万吨。

三门县　前三门唯一水运企业三门县运输合作社于1979年改称三门县航运公司。三门县沿海货运亦以煤炭、黄沙、化肥、盐、粮食为大宗，煤炭还供应天台。期内历年货运量如次：1980年10.3万吨、1981年12.1万吨、1982年13.6万吨、1983年10.74万吨、1984年13.58万吨、1985年13.93万吨、1986年13.93万吨、1987年11.75万吨、1988年11.52万吨。

图4-16 20世纪80年代健跳港钢质货轮（来自1990年《三门县交通志》）

1985年后，各县统计数据缺失。吞吐量在20万吨以上的小港，1986年是临海红光码头、温岭松门和永安，共计吞吐量77.3万吨；1987年是临海红光码头、临海城关、黄岩江口、温岭永安，共计吞吐量115.62万吨；1988年是临海红光、临海保留前所码头、黄岩江口、温岭永安，共计吞吐量113.67万吨。1986年—1994年，海门港和各县小港吞吐量如表4-10所示。

表4-10　**1986—1994年海门港和其他县（市）沿海货运吞吐量**　单位：万吨

年 份	1986	1987	1988	1989	1990	1991	1992	1993	1994
海门港	353.43	388.9	431.64	424	359.7	390	393	400.6	454.4
各县（市）	189.7	203.22	190.18	209.8	172.6	150.3	255	228.5	350.28
合 计	543.13	592.12	621.82	633.8	532.3	540.3	648	629.1	804.68

改革开放后，运输业突破全民、集体所有制垄断体制，允许民间个体、联户参与竞争。1983年，台州水运企业仅37家，其中全民所有制企业2家，集体所有制企业35家，无其他航运企业。1985年后，

涌现大批非交通部门和个体（联户）经营的船舶，运力呈现多元竞争态势。表 4-11 所示为台州全部水运船舶的增长状况和各种经营模式共存所占比重，所列船舶包括沿海、内江、内河运输船舶。

表 4-11 **1985—1994 年台州水运船舶总数和船舶所属**

年份	船舶总数（辆）	省属交通运输企业				县（市）交通运输企业				非交通部门		个体（联户）	
		货轮数（辆）	客轮数（辆）	总吨（吨）	客位（个）	货轮数（辆）	客轮数（辆）	总吨（吨）	客位（个）	船数（艘）	总吨（吨）	船数（艘）	总吨（吨）
1985	5249	15	6	27885	1669	343	17	31182	1187			4913	54504
1986	5705	17	4	27062	1346	335	45	35019	3773	195	5464	5113	62331
1987	6508	13		23385	1210	317		41836	3251	316	4249	5862	86894
1988	6048	14		24185	2118	298		43810	3849			5530	80903
1989	5268	15		26729	1559	278		45302	7720	187	11587	4788	77468
1990	5460	16		30140	6571	264		47493	7978	179	12129	5001	79020
1991	5500	18		31440	2555	328		49954	7682	315	7964	5019	80012
1992	4915	17		31435	2404	211		56943	7281	201	7638	4486	75596
1993	4619	16		35394	1834	197		60417	8129	共船 4406 艘 总 105559 载重吨			
1994	4631	16		35394	1834	113		67036	6662	共船 4502 艘 总 139673 载重吨			

从表 4-11 可见，以船舶总载重吨位分析，1985 年非交通部门和个体船户船舶总吨位与交通部门企业船舶总吨位对比结果为 0.92:1；至 1994 年，非交通部门和个体联户的船舶总吨位已是交通部门所属船舶总吨位的近 1.4 倍。

台州建市前期台州港国内沿海货运和国际货运

台州建市前期阶段，海门港被整合为台州港的中心港区，在一段时间内仍然是台州境内设施最完善和最主要的集疏运港口。随着地方经济、民营经济的迅猛发展，台州港外海航运的经营企业及船舶、进出口货物、运输方式、货物吞吐量都发生大幅度变化。

在经营企业和承运船舶上，原“国营”企业经过改制成为产权明晰的有限责任公司，民营企业大批兴办。无论国有控股公司和民办股份公司，所置船舶均朝大型化发展，万吨至 3 万吨船舶逐渐成为主要航运装备。

浙江省海门海运公司于 2000 年成为国有控股（占 51%）、职工参股（占 49%）的有限责任公司——台州海运有限公司，隶属于浙江省海运集团。自 1958 年开始的“全民所有制”至此结束。公司经 2005 年、2008 年两次增资扩股，注册资本扩至 1.4 亿元，国有股与职工股比例不变。与此同时，台州域内原“国营”和“集体”航运企业也都改制重组，成为新的产权清晰的有限责任公司或股份有限公司。众多新建民营企业处于此消彼长状态。

迄 2008 年，台州海运公司转让、调拨和淘汰了原有的浙海 301 轮、浙海 306 轮、浙海 307 轮、浙海 311 轮、浙海 317 轮、浙江 401 轮、浙江 403 轮、浙江 406 轮、浙江 405 轮、钱塘轮等不适应船舶，除沿用或改装浙海 302 轮、304 轮、305 轮，新发展的均为大吨位船舶。是年，拥有 18 艘船舶，共 18.92 万载重吨，可装 735 标准集装箱，其中 3.3 万吨级浙海 358 轮时为台州最大散装货轮。

台州海运公司自 1989 年迄 2012 年先后购置的海运船舶有：4300 吨级浙海 312 轮、4300 吨级涌金轮、5000 吨级浙海 302 轮、5000 吨级浙海 315 轮、5000 吨级浙海 316 轮、6000 吨级浙海 318 轮、6000 吨级浙海 301 轮、6000 吨级浙海 320 轮、4000 吨级浙海 311 轮、7800 吨级浙海 308 轮、10000 吨级浙海 309 轮、18000 吨级浙海 323 轮、10000 吨级浙海 325 轮、5000 吨级浙海 326 轮、5000 吨级浙海 328 轮、14000 吨级浙海 351 轮、11000 吨级浙海 352 轮、20000 吨级浙海 353 轮、30000 吨级浙海 358 轮、16000 吨级浙海 356 轮、8300 吨级浙海 357 轮、33000 吨级浙海 358 轮、8300 吨级浙海 359 轮、57500 吨级浙海 363 轮等。

20 世纪 90 年代初期，海运业呈现卖方市场繁荣的景象，货源充足，船舶紧张，海运企业家家盈利，引发大批社会资金投资航运，购船开办众多民营航运公司。2001 年，中国加入世界贸易组织（WTO），外贸兴旺，又促使众多资金投入航运领域。至 2012 年，台州海运公司持续淘汰老旧小船，增添大型船舶，共经营管理 14 艘海运船舶，31.78 万载重吨，其中自有船舶 10 艘，24.36 万载重吨，最大船舶为 5.75 万吨级大灵便型船舶浙海 363 轮。

图 4-17　20 世纪 90 年代集装箱运输，货柜堆满 1 号码头栈桥、平台（缪鹤贤摄）

在台州设市至 2012 年的 17 年中，由于陆路运输条件的改善和地方产业结构的转变，海门港的进出口货物结构变化巨大。除了台州电厂电煤仍为货运量中的重头，过去以散装农副产品出口、燃料和工业品进口为主的货种结构，逐渐改变为以矿物性建筑材料、煤炭、水泥、钢铁、石油天然气制品和化学品、废旧金属、集装箱等为大宗货物的格局。其中，矿物性建材和煤炭占最大比例，各为 30% 以上；水泥、钢铁次之；再次为石油天然气制品和化学品、废旧金属、集装箱。其他各港区货种亦都以煤炭、矿建材料、钢材、水泥和石油制品为主。

从 20 世纪 80 年代末至 2012 年，海门港进出口货物中最引人注目的新货种是从欧、美、日、韩进口的废旧物资。这些废旧物资包括废旧塑料和废旧机电产品。它支撑着台州塑料再生加工业和废旧机电拆解业，拆解的再生金属又支撑着台州机电产品制造业。在几十年的发展中，海门港逐渐成为全省最具专业特色的废旧五金进口基地。2010 年，海门港由国有港务企业输入废金属散货 154.7 万吨，天天物流有限公司输入 1.2 万吨。在 2009 年进口的 6 万个多标准箱集装箱中，有 4 万个标准箱装的是从欧美进口的废旧金属。

台州港自 1988 年开通集装箱运输，由于直接经济腹地与强势的宁波港接壤，一直处于尴尬境地。甬台温高速公路筑通后，台州北片货物直运宁波港比运海门港出口更方便，加上海门港集装箱运输基础设施落后，甚至南片货物也“弃水走陆”流往宁波或温州。尽管台州外贸箱源不少（如 2008 年台州全市外贸进出口货物超过 100 万标准箱），却有 95% 流往宁波、温州，仅 5% 从台州港（海门港区和大麦屿港区）进出。1993 年，海门外沙开辟外贸码头，并成立浙江省海门港外沙港埠公司（从属名称浙江省海门港集装箱公司），这是台州最先从事集装箱运输的企业。

在 1995—2012 年，国内经济发展状况和国际航运业走势都发生一些较激烈的波动，影响台州外海航运业绩。20 世纪 90 年代上叶，域内航运业尚属买方市场，航运业货源充足，利润可观，引发新兴航运企业崛起。但自 1994 年开始，台州航运业显露运力过剩，效益大幅度滑坡，除少数民营股份合作企业尚有盈利，余皆陷亏损境地。1998 年，受东南亚金融危机影响，航运滑坡严重，1999 年有所回升。2001 年，中国加入世界贸易组织（WTO），至 2008 年北京奥运会召开，航运业形势又一片大好，再次引发投资航运热潮。2008 年后，航运业再次陷入危机，台州域内航运企业和船主虽然想方设法到各地揽货，或走向国际航运行列，但都处在艰难境地。

表 4-12 所示为 1995—2012 年台州港口货物吞吐量和集装箱吞吐量以及海门港的占比，反映台州航运在这一时段的发展轨迹。

表 4-12　**1995—2012 年台州港货物和集装箱吞吐量**

年　份	1995	1996	1997	1998	1999	2000	2001	2002	2003
总吞吐量（万吨）	887.3	727.5	819.6	不详	1055	1271	1397	1806	2150
其中海门港	747.5	515.8	540.1	680.3	809.1	949.5	1023.5	1292.8	1457
其中外贸	17.4	不详	不详	41.8	不详	86.7	106.8	不详	158.5
集装箱（万标准箱）	1.05	2.17	1.82	1.35	1.29	2.35	3.36	3.47	4.43
年　份	2004	2005	2006	2007	2008	2009	2010	2011	2012
总吞吐量（万吨）	2721	2820	3027	3506.5	3897.8	4293	4705.7	5099	5358
其中海门港	2022	1785	1773	1629	1463	1430	1499	1519	1602
其中外贸	176.5	不详	不详	359.6	445.4	728	999.6	不详	不详
集装箱（万标准箱）	4.24	4.72	5.7	5.4	6.40	8.09	12.16	13.49	15.09

从表 4-12 可知，随着大麦屿、健跳等港区的开发启用，海门港区吞吐量在全港占比中逐步从 84% 递减至 30%。同时，从数据可知：1995—2000 年是台州发电厂三期工程投产和进行四期工程建设的时期，海门港货物吞吐量随台州电厂的发展而稳步增长。2000 年后，吞吐量增幅加快，2008 年后停滞不前，至 2011 年、2012 年才小幅上扬。海门港以外的货运量增长也主要为华能玉环电厂电煤运输等的增长。

同时可见外贸运输量比重迅速上升，从 1995 年占比不到 2%，逐步上升至 2012 年占总吞吐量的 21%，足见台州外向型经济发展的强劲。从表 4-13 可见营运船舶的大型化、民营化趋势也越来越强。

表 4-13 **1995—1997 年台州水运船舶总数及船舶所属情况一览表**

年份	船舶总数（艘）	省属航运企业			县（市）航运企业			非交通部门和个体（联户）		
		船舶数（艘）	总吨位（吨）	客位（个）	船舶数（艘）	总吨位（吨）	客位（个）	船泊数（艘）	总吨位（吨）	客位（个）
1995	4796	17	46523	1618	76	65974	6810	4703	179363	8363
1996	4027	31	69212	1016	93	77637	6378	3903	122536	6019
1997	3533	17	61927	836	75	63771	6313	3441	165300	3536

有关部门对运输船舶的分企业属性统计止于1997年，这些统计虽是沿海、内江、内河水运的总数，但仍可明显看出非交通部门和个体联户参与运输的强劲，非但在拥有船舶数上占绝对多数，在船舶总载重吨上也超过省属、县属公有制船舶，为其 132%。

1998 年，受东南亚金融危机影响，航运滑坡严重。1999 年有所回升，全市船舶总数降至 2850 艘，但净载重吨高于 1997 年的 29.1 万吨，达 34.59 万吨，其中沿海运力净载重吨达 29.4 万吨。1999 年共净增省际运力 4 万载重吨。温岭永安船务公司拥有装载 440 个标准箱的集装箱船，玉环有 9980 载重吨的中海通轮投入运营。

1995 年，《台州市港口总体规划》编制后，全市 20 个沿海港口中，玉环大麦屿与三门健跳被列为台州南北两翼港口开发的重点。

2000 年，全市航运船舶 2354 艘，载重 23 万吨，数据都呈下降。但其中有油轮 33 艘，净载重 2.79 万吨；集装箱船 4 艘，可装 1341 标准箱。全年还是净增省际沿海运力 5 万载重吨。

2001 年，大麦屿多用途码头建成启用；该年 3.36 万标准箱集装箱吞吐量中有 1.12 万个国际集装箱，进出船舶中有外籍船舶 692 艘次。

2002 年，全市航运船舶 2763 艘，净载重吨 65 万吨，发展新船 100 艘，净增省际运力 18 万载重吨。3000 吨级以上沿海船舶 43 艘，沿海单船平均运力 765 吨。是年，全市有航运企业 37 家，共有 400 余艘沿海个体运输船纳入公司化经营管理。

2003 年，全市航运船舶 2281 艘，总运力 78.02 万载重吨，其中远洋航运船舶 74.21 万载重吨，3000 吨级以上沿海船舶 70 艘，沿海单船平均运力 918 吨。2004 年，全市航运船舶总载重吨 96.46 万载重吨，其中沿海运力 92.75 万载重吨，沿海单船平均运力 1100 载重吨。是年，启动大麦屿深水港资源开发，台州港务集团启动运作。

2005 年 12 月，台州港集装箱内贸航线复航，由天津平原船务有限公司投入长安 123 轮航行天津至台州海门港区，设周班班期。2006 年，华能玉环电厂 2 个 5 万吨级（兼靠 10 万吨级）卸煤码头建成投用；三门下沙塘 1000 吨级货运码头建成；健跳港南岸 5000 吨级件杂货码头项目完成水工建设。是年，全市运力总量达 175 万吨，居全省第三位，单船平均吨位 1770 吨，拥有万吨级以上船舶 30 艘，占总运力的 23.2%，5 年以下船龄的船占 86%，船舶大型化、年轻化趋势明显。

2007 年，大麦屿港区开通首条内贸集装箱航线；是年，以台州港为港名的《台州港总体规划》获交通部审核批准，一体化港口分设大麦屿、临海、海门、健跳、温岭、黄岩 6 个港区，其中临海港区主要指台州湾口外待开发的头门岛深水港区。规划将台州港发展格局表述为“一核一区两域”，“一核”为由头门、海门组成的台州中心港，“一区”指大麦屿重点港区，健跳、温岭为远景发展两翼港域，即“两域”。

2008年，大麦屿又有5万吨级（兼靠7万吨级）多用途码头建成并试运行，港区开通集装箱内贸线、内支线3条；全市共有航运企业74家，共有航运船舶1866艘（其中客船12艘），总运力143万载重吨，其中货船1845艘，142万载重吨，沿海运力140万吨。是年，海门港埠总公司与荷兰斯密特国际公司合资成立台州首个涉港的中外合资项目，共同经营以港口助航、助泊为主的港口经营服务。

2009年6月16日，大麦屿港区开通台（州）台（湾）海上集装箱直航；6月18日，开通台湾高雄至台州件杂货运输；7月7日，开通台（州）台（湾）海上客运直航；此为浙江省首次实质性对台（湾）客运直航。是年，启动头门港开发，先建起步用的300吨（兼靠500吨级）交通码头。2010年开筑白沙至头门岛拦海大坝，以此为疏港公路并填南山嘴与面杖山之间海域为港口后方陆域。此时，健跳、温岭龙门、灵江沿岸、三江口东黄岩芦村都有码头新建，经营的都是沿海货运。

图4-18 大麦屿港区开通曹妃甸集装箱新航线（来自2017年7月6日“玉环新闻网”）

图4-19 1994年海门港区外沙港埠公司集装箱堆场（来自人民出版社1995年版《中国·台州》画册）

2010年，海门港外沙港埠公司借助宁波港的桥头堡作用，推动甬台港口联盟，利用海门港的设备、码头、货物堆场，宁波港的资金、技术，以双方各50%的出资注册资金2亿元，共同组建浙江台州湾港务有限公司。此举期望本地出口集装箱能“弃陆走水”直接从海门港区起航，通过宁波港区中转，与全球100多个国家的600多个港口接轨。两港合作成果不久显现，2012年，海门港集装箱运输突破10万个标准箱。

2010年，台州航运运力结构明显优化，船舶大型化、年轻化的态势更好。共有沿海船舶779艘，249万载重吨，平均吨位达3196载重吨；万吨级以上船舶97艘，154.5万载重吨，净增万吨级以上船舶24艘，净减500吨级以下船舶48艘，沿海船舶平均船龄5.6年，运力列全省第三位，大船增幅与年轻化列第一位。是年，6月26日，对台湾海上直航常态化，台州港成为大陆继厦门之后实现对台直航的第二个港口。

2011年，新增海门至宁波内外贸同船航线、大麦屿至青岛和天津内贸航线3条，实现海门、大麦屿至宁波集装箱内支线定班运输（海门港每日一班）。同时，开展台州—舟山外贸出口直通关运输；开通俄罗斯航线，使得台州和舟山港区的支线运输直接与集装箱远洋干线对接。是年，海门港共计沿海货运企业 32 家，船舶 198 艘，总载重吨 172 万吨。

2012 年，大麦屿 3 万吨级多用途码头启用。海门港区深化与宁波港的合作，开辟台州—丹东新航线，至此已开辟至宁波、泉州、天津、营口等 11 条集装箱航线，其中内支线 2 条。钱江摩托、吉利汽车、星星电器 3 家大型企业和 5 家中型企业成为主要箱源客户。迄 2020 年，台州全市港航企业 45 家，共有沿海运输船舶 420 艘，总载重吨 486 万吨。

头门港区开发和其后沿海、远洋货运

头门港开发是台州航运的一个划时代的跨越，港区一期工程 3 万吨级（兼靠 5 万吨级）码头工程经 2013 年、2014 年两年建设而竣工，于 2014 年 12 月 26 日开港运营。

与头门港开港同年，台州港新开发航运工程还有：大麦屿港区改建对台直航 3 万吨级客货滚装码头于 11 月 29 日投入运营、龙门港区 2 个 3000 吨级多用途码头投入运营、乐清湾进港航道完成整治成为浙江省第二条定线制航道。接着连续几年开发的航运工程如表 4-14 所示。

2015 年，椒江航道服务区 2000 吨级（兼靠 5000 吨级）码头于 1 月 9 日竣工，健跳港区牛山作业区浙能台州第二电厂 3.5 万吨卸煤码头于 5 月 3 日建成投运。

2016 年，海门港区七号码头 4 个趸船、2 座栈桥改建工程竣工，石塘棺材屿浙江物产港洲石化有限公司 3000 吨级成品油码头于 7 月 13 日竣工。

2017 年 9 月，头门港区二期 2 个 5 万吨级（兼靠 7 万吨级）泊位开工建设。

图 4-20　明州 62 号货轮靠泊头门港区码头　（台州市港航事业发展中心提供）

2018 年，海门港区牛头颈作业区外贸码头扩建工程竣工，椒北万隆船舶重工有限公司舾装兼货运码头工程竣工，大麦屿港务公司 2 万吨级多用途码头竣工验收，黄岩港区芦村时进工贸有限公司 1000 吨级化工码头于 8 月竣工验收。

2019 年，台州海事监管基地、永宁江管理码头、三门六敖台州恒投工贸公司 5000 吨配套码头、黄岩芦村标力建设集团 2000 吨级码头等竣工。

表 4-14　**2019 年台州港各港区各类经营性码头泊位**　单位：座

吨级分类	泊位总数	海门港区	临海港区	黄岩港区	温岭港区	大麦屿港区	健跳港区
10000 吨以上	8	1	1	0	0	5	1
5000 ～ 9999 吨	8	5	0	0	1	0	2
3000 ～ 4999 吨	12	5	3	0	1	2	1

续表 4-14

吨级分类	泊位总数	海门港区	临海港区	黄岩港区	温岭港区	大麦屿港区	健跳港区
1000～2999 吨	49	16	6	4	14	6	3
1000 吨以下	30	9	5	1	12	2	1
合　计	107	36	15	5	28	15	8

注：上列数据未包括渔业、军事等泊位以及金清港口泊位，此时港区划分虽已分海门、头门、大麦屿、龙门、健跳、黄岩 6 区，但头门港区无法包含灵江诸港点，龙门港区无法包括永安、沙山港点，故此表格仍以旧临海港区、温岭港区立项，以包揽灵江港点和永安、沙山港点

2010—2020 年，台州港分货种货物吞吐量增长状况如表 4-15 所示。

表 4-15　**2010—2020 年台州港分货种吞吐量统计**　吞吐量单位：万吨，集装箱单位：万标准箱

年份	总吞吐量	集装箱	外贸	煤 炭	矿建材料	液体货物	钢铁	水泥	废金属
2010	4705.7	12.2	999.6	1649.8	978.4	205.2	300.4	181.4	155.1
2011	5099.0	13.5	982.5	1766.5	1076.6	203.8	257.9	247.6	136.0
2012	5358.2	15.1	939.3	1516.9	1524.9	196.2	267.1	278.7	167.1
2013	5628.0	16.7	977.1	1603.2	1654.5	197.3	279.5	332.9	168.1
2014	6048.7	15.4	816.8	1442.1	2114.0	187.1	331.6	462.0	161.6
2015	6236.8	15.6	709.4	1369.8	2354.4	188.2	324.7	485.4	148.9
2016	6770.6	16.0	803.3	1622.7	2489.0	180.8	387.5	544.0	152.6
2017	7056.6	21.3	753.4	1856.2	2249.5	174.0	442.9	576.3	146.5
2018	7167.2	24.4	618.3	1892.5	2468.8	193.1	446.4	673.9	108.6
2019	4901.1	42.8	530.8	1708.4	673.4	184.4	586.6	1151.6	—
2020	5090.9	50.3	562.5	1601.1	777.1	180.0	697.5	624.5	—

从表 4-15 可知，2001—2005 年货物吞吐量平稳飙升，2019 年，总吞吐量急速下滑。分货种吞吐量中，基本处于上升态势的是集装箱运输、钢铁、水泥，矿建材料仅 2019 年断崖式下滑；基本处于下降态势的是废金属；处于波动状态的货种是煤炭、液体货物、外贸货物。表 4-16、表 4-17 反映 2013—2020 年台州港各港区的货运吞吐量和集装箱吞吐量增长情况。

表 4-16　**2013—2020 年台州港各港区货运吞吐量**　单位：万吨

年份	2013	2014	2015	2016	2017	2018	2019	2020
头门港区（包括灵江港点）	350.1	376.1	395.4	412.0	440.2	520.6	551.0	716.0
海门港区	1647.7	1636.3	1410.4	1425.9	1409.6	1473.0	1349.7	1333.0
大麦屿港区	2748.9	3025.7	3095.3	3309.0	3386.9	3199.8	1572.9	1532.0
健跳港区	138.5	253.9	420.7	606.0	679.0	806.0	741.1	861.5
龙门港区（包括沙山永安）	579.5	580.4	733.8	815.9	885.4	902.1	375.2	445.2
黄岩港区	163.3	176.3	181.1	201.8	254.9	191.0	206.0	203.0

表 4-17　　**2013—2020 年台州港各港区集装箱吞吐量**　　单位：万标准箱

年份	2013	2014	2015	2016	2017	2018	2019	2020
海门港区	11.034	10.644	10.955	10.47	11.03	6.62	4.6	7.56
大麦屿港区	5.623	4.783	4.596	5.536	10.171	15.140	31.79	36.18
龙门港区	0	0	0	0.0092	0.083	2.6500	6.3998	6.5818

在 2013—2020 年 8 年中，台州航运业在水路运输企业、沿海货船、运力、货运量诸方面都有快速进步。表 4-18 和表 4-19 给出了 2014 年与 2017 年数据的对比。

表 4-18　　**2014 年台州港各港区各类航运企业统计表**　　单位：家

港 区	总 数	普通货运	危险品	客运	防污染	供油	供食品	拖轮	租赁
海门港区	41	22	6	2	2	1	4	0	4
临海港区	10	6	3	0	0	0	0	0	1
黄岩港区	3	1	1	0	0	0	0	0	1
温岭港区	26	13	12	0	0	0	0	0	1
大麦屿区	10	2	1	2	2	0	0	1	2
健跳港区	4	1	2	0	0	0	0	0	1
全市总计	94	45	25	4	4	1	4	1	10

表 4-19　　**2017 年台州港各港区各类航运企业统计**　　单位：家

港 区	总 数	普通货运	危险品	客运	防污染	供油	供食品	拖轮	过驳
海门港区	40	21	5	3	3	3	1	2	2
头门港区	13	9	3	0	1	0	0	0	0
黄岩港区	3	3	0	0	0	0	0	0	0
龙门港区	33	15	18	0	0	0	0	0	0
大麦屿港	12	5	3	1	1	2	0	0	0
健跳港区	5	3	1	0	0	1	0	0	0
全市总计	106	56	30	4	5	6	1	2	2

注：2017 年港区冠名与此前有变，但表中头门港区、龙门港区所辖航运企业实际仍然反映临海市和温岭市的数据，并非单是头门港区、龙门港区的数据

从航运企业发展状况看，在初始阶段，海门港区航运企业最集中，门类最齐全，随着大麦屿、头门、健跳深水港区的逐步开发，海门港区的功能有所外移。从企业数量看，除海门港区外，龙门港区企业最多，其中包括了永安、沙山港点，头门港区企业数也包括了灵江诸港点。从大型化和区位优势看，头门港区与海门港区的互补组合处于当然的综合性港口核心地位。大麦屿港区、健跳港区主要以临港型发电企业电煤运输和转口运输为支撑，但大麦屿港区还有对台湾基隆港直航优势，自 2014 年开通，集装箱对台直运从 10 标准箱发展到 2020 年的 3569 标准箱，对台直航客货运历年实绩可参阅本

编第二章第二节“外海客运”表 4-16。

表 4-20 从沿海货运量、货运周转量和港口吞吐量间的关系看台州航运业的发展态势。

表 4-20 **2013—2020 年台州港沿海货运量、货运周转量、港口吞吐量统计** 单位：万吨

年份	2013	2014 年	2015	2016	2017	2018	2019	2020
沿海货运量	9720.5	9896.8	10626.0	11213.2	13481.9	13759.0	13573.4	12401.24
货运周转量	12086477	12425222	13378023	14414889	15938697	15970213	16374087	15997216
港口吞吐量	5628.0	6048.9	6236.8	6770.6	7056.6	7167.2	4901.1	5090.9

从表 4-20 可见，2013—2020 年间，沿海货运量与港口吞吐量除 2019 年下滑，基本处平稳增长态势，外贸吞吐量较为波动。表 4-21 从沿海航运运力方面反映台州沿海航运发展态势。

表 4-21 **2013—2020 年台州港沿海货运运力发展趋势**

年份	2013	2014	2015	2016	2017	2018	2019	2020
水运船舶数（艘）	620	595	564	532	514	501	413	420
总净载重量（万吨）	361.07	393.21	381.11	366.35	411.56	496.4	503.07	486
平均吨位	5824	6608	6767	6886	8007	9908	12181	11571

从表 4-21 船舶数和载重吨、每船平均吨位可见船舶更新换代之迅速，船舶数持续减少，总载重吨急速上升，每船平均吨位从 5000 吨上升至 1.2 万吨以上。船舶大型化、年轻化的态势十分明显。2013 年，500 总吨以下船舶净减 55 艘，平均船龄 5.6 年，全市沿海运力列全省第三位，平均吨位、年轻化列全省第一位。2014 年，平均吨位退至全省第二位，年轻化仍居第一位，并持续保持。2019 年，全年船舶艘数净减 88 艘，净载重量增 6.68 万吨，运力结构持续优化，万吨级以上大型海船达到 160 艘、463.67 万净载重吨，占总运力的 92.17%。

改革开放后，由原先唯一省属国有企业转制的浙江省海运集团台州海运有限公司面对众多民营企业参与竞争的局面，努力调整运力结构，购置大型新船，拓展业务，开发宁波至香港、大连至韩国、青岛至澳门、京唐至越南等近洋航线，并从香港冲出亚洲而达大洋洲。尽管公司费尽力气，但世界航运市场仅在 2001 年中国加入世界贸易组织（WTO）至 2008 年北京召开奥运会一段期间形势大好，2008 年后再次陷入低迷。台州海运公司自此从微利跌落至连续 5 年亏损的局面，终因多年连续亏损，无力清偿金融借款，于 2016 年 8 月 16 日宣布破产。破产后，浙江交通投资公司保留旗下浙江省海运集团本级，作为水运板块重组平台和浙江省海运战略储备力量。表 4-22 为台州海运公司历年经营状况。

表 4-22　　**浙江省海运集团台州海运有限公司组建以来历年经营状况**

年份	总货运量（万吨）	营业收入（亿元）	利润（亿元）	船舶总数（艘）	总载重吨（万吨）	年份	总货运量（万吨）	营业收入（亿元）	利润（亿元）	船舶总数（艘）	总载重吨（万吨）
2000	285.8	1.047	0.022	不详	不详	2008	630.0	3.228	0.558	18	18.92
2001	327.9	1.129	0.038	不详	不详	2009	499.0	1.920	0.014	不详	不详
2002	不详	不详	不详	不详	10	2010	700.2	2.665	0.010	不详	不详
2003	392.0	1.046	0.065	不详	12	2011	843.9	3.412	-0.272	不详	不详
2004	503.9	2.106	0.352	不详	不详	2012	733.2	2.348	-1.053	14	31.78
2005	500.0	1.945	0.220	不详	不详	2013	704.6	2.296	-0.749	13	29.92
2006	486.2	1.719	0.114	不详	不详	2014	668.4	2.210	-0.719	13	29.92
2007	488.3	2.214	0.674	不详	不详	2015	574.1	1.542	-1.047	13	29.92

改革开放后的航运业已不像计划经济时期由几家全民、集体企业统管经营，而是成了多种经济模式的多元竞争格局。2014 年，全市共有航运企业 100 家。其中，浙江沿海运输企业 4 家，客运企业 3 家，液体危险品运输企业 11 家，委托经营企业 28 家，国内水路运输辅助企业 27 家，船舶代理、货运代理、客运代理企业 24 家，船舶管理企业 3 家。水运企业平均运力 4.63 万吨，其中运力规模 5 万～ 10 万吨的 19 家，10 万～ 20 万吨的 6 家，20 万～ 30 万吨的 1 家，30 万吨以上的 1 家。表 4-23 为 2014 年沿海各县（市、区）海运企业和运力状况。

表 4-23　　**2014 年沿海各县（市、区）海运企业和运力状况**

项目	全市合计	椒江区	黄岩区	路桥区	临海市	温岭市	玉环市	三门县
企业数（家）	100	41	3	6	10	26	10	4
船舶数（艘）	620	180	25	32	45	79	167	92
平均吨位（吨）	5824	8821	12270	19675	2261	6082	1859	2108
总运力（万吨）	361.07	158.78	30.67	62.96	10.18	48.05	31.04	19.39

2019 年末，台州沿海水路运输船舶共计 413 艘，净载重量为 503.07 万吨，船舶平均吨位 12181 吨，与 2014 年相比，运力增加 39.3%，平均吨位增长 2 倍多。表 4-24 反映 2010—2020 年全市海运船舶净载重吨和平均吨位发展趋势，其增长率更是一路跃升，与 2010 年相比，运力增加 2 倍多，平均吨位增长近 4 倍。

表 4-24　　**2010—2020 年台州海运船舶净载重吨与平均吨位增长趋势**　　单位：万吨

年份	2010	2011	2012	2013	2014	2015	2016	2017	2018	2019	2020
净载重吨	249.0	273.5	315.8	361.1	393.2	381.1	366.4	411.6	496.4	503.1	486.0
平均吨位	3196	3912	4714	5824	6608	6757	6886	8007	9908	12181	11571

至 2019 年，台州共有许可沿海航运企业 89 家，备案企业 28 家，共计 126 家，各县（市、区）各类型企业统计如表 4-25 所示。

表 4-25　**2019 年台州市各县（市、区）各类航运企业统计**　单位：家

港 区	总数	普货	危险品	客运	过驳	拖轮	防污染	接送	供油	租赁
椒江区	41	20	4	4	2	1	3	0	3	4
黄岩区	6	4	1	0	0	0	0	0	0	1
路桥区	10	6	0	0	0	0	0	0	0	4
临海市	19	10	3	0	0	0	3	0	0	3
温岭市	29	13	12	0	0	0	1	0	0	3
玉环市	13	5	2	1	0	1	1	0	2	1
三门县	9	5	1	0	0	0	0	1	1	1
全市总计	127	63	23	5	2	2	8	1	6	17

注：上表“接送”为水上船员接送，普货、危险品、客运、过驳、拖轮为许可企业，余为备案企业

第五节　内江和水库货运

台州域内最大水系为椒江水系。此外有三门丘陵的八溪五港，分别为旗门港及上游清溪；海游港及上游珠游溪、亭旁溪和支流头岙溪、园里溪；健跳港及上游白溪；浦坝港及上游花桥溪；洞港及上游山场溪。这些溪流均短小曲折，比降大，水流湍急，水位易变化，除部分河段早期有排运，一般无航运；前四港感潮河段均长仅十几公里，只有通海作用而缺乏中长途运输功能，洞港筑闸，闸内为内河。楚门半岛、玉环岛的短溪流更无航运意义。

椒江水系诸支流在 20 世纪以前均为沟通东西部物资流通的水运要道，是河口海港的集疏运通渠，为担负台州物资流通之独当巨擘。至 20 世纪末，由于蓄水工程的开展，上游永安溪、始丰溪航道逐渐枯竭断航；也由于公路建设逐步完善，上游内江航运基本为公路取代。永宁江也因筑水库和建闸挡潮变为内河。至 2020 年，唯存的内江航道是灵江河段。

内江蓄水形成的水库中，较著者为永宁溪上的长潭水库、大田港逆溪上的牛头山水库、始丰溪上游的里石门水库。建库后，三水库都辟有库区航运。

古代内江货运

古代灵江、永宁江江船张帆，溪排撑篙，只有顺水、顺风、顺潮才有速度优势，逆水行舟艰难。在感潮河段，一般自椒江上溯，按潮汐涨落发船，上行在潮涨六七分启航，历 3 时 30 分潮平，此为最佳上行时段；下行可在潮涨八分下航，可借助潮汛顺流而行。故航时不拘日夜，依潮汛而定。但自临海、黄岩城关以下，内江也当作出海通道，此时的航运就有内江、外海双重含义。

台州内江航运恰如椒江水系的百川汇海，既将流域内的物产通过支流、干流汇集于河口，以供出口或分散的沿海平原地区，又将河口进口货物和沿海平原物产通过干流、支流运往西部内陆，除区域内运输外，还担负着椒江口外海运输的集疏运功能。

台州地区西部山区物产是竹、木、板、柴、炭、山珍、药材、山区农作物等；而由下游河口平原（俗称下乡）输送上游（俗称上乡）的物资是地产食盐、稻米、海产品、布匹以及来自海运的南北货、工业品、舶来品等。

鸦片战争前，台州境内运输全靠水运，灵江及其上游永安溪、始丰溪以及永宁江是内陆与沿海交通运输的唯一通道。上游溪流运输一般靠竹排流放，每张排载重约 1 吨。中游河道较宽处采用狭长形平底两头尖的长船，有箬篷作盖，篙、桨、帆、纤具备，适于浅水航行，下行可载货 4 ～ 5 吨，上行减半；灵江和永宁江干道可通 30 ～ 700 吨木帆船。

长船、木排、竹筏不仅是天台、仙居与临海港埠间的运输工具，也可顺灵江直放椒江口。栅浦有专门拆分上乡竹木排转运内河的排民。内江运输船和排筏通常承运一货主或数货主的货物，也捎带客商。

古代永安溪货运

永安溪发源于仙居与缙云交界的天堂尖，于临海三江村与始丰溪汇合流入灵江，干道流域长度约 141 公里。古代上航船舶可抵曹店，清末下退到溪口。横溪、皤滩、仙居城关为永安溪三大航埠。永安溪可通木排、竹筏的支流有朱溪、韦羌溪、北岙溪、杨岸溪、四坑溪、六都坑、万竹坑、大陈坑等。

仙居物产以竹木、木条、木板、柴炭等为著，竹木运输也可编排流放，可在临海中转，也可直输椒江口。海盐西输永康、金华，是永安溪货运的重要货种，皤滩是传统水陆转运航埠。

古代，依靠津渡沟通河流两岸的人货流通。宋代，永安溪水系所设津渡有清口渡、石井渡、赵岙渡、榉溪渡、石牛渡、韦羌渡、河头渡、广业渡、曹庵渡等，其后有所发展，渡口同时是沿溪航运的停靠埠。迄清末，永安溪自下至上船埠有张家渡、白水洋、横路丁、支埠头、仙居城关、步路、官路、白塔、皤滩、横溪、湫山等。

古代始丰溪货运

始丰溪发源于磐安县大盘岭主峰，至临海三江村入灵江，干道全长约 138 公里。街头镇山头下以上河段在群山峡谷间，山头下以下进入天台盆地。丰水时节，天台城关以上溪流可通竹筏，城关以下可通 3.5 吨船舶，顺流至临海可朝发夕至，逆水上行需 3 ～ 6 天，丰水期可上行至街头镇。

天台物产以茶叶、桐油、柏油、茶油、板栗、苎麻、豆麦、禽畜等为著。

宋代，始丰溪水系津渡有澥渚渡、杜潭渡、溪南上渡、溪南下渡、曹家岩渡、小石渡、仙人渡等，其后有所发展，渡埠亦即沿途靠埠。迄清末，始丰溪船埠自下至上有永丰、董岸、沿溪、河头、百步、滩岭、花桃、南门、溪头、清溪、平镇（今平桥镇）、街头镇等。

古代灵江货运

灵江航道自三江村至三江口，全长 50.4 公里。临海城关以上 6.3 公里可通 50 吨以下船舶，城关以下可通 200 吨船舶。灵江航运不仅是沟通台州西北片内陆与沿海间的货运通道，也直接承担国际海运。宋《嘉定赤城志》所载“新罗屿（今汛桥晒鲞岩）……昔有新罗贾人舣舟于此”，可证国际外海船可直达临海城关周边。灵江航道沿途传统靠埠自下而上有新亭头、西岑、涌泉、长甸、马头山、管岙、石村、钓鱼亭、汛桥等。

灵江支流有大田港和义城港，大田港有 18.3 公里感潮河段，可通航 40 吨以内货船，以上干流、支流可通小船、竹排，沿途集镇有邵家渡、大田、塘里、两头门、溪路、广营等；义城港有 12.6 公里感潮河段，可通 10 吨船舶，以上干流可通竹排，沿途集镇有筱溪（小溪）、尤溪、尤岭、连坑、双坑等。

图 4-21　近代灵江帆船（来自中国文史出版社 2012 年版《临海海洋文化研究文集》）

古代永宁江货运

永宁江又名澄江，发源于括苍山大寺基，至三江口入椒江，干流全长 77 公里。1958 年前，在山水和潮汐共同作用下，干流形成“九曲十八弯”奇观，但水深基本稳定；三江口至黄岩城关宽 400 ～ 500 米，可通 700 吨船舶，城关至潮济河宽 50 ～ 320 米，可通 30 吨船舶；潮济以上称永宁溪，32 公里适合竹排运输。潮济为沟通上下游货运的枢纽航埠。

在《旧唐书》《新唐书》中，黄岩乳橘被列为地方贡品；沙埠陶瓷器在唐宋时为地方一大特产，有出土文物证明其晚唐时就销售至菲律宾等地。永宁江航道不仅是古代台州西南内陆通过椒江口出运土特产的重要货运通道，也曾是外贸航运通道，遗存黄岩城关的新罗坊（柏树巷）地名即五代时新罗商人旅居之地。

永宁江、永宁溪沿途集镇自下而上靠埠有江口、黄岩城关、焦坑、临古、北洋、头陀、潮济、乌岩、宁溪等。

近代内江货运

近代台州内江货运主要通道仍是椒江水系的灵江、永宁江以及上游的永安溪、始丰溪。椒江水系内江航运的辉煌时代在航船应用机器动力的晚清、民国时期。当时俗称航行内江的机动轮船为“小火轮”。轮船航行灵江、永宁江有速度优势，海门至临海城关、黄岩城关在 2 ～ 4 小时可达。其时，班轮均为客货混装，既运乘客，也收揽客商货物，许多乘客实际都是随身携带货物的客商。

近代，临海城关已少有直接出海的船舶，但自开通沪椒、甬椒客货班轮，黄岩商人要求延伸到黄岩城关停靠，该段航运就有了外海航运、内江航运的双重内涵。此外，永宁江黄岩城关、三江口和灵江下游也有运输木帆船直接出海，这些运营应归于外海航运。

近代灵江及支流货运

清光绪年间（1875—1908 年），有灵江小轮投入临海至海门航线，此为台州内江最早的机器动力客货航班。清宣统三年（1911 年），临海六埠拖轮公司置 23.15 总吨升（顺、兴）昌轮开辟椒临客货运航班，此后陆续运营的海门—临海的客货班轮状况如下。

升（顺、兴）昌轮　临海六埠拖轮公司所属，载重23总吨，宣统三年（1911年）始航，终航不详。

怡（贤）昌轮　六埠拖轮公司所属，32总吨，民国3年（1914年）始航，终航不详。

章安轮　俗称老章安轮，为椒临线最大班轮，临海商轮兴记有限公司所属，载重98总吨，航民国18—30年（1929—1941年），30年被日军掳走。

运大轮　运大仁记商轮局所属，来自温州环海局，载重22总吨，客位183座，民国8年（1919年）始航，终航不详。配120磅蒸汽机（1956年后改为椒航203轮）。

临浦轮　临海商轮公司所属，载重45总吨，配双缸蒸汽机2台，功率100匹，约航20世纪30年代，民国28年（1939年）被日机炸沉。

江大轮　江大商轮局所属，载重25总吨，客位117座，配80匹木炭车为动力，民国28年（1939年）由椒黄线转椒临线（20世纪50年代后改为椒航204轮）。

新章安轮　载重86.6总吨，客位156座，配120磅蒸汽机，民国32年（1943年）投入椒临线（20世纪50年代后改为椒航001轮）。

新东海轮　载重21总吨，客位79座，始航时间不详（1956年后改为椒航207轮）。

茂生轮　民国36年（1947年）由货轮改建，投放临海至黄岩航线，载重32总吨，客位72座，配60匹木炭车为动力（1956年改货轮成为椒航206轮）。

金汇源　载重19.6总吨，航于民国32—33年（1943—1944年），行驶黄岩—临海航线。

永新轮　载重76.2总吨，航行于民国34年（1945年），行驶黄岩—临海航线。

以上轮船仍遵循按潮汐涨落发船的传统，故航时不定，依潮汛而行。

在清末民初的无公路时代，台州物资运输仍以水运为主，江上货运除班轮沟通下游外，沟通上下游物资流通的主力船舶还是木质长船，长船顺流而下载重3～5吨，逆行1.5～2吨，不仅能上溯天台、仙居，还可下行海门、黄岩。民国34年（1945年），临海全县有长船490艘。灵江承担的货运功能不仅为满足临海当地的物资需求，更是上乡竹木、柴炭、山货供应东部平原和出口，海门港进口物资和东部鱼盐产品输运上乡的大通道。

抗战对内江客货运有所影响，章安轮被掳往上海改为台占丸轮，45总吨临浦轮被日机炸沉于下浦，运大轮自行凿沉，椒江义渡轮被掳至椒江口外沉没。民国30年（1941年），椒临线由章安轮、运大轮营运；32年，椒临线由运大轮、江大轮营运。战后，椒临线由江大轮、新章安轮营运；36年，章安轮由敌产管理局发还；37年，复航椒临线。

抗战期间，海门港一度封锁，海运由舟山运至象山港桥头胡或海游、健跳上岸，陆运至临海城关再分运台州各地，甚至转运温州地区。临海城关成为水陆联运重要集散地。其时，瓯海关临海分卡所收的进出口税、战时消费税竟占整个瓯海关税收总数之半数或60%。它促使椒江水系内江航运和台州湾畔平原内河航运趋于繁忙。

晚清至民国时期，灵江支流大田港、义城港在上游下泄水量充沛的情况下，涨潮流入的是受顶托的上游淡水，通常不影响农田灌溉，仅在上游枯水时偶尔会有咸潮混入。故两支流河口在1974年前一直未筑闸，仍然发挥传统航运功能，江船、竹排均自由出入。

大田港40吨船舶可行航道有18.3公里，可至丁桥、洛河；沿途埠点有大田港口、新桥头、邵家渡、赤水、洛河、下洋岩等。义城港 10 吨船舶的可行航道有 11.7 公里，可至灰炉头；沿途埠点有两水、下叶、金家汇、筱溪（小溪）、灰炉头等。处两支流附近的大田、邵家渡、两头门、筱溪等集镇都仍然享受航运之便利。

近代永安溪、始丰溪货运

晚清至民国时期，海门港航运迅速发展，进口货如棉布、棉纱、绸缎、面粉、煤油、食糖、卷烟、火柴、蜡烛、罐头以及日用百货、杂货等，均从沪、甬通商口岸输入，而台州本地出口商品无非是农林、畜禽、原材料及一些手工制品。其中，占大宗的农林土特产来自“上乡”天台、仙居、临海、宁溪。永安溪、始丰溪即输送天台、仙居土产出口的唯一水运通道；它也是沿海鱼盐产品、富余稻米、舶来品和日用工业产品西输天台、仙居的唯一通道。永安溪尤为台州海盐输送缙云、永康、金华的通道。

竹木、柴炭是天台、仙居出口物资的大宗。竹木原材料可捆成木排、竹排，直接流放椒江口；柴炭、木板则需用长船装运临海转运海门，或直接运海门。民国 21 年（1932 年），台州各县运海门原木（包括松、杉、枫、樟木）38.8 万株，松杉板 4 万丈，柴炭 80 万篓。除 16.6 万株原木供应海门等地，其余用柴爿壳船转运上海。

茶叶、桐油、柏油、茶油主产于天台、仙居，以天台最多。民国 22 年（1933 年）天台产茶叶 20 万担，占全省 1/3，当年销往上海、宁波、苏州 7000 担。21 年，天台输出桐油、柏油 6000 担，仙居 3000 担；26 年，仙居输出增至 9000 担。此外，天台还出产苎麻，21 年输出沪、甬 1 万担。

果品中天台的枣子、杏子、栗子均有大宗外销；民国 21 年（1932 年），有 1 万担枣子运销沪、甬，1004 担杏子运销宁波，1009 担杏子运销海门。

天台、仙居出产的白术、芍药、乌药、元胡等中药材均有大宗输出。民国 21 年（1932 年），仙居产白术 1.5 万担输往临海、海门、宁波、上海。

畜禽类中的生猪、耕牛、鸡鸭、禽蛋、猪鬃都是天台、仙居的传统出口货物。民国 21 年（1932 年），仙居有生猪 2 万头运销上海，天台、仙居出口猪鬃 857 担，天台输出活鸡 34.8 万只。天台、仙居出产的禽蛋售给海门蛋行，加工成彩蛋运销温州、厦门、石马、台湾等地。天台为台州养牛大县，年产 5.5 万头，与“下乡”洪家、横街、方山等牛市场形成贩卖租赁链，有力支持台州滨海地区的农耕畜力，部分贩销往上海、宁波。

由于径流泥沙侵蚀，清末民初，永安溪航道从曹店退缩到溪口湖，缩短 10 公里。永安溪、始丰溪使用的长船，顺水载 3.5 吨，时速 5 ～ 7 公里，逆水载 2 ～ 3 吨。民国时，临海至仙居城关有客货船，大水时下行 5 ～ 6 小时，上行一昼夜。始丰溪水量丰、枯期悬殊，丰水期木船可上行平镇，天台城关至临海顺水朝发夕至，逆行一般需 3 ～ 6 天，枯水期 10 天。

民国时期，永安溪长船达 700 多艘，竹筏 600 多张；始丰溪木船发展至百余艘，抗战时增至 200 余艘，竹筏 182 张。民船自揽业务，运价不一，设船民公会组织调解纠纷。抗战期间，因沿海封锁，永安溪为联系台州沿海与内地的重要通道，仅盐运每年即达 3 万多吨。民国时期，永安溪有渡口或靠埠 45 处，始丰溪靠埠有滩岭、花桃、南门、溪头、清溪、平镇、埠头街等航埠。滩岭、仙居、皤滩各设多家过塘行从事仓储转运业务。

近代永宁江货运

从椒江口至三江口约13公里，再沿九曲永宁江至黄岩县城约17公里。清末民初海门开辟沪椒、甬椒轮船航线后，由于近海，有关方面就将航线延伸黄岩县城，形成外海加内江的沪椒黄、甬椒黄航线（详见第二节“近代外海货运”），这是外海航线在内江的延伸。本节所记永宁江货运仅指椒江以上的内江运输。

清宣统元年（1909年），黄岩商人江茂才购7吨永裕轮航行于海门—黄岩县城北门埠头间，此为椒江水系最早的内江客货运机动船。继而有21总吨永新轮与之竞争。民国初，两商家合并为黄海公司，分别经营椒黄线与黄临线。此后永宁江班轮不断更迭（详情参阅本编第二章“水路客运”第三节“内江客运”）。民国期间，黄椒线、黄临线客货班轮设置如下。

永裕轮　黄海商轮公司所属，载重7总吨，清宣统元年（1909年）始航椒黄线，民国16年（1927年）出售停航。

永新轮　黄海商轮公司所属，载重20.9总吨，后增为24总吨，航行椒黄线，清宣统二年（1910年）始航，民国28年（1939年）终航。

黄椒轮　黄柏诚置，民国18年（1929年）始航椒黄线，翌年退出转航路桥—温岭线。

黄岩轮　江裕丰所属，载重12总吨，航行椒黄线，始航终航时间不详。

茂泰轮　茂泰商轮公司所属，载重6总吨，民国18年（1929年）始航椒黄线，终航时间不详。

江大轮　江大商轮局所属，载重25.2总吨，民国26年（1937年）始航椒黄线，28年由椒黄线转航椒临线。

黄济轮　黄济轮船局所属，载重19.6总吨，民国19年（1930年）始航黄岩—潮济，终航时间不详。

茂生轮　民国36年（1947年）由货轮改建，投放临海—黄岩航线，载重32总吨，客位72座，配60匹木炭车为动力（1956年改货轮，成为椒航206轮）。

金汇源　载重19.6总吨，民国32—33年（1943—1944年）航行黄岩—临海航线。

永升轮　载重76.2总吨，民国34年（1945年）航行黄岩—临海航线。

民国时期，黄岩县“西乡”山区的竹木、柴炭、山货流向东南平原，滨海地区的稻谷、海盐、渔货和海门进口南北货、日用品流向西部山区，均依靠永宁江江运。季节性柑橘为大宗货物，需运送至海门装海船出口。承担货运的内江运输船有黄岩舨、舸、柴昷等，通称内营船。

潮济以上的运输则要依靠竹排，俗称翘头簰。顺水航行可载货300～400公斤，多者可达1吨。竹排使用于永宁溪、小坑溪、柔极溪、九溪。溪流运输有三个集散中心，一个以坦头为中心，辐射金岙、凉棚、宁溪等处溪埠；一个以乌岩为中心，辐射白沙园、箬厂埠、小坑、二头门、白石洋、双溪头、屿头等处溪埠；以茅畲为中心的溪运仅沿九溪一条溪流。黄岩西部竹排总数逾400张。

以民国23年（1934年）黄岩全县统计的进出口货物为例，总数约2万吨。此数仅表示进出口物资，不包括县内东西部物资流通，具体货种如下。

出口货物：柑橘40万箱、青炭5万担。

进口货物：肥田粉3万包、面粉5万包、火柴2000箱、绸布1.5万包、豆饼7万斤、机油3000箱、香烟3500箱、煤油2.5万箱、食糖1万斤、棉纱400扛。

抗战爆发后，商轮时遭炮击、空袭，至民国 27 年（1938 年），永宁江各段相继被迫停航，沪椒黄航线上的达兴轮改为葡萄牙籍山泰轮维持运输，年底改航宁波，黄岩柑橘因而滞销，损失惨重。

抗战对永宁江货运的影响是：江大轮、永升轮一度避匿上游。民国 30 年（1941 年），椒黄线由永升轮营运，黄临线由金汇源轮营运，黄济线由黄济轮营运；32 年，椒黄线停航，临黄线、黄济线依旧。

战后，永升轮复航椒黄线，民国 36 年（1947 年）江大轮重航椒黄线。

计划经济时期内江货运

内江客货轮自诞生起就是机器动力的“小火轮”，该时期依然，并仍为客货混装。内江其他运输船则从木帆船逐步过渡到机帆船和纯机器动力。无论客货班轮还是运输木帆船、机帆船，运营和管理方式都经过公私合营社会主义改造，全部纳入由政府管理机构主导的统管模式。

此时，由于公路在逐步兴建中，内江货运在第一个五年计划期间（1953—1957 年），对基本建设发挥作用甚巨，如 1955 年修筑黄岩大桥，承运物资 23000 吨；1965 年建临海大桥，亦靠内江运输送建材。海门港的台州西部的集疏运也基本依靠内江运输，“上乡”出口物资主要由内江集聚海门转运；进口物资和沿海物资也由海门经内江货运疏散至“上乡”各地。

由于公路建设逐步铺开，航时候潮和江道弯曲使内江客货运相形见绌；又由于水利建设大量拦截椒江水系上游径流，永安溪、始丰溪径流量大减，航道萎缩，溪流航运开始呈颓败态势。永宁江上游在 1960 年拦筑长潭水库，拦截永宁江几乎全部的径流，航道淤涨，航运危在旦夕。

计划经济时代灵江及支流货运

20 世纪 50 年代初，椒江上游内江客货轮有新章安、江大、运大、新东海、茂生、永洲、黄济、椒江 8 艘，前 5 家轮船行在临海，其中新章安、江大、运大 3 轮航椒临线，新东海、茂生 2 轮航临黄线。1954 年，中共台州地委整顿轮船业，将内江航线私营客货轮联合组成台州内河临黄椒合营航务行，统一经营内江客货运业务，址设临海。1955 年，在此基础上清户核资，成立公私合营临海轮船公司。1956 年，公司迁海门，因撤销直属海门区改属黄岩县，改名为公私合营黄岩县海门轮船公司。经营内江航线有椒—黄、椒—临、临—黄、黄—济 4 条。内江客货轮主要载客，但一些乘客本就营商，携带货物上船；客货轮也接受货主托运，助力货物流通。

椒—临航线在公路不发达时期是“上乡”临海与“下乡”台州湾平原的重要交通线，最多有 5 艘轮船投入营运，每天对开 1 班。公司设海门后，在临海设客运点，并在涌泉建码头和客运站，沿途停靠章安、涌泉、马头山、管岙、石村、钓鱼亭、汛桥，各埠石砌道头靠埠困难，由称为“推龙”的小船接送旅客。

除轮船外，分散的货运民船在 1952 年被组织成联运社，1956 年全部纳入集体所有制运输合作社，时称城埠木帆船高级合作社、涌泉木帆船高级合作社、永丰木帆船高级合作社（1958 年建，船舶航行灵江和永安溪、始丰溪）。

“大跃进”高潮时期，内江客货轮货多客少，反映的是物资流动活跃，人员流动减少；到 1961—1962 年调整时期，则出现客多货少，反映三年困难时期物资匮乏的现象。1963 年，临—黄线客货班轮因航道太曲折漫长，不如公路快捷，客源逐渐减少而停航。

20 世纪 60 年代末，木帆船开始改装成机帆船。30 年间，临海县内江（河）货运量统计所反映的主要货种是粮食、盐、煤、矿石建材、水泥、木材、化肥，其货运量虽然包括内河货运，但大头在内江。随机选择突出年份的数据如下：1949 年 0.8 万吨，1954 年 7.1 万吨，“大跃进”期间最高年份 1960 年 73.12 万吨，“大跃进”后最低年份 1963 年 9.87 万吨，1966 年 12.16 万吨，1970 年 23.75 万吨，1976 年 32.47 万吨，1978 年 48.9 万吨。

灵江支流大田港和义城港感潮河段原分别可通航 40 吨、10 吨船舶，由于上游筑水库，航道可航里程逐步缩短，货运相应萎缩。1949—1979 年所测航道里程如下：大田港，1949 年习惯里程 56.5 公里；1966 年实测里程 21 公里；1979 年航道普查里程 18.3 公里，非感潮河段断航。义城港，1949 年习惯里程 27.5 公里；1966 年实测里程 14 公里；1974 年河口改道，从两水移至罾（棕）棚埠，并在河口建红旗闸，对外货运断航。

计划经济时期永安溪货运

20 世纪下叶，永安溪上游开始修筑水库，径流泥沙侵蚀愈益加重，民国 17 年（1928 年）河床面积 5 万亩，至 1959 年扩大至 13 万亩。朱姆溪河床局部高于皤滩地面，孟溪河床局部高于仙居城关地面。20 世纪 50 年代，大水可通航横溪，平时只达皤滩。

20 世纪 50—60 年代，仙居船业工会发动船民清理疏通航道，1959 年成立仙居航管站，重点整治肥桶岩、棺材岩、锤岩以及柴岭头、铁沙湾等处傍水乱岩，并整理朱溪、韦羌溪、北岙溪、杨岸溪、四都坑、六都坑、万竹坑、大陈坑等 8 条通竹排支流，总长 150 公里。

20 世纪 50 年代初，运输长船有 250 余艘，组织临海船民协会仙居分会，后加入临海运输合作社，实行三统一管理，1958 年转为临海县永丰木帆船运输合作社，1962 年又分为仙居木帆船运输合作社。

1954—1959 年，永安溪年运输量在 4 万吨以上。至 20 世纪 60 年代，由于公路逐步修筑，水运逐步由盛转衰；1968 年，运输木船仅 30 艘，至 1982 年，专业水道运输终止。

表 4-26 **1949—1968 年永安溪水运装备及运输量**

年 份	木 船（艘）	竹 筏（张）	运输量（吨）	年 份	木 船（艘）	竹 筏（张）	运输量（吨）
1949	250	420	875	1959	132	84	516
1952	210	350	735	1962	72	42	288
1954	184	327	646	1965	50	不详	200
1957	152	361	535	1968	30	不详	150

临海至仙居城关客货船运行至 1957 年，乘客大减，1958 年停航。

计划经济时期始丰溪货运

20 世纪 50 年代，天台县建立临海船民协会天台（南山）分会，拥有长船 55 艘，1925 总吨。后又加入临海运输合作社，实行三统一管理。1958 年，转为临海县永丰木帆船运输合作社，翌年 2 月，永丰社并入地方国营天台运输公司，为属下木帆船队，发固定工资。1962 年，又分为天台木帆船运输合作社，独立核算，实行计件工资，有长船 22 艘，77 总吨。1965 年后，始丰溪 7 处拦溪筑坝发电，内江航道缩至董岸以下，始丰溪水运停航。

计划经济时期永宁江货运

永宁江黄岩城关以下江运有直接出外海的传统，其内江货运与外海货运兼容。晚清至民国时启用的客货班轮，椒—黄线、黄—临线可说是内江航运；但从海门港延伸黄岩城关停靠的外海客货轮，也是内江、外海航运兼容。

1949年起，外海客货轮全部停航，继续通航的只有椒—黄线、黄—临线、黄—济线客货轮。因黄—临线班轮既需候潮又曲折迂回，不如公路便捷，于1956年停航。又因1960年筑长潭水库，几乎拦截永宁江全部径流，河床迅速淤涨，黄—济线客货班轮亦于20世纪60年代末停航。1980年，筑成黄海公路，椒—黄线客货班轮亦停航。

1952年起，黄岩县对水运民船进行民主改革，成立黄岩县木帆船联合运输社（含外海、内江、内河运输），下有城南、城北、潮济、路桥4分社，其中城北、潮济分社所辖船队基本为内江运输，城北分社辖北门大舨、北门舢板、北门柴昆、江口客货运、仙浦、王林农村渡、罗汇燕、仪凤彭、七里、后洋王10小队，潮济分社辖山头舟、大礼埠、潮济3小队。

1956年，经过社会主义改造，黄岩全县（时海门归属黄岩县）水运不分外海、内江、内河，设澄江、团结、路桥、金清、头陀、椒江一、椒江二、海门内河社8个运输合作社，实行“统一计划、统一调度、统一运价”三统一管理。其中，从事内江水运的原北门大舨、北门舢板、北门柴昆、江口客货运小队于1963年分出设立城关内江运输社；原山头舟、大礼埠、潮济运输小队在1961年改名头陀航运大队，1962年定名头陀运输社。

1964年，黄岩全县共有外海（内江）木帆船13艘，载重量603吨。1966年后，电煤、生活用煤、化肥、水泥、建材运输剧增。1968—1970年，木帆船开始改装为机帆船，也发展木质机动货轮。1978年底，黄岩县属集体运输企业拥有机动货轮7艘，载重量960吨。

其间，黄岩县航运部门统计的水运客运量、货运量既将内江、内河混在一起，又将金清、三甲（岩头）、海门、黄岩的沿海货运混在一起，无法厘清永宁江内江运输量。但可获知永宁江货运特色：一为季节性短驳柑橘至海门，年运量在3万～4.5万吨，时间在10月27日至12月15日。一为码头山于1974年建发电厂，随建专用煤码头，直接由上海输运煤炭来黄岩，每年达7万～8万吨，为使船舶不致空放上海，在三江口设立黄沙中转基地，将从灵江挖运的黄沙集中三江口转运上海。其次有非正常的支农、国防运输，如收购大陈岛、蒋儿岙岛、一江山岛渔肥，运回弥补农肥不足；在黄岩大桥未造前，支援军需物资渡江等。

永宁江上游溪流排运存续至20世纪50年代，以坦头、乌岩为集散中心，辐射宁溪、乌岩两区的溪流。1953年，调查全县有竹排464张，山区竹木、柴炭、番薯丝、笋干等山货均由竹排运送潮济，转由江船运抵城关或海门。反向运输的物资是大米、布匹、烟酒、糖、盐、日用品、蛎灰等。1959年统计，全年溪流运输量达3.6万吨。

1960年筑长潭水库，排运终止。筑水库过程中遇暴雨抢险，调城关、路桥、金清、海门4内河航运大队木船31艘（共235.8吨位）和海门港务局机动船1艘进库。抢险结束，船舶成为水库航运的基本队伍。

改革开放后内江货运

改革开放后，由于之前椒江水系上游频繁修筑水库，永安溪、始丰溪因径流量减少，航道不同程度枯竭，一些部位围堰拦水，逐步断航。20 世纪 80 年代后，台州内陆公路建设突飞猛进，天台、仙居盆地的航运基本为公路运输取代。

20 世纪 80 年代，因公路客运的便捷，临海至海门客货班轮旅客骤减，于 1986 年 3 月停航。但灵江水路货运除满足临海县需要，还有为天台、仙居中转大宗物资的功能，水运仍为临海县（市）所看重。其时，原属临海县的前所、章安诸码头均划归椒江市，临海市便在城关东部白塔和涌泉、西岑三处开发码头。其中，在西岑开发的红光码头旨在承担外海航运作用；白塔诸码头担负煤炭、粮食、木材、燃油等物资运输；涌泉码头原有客货运输需求，1985 年筑成大田经涌泉至前所 83 省道后，涌泉码头丧失作用。

其后，建筑业、造船业大兴，灵江船舶从事砂石转运者日多，两岸长甸、马头山、西管岙、八仙岩、钓鱼亭、汛桥、长水坑、五孔岙等岸线遍布造船业和矿石建材加工转运业；此时，白塔诸码头货运则逐步趋向衰退。

撇开灵江下游红光码头等外海货运，20 世纪 80 年代临海市境内内江、内河分货种货运量状况如表 4-27 所示，运量重头在砂石建材、煤炭，其次为粮食、化肥、食盐、水泥、木材。表 4-28 为 1987—2003 年临海市内江河货运量历年统计。

图 4-22　20 世纪 90 年代，西岑红光港点的液化石油气船（来自人民出版社 1994 年版《中国 · 台州》画册）

表 4-27　**1980—1985 年临海市内江河货运量分类统计**

年 份	货运量（万吨）	周转量（万吨 / 公里）	矿建（万吨）	煤炭（万吨）	粮食（万吨）	化肥（万吨）	食盐（万吨）	水泥（万吨）	木材（万吨）	农资（万吨）
1980	46.69	1901.28	3.06	6.09	2.11	1.98	0.73	0.52	0.13	不详
1981	43.91	1731.75	15.46	6.43	2.83	1.66	0.89	0.65	0.05	不详
1982	46.51	1767.65	18.89	5.76	2.88	2.79	1.42	1.29	0.06	不详
1983	45.21	1730.02	13.95	5.45	2.42	2.17	0.94	0.80	0.30	不详
1984	42.07	1835.73	17.84	6.89	1.88	2.17	0.79	0.78	0.26	0.26
1985	39.04	1576.58	12.76	5.97	1.58	2.22	1.04	1.00	1.44	0.84

表 4-28　**1987—2003 年临海市内江河货运量统计**

年 份	1987	1989	1991	1993	1995	1997	1999	2001	2003
货运量（万吨）	34.1	26.8	33.5	36.5	32.5	68.96	73.34	87.3	71.81

改革开放后，在灵江流域和椒北平原，原经社会主义改造组合的集体所有制性质的各运输社、

航运公司（包括沿海运输），如原临海县木帆船船运输社、灵江运输社、涌泉运输社、前所运输社、杜桥运输社、拖牛坝运输社等，经过社会主义改造，成为临海市海州运输公司、灵江航运公司（海运公司）、涌泉航运公司、前所航运公司、杜桥航运公司、上盘航运公司等，但仍为集体所有制，这些企业因多种因素影响，难以继续经营，于2000年前后破产。代之而起的是产权明晰的股份制企业，如临海市海河船务公司、临海回浦海运有限公司、临海正特码头物流有限公司、台州市万木春船务有限公司等。

表 4-29 **1980—1985 年临海市内江运输船舶统计**

年份	合计		客货轮			货轮		驳船		木帆船	
	数量（艘）	吨位（吨）	数量（艘）	客位（个）	吨位（吨）	数量（艘）	吨位（吨）	数量（艘）	吨位（吨）	数量（艘）	吨位（吨）
1980	132	1764.6	4	477	110.6	38	991	29	312	61	431
1981	117	1903.6	5	334	127.6	29	1018	32	358	51	400
1982	98	1761.6	1	156	86.6	43	1210	10	101	44	364
1983	91	1709.6	3	334	127.6	40	1152	47	424	1	6
1984	82	1616.6	1	156	86.6	43	1215	38	315	不详	不详
1985	63	1478.6	不详	不详	不详	不详	不详	不详	不详	不详	不详

表 4-30 **1991—2003 年临海市内江、内河运输船舶统计**

年份	1991	1992	1993	1994	1995	1996	1997	1998	1999	2000	2001	2002	2003
船数（艘）	1141	770	778	769	521	377	414	278	182	136	152	144	63
总吨（万吨）	1.37	1.08	1.13	1.13	1.03	0.53	0.58	0.42	0.42	0.34	0.42	0.39	0.35

从表 4-29、表 4-30 可知，内江木帆船在 1984 年淘汰，海门至临海客货轮最后使用至 1985 年，内江运输船逐步减少，主要减在木帆船。20 世纪 90 年代和世纪之交，内江、内河总数反映的数量骤减，主要是内河运输已由于航程短，上落水装卸不便，经济上不合算，逐步淘汰。进入 21 世纪后，灵江河段，除了西岑河段红光码头等经营油品、液化气、化学品、煤炭、散装水泥等沿海运输，内江运输基本以转运河流上游的建筑用砂石、黄砖为主。

1960 年拦筑长潭水库后，永宁江航道急速淤涨，其时，黄岩城关至长潭有黄长公路沟通，黄岩至潮济航运式微。1980 年，黄（岩）海（门）公路筑成通车，永宁江沿线水运因货源不足逐步衰退，由公路陆运取代。

永宁江黄岩城关以下航道在历史上也是外海、内江兼容的运输通道，主要还是追求通江达海之便。纯粹的江运，由于九曲弯道的存在，在公路筑通后意义不大。航驶永宁江的船舶在改革开放前为三江口口外海运输社、城关外海运输社、潮济运输社、城关内江运输社所属，其中只有城关内江运输社明确内江运输性质。1984—1988 年，这些企业分别更名为黄岩县第一、第二、第三、第四外海航运公司；而其他水运企业则命名为黄岩县第一（黄岩）、第二（路桥）、第三（金清）内河航运公司和长潭航运公司。航运企业的命名就已预示内江运输的消亡。

20 世纪末，永宁江启动河口筑坝闸之治理工程，该工程虽使得闸内河水免于潮涨潮落，也 24 小时通航，留有船闸可通椒江，但已鲜有海船过闸，迄今仅在江口等地有几个黄沙装卸点。

水库航运

20 世纪 50 年代后，椒江水系上游大量兴建水库，其中库容 1 亿立方米以上的大型水库为永宁溪上长潭水库、始丰溪上游里石门水库、临海逆溪牛头山水库、永安溪下岸水库。其中，长潭水库、牛头山水库、里石门水库辟有库区航运。

图 4-23 长潭水库初期交通船（来自上海三联书店 1992 年版《黄岩交通志》）

1960 年，修筑长潭水库，总库容 7.32 亿立方米。潮济以上溪流运输消亡，代之以水库运输。初期投入 31 艘木船和 1 艘机动船，共 235.8 总吨。组建长潭运输社，开辟凌湖—宁溪（楼岙）、凌湖—小坑（箬厂埠）、凌湖—屿头 3 条航线，至 1963 年增开凌湖—桐岭岙航线。1977 年，新建载重 60 吨、可载 2 辆汽车的汽车渡驳 1 艘，投入凌湖—宁溪线。1978 年，原坦头竹筏运输社并入长潭运输社；1979 年又建载重 80 吨汽车渡驳 1 艘，对开凌湖—宁溪线。

1980 年前，长潭水库航运独家经营。1984 年，企业更名为黄岩县长潭运输公司，但面对运输市场开放，民营机动船参入经营，运输公司效益锐减，不得不分流人员至五金厂、轴承厂。1986 年，水库有客货轮 14 艘、335 吨位，非机动货驳 14 艘、278 吨位，汽车渡驳 2 艘。1988 年，因长潭环库公路筑成，库内运输仅存凌湖—板费头—小坑、凌湖—桐岭岙 2 航线。

1979 年，始丰溪上游修筑里石门水库，溪水被拦蓄，总库容 1.99 亿立方米，天台城关以上竹筏消失。里石门水库上游有林场和渔场，开辟库区航线，置客货轮 3 艘，设花墙埠头和茶园、田芯、磐安县方前等靠埠，由里石门水库管理局负责管理。2012 年，修筑连通磐安的 S323 公路，公路自天台下科山起，途经平镇、街头，擦里石门水库北岸而过，湖畔建设寒山湖度假村，开发水上旅游项目。

1989 年，大田港上游逆溪拦坝修筑牛头山水库，总库容 3.02 立方米，库区人口 4000 多人。开辟库区航道满足库内居民日常交通、物资运输和旅游观光的需求。设有 3 条库区航线，通航 50 吨船舶，总里程 16.85 公里。其中，牛头山渡航线自水库大坝至龙潭坑，长 4.1 公里；前岩渡航线自大坝至前岩，长 6.95 公里；严坑渡航线自大坝至严坑，长 5.8 公里。

第六节　内河货运

台州适航内河主要在台州湾畔椒南平原、椒北平原和桃渚平原，三门丘陵和玉环岛、楚门半岛地带山岙平地狭窄，内河短小，互不连通，除农用外，航运意义不大。台州滨海平原在2000多年的历史进程中，均由山麓舌状淤涨地不断沉积扩大而成，先民在此过程中不断围塘造地，留下塘河、甲河，纵横成网，始为农田灌溉，也成就了运输航道。

台州滨海平原在传统的行政建制里，先由一个章安县或临海县独辖，唐高宗上元二年（675年），析临海县南部置永宁县，唐天授元年（690年）改黄岩县。山区政区划界通常以分水岭为界，合情合理，但平原若以河流划界就相当不合情理。

临、黄两县划界，初始并未以椒江为界，而是将椒江口南岸的一部分留给临海县，使椒江河口港得以完整保留在一个政区内。至明成化五年（1469年），又析分黄岩县南部置太平县，民国3年（1914年），改温岭县。黄、太两县初始划界也并未以金清港干流为界，而是划在干流以北，以保障干流处于一个政区版图内；后续划界，在金清镇以下即以河流为界。此时，一个完整的椒南平原已分属三个政区。

显然，人为的划界总与自然经济发展规律不甚相符，世界上的集镇总依托交通便捷之处发育，一般都在河口或河流的交接点，如海门、路桥、界牌头、泽国、金清，几乎都是骑跨河道而设。若以河为界，必将割裂城镇发展区域，即使界线偏离河流一些距离，也必割裂城镇的经济辐射地，影响城镇的发展。

1949年，以原临海县海门区设台州直属海门区，辖境跨椒江，包含两岸临港要地，但它使临、黄两县感觉失去港口要地。经1950—1956年间的数年博弈，直属海门区被撤销，南北两岸分属黄、临两县。平原虽得以完整，港口却被割裂。

迄20世纪80年代，台州人又感觉不对，终于意识到千百年来以江划界丧失大港发育基础的错误，就让椒江口两岸重新合并为一个椒江市，以达河口港的统一管理。然而，它又使椒南平原内河水网分属三个政区，使椒北平原内河水网分属两个政区。1994年，实现台州易地设市，又在椒南多设一个路桥区，椒南平原变更为四个政区。

漫长历史中的建制分割使台州滨海平原内河的称谓都缺乏统一的口径，也难以获得整体的统计数据。

古代内河货运

台州湾滨海沉积平原最初有自然径流入江、入海，如椒南大溪河（延伸后称金清水系）、椒北龙溪（延伸入江称回浦），又如桃渚平原雉溪（延伸平原为雉溪—连盘航道）、芙蓉溪（入平原为桃江）、北涧溪（入平原为北涧河）、山场溪（入平原为洞港），等等，最终都经人工疏凿，布局成网。

特别是唐宋以降，围塘、开河等水利工程的实施使沉积平原河道纵横交叉。从章安移往永宁江畔的黄岩县治更以县城为中心，开凿南官河、东官河、西官河贯通台州湾畔南翼平原河网。北翼平原在宋代起的围塘水利工程中也形成百里大河排灌航运水网，但南翼、北翼平原都存在一点欠缺：南翼平原西部永宁江河谷平原与东部沉积平原内河水位存在0.8米左右的水位差，杜桥平原与桃渚平原也存在微小水位差。不得不在南官河坝头段、东官河山头金段、上盘拖牛坝处、洞港天德闸处筑滚水坝或水闸拦水，妨碍航行。过往船舶只能驳运过坝或拖船过坝。

台州滨海平原均为为软土，土质松软，不耐车轮碾轧，雨天更是泥泞，难容车马行走。是故几千年来，平原交通运输除了人工肩挑，唯一依靠内河船舶。传统内河船舶为木质平底方头形制，称为内河舨。船舶无桅，仰口舱，有三舱、四舱之分，可加箬篷遮雨防晒。船尾外跳，有橹嘴，可用橹摇。但摇橹速度不及人步行，故船尾有镂空长槽，可插入撑竿，由人在岸上用撑竿推行，也可再配拉纤。

古代内河舨每船载重在10吨以下。大宗货物运输均受货主委托。除承担官府和商家对粮食、烟酒酱醋、农副产品、海盐、建材的储运，承担海运物资的集疏也是其重要功能。鸦片战争以前，主要集疏运港埠为章安、栅浦、家子（葭沚）、海门、前所、松门、新河（迂浦、金清）、温峤。官府仓储集疏运的重要航埠是黄岩县城、太平（温岭）县城。

民间另有市船，专为赶集商人或村民服务，帮赶集商人载货上市，回程捎载赶集村民所购物品，分送各村。集市商贸主要航埠在路桥（新安）、洪家场、东山头、院桥、泽国、新桥、新河、大溪、牧屿、横峰、石黏、新河、长屿、箬横、杜桥、道感堂、连盘街、北涧（监）街、桃渚街、沙门街、四岔街、泗淋街等集镇。

台州湾平原内河泄水于台州湾海域或椒江、永宁江、灵江水域都直接面对咸潮。为潴蓄淡水以利农田灌溉，先民很早就有在河口筑埭挡潮，内河舨一般被挡在埭内。但有时也突破，如推船沟之地名就说明外海、内河船舶也采取强制办法通过。上乡竹木流放至栅浦，也将其肢解，运入内河。东逻浦入江口是古代盐运出口通道。宋代以后，内河入江、入海河口均筑闸畜水，内河船也在潮水与内河水位持平时通过闸门进出，行驶于两岸之间。

近代内河货运

晚清至民国时期，台州湾滨海平原南北两翼均经几次围涂，扩大不少新涨塘地，椒江南岸从三塘围至六塘，金清港南温岭县东部也相应东扩，增加了3条塘河。椒北杜桥平原也外扩2条海塘。虽然新塘围垦均先用于刮土煮盐，塘河航运功能仅满足盐运需要，但前几条旧塘养淡农耕后，人居迅速集聚，成为成熟的村落乡镇。

椒南金清港以北一条河以东在清前期无独立行政建制，晚清至民国时期发展沙老爷殿街、二月二殿街、三甲街、石柱殿街、竿蓬街、杨府庙街（蓬街）、卷桥街、下梁街、新市、金清街等集市，并渐趋成熟兴旺。民国20—23年（1931—1934年）设乡制繁多，计有镇海乡、三甲乡、裕广乡、石柱乡、正鉴上乡、正鉴下乡、同仁乡、同郑乡、蒋家乡、粱岙乡、下梁乡、分水乡、河清乡、靖海乡、五丰乡、金清乡等等，足见经济之繁荣。

金清港以南木城河、老湾河、车路横河一带的横河、镇海、新街、塘下、山前、箬横、淋川、东浦、石桥头、松门等集市也都渐趋成熟兴旺。民国25年（1936年），温岭东南部新涨地设第二区（东区）、第三区（南区）；二区辖团浦乡、义民乡、山前乡、前江乡、箬横镇等；三区辖盘马乡、晋大乡、桥下镇、石桥镇、高龙乡、车浦乡、贯庄乡、淋川镇、松门镇、上马乡、箬山镇、石塘镇、钓浜乡、龙门乡等。温岭东部平原亦呈现一片繁荣。

椒北杜桥平原向东南拓展后，靠河的一些集市在晚清至民国时期日臻成熟，西洋堂、上墩头、洪家、草坦堂、独木堂、市场街、上畔（盘）等集市都建乡制。民国34年（1945年），依次分别设岸头乡、松浦乡、项嵩乡、穿（川）南乡、穿（川）北乡、轻长乡（1947年）、上盘乡。桃渚平原已经填满蒲兰山、南门坑以西全部原海域滩涂，连盘街、四岔街、泗淋街、石仓街都成为兴旺集市。其中，处中心位置的四岔，顾名思义就是四岔路口，于民国36年被设为东洋乡（今为桃渚镇）。

鸦片战争前，椒南平原内河运输与海运的中转在葭沚，因有葭沚泾沟通平原水网。鸦片战争后，海运大都在海门港集散，但海门港缺乏直达港埠的内河，沟通平原水网的三才泾止于乃崦岭南，要经2公里陆路和过岭，驳运困难。

沪椒、甬椒班轮通航后，海门码头集疏运需求猛增。为突破疏港“瓶颈”，光绪二十四年（1898年），海门绅商王梦兰、蔡霖首倡，取得海门镇官兵协助，开凿海门新河，从西门护城河起，绕过枫山西侧沙门，接下洋郑三才泾，北端延伸护城河（江城河）至新西街，在新西街南挖“大埠头”内河港池。“大埠头”长约240米，距椒江码头岸线仅百米，形成椒南平原进出口物资的集散中心。内河运输船在港池常挤得水泄不通。

鸦片战争后，台州湾平原内河货运大幅提升，不再局限于官府对粮食、烟酒、食盐的储运，舶来洋货与日用工业品进入城乡市场后，集镇商铺进货更为频繁，农副产品输出也普遍增多。海门、松门、黄岩城关、温岭城关、路桥、泽国、新河、杜桥等城镇引进近代工商业，原材料供给和产品疏运基本依靠内河运输。由是，专业运输船商形成队伍。民国25年（1936年），浙江省灵江民船船员工会成立，台属各县纷设分会；29年，各县又成立民船商业同业公会。

其时，内河舨型制更趋大型化，在传统三舱、四舱外，有大四舱船型，载货更多，加篷防晒防雨更完善。专业货运内河舨大多为大四舱，载货可至10吨以上。由于摇橹前进速度慢于步行，专业运输均用撑竿插进船尾撑竿档，人在岸上推撑竿前进，再由一人在前面拉纤，可达到人快走的速度，俗称快船。

此时市船发展更趋完善，不仅服务大集镇，乡级小集市也都有市船为民服务。

受外海轮船的启发，船商开始动脑筋将内河船机动化。民国16年（1927年），温岭商人购置内河机动客班船航行于温岭县城与路桥之间，这是台州境内最早的内河机动船。此后，航线逐步扩展海门—路桥、松门—路桥、温岭—海门、黄岩—路桥、松门—海门等航线。但此类小汽船主要用于客运，兼带乘客所携货物，客运航线详情可参阅下章“水路客运”。但直至1949年，机器动力始终未用上内河货运船。

杜桥平原与桃渚平原既隔山，又因淤涨沉积程度和围垦经历差异，两平原内河存在水位差，杜桥平原高于桃渚平原。上盘至连盘山谷地带为两地水道相连地带，杜桥平原在上盘河道筑坝保水，阻断航道。由是用牛拖船过坝，该坝就名为拖牛坝。民国32年（1943年），连盘至天德闸的南北纵向河道得到时任省主席黄绍竑拨款资助，展开疏浚，工程完成，河道被命名黄公河，成为自前所直通洞港的杜桃平原航运干线。

内河舨出闸过江，在近代仍然继续。海门港区北岸道头（也称烂泥道头）即专供北岸内河舨停靠转运货物。在此停靠的船舶有适于内江、沿海航行的大小舢板，也有内河舨，这些内河舨既载运柴炭、农副产品来海门，也从海门淘肥运回北岸。

计划经济时期内河货运

20 世纪 50—70 年代，台州湾平原县、乡级公路虽已起步修筑，但进展缓慢，除串联于国道、省道的黄岩、路桥、海门、洪家、泽国、大溪、温岭、杜桥等城镇，公路可达的集镇仅金清、三甲、新河、松门、温峤、上盘、四岔、泗淋等少数几个，故内河运输仍然是该时段的重要交通方式。

民国时期起步的各大集镇间客班轮小汽船继续发展，覆盖面更广。除每天均设航班的客班轮，还有逢集市日开航的“市航船”。椒南平原客班轮主要航线有：路桥—金清、路桥—大溪、路桥—江口、路桥—海门、路桥—温岭、路桥—松门、路桥—温西、海门—金清、海门—黄岩、海门—新河、海门—大溪、海门—新街、海门—卷桥、海门—新河寺前桥、黄岩—箬横、温岭—大溪、温岭—温西、温岭—寺前桥、温岭—松门、松门—大溪、松门—泽国、松门—山市、松门—新河寺前桥、松门—永安、松门—杨府庙、松门—桥下、寺前桥—泽国、寺前桥—金清、寺前桥—新街、泽国—温西、温西—新街、温西—永安、金清—松门—山前等。椒北平原仅在 1957—1959 年开辟前所—杜桥—上盘客班轮。虽然这些客船也捎带货物，但主营客运，故留待下章“水路客运”详记，可作为本节参阅资料。

该时段个体内河民船均经集体化，组织为各所在县、区的集体所有制内河运输社。其间，椒南平原在 1956 年后存黄岩、温岭 2 个县级建制，椒北平原、桃渚平原整体属于临海县。

1952 年，黄岩县组织水运船户成立黄岩县木帆船联合运输社，下辖城南、城北、潮济、路桥 4 分社，其中，城北分社、潮济分社兼营内江运输，城南分社、路桥分社经营内河运输，城南分社辖东门、西门、坝头、院桥 4 小队，路桥分社辖路桥、金清 2 小队。1956 年，海门区隶属黄岩县，经过社会主义改造，全县设为澄江、团结、头陀、路桥、金清、三甲、椒江一、椒江二、海门内河 9 个运输合作社，因外海、内江、内河性能不分，后各自根据性能转为外海运输社、内江运输社，仅城关团结、路桥、金清、三甲、海门内河 5 个内河运输社经营内河运输。

温岭县于 1956 年建立城关、温西（峤）、大溪、泽国、新河、箬横、松门 7 个内河运输合作社和一个公私合营温岭轮船公司；1960 年成立温岭县运输公司，原 7 个运输合作社成为公司下辖 7 个运输站；1962 年，内河运输部分恢复为独立核算 7 个运输合作社和公司合营温岭轮船公司。1966 年，公私合营温岭轮船公司改为地方国营；“文化大革命”期间，各航运企业均设“革命委员会”。

图 4-24 内河船机动拖带（缪鹤贤摄）

临海县辖区内河运输仅发生在东部椒北平原和桃渚平原，1956年后组建的运输合作社中，仅椒北内河运输社为纯经营内河运输的企业（后分为杜桥运输站、拖牛坝运输站、章安闸头运输站），其他城埠木帆船运输社、涌泉木帆船运输社、永丰木帆船运输社主要经营内江运输。

其间，台州滨海平原所用的内河货运船舶有较大进步。1958年，内河舨改平头为尖头，以减少航行阻力。1962年后，随着水利建设拓宽河道，增大增高桥梁跨度高度，内河舨载重量逐步扩大至20吨或更多；同时开始安装柴油机动力，凭扳手操舵，在船尾驾驶。至1976年，基本结束人工摇橹和拉纤、撑竿推船。

20世纪60年代中期，出现钢筋钢丝网水泥船，因其船体光滑、线型好、航速快、节约木材、费用低、维护简单，木质内河舨逐步被水泥船取代。而后又有钢板船出现，通常配置12匹马力柴油机，载重在20吨以上，个别达40吨。大批量运输还可形成拖带船队，安装动力者为拖头，被拖带者由一人在船尾掌舵。

大宗货运一般存在于县城、区镇等较大城镇，在这些城镇产生相应的装卸搬运组织。黄岩县境内装卸公司如下：黄岩县搬运公司（1951年设搬运工会，1952年改城关搬运服务站，1956年为黄岩县搬运合作社，1958年为黄岩搬运站，1959年升地方国营黄岩县搬运公司，1960年后降为县属集体企业）、城关搬运站、黄岩县运输公司路桥搬运大队、金清搬运站、头陀区长潭搬运站、新桥航搬运输社、黄岩县院桥搬运站，海门装卸站也承担内河货船的装卸任务。温岭县与城关、温西、大溪、泽国、新河、箬横、松门、江厦8个运输社对应，设有8个搬运站。临海县在前所、杜桥、上盘拖牛坝等地有搬运业务。

农村集体农民拥有的内河舨通常装手扶拖拉机的机用柴油机带动螺旋桨作为动力。一些抽水机船用于载货，就将水泵朝后喷水作为前进动力。这些船舶都为农用性质。

20世纪六七十年代，对平原航道因水位差而筑坝的部位采取一些措施。1960年对南官河坝头滚水坝实施拆坝建闸，但闸内外仍存在0.8米水位差，过船仍不容易1975年在隔200米处再建闸，成为过船套闸。东官河江口山头金段也于1957年、1965年拆坝改闸以利航运。1971年在上盘拖牛坝建造升船机，让船舶通过斜坡轨道牵引过坝，设计载重为7吨；1989年改为上下两座闸门控制的过船套闸。桃渚平原洞港天德闸也因闸里闸外存在水位差，建升船机协助船舶过闸，后也改建能过船的和平闸。

内河舨不仅是内河运输与外海运输转运的疏运工具，有时也出闸跨越椒江，成为直接沟通南北两岸的运输工具。海门港区北岸道头（也称烂泥道头）即专供北岸内河舨停靠转运货物。在此停靠的船舶有适于内江、沿海航行的大小舢板，也有内河舨，这些内河舨既载运柴炭、农副产品来海门，也在海门淘肥运回北岸。1973—1975年，华景河口也建造升船机，用轨道和电子操作协助船舶通过里外水位不等的水坝。

计划经济时期，县城和区镇都配置粮油储备仓库和与当地农副产品相匹配的特产仓库、物资仓库，如棉花仓库、柑橘储运仓库、毛猪仓库、食盐仓库、物资仓库、农资仓库、日杂百货仓库、烟糖副食品仓库、医药仓库；乡级集镇的生产资料、生活资料则由供销社一家储货经销，也会有毛猪仓库等仓储。这些物资收储和分配，就是内河专业运输的货源。

同时存在农村集市贸易形成的物资流通，这就是市船的货源。这种市船又不同于载客的“市航船”，只载货，不载人。集市分布保持民国时期状态，由于粮、棉、油、猪肉等主要农产品和化肥、种子、农药、农机、棉布、烟糖食品、日杂用品等主要生产资料和生活资料均为计划调拨物资，故集市贸易交换货物品类不多。人民公社社员所能交换的商品只是统购统销计划以外的零星物资，仅有菜草、柴火、秸秆、饲料等需要由市船协助运回家。

改革开放后内河货运

改革开放之初，台州滨海平原各县（市）十分重视内河运输，内河运输企业在原集体化的基础上优化建制，设为各别的内河运输公司。椒江市首轮城市总体规划中所作的港航规划，设想在海门大埠头西侧延伸内河港池，在工人路今银河商城处规划内河港池，在外沙和老鼠屿周边规划内河港池，以利今后内河运输与外海运输的驳运。栅浦在永宁河分支繁荣河尽头开凿港池，形成黄沙转运市场。

20 世纪 80 年代末，县乡级公路发展已延伸台州平原各主要集镇。由于台州沿海平原面积偏小，内河水运里程不长，水运虽有廉价优势，但短距离运输加上装卸搬运费用，相较于公路运输优势不显，内河运输在 20 世纪末逐步衰退，椒南平原内河客运班轮、市航船在 1986 年全部停航。内河货运一边受公路发展影响，一边因个体经营进入竞争，集体企业经营渐趋窘境。

20 世纪 80 年代初，椒江市内河运输企业有两个：一个前身为黄岩县海门内河运输社，主营内河客班轮，1977 年分流人员办水泥船厂，椒江设市后称椒江市第三航运公司，1984 年又分流人员办交通工程公司，1986 年内河客班轮停航，仅从事砂石运输，1989 年成为椒江市第三航运公司汽车轮渡站；一个前身为三甲内河运输社，经营三甲—路桥、三甲—大溪、三甲—金清等航线货运，1985 年改称椒江市三甲内河航运公司，其后因经营困难，部分人员转业，部分人员承包船只，各自个体经营。

黄岩县的内河运输企业在 1984 年整合为黄岩县第一内河航运公司（前身为团结航运大队、城关内河运输社）、黄岩县第二内河航运公司（前身为路桥内河运输社）、黄岩县第三内河航运公司（前身为金清内河运输社）；同时，各地配置的装卸队伍也称为黄岩县运输装卸公司（城关南门）、黄岩县第三运输装卸公司（城关北门）、黄岩县联运公司（路桥）、黄岩县第四运输装卸公司（金清）、黄岩县第五运输装卸公司（长潭）、黄岩县第六运输装卸公司（新桥）、黄岩县第七运输装卸公司（院桥）。但自改革开放后，各乡镇个体（联户）经营者发展迅速，成为内河运输主力，集体企业缺乏灵活性而在竞争中逐渐败北不振，转而办厂，“以厂养运”，由个人承包船舶维持货运。

1985 年，温岭县 7 个内河运输企业下放当地各镇政府管辖，称为城关运输公司、温西内河运输社、大溪内河运输社、新河内河运输社、泽国内河运输社、箬横内河运输社、松门内河运输社。在运输市场放开竞争的环境下，各运输社最后也都由个人承包船舶各自经营。

改革开放之初，临海市内河水运集体企业杜桥运输社改称临海市杜桥航运公司，拖牛坝运输社改称临海市上盘航运公司，1979 年设临海市联运营业所，从事水上物资联运业务。至 20 世纪末、21 世纪初，三企业均因业务不振倒闭解体：上盘航运公司于 1995 年破产；杜桥航运公司于 1996 年实行倒闭解体，人员分流安置；临海市联运营业所于2002年实行解体。

21世纪10年代末，台州滨海平原内河货运仅存少数个体船户从事砂石、煤炭等低值重货的转运。

在台州历史上，大量内江、内河运输起着港口集疏运作用。内河货运在20世纪90年代前，为农副产品的收储、农资物资和生活资料的输送，发挥着不可或缺的作用。水路运输包括外海、内江、内河三方面，水路货运量反映沿海、内江、内河之间货物的流转量以及本籍船舶参与外地水上运输的总量，内河货运主要反映对港口吞货物的集散运输。从港口吞吐量、水路货运量、内河货运量三方数据的对照，可以看出内河货运在其中所起的作用。

由于数据统计不周全，以下仅选1983年、1989年、2003年、2008年为例列表4-31，反映水路货运量、港口吞吐量、内河货运量之间的关系。

表4-31 **台州水路货运量和港口吞吐量、内河货运量情况表** 单位：万吨

年份	1983			1989			2003			2008		
分类	水路货运量	港口吞吐量	内河货运量	水路货运量	港口吞吐量	内河货运量	水路货运量	港口吞吐量	内河货运量	水路货运量	港口吞吐量	内河货运量
吨位	313	222	158	203	1055	不详	2426	2150	不详	5468	3898	173

表4-31货运量包括内河和内江，从表可见改革开放初期，内河货运在全部水路货运中的占比不少，15年内，台州水路货运量从300多万吨增长至5000多万吨，并从2008年的5468万吨迅速向2018年的13759万吨攀升，而内河货运量则不见增长，甚至被忽略，可见其被逐步淘汰。又从水路货运量远高于港口吞吐量，可知台州货运船舶参与沿海货运较为活跃。

第七节 联运与港口物流

台州水运自古就将海、江、河联合一起，承担区域的物资流通，延伸及周边瓯江水系、象山半岛，乃至于闽广、杭州湾、长江口、渤海湾沿岸的物资交流。但仅靠水运通达水边港埠还不能将货物输送至内陆目的地，这就需要水运、陆运联合，才可将运输通道伸向大陆的每一个角落。至20世纪，陆路运输的主要方式是公路运输与铁路运输联运，所谓联运，也就是水路、公路、铁路的联合运输。至20世纪末，联合运输走向更高层次的现代物流模式。

联合运输

联合运输即运用水陆或水水联运，达到一次性办理、全程服务的运输方式。

元明时代，漕运是南粮北运京城和为地方卫所运输军粮的要务。无论海运漕粮进京，还是内河运送军粮至卫所，粮食均从各地农村征集，必涉内江、内河、外海的联合运输。盐运也同样，一般

先从滨海盐场通过内河输送椒江口，然后由内江船运送临海、仙居、天台，再由陆路运金华、丽水、新昌、嵊县；或由外海船输送杭州湾、长江口，再水陆联合运送内地。

明清和民国期间，栅浦、葭沚、海门都有办理海运转江河运输或转驿道陆运的过塘行，经营港口转运及报关业务。民国21年（1932年），海门有王永兴、同昌、协记、雷阜成、新福泰、台公新、公信、公益等8家过塘行，主要联运食盐等货物至内地。临海城关、仙居县城、皤滩、温峤等地也都有过塘行设置。

抗战期间的民国28年（1939年），第三战区在浙、赣、闽、皖4省际设立水陆联运管理处。开始以宁波、温州为起点，以铺越、威坪、上饶为终点站。1940年7月，宁波封锁，以海门港为联运起点。余姚、岱山盐场沦陷后，台州成为皖、赣、湘食盐供给地，运输线路是经椒江水系水运皤滩，再由皤滩陆路转运内地；部分集中海门港海运温州再转运内地；海门封锁后，输瓯物资由内河运温峤，从江厦运往温州；江厦设有江厦、大同等多家运输行。

1951年11月，华东联运公司浙江省分公司台州办事处成立，下设海门、黄岩联运所（站），海门联运站业务涵盖温岭、泽国。1952年增设天台、三门两联运站（此前有德丰运输行）。同期，华东联运公司温州分公司在江厦设江厦联运工作组，负责办理甬、台、温联运业务。

联运所服务项目包括：全程负责水陆联运，包括航运、汽车运输、火车运输、途中装卸和驳运；办理银行押汇、代收货款、代办保险、仓储保管；为货主选择最佳运输路线和交通工具；代办报关纳税、进出仓库、装箱打捆、货物提送；为货主提供咨询服务。

1953年1月，设浙江省联运公司取代华东联运公司。3月，海门联运站全称改为浙江省联运公司海门联运站，后并入浙江省运输公司台州分公司。同年，温岭航管站接收江厦联运工作组。自此，航管站诸所属工作组均兼理联运业务。

每年橘季，黄岩柑橘出运都会给海门港运输带来巨大压力。1953年，黄岩土产公司、省联社黄岩橘果办事处、海门粮食局、上海海运局海门办事处、海门航务管理所签订物资运输联系合同（时称“五联合同”），为即时运输提供保障。这也是联合运输的一种临时性方式。

1956年，海门航管处在域内试办江、河、海、陆全国性联运业务，为客户提供更为便捷廉价的运输通道。如黄岩、临海一些物资运输东北，用汽车运至上虞曹娥上火车，实行联运后改在海门海运至上海，再转天津换车，大大节省运费。

“大跃进”期间，推行产、供、销“一条龙”运输，形成以海门港为枢纽，“大龙”套“小龙”、“小龙”保“大龙”，干线带支线、支线保干线，长途带短途、短途保长途的“一条龙”运输局面。形成黄岩“煤炭龙”、温岭“食盐龙”、临海“粮食龙”和“木材龙”。

1960年，温岭、玉环并县，温岭县运输公司在楚门组织食盐“一条龙”运输，在政府统一领导下，组织盐务、商业、财政、航运部门联合办公，实行思想、行动、调度、措施“四统一”。1963年，黄岩航管所增挂浙江省交通厅运输局黄岩联运营业所牌子，并在海门、路桥、金清、三江口等地设联运营业站，在三甲、新桥、大陈设联运代办点。1971年，三门县由县航管所、县运输合作社、县交通邮政局、县物资局、县商业居、县粮食局、县银行、县工业手工业局等单位抽人成立三门县联合运输指挥部，形成以交通部门为主体的打破行业界限的大协作体系。

20 世纪 80 年代，椒江设市，椒江市航运管理所开办联运营业所，推出水（路）铁（路）联运服务。1986 年 7 月，成立椒江市交通联运服务所，经营货物的公路铁路联合运输、发送、到达，并与台州地区港务局货运处进行公路、水路联营；同年 10 月，企业更名为椒江市联运公司，公司在宁波设立中转站，在域内洪家、葭沚、三甲、大陈、东山、灵济、上洋桥、前所设 8 个业务受理点。

1990 年，椒江市联运公司组建为椒江市水陆运输服务部。除此以外，椒江市内水陆联运行业还有以下经营机构。

海门港务局联运公司　建于 1984 年 12 月；地址：7 号码头；经营范围：货物联运中转。

港务局三甲托运站　建于 1989 年 6 月；地址：洪三路 39 号；经营范围：货物中转运输。

港务局葭沚托运站　建于 1989 年 7 月；地址：葭沚西南路 8 号；经营范围：运输服务。

港务局三山托运站　地址：栅浦三山；经营范围：代开运单。

港务局劳动服务公司永安亭联运站　建于 1989 年 11 月；经营范围：物资联运装卸。

港务局劳动服务公司轮渡路联运站　建于 1989 年 6 月；经营范围：物资联运装卸。

海门海运公司运联运营业二部联运站　地址：工人路 82 号；经营范围：货物托运、仓储存放服务。

椒渔运输公司货物托运二站　地址：永安亭；经营范围：货物托运。

椒江建市后，黄岩联运营业所下属机构存路桥、金清、三江口 3 家联运营业站。4 家单位除受理联运业务外，还受理以下单线直达运输业务。

黄岩联运营业所　受理经杭州钱江联运处、铁路杭州站中转至南方及西南诸省的货运。

路桥联运营业站　受理经海门港务局、上海港务局、上海铁路东站中转至各省的货运。

三江口联运营业站　受理经上海港务局十二区、上海铁路东站中转至北方及西北诸省的货运；受理经上海港务局、北洋线中转至北方诸省的货运。

金清联运营业站、三江口联运营业站　受理宁波港务局三区、铁路宁波站中转的北方及西北诸省的货运。

1985 年，因政企职能分离，温岭航管站将兼办的联运业务转予温岭县联运营业所办理。

台州市成立后，物流业逐渐兴起，以上联运企业大都朝现代物流企业方向转型。

港口物流

普通运输和简单仓储所提供的是基础物流服务，现代物流是将运输、装卸搬运、仓储、库存以及包装、信息等物流活动综合起来的新型集成式管理服务。物流企业因其所处地域不同，有以陆路为主和以水陆为主的区别。港口物流是指中心港口城市利用其自身的口岸优势，以先进的软硬件环境为依托，强化其对港口周边物流活动的辐射能力，突出港口集货、存货、配货特长，以临港产业为基础，以信息技术为支撑，以优化港口资源整合为目标，发展具有涵盖物流产业链所有环节特点的港口综合服务体系。台州域内兴起现代物流业是在 20 世纪 90 年代中期。

1993 年，创建的浙江五星物流有限公司的地址在三山港区。公司集海上运输、港口装卸、仓储搬运、加工配送、钢材交易、电子商务、物流金融等功能于一体，拥有一座平台长 132 米的 5000 吨级散货码头、各种装卸及运输设备 80 余台（辆）、仓储面积 10 万平方米。

五星物流有限公司旗下有台州五星海运有限公司、台州五星金属加工有限公司、台州五星金属电子商务有限公司等子公司。21 世纪 10 年代初，有 60 多家钢材经销商长年入驻公司从事钢铁贸易，年交易额达 60 多亿元，钢材年吞吐量达 300 多万吨，为台州海陆联运钢材集散交易中心之一。

2000 年，浙江黄岩天利物资有限公司注册成立，地址为黄岩区江口芦村。拥有 500 吨级码头泊位，经营范围：港口经营、工业塑料及合成树脂销售、化工产品销售、建筑材料销售。

2002 年 10 月，台州市天天金属材料物流配送中心有限公司注册成立，址在市府大道 289 号耀达大厦四楼，前身是成立于 1994 年的单纯钢铁销售企业。成为物流企业后，扩大经营至运输配送批发零售金属材料、建筑材料、塑料原料及制品、化工原料、模具材料、机电产品、家用电器、电子产品、装饰材料等业务。

2003 年，浙江亚东物流有限公司注册成立，地址为黄岩区江口上辇村。经营范围：港口经营，拥有 1000 吨级码头泊位，可为船舶提供码头设施和货物装卸、仓储服务；道路货物运输；信息咨询服务；建筑工程机械与设备租赁；普通货物仓储服务；水泥制品制造、销售；塑料制品制造、销售。

2004 年，天天公司更名注册为天天控股集团有限公司，投资 3 亿元，在栅浦江岸购地 260 亩建码头、仓库、堆场，于 2006 年投入使用，现已成为台州市一家现代港口物流企业，并发展为长三角地区实力强盛的物流企业之一。

更名后的天天控股集团集近海航运、码头装卸、货物仓储、集箱配送、切割加工、网络交易为一体。集团拥有 1 座两个泊位的 3000 吨级码头，拥有仓库 4.2 万平方米、堆场 6.4 万平方米、现代化配套机械设备、多功能办公楼及辅助用房 1.3 万平方米，还建有台州钢材网、金属材料电子交易平台及天天物流自助管理系统。年货物进出流通量在 80 万吨以上。企业被列入国家发展改革委流通业重点国债项目和浙江省重点物流项目。

2004 年，浙江飞跃物流有限公司成立，地址在岩头滨海路 29 号，占地面积 100 亩，由浙江省供销社直属企业新大集团控股，为生态环境部批准的进口废五金国内可利用加工企业、国家质检总局认定的进口废物原料国内收货人、浙江省经信委认定的资源综合利用企业。主要经营范围：以回收钢铁为主的废五金电器拆解、以回收铜为主的废五金拆解、废电机拆解加工，年拆解能力 20 万吨。

2007 年 2 月，天天控股集团有限公司建成台州市金属材料电子交易中心，成为浙江省首家钢铁现货“电子超市”。同年 11 月，占地 200 亩，投资 1.5 亿元的江苏天天铜业股份有限公司开工建设。2016 年 4 月，天天控股集团因天天铜业公司无力还债所累而破产。

2008 年，台州市海昌物流有限公司注册成立，公司地址前所沿海工业功能区块 S4 区块。经营范围：港口经营，拥有 2000 吨级码头泊位及所属堆场，为船舶提供码头靠泊及装卸、仓储服务；货物进出口；道路货物运输；船舶设备、五金销售；船舶制造、维修；船用配件、建筑用五金构建制造等。

2009 年，台州市瓯华医化物流有限公司注册成立，地址为椒江区外沙路 96 号。经营范围：港口经营，拥有冷冻厂码头 1000 吨级泊位及所属储罐区，为船舶提供码头设施，在港区内提供货物装卸、仓储服务。

2012 年，温岭市曙海物流有限公司注册成立，地址为温岭市松门镇横门村蟹钳后背。经营范围：港口经营，拥有 1000 吨级码头泊位，为船舶提供靠泊和装卸仓储服务；货物进出口；技术进出口；国内货物运输代理；运输货物打包服务；信息咨询服务；五金产品批发零售；家用电器销售；建筑材料销售；服装服饰批发零售；鞋帽批发零售。

2013 年，浙江杨福物流有限公司注册成立，地址为椒江区葭沚三山村，经营范围：港口经营，拥有 1000 吨级（兼靠 3000 吨级）码头泊位及所属堆场，为船舶提供靠泊、装卸仓储服务；普通货运服务。

2015 年，台州市椒江八达物流有限公司注册成立，地址为设栅浦三山村江滨。经营范围：港口经营，拥有 1000 吨级码头泊位及所属堆场，为船舶提供靠泊、装卸、仓储服务；货物运输；建材、煤炭批发零售。

2019 年，台州璟顺物流有限公司注册成立，地址为临海市沿江镇下湾村。经营范围：港口经营，拥有 1000 吨级码头泊位，为船舶提供靠泊、装卸搬运、仓储服务；道路货物运输。同年，有台州市海昌物流有限公司以海门港区 5000 吨级海昌码头提供船舶靠泊和货物装卸服务。

2020 年，台州市液体化有限公司在椒江区外沙路 98 号成立，在港区内提供液体化学品仓储服务。同年，有址在石塘棺材屿的浙江物产港洲石化有限公司、址在黄岩芦村的黄岩天利物资有限公司、址在灵江长甸的台州恒驰建材有限公司、址在温岭横门的温岭市曙海物流有限公司、址在温岭石塘水坑村的台州市华东中油石油销售有限公司等企业从事港口物流服务。

第二章 水路客运

战国《慎子》云："行海者，坐而至越，有舟也。"《庄子·逍遥游》疏云："吴、越比邻，地带江海，兵戈相接，必用舻船"。古籍早已点明越地交通必用舟船。台州最早移民徐人和越人就乘舟浮海而来，后又发生瓯越浮海"举国徙江淮"、三国吴跨海"远规夷洲（台湾）"等浮海壮举。但由于农耕时代人民老死不相往来，舻舡大致只用于战争、迁徙。直至清光绪二十三年（1897 年）前，均无专业长途客运在台州海、江、河出现。

台州境域短途水上专业客运肇始于津渡。当陆路被大江、大河阻隔时，行者需要借助船舶摆渡到彼岸，由此产生专业摆渡人。船夫以索取酬劳费维持服务，也有受官府、宗祠、商会资助，成为免费义渡。宋嘉定《赤城志》地理门仅记津渡，不见其他水上客运，因其产生早，又为古代唯一存在的水上交通，将此设为置顶第一节。

农耕时代重农抑商，百姓固守本土，商旅不振，唯文人墨客才得游山玩水。但从谢灵运至徐霞客，历代浪迹山水者只走陆路，偶涉江河。偶有僧侣搭乘外海商船实现中日宗教交往。唯有宋高宗赵构下海逃难途经台、温才是专门水上"客运"，但属于皇家军事行动。宋末抗元英雄文天祥事败，从通州下海逃命，便只能搭乘台州姜船逃难。元明时代，滔滔海路，曾用于漕运，曾用于"七下西洋"，曾用于抗倭禁海，但从未用于载客远航。甚至风平浪静的内江、内河，也不见有载客船舶。宋代女词人李清照从黄岩趋章安，只能雇船前往。

直至清末鸦片战争后，台州受沪、甬开放城市影响，兴起近代工商业。又过 50 多年才得清朝廷允许华洋轮船驶赴内港，遂开发至上海、宁波、温州、厦门等地沿海客货运航班，继而开发海门至临海、黄岩等地内江客运航班以及椒南平原内河客运航班。沿海客运为群山封闭的台州开辟通向外界的商旅通道，鼎盛半个世纪，却在计划经济时代断航 20 多年。改革开放前夕，复航椒沪客运兴极一时，又因陆路交通迅猛发展，航时不敌汽车的水上客运最终偃旗息鼓。唯陆岛交通未被公路取代，由是开辟至台湾的海上客运直航。

第一节 津渡与水上游览

道路为水域所阻，以船渡方式衔接两岸交通，古称津渡，今称渡运。古代造桥困难，台州江河、湖泊、海峡，凡不能借堰坝、丁步、桥梁徒步通过之路口，莫不设津渡帮助路人过水（参阅第二编

第一章第四节“河港、河埠、渡口”）。至现代，渡运分客渡（人渡）和车渡两种。客渡用来载运乘客及随身携带物品，也包括非机动车、小型机动车；车渡指运载汽车、火车，台州境内在20世纪30年代起有汽车轮渡。

桥梁、津渡为公益建筑、公益事业。民国以前，或由官府出资，或由宗祠等以公产襄助，或由民间慈善乐助建设和维持。计划经济时代，大型交通渡运由国营轮船公司、航运公司经营；小型交通渡由集体运输社经营；不属于专业交通渡的称为农渡，满足农村生产、生活需要，由公社生产大队经营。改革开放后，大交通渡由具资质轮渡公司经营，小渡口采取船工承包方式，出现亏空，政府给予相应补贴。

渡运随着桥梁的建设而此起彼消，至现代已所存无几，但某些跨大江桥梁为高速公路和铁路而建，并不为近边步行者或轻便车辆服务，渡运仍然存在。20世纪末至21世纪，椒江水系上游径流分段拦截，航运、渡运消亡，但拦截水域成为观光游览胜地，漂流、游艇等戏水旅游项目随之而起。海滨水域也开始开发游艇娱乐活动。

古渡甄别

宋《嘉定赤城志》所载古代津渡以临海、黄岩、天台、仙居、宁海5县分列，仅记处于县城的何方和离城距离。由于古今地名差异，今人不明其所处位置。本节据其所述，甄别梳理，以河流为纲目另组如下。（古今别名以括号标注）

椒江古津渡　家子（葭沚）渡、栅浦渡。《嘉定赤城志》列在临海县津渡条目内。

灵江古津渡　自下而上排列：礁头渡（炉头渡、东埭渡、后泾渡）、石仙渡（石仙妇渡）、亭山渡（新亭头渡）、西芩渡、碛村（石村）渡、泾山渡（罾棚埠）、冷水渡（两水渡）、下渡、中渡、西渡、三江渡。《嘉定赤城志》称灵江支流大田港“西自潮漈，东至小芝，凡三十有六节”故名三十六渡，其中包括邵家渡；义城港有姥窟渡。志书中另有上广渡，其“广”字为古字，非“廣”字简化汉字，读音 yǎn。志书称其“在县南九十里”，约在三江口，三江口南有上辇（上研），读音 shàng yán，或即上辇渡，上辇古属临海县地。

永宁江古津渡　自下而上为序：上广渡（上辇渡、上研渡）、白石渡、黄林渡（王林渡）、江亭渡（黄岩城北渡）、西浦渡（在西江）、断江渡。

永安溪古津渡　自下而上为序：曹庵渡（上峰村太尉殿）、石牛渡、河头渡、赵岙渡、清口渡、石井渡、榉溪渡、韦羌渡、广业渡。《嘉定赤城志》将曹庵渡列在临海县津渡条目内；榉溪渡在今北岙坑口官路萍溪村附近，北岙坑边多坟墓，先民俗称鬼溪，文人写为桂溪、榉溪、萍溪。

始丰溪古津渡　自下而上为序：小石渡、仙人渡、杜潭渡、澥渚渡、溪南下渡、溪南上渡、曹家岩渡。《嘉定赤城志》将其中小石渡、仙人渡列在临海县津渡条目内；《嘉定赤城志》记叙澥渚渡“始丰水出于此，其清如绀碧焉”，该渡位于始丰溪由平原转入山区处。

珠游溪、蛇蟠水道古津渡　有海游渡、练蛇渡（通蛇蟠岛），志书列宁海县津渡条目。

桃渚平原沼泽地津渡　莲（连）盘渡，《嘉定赤城志》列在临海县津渡条目内。

东南海峡津渡　磊石渡，《嘉定赤城志》列在黄岩县津渡条目，称“在县东南一百里”；黄岩县城东南近百里为今温岭沙角山磊石村，该处设渡口可通东部松门、石塘；宋时，松门、石塘均是海中岛屿。

内江、河客渡兴废

内江、内河为非直接入海的江河水域。自宋经元、明、清、民国迄今，台州内江河津渡有兴有废，过程繁复，称谓庞杂，总的趋势从稀缺到普及，然后因建桥逐步减少，最后所存无几。历史文献所记津渡称谓呈现前后不一致现象，一因以一岸为名，两岸自称，一渡就有两名；二因地名擅改，一渡产生多名。此情给后人稽索带来极大困难。津渡的历史演变在第二编第一章第四节“河港、河埠、渡口”有较详记叙，可作参考，本节不赘。

古代和近代，内江渡船使用撑篙木船、竹筏（用于上游溪流）和摇橹舢板（用于下游灵江）。现代用于灵江的渡船为钢质机动船，船型尾部为驶船亭，船首平头起翘如一平板，以便搁置斜坡式埠头，便利摩托车、三轮车、手扶拖拉机通过平板上船，船舱为敞开式甲板，两侧有护栏；更大型的也称滚装渡船，船首跳板可起降，甚至可让桥车上船。

下文显示的各水道历史曾有的津渡均指客渡，渡名中有些是异名同地，所列并非同时存在，所记难达完全无漏。繁多的渡口反映先民外出日趋频繁，但大多渡运并非专业交通渡运，而是农村以义务自助形式存在的“农渡”。内江建渡高潮和断崖式撤渡发生在在 20 世纪 50—80 年代，撤渡区域主要是永安溪、始丰溪、永宁江，均因建桥撤渡。灵江在 20 世纪末起虽频繁建桥，但大桥用于铁路、高速公路和汽车，不便徒步行人，人渡仍然存在。

内江客渡

灵江客渡　自下而上历史曾存渡口有：东埭渡（后泾渡）、石仙渡（红光渡）、新亭头渡（亭山渡、花街渡）、西岑渡、礁头（龟礁头）渡、涌泉渡、石灶头渡（楼石渡）、长甸渡、马头山渡、沙渚前门渡、沙渚后门渡、西管岙渡、石村（碛村）渡、钓鱼亭渡、汛桥渡（晒鲞岩渡）、上午（五）渡、罾棚渡、伏龙渡（木龙渡）、小两山渡、里洋渡、高家渡、两（冷）水渡、下桥渡（下渡）、中渡、西渡、松山渡、梅浦塘头渡、三江渡等。迄 2005 年，灵江所存人渡还有后泾渡、花街渡、西岑渡、长甸渡、马头山渡、沙渚后门渡、西管岙渡、石村渡、汛桥渡、上午渡 10 处；至 2020 年，灵江渡运仅存青岭—沙渚、西洋—马头山、西岑—花街（新亭头）3 处。

图 4-25　存续至 2020 年的灵江渡埠（来自 2020 年 5 月“台州府吧”）

大田港客渡　水系支流众多，古有三十六渡之称，历史曾存渡口有：邵家渡、黄家渡、万村渡、前庄渡、杨家渡、章家渡、旧下渡、五峰渡、庄头渡、七一港渡（新桥头渡）、枧西渡等。因河道狭小造桥容易，撤渡较早，2005 年，尚存黄家渡、枧西渡，至 2020 年，已无存。

图 4-26　20 世纪 80 年代永宁江王林渡口（来自上海三联书店 1992 年版《黄岩交通志》）

义城港客渡　历史曾有姆窟渡、潘庄渡、塘里渡、高家渡、里洋渡等，今已无存。

永宁江客渡　历史曾有渡口（自下而上为序）：车埭渡（上犖渡、上广渡）、江口渡、平义渡、白石渡、王林施渡、王林渡、丁家渡、江亭渡、西浦渡（位于西江）、岙岸渡、七里渡、七里王渡、后洋黄渡、东江渡、戴家汇渡、下路道头渡、新江渡、新界渡、断江渡、下古竹渡、上古竹渡、汇头渡、三官堂渡、双楠渡、小澧汇（小里灰）渡、亢（康）山渡、称（程）歇渡、坦头（坎头）渡、长潭渡、凌湖渡等。其中，车埭渡为江口与北岸杜岐的交通渡口。20 世纪 60 年代后，永宁江多处建桥，渡口减少，至 1988 年，尚存江口、白石道头、王林施、王林、岙岸、新江、新界 7 渡口，至 2020 年，渡口全部撤销。

溪流客渡

永安溪客渡　历史可稽曾有渡口(自下而上为序)：浦叶渡、柴埠渡、望洋店渡、马料坑渡、磨头渡、塔儿头渡、小海门渡（张家渡）、砍柴渡（岭溪渡）、叶家岙渡、猢狲岭脚渡、塘头朱渡、太尉殿渡（曹庵渡）、新串渡、岩头王渡（利涉渡）、象坎渡（象鼻岩渡）、斋坦渡（白水洋渡）、罗渡（以上 17 渡在临海县境内，以下 27 渡在仙居县境内）；王沈渡、下垟渡、横路丁渡、黄梁陈下渡、黄梁陈上渡、虎坦渡、下张渡、支埠头渡、石牛渡、柴岭下渡、河头渡、浮石园渡、赵岙渡、东岸渡、清口园渡（清口渡）、乌上潭渡、白岩渡、桂坑渡、官路渡（石井渡）、榉溪渡、下历渡、郭岩渡、井头垟渡、茶溪渡（韦羌渡）、后山根渡、沙地渡、广业渡等。20 世纪 50 年代建公路起，逐步因建桥撤渡，其间废存可参阅第二编第一章第四节“河港、河埠、渡口”。至 2005 年，永安溪上游已无渡运，下游临海市境内尚存望洋店渡、磨头渡、塔儿头渡、新串渡。至 2020 年，全流域已无渡口。

永安溪支流客渡　曾存在朱溪桐园溪渡、下满渡、大战渡；十三都坑下叶渡；杨岸溪垟飞头渡等。20 世纪 50 年代起，大量公路修筑，渡口逐步因建桥撤销。

始丰溪客渡　历史可稽曾有渡口（自下至上为序）：石鼓渡、渡头渡、坊前渡（白毛渡）、董岸渡、蓼岸渡、尹村渡、许岙渡、溪口渡、赤缪渡（今沿溪）、沿岸渡、谢岙口渡、小石渡、岭西渡、青龙头渡、下甘渡、仙人渡、河头鹳溪渡、百步渡（以上 17 渡在临海县境内，以下 16 渡在天台县境内）杜潭渡、下湾渡、石岭渡、蔡孟渡、澥渚渡、三港口渡、隔水江渡、溪南下渡、溪南上渡、响岩渡、莪园渡、曹家岩渡、龙头山渡、安科渡、双连头金渡、浙酋渡等。由于总汇各时代津渡，以上渡口或异名同地。20 世纪中叶后，渡口废存可参阅第二编第一章第四节“河港、河埠、渡口”。20 世纪 80 年代末，始丰溪津渡因建桥全部撤渡。

内河客渡

金清港客渡　新河附近古代曾有孟桂渡、南岸渡。近代，宽阔的金清港在麻车桥以下仅有琅岙桥、牛桥、寺前桥，两岸交通仍不便利。至 20 世纪 80 年代，仍有如下跨水客渡（自下至上）、新港渡（泥涂—新明）、三角渡（会合—平安）、临江渡（临江—平安）、桩头渡（大浦—桩头）、上桩渡（联树上桩—水仓头）。其后桥梁渐多，渡运全撤。

椒江口和诸海汊客渡

台州真正意义上的河口港只有椒江口海门港。其他处山溪入海口的港湾，因无内江航运之利，只能算是海汊。其中，健跳港内伸 17 公里水道水深良好，浦坝港内伸 19 公里水道早年水域宽阔，今已淤浅不堪，呈一片滩涂；其他海游港、旗门港均处滩涂淤涨的境遇。

椒江口客渡

椒江在唐宋时才由海湾淤涨成江，近 2000 米宽的水域历来是阻碍两岸居民来往的天堑。通过天堑全靠舟船摆渡。宋《嘉定赤城志》载有栅浦渡、家子（葭沚）渡，未列彼岸的章安为渡口，可见当时南岸栅浦、家子已比章安更为重要。家子渡达北岸章安，栅浦渡达北岸墩头。古代的津渡只是民间自发的摆渡服务。

明代建海门卫城、前所所城后，海门开始有渡运沟通前所。清嘉庆元年（1796 年），海门椒济寺僧人在椒江渡口筑石砌道头，此即俗称的老道头（今四号码头处），其时码头由官府提供工食钱补助。光绪二十九年（1903 年），立义渡，用木帆船摆渡。

民国 11 年（1922 年），由驻军司令陈照春及乡绅王槐卿募款购 41 总吨永安义渡轮，承担海门至前所津渡客运，并借椒江舞台演剧售票所获拨充经费。1941 年 4 月被日军击沉，6 月打捞修复，于 1944 年复航，每月上下行客运能力 2.22 万人次，年客运量 26.64 万人次。

1949 年，椒江永安义渡轮由台州专员公署生产委员会接管，经整修，顶替在之前中炸沉的新章安轮航行椒临线，两岸交通由民船承担。1951 年 3 月，新章安轮修复重航椒临线，永安义渡轮交还；10 月成立椒江轮渡管理委员会，命名原永安义渡轮为椒江轮，仍以民间经营方式恢复海门—前所轮渡。1956 年，轮渡划归公私合营海门轮船公司经营。

1953—1957 年，椒江轮渡年客运量如此：1953 年 177985 人次，1954 年 312577 人次，1955 年 366381 人次，1956 年 387379 人次，1957 年 405763 人次，客运量直线上升。1957 年为 1944 年的近 1.53 倍。

图 4-27　20 世纪 60 年代椒江渡轮（来自台州海运公司企业画册）

1958—1990 年，海门至前所轮渡船舶几经更新，已拥有总吨位 1185 吨的钢质渡轮 3 艘，额定载客 3600 人，所属单位为海门航运公司。1990 年 2 月，成立专业化的浙江省海门轮渡公司负责经营。表 4-32 为 1961—1990 年椒江渡运逐年客运量统计。

表 4-32　**1961—1990 年椒江渡运年客运量**　单位：万人次

年份	1961	1962	1963	1964	1965	1966	1967	1968	1969	1970
客运量	不详	不详	63.31	59.95	58.67	61.32	74.96	77.55	79.88	72.63
年份	1971	1972	1973	1974	1975	1976	1977	1978	1979	1980
客运量	74.55	78.62	82.94	96.84	99.37	101.3	106.6	122.5	133.9	151.3
年份	1981	1982	1983	1984	1985	1986	1987	1988	1989	1990
客运量	187.0	223.1	238.8	276.7	325.5	404.9	468.2	469.1	378.6	370.5

表 4-32 数据变化清晰反映社会经济发展轨迹：20 世纪 60 年代上叶是三年困难时期的后期，客流量逐年递减；“文化大革命”期间，客流量缓慢增长；1976 年后，进入改革开放时期，客流量直线猛增，从 100 万人次增至 400 多万人次；1989 年、1990 年，经济有点波动，客流量就稍稍下跌。

图 4-28　延续至 21 世纪 10 年代的椒江轮渡　（来自 2019 年 5 月 2 日“台州发布”）

椒江渡运不仅是台州最大，也是浙江省内最繁忙的一个渡口。两岸渡口两轮对开航程 10 分钟，停靠 10 分钟，每天首班 5 点半，末班 9 点半，全天 50 班对开。

近现代椒江渡运除政府公办外，也有民办渡船，分布在海门至章安、至道头金、至百家徐、至百家舍几处道头。一般是农民购船经营，每船载客 50 多人。

1987 年 1 月 25 日正值春节前夕，章安黄礁乡道头金村所置总吨位 17.5 吨、核定载客 50 人的道头金 1 号木质农用渡船，从海门载 119 位乘客、三四十捆甘蔗、七八辆自行车、一些钢材及大量年货，驶至海东造船厂外江面倾覆沉没，造成 97 人死亡的特大交通事故。椒江市政府决定于 4 月 1 日起停止农副业船舶从事客渡，并成立渡口安全管理办公室对椒江渡、章安渡、黄礁渡实行统一安全管理。

1990 年 2 月，浙江省海门轮渡公司成立，经营海门至前所轮渡；同时成立章安轮渡站，经营海门至章安道头和海门至黄礁的渡运。章安渡拥有钢质渡轮 2 艘，总吨 233 吨，核定载客 1020 人；黄礁渡有木质轮渡 1 艘，总吨 46 吨，核定载客 230 人。

2001 年 10 月，椒江大桥建成通车，两岸公交车直通，带走了大量轮渡客流，至章安、黄礁渡运均撤，但至前所轮渡仍然有其生命力。2012 年，海门至前所年客运量仍有 200 多万人次，虽仅为大桥修建前的半数，但还是占台州渡运量半数以上，并仍为浙江省第二大客运渡口。2014 年，椒江二桥建成通车，轮渡愈益衰微，航班渐疏，至 2020 年，仅航早中晚 3 班。2015 年，海门—前所轮渡开通刷公交卡功能，与陆上公交车全面接轨，实现渡运公交化。

诸海汊客渡

台州海岸线自北至南分布旗门港、海游港、健跳港、浦坝港、清港、乌沙门诸海汊。

清溪—旗门水道客渡　曾有外黎渡（道岸头渡）横渡清溪、旗门渡（大周渡）横渡旗门港，均系农渡，至今全撤。

珠游溪—蛇蟠水道客渡　自下至上曾有巡检司渡（涛头渡）、江边山渡（花鼓漫渡）、水岙门渡（黄屿山渡）、潺岙渡（长潭义渡、沙塘渡）、善岙渡（三山渡、上山头义渡）、海游渡等，余皆小农渡，迄今随桥梁兴建全部撤渡。

图 4-29　2001 年前健跳人渡（来自 1990 年《三门县交通志》

白溪—健跳港客渡　自下至上曾有长洛渡（常乐渡）、健跳渡（车马渡）、黄门渡、沙木渡（大宅渡）、金鸡渡、梅岙渡（凤凰山渡）、铁强渡（东郭渡）、横渡渡（下罗渡、小水埠）等。健跳渡为交通渡，余皆农渡。2001 年建健跳大桥，撤销交通渡，其他农渡也撤。

浦坝港客渡　自下至上曾有赖峙渡（洞港渡）、高湖渡（跃进渡）、长坝头渡、浦坝渡（小湾山渡）其中，浦坝渡为交通渡，余皆农渡。20 世纪末起，过江渡运逐步撤销。

清港古渡　清港为楚门半岛芳杜水系下泄乐清湾的入海水道，明《嘉靖太平县志》载："在二十四都，三山楚门往来之冲，官佥渡夫二名，潮水湍急，渡舟小而逆流，往往有覆溺者。"渡口在清港玉升桥附近，清咸丰三年（1853 年）建玉升桥，渡废。

乌沙门客渡　为江厦港湾北岸乌沙门与南岸东门头建的客渡，渡程约 2.2 公里。

近岸陆岛客渡

台州海岸有一些贴近大陆的海岛，陆岛间距不过如隔一条江河，也就列入本节内容，如玉环岛漩门客渡、蛇蟠岛客渡、健跳港龙山岛客渡、浦坝港扩塘山岛客渡、松门外侧近陆岛屿客渡、玉环周边 10 公里以内的岛屿客渡等。距离较远的陆岛交通，如大陈岛、东矶列岛、披山岛，则作为外海客运记载。更小的渔业生产性摆渡，则省略不记。

海游港、蛇蟠水道陆岛客渡

海游港入海口之正屿、涛头在 20 世纪 90 年代前为岛屿，故江边山渡（沟通江边山与正屿）、巡检司渡（亦称涛头渡，沟通巡检司山北与涛头）在彼时属陆岛津渡。今正屿、涛头淤涨大片涂地，统称花鼓岛，实际已与大陆相连。

蛇蟠岛与大陆的津渡横跨蛇蟠水道，在海游至石浦有"六市船"和航班的时候，航船经停蛇蟠岛靠埠。至石浦航班撤销后，有 2 条渡运线：蛇蟠渡，陆上渡口设巡检司，岛上渡口设蛇蟠岛黄泥岗，渡宽 5600 米；上敖渡，陆上渡口设六敖上敖村，岛上渡口设蛇蟠岛山前村，渡宽 1700 米。20 世纪 80 年代起，开发蛇蟠岛废石板仓为旅游景区，游人日众。20 世纪 90 年代后，围塘促淤，今蛇蟠岛已与宁海蛇蟠涂陆地相连。1998 年，改渡口为汽车轮渡。21 世纪 10 年代中期，上敖渡客运量 14.55 万人次。2019 年 1 月 16 日，甬莞高速公路台州段通车，路跨蛇蟠岛，在岛上设互通口，上敖渡仍然继续运营。

健跳港口门陆岛客渡

有龙山渡，龙山亦称狗头山，在健跳港出海口东北侧海面，陆上渡口在健跳港北岸客渡码头，龙山岛渡口在龙肚沙。渡宽 2000 米，龙山岛人口稀少，渡运属农渡性质。

浦坝港口门陆岛客渡

扩塘山岛为浦坝港口白带门和牛头门之间的岛屿，陆岛客渡有南北两线。南线为洞港渡（或称扩塘山渡），南渡口在洞港，北渡口在扩塘山老鼠屿，跨白带门，渡宽弯道 8.6 公里；北线为下园山渡，南渡口在扩塘山岛下园山，北渡口在方山，跨牛头门，渡宽直线 1.6 公里。21 世纪 10 年代兴起扩塘山旅游观光，2019 年有扩塘山渡运公司成立，应对服务。

上、下大陈岛之间客渡

上大陈岛与下大陈岛间向无专业渡运，仅有海门至下大陈航班经停上大陈客运码头再至下大陈杨府咀客运码头，捎带两岛间的乘客。21 世纪大陈岛旅游业开发后，21 世纪 10 年代中设置上大陈与下大陈间客渡，客渡采用固定班期，渡宽约 3.2 公里，日设 3 班。下大陈→上大陈，旺季，7：30、10：30、15：00；淡季，8：00、10：30、15：00。上大陈→下大陈，旺季，8：30、11:00、15：30；淡季，8：30、11：30、15：30。

龙门水域陆岛客渡

松门外围龙王山岛、龙门岛、横门岛、九洞门岛、南港山岛、北港山岛、南沙镬岛、北沙镬岛，在 20 世纪 80 年代前，均为海岛，除南、北沙镬岛居民较少，都聚居大量渔民。1987 年前，陆岛交通以礁山为陆上渡口，由渔民自发以渔船摆渡解决各岛交通。1987 年起，由专设机构统筹管理，归纳为如下 7 条客渡航线：礁山渡，礁山—龙王山岛塘礁；南沙镬渡，礁山—南沙镬岛；北沙镬渡，礁山—北沙镬岛；龙门 1 号渡，礁山—横门岛—南港岛；龙门 2 号渡，礁山—龙门岛石板殿；龙门 3 号渡，礁山—九洞门岛—北港岛；北港渡，北港岛—石板殿—横门岛前山。迄 2000 年，龙王山岛、龙门岛、横门岛、南港岛都已有陆路相通，仅存龙门—北港岛、龙门—九洞门 2 条航线，在石板殿设龙门渡运中心作为陆上渡口。

钓浜隔海山岛客渡

钓浜隔海山岛离大陆仅二三公里，2020 年 5 月始设渡轮，前此均是渔民以渔船过渡。

漩门陆岛客渡

玉环岛与楚门半岛山势相连，却在漩门处断开不到 200 米的峡口，而使南部成为环海的岛屿。因为如此狭窄的断口是乐清湾对披山洋的潮汐通道，海峡的潮流就

图 4-30　21 世纪 10 年代温岭龙门海域陆岛轮渡（来自 2019 年 9 月 19 日“大温岭”）

十分湍急，常形成漩涡而被称为漩门。明永乐《乐清县志》载：“楚门海渡……在玉环乡，南社、北社往来所渡”。清光绪《玉环厅志》载：“深浦渡设官渡船二只，每船渡夫一名……经费由官出”。深浦渡南岸在芦浦道头，北岸在东山头渡头村。光绪十四年（1888年），官费无着，由里人张庆祝、林万育捐田产维持义渡。20世纪50年代农村合作化运动后，由田产提供的义渡基金丧失，改由政府收费管理。1960年，泽国至坎门公路筑通，渡埠改为车渡埠头，车客共享。1977年，筑漩门大坝，渡运撤销。

玉环岛至乐清陆岛客渡

清雍正六年（1728年），玉环岛置玉环厅，隶属温州府，陆岛交通有西青马道至乐清铧锹的青马渡。乘客在华锹登陆步行至蒲岐，可再乘船在乐清湾和瓯江海沿过乌牛至南岸温州。青马渡线路与21世纪初开辟的连屿至南岳汽车滚装轮渡基本处于相同航线。

玉环周边岛屿陆岛客渡

玉环周边离大陆5公里以内岛屿有鸡山岛、洋屿岛、茅埏岛、茅坦岛、横床岛、大青岛、江岩山岛等7处。分东片、西片，东片有鸡山岛、洋屿岛、大鹿岛、披山岛，其余均在西片乐清湾中；其中，茅埏岛、茅坦岛、横床岛在乐清湾靠西一侧，相距最近的陆上靠埠和集镇是乐清东山埠。就近原则使岛上居民出行向东山埠倾斜，各岛客渡通航地和时间不固定，以农村集市圩期为转移。乐清南塘市日驶东山埠，楚门、乌根市日驶楚门、乌根。各岛的陆岛客渡状况如下。

图4-31 栈台至鸡山轮渡靠泊栈台客运码头（来自2018年11月13日“温岭旅游体验师”）

鸡山岛、洋屿岛、大鹿岛、披山岛陆岛客渡　海岛主要客流指向坎门、楚门，最先的陆上交通埠在坎门路仔脚和楚门长钓咀两处。1977年漩门堵坝后，原靠楚门的渡运码头转大坝东侧北端，但东部海湾迅速淤涨，整体拦坝促淤造陆后，渡运码头移设栈台。由于坎门离鸡山远达10多公里，而栈台离鸡山岛、洋屿分别仅为3.8公里、4公里，为陆岛最近点。坎门客运撤销，两岛渡运的陆上码头就此固定于栈台。大鹿岛在鸡山岛东侧，距栈台客运中心6.9公里，现已成旅游热点，陆上渡运码头亦在栈台。披山岛居民稀少，渡运并不正常，只有渔民和驻军的生活和物资补给来往。

大青山岛客渡　有东岙、西岙两个渡口，主要使用东岙渡口，逢乌根、楚门市日，航坞根、楚门，渡程分别为9.3公里、24公里；南塘市日航东山埠，渡程9.3公里。漩门湾二期蓄淡围垦工程围堤后，航路不达楚门，只达玉环岛分水山码头。

江岩岛客渡　陆上渡口原在外马道，今滩涂涨至箬笠礁，码头建箬笠礁，渡程2.3公里。在乐清华锹有客轮行驶外马道经停江岩岛时，渡运暂停。

茅埏岛客渡　茅埏岛为西片最大岛屿，有东西两个渡埠，西侧抛西渡至东山埠渡程 2.8 公里；东侧虹田渡设礁头大岩头礁，至东山埠渡程 8.3 公里，至楚门 11 公里，漩门湾二期蓄淡围垦工程围堤后，至玉环岛分水山码头 3.9 公里。

茅坦岛客度　茅坦岛在茅埏岛北侧，渡口在岛西南，南塘市日渡东山埠，渡程 3 公里，楚门市日驶楚门，渡程 14.8 公里，漩门湾西侧围堤后，至分水山码头 7.8 公里。

横床岛客渡　横床岛在茅坦岛北侧，渡口在岛西北，至东山埠渡程2.6公里，至分水山码头10公里。

汽车轮渡、滚装轮渡

杭州—绍兴—台州—温州古驿道在临海、黄岩为灵江、义城港、永宁江所隔。宋时，灵江、永宁江均建浮桥，义城港摆渡。20 世纪 30 年代，杭绍台温公路建成通车，临海城关灵江、义城港、黄岩城关永宁江均未建公路桥。黄岩在北门外靠渡船载车过江；临海采用 3 艘长船组拼成渡船，载重 10 吨，空车上船，用绳索在两岸以人力拉拔过江，人下车走浮桥。

1950 年，临海灵江汽车渡采用 5 艘长船拼搭，以人力摇渡，每渡需 1.5 小时。1953 年，改为机动，耗时 45 分钟。1959 年，新造 4 拼搭渡船，改换柴油机，每渡缩小至 30 分钟。义城港因江面窄，1950 年，以贝雷钢架为桥，取消船渡。1950 年，黄岩永宁江汽车渡在南岸荔枝巷对出和北岸普光堂对出砌筑石级埠头，配单车渡船 2 艘，因潮差达 5 米，小潮汛昼夜可渡，大潮汛候潮每天可渡 8 小时。1955 年，黄岩建澄江大桥，汽车渡撤销。临海至 1965 年才建成灵江大桥撤销船渡。

健跳至三角塘公路于 1957—1959 年建筑，但健跳港未建公路桥。1958—1959 年，改建健跳渡北岸道头为六级锯齿形石砌码头，改建南岸道头为五级锯齿形石砌码头，置 20 匹马力小拖轮 1 艘、木质趸船 1 艘、2 块枫木跳板配 2 副手拉拗秤杆，形成最初的汽车渡码头。后不断从玉环深浦渡、临海渡和温州造船厂调入设备，改善条件。1987 年，拥有 120 马力拖轮 2 艘，30 吨、40 吨趸船各 1 艘，渡运划归地方，成立健跳汽车轮渡管理所。2001 年，健跳大桥建成，汽车轮渡撤销。

1957 年，建临海至仙居公路，在石鼓设始丰溪渡口，枯水期间以低水位木桥（起闭式）通行车辆，大水时以钟摆式木质渡船过渡，至 1967 年，建成石鼓大桥，撤销渡口。1971 年，建成小海门至车口公路，在永安溪张家渡设 4 拼搭木质人力渡船摆渡车辆，1975 年，改为 4 拼搭钢丝网水泥船钟摆式渡船，至 1993 年才建桥撤渡。

图 4-32　蛇蟠岛汽车轮渡（来自 1990 年《三门县交通志》）

1960 年，泽国至坎门公路筑通，在芦浦道头和楚门渡头渡口砌筑 80 余米长锯齿形斜坡石砌驳岸，成为深浦汽车轮渡码头，行人随轮渡过渡。1977 年 10 月 1 日，漩门堵坝，陆岛由公路连接，深浦汽车轮渡撤销。

20 世纪 80 年代起，蛇蟠岛逐步开发原石板仓洞穴为旅游景区，游人渐众。1998 年，利用上敖渡口兴建 1000 吨级车渡码头；2009 年，新建 300 吨级交通码头 1 座；2011 年，扩建 1000 吨级车渡码头及相应配套设施，年通过能力 3 万辆次。2019 年，虽有甬莞高速公路跨蛇蟠岛通过，在岛上设互通口，上敖渡汽车墩路仍然继续运营。

图 4-33 1990 年设立的椒江汽车轮渡（来自黄山书社 1995 年版《椒江市交通志》）

1990 年 1 月 1 日，海门至前所汽车轮渡建成，拥有钢质汽车渡轮 2 艘，总吨 100 吨，可载渡 6 辆 10 吨卡车，并有钢质拖轮 2 艘，总吨 57 吨。渡轮每小时 1 渡，由椒江市第三航运公司椒江汽车轮渡站经营。2001 年 10 月，椒江大桥建成通车，汽车轮渡和章安渡、黄礁渡停航。

图 4-34 运行于 2003 年至 2019 年的玉环至乐清滚装轮渡（来自 2019 年 10 月 31 日《乐清日报》，图为最后一班渡轮离开码头）

20 世纪末，汽车进入家庭，为打破玉环与温州两地水运不通汽车的交通“瓶颈”，于 2000 年成立玉环滚装轮渡有限公司，在古青马渡西南侧小连屿建设滚装码头，对岸为乐清南岳，于 2003 年 6 月投入运营。初始年运量不足 10 万人次和 1 万车次，至 2017 年，每天班次达 120 班，年客运量达 200 万人次和 68 万辆车次。2018 年 9 月，连接玉环乐清的乐清湾大桥通车，2019 年 10 月，滚装轮渡宣告谢幕。通航 16 年，玉环滚装轮渡共运送旅客 2525 万人次，渡运车辆 716 万辆车次。

水库客渡和水上游览

20 世纪 50 年代末起，台州各地大力兴建水库，一些大中型水库水域面积纵深长达十几公里，库区居民出行不便，水库客渡陆续设置。水库拦截江河径流量使永安溪、始丰溪流量减少，导致下游各河段筑堰坝拦水，溪流航运因而中断。但人皆喜山乐水，20 世纪 90 年代后，旅游业渐兴，仙居城关永安溪上段首先开发竹排漂流项目，取得良好效果。

21 世纪 10 年代，仙居、天台各在永安溪、始丰溪筑坝造湖，临海在大田港开挖灵湖，台州市绿心以栅岭汪调蓄水利工程开挖飞龙湖，玉环漩门二期蓄淡围垦工程形成玉环湖，这些水域都成为城市休闲湖区，为开发水上游览、游艇活动提供良好的场所。

温岭漫湖水库客渡　1958 年，温岭拦截黄西岙溪、桐桥溪、彭家溪建湖漫水库，水域面积约 200 万平方米，纵深长约 4.3 公里，库内设横溪渡、阮岙渡、下岙渡。

图 4-35　21 世纪初黄岩长潭水库渡船（来自 21 世纪初黄岩区新闻办公室编《中国黄岩》宣传画册）

黄岩长潭水库客渡　1960 年，筑长潭水库，水域东西宽约 5.3 公里，南北长约 13.8 公里，库区设大坝头殷家坑—宁溪、殷家坑—鱼岙—屿头、殷家坑—桐外岙—小坑 3 条航线；1963 年，增设殷家坑—铜岭岙航线。由黄岩长潭航运公司经营。1977 年，投入载重 60 吨的汽车渡驳 1 艘，运行殷家坑—宁溪航线；1988 年，头陀至白鹤殿公路（长潭环库公路）建成，至宁溪、屿头两渡运撤销。21 世纪，环库公路逐步完善，客源渐少，时渡运采用个人承包方式进行，经营困难。2017 年，对资产进行收购补偿处理，以公司化模式另组国有黄岩宇星渡运有限公司继续经营，客流以清明祭祖最多。

始丰溪里石门水库客渡　1973 年，始丰溪上游建里石门水库，库区水域纵深长约 10.2 公里，设有始于花墙埠头，经靠茶园、田芯，达于磐安县方前的客运航线。2001 年，库区建寒山湖度假村，开发水上活动。里石门水库湖面积约 640 万平方米，有港湾 37 个、岛屿 9 个，景点有 74.3 米高双曲拱拦河大坝、石门岭天打岩石笋、湖光山色候鸟珍禽等。

临海溪口水库客渡　溪口水库为章安回浦上游拦截龙溪、南溪、马宅溪而成的水库，库区水域纵深长约 3.6 公里。1979 年、1980 年，相继设大坑渡、龙南渡，每蓬溪口市日，客渡极大方便上游农民赶市，水库西岸公路筑成后，渡撤。

临海牛头山水库客渡　1989 年，在大田港上游逆溪建牛头山水库，库区纵深长约 11.5 公里，辟有牛头山渡（大坝—龙潭坑）、前岩渡（大坝—前岩）、严坑渡（大坝—严坑）3 条渡运航线，供库区客渡和旅游观光。

永安溪下岸水库水上运动开发　1999—2003 年，永安溪上游建下岸水库，水库东侧有公路通上游乡镇，库内无航运之利。今被设为仙女湖旅游景区，有皮划艇水上运动开发。

永安溪漂流活动　1998 年，仙居城南永安溪河段开发竹排漂流旅游项目，采用 30 根毛竹编组的翘头竹排顺流而下，起点设步路乡西门村漂流码头，经赵岙村一个站点，再到浮石园永安溪新漂流码头，总行程 7.68 公里，全程由排工撑篙前行。

永安溪休闲湖开发　2011 年，永安溪柴岭下弯道截弯取直，2013 年建橡皮坝蓄水，使城东南安洲塔段成为一个宽 400 米、长 3000 米的湖面，河段成为水位可控湖泊，湖上建游艇码头，具备开发水上游览的条件。

天台始丰湖开发　始丰溪流量减少后，天台县城南河段在螺溪、赭溪溪口西侧分别筑拦蓄堰坝，使县城河段成为“始丰湖”，具备开发水上游览条件。

大田港灵湖开发　2015 年，在大田港小两山东侧挖掘 0.8 平方公里水域面积的灵湖，湖中有湖心岛，可乘游船上岛。营造扶王观峰、渔人码头、碧波灯影、琼岛飞虹、灵江锁月、临湖邀月、柳堤春烟、龙盘樱海、悠院闻蝉、凌波映麓十大景点，成为城区休闲游览佳地。

台州市绿心飞龙湖开发　2012年，栅岭汪排涝调蓄工程开工，工程包含位于“绿心”的飞龙湖，形成总面积达28平方公里的飞龙湖生态区，被称为城市中的“绿肺”。飞龙湖水域面积1.8平方公里，为中心城市市民开展水上休闲游览活动的最佳场所。

玉环漩门玉环湖开发　玉环漩门湾二期蓄淡围垦工程形成了漩门西部的大片滩涂湿地，2008年被列为国家级水利风景区，2011年又被列为国家级湿地公园。公园规划总面积31.48平方公里，其中滩涂陆地面积7.06平方公里、水域面积16.7平方公里，具有十分宽广的水上游览、水上活动开发前景。

路桥金清行宫游艇俱乐部　2015年，浙江利欧控股集团有限公司、路桥区政府、民本控股有限公司签署协议，共同开发台州游艇基地项目，在金清港五洞闸东侧建行宫游艇俱乐部，首建游艇泊位20多个。规划目标建成“一镇二港三园”。“一镇”为台州游艇小镇；“二港”为金清渔港、台州游艇母港基地；“三园”为台州游艇产业园、渔港产业园、农业产业园。2016年在白沙老出海口增建近400个泊位的台州游艇母港基地，并举办台州国际游艇嘉年华。

第二节　外海客运

台州徐、越先民虽一是浮海而至，“行海”是其本行，但因农耕社会人民固守本土，少流动，“舻舡”浮海大致只用于货运、迁徙、战争，却少用于日常生活。只有陆岛之间和海湾两岸免不了乘船过海，但大多也只是偶尔搭乘商船，没有专业的客运。历史记载仅有天台宗高僧搭乘商船来往于台州与日本间，以及使节随朝贡船舶的跨海往来。直至鸦片战争后，才出现椒沪、椒甬机动班轮，服务于普通百姓，但也是客货混装。故本节无古代内容，主要记事时间为19世纪末、20世纪上叶和1975—1998年。20世纪90年代后，公路客运渐趋完善，椒沪沿海水路客运因见拙于航时漫长不敌陆运而停航，仅存陆岛之间的水路客运。台州至台湾客运直航起自2009年。

晚清民国时期外海客运

鸦片战争的结局是中国对西方工业化国家打开局部大门，近代航运业进入五口通商口岸。但除开放口岸外，清政府禁止华洋轮船驶赴非开放港口。故自1840年后，台州受通商口岸影响，虽也流入洋货，但仅赖以本地帆船转运。木帆船航行迟滞，航程需经多日，且有风险。故木帆船航海时代无客运可言。

清光绪二十一年（1895年），朝廷逐步解除了对华商行驶轮船的禁令。清光绪二十四年（1898年）五月，海关总税务司颁布《华洋轮船驶赴中国内港章程》，允许在通商口岸注册的华洋轮船行驶内港，所有内河也许华洋商人行驶小轮。以上“内港”是指未对外开放的港口。

外海客货班轮的起步

在政策松动的第一时间，即有在椒甬商与海门人合资，于光绪二十二年（1896年）开办外海商轮局，购置海门轮，并于次年开航椒甬线班轮。这是台州最早的外海客货班轮。此时，官至御史因不满朝廷腐败弃官回乡的路桥绅士杨晨，也与海门陶祝华（寿农）、王勤甫等合资创办越东轮船公司，于光绪二十四年（1898年）购永宁轮投入椒甬线。光绪三十年（1904年），日商载阳丸轮投入椒沪线，杨晨等不甘椒沪航线被日人独占，又购永江轮投入椒沪线。自此激发船商踊跃投入更多航船，形成壮观的竞争局面。

其时，由通商口岸激发的商贸活动在台州湾沿海已十分活跃。市场促使大批客商川流于沪椒、甬椒之间，同时，人多地少的台州有众多富余劳力外出谋生。客货轮以机器为动力，突破潮流风向的限制，可在一昼夜时间内行驶椒沪、椒甬之间，船上备客舱和卧席，如及时雨般满足了人们出行的需求。客货班轮一出现就呈兴旺景象，中途停靠定海的班轮还满足了到普陀山礼佛的香客的愿望。清光绪二十三年至民国3年（1897—1914年），台州沿海各航线客货班轮开设时间和途经港埠情况如下：

甬椒航线　外海商轮局海门轮，1897年始航。越东轮船公司永宁轮，1898年始航，途经镇海、定海、象山石浦，1908年4月起兼航温州。平安轮船公司平安轮，1901年始航，1910年改航椒沪线。永川轮船公司投入3艘轮船：永川轮，1904年始航，途经镇海、象山、石浦；海宁轮，1909年始航，途中有停靠，1915年专航椒甬线；湖广轮，1909年始航，途经镇海、象山、石浦、宁海。新瑞兴轮，所属轮船公司和始航时间不详，途经镇海、定海、石浦。

沪椒航线　越东轮船公司投入2艘轮船：永江轮，1905年始航，1906年10月停航；永利轮，1906年继永江轮续航，途经定海、石浦。可贵轮船公司可贵轮，始航时间不详，途经穿山、定海、石浦。平安轮船公司平安轮，1910年由椒甬线改航此线。海通轮，所属公司不详，1913年改航椒甬线。

甬椒瓯航线　外海商轮局新海门轮，1907年与宝华、永宁轮同行此线，途经镇海、定海、石浦。宝华轮船局宝华轮，1915年改航沪椒瓯线，途经镇海、穿山、定海、石浦、坎门。安川轮，所属公司与始航时间不详。

沪椒瓯航线　招商局普济轮，所属公司和始航日期不详。

除海门港而外，三门湾、乐清湾的海湾两岸的海上客运也在19世纪末同步萌芽。清末，三门湾海游章氏兄弟建造木帆船航行海游至石浦，载客载货，每月往返六次，时称六市船。又有章以金造25吨木帆船，也每月六次往返于海游与宁海长街间。这些航船沟通海湾对岸，均是客货混装。民国初，乐清湾有小轮鸿发轮行驶于坎门与温州之间，载客称便，因吨位小，载货不敷所需。

外海客运鼎盛时期

民国4年（1915年）后，外海客运愈益兴旺。抗日战争前的20多年，是海门港客运最旺盛阶段。沪椒线和甬椒线客货班轮几乎班班客满。其时，被誉为台州"小上海"的海门商贸鼎盛，商贾云集，台州商人无不在海门乘船来往于上海、宁波，并在沪、甬设立台州同乡会，奔波于该条黄金客运线。民国4年至26年（1915—1937年），台州外海轮船总数达49艘，前后运营13条航线，8个靠埠，68个航班。其中海门港停靠25航班，兼靠31航班，黄岩城关停靠13航班（其中1航班停靠三江口），金清停靠4航班，石塘钓浜门兼靠4航班，坎门兼靠3航班，楚门兼靠2航班，海游巡检司兼靠1航班。

各航线具体营运轮船及始航停航时间可参阅本编第一章第二节"近代外海货运"。营运船舶、所属公司及途中兼靠状况如下：

沪椒航线（途中或兼靠镇海、定海、穿山、石浦） 越东轮船公司永利轮；可贵轮船公司可贵轮；平安轮船公司平安轮；宝华轮船公司（前身平安公司）宝华轮、新宝华轮；群济公司和济轮；大达轮船公司大宁轮；福康商轮公司福康轮；舟山轮船公司舟山轮；达兴商轮公司三江轮、达兴轮；穿山轮船公司穿山轮；台州信记航业公司台州轮；益利轮船公司益利轮；公茂轮船局大华轮；亚细亚煤油公司海光轮；美孚石油公司美南轮。

沪椒黄航线（上海—海门—黄岩） 茂利轮船局茂利轮；上海达兴商轮局福兴轮、达兴论。

沪椒泉航线（上海—海门—兴化—泉州） 华丰轮船局华丰轮；美孚石油公司美南汽轮；亚细亚煤油公司海光轮；金陵轮，所属公司不详；福昌商轮公司福安轮；福源轮船局福源轮。

沪椒瓯航线（或兼靠坎门） 招商局广济轮；益利轮船局益利轮（由海门延伸温州）。

沪椒瑞航线（上海—海门—瑞安，途中或经停坎门） 永安商轮公司永安轮。

沪瓯航线（途中或经停三门海游巡检司、坎门） 益利轮船局益利轮、新益利轮。

沪钓瓯航线（上海至温州，兼靠温岭石塘钓浜） 营运船舶有金源利轮、金德兴轮、金源发轮、金飞鲸轮等，所属公司不详，航行于1919—1922年。

沪楚平航线（上海—楚门—瑞安—平阳） 瑞平轮船公司瑞平轮，后又置新瑞平轮，航线延伸至福建沙埕。

甬椒航线（途中或兼靠镇海、象山、石浦） 海通轮船公司海通轮；永川轮船公司海宁轮；新海宁轮船公司新海宁轮；鹿玉轩北安轮；三北仑埠公司慈北轮。

甬椒黄航线（宁波—海门—黄岩，途中或兼靠镇海、定海、石浦） 宁波鸿兴轮船局鸿兴轮，先泊江口，后延伸黄岩城关；黄岩商轮局黄岩轮（由永宁轮改名）；新海门商轮公司新海门轮；永川轮船公司新永川轮、湖广轮（原属宁波东兴公司）；海宁商轮公司鳌江轮；宁台轮船公司宁台轮；宁波宁海商轮公司南海轮；新宁海公司新宁海轮、南海轮。

甬椒瓯航线（宁波—海门—温州，途中或兼靠镇海、定海、石浦、坎门） 永宁轮船公司永宁轮；永川轮船公司永川轮、新永川轮、定海轮；宝华轮船公司新宝华轮；新宁海轮船航运公司新宁海轮；平安轮船公司平阳轮。

甬金航线（宁波—金清） 利川轮船公司海宁轮；永清轮、金清轮、镇宁轮，公司不详。

椒坎厦航线（海门—坎门—厦门） 海通船务公司顺兴轮。

三门湾和乐清湾均是半岛与大陆半围合海湾，环海湾布置的聚落被汪洋相隔，亟须航船沟通。故三门与象山，玉环与乐清、温州对于水路客运的需求尤为急切。

民国14—17年（1925—1928年），宁海胡佩珍造帆船辟海游—宁海长街“六市船”、善岙蒋齐庆造帆船辟海游—象山鹤浦“六市船”、海游章良风造帆船辟海游—宁海白岩下“六市船”、葛岙王士友造船辟海游—宁海朱门“六市船”。六市船每月6航班正是5日1班，正是为农村集市圩期而设计的，满足集市日的客货来往。

民国3年（1914年），玉环促成永宁轮、永川轮、永安轮、平阳轮等兼靠坎门；民国5年（1916年）沪椒线延伸温州，又吸引新宝华轮、大华轮、益利轮、新海门轮等兼靠坎门。民国13年（1924年），温州辟至楚门、清江、江厦航线；民国18年（1929年）辟瓯沪线，经停平阳、瑞安、楚门，并南延福建沙埕。坎门、楚门、大麦屿、西青、江厦有一些小轮航驶周边洞头、清江、下堡、华锹、白溪等航埠；运营轮船有永环轮、运大轮、常川轮、利泰轮等。

航运业的竞争与联营

自沪椒客货班轮开辟起不久即形成永利、可贵、宝华3班轮的鼎立竞争，三者相互倾轧，暗贴回扣，以减低运费招来生意，酿成一损俱损的恶果。不久永利、可贵相继触礁沉没或停航。多家公司再投入更多航班，此消彼长，至民国17年（1928年）又形成舟山、达兴、穿山、台州、大华5公司6航班的竞争局面。在竞争中，黄岩橘商暗与轮船公司签订互惠条约，以回扣减少运费，5公司均受伤害。

为维护自身利益，5轮船公司于民国19年（1930年）在上海组成“联安航务公司”，达成协议，排定各轮分航沪椒线的班期，禁止暗中招揽货运，补贴回扣。表4-33为联安船务公司协商规定的沪椒线航班统一安排，每艘轮船保证每周2个航次。

表4-33 **1936年联安船务公司沪椒航线船期分配**

船名	由沪开航	由椒开航	途中兼靠港埠	船名	由沪开航	由椒开航	途中兼靠港埠
舟山	星期一	星期五	定海、穿山、石浦	茂利	星期四	星期一	定海、石浦
达兴	星期二	星期六	定海、石浦、黄岩	大华	星期五	星期二	定海、穿山、石浦
穿山	星期三	星期日	定海、穿山、石浦	台州	星期六	清晰三	定海、石浦

其时，甬椒黄线和甬椒瓯线也形成新宝华、新宁海、新海门、平阳、南海、新永川、黄岩、新湖广、永安9轮恶性竞争的局面。各公司谋求自救，也协议联合营业，因营运轮船过多，于民国24年（1935年）协议停航永安、新湖广2轮，酌给津贴，以余7轮组织联合甬台瓯航务公司，统一安排甬椒瓯航轮班期和甬椒黄航轮如下，其中航驶甬椒瓯线轮船每周有4个航次，航驶甬椒黄航线轮船每周有2个航次。

平阳轮—星期日椒开瓯；星期二瓯开椒；星期三椒开甬；星期六甬开椒。

新海门轮—星期一椒开甬；星期四甬开椒；星期五椒开瓯；星期日瓯开椒。

新宁海轮—星期二甬开椒；星期三椒开瓯；星期五瓯开椒；星期六椒开甬。

新宝华轮—星期六瓯开椒；星期日椒开甬；星期一甬开椒；星期四椒开瓯。

黄岩轮—星期一甬开椒、黄；星期四黄开椒、甬。

南海轮—星期二黄开椒、甬；星期五甬开椒、黄。

新永川论—星期三甬开椒、黄，星期五黄开椒、甬。

为统计彼时客运量，人民交通出版社1995年版《海门港史》依据民国19年（1930年）交通部轮船登记册所列核定客位，列出了1932年沪椒线和甬椒线的客运量表格，因其时客运都呈饱和状态，客运量便按满载计算，但该表估算的全年52航次有误，52是全年的周数，台州各航线轮船经过联合经营后，大多每周2个航班，甬椒瓯线还有4个航班，因此轮船的全年航次应是104个或208个，则其客运量也相应变化。按照联合经营后的航班，订正《海门港史》表格，列出1936年两航线的客运量，见表4-34、表4-35。

表 4-34

椒沪线 1936 年班轮客运量计算

轮船名	核定客位（人）	全年航次（次）	全年客运量（人次）	轮船名	核定客位（人）	全年航次（次）	全年客运量（人次）
茂利轮	536	104	55744	穿山轮	738	104	76752
舟山轮	837	104	87048	台州轮	799	104	83096
达兴轮	562	104	58448	大华轮	904	104	94016

表 4-35

椒甬线 1936 年班轮客运量表

轮船名	核定客位（人）	全年航次（次）	全年客运量（人次）	轮船名	核定客位（人）	全年航次（次）	全年客运量（人次）
新宝华轮	480	208	99840	黄岩轮	568	104	59072
新海门轮	560	208	116480	南海轮	498	104	51792
平阳轮	357	208	74256	新永川轮	约 200	104	20800
新宁海轮	约 200	208	41600	总　计	—	—	463840

注：表中新宁海轮、新永川轮缺乏核定客位数据，仅以最低估计数计算。

沪椒线全年客运量总计 455104 人次，加上甬椒线全年客运量 463840 人次，两航线共计全年客运量为 918944 人次，比《海门港史》统计的 362596 人次多 556348 人次。同时两表仅统计沪椒线和甬椒瓯线客流量，尚有上海至厦门、泉州、瑞安在海门靠埠的航线，以及不在海门靠埠的其他航线客流量未计算在内，因此估算台州每年的外海航线客流量应在 100 万人次以上。

20 世纪 20—30 年代，椒江口一带商贸发展势头强劲，物流、人流、资金流都急速流动，沪椒线和甬椒线货运在竞争中互相压价，但客运却几乎班班客满，呈饱和状态。乘客不仅有米商、橘商、草帽商、百货商、药材商、木材商、柴炭商、草席商、咸鲜商等各路商贾，还涵盖底层民众，包括外出务工者、帮佣、季节性割稻客、至普陀香客等。需求促使船商盲目投入，致使“多艘轮船竞相行驶一埠”，1929—1932 年沪椒线上的班轮多达十余艘。

台州联安航务公司的联合营业为解决航业无序竞争提供了范例，是中国沿海航运业协作经营的先声。上海航业公会仿照其成例，也成立了航务联盟，按照各轮原行驶路线，设立联合办事处，平均支配航班，盈亏相济，统一运价，有效维护行业的有序经营和行业利益。

战争对外海客运的摧残

民国 26 年（1937 年），日军全面侵华战争爆发，中国沿海主要通商口岸相继沦陷，不能驶入长江的海轮由行政院颁布《非常时期轮船转移外籍办法》，转籍继续运营（详见本编第一章第二节“近代外海货运”）。货运一度更为繁忙，旅沪台州商人则纷纷离沪返台避难。至 9 月份，沪椒班轮慑于战火，暂停航行，仅神福轮载本地难民 3000 人抵椒，无货物返航。

8 年抗战期间，海门港时而封锁，时而开放：民国 27 年（1938 年）3 月 4 日封锁海门港，同年 7 月至民国 28 年（1939 年）3 月，开放港口；民国 28 年（1939 年）3 月至民国 29 年（1940 年）9 月，关闭港口；民国 29 年（1940 年）10 月至民国 30 年（1941 年）3 月，开放港口；民国 30 年（1941 年）

4月至民国31年（1942年）6月，关闭港口；民国30年（1941年）4月19日至5月3日，日军占领海门；民国30年（1941年）7月和11月，暂准轮船在松门、金清、岩头出入。

无论是在封锁期间还是在开放期间，要紧的是货物流通，客流在开放期间极少，如民国29年（1940年）10月开放后，有海宜、永茂、海福、永生、利平、江南拖轮、曼丽•密勒、克来司丁、高登、海康、飞康、瑞泰、江定、新安利14轮通航沪石椒线，名为外轮，实为国轮转外籍，并大多只行于上海与石浦间，进海门港极少，3月有瑞泰1轮进海门，乘客仅73人，出口4艘，乘客共69人。

民国34年（1945年）8月15日，日军无条件投降，海门港于9月21日恢复通航。至民国35年（1946年）底，各航线轮船增至22艘。民国34年（1945年）至民国37年（1948年），先后复航、开航的轮船，沪椒航线有25艘，甬椒航线有14艘，椒瓯航线有16艘，共计55艘。

沪椒航线轮船　民国34年（1945年）复航和开航的有东南（申台）航业公司茂利轮；华泰汽轮公司通利轮；通济公司济民机帆船；通裕机帆船；中华轮船公司3号、9号、12号机帆船。民国35年（1946年）开航轮船有：泰昌祥轮船公司江苏轮、浙江垦殖公司渔惠轮、东元轮局东元轮和东利轮、岱山轮局安泰轮、民安航业公司瑞光轮、远东实业行衡阳轮、永利拖轮。民国36年（1947年）开航轮船有大康行南华快船、诚心船务行诚心快船、吉康航务局德明汽船和泰顺汽船、永益轮。民国37年（1947年）开航轮船有利生轮船办事处利生轮、永舟货轮、利洲轮、环海航务局济华轮、东南航业公司（台华公司）沪宁轮。

甬椒航线轮船　民国34年（1945年）开航的有大隆航运公司鄞余镇轮。民国35年（1946年）开航的轮船有岱山轮船公司岱山轮、浙海渔业公司浙海一号轮、大通航务公司海利拖轮和华追轮、中华水产公司华速轮、中联进出口行镇余汽轮。民国36年（1947年）开航轮船有：远东航务办事处永敏轮；中联进出口行华象轮、华遡轮、华道轮；中和实业公司（大同局）新中和汽轮；中联进出口行海盛货轮、镇余轮。民国37年（1948年）开航轮船有平安公司中益轮、临安商轮局临安轮、中联进出口行海盛纶。

椒瓯航线轮船　民国34年（1945年）开航轮船有大通航务行新同安汽轮、中联进出口行大源轮和光天轮、光大轮、金鹰轮、华生轮、利华轮、兴仁轮、新永大轮、永铭轮（机帆船）、福利轮、华述汽轮、永益轮。民国37年（1948年）开航轮船有中联进出口公司光南轮、永安轮、光明轮；浙江垦殖公司浙惠6号轮。此外，温岭江厦有至永嘉汽船5艘、至乐清东山埠汽船6艘；民国33年（1944年），松门有惠民轮至坎门。

战后复航的船舶虽多，但不少船舶是货轮、机帆船、渔船改装、小汽船，均不载客，也非常班。其中沪椒线常班仅有茂利轮（752吨）、江苏轮（773吨）、渔惠轮（209吨）、安泰轮、利生轮（276吨）等5艘；甬椒线常班仅有岱山轮（79吨）、华速轮（73吨）、永敏轮（317吨）、华象轮（194吨）、华溯轮、新中和汽轮（84吨）、海盛货轮（77吨）等7艘；椒瓯线常班仅有永益轮、永安轮、光明轮3艘。除茂利轮、江苏轮两轮载重吨700吨以上，余皆300吨以下乃至几十吨小轮，客运量与抗战前无法相比。

民国35年（1946年），内战爆发，航运业又遭荼毒，客运更为萎靡。次年下半年，海门港进出口轮船直线下降，仅有84艘次，除运柑橘、食盐，其他货物和客运就寥寥无几。民国37年（1948年），物价飞涨，商业萧条，人心不定。年底，江苏轮、茂利轮逃往台湾，海门港埠一片萧肃。

玉环战后恢复的轮船有祥丰轮、金国轮、泰安轮、复兴轮，恢复最迅速的是台湾航线，但主要是货运。内战爆发后，海上盗匪蜂起，玉环航船或为国民党政权征用逃台，或遭海匪抢劫，余者寄籍省内北部中部港口，所剩者寥寥，直至 1955 年大陈岛国民党驻军撤退前，航运业均举步维艰。

计划经济时期的外海客运

1949 年，国民党政府败退台湾，台州湾外海的台州列岛、一江山岛、披山岛等岛屿仍为国民党军所盘踞。大陆与海岛形成军事对峙，海门港外海航运受到干扰，货运船舶需要武装护航，客运中断。1955 年 1 月 18 日，解放军攻克一江山岛；随之，国民党军于 2 月 8—12 日携大陈岛居民撤退台湾。浙江沿海军事威胁解除。

人民政府接收的大陈岛是被洗劫一空的无人岛。除派驻防守部队，扫雷清场外，政府着手于移民重建。1955 年 4 月，调内江客货轮新章安轮隔日航行海门至大陈岛，1955 年客运量 3314 人次；1956 年 1 月，海门、温州组织青年上岛垦荒，2 月调能抗 6 级风的中浙 6 号轮每日一班航行椒陈线，1957 年椒陈线客运量 38500 人次。

1955 年解除沿海军事对峙后，至沪、甬沿海客运却没有恢复。其时，工商业社会主义改造正全面实施，国家走向计划经济时代。支撑客运的人口流动由市场经济的商业活动引起，个体商业既被国家计划取代，自由商贸活动也被禁止，人的流动也就减少。接着是“大跃进”运动，随之带来三年困难时期。在一度的“跃进”以后，货运也开始滑坡。

图 4-36　20 世纪 60 年代大陈交通船（来自港航局资料）

因为货源减少，1961 年，海门港将 240 吨浙海 304 轮改为客位 309 座客货轮，更名浙江 302 轮，恢复海门至宁波客运航班。该线中途停靠象山石浦，隔天在两地各发一班次。但在计划经济条件下，百姓不能做生意，客流很少。1961—1963 年的客运量从 22533 人次下降至 14084 人次，船舶经营月月亏损；1964 年又改小轮，将航行椒陈线的 145 客位浙江 301 轮调航椒甬线，也难以维持，最终于 1973 年停航。1974 年，恢复椒江至石浦航线。

20 世纪五六十年代，台州各县历届人民代表大会都有恢复椒申（沪椒）客运航班的提案。1964—1965 年，曾由舟山航运公司浙海 701 轮和前进 807 轮担任椒申客运，但也因客源有限，短期通航后停航。

椒陈航线原浙江 301 轮调航椒甬线后，另改 19 吨 100 座木帆船浙江 303 轮航行椒陈线。“大跃进”后，椒陈线客运量也直线下滑，1961 年为 28075 人次，已比 1957 年少 1 万人次，1963 年更跌到 18320 人次。1968 年调抗 7 级风、153 客位、航速 10.48 节的浙江 402 轮航行椒陈线。

在“文化大革命”末期，僵死的经济政策已有松动，社会基层开始以集体名义兴办企业，社队企业、街道企业纷起，人员流动显现出活络状态。1975 年，海门港务局、海门航运公司共同打造了总吨位 1884 吨、客位 432 座、载货 123 吨的浙江 403 轮和浙江 404 轮，重开椒申客运航班。复航的椒申客轮时速12.13海里，航时22～24小时，隔天在海门、上海对开，盛况空前，仅1976年春运就运送旅客2万多人次。春运后，虽继续开统舱但仍不能满足需求，客位432座的轮船往往售票700张甚至近千张，并出现倒卖船票的现象。1976年，海门港沿海客运量达19.2万人次，比1965年的2.7万人次增长6.1倍。

计划经济时期，三门湾外海客运初期保持海游—宁海长街、海游—宁海白岩下、海游—宁海朱门、海游—象山鹤浦—象山石浦4条航线。1954年，海游至长街、白岩下、朱门3条航线因围垦海涂陆续停航。1955年增设海游—健跳客运航线，至1958年因筑通海游至健跳公路停航。1979年开辟健跳—宁海陈胡港客运。

1954年前，三门外海客运由船户自行经营，客运量无据可查。1955年，个体船户经合作化，成为运输合作社，全县水路客运量变化如下：1955年0.3万人次，1960年1.4万人次，1965年1.9万人次，1970年5.7万人次，1975年9.4万人次。以上数据包含健跳至铁强的内江水路客运量。

玉环县岛屿众多，13个岛屿上有人居住。其中鸡山岛、洋屿岛、海山岛（茅埏岛）在历史上与坎门、楚门都有航船连接。1949年后逐步开辟至其他岛屿及沿海封闭岙湾的交通航线。县内陆岛航线有坎门—鸡山岛、坎门—披山岛、楚门—海山岛（茅埏岛）、漩门大坝—鸡山岛、漩门大坝—洋屿岛5条，沿海航线有漩门大坝—栈台白马岙、漩门大坝—下栈头、漩门大坝—干江木杓头3条。

玉环岛和楚门半岛三面环海，至乐清、温州、洞头均需漂洋过海。因而本地对县外交通存在9条海上交通航线：江厦—楚门—温州、楚门—东山埠、楚门—清江渡、楚门—洞头、坎门—蒲岐、大麦屿—温州、大麦屿—蒲岐、泗头—温州灰桥浦、普青—蒲岐。外地客轮至本地的航线有洞头—坎门、乐清公利陡—坎门、海汐—坎门、华锹—青马外马道、大荆—楚门。

1965年、1966年玉环沿海客运量分别为6700人次和7400人次，“文化大革命”期间徘徊在1万～2万人次，1977年达5.4万人次。

图4-37　20世纪80年代中火爆的椒沪客运（来自1989年《椒江》画册）

改革开放后的外海客运蜕变

1975年7月开通椒申客运班轮后，其专用码头迟至1977年建成，1981年在码头陆岸建880平方米候船大厅，可接纳旅客近千名，展现了外海客运的辉煌前景。1990年，为增强椒申客运运力，新造浙江406客轮投入营运，该轮总长78米，时速27.22公里，海门至上海航时20小时，续航力2778公里，总吨位2811吨，全卧位728位，装有空调设备。浙江406轮与原有的浙江403轮、浙江404轮共同航行椒申航线，实施每4天3班的班期，使客运质量大为改善。

图4-38　20世纪80年代海门候船厅

但实际上，随着公路运输的改善，航时 20 多小时的椒申海上客运已开始失去优势。1985—1994 年，椒申线平均 16 万人次的年客运量自 1991 年开始下滑，至 1994 年仅有 10.27 万人次。同年，浙江 403 轮退出椒申客运，调拨给舟山海运公司；1996 年，浙江 406 轮退出椒申客运，转让舟山海运公司；1998 年春运后，浙江 404 轮退出椒申客运改航椒陈线，椒申客运终结。最后，报废的候船厅拆除，改建为台州港航局综合楼。

20 世纪 80 年代，除椒申航线外，外海航线还有海门至大陈的客运航线，每天 1 班，由浙江 401 轮、浙江 405 轮对开，其中浙江 401 轮为 1984 年新造抗 10 级风客轮，换下原浙江 402 轮走海门至石浦客运航线，每天 1 班。1986 年 3 月起，一段时间曾开辟金清至大陈的客班航线，由陈交 1 号客轮逢金清农历四九圩期市日开航。1988 年 9 月起，椒陈客运线改为当日来回班。1989 年，石浦航运公司大金山客轮参与海门至石浦航线，与浙江 402 轮对开。90 年代中，海门至石浦航线终止。

图 4-39　荣远客运有限公司投入的大陈岛陆岛高速客轮（缪鹤贤摄）

图 4-40　东镇山号客轮　（来自 2019 年 1 月 3 日“椒江发布”）

1990 年 9 月开始，由 1986 年建造的航速 10 节、270 客座、抗 7 级风的浙江 405 轮航行椒陈航线。浙江 404 轮退出椒申航线后，一度航行椒陈线，其时大陈岛客货码头平台仅 24 米，浙江 404 客轮只能在海面上锚泊，乘客过驳上岸。2000 年扩建码头增至 38 米，泊位总长 50 米。

2003 年 10 月，大陈岛陆岛客运由刚成立的台州市荣远客运有限公司经营，海门停靠 6 号码头；12 月，椒陈线启用庆达号快速客轮，船长 42.7 米，载客 195 人，航速 18 节，航时由原先 3 小时缩短为 2 小时，每天 8 时从海门开出，下午 3 时从大陈开回。随后，2006 年投放 99 座航时 1.5 小时庆达 2 号，2009 年投放 46 座庆达 12 号，2012 年投放 80 座庆达 10 号，2016 年投放 253 座庆达 9 号，2017 年投放航时 70 分钟高速客轮海矩号，2018 年投放豪华客轮东镇山号，总运力提升至 1340 客座。

2017 年，改造海门港区原 7 号轮渡码头与轮渡候船厅为台州市海上客运中心，旨在成为台州海洋旅游集散中心。工程在原码头西侧再建 500 吨级码头泊位 2 个，设 60 米 ×9 米趸船 2 个，陆域辟停车场，可停放 193 辆轿车。其主要服务于椒江至大陈岛、一江山岛航线。迄今营运客轮有庆达号、庆达 2 号、东镇山号、庆达 8 号、庆达 9 号、庆达 10 号（客货船）。航班是周一至周五上午 8 点从海门开出，下午 3 点从大陈开回，每天一班；逢周末加班，上午一班来回，下午一班来回。各轮单程时长：庆达号 120 分钟、庆达 2 号 100 分钟、庆达 8 号 70 分钟、庆达 9 号 80 分钟、庆达 10 号 180 分钟、东镇山号 150 分钟。票价因船因舱各异。

2017年9月，大陈车客渡码头工程开工，将建1000总吨级车渡泊位1个，年设计吞吐能力为4万人次、1万辆车次。

为寻求至大陈岛更近的海上航线，2012年在原金清港入海口白沙水道建设客运码头，1916年竣工验收，并建1428平方米候船厅。该码头离大陈岛直线距离24公里，高速客轮30～45分钟可达。又经过航道疏浚，2018年5月，运用庆达9号、庆达号开通至大陈岛客运航班，给金清、温岭等地居民赴大陈岛提供更便捷的通道。八九月台风季后，相关部门检测航道，发现航道回淤情况较预计快，并已影响航行安全。出于安全和长期航道疏浚成本巨大的考虑，决定无限期停航。

改革开放初，三门湾外海客运保持海游经象山鹤浦至象山石浦航线、健跳—宁海陈胡航线，各客班船均由三门航运公司经营。1984年增设健跳—石浦航线，海游至石浦航线注销。健跳—石浦航线靠埠点为健跳、三门口、鹤浦、石浦；海游—石浦航线靠埠点为海游、潺岙、巡检司、蛇蟠、三门口、鹤浦、石浦；健跳至陈胡直达。

20世纪70—80年代，三门全县水路客运量（包括健跳内江）统计如下：1978年8.5万人次，1980年14.1万人次，1983年15.5万人次，1987年9.5万人次。80年代中期以后，运输市场放开，公路客运发展迅速，水路客运影响颇大，客运量骤减。90年代，健跳至陈胡航线停航；2011年1月，健跳至石浦航线也停航。

改革开放后，玉环海上客运量大幅度增长，1981年客运量14.1万人次，1988年达57.4万人次。1988年县内各客运航班状况如下：坎门—洋屿—披山，60客位；坎门—鲜迭—白墩—蒲岐，140客位；楚门—温州，117客位；楚门—乐清东山埠，82客位；楚门—清江渡，130客位；楚门—海山（茅埏岛），70客位；楚门—洞头，104客位；漩门—闸栈头—洋屿，130客位；漩门—栈头—鸡山，126客位；漩门—栈头，90客位；漩门—木杓头，64客位；漩门—白马岙，53客位；大麦屿—温州，170客位；大麦屿—蒲岐，106客位；泗头—温州灰桥浦，78客位；普青—连屿—蒲岐，41客位。以上各线航次均每日一班，除几个要埠由玉环县沿海客运站和大麦屿航运公司、鸡山运输社经营外，余皆由个体经营户经营。

1988年外地客轮营运情况如下：东头—坎门，个体户经营；温州—坎门，温州沿海运输公司经营；公利陡—坎门，个体户经营；海汐—青马，乐清海汐外海运输社经营；华锹—青马，乐清蒲岐镇经营；大荆—楚门，乐清临西运输队经营。各线航次均每日一班。

20世纪末，汽车进入家庭，为打破玉环与温州两地水运不通汽车的交通壁垒，1998年开始酝酿乐清湾滚装轮渡，2000年成立玉环滚装轮渡有限公司，在连屿建设滚装码头，2003年6月投入运营。滚装轮渡启运，原有其他水上客运相继停航。初始，滚装轮渡年运量不足10万

图4-41　由大麦屿港区开往台湾基隆的中远之星号滚装客货轮（来自2010年7月6日“中国经济网”）

人次和1万车次，至2017年，轮渡每天有近120个航行班次，年客运量达到200万人次和68万辆车次。2018年9月，连接玉环—乐清的乐清湾大桥通车，滚装轮渡宣告谢幕。通航16年，玉环滚装轮渡共运送旅客2525万人次，渡运车辆716万辆车次。

2009年，大麦屿港区开通至台湾基隆港的对台海上直航，此为浙江省唯一、华东地区最佳赴台海上通道。迄2019年的10年中，大麦屿港区对台海上直航已稳定运行670个航次，累计运送旅客近19万人次。表4-36显示2014-2020年的大麦屿至台湾基隆港直航客货运历年实绩。

表4-36 **2014-2020年大麦屿港至台湾基隆港直航客货运历年实绩**

年份	2014	2015	2016	2017	2018	2019	2020
航次（次）	46	92	94	92	94	92	90
乘客人次（人次）	8571	24238	7846	14701	22966	14889	740
集装箱吞吐量（标准箱）	10	194	346	1062	1979	2585	3569

注：2020年受新冠疫情影响，两岸人员流动在2—12月停运

第三节　内江客运

台州域内内江客运指灵江及上游支流、永宁江、健跳江的客运。古代无机器动力时，江船张帆，溪排撑篙，只有顺水、顺风、顺潮才有速度优势，逆水行舟艰难，因而一般无专门的客运服务，乘客只能顺便搭乘货船，或者雇用船舶专程运送。机器用于船舶后，专业客运才及于内江。本节分为灵江及其上游客运、永宁江客运、健跳江客运记叙。

灵江及其上游客运

灵江客运主要是临海城关与下游章安或海门之间的交通，其上游则是临海城关至仙居、天台城关的交通。永安溪和始丰溪下段可行长船，上段运用木排、竹筏运输，无论船筏，都十分艰难，尤其是逆水行舟全靠撑篙一步步移动。因此，灵江上游永安溪、始丰溪的客运只发生在天台、仙居城关以下。

清文人葛咏裳作诗《灵江水》云：“灵江水，屈曲一百二十里，上流抱城下遛海，我家上游江之浒，年年潮落复潮生，来舟去舟相送迎。”这说明内江客运早为居民生活所需。只不过古代由于行驶艰难、费时、旅客少，形不成专业的定期航班，乘客需趁便搭乘货船。

在临海以上，古代使用长船为交通工具，长船长约20米、梭形平底、两头尖、载重约3吨，有箬篷做盖。民国24年（1935年），开设临海城关至仙居河埠定期客船，每船16座，两地对开，乘客以商人、读书人居多。客船遇大水下行，五六小时可达，上行需一昼夜。临海至天台县城也有长船客运，但未形成班期。28年（1939年），有船商在临海至天台、仙居客船上装机器动力。

临海城关以下河段可行200吨以下船舶，由于是感潮河段，航船上行必须在潮涨六七分启航，

顺潮而上，历3时30分潮平；下行在潮涨八分启航，借助退潮顺流而行。如果顺水又顺风，则航行较顺利，如果逆风，则航速很慢，可能在一个潮期走不完全程，就需抛锚等下一个潮期，此即古代新罗商船要在新罗屿“舣舟”（靠泊）的原因。

临海城关以下灵江河段专业客运出现在机器用作航船动力的清末民初。机动轮船航行灵江不受风向影响，有速度优势，海门至临海在4小时内可达，因而以载客为主，货物为客商捎带。此时俗称航行内江的机动客轮为“小火轮”。

清光绪年间（1875—1908年），有小火轮灵江轮投放海门至临海航线，此为台州最早内江客货班轮。宣统二年（1910年），临海创办六埠拖轮公司，置23.15总吨升（顺、兴）昌轮，于翌年投放椒临线。民国3年（1914年），该公司又投放1艘32总吨怡（贤）昌轮。民国18年至26年（1929—1937年），有18总吨章安轮、22总吨运大轮航行椒临线。表4-37汇集民国抗战前灵江客运航班状况。

表4-37 **民国抗战前灵江客运航班状况** （总载重吨单位：吨）

船名	所属公司	总载重吨	停靠航埠	始航日期
升昌轮	临海六埠拖轮公司（商轮公司）	23.15	三江口、栅浦、葭沚、章安、东路	1911年始航
怡昌轮	临海六埠拖轮公司（商轮公司）	32.00	三江口、栅浦、葭沚、章安、东路	1914年始航
章安轮	临海商轮兴记有限公司	97.55	钓鱼亭、涌泉、长甸（开日班）	1929年始航
运大轮	运大仁记商轮公司	22.00	钓鱼亭、涌泉、长甸（开夜班）	1930年始航
黄岩轮	江裕丰	12.00	每日潮涨黄岩开，每日潮退临海开	不详

注：黄岩轮航线为黄岩至临海线，余皆临海至海门线

日军侵华战争对灵江客货运有所影响。前期，椒临线由章安轮、运大轮营运。民国30年（1941年），日军登陆海门，章安轮被掳往上海改为台占丸轮，运大轮自行凿沉。32年（1943年），运大轮复航，椒临线由运大轮、江大轮营运。

抗战后期，海门港禁航，沪甬货物由陆路经宁海、三门进入临海，又由临海经内江、内河从温峤、江厦转温州，灵江航运趋旺。其间投入灵江客货航运的班轮有新章安轮（86.6总吨、156客位）、临浦轮（45总吨）、运大轮（43总吨）、江大轮（117客位）、永升轮（76总吨）、金汇源轮（19.6总吨）、新东海轮（21总吨、79客位）、茂生轮（32总吨、72客位）。其中金汇源轮、新东海轮、永升轮行驶临海至黄岩航线（详情参阅本编第一章“水路货运”第五节“内江和水库货运”）。

战后，椒临线由江大轮、新章安轮营运，民国36年（1947年），江大轮重航椒黄线，被掳的章安轮由敌产管理局发还，37年（1948年）复航椒临线。

1949年后，20世纪50年代初，灵江客货轮有新章安轮、江大轮、运大轮、新东海轮、茂生轮、永洲轮。1950年，江大轮、运大轮、永

图4-42 20世纪50年代灵江客班轮（来自台州海运公司企业宣传画册）

洲轮3轮支援解放舟山，永洲轮被炸沉。1953年3月起，临海轮船由台州航管处直管。其中新章安轮、江大轮、运大轮3轮航椒临线，新东海轮、茂生轮2轮航临黄线。5轮共有客位538座，载货37.4吨。

1954年，成立台州内河临黄椒合营船坞公司，统一经营内江客货运。次年成为公私合营临海轮船公司。黄临公路恢复通车后，黄临线于1956年停航。1957年，临海至仙居公路筑通，水路客运停航，临海至天台客运也被公路运输取代。1958年，内江运输归属浙江省航运公司海门分公司，对所用船舶做出重点修理，进行一般维持、充分利用、逐步淘汰的调整，椒临线、椒黄线船舶时有调换。

“大跃进”时期，椒临线年客运量如下：1958年89580人次，1959年94331人次，1960年10000人次，1961年17200人次，1962年207742人次，1963年184607人次。“文化大革命”时期，包括椒黄航线的内江客运量统计：1965年191308人次，1976年224780人次。

经过1977年、1979年、1982年分段建设，临海大田经涌泉至章安、前所的沿灵江左岸83省道公路建成。由于内江客运需候潮航行，无固定时间，且航时长，与公路客运相形见绌，椒临线客运于1986年停航。

灵江航道沿途的传统靠埠有黄礁、新亭头、西岑、涌泉、长甸、马头山、管岙、石村、钓鱼亭、汛桥等。客货轮难以靠岸的埠头有称为“推龙”的小船驳载乘客上岸。

20世纪60—80年代，临江上游及支流修筑大量水库，其中始丰溪里石门水库和大田逆溪牛头山水库为大中型水库，库区面积较大，水域设置客运交通航班。里石门水库置客货轮3艘，设花墙埠头和茶园、田芯、磐安县方前等靠埠，由里石门水库管理局负责管理。牛头山水库设水库大坝至龙潭坑、大坝至前岩、大坝至严坑3条库区航线，通航50吨级船舶。（详情参阅本编第一章第五节“内江和水库货运”）。

永宁江客运

永宁江自潮济进入平原，在千年流淌中形成九曲奇观，使水路里程远长于陆路里程，如三江口至黄岩城关直线距离仅8.4公里，水路航道却有16.4公里；三江口至潮济直线距离26公里，水路航道却有40公里。因而该江在古代仅用于货运，没有客运。

永宁江在古代水量充沛，径流量大，下游航道宽400～500米，自黄岩城关以下可容700吨级海船直抵县城，县城以上30吨级船舶可至潮济。潮济以上适合竹筏运输。

清宣统元年（1909年），黄岩人江茂才购7吨永裕轮航行海门与黄岩县城北门埠头间，继与21总吨永新轮展开竞争。民国初，双方协商合并为黄海公司，共负盈亏，分别经营海门—黄岩线与黄岩—临海线客货班轮，但永裕轮在黄临线营业不振，一度转入黄岩—潮济线，又由于吃水深航道浅而停业，永新轮也于民国28年（1939年）在修船时遭火烧毁。

民国18年（1929年）黄岩人柯育卿租6总吨茂泰轮夜航椒黄线，又有黄柏诚置8总吨黄椒轮也挤入椒黄线，致使营业不振，于次年转向内河。19年（1930年），黄岩人陈少白建19总吨黄济轮，并造黄济码头，经营黄岩—潮济航线，顺潮而上，当潮返回。26年（1937年），又有陈维松建25总吨江大轮，并造江大码头，经营椒黄线（1939年后转航黄临线）。27年（1938年），柯育卿又置金汇源轮航黄临线。31年（1942年），柯友三等与海门王槐卿合资建永升轮，并造永升码头，经营黄临线，继改黄椒线。频繁的投资足见黄岩人创业热忱之高。

民国时期，黄岩商人谋求沪椒、甬椒航线客货轮直达黄岩城关，一些至海门港的航班延伸至黄岩城关，形成甬椒黄航线和沪椒黄航线，这些航线虽进入永宁江，但属于外海客运，本节不赘述。（详可参阅本编第一章第三节第四节“当代海外货运”和本章第二节“外海客运”）

抗战对永宁江客货运的影响是，永升轮曾避匿上游。民国 30 年（1941 年），椒黄线由永升（新）轮营运，临黄线由金汇源轮营运，黄济线由黄济轮营运；32 年（1943 年），椒临线由运大轮、江大轮营运，椒黄线停航，临黄线、黄济线依旧。

战后，永升轮复航椒黄线，民国 36 年（1947 年）江大轮重航椒黄线。

1949 年后，台州内河临黄椒合营船坞公司成立，统一经营内江客货运，次年成为公私合营临海轮船公司。1958 年，内江运输归属浙江省航运公司海门分公司。20 世纪五六十年代，椒江水系内江客轮有江大轮、运大轮、黄济轮、椒江轮 4 艘，客货轮有新章安轮、茂生轮、新东海轮、永洲轮 4 艘。航线仍是椒临线、椒黄线、临黄线、黄济线。除黄济轮外，椒临线、椒黄线船舶时有被调换。

“大跃进”时期，椒黄线客运量如下：1958 年 17061 人次，1959 年 22414 人次，1960 年 20000 人次，1961 年 35000 人次，1962 年 40449 人次，1963 年 32731 人次。“文化大革命”时期，包括椒临线在内的内江客运量：1965 年 191308 人次，1976 年 224780 人次。

20 世纪 50—80 年代，台州内江客运随着公路客运的逐步完善，走向衰亡。1955 年，澄江公路大桥建成，黄临班车趋密，黄临线内江客运于 1956 年停航。1958 年，黄岩—长潭公路组筑城，黄济线内江客运客源减少，加上因长潭筑水库带来永宁江航道淤积，黄济轮在 1965 年不能直抵潮济，改靠头陀，又改靠山头舟，最终于 1970 年停航。1980 年，黄海公路建成，黄椒线客运停航。

永宁江 3 条客运航线的途中靠埠如下：

黄椒航线　邵家浦、马鞍山、王林、埭水、白石道头、三江口、栅浦、葭沚。

黄临航线　王林、白石道头、三江口、西岑、涌泉、长甸、马头山、碛村（石村）、钓鱼亭、汛桥。

黄济航线　五里牌、屿下浦、罗汇蔡、大树下、老港口、桥头王、仪凤彭、山头舟、头陀、三官堂、双楠渡、小里汇、北洋。

1960 年修筑长潭水库后，库区航运包含客运内容，始开辟水库坝址凌湖—宁溪（楼岙）、凌湖—小坑（箬厂埠）、凌湖—屿头 3 条航线，至 1963 年增开凌湖—桐岭岙航线。1977 年设汽车渡驳投入凌湖—宁溪线。迄 21 世纪，因公路建设日益完善，陆路交通便利处撤渡，仅存凌湖—板费头—小坑、凌湖—桐岭岙 2 条航线。（详情参阅本编第一章第五节“内江和水库货运”）

图 4-43　20 世纪 80 年代健跳港钢质小客轮（来自 1990 年《三门县交通志》）

健跳江客运

健跳港为三门湾内一条呈“厂”字形的内伸狭长弯曲港湾，上游有白溪、小横渡溪注入，溪短水少，无航运之利，但下游由于自然水道深峻，水宽也在 300 ～ 500 米，全长达 17 公里，也将其称为健跳江。它既是海港的出入口，在17公里航程中，也是内江。由于两岸多山地，少居民，古代也只有渡运而无客运。20世纪后，上游和两岸人口渐众，流域有横渡、东郭、蒲西、六敖、岙口、健跳诸乡镇。1964年，开辟健跳—铁强航线，沿途靠埠有健跳、岙口塘、沙木渡、凤凰山、铁强，采用钢质小客轮，由三门航运公司经营。及20世纪80年代后期乡村修筑公路后，健跳江水路客运客源渐少，最终停航。

第四节　内河客运

古代内河船靠人力摇橹或拉纤，快不过步行，单身旅行不会考虑乘船。台州古籍虽也有宋人赵清献诗句“昨朝初泛临海舟，今暮已登温岭驿”。但那必是有行李携带的官宦、文人，或是举家迁徙者，或是携货商人。因为若单身，徒步或坐轿舆都比乘船快捷。因而古代乘船旅行一般都因携带行李较多，且需专程雇船，没有如现代的客运航班。

民国时期内河客运

台州内河客运始于航船装上机器。民国17年（1928年），温岭人购置内河客班轮路太轮通行温岭县城与路桥之间，不久停业，此为椒南平原内河客运之肇始。18年（1929年），温岭四通公司置汽船2艘，分别经营路桥至温峤和路桥至温岭县城2条航线；是年又有路桥人黄柏诚置黄椒轮航行黄椒内江，因竞争激烈，次年转航内河，又次年托温岭人转航路桥至温岭城关航线。

路桥是建于南官河岸的集镇，位置居椒南平原中心，沿河街道前门开店，后门河埠，遂发展为平原的水运枢纽。海门至椒南平原各地航班不及路桥辐射之广，但海门可通过路桥方便转达各地。民国18年至26年（1929—1937年），椒南平原内河客班轮航班状况如下。

路桥—温岭县城航线　黄椒汽轮公司黄椒轮，8总吨，1930年始航，终航不详；横湖汽轮公司横湖轮，总吨不详，1932年始航，1935年停航。

路桥—松门航线　怡兴汽轮公司云龙轮，4.21总吨，1932年始航，终航不详。

路桥—大溪—温岭县城航线　黄椒汽轮公司太平轮，5总吨，1930年始航，终航1933年。

路桥—黄岩航线　公大汽轮公司公大一号、二号轮，均4.06总吨，航于1934—1935年。

海门—路桥航线　黄太汽轮公司临太轮，4.44总吨，1934年造，终航不详。

海门—松门航线　黄太汽轮公司太平轮，5总吨，1933年由路桥—大溪线转入；临奉轮，所属公司与吨位不详，1937年始航，终航不详。

海门—金清航线　快船2艘，所属公司与吨位不详，1937年始航，终航不详。

松门—温岭县城航线　松湖轮，所属公司与总吨不详，航于1934年。

抗战期间和战后，椒南平原内河客运有些新发展，由于永宁江河谷平原和东部平原存在微小水位差，桐屿坝头筑有拦水坝，故东部客班轮实际难以直航黄岩县城，以下为民国33年（1944年）统计的一些新增的航班轮。

黄岩—坝头航线　全程10公里，由4总吨惠民小轮航行于1944年10月至1945年3月。

松门—坝头航线　全程50公里，由4总吨惠民小轮于1945年5月从黄坝线转航。

海门—路桥航线　原拟由5.89总吨华新轮开辟海门—温峤航线，1944年11月改航海门—路桥线，每日上、下午各一个来回。

路桥—松门航线　改由7.08总吨佩华轮航行此线，每月上、下行客运能力2010人次。

路桥—温岭县城航线　由8.24总吨横湖二号和4.93总吨温黄轮航行此线。每月上、下行客运能力分别为3750人次、3720人次。

路桥—新街航线　由5.27总吨方城小轮航行此线，每月上、下行客运能力1860人次。

温岭县城—松门航线　由5.11总吨新佩华轮航行，每月上、下行客运能力1620人次。

海门—新河航线　新河义记汽船公司新河轮，吨位不详，1948年始航，终航不详。

此外，蓬集市圩期开航的市船有路桥—金清航线、路桥—院桥航线、院桥—金清航线、院桥—店头航线、店头—黄岩县城航线等。

民国时期，椒北平原和桃渚平原内河水网仅有货运内河舨，尚无机器动力客运班轮出现。

计划经济时期内河客运

20世纪50—70年代，台州湾滨海平原椒南部分1956年后隶属黄岩、温岭2个县级建置，椒北部分整体隶属临海县。1952年起就对内河客运汽轮公司和个体船户进行合作化、集体化改造，形成一些轮船公司、内河运输合作社、运输站。（详见本编第一章第六节“内河货运”）

20世纪50年代初，椒南平原内河客运船舶和航线基本沿袭民国时期，温岭县统计的内河客运航线和经营者、船舶基本情况如下(所标经营者为初期名称，后属于温岭县轮船公司或地方内河运输社)。

温岭—路桥航线　经营者芳城船务行，船名黄椒轮，28马力，客驳2艘，89客位。

温岭—松门航线　经营者芳城船务行，船名芳城轮，18马力，客驳1艘，48客位。

温岭—路桥航线　经营者横湖船务行，船名横湖轮，18马力，客驳1艘，54客位。

松门—路桥航线　经营者松路船务行，船名松路轮，28马力，客驳2艘，74客位。

路桥—松门航线　经营者中亚船务行，船名中亚轮，28马力。

温峤—海门航线　经营者温椒船务行，船名温椒轮，24马力，客驳2艘，76客位。

金清—坝头航线　经营者新光明船务行，船名新光明轮，12马力，客驳1艘，34客位。

黄岩县辖地由海门内河运输社等企业经营的航线有海门—温岭、海门—泽国、海门—大溪、海门—新河、海门—金清、海门—黄岩（经东官河内河航线）、黄岩—坝头。此外，椒南平原还有众多集市圩期航行的市船航线。以上内河客运航线、航船、航班在30年中时有调整，各时期并不一样。详情参阅下文“内河客运的完

图4-44　1959年，温岭新河公社机动客运内河船（来自1987年《温岭县水运志》）

善和退场”。

椒北地区前所至杜桥至上盘的航道得到疏浚和加宽，1957 年从温岭县轮船公司调入小客轮开辟客运航班，每日一班，沿途停靠道感堂、朝西堂、六柱闸（兼弯杜桥镇）、年岸、市场、拖牛坝、上盘。1958 年，前所至杜桥至上盘等地相继筑通公路，公路与水路基本平行，水路客运无优势，1959 年停航。

内河客运的完善和退场

千百年来，台州湾滨海平原软土地上无公路、无车马，行旅艰难。机动汽船用于内河客运，是平原居民翘首以待的事情，其在 20 世纪上、中叶备受重视是势之所趋。该思维定式促进椒南平原内河客运在 80 年代初构成较为完善的网络化格局。

此时，平原归属椒江市、黄岩县、温岭县 3 个行政区域，三政区各自统计航线，但其实它们是互通的线路。其中 2 个中心枢纽是路桥和新河寺前桥，2 个中转要埠是海门、松门。本节即依据航运枢纽梳理各条航线，以表 4-38、表 4-39、表 4-40、表 4-41、表 4-42 反映其布局。

表 4-38 **路桥辐射各地航线客班状况**

航线	经营单位	里程（公里）	靠埠	班次 / 日	船数（艘）	客位（个）	始航日期
路桥—温岭	温岭县运输公司	27.0	12	2	2	80	沿袭民国航班
路桥—大溪	黄岩第二内河航运公司	23.9	11	1	1	88	1984 年 5 月始航
路桥—松门	温岭县公司、松门社	44.0	15	6	8	260	沿袭民国航班
路桥—温西	温岭县公司、温西社	24.5	10	4	4	120	1962 年始航
路桥—金清	黄岩第三内河航运公司	21.0	11	1	1	60	1959 年始航
路桥—金清	黄岩第三内河航运公司	23.0	13	1	2	65	1976 年 7 月始航
路桥—江口	黄岩第二内河航运公司	19.0	8	1	1	44	1981 年始航
路桥—牧屿—温西	温岭县运输公司	42.0	18	2	2	135	1982 年 11 月始航

注：今温西古名温岭，温岭设县始名太平，因与山西、四川等太平县重名，民国初改温岭县，老温岭改名温峤，今又称温西。表中温西即古温峤、温岭街，为避免概念混淆，凡温岭城区均称温岭或温岭城关，下同。

表 4-39 **新河寺前桥辐射各地航线客班状况**

航线	经营单位	里程(公里)	靠埠	班次 / 日	船数（艘）	客位（个）	始航日期
寺前桥—海门	新河、海门运输社	32.0	10	2	2	36	1982 年始航
寺前桥—泽国	新河运输社	14.0	7	4	2	88	1971 年始航
寺前桥—金清	新河运输社	11.0	3	2	1	52	1982 年始航
寺前桥—新街	新河运输社	12.5	6	2	1	52	1982 年始航
寺前桥—松门	箬横运输社	22.0	9	4	1	50	1980 年始航
寺前桥—箬横—松门	箬横运输社	33.0	9	4	1	28	1973 年始航
寺前桥—温岭城关	温岭运输公司	18.0	7	4	1	60	1983 年始航

表 4-40

海门辐射各地航线客班状况

航线	经营单位	里程（公里）	靠埠	班次 / 日	船数（艘）	客位（个）	始航日期
海门—金清	海门内河运输社	29.0	8	1 往返	1	60	沿袭民国航线
海门—黄岩	海门内河运输社	25.0	8	1 往返	1	不详	1964 年始航
黄岩—海门	海门内河运输社	25.0	8	1 往返	1	不详	1964 年始航
海门—新河	海门、新河运输社	33.0	10	2 往返	2	36	沿袭民国航线
海门—大溪	海门、大溪运输社	38.0	16	2 往返	2	108	1975 年始航
海门—新街	海门内河运输社	36.0	13	1 往返	1	不详	1974 年始航
海门—卷桥	海门内河运输社	22.8	7	1 往返	1	63	不详

表 4-41

松门辐射各地航线客班状况

航线	经营单位	里程（公里）	靠埠	班次 / 日	船数（艘）	客位（个）	始航日期
松门—大溪	温岭县运输公司	46.0	17	2	1	74	1979 年始航
松门—大溪	城关运输社	44.0	16	4	4	112	1980 年始航
松门—泽国	温岭县运输公司	36.0	13	2	1	48	1984 年始航夜班
松门—山市	泽国运输社	44.0	18	2	2	108	1975 年始航
松门—桥下	箬横运输社	17.0	6	2	1	50	1979 年始航
松门—永安	松门运输社	33.0	9	2	2	80	1975 年始航
松门—温岭城关	县公司、城关社	41.5	14	2	4	166	沿袭民国航线
松门—蓬街杨府庙	松门运输社	33.0	16	2	2	50	1975 年始航
山前—松门—金清	箬横运输社	37.0	16	2	2	120	1967 年始航

表 4-42

其他航线客班状况

航线	经营单位	里程（公里）	靠埠	班次 / 日	船数（艘）	客位（个）	始航日期
泽国—温西	温岭县运输公司	16.5	10	4	1	48	1982 年始航
大溪—新街	温岭县运输公司	37.0	15	2	2	70	1955 年始航
永安—温西	新河运输社	35.0	17	2	2	72	1964 年始航
温西—新街	温西运输社	33.5	15	2	2	100	1971 年始航
箬横—黄岩	箬横运输社	50.0	19	2	2	104	1982 年始航
温西—温岭城关	温西、城关运输社	13.0	8	8	4	166	1979 年始航
大溪—温岭城关	温岭县运输公司	21.5	5	6	4	210	1974 年始航
泽国—大溪—温岭	县公司、城关社	36.5	14	4	4	204	1963 年始航

除固定航班外，椒南平原内河航道还有众多集市圩期开航的市航船，形成的航线有：路桥—院桥线、路桥—院桥山北尤线、路桥卖芝桥—洋屿线、路桥—下陈线、路桥—杨府庙（蓬街）线、路桥—三甲线、金清—大溪线、金清—院桥线、金清—杨府庙（蓬街）线、金清—三甲线、黄岩城关—金清线、

黄岩城关—院桥线、海门—路桥线、海门—泽国线、三甲—大溪线等。

内河班轮和市航船客运为广大农村居民出行和赶集提供了方便，而改革开放带给社会的发展居然超越了人们的预期。20 世纪 80 年代初，正当台州湾滨海平原还在努力发展更多内河客运航线的时候，平原的公路建设已从政府兴建的乡道公路逐步向农民自建的机耕路转变。运输市场的开放，也让众多个体创业者进入运输领域。逐渐富裕的村民也都买得起自行车、摩托车、小货车等交通工具了，并有路可通向每家每户。内河客运迅速无人问津。1986 年，台州滨海平原内河客运班轮全部停航。

椒南平原内河客运受惠埠

椒南平原河网曾有的客运班轮航线纵横交叉，各航线短者有 5 ～ 6 个靠埠，最长者靠埠 19 个。各航线路径不一定选择直线捷径，而是考虑让沿途村落多受惠，因而所选航线不免弯曲。以下摘录常用航线的沿途靠埠。

海门至松门航线　走三才泾、金清港、木城河、箬松河航道，沿途靠埠路线为海门马路桥—沙门—杨家—横河陈—水陡浦口—浦口—横塘—双桥—三脚撑—尚家—下梁—卷桥—靖海庙—下梁港口—浮桥头—坦头桥—跛脚店—塘下—大路毛—箬横—严家桥—淋川—松门轮埠—松门西门。1949 年后该线无直航，海门、松门各至新河寺前桥对接。

海门至温岭城关航线　走三才泾、洪家场浦、永宁河、南官河、月河航道，沿途靠埠有海门马路桥—沙门—杨家—横河陈—洪家—龙口舌—十字井—石曲—峰江（白峰桥）—安溶—泽国—新渎—牧屿—五里泾—横峰—下叶—下保—横湖桥—三星桥—温岭城关，1949 年后此线无直航，海门、温岭城关各至路桥对接。

海门至路桥航线　走三才泾、鲍浦、南官河航道，沿途靠埠路线为海门马路桥—沙门—杨家—横河头—横河陈—水陡浦—浦口—茅林—十字井—国营米厂—路桥马路桥。

海门至温西（峤）航线　前段靠埠同海门至温岭场馆航线，从横峰起，走西月河航道，沿途靠埠路线为三碰桥—环山—温西。

海门至大溪航线　前段靠埠同海门至温岭城关航线，从新渎起，走大溪河航道，沿途靠埠路线为潘郎—大溪。

海门至金清航线　有两条线，一条线走三才泾、青龙浦、一条河航道，沿途靠埠路线为海门马路桥—沙门—甘王（塘岸）—洋学堂（杨家）—横河头—横河陈—水陡浦口—浦口—横塘—双桥—三脚撑—小五份—杨府庙（蓬街）—南新市—金清；另一条线走三才泾、高闸浦、一条河航道，沿途靠埠有海门—沙殿—三甲耶稣堂—平安堂—花门—杨府庙—石柱路廊—徐家—金清。

海门至黄岩航线　走海门河、永宁河、东官河航道，沿途靠埠路线为海门十字马路—葭沚—栅浦—汇头泾—北山—埭头—山头金—山下郎—山下周—黄岩东门。

三甲至黄岩航线　走二条河、洪家场浦、永宁河、东官河航道，沿途靠埠路线为三甲—二月二殿—横河陈—洪家—蔡洋—东山—汇头泾—北山—埭头—山头金—山下郎—山下周—黄岩东门。

路桥至金清航线　走南官河、青龙浦、三条河航道，沿途靠埠路线为石曲—洪洋—洪洋路廊—泉井—郎屿岙—洋屿殿—三脚撑—小五份—杨府庙—三条埠头—双庙街—分水闸—徐家—金清。

路桥至院桥航线　走山水泾、鉴洋湖航道，沿途靠埠路线为国营米厂—马路桥—石棋盘—寺头—螺洋街—螺洋闸—上倪浦口—后叶—鸡笼山—沙门店—横泾—院桥。

路桥至泽国航线　走南官河航道，沿途靠埠路线为国营米厂—马路桥—下里—石曲—浦口苏—峰江（白峰桥）—洪湖浦口—岸裕浦口—泽国。

路桥至新桥航线　走南官河、新桥浦航道，沿途靠埠路线为国营米厂—马路桥—下里—石曲—浦口苏—三利—新桥。

路桥至黄岩航线　走南官河航道，沿途靠埠路线为桐屿—坝头—横山头—十里铺—黄岩南门。

松门至黄岩航线　走箬松河、木城河、金清港（牛桥港）、联树桥河、南官河航道，沿途靠埠路线为松门西门—松门轮埠—箬横—浮桥头—寺前桥—牛桥—太儿岱—联树—水刺洋—泽国—安溶—峰江（白峰桥）—石曲—路桥—马铺—桐屿—坝头—横山头—十里铺—黄岩南门。此线无直航，松门、黄岩各至路桥对接。

松门至温岭城关航线　走箬松河、木城河、金清港、石黏河（东月河）、月河航道，沿途靠埠路线为松门—淋川—严家桥—箬横—坦桥头—浮桥头—寺前桥—牛桥—太儿岱—麻车—石黏—山凰—汇头王—横湖桥—三星桥—温岭城关。

松门至大溪航线　有两条线：一条线直达，走箬松河、木城河、金清港（牛桥港）、南官河、大溪河航道，沿途靠埠路线为松门—淋川—严家桥—箬横—坦桥头—浮桥头—寺前桥—牛桥—太儿岱—麻车—牧屿—潘郎—新建—大溪；另一条线经温岭城关转至大溪，前段同松门至温岭城关线，至温岭后走月河、大溪河航线，沿途靠埠路线为温岭闯关—牧屿—潘郎—新建—大溪。

泽国至石桥头航线　走联树桥河、金清港（牛桥港）、运粮河、车路横河航道，沿途靠埠路线为泽国—楼下—联树—太儿岱—上庄—小屿港口—寺前桥—下帽—河头粱—上桥头（塘下）—牛头屿—晋岙口—李婆桥—彭岭—水仓头—双丁桥—高龙—桥下港口—石桥头—沙角。

新河至岩头航线　走金清港、一条河航道航道，沿途靠埠路线为小屿港口—寺前桥—浮桥头—下梁港口—平安闸—上塘港—石柱路廊—南新市—杨府庙—花门—炮台宫—平安堂—三甲耶稣堂—水余殿—沙殿—管家—岩头。

新河至三江口航线　走金清港（牛桥港）、联树桥河、南官河、永宁河、东官河航道，沿途靠埠路线为寺前桥—小屿港口—牛桥—太儿岱—联树—水刺洋—泽国—安溶—峰江（白峰桥）—石曲—张施桥—十字井—兆桥—龙口舌—东山—汇头泾—北山—上头泾—三江口。

新河至新街航线　走金清港、老弯河、廿四弓河、五弯河、雨伞浦、二弯河航道，沿途靠埠路线为寺桥桥—三支王—镇东庙—老湾头—火叉港—圣帝庙—永安—雨伞—二塘（二弯头）—肖家（镇海）—新街。

第三章 港航企业

企业是以营利为目的，以实现投资人、员工与服务对象利益最大化为使命，通过提供产品或服务换取收入的经济实体。在航运业上，港航企业就是船主、船员、代理人、码头仓库等经营者或其组合体。20 世纪 50 年代初，我国将港航企业划分为船主、船工、独立劳动者（亲躬其事的船主），然后通过合作化消除船主，又将企业分为全民所有、集体所有、交通部门、非交通部门等性质。此定性在改革开放后逐步被取消，转而注重功能的分类。

现代航运行业以功能区分，有货运、客运、渡运、客货运站务、码头经营、仓储服务、船舶资源补给、船舶制造维修、安全救济、引航助航、航道维护疏浚等。货运又可按货种和装卸方式分出普通散货、件杂货、集装箱、危险品、滚装等类别。

对于船舶来说，客船、散货船、件杂货船、油船、集装箱船、滚装货船，可分得很清楚；对于服务功能来说，客运、货运、站务、码头经营、仓储服务、船舶补给、安全救助、船舶修造、引航助航、航道维护，各种任务也一目了然，泾渭分明。但对于企业来说就相当复杂，它可以独当一面，也可以身兼数职，甚至跨行跨业。

由于本志设“船舶类型和修造检验”与“港航与口岸海事管理”编，本章不记有关船舶和港航行政管理的内容。此外，本志也将非直接参与运输的服务，如引航助航、安全救助、航道维护等另立“港航服务”章。故本章内容仅涉客运、货运、码头经营和装卸仓储服务。

古今航运产业经营模式多变，有船户为雇主所雇用，有船主、商家两兼，有船商帮会组织，有商业化的轮船公司，有计划经济模式下的航运公司、联运公司，有政企合一的经营管理模式，有市场经济下的航运服务公司、货主自有船舶、物流公司、船舶代理和货运代理等。以下分古代船户和船商、近代航商和轮船公司、抗战内战中的港航企业、计划经济下的港航企业、改革开放初的港航企业、航运企业转型换代六节记述。

第一节 古代船户和船商

古代地方史志鄙视经济，农工商和交通运输均不在入志之列，文献缺失古代船户的记载。但据其他史料可知，古代从事航运者须登记注册获得合法权利，其被称为“占籍”。成为船户后，一般世代为业，以船为家，甚至没有岸上居所。海上运输为高风险营生，操此业者往往配备武装以自卫，也会因陷困境而成为行劫的海盗流寇。自汉以来，文献记台州境域外海洋面曾出现曾旌、孙恩、陈宝应等多起海寇事件，但难考航运事业。

唐宋的民间流动船户

船户以自有船舶为客商承运货物，收取雇僦之费，以之为生计来源，是一种漂泊无定点的职业。北宋官方遣使高丽，往来海上，皆雇募浙江、福建民间海船。南宋建炎二年（1128 年），两浙西路安抚使叶梦得有奏状说："本州舶船旧许与高丽为市……因令舶主张绶招致大商柳悦、黄师舜问之，二人皆泉州人，世从本州给凭，贾贩高丽。"此情况说明，船舶和商贾都呈流动状态，并不固定于某省、某州、某港口。

据宋开庆《四明续志·三郡隘船》记载，宋宝祐五年（1257 年），朝廷对浙江沿海征用民船每年每都（"都"相当后世的乡）3 艘，台州临海、黄岩、宁海三县共征船舶 6288 艘，占明、台、温 3 州民船总数的三分之一。此时朝廷所征船舶用于长江江防。军事所需和商用都雇用民船。在商业逐渐兴盛的唐宋时代，富有的船户兼带经商，实力雄厚的商贾自购船舶兼营运输都已常见。

宋《嘉定赤城志》"山水门"在记叙东镇山（今大陈岛）、新罗屿时说东镇山"突出一石（指大陈岛高丽头山），舟之往高丽者，必视以为准焉"；说新罗屿"在县（临海县治）东南三十里，昔有新罗贾人舣舟于此"。《地理门》还记载黄岩有新罗坊、临海有通远坊。《高丽史》记载，北宋时期往高丽的宋商不下百起，但知悉其籍贯、姓名者仅仅 22 人，其中泉州 10 人、福州 2 人、台州 3 人、明州 1 人，其余无法确定州县。中日有关文献还记载了北宋期间往返日本的台州商人的具体姓名，如郑仁德、朱仁聪、周文裔、陈惟忠、陈惟积等。这些记载都旁证境域在宋代就有往来新罗、高丽（今朝鲜半岛）、日本的船户。

漕运为中国历代王朝南粮北运的方式，它将征自田赋的粮食运往京师或其他地点，有河运、水陆递运、海运三种。隋唐及之前，漕运主要在中原地带，不涉江南内河水系不通的浙南、岭南、福建等地。唐宋时，台州内江、内河存在官粮、官盐运输，均雇用船户进行，海道运粮偶尔为之。江河路口存在渡运，由官府或宗祠资助船户维持。

元代的漕运船户和方国珍船队

自元代起，浙闽漕粮开始通过海道北运，漕运成为境内航运的重要内容。元初漕运由官船官兵承担，元至大二年（1309 年），改为雇民船包运。《元史·食货志》载："岁漕东南粟，由海道以给京师……脚价不以时给，收支不得其平，船户贫乏，耗损益甚。"因为官府常先付半数"水脚"钱，而船户在海上每遇风险，耗费巨大，常致赔偿不起。

开始时，漕运船舶"艘数泊所""迁移不定"。元至顺元年（1330 年），漕船艘数与湾泊处所才有"定籍"，其时全国共计船舶 1800 艘，乐清白溪沙屿等处 242 艘，台州路黄岩石塘（今属温岭市）11 艘，严屿（今海门）与宁海铁场 23 艘。台温地区用于漕运的船舶数量达全国的六分之一，以乐清湾为最，湾内江厦、楚门今属台州口岸。台州漕粮海运一般只运至长江口刘家港，再由北方线从运河运至大都（今北京）或从海道运至直沽（今天津）转至大都。

元末，台州方国珍不堪官吏腐败，入海为盗，旬日之间拥有海船几百，人员数千，两年内海船发展到 1300 艘。这些船舶不可能都由抢劫得到，很多是依靠船户投靠依附而得到的。

本意不在造反的方国珍，总是在与官府对抗中寻找机会反复要求招安。在对抗期间，他梗海道，抢漕粮；在招安期间，则被官府授予防御海道运粮万户府，帮官府运粮。在割据台州、庆元（宁波）、温州三路之后，实力壮大。至正二十年至二十三年间（1360—1363 年），方国珍以其庞大的船队，替官府从长江口由海道直运 48 万石漕粮去直沽（今天津）。在方国珍割据浙东三路期间，其船队几乎垄断了浙江沿海的海运，还发展与朝鲜、日本的贸易。

方国珍势力为割据政权，其拥有的船队不代表元蒙统治集团，虽来自民间，但不是纯民间商船，船队集军事、航运、商贸于一体，甚至包括行劫，其已不符合船户概念。

明清海禁下的船商

元明时代，日本南北朝分裂，众多失势武士、浪人流落海上为寇，寇掠朝鲜、中国沿海。明太祖朱元璋为对付倭寇，实行海禁政策，“禁濒海民不得私出海”“禁濒海民私通海外诸国”，毁双桅以上船舶。生计被绝的船户转为走私海商或海寇。正德十二年（1517 年），葡萄牙商人在珠江口遭吃“闭门羹”。嘉靖二年（1523 年），因日使争贡械斗，朝廷终止中日官方勘合贸易。失去合法贸易机会的中外海商便在舟山双屿港融合成规模宏大的走私基地，台州三门湾蛇蟠岛成为其分支基地。也有直接至日本、高丽的走私船舶。据朝鲜李朝实录，嘉靖二十四年（1545 年），中国漂流济州岛的走私商就有 900 多人。

嘉靖二十七年（1548 年），新任浙闽海道巡抚朱纨从福建、丽水调兵，在海门港出发一举剿灭双屿港走私基地，引发祸及浙闽沿海的大规模寇乱。接着，朝廷调派戚继光至浙江抗倭，战事持续十几年之久。据康熙《临海县志》，嘉靖年间（1522—1566 年），出航舟山捕鱼的椒北网对船曾中断 20 年，直至嘉靖四十五年（1566 年，该年穆宗即位）才开禁，商船更难以存活。

在抗倭年代，卫所配备相应的战船，如松海昌总（管辖松门、海门、昌国三卫）有船 158 艘，嘉靖三十一年（1552 年）起，改向民间雇用福船、苍山船等 116 艘，以及其他民船。可以说，此时的船户，不是为官兵所用，就是为海寇、走私海商所用，公开的航运几乎不复存在。直至隆庆元年（1567 年），明穆宗皇帝宣布解除海禁，才允许民间私人远贩东西二洋的货物。

自清入关至康熙二十一年（1644—1682 年）的 39 年间，境域经历了南明鲁王监国、郑成功张煌言反清、清朝廷行“迁海”之策、三藩之乱等一系列动荡，航运持续处在毁灭性的劫难之中，船舶不是依附反叛者就是被毁灭。清廷的“严禁沿海省份，无许片帆入海”和“撤边海三十里民入内地”是比明代“海禁”更严厉的不顾民生的绝灭性暴政，台州沿海地区的航运、鱼盐、农耕等支柱产业，按王命都在被迁弃之列。特别是玉环岛，在明初洪武二十年（1387 年）就因抗倭遭全岛迁弃，直至清雍正五年（1727 年）才由浙江巡抚李卫上奏恢复玉环，其足足荒废了 340 年。

虽然在实际执行中，关乎税收的盐业等并未完全废弃，但航运却遭到彻底的破坏。在平定台湾后的康熙二十三年（1684 年），清政府虽“展复”迁弃之地，解除海禁，但仍是极其有限的开放，虽准许船舶出海贸易，旋又禁止商人在国外造船和带外国人入口，同时在商船、渔船、哨船上烙刻商、渔、哨字号，以便稽查。其时，因运输船舶稀缺，一些大型渔船改成双桅商船。

清代闽台船帮和其他

明末隆庆开关后和清平定台湾后，航运业迎来得以抬头的机会。清知名学者蓝鼎元（1680—1733 年）说："天下舟楫之利无如闽广，而江南（今江苏）则逊浙。"明清时台州最盛的航路就在浙闽之间穿梭。其间最具实力的船商当属福建船帮。

《葭沚天后宫泉漳会馆碑记》载："延及乾隆三十八年（1773 年），闽漳商贾来开烟栈，生理颇兴……泉漳二郡商船抵台，均在葭沚贸易，缘乏屯货之所，议设会馆以为泉漳客帮暂可栖身。"可见清初之葭沚，已有船舶行会福建船帮。

其福建船帮兴起的同时，本地船商也在兴起。迄清末光绪年间（1875—1908 年），海门港有本地商船 210 余艘，其中南岸 160 余艘，前所 50 艘；渔船 220 余艘，其中葭沚 70 余艘。最著名船商是葭沚商人黄蒸云、黄楚卿父子，其独家拥有大型木帆船 8 艘，最大容量在 5000 担（约 400 吨）左右，小者也有 2000 担。黄家船队从事闽浙间的海上贸易，并贩运福建木材销售通州（今南通）、扬州。其次，葭沚王梦熊、海门缪清甫（思求）等也贩运木材和南北货。

清代，三门有少量木帆船往返舟山、宁波、上海等地运货，内陆亭旁溪、白溪、横渡溪有船民间断性从事小船竹排运输。玉环复垦后，沿海渡运发生于陆岛之间，不限于楚门半岛与玉环岛间的深浦渡，还有清港渡和针对乐清湾两岸及湾内岛屿的渡运。清光绪《玉环厅志》有关于官助渡运的记叙，如"深浦渡设官渡船二只，每船渡夫一名，年工食银六两，闰月加五钱，岁修造渡六千文，经费由官处"。椒江水系内江货运长船船户和渡运船户随着社会的发展逐步递进。

第二节　近代航商和轮船公司

据《海门镇志稿》引《悔无咎斋日记》，清光绪十三年（1887 年），海门港已有椒沪轮船。但史载海关总税务司在光绪二十四年（1898 年）颁布了《华洋轮船驶赴中国内港章程》，虽然此前几年，内港（指为开放口岸）禁航轮船政策已有松动，但此前 11 年就疑似有轮船航驶海门。

光绪二十三年（1897 年），宁波商人与海门人合资开办外海商轮局，购置海门轮航行甬椒线。是年，又有路桥绅士杨晨与海门绅商陶祝华（寿农）、王勤甫等集资创办越东轮船公司与之争利。光绪三十年（1904 年）又有日本人以载阳丸轮涉足沪椒航线，使本地航商纷纷购船角逐。

近代台州航运呈现出传统木帆船和机动轮船并存的景象。轮船运输发展迅速，轮船公司迭起纷争；航海木帆船也朝大型化发展，吨位甚至不逊轮船，出现了几个巨头。在鸦片战争至 1949 年的一个世纪时间内，社会跌宕，可从近代码头经营与行会、清末民初的外海轮船公司、清末民初的外海木帆船航商、清末民初的内江内河船户、民国鼎盛时期的航运企业 5 个方面进行叙述。

近代码头经营与行会

椒江口，引进轮船初停靠在葭沚道头。清光绪二十四年（1898 年），开凿海门新河，接通海门港与椒南平原水系的内河运输，航运重心由葭沚转移至海门。

其时，有法国传教士于清同治十年（1871 年）进入台州，在海门建台州天主教堂总堂，觊觎海门港发展潜力；于光绪二十八年（1902 年）从地痞手中套购椒江新涨涂地，在福建道头西建安川码头，在老道头沿岸开发东、西新街，这是以地产权经营港口的肇始。台州商界奋起呼吁收回地权，在清光绪、宣统年间几经交涉无果。直至民国 3 年（1914 年），才由时任浙江巡按使的临海人屈映光呈准北洋政府，由本地商人黄楚卿、杨晨、陶祝华、周萍洄、项沛霖、姚梧冈、洪宇清、周佩璜等筹资赎回土地，并创办海门振市有限公司，此为当时台州唯一经营航埠兼营房地产的企业。轮船业也顺势以公司形式发展。

海门振市公司创办后即在海门老道头东侧建一、二、三号 3 座木质浮码头，20 世纪 20 年代，连续将三座码头的趸船扩至 27.2 ～ 29.6 米长，前沿水深 6 米，可泊 1500 吨级船舶。主要供定期班轮靠泊并装卸散货，振市公司收取码头税。民国 9 年（1920 年），英国的亚细亚石油公司和美国的美孚煤油公司在振市公司码头下游购地建储油库，建油品码头，自备油轮为港口轮船运油，供应燃油。民国 11 年（1922 年），振市公司购三江口沿岸土地，建码头 2 座。

由于轮船发展迅猛，每天在港轮船常有四五艘，码头不敷所用。民国 18 年（1929 年），又由专筹慈幼院小学教育基金而设的社会法团永慈堂在老道头西侧兴建永慈堂小码头，收取租金用于教育。

除海门港外，台州其他河港、海港、岛屿港埠在民国时期仅临海、黄岩有简易码头建设，余皆只有石砌道头、埠头或驳岸。石砌道头或渡埠通常由官府或社会慈善捐助建设，大多属公益性质，也有船商出资供自用，属货主码头性质。民国 19 年（1930 年），黄岩县府向船户借贷建江大、金汇元、永升码头，由船户承租还贷，这也只是政府所做的公益事业，还不具备企业性质。临海县在城关江厦街、钓鱼亭、新听头建简易码头，也不具企业性质。

明清时，行会组织在家子（葭沚）出现雏形，即福建船商组织泉漳会馆。清末航埠转移至海门后，海门又设福建会馆，并建福建道头。清末民初，宁波航商看好海门商机，纷纷来椒，形成宁波船帮，在海门设立四明会馆。20 世纪 40 年代，海门港相继出现了一些服务于航商的社团组织，如民国 30 年（1941 年）建海门镇运输商业同业公会，民国 36 年建椒江义渡轮管理委员会，同年临海县建灵江民船船员工会，海门设分会，其他台属各县也建民船船员工会。

随着航运的发展，各航埠兴起仓储服务。过塘行是较早出现的办理转运业务兼暂存货物的服务机构，民国时期出现于海门、临海、天台、仙居、蟠滩、江厦等地，具体企业详见第三编“港口建设与规划”第三章第一节“装卸仓储初始状况”。振市公司有七八间仓库，舟山轮船公司、穿山商轮公司、达兴商轮公司、宝华轮船公司、台州航业公司均有小型仓库。

清末民初外的海轮船公司

迄民国 3 年（1914 年），涉足沪椒、甬椒、椒瓯外海航线，以及海门——临海、海门——黄岩内江航线的轮船公司先后有 15 家，以开业先后为序分列如下：

椒临内江线经营者 清光绪中叶开航，拥有灵江轮，吨位不详。

首位沪椒轮船经营者 1887年，船名不详，吨位不详。

日本航商 1904年航驶沪椒航线，拥有载阳丸轮，不久停航，由国轮景茂轮续航。

业主不详 景茂轮，1905年继载阳丸轮续航沪椒线，不久由越东公司永江轮续航。

海门外海商轮局 1896年成立，拥有177总吨海门轮、673总吨新海门轮，航甬椒线。

越东轮船公司 1897年成立，相继拥有438总吨永宁轮（航甬椒航线）、永江轮、764总吨永利轮（航沪椒航线）。

平安轮船公司 1901年成立，拥有455总吨平安轮，航甬椒线。

永川轮船公司 1904年成立，拥有372总吨永川轮、329总吨湖广轮、106总吨海宁轮均航甬椒航线。

黄海商轮公司 1909年成立，拥有7总吨永裕轮、21总吨永新轮，航内江。

临海六埠拖轮公司 1910年成立，拥有32总吨怡昌轮、23总吨升（顺）昌轮，航内江。

英商老公茂洋行 有724总吨宝华轮，于1912年开航甬椒瓯线。

海通轮船公司 拥有海通轮（吨位不详），于1913年航行甬椒线。

其他开航时间、公司名称不详者有招商局普济轮（航沪椒线）、甬椒线新瑞兴轮经营者、甬椒瓯线安川轮经营者。

清末民初的外海木帆船航商

在轮船业蓬勃发展的同时，传统木帆船运输仍然兴旺。20世纪初至20世纪20年代，海门港拥有1000担（合80吨）载重吨以上的外海木帆船100艘左右，3000担以上的大型木帆船穿梭于福建诸港与上海、江苏诸港，贩运木材和南北货。

大型外海木帆船以“出海”为经纪人，全面负责船主、承运人与托运人、受货人间的交接。民国12年（1923年）前后，海门港营运于福建与江北间的最大船主为上海人（姓名不详），其拥有大型帆船5艘，总载重容量34800担（合2784吨），单船容量最大达9000担（720吨）。本地最大船主为黄楚卿（图4-45），其拥有8艘大型帆船，总载重容量26400担（合2112吨），单船容量最大4072担（326吨）。以下为该时期海门港大型木帆船的主要业主及所拥有船舶：

图4-45 清末民初船主黄楚卿（来自椒江区档案馆）

黄楚卿 黄万生（4072担）、黄万丰（3200担）、黄万宗（4000担）、黄万泰（3200担）、黄万孚（3000担）、黄万顺（3000担）、黄万元（3000担）、黄万通（3000担）。

上海人 长茂（9000担）、长森（8000担）、财长（7000担）、裕顺（3800担）。

杨芝仙 金宝兴（3000担）、金恒茂（3000担）、金源祥（1467

担）、金源盛（3400 担）。

缪清甫　黄万生（4072 担，由黄楚卿转让）、新发兴（1903 担）、金永兴（1000 担）。

杨　仙　杨顺发（3000 担）、协茂（2000 担）、协新（2000 担）、无名 2 艘（3000 担）。

苏其坤　金宝发（4000 担），另有 1 艘船名、载重不详。

谦　方　金泰孚（4000 担）。

船主不详　吴益利（4000 担）。

娄　家　干泰（3000 担）。

洪老二　金泰隆（3000 担）。

柯宝光　金合发（1104 担）、金源利（1607 担）。

卢泉山　卢利发（1410 担）、卢永发（1067 担）。

王华法　金恒兴（1227 担）。

另有林其禄与杨仙合有船舶，以及胡阿二、岩头人赖头五、岩头人大头、卢槐士、林其禄、苏其坤拥有船名不详、容量 1000 担以上木帆船 7 艘。

木帆船载重 3000 担以上的船型为花屁股、荷叶屁股、鸭屁股，稍小的为柴爿壳船。1000 担以下的木帆船数量众多，未作统计，但其总量不容小觑。据总容量推算，海门港轮船装载容量约占总数的 63%，木帆船装载容量约占 37%。

清末民初，三门湾水运工具仅几艘船户经营的外海小型木帆船和几十张山溪竹排，无官方资料可查。海游《章氏宗祠》载：清末有章氏兄弟合股建造木帆船 1 艘，航行海游至石浦，每月六次往返，俗称六市船。

玉环岛经明清两代海禁迁弃，至清雍正六年（1728 年）才得垦复，水上交通极为落后，初始仅有小型木帆船疏运鱼盐产品和岛上生活所需物品。时有坎门郭源顺店主郭云翔，努力在诸轮船公司之间斡旋，促成沪瓯、甬瓯、椒瓯航线客货轮弯埠坎门、楚门停靠。民国 13 年（1924 年），有温州人置永环轮、运大轮航行于楚门、清江、江厦线；继而有楚门人陈楚材、韩约渔等经营的利泰小轮行驶这一航线。

清末民初，温岭外海仅有船户经营的中小型木帆船。民国 8—11 年（1919—1922 年），有沪瓯航线班轮金源利轮、金德兴轮、金源发轮、金飞鲸轮途经石塘钓浜门海域停靠。

清末民初的内江内河船户

近代内江航运上溯永安溪、始丰溪的长船和竹排，均为临海、仙居、天台船主所有，下行一般行至临海再转运海门，也直放海门。永安溪运输长船最多时达 700 余艘。永宁江众多小木船有船员工会组织，拥有船舶 114 艘，25000 载重担。

清光绪年间（1875—1908 年），有灵江轮（业主不详）开辟临海—海门客货班轮航线，是为内江启用机动船之肇始；清宣统元年（1909 年），黄岩人江茂才购载重 7 吨的永裕轮航行于黄岩——海门航线，继而有人购永新轮与之竞争，民国初两家合为黄海公司。宣统二年（1910 年），又有临海六埠拖轮公司购升（顺）昌轮、怡昌轮投放临海—海门航线。

清末民初，台州湾滨海平原内河航运仍然使用橹摇内河民船，业主均为个体船户。

民国鼎盛时期的航运企业

民国元年（1912年）至20世纪30年代，为台州航运业快速发展的鼎盛时期。在民国元年至抗战前夕的26年中，台州水路航运在外海、内江、内河普遍使用机动轮船，均以公司形式经营，木帆船则以航商个体形式经营。企业发展迅猛。

外海航运企业

民国3年（1914年）至民国26年，海门港与上海、宁波、温州、漳州、厦门及浙江沿海其他港口间往来的外海轮船，前后共有53艘，总吨位约27000吨。蓦然涌出的几十艘轮船分属几十家轮船公司，同时航行沪椒、甬椒、沪椒瓯、甬椒瓯航线，其竞争详情可参阅本编第一章“水路货运”、第二章“水路客运”，本节不赘。

图 4-46 海门振市股份有限公司股票（图片源于民间收藏家）

民国4年至26年（1915—1937年），海门港外海航运经营企业共计约41家（其中有些为沪、甬、瓯籍公司）。其中拥有多船的公司有7家，以开业先后为序排列如下：

越东轮船公司　1897年成立，始有438总吨永宁轮（航甬椒航线）、永江轮；1906年有764总吨永利轮，航沪椒线，1928年触礁停航。

平安轮船公司　1901年成立，原有455总吨平安轮，新增587总吨平阳轮。

永川轮船公司　1904年成立，原有永川、湖广、海宁3轮，新增135总吨定海轮、439总吨新永川轮。

海通轮船公司　1913年海通轮始航，新增127总吨顺兴轮。

宝华轮船公司　由平安轮船公司于1919年增设宝华轮船公司，新增724总吨宝华轮、1054总吨新宝华轮。

达兴商轮公司　1923年有460总吨三江轮，继有1039总吨达兴轮、691总吨福兴轮。

新宁海轮船公司　拥有420总吨南海轮、201总吨新宁海轮、473总吨新宁台轮。

其余仅有1艘船舶的公司34家，其中1929年前投运的公司有如下24家：永宁轮船公司（438总吨永宁轮）、招商局（360登记吨广济轮）、可贵轮船公司（440总吨可贵轮）、群济公司（318总吨和济轮）、永川轮船公司（220总吨海宁轮）、鹿玉轩（478总吨北安轮）、美孚石油公司（364总吨美南汽轮）、亚细亚煤油公司（899总吨海光轮）、三北轮埠公司（127总吨慈北轮）、大达轮船公司（251总吨大宁轮）、福康商轮公司（1440总吨福康轮）、华丰轮船局（875总吨华丰轮）、宁台轮船公司（472总吨宁台轮）、福昌商轮公司（640总吨福安轮）、福源轮局（300总吨福源轮）、金清商轮公司（134总吨永清轮，或称金清轮）、公司不详镇海轮、宁波鸿兴轮船局（鸿兴轮）、舟山轮船公司（1252总吨舟山轮）、穿山商轮公司（1040总吨穿山轮）、台州信记航业公司（1524总吨台州轮)、益利轮船公司(789 总吨益利轮)、永安商轮公司(700 总吨永安轮)、公茂轮船局(1071 总吨大华轮)。

1929—1937 年投运的公司有如下 10 家:公司不详金陵轮、海宁商轮公司(200 登记吨鳌江轮)、新宁台商轮公司(473 总吨新宁台轮)、平安轮船公司(512 总吨平阳轮)、海通船务公司(127 总吨顺兴轮)、宁海商轮公司(420 总吨南海轮)、黄岩商轮公司(514 总吨黄岩轮,由永宁轮改名)、茂利轮船公司(752 总吨茂利轮)、安海公司(130 登记吨瓯江轮)、新海门商轮公司(759 总吨新海门轮)。

1930 年后,除上列轮船公司经营船舶外,海门港还有来往于浙江与福建间的不定期轮船 17 艘,如海门—石塘的华安轮;海门—沈家们的源利亨轮;海门—泉州—石马的建安轮、台克荷特轮、长安轮、永安轮;等等,其余 11 轮船名不详。17 艘业主公司均不详。

在此期间,三门船商承袭“六市船”格式,推广至环三门诸集镇:海游章以金造 25 吨木帆船航海游—宁海长街,宁海胡佩珍造帆船同航此线;海游善岙蒋齐庆造帆船航海游—象山鹤浦,海游章良风造船航海游—象山白岩下,葛岙王士友造船航海游—宁海朱门。民国 18 年(1929 年),海游争取到沪瓯航线益利班轮弯埠停靠蒲西巡检司。民国 23 年(1934 年),有小汽船(船主不详)航善岙—鹤浦—石浦。民国 26 年(1937 年),临海陆安文购茂利小汽船与海门一汽船对行海游—海门。抗战时两航线均废。

民国 18 年(1929 年),楚门船商陈楚财、韩约渔于瑞安创建瑞平轮船公司,购 469 载重吨瑞平轮,行驶沪瓯航线,在平阳、瑞安、楚门靠埠。后又购置 326 总吨新瑞平轮投入同线,并延伸福建沙埕。此外,此前开辟的利泰、永环、运大 3 小轮仍然持续行驶温州—楚门、清江、江厦,其中利泰轮亦为陈楚材、韩约渔经营。

民国 19 年(1930 年),箬横陈其风购置钢质货轮泰顺号,载重吨 200 吨,航行广州、台湾、朝鲜等地。同年,有船商建造木质帆船顺合号(150 总吨)、新发号(100 总吨),航行青岛、大连、台湾。

内江航运企业

台州外海轮船始用于清光绪十三年(1887 年),而最早的内江轮船也诞生于光绪年间(1875—1908 年),两者可以说的同步发展。除始航于光绪中叶的灵江轮企业信息不详外,自民国初至民国 26 年(1937 年)的内江航运企业和所拥有船舶如下:

临海六埠拖轮公司(临海商轮公司) 升(顺)昌轮(23 总吨)、怡昌轮(32 总吨),以上航椒临线,怡昌轮后也航椒江渡。

黄海商轮公司 永裕轮(7 总吨)、永新(升)轮(21 总吨,1933 年增为 24 总吨),航椒黄线。

茂泰商轮公司 茂泰轮(6 总吨,航椒黄线,经停三江口)。

运大仁记商轮公司 运大轮(22 总吨,由温州环海局经办,航椒临线)。

江大商轮公司 江大轮(25 总吨,航椒黄线,经停三江口)。

临海商轮兴记有限公司 章安轮(98 总吨,航椒临线,经停涌泉、长甸、钓鱼亭)。

江裕丰 黄岩轮(12 总吨,原永宁轮,1934 年改名黄岩轮,航黄临线)。

图 4-47 永新轮船船员胸章(图片源于民间收藏家)

黄济轮船局　黄济轮（20 总吨，航黄岩—潮济线）。

内河航运企业

台州滨海平原内河机动客班船肇始于民国 16 年（1927 年），由温岭籍人购置，通航路桥至温岭县城航线。次年，温岭县四通公司购置汽轮 2 艘，分别经营院桥经路桥至温峤（温西）航线和路桥至温岭县城航线。此后至民国 26 年（1937 年），椒南平原从事内河客班轮航运的企业和航班如下：

温岭籍船主　1927 年始航路桥—温岭县城航线，船名及吨位不详。

温岭四通公司　1929 年始航院桥—路桥—温峤线、路桥—温岭县城线，2 船名及吨位不详。

黄椒汽船局　拥有 8 总吨黄椒轮，1930 年始航路桥—温岭县城航线。

黄椒汽船公司　拥有 5 总吨太平轮，1930 年始航路桥—大溪—温岭县城航线线。

横湖汽船局　拥有 9.8 总吨横湖轮，1932—1935 年航路桥—温岭县城航线；1935 年后航温岭县城—黄岩航线。

怡兴汽船局　拥有 4.2 总吨云龙轮，1932 年始航路桥—松门航线。

黄太汽船公司　1933 年由黄椒汽船公司与横湖汽船局组合，拥有 5 总吨椒松轮，于 1933 年始航海门—松门航线；拥有 4.4 总吨临太轮航，于 1934 年始航海门—路桥航线。

公大汽船有限公司　拥有 4 总吨路黄轮，1934—1935 年航路桥—黄岩航线。

不详业主　拥有吨位不详松湖轮，1934 年始航松门—温岭县城航线。

新河义记汽船公司　拥有 5 总吨新河轮，1935 年始航新河—海门航线。

横峰金国耕　拥有 10 总吨路太轮，1935 年始航温岭县城—路桥航线。

民国初至 26 年（1937 年），台州湾滨海平原内河仍使用人力河舨，但船型渐大至大四舱、大五舱，出现撑竿拉纤并用的“块船”。经营方式仍是个体船户。民国 25 年（1936 年），台州成立灵江民船船员工会，临海、黄岩、温岭各县均设分会。民国 26 年（1937 年），黄岩县统计的内河民船达 543 艘，45406 载重担；温岭县和椒北平原缺乏统计数据。

搬运装卸业

近代化航运实业的发展催生了码头搬运装卸业。海门建埠后，货运量与日俱增，至民国 26 年（1937 年），外海进出口货运量达 431980 吨，每天净进出货物 800 吨，装卸搬运业兴起，时海门港共有搬运工人 950 人，分大扛行、小扛行、小工、挑夫 4 各行当。临海、黄岩、温岭、三门、玉环县城和大集镇内河航埠也出现了从事装卸搬运的挑夫、脚夫，并有“脚行”“挑夫”组织出现。民国 16—20 年（1927-1931 年），各县成立挑夫职业工会，以调解纠纷，如坎门有挑挽业工会，楚门有盐区挑挽业工会。（各港埠专业搬运组织详情参阅第三编第三章第一节“装卸仓储初始状况”）

第三节　抗战内战中的港航企业

1937 年，日军全面侵华战争和全国全面抗战爆发。因战事所需，沿海港口实施军事管制，时而封锁，时而开放，航运处于非常时期，经营企业蒙受诸多劫难，损失惨重，只能在惶恐中曲折应对。（其间，航运业因战争的损失，可参阅本编第一章“水路货运”第二节“近代外海货运”，此处不赘。本节仅记叙抗战期间和战后航运企业的变化。）

战时轮船转籍和代理

民国 26 年至 27 年（1937—1938 年），上海陷入淞沪抗战，为避免外海航船被日军轰炸，域内轮船暂转中立国国籍，更名如下：台州轮转希腊籍亚生轮；舟山轮、穿山轮、黄岩轮、新永川轮、南海轮转为德国籍海福轮、哈纳轮、亨熙轮、高登轮、海德轮；大华轮、新宝华轮、宝华轮、平阳轮、新海门轮、瑞平轮、新瑞平轮转为葡萄牙籍棠赛轮、山泰轮、棠鲁轮、棠乔轮、棠贝轮、万利轮、美达轮、美发轮。

民国 30 年（1941 年），镇海失守，宁波港封锁，沪甬航线、沪瓯航线停航，浙东航运转为上海—石浦—海门航线。下列为该年行驶上海—石浦—海门航线的代理商及船舶。

丰裕公行　1941 年 1 月给证，代理德国远东轮船公司 256 总吨海宜（Hei Ni）轮。

宁海轮驳局　1941 年 1 月给证，承租英国远东轮船公司 268 总吨永茂（Ready Moller）轮。

鲁麟洋行　1941 年 1 月给证，代理德国 439 总吨高登（Kondor）轮、德国 781 总吨飞康（PeLiKan）轮。

汉文洋行　1941 年 1 月给证，代理德国 298 总吨海康（Hail Kong）轮。

赉赐洋行　1941 年 2 月给证，代理英国 357 总吨曼丽·密勒（Marie Moller）轮。

代理人不详　1941 年 2 月给证，代理德国 1252 总吨海福（Elbhof）轮。

克来司丁代理处　1941 年 2 月给证，代理英国 800 总吨克来司丁（Chriztine Moller）拖轮。

捷成航业公司　1941 年 3 月给证，代理英国 500 总吨永生（Frosty Moller）轮。

通利航业公司　1941 年 3 月给证，代理意大利 73 总吨利平（Marsala）轮。

振兴商轮公司　1941 年 3 月给证，代理德国 72 总吨江南（Kung Nan）拖轮。

礼和洋行　给证时间不详，代理德国 189 登记吨江定轮。

宝华轮船局　给证时间不详，代理英国 1813 总吨瑞泰轮。

远东航务公司　给证时间不详，代理英国 977 总吨新安利（Elsie Moller）轮。

以上 13 家代理单位代理的 14 艘轮船名为外籍，实际均为国轮转移，基本只行驶上海—石浦间，进海门港一般每月仅 1 艘。

民国 30 年（1941 年）4 月 19 日，日军登陆海门，内江客货运轮船章安轮被掳，江大轮、永升轮曾避匿上游，运大轮自凿沉船。5 月 3 日日军撤离。6 月，内江航运恢复，经营企业为运大仁记商轮公司运大轮、江大商轮公司江大轮、黄岩商轮公司永升轮和金汇源轮、临海商轮公司新章安轮、黄济轮船公司黄济轮，维持椒临线、椒黄线、临黄线、黄济线的班轮。该年 12 月，永升轮维修失火烧毁，椒黄航线中断 2 年。

抗战期间，海游至环三门湾各集镇的六市船，因日机骚扰轰炸，时航时停。乐清湾十余艘近港客货航班，仅存西青马道—乐清铧锹、大麦屿—乐清下堡、坎门水车头—楚门—乐清白溪、楚门—鸡山 4 条航线，余皆停航。

战后航运企业的复苏

民国 34 年（1945 年），日军投降，抗战结束，外海航运逐渐恢复。5 年间，经营企业和船舶恢复状况如表 4-43、表 4-44、表 4-45、表 4-46。统计船舶部分为机帆船。

表 4-43　**1945 年台州外海复航、开航航运企业及拥有船舶一览表**

航运企业	船舶	航线	航运企业	船舶	航线
东南航业公司	茂利（752 总吨）	复航沪椒线	华泰汽轮公司	通利（291 总吨）	开航沪椒线
大隆航运公司	鄞余镇（42 吨）	开航甬椒线	通济公司	济民机帆船	开航沪椒线
中华轮船公司	中华 3、9、12 号	开航沪椒线	公司不详	通裕机帆船	开航沪椒线

表 4-44　**1946 年台州外海复航、开航航运企业及拥有船舶一览表**

航运企业	船舶	航线	航运企业	船舶	航线
远东航业公司	江苏（773 总吨）	复航沪椒线	东元轮局	东利、东元	开航沪椒线
浙江垦殖公司	渔惠（209 总吨）	开航沪椒线	岱山轮局	安泰、岱山	开航沪椒线
民光航业公司	瑞光（187 总吨）	开航沪椒线	远东实业行	衡阳	开航沪椒线
浙海渔业公司	浙海 1（53 总吨）	开航甬椒线	大通航务公司	海利、华追	开航甬椒线
中联进出口行	镇余	开航甬椒线	公司不详	永利拖轮	开航沪椒线
中华水产公司	华速（73 总吨）	开航甬椒线	公司不详	船名不详	江厦—永嘉

表 4-45　**1947 年台州外海复航、开航航运企业及拥有船舶一览表**

航运企业	船舶	航线	航运企业	船舶	航线
大康行	南华快船	开航沪椒线	诚心船务行	诚心块船（300 吨）	开航沪椒线
大通航务公司	新同安（45 总吨）	开航甬椒线	中和实业公司	新中和（84 总吨）	开航甬椒线
吉康航务局	德明、泰顺	开航沪椒线	远东航务处	永敏（317 总吨）	开航甬椒线
公司名不详	永益	开航沪椒线	中联进出口行	大源、光天	开航椒瓯线
中联进出口行	华象（194 总吨）、华遡（41 总吨）、华遒（41 总吨）、海盛（77 总吨）				开航甬椒线

1947 年起航行椒瓯线的所属公司不明的轮船还有光大轮、金鹰轮、华生轮、利华轮、兴仁轮、新永大轮、福利轮、华述轮、光明轮。

表 4-46　**1948 年台州外海复航、开航航运企业及拥有船舶一览表**

航运企业	船舶	航线	航运企业	船舶	航线
环海航务局	济华（280 总吨）	开航沪椒线	利生轮船处	利生（276 总吨）	开航沪椒线
东南航业公司	沪宁（1612 总吨）	开航沪椒线	公司名不详	利洲	开航沪椒线
公司名不详	永舟货轮	开航沪椒线	平安公司代理	中益	暂航甬椒线

续表 4-46

航运企业	船舶	航线	航运企业	船舶	航线
浙江垦殖公司	浙惠 6 号	航椒瓯榕线	永安公司	永安	开航椒瓯线
公司名不详	永铭（134 总吨）	开航椒瓯线	公司名不详	江东	江厦—东山埠

另外航线不明的轮船有：中华轮、瀛洲轮、大德轮、永诚轮、嵊泗轮、公平轮、江南轮、航深轮、兴南轮、常安轮、美元轮、江利轮、天兴轮、万森轮、鼎安轮、亚平轮、光复轮、德明轮、金都轮、海旦轮、天宝轮、振德轮、远东轮、通一轮、荣益轮、振兴轮、荣和轮、同丰轮、华迅轮、德豫轮、丰远轮、中一轮、鸿赉轮等，船主不详。

经过几年的恢复，表面上船舶数增长不少，但实际船舶吨位有限，本地轮船除茂利、江苏两轮总吨在 700 吨以上，余皆 300 吨以下小轮。以 1946 年与 1937 年运能相比，1937 年进出口轮船总数 891 艘次，1946 年达 1125 艘次，但 1937 年的进出口吨位总数为 431980 吨，1946 年仅为 121199 吨。

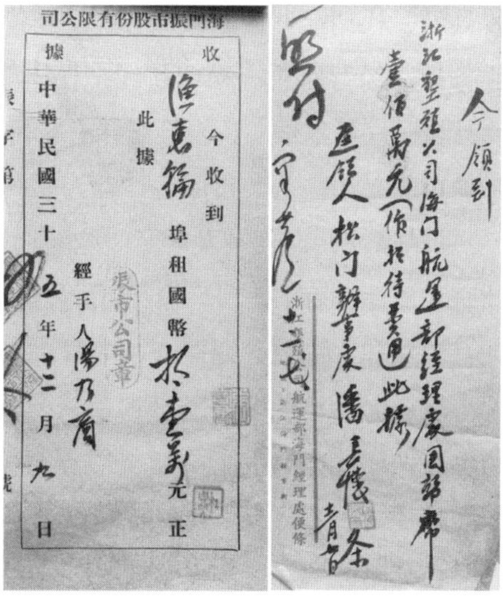

图 4-48 浙江垦殖公司海门航运部经理处和海门振市公司的票据（叶晓园收藏）

民国 30 年（1941 年），日军登陆海门，大批外海轮船、木帆船遭劫、废置。自民国 31 年（1942 年）起，在海门烂泥道头赶造木帆船以应急需。据上海海运局藏《帆船所有登记及移转登记》，战后海门港木帆船航商恢复状况如表 4-47 所示。

表 4-47 **1945 年海门港登记外海帆船船主和船舶**

船　主	船 名	载重	下水年	船　主	船名	载重	下水年
海门李善宝	金大丰	679 担	1942	杜桥金德法	金顺兴	368 担	1942
松门周仁鳌	金德利	436 担	1942	金清徐合利	周合发	297 担	1943
泗礁盛恒光	新恒茂	530 担	1944	椒北穿山金来	金万利	597 担	1944
椒北金筱亭	金宝兴	843 担	1944	温岭河洋万显扬	金利泰	396 担	1944
松门周仁鳌	宝丰	466 担	1944	椒北黄道存	黄阜财	549 担	1944
海门张筱仁	金万能	460 担	1945	黄岩何赤忱	宝泰	996 担	1945
泗礁郑德聚	金永庆	646 担	1945	温岭河洋张植理	金三利	258 担	1945
海门虞竭华	同利	842 担	1945	泗礁韩正水	金得利	742 担	1945
黄岩乌岩金冠亚	金亚孚	1997 担	1945	海门郑德利	金隆顺	948 担	1945
定海洋山郭富贵	新永兴	653 担	1945	松门叶清发	金协利	439 担	1945
大溪蔡何玉	金宝利	841 担	1945	葭沚胡德信	胡发兴	332 担	1945
海门高顺发 泗礁邱丹桂	金合利	849 担	1945				

注：表中一些船主虽然并非台州人，但船籍除金顺兴为宁波籍外，均为海门港籍

抗日战争后，海门港木帆船运能也不及战前，载重 3000 担以上的帆船仅孑遗杨烙生（父杨芝仙）所有金源盛、杨士宜（父杨仙）所有杨顺发、泗礁人所有金聚源，余皆几百吨载重小帆船。

20 世纪 40 年代末，内江客班轮存新章安轮、江大轮、运大轮、黄济轮、椒江轮，客货轮存茂生轮、新东海轮、永洲轮。内河航运企业，温岭县统计有方城船务行，经营路桥—温岭县城航线、温岭县城—松门航线；温椒船务行，经营温峤—海门航线；新光明船务行，经营金清—坝头航线；中亚船务行，经营路桥—松门航线；松路船务行，经营松门—路桥（坝头）航线；横湖船务行，经营温岭县城—路桥航线。黄岩县统计有路桥—温峤、路桥—新河、金清—海门航线，经营公司不详。此外，各地市船兴起，为集市服务，都为船户个体经营。

抗战后期，海门港发展了一些运输行和报关行之类的航运服务企业。运输行为客代理货物兼报关，计有太康运输行、捷利运输行、协昌运输行、许万通运输行几家。报关行专为航运船舶提供报关服务，计有顺协和、同益、通益公、中联、捷利、协昌等。

战后，台湾收复，玉环船商恢复传统对台经商的热情，掀起赴台热，甚至驾驶 5 吨“乌浪”小钓船直叩基隆港。楚门人毛光熙、金英昌购置上百吨机动船航琛轮、金鹰轮，坎门船商叶根生、郑显元扩建大帆船，开辟至长江口、山东航线。

内战中企业的孑存和逃逸

民国 35 年（1946 年）起，内战爆发，原已逐步复苏的航运业重走下坡路。该年上半年，海门港进出口轮船总数 1051 艘次，125508 总吨；帆船总数 1031 艘次。下半年直线下滑，轮船进出口仅 84 艘次，帆船 128 艘次。玉环沿海因“戡乱”而盗匪蜂起，小航船屡为盗匪洗劫，航运再次萎缩。

民国 37 年（1948 年）8 月后，国民党政权呈现溃败迹象，商业萧条，无货应市，人心浮动，航商思迁。行驶沪椒线的轮船仅有茂利轮、渔惠轮、利生轮、沪宁轮、衡阳轮、东利轮；行驶甬椒线的仅有海盛轮、华象轮、华遡轮、永敏轮、临安轮；行驶椒口线的仅有永安轮、光明轮、永益轮。年底，茂利轮、江苏轮撤逃台湾。剩下华象轮、利生轮、永嘉轮、东利轮、新永大轮行驶各航线，本地航商所有的机帆船只有祥泰、澄江、周升发、周升利、宝丰和、阜财、通一、源丰、永孚、周永利、建兴、张源利、张源顺、金义兴 14 艘，合计 1400 多总吨，不及战前台州轮一艘轮船 1524 吨的总吨位。

第四节 计划经济下的港航企业

20 世纪 50—70 年代，中国掀起社会主义革命，航运企业在此历史阶段发生了天翻地覆的变化。在 1～2 年的经济恢复后，我国随即对原民营轮船公司、木帆船航商、搬运行会进行公司合营、民主改革和合作化的社会主义改造，将全部运力纳入国家计划经济体系。自 1958 年起，我国经过“大跃进”的热潮和之后的调整，又在 1966 年进入“文化大革命”非常时期。

在此期间，台州行政建制反复变化，海门港隶属关系失常。1949 年 6 月，台州地区辖直属临海城区、直属海门区和临海、黄岩、温岭、天台、仙居、三门、宁海7县。1950年，撤临海城区归临海县。1952年10月，宁海县改属宁波。1954年5月，撤销台州地区，直属海门区、黄岩县、温岭县、仙居县归属温州地区，余属宁波地区。1956年3月，撤销直属海门区归黄岩县，仙居改属宁波地区。1957年7月，复设台州地区，辖临海、黄岩、温岭、天台、仙居、象山6县（三门并入临海，宁海并入象山）；1958年12月，再次撤销台州地区，临海、黄岩、温岭、仙居4县归温州地区（1959年4月撤销玉环县归属温岭县），天台县、象山县归宁波地区。1962年4月，复置台州地区，辖临海、黄岩、温岭、天台、仙居、三门、玉环7县。

经济恢复和社会主义改造

1949年5—6月，解放军进驻台州各县，6月8日成立浙江省第六区（台州）专员公署，沿用民国时临海、黄岩、温岭、天台、仙居、三门、宁海7县和临海城区、海门区2区建制。6月25日，解放军进驻海门，随后，第六区（台州）专员公署生产委员会和海门区人民政府接管海门港，开启新政权对台州港航事业的管理。历经了经济恢复、建立新的管理体制、对港航企业实行社会主义公有制改造的初始过程。

港务管理机构改革

1950年8月18日，浙江省航务局在海门设所属海门航务管理所，址设北新椒街146号，负责台州地区航政管理。1952年，浙江省航运管理局在临海设台州航运管理所，址设江厦街145号，下设临海、黄岩、路桥、温岭、仙居管理站。海门航务管理所也受其管辖，为海门港和椒北内河航运专管机构。

1949年前，海门港码头设施中一、二、三号码头及相应仓库为海门振市有限公司2000余名股东所有；永慈堂小码头为社会法团永慈堂所有；油码头和油库为英、美石油公司所有。1949年，台州专员公署生产委员会接收公有义渡道头和已无主的油库、油码头。振市公司股东中有逃亡的民国官僚和资本家，按政策依法没收，但普通百姓股权应予保护，因政策界限复杂难分，至1953年才经资产清理，由海门航务管理所接管。永慈堂小码头所有权先随慈幼小学转为海门中学，由海门中学接管，1953年也由海门航务管理所接管。这是行政管理与业务经营合一的机构。

1954年，台州专区撤销，所属7县（区）分属宁波、温州专区，为便于椒江水系航运的统一管理与业务经营，临海台州航运管理所搬迁海门，与海门航务管理所合并为浙江省航运管理局海门管理处，管理海门港及原台州航区。同年，省交通厅航运局又在临海设管理站，下辖涌泉工作组、邵家渡工作组、天台工作组。1956年3月，撤销海门直属区。1957年，杜桥、仙居航运归临海航运管理站管理。

1952年，浙江省内河航运管理局设温岭管理站，次年更名为浙江省航运管理局台州管理处温岭管理站；1954年成立新河、泽国2工作组和箬横、松门2埠；1955年设石塘工作组。1954年，玉环设置航管站，隶属温州航运管理所。

轮船业的公私合营

1950年，台州专员公署生产委员会修复温岭航商遗弃在金清海滩的250载重吨张源利轮，10月下水，成为新台州轮，即以此轮为基础，于10月15日组建海门汽轮公司，同时接收椒江义渡轮改航椒临线。此为人民政府成立后最先建立的公营航运企业。

1951年5月，台州财政经济委员会将海门汽轮公司纳入台州运输公司；10月，为恢复和发展台温、台闽航运，浙江省财政经济委员会将台州运输公司海运部分交由华东财政经济委员会接收，成立华东利民运输公司台州分公司。1952年5—9月，华东利民运输公司台州分公司改由华东交通部领导，9月又改称华东区海运管理局海门办事处，这也是一个政企合一的机构。

20世纪50年代上叶，海门港自有海运船舶较少，70%以上的运输依靠代理外来船舶完成。以下为1953年2月华东区海运局海门办事处统计的海门港自有船舶和代理外来船舶：

海门港自有船舶　120载重吨建成轮、210载重吨海鸿轮、245载重吨扬州轮、245载重吨通州轮、200载重吨利南轮、210载重吨利运轮、270载重吨利东轮、170载重吨振兴轮、160载重吨东方35号轮、230载重吨新台州轮、95载重吨合成轮、90载重吨小台州轮。

代理外来私营船舶　100载重吨永嘉轮、195载重吨永益轮、230载重吨金泰来轮、120载重吨祥泰轮、140载重吨天福轮、195载重吨金都轮、160载重吨泉福轮、185载重吨金龙轮、230载重吨大丰轮、520载重吨三利轮，吨位不详利兴轮、中利轮、鸭绿江轮。

1954年3月起，台州地委设立轮改组，对私营轮船江大轮、运大轮、茂生轮、新东海轮、黄济轮进行“私资联营”，成立临黄椒私营船务行联营处；1955年1月再行公私合营改造，并入公营新章安轮，组成公私合营临海轮船公司；1956年，公司迁海门，改名为公私合营黄岩县海门轮船公司；当年，再加入私营永洲轮和永发轮、金永庆轮等10艘木帆船以及椒江渡轮和海门、临海两地几家私营运输行，全行业完成公私合营改造，外海轮船航运业集于一家企业。

1956年，温岭县成立公私合营温岭轮船公司，前所—杜桥—上盘开辟小汽船客货班轮。

外海木帆船、内河船民主改革和合作化

20世纪50年代初，台州航区有木帆船2356艘，载重9940吨，船民3930人。1952年7月，台州地委发出加强民船工作的通知，对外海木帆船、内河船开展大规模民主改革运动。初期各县建互助小组、合作社、联合运输社不等，入社木帆船2175艘，载重9355.5吨，占船舶总数的92.3%，占总吨数的94.1%。至1956年社会主义改造高潮，全部完成合作化改造。海门港和各县改造情况如下：

海门航区　海门航区包括椒北平原内河运输。1950年，将内河舨、快船等内河民船组成海门船民协会；1952年进行民主改革，于当年11月结束，仅100天，共313艘（总吨1099.5吨）木帆船参加海门联合运输社，占总数322艘的97%，此数包括海门木帆船联运社90艘和临海木帆船联运社杜下桥分社130艘、连盘分社93艘。1953年，成立海门外海木帆船联运社，入社船舶37艘（载重984吨）。1956年，海门船舶又改组为海门外海木帆船运输合作社、海门椒江第一木帆船运输合作社、海门椒江第二木帆船运输合作社、海门内河木帆船运输合作社。

1956年，章安设杜桥区章安运输社；1958年下半年与海门数家运输单位联合为椒江社；1959年椒江社分出章安道头运输社。1957年，以椒北地区舟山港籍10艘616吨沿海船舶为基础，成立临海县椒北临时运输大队。1958年，杜桥内河运输业设为椒北运输高级社，其中上盘又分列为拖牛坝运输高级社。

灵江及上游航区　在1952年民主改革的基础上，于1956年设临海城埠木帆船高级社、涌泉木帆船高级社、永丰木帆船高级社（航行永安溪和始丰溪航道）。

黄岩县航区 1952 年由城关和江口河段小船组成江口客货运小组，1956 年与城关北门大舨小组合并为澄江运输合作社。1952 年由山头舟、大礼埠、潮济三埠民船组织为民船小组，1956 年发展为潮济运输合作社。1952 年，由城郊东门、西门、坝头水埠民船组成 3 个互助小组，1956 年 3 小组合并为团结运输合作社。1952 年，路桥地区 118 艘内河舨组成 12 个互助小组，1956 年合并成立路桥内河运输合作社。1952 年，金清 45 艘内河舨编为 4 个互助小组，1956 年合并为金清运输合作社。

温岭县航区 1952 年对内河民船进行民主改革，成立互助小组；1956 年形成城关、温峤、大溪、泽国、新河、箬横、松门 7 个内河运输合作社，江厦、石塘 2 个外海运输合作社，以及松门镇外海运输合作小组。

三门县航区 1953 年，以海游叶崇兴等人所有的 8 艘木帆船（载重 90 吨），成立第一个船运互助组，带动全县合作化。1955 年，海游各互助组组成海游第一社、海游第二社，健跳组织船运合作社称为第三社。1956 年，第一、第二社合并为海游运输合作社，第三社和后建几社合并为健跳运输合作社。

玉环县航区 20 世纪 50 年代初，玉环县运输小船总载重有 1000 余吨，经 1952 年民主改革成立互助组，1956 年组合为公私合营坎门木帆船运输公司（木帆船 23 艘，326 总吨）、楚门木帆船运输合作社（木帆船 65 艘，755 总吨）、鲜迭运输合作社。此外，在大麦屿、连屿、鲜迭大龙湾、鸡山岛有乡村运输队组织，除鸡山为乡运输队外，余均为村运输队。

装卸搬运业集体化

1949 年 6 月，解放军代表接管和整顿海门搬运业，将原大扛行、小扛行、挑夫、小工四大团体改组为第一分会（大扛行、挑夫）、第二分会（小扛行）、第三分会（小工）。1950 年成立海门搬运服务所，下设 3 个办事处，实行统一承揽业务、统一调配、统一价格的“三统一”管理，实行八小时工作制和等级工资制。1957 年，海门搬运服务所改组为地方国营海门搬运公司。

黄岩县各航埠搬运装卸业在 1952 年后成立城关、路桥、金清 3 个搬运服务站和院桥、坝头、三江口 3 个搬运服务组；1956 年，相应改为黄岩县搬运合作社及属下路桥分社、金清分社；1957 年新设新桥航搬运输社、院桥航搬站。

临海县于 1950 年成立搬运工会；1952 年设立临海县搬运服务站，其后名称屡有更迭。

温岭县于 1950 年成立搬运工会；1956 年成立温岭县搬运服务站，下有 8 个搬运站。

玉环县坎门、楚门搬运工于 1950 年组织搬运大队，推荐农村搬运积极分子加入；1956 年分别组为坎门镇搬运合作社和楚门镇搬运合作社。

三门县于 1951 年成立搬运工会，当时的搬运工为半工半农；1952 年转为专业搬运组织；1956 年成立三门县搬运服务站，隶县交通建设科，下设 6 个区搬运服务组。

（各地详情参阅第三编“港口建设与规划”第三章“港口装卸与仓储”二至九节内容。）

“大跃进”“文化大革命”时期

1958—1960 年，全国掀起了“大跃进”和人民公社化热潮，台州航运在体制上形成大合并的政企合一管理，在生产上急于求成、急躁冒进，在推进公有化中出现一些激进现象。“文化大革命”发生于 1966 年 6 月至 1976 年 10 月，政企管理层被夺权，普遍建立“革命委员会”，其间产生了一些内乱，严重影响了台州港航的发展。

“大跃进”和人民公社化期间

1958年，“大跃进”运动与人民公社化同时开展。其时，全国农村将村规模的合作社合并为乡甚至区规模的工农商学兵相结合的“一大二公”的人民公社。它属于既是经济组织，也是行政机构的政社合一体制。台州航运行业也随着运动的方向进一步合并机构，提高公有化程度，朝着体现“一大二公”社会主义性质的政企合一体制迈进。

1957年复置被撤销的台州专区。1958年1月，浙江省航运管理局海门管理处下放台州地区，成为台州专区航运管理所。6月，交通部上海海运局下放6艘小轮予台州航管所，台州专区航运管理所改组为政企合一的浙江省台州专署航运管理局。

1958年12月，台州专区再次撤销，原台州专署航运管理局改组为浙江省温州航运管理局海门分局，1959年12月改为浙江省温州专员公署交通运输管理局海门分局，代表温州交通管理局对临海、黄岩、温岭、仙居的水运、搬运、农村运输、交通建设进行行政领导，主管海门港航运业务和港口建设，同时将公私合营的黄岩县海门轮船公司、地方国营海门搬运站、海门外海木帆船运输合作社并入温州交通管理局海门分局。这是一个将企业和管理机构合在一起的政企合一体制。

1958年1月，航管体制下放，原浙江省航运管理局温岭管理站更名为温岭县民船管理所。1962年成立温岭县交通管理局，与民船管理所合署办公。与此同时，台州各县交通输业都进行大合并，将原先独立于各港埠的自负盈亏的运输社、搬运站统统并入集经营管理于一体的县运输公司，接受统一指挥，同时在大公社体制下成为运输大队，大家共吃“共产风”带来的“大锅饭”。然而“大锅饭”由于违背按劳取酬的经济规律，无法调动人的积极性，最终造成生产的滑坡。

1961年7月，海门港的航运体制又改省属，先改温州交通管理局海门分局为浙江省交通厅海门交通管理分局，继改为浙江省海门航运管理局。1962年4月，台州专区复设，重设台州航运管理处，专管海门港航运。是年，海门航运管理局将1959年并入的海门搬运站、海门外海木帆船运输合作社重新分出，恢复为集体性质，但仍保留原海门轮船公司的航运经营。1963年，增设浙江省海门港务管理所，与海门航运管理局合署办公，虽然两处仍是一批人员，但其趋势是实行政企分离。

在“大跃进”期间，台州各县普遍设县国营运输公司，区镇运输社归属县运输公司，称为运输大队或航运站。自1962年起，各县均按原有体制恢复原来的运输社、搬运站，如1958年成立国营玉环县运输公司，楚门航运站并入也成国营企业；1962年撤销玉环县运输公司，楚门航运站恢复原名和集体性质。除此而外，更名的企业有海门外海木帆船运输合作社在1959年曾为温州航管局海门分局下全民所有制木帆船队，1961年下放当地为黄岩县海门外海运输合作社；原黄岩县经营内江外海航运的澄江、潮济运输合作社，1961年改为澄江、头陀航运大队，1962年二分三，改为城关外海运输社、城关内江运输社、头陀运输社；1963年，原黄岩县经营内河航运的团结、路桥、金清3个运输合作社中的团结运输合作社更名为城关内河运输社。

在“大跃进”期间，三门县撤销并入临海县，时有地方国营临海县运输公司所属海游运输站航运大队及所辖健跳工作组。1962年恢复三门县，两企业改称三门县运输公司航运大队和其属下健跳工作组。1963年，三门县运输公司改称三门县运输合作联合社，下有机动船大队、海帆大队、搬运大队。1965 年，海帆大队、机动船大队合并为三门县运输合作社。

在“大跃进”期间，黄岩县、临海县新建企业有三甲区 16 个运输户于 1958 年组成三甲内河运输社；同年，杜桥区章安运输社与海门数家运输单位联合，统称椒江社，1959 年又分出章安道头运输社，1964 年后章安道头运输社购船投入浙江沿海货运和灵江货运。1960 年长潭水库筑成，成立黄岩县长潭运输社、黄岩县头陀区长潭搬运站；同年，原上辇渔业大队兼营搬运，1963 年改业搞运输；1965 年改名为澄江区三江口外海运输社。1963 年，三甲蛎壳厂置船运送蛎壳，加入黄岩县运输联社，后改称黄岩县三甲外海运输社。其间，7 名大陈垦荒队员和 12 名海门装卸工、5 名复员军人组成大陈搬运组。

“文化大革命”期间

1965 年，海门航运管理局改名为浙江省轮船公司海门分公司，1966 年 1 月又改名浙江省航运公司海门分公司。

1966 年 5 月，进入“文化大革命”时期，政企合一的管理机构因在造反运动中被夺权而瘫痪，航运企业由“造反派”掌控，后又设“革命委员会”。随着运动演变为动乱，1968 年的派性斗争由“文斗”发展到“武斗”，连续发生“4·27”和“6·19”两次武斗流血事件，航运企业深受其害：3 月 19 日至 6 月 19 日，海门港口关门和停产 55 天之久。在“4·27”和“6·19”两次攻击港区的流血武斗中，员工四散避祸半年之久。

图 4-49　20 世纪 60 年代浙江省轮船公司海门分公司驻地（来自台州海运公司企业宣传画册）

运动期间，在造反动乱之余，地县航运（交通）部门也努力在管理层面作些机构调整。

1969 年，黄岩县工业交通局改为工业交通办公室，1972 年恢复工业交通局，1974 年分设工业组、手工业组、交通组。

1970 年，温岭县邮电局、工商局的交通部分、航管所三者合并为温岭县交通邮电局，1971 年成立温岭县统一运输指挥部，下设 11 个统运组，集中交通、财税、银行业务人员合署办公，1973 年恢复温岭县航运管理所。

1971 年，浙江省航运公司海门分公司下放台州，改名为台州地区航运公司，1979 年又收归省交通厅，改称浙江省航运公司海门分公司。

1971 年，成立临海县“革命委员会”，联合运输指挥部，由航运、公路、搬运、银行合署办公，1973 年恢复为临海县交通安全委员会。

1971 年，三门县交通邮电局下设交通工程队，1975 年，三门县农渡划归农业部门管理。1973 年，三门县运输合作社改称三门县航运公司。

1976 年 4 月，浙江省台州地区渔船管理站在海门成立。

在“文化大革命”期间，除管理层从属关系和称谓频繁变化，并一度由“革命委员会”管理以外，台州航运的企业部分实际上基本依旧。只是原公私合营企业均取消私营股息，成为地方国营企业，如原公私合营温岭轮船公司更名为地方国营温岭轮船公司。

其间，增设企业和存续企业更名情况如下：1960年黄岩城关有搬运小组，1965年成为城关搬运站；原地方国营玉环县运输公司坎门航运站改名为地方国营玉环县坎门航运站；原玉环县运输公司楚门航运站改称玉环县楚门航运站；原鲜迭运输合作社改称鲜迭航运站；原三门县运输合作社于1973年改为三门县航运公司，三门县水产局、水利局、燃料公司各自购船舶参加运输。1971年，台州水产公司购进万吨级货轮曙光轮委托海门航运分公司代理，1974年其在定海莱花山触礁沉没。同年，临海县搬运服务站改称临海县搬运公司。

第五节 改革开放初的港航企业

自1978年起，中国实行对内改革、对外开放的政策。对内改革是在坚持社会主义制度的前提下，自觉调整和改革生产关系与生产力之间、上层建筑与经济基础之间不相适应的方面和环节。改革开放伊始，台州历史上抑制港航发展的不合理的行政建置，已由有识之士提出调整方案，希望依托海门港培育一个与港口相适应的行政建置。这个初始的设想促成1981年设立椒江市，并在4年内将椒江河口港沿岸基本整合在一个市的行政版图内。

1985年，台州港航实施港口管理和航运经营政企分开的政策，浙江省航运公司海门分公司与海门港务局从体制上分离。

1984年上半年，交通部提出“有路大家走，有水大家行”的开放政策；翌年又提出“各部门、各行业、各地区一起干；国营、集体、个体以及各种运输工具一起上”，鼓励市场竞争。在改革开放起始至台州设市的十几年内，台州航运业灵活拓展，在管理上吸收责权更明确、经营更自主的公司化模式。同时，非交通部门企业和个体经营者自备船舶参与航运，非公民营企业开始发展，出现多种经营模式共存的格局。但因惯性使然，其时对于企业仍然以全民所有制、集体所有制和个体经济来分类。

图4-50 20世纪80年代所建海门海运公司综合楼（缪鹤贤摄）

全民所有制企业

1989年5月，浙江省航运公司海门分公司更名为浙江省海门海运公司（图4-50），隶属于由浙江省航运公司更名的浙江省海运总公司。1990年，海门航运公司拥有货轮10艘、油轮1艘、拖驳船1组（1拖3驳），净载重共计35243吨；客轮6艘，共计卧位2008位、座位547位，另可载货336吨。开辟国内货运航线210条、客运航线8条，涉71个港口。

1985年，实施港航政企分离后，原海门港务局所属客运站（经营内江和轮渡客运）划归海门海运公司，称为海门海运公司内江站。1988年，内江站划归椒江市管辖，1990年设为浙江省海门轮渡公司。经营航线有椒临线、椒黄线、海门—涌泉线、海门—前所轮渡。黄海公路（82省道）、前所—涌泉—临海83省道公路筑通后，内江客运停航，业务仅存椒江轮渡。

“大跃进”前后形成的一些国营航运、搬运企业大多已在1962年或20世纪七八十年代退回集体性质。例如，1957年改组的地方国营海门搬运公司，1962年退回集体性质；1959年所设地方国营黄岩县搬运公司，1973年退回集体性质；“大跃进”时期所设的地方国营玉环县运输公司坎门航运站，1978年改为集体性质玉环县航运公司；“大跃进”时期所设的地方国营温岭县轮船公司，1984年转为集体性质的温岭县运输公司，兼营汽车运输。

椒江市集体所有制航运企业

台州各县在计划经济时期通过合作化形成的运输合作社、运输站，均为集体所有制企业，在20世纪80年代的改革开放环境下大多转为公司制模式，成为诸多航运公司。下为椒江市境内集体所有制航运企业：

椒江市第一航运公司　原为黄岩县海门外海运输合作社，1981年改称浙江省海门外海运输公司，次年更名为椒江市第一航运公司。此时，原有木帆船均改装为机帆船或淘汰。1980年购旧海洋科学考察船改装为950吨浙椒7轮；1984年购900吨巴拿马籍永发轮，改为浙椒8轮；1987年购3400吨浙椒1轮，成为当时台州集体航运企业中最大的吨位货船。1994年底，公司有职工218人，拥有货轮4艘，净载重量7870吨。

椒江市第二航运公司　前身为由海门椒江第一木帆船运输合作社、海门椒江第二木帆船运输合作社合并而成的海门椒江运输合作社，1981年改名为椒江市第二航运公司。1994年底有职工315人，拥有500～3000吨货轮8艘，净载重量7130吨。另有500吨级船坞小型船厂。

椒江市第三航运公司、汽车轮渡站　前身为黄岩县海门内河运输社，1977年开办水泥船厂，1980年建交通工程队。1986年内河客运停航，公司购120吨驳子船从事砂石运输。1989年建椒江汽车轮渡，翌年开航。1994年有职工101人，汽车轮渡3艘，定额24车渡。

椒江市海门轮驳站　1984年成立，专业为大型轮船进港减载过驳服务。

椒江市远东航运公司　前身为三甲蛎壳厂，1963年加入黄岩县运输联社，改为黄岩县三甲外海运输社，1985年改称椒江市远东航运公司。迄1990年，拥有6艘钢质货轮，1987年新增总吨位1400吨浙56号货轮。1994年有职工134人，货轮5艘，净载重量6155吨。

椒江市三甲内河航运公司　前身为三甲内河运输社，1985年改称椒江市三甲内河航运公司，经营三甲至路桥、三甲至大溪、三甲至金清等航线。20世纪80年代中期后，受公路发展影响，业务衰退，部分人员承包船只各自经营。

椒江市洪家联运服务站内河船队　洪家区范围内内河运输船组织，属洪家联运服务站。

椒江市章安轮渡站　前身为章安道头运输社，1988 年 7 月改为章安运输社，10 月改为椒江市章安轮渡站，1990 年拥有渡轮 3 艘，载客 1250 人，经营海门—黄礁、海门—章安轮渡。

椒江市大陈运输公司　前身为大陈搬运组，1978 年发展 4 艘木帆船，改为黄岩县大陈航搬站，1984 年改为椒江市大陈运输公司。改木帆船为机动船，再发展浙拖 31 轮和 487 吨钢质货轮，经营沿海航运。1994 年底有职工 36 人，拥有货轮 1 艘，净载重量 487 吨。

台州其他县（市）集体航运企业

台州其他 7 县（市）集体所有制航运企业也只是在名称上改为公司，产权所有性质依旧。

黄岩县（市）航运企业　黄岩县（市）航运企业在 20 世纪 80 年代至 90 年代初全部为集体所有制，详见表 4-48。

表 4-48　**黄岩县（市）集体所有制航运企业**

企业名称	前身	更名年	拥有船舶和经营情况
黄岩县第一外海航运公司	澄江外海运输社	1984	木质、钢质货轮各 2 艘，水泥货轮 1 艘
黄岩县第二外海航运公司	城关运输社	1984	木质货轮 2 艘，水泥质、钢质货船
黄岩县第三外海航运公司	头陀运输合作社	1984	钢质货轮 5 艘，1905 吨位
黄岩县第四外海航运公司	城关内江运输社	1984	1985 年从内江发展至外海
黄岩县第一内河航运公司	城关内河运输社	1984	1980 年后，个体经营发展，开始办厂转行
黄岩县第二内河航运公司	路桥运输社	1984	路桥至江口、院桥、下陈、大溪、山北尤市船
黄岩县第三内河航运公司	金清运输社	1984	辟金清至海门、院桥、大溪、黄岩等市船
黄岩县长潭航运公司	长潭运输社	1984	水库渡船 19 艘，因公路修筑，航线渐减

黄岩县境内城关、路桥、金清、新桥、院桥、长潭内河航埠 8 个搬运站在 1984—1987 年均更名，分别成为黄岩县运输装卸公司（原黄岩县搬运公司）、黄岩县联运公司（原路桥搬运服务站）、黄岩县第三运输装卸公司（原城关搬运站）、黄岩县第四运输装卸公司（原金清搬运服务站）、黄岩县第五运输装卸公司（原长潭搬运站）、黄岩县第六运输装卸公司（原新桥搬运站）、黄岩县第七运输装卸公司（原院桥搬运站）。

临海县（市）航运企业　临海县航运企业在改革开放初期的公司化和更名情况如表 4-49 所示。临海县的前所、章安分别在 1980 年和 1984 年划归椒江市，但原在章安、前所的航运企业，在一段时间内仍然归属临海县。仙居、天台内江航运包含于临海县永丰运输站。

表 4-49　**临海县（市）集体所有制航运企业**

企业名称	前身	更名年	拥有船舶和经营情况
临海市海运公司	灵江运输社	1986	沿海机动船 2 艘 560 吨位，560 吨位
灵江航运公司	城埠、涌泉木帆船高级社	1986	内江机动船 13 艘，541 吨位
前所航运公司	沿海木帆船高级运输社	1986	沿海机动船 7 艘，1370 吨位，船员 124 人
永丰运输站	永丰木帆船高级社	1984	内江机动船 5 艘，977 吨位，职工 27 人

续表 4-49

企业名称	前身	更名年	拥有船舶和经营情况
涌泉运输站	涌泉木帆船高级社	1984	沿海货船 3 艘，725 吨，内江货船 2 艘，41 吨
杜桥运输站	椒北运输高级社	1984	沿海货船 2 艘，365 吨位，内河机动船 13 艘
拖牛坝运输站	椒北运输社	1984	内河船 24 艘，260 吨位，船员 36 人
章安道头运输站	章安运输高级社	1984	沿海货船 2 艘，内江货船 3 艘，渡轮 2 艘
章安闸头运输站	章安运输高级社	1984	沿海货船 5 艘，880 吨位；内河船 1 艘，12 吨位
拖牛坝升船机站	1971 年设立的管理站	/	/

1986 年临海设市后，涌泉、杜桥、拖牛坝、章安道头、章安闸头运输站分别改称涌泉航运公司、杜桥航运公司、上盘航运公司、章安航运公司、海洲海运公司。

温岭县（市）航运企业　温岭县（市）航运企业在 20 世纪 80 年代至 90 年代初也实现了公司化，企业更名情况如下：1983 年，原松门外海航运服务站更名为温岭县第一外海航运公司；原江厦运输社更名为温岭县第二外海航运公司。1984 年，原地方国营温岭轮船公司更名为温岭运输公司。1985 年 1 月，对温岭县航运管理所与联运营业所实施政企分家。1985 年 6 月，各区镇内河运输社下放当地，由镇政府管理，7 家企业为城关运输公司（原城关运输社）、温西（温峤）运输社、大溪运输社、新河运输社、泽国运输社、箬横运输社、松门运输社。

玉环县航运企业　1978 年，改原地方国营坎门航运站为县属大集体玉环县航运公司，1981 年有船舶 8 艘，1423 总吨；1987 年置玉机 4 号轮，载重 750 吨，为县内最大货轮。1983 年，改原楚门航运站为玉环县第二航运公司（县属大集体），1984 年淘汰木帆船，1988 年有货轮 10 艘，1796 载重吨，客轮 3 艘，399 客座。此外，改原乡集体鲜迭航运站为鲜迭航运公司，货船 9 艘，1524 总吨；改原乡集体鸡山运输队为鸡山运输站，有客轮 2 艘，229 客座；改原村集体大麦屿运输队为大麦屿航运公司，有客轮 2 艘，260 客座；改原村集体连屿运输队为连屿航运站，有货船 23 艘，1730 总吨；改原鲜迭大龙湾运输队为大龙湾航运站，有货轮 6 艘，460 总吨。

三门县航运企业　1979—1981 年，三门县航运公司连年亏损，台州航管处配合三门县交通局帮助三门县航运公司进行整顿，自 1981 年 7 月起实行单船核算，落实“三定”（定船员、定产量和产值、定油耗）、“三包”（包工资、包燃料、包生产费用）经济责任制。1988 年，公司拥有货船 7 艘，计 3383 载重吨；客船 4 艘，842 客座。

多元化经营户

1983 年，全台州水运企业仅 37 家，其中全民所有制企业 2 家，集体所有制企业 35 家，除此之外无其他经营者。交通部在 1984 年提出“有路大家走，有水大家行”，1985 年明确提出“各部门、各行业、各地区一起干；国营、集体、个体以及各种运输工具一起上”。是年就出现了个体（联户）参与运输的情况。事实上，1981 年针对三门县航运公司的连年亏损提出的实行单船核算，就已经将解决办法推向了个体经营。

1984 年《台州年鉴》载该年个体经营船舶 7022 艘，65000 吨位。这种平均单船仅载重 9 吨的船舶，基本上是大四舱内河舨，说明此时在台州湾平原内河从事货运的船户都已摆脱原来的内河运输社，以承包的方式实行个体（联户）经营。另一个信息是，此时《台州年鉴》对水运船舶的统计列出省属交通运输企业、县（市）交通运输企业、非交通部门、个体联户，其中非交通部门即其他行业单位参与航运。

资料显示，1985 年后即涌现出大批非交通部门和个体（联户）经营的船舶，运力呈现多元竞争态势。1993 年起统计资料将非交通部门企业和个体（联户）合为一类，1997 年起不再分类列表，因为此后公有制企业都开始转制为产权明晰的有限责任公司。表 4-50 显示：以船舶总载重吨位分析，1985 年非交通部门经营总吨位是交通部门的 92%，至 1997 年，这个比例上升为 131.5%。

表 4-50　**1985—1997 年台州航运业多元化经营运力对比**

<table>
<tr><td colspan="2">年　份</td><td>1985</td><td>1987</td><td>1989</td><td>1991</td><td>1993</td><td>1994</td><td>1995</td><td>1996</td><td>1997</td></tr>
<tr><td rowspan="2">省属交通运输企业</td><td>船数（艘）</td><td>21</td><td>13</td><td>15</td><td>18</td><td>16</td><td>16</td><td>17</td><td>31</td><td>17</td></tr>
<tr><td>吨位</td><td>27885</td><td>23385</td><td>26729</td><td>31440</td><td>35394</td><td>35394</td><td>46523</td><td>69212</td><td>61927</td></tr>
<tr><td rowspan="2">县属交通运输企业</td><td>船数（艘）</td><td>360</td><td>317</td><td>278</td><td>328</td><td>197</td><td>113</td><td>76</td><td>93</td><td>75</td></tr>
<tr><td>吨位</td><td>31192</td><td>41836</td><td>45302</td><td>49945</td><td>60417</td><td>67036</td><td>65974</td><td>77637</td><td>63771</td></tr>
<tr><td rowspan="2">非交通部门企业</td><td>船数（艘）</td><td>不详</td><td>316</td><td>187</td><td>315</td><td rowspan="4">船数（艘）
4406
吨位
105559</td><td rowspan="4">船数（艘）
4502
吨位
139673</td><td rowspan="4">船数（艘）
4703
吨位
179363</td><td rowspan="4">船数（艘）
3903
吨位
122536</td><td rowspan="4">船数（艘）
3441
吨位
165300</td></tr>
<tr><td>吨位</td><td>不详</td><td>4249</td><td>11587</td><td>7964</td></tr>
<tr><td rowspan="2">个体（联户）</td><td>船数（艘）</td><td>4913</td><td>5864</td><td>4788</td><td>5019</td></tr>
<tr><td>吨位</td><td>54504</td><td>86894</td><td>77468</td><td>80012</td></tr>
</table>

装卸搬运行业在纯人力服务状态下，是劳动力流动为各码头提供服务。码头实现装卸机械化后，机械从属于码头，是码头经营的组成部分，纯劳力服务必然退场，由码头经营取而代之。在计划经济时期，除军用、渔用码头外，其他码头一律收归港务部门管理。改革开放后重新出现货主码头、自备码头，如海门港的台州物资局码头、粮食中转码头、商业冷库码头，台州水厂冷库码头、椒江船厂码头、水产公司码头、木材公司码头等，甚至是乡村农民自建栅浦码头、黄礁轮渡码头。这些码头的装卸搬运均为码头自身的经营内容。台州其他港区也出现了类似状况。

第六节　航运企业转型换代

运行 13 年的椒江市由于市域范围小，级别低，不能反映港口对于经济腹地的行政覆盖，仍然抑制着社会经济和港航的良性发展。台州终于在 1994 年迎来撤地设市，以椒江、黄岩、路桥为市区，成为地级行政建制。20 世纪 90 年代，改革开放深入进行，经济改革进一步使航运业朝着适应市场经济和外向型经济的模式发展，其经历了体制转型和换代升级两个阶段。

体制转轨和新企业创建

20 世纪末的新一轮改革促使航运企业采用产权明晰的现代有限责任公司制度取代计划经济的全民、集体所有制模式。台州各县（市）改制程序大致相同。

椒江区航运企业

台州省属老国有航运企业浙江省航运公司海门分公司于 2000 年 7 月进行体制改革，成为国有控股占 51%、职工参股占 49% 的有限责任公司——台州海运有限公司，隶属于由浙江省海运总公司改制的浙江海运集团。迄 2008 年，台州海运有限公司拥有海运船舶 18 艘，合计 18.92 万载重吨、735 标准集装箱（TEU），为浙江省海运骨干企业。

创建于 1988 的浙江省海门轮渡公司，迄 2012 年仍经营海门至前所过江轮渡，拥有总载客 1780 人的 3 艘渡船。

在 20 世纪 90 年代末和 21 世纪初，海门港区 8 家集体性质的航运企业，在市场经济的激烈竞争下相继转制分流或倒闭，1000 余名职工加入社保。

1994 年 7 月，三甲内河航运公司倒闭，内河运输船分散个体经营，退休职工加入社保。

1998 年 6 月，大陈运输公司转制，产权出售，资产偿还债务后按工龄年量化分予每位职工。

1999 年 8 月，椒江第一航运公司实行清产解体分流。

2001 年 2 月，椒江远东航运公司实行解体分流处置。

2001 年 12 月，椒江第三航运公司、椒江第二航运公司、章安轮渡站先后实行清产解体，安置人员；与此同时，洪家联运服务站内河船队进行清产改制，内河运输船分散个体经营。

进入 21 世纪后，随着集体航运企业的解体，众多从事航运的有限责任公司如雨后春笋般涌现，迄 2009 年末，椒江区内航运企业（不包括代理服务企业）及所拥有船舶情况如表 4-51 所示。

表 4-51　**2009 年末椒江区存续航运企业状况（注销企业同列）**

序号	企业名称	创建年份	法人代表	船数（艘）	总载重吨（吨）	经营范围
1	浙江海门轮渡公司	1992	洪　锋	3	1780 客位	椒江渡运
2	台州市椒江海运有限公司	1995	张国法	不详	不详	时已注销
3	椒江通达船务有限公司	1996	苏紫春	2	23456	国内水路货运
4	台州银环海运有限公司	1997	陈黎明	1	27000	水路货运（址在大陈岛）
5	台州市椒海运输有限公司	1997	梁启默	不详	不详	时已注销
6	台州市回浦海运有限公司	1999	李卫平	不详	不详	时已注销
7	台州海运有限公司	2000	梁伟平	13	201500	国内外水路客货运输
8	台州市中油海运有限公司	2000	李俊海	7	167163	沿海货运（址在章安）
9	台州椒江椒渔运输公司	2000	王海斌	39	32849	沿海、长江普通货运
10	浙江永安船务有限公司	2000	应冬夫	不详	不详	沿海、长江普通货运 拥有 12000 吨挖泥船

续表 4-51

序号	企业名称	创建年份	法人代表	船数（艘）	总载重吨（吨）	经营范围
11	台州市永大海运有限公司	2001	郑建辉	不详	不详	时已注销
12	台州康海海运有限公司	2001	蒋文斌	5	64131	沿海、长江普通货运
13	台州海鸿船务有限公司	2001	冯言平	5	44795	沿海、长江普通货运
14	台州椒江滨海航运公司	2001	杨吕德	45	38153	国内沿海运输服务
15	台州江海运输有限公司	2001	胡云达	1	10963	沿海、长江普通货运
16	椒江枫叶海运有限公司	2002	叶　敏	3	31253	航运船舶管理（址在章安）
17	台州太平海运有限公司	2003	周福根	3	38392	沿海、长江普通货运
18	台州华海航运有限公司	2003	梁启默	10	14099	船舶、货运代理
19	台州荣远客运有限公司	2003	李瑞方	4	402 客位	海门至大陈岛陆岛客运
20	台州市长兴海运有限公司	2003	张　伟	不详	不详	时已注销
21	台州运来海运有限公司	2004	项云来	3	52268	水运、船舶管理设备销售
22	台州东升海运有限公司	2004	王永权	1	13366	沿海、长江普通货运
23	台州市天天物流有限公司	2005	梁　军	不详	不详	时已注销
24	台州五星海运有限公司	2005	夏再东	3	56216	五星物流所属
25	台州新开源海运有限公司	2005	许宏宇	4	71179	江海货运（址在大陈岛）
26	浙江恒远海运有限公司	2005	张学春	5	70359	沿海、长江普通货运
27	台州东成远海运有限公司	2005	柯东明	2	27172	国内水路上运输
28	浙江跃洋海运有限公司	2005	金兆林	2	32130	沿海、长江普通货运
29	台州景山海运有限公司	2006	金　舸	2	37535	国内沿海货运
30	中能华航船务有限公司	2006	冯灵法	1	20460	水运代理、设备兼售
31	台州远翔海运有限公司	2007	梁稀星	3	69807	沿海、长江普通货运
32	浙江括苍海运有限公司	2007	陈志勇	6	79516	煤砂运输（址在大陈岛）
33	台州天顺海运有限公司	2007	周国顺	3	5824	沿海省际化学品运输
34	台州市海顺海运有限公司	2007	罗德华	不详	不详	时已注销
35	台州广顺船务有限公司	2008	何广林	5	42513	船舶货运代理（址在章安）
36	浙江长昌海运有限公司	2008	莫维立	4	60067	大宗货运（址在大陈岛）
37	浙江安拓海运有限公司	2008	李丽君	6	58864	沿海、长江普通货运
38	台州恒丰船务有限公司	2008	许从金	2	18387	沿海、长江普通货运
39	台州市五环海运有限公司	2008	叶再金	不详	不详	时已注销
40	浙江中一海运有限公司	2009	陈保平	5	146259	沿海、长江普通货运
41	浙江中拓海运有限公司	2009	王子新	2	73811	煤砂水运（址在大陈岛）
42	台州合远海运有限公司	2009	夏炳灵	3	61663	沿海、长江普通货运
43	浙江国能海运有限公司	2009	谢良宇	2	27342	沿海、长江普通货运

以上航运企业合计 43 家，拥有大小船舶 205 艘以上（未包括时已注销者），总载重量 172 余万吨以上（未包括时已注销者），总载客量 2200 人。表中航运企业除注明址在大陈镇、章安之外，公

司地址均设在椒江南岸城区；址在南岸城区的公司除国有控股企业台州海运有限公司和海门轮渡公司建有办公楼和候船服务厅以外，其他公司业务接洽大多在台州大厦、白云大厦和椒江江滨路一带的写字楼。

黄岩区航运企业

20世纪末实施永宁江治理，在永宁江口拦筑当潮大坝，黄岩区辖地除三江口上犨芦村一小段椒江江岸可通海外，全境已成为内陆区域。在此环境下，原在内江发展的第一、第二、第三、第四外海航运公司都面临倒闭，原第一、第二、第三内河航运公司之第二、第三航运公司已属路桥区，随着内河运输被公路运输取代，唯一的第一内河航运公司内河运输也只以个人承包的方式经营，企业都已解体。相关装卸搬运集体企业也都解体。仅存长潭水库渡运也因环库公路的不断完善，摆渡需求减少，存续渡运只以个人承包形式经营。

永宁江筑坝后，以补偿形式开发芦村岸线，新起股份制航运企业见表4-52。

表4-52　　**2007年末黄岩区存续航运企业状况（注销企业同列）**

企业名称	创建年份	经营项目和范围	法人代表	公司地址
台州市黄岩长潭航运公司	1997	水库客运	连文俭	黄岩产潭水库坝头
浙江黄岩海运有限公司	2000	沿海、长江普通货运	蔡仙法	黄岩桔乡大道281号
台州市宁隆海运有限公司	2007	国内水路运输	邱宝根	黄岩桔乡大道314号
台州万舟海运有限公司	2007	化学品油品运输	夏国良	黄岩上垟乡上垟街
台州市金泰船务有限公司	2007	沿海、长江普通货运	牟伯瑛	黄椒路520号

路桥区航运企业

台州建市后，路桥从黄岩市析出设区，原黄岩市第二、第三内河航运公司分别是路桥、金清两地内河航运企业，至20世纪末21世纪初，内河运输被公路运输取代，集体企业均因让位个体船户而解体倒闭。随之创建的股份有限公司海运企业见表4-53。

表4-53　　**2009年末路桥区存续航运企业状况（注销企业同列）**

企业名称	创建年份	经营项目和范围	法人代表	公司地址
台州市路桥海运有限公司	1998	沿海、长江普通货运	林文明	路桥商马村一区158号
浙江勤丰海运有限公司	1998	沿海、长江普通货运	梁茶清	金清金港东路航管站二楼
台州市远东海运有限公司	1999	水路货运、船舶租赁	张妙玲	路桥郏里王4-301室
台州市凯航海运有限公司	2005	沿海、长江普通货运	陈　建	金清金丰村花园新村9号
湖北精航海运台州分公司	2009	沿海、长江普通货运	莫辉锋	路桥刚泰艺鼎广场D幢

临海市航运企业

椒江区航运企业体制转轨的同时，临海市8家集体性质航运企业在20世纪90年代末和21世纪初相继转制或解体倒闭。

原临海县章安道头运输站、闸头运输站在1999年分别更名为临海市章安航运公司、临海市海洲海运公司，2000年11月实行零资产转让重组为股份制企业，成立台州市枫叶海运有限公司，该公司在2002年又在台州市椒江区注册，也称台州市椒江枫叶海运有限公司。

原临海市海运公司、灵江航运公司、涌泉航运公司、前所航运公司、杜桥航运公司、上盘航运公司，分别于2000年、2002年、2003年、1999年、1996年、1995年实行破产清算，人员分流。

迄2009年，临海市新组建的股份制航运公司（不包括代理服务企业）见表4-54。

表4-54 **2008年末临海市存续航运企业状况（注销企业同列）**

企业名称	创建年份	经营项目和范围	法人代表	公司地址
临海市滨海航运社	1990	水路货运（已注销）	项小权	临海市滨海乡下峻洞
临海市万木春船务有限公司	1996	水路货运、船舶管理	陈金友	临海柏叶中路182号1-302
台州市枫叶海运有限公司	2000	沿海航运，船舶管理	叶岳顺	涌泉迁章安环河西路8号
临海市回浦海运有限公司	2001	沿海、长江普通货运	方汉民	临海江滨路295号
台州市宏顺航运有限公司	2003	沿海、长江普通货运	周红顺	临海上盘水路涨
临海市海河船务有限公司	2004	水路普通货运	张哲虎	临海江滨路295号
临海正特码头物流有限公司	2005	道路运输	陈能森	临海市钓鱼亭中台村
台州市中凯海运有限公司	2007	沿海、长江普通货运	陈朝华	临海杜桥富南路
台州丰泰海运有限公司	2008	沿海货运（后注销）	郑灵光	临海回浦路2号4层

温岭市航运企业

温岭市域内有龙门（松门）、金清港永安、江厦沙山3个海口，原有集体性质第一、第二外海航运公司和经营内河运输的温岭运输公司，在转制中均解体，7个乡镇内河运输社也都解体，新生股份制有限公司（不包括代理服务企业）见表4-55。

表4-55 **2009年末温岭市存续航运企业状况（注销企业同列）**

企业名称	创建年份	经营项目和范围	法人代表	公司地址
台州东海海运有限公司	1996	沿海货运	张仁德	温岭江厦石柱村
台州市鸿业海运有限公司	2005	沿海、长江普通货运	卢先平	温岭横湖中路159号1905
台州长源海运有限公司	2009	水路货运	林应甫	温岭石塘长征村
台州市永航海运有限公司	2009	沿海、长江普通货运	李永波	温岭春水苑6幢307室
台州兴和海运有限公司	2009	水路货运、船舶租赁	李根青	松门时代花园12幢302室

玉环县航运企业

玉环县改革开放初期存在的县第一航运公司（坎门）、第二航运公司（楚门）、鲜迭航运公司在改制中均已解体，大麦屿航运公司在1981年重组为大麦屿航运有限公司。其他新建有限公司（不包括代理服务企业）见表4-54。

表 4-56　　**2007 年末玉环县存续航运企业情况表（注销企业同列）**

企业名称	创建年份	经营项目和范围	法人代表	公司地址
玉环大麦屿航运有限公司	1981	水路货运、港口经营	林金定	玉环大麦屿
台州市江南海运有限公司	1998	水运、船舶技术咨询	梁开福	玉环龙溪镇渡头村
台州市万桦海运有限公司	2000	水路货运（后注销）	周万冲	大麦屿港西路 73 号
台州市大麦屿轮驳有限公司	2000	水上过驳作业	林绍明	已注销
玉环县东海船务有限公司	2003	水路货运、船舶代理	林金定	大麦屿涉外大楼
台州兴源海运有限公司	2004	水路货运（后注销）	梁茶清	大麦屿港西路港航大楼
台州市翔龙舟海运有限公司	2005	水路货运（后注销）	陈爱珠	玉环大麦屿铁龙头村
台州昊昌海运有限公司	2006	沿海、长江普通货运	杨进强	玉环大麦屿官司塘小区
台州鼎安海运服务有限公司	2007	港口经营	蔡学军	玉环大麦屿兴港西路 71 号

三门县航运企业

三门县唯一的集体航运企业三门县航运公司在 1979 年起就陷于亏损状态，实行单船核算，最后解体。新生的有限责任公司（不包括代理服务企业）见表 4-57。

表 4-57　　**2009 年末三门县存续航运企业状况情况表（注销企业同列）**

企业名称	创建年份	经营项目和范围	法人代表	公司地址
三门县海运有限公司	1993	沿海、长江普通货运	蒋炳满	海游大坝路 38 号
浙江海大海运有限公司	2008	普通货运、船舶代理	林金过	海游梧桐路商会大厦 15 楼
台州博远海运有限公司	2009	沿海、长江普通货运	谢均荷	浦坝滨海佳苑 8 幢 2 单元

航运企业蜕变升级

中国自于 2001 年加入世界贸易组织（WTO），2008 年举办北京奥运会，2010 年举办上海世博会以来，国内外向型经济蓬勃发展，航运形势一片看好。台州民资积极投入航运产业，不仅促使航运企业迅猛发展，而且其运力结构迅速换代升级，向大型化、国际化发展。

台州航运企业最大变数是，半个世纪以来列航运业龙头老大地位的浙江省海运集团旗下台州海运有限公司，在 2016 年底破产倒闭。台州海运有限公司虽在 2000 年进行股份制改制，但自 2011 年起连年亏损，2011—2015 年，历年亏损额相继为 2718.1 万元、1.05 亿元、7494.31 万元、7189.19 万元、1.05 亿元，不得不在 2016 年 11 月实施破产清算。

代之而起的台州民营航运企业却风起云生。2016 年，台州航运企业有 80 家，企业平均运力 4.8 万净载重吨，其中运力规模 5 万～10 万吨的有 13 家，10 万～20 万吨的有 7 家，20 万吨以上的有 3 家。21 世纪 10 年代，台州航运企业无论在体制上和运力上都臻于完成现代化转型换代，其间创建的企业此起彼伏，难以定格在某一时期作统计，下以全市 7 个沿海县（市、区）为单位，制表罗列曾经存在的企业，以创建先后为序排列，以利于观察其发展轨迹。

发展至 21 世纪 10 年代，航运企业经营类别大致可分普通货物运输、危险品运输、旅客运输、码头经营、过驳经营、拖轮经营、供油、船舶防污染经营、水上船员接送、港口设施租赁等类。由于本编将拖轮、过驳、防污染、供油、租赁等归入港航服务一章，本节对航运企业分类仅有普通货运、危险品运输、客运和码头经营4类。但对企业来说，码头经营与运输常一肩双挑，其他也可能多项兼营，难以严格划分，只能以主营分类。

椒江区航运企业蜕变轨迹

椒江区为台州市航运企业最集中的区，投资活跃，类别齐全，兴衰也较频繁。下以表 4-58 ～表 4-60、表 4-61 反映普货、客运、危货、码头经营 4 类企业的兴衰、轨迹。

表 4-58 1993—2020 年椒江区创建和已注销的普货航运企业一览表

企业名称	创建年份	经营项目和范围	法人代表	公司地址
台州椒江椒渔运输公司	1993	国内水路运输	王海斌	翠华新村 83 号楼 203 室
台州市椒江海运有限公司	1995	水路货运（已注销）	张国法	南门路 321 号
台州市江海船务有限公司	1995	沿海货运（已注销）	周行再	解放路 169 号
台州通达船务有限公司	1996	水路货运（已注销）	苏紫春	天河小区 5 号楼 202 室
台州银环海运有限公司	1997	水路货运（已注销）	陈黎明	大陈新海路 115 号
台州市椒海运输有限公司	1997	水路货运（已注销）	梁启默	海塘路 2 号
台州市回浦海运有限公司	1999	水路货运（已注销）	李卫平	腾达新村 1 号 2-401 车库
台州海运有限公司	2000	水路货运（已注销）	梁伟平	解放北路 169 号
浙江永安船务有限公司	2000	水路货运（已注销）	应冬夫	市府大道 289 号 8 楼 A 座
台州海鸿船务有限公司	2001	省内省际船舶货运	冯言平	江南绿洲 2 号海月阁 1001 号
台州椒江滨海航运有限公司	2001	水运、船舶代理	杨吕德	江滨大厦东幢 3A 层西北
台州市永大海运有限公司	2001	水路货运（已注销）	郑建辉	东海大道下马菜场商房 8 号
台州康海海运有限公司	2001	水路货运（已注销）	蒋文斌	已鼎公寓 3 号楼
台州江海运输有限公司	2001	水路货运（已注销）	胡云达	轮渡路 515 号
椒江枫叶海运有限公司	2002	水路货运、船舶管理	叶　敏	章安环河西路 8 号
台州太平海运有限公司	2003	水路货运、船舶管理	周福根	东方花园 1 号 3 单元 1205 号
台州华海航运有限公司	2003	水路货运、船舶代理	梁启默	江滨大厦东幢 3A 层南面
台州市长兴海运有限公司	2003	水路货运（已注销）	张　伟	解放北路 42 号云海大厦 E 幢
台州东升海运有限公司	2004	水路货运（已注销）	王永权	江滨大厦西幢 24B 室
台州运来海运有限公司	2004	水路货运、船舶管理	项云来	轮渡路 205 号
台州五星海运有限公司	2005	水路货运、船舶代理	夏再东	栅浦三山作业区
台州东成远海运有限公司	2005	国内水路运输服务	柯东明	金茂中心 2201 室
台州市天天物流有限公司	2005	水路货运（已注销）	梁　军	耀达大厦 4 层 C 区
台州新开源海运有限公司	2005	水路货运（已注销）	许宏宇	大陈环镇路 27-1 号

续表 4-58

企业名称	创建年份	经营项目和范围	法人代表	公司地址
浙江恒远海运有限公司	2005	水路货运（已注销）	张学春	中山西路 18 号
浙江跃洋海运有限公司	2005	水路货运（已注销）	金兆林	中山支路 11 号
台州景山海运有限公司	2006	水路货运（已注销）	金　舸	中山支路 11-1 号
中能华航船务有限公司	2006	水运代理、设备兼售	冯灵法	东方丽景汇景苑 1901 室
台州远翔海运有限公司	2007	水路货运（已注销）	梁星稀	解放南路 71 号
浙江括苍海运有限公司	2007	沿海、长江普通货运	陈志勇	大陈海新路 115 号
台州市海顺海运有限公司	2007	水路货运（已注销）	罗德华	工人路 261 号
台州广顺船务有限公司	2008	水路货运（已注销）	何广林	亿嘉路华中大厦 1 单元 13 层
浙江长昌海运有限公司	2008	国内水运、船舶管理	莫维立	大陈环镇路 37 号 1 幢 16 号
浙江安拓海运有限公司	2008	沿海、长江普通货运	李丽君	中山西路 338 号
台州恒丰船务有限公司	2008	水路货运（已注销）	许从金	大陈镇海信路 115 号
台州市五环海运有限公司	2008	水路货运（已注销）	叶再金	江滨路 555 号
浙江中一海运有限公司	2009	沿海、长江普通货运	陈保平	大陈镇环镇路 8 号
浙江中拓海运有限公司	2009	沿海、长江普通货运	王子新	大陈环镇路 37 号 1 幢 22 号
浙江国能海运有限公司	2009	沿海、长江普通货运	谢良宇	解放南路 71 号
浙江合远海运有限公司	2009	沿海、长江货船运输	夏炳灵	新台州大厦 19F
台州海友船舶服务有限公司	2012	船员服务设备销售	陈中家	君悦大厦 B 幢 1720 室
浙江协海航运有限公司	2014	水运和水运代理等	朱卫俊	东升街 421 号
台州环航海运有限公司	2015	水运、船舶租赁代理	陈　旭	大陈镇环镇路 37 号 1 幢 9 号
台州鼎洋海运服务有限公司	2015	水运和船舶租赁等	罗建军	中山西路杨家桥 288 号
台州望洲航运投资有限公司	2015	水运和设备销售等	登　峰	开元路 93 号 201 室
台州丰远海运有限公司	2015	水路货运、船舶代理	张文毅	甲南大道东段 9 号行政中心
台州市润海船务有限公司	2016	水路运输（已注销）	方从现	大陈环镇路 37 号 1 幢 13 号
台州市畅道海运有限公司	2016	水运、船舶修造租赁	杨道长	前所下浦村 583 号
台州市中通利海运有限公司	2016	水路货运、船舶代理	金启标	栅浦三山村
台州宏博海运有限公司	2016	水路货运、仓储装卸	陈　松	江南绿洲 3 号碧荷阁 802 室
浙江省海运集团船务管理有限公司台州分公司	2016	受所隶属公司委托展开商务服务经营	黄利平	金鼎苑 7 幢 2 单元 502 室
台州安黎国际海运有限公司	2016	船舶运输、船舶租赁	倪耀飞	甲南大道东段 9 号行政中心
台州协程国际航运有限公司	2017	水运和船舶租赁等	陈云兵	大陈镇港边路 17 巷 41 号
台州市鹏翔海运有限公司	2018	水路货运、船舶代理	黄文敏	大陈环镇路 37 号 1 幢 19 号
台州市中振海运有限公司	2018	水路货运、船舶代理	冯云飞	大陈环镇路 37 号 1 幢 15 号
台州永泰港航工程有限公司	2019	港口工程、船舶租赁	颜岳富	繁荣花园 10 号楼 2403 室
台州翊港海运服务有限公司	2019	港口经营	陈秀菊	大陈镇环镇路 8-5 号
台州航迅国际货运代理公司	2019	国际货物运输代理	冯　君	章安东埭村 1164 号
台州市宏顺船务有限公司	2019	船舶代理、货运代理	周秀光	新明半岛 33-1-501 室

续表 4-58

企业名称	创建年份	经营项目和范围	法人代表	公司地址
台州千和海运服务有限公司	2020	水路货运、港口经营	吴俊明	大陈环镇路 37 号 1 幢 24 号
台州市广发海运有限公司	2020	水路货运、货运代理	吴正飞	大陈环镇路 37 号 1 幢 5 号
台州市辉腾海运有限公司	2020	水路货运、货运代理	郑宝顺	中心大道海洋广场 B1005 室
台州中跃海运服务有限公司	2020	水路货运、港口经营	戴鼎盛	大陈环镇路 37 号 1 幢 20 号
宁波锦德航运有限公司台州分公司	2021	代总公司授权经营	姚　兴	白云山壹号名苑 11 幢 506 室

表 4-59　**1992—2020 年椒江区创建并存续的水路客运企业**

企业名称	创建年份	经营项目和范围	法人代表	公司地址
浙江海门轮渡公司	1992	海门至前所轮渡	洪锋	江滨路 690 号
台州荣远客运有限公司	2003	海门至大陈岛客运	李瑞方	大陈镇环镇路 37 号 1 幢 3 号
椒江大陈客运服务有限公司	2004	大陈旅客候船服务	翁建文	下大陈客运码头
一江山战役遗址管理公司	2014	码头经营、客运服务	何文兵	一江山岛

表 4-60　**1991—2020 年椒江区创建并存续的危险品航运企业**

企业名称	创建年份	经营项目和范围	法人代表	公司地址
台州市椒江东南化工有限公司	1991	港口、危险品经营	周国顺	工人路 242 木材公司码头
台州市液体化工有限公司	1994	危险化学品仓储	方兆波	外沙陆 98 号，冷冻厂码头
台州市中油海运有限公司	2000	沿海、长江油品运输	李浚海	章安环河西路 8 号
台州市椒江凯伦化工有限公司	2002	港口、危险品经营	应普顺	工人路 300 号，台冷码头
台州天顺海运有限公司	2007	沿海化学品船运输	周国顺	工人路 240 号
台州市瓯华医化物流有限公司	2009	码头经营仓储服务	张礼金	外沙陆 96 号，冷冻厂码头

表 4-61　**1979—2020 年椒江区码头经营、仓储、装卸搬运企业**

企业名称	创建年份	经营项目和范围	法人代表	公司地址
浙能有限公司台州发电厂	1979	码头经营、仓储	赵建屏	前所建电路 1 号，台电码头
台州市椒江前所装卸站	1979	码头装卸搬运	刘晓春	前所沿江路，小圆山码头
台州市椒江浦西装卸站	1991	码头装卸搬运	林启国	三山村浦西码头
浙江省台州市海门港埠总公司	1993	码头经营、仓储	王宏涛	江滨路 38 号，1、3、4 码头
浙江省海门港轮驳公司	1993	水上过驳作业	何官顺	江滨路 38 号（已注销）
台州市椒江粮食收储有限公司	1998	码头经营、仓储	管一飞	建设路 2 号，外沙粮食码头
台州市五洲船业有限公司	1998	港口经营，修造船	潘学剑	前所沿江路 57 号五洲码头
台州市椒江西郊装卸站	2000	码头装卸搬运	林汝金	三山村西郊码头
台州市椒江三山顺达装卸站	2000	码头经营、仓储	贺贤舜	三山村三山村码头
台州美标水泥有限公司	2002	码头经营、仓储	王文荣	三山沿江路 285 号，美标码头
台州海螺水泥有限公司	2003	码头经营、仓储	丁正平	前所椒江村，海螺码头

续表 4-61

企业名称	创建年份	经营项目和范围	法人代表	公司地址
台州椒江龙禹装卸有限公司	2006	码头经营、仓储	王尚富	山东十塘永兴码头
台州市海昌物流有限公司	2008	码头经营、仓储	王荣飞	前所沿海工业区海昌码头
万隆船舶重工有限公司	2008	码头经营、仓储	何建华	前所沿海造船基地万隆码头
浙江台州湾港务有限公司	2009	码头经营、仓储	黄大志	外沙陆 5 号，牛头颈作业区
台州宏泰轮驳有限公司	2012	水上过驳作业	陈建军	葭沚工人西路 917 号
台州市椒江宏发装卸站	2013	码头装卸搬运	陈正永	三山村宏发码头
浙江杨福物流有限公司	2013	码头经营、仓储	林钦玮	三山村杨福码头
台州市椒江八达物流有限公司	2015	码头经营、仓储	徐敏	三山村八达码头

黄岩区航运企业蜕变轨迹

黄岩区自 1999 年在江口筑坝建闸，内江航运近乎衰竭，内河运输更为陆路运输所取代，所存仅芦村码头外海货运和长潭水库渡运，其中长潭水库渡运因环库公路的逐步完善而趋客源衰竭，经营困难，于 2017 年实行收购补偿，以公司化改革组建台州黄岩宇星渡运有限公司（国有）继续经营。下仅列表 4-62 反映各类航运企业（不包括代理服务企业）。

表 4-62　**1997—2020 年黄岩区创建和注销的水路客货运和码头经营企业**

企业名称	创建年份	经营项目和范围	法人代表	公司地址
台州市黄岩长潭航运公司	1997	渡运（2017 年注销）	连文俭	黄岩产潭水库坝头
浙江黄岩海运有限公司	2000	沿海、长江普通货运	蔡仙法	黄岩桔乡大道 281 号
浙江黄岩天利物资有限公司	2000	港口经营	池根友	黄岩芦村天利物资码头
浙江亚东物流有限公司	2003	装卸搬运、仓储服务	陈增国	黄岩芦村亚东物流码头
台州市时进工贸有限公司	2005	港口经营、危货经营	夏华良	二环路 415 号、时进码头
台州市宁隆海运有限公司	2007	国内水路运输	邱宝根	黄岩桔乡大道 314 号
台州万舟海运有限公司	2007	化学品油品运输	夏国良	黄岩上垟乡上垟街
台州市金泰船务有限公司	2007	沿海、长江普通货运	牟伯瑛	黄椒路 520 号
台州上峰水泥有限公司	2008	港口服务、仓储服务	黄建灿	黄岩芦村公用码头
台州富远装卸有限公司	2017	装卸搬运、港口服务	李世初	黄岩芦村标力建设集团码头
台州黄岩宇星渡运有限公司	2017	旅客运输、票务代理	赵军	二环西路 318 号

路桥区航运企业蜕变轨迹

路桥区东部金清、琅矶山、黄琅岛靠海，航运企业依托沿海港埠发展，以普通货运为主，2008 年后开发有游艇俱乐部和客运服务项目，详见表 4-63。

表 4-63　　1996—2020 年路桥区创建和注销的水路客货运和码头经营企业

企业名称	创建年份	经营项目和范围	法人代表	公司地址
台州市华源石油化工有限公司剑门港油库	1996	成品油仓储（已注销）	谢　平	金清剑门港油库
台州市路桥海运有限公司	1998	沿海货运（已注销）	林文明	路桥商马村一区 158 号
浙江勤丰海运有限公司	1998	沿海、长江普通货运	梁茶清	金清金港东路航管站二楼
台州市远东海运有限公司	1999	水运、租船（已注销）	张妙玲	路桥郏里王 4-301 室
台州市凯航海运有限公司	2005	沿海、长江普通货运	陈建	金清金丰村花园新村 9 号
台州市路桥国际游艇俱乐部有限公司	2008	游艇、泊位租赁管理	吴永华	金清游艇小镇
湖北精航海运台州分公司	2009	普通货运（已注销）	莫辉锋	路桥刚泰艺鼎广场 D 幢
台州新诺海运有限公司	2013	沿海、长江普通货运	梁国栋	路桥泰隆街 999 号
台州市鸿远海运有限公司	2015	水路货运、船舶代理	罗永斌	路桥横街四甲村
台州晨航海运有限公司	2016	水运、船舶中介租赁	罗友德	金清先锋村商业二街 326 号
台州市力洲海运有限公司	2017	水路货运、船舶租赁	朱兵华	金清先锋村湖滨路 287 号
台州市金清港客运码头服务有限公司	2017	港口经营、旅游开发	施立群	金清镇白沙村
台州翱鹏海运有限公司	2018	普通货运（已注销）	杨华达	路桥金清大道西 55 号
台州市欧普莱海运有限公司	2019	国内外水路货运	梁端义	路桥金清南梁村
台州富洋海运有限公司	2019	水路货运、船舶代理	梁邵军	路桥大道 555 号 A 幢 719 号
台州市端平海运有限公司	2019	普通货运（已注销）	黄健硕	金清湖滨小区 7 幢 6 号

临海市航运企业蜕变轨迹

临海市自建成头门深水港一期工程于 2014 年正式开港后，航运平台大幅拓展，航运企业随之风起云涌，有较快进展。下将普通货运、港口经营、危险品运输三类企业的兴衰轨迹分列表 4-64 ～表 4-66。

表 4-64　　1981—2020 年临海市创建和注销的水路普通货运企业

企业名称	创建年份	经营项目和范围	法人代表	公司地址
临海市海运公司	1981	水货、装卸、修船	洪建国	临海城关江滨路 266 号
临海市章安航运公司	1990	沿海货运（已注销）	叶岳顺	椒江区章安环河西路 8 号
临海市滨海航运社	1990	水路货运（已注销）	项小权	临海市滨海乡下峻洞
临海市涌泉航运公司	1990	水路运输（已注销）	张　韬	临海涌泉灵泉街 1 号
临海市回浦海运有限公司	2001	沿海、长江普通货运	方汉民	临海江滨路 295 号
台州市宏顺航运有限公司	2003	水路货运（已注销）	周红顺	临海上盘水路
临海市海河船务有限公司	2004	水路普通货运	张哲虎	临海江滨路 295 号
台州市中凯海运有限公司	2007	沿海、长江普通货运	陈朝华	临海杜桥富南路
台州丰泰海运有限公司	2008	沿海货运（已注销）	郑灵光	临海回浦路 2 号 4 层
台州市德隆海运有限公司	2010	水路运输（已注销）	陈庆良	临海汛桥长石大岙村
台州市禾盛海运有限公司	2019	沿海、长江普通货运	王菊兰	临海郎城公馆 7 号 1-802
台州市凯强海运有限公司	2019	水路货运、港口经营	金高军	临海大道 1919 号台运广场

续表 4-64

企业名称	创建年份	经营项目和范围	法人代表	公司地址
台州市诚星海运有限公司	2020	水路货运、进出口	项元金	杜桥良种小区 12 幢 5 号
台州协海航运有限公司	2020	货船运输、船舶代理	姚小平	头门港新区滨海第一大道
浙江中荃航运有限公司	2020	水路货运、货运代理	丁永军	头门港滨海第一大道 17 号

表 4-65 **1989—2020 年临海市创建的港口经营企业**

企业名称	创建年份	经营项目和范围	法人代表	公司地址
临海市红光码头装卸站	1989	港口经营服务、仓储	喻春林	沿江红光码头
台州世建水泥有限公司	2001	港口装卸、仓储服务	阮世朝	庙头五孔岙世建码头
台州忠信混凝土有限公司	2002	港口经营、建材销售	吴忠方	五孔岙忠信码头
临海市马头山装卸有限公司	2003	港口经营、仓储理货	陈招财	沿江镇长甸马头山码头
临海正特码头物流有限公司	2005	码头物流	陈能森	临海市钓鱼亭中台村
台州恒驰建材有限公司	2012	港口经营、建材销售	何如兵	沿江镇长甸水洞发达码头
临海市长顺建材有限公司	2013	港口经营、船舶服务	马仙顺	沿江下湾长顺建材码头
浙江头门港港务有限公司	2013	港口经营、码头开发	黄炳桂	头门港滨海第一大道 15 号
临海市实力建材有限公司	2017	港口经营、装卸搬运	洪 鑫	钓鱼亭村实力码头
台州璟顺物流有限公司	2019	港口经营、装卸仓储	丁文斌	沿江下湾长顺船舶码头

表 4-66 **2000—2020 年临海市创建的危险品货运企业**

企业名称	创建年份	经营项目和范围	法人代表	公司地址
中国石化销售股份有限公司浙江台州石油分公司	2000	油品港口仓储销售	胡 吟	椒江中山东路 419 号红光港点中石化油品码头
台州天棋石油有限公司	2011	油品港口仓储销售	曾熠嵩	沿江庙山后村红光天棋码头

温岭市航运企业蜕变轨迹

温岭市海岸线较为复杂，海洋业态以渔业为大面，也发展地方性货物海运，古代内河运输发达，当代式微。渔区为给渔船提供燃油，油品储运较为突出。普货运输、危险品运输、港口经营（不包括纯代理服务企业）三类企业分见表 4-67 ～表 4-69。

表 4-67 **1995—2020 年温岭市创建与注销的沿海普通货运企业**

企业名称	创建年份	经营项目和范围	法人代表	公司地址
台州东海海运有限公司	1995	沿海货运（已注销）	张仁德	温岭江厦石柱村
台州市鸿业海运有限公司	2005	沿海、长江普通货运	卢先平	温岭横湖中路 159 号 1905 室
台州长源海运有限公司	2009	水路货运（已注销）	林应甫	温岭石塘长征村
台州市永航海运有限公司	2009	水路货运（已注销）	李永波	温岭春水苑 6 幢 307 室
台州兴和海运有限公司	2009	水路货运、船舶租赁	李根青	松门时代花园 12 幢 302 室
台州德星海运有限公司	2013	水路货运（已注销）	张恩飞	箬横大路王环政北路 1 号

续表 4-67

企业名称	创建年份	经营项目和范围	法人代表	公司地址
台州旭航货运代理有限公司	2015	水运代理（已注销）	江新君	松门天竺北路 1 号
台州市红兴海运有限公司	2018	沿海、长江普通货运	潘云波	温岭松门山水路 20 号
台州鼎信船务有限公司	2018	水运、船代（已注销）	宗　梦	万昌中路鞋业大厦 1901 室
台州金达海运有限公司	2018	水路货运、船舶租赁	夏　芳	松门东升小区 9 幢 3 号
台州百富邦海运有限公司	2018	沿海、长江普通货运	江于林	翡翠花园 6 幢 1 单元 502 室
台州金诺海运有限公司	2019	水运代理、船舶代理	郑海鹰	温岭中华路银泰御府 2 幢

表 4-68　**1991—2020 年温岭市创建的危险品运输企业**

企业名称	创建年份	经营项目和范围	法人代表	公司地址
温岭市燃料总公司	1991	油品、化工原料储运	伍朝华	温岭市滨海镇永安村
温岭东港渔业水产有限公司	1995	码头经营、油品储存	肖元信	石塘红岩村渔业油品码头
浙江物产港洲石化有限公司	1998	渔用油品储运	姚云渊	石塘桂岙村棺材屿
台州市南方渔业石油有限公司石塘沙头村油品码头	1998	码头经营、油品储存	肖元忠	石塘镇沙头村
温岭市万达渔业有限公司	1999	油品储运、冰供应	陈祥田	石塘小箬村
温岭市松门冬春柴油经营部	1999	港口经营、油品储运	方冬春	松门小交陈杨府湾
台州市南方渔业石油有限公司箬山油库油品码头	2000	港口经营、油品储运	肖财华	石塘水仙岙村
台州华东中油石油销售公司	2000	港口经营、油品储运	苏晓敏	石塘流水坑村
浙江温岭市石塘油库	2001	渔用油品储运	敖　军	石塘镇鱼池路 168 号
温岭市昌兴能源有限公司	2007	港口经营、油品储运	林耀训	松门南港村坦嘴头昌兴码头
温岭东兴石油有限公司	2008	港口经营、油品储运	陈　晓	石塘桂岙村东兴油品码头
浙江航洋成品油贸易公司	2014	港口服务、柴油零售	李美璃	石塘庆丰村码头路 A1 号

表 4-69　**1998—2020 年温岭市创建的港口经营企业**

企业名称	创建年份	经营项目和范围	法人代表	公司地址
温岭市吉安货物装卸服务部	1998	港口经营、装卸搬运	张根青	滨海镇永安村吉安搬运码头
温岭市横河港口搬运服务站	1998	多式联运、运输代理	林云福	滨海镇永安闸搬运码头
浙江龙门港务有限公司	2009	港口经营、仓储服务	潘小焕	松门龙门村龙门码头
温岭市元通码头服务公司	2001	港口经营、装卸仓储	张子方	滨海镇永安村
温岭市松门小楼建材经营部	2004	货物装卸、水泥仓储	潘云斌	松门松寨村小娄货运码头
温岭市诚信建材经营部	2010	装卸、商品砼制售	潘巨云	松门塘礁村垃圾窟振兴码头
温岭市曙海物流有限公司	2012	港口经营、货运代理	张玲富	松门横门蟹钳后背物流码头
温岭市浙洋建材有限公司	2014	装卸搬运、货物仓储	周宏球	松门龙门港区

玉环市航运企业蜕变轨迹

玉环市地处海岛、半岛，为台州市内海岸线最长的县市，大麦屿深水港开发后，航运事业长足发展，沿海客运从不间断，但方式与时俱进，至2000年发展到滚装渡运，2017年更是开通了直航台湾滚装运输。普货、客运、油品、港口经营四类企业详见表4-70～表4-73。

表4-70　1981—2020年玉环市创建和注销的沿海普通货运企业

企业名称	创建年份	经营项目和范围	法人代表	公司地址
玉环大麦屿航运有限公司	1981	水路货运、港口经营	林金定	玉环大麦屿
台州市江南海运有限公司	1998	水运、船舶技术咨询	梁开福	玉环龙溪镇渡头村
玉环县兴龙船务有限公司	1999	海上客货运（已注销）	陈守银	大麦屿兴港西路247号
台州市万桦海运有限公司	2000	水路货运（已注销）	周万冲	大麦屿港西路73号
玉环海通船务有限公司	2000	水路运输	翁娥凤	大麦屿兴中西路196号
台州兴源海运有限公司	2004	水路货运（已注销）	梁茶清	大麦屿港西路港航大楼
台州市翔龙舟海运有限公司	2005	水路货运（已注销）	陈爱珠	玉环大麦屿铁龙头村
台州昊昌海运有限公司	2006	沿海、长江普通货运	杨进强	玉环大麦屿官司塘小区
玉环麒璟海洋服务有限公司	2016	沿海货运、海洋服务	谢春波	玉环龙溪镇渡头村里塘巷

表4-71　1984—2020年玉环市创建和注销的海上客运企业

企业名称	创建年份	经营项目和范围	法人代表	公司地址
玉环县沿海客运站	1984	沿海客运（已注销）	郑达金	楚门镇长钓咀
玉环县沿海客运有限公司	1992	沿海客运（已注销）	王必胜	坎门镇新村176号
大麦屿港高速客轮有限公司	1994	沿海客运（已注销）	苏增福	玉环大麦屿港码头边
玉环县东方船务有限公司	1994	沿海客运（已注销）	徐全标	大麦屿开发区
浙江苏泊尔海运有限公司	1998	海上旅游客运	林　燕	陈屿兴港西路73号
玉环滚装轮渡有限公司	2000	沿海客运（已注销）	黄友满	大麦屿连屿村
厦门闽台轮渡有限公司玉环分公司	2017	赴台旅游、远洋货运	孔志红	大麦屿浙台经济合作区管委会大楼三层
玉环市海上公交有限公司	2020	港口经营、水路客运	周东鑫	大麦屿连屿村275号

表4-72　1998—2020年玉环市创建的油品储运企业

企业名称	创建年份	经营项目和范围	法人代表	公司地址
中国石化玉环应东供应站	1998	港口经营、油品运销	黄昌耀	玉环坎门应东（鹰东）
玉环东沙加油有限公司	2004	港口经营、油品运销	乔根法	玉环坎门东沙社区
玉环大西洋燃料油有限公司	2018	港口经营、油品运销	许石峰	玉环坎门外黄门岛

表4-73　1997—2020年玉环市创建的港口经营企业

企业名称	创建年份	经营项目和范围	法人代表	公司地址
大麦屿港装卸运输有限公司	1997	港口经营、普通货运	鲍大明	大麦屿铁龙头货运码头
玉环市海岸经济发展有限公司	1997	港口经营	高　远	西滩村箬笠礁交通码头
台州市上裕实业有限公司	1997	港口经营、砂石运销	詹永松	干江镇下礁门综合码头

续表 4-73

企业名称	创建年份	经营项目和范围	法人代表	公司地址
华能电力有限公司玉环电厂	2002	码头卸煤、输煤	陈　浩	大麦屿下青塘电厂码头
大麦屿港口开发建设有限公司	2005	港口开发	李　毅	大麦屿口岸大楼
台州鼎安海运服务有限公司	2007	港口经营	蔡学军	大麦屿兴港西路 71 号
玉环市涛海贸易有限公司	2014	港口装卸、仓储服务	程香琴	玉环沙门镇长兰山码头

三门县航运企业蜕变轨迹

三门县山多人稀，经济向不发达，影响航运开拓自20世纪末起，其依托健跳深水港引进核电、火电，打造电力基地，航运企业应时发展，但对环三门湾周边客运却萎缩消亡。下将各类企业统列于表 4-74。

表 4-74　**1993—2020 年三门县创建和注销的各类航运企业**

企业名称	创建年份	经营项目和范围	法人代表	公司地址
三门县海运有限公司	1993	沿海、长江普通货运	蒋炳满	海游大坝路 38 号
巡检司燃油供应有限公司	1994	港口经营、油品运销	梅亚青	健跳镇巡检司码头
三门县海湾实业有限公司	1996	汽车轮渡运输	胡金士	健跳镇上敖码头
中国石化销售股份有限公司浙江台州三门石油支公司	2000	码头经营、仓储服务	徐亦多	海游交通路 17 号、健跳油库码头及所属油罐区
三门县健跳第二码头加油点	2000	油品运销	陈波乐	健跳第二码头
三门核电有限公司重件码头	2005	码头经营、仓储	缪亚民	健跳核电厂区重件码头
浙江海大海运有限公司	2008	普通货运、船舶代理	林金过	海游梧桐路商会大厦 15 楼
台州博远海运有限公司	2009	沿海、长江普通货运	谢均荷	浦坝滨海佳苑 8 幢 2 单元
浙能台州第二电厂卸煤码头	2012	码头经营、电煤卸储	何翊皓	三门浦坝港镇能源路 1 号
台州恒头工贸有限公司	2015	港口经营，仓储服务	奚冬明	三门健跳镇永丰塘
浙江耀拓船务有限公司	2015	港口工程、船舶代理	马仙女	健跳龙潭村三岔东 101 号
三门玄黄沙石有限公司	2017	港口经营、砂石销售	潘　通	三门健跳镇健农村
台州凯洋海运有限公司	2017	沿海货运（已注销）	杨银柱	海游环湖南路 16 号 1 幢
台州麦里峰海运有限公司	2020	水路货运、货运代理	张学兵	三门海游墙里路 38 号

天台县、仙居县涉航企业

永安溪、始丰溪断航后，溪流上游或筑水库，或局部拦堰城湖。天台、仙居两县凭借自然条件开发旅游观光产业，其中天台里石门水库和仙居城关段永安溪各开发寒山湖旅游度假区和永安溪漂流旅游项目，拦截的天台始丰湖也有开发游船的价值，表 4-75 为两县现有的涉航企业。

表 4-75　**1995—2020 年天台县、仙居县创建的涉航企业**

企业名称	创建年份	经营项目和范围	法人代表	公司地址
天台县寒山湖开发有限公司	1995	里石门水库旅游开发	徐翼虎	天台县街头镇溪头陈
浙江省神仙居旅游集团有限公司	2009	永安溪漂流	朱海勇	仙居县白塔迎仙路旅游服务中心

海运自由化下的战略联盟

航运是实现不同区域间物资、人员流通的手段，因而参与某个区域运输活动的企业都是对流的，不可能纯是本地企业。古代船户的不定籍流动早已证明航运的自由流动是其行业固有的属性。但自由主义航行的航运竞争力处于弱势，显然有被压制的威慑；于是又兴起保护主义政策来庇护本地航运企业，但这对强势的航运企业又形成打击。为此，在对航运政策及开放性的把握上，必须在自由主义与保护主义两大价值取向间做妥当的选择。

至 2020 年，参与台州航运的巨型国际航运公司有中国远洋海运集团有限公司、山东海丰国际航运集团有限公司、海洋联网船务（中国）有限公司（ONE 海运公司）、台湾长荣海运股份有限公司。其中中远海运于 2016 年在上海创建，由中国远洋运输（集团）总公司与中国海运（集团）总公司重组而成；海丰国际航运于 1996 年在山东青岛创建，2005 年迁至上海；长荣海运创建于 1968 年，经营约 150 艘全货柜轮，规模居全球领先地位；ONE 海运公司由日本邮船、商船三井、川崎汽船整合集运业务而成，创建于 2018 年。

2020 年，以上 4 家国际航运公司在大麦屿港区和龙门港区执行“FOB 台州”，还有 8 家正在筹备中。FOB 指船上交货价（离岸价），其意是当货物在指定装运港越过船舷时，卖方即完成交货，此后发生的货物灭失和损坏的一切风险均由买方承担。

同时，一些临港型项目有序推进，如争取交通运输部门将玉环 LNG（液化天然气）项目纳入全国沿海和内河 LNG 码头布局、头门港区 LNG 接收站项目完成战略合作协议签订等。

第四章　港航服务

港口、航运本身就是服务业，俗称的港航服务是港航业的拓展延伸，指服务于港航的服务，是基于港航业的衍生服务产业的统称。航运学界对之尚未有统一的概念和界定。业内有按提供服务的层次分为基础服务、中端服务、高端服务的；有按产业附加值集中程度分为下游产业（装卸、仓储、引航、报关等）、中游产业（船舶租赁、船员培训等）、上游产业（金融服务、海事仲裁等）的；有按服务对象分为货物服务、船舶服务、船员服务、航运服务的。

不管如何划分，港航服务就是围绕港口航运拓展的产业链。在台州港航的发展史上，先期可能只有装卸、仓储、租船、引水（引航）、报关等；20世纪八九十年代，增加了驳运、拖带等服务；至20世纪末21世纪，为适应国际经济、贸易、物流发展的要求，依托现代信息技术，船员培训、金融信贷、海事仲裁、法律援助等就有更多参与。

由于本志已将最基础的港口装卸、仓储服务包含于港口设施与航运内容，又专设“船舶类型和修造检验”“港航与口岸海事管理”二编，故本章港航服务内容只涉导航引航、过驳拖带、船舶租赁交易、船员培训、航运信贷和法律援助等方面。

下游的港航服务，如过驳拖带、导航引航、供给保障，直接服务于航运，为航运企业保驾护航、排忧解难。中游的港航服务，如船舶租赁、船员培训，为航运强身壮体，提供后备力量，提高资源利用效率。上游的港航服务，则是凭借服务者自身的资本集聚特征和第三产业属性，来助推航运企业更好、更有效地为区域经济发展服务。

现代服务业集聚发展是工业化、现代化发展的必然产物。2015年，台州市港航管理局与椒江区港航管理处为推进港航服务集聚发展，以大陈镇和市区白云街道为基地，编制《台州现代航运服务业集聚区建设发展规划》，开展融政策试验、电商平台、海上补给中心等多种功能为一体的探索性实践。

第一节　导航与引航

本节所称的导航，并非指船舶在海上靠指南针、罗盘、电罗经、磁罗经、六分仪、天文钟、雷达、陀螺罗经、ARPA、回声测深仪、记程仪、无线电测向系统、罗兰A和罗兰C导航系统、台卡导航系统、奥米伽导航系统以及卫星导航系统等航海仪器来辨别位置，而是指引导外来船舶沿航道行驶，以免搁滩和触礁的航标设施；也包括与海上船舶进行通信联络的岸基电台。引航是指由熟悉当地航道状况的引航员引导外籍船舶安全通过复杂水道。

水路导航

古人在沿海航行时，除靠罗盘辨明方向外，还靠熟悉地形的人用肉眼观察海岸山形来认路。台州湾口头门山（岛）为古代海上巡防的中心节点，称为主山（俗称老官人山），古船出入台州湾必以头门山为天然导航地标。

但山形往往雷同，容易认错。古人就在关键位置造塔以利识别。椒江口自清同治五年（1866 年）起，相继建造了太和山塔、牛头颈塔、小圆山塔和北岸老鼠屿塔（今已无存），其中太和山塔位置高，能在远处看见，后三塔都近江边，各塔都对进港航船起导航作用。隋唐内迁州治至临海后，在巾山、白塔山、小两山也有宝塔建造，不管出于何动机，客观上也都起导航作用。

台州湾进港首道地形标志为远在三门湾口外的北鱼山（岛）。清代出版的《海道图说》（由英人金约翰编辑、傅兰雅口译、王德均笔述）收录此山，误写黑山。此山与琉球遥遥相对，西南麓有石碑刻“此路通东京”，为台州至日本航线的必经海域。光绪二十一年（1895 年），聘请英国人为总管的海关巡工司在北鱼山建灯塔，塔高离水面 105.2 米，净高 16.9 米，此为台州湾外最早设置的导航设施。

光绪二十八年（1902 年），海关总税务司制定《各海关管辖灯塔、浮桩划分界限章程》，规定浙海关管辖航标界线“自临海县河口（椒江口）起，至杭州府钱塘江口杭州湾止”，这是北鱼山灯塔划归浙海关海门分口的根据。清光绪《太平续志》载：台州南翼金清港外海域有众多岛礁，外国人曾在横门水道（今龙门港区）设置浮标。

民国 4 年至 17 年（1915—1928 年），台州湾口船舶触礁沉没事件频发，出事地点大多在台州湾口穿礁附近。民国 17 年，浙江省建设厅动议在穿礁建灯塔，议而不决、不行。民营益利轮船公司创办人许廷佑出资在大竹山（岛）建造小型灯塔，塔内置普通汽灯 1 盏。此后又有永宁、永川、平阳等轮船公司在乱礁洋和椒江口腾云山、牛头颈山设置简易灯标。民国 21 年（1932 年），钓浜门牛山岛着火嘴建灯塔。

民国 26 年（1937 年），日本侵华的战火向全国蔓延，政府对沿海港口实施军事管制，一度对台州入口设障封锁，在北岸松浦闸至南岸飞龙庙一线实施沉船、打桩等措施。战后，留下的障碍物未及彻底清除已遇政权轮替。1952 年，海门航管部门在松浦闸外有障碍处抛设油桶浮标，以作警示。

椒江口外浅滩在历史上是渔民张网捕鱼的海域，但又是船舶进出的必由之路，在缺乏管理规则的情况下不免产生航行障碍。尤其是在船舶采用螺旋桨驱动后，航道上的渔网会缠绕螺旋桨酿成事故。1953 年，海门航管部门与渔业部门商定，在航道上以红旗和红灯设置航标，指示布网区域，避免船舶触网，保障航行安全。

1949 年后，台州海区航标由海军温州水警区航标科航标站设置和保养。1983 年，改由交通部上海航道局温州航标区海门航标站主管。1995 年，国务院颁布《中华人民共和国航标条例》，规定除军用和渔业航标以外的航标，由国务院交通行政主管部门设立的流域航道管理机构、海区港务监督机构和县级以上地方人民政府交通行政主管部门负责管理和保护。

1998 年，温州航标区海门航标站改属中华人民共和国上海海上安全监督局管辖，址设工人路 928 号，后又改称上海海事局温州航标处台州航标管理站。2012 年，整合上海海事局所属航标、测绘、通信等机构，成立东海航海保障中心，所辖 6 个航标处分别位于连云港、上海、宁波、温州、福州、厦门。台州航标站的全称为交通运输部东海航海保障中心温州航标处台州航标管理站。

航标是标示航道方向、界线与碍航物的助航标志，设于通航水域或近处，以标示航道、锚地、滩险及其他碍航物的位置，表示水深、风情，指挥狭窄水道。按所在区域分，航标可分为海域航标和内河航标；按设置处所分，又有沿岸标、导标、过渡导标、首尾导标、左右通航标、侧面标、示位标、泛滥标、过河标、桥涵标之分；按采用方式分，又可分为视觉航标、音响航标、无线电航标。

台州各航道的当代航标设置，在本志第三编“港口建设与规划”第一章“航道、航标”记叙航道时，已作详细记叙，可供参阅，本节不赘。台州外围东海海域主要灯塔、灯桩自北至南有猫头水道杨礁灯桩、石浦南侧弥陀岛灯塔、北渔山灯塔、三门湾平礁灯桩、白带门饭箩灯桩、台州湾口大茶花灯塔、金清港口鲤鱼背（相公礁）灯桩、台州列岛小礁头灯桩、竹屿灯桩、积谷洋洛屿灯塔、披山洋外龙眼灯桩、下浪珰灯塔、坎门小礁灯桩、温州湾圆屿灯塔等。

船岸通讯

在无线电通信发明以前，船岸与船舶联络，只能依靠旗号通信、灯号通信、声号通信传递信息。无线电通信发明后，无线电联络成为船舶与外界沟通的一大利器。清光绪三十二年（1906 年），海门设电报局，船岸通过电报局联系。民国期间，海门港设有海关、轮船局，船务行林立，如江苏轮、茂利轮等船舶都设无线电台，岸上设江苏轮船局、茂利轮船局，可通过电台、海门电报局与海上船舶进行联络。

1950 年，海门所剩新台州、小台州等木质货轮均未设电台。1952 年，台州的运输公司并入华东区海运管理局上海海运局，在海门设立办事处，所属船队的指挥船均设电台，海运局在海门设专用小型无线电台，便于船岸联络。1955 年，上海海运局海门办事处撤销，电台也随之撤除。

1955—1958 年，由于岸基电台的撤除，船岸通信要通过邮电局中转。1959 年，上海海运局下放的 6 艘轮船中 3 艘设有船舶电台，1 艘装有测向仪。该年，海门海岸电台重设，发射功率 100 瓦，并加入以上海台为中心的华东、华北海岸电台会晤电路。1962 年，浙江省交通厅航运局、航运公司设立电信管理部门，对包括海门港在内的浙江省沿海 4 个港口的港航船岸台实行业务管理和指导。1965 年海门岸台功率增至 500 瓦。

1971 年，海门港海岸电台自制 500 瓦中频发射机 1 台，开放中频船舶电路。1975 年中频功率增至 1000 瓦，1978 年，岸台短波发射功率增至 1600 瓦。1981 年装备 CDB-4 甚高频无线电话 4 台，同时开放甚高频无线电话呼叫、收听 16 频道和海门港航调度室甚高频无线电话专用台收听、呼叫 9 频道。

1983 年，海门港务部门成立电信科，主管港航船岸电台，兼管船舶通信导航工作，启用两座 64 米高的铁塔天线和楼顶天线塔。与此同时，逐步提高船舶电台设施。1984 年，甚高频电话台改用 CDB-30 装备，扩大发话功率，采购 9 台 C-355 甚高频无线电话机分配船舶，岸基与船舶的联络更顺畅。

1985 年增购 3 套救生艇电台和 2132RHZ 遇险频率值班收接机分装 300 总吨以上船舶。岸基港务监督甚高频专用台呼叫、收听提高至 14 频道。

1985 年 8 月，海岸电台由海门港务局管辖，设立通信导航站。1988 年，增开单边带短波话台，1990 年 6 月，海岸电台与椒江市邮电局之间的电传报路开设，9 月新置单边带收信机 7 台，10 月开设国内、国际公众船舶电报通信业务。20 世纪末，海门港岸基、船舶装备的各种无线通信设备进一步构建和完善。

1999 年 2 月，GMDSS 系统在全世界航运国家全面启用。这是用于海上遇险、安全和日常通信的海上无线电通信系统，由国际移动卫星通信系统、低极轨道搜寻救助卫星系统和甚高频、中 / 高频地面频率通信系统等组成。全球海区分为 A1、A2、A3、A4 海区。A1 海区系指至少由一个具有连续数字选择呼叫（DSC）报警能力的甚高频岸台的无线电话所覆盖的区域；A2 海区系指在 A1 海区以外，至少由一个具有连续数字选择呼叫（DSC）报警能力的中频岸台的无线电话所覆盖的区域。台州沿海海域处 A1、A2 海区，所有从事国内、国际航行的客船及 300 总吨级以上货船，必须按照航行的海区，配备符合全球海上遇险与安全系统要求的无线电通信设备。

21 世纪，移动卫星通信（INMARSAT）更为普及，用户可使用卫星移动终端，上传信号至卫星，再经地面基站通过国际或国内的公众通信网与其他固定或移动用户通信。互联网的开通使海上船舶不再是“信息孤岛”，但陆地互联网依靠众多地面基站和中继站实现低成本应用，海上船舶无基站依托，通信仍不容易。21 世纪 10 年代，一般货船、渔船主要采用的方式还是单边带短波电台（费用低、易受干扰、保密性低）、甚高频无线电话（用于岸船通话）、超短波对讲机（近距离通信）、蜂窝手机（只能用于近地面基站的近岸海域）；卫星移动通信费用较高，一般只用于远洋公海船舶。2014 年后，努力构建船岸一体化通信体系。数据同步可实现船舶和岸基的信息链接，达到高效沟通、降低成本。

船舶引航

船舶在进出港口和通过复杂水道时，因不熟悉周围情况，可能会发生意外事故。在此情况下，出于航行安全考虑，需要有相应的船舶引航制度。

引航旧称引水、领港或领江，指在一定的水域内登船为船舶指引航向，指导船舶安全进出港口和在港内移泊的专业性工作。由于港口航道条件所构成的天然屏障事关国防，引航员由本国人担任成为国际惯例。对外籍船舶实行强制引航，也是国家主权的体现。

台州境域自古就有外来船舶出入，唐宋时甚至有新罗、日本商船来港，古人如何引导客船进港，缺乏文献记载，难究其详。但流行的“引水”俗语可见古代民间早有此类行当。官方市舶司、河泊所等机构是否有引航的职能，也因不见于史料，难以稽考。清代虽在椒江口设海关分口，但航政却由军事机关兼管，史料只见稽查船舶和收费，未见引航记录。

民国前期（1915—1927 年），海门港虽设浙海关分关，但未有专设的航政管理机构。民国 16 年（1927 年），海门港始有省建设厅航政局下设的浙江省管理船舶第六区事务所。民国 19 年（1930 年），《交通部航政局组织法》颁布，航政局及其所属办事处的职权包括“关于船员及引水人考核监督事项”。可见引水在港航运行中是普遍存在的，但其人员或许在民间。

民国20年（1931年），海门又设上海航政局属下的海门航政办事处，与浙江航政局属下船舶事务所分所成骈枝机构。但即使机构双重，海门港连船舶检验技术人员都缺乏，更遑论考核引水人员。

1953年5月，海门海员工会组织引航小组，始有9人，后为5人，至年底共引领船舶99艘。同年，政务院颁布《统一航港务管理条例》，规定引航工作应作为航管机构的业务范围。1954年，引航业务由海门航管处接受，雇用原引航小组组长1人，其余4人为临时雇用。此时引航航道主要在灵江、永宁江水道，因为两航道流沙时有变迁，常有碍航物当道，所以25吨以上外籍船舶驶入灵江、永宁江必须按规定申请委派引航员引航。

20世纪80年代海门港对外开放后，国轮外贸运输船舶和外国船舶开始进出海门港，针对大型化的国际航行船舶，经有关部门批准，海门港划定港界外至头门岛、大陈岛海域，设第一引航检疫锚地点灯山锚地于头门岛南面1.8公里洋面，水域面积610万平方米，水深6～8.6米，可泊4～5艘3000吨级以上船舶锚泊；设第二引航检疫锚地大陈锚地于上、下大陈岛之间洋面，水域面积116万平方米，可锚泊1～2艘万吨级以上船舶。引航重心转移到对外海船舶进出港的引导助航。大麦屿港区开发后，设大麦屿引航检疫锚地于鲜迭南侧洋面。

1995年，台州易地设市，原海门港港航机构成为台州港务管理局，原引航机构也成为港务管理局港监科下的海门港引航站。2001年，组合台州港口资源为台州港，引航站成为台州市港务局属下的台州引航管理处。2003年实施港航体制改革，合台州港务管理局和台州市航运管理局为台州市港航管理局，引航管理处仍为港航管理局内设处室。2007年，台州引航管理处通过交通部引航资质审核，成为全国首批港口引航合格机构之一，并成为隶属台州市港航管理局的直属单位——台州港引航站。2008年，下设大麦屿分站。2013年，转为独立法人台州港引航站。

迄2020年，台州港引航站拥有海上交通装备引航艇2艘，其中台港引1号艇建于1999年，船长31米，宽5.6米，吃水1.6米，航速12节；台港引2号艇建于2016年，船长18.56米，宽4.78米，吃水1米，航速26节。引航站共有员工23人，其中引航员16名。引航艇将台州市港航事业发展中心（原港航管理局）辅助港作码头。

表4-76反映了2010—2020年的台州港引航业绩。数据显示2017年以前，每年引航船舶艘次均在3000艘以上，引航总吨位在1700万吨左右，净吨位除2015年下滑至843万吨外，均在900万吨以上。自2017年起，国家逐步展开对进口固体废物的禁运。2018年开始，台州港的引航艘次和吨位受到明显影响，呈逐年下降态势。

表4-76 **台州港2010—2020年引航业绩数据**

年 份	2010	2011	2012	2013	2014	2015	2016	2017	2018	2019	2020
引航艘次	4039	3259	3832	3638	3381	3117	3292	3766	2772	1064	984
引航总吨	1798	1899	1760	1649	1665	1553	1728	1916	1761	1428	1325
引航净吨	971.3	1018	912.7	956.2	907.0	843.3	949.9	1076	1005	825.0	759.5

第二节　港作专项服务

港作船、工程船指在港口从事专项作业或服务的船舶，如引水船、过驳船、拖带船、供应船、清洁船、消防船、救助船、联检船等。

因设有“港航与口岸海事管理”专编，属于海关和海事部门的联检、救助内容划入该编，本节所涉过驳或驳运指船与船之间的转载，在台州水运中存在三种情况：一为将内河船货物转载至外海船；二为将坝闸一侧船舶上的货物转至另一侧船舶；三为大船无法靠岸，用小船驳载客货至码头、埠头，或驳载部分货物，利于大船减载进港靠泊。拖带是在船舶进出港口、靠离码头和移泊时，为船舶提供拖带、顶推服务。清洁、消防可有专用船舶，也可与拖轮功能相兼。

过驳作业

过驳是指将甲船货物搬卸至乙船，该作业发生在两类情况下：一类是由于大船难以停靠码头或进港，需要由小船驳载货物上岸，或驳载大船部分货物，让其减载以便进港靠岸；另一类是在两个不相连的水域，将甲水域船舶的货物搬卸至乙水域的船舶，或通过陆域，将大船的大宗货物拆分搬卸到小船上来运往各地。本文将前者称为水上过驳，将后者称为上岸过驳。

水上过驳作业

大船驳小船自古就有，是因为大船靠不上小埠头或滩涂，便放小舢板驳载客货。机动客货班轮航行灵江、永宁江时，途中不便靠埠，也常采用小船驳载的方式。20 世纪初，沪瓯客班轮在坎门靠停，因码道简陋，也用小船接客上岸。在椒江口外锚地驳载大船货物，则起自 20 世纪 80 年代。此时，外海航运船舶渐趋大型化，椒江口外航道水深不足，迫使船舶先停泊锚地驳载减负，才得进港，驳运成为海门港的一个专业。

1981 年，中国远洋轮从朝鲜装运水泥至海门，因水深所限无法进港，即在口外点灯山附近海域锚泊，由 500 吨级海轮驳卸部分货物，然后进港靠泊卸货。此即海门港驳运之肇始。由于进港船舶趋于大型化，至 1984 年，口外过驳作业迅速发展。1984 年，从朝鲜进口水泥的船舶共 13 艘，总载重 56147 吨，过驳 12 艘，共 18661 吨，过驳占总进口量的 33.2%。1985 年 1—8 月，装载最多的皖安轮载重 5885 吨，口外过驳占总量 19.5%。

前所台州发电厂建成后，电煤由浅吃水万吨级浙海 117 轮和万吨级浙海 313 轮承运，均需在口外驳卸部分煤炭再进港，如浙海 117 轮载煤万吨，在口外需驳卸 2500 吨，若进港后还是不能靠泊码头，还需在口内通过系浮筒再驳卸。

1984 年，浙江省航运公司从温州调给海门港 2 艘千吨级海驳船，于翌年 9 月成立轮驳站。1985 年，浙海 313 轮共运电煤 21 次，计 22.25 万吨，口外驳卸 5.25 万吨，口内系浮筒过驳 17 万吨。此时海门港口内在小圆山附近投设系缆浮筒 3 处，1 号、2 号浮筒间可系 5000 吨级船舶，2 号、3 号浮筒间可系 1000 吨级船舶各 1 艘。

1993 年 11 月，海门轮驳站成为浙江省海门港轮驳公司，址设海门江滨路 38 号。至 2012 年，轮驳公司有生产性船舶载重吨 5700 吨，但因经营不善注销。

玉环坎门港、楚门港在 20 世纪 60 年代前没有码头，只有条石驳岸和乱石水埠，大货船和在此弯埠的客货班轮都无法靠岸，均靠舢板过驳客货。20 世纪 80 年代大麦屿港口开发后，2000 年，林绍明投资创建台州市大麦屿轮驳有限公司，址设陈屿兴港西路 301 号，经营海上过驳、运输、拖轮作业。

2012 年 11 月，台州宏泰轮驳有限公司注册成立，址设葭沚乌石村。经营范围为在台州港点灯临时驳载锚地、头门山以北驳载锚地，为大型船舶提供水上过驳服务；也经营船舶租赁、国内船舶代理、建筑材料销售等业务。

上岸过驳作业

上岸过驳产生于江海对内河或内河对江海的转运，也产生于大宗货物的分散转运。此类驳运在船对船直接驳卸时，过驳的性质十分明显。若经过仓库再行转运，实际就是水水中转。

台州湾滨海平原内河入海口、入江口均筑坝闸挡潮，内河与江海间一般不能通航。于是产生将内河船货物驳卸至江船、海船，或将江船、海船货物驳卸至内河船的作业。这种目标为船到船的转载，若不能及时接衔，就需将货物先卸至岸上库场，这无疑就会产生额外费用。因此台州众多滨海、滨江内河小港汊，一般都直接过驳。

台州最大的内河转江海运输港埠在海门港。海门港由内河船接卸海船的出口货物有柑橘、棉花、粮食、食盐等，反向由海船接卸内河船的货物有化肥、煤炭、水泥、食糖、工业品等。产生的上岸过驳在内河港池“大埠头”与江岸码头间进行，两地间隔仅百余米。早期，直接过驳较多，一般都在码头先过磅上栈，再出库过磅向内河分运；反向也可由内河舨直接驳运内江、外海船舶，采用里档上栈，外档过驳的作业。但直接驳运不免产生船舶滞留待卸弊端。由是又产生过塘行，为不能及时转运的货物提供暂存服务，后又产生轮船公司自建仓库存货。在计划经济时代，更发展了货主仓库和港务部门公用仓库。但这类先在码头仓库囤货，再等时间转运的作业已经不属于“上岸过驳”，而属于水水中转。

台州内河水网在椒南平原与永宁江河谷平原之间、杜桥平原与桃渚平原之间存在微小水位差，致使黄岩坝头、江口山头金、上盘拖牛坝等处建滚水坝蓄水，妨碍船舶直航。在这些区位，内河运输也产生上岸过驳。台州一些内河港汊也有河舨过闸入江和小海船过闸进内河的情况，但必须在潮水与内河水位持平时进行，开闸时间有限，且易造成咸潮倒灌影响农耕。为解决以上问题，20 世纪 70 年代，黄岩坝头、上盘拖牛坝、桃渚天德闸内河滚水坝或建升船机或改过船闸，前所华景（东逻浦）闸也建升船机让船舶直接过坝。这些部位的卸货换船过驳方式也就被淘汰。

港口拖带及救助清污作业

港作拖船是在港口执行拖带作业的拖船，主要用于协助大型船舶进出港口、出入船坞、靠离码头、掉头转向、移动泊位以及拖曳趸船等。技术要求是回转半径小，能低速进退、紧急停车，能推能拖，或作较长时间的倒拖，甚至横移。拖船也作港口人员的交通船和少量物品运送。现代拖轮也兼具应急救助和清污等功能。

海门港在民国期间没有机动港作船，有关港口作业和船岸交通一般依靠舢板。20 世纪 50 年代初，港口遇事都借用部队舰艇解难。1956 年置木质港监艇 1 艘，用作港口管理和船岸交通；1960 年后配椒拖 1 号和交通艇 1 艘；1979 年增沿海拖轮 1 艘；1980 年增内江挖沙船 1 艘；1882 年增钢质港监艇 1 艘。

至 1990 年，海门港共有港作船舶 14 艘，分别为港拖 1 号，功率 441 千瓦；港拖 2 号，功率 110 千瓦；港缆 1 号，功率 110 千瓦；港交 1 号，功率 110 千瓦；港交 2 号，功率 136 千瓦；港供油 1 号，功率 33 千瓦；椒港 1001 号，功率 138×2 千瓦，970 载重吨；椒港 1002 号，功率 184×2 千瓦，1008 载重吨；椒驳 2 号，功率 29 千瓦，90 载重吨；椒驳 5 号，功率 29 千瓦，90 载重吨；椒监 1 号，功率 110×2 千瓦；椒监 2 号，功率 110×2 千瓦；椒治 1 号（工程船），功率 18 千瓦；椒工测 1 号（工程船），功率 88×2 千瓦。

2007 年，有学军创建台州鼎安海运服务有限公司，公司址设大麦屿兴港西路 71 号，经营项目之一是为船舶进出港和靠离码头泊位提供顶推、拖带服务。

图 4-51 玉环华能电厂 10 万吨级码头顶推靠泊作业（来自企业宣传报道）

2008 年，台州港务局与新加坡斯密特私人有限公司合资成立台州斯密特拖轮服务有限公司，经营范围为港口拖轮拖带作业、海上驳运、海上救助及其他协助服务、期租业务。

2015 年，罗建军创建台州鼎洋海运服务公司，公司址设椒江中山西路杨家桥 288 号，经营项目之一是为船舶进出港和靠离码头泊位提供顶推、拖带服务。

2019 年，陈菊秀创建台州市翊港海运服务有限公司，公司址设大陈镇环镇路 85 号，经营项目之一是为船舶进出港和靠离码头泊位提供顶推、拖带服务。

2020 年，涌泉尹安国创建台州市捷欣中拖轮服务有限公司，公司址设临海涌泉管岙村，经营范围为船舶拖带服务，也涉保洁、清洗、消毒服务和船舶修理等。

2020 年，政府投资建造应急救助和清污两用拖轮台海救 01 号轮，由中国船舶工业集团第 708 研究所设计，同方江新造船有限公司建造，2021 年可交船服役。该船总长 45 米，型宽 12.6 米，型深 5.5 米，满载吃水 4.5 米，正拖力大于 60 吨，抗风等级 9 ～ 10 级，设计航速 13 节。该船将委托宁波甬港拖轮有限公司负责日常运营维护管理，受台州市海上搜救中心调派。用于台州港口及附近沿海海域的港口拖带、溢油回收、消防救助等应急作业。

第三节 船舶代理和租赁交易

船舶代理服务，是指接受货物收货人、发货人、船舶所有人、船舶承租人、船舶经营人的委托，以委托者的名义或代理者的名义，在不直接提供货物运输劳务的情况下，为委托人办理货物运输以及船舶进出港联系安排引航、靠泊和装卸等相关手续的业务活动。该业务也称货运代理、无船承运。

古代船东欲租船予他人使用，需要自找主顾，双方协商。在现代租船市场上，租船交易通常并非由船舶所有人和承租人亲自到场直接接洽，而是通过租船经纪人代为办理并签约，双方当事人只需通过电话、电传或传真等现代通信手段，就可办妥整个租船流程。

船舶代理、货运代理

早在明代，就已有服务于航埠的过塘牙人，其所作所为就已体现船舶代理的端倪。后发展为牙歇、牙行、行栈、转运栈，至清乾隆年间（1736—1795 年），转运栈改称为过塘行。过塘行不仅为船商提供货物仓储，还代理报关、转运等事务。晚清民国时期，海门、江厦、临海、皤滩过塘行业务兴旺，可说是船舶代理、货运代理的滥觞。民国时期的振市公司业务也包含船舶代理、货运代理。

20 世纪中下叶计划经济时期，港航所有业务由政企合一的港航管理部门承担，船舶代理、货运代理都在其管理范围内。改革开放伊始，政府批准海门港办理对外贸易运输业务，有关程序需符合国际惯例。1984 年 5 月，交通部批准成立中国外轮代理公司海门分公司和中国外轮理货公司海门分公司，两公司的业务分别受两家总公司领导，其人事、财政和具体业务由浙江省交通厅管辖，党政工作委托海门港务局代管。

改革开放进一步深入后，交通运输允许非传统交通部门和民间经营进入，航运经营者运货至陌生地，若派驻办事处则成本太高，若派人事事亲躬则效率低下。为船商包办靠泊、装卸、仓储、报关、转运一应事务的船舶代理商也就应运而生，船舶代理业也打破官方垄断的局面，加入众多民营企业，并在竞争中此起彼伏。表 4-77 ～表 4-82 分别反映了椒江、玉环、温岭、临海、黄岩、天台 6 地在 20 世纪 80 年代至 21 世纪 10 年代的船舶代理、货运代理企业创建和注销状况。表中企业以创建先后为序排列，以便观察其发展轨迹。

表 4-77　**椒江区（市）1984—2020 年船舶代理、货运代理企业**

企业名称	创办年份	法人代表	公司地址	代理业务
中国外轮代理公司海门分公司 中国船务代理公司浙江海门公司	1984	蔡德清	工人西路 88 号	外轮代理
（中国外轮理货公司海门分公司） 台州市中理外轮理货有限公司	1984	张晨晖	椒江港务局大楼	理货代理
浙江省海门港联运总公司	1992	李健康	江滨路 44 号	船舶代理（已注销）
中国海门外轮代理公司	1993	刘正方	工人路 100 号	外轮代理（已注销）
中国台州外轮代理公司	1993	陈庆东	解放北路 42 号 云海大厦 E 座 401 室 海天苑 4 幢 701 室	国际船舶代理 货运代理
浙江省海门港外沙港埠公司 （浙江省海门港集装箱公司）	1993	黄大志	外沙陆 5 号	货运代理
浙江省台州海门港技术贸易公司	1993	陈智勇	江滨路 38 号 市府大道 196-216 号	船舶代理（已注销）
浙江省台州海门港船务有限公司	1998	梁启默	轮渡路 358 号 204 室	船舶代理（已注销）
中国海门外轮代理公司开发区分公司 （黄岩分公司）	1999	解西平	黄岩城关横街路 康平小区综合楼	船舶代理（已注销）

续表 4-77

企业名称	创办年份	法人代表	公司地址	代理业务
台州利港船舶货运代理有限公司	2000	舒梅芬	轮渡路 515 号	船舶代理（已注销）
台州市海洲船务有限公司	2000	林文明	纬二路 28 号	船舶代理（已吊销）
台州市顺通船务有限公司	2001	王仙贵	云西新村 35 号	船舶代理货运代理
台州安捷船舶货运代理有限公司	2002	谢伫策	前丁街前丁村	船舶代理（已注销）
台州市万轮达海运有限公司	2002	李连富	江南绿洲海月阁 711 室	船舶代理（已注销）
台州市天地船务有限公司	2002	陶春芳	轮渡路 190 号南二楼	船舶代理（已注销）
台州德仁船舶货运代理有限公司	2002	徐桂德	三山港区	船舶代理（已注销）
台州兴港船舶货运代理有限公司	2003	陶国德	江滨路 46 号	船舶代理（已注销）
台州大洋物流有限公司	2003	何国华	海洋广场 1 幢 813 室	国内国际船舶代理
台州四方船务代理有限公司	2004	金　舸	轮渡路 515 号	国际船舶代理
台州大洋船务有限公司	2004	洪革西	中心大道海关大楼 603 室	船舶代理（已注销）
椒江凯海船舶货运代理有限公司	2005	徐韶峰	江南绿洲海星阁 1402 室	船舶代理（已注销）
宁波达迅货运代理公司（台州办）	2005	—	东环大道君悦大厦	船舶代理
中能华航船务有限公司	2006	冯灵法	东方丽景汇景苑 1901 室	水运代理、兼售设备
台州市兴龙舟船务代理有限公司	2007	陈爱英	市府大道 216 号 6 楼	船务代理（已注销）
台州市广顺船务有限公司	2008	何广林	亿嘉路华中大厦 1 单元 1303-1304 室	国内船舶代理
浙江台州五精船舶有限公司	2008	王昌增	鑫泰广场 E 幢 5 层 17 室	船舶代理（已注销）
台州港安船舶代理服务有限公司	2009	赵　炜	工人路 43-5 号	船舶代理（已注销）
台州市国运船务代理有限公司	2010	金洪玉	海洋广场 1 幢 807 室	船舶代理，货物报关
台州市椒江永信船务有限公司	2010	王欣敏	三山村西区 5 幢 80 号	船舶代理，货运代理
台州海港船务代理有限公司	2012	吴海涛	中心大道 183 号 104 室	国际船舶代理
台州海韵国际货运代理公司	2014	梁梓苡	康平小区综合楼 2 单元 201 室	国际货运代理
台州市晨越船务有限公司	2017	徐海燕	江南绿洲 1 号 1 单元 601 室	国内船舶货运代理
台州市顺航船舶代理有限公司	2017	李　鹏	光明路 227 号	国内外船舶代理
台州市嘉应船舶运输有限公司	2019	赵罗超	中山支路 11 号 637 室	船舶代理（已注销）
浙江瑞京船舶运输有限公司	2019	董万成	一鼎公寓 1 号楼 805 室	船舶代理、货运代理
台州隆航船务有限公司	2019	朱海平	章安范岙村 131 号	船舶代理（已注销）
台州市信泰渔业专业合作社	2019	王宰恩	东升街 78 号	船舶代理、垂钓服务
台州东润船务有限公司	2020	赵可以	洪家汇丰路 174 号	船舶代理

表 4-78　**玉环市（县）1994—2020 年船舶代理、货运代理企业**

企业名称	创办年份	法人代表	公司地址	代理业务
中国海门外代公司大麦屿分公司	1994	林楚城	玉环城关建设路 61 号	外轮代理（已注销）
海门外代玉环有限公司	1998	蔡德福	城关广陵路南路 142 号	船舶代理（已注销）
大麦屿港船舶货运代理有限公司	1999	杨玉招	陈屿镇官司塘	船舶代理（已注销）

续表 4-78

企业名称	创办年份	法人代表	公司地址	代理业务
玉环县兴龙船务有限公司	1999	陈守银	大麦屿兴港西路 247 号	船舶代理
台州市大麦屿港务有限公司	2001	林必钗	玉环兴港西路港航大楼	船舶代理（已注销）
台州市兴龙舟海运有限公司	2002	陈爱英	大麦屿龙山商住楼 5 单元	船舶代理、货运代理
台州沃尔特物流有限公司	2003	陈国富	珠港兴港里苏泊尔公寓	国际船舶代理
玉环东海船务有限公司	2003	林金定	大麦屿开发区涉外大楼	船舶代理、货运代理
玉环顺畅港务代理服务有限公司	2006	张金力	玉环珠港镇天龙路 286 号	国内船舶货运代理
台州中海船务代理有限公司	2006	郑镇耀	大麦屿兴港西路 71 号 苏泊尔综合楼 7 楼	国内、国际船舶代理
玉环大麦屿港利物流有限公司	2007	夏琪平	陈屿新塘村 3 万吨级码头	船舶代理（已注销）
台州市新港船舶代理有限公司	2008	张挺	城关榴岛大道东侧	船舶代理（已注销）
浙江耀拓船务有限公司	2014	马仙女	船舶代理、港口工程	健跳龙潭村三岔东
玉环东升港口服务有限公司	2015	朱小友	大麦屿渔山路	船舶代理，港口服务
台州一航国际货运代理公司	2017	仇加顺	玉环玉城章苑一区 41 号	国内外货运代理

表 4-79 **温岭市 2002—2020 年船舶代理、货运代理企业**

企业名称	创办年份	法人代表	公司地址	代理业务
台州市鸿源船务有限公司	2002	李宣明	温岭太平北路 20 号	船舶代理（已注销）
诚信农产品品牌申报代理公司	2009	金佩云	松门镇迎宾西路 188 号	船舶代理
台州平达船务有限公司	2012	罗夏初	滨海镇金港开发区 613 号	船舶代理
浙江中鸿海运有限公司	2015	吴灵选	万昌路汇龙商厦 1 幢 409 室	船舶代理，报关代理
台州市宁羽船务有限公司	2015	梁启贵	万昌北路青商大厦 26 层	国内船舶代理
台州领航货运代理有限公司	2016	李慧华	大溪学府花苑 2 幢 1202 室	货运代理（已注销）
台州市宏雨船务有限公司	2018	郭渝	松门镇松欣大厦 1006 室	船舶代理
台州中建船务有限公司	2019	陈国柱	松门现代大厦 1 幢 2402 室	船舶代理、水路货运

表 4-80 **临海市 2002—2020 年船舶代理、货运代理企业**

企业名称	创办年份	法人代表	公司地址	代理业务
浙江外运台州有限公司	1999	彭东茂	临海市钱暄路 80 号	海陆空货运代理
临海远唐国际物流有限公司	2006	戴军利	临海江滨新村 11 幢	国际空运海运代理
台州甬航国际货运代理公司	2008	何增平	临海新桥头小区 3-20 幢	国际货运代理服务
台州克立航国际货运代理有限公司	2017	侯雪云	临海大洋前江村 3-12 号	多式联运、货运代理
台州星亚航国际货运代理有限公司	2018	翁海华	临海大道（中）69 号	多式联运、货运代理
台州航誉船舶服务有限公司	2020	周忠德	临海下桥路 151 号	船舶代理、港口理货

表 4-81 **黄岩区 2006—2020 年船舶代理、货运代理企业**

企业名称	创办年份	法人代表	公司地址	代理业务
台州市黄岩德舟船务有限公司	2006	谢文华	管驿小区 21-2-102 室	船舶代理（已注销）
浙江台州方一船务有限公司	2019	张金敏	黄岩江口永椒路 6 号	国内国际船舶代理

表 4-82 **天台县海空货运代理企业**

企业名称	创办年份	法人代表	公司地址	代理业务
台州利航国际货运代理公司	2006	刘　樱	天台县上清溪 104 国道	海上、航空货运代理

船舶租赁、交易与服务

船舶建造投资不菲，古代国家用船尚且摊派州县建造（如唐伐高丽、元征日本都指令州县为其造船，均依靠官营造船场，使用官费或征发徭役劳工建造；明抗倭海征用民船），而民间造船必须有相当的贸易营收才能积累所需资金。因此，在市场经济下，民间船舶建造与航运行业的景气度紧密相关，如民国时期，椒沪、椒甬客货班轮生意看好，即有船商踊跃投资购船，致使运力饱和。

在计划经济条件下，国民经济“有计划，按比例”发展，投资由计划安排，一切系于上级意志，也没有融资之说，只有拨款，纳入计划才有投资。人为的计划难免与现实不符，航运业装备的充裕与欠缺，也就难免与需求脱节。

改革开放后，众多民资进入航运行业，自主经营的资本在市场竞争中也难免产生供需的脱节。当航运业景气度升高时，运费攀升，各航运企业竞相下单造船，致使运力过剩，于是，行业景气度和运费回落，行业陷入亏损，大批船舶空置抛售。运力低落后，行业景气度回升，航运企业又希望扩大运量增收，周而复始。此时就有船舶租赁业应运而生，通过租赁，调整和控制运力规模，在行业景气时可抑制运力盲目增长，在行业低迷时化解运力空置的困境，盘活运力资源。船舶租赁是航运企业调整运力不可或缺的有效方法。

在船舶租赁和交易过程中，对出租人、承租人或船舶买卖双方来说，信息并不通畅，往往供需双方都难寻找对方，而且对行情知之甚少。租赁公司或买卖中介的出现，可以汇聚供需方的信息，掌握价格行情，为出租人、卖船方和承租人、买船方介绍合适的对象，从而在盘活运力资源上发挥良好的作用。当代台州船舶租赁和买卖中介在 20 世纪末发轫，表 4-83 ～表 4-88 反映了椒江、路桥、温岭、玉环、临海、三门 6 地在台州改市后创建或已注销的船舶租赁和交易中介企业。

表 4-83 **椒江区 1992—2021 年船舶租赁和交易中介企业**

企业名称	创办年份	法人代表	公司地址	代理业务
浙江省海门港联运总公司	1992	李健康	江滨路 44 号	船舶租赁中介、无船承运
台州椒江安达船务有限公司	1995	林壮寿	海丰路 2768 号 3 幢 201 室	船舶租赁、交易（已注销）

续表 4-81

企业名称	创办年份	法人代表	公司地址	代理业务
台州海翔船舶船员信息中介	2000	—	通衢路 290 号	船舶和船员职业中介
台州市椒江敬龙船舶介绍所	2001	金敬龙	椒北大街 6-4 号	船舶买卖中介
台州市椒江平安船舶中介所	2002	梁茶华	通衢路 278 号	船舶买卖中介服务
椒江捷达船舶技术服务部	2002	寿阳法	椒江商务中心 2 幢 1901 室	船舶咨询、船舶设计
台州船舶交易中心有限公司	2004	王普定	江滨路 46 号	船舶贸易代理（已注销）
浙江快国船舶进出口公司	2006	梁金菊	东商务区天和大厦 1001 室	船舶进出口贸易
台州国大船舶实业有限公司	2008	盛文平	东商务区天和大厦 1001 室	船舶销售（已注销）
海之门船员服务有限公司	2008	朱贻红	白云山西路 18 号	船舶交易、船员服务
椒江海峰船员服务有限公司	2011	王金平	东升街 152 号	船舶买卖中介、职业中介
椒江四海船员服务中心	2012	苏招正	工人西路 1390 号	船舶信息咨询、船员服务
双港船舶船员中介服务部	2017	何丽霞	解放碑路 95 号	船舶、船员中介（已注销）
椒江素萍船舶中介服务部	2018	徐素萍	葭沚金茂中心 2004 室	船舶中介、船舶租赁
椒江长安顺船舶中介服务部	2018	周鹤云	华商公寓 7 号 1 单元 401 室	船舶、船员中介（已注销）
台州隆航船务有限公司	2019	朱海平	章安范岙村 131 号	船舶租赁中介、无船承运
椒江永鉴船舶中介服务部	2019	金永尧	云西新村 2 号 1 单元 502 室	船舶中介服务（已注销）
椒江耀顺船舶租赁服务部	2020	张　灵	葭沚金茂中心 2103 室	船舶租赁服务（已注销）
台州东润船务有限公司	2020	赵可以	洪家汇丰路 174 号	船舶租赁、销售、船员培训
椒江涂金辉船舶中介所	2020	王江琼	章安路 46 号	船舶中介服务
台州宣锭船舶租赁有限公司	2021	李成所	前所横西村 111 号	船舶租赁、船舶销售

表 4-84

路桥区 2004—2020 年船舶租赁和交易中介企业

企业名称	创办年份	法人代表	公司地址	代理业务
台州安达利船舶配件有限公司	2004	沈玲利	路桥金清新惠村 215 号	船舶配件
台州市新运洋船舶机械设备租赁有限公司	2007	颜志华	金清镇先锋村 24 号	船用机械设备租赁
路桥正法船舶租赁代理服务部	2018	陆正法	金清镇环西一路 342 号	船舶租赁（已注销）
台州路桥银鑫船舶租赁服务部	2019	陆正法	金清上盟村 5 区 13 号	船舶租赁 工程机械租赁
台州市路桥鑫茂船舶服务部	2020	王　震	桐屿台州市物流发展交易中心一区 8 幢 H28	船舶租赁修理

表 4-85

温岭市 2005—2020 年船舶租赁和交易中介企业

企业名称	创办年份	法人代表	公司地址	代理业务
温岭市松门臻辉船舶介绍所	2005	金雪利	松门臻北门街 209 号	船舶信息中介（已注销）
松门永兴船舶信息中介所	2005	陈文云	松门育英路 122 号	船舶、船员信息中介
温岭合兴船舶机械贸易公司	2008	应兰英	松门松西村淋石路南侧	船舶中介代理（已注销）
松门远洋船舶信息介绍所	2008	林英俊	松门镇迎宾西路 145 号	船舶信息中介服务

续表 4-85

企业名称	创办年份	法人代表	公司地址	代理业务
松门鸿兴船舶信息介绍所	2008	黄全为	松门镇葆春西路 232 号	船舶买卖中介服务
松门迎宾船舶信息介绍所	2008	莫阿连	松门镇迎宾西路 114 号	船舶信息中介服务
松门兴隆船舶信息中介所	2009	郭安夫	松门镇东升小区 11-8	船舶买卖中介
温岭市诚信农产品品牌申报代理有限公司	2009	金佩云	松门镇迎宾西路 188 号	船舶买卖中介
松门宏仁船舶信息介绍所	2009	李素芬	松门镇松欣大厦 3 单元 402 室	船舶信息中介服务
温岭市松门成功船舶介绍所	2010	林　燕	松门茶山新居第二商场 76	船舶租赁买卖中介
台州平达船务有限公司	2012	罗夏初	滨海镇金港开发区 613 号	船舶销售
温岭市松门顺风船舶介绍所	2012	王康荣	松门镇迎宾南路 3 号	船舶租赁买卖中介
温岭松门林娇君船舶介绍所	2013	林娇君	松门镇育英东路 89 号	船舶中介
温岭市松门登达船舶介绍所	2013	潘云华	松门镇育英东路 65 号	船舶买卖中介
台州市海岭船务有限公司	2014	陈其华	石塘镇南新区滨州路 100 号	船舶租赁、交易
松门业达船舶信息介绍所	2014	陈林华	松门镇迎宾大道 172 号	船舶信息中介服务
松门招运船舶信息中介所	2014	陈夏秋	松门迎宾西路 138 号	船舶、船员信息中介
温岭市松门航通船舶中介所	2015	程宝春	松门迎宾大道 176 号	船舶信息中介（已注销）
温岭市鑫豪船舶租赁服务部	2017	陈其云	石塘镇闽风路 42 号	船舶租赁、船员中介
温岭市石塘家和船舶中介所	2018	郭修喜	石塘东港村后山路 8 号	船舶、船员信息中介

表 4-86

玉环市 2006—2020 年船舶租赁企业

企业名称	创办年份	法人代表	公司地址	代理业务
玉环县灵港船舶服务有限公司	2006	孔招运	玉环沙门镇中滨路 52 号	渔需物资销售（注销）
玉环小友海洋工程服务有限公司	2013	朱小友	大麦屿渔山路	船舶租赁、工程咨询
玉环万兴水上运输设备租赁公司	2014	曾　胤	大麦屿兴港西路	船用设备租赁（注销）
玉环东升港口服务有限公司	2015	朱小友	大麦屿渔山路	船舶租赁、港口服务

表 4-87

临海市 2007—2020 年船舶服务企业

企业名称	创办年份	法人代表	公司地址	代理业务
台州瑞航船舶装饰工程有限公司	2007	卢张顺	临海城关江滨新村 11 幢	船舶装饰安装服务
浙江宏盛船舶设计有限公司	2015	杨　宪	临海汛桥镇杨梅东岙村	船舶设计、代理咨询

表 4-88

三门县 2002—2020 年船舶租赁和服务企业

企业名称	创办年份	法人代表	公司地址	代理业务
台州市运盛船务有限公司	2002	叶惠星	海游广场路 26 号绿洲名苑 10 幢 2 单元 403 室	自有船舶租赁
台州市海鹏船舶租赁有限公司	2020	俞伟峰	海游平安路小康楼 39 号	船舶租赁
台州市昌月船舶租赁有限公司	2020	何昌月	健跳镇永盛村	船舶租赁、船舶改装

第四节　船员培训和职业中介

为行业提供人力资源是航运服务的重要一环，其包括船员培训和船员职业介绍两方面。古代驾船航行只是师徒传承，无专门培训机构，至20世纪初，机器动力开始应用于船舶，机电、通信等技术未经学习培训难以掌握，专业培训的需求开始产生。

清末，葭沚航埠渔商两旺，杨晨、黄蒸云、陶祝华等绅商勠力兴办实业学校以利民生，因筹资不足仅办成普通椒江中学；直至民国4年（1915年）才争取到官费在中学校舍创办浙江省立甲种水产学校，其中渔捞科涉及船舶驾驶，为台州最早的船员培训学校。可惜该校仅存10年，于民国15年迁至定海。此后至当代，公办台州学院、台州职业技术学院和台州各县（市、区）级职业学校均无船员培训专业，唯台州海运公司、台州航海学会在20世纪90年代末着手创办台州船员培训中心，后由民营办学者接手办成台州海洋学校。

船员职业中介在交通运输市场化、民营航运企业兴起后，才随着船舶租赁业一同兴起。

船员培训机构

台州地区近代船员培训起始于民国4年（1915年），于葭沚创办浙江省立甲种水产学校，校内设有渔捞科，涉及渔轮驾驶。但该校于民国16年迁舟山定海城南校场。

20世纪50—90年代，海门航运管理所和航运公司相继举办一些不定期培训班。

1953年9月，海门航管所与海员工会联合举办海员培训班，为期7天；1955—1957年每年举办一次。1960年3月，成立海门航海学校，招收平阳、瑞安、乐清、温岭、黄岩、临海、三门等地的木帆船船员180名，设驾驶和轮机两个专业班，学期半年；9月更名为交通学校，招收第二期学员，1961年停办。1981年4月至1990年底，椒江市航运管理所共举办内河驾驶船员培训班18期。1989年2月，海门航运公司与上海海运学院挂钩，筹办水运管理高等专业证书函授班，学制2年，首期学员41人。1990年，海门航运公司举办职工技术培训班，培训驾驶员144人、报务员19人、轮机长38人、轮机员94人、电机员10人。

随着航海事业的发展，1991年，以海门海运公司为基础，航运、港航、海关、海事、外运、气象、海洋渔业等27个团体会员组建台州航海学会，从最初设立航海技术咨询、磁罗经技术服务部等6专业学组，到拥有兴航技术开发公司、磁罗经技术服务部、航海人才管理和培训中心，并分设学术咨询与职称评定、海事处理、船舶驾驶、轮机与导航、水运、气象、港口管理、船舶政工8个专业学组。其中台州船员培训中心创办于1999年，承担船员安全和救生专业培训、小型船舶船员考前培训、丁类船员考前培训和丁类值班水手、机工员适任培训。1999—2004年共培训学员5940人次。

2000年，椒江栅浦中学与葭沚中学合并为椒江六中后，校舍空置，台州船员培训中心移设原栅浦中学校舍。2008年5月，培训中心升级为全日制中等职业学校，成为经国家交通部海事局和属地教育局批准设立的航海类中等职业学校，为浙江交通职业技术学院台州函授中心，校名为台州海洋学校。此时有民资参入，又租借黄岩二环西路689号模具学校校舍开设黄岩教学点，称台州市黄岩海洋学校。

2011年，台州（黄岩）海洋学校在黄岩的校舍租期已满，迁址椒江区工人西路987号（椒江大桥西侧）。此时，黄岩教育局以无校舍、擅自搬迁为由，通知学校自2012年起停止招生。2016年，葭沚大面积旧城改造，工人路校舍被拆，学校迁至台州港航局北面原海门航运公司仓库继续办学，除挂台州海洋学校牌子，还挂椒江区海洋职业学校、台州海洋学校渔业培训中心牌子。

台州海洋学校设置船舶驾驶、轮机管理、船舶检验、外轮理货等专业。配备驾驶实验室、船舶动力实验室、轮机拆装与运行实验室、雷达和ARPR模拟设备等20多项试验室和实训设备。所取得的海事系统培训资质包括丁类、丙类、乙类及小型船舶值班水手；船上医护、消防、机工及丙类三副、三管轮船员考前培训与实操评估；船员两精通（精通急救、精通救生艇筏和救助艇）；雷达两小证；GMDSS证书；等等。在校生可参加国家海事局组织的三副、三管轮资质考试和评估，并取得相应资格适任证书。

2004年，曾有台州市渔协船员培训中心开办于椒江建设路96号椒江区区党校内，主要经营四等以下渔业船员培训，后撤销。另有台州船员培训基地开办椒江经中路398号明远大厦4号楼1G层。

船员培训专业和课程

船员培训的内容比较宽泛，不只是船舶驾驶，还涉及水手、机工、电工、厨师等方面。台州海洋学校专业和课程设置并不固定，而是随社会需求增减，其主要专业和课程如下：

船舶驾驶专业　课程设置：航海学、船舶值班与避碰、航海气象与海洋学、海上货物运输、船舶操纵、船舶结构与设备、船舶管理、航海英语。

轮机管理专业　课程设置：轮机工程基础、船舶柴油机、船舶辅机、船舶电气设备及系统、轮机维护和修理、轮机自动化、船舶管理、轮机英语。

船舶建造与修理专业　课程设置：船体构造和修理工艺、船舶与制图、船舶舾装工艺、船舶焊接工艺、船用材料与加工技术、计算机辅助绘图、船体生产设计、修造生产安全技术。

船舶检验专业　课程设置：船舶电气、船舶柴油机、船舶概论、船舶动力装置、船舶建造工艺、轮机检修、船舶专业英语。

船舶电气技术专业　课程设置：船舶动力装置与辅机、电路原理、电子技术基础、自动控制理论、船舶电站及自动控制、船舶机械电力拖动装置、船舶管理、电机学、船舶电气工艺管理、轮机英语等。

船舶通信与导航专业　课程设置：现代通信原理、计算机网络、船舶通信导航与定位技术、船舶通信管理与避碰系统、GMDSS通信、GMDSS业务、GMDSS英语、航海仪器等。

航海捕捞专业　课程设置：渔船结构与原理、渔具材料与工艺、航海技术、电工与无线电基础、海洋捕捞技术、渔航仪器、鱼类与海洋经济、动物学、气象学、海洋学、渔业资源与渔场、制冷技术和海上保鲜等。

海事管理专业　课程设置：海事管理实务、航海学、船舶值班与避碰、船舶结构与设备、海事文书应用、海商法、船舶管理、航海英语、海上货物运输、水上交通安全与管理等。

外轮理货（报关与轨迹货运代理）专业 课程设置：报关业务与海关法规、保健业务、国际贸易实务、国际海运地理、国际货代实务、仓储与配送管理、远洋运输业务与海商法、集装箱码头业务管理、集装箱理货业务、货代专业英语等。

船员职业中介

船员也称海员。传统木帆船的经纪人称出海，全面负责船员配置。船员有老大、代舵、挨班、头顶、伙计、烧饭各类。老大负责驾驶，为最高指挥者；代舵分正代舵、二代舵、三代舵、主操舵；挨班分正副，负责爬桅、绳索；头顶一人，负责锚、链、绳缆；伙计有账房和水手；烧饭有包炊、伙夫。

现代海员有高级海员和普通海员之分。高级海员分管理级和操作级。管理级设船长、轮机长、大副、大管轮，中国国内还设政委、管事（船东代表）；操作级设二副、二管轮，三副、三管轮。普通海员又称支持级，有水手长、技工长、一水、二水、机工、厨师、海乘。

无论古今，航海船员都是技术含量较高、经验丰富的职业。古代船员任职，依靠经纪人物色和船员自荐。计划经济时代依靠上级安排、招工和学校分配。改革开放后，资源、资本、人力逐步进入市场，相应形成船舶、船员的中介机构，承担人力资源和运力资源优化调配的使命。台州市船舶、船员中介较活跃的地域是椒江和松门、石塘，其次是临海、玉环。表 4-89～表 4-92，反映椒江、温岭、临海、玉环 4 地船员中介的不完全统计。一些船舶租赁经营者也兼营船员中介。

表 4-89 **椒江区 2006—2020 年船员中介企业**

企业名称	创办年份	法人代表	公司地址	代理业务
台州市海员服务中心	2000	—	建设路 16 号	为到港海员提供服务
台州市海翔船舶船员信息中介	2000	—	通衢路 290 号	船舶和船员职业中介
椒江海兴船舶中介服务中心	2006	张海珍	通衢路 290 号	有招聘船员职位
台州海之门船员服务有限公司	2008	朱贻红	白云山西路 18 号	船员服务、船舶交易
浙江中诚船员管理有限公司	2008	黄德见	市府大道 216 号 6 楼	代理船员培训、考试等
台州市椒江敬利船员中介所	2010	金卫玲	章安路 63 号	代理船员培训、考证
椒江海峰船员服务有限公司	2011	王金平	东升街 152 号	船舶和船员职业中介
台州市椒江四海船员服务中心	2012	苏招正	工人西路 1390 号	船员事务代理服务
台州海友船舶服务有限公司	2012	陈中家	君悦大厦 B 幢 1720 室	船员服务、设备销售
台州市港泰船员管理有限公司	2014	冯 伟	工人西路 1390 号 4 楼	船员管理（已注销）
台州双港船舶船员中介服务部	2017	何丽霞	解放碑路 95 号	船舶船员中介（已注销）

表 4-90 **温岭市 2005—2020 年船员中介企业**

企业名称	创办年份	法人沙埠	公司地址	代理业务
温岭松门永兴船舶信息中介所	2005	陈文云	松门育英路 122 号	船舶、船员信息中介
台州现实船员服务有限公司	2008	郑清华	温岭石塘北沙头	船员信息咨询（已注销）
温岭松门兴隆船舶信息中介所	2009	郭安夫	松门东升小区 11-8 号	船舶、船员中介

续表 4-90

温岭市松门林娇君船舶介绍所	2013	林娇君	松门育英路 89 号	为船员船东作中介服务
企业名称	创办年份	法人代表	公司地址	代理业务
温岭松门招运船舶信息中介所	2014	陈夏秋	松门迎宾西路 138 号	船舶、船员信息中介
温岭市鑫豪船舶租赁服务部	2017	陈其云	石塘镇闽风路 42 号	船舶租赁、船员中介
温岭市石塘家和船舶中介所	2018	郭修喜	石塘东港村后山路 8 号	船舶、船员信息中介
台州市宏雨船务有限公司	2018	郭　渝	松门松欣大厦 1006 室	船员职业中介

表 4-91　**临海市 2006—2020 年船员中介企业**

企业名称	创办年份	法人代表	公司地址	代理业务
临海市鸿泰船员服务有限公司	2004	朱卫俊	水云塘路大柏叶村 B 座	船员办证等服务（已注销）
台州协海船员服务有限公司	2016	鲍作平	临海古城街道许墅村	代理船员培训服务
台州市浩洋职业中介有限公司	2021	李　丹	桃渚八份村 23 号	内河船员事务代理

表 4-92　**玉环市 2007—2020 年船员中介企业**

企业名称	创办年份	法人代表	公司地址	代理业务
大麦屿诚信船务海员服务中心	2007	洪爱来	大麦屿龙山路 16 号	信息咨询服务

第五节　构建航运服务集聚区

工业化和城市化向服务业提出了集聚化的要求，航运服务的集聚也是航运业发展的必然趋势。21 世纪 10 年代中期，台州市港航管理局会同椒江区港航管理处，推出一个建立台州大陈航运服务集聚区的探索性实践项目，于 2015 年委托台州市经济建设规划局编制《台州现代航运服务业集聚区建设发展规划》。

规划例举 2014 年台州全市拥有航运企业 76 家，沿海船舶 595 艘，413 万载重吨，在全省航运业载重吨中居第三位，万吨以上船舶居第二位，船龄年轻化居第一位。由于多种因素，台州还有数量可观的航运企业在外地注册，如仅温岭人在上海、宁波等地经营的国内航线运力就达 80 多万载重吨，国际航线运力更达 100 多万载重吨。反观台州坚实的产业基础和旺盛的腹地运输需求，显见台州在航运服务业上存在发展规划相对滞后、政策扶持相对有限、港航联动相对脱节等短板，致使本地运力外流。

构建航运服务集聚区的指导思想是着眼建设航运服务“功能特区”“政策特区”，以船舶运输业为主导产业，推进相关配套服务“产业成链、企业成群、要素成市”，全面建成与海洋强市相适应的现代航运服务业集聚区。依据航运服务有理货、货运代理、船舶经纪、船舶检验、船舶修理等中下端服务和金融、保险、信息、仲裁、法律、人才教育等高端服务之分，前者适宜在临港区域开展，后者适宜在具有良好支撑性服务基础的区域发展。

由此提出构建“二基地二区”的总体布局框架。“二基地”为航运企业总部基地、现代物流基地；“二区”为邮轮游艇休闲旅游区、高端航运服务功能区。航运企业总部基地、邮轮游艇休闲旅游区设于大陈岛；现代物流基地、高端航运服务功能区设于台州主城区之白云街道。

大陈岛的发展定位之一是浙江沿海重要的物资储运基地，与航运服务聚集区有很高契合度。同时因具有财税、用地、用海等方面的政策优惠和便利，其良好的营商环境，有利于吸引航运企业总部、船舶管理服务企业、航运重点企业、航运功能新机构落户注册，大力发展船东经济、航运总部经济，可为台州及内陆相关地区临港产业提供能源、物资中转服务。

结合大陈岛旅游开发，可建设标准专用邮轮码头、游艇码头，完善邮轮补给配套服务，开发具有综合配套功能的邮轮城和游艇基地。

白云街道为台州市中心城区的主要区域，为地市级行政、商务、金融、科技、信息的集聚地，市级教育中心也在其侧，是全市服务业发展的中心板块。在此划设高端航运服务功能区，可包揽纳税、报关、金融、保险、会计、资产评估、海事、法律、航运咨询、航运信息、航运管理、航运技术、船舶管理、船舶交易、海员培训、职业介绍、劳务输出、航运研究等方面的全方位航运服务。

白云街道毗邻海门港区，海门港区是台州港的传统核心港区，港城协调发展良好，新开发头门港区为未来台州中心港区，两者处在延伸互连状态。海门港区集聚港口经营、仓储、运输、理货、货运代理、船舶代理、商检、引航、驳运、拖带等港口服务，自然形成台州市的现代物流仓储中心、口岸综合服务中心。

迄 2018 年，台州大陈航运服务集聚区所在的椒江区航运企业占全市的 45.8%，运力占全市的 65.8%，运力结构合理、齐全，航运辅助产业和航运高端服务也已在椒江区集聚成群，航运人才资源雄厚。台州的民营造船业在全国民营造船业中处于领先地位，“船企办航运”的灵活机制使得航运业和造船业互为反哺，为现代航运服务业的快速发展提供有力支持。虽然高附加值的航运金融、保险、信息服务尚处于起步阶段，但在行业管理部门的努力引导下，其正在不断发展。

2020 年，大陈望夫礁码头安全条件审查等项目完成评审。

第五编

船舶类型和修造检验

船舶是用于水上运输或作业的工具，大类可分为民用船和军用船。本编所记船舶仅涉民用运输或作业，以及参与港航管理的各类巡逻执法船。细分涵盖水上货运客运用船、水上工程用船、各类港作用船、港务工作用船、水上巡逻执法用船、救急抢险用船、渔业用船、旅游体育用船、海洋科研开发用船等。

船舶按不同的使用要求而具有不同的技术性能、装备和结构形制。在历史的长河中，不同时期航运船舶的形制和技术更是相去甚远。越往前，形制和分类越简单；越往后，形制和分类越复杂。本编设船舶类型一章，以古代、近代、当代三节分叙三时段的船舶类型，再设船舶修造一章，分叙不同时代的船舶修造及造船企业。

船舶因其航行于水域，沉没损失巨大。故自发明舟船起，使用者就十分重视检查船舶的质量性能。台州自东汉始设行政机构，地方古史志难觅关于船舶检验的记载，但古代职官有典船校尉、漕运司之设，当包括船舶检验之职责。晚清以后，有海关子口、军营、官衙、渔团局、警察厅、管理船舶事务所相继管理船舶检验。

20 世纪 50—70 年代，在计划经济模式下，船舶检验先采用造船企业自检的第一方检验，后过渡到由船东代表实施的第二方检验。1958 年，国家设立船检局；1963 年颁布《中华人民共和国船舶检验局章程》，规定了船检部门的性质、任务、机构体制、职权范围等事项，实施由政府职能部门执行的第三方检验，即除军用舰船、渔船和体育船艇外的船舶和船用产品，均由港航部门职能机构检验，船舶和船用产品经检验合格发给证书后，才准航行和使用。但正式的独立机构浙江省船舶检验处海门检验所迟至 1984 年才成立。

第一章　船舶类型和存量

船舶形制是指船舶的建筑形式。古今船舶虽然差异甚大，但基本形状可按船舶侧面形状分为平甲板船，设有首楼的平甲板船，设有尾楼的平甲板船，设有首楼和尾楼的凹形甲板船，以及同时设有首楼、尾楼、桥楼的三岛形甲板船。

船舶种类繁多，也有众多分类方法，如按船体材料分，有木质船、钢质船、水泥船、玻璃钢船、皮筏船；按航行区域分，有远洋船舶、近洋船舶、沿海船舶、内江船舶、内河船舶；按动力装置分，有蒸汽机船、内燃机船、汽轮机船、电动船、气垫船；按推进方式分，有人力划桨船、风帆助航船、明轮船、螺旋桨船、平旋推进器船；按航行方式分，有自航船、非自航船；按航行状态分，有排水型船和非排水型船；按用途来分有民用、军用两大类，对港航而言，只涉民用船，以及为港港服务的工作船。

民用船舶的细分更为复杂，从大类分有运输船、工程船、拖船和推船、港务海事船、海洋开发船、旅游体育船艇、渔用船等。其中运输船包括货运船、客运船、客货船、渡船、驳船，而货运船中又分杂货船、散货船、集装箱船、滚装船、载驳船、油船、液化气体船、冷藏船等。工程船包括挖泥船、起重船、浮船坞、打捞船、布设船、打桩船等。拖船和推船包括海洋拖船、港作拖船、内河拖船。港务海事工作船包括引航船、联检船、港监船、缉私船、海事巡逻船、航标船、救护船、消防船、防污染船、供应船、交通船、趸船等。海洋开发船包括海洋调查船、测量船等。旅游体育船艇包括游艇、赛艇、漂流气筏、漂流竹排等。渔用船包括拖网渔船、围网渔船、刺网渔船、钓渔船、渔业加工船、冷藏运输船、渔业调查船等。

第一节　古代船舶形制

先秦《世本》云：“古者观落叶因以为舟。”说明先民能造船的历史已相当久远。《越绝书》记越人“水行而山处，以船为车，以楫为马，往如飘风，去则难从”，而越人浮海“滨于江南海上”即为台州先民的来历，造船当是先民强项。远古时代的船舶形制如何，因文献记载阙如，难考其详。20世纪60年代修水利中曾在章安湖巉村掘出古船铆榫构件，船板厚40厘米，宽约1米，残长10米许。1969年，温岭箬横朝西村在淤泥中出土长5.9米的独木舟（图5-1）。1984年，椒南沙王（古沙岗）在修水利时掘出独木船遗骸，惜未妥善保留。

《史记·平准书》记，汉初“越欲与汉用船战逐，乃大修昆明池，列观环之，治楼船，高十余丈，旗帜加其上，甚壮”。楼船有三层，分别为庐、飞庐、雀室。汉时，章安设会稽郡东部都尉，其地是由海路与北方会稽郡治（西汉会稽治设吴县，即今苏州；东汉治设山阴，即今绍兴）沟通的沿海港口。无论是民用、军用还是对外联络均靠船舶。三国时代，吴主孙权派卫温领兵万人，靠泊章安，浮海夷洲。其时军用船舶有戈船、桥船、斗舰、艨艟、楼船等；民船则有舸、艑、艇、扁舟、轻舟、舲舟、舫舟等；行驶工具使用纤绳、楫、橹、帆等。

图 5-1　在箬横海涂出土的独木舟，长 5.9 米，宽 0.6 米，中舱深 0.3 米，据考证为宋代以前物件（来自 1987 年《温岭县水运志》）

古代台州，船舶也广泛应用于海、江、内河和溪流。

古代海船

唐宋时代，国内船舶基本类型有沙船、福船、广船、鸟船，台州境内船舶主要属福船一类，也有沙船和鸟船中之绿眉船。

福船为福建、浙江一带沿海尖底海船的统称，起源于战国时代。福船首部尖，尾部宽，底尖上阔，两头上翘，首尾高昂，两舷向外拱，两侧有护板。船体高大如楼，“上平如衡，下侧如刀，贵其可以破浪而行也”。船内有连续船舱，以纵通突出龙骨构成多道横向水密隔舱。一般采用三桅，扇形布帆或矩形竹篷。吃水深 4 米左右，适宜行驶东海、南海和远洋。因乘风能下压犁沉敌船，也是优良的海战船（图 5-2）。

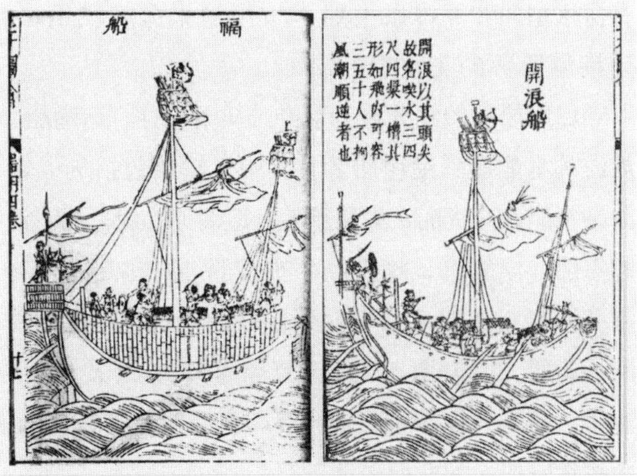

图 5-2　古籍所载福船和战船

沙船始创于唐代崇明一带，宋代称之为防沙平底船，明代中期才称沙船。沙船平底、方头、方艄，适宜底部沙滩、沙丘海域，可免搁沙覆舟，江河湖海皆可航行。沙船甲板面宽，形深小，干舷低；采用大梁拱，纵向结构采用扁龙骨，横向结构采用水密隔舱工艺；多桅，多帆，采用矩形带撑条硬式帆篷；载重量一般为 500 ～ 800 吨。

闽广远航艚船也称洋船、鸟船。鸟船中之绿眉毛船为象山石浦渔民所创造，船体头小身肥，尖圆底，船首和船尾两头微翘，船首部尖瘦呈鸟嘴状，船尾出艄，恰容可升降舵板，长宽比小于沙船而大于福船。有纵通龙骨，多道横向水密隔舱。船长一般为 10 米，宽 3.4 米，采用三桅扇形布帆或矩形竹篷，张篷状似鸟翼。一般配橹，有风扬帆，无风荡橹。船首和船尾彩绘龙目或鸟目、鱼眼，上饰绿色漆带，故称绿眉毛。

元明时期，造船技术进一步提升。元初两次远征日本，朝廷命令江浙各路伐樟木制造征倭船，台州大批樟木被砍，用于造船。台州尖底海船在元代用于漕粮海运，方国珍割据浙东三路期间，还曾以拥有的千余艘船舶至长江口海运漕粮去大都（北京）。明代，漕粮大多靠运河运输，朝廷将建造浅船的任务分配各省，台州建造适于运河航行的浅船280艘。明席书《漕船志》记其形制为底长五丈二尺，底宽九尺五寸，梁头十四座，龙口梁阔一丈深四尺，大桅一根，头桅一根，大篷一扇，头篷一扇。

明代抗倭期间，台州战船基本由民用船改装，除民用船福船、沙船外，还有改装的海沧船、艟桥船、叭喇唬船、网梭船等。

海沧船小于福船，吃水七至八尺，风小也可驶动，利于海洋作战，冲击敌船。艟桥由苍山船改装而成，比苍山船稍大，高五尺，吃水六至七尺，首尾皆阔，帆橹并用，风顺扬帆，风息摇橹。叭喇唬船底尖面宽，首尾如一，底用龙骨，直透前后，阔约一丈，长四丈，尾有小官舱，每边用桨八至十支，快捷如飞，但仅涉江河，难行大海。网梭船由渔船改装，临海网梭船平底，吃水七至八寸，船形像梭，竹桅布帆，仅容二三人，宜行里港浅涂，便于哨探。

清《嘉庆太平县志》分析闽广、浙直（指南直隶，即今江苏省）船形之差异称：“广东之船，两旁设架，便于摇橹；福建之船，其旁如垣，其篷用卷，便于使风；浙直之船，平底布帆，便于荡桨。所由然者，福建海水最深，各汛地俱近外洋……故有风时多，无风时少，顺则使风，逆则戗风，此福船所由制也。广东自出五虎门……俱有岛屿……商船往来，多从里海，且风气和柔，全仗摇橹，此广船所由制也。浙直海水深处固多，浅处时有，近岸平沙或数十里，潮涨水深寻丈，潮退仅可尺许，故叭喇唬船、沙船专事荡桨，此浙直船所由制也。”

清代，台州民船以蛋船和三不像船为主，此外有艚船、双篷（帆）船、罾船、水艍船等。蛋船身长舱深，头尾方形，利于深水，不利浅滩，畏礁不畏风，载重约110吨，船底及两旁涂蛎粉，利避免海洋生物附着。所谓三不像船是鸟船或钓船改造而成的，形制不像鸟船，也不像沙船和蛋船，头锐尾高，载重200～300吨。

艚船即象山绿眉毛，后桅较细，俗称吹艄，被福建人称为乌艚船，用于漕运，故也称艚船。双篷（帆）船指双桅双帆船舶。罾船为渔船，装有罾网。水艍船为官方捕盗用船，长十丈一尺，阔二丈二尺，舱深七尺九寸。

古代江船、溪排和内河船

灵江、永宁江水系是古代台州沟通滨海平原与内陆山谷盆地的水路交通要道，最先出现的是由自然物制成的浮具，如竹排、木筏、独木舟、木板船。

行驶内江的船舶称为长船，形状狭长，两端尖而微翘，如织布梭子。木质平底，长14～15米，宽2米，载重舱长6米，型深0.7米，最浅吃水0.4米。宜在溪流滩涧航行，有箬篷作盖，篙、桨、帆、纤具备。在宽阔的灵江、永宁江、椒江可张帆行驶，或摇橹前进；在永安溪、始丰溪，下行可顺流，上行可借助拉纤和撑篙行驶。下行载重4～5吨，上行减半。长船上溯可达仙居皤滩、天台街头。

溪流渡船形如畚箕，平底，宽而浅，船长 5 米，宽 2 米，型深 0.6 米，载重 2 ～ 4 吨或 30 ～ 60 人。可摇橹，也可用竹篙撑船，船首扁平翘起，可直接插入沙滩，无须借助道头即可上下乘客。

竹排也称竹筏、翘头排，排长约 11 米，由 11 ～ 13 支毛竹并排夹连而成，毛竹去篾青，小头向船头，用火熏烤弯曲使之成翘头。盈尺之水即可供竹排通行，每筏前后各有一人用长篙撑行。竹排一般载重 300 ～ 400 公斤。

内河使用平底内河舨，也称小舨，方头，无桅仰口舱，上覆拱状箬篷，用以保护货物免受雨淋日晒。橹摇行驶，速度不如人行，载重 3 ～ 5 吨。

第二节　近代船舶类型

清末民国，由沪甬开放城市传入机器动力船舶，台州航运处于木帆船和机动船交融使用的时期，木帆船也大型化，最大者可达载重 9000 担（约合 720 吨）；轮船最大载重 1612 吨。其他江船、竹排、内河船继续沿用，形制有所扩大和改进。

近代木帆船、木船

近代木质船舶使用于沿海、内江和内河。

沿海木帆船

晚清以来，台州外海大型木帆船大多集中于海门港（图 5-3），主要形制有花屁股、鸭屁股、荷叶屁股、柴爿壳船四种。其中鸭屁股形制最大，其次为花屁股、荷叶屁股、柴爿壳船。

鸭屁股木帆船三桅三帆，有两个货舱，配船员室、伙房，载重 7000 ～ 9000 担（每担合 80 公斤）。

花屁股船三桅三帆，有两个货舱，配船员室、驾驶室、伙房，载重 3000 ～ 4000 担。

荷叶屁股船二桅二帆，有两个货舱，配船员室、驾驶伙房，载重 1500 ～ 3000 担。

柴爿壳船一般转运柴爿、木板、木炭，容量 1000 ～ 2000 担。

图 5-3　晚清台州外海木帆船(图片源于民间收藏家)

民国 12 年(1923 年)前后，海门港营运于江浙闽沿海的大型木帆船近 30 艘，最大船主为上海人(佚名)，拥有总载重 34800 担的木帆船 5 艘，单船最大容量达 9000 担。本地最大船商为葭沚黄燕云、黄楚卿父子，拥有总载重 26400 担的木帆船 8 艘。

温岭松门、石塘一带有开角型船、青头堑型（图 5-6）、乌浪鼓船。开角型船船头开角，尾部蛋形，三桅三帆，船底有龙骨，船长 31 米，宽 7 米，深 3 米，吃水 3 米，载重 150 吨。青头堑型头涂青色，三桅三帆，船底有龙骨，船长 28 米，宽 6 米，深 2.7 米，载重 100 吨。乌浪鼓船分布在金清、松门一带，尖头冬瓜底，中宽尾狭，甲板呈弧形，两桅硬帆，抗风抗浪力强，载重12～14吨。另有小型木帆船大排型船（载重约80吨）、乌茄（绿眉毛，载重约70吨）（图5-7）、钉送船（载重约60吨）（图5-4）、红头船（乌浪姑娘，载重约25吨）（图5-5）等。

临海、黄岩行驶于灵江、永宁江的柴昆船、蓝平船，既能行驶内江，又能行驶近海。柴昆船为敞口小帆船，长约11米，宽3.5米，型深1.7米，载重10～20吨。蓝平船也称小绿眉、蓝鼻头，为柴昆船的改进型，载重20～30吨。

玉环县在明、清两代两次遭“迁海”，至清雍正六年（1728年）才重招垦复移民，业态仅限鱼盐，运输也仅限鱼销、盐销，本地木帆船仅有渔船。

民国时期，三门县航埠仅海游善岙埠、蒲西巡检司埠、健跳车马渡3地，行驶内港湾的船舶仅有5艘木质小航船、6艘木质小帆船，每艘载重4～5吨；外海仅有4艘三桅木帆船，每艘载重7～14吨。

沿海渔船

清末民国时期，台州渔船有鳖壳船、红头船、二份船、独撩船、乌艚等。

鳖壳船长三丈六尺，宽九尺，头窄腹大尾杀，分十三舱，每舱隔龙骨，中央五舱隔木板，如鳖壳状，因全身涂黑，又称乌茄、五份船。略小者称四份船。

红头船也称三份船，无鳖壳，有箬篷，挂小帆，船头小开口，开舱覆木板，船长一丈五尺至二丈，载重30～40担；容量比四份船小，三人为伍，故名。若用于捕黄鱼，必须二船为一组，故又称红头对或网对船。椒江北岸多红头对，数量多达1200对。

二份船为最小的渔船，挂小帆，覆箬篷，以二人为伍，又因其能在岛门、港口附近随潮张捕、钓白蟹，也称门里拖或泥拔。也可用于接载外洋渔船的渔货。

独撩船构造同鳖壳船，但容量比其大一倍以上，不畏风浪，可独船放钓，故也称独钓船。但用溜网捕黄鱼，常以30～40扇渔网连成一溜，故又称为大围船。

葭沚渔船以乌艚为主，由母船和二仔船组成，母船小平头，前舱覆板，后舱鳖壳形，置桅加橹桨，船长三至五丈，载重100～150担。

近代台州渔船容量大者达300担，小者仅数十担。

图5-4　温岭钉送头船（采自1987年《温岭县水运志》）

图5-5　温岭乌浪姑娘船（采自1987年《温岭县水运志》）

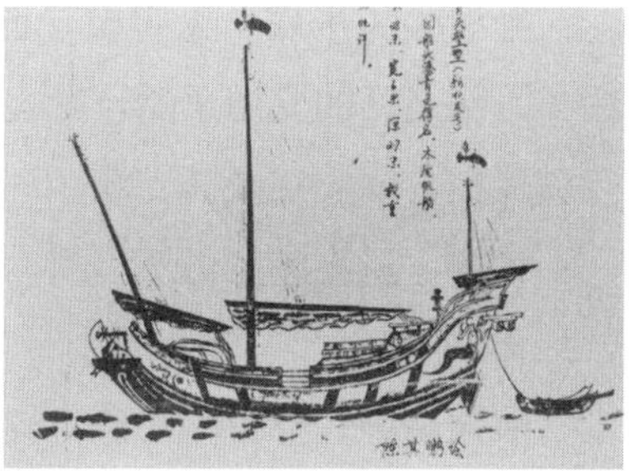

图5-6　温岭青头堑型船（采自1987年《温岭县水运志》）

图5-7　温岭乌茄船（采自1987年《温岭县水运志》）

内江木帆船、排筏和渡船

传统内江货运船舶有长船、平头船（大舨）、蓝平船、柴昱船、舸、虾船、舢板等。

传统长船沿袭应用，形制有所扩大，20 世纪 30 年代，仅永安溪长船就达 700 余艘；民国 34 年（1945 年）临海县统计长船 490 艘。

图 5-8　灵江上的长船(来自椒江区档案馆)

平头船分大平头、小平头两种，也称大舨，行驶永宁江的也称黄岩舨。大舨船形两头方平，平底有桅，使软帆，仰口货舱。靠风力或人力摇橹。大平头船长约 12 米，宽 2.4 米，型深 0.8 米，载重 9 ～ 12 吨；小平头长约 10 米，宽 2 米，型深 0.7 米，载重 7 吨。

图 5-9　20 世纪 80 年代海游港航运帆船（来自 1990 年《三门县交通志》）

蓝平船、柴昱船行驶内江，也驶沿海（参见上文）。

舸为黄岩舨的改进型，改平头为尖头，去“走马”“止口”，两舷增设“纳肚”，加舷板形成舷墙，改仰口舱为半仰口舱，使载重可达 20 ～ 30 吨。这种改型在 20 世纪 30—50 年代持续进行，船民自称为舸。

虾船一般长约 10 米，宽 2.4 米，型深 1.3 米，载重 5 ～ 10 吨。

舢板尖头平底，无甲板，也称吞壳、三板，因最初由三块木板构成，板指在大船和与大船、大船与码头之间的交通子船，有大、小两种，载重 3 ～ 10 吨，以 4 ～ 5 吨为普遍，大者有桅帆，配桨，行驶灵江、永宁江及其支流。

竹排、溪流渡船仍然沿用。

内河木船

清末民国，台州湾平原内河货运船舶称内河舨，也称小舨，形制较古代更大并有改进，有三舱、四舱之分，上覆拱状箬篷，用以保护货物免受雨淋日晒。因橹摇航速不如行人，故在船尾开撑竿档(槽)，可穿进毛竹撑竿，由人在岸上用撑竿推动，再辅以纤夫拉纤，成为俗称之“快船”，载重一般在 10 吨以下。民国 26 年（1937 年）黄岩县有内河舨 543 艘，载重 45406 担；民国 38 年（1949 年）温岭县有内河舨 760 艘（其中 5 艘为机动客船）。椒北内河船也称河舢船，方头柜形，俗称棺材船，船长 5 米，宽 1.5 米，型深 0.8 米，载重 2.5 ～ 4 吨。

近代机动船

世界上第一艘由蒸汽机动力螺旋桨推进的轮船发明于 1839 年，中国的洋务运动在清同治七年（1868 年）始造第一艘载重 600 吨蒸汽机兵船惠吉号。1894 年，英国发明反动式汽轮机用于轮船，航速达 60 公里 / 时。早期汽轮机轮船螺旋桨与发动机转速相同，至 1910 年发明齿轮变速、电力传动变速和液力传动变速装置，轮船才开始采用变速传动方式。世界上第一台船舶应用柴油机始于 1902 年。

外海机动船

台州最早在清光绪十三年（1887 年）驶入上海；在光绪二十三年（1897 年）与宁波人合购海门轮；随之，台州陶祝华、杨晨创办越东轮船公司，于光绪二十四年（1898 年）购置永宁轮，比宁波华商为抵制英商垄断创办宁绍商轮公司早 11 年，就全国范围看也算是华商自办轮船公司的先声。由于缺乏反映轮船动力的史料记载，仅知永宁轮载重总吨 438 吨。据世界造船技术发展历程推测，光绪年代的轮船只能采用蒸汽机螺旋桨驱动。

宣统三年（1911 年），行驶海门港的沿海轮船吨位，海门轮 177 总吨、永宁轮（木质）438.16 总吨、永川轮（木质）372.11 总吨、海宁轮 106 总吨、湖广轮（木质）328.5 总吨、永利轮 763.55 总吨、可贵轮 440 总吨、平安轮 454.81 总吨、新海门轮 672.73 总吨、宝华轮 724.29 总吨，共计 4477.15 总吨。其时全国注册轮船 517 艘，共 114885 总吨，海门港轮船吨位占全国的 3.9%。

民国时期，台州外海轮船均客货混装，一般货物装在水线以下船舱，船上无起货设备，由搬运工上船背货。外海大轮船如穿山轮、台州轮、达兴轮、福康轮、舟山轮、新宝华轮、大华轮、沪宁轮等载重均在千吨以上，其中台州轮为 1524 吨、沪宁轮 1612 吨；其他在 100 吨以上。民国 19 年（1930 年）造温岭铁壳沿海机动货轮泰顺号，船长 37 米，宽 7 米，深 3 米，载重 200 吨，装机 300 匹马力。民国 26 年（1937 年），海门港外海轮船总数达 23 艘，总吨位达 16956 吨；民国 4—26 年（1915—1937 年）先后营运的轮船 47 艘，总吨位 25000 多吨。

内江、内河机动船

晚清通航灵江、永宁江内江客货轮有灵江轮、顺昌轮（50 总吨）、怡昌轮（50 总吨）、永裕轮（7 总吨）、永新轮（21 总吨）。内江、内河汽船以载客为主，捎带货物。

民国 18 年（1929 年），建造航行于海门—临海的木质运大客货轮，载重 22 吨，客位 183 座，配 120 磅蒸汽机为动力，航速 20 公里 / 时；同年造钢质章安轮，载重 60 吨。民国 28 年（1939 年）造木质江大客货轮，载重 40 吨，客位 117 座，配 80 匹木炭发动机为动力，航速 20 公里 / 时。民国 36 年（1947 年）造木质茂生轮，用于临海—黄岩航线，载重 32 吨，客位 72 座，配 60 匹木炭发动机为动力。椒江义渡轮建于 20 世纪 30 年代初，木质，配 40 匹马力烧柴蒸汽机为动力。民国时用于内河客运的汽船载重 4 ～ 8 吨，大多为木质，装木炭机动力。

台州内江汽轮载重量一般在 10 吨以上，100 吨以下；内河汽船载重量在 4 ～ 10 吨。抗战前，内江客班轮有章安、临浦、运大、江大、永升、黄济 6 艘，310.1 总吨；内河客班轮有松门、临太、佩华、太平、横湖、黄椒 6 艘，42.88 总吨。民国 34 年（1945 年）内江客班轮有章安、运大、永升、江大、黄济 5 艘，279.96 总吨，内河客班轮有松路、横湖 2 号、温黄、方城、新佩华、华新 6 艘，41.22 总吨。

晚清民国时期，由于技术落后和材料不足，除大型外海轮船使用钢质外，小吨位海船和内江、内河汽船大多采用木质船壳。此时也出现了机帆船，是在传统木帆船上装机器动力，顺风时仍利用风力行驶，不能利用风力时才开动机器。民国 14 年（1925 年），设葭沚的浙江省甲种水产学校有 30 吨钢质渔轮 1 艘。

民国 26 年（1937 年），抗战爆发，台州境内轮船曾转外籍以自保；抗战中船舶毁损颇多。战后恢复的木帆船和轮船吨位偏小，不及战前。民国 37 年（1948 年）下半年，民国政府在大陆面临崩溃。年底，茂利轮、江苏轮去台湾，抗战后逐渐恢复的 50 多艘轮船开始四散，所剩无几。

第三节　当代船舶发展（上）

20 世纪 50—70 年代，台州用于海、江、河的木帆船和无帆木质河舨普遍改型和改装机器动力，开始用钢筋钢丝网水泥船和钢质船取代木质材料。沿海木质客货轮逐步被钢质取代。

沿海内江木帆船、木质船改造

20 世纪 50—60 年代，沿海木帆船逐步改装机器，成为机帆船。通常是将船尾的船员卧舱改为机舱，加装尾轴和舵系统，并在尾部上层增设驾驶台和船员室，因仍保留桅帆备用于有风时，故称机帆船（图 5-10）。通常载货量 150 ～ 300 吨，大多采用 6160 型柴油机，船员配置 12 ～ 20 人。但因船体为木质，大多需每年一小修，三年一大修。

图 5-10　20 世纪 60 年代机帆船（图片源于民间收藏家）

取代木质船体的是水泥船（图 5-11）和钢质船。水泥船在 1962 年以后开始生产；钢质轮船在民国时期就已运用，但本地修造力量十分薄弱。20 世纪 50 年代，台州造船企业基本只修造木质船舶，至 20 世纪六七十年代才转向制造钢质轮船。80 年代初，沿海木帆船逐步淘汰，各地进度不一，大体在 1980 年前后。1979 年，三门县淘汰木帆船；1980 年，灵江淘汰木帆船实现机械化；1983 年，海门港淘汰木帆船；1984 年，温岭县、玉环县淘汰木帆船。

图 5-11　流行于 20 世纪 70 年代的内河水泥船（图片源于民间收藏家）

水泥船的生产始于 1962 年，时有海门镇劳力调配所建筑材料队组建建筑工程队，开始建造水泥趸船。1965 年生产 12.5 吨内河船，装 10 匹马力动力。1972 年企业改为海门水泥船厂，建造 70 总吨沿海渔船；1975 年改称黄岩县海门船舶修造厂；1977 年建造 300 吨钢丝网水泥船。1970 年，海门椒江第二木帆船运输社购置沿海水泥船 1 艘，总长 23.2 米，型宽 5.25 米，型深 2.71 米，115.71 总吨，载重

100 吨，主机功率 88.32 千瓦，航速 8.6 海里。

除海门以外，温岭县城关、新河、泽国运输社于 1966 年造水泥船 5 艘，总计 60 吨。临海县于 1967 年建造水泥船用于内江、外海，所造东方 4 号载重 14 吨，装 30 匹柴油机，航速 20 公里 / 时；浙临机 52 号载重 165 吨，配 185 匹动力，航速 14.8 公里 / 时。玉环、三门于 1979 年始用水泥船。与此同时，各地开始以钢质船体代替木质船体。

水泥船船体以角钢为骨架，以钢筋为网络，用钢丝网覆盖轮廓，然后用 250 级水泥砂浆密实震涂而成。其具有造价低、修理费用省、维修时间短等优点。但水泥船经不起碰撞，因此更适用于内河。

20 世纪 50—80 年代的沿海客货运船舶

1953 年底，海门港外海运输轮船达 33 艘，载重吨 8065 吨。此时轮船载重吨均在 100 ～ 500 吨，平均 244 吨，船体大多为木质，铁质船仅有建成轮、利东轮、天福轮、泉福轮几艘。外海轮船相较于民国时期偏小。迄 1959 年，全部轮船经公私合营社会主义改造纳入航管部门直管，或纳入海门轮船公司。因椒沪、椒甬客运中断，轮船仅用于不定期货运。

按 1953 年 1 月统计数，海门外海木帆船联运社共有木帆船 37 艘，984 总吨；年底统计外海木帆船 57 艘，计 2700 吨，平均每艘 47.37 吨。与民国时期相较，外海木帆船显著偏小。

1958 年，海门港以台州专区航运管理所的名义接受上海海运局下放的和平 30 号轮、建成轮、利兴轮、新台州轮、大丰轮、国光轮 6 艘轮船，除和平 30 号轮（后为浙海 301 轮）和建成轮（后为浙海 302 轮）为钢质外，余均为木质，装热球式柴油发动机。该年，航管部门直管和海门轮船公司所属轮船共 8 艘，载重吨 2375 吨，全部木质轮船分别改称浙海 303、浙海 304、浙海 305、浙海 306、浙海 307、浙海 308，载重量在 100 ～ 600 吨。此时，吨位较大的钢质轮船开始采用吊杆起货设备。

在 1958 年“大跃进”期间，为增加运量，推行“轮木拖带”，即机动轮船拖带木帆船以实现多载。同时推广以海排方式运输竹木。

20 世纪 60 年代，曾改装货轮为客货轮复航椒甬、椒沪客货航班，均因客源稀少，旋即停航。大陈岛客船运用 28 吨 145 座浙江 301 轮也不能满载，再建 19 吨 100 座木帆船浙江 303 轮驶大陈。其间，木质轮船采用热球式主机为 6160 型柴油机。1966 年海门港全民所有制沿海货轮 10 艘，2442 总吨；集体所有制沿海货轮 4 艘，740 总吨；沿海木帆船 76 艘，2715 总吨；客轮 1 艘，载客 145 人。

20 世纪 70 年代，新建钢质浙江 401 客轮投放海门—石浦航线，新建钢质浙江 402 客轮投放海门—大陈陆岛航线，购进 10000 吨级曙光号货轮。1975 年，海门港航部门委托上海江南造船厂建造设备较完善的 1384 总吨 432 客位之浙江 403、浙江 404 客货轮，正式复航椒沪客运航班。1974 年，曙光号货轮装钢材自沪至椒，在舟山海域沉没。

1978—1985 年，海门航运公司淘汰所有木质机动船，新增钢质船舶 19 艘。其中，有 1978 年建 300 吨级水泥船；1979 年建 500 吨级浙海 310 轮、550 吨级浙海 311 轮；1981 年改建舟山浙拖 71 轮为 500 吨级浙海 306 轮，改建旧钢质闽海 102 轮为浙海 303 轮，在象山船厂建造 500 吨级浙推 1 号轮；1982 年新建 3781 吨浙海 304 轮、浙海 305 轮和 1200 吨浙海 307 轮；1984 年转入石油公司油轮为浙海 308 轮，由渤海船厂建造浅万吨浙海 313 轮；1985 年由海门航运公司自行设计建造客座 300 座浙江 401 轮为海门—大陈航线客轮；其他还有 2200 吨浙海 303 轮等。其中浙海 304 轮、305 轮、313 轮专为台州电厂运煤。

1989 年石浦航运公司 150 客位大金山客轮参与海门—石浦航线对开，1990 年新建载重 2746 吨、全卧位 728 客位之浙江 406 客货轮投放椒沪航线。

图 5-12　20 世纪 80 年代靠泊海港码头的货轮

1989 年，海门港拥有机动船 89 艘，59699 总吨、1462 客位。其中，海门航运公司 14 艘，32202 总吨；各集体企业共计 26 艘，17565 总吨；个体联户和非交通单位自备 43 艘，7910 总吨。海门港以外各县船舶发展情况如下：

图 5-13　20 世纪 80 年代靠泊海门港外沙物资码头的货轮（来自 1994 年《椒江》画册）

1956—1980 年，海门及海门港为黄岩县属地。海门以外，1956 年，澄江运输社有航行宁波、温州—上海的沿海帆船 2 艘；1964 年，澄江、三江口、三甲 3 家外海运输社有外海帆船 13 艘，603 总吨。1984—1994 年的黄岩县辖地为今黄岩区和路桥区。至 1988 年，黄岩全县（包括路桥金清）外海船舶 94 艘，11464 总吨。其中，县属企业货轮 17 艘，6810 总吨，全部钢质；乡镇企业货轮 34 艘，3046 总吨，机帆船 43 艘，1608 总吨。

图 5-14　20 世纪 80 年代靠泊海门港油码头的油轮（缪鹤贤摄）

临海县（市）1957 年有内河木帆船 502 艘，并开始拥有外海木帆船，1959 年又有外海机动货轮。1980 年实现机械化。1985 年有沿海、内江船舶 85 艘，6645 总吨。

温岭县 1949 年有沿海木帆船 87 艘，1408 总吨。1967 年开始有沿海机动船 1 艘，108 总吨，木帆船减至 55 艘。1984 年淘汰木帆船。至 1985 年有机动船 33 艘，4998 总吨，其中钢质船 8 艘，2920 总吨、水泥船 1 艘，200 总吨。

玉环县外海船舶分属坎门、楚门、鲜迭三地。1956 年，坎门有木帆船 23 艘，326 总吨，至 1988 年，地处坎门的玉环航运公司有钢质货轮 5 艘，2570 总吨。1956 年，楚门有木帆船 65 艘，755 总吨；至 1988 年，地处楚门的玉环第二航运公司有货轮 10 艘（其中 3 艘钢质），1796 总吨、客轮 4 艘，399 客位。鲜迭在 1956 年有木帆船 8 艘，98 总吨；1988 年，鲜迭航运公司有货轮 9 艘（其中 7 艘钢质），

1524总吨。

三门县1949年有木帆船15艘,92总吨。1955年,三门水路运输社拥有木帆船17艘,总载重538吨,最大吨位为85吨,最小为4吨。1979年淘汰木帆船,至1988年,三门全县3吨以上机动船(包括内河船)153艘,2895总吨,6艘钢质船,3199总吨。

外海渔船和内江河客货船机械化

20世纪50年代,台州渔船以木帆船为主。1954年,国民党踞守下的大陈岛从台湾购大型渔轮4艘,旋撤台湾。自60年代开始,台州外海渔船陆续改用机帆船,渔用机帆船一般长约20米,载重30吨,木质,船型为打洋式或乌茄式,因仍为双船作业,又称机帆对。60年代推行机帆并用,载重增至35～50吨。

内河水泥船由于船体光滑、线性好、利于提速、维修简单廉价,广受欢迎。

台州传统内河舨均方平头,满载后船头有水阻力,1958年后普遍改为尖头,以提高航速。1962年后,农田水利建设使内河航道更为宽阔顺直,内河舨船型扩大到大四舱、大五舱,载重达到10～40吨。并安装柴油机动力,推行拖带化运输,由安装动力的"拖头"拖带几艘无动力的河舨前进。至1976年,台州滨海平原内河基本结束人工摇橹和拉纤。

20世纪80年代,内河水运工具虽不断改进,但随着县、乡公路的逐步修筑,近距离内河水运加上装卸搬运费用,与汽车运输相较不具优势。其时,椒江市从事内河运输的有前身为黄岩县海门内河运输社的椒江市第三航运公司和椒江市三甲内河航运公司。两公司面对内河运输衰落趋势,分别转行水泥船厂和纽扣生产厂以分流人员,两公司存量船舶均仅几十艘。但在椒南、椒北平原水网,内河运输船数量依然庞大。以下为各县拥有船舶状况:

椒南平原　1988年,黄岩县内河、内江、水库船舶总数1043艘,13227吨位,1969客位;其中木质船212艘、水泥船530艘、钢质船295艘。1985年,温岭县共有内河船舶1727艘,19314总吨;其中机动船231艘,3886总吨,非机动船596艘,7928总吨,临时参加运输船舶900艘,7500总吨。

椒北平原　1984年,临海县内河船舶(包括江船、溪船)1306艘,9283总吨,船体也以钢丝网水泥船和钢质船为主,载重提升至7～30吨。三门县无内河船舶统计,1984年全部水路运输工具(包括沿海船舶)总数为最高,达766艘,9570总吨,其中水泥船3艘、钢质船2艘,余皆木质机动船;至1988年,水运船舶(不计3吨以下)总数降为159艘,5655总吨;内河船舶数应比所降600多艘更多。

台州内江客班轮和滨海平原内河客班船在20世纪50年代初的存有量为内江8艘、内河6艘,初期基本沿用民国时期旧船,内江轮船总吨342吨,平均每艘42.7吨;内河汽船总吨44.75吨,平均每艘7.46吨。往后时有调换更新。1957年,椒北平原调入温岭轮船公司小汽轮航行前所至杜桥、上盘航线,1959年停航。内河客班船在20世纪六七十年代也推行拖带化,称为客拖轮,拖船通常在内河舨中舱加客座,两侧添"壁壳",顶上加顶棚,称为客驳。由于公路运输的发展,内江客运椒黄线于1980年停航,椒临线于1986年停航;内河客运在1983—1986年陆续停航。

农村人民公社生产队所有内河舨一般装手扶拖拉机柴油机带动螺旋桨作为动力,一些抽水机船用于载货,就将水泵朝后喷水作为前进的动力。

第四节　当代船舶发展（下）

自20世纪80年代开始，突破计划经济单一模式，公有制航运企业均经转制，成为有限责任公司，同时出现私人或股份合作船企。1994年，台州撤地设市，组合台州港口资源设立组合型台州港，开发大麦屿、健跳深水港埠，设为台州港之大麦屿港区、健跳港区，并开启头门深水港区开发。深水港的开发使台州港船舶迅速朝着现代化、大型化转型换代。船舶类型从客货轮、散货轮、件杂货轮扩展到拥有集装箱船、液货船（游船、危险品船）、滚装船、工程船等系列。

海门老港区船舶转型换代

1990年，海门港沿海货轮拥有量为全民所有制船舶17艘，38724总吨；集体所有制船舶25艘，17648总吨；个体联产船舶约42艘，约7850总吨；固定航线客轮6艘，另有船舶支援椒江—普陀山、椒江—岱山—上海、上海—宁波、椒江—定海、椒江—宁波航线。

20世纪90年代，因公路运输飞速改善，沿海客运失去优势，又由于运力猛增，沿海货运也出现过剩。1993年，海门航运公司开始调整运力结构，椒沪线客轮浙江403轮和浙江406轮分别于1993年和1996年转让调拨给舟山。1998年春运后，椒沪客班轮停航，浙江404轮用于海门—大陈客运线。此外还转让和调拨浙江401轮、浙江405轮，淘汰钱塘轮、浙海307轮、浙海311轮、浙海317轮等货轮。

图5-15　台州海运公司10000吨级浙海323货轮（来自台州海运公司企业宣传画册）

海门港在淘汰旧船的同时，新的大吨位船舶不断建造投运。1990年，4300吨涌金轮投运；1993年，5000吨浙海302轮投运；1994年和1996年，5000吨级集装箱轮浙海315轮、浙海316轮分别投运；1996年，6000吨浙海318轮投运；1997年，6000吨浙海301轮、浙海302轮投运。

台州建市后，海门航运公司改名台州海运公司。其时，境内原全民、集体航运企业均进行改制，成为产权明晰的有限责任公司。同时有大批民营航运公司进入航运市场。

2001年，中国加入世界贸易组织，市场

图5-16　台州海运公司30000吨级浙海358货轮（来自台州海运公司企业宣传画册）

竞争更为激烈，台州海运公司为使运力结构更适应市场需要，进一步调整沿海货轮结构。2000 年购杂货船浙海 308 轮。2001—2002 年购 4000 吨级浙海 311 轮，7600 吨级浙海 308 轮，10000 吨级浙海 309 轮、浙海 323 轮。2003 年购 10000 吨级多用途浙海 325 轮、5000 吨级散装货船浙海 326 轮。2005 年购入 14000 吨级浙海 351 轮、11000 吨级浙海 352 轮。2006 年购入 16000 吨级浙海 356 轮。2007 年新建 30000 吨级散货船浙海 358 轮。2008 年购入 20000 吨级浙海 353 轮，同时根据海域条件建造浅吃水 8300 吨级散货船浙海 357 轮、浙海 359 轮。

21 世纪，台州海运公司在购置新船的同时，淘汰和转让旧船：2006 年转让 1000 吨级浙海 306 轮、10000 吨级浙海 309 轮；2007 年出售 5000 吨级浙海 315 轮，6000 吨级浙海 301 轮，1000 吨级浙驳 32 轮、浙驳 33 轮；2008 年转让有安全隐患和将报废的浙海 326 轮、浙海 328 轮；2009 年报废 5000 吨级浙海 301、浙海 320 轮；2013 年淘汰高能耗 1.84 万吨散装货轮浙海 323 轮。

迄 2013 年，台州海运公司自有和管理船舶 13 艘，总计 29.92 万载重吨，最大船舶为 57500 载重吨浙海 363 轮，最小船舶为 4700 载重吨浙海 302 轮，平均船龄 5.85 年，其中 2 万吨级及以上载重吨的灵便型船舶 6 艘；另有 1 艘 990 马力港作拖轮。但自 2011 年起，台州海运公司连年亏损，最终在 2016 年 11 月实施破产清算。

至 2011 年 1 月，海门港区拥有包括台州海运公司在内的航运企业 34 家，共有航运船舶 205 艘，货运总载重吨 1718913 吨；大陈岛陆岛客运船舶 4 艘，420 客座；椒江轮渡 3 艘，载客量 1780 位。

21 世纪外海货轮趋向大型化，其中浙江中拓海运有限公司 2 艘轮船总载重吨 73811 吨，平均每艘 36905 吨；台州海运公司 13 艘货轮总载重吨 29.92 万载重吨，平均每艘载重吨 23015 吨，最大载重吨 57500 吨；浙江中一海运有限公司 5 艘船总载重吨 146259 吨，平均每艘 29252 吨；台州市银环海运有限公司 1 艘船载重吨 27000 吨；台州市中油海运有限公司 7 艘船总载重吨 167163 吨，平均每艘 26735 吨；台州远翔海运有限公司 3 艘船总载重吨 69807 吨，平均每艘 23269 吨；台州市合远海运有限公司 3 艘船总载重吨 61663 吨，平均每艘 20554 吨。其余万吨以上船舶占很大比重。

向大型化发展的 21 世纪台州港航运船舶

自台州建市迄 2020 年，台州港航运船舶为适应社会经济的发展，迅速更新换代，朝大型化方向发展，并且为适应现实需求，在普通货船以外采用多品种专用船型。

图 5-17　台州海运公司集装箱货轮（来自台州海运公司企业宣传画册）

1999 年，温岭永安船务公司装备能装 440 标准箱集装箱船、玉环 9980 载重吨中海通轮投运。2000 年，台州港共有油轮 33 艘，总载重吨 2.79 万吨；该年有集装箱船 4 艘，共装 1341 标准箱。2001 年，油轮发展至 46 艘，并有液体化学品船 11 艘；同年，台州海事局成立，拥有巡逻艇 5 艘、摩托艇 3 艘。2002 年，

400 余艘沿海个体运输轮船纳入公司化管理。2003 年，5000 吨级集装箱船投入运营。2005 年，由天津平原船务公司经营长安 123 号轮，恢复天津港—海门港集装箱航线。2006 年，全市拥有万吨级以上船舶 30 艘，占总运力的 23.2%，船舶大型化趋势开始凸显。2008 年，共有驳船 9 艘，总载重吨 5866 吨。

至 2010 年，台州航运运力结构明显优化，是年共有沿海船舶 779 艘，总计 249 万载重吨，船舶平均吨位达 3196 载重吨，万吨级以上船舶 97 艘，共 154.5 万载重吨，净增万吨级以上船舶 24 艘，净减 500 吨级以下船舶 48 艘，沿海船舶平均船龄 5.6 年，运力列浙江全省第三位，大船增幅与年轻化列全省第一位。此后，船舶大型化年年递进。至 2014 年，万吨以上船舶达 147 艘，共 317 万载重吨，随后几年略有回落。2016 年，台州航运集聚区引进单船载重量 7.6 万吨船舶，为全市最大吨位船舶。至 2019 年，全市外海船舶 413 艘，共 503 万载重吨，平均每艘吨位 12181 吨；万吨以上船舶达 160 艘，共 463.7 万载重吨，载重量占总数的 92.17%。2000 年，外海船舶 420 艘，净载重吨略降至 486 万吨。

《台州年鉴》航运部分统计海运船舶，2005 年前以 3000 吨级以上为大型，500 吨级以下为小型。2006 年起，统计分类转变为以 10000 吨级以上为大型，而且，此时万吨级以上船舶已有 30 艘。表 5-1 和表 5-2 分别反映了 2005 年前和 2006 年后台州航运运力的发展状况。

表 5-1　**1994—2005 年台州船舶运力发展状况**

年份	船舶总数（包括内江河船舶）与总吨位、平均单船吨位、客位						3000 载重吨以上（艘）
	船数（艘）	总载重吨(吨)	其中沿海(吨)	平均吨位(吨)	载客座位(个)	载客铺位(个)	
1994	4631	245530	不详	53.0	15089	1404	不详
1995	4791	291860	不详	60.9	15387	1404	不详
1996	4027	269385	不详	66.9	12741	622	不详
1997	3533	290998	1340000	82.4	10063	622	不详
1999	2850	345900	不详	121.4	2812	不详	不详
2000	2345	230000	不详	98.1	1671	不详	不详
2002	2763	650000	不详	765	不详	不详	43
2003	2281	780000	742100	918	不详	不详	70
2004	不详	930000	927500	1100	不详	不详	不详
2005	不详	1369000	1338000	不详	不详	不详	不详

表 5-2　**2006 年后台州海运运力发展状况**

年份	沿海船舶				万吨级以上船舶			净减 500 吨以下船舶（艘）
	船数（艘）	总载重吨（万吨）	平均吨位（吨）	平均船龄（年）	船数（艘）	总载重吨（万吨）	占比	
2006	988	175	1770	不详	30	不详	23.2%	不详
2008	1866	143	不详	不详	不详	不详	不详	不详
2010	779	249	3196	5.6	97	154.5	不详	48

续表 5-2

年份	沿海船舶				万吨级以上船舶			净减 500 吨以下船舶（艘）
	船数（艘）	总载重吨（万吨）	平均吨位（吨）	平均船龄（年）	船数（艘）	总载重吨（万吨）	占比	
2011	699	274	3913	6.1	109	186.4	68.2%	不详
2012	670	316	4714	不详	126	235.7	不详	32
2013	620	361	5824	5.6	不详	不详	不详	55
2014	595	393	6609	5.9	147	317.0	80.7%	不详
2015	564	381	6757	不详	142	310.0	81.4%	15
2016	532	366	6886	不详	130	323.0	88.4%	不详
2017	514	412	8007	不详	140	338.0	82.12%	不详
2018	501	496	9908	不详	161	437.0	88.04%	不详
2019	413	503	12181	不详	160	463.7	92.17%	不详
2020	420	486	11571	不详	143	427.5	88.0%	不详

第五节　现代船舶类型

现代运输船舶按用途大致可分为客货船、普通货船（杂货船、散货船）、液货船（油船、液化气船、液体化学品船）、集装箱船、滚装船、顶推及拖带船、工程船、兼用船等。

20 世纪 70 年代末，域内渔船实现动力化，90 年代起木质渔轮逐渐为钢质渔轮所取代。

客货船、渡船、滚装渡船

当代县乡公路、高速公路、高速铁路在台州逐步兴建，对内江河水路客运、沿海水路客运影响甚巨，与公路客运相较失去时间优势的内江河客运和沿海客运逐步退场，唯海岛客运不可替代，但其也必须发展滚装运输才可适应汽车时代的到来。

图 5-18　浙江 406 客轮（来自台州海运公司）

内江河客货船　20 世纪下叶内江椒—临、椒—黄、临—黄 3 线客轮使用船舶均较陈旧，均为载重吨在 20 ～ 86 吨的木质机动船，设有客舱，载客 68 ～ 158 客位，也装乘客携带的货物，三航线分别于 1986 年、1980 年、1963 年停航。内河客船一般载重 7 ～ 20 吨，有两侧壁壳和顶棚构成客舱，载客 28 ～ 88 人，可加拖轮，1986 年 6 月全部停航。

沿海客货船　1975年复航的椒—沪客班线，始用浙江403轮、浙江404轮，均1884总吨，568客位，载货123吨，分二、三、四、五等舱；1990年建造浙江406轮，2746总吨，720客位，总长78米，型宽14米；三客轮分别于1994年、1996年、1998年停航转让。20世纪50—80年代，断续用于椒—甬线、海门—石浦线、海门—大陈岛线的客货轮均较陈旧，吨位在19～240吨，客位100～209位。海门至石浦线客班船在90年代中期停航。

玉环至温州、洞头客运向来不可或缺，20世纪末有7艘客轮营运。2003年9月，玉环至乐清滚装轮渡开通，不久又借滚装轮渡开通玉环城关至温州客运班车，其直达优势使玉环至温州水路客轮的客源骤减，难以为继，最后一艘玉客22号轮维持至2005年10月停航。跨三门湾水路客运旧有健跳至象山石浦、健跳至宁海胡陈二线。胡陈线于20世纪末停航；健跳至石浦航线自1984年起由象机1号轮承运，至2011年1月停航。

海岛客运船　2003年，台州荣远客运有限公司成立，接手海门至大陈岛客运，建造庆达系列高速客轮，不断投运。按投入年序计，2003年投入庆达号（195座），2006年投入庆达2号（99座），2009年投入庆达12号（46座），2012年投入庆达10号（78座），2016年投入庆达9号（253座），2017年投入海钜号（198座），2018年投入东镇山号（472座），2020年投入庆达8号（198座），2021年投入新海珠号（356座），共9艘客轮。其中东镇山号船长61.5米，客舱三层，抗8级风，舒适度高，航时150分钟；庆达10号为客货船，航时180分钟；庆达号、庆达2号、庆达8号、庆达9号、海矩号、新海珠号为高速客轮，航速最高30节（56公里／时），航时最短70分钟。庆达12号用于上下大陈岛渡运。2018年曾租用豪华双体高速客船新海滨号客轮，客位260座。

玉环大鹿岛开发旅游后，客运与之呼应。1998年成立浙江苏泊尔海运有限公司，建苏泊尔号、苏泊尔2号、苏泊尔5号往返大鹿岛与鹰东码头、栈台码头，苏泊尔号为铝合金豪华型双体高速客轮，航速40节，载客429人，包厢18个。苏泊尔2号为铝合金豪华双体客轮，航速30海里／时，抗风8级。

渡运船　椒江渡运船自1978年起使用钢质渡轮，先后投入、更换的渡船有：浙椒渡1号、浙椒渡2号、浙椒渡3号、浙椒渡5号、浙椒渡6号、浙椒渡7号、浙椒渡8号、浙椒渡9号。船长30米左右，除浙椒渡2号为1500客位双层结构、浙椒渡5号仅400客位以外，余皆载客700人。因航时仅10分钟，船上无座位，但可上非机动车、摩托车。两舷各开两扇推拉门上下乘客。

内江渡运在21世纪只剩灵江的三四处，渡船均钢质机动，甲板平直，船头平板翘起，可直接搁置在斜坡道头，以利于乘客上下船，船上无座位，可上三轮车、摩托车、手扶拖拉机。

玉环海岛渡运因岛民大量外迁，渡运效益衰减，渡船老旧。2020年注册成立玉环海上公交公司，投入1100万元收购东、西部航线渡船，加以升级，以浙玉渡168轮、浙玉渡128轮、浙玉渡187轮等9艘渡船承担7条航线、11处渡口的渡运，日运载能力3500人次。渡船船头置驾驶室，船尾置动力，乘客从船头驾驶室两侧入舱，舱内置60余个座位。正计划建造2艘99客位抗8级风新船。

1995年，龙门港渡船有龙门1号、龙门5号、龙门8号、龙门12号、龙门13号5艘，每艘载客25位，均借用木质渔船。2005年建浙岭101号、浙岭102号、浙岭103号、浙岭105号4艘半封闭渡轮取代渔船，每船11客位。2013年建浙岭渡106号、浙岭渡109号取代老渡船，均有封闭座舱；2019年添增30客位浙岭渡112号，3渡船共客位70位。

滚装渡运船　1990 年，海门至前所设汽车轮渡，拥有钢质汽车渡轮 2 艘，总吨 100 吨，可载渡 6 辆 10 吨卡车，并有钢质拖轮 2 艘，总吨 57 吨。

玉环乐清湾滚装轮渡始建于 1997 年，初期租用象山、洞头 2 艘轮渡营运，2008 年自建浙玉车渡 1 号、2 号、3 号、4 号 4 轮，一年后又造新客滚船浙玉车渡 5 号、浙玉车渡 6 号。2019 年 10 月，因甬莞高速公路乐清湾大桥建成，玉环滚装轮渡谢幕。

三门上敖至蛇蟠岛有 3 艘渡船，车渡船 1 艘、人渡船 2 艘。蛇蟠车渡船甲板平直，驾驶室置船侧，首尾设吊架和跳板，首尾均可靠岸，船舶和车辆均无须掉头，可乘 13 辆轿车。

件杂货船、散货船

件杂货船也称统货船、普通货船、杂货船，专门运输包装城捆、成包、成箱的货物，货种可以是机械设备、建材、日用百货等。散货船运输煤炭、谷物、矿砂、水泥、谷物、盐等大宗无包装干散货物，一般货种单一。

件杂货船　由于货种多、货源少、装卸速度慢，载重量一般不大，沿海杂货船载重量通常在 3000 吨以下，近洋通常在 5000 吨级，远洋也只在 10000 ～ 14000 吨。为理货方便，一般设 2 ～ 3 层甲板，大船设五六个货舱，每个货舱一个舱口，机舱位于中后部或尾部。船体一般有首楼，在机舱上部设桥楼，也有三岛形结构。一般装有起货设施，以吊杆为主，也有液压旋转吊。不定期杂货船一般为低速船，通常一台主机，单螺旋桨。沿海杂货船航速为 11 ～ 13 节，近洋 13 ～ 15 节，远洋 14 ～ 18 节。

散货船　散货船所装货物因不拍挤压，便于装卸，通常是单甲板船。由于谷物、煤与矿砂的积载因素（每吨货物所占体积）相差较大，所要求的货舱容积大小、船体结构、布局和设备都有所不同。因而习惯上称装载粮食和煤炭等货物的船舶为散装货船，称装载矿砂等货物的船舶为矿砂船。大宗散货船可分为四个级别：10 万吨级以上的称好望角型；6 万吨级的称巴拿马型，船长小于 245 米，船宽不大于 32.2 米，最大容许吃水 12.04 米；3.5 万～ 4 万吨级为轻便型，吃水较浅，世界大部分港口都可以停靠，台州港大麦屿港区、头门港区、健跳港区都可停靠；2 万～ 2.7 万吨级的为小型散货船，最大船长小于 222.5 米，船宽小于 23.1 米，最大吃水小于 7.925 米。载重量 5 万吨级以上的散货船一般不装起货设备，5 万吨级以下的散货船有起货设备。

油船、液化气体船、液体化学品船

油船按所装运油品的不同，可分为原油船、成品油船、原油 / 成品油兼运船、油 / 液态化学品兼运船、非石油的油类运输船。油船按航程可分为中程（MR）型，载重 3 万～ 5 万吨。远程(LR)型，又分 LR1 型，载重 5 万～ 10

图 5-19　海东造船厂建造出口希腊的 10000 吨级油轮（来自海东船厂档案资料）

万吨；LR2 型，载重 10 万吨及以上。

按载重吨位可分为小型油船，载重 0.6 万吨以下，以运载轻质油为主。中型油船，载重 0.6 万～ 3.5 万吨，以运载成品油为主。大型油船，载重 3.5 万～ 16 万吨，以运载原油为主。巨型油船，载重 16 万吨以上，专运原油。按载重船型又可分为通用型油船（1 万吨以下）、灵便型油船（1 万～5 万吨）、巴拿马型油船（6 万～ 8 万吨）、阿芙拉型油船（8 万～ 12 万吨）、苏伊士型油船（12 万～ 16 万吨）、超级油船（16 万吨以上）。台州所用油船只有通用型或中型的成品油船、液化天然气和石油气船、液态化学品船。

图 5-20 临海液化氟公司专用码头靠海的液化气船（来自人民出版社 1995 年版《中国 · 台州》画册）

原油船 均为单甲板、单底结构。因为货舱范围破损，货油浮在水面，舱内不至于大量进水，故油船除在机舱区域设置双层底外，油货舱区不设双层底。但油船发生海损会造成海洋污染，一些油轮也设双层底或双层船壳。

成品油船 即运输除原油外的柴油、汽油、煤油、润滑油等石油制品的船舶。按易燃程度分为一级油船、二级油船、三级油船。一级油船载油闪点为 28℃以下，二级油船载油闪点为 28 ～ 60℃，三级油船载油闪点为 60℃以上。油轮依靠管道装卸油货，使用自动卸货机可直接利用吸油泵卸油，直至舱底也无须清舱泵帮忙。

液化气体船 按运输时液化气的温度和压力，液化气体船分为如下三种类型：压力式液化气体船。适用于近海短途、运输量少的场合，在常温下将气体加压至液化压力，把液化气储藏在高压容器中进行运输。低温压力式液化气体船：控制温度低于 45℃，高于液化气体沸点，将气体加压至液态进行运输，舱内需隔热绝缘，设置冷冻装置，控制舱内温度和压力。低温式液化气体船，在大气压力下，将气体冷却至液态的温度以下进行运输，船上须有温度和压力控制装置，适用于大量运输。

液态化学品船 因液体化学品多为有毒、易燃、腐蚀性强的液体，故液态化学品船的结构特点是：具有许多较小的水密货舱，舱壁采用防腐蚀的不锈钢等壳体；为防止化学液体外漏，设置双层底；中间一列货舱供装有毒物品；采用蒸汽泵装卸货物。《国际散装运输危险化学品船舶构造和设备规则》按危险程度将此类船舶分为三类：1 型，用于运输危险性最大货物，要求有双层底和双重舷侧，翼舱宽度不小于船宽 1/5；2 型，用于运输危险性较小货物，要求有双层底和

图 5-21 中远之星滚装客货轮停靠大麦屿港区码头接客上船（台州市港航事业发展中心提供）

双重舷侧；3 型，用于运输危险性更低的货物，构造与油船相似。

图 5-22 吉利汽车开上靠泊头门港码头的滚装货船（来自 2019 年 1 月 7 日临海市广播电视台）

集装箱船、滚装客货船、载驳船

集装箱船运输起源于 1957 年的美国。它采用国际统一规格的集装箱装货，突破一捆一包、单件装卸的传统方式，能够大大减少装卸费用，成倍提高装卸效率，减少货物损失，迅速在全球广泛应用。台州海门港在 1988 年首次应用。

滚装船是通过跳板采用滚装方式装卸车辆的船舶，其概念起源于军用装载坦克车辆的登陆艇，世界首艘滚装船为 1958 年制造的美国彗星号。台州最先在 20 世纪 50 年代在临海、黄岩城关应用船舶过渡车辆，1990 年后，先后在椒江、乐清湾、蛇蟠岛使用汽车轮渡。但真正用于客货运的滚装运输始于 2010 年对台湾的直航和 2019 年开通的头门港滚装运输。

载驳船又称子母船，是载运货驳的船舶。原理同集装箱船，只是它载的装货单元不是箱，而是预先装好货物的小驳船，船至中转港，放下驳船由拖船拖往目的港埠。它可不受港口水深限制，实现海江之间或深水与浅水之间的联运。

集装箱船　集装箱船又称货柜船，在 20 世纪 70 年代成熟定型，其形状和结构跟杂货船明显不同。集装箱船外形狭长，单甲板，上甲板平直，货舱口大，其宽度可达船宽的 70% ～ 80%，货舱内装有固定导轨、格栅，可装 3 ～ 9 层集装箱，甲板和货舱口盖上有系固绑缚设备，可堆放 3 ～ 4 层集装箱。集装箱船有全集装箱船、半集装箱船之分。半集装箱船仅中部用作集装箱货舱，两端可装其他杂货；也有视需要变换装运集装箱或普通杂货的可变换集装箱船，也称多用途船。

滚装客货船　2010 年 6 月开通大麦屿至台湾基隆客滚轮直航，所用中远之星轮全长 186 米，宽 25.5 米，总吨 26847 吨，航速 22.85 节，可抗 9 级风，至台湾航时 8 小时。旅客定员 683 名（全卧铺），按星级酒店标准配置，设有标准房、豪华套房、VIP 房、咖啡厅、KTV、桑拿室、多功能厅、免税店、茶艺室等；可装集装箱 256 标准箱，可载汽车 150 辆。2019 年开通头门港滚装航线，服务于头门开发区的吉利汽车生产基地。

载驳船　载驳船又称子母船，是专门载运货驳的船舶。其运输方式是先将货物装在统一规格的驳船里，以此为单元装到载驳船上，到中转港后，卸下驳船，再用拖船把成组的驳船拖往目的港。海门港因口门水浅，在 1981 年运输朝鲜水泥进港时，就采用口外驳卸的办法。显然，载驳船十分适用于海门港的港口条件。

图 5-23 海东造船厂 20 世纪 80 年代造津航测 3 号测量船。（来自 1994 年《椒江》画册）

港作船、工程船、兼用船

港作船也称港务船，是从事港务工作的船舶的总称，有趸船、起重船、引航船、港作拖船、供油船、供水船、消防船、巡逻船、浮油回收船等。工程船是从事某种水上或水下工程的船舶，用以完成航道保证、港口建设、水上施工、救助打捞等工作，包括挖泥船、打桩船、布缆船、打捞船、浅水工作船等。兼用船是指在专业分工不全的情况下，兼用各种功能的船舶。

趸船　设于浮码头前沿，供船舶停靠和旅客上下、货物装卸用的无动力平底平面箱体船。用于水位变化大的港口，始为木质，后基本采用钢筋网水泥制造。

引航船（领航船）　由引航站接送引航员执行船舶引航的专用船，船上有供引航员生活办公的设施，装有特殊灯光信号，以引起来船的注意。

港作拖船　在港内拖曳其他船舶或浮体的船舶。

顶推船　舷部装有顶推连接装置或推架，供顶推其他船舶或浮体用的船舶。

起重船　又称浮吊，船上装有起重设备，用于大件货物的装卸，不能自航。

消防船　承担船舶和港口岸边消防任务，装有水泵、高压泵水枪和灭火剂等消防器材。

巡逻船　水上执法船，有明显标志，航速较高，有良好的稳定性和耐波性，装有扩音器和通信设备等，港务、海警、海关、海事部门均有配备。

救助船　用于救助遇险人员，及集结救生艇筏的船舶。有配备海事部门。

打桩船（压桩船）　打桩船在甲板端部或中部设有打桩或压桩设备，压桩通过调节纵倾水舱，以船体重力将桩压入软地层。

挖泥船　实施清挖航道与河道淤泥的船舶，在台州运用得十分广泛。在椒江或沿海水域的航道疏浚、码头前沿疏浚、船坞船闸开挖、台州湾吹沙填海中都有运用。内河疏浚在 20 世纪末、21 世纪也全靠挖泥船。海域挖泥船有链斗式、耙吸式、绞吸式三种。链斗式挖泥船用泥斗在水下挖泥，用链条提升至斗塔倒入泥井，再经溜泥槽卸入泥驳运往卸泥地区，适用于码头前沿和船坞等挖泥加深的地方。耙吸式挖泥船通过船体两舷或尾部的耙头吸入泥浆，边吸泥边航行，机动灵活，适用于航道和锚地的疏浚。绞吸式挖泥船利用吸水管前端的旋转绞刀装置，绞动水底泥沙，借助强大泵力吸入泥沙，用吸水管输送泥沙至堆积场，适用于滩涂吹沙填海。用于内河疏浚的挖泥船为铲斗式或抓斗式挖泥船。

布缆船　用于水底铺设电缆，椒江过江电缆、大陈岛和玉环周边岛屿海底电缆铺设均有应用。船型特征：船体大，横断面呈 V 形，稳定性强；船首高翘，装有导缆滑轮，尾部方形，便于布缆作业；装有可变距螺旋桨，操作灵活。

渔业用船

渔用船指参与捕捞鱼类和其他水生经济动物的船舶，广义上还指水产加工船、渔货运输船、冷藏船、养殖船、渔业资源调查船、渔政船等。其可归纳为捕捞渔船、生产性辅助渔船、非生产性辅助渔船。捕捞渔船有拖网渔船、围网渔船、流网渔船、钓船、捕虾蟹船等。

拖网渔船　拖网捕鱼是用渔船拖曳囊袋形网具的捕鱼方法。台州拖网渔船均成对作业，也称网对船，主渔船称为网船，负责下网和起网，另一艘渔船称煨船，协助牵引和带煨网具。网船载重一般为 60 ～ 90 吨，使用绞机收网，拉力和绞拉速度随水深、渔具、船型大小、主机功率的变化而变化；煨船载重一般 50 ～ 60 吨。

图 5-24 海门造船厂 1959 年首造第一艘渔轮（来自海东造船厂档案资料）

帆张网渔船 帆张网捕鱼用单锚固定网具，网口上方设浮子，下方装铁链沉子，两侧设龙帆布板，高 4 米，宽 1.8 米，形成一个方形口门，利用涨潮水流冲击帆布板，使网口横向扩张，让更多鱼类进入网中，适于捕捞近海底层鱼类。渔船用于布网和收网，起网用绞机。

图 5-25 21 世纪椒江渔轮 （来自 2019 年 5 月 3 日“台州 19 楼”）

刺流网渔船 刺网流放作业原理是将网具垂直张挂于水域，拦截鱼虾通道，使其刺入网目或缠络网上，从而达到捕捞目的。捕捞对象有鲫鱼、马鲛、金枪鱼、梭子蟹等。其有底刺网和浮刺网之分，前者布网接近海底，后者布网于水域上层，布网以锚碇和木桩固定网位。从事此类作业的渔船动力要求不高，拖刺网是双船作业的底拖刺网。

围网渔船 平底方尾，船形短，干舷低，吃水浅，航速块，操作性和横向稳定性好。作业时有双船围网和单船围网。双船围网由两船各带网具的一端，反向背绕鱼群航行一周，网获鱼群；单船作业先放舢板系网一端，然后带网另一端绕行鱼群一周，至舢板处收网。

钓船 钓船是用钓具捕捞鱼类的渔船，可分延绳钓船、竿钓船、手钓船、曳绳钓船等类。配有理线机、卷线机、放线机、挂饵机等。延绳钓船、竿钓船近海船型大多为 20 ～ 80 总吨，远洋以 200 ～ 400 总吨较多，一般为单甲板尾机型。手钓船、曳绳钓船多为 30 总吨以下的沿岸或近海兼作渔船。21 世纪初，随着近海渔业资源衰竭，台州兴起远洋捕捞，2016 年，远洋渔船达 61 艘，鱿钓船等远洋渔船进入印度洋、北太平洋海域。

保鲜和加工设备 沿岸、近海拖网船主要用 0℃左右冰藏保鲜；中小型围网渔船采用 -1℃左右的冷海水保鲜；远洋渔船采用平板冰结、隧道式吹风冰结等低温冻结。

助渔和导航通讯仪器 主要有垂直探鱼仪、渔用声呐、网情仪、双拖渔船船间距离计、拖网曳纲长度张力仪、雷达浮标及其接收器等。

休闲游艇、商务游艇、赛艇、工作快艇

游艇集航行、运动、娱乐、休闲等功能为一体，其以娱乐工具的特征，区别于作为运输工具的高速旅游客船，是供个人和家庭水上娱乐用的高级耐用消费品。游艇成为公众娱乐工具始发于第二次世界大战后的欧美国家，台州游艇的应用始于 2008 年建路桥国际游艇俱乐部。结构上与游艇相同，

但用于港监、公安、边防等高速快艇，在性质上属于另一类，而快艇用于体育赛事又属于另外的性质。

快艇类船舶按功能分，有如下类型：

休闲游艇　为家庭购买，用于家庭度假娱乐。一般以 30 ～ 45 英尺游艇为主。

商务游艇　一般为大尺寸游艇，装潢豪华，由大型企业集团购置，用于商务会议、公司聚会、小型聚会。

工作快艇　用于缉私、公安巡逻、港监、科考、探险、安检、巡查、补给供应。

图 5-26　21 世纪 10 年代金清行宫游艇俱乐部（平传根摄）

快艇类船舶按造型分，有如下类型：

无后舱式游艇　具备上下驾驶台和大型沙龙间，船艉无住舱，为开放空间，线条圆弧化。

太阳甲板型　船艉有一住舱，后甲板开放空间加盖遮阳板。

敞露甲板型　无船楼游艇，主甲板以上为露天的驾驶区及开放空间。

双体游艇　有较大的起居室和宽阔甲板空间，适宜招待亲朋好友同游，停泊占空间较多。

小快艇　甲板以下无住舱，小型高速。

高速滑行艇　高速赛艇，甲板以上受风面低，可减小风阻。

拖网型　主要特征为船首线形较圆滑，船速较慢。

海钓船　驾驶室位于上甲板，有遮阳棚，后甲板接近水面，装海钓设备，适合海钓。

多用途游艇　与海钓船同，但可拆卸遮阳板及钓鱼架，成为一般游艇。

巡航艇　同大型高速豪华游艇，设备完善，适合长距离航行。

第二章　船舶修造

秉承先秦先民浮海“滨于海上”的航海传统，台州船舶修造业历史悠久。两汉时期，海疆都会章安即出土有海船残骸，展示了早期造船技术的高超。三国东吴有远航台湾的实力，当与造船能力相关。南北朝南朝刘宋时，吴越造船技术先进，制“千里船”日行百里，这些造船产能，是否涵盖台州地区，由于史料阙如难究其详。

隋唐后，台州行政中心内迁，历朝时有向民间征集船舶的举措，台州均接受大量造船指令，临海、黄岩都属于唐宋时代国内十大造船基地。至元明时期，台州仍是为朝廷提供运粮漕船和战船的重要地区。元末，台州人方国珍割据浙东庆元、台、温三路，独缆浙海航运，不断造船扩大海上势力，可谓称霸一方的航运业、造船业霸主。

明清海禁、“迁海”使台州造船业长达五百多年遭遇毁损。其时正及世界开创大航海的时代，台州随着国家的闭关锁国，在所有方面都陷入世界潮流的低谷，在落后的传统领域苟延残喘。

台州应用近现代航运技术始于20世纪初，但造船业应用近现代技术却迟至50年代后。又经过将近半世纪的计划经济发展，逐步打下现代造船业的基础并积累了技术。直至改革开放，突破计划经济桎梏，民营造船业崛起，造船业呈井喷式发展态势。21世纪，台州造船业朝大型化多品种方向发展，产品从普通货船、渔船拓展到集装箱船、油轮、危险品船和其他特种船舶，形成门类齐全的船舶建造基地。订单从国内扩展国际。

本章循造船业发展轨迹，分传统船舶修造、木质船应用机器、初期现代造船、造船业市场化、规模化4节记述。

第一节　传统船舶修造

传统造船技术在不断探索和进步，其演进过程分为汉晋以前、唐宋时期、元明清时期、晚清民国时期4目记述。

汉晋以前的船舶修造

早在新石器时代，先民已能凿独木舟和借竹木排作为水上运输工具。1969年，温岭箬横朝西村在淤泥中出土长5.9米的独木舟；1984年，椒江赤山南沙王（古沙岗）田埂掘出独木船遗骸，舱部碳化，系烧就而成。这些应是古代先民最原始的船舶形态。

汉初，瓯越受到闽越攻击，在汉武帝派水师解救后，先民“举国徙江淮”，需要足够体量的海船才能实现移民，此情反映先民已有相当的造船能力。

20世纪60年代，章安湖巉村、湖边村一带在修水利时掘出了铆榫结构的古船构件，船板厚约0.4米，宽约1米，残长10米左右，通体无金属紧固件，状如后世方形稻桶，所用木锲粗如啤酒瓶。从构建的大小可推测两汉章安港所用船舶形制已有较大体量。隋以前的造船技术基本采用铆榫结合竹钉、木锲的办法。

三国时期，东吴是造船业发达的区域，吴主派万名甲士浮海夷洲，非有浓厚造船背景不可，而船队集结出发港就在台州章安港。南北朝时，在数学、天文、机械方面成就卓著的祖冲之（429—500年），曾任南朝刘宋娄县（今江苏昆山）县令，其间发明“千里船，于新亭江试之，日行百余里”。此项技术是否推广至浙江，由于史料阙如，难究其详。

但东晋隆安二年（398年），造船“起四层，高十余丈”的孙恩在海上造反，攻入临海郡（治在章安）。《临海记》有文字记载“灵石山有寺，当孙恩作叛，毁材木以为船舸”。宋《嘉定赤城志》也记“当孙恩叛，毁木为船，石从空中自坠，贼以伤去，故号灵石”。黄岩灵石香樟古柏遍地，为造船的好材料，这些记载说明造船技术是全国扩散的。其后，唐代袁晁在台州叛反，同样拥有庞大船队。

唐宋时期的船舶修造

唐宋时期，台州造船已采用铁钉连接结合铆榫的方法，并运用龙骨、隔舱板形成水密舱，在船舶局部漏水时，可保其他隔舱不进水。造船业颇具规模。唐贞观二十一年（647年），为征伐高丽，朝廷征发江南十二州造船工匠，建造百艘大船，所征包括台州的造船工匠。唐肃宗、代宗（756—779年）时，台州、明州（今宁波）两地每年可造船600艘。台州所造大唐船有九个水密隔舱，船体由众多舱壁支撑，结构坚固。宋代台州临海是全国十大造船基地之一，造船场设临海崇和门外东湖。其地既是水军营地，又是造船场所。后造船场移灵江岸下浦。

《宋会要辑稿》载，北宋天禧年间（1017—1021年），朝廷指令全国建造2915艘漕船，浙江建造533艘，台州临海建造126艘。临海官营造船场存续40余年，至北宋景祐元年（1034年）归并明、温两州。但民间造船仍然兴旺。南宋宝祐五年（1257年），为守长江江防，朝廷立义船法征用民船，每都（县以下基层机构）3艘，台州临海、黄岩、宁海共征船6288艘，占明、台、温三州总数的1/3。

元明清时期的船舶修造

元代，境内民间造船能力十分可观。元初朝廷远征日本，台州伐樟木建造征倭船。元代漕运船舶有长江口沙船、福建船、庆元船、绍兴船、浙东温台船、浙西船。其中“温台船只尖底，食水深浚”，抗风能力强。元代漕运采用海道后，台州尖底船大量参与漕粮海运。元末，台州人方国珍起事，凭借海船梗海道，劫漕粮；招安后又协助朝廷运粮，千余艘庞大的船队显示了其造船实力。其时民间造船更多地扩散在沿海各港口，造船业不限临海、黄岩城关。

明代由运河运输漕粮，需要“阔欲承载之多，浅欲盘驳之易”的浅船。朝廷给各省布置了造船指令，台州因“产木水便”，为造船重地。浅船形制要点为底长5丈2尺，底宽9尺5寸。船上主要设备：大桅1根、头桅1根、大篷（帆）1扇、头篷（帆）1扇、橹4支、篙子10条、铁锚1个、舵1扇、跳板10块。浅船制造分军造、民造和提举司造3类。明宣德年间（1426—1435年）后，台州造浅船280艘，占同期浙江总数的13.7%。

明代台州备倭海船雇募、租用民间船舶，船型及形制参见本编第一章第一节“古代船舶形制”。

清代造船也分官造和民造。商用船舶、渔船均为民间建造，一般是船东雇用造船工匠建造，所造船舶以蛋船、三不像船为主。水师战船由官府向境内各县派料派工建造，西乡樟木成为征用的目标，摊派工料成为扰民劳民的灾祸。官营造船场先设临海城东南5里坊桥畔，后移黄岩澄江（永宁江）岸线。然后又在临海、黄岩两地来回迁徙，所称临海、黄岩是指辖地，并非县城，主要在椒江、灵江沿岸。

元明清时代的造船已淘汰了古代铆榫木锲的办法，均采用铁钉、龙骨连接，用隔舱板构成水密舱的形制，使船舶防漏性能和整体牢固性得以提高。台州传统木船船板接缝的填塞舱料为麻筋加桐油、蛎灰捣成的桐油灰。填塞完成后，刮平油灰，然后在船舶外表涂刷桐油，加强防水性能。清代还在船底及两旁涂抹蛎粉，艉上披油灰，再以蛎粉、煤屑、矾红涂饰，以防止贝壳类水生动物附着。船舶每年上岸修理，用火烘船底以驱水虫。

晚清民国时期的船舶修造

晚清时期，台州民用木帆船大多分散在各港口修造，而大型船舶则大多在椒江口建造，海门关口外北岸市场厂横、川南横墈、山项墩头都有造船场地。光绪年间，松浦造船匠人王天福带领二三十人修造红头渔船，闻名遐迩，场地设海门烂泥道头，后也修造了50～100吨木质外海货船；民国时期，其子王道金接办，由墩头村王道贵、王小满、王以统等组成作坊，造船场设前所。项送成、项昌才、金加新等一批能工巧匠则受邀在外地造船。

20世纪20—30年代，葭沚船商黄楚卿（崇威）所有8艘大型木帆船均雇工匠在葭沚江涂建造。其时，海门较大的造船商有周士民，拥有工人七八十人。民国17—18年间（1928—1929年），有宁波船匠曹意堂至海门建船坞；海门船舶修造主要集中在福建道头至烂泥道头间（今五号码头至七号码头）。至民国26年（1937年），海门有张永亭修船公司等3家船舶修造企业，建造的大型木帆船有花屁股、鸭屁股、荷叶屁股3种。但小型木帆船和渔船的建造还是按传统方式，由船主雇工匠打造，所造渔船大者称鳖壳船，也称乌茄，栅浦、葭沚渔船有乌艚，椒北渔船有红头对。

晚清民国时期，台州其他滨海、临江区域也有零星的造船产业。三门造船工匠以健跳、葛岙人居多。灵江及上游也有一些建造长船的造船场分布在临海城关、永安溪小海门和塔儿头村、始丰溪仙人村。其中仙居人罗义昌率徒曹六妹（天台人）等3人在始丰溪畔造船，拥有一批造船工人。

第二节　木质船应用机器

台州境内机器动力轮船启用于清光绪年间，初始所用船舶均非当地建造。民国元年（1912 年），椒南横河头人郑启林与椒北人包象贤在安川码头旁开设永福昌铁锚机械修理馆，从事船舶机械修理，其后，又有永兴、协和、利生等铁工厂兴办，均从事船舶机械修理。

在抗战中，海门港颇多船舶受损，时有曹恒灿轮船公司和顺利机器制造厂共修造小轮船 8 艘，包括炸沉的义渡轮、焚毁的永升轮、以及为新章安轮配机器、修理金汇源轮、新造顺利轮、江东轮等，总吨计 360.42 吨。

抗战后，海门造船业不再建造纯风力木帆船，开始打造机帆船。迄民国 37 年（1948 年），海门造船企业有曹恒灿造船厂、陆隆记船厂、林士明造船厂、周珊记修造帆船厂、周正兴造船工场、周顺兴造船工场等。

民国 35 年（1946 年），海门各造船企业共造机帆船 11 艘，拖轮 1 艘。其中曹恒灿轮船公司修造轮船情况如下：修复日军遗弃在三门湾的拖轮壳，改为海利轮，修理 40 总吨华道轮和 35 总吨新泰安轮。次年，陆隆记船厂为浙江垦殖公司打造太平 2 号渔轮 1 艘，在陈山触礁的华象轮进海门大修。此时，本地船厂所造机动轮船大多为木质外壳。

民国 38 年（1949 年），海门造船业主大多携资离乡。20 世纪 50—60 年代，台州造船业在集体经济框架下重整旗鼓，并向沿海其他港埠扩散。

20 世纪 50 年代初，海门区人民政府将 167 名造船工匠纳入造船工会、海门造船社，1958 年建为海门造船厂，厂址在今轮渡路至星明北路江岸，业务归口浙江省水产局。在 20 世纪五六十年代建 90 马力内河拖轮 1 艘、木质渔轮 2 艘、250 马力机帆船 16 艘、1065 马力机帆船壳 9 艘，载重 1085 吨，其他木质船 61 艘，载重 2169 吨，修理船舶 326 艘。

1959 年，海门交管分局组建所属车船修配厂；1961 年，车船修理分开，单独设置修船厂，设金工车间于东振市街，设船体车间于杨家桥浦（在今星明北路西侧江岸），主要担负本部门木质机动船、沿海大帆船的修理和技术改造；1964 年，金工车间并入船体厂，成为海门港航船厂，因隶属海门海运公司，也称海门海运公司船厂。

1958 年，海门镇劳力调配所组建建筑材料队；1962 年开始建造水泥趸船；1965 年生产 12.5 吨内河船，装 10 匹马力动力；1972 年企业改称海门水泥船厂。

以上造船厂在 20 世纪 50 年代基本只是修造木质船舶，60 年代，曾以钢筋网水泥代替木材。海门造船厂在 60 年代后迅速发展，1965 年有 4 台起重能力 13 吨的起重机，1968 年建造长 60 米、可容 1000 吨级船舶修造的船坞。后又在船台区设置 16 吨龙门起重机，但由于“文化大革命”干扰，直至 1970 年才完工。

此外，1949 年后，有解放军 7816 造船厂和浙江军区海防第一大队修船厂分别在杨家桥浦江岸和三山江岸建成，为部队修造军用船舶。

1956 年，临海手工业联社成立前所造船厂，1957 年改为临海县造船合作工厂，1958 年改称临海造船厂，从事 500 吨级以下木质船舶、钢丝网水泥船、渔用机帆船的制造。设有 500 吨级船坞 1 处及配套机械、翻砂、发电车间。

1956 年，三门县组织健跳造船工匠，成立三门县手工业局健跳造船厂，因无船坞和机械设备，仅从事小型渔船、木质船修理。1957 年，三门县运输高级社在海游黄埠突建船舶保养场，有职工 25 人。1958 年，船舶保养场受三门县航运管理所和三门县运输高级社双重领导，能造 300 吨以下的木质机动船。

1958 年，温岭石黏组建石黏造船社，隶属石黏供销社，从事船舶修理（1985 年扩建为温岭县水泥造船厂，隶属二轻局）。同年，温岭县又筹建松门造船厂，1962 年投产，曾新造渔船 80 艘，1135 总吨，1967 年在整顿中停产。1966 年，温岭县城关、新河、泽国运输社建造内河水泥船 5 艘，总计 60 吨。

第三节　初期现代造船

自 20 世纪六七十年代起，台州各造船厂开始制造钢质船舶。20 世纪 90 年代，木质船舶逐步被淘汰，传统的木材造船工艺退出造船业，造船业全面进入现代化。下面对 20 世纪 60—90 年代初海门港各造船厂和台州其他县（市）造船企业作简要记述。

海东造船厂　海门造船厂从 20 世纪 60 年代起逐步涉猎钢质船舶制造。1971 年制造 812 型和 813 型钢质渔轮、200 吨沿海水产收鲜船；同年纳入浙江省国防工业体系，改名海东造船厂；1980 年又归口第六机械工业部；1987 年下放地方。20 世纪 70—80 年代，船厂相继建造了 971.5 千瓦巡逻护航船、双机 117.7 千瓦浅水拖轮、117.74 千瓦渔港巡逻船、380 ～ 460 吨钢质沿海货轮、6 艘 490 吨货轮、10 艘 204 吨边防检查艇、3 艘 7 米钢质机动工作艇等船舶以及 800 吨级舱口驳船、600 吨级油轮、600HP 长江联检船、2200 吨级沿海货轮等。同时生产了 4E135 采油机 Φ19 ～ 25 液压起锚机、Φ25 ～ 28 电动锚机、2000 ～ 2450 立升双轴油泵、10 吨 / 时气力吸鱼机等机械产品。至 20 世纪 90 年代初，工厂占地 116252 平方米，建筑面积 34509 平方米，厂用岸线 550 米，拥有 500 吨级船坞 1 座、500 吨级和 3000 吨级船台各 1 座、32 米 ×10 米固定码头 1 座、30 吨钢架吊、3 台龙门台吊及各种金加工、锻压、动力设备。

图 5-27　20 世纪 70 年代海东造船厂大门（来自海东造船厂档案资料）

海门海运公司船厂　20 世纪 60 年代，海门海运公司船厂（海门港航船厂）仅在江涂修船，1965 年配置 16 吨龙门吊，1969 年筑 1000 吨级船坞。70 年代起从维修转向制造，首造300吨级沿海钢丝网水泥货轮1艘，继而建造载客700位及1500位钢质渡轮3艘，并为长江航运局建造1000吨级钢质货驳5艘、1500吨级钢质甲板驳1艘。20世纪80年代建401客班轮，航行于海门至大陈航线。1976年修造1000吨级以下船舶9艘，1982年修造1000吨级以下船舶18艘，1990年修造船舶17艘。厂址工人路162号，占地26377平方米，建筑面积9588平方米，岸线长150米，拥有1000吨级船坞和300吨级、1500吨级船台。

图5-28 海东造船厂1977年建造的沿海收鲜船（来自海东造船厂档案资料）

椒江造船厂　前所临海造船厂在1970年改称临海渔机具修造厂，占地47600平方米。主要业务是修理农船，新造木质机动船和30吨水泥机动船。1972年建500吨级船坞1座，1980年建500吨级船台1座、200吨船排1座，主要产品为2吨起网机、12吨水泥船、100吨内河驳船、250吨钢丝网水泥机动船及修理上海钢质渔轮。1983年随政区变动调整归属，移交椒江市交通局管理，更名椒江造船厂。1983年首建450吨钢质沿海货轮，1988年建造500吨钢质沿海货轮，1985—1987年扩建3000吨级船坞及配套500吨级码头。1987年承接3乐机2号船改装和浙江403、浙江404客轮大修。

7816造船厂　1949年在椒江杨家桥浦江岸建厂的部队7816船厂，后成为金燕汽车船舶工业公司成员厂，也称双江船厂。工厂占地68265平方米，拥有岸线500米，建3000吨级码头1座，4000吨级船台2座，主要修造1500吨以下的各种船舶及各种滚珠轴承、转环式喷燃油灶。

海门船舶修造厂（从属名椒江化纤厂）　1972年，由前身为海门镇劳力调配所建筑材料队的建筑工程队组建为海门水泥船厂，1975年改称黄岩县海门船舶修造厂，1980年改称浙江省海门船舶修造厂，址设江滨路49号。开始时仅造水泥趸船，建造的首艘船舶为70吨钢丝网渔船，1974年开始建造钢质趸船和引桥撑杆，1975年改称黄岩县海门船舶修造厂，1977年建造300吨钢丝网水泥船。

除海门港沿岸以外，温岭、临海、玉环、三门、黄岩各县在20世纪50至80年代也发展部分修造船企业。前期基本以制造钢筋网水泥替代木质船为主，后期涉及钢质船舶制造。

温岭县造船企业　1958年创建的温岭石黏造船厂在1956年扩建为温岭县水泥造船厂，1966—1984年共修理内河木船6971艘次；共造内河水泥船3347艘，16274吨；销售对象除温岭县外，还涉黄岩、临海、椒江、三门等地。1958年建松门造船厂，新造外海渔船80艘，1135载重吨，1967年整顿停产。1973年，原温岭城关运输社修理车间创建为温岭交通船舶修造厂，船场3800平方米，设有船台6座、滑道60米。1973—1985年共建造钢丝网水泥船473艘，6831载重吨；钢质船10艘，209载重吨。新河运输社修造车间有船场300平方米，历年新造钢质船10艘，150载重吨。温岭水产公司在松门礁山自建船坞2座，可修理400吨级机动船2艘。1981年于滨海镇闸南村创建温岭市东海船舶修造厂。

临海县造船企业　1983年改称椒江造船厂的造船企业前身为临海县造船厂（详见“椒江造船厂”

条）。1973年创建临海县交通机械厂，翌年开始从事造船，建造用于内江运输的钢丝网水泥货船和驳船。1974—1985年共建造钢丝网水泥船43艘，1500载重吨。1985年建造钢质交通艇1艘，并试制适应山区性溪流的钢丝网水泥渡船1艘。

玉环县造船企业　玉环坎门民主渔业大队在1958年开始建造渔船。1962年成立坎门船厂，翌年建造海业指挥船。1982年，坎门后尾屿创建玉环里黄船舶修造厂。1986年，坎门东风村创建玉环县船舶配件厂。1987年，坎门后沙街创建玉环县民主船舶修造厂。1988年，楚门新码头创建玉环县二轻船舶修造厂，沙门镇灵门村创建玉环县沙门船舶修造厂。1989年，在坎门后沙街创建玉环县造船厂，承建长度30米以下的钢质渔船，修理长度45米以下的钢质船舶，制造船舶机械配件。

三门县造船企业　1973年，三门县运输合作社改称三门县航运公司。1974年，三门县航运公司所属船舶保养场及其机修车间与三门县手工业局健跳造船厂合并，成立三门县航运公司船舶修造厂，厂址设于健跳鹭鸶山麓。1976年，船厂建筑可容500吨和1000吨船舶同时进坞的船坞1座。1984年，船厂改属交通局，称三门县船舶修造厂，拥有金工、翻砂、锻造、电工等设备，能承担500吨以下钢质、木质、水泥船舶的制造。1984年修理船舶19艘，2007吨位；1985年修理船舶24艘，4422吨位。

黄岩县造船企业　1985年，址在路桥山水泾的黄岩县第二内河航运公司，加挂黄岩县交通机械厂牌子，为本公司修造船舶，兼服务社会。其除为公司33艘客货机动船提供安装、保养、维修服务外，曾为社会建造载重40吨内河钢质货船6艘。

第四节　造船业市场化规模化

自20世纪90年代开始，计划经济的桎梏被突破，民营造船业起步。该临港型产业从椒江沿岸向台州湾南翼岸线、三门湾岸线、乐清湾岸线、灵江两岸扩散。进入21世纪，自2003年开始，台州境内民营船厂呈井喷式发展态势，高峰期达190多家，并朝着大吨位、大马力、多用途的方向发展，全台州建造船舶占浙江省的三分之一以上。特别在松门—龙门港湾和灵江两岸形成宏大规模的造船基地，产品涉及渔船、散货船、集装箱船、危险品船（油轮）、工程船、科考船等，门类齐全。业务从国内走向国际，承接东南亚和西欧各国的订货。

但自2008年世界金融危机爆发以来，造船业形势急转直下，造船厂家大多以减产或停产的方式勉强维持，一些苦撑不住的企业倒闭或转让，迄2019年，通过船舶行业整治提升验收的造船企业有42家。寒冬大约持续了10年，台州造船业开始有回暖的迹象。截至2019年6月，台州在建船舶212艘，合140.21万总吨。（2001年以来台州历年的造船总量在第三章第二节“当代地方交通船检”中有具体数据。）

本节以椒江两岸、松门—龙门港湾、灵江两岸三大造船基地和三门湾、玉环半岛的散点为例，记叙自台州建市（1995年）迄2020年的造船业发展概况，所记包括已倒闭注销的企业。

椒江两岸和台州湾口造船业

计划经济模式下的原海东造船厂、海门港航船厂、海门船舶修造厂、椒江造船厂、7816 造船厂五家企业，迄今仅海东造船厂维持原名，7816 造船厂改制为中车集团 7816 工厂，椒江造船厂 1998 年改制为民营五洲船业有限公司，其余已歇业。新建的主要民营船厂有中国万隆船舶有限公司、台州市沿海造船有限公司、台州市万昌船舶有限公司、浙江明法船舶制造有限公司、浙江海昌造船有限公司、台州市迎斌造（拆）船有限公司、台州市宏泰船业公司、台州市圆山船务工程公司等。以下为各厂的产能和经营状况（按建厂时间先后排序）。

图 5-29　21 世纪 10 年代末迁址前的海东船厂老厂址(来自 2019 年 4 月 18 日“文旅事”)

国营海东造船厂　系中国船舶行业协会会员、浙江船舶工业协会理事、台州市船舶工业协会常务副会长单位，有员工 800 余人。老厂区位于工人路 114 号，占地 8.3 万平方米，有配备 30 吨门座起重机和 10 吨龙门吊的 5000 吨级船台，配备 20 吨汽车吊的 10000 吨级干船坞，配备 5 吨龙门吊的 1000 吨级干船坞、10000 吨级船台以及舾装码头等。2014 年收购位于外沙路 286 号的万昌、明法两造船企业用地，占地 20.6 万平方米。

图 5-30　海东造船厂在新址建造船舶（来自船企发布信息）

2000 年后海东造船厂建造的主要船舶有希腊 AKRON 公司 10000 吨级、5500 吨级、4990 吨级等几十艘油船 / 化学品船；中国海洋石油总公司 12000 吨油品化学品船；福建华荣海运公司长 139 米、128 米、116 米的集装箱船；浙江乐清永兴船务公司 8800 吨一级汽油船；孟加拉国 2 艘 60 米长 LR 级滚装船；6500 吨 2205 双相不锈钢化学品船；光汇石油公司 10 艘 7000 吨级油船；印度尼西亚 2 艘 558TEU 集装箱船；52000 载重吨博远东号散装船；等等。

中车集团 7816 工厂　2004 年 5 月划归中国化工集团公司所属中国化工装备总公司管理，址设工人西路 428 号。工厂占地 5 万平方米，海岸线 300 多米，拥有 3000 吨级码头；3.5 万吨级、3000 吨级、1000 吨级船台各 1 座。业务包括船舶建造、维修、船用器材制造和滑动轴承制造。军用以外的船舶产品有 16500 吨、13500 吨、23400 吨散装货轮；195 沿海高速客轮；3000 吨敞口式集装箱轮；441Kwei 艉滑道冷冻渔轮；油轮和化学品运输船；等等。

五洲船业有限公司　厂区面积 160000 平方米，岸线长 420 米，有员工 800 余人，系中国船舶工业协会会员、上海船舶工业协会成员、中国游艇协会会员、浙江省船舶工业协会理事单位。有配备大小龙门吊的多个船台、船坞和舾装码头。自 2005 起开始进入 LPG（液化石油气）船建造领域。

五洲船业有限公司建造的主要船舶有 1000 立方米多用途气体船、ARIMBI 号 5000 立方米液化石油气船、华南 1 号 3600 立方米液化石油气船、“没问题”号 3200 立方米液化石油气船、长安 2 号

6500吨沿海散装货船、长安3号6500吨散集装箱两用船、五洲6号8000吨多功能散装货船、运来8号16500吨多功能散装货船、远洲3号12600吨油轮、长新江1650总载重吨散装货船、中远2号648标准箱集装箱船、浙象渔冷605号冷藏冷冻渔运船、新骆19号23000总载重吨散货船、运来19号27000总载重吨散货船、Norgas Pan号9700立方米液化气船、秦始皇号3200立方米液化石油气船等。

台州市迎斌造(拆)船有限公司　成立于2002年，址在前所涛江闸东侧江滨，占地166700平方米，岸线长517米，建有3.5万吨级及以下船台6个。形成年建造15.6万吨船舶和拆解20万吨船舶能力，建成船舶有10000吨即散货船万和轮、900吨级油轮和其他散货船、集散多用途船多艘。2012年，企业在业态低迷中转让予台州远洲石化仓储有限公司。

浙江宏信船舶有限公司　创建于2004年，址在黄岩江口道头村，占地面积250余亩，岸线长420米，船台6个。经营范围包括金属船舶修造、船用配套设备制造；造船类型涉杂货船、散货船、集散多用途船、化学品船、工程船等。

浙江明法船舶制造有限公司　成立于2007年，址在外沙岩头闸西江滨，占地120000平方米，岸线长450余米，拥有50000吨级船台2座，30000吨级船台2座，15000吨级船台3座，配备各式龙门吊7台，其中100吨以上的有5台。建造船舶有37500DWT散货船、宏泰浮吊轮等，在2012年造船业大寒冬中，企业难以为继，2014年被海东造船厂整体收购。

台州市万昌船舶修造有限公司　成立于2008年，址在外沙岩头闸西江滨明法船厂东侧，占地86035平方米，岸线长307米，拥有5万吨级以下船台6座，大小门式起重机11台，为钢质船舶二级1类生产企业。产品有山东银泉集团30000吨级宏伟7号货轮等。2012年后造船业态低迷，经营困难，2014年被海东造船厂整体收购。

中国万隆船舶重工公司　成立于2008年，址在前所松浦闸西江滨，总占地20余万平方米，岸线长600多米。有配备230T大型门式起重机的5万吨级船台1座、配备450T大型门式起重机的7万吨级船台1座。船舶产品有26510吨散装货轮万信11轮、31070吨散装货轮万信12轮、47000吨万信101轮、60000吨散装货轮万铭号轮等。在2012年造船业不景气的环境下，企业在造船业外创建浙江畅丰物流有限公司，利用舾装码头兼营物流业。

图5-31　万隆船舶重工有限公司于2012年建造的6万吨级散货轮（来自船企发布信息）

浙江海昌造船有限公司　成立于2008年，址在前所沿海山礁浦闸西江滨，占地面积23万平方米，岸线长463米，建有4万吨级船台3座、4万吨级船坞1座，1万吨级舾装码头1座(兼靠2000吨级杂货船)，具有年造24万载重吨船舶的生产能力。建造船舶有海之星568CCS级油船、宇航院6号CCS级油船、50000DWT油船、17000DWT

油船、6900 DWT油船、4650吨CCS级油船、3800DWT成品油船、3900DWT加温供油船等，年交付能力35万载重吨。2014年，公司法人在三门湾另建浙江新州造船股份有限公司。

台州市宏泰船业有限公司　成立于2008年，位于前所迎斌船厂东江滨，占地180000平方米，海岸线466米，拥有8万载重吨级船舶制造的船台及舾装码头等基础设施，年造船能力达25万载重吨。专注高端远洋渔船及其他货轮建造，产品有5000吨浙普渔冷66666远洋冷藏加工运输船、中国水产总公司540吨远渔21轮和远渔22轮、远洋灯光围网渔船等。

台州市沿海造船有限公司　成立于2009年（前身为江北船厂），址设万隆船厂西侧，占地12万平方米，岸线长450米，拥有22500～50000吨级标准船台10个、160吨大型龙门吊6套、100吨龙门吊4套、70吨龙门吊4套、20吨龙门吊14套、3吨塔吊1台，年生产能力16万吨。主要产品有3600HP拖轮；778标准箱、586标准箱集装箱轮；5000载重吨、6500载重吨、16200载重吨、17000载重吨、20000载重吨、23000载重吨、26000载重吨、35000载重吨散装货轮；等等。2012年后，造船业低迷，2013年，企业转让予台州市德森废旧物资公司。

台州市圆山船务工程公司　成立于2009年，址设前所小圆山边江滨，占地5万余平方米，岸线长约350米，拥有1万吨级、2万吨级干船坞各1座以及2万吨级修船码头。产品有5807吨图瓦卢油轮等。

此外还有一些小型船舶修造企业，如椒江前所船舶修造厂（1993年创建于前所椒江村）、台州大洋渔轮修造有限公司（1993年创建于前所沿江路4号）、台州市江北船舶修造厂（1993年创建于前所下浦）、台州市椒江顺风船舶修造厂（1995年创建于椒江外沙）、台州市椒江新民修造船厂（1996年创建于前所新民村）、台州黄岩吉祥船务有限公司（1997年创建于黄岩江口芦村）、台州市中兴造船厂（2004年创建于黄岩江口上辇村）、椒江久元船舶修造有限公司（2005年创建于前所沿江路57号）、台州市椒江展华船舶修造厂（2006年创建于前所沿江路13号）、台州华吉船业有限公司（2007年建于前所椒江村）、台州市一畅船业有限公司（2009年建于工人路162号原海门海运公司船厂址）、浙江中油船务有限公司（2010年创建于杜桥川南，已注销）、台州钟山船舶修理有限公司（2014年创建于前所小圆山麓）、台州钱氏船舶修理有限公司（2017年创建于前所村）等。

椒江口北侧海岸线北端红脚岩为桃渚港入海口，形成了红脚岩渔港。2012年于老灯村红脚岩山西端创建临海市红脚岩渔港渔船修造有限公司，经营渔船修造和渔具批发、零售。

除造船企业外，椒江周边形成了一些为船舶工业提供配套设备、舾装设备、装饰器材和各种服务的产业链。这些企业有台州市富强船舶装饰有限公司、台州市通达船舶舾装设备制造厂、台州市万通船舶机械有限公司、浙江恒信船舶设备有限公司经营部、台州万般船舶电气修理有限公司、台州春和船艇科技有限公司、台州市海冠船舶服务有限公司、椒江方达船舶用品有限公司、台州达森船舶电子设备有限公司、台州市新凯船舶服务有限公司、台州市海康船舶服务有限公司、椒江进华船舶配件经营部、台州康源船舶设备有限公司、台州市星辰船舶设备安装有限公司、椒江一江天船舶设备制造有限公司、椒江明辉船舶设备有限公司、椒江海隆船舶配件制造厂、台州市中晟船舶物资有限公司、台州市华顺船舶修理有限公司、台州市锦鸿船舶机电设备厂、椒江港顺船舶配件有限公司、浙江庄晨实业有限公司、临海安润集团有限公司等。

同时，椒江临港型造船基地周边出现了一些为造船厂提供冷作、电焊、涂装等劳务服务的船舶施工队和船舶工程有限公司。在椒江区范围内有台州市之明船舶工程有限公司（设前所沿江路28号）、台州市立森船舶工程有限公司（设前所杜前路9号）。大量施工队来自临海市杜桥镇朝南屋村。该村施工队有朝南屋施工队、临明施工队、佳好施工队、长人施工队、勤业施工队、锦程施工队、东宇施工队、星浩施工队、凡翔施工队、绿动施工队、耀辉船舶工程有限公司、邦敏船舶施工有限公司等。

此外，杜桥镇还有河东村尤凯施工队、土城村建航船舶涂装有限公司、汇头村高军船舶工程有限公司、三房村宏宇施工队、新湖村益海施工队和良国施工队、金星村金辉施工队、三石徐村海聪施工队、汾西村先航施工队、小田村兴宗施工队、洪家国平船舶工程有限公司和江鹏施工队、大廾地村小高船舶修造有限公司。桃渚镇有公平村希宁施工队、永兴村超能施工队、东连村宙航施工队。

松门—龙门港湾、金清港造船业

自20世纪末起，松门以东众多岛屿相继与大陆相连。连陆岛屿山麓只需整平一块场地，便是良好的造船场所。造船业市场化并允许民间投资进入以后，此处便被有识之士瞄准，大批造船企业势如破竹般出现，蔚为大观，成为台州造船业一大基地。其中既有成为龙头老大的规模企业，也有众多小微企业和配套产业链。金清港南北两岸分属温岭市和路桥区，以自然地貌论，同属金清河口港，两岸造船业基本服务于渔业。下列条目记叙主要造船企业（以创建先后排序），以表5-3罗列小型造船企业。

浙江台州市东海船舶修造有限公司　原名温岭市东海船舶修造厂，始建于1981年，地址为滨海镇闸南村，是金清港较早的造船企业之一。主要产品有各种成品油船、工作船、货船、渔船，客户遍及国内沿海各省和韩国、新加坡、土耳其、马来西亚等国家，迄今共建造船舶280余艘。公司在韩国釜山设有分公司，负责韩国船舶市场的销售和售后服务；又于2007年在江苏创建连云港五洲船舶重工有限公司。公司总占地88万平方米，拥有海岸线1.1公里，建成3座万吨级船台、2座2万吨级船台、4座3万吨级船台、4座5万吨级船台、1座8万吨级船台以及相应各类门吊。1座8万吨级舾装码头和48000平方米的船体、轮机、电器车间还在建设中。连云港五洲船舶重工有限公司已通过RINA、CCS、ZC、BV等船级社的入级建造许可，能生产10万吨级以下各类民用船舶。

温岭市兴源船舶修造有限公司　创建于1999年，地址为温岭市松门镇礁山，占地7万平方米，可利用岸线650米，大小船台12座，其中万吨级船台3座。公司员工600余人，已取得中国船级社CCS认证，取得甲类钢质船舶建造许可证，可建造船长60米以下的钢质渔业船舶。年造船能力3.5万载重吨。

浙江礁山船舶修造厂　创建于2000年，址在松门镇礁山松发塘边，占地面积8.8万平方米，海岸线长580米，有3万吨级船台，龙门吊起重能力100吨，主要生产散货船。

浙江腾龙造船有限公司　创建于2000年，址在松门渡楼山东南，占地11.3万平方米，海岸线长360米。企业经中国船级社CCS、法国船级社BV认可，具有建造二级Ⅰ类一般钢质船舶的资质，拥有5万吨级船台3座，20多台门式起重机，最大起重能力200吨。年建造能力10载重吨。产品有5000～50000吨级各类散货船、多用途船、工程吸沙船、甲板驳、集装箱船、远洋渔船、油船、化学品船等。2019 年建造化达 609 号集装箱船可载 1906 标准箱。

浙江合兴船业有限公司　创建于 2001 年，浙江造船工程学会常务理事单位、台州市船舶工业协会会长单位、浙江交通职业学院教育培训基地。地处松门镇松北村，占地 550000 平方米，有大小船台 9 座，其中 30000 ～ 50000 吨级船台 6 座，15000 ～ 30000 吨级船台 3 座，有起重设备 98 台，其中最大起重能力 250 吨。年造船能力 35 万载重吨，员工 1000 余人，获得中国船级社 CCS、英国劳埃德船级社 LR、法国船级社 BV、意大利船级社 RI 的工厂认可。已为客户建造集装箱船、散货船、成品油船、化学品船、多用途工程船、远洋捕捞船等 500 余艘，其中最大船舶为 47000 吨散货船。产品出口荷兰、印度尼西亚、土耳其、越南、德国、意大利、香港等国家和地区。

图 5-32　浙江天时造船有限公司于 2016 年建造万米级张骞号深渊科考船　（台州市港航事业发展中心提供）

图 5-33　由浙江天时造船有限公司建造的 2180 吨排水量沈括号科考船（来自 2019 年 3 月 20 日浙江省船舶行业协会“国际船舶网”）

浙江天时造船有限公司　创建于 2004 年，地处松门镇白岩村，占地 333350 平方米，可用岸线长 1000 米。公司为浙江省船舶行业协会常务理事单位，国家钢质一般船舶一级Ⅱ类建造企业。拥有 7 座船台（其中 5 万吨级 1 座，3 万吨级和 2 万吨级各 3 座）、7 万吨级干船坞 1 座、200 米长舾装码头 1 座。最大龙门吊起重能力 300 吨。公司通过中国船级社 CCS 和法国船级社 BV 的入级建造审核。产品涵盖油化船、工程船、散货船、集装箱船、科考船、特种作业船等各类船型，年建造能力 30 余万载重吨。产品出口英国、加拿大、意大利、挪威、希腊、菲律宾、伊朗、马来西亚、印度尼西亚等国家。2015 年建造张骞号万米级载人潜水器支持母船深海调查作业，同年建造海洋科学调查兼特重作业船长和号，2018 年建造国内首艘采用直流组网电力推进系统的双体科考船。

浙江金港船业股份有限公司　创建于 2004 年，址在龙门石板殿和南港岛，占地约 80 万平方米，其中石板殿 66.7 万平方米，南港岛 13.33 万平方米。南港基地拥有 3 万吨级和 1.6 万吨级船台 2 座，配备 160 吨和 120 吨龙门吊各 1 台。具备年建造 4 艘 16000 吨以上船舶的能力。采用现代造船模式，应用成组技术原理，按区域组织生产，使壳体、舾装、涂装作业在空间上分道，时间上有序，实现船舶设计、生产、管理一体化。

浙江振兴船舶修造有限公司　创建于 2005 年，地处松门塘礁下度岙，占地 260000 平方米，拥有 14 座船台，包括 1 座 10 万吨级船台，25000 平方米分段建造平台；最大龙门吊起吊能力 250 吨，配125吨平板运输车，有职工1200余名，企业分别由法国BV船级社、中国CCS船级社和ZC船级船检部门检验，已建各类船舶160余艘，其中48500载重吨和3万载重吨船舶5艘，部分船舶出口德国、土耳其、马来西亚等国家。

表5-3 **1990年后松门—龙门、金清船舶修造及船用器械制造企业（不包括前文所列主要企业）**

企业名称	创建年份	地址	法人代表	经营项目	备注
温岭市交通船舶修造厂	1990	太平镇山下金村	郭夏富	船舶修造	注销
温岭水产冷藏总公司船舶修造厂	1991	松门礁山	曾荣苏	船舶修造	注销
温岭市苍岙乡大黄坭船舶修理厂	1991	石塘大黄坭村	朱国良	船舶修造	注销
温岭市车关船舶修造厂	1991	石塘镇车关沙头	林志云	船舶修造	注销
温岭市苍岙东滨船舶修造厂	1991	石塘东滨下渡坑	吕君连	船舶修理	
温岭市松门先锋船舶修造厂	1992	松门镇渡娄	屠文君	船舶修造	
温岭市东舟船舶修造厂	1992	滨海镇金闸村	吴桂青	船舶修造	吊销
温岭市交陈船舶修造厂	1992	松门小交陈村	许宝友	船舶修造	
温岭市船舶修造实业有限公司	1993	滨海镇金闸村	黄贤霖	船舶修造	
温岭市松门胜海船舶修造厂	1993	松门礁山	潘君华	钢质船舶	
温岭市松门泥螺礁船舶修造厂	1993	松门礁山	叶克元	船舶修造	注销
温岭市东风船舶修造厂	1993	滨海镇泥涂村	梁宝福	船舶修造	注销
温岭市温东船舶修造厂	1993	滨海镇新民村	叶荣华	船舶修造、疏航道	
温岭市东方船舶修造厂	1993	松门礁山泥螺礁	朱云清	船舶修造	
温岭市定海船舶修造厂	1993	横河镇金清港	张文法	船舶修造	注销
温岭市松门海滨船舶修造厂	1993	松门泥螺礁	杨福明	船舶及设备制造	
温岭松门中心船舶修造有限公司	1993	松门礁山泥螺礁	张冬明	船舶修造	注销
温岭市新建船舶修造厂	1994	滨海镇新民村	冯仁裕	船舶修造	
温岭市金湾船舶修造厂	1995	横河镇泥涂村	瞿恩德	船舶修造	注销
温岭市清港船舶修造厂	1995	滨海镇泥涂村	吴美珍	钢质船舶修造	
温岭市平安船舶修造厂	1995	横河镇平安村	盛雪华	乙类钢质货船	注销
温岭市海洋绳索有限公司	1996	松门东南工业园	潘文林	船用绳索制造	吊销
温岭市横河船舶修造厂	1996	滨海镇闸南村	王益青	船舶修造	注销
温岭市江南渔轮厂	1996	松门镇礁山	江国友	长45米以下渔船	
温岭市龙门船舶修造厂	1997	龙门铜山村	施正明	船舶修造	注销
温岭市浙东船舶修配厂	1997	横河镇金闸村	杨海平	船舶修造	注销
温岭市凯利船舶修造有限公司	1998	松门镇渡娄	施冬春	船舶修造	
温岭市远洋船舶修造有限公司	1998	松门镇渡娄	徐存建	钢质船舶修造	
温岭市金港锚机厂	1998	滨海镇金闸村	黄荷琴	船用锚机制造	
温岭市远征船舶修造有限公司	1999	横河金港开发区	吴桂青	船舶修造	注销
温岭市永利船舶修造厂	2000	松门镇渡娄山边	梁新法	长45米渔船修造	

续表 5-3

企业名称	创建年份	地址	法人代表	经营项目	备注
温岭市海城船舶修造厂	2000	贯庄乡海城村		内河钢质货船	注销
温岭市箬山繁荣船舶修造厂	2000	石塘镇东滨村	蒋云素	船舶修造	
温岭市恒峰船舶工业有限公司	2004	松门松寨村	叶晓明	船舶修造	注销
温岭市东兴船舶修造厂	2004	松门坦涂岙	周冬福	长 45 米以下渔船	
温岭市海兴船舶装备厂	2004	滨海镇泥塗村	梁金钢	船舶设备	
温岭市宏大船舶修造有限公司	2004	滨海金港开发区	冯学勤	船舶修造	
台州市安达船舶制造有限公司	2004	路桥金清五丰闸	梁治文	船舶制造、销售	
台州市路桥永顺船舶修造厂	2004	路桥金清上盟村	梁永林	船舶修造	
温岭市世纪船舶修造有限公司	2005	松门坦和岙	江海滨	钢质船舶修造	
路桥金清海祥船舶修造有限公司	2005	路桥金清南盟村	徐玲祥	钢质船舶修造	
台州市金海岸船舶修造有限公司	2005	金清琅矶山婆屿	梁正线	钢质船舶修造	
浙江海鑫船舶贸易有限公司	2006	滨海金清开发区	杨林斌	船舶修造、销售	
温岭市新概念救生器有限公司	2007	城东街道洋河村	张　敏	船用救生器制造	注销
温岭市德兴船舶修造厂	2007	温峤镇坞沙门村	张林德	船舶修造	
温岭市冰洋船舶工程有限公司	2008	松门松龙路 47 号	杨　彬	船舶修造	吊销
温岭兴辉船舶装饰材料有限公司	2009	松门红光村	张国富	船用装饰材料	
温岭市金港螺旋桨制造有限公司	2009	松门东海路 18 号	张新勇	船用螺旋桨制造	注销
温岭市恒帆船用灯具有限公司	2010	城南白溪工业区	江欣楠	船用灯具制造	
温岭市东旭船舶工程有限公司	2010	松门幸福路 98 号	林心卫	船舶工程施工	
台州市宝翔船舶有限公司	2011	路桥金清勤劳村	张杨法	船舶制造	
台州榕运博青船业有限公司	2012	箬横海城路 162 号	江志青	船舶与设备销售	
温岭市松寨船舶工程有限公司	2014	松门松寨泥螺礁	朱云清	船舶工程施工	
浙江海胜游艇有限公司	2015	路桥金清塘上村	刘永德	游艇制造、租赁	
温岭市方舟船舶修造厂	2017	箬山镇里箬村		船舶修理及拆船	注销

灵江两岸造船业

2003 年后，民营造船业迅速向灵江两岸进军，也产生了几个龙头企业，并有企业向外地发展。由于造船业务波动无常，灵江区域在大造船公司以外，形成了大批由农村劳力松散组合的造船施工队，承包冷作、电焊、涂装等造船工程，较大的组织称船舶工程有限公司。下文以条目形式记叙较大规模的船舶修造企业（以船检先后排序），小企业则罗列企业名、地址和创建时间，最后罗列造船施工队。

浙江方圆造船有限公司　创建于 1992 年，址设灵江临海城区河段右岸两水村，占地面积 33 万平方米，岸线 1100 米。拥有 2 万吨级船台 9 座，万吨级船台 10 座，60 ～ 100 吨龙门吊 23 座，其他加工设备齐全，年造船能力 50 万载重吨。现为浙江省甲类船舶制造企业，获得法国 BV、日本

NK、俄罗斯RS、意大利RINA、英国LR、美国ABS、挪威DNV、印度IRS、中国CCS等船级社认证。迄今形成了以挖泥船、吸沙船等工程船为主导产品，兼带海洋装备工程、疏浚产业、游艇产业共同发展的经济实体。主要产品有深海射流吸沙船、绞吸挖泥船、耙吸挖泥船、沥青船、成品油船、集装箱船、滚装船、拖船、自升式海上炸礁平台等，并开发了玻璃钢船、游艇、高速穿浪船等。产品远销国内外。

浙江宏冠船业有限公司　前身为创建于2001年的台州市宏冠造船有限公司，原址在灵江临海城区河段右岸两水村。2005年改为浙江宏冠船业有限公司，址移灵江汛桥河段左岸渡头范村，占地15万平方米，同时开拓峙山厂区，占地7万平方米，共有船台20余座。现为浙江船舶协会常务理事单位，浙江省射流式高效吸沙船、挖泥船生产基地甲类船厂。建厂后建造各类工程船（吸沙船和耙吸式、绞吸式挖泥船）、油船、散货船100余艘。

临海市江海造船有限公司　2003年创建，位于灵江汛桥河段右岸利庄村，初期建造5000吨级船舶，现拥有35座船台，其中万吨级船台7座、8000吨级船台7座、5000吨级船台21座，占地13.3万平方米，岸线长900米，迄2006年下水船舶53艘，其中油船12艘、散货船18艘、集装箱船3艘、吸沙船11艘、耙吸泥船2艘。

浙江宏盛造船有限公司　创建于2004年，址设灵江汛桥河段右岸杨梅东岙，占地13万平方米，海岸线长550米。拥有船台10座、下水滑道1座、舾装码头1座、各类设备500多台。具备二级I类船舶生产企业标准，可建造3.5万吨级以下各类型和各国船级社入级船舶。主要产品有散货船、集装箱船、油船、化学品船、沥青船、挖泥船、海上供给船、工程辅助船等。

临海市回浦船舶修造有限公司　创建于2004年，址设灵江涌泉河段左岸西洋村，为台州市船舶协会理事单位，拥有船舶自营进出口权。规划用地16.68万平方米，拥有7个船台，包括2万～3万吨级船台1座，年造船能力20万载重吨。

台州枫叶船业有限公司　2005年创建，位于灵江涌泉河段左岸管岙村，占地34万平方米，有1.5公里长的岸线，拥有3万吨级船台1座、5万吨级船台2座；吊机最大起吊能力400吨；建有260米长舾装码头。下辖台州叶志机械有限公司。公司为中国船舶工业51家首批白名单企业之一、中国民营船舶工业20强之一、台州市船舶工业协会会长单位。累计建造各类船舶90余艘，总吨位超过200万载重吨。先后建造有散装船、成品油船、化学品船、集装箱船等远洋船舶，共建造万吨级以上船舶20余艘，约50万载重吨。2012年在三门投资重组北收购的晧友造船有限公司为三门枫叶船舶修造有限公司。2019年与泉州石泉港兴通船务有限公司合作建造的国内装载量最大的双相不锈钢化学品船兴通56号轮，为目前世界上的高科技含量船型。

临海市华杰船业有限公司　创建于2006年，址在灵江涌泉河段左岸戎旗村，公司占地10.5万平方米，拥有232米×58米船台1座、232米×30米船台2座、232米×28米船台1座和18米×150米码头1座。配备龙门行车吊8台，其中160吨2台、120吨2台，以及各种机械设备。拥有国家二级Ⅱ类一般钢质船舶生产资质。年造船能力12万吨。已建造有22000吨级希瑞505散货船、22500吨级金泰洲散货船、纬伦218轮、22800吨级永翔5号散货船、1650吨鳌通号散货船、8000吨级舜海6号散货船、142M远景号甲板船以及4000吨级祥通8号、祥通9号、福海8号散货船。

台州越航船业有限公司 创建于2007年，厂址位于灵江汛桥河段左岸下洋屿，在杭州市惠州大厦、上海市大连路990号上海商务中心设有办公机构，系中法合资企业，占地168.6万平方米，岸线600余米，拥有船台10座，4000吨级转盘式滑道、万吨级纵向滑道各1座。可承接3万吨级以下的船舶建造，年生产能力15万载重吨。已获得CCS、BV、RINA、ZC等船检机构的认可。自2013年起，业务无以为继，2014年因陷于失信诉讼而破产吊销。

台州宏大船业有限公司 创建于2007年，址设灵江汛桥河段左岸峙山村，公司占地35万平方米，岸线长1500余米。拥有1000～35000吨船台16座、下水气囊80只；配备200吨起吊能力龙门吊及各类起吊设备23台、2000～500吨液压机8台。主要船舶品类涉化学品船、沥青船、成品油船、疏浚船、大型深海射流吸沙船、绞吸式挖泥船、耙吸式挖泥船、拖轮、海洋平台供应船、甲板驳、开体泥驳等20个产品系列。订单来自国内中石油、中石化、中海油、中远等国企和西班牙、俄罗斯、日本、韩国、新加坡、马来西亚等国家。

浙江宏盛船舶设计有限公司 2015年创建，址设灵江汛桥河段右岸杨梅东岙，经营船舶设计、钢结构无损检验、船舶配套设备及配件研发、船舶代理咨询等。

除上列船企以外，其他续存和注销的中小型造船企业还有临海市长顺船舶修造有限公司（1990年建，址在沿江镇下湾村）、临海市法龙船舶修造有限公司（2004年建，址在沿江镇红光村）、台州市海鑫拆船有限公司（2006年建，址在沿海镇桩头村山后仇）、临海市兴浦船舶修造有限公司（2006年建，址在涌泉镇西洋村）、临海市成洲船业有限公司（2006年建，址在汛桥对岸下洋屿村，2007年吊销，移三门六敖连心塘坝外，重组为浙江成洲船业有限公司）、临海市明龙拆船有限公司（2007年建，址在沿江镇下岙村）、临海市汛东船业有限公司（2007年建，址在汛桥镇汛东村，后注销）。浙江昕昕游艇制造有限公司（2008年建，已注销）、台州市中润船舶机械有限公司（2008年建，址在涌泉镇西洋村）。

灵江周边也有与造船业相关的产业链，如址设临海市商业街26号的台州谐和船舶设备安装有限公司、址设涌泉镇管岙的浙江沃赋装备科技有限公司、址在城区大洋街道京商大厦601室的浙江海宾控股有限公司（经营船舶建造、船舶设计、船舶销售）、址在东塍上街村的台州金翌船舶贸易有限公司。

灵江两岸的船舶施工队主要活跃在几个大造船企业周边，主要集聚地在城区两水村和汛桥利庄、汛东等村，其次是涌泉戎旗村、西洋村。临海城区有设在国际汇晶城8幢的明和船舶施工有限公司、设在伏龙小区的平杨船舶施工队、设在车门桥下庄路72号的宝达船舶施工有限公司。

两水村船舶施工队有忠祥施工队、聚宇施工队、宇翔施工队、许海全施工队、小川施工队、曹孝红施工队、冉光林施工队、黄琴施工队、兴华施工队、根成施工队、杨媚施工队、刘莉施工队、王成船施工队、石小兵施工队等。

汛桥利庄村船舶施工队有金士根施工队、朱建斌施工队、王刚施工队、吕方船工队、李佰喜施工队、曹伟峰施工队、林丰施工队、王朝富施工队、丁金国施工队、方念强施工队、周城锋施工队、王伟利船工队、郑米省施工队、吴英英施工队、谢晨煜施工队、陈云青施工队、周城锋施工队、朱根清施工队、颜安林施工队、梁冬秋施工队、周友青施工队、谢均辉施工队等；汛桥汛东村有士进施工队、铭盛船舶施工有限公司、捷通船舶施工有限公司；汛桥洋岙村有磊华施工队；汛桥道头村有海滨船舶施工有限公司。

汛桥对岸船舶施工单位有渡头范得利船舶施工有限公司、胜永船舶施工队、潘君谕施工队、下洋屿东霆船舶工程有限公司、中台村君信船舶施工有限公司。

涌泉镇戎旗村船舶施工队有林长兵施工队、杨萍施工队、黄永川施工队、杨建施工队、李伟施工队、能方施工队等；涌泉西洋村船舶施工队有艾丽华船工队、黎开容施工队、项昌友施工队、陈正奎施工队等。

三门湾沿岸造船业

三门湾造船业基本分布于蛇蟠水道南岸六敖北塘、健跳港南北两岸、浦坝港南北两岸三地。企业萌发于21世纪初，2008年后遭受金融危机，一些企业重组，有来自宁波、椒江、临海的合作和资金、技术注入。下文以条目记叙较大企业（以创建先后排序），小企业仅罗列其名和创建时间、地址。

浙江健跳造船有限公司　1999年创建，位于健跳港北岸瞭高山东南麓下沙塘，占地8万平方米，海岸线长700米。拥有5.5万吨级斜坡式船台1座（220米×37米），配MS2×50T＋75T/20T×37米×42米龙门吊1台；5000吨级船坞1座（120米×16米×7.5米），配16T＋5T门式吊车1台。拥有平台65米×12.5米水泥趸船浮码头1座、平台155米×15米万吨级岸坐式码头1座。主导产品为各种油船、化学品船、集装箱船、散货船。年造船能力20万载重吨。

浙江皓友造船有限公司　2002年创建，位于健跳港南岸七市塘鸡公屿东侧，占地19万平方米。拥有8万吨级干船坞1座（240米×40米），配300吨、100吨龙门吊各1台；3万吨级船台2座。主导产品为7.5万吨级以下各类油船、化学品船、集装箱船、散货船、多用途船。因经营不善，2007年由浙江物产国际贸易有限公司控股收购。2012年由台州枫叶船业有限公司和台州海滨船舶修造有限公司投资重组为三门枫叶船舶修造有限公司。

台州海滨船舶修造股份有限公司　公司前身为20世纪70年代的宁波造船企业，2003年重拾造船行当，2004年从宁波搬迁至三门健跳港南岸高湾开发区，址设高湾山北麓江岸，占地12万平方米，海岸线长700米。公司年生产能力20万载重吨，单船制造能力8万载重吨。可建造渔船、特种油轮、工程船舶、散装船、混装货船等类船舶。

浙江九洲船业有限公司　2006年创建，位于蛇蟠水道南岸六敖北塘（连心塘）船舶修造基地，占地27.35万平方米，海岸线长550米。拥有5万吨级船台3座、3.5万吨级船台4座，配备160吨、120吨级及以下龙门吊30余台。具备建造5万吨级以下各类钢质船舶的能力，年生产能力20万载重吨。已建造船舶有16500吨、26000吨沿海散货船2艘，33000吨散货船1艘，47000吨散货船2艘，入级BV的35000吨散货船1艘，等等。

浙江成洲船业有限公司　前身为2006年创建于临海灵江汛桥河段左岸下洋屿的临海市成洲船业有限公司，2007年，临海企业注销，移建三门蛇蟠水道南岸六敖连心塘坝外，重组为浙江成洲船业有限公司。三门厂区占地14.2万平方米，拥有1万吨级船台2座、3.5万吨级船台3座、舾装码头1座。船舶年产能力20万载重吨。

浙江泰达船舶修造有限公司　2007年创建，位于健跳港北岸八村蟹山脚，占地8万平方米，可用岸线359米，拥有3.5万吨级船台1座、2万吨级船台2座、1万吨级船台1座，3万吨级舾装码头1座。最大起重门吊150吨。

浙江凯航船舶工业有限公司　2008年创建，位于浦坝港北岸沿赤乡（沿海工业城），占地面积33万平方米，可利用岸线680米。拥有7万吨级半坞式船台2座、7万吨级舾装码头1座（配35吨门座起重机），另有300吨、120吨、20吨门座起重机各1台及3～50吨半门式各类起重机以及其他相应生产设备。年造船能力60万载重吨。2019年为大丰港海融海运有限公司建造4000标准箱、73000载重吨集装箱船海融号，排水量85094吨。

图5-34　2020年，三门枫叶船舶修造有限公司建造10万吨级智慧渔业大型养殖工船中间试验船（来自2020年11月6日大众网海报新闻，杨子豪摄）

三门枫叶船舶修造有限公司　位于健跳七市塘鸡公屿东侧原浙江皓友造船有限公司旧址，2012年由台州枫叶船业有限公司和台州海滨船舶修造有限公司共同投资，对原造船基地进行改建、盘活资源、重组资产，新增牵引车、龙门吊、疏浚船、拖轮等设施，完成5万吨级船坞改造。企业占地20万平方米，岸线长630米，拥有造船船台、拆船场地和码头，能建造改装5万吨级以下各类船舶。面对造船业不景气局面，转向以船舶维修为主营业务，并向船舶拆解领域进军。

图5-35　由浙江新州造船有限公司建造的33793吨排水量“卓海浚”挖泥船（来自2022年7月25日浙江省船舶行业协会“国际船舶网”）

浙江新州造船股份有限公司　创建于2014年，址在三门蛇蟠水道南岸六敖赤头村，公司与浙江海昌造船有限公司为合作单位，法人代表为同一人。企业占地20万平方米，海岸线510米，拥有5万吨级船台3座、3.5万吨级船台4座；起重龙门吊200吨3台、120吨4台、20吨14台。年造船能力20万载重吨。

上列企业以外，其他造船企业有浙江金茂船业有限公司（2004年创建，址在健跳港南岸高湾山麓）、三门跃达船舶修造有限公司（2007年创建，址在健跳港北岸八村蟹山脚）、三门圣跃船舶制造有限公司（2007年创建，址在浦坝港南岸夹焦塘）、浙江金远船业有限公司（2007年创建，址在六敖连心塘外）、浙江中博船业有限公司（2007年创建，址在浦坝港北岸沿海工业城）、浙江泰航造船有限公司（2007年创建，址在健跳港南岸园山东侧大塘村）、浙江勤丰船业有限公司（2007年创建，址在浦坝港南岸夹礁塘）、台州新龙门船业有限公司（2007年创建，址在六敖北塘）、三门强辉船舶修造有限公司（2007年创建，址在浦坝港南岸夹礁塘）、浙江三门长发船舶有限公司（2008年创建，址在浦坝港南岸夹焦塘）、台州海翔船舶有限公司（2008年创建，址在六敖赤头村）、三门县鸿铭船舶有限公司（2008年创建，址在健跳港南岸七市塘）、浙江拓展船舶有限公司（2008年创建，址在健跳港南岸高湾山鹰头塘，已吊销）、台州中洲船舶制造有限公司（2008年创建，址在浦坝港牛头门水道北岸，已吊销）、三门金港渔船修造有限公司（2008 年创建，址在健跳港南岸七市塘）、三门县永华船舶制造有限公司（2012 年创建，址在洋市涂南上洋村）、台州力洲船舶有限公司（2018 年创建，址在浦坝港南岸夹礁塘）、台州方兴船舶有限公司（2019 年创建，址在浦坝港南岸夹礁塘）、浙江铭飞造船有限公司（2020 年创建，址在浦坝港南岸夹焦塘）。

三门湾船舶制造企业周边也有施工队和船舶部件制造企业，如台州椿根船舶部件有限公司（2009 年创建，址在三门健跳七市塘区块）、三门祥通船舶施工队（2011 年创建，址在小雄南岙陈村）、台州市坚强船舶工程有限公司（2019 年创建，址在三门健跳永盛村）。

玉环—楚门半岛东、西海岸造船业

玉环—楚门半岛东海岸多基岩海岸，也有山岬间发育的滩涂，历史上多鱼盐产业，因缺乏木材，造船业传承较少；半岛西侧为乐清湾东海岸，史上造船业也都在海湾西岸，现代开发深水港，玉环岛少有岸线可提供造船。故该区域在东、西海岸造船的企业仅玉环市海航船舶修造有限公司和浙江海诚造船有限公司两家较大，余皆小企业。

浙江海诚造船有限公司　1994 年创建，位于乐清湾东海岸连屿小山头西麓，占地约 46670 平方米，拥有 4 座船台，为二级Ⅱ类钢质船舶修造企业。2005 年开始，业务兴旺，相继建造 5000 ～ 35000 吨级船舶 10 余搜，2007 年同时在建大船 6 艘。2008 年因世界金融危机，造船业低迷，在建 35000 吨级浙玉机 9001 号因资金问题拖至 2012 年下水。此后从单一造船向修船方向调整，走修造结合之路。

玉环市（县）海航船舶修造有限公司　2008 年创建，位于沙门镇小长兰山与插门山之间海岸，占地 19 万平方米，海岸线 1000 米，拥有 3 万～ 5 万吨级船坞 2 座，2 万～ 5 万吨级船台 5 座，配龙门吊 160 吨 5 台、70 吨 3 台、32 吨 1 台，可按国家地方船检局（ZC）、中国船级社（CCS）和国外船级社的标准和规范建造 2 ～ 5 万载重吨各类集装箱船、散货船、化学品船、成品油船。

20 世纪 80 年代建的其余船厂都已歇业，1990 年后创建的小船厂也大多注销。下为 1986 年后创建的存续或注销的企业：玉环市船舶配件厂（1986 年建，址在坎门东风村）、玉环县双龙船舶修造厂（1990 年建，址在坎门镇东安村，已注销）、玉环县鸡山船舶修理厂（1992 年建，址在鸡山半郎码头边）、玉环县漩港船舶修造厂（1994 年建，址在龙溪乡渡头村，已注销）、玉环县坎门南沙船舶修理厂（1997 年建，址在坎门里黄南沙后岙）、玉环县干江钢质船舶修造厂（1998 年建，址在干江镇断岙村，已吊销）、玉环干江仕福修船厂（1998 年建，址在干江镇下栈台中央嘴）、玉环县西台船舶配件厂（2000 年建，址在坎门松树脚村）、玉环坎门造船厂（2003 年建，址在士同路营房后，已注销）、台州市丰祥船舶制造有限公司（2008 年建，址在干江镇上栈头）、玉环县大麦屿港船舶修造厂（2012 年建，址在陈屿铁龙头）。

此外，在乐清湾顶部江厦湾口，有建于 2007 年的温岭市德兴船舶修造厂， 址在坞沙门村海岸，以修造渔船为主。

第三章　船舶检验

船舶航行于水域具有高风险性，一旦因故沉没，货毁人亡，损失巨大，故自发明舟船起，使用者均十分重视防患于未然的船舶检验。从商周时代对官船的“五覆五反”，到汉唐时期的“量船算缗”，再到明清时期的“九验之法”，无不反映着船舶检验在古代就有严苛的传承。

但自明清推行闭关锁国“海禁”政策来，曾经先发于欧洲大航海近一个世纪的“郑和下西洋”东方大航海，被活活扼杀，结局甚至连制造当时世界最大船舶（长 44 丈，宽 18 丈，约合长 123.2 米，宽 50.4 米）的造船档案都一纸无存。档案是否被烧虽是历史悬案，但它的失传已真实地反映了明朝廷对航海的鄙视。国家级造船档案尚且不予保存，地方小船也只是为收税做些丈量检测。

近代中国，随着“五口通商”打开门户，台州航运虽逐渐融入世界潮流，但在动荡的政局中，始终未能建立健全的船舶检验体制。

1949—1982 年，国家虽在 1956 年成立了船舶登记局（1958 年更名为船舶检验局），1963 年又颁布了《中华人民共和国船舶检验局章程》，但台州的行政区划一直更迭频繁，待政区稳定又遇“文化大革命”动荡年代，各种规章制度被当作“管、卡、压”条款废弃，以致“吊臂落江，船舶上山”的事故频繁出现，新购曙光号万吨货轮也触礁沉没。

台州区域具备健全的船舶检验体系，始自 1984 年在海门港航管理局下设立浙江省航船检验处海门检验所；台州建市后，机构改称台州市港务管理局（2003 年后为台州市港航管理局），辖下船舶检验处；2019 年 5 月 16 日，台州市港航管理局改称台州市港航事业发展中心，下属船舶检验处，对外挂台州市船舶检验中心的牌子。

第一节　古代、近代船舶检验

商代甲骨卜辞中的“省舟”二字，意即“省察用舟”，也就是对舟船进行安全检查。西周时期，武王设有主管舟船的职官“舟牧”，建立“五覆五反”的舟船检验制度，这是官府管理船舶检验之肇始。

汉元狩四年（前 119 年），武帝颁布《算缗令》，其中“船五丈以上一算”是以测量船体长度征税的规定，史称“量船算缗”，这成为汉唐以来借量船征税之机顺便检验船舶的一项制度。台州境域自西汉始设县级行政机构，地方古史料难觅有关船舶检验的记载，但从其他史料可知两汉设有楼船官主管船舶建造。其时章安为设县治的全国六大港口之一，同时设有东部都尉，职官中有无楼船官待考。

三国造船工场称为船屯，设典船校尉监管。章安港曾经靠泊中国历史上首次海上拓疆的“远规夷洲”万人船队。其时，章安县治建制即将升格为郡治，官府有无典船校尉之设，虽未发现有关史料，但这一职能似不可空缺。

唐宋时期，台州发展为全国著名的造船基地。唐杂律规定“茄船、写漏、安标、宿止不如法者……笞五十”，“茄船”即茄塞船缝，“写漏”即泻除漏水，为验船的核心内容。宋元时，内河漕船检验归漕运司掌管，海运漕船检验归万户府掌管。明代实行造船和修船的标准化管理，分定损定料检验、造修工艺检验、完工检验三个环节。

清代对民间造船和官方建造战船、漕船采取两种管理方法：民船采用提出申请、核发料照、完工检验、颁发船照四道手续来监管检验；海门港的此项工作在设海关分口之初，由家子口管理丈船和收费，后由军事机关黄岩镇驻海门的中营和临海县衙门共同职掌，衙门管发照，中营管船检和收费；光绪元年（1875 年）后，改由渔团局管理。战船、漕船实行“九验之法”，即验木、验板、验底、验梁、验栈、验钉、验缝、验捻、验头艄。

民国 3 年（1914 年），民船检验发照改由水上警察厅管理。民国 16 年（1927 年），国家始设船舶管理机构，海门港设浙江省管理船舶第六区事务所，职掌船舶检查、给照、征费，管理范围涉及象山、宁海、南田、天台、仙居、临海、黄岩、温岭八县。民国 19 年（1930 年）与温州合并设为第四区，海门设办事处；民国 20 年（1931 年）改为浙江省第四区管理船舶事务所第五分所，象山、南田划出管理范围。

民国 25 年（1936 年），交通部颁布《轮船业监督章程》，但海门缺乏检验技术人员，由宁波代检船舶。民国 26 年（1937 年），海门的船舶事务所撤销。民国 29 年（1940 年）为抗战时期，交通部设直辖海门航政办事处，船舶检验由办事处职掌。民国 37 年（1948 年），民国政府开始设置专业船舶检验机构，时已濒临政府倒台，《海门镇志稿》未记海门有此机构。

第二节　当代地方交通船检

自 1949 年起，船舶检验先采用造船企业自检的第一方检验，再过渡到由船东代表实施的第二方检验，然后才过渡到由政府职能部门实施的第三方检验。

1951 年，全国航务会议提出设立船舶登记局，并于 1956 年 8 月成立，统一领导和管理全国船舶检验工作，初期兼管机动渔船的检验。1957 年后，船检分为交通船检和渔业船检，交通船检由港航部门负责，渔船船检由渔业部门负责。

1958 年，船舶登记局更名为船舶检验局；1963 年《中华人民共和国船舶检验局章程》颁布，规定了船检部门的性质、任务、机构体制、职权范围等事项，除军用、渔用和体育用以外的船舶和船用产品，均由地方港航部门职能机构检验，船舶和船用产品经检验合格发给证书后才准航行和使用。

20 世纪 50 年代，台州造船业仅造小型木质船舶，20 世纪 60 年代逐步建造千吨级钢质船舶，船检处于低水平，且逢“文化大革命”动乱，船检处于不正常状态。

1982 年，交通部召开第一次全国地方船舶检验工作会议，各地按照会议要求，整合船检机构，逐步建立起省、地（市）、县的船舶检验处、所、站三级管理体制。浙江省船舶检验处海门检验所迟至 1984 年才成立。1986 年，为与国际接轨，交通部设立中国船级社（CCS），船舶检验局与中国船级社实行“一个机构、两块牌子”的工作机制。1988 年，中国船级社加入国际船级社协会（IACS）。

现行船检机构有三个系统：一为管理交通运输船舶的中国船级社；二为归口交通管理部门的各省市地方船检系统；三为归口农业（渔业）管理部门的渔船检验系统。（本节所记为归口交通部门的船检系统。）

1993 年颁布的《中华人民共和国船舶和海上设施检验条例》规定船检的宗旨有二：一是保证船舶具备安全航行和作业的技术条件，确保船舶和人民生命财产的安全；二是保证水域不受船舶污染。船检工作具有技术监督和技术服务的双重性。在社会主义市场经济的条件下，船检还有一个重要作用：保证市场的公平竞争。

按照检验性质的不同，当代船舶检验分为法定检验、船级检验、公证检验三种基本类型。

法定检验是根据国际公约、国家法律的规定，对船舶进行检验并签发船舶法定证书的措施；是政府为保证船舶安全而强制实行的措施；它由政府主管机关或其授权的组织或个人进行，中华人民共和国船舶检验局（ZC，现属中国海事局）是中国船舶法定检验的主管机关；法定检验分特别检验、定期检验、临时检验、移民检验四种。

船级检验根据船级社的验船规范和技术标准进行检验，并签发船级证书；可由船舶所有人选择船级社自愿进行；分入级检验、四年一次的定期检验、年度检验、损伤修理后的临时检验。

公证检验是船级社应客户的申请，指派验船师对所申请检验的项目进行的一种证明客观技术状况的检验，包括海损检验、索赔检验、船舶状况检验、货损检验、起租退租检验等。

综合而论，船舶检验细分为建造检验、初次检验、定期检验、年度检验、循环检验、特别检验、临时检验以及审图和产品检测等。

图 5-36　船检师进行建造船舶检验（来自《台州港航 2014 发展报告》）

台州设市后，设台州市港航管理局，下设船舶检验处。其后，域内船舶检验机构有市、县（县市、区）两个层次。地市一级的船检机构是台州市港航管理局下设的船舶检验处，持证验船师在 20 ～ 22 人，其职能是负责船舶、海上设施和船用产品的法定检验，并作出许可发证；负责办理船舶图纸审批；负责船用产品、型式认可初审及上报工作。县（县市、区）一级为椒江、黄岩、路桥、临海、温岭、玉环、三门 7 县（市、区）港航管理处下设的船舶检验处，船检人员仅在 1 ～ 4 人，总数约 20 人。

台州域内市、县(市、区)两级船检机构的工作范围有建造船舶检验、营运船舶检验、船用产品检验、建造审图、完工审图、产品审图等。其中建造船舶检验涉入级检验，营运船舶检验包括定期检验、年度检验、特别检验、临时检验、循环检验。初次检验一般指未经中国验船机构监督下建造的国外船舶为换发中国船舶证书所进行的检验，也指船舶投入营运前的检验。

船舶检验业务随造船业和航运业的涨落而涨落，2000 年前的船舶检验数量不多，如 1998 年、1999 年、2000 年的总检验数量分别为 331 艘、179 艘、206 艘。自 2002 年造船业突飞猛进至 2009 年形成高峰，台州建造船舶检验曾达 2005 年的 487 艘和 2009 年的 157.4 万总载重吨；营运船检也因航运业景气飙升而猛进，最高营运船舶检验曾达 2004 年的 3053 艘和 2013 年的 201.65 万总载重吨。此后就直线下滑，至 2019 年才稍有回升。表 5-4 反映了 2001 年至 2020 年台州船舶检验的逐年工作量。

表 5-4 **2001—2020 年台州船舶检验工作量一览表**

年份	建造船舶检验		营运船舶检验		审图工作量	产品检测工作量
	船舶艘数（艘）	船舶总载重吨（总吨）	船舶艘数（艘）	船舶总载重吨（总吨）	（套）	（台 / 套）
2001	50	不详	278	不详	不详	不详
2002	555	不详	2720	不详	不详	不详
2003	253	不详	2720	不详	不详	不详
2004	471	425773	3053	975501	不详	不详
2005	487	734000	2483	883000	不详	不详
2006	460	690000	2718	1270000	不详	不详
2007	379	478000	2164	1266000	不详	不详
2008	345	1140000	1318	890000	不详	不详
2009	356	1574000	1227	1201000	不详	不详
2010	318	730000	1296	1764000	不详	不详
2011	250	591800	1080	1920100	520	89617
2012	176	233500	855	1699600	395	12840
2013	143	177300	919	2016500	405	13417
2014	140	224500	866	1722500	477	20176
2015	106	174600	845	1653500	369	16348
2016	80	124780	856	1613900	313	11624
2017	82	118640	818	1774800	365	9521
2018	87	124330	794	1760700	336	16325
2019	103	310040	818	1808060	399	15944
2020	129	460180	674	1341777	450	12015

第三节　船舶入级检验

船级检验也称入级检验，它根据船级社的验船规范和技术标准进行检验，并签发船级证书。船级检验通常由船舶所有人选择船级社进行，是船舶所有人为了投保、索赔和处理海事纠纷的便利而自愿进行的检验。

世界主要船级社有中国船级社（CCS）、英国劳氏船舶社（LR）、法国船级社（BV）、意大利船级社（RINA）、美国船级社（ABS）、挪威船级社（DNV）、德国劳氏船级社（GL）、日本海事协会（NK）、希腊船级社（HR）、俄罗斯船舶登记局（RS）、波兰船舶登记局（PRS）、南斯拉夫船舶登记局（JR）、保加利亚船舶登记局（BKR）、捷克船舶登记局（CSLR）、韩国船级社（KR）、印度尼西亚船级社（BKI）、罗马尼亚船舶登记局（RN）、印度船级社（IRS）、克罗地亚船舶登记局（CBS）等。

中国船级社（CCS）是国家船舶技术检验机构，是中国唯一从事船舶入级检验业务的专业机构，是国际船级社协会（IACS）10家正式会员之一，总部设在北京。其主要业务是：承担国内外船舶、海上设施、集装箱及相关工业产品的入级检验、公证鉴证检验，经中国政府、外国（地区）政府主管机关授权，执行法定检验等具体检验业务，以及经有关主管部门核准的其他业务。

中国船级社入级通则、船级符号和附加标志

船级社对要求取得船级的船舶，按照《海船入级规则》的规定进行检验。

中国船级社（CCS）入级通则

经申请，船舶的船体（包括设备）和船舶机械（包括电器设备）凡符合中国船级社（CCS）《钢质海船入级与建造规范》（以下简称《规范》）或等效要求者，CCS将授予相应的船级，并载入CCS船舶录。已在CCS入级的船舶，如能遵循CCS保持船级的各种检验并仍符合入级要求者，经验船师在证书上签署，将继续保持其相应的船级。若船体船级证书和轮机船级证书之一失效，则另一证书同时失效。除客船外的船舶入级证书的有效期应不超过5年，客船包括客滚船的入级证书有效期应不超过4年。临时入级证书的有效期应不超过5个月。

中国船级社（CCS）船级符号

①★　表示船体（包括设备）、轮机（包括电器设备）和特殊设备不在CCS检验下建造，但经CCS检验，符合《规范》要求，并保持良好有效的技术状况，适宜于海上航行。

②★　表示船体（包括设备）、轮机（包括电器设备）和特殊设备不在CCS检验下建造，但经CCS检验，符合CCS的入级要求，适宜于海上航行。

③ CSA5/5　表示船体（包括设备）完全符合CCS《规范》要求，且特别检验间隔期为5年；根据船舶技术状态和保养状况，当CCS认为尚可给予船级，但有必要缩短其特别检验间隔期时，标志中分数5/5可分别由4/5或3/5来代替，分子表示特别检验间隔期分别为4年或3年。

图5-37　海东造船厂于2007年建造的12000吨级油轮（来自企业画册）

④ CSM　表示轮机（包括电器设备）

完全符合 CCS《规范》要求。

⑤★ CSM　表示船舶的推进机械及重要辅助机械不在 CCS 检验下进行建造、安装和试验，但经 CCS 检验、试验，认为可以接受。

中国船级社附加标志

凡经 CCS 批准入级的船舶，将根据其具体条件，在船级符号后加注一个或数个附加标志，附加标志均为英文全称。

例 1：★ CSA5/5　Oil Tanker，F.P. ≤ 60℃，Ice Class B3，ESP，表示在 CCS 检验下建造的无限航区油船，具有轻度冰况的冰区加强，特别检验间隔期为 5 年，需加强检验。

例 2：★ CSM AUT-0，IGS，表示其轮机（包括电器设备）不在 CCS 检验下制造，但在 CCS 检验下安装、检验和试验的推进机械和重要辅助机械（包括电器设备），能以周期性无人机舱运行，装有惰性气体系统。

保持船级的各种检验

船舶入级后，需要按规定在一定期限内接受年度检验、中间检验、循环检验、特别检验等各种检验，才能保持船级有效。

年度检验　所有船舶应经受年度检验。该检验应于完工、投入使用或特别检验日期的每周年的前、后 3 个月内进行。

中间检验　该检验应于完工、投入使用或特别检验后的第二个或第三个年度检验时进行，该中间检验替代一次年度检验，并于年度检验到期日的前、后 3 个月内进行。

坞内检验　所有船舶应经受坞内检验或上排检验，除另有规定外，坞内检验 5 年内应不少于 2 次，间隔期为 2.5 年，最长不超过 3 年。其中一次应在特别检验时进行，以检查水线下船体或设备的具体情况；从事国际航行的客船（包括客滚船）坞内检验应每年进行一次。

特别检验　船体和轮机（包括电器设备）的特别检验通常 5 年一次，根据船舶具体情况，可确定为 4 年或 3 年检验一次。

循环检验　由船舶所有人申请并经中国船级社（CCS）同意，机械（包括电器设备）的特别检验，以及除油船、散货船、滚装船以外的船体检验可由循环检验代替。循环检验的周期与特别检验的周期相同。该检验将所有特别检验项目在规定的周期内轮流检查。执行循环检验的船舶，年度检验和中间检验照常进行。

螺旋桨轴和尾管轴检验　检验间隔期通常为 5 年。

锅炉和热油加热器检验　锅炉检验间隔通常为 2.5 年，最大间隔期不超过 3 年；所有锅炉和热油加热器的外部检验，包括安全装置检验，每年进行 1 次。

损坏和修理检验　对涉及船级的各种损坏造成船体、设备和机械（包括电器设备）等部件不能满足本规范的要求的，应及时通知船级社进行检验，其检验范围应是验船师认为能查明损坏程度和原因所必需的范围。对涉及船级的船体、设备和机械（包括电器设备）作任何修理时，修理工作应在验船师的监督下根据适用的规范进行，如修理地点无船级社验船师时，应及时与船级社联系。

改装或更换检验　对涉及船级的船体、设备和机械（包括电器设备）的结构尺寸或装置进行任何改装或更换时，应将改装图纸、资料提交船级社批准，改装或更换检验按新船的检验程序处理。如船舶改装具有新的船级特征或附加标志，应发给新的船级证书。

暂停船级与取消船级

船舶检验对船级的暂停和取消作出了明确的规定。

暂停船级　凡经中国船级社（CCS）批准入级的船舶，如遇下列情况，船级自动暂停：船舶未在CCS入级规范规定的期限内完成船级特别检验，且未经CCS同意展期，除非船舶已申请且正在进行检验或修理；船舶未在CCS入级规范规定的期限内完成船级年度检验或中间检验；船舶条件或遗留项目在规定的日期内未消除且未经CCS同意展期；未经CCS同意进行影响船舶的修理、改建或改装。

凡经中国船级社（CCS）批准入级的船舶，如遇下列情况，经确认，CCS可暂停其船级：船体、轮机设备（包括电器设备）不符合保持船级的规定；船体、轮机设备（包括电器设备）遭受影响船级的损坏而未及时申请检验；对出于船东或CCS无法控制的原因，船舶停靠在不具备完成过期检验条件的港口，CCS允许船舶直接驶往可完成上述检验的港口而不暂停船级。

取消船级　凡经中国船级社（CCS）批准入级的船舶，如遇下列情况，CCS可取消其船级：船东要求取消；船级已暂停达6个月，船东仍未申请恢复船级的检验（对于非营运船舶，可同意更长时间的船级暂停而不被取消）；船舶超出船级附加标志中规定的限制以及批准的其他附加条件进行营运；船舶的船体、轮机设备（包括电器设备）遭受重大损坏或发生其他情况，经确认已无法继续营运（如沉没、拆船等）；未按时交纳检验费。如只是因保持附加标志有关的检验项目没有进行，则暂停或取消仅局限于相应的附加标志。凡经CCS批准入级的船舶，当其被船旗国政府取消注册时，则其船级自动取消。

第六编

港航 口岸 海事管理

港航对地方经济发展影响甚巨，历代政府对其都有不同程度、不同方式的监管。就当代港航机构职能看，它涉及港口航道的建设、规划、管理；航政法规的执行、监督；航运产业的调度、管理、服务；引航、导航；规费的征收、稽查；船舶的检验和技术培训；港航安全管理。对于航行安全和航海事故的处理，港航管理部门有专设机构，但海上事故由海事局管理。当代对口岸的管理属于涉外事务，由海关和边防机构管理其事。

本编内容涉及的当代管理机构有港航、海关、边防、海事等部门。在古代也不外乎航政、港务，或由官府、军事机构管理，或由民间自治机构管理。本编按性质和功能分港航、口岸、海事三类设章，一些内容不免跨部门，如安全管理，涉及港航管理局辖下的渡口安全管理，也包括海事局所管范围。又如，口岸管理涉海关、边防、海警等部门，也与港航有关。

在港航管理范围内，有关建设规划、航道、船舶管理和引航的内容，前文已有专设章节记叙，本编不再赘述。本编仅涉港务管理、航运管理、监察稽征等内容。2018 年，台州市政府对港航、口岸、渔业机构进行整合，12 月 27 日，台州市港航口岸和渔业管理局挂牌成立；2019 年 5 月 16 日，原台州市港航管理局改称台州市港航事业发展中心。

海关为行使进出口监督管理的国家行政机关，尽管在不同国家的不同时期其职责有差异，但其基本职责不外乎征税、缉私、监管进出口物资和人员。缉私往往需要多方的联合行动。

广义的海事泛指一切涉海事务，狭义的海事特指海损事故。当代海事局的主要职责为水上交通安全监督和防止船舶污染、船舶及海上设施检验、航海保障管理和行政执法，实施与国际海事条约相关的管理，承办交通部门交办的其他事项。现行海事局的职责，看似与港航管理交叉重叠，实际在具体负责事项上，其与港航管理是分工协作的关系。

第一章　港航管理

椒江水系因其覆盖台州大部，河口港即为内陆对外海进出物资的集散地，又因其地处浙东沿海中点，椒江口的区位优势尤显重要。但在历史长河中，台州港航管理随着行政建置转移，在个别时代却在视野、建制上存在逆向选择。先人在汉晋时踞海口设郡治，依海疆都会统御航运，隋唐后居然弃门户而龟缩内陆，明清时更以“海禁”闭关自守，直至20世纪末才重新直面海洋，回归依港兴市。其间贻误，令人扼腕叹息。

隋唐起，台州撤移椒江河口的章安郡治至灵江上游大固山麓，但诚如清康熙《临海县志》所述：“海门、前所咽喉也，二城两山如锁，进而沿岸小港非潮则不得行，距九十里方得至郡城……所谓舍门庭而守堂奥。”隋后的行政布局使台州港航管理与海防都陷入尴尬境地。虽然宋代极力采取弥补措施，将有关水路关隘的库场、寨兵设置章安、亭场等处，以“防托海道”，但自唐宋兴起的对日本、新罗贸易海船却难以溯潮上行郡城。

明清以降，台州府城虽仍设临海，但已反思州治设内港不利港航发展与管理，借设置军事卫所之机，相继在海门卫城和葭沚移驻四府衙门、临海县丞、海关子口、二府衙门，加强海港管理。民国22年（1933年），又将省县之间的专员公署直接移设海门，一应与地级行政对应的港航管理和海关机构才顺理成章设置海门。

1941—1994年，台州地级行政地位不稳，变化频繁，台州港航的统一管理仍然处于尴尬境地。直至1994年台州撤地设市，将中心城市定位于椒江河口港周边的椒江、黄岩、路桥区域，并整合台州港口资源，设置为组合式台州港，才理顺港口与行政的正常关系，实现港城同名共荣、相互依托的良性管理架构。

第一节　省地机构及其管理

交通是区域间的融会贯通，因而其管理必非囿于一地而涵盖全局。汉代，浙南行政中心在台州湾畔章安（回浦），但对所隶会稽郡治处于鞭长莫及境地，是以会稽郡特在章安派驻东部都尉。三国吴时浙南置临海郡，郡治章安，为浙南行政中心。晋太宁元年（323年）析分永嘉郡后，临海郡辖境约等同今台州境域。隋唐后，台州郡治内迁临海，行政中心离开航运枢纽，历代在航运管理上采取一些弥补措施。宋代在亭场（今黄礁）设兵寨防守海道；明代在椒江口设海门卫城、派驻四府衙门；

清代在椒江口派驻临海县丞、台州同知府衙门，设浙海关家子（葭沚）口。

台州航运与福建沿海、杭州湾口、长江口、温州湾口关系甚密，由于台州历史上行政建制、州治设置长期处于内迁和不稳定状态，港航管理总是面临乖舛、尴尬境地。但基于椒江水系的水运始终需要统一的管理，并且在铁路、公路未通以前，海运是台州唯一对外流通渠道，因而尽管州、县行政乖舛离斥，台州航区在各历史时段的港务、航政管理，还是有一个总纲牵引。其隶属关系每每依据业务往来，或直属浙江省，或接轨上海、华东、宁波、温州，不与行政区划相对应，在当代则有融入长三角经济圈的趋势。

港航管理包含港务、航政两个性质有别的范畴，由于两者密切相关，历史上或分设机构，或合为一体，还掺入海关、军警、民团，难以分清。[本节所记为地市级（州、郡）以上港航管理机构的沿革及港务方面的管理史迹，并按历史时段分段记叙。航运方面的内容留予下节“航运管理”记叙]

清代及以前

汉晋时期，章安港与秦皇岛、成山、句章、番禺、合浦（徐闻）一起列为全国六大港口之一，但地方史志并未对港航一类民生经济事项有所记叙，致后人难考当时港航管理详情。汉初在回浦（即今章安）设东部都尉，监管东南海疆，港航亦必在此军事机构监管之下。

汉末三国时期，吴主遣卫温、诸葛直远航夷洲（台湾），据推测，船队靠泊章安给养，再直航夷洲。接纳万人船队的港口，当有一定的管理措施，惜史无所记，难有确凿定论。

据《新五代史·刘铢传》，浙江沿海各州设有“博易务”，海运管理应在其职能内。

宋《嘉定赤城志》“坊市”载“通远坊，在州东南三百五十步，以税务在焉，故名”。“通远”是指及于远方的商贸，此时台州只有航运能及远方，设此街坊的税务机关当与港航有关。宋绍兴七年、十六年（1137 年、1146 年），高宗认为“市舶之利最厚”，两次下诏在杭州、明州、温州设立市舶司和市舶务。明州、温州都设市舶司，台州则无，必因海船未能直接在州府交易。《嘉定赤城志》记“新罗屿，在县东南三十里，昔有新罗贾人舣舟于此”，说明海船上溯灵江只达郡城三十里外新罗屿。

市舶务之设，专管“招徕远人，阜通货贿”。临海虽无市舶务，但据元代卢伦《金鳌山集》载“安国以荫仕观察，巡视金鳌、松门市舶，卒于台，葬海门赤山”，章安、松门的市舶应处于官府管理之下。但两地非郡县治所，虽有市舶交易，也就无市舶司设立。

宋代在台州湾海口设有亭场寨和管界寨，是官府拨款置寨兵守护海道的机构。亭场寨在今章安之西黄礁，管界寨原在“里港之中”石窟头（即三江口里面），由于它不与亭场寨分踞大江两岸成对峙之势，嘉定十五年（1222 年），台州太守齐硕奏请将管界寨移至亭场寨对岸栅浦上马岩。亭场、管界两寨员额均在百人至一百八十人。后在兵寨设巡检司，行使保护和押送船只、巡视货物以防禁货“漏海”之职。

元代为漕粮北运大都专设海道运粮万户府，下设温州台州、庆元（今宁波）绍兴、昆山崇明、常熟江阴 5 海道运粮千户所。温台千户所辖下的台州支线主要港口是严屿（今海门）、黄岩石塘（今属温岭）、宁海铁场，三处的航务管理因缺乏史料记载，难知其详。元末，路桥洋屿人方国珍下海为盗，劫掠漕粮，梗阻海道；招安后，割据浙东三路，授予防御海道运粮万户府，辅助朝廷运输漕粮，航运为其控制和垄断。

明代为备倭在沿海设卫所，海门、松门卫城及前所、桃渚、健跳、新河、隘顽、楚门6所城因以兴筑，港口为海防所用。为加强行政管理，明代将州治第四职官推官派驻海门，俗称其官署为“四府衙门”。其时朝廷行海禁之策，官府管理主要是查违禁，不许民间拥有双桅船舶，不许民间从事外贸。海门港营防浦水域为水师兵寨，民船被大批征用作为战船。外海航运处于军管之下，其对港航的管理除了抗倭剿寇，便是“迁海致禁”，禁止双桅海船出海。唯漕粮运输和盐运仍为官府必需，设有漕运司专管其事，食盐发包盐商专运。其时在严屿（海门）设置河泊所，是为管理船舶出入征收“课米”的机构。

清初为防百姓资助郑成功反清势力，推行“迁海”，是绝灭港航生路的残忍举措。此策自顺治十八年至康熙二十一年（1661—1682 年）推行 22 年。台州执行力度和时间虽较轻、较短，但航运、渔业已惨遭荼毒。康熙二十一年展复迁界后，准许500石海船出海贸易，并在江、浙、闽、粤设立海关。康熙二十四年（1685 年），家子（葭沚）设为浙海关辖下 15 处口址（海关分关）之一，下设金清、江下、健跳、白峤（在宁海）4 旁口。管辖宁海、临海、黄岩、太平 4 县各港口航运。

家子口俗称“台大关”，初设葭沚，后移海门龙须巷，又移道头新街（亦称北大街，今海门老街），此时的家子口实际并未涉及国际航运和贸易，仅以地方为关口，对出入港口的货物进行稽查、收税，一应进出港的烟糖、鱼鲞、杂木、柴炭、柑橘、冬笋、靛青等都是其收税对象。

海关分关管理船舶丈量、征收船钞，但对船舶发照则由地方官府办理，验照放行又由军事机构黄岩镇驻海门营汛执行。康熙五十六年（1717 年），浙江总督满保巡视沿海，在海门港牛头颈山和小圆山各建炮台 1 座，观察监视进出港船舶，以防大米、私盐“偷越出口”。雍正七年（1729 年），海门港添设大巡逻船 4 艘、小巡逻船 1 艘。后又在家子、章安、三江口各设炮台 1 座，各置巡逻船 1 艘。此设施并非防外敌，而是对内防民如防贼。

鸦片战争（1840 年）后，商贸渐兴，航运大有拓展。光绪元年（1875 年），委派同知、知县组编渔团、商团，海门港设立渔团局，管理船舶进出口，发牌照收费。光绪十九年，渔团局改为商办，所有本籍船舶、外籍船舶、代理船舶、过塘行（转运商），均须向渔团局报告，验看放行。

清光绪二十一年（1895 年），由海关巡工司在北鱼山建灯塔。光绪二十八年（1902 年），海关总税务司制定《各海关管辖灯塔、浮桩划分界限章程》，规定浙海关管辖航标界线“自台州临海县河口（指椒江口）起，至杭州府钱塘江口杭州湾止”，北鱼山为浙海关海门分口管辖洋面。

民国时期

民国 3 年（1914 年）8 月，海门港港航管理改由水上警察厅执行，内容为印发营业执照、收取船舶牌照费，但仅执行几月终止。迄民国 16 年（1927 年），海门港均由浙海关海门分关征收船钞和兼理船舶进出口事务。

海门港近代专业航政管理机构的设立，始于民国 16 年（1927 年）。其时，浙江省政府开始议论在建设厅下设立航政局，但缺乏经费。11 月，先在 8 大区设立管理船舶事务所，海门港设浙江省管理船舶第六区事务所。管辖区域：自象山港以南，经石浦、三门湾、椒江口至石塘一带沿海及内陆江河。即包括象山、宁海、南田、天台、仙居、临海、黄岩、温岭 8 县的沿海和内江河船舶，均属海门港船籍。

民国19年（1930年）2月，浙江省航政局成立，将下属各区事务所合并为4个分局，设第四分局于温州，管理温、台两地航政，设第四分局海门办事处于海门新堂。20年4月，海门办事处改为浙江省第四区管理船舶事务所第五分所，另在石浦设第六分所，坎门也设分所。管理船舶事务所职能：办理船舶查验、给照、征费，取缔重载滥拖，办理船舶出险、调节船户纠纷及其他有关船舶的事务。

民国20年（1931年）7月，交通部上海航政局成立，辖区包括苏、浙、皖3省，翌年在浙江杭州、宁波、海门（台州）、温州、兰溪5处设立航政办事处。上海航政局海门航政办事处设永慈堂码头边，与浙江省第四区管理船舶事务所第五分所成为骈枝机构。此前，浙海关海门分关和渔团局也仍在插手航政事务，但仅管征收关税和船舶在口岸之间的贸易，不涉码头、泊位、航路、航标等港务、航政事务。

上海航政局所属海门航政办事处的职能仅限于登记、丈量与检查20总吨以上轮船和容量200担以上木帆船。管理船舶的职能大大小于浙江省第四区管理船舶事务所第五分所（即海门分所）。“九一八”事变（1931年9月18日）后，民国政府交通部经费拮据，民国21年（1932年）4月13日，上海航政局海门航政办事处裁撤，归并温州航政办事处，改称温州航政办事处海门登记所。

民国23年（1934年），重设海门航政办事处，翌年址迁东新街14号新永川公司，由宁波航政办事处兼理。民国19年颁布的《交通部航政局组织法》规定航政局与所属办事处的职权为：船舶检验及丈量、造船监督、设定载重线标志、船舶登记及发照、船员及引水人员考核监督、航路标志监督等事项。民国25年又颁布《轮船业监督章程》。由于海门航政办事处缺乏技术人员，以上职能未能完全承担，常借助宁波办事处办理。

按交通部规定，船舶登记、丈量、检验事宜，均应归交通部所辖航政局及其航政办事处办理，在交通部上海航政局未成立前，所设浙江省管理船舶事务所为权宜之计，上海航政局设立之后，相同职能的浙江省各区管理船舶事务所已无存在之必要。民国26年（1937年）2月，浙江省各区管理船舶事务所撤销。抗战前，海门港航政管理权限呈分散多头状态，既有省属系统，又有交通部系统，还有海关系统和商务社团，但所管仅是检查船舶进出、查验货运单、防止偷漏关税而已，很少涉及港务航政，致使海事频发。

民国17年（1928年），浙江设建设厅仅有修筑灯塔动议，但议而无果。倒是民间船商有许多自发建灯塔行动，如早在民国2年，就有玉环坎门人史火顺在钓艚岙东山头用桅灯为过往船舶提供信号；14年，坎门支鸿基更在东山头建普安灯塔，并设专人管理；17年，永利轮失事，益利公司许廷佑出资在台州湾口大竹山建小型灯塔；21年，温岭包玉竹等于钓浜牛头山建灯塔，并设管理事务所。

民国26年（1937年），“八一三”淞沪战役爆发；11月，上海沦陷，上海航政局裁撤，原上海航政局宁波航政办事处上升为交通部直属机构。29年3月，设浙江省战时温台航运管理处；7月宁波被日军封锁，航运与贸易中心南移至石浦、海门；当月，交通部于葭沚设立交通部直属海门航政办事处，归宁波航政办事处兼理；10月，因海门航政办事处设立，浙江省战时温台航运管理处裁撤。

民国28年（1939年），浙江省交通管理处改组为浙江省船舶管理局，并在各港设船舶办事处，同时制定《各港办事处及各地管理站组织通则》《浙江省船舶管理规则》《浙江省战时船舶管制办法》以及相应的《发给轮汽船牌照收费办法》《发给通行证收费办法》《浙东沿海各县渔帆船出口发给通行旗证临时办法》。一系列法规指明船舶管理局(处)的职能是“船舶之登记、编组、征集、调拨、输送、监护、水上交通之管制及军公民运之协助维护等事项”。此规定实际又与国家交通部航政机关职能相重复。

民国30年(1941年)4月,宁波沦陷,交通部直属宁波航政办事处撤退海门,成为交通部直属宁波航政办事处兼理海门航政办事处,管辖区域包括宁波、台州两地外海及内河,主管大小轮船和容量200担以上木帆船。同年,又有浙江省驿运处成立(前浙江省船舶管理处合并该处),海门也设驿运站,管理大小轮船及帆船的登记、发照。此事又与《船舶法》规定船舶由航政机关登记给证的权限相冲突。31年,军事委员会修正《浙东沿海各口岸通航暂行规定》,将驿运处(站)权限限定在仅管内江帆船,出海船舶全归航政机关管理。

图6-1 交通部宁波海门航政局证章

战时,第十集团军总司令部制定《浙江沿海各口岸通航暂行规则》,规定外籍轮船给证需赍送第十集团军总司令部备案。因而在航政处核准前,均须分电第三战区司令长官部、第十集团军总司令部、浙江省政府、台州守备区指挥部,分别饬属知照。

对于战时出入货物的查验,航政部门与军事机关、缉私处、海关联手执行。联手机关有:军事委员会运输统制局检察处海门稽查所、浙江省外海水上警察局、台州守备区指挥部、驿运管理处、瓯海关海门支关、建于民国27年(1938年)的海门出入口(货物)查验分所,建于31年的葭沚、金清、健跳查缉分所。

海门航政部门在战时的业绩除常规工作外,对运价管理、物资管理、配合战事发挥一些积极的作用,可参阅本章第三节“航运管理”和第四节“港航监察与征费稽查”有关事项。

民国34年(1945年)6月,交通部直属海门航政办事处裁撤,由宁波航政办事处接管海门业务。翌年,内战又起,海门港航运衰落,瓯海关海门支关关税收入不够发人员工资。民国37年(1948年),海门支关裁撤,轮船进出口行程簿由海门商会盖戳。

1949—1979年

自1949年6月25日人民解放军进驻海门至1950年7月,海门港和台州航政暂由浙江省航政局宁波办事处管理。海门地区设为台州专署直属海门区。1950年8月,浙江省航务局设所属海门航务管理所于海门北新椒街146号,负责海门港及台州地区航政管理。

1952年11月,浙江省航运管理局在临海江厦街设所属台州管理处,海门航务管理所归属该处,改称浙江省航运管理局台州管理处海门管理所,专管海门港及椒北内河航运。1954年,台州专区撤销,所属临海、天台、仙居3县属宁波,黄岩、温岭、玉环3县和直属海门区属温州。但航运未拆开,为便于管理椒江水系及台州湾滨海平原内河航运,同年7月,原台州航运管理处搬迁海门,与海门航运管理所合并为浙江省航运管理局海门管理处,管理海门港及台州航区,并将公私合营海门轮船公司并入,形成港务、航运兼管,政企合一的机构。

20世纪50年代初,浙江沿海许多岛屿仍为国民党残军踞守,与大陆成军事对峙。为应对形势,加强航运管理，成立海门港区管理委员会。1952 年制定《海门港口船只出入、停泊、旅商货物检查管理暂行条例》，主要内容为：对内江来往各地，以及外海来往各解放区船只的管理办法；船只停靠码头的规定、从事航运人员应遵守的规则；停泊地点的划定和出入港手续。至 1955 年 2 月，国民党军从大陈岛撤退，海门港区管理委员会使命终结。

1955 年至 1957 年，海门航运管理处相继制定《海门港港务管理暂行条例章则》《海门港港口管理暂行办法》，发布《为建立危险品装运准单制度的通知》。1956 年 3 月，直属海门区撤销，行政归属黄岩县。

该阶段港务管理重点在三方面：一是在椒江口外设立助航标志，清理航道；二是在港区划定船舶停泊地段和锚地，规定牛头颈山至 3 号码头（今 1 号码头）停靠北岸赶市船，老道头（今 3 号码头）至小码头（今 4 号码头）停靠驳运船，小码头至新建码头（今 5 号码头）停靠南岸民船，新建码头至新道头（今 6 号码头）停靠仙居、临海、黄岩、路桥、温岭船只，新道头至百家道头（今 7 号码头）停靠机动船队和柴草船、肥船，百家道头以西停靠黄岩柴昆船和渔船，1 号至 3 号码头对出为上海海运局 500 吨级以上船舶锚地，新码头至百家道头对出为上海海运局 500 吨以下船舶锚地；三是组织引航小组开展引航工作，设立海岸电台。

1957 年 7 月，台州地区复设。1958 年 1 月，浙江省航运管理局海门管理处下放台州地区，改组为台州专区航运管理局、黄岩县民船管理所海门工作组、公私合营黄岩县海门轮船公司三单位。

台州专区航运管理局负责海门港口管理、代理上海海运局海轮和本省其他地区沿海货轮在海门港的进出口运输和中转、内河船中转海轮和水路联运，负责海门港水运计划的平衡和航线的调整、内河船的调度。这是港务与航运兼管的机构。

1958 年 12 月，台州地区再次撤销，临海、黄岩、温岭、仙居划归温州专区，余划归宁波专区。台州专署航运管理局改为浙江省温州航运管理局海门分局。1959 年 12 月又改组为浙江省温州专署交通运输管理局海门分局（简称温州海门交管分局），对临海、黄岩、温岭、仙居 4 县的水运、搬运、农村运输、交通建设进行行政领导，对公路运输进行指导，主管海门港航运业务和港口建设。同时将海门轮船公司、海门搬运公司、海门外海木帆船运输合作社并入温州海门交管分局，实行政企合一管理。

1961 年 7 月，航运体制又改为省属，成为浙江省海门航运管理局。1962 年 4 月，台州地区再次复设。1963 年 1 月，为加强港务管理，省交通厅创设浙江省海门港务管理所，与海门航运管理局合署办公，业务上归属省交通厅航运管理局直接领导，负责港口建设、港航管理、船舶安全监督、航道养护、规费收取等。

图 6-2　1963 年浙江省海门港务管理所（来自台州港航局档案资料）

由于临海、黄岩两县东部政区划分以椒江为界，不管台州地区两次撤销又两次复设，海门港的港航体系仍然被行政区划分割。此情给港航带来严重问题。为便于港口的统一规划建设、航运的统一调度，浙江省交通厅于 1961

年 7 月与临海、黄岩两县研究确定：海门港港区陆域范围为北岸小圆山至东逻浦（一说回龙浦，今称华景河），南岸牛头颈山至杨家浦（今桔园北路）；水域范围从椒江口至三江口。在建设方面规定：临海、黄岩两县均须根据港区统一规划的需求办理，北岸临海县所属码头、仓库由临海航管所使用，但由海门航运管理局管理。尽管设立凌驾两县的机构，作出统一管理的规定，实际操作仍产生种种矛盾。

1958—1960 年三年“大跃进”造成国民经济严重失衡，1962 年开始实行精简机构，将 1959 年政企合一机构中原集体性质的单位重新分出，并精减大批从农村招工的人员。1966—1969 年是台州港航管理最为混乱的阶段，“文化大革命”的派性斗争逐步升级至武斗，港航管理机关在 1968 年 3—6 月间曾瘫痪关门 55 天之久。

1949—1982 年，台州海区的航标均由海军温州水警区航标科航标站设置、管辖和养护。

1980—1994 年

1979 年 3 月，国家投资在椒江口北岸前所建设大型台州发电厂。1980 年，划北岸前所公社及南岸山东公社归海门，设海门特；翌年设为县级椒江市。嗣后四年内，将北岸章安区、大汾部分区域和南岸洪家、三甲两区划入椒江市。椒江建市初，海门港港航管理机构虽仍为港航合署办公的海门航运管理局和海门港务管理所，但北岸前所、章安的划入终于使港口南北沿岸归于同一行政区域，有利港口功能的合理发挥。

1983 年，海门港向远洋国轮开放，开始筹建相应的海关、边防、港监、商检、卫检等涉外机构，并成立中国外轮代理公司海门分公司、中国外轮理货公司海门分公司。

港航政企合一机构的长期运作，使管理机构和企业同吃“大锅饭”，由于航运部门收益好而港务部门常亏损，挫伤企业积极性，形成以航养港、以港保航局面，港口成为航运附属品，双方经济观念都淡薄，效率、效益低下。1985 年 8 月，海门港实行港航分开、政企分离，剥离经营性航运部门，设浙江省航运公司海门分公司，隶属浙江省航运公司；管理部门设浙江省海门港务管理局，隶属浙江省交通厅航运管理局。

图 6-3　20 世纪 80 年代浙江省海门港务管理局大楼（来自台州港航局档案资料）

分设后的海门港务管理局主要职能是：对外代表国家行使港口主权；对内主管港口规划、建设和治理；对港口水域、岸线和船舶实施航政管理和技术管理；同时面向全行业、全社会组织和调度港口客货运，按规定征收港口规费。与之配套，设中华人民共和国海门港务监督、浙江省船舶检验处海门检验所、浙江省人民边防武装警察海上巡逻大队、椒江市公安局港口派出所。

1985年,海门港务管理局内设业务机构有:工程科(内设航养班、测量班)、商务调度科、港监科(有港监艇3艘)、船检科、机料科、安全质量科、通信导航科、港口派出所;下属部门有装卸公司、客运站、轮驳站、劳动服务公司、中国外轮理货公司海门分公司。原属港务局的海门外轮代理分公司独立,领导关系划归浙江省远洋公司。

1983年1月,台州海区航标改由交通部上海航道局温州航标处海门航标管理站主管,并在海门港5号码头西建航标码头,配置航标艇。1989年10月,温州航标处海门航标站又改属中华人民共和国上海海上安全监督局,有关航标的航行通告,由中华人民共和国海门港务监督发布。此时,沿海渔区有一些渔用航标设置,由相关渔业部门管理。

椒江设市期间,海门港务管理局各部门业绩分见于前文港口设施、港口规划、航道、船舶检验各章有关内容,以及下文有关航运管理、检察稽查、安全管理等内容,本节不赘。该时段港航建设主要亮点有:小圆山外电厂煤码头和外沙港区开发、口内航道整治、划定口外港界和设置引航驳载锚地等。

1995—2018年

1994年,台州撤地设市,移驻地市级行政机构于椒江区,港口与行政的关系更为理顺。台州建市后,港航管理机构变更原浙江省海门港务管理局为台州市港务管理局和台州市航运管理处,同时设立台州市港航监督。2001年2月,台州市整合境内港口资源,统一命名为台州港,实现港城同名,一城一港。与此同时,合并海门港务监督和台州市港务监督,成立中华人民共和国台州海事局。2003年,台州市港务管理局与台州市航运管理处合并为台州市港航管理局(并挂台州市航道管理局、台州市船舶检验局2牌子),为正处级自收自支事业单位,负责行使港口管理职责,并受台州市交通局委托,具体承担全市航道和航运的行政执法和管理工作。

2003—2014年,台州市港航管理局内设机构经历几次调整。

初设机构:办公室、组织人事处、政策法规处、计划财务处、港务管理处、港政安全处、科技设备处、运输管理处、航道管理处(规划处)、建设工程管理处、规费征收稽查处、港航执法支队、引航管理处、船舶检验处;另设市渡口安全管理办公室。

2006年调整为:办公室、政治处(监察室)、政策法规处、计划财务处、征收稽查处、港航监察支队、

图6-4 21世纪台州市港航管理局大楼(缪鹤贤摄)

规划建设处、航道管理处、港口管理处、运输管理处、船舶检验处、引航管理处、港航信息中心、港航指挥中心，以及渡口安全管理办公室。

2013 年，撤销内设引航管理处，改设台州港引航站，为正科级公益二类事业单位，编制 30 名；同时将台州港航管理局列入承担行政职能类事业单位，由自收自支调整为全额拨款，核定事业编制 144 名。

2014 年，增挂台州市水运工程质量安全监督站牌子。规划管理处与航道管理处合并为规划与航道管理处，港口管理处包含港航指挥中心和企业管理，办公室含港航信息中心，另设台州市行政服务中心港航分中心。

2015 年，合并计划财务处、征收稽查处为计划财务与征收稽查处，另外设置安全监督管理处。

以下为 2006 年文件关于内设机构职能的规定，调整合并时，职能跟着合并。

办公室　负责全局行政事务，负责文秘、督办、调研、修志、保密、综合档案、接待、外事、综治、目标管理工作；负责机关安全保卫、卫生、物业及后勤保障工作；负责办公设施、设备和房产管理；负责车辆、船艇的使用管理及维修；负责信息宣传与新闻报道；负责牵头落实人大、政协的议案提案答复；负责处理局领导交办的其他工作。

政治处（监察室）　协助党委负责局管干部的考察、选拔、任免、调配工作；负责全局党建和群团工作；负责职工的思想教育与培训工作；负责行业精神文明建设和职工队伍建设；负责人事劳资管理、离退休工作、保险福利及人力资源管理；负责人事档案管理；负责局机关工作人员、专业技术人员考核；负责计划生育、住房工作；负责纪检监察工作。

政策法规处　负责法治工作和普法教育工作；负责行政执法的内部监督；负责监督检查港航范围内政策和法规的执行情况；负责协调行政复议、行政诉讼及其他诉讼应诉工作；负责组织港航政策法规的调研、起草、修改、报审工作；负责行政执法证件的发放和管理工作。

计划财政处　组织编制年度收支预算（含专线之初项目）、港航系统综合交通计划，安排落实预算资金，检查监督预算执行情况，确保收支平衡；负责本级收支管理和会计核算、监督，指导下属单位财务管理工作；审核、汇编、上报港航系统财务报告与财务决算；负责港航系统国有资产管理，做好本级资产转让、报废等审报批工作；负责港航系统票据管理工作；负责港航系统内部审计工作；负责组织财务、内部审计人员的业务培训和有关考核工作。

征收稽查处　负责本级港航事业规费的征收及营运船舶进出港验证工作；负责内部规费稽查、考核工作；参与制定港航规费征收办法及标准；办理规费减免的审查、报批；协助监察支队开展港航事业规费的外部稽查工作。

港航监察支队　负责港航监管的日常动态巡查；指导和组织各县（市、区）监察大队开展现场执法工作，纠正并查处各种港航违法行为；港航监察支队下设直属大队和违章处理中心，直属大队负责现场巡查执法，即负责安检调查工作和开展规费稽查催缴工作；违章处理中心负责作出具体行政处罚。

规划建设处　负责台州港港口总体规划和各港区详细规划的编制和规划管理；负责全市港口资源管理和沿海港口航道建设；负责港口岸线、危险品作业场所和卫生除害场所的许可；负责港口建设管理；组织港口工程竣工验收工作；负责交通战备办公室的日常工作；领导港航测量队工作。

港口管理处　负责全市港口经营资质和经营行为管理，维护港口经营秩序；负责港口经营许可和危险货物港口作业资质认定；负责港口经营性收费的指导，负责港口集疏运生产的指导和协调；负责协调抢险救灾物资、国防建设急需物资和重点物资港口作业；负责港口“三防”（防汛、防台、防洪）工作；负责做好港口统计与分析工作；负责全市危险货物港口作业申报的许可；负责全市港口设施保安工作；负责港口经营的行业安全监督管理工作。

航道管理处　负责台州辖区内河航道建设、养护、管理，实施航道发展规划；会同有关单位确定航道技术等级；办理与航道有关的航道临跨拦建筑物施工许可及通行标准技术尺度的审批，负责发布航道通告；制定航道养护和业务用房（库场）、码头等港航单项工程项目年度计划并组织实施。

运输管理处　承担全市水路运输行业管理、安全管理；组织实施水路运输发展规划；负责对水路运输（船舶）经营资质条件的许可工作；负责开展水运经济发展研究；负责全市水路运输行业的信息统计、分析及港航经济综合分析工作；负责协调、检查完成国家重点物资、军事物资、抢险救灾物资等水路运输；负责水路运输“三防”（防汛、防台、防洪）工作。

船舶检验处　负责船舶、海上设施和船用产品的法定检验，并作出许可发证；负责办理船舶图纸审批；负责船用产品生产厂、型式认可初审及上报工作。

引航管理处　负责确定引航范围和引航员引航船舶范围；负责引航安全管理和科学技术应用；负责制定引航工作章程和管理制度；接受引航申请，制定引航方案，安排引航计划，实施船舶引航；参与涉及引航港口、航道等工作项目的研究工作；负责引航信息统计工作。

港航信息中心　编制港航信息化科技发展规划和计算机网络设备（含车辆、船艇）配置规划，提出港航管理设备添置计划并组织实施；负责港航科技项目的立项、上报工作；负责港航系统新技术、新成果的推广应用；负责指导全市港航系统科技设备与信息化管理；负责港航系统网络的安全运行；负责计算机及相关设备的选购、配置、管理及日常维护。

港航指挥中心　依法管理到港船舶的指挥工作；负责24小时值班（包括春运、“三防”、“黄金周”等重要季节的值班），保障信息畅通；处置港航突发事件，负责启动应急预案。

渡口安全管理办公室　负责宣传渡口安全管理有关法律、法规、政策。督促检查各县（市、区）全面落实渡口安全管理责任，协调解决有关渡口安全管理问题；统一规划建桥撤渡和渡口的更新改造；参与渡口重大安全事故的抢险、处理和事故的调查工作。

台州建市后，原温州航标处海门航标管理站改称温州航标处台州航标管理站。2012年，交通运输部东海航海保障中心在上海市挂牌运转，设于椒江的台州航标管理站隶属其下，全称为东海航海保障中心温州航标处台州航标管理站，地址工人西路928号。

该段时间的港航管理主要亮点有：1997年编制《台州市港口总体规划》；2005年首次由港航管理局规划与航道管理处组织编制《台州市港口总体总体规划（2005—2020年）》；继而于2011年编制《台州港临海港区头门作业区总体规划》《台州港海门港区黄礁（金清）作业区总体规划》；2017年二轮编制《台州港总体规划（2017—2030年）》。通过开发，大麦屿港区于1993年成为二类口岸，2008年升一类口岸，2010年开通对台湾基隆港直航，2011年实现对外开放。2011年启动头门深水港建设，2014年实现一期开港，使港区朝着台州港的核心港区迈进。2008年在健跳猫头山嘴启动建设三门核电站，2012年在健跳牛山作业区启动建设浙江浙能台州第二发电厂，健跳港区逐步向华东电力基地迈进。

2018年后

2018年12月27日，台州市启动新一轮机构改革，整合原台州市海洋与渔业局职责、原台州市打击走私与海防口岸管理办公室的口岸管理职责、原台州市港航管理局的港航管理行政职责，成立新的市政府工作部门台州市港航口岸和渔业管理局。2019年5月16日，原台州市港航管理局改为台州市港航事业发展中心，为市政府直属事业单位，不再承担行政职能，不从事经营活动。同时挂台州市航道事务中心、台州市船舶检验中心2块牌子。

新设台州市港航口岸和渔业管理局是为了将同属海洋经济的港航、口岸、渔业的管理、规划、投资、建设置于集中统一的统筹管理之下。下设机构有办公室、港航管理处、口岸管理处、渔业处、综合处；市港航事业发展中心在其行政管理之下展开具体工作。

市港航口岸和渔业管理局下设港航管理处的职责为：负责港口总体规划、港区控制性详细规划和航道、水路交通建设等专项规划的编制、实施和监管工作。负责拟订水路工程建设、维护、运营相关政策制度和技术标准并组织实施。拟订港政、航政、船舶检验相关政策制度和技术标准并组织实施。承担水路运输行业管理，承担水路项目有关审批管理工作。承担港口岸线管理有关工作。指导港口行业安全生产和智慧港航建设。指导港口物流发展，拟订相关政策、标准。

下设口岸管理处的职责为：拟订并组织实施全市口岸发展规划。负责口岸开放项目的审查、申报、对外启用验收和关闭的组织协调工作。负责口岸查检单位设置、建设规划及报批有关事宜。负责开辟国（境）外临时航线、航班和国际航行船舶临时进入非开放区域申请的审查、申报工作。负责口岸大通关、电子口岸和国际贸易“单一窗口”建设。协调推进口岸营商环境建设和跨境贸易便利化工作。负责海洋预报警报，发布海洋灾害信息，做好海洋预警监测和防灾减灾工作，参与重大海洋灾害应急处置。

下设渔业处的职责省略。

下设综合处的工作职责为：负责组织全局性调研活动。组织制定全市港航口岸和渔业管理政策、法制建设规划。负责规范性文件草案起草、对外合同的合法性审核、重大执法决定法治审核工作。承担行政复议、行政应诉、普法教育等工作。负责市本级项目管理，负责上级扶持项目的申报、审核和实施指导工作。

台州市港航事业发展中心内设机构有综合处、人事处、港航发展处、安全处、财务处、航道处、工程处、港口处、航运处、船舶检验处、科技信息处、产业服务处，另设台州市渡口安全管理办公室。各处职能调整如下。

综合处　负责中心日常运转，承担文秘、会务、保密、档案、接待、目标考核、政务督查行政辅导工作，牵头做好议案提案办理。组织起草综合性材料、重要文件报告、规范性文件等。负责信息与宣传报道，牵头信息公开工作，负责卫生、物业、后勤保障工作。负责中心本级办公设施、设备房产、车辆、船艇等的使用、维护和管理。

人事处　承担干部人事、劳动工资、人员培训和考核、文明创建、涉外事务、计划生育、信访、双拥工作，负责离退休干部管理服务工作。

港航发展处　协助开展港航发展战略、港航政策法规的相关研究工作。协助开展港航行政审批、行业信用管理和规范性文件审核的行政辅助工作。协助开展行业普法工作。协助开展政务、公共服务等标准化工作。

安全处　承担港航行业综合安全、应急管理、平安综治等行政辅导工作。参与有关事故的调查处理工作。负责协调水路重点物资、抢险救灾、紧急客货运等运输保障，负责中心 24 小时值班与突发事件处置行政辅导工作。

财务处　承担港航系统预决算编报和预算下达工作。承担中心本级和指导下属单位的财务工作。承担港航系统内部审计和绩效评价工作，牵头做好港航系统国有资产的登记、出让、租赁、报废等管理工作。协助管理港口经营性收费。

航道处　协助开展航道规划编制。承担航道建设、保护和养护管理的行政辅助工作。承担航道专项养护工程计划和实施管理的行政辅助工作。协助开展例行养护管理的行政辅助工作。开展航道技术考核。承担航道通航条件影响评价和涉航建筑物技术审核的行政辅助工作，协助开展航道和船闸运行管理的行政辅助工作。

工程处（台州市水运工程质量安全监督站）　协助编制港口规划，编制水路交通运输发展规划等专项规划。协助开展建设项目（陆岛交通码头外）的前期、投资计划工作。承担危险货物港口建设项目安全条件和安全设施的技术审核的行政辅助工作。承担开展建设项目（陆岛交通码头外）及港口岸线使用的许可备案和建设行业监管的行政辅助工作。承担水运建设工程（陆岛交通码头外）质量和安全生产监管的行政辅助工作。承担系统内码头、库房、堆场等资产的购建及日常管理。联系交通战备工作。

港口处　承担港口经营行业监管、疏港的行政辅助工作。承担港口运营监测、运行分析的行政辅助工作。承担港口设施保安履约的行政辅助工作。牵头港口污染防治、绿色发展和节能减排等工作。协助指导全市港口引航服务工作。

航运处　承担水路运输行业管理的行政辅助工作。负责水路运输运营检测、运行分析的行政辅助工作。协助重点物资、紧急客货和军事水路运输。协助推进水运结构调整相关工作。

船舶检验处　承担运输船舶法定检验和监督管理的行政辅导工作。承担全市船舶检验机构和人员资质的管理、船舶检修检测服务机构相关管理的行政辅导工作。承担船舶及船用产品的技术审查和检验工作。协助推进船型标准化等技术进步工作。

科技信息处　承担港航信息化和数据资源管理工作。承担智慧港航建设和推广应用的具体工作。负责港航系统网络的安全运行。负责计算机及相关设备的购置、管理及日常维护。负责港航科技项目的立项、上报工作。牵头港航系统标准化建设。负责政府采购的审核和网上流转工作。

产业服务处　承担市委、市政府托管的国有港务企业管理行政辅助工作。协助开展港航物流发展和融入长三角港口经济一体化发展工作。负责港航业综合统计与运行分析工作。

台州市渡口安全管理办公室　负责宣传渡口安全管理有关法律、法规、政策。督促检查各县（市、区）全面落实渡口安全管理责任，协调解决有关渡口安全管理问题。参与渡口安全事故调查处理工作。

台州港引航站仍为台州市港航事业发展中心直属单位，为公益二类事业单位，主要职责为：承担进出台州港港口区域和台州市辖区的船舶引航业务。接受引航申请，制定引航方案和引航调度计划，提供引航服务。承担引航费的计收和财务管理，按国家规定负责引航信息统计工作。承担安全生产、引航信息化系统、引航艇及其他引航基础设施设备等建设和管理的事务性工作。完成台州市港航事业发展中心和上级主管部门交办的其他工作。

第二节　县乡机构及其管理

自秦始皇创郡县制，“以郡统县”的两级地方管理行政建制持续相沿迄今。港航管理也从州、郡或省级经地级市贯彻到县。东汉永和三年（138 年）前，浙南偌大区域就设一个章安县，可见其人烟稀少，西南部尚属蛮荒之地。永和三年析章安县南部东瓯乡置永宁县（辖今温州、丽水地区），其后逐步开发西南部，陆续分县，至三国吴太平二年（257 年）置临海郡，共辖章安、永宁、始平、松阳、罗阳、临海 6 县；其后继续分县，至晋太宁元年（323 年），析分南部几县置永嘉郡，临海郡仅辖章安、始丰、临海、宁海、乐安 5 县，仍治章安。

自隋撤郡并县，将临海县治迁移灵江上游，台州港航管理就难以落实新设临海县城。唐复郡县，但撤章安县而移县治于永宁山麓置黄岩县。明析黄岩东南置太平县，县治亦选太平山麓。恰如台州咽喉港区不与郡城重合，分支港区健跳、金清、松门、石塘、楚门、坎门、江厦也没有一个与县城重合。台州沿海县城均不设港航要隘，使县级港航管理也处尴尬境地。

在“皇权不下县”的传统建制下，县是皇权的基层。县级命官设知县、县丞、主薄、典史四职，具体事务由六房经办，其中工房管蚕桑、织造、建设、水利、造币，兵房管征兵、铺兵、城防、驿站、剿匪，户房管户籍、赋税、皇粮。港航管理职能分散于工房、兵房、户房的职能中。由于水路关隘不在县城，行使管理就必须溢出县城，设置派出机关。是以相关“馆驿”“铺兵”“寨兵”便出现在远离县城的地方，如宋代临海县的管界寨、亭场寨、吴都寨；黄岩县的松门寨；仙居县的白塔寨；宁海县的临门寨。古代对港航的管理除水利交通建设和收税由工房、户房操作，检查、治安等均借助寨兵、营汛之力。

明代的海防体系是备倭卫所，它涵盖了台州主要港湾，海门卫是核心，所驻参将级别高于州郡，下辖各千户所均非县政所管，县政仅管驻乡的巡检司。清代撤卫所制，以军事镇取代，驻黄岩县城的黄岩镇级别亦高于郡县，但身为边防军区，却不驻海疆，实际是以镇标右营游击守备海门，以台协标右营都司守备前所，以水师右营汛巡防玉环岛至琅矶山海面，以水师中营汛巡防台州湾海面，以水师左营汛巡防台州湾以北至三门湾海面。县政所管亦只是驻乡的巡检司。

明清时代，台州县政在临海、黄岩、天台、仙居、宁海五县基础上再析分细化，其历程是：明成化五年（1469 年）析黄岩县东南部置太平县（民国 3 年改温岭县，其中 1476—1728 年、1949—1961 年含玉环地）；清雍正六年（1728 年）析乐清、太平部分地设玉环厅（1912 年改玉环县，其中 1959 年 4 月至 1962 年 4 月撤县并入温岭县）；民国 29 年（1940 年）析宁海、临海部分地置三门县（其中 1958 年 10 月至 1962 年 5 月撤县并入临海县）。其中太平（温岭）县城依傍太平山设其山麓，而不设松门、新河航运要地；玉环县城设“如玉环抱”的玉环山山岙，而不设面海的坎门；三门县城也选“丹峰积翠”的名家炼丹谷地，而不选优良港口健跳。以致县级港航管理还需派设分支机构到实际需要管理的地方。

直至 20 世纪 80 年代，台州人的海洋意识全面觉醒，1981 年划椒江两岸地设椒江市；1994 年撤销椒江市、黄岩市设地级台州市所辖椒江、黄岩、路桥三区。最终成为 9 县（市、区）。台州湾河口港之地才回归县级和地级行政。

县级港航管理有专设机构，已到民国时期。县级机构管理职能基本与地市级机构相应，是管理的延伸，也有范围的分工。如在船检方面，1982 年规定船舶制造审图、检验以及救生设备的检验，均由地（市）级机构执行，运营船舶的年度、定期、临时检验委托县级机构执行（但较大船舶的定期检验仍由地级机构执行）等等；又如玉环小海湾众多，还聘用乡管员，委托代收规费。

渡运遇险事关人命，20 世纪 80 年代后特别为各级政府所重视。渡运分交通渡、专用渡（车渡）、农村渡三类。前两类一般由交通部门（港航部门）管理，农村渡也由受益乡村或农业部门管理。80 年代下叶将农村渡调整为由当地乡村和交通部门双重管理，因而台州港航管理局（港航事业发展中心）和各县（市、区）交通局都专门设置渡口安全管理办公室。

台州各县港航管理在通例以外的具体状况，以当代县政设置分条目记叙于下。

椒江区（市）

椒江区章安是浙东南最早设立县治的城镇，历西汉至隋初 676 年，其中 408 年为浙东南首府；三国吴太平二年（257 年）至隋开皇九年（589 年）设为临海郡治，县治、郡治同城共历 332 年，其中 266 年为台州首府。但旧志对往事只记郡守、通判、县令等秩官，不记港航事，宋前港航史料一概湮灭。宋《嘉定赤城志》“诸县属官”只记当朝，涉今椒江区地域的仅管界巡检一员、亭场巡检一员，属于临海县属官。

元代方国珍所任防御海道运粮万户府不属县政，严屿（今海门）为漕运启运港，由运粮万户府管理。明代海门卫城为备倭军事设置，级别甚至大于州府，州府委派推官驻海门（俗称四府衙门），为州派出机构，严屿设有河泊所。清初撤四府衙门改驻县丞，为临海县派出机构，后期在家子（葭沚）设浙海关家子口、驻台州海防同知府，均为省级、州级派出机构。民国时期，直接将省县间的大区专署设置海门，由是驻设众多地区级职能的港航机构。隋至民国，产生于椒江河口港的怪状就是，在没有县政的乡镇，却发挥州郡以上的管理职能。

20 世纪 50—70 年代，椒江区域仍然没有县政，港航管理同样处在省地级或上海航政机构的直接管理之下。至 1981 年，椒江区域才正式设立县（市）建制。此前，港航管理也曾设置临海县和黄岩县辖下的分支管理机构，如 1952 年曾设临海航管所下辖之海门航运管理站，但旋改为省属浙江省航运管理局海门管理处；又如1957年撤销海门航运管理处，1958年设立隶属于黄岩县民船管理所的海门民船管理工作组，址设5号半码头民房；1964年改称黄岩县海门航运工作组，1971年与海门航运公司、海门搬运站实行联合办公，称浙江省黄岩县海门联合运输指挥组，址设3三号码头仓库。

1981年3月，椒江区域才正式设立县级港航管理机构——浙江省海门特区航运管理所，7月更名椒江市航运管理所，前所航运管理站在其辖下。1985年增设洪家、三甲2个航运管理站。1987年，椒江市航运管理所在工人路43号建大楼，又增设栅浦、岩头、大陈航运管理站，并将海门内河管理站改为海门航运管理站。

1994年，台州市成立，椒江市航运管理所改为台州市椒江区港航管理处，下设办公室、财务科、船检科、运管科、稽查科、航道科、葭沚所，加挂椒江区船舶检验所、椒江区航道监测所2块牌子。2016年，椒江区港航管理处迁址中山西路杨家桥104—108号原葭沚街道办事处办公楼。2018年，随着机构改革的实施，椒江区港航管理处更名椒江区港航事业发展中心。

黄岩区（县、市）

黄岩立县始于唐上元二年（675年），迄1994年撤市设区历1319年，前期县境包括今黄岩区、路桥区、温岭市、椒江区洪家三甲，明成化五年（1469年）析分南部为太平县（今温岭市），1984年划出洪家、三甲，1994年析分路桥设区。因宋《嘉定赤城志》不记前朝琐事，宋前港航管理史料一概湮没，五代以黄岩县城为中心开凿南官河、东官河、西官河对航运起重要作用，管理职权应在县衙工房。

古代县下在交通要隘设兵寨和巡检司，用以治安捕盗，对港航也起维护秩序作用。宋代黄岩县设有松门寨，该地今属温岭市。元末洋屿盐民方国珍因县衙腐败入海反叛，最终招安，割据浙东三路，垄断浙海航运，其统筹管控范围突破州县行政界线。明代松门设为备倭卫城，金清水系河口港新河建千户所城，长浦设巡检司。清废卫所设军事镇，以黄岩镇防卫台州沿海实属“弃门户而守堂奥”，实际营兵还需派驻海门、前所、松门、健跳等港口。黄岩镇并非县政属下机构，而是超越州县行政的军事设施。其时管理船舶出入均由营汛官兵执行。

专设船舶管理机构始于民国时期。民国16年（1927年），海门港设浙江省管理船舶第六区事务所（后又并合更名），黄岩县船舶由其管理。20年，上海航政局成立，翌年，在台州（海门）设航政办事处，黄岩县船舶也由其管理。26年2月，浙江省建设厅撤销浙江省管理船舶事务所及各地分所，县级船舶管理事宜改由各县政府负责办理，也受上海航政局海门办事处管理，县级管理自此始。

1950年，海门设浙江省航务管理局海门管理所，黄岩航政由其管理。1952年，浙江内河航运管理局在临海设台州航运管理处，在黄岩县下设黄岩航运管理站和路桥航运管理站。黄岩站址设城关樟树下路。1953年，因一县不能有两个平级航管站，改路桥航运管理站为路桥航运管理工作组，又在金清、潮济各设航运管理工作组。

1958年，航管机构由省、地交通部门和当地县级双重领导改为由当地领导，黄岩航运管理站改为黄岩县民船管理所，原路桥、金清、潮济工作组相应改为民船管理工作组。其时，海门划归黄岩县，又设海门民船管理工作组。1960年，成立黄岩县运输公司，原民船管理所、民船管理工作组均并入县运输公司，成为政企合一机构，内设港航监督股负责全县航政工作。

1961 年 9 月，重新设立黄岩县航运管理所，隶属县工业交通局，并设海门、路桥、长潭航运管理站和金清航运管理工作组。1963 年，航管机构又恢复省、地和县级双重领导。

1980 年，海门另设海门特区，次年改椒江市。1982 年，三甲、洪家两区划归椒江市，航政同时划归椒江市。1981 年，成立浙江省黄岩港务管理所和浙江省三江口港务管理站。原航运管理所和新建港务管理所、站合署办公，1984 年，附设黄岩县船舶检验站。

1994 年，台州易地设市，椒江市、黄岩市均撤，设为台州市下辖椒江区、黄岩区、路桥区，原航管机构改为台州市黄岩区港航管理处，址设黄岩环城东路（交通大道）258 号，机关内设办公室、运管稽征科、航道港政科，外设芦村港航管理站。2018 年，随着机构改革的实施，黄岩区港航管理处更名黄岩区港航事业发展中心。

路桥区

路桥区旧属黄岩县，历史上该区域东部是不断围垦的新海相沉积平原，五代时海岸线在挡港桥、松塘一带。南官河开凿后，在马铺至石曲河岸集聚商家，形成椒南平原内河航运枢纽集镇新安市（即路桥镇）。古代航运规章一般都由商家约定俗成，官府极少干预。元末，横街洋屿盐民方国珍与同行产生矛盾，县吏受贿未能主持公道，逼方氏族人入海为盗，最终由招安而授海道运粮漕运万户府，割据浙东台、温、庆元三路。该段时期浙东港航完全由方氏兄弟掌管操纵，管理台州的是方国珍兄弟方国璋、方国瑛。明代在长浦设巡检司，维护沿海治安。至清代，金清水系河口港从新河逐步由下梁、卷桥推移到下塘角（即今金清镇），金清港成为浙海关家子口的四大旁口之一。

民国 11 年（1922 年），船商在金清设商轮公司开辟金清至宁波客货班轮，时金清航运由海门常关分卡管理，由于疏于管理，致轮船超载沉没，旅甬台属同乡会越俎代庖代替航政机关拟订《取缔台属商轮规则》维护港航秩序。

1949—1994 年，路桥均属岩县，地方航运管理机构设置如下：1952 年设台州航运管理处下辖路桥航运管理站；1953 年改为路桥航运管理工作组，另在金清设航运管理工作组；1958 年，路桥、金清航管机构改为黄岩县辖下路桥民船管理工作组、金清民船管理工作组；1961 年 9 月改为隶属县工业交通局之路桥航运管理工作组、金清航运管理工作组；1963 年，航管机构恢复省、地和县级双重领导。

1994 年，台州易地设市，路桥区成立于 1994 年 8 月，迄 2020 年仅历 26 年。社区后，原路桥航运管理机构改为台州市路桥区港航管理处，址设路桥区路南上马村一区 158 号，机关内设办公室、财务征收科、运管科、港政航政科、船检科，外设金清港航管理站。2018 年，随着机构改革的实施，路桥区港航管理处更名路桥区港航事业发展中心。

临海市（县）

宋《嘉定赤城志》载“（三国吴）太平二年（257 年）析章安置临海县，以会稽东部立临海郡，治临海，取郡东北临海山而名，属扬州，寻徙治章安”。又载“（隋开皇）十一年（591 年）置临海镇于大固山，移其县于镇”。史料对于591年前的临海县及治所表述含混不清，《嘉定赤城志》州境图上临海山不在今临海城东北，而在东南今松门位置，因而太平二年所立临海县及县治可疑。确切的大固山下设县城肇始于隋开皇十一年，迄2020年历时1429年。临海设郡治始于唐武德元年（618年）置海州，迄清宣统三年（1911年）延续1293年，此后地区级建制时延时断，直至1994年撤销。

历史上临海县疆域包括椒江口章安、海门、葭沚和今三门县南部，唐宋时章安仍是县域重镇，为防托海道要地。明代，海门为浙东军事卫城，也是州县行政辅城，驻台金严参将、台州府推官，另设前所、桃渚、健跳千户所，这些是不属县政的军事机构。县政以下在东部沿海连盘、蒲西、蛟湖、长亭、头岙、铁强、曼岙曾设巡检司，维护沿海治安与航行秩序。临海县的港航管理实际都在椒江口和东部沿海。清代在海门驻县丞、设海关子口，晚清驻台州同知。民国更将省县间大区公署直接设海门，相应港航管理均在海门。

民国26年（1937年）前，临海县航政接受设于海门的浙海关分关，或16年设于海门的浙江省管理船舶第六区事务所（后又并合更名），或1931年设的上海航政局海门办事处管理，无县级管理机构。26年2月，浙江省各区管理船舶事务所撤销，临海县船舶管理事宜改由县交通管理部门办理；29年，在天后宫设临海驿运站；30年起，航运船舶归属浙东船舶运输司令部临海办事处船舶运输大队管辖。37年，临海驿运站改为临天段驿运站，经营管理临海、天台、仙居3县交通运输。

1949年，临海城关10余家转运行（过塘行）业务改由国营华东联运公司经管。1951年，在县政府建设科内配置专职交通干部，1953年成立县交通建设科，至1974年设立交通局管理水陆交通运输。

1952年，台州专区航运管理处成立，下设临海航运管理站。1954年改为省交通厅航运局临海管理站；1958年改称临海县民船管理所。1979年改临海县航运管理所，为县交通局所属事业单位，下设章安、杜桥、涌泉3个航运管理站。1981年成立临海县港务管理所，与县航运管理所合署办公，隶属台州专区航运管理处。

1994年，港航管理体制下放，临海县港务管理所、航运管理所归属临海市交通局；1996年，经费与业务由台州市航运管理局划拨与指导；1998年增挂临海市航道管理所、船舶检验所、港航监督所3块牌子；2003年，港务、航运合并为临海市港航管理所，址设临海市江滨家园4-29号，机构内设办公室、运政航政管理股、船舶检验股，以及临海城东、红光、杜桥3个港航检查管理站；2014年，内设机构调整为办公室、运输管理科、航道工程科、港政管理科、船舶检验科，外设港航执法大队有城东站、红光站、杜桥站。

2019年1月，经机构改革，设立临海市港航口岸和渔业管理局，原临海市港航管理处相应改为临海市港航事业发展中心。

温岭市（县）

明成化五年（1469年），析黄岩县方岩、太平、繁昌三乡置太平县，这是温岭建县之始。民国3年（1914年）因与陕西、四川、安徽太平县同名改为温岭县。迄2020年，县政历时551年。温岭县（太平县）通海港口在金清水系河口、松门和石塘、乐清湾江厦3地，内河航运发达。港航管理主要在沿海而不在县城。宋代，松门寨即载入宋《嘉定赤城志》“军防门”。元代，石浦为漕运出发港，巡检司为各朝代设于交通要隘维护治安和捕盗的县下军事机构，也为港航维护秩序，太平县盘马、沙角、三山、蒲岐设有巡检司。明代，松门设为备倭卫城，金清水系河口新河和隘顽设为千户所。清代江厦设为浙海关家子口四大旁口之一，时大陈岛由松门绿营驻岛检查进出船舶。

县政下的港航管理始于民国时期。民国 26 年（1937 年）2 月，浙江省各区管理船舶事务所撤销，温岭县船舶管理事宜改由县交通管理部门办理。大陈岛设温岭县警察所风尾分所管理船舶和海上治安。

1949 年，温岭县原私营民船业务由国营华东联运公司整合；1953 年，华东联运公司撤销，并入浙江省航运局。1952 年 11 月成立浙江省内河航运管理局温岭管理站；次年更名浙江省航运管理局台州管理处温岭管理站，并成立温峤工作组、民船协会、联运社。1954 年，成立新河、泽国 2 工作组和箬横、松门 2 埠；1955 年成立石塘工作组。1958 年，温岭航运管理站改为温岭县民船管理所；12 月成立温岭县松门港务管理所。

1960 年 1 月成立温岭县运输公司，并设县民船管理所，下辖城关、松门、温西、泽国、新河、箬横、大溪、楚门、坎门 9 运输站和轮船营业处、船舶修配厂、机械修配站等 12 个单位；同时下设温岭县专业航道养护组。1962 年 1 月，撤销温岭县民船管理所，成立温岭县航运管理所，下设城关、松门、温西、泽国、新河、坎门、楚门 7 个航运管理工作组。该阶段，温岭县含玉环境域。

1962 年 6 月，成立温岭县交通局，与航运管理所合署办公；12 月，交通、工业合并为工业交通局。1963 年，成立浙江省交通厅运输局温岭联运营业所，与航运管理所“一套人马，二块牌子”，下设城关、松门、温西、新河、泽国 5 个联运工作组。1969 年，下设温西、新河、泽国、松门、永安 5 个航运管理工作组。1970 年撤销航运管理所，成立温岭县交通邮政局；1973 年恢复温岭航运管理所；1974 年，增设大溪、箬横 2 个联运代办点；1979 年增设长屿航运管理站。

1981 年 2 月，恢复温岭县联运营业所，增设沙山、肖村、箬横联运站；10 月，泽国、新河、松门、永安航运管理工作组改称航运管理站，航、港、联三者合一办公。1984 年 3 月，航运管理所内设温岭船舶检验站；11 月，政企分开，改箬横、肖村联运站为箬横、城北航运管理站，增设沙山航运管理站，设泽国、永安、松门、沙山联运站。

1994 年后，温岭撤县设市，港航合并，温岭县航运管理站改称温岭市港航管理处，址设温岭市东城街道下保路 88 号，机构内设办公室、运输管理股、港政航道股、船舶检验股、港航检察大队，外设泽国港航管理站。

2019 年机构改革后，设立温岭市港航口岸和渔业管理局，原温岭市港航管理处相应改为温岭市港航事业发展中心。

玉环市（县）

历史上，玉环县政的存废和隶属关系较为复杂。

东汉永和三年（138 年），章安县析温峤岭之南设永宁县，玉环属之。东晋太宁元年（323 年），分临海郡南部永宁、安固、横阳、松阳设永嘉郡，玉环归属永嘉郡之永宁县。隋开皇九年（589 年）

大举撤郡并县，玉环属永嘉县隶处州（括州）；隋大业三年（607 年），改括州为永嘉郡。

自隋至明成化十二年（1476 年），玉环区域相继为永嘉郡、温州、瑞安府辖下的永嘉县、乐成县、乐清县属地，其中明洪武二十年（1387 年）至明成化十二年，为备倭迁弃玉环全岛。明成化十二年，析乐清县山门、玉环两乡六都隶太平县，该地才归属台州府，其时楚门设为备倭千户所，在小鹿设有巡检司。清顺治十八年（1661 年）至雍正五年（1727 年），玉环岛又遭“迁海”废弃。雍正六年，玉环岛展复，设玉环厅，为温州分府，隶温处道。此为玉环县政设立之始。至 2020 年历 292 年，中间 3 年并入温岭县。展复初的玉环基本仅有鱼盐产业。

民国元年（1912 年），玉环厅改玉环县，整个民国期间，玉环县相继隶瓯海道、第四特区、第三特区、永嘉行政督察区、第八行政督察区、第五行政督察区，名虽有异，都属温州地区。其间，民国 19 年（1930 年）设浙江省航政局第四区船舶管理事务所坎门分所。

1949—1959 年，玉环县隶属温州专区。在此期间，1954 年设玉环县航运管理站。1959 年 4 月至 1962 年 2 月，撤销玉环县，玉环岛和楚门划入温岭县。在温岭属下，1960 年，设温岭县运输公司属下楚门、坎门 2 个运输站；1962 年 1 月，设温岭县航运管理所属下坎门、楚门 2 个航运管理工作组。

1962 年 2 月，复置玉环县，4 月复设台州专区，玉环县隶属台州地区；玉环县复设航运管理所，仍含坎门、楚门 2 个航运管理工作组。1963 年，航管机构恢复省、地交通部门和当地政府双重领导。1981 年，省交通厅要求中小港口设立港务机构，玉环设港务管理所，与航运管理所合署办公，下辖坎门、楚门航运管理站。玉环小海湾众多，在管理站外，还聘用乡管员，委托代收规费。

1994 年台州建市后，实行港航管理合并，因重视玉环大麦屿涉水港开发，将玉环港航管理机构设为台州市港航管理局玉环港航分局，址设珠港镇城中路 87 号，内设机构有办公室、港政管理科、船检科、运管科、企业管理科、规划科、执法科、行政审批科，外设大麦屿港航管理所、坎门港航管理所、楚门港航管理所。

2019 年 1 月，整合相关部门的港航管理行政职能和海洋渔业局职责、打击走私与海防口岸管理职责，成立玉环市港航口岸和渔业管理局。同时原台州市港航管理局玉环港航分局更名为玉环市港航事业发展中心。

三门县

三门县设县历史更短，民国 29 年（1940 年），撤南田县，以南田县全部、宁海东南 18 乡镇、临海东北 5 乡镇置三门县，隶属第一行政督察区（宁波地区），县政府置建设科管理交通、农垦、邮政、三门湾开发；船舶管理设水上保甲，隶属当地乡镇，码头隶属当地商会。1948 年，三门县划属第六行政督察区（台州地区）。

1949 年，三门县政府由秘书管交通；1951 年，由政府建设科管交通、农林、城镇建设；1952 年，改设交通建设科，成立台州航运管理处三门航运管理站、三门联运站（管理民船机构），址设海游镇老街 22 号，1953 年合并两机构；1954 年 5 月，台州专区撤销，三门县划归宁波专区。

1957 年 7 月复设台州地区，三门县航管机构称浙江省交通厅航运管理局海门管理处三门管理站；12 月，航管机构下放县，改称三门县民船管理所。1958 年 10 月，撤销三门县并入临海县，原三门县民船管理所改称临海县航运管理所海游管理站。

1962 年 4 月复置三门县，临海县航运管理所海游管理站改称三门县航运管理所。1963 年，航管机构恢复省、地交通部门和当地政府双重领导，三门航管机构改称台州航运管理处三门航运管理所，同时增设健跳工作组；1970 年再增设蒲西工作组。1979 年，三门航运管理所址移城南村黄狗盘。1981 年，成立三门县港务管理所，与三门航运管理所合署办公，同时成立健跳、蒲西 2 个港务管理站。

1994 年，港航合并，设三门县港航管理处，址移健跳镇沿江西路，内设机构有办公室、财务科、航道科、港政科、运管科、船检科，外设健跳管理站。在 2019 年机构改革中，整合港航行政管理等职能，成立三门县港航口岸和渔业管理局，原三门县港航管理处更名三门县港航事业发展中心。

内陆县（天台、仙居）

台州仅天台、仙居两县为内陆县。东汉建安元年（196 年），析章安县西北置始平县，辖境为今天台、仙居两县地；西晋太康元年（280 年）改为始丰县。东晋永和三年（347 年）分始丰县南乡置乐安县，辖境为今仙居县地。隋开皇九年（589 年）废二县并入临海县，唐贞观八年（634 年）复分，唐肃宗上元二年（761 年）始丰改名唐兴，五代后梁开平二年（908 年）改唐兴为天台，后反复改始丰、台兴，至宋建隆元年（960 年）复称天台。迄 2020 年历 1824 年。

乐安县于五代吴越宝正五年(930 年)改名永安县，北宋景德四年(1007 年)以“洞天名山屏蔽周卫，而多神仙之宅”，诏改为仙居县。迄 2020 年历 1673 年。

天台、仙居两县航运仅有溪流运输和津渡。始丰溪、永安溪横贯天台、仙居河谷平原，下游河段处临海县境内，溪流水运是古代台州内陆与沿海物资交流的唯一交通线，其中永安溪上溯皤滩航线是台州沿海食盐西输浙西的重要通道，两溪航道长船、竹筏众多，津渡棋布。古代水运、津渡基本为民间自发而为，间有官府和商家资助。宋代，天台设有赤城驿、飞泉驿、灵溪驿，仙居设有安洲驿、苍岭驿，水陆交通均受其服务。同时在交通线设寨、铺驻兵，在治安职能中也兼带管理水运秩序。仙居设有界岭铺、县东铺、白塔寨、白塔铺、吕前铺、镇头铺；天台设有花桃铺、二里铺、小田铺、关岭铺。

民国以前，永安溪、始丰溪基本处于船民自治管理中。民国 16 年（1927 年）设浙江省管理船舶第六区事务所（后有并合更名），20 年设上海航政局海门办事处，无县级管理机构。设于海门的办事处对永安溪、始丰溪航运鞭长莫及。

民国 26 年（1937 年）2 月，浙江省各区管理船舶事务所撤销，各县船舶管理事宜改由县交通管理部门办理。翌年，各县成立船民公会，协调纠纷。29 年设临海驿运站，37 年，临海驿运站改为临天段驿运站，经营管理临海、天台、仙居 3 县交通运输。

1949 年，建立临海船民协会，天台（南山）、仙居也设分会，后成立临海运输合作社，1958 年转为临海县永丰(名取永安溪、始丰溪各 1 字)木帆船运输合作社，后又有国营天台运输公司木帆船队、天台木帆船运输合作社等组织，均由县交通部门管理，无专门航运管理机构。

20 世纪 50 年代下叶开始，水利建设拦水围堰筑水库，昔日航运和津渡逐步消停；与此同时，公路建设渐臻完善，永安溪、始丰溪航运逐步衰退：1958 年，临海至仙居客运停航；1966 年，始丰溪停航；1982 年，永安溪停航。迄今仅有溪上漂流游览和水库度假仍需港航管理。

1979 年，始丰溪上游建成里石门水库，库区开辟水上客货运，由水库管理局负责管理。1998 年，开辟永安溪漂流旅游观光项目，采用县职能部门、漂流项目经营单位、所在乡镇(街道)三级管理机制。县职能部门涉交通运输局、县文化和广电旅游体育局、县应急管理局、县市场监督管理局、县水利局、县公安局、县消防部门、县自然资源和规划局、县综合行政执法局、台州市生态环境局仙居分局等。

第三节　航运管理

当代航运管理（水路运输管理）的内容，主要指运力的审批、营运证的发放、运价的管理、货源的管理等。这些职能在古代未必明确存在，随着社会的进步和管理体制的细化，才逐渐衍生出各种专门的管理。而在细化以前，更可能的是综合的管理。本节所指航运管理仅指对水上运输本身的管理，相关的船舶检验、安全管理、检察稽查都有专门章节记叙，不赘。本节内容亦按历史时段分段记叙，清代以前管理粗放，港务、航运一把抓，内容参见本章第一节“省地机构及其管理”和第二节“县乡机构及其管理”，本节仅记民国以后。

民国时期航运管理

民国 3 年（1914 年）8 月，海门港改由水上警察分署核发民船执照，仅实行几月即停止。3 年至 16 年（1914—1927 年），海门港除由浙海关海门分关（清称家子分口）兼理船舶进出口事务外，别无航运管理机构。

民国 16 年（1927 年）11 月，海门设浙江省管理船舶第六事务所，自此至抗战爆发，海门港的港航管理机构沿革和管理范围在本章第一节“省地机构及其管理”均有记载，不作赘述。通行的港航管理职责是负责办理船舶查验、给照、征费，以及船舶出险、取缔重载滥拖、船户纠纷等事宜。在这些职责中，属于航运管理范畴的仅是对水路运输经营资质的审核认可和调度船运、调解船户纠纷等。

民国元年至 26 年（1912—1837 年）25 年中，台州航运以海门港为主体，分轮船客货运、外海木帆船货运、内江和内河水运 3 方面（详情尽见第四编“航运及相应服务”各章）。该阶段，台州最多有 23 艘定期外海客货轮船往来于海门港与上海、宁波、温州、漳州、厦门及浙江其他港口之间，总吨数达 16956 吨，另有 17 艘不定期汽船航行石浦、沈家门、泉州等地；海门港轮船进出港密度高时达每周 28 艘、22723 总吨。民国 26 年，海门港进出港轮船 891 艘次，431980 总吨。主要贸易对象是上海和宁波，客运对象也是上海和宁波，出口货物以木料、板炭、粮食、禽畜、果品等为主，进口货物以纱布、食糖、煤油、豆饼、肥田粉为主。也有不少转口货物，因海门常关关税较少，船商常从沪甬运货至海门再转运温州。

其时，政府所设管理船舶事务所职掌权限仅是关于船舶的查验、给照、征费和取缔重载；而船商处于无序竞争状态，则无人管理。由于椒沪、椒甬航线投入运力过量，形成各轮船公司暗贴回扣，相互倾轧乱象。为维护各自权益，民国 19 年（1930 年）2 月，舟山、达兴、穿山、茂利、大华 5 轮船公司在上海组建联安航务公局，为营运轮船排定班期，稳定航运秩序。联安航务公局的成立是中国沿海航运业协作的先声，为解决航运业无序竞争提供了范例。

民国时期航政对于超载管理也不甚到位。如民国初期，金清港仅驻海门常关分卡，时有客货班轮航驶宁波，民国 12 年（1923 年）年关，定员 277 人的金清轮违章载客 900 人，于穿礁头触礁沉没，事后竟无政府机关处理善后，反由民间商务社团旅甬台属同乡会越俎代庖，代替政府拟订《取缔台属商轮规则》，呈准会稽道尹施行，规定客运兴旺期在宁波、海门、宁海、金清各港口设检查员 1 人，严禁船舶超载。又如 22 年年关，又发生新宁台轮因滥载沉没事故，当时海门港同时设浙江省第四区管理船舶事务所第五分所和上海航政局温州航政办事处海门登记所；设有两个骈枝机构，却落得“两个和尚没水吃”的疏于管理结局。

台州外海木帆船在民国抗战前亦较兴盛活跃。民国 26 年（1937 年）台州在籍外海木帆船有 421 艘之多，全年进出口总容量 3201000 担，合 256080 吨；其中不少大型木帆船单船容量达 3000 ～ 9000 担（240 ～ 720 吨）。1000 ～ 3000 担木帆船主要装运柴、炭、木板去上海，捎带杂货进口；3000 担以上木帆船主要运输福建木材至上海、南通、扬州等地，也运福建食糖、桂圆、荔枝。对于外海木帆船运输的管理也只是由管理船舶事务所查验船舶、给照、征费和监管其是否超载。其他全仗船商自律自治。

内江水路货运使用长船和竹筏，仅永安溪就有长船 700 余艘，灵江和永宁江下游也可航海船，其中临海、黄岩下游客货运班轮纳入轮船业管理。平原内河航运依靠河舨，民国 26 年（1937 年）统计黄岩县河舨 543 艘；19 年，开始使用内河机动客轮。依照《浙江省管理轮汽船、航快船规则》，台州将总吨 20 吨以上机动船称为轮汽船，容量 200 担（16 吨）以上河舨或不足 16 吨但航线、时间固定的河舨称为航快船，其余称为内营船。27 年开始办理轮汽船、航快船注册登记，轮汽船为甲种，航快船为乙种。其中航驶灵江和黄岩城关以下永宁江的轮船由交通部上海航政局海门办事处登记注册，核发小轮船执照；航驶平原内河和黄岩至潮济的轮船核发浙江省建设厅小轮执照。航快船则由各县政府登记注册。

抗战时期的港航管理机构沿革亦载本章第一节，不赘。战时航运管理的重点是统制货运，防止资敌。民国 31 年、32 年（1942 年、1943 年）国家和地方连续制定《战时争取物资办法大纲》《战时管理进出口物品条例》《封锁线输出商品及货运登记办法》《浙东沿海各口岸通航暂行规则》《防止帆船资敌法》等法规。临海设立货运管理站，一边主管沦陷区物资抢购抢运，组织 15 艘帆船运输队，特许出入海门港封锁线，抢运从沪甬进口的物资；一边禁止粮食、家畜、油类、竹木、柴炭、棉丝、茶叶、食糖、食盐等物资出口，禁止煤油、纸烟、纸烟纸、人造丝及其匹头、香粉及其他化妆品进口。

战争期间，物价大幅上涨，民国政府实施限价，航政机关为此统制客货运价，调整内河各航线客票价，使其涨幅远低于物价上涨幅度。同时调整和开辟内河航线，便利战时客货交通，如增加新章安轮行驶椒临内江航线，调方城轮和新佩华轮开辟路桥至温岭航线，恢复海门至黄岩和至温岭、松门航线等。

战时航运管理也出现许多由军方执掌的临时法规，如：航政处核发通行证和签证单，须由台州守备区指挥部奉第三战区司令长官部的命令通知执行；码头客货运一切检查事宜，须由军事委员会运输统制局检察处海门稽查所执行；外海水上物资查禁，须由浙江省外海水上警察局执行；船舶牌照及帆船出入口通行旗证发放，须由驿运管理处办理；码头秩序须由台州守备指挥部派驻的军队维持。

抗战后，由于内战又起，刚刚有所恢复的航运再度衰败。航运管理机构的裁撤已见上文“省地机构及其管理”一节。失去航政监督后，船舶常发生逾额装载及浮收杂费，海门海关难以依规管理，即用原海关章程管理。民国 36 年（1947 年），海门设椒江义渡轮管理委员会。37 年，社会经济大崩溃，通货膨胀，物价飞涨，海门港实行限价的新经济政策，但强制手段已无济于事，市面无货应市，航运业一片萧条，茂利轮、江苏轮向台湾逃亡。

1949—1994 年

1949—1994 年台州地区省地和县级港航管理机构沿革已分别在本章第一节、第二节详记，不赘。这些机构频繁变更，分分合合，都承担港务和航运两方面的职能。航运管理涉运输工具及运输本身，1949 年后的港航管理，一步步朝着精细化方向发展。其中 1954—1957 年和 1958—1962 年，台州专区两度撤销，所属 6 县分属宁波、温州两地区；但由于椒江水系和台州湾航运有极强的自在关联性，并未使港航管理分割，仍然以浙江省航运管理局海门管理处和浙江省交通厅海门航运管理局两机构行使对台州航区的统一管理。

20 世纪 50—70 年代，一方面是全部航运经营者按社会主义公有制要求，组织在单一的（如轮船公司）、或少数几个单位里（如几个木帆船运输合作社）；另一方面这些航运生产经营者又直接隶属于行使行政管理权的航运管理局，同时航运管理局还与港务部门合署办公，这是地级管理机构。县级机构参照地级机构，更显港航合一、政企合一。

地区级与县级航管机构的分工是：出海船舶由地区航管机构直管，内江、内河船舶由县航管机构管理。1960 年前后，又规定外海和内河机动船的检验、发证由地区航管部门管理；外海帆船和内河非机动船由县级航管机构管理。1953—1958 年，地、县航管部门各自在管辖范围实施船舶进出港签证，对船舶的航行区域、营运范围、航行期限、船员配置、装载定额、抗风等级、主要设备等进行检查，核对无误后在船舶航行签证簿上盖章放行。

但实际上，自 1952 年航运业进行民主改革起，政府就对参加组织的营运船只实施“统一货源、统一调配、统一运价”的“三统”管理；1954 年建立台州地区物资平衡会议制度，每月调制运力与物资的平衡。其后通过公有化、集体化，“三统”管理更为加强，运输业更趋指令性，几乎全部纳入国家计划之中。少数非交通部门集体单位或个人经营的副业，在“先专后副”原则下，必须经过“联办”拨给待运物资才可装运。

航运业在这种集经营与管理于一体的政企合一管理体制之中，航运经营实际与行政管理糅合一起操作。在此情况下，航运管理应有之义中的运力审批、营运证发放、运价管理、货源管理等等，实际都因为政府以计划手段全盘掌控了企业、运力、货源，规定了运价，也就无所谓对航运企业的资质、货源、运价的管理。这种状况在 1958—1960 年的“大跃进”“人民公社化”期间表现得尤其突出。

由是，交通部于 1958 年 8 月下达交海督（58）系字第 180 号《关于废止沿海和内河航行船舶进出口签证，加强船舶安全监督的决定》；9 月，台州地、县港航管理机构停止办理船舶进出口签证手续。因而该时期交通部门颁发的法规，如 1956 年《关于消灭内河海损事故，保证航行安全的具体措施》、1959 年《关于加强运输船、渡口船、渔船安全管理的规定》，以及其后 1963 年《小型机动船安全管理守则》、1979 年《内河避碰规则》等法规实际都只涉安全管理，而非运输管理。

1957—1958 年短暂恢复台州地区期间，交通部上海海运局下放 6 艘南洋线小轮予台州，浙江省航运管理局海门管理处也下放台州，改组为政企合一浙江省台州专署航运管理局、黄岩县民船管理所海门工作组、公私合营黄岩县海门轮船公司 3 单位。黄岩县民船管理所海门工作组负责海门航区所属内河船、外海帆船和省内外进出港木帆船的托运调配业务，以及外海帆船与内河船、陆路间的联运业务。公私合营黄岩县海门轮船公司负责经营海门至大陈、黄岩、潮济、临海等航线客货运输业务，代理海门至石浦、定海航线客货运输业务，并办理客货轮或大帆船中转陆路托运业务。

1958 年 12 月又撤销台州地区，航管机构成为温州专区下辖机构。1961 年 7 月，航运体制又改为省属，复设浙江省海门航运管理局。1962 年 4 月，台州地区再次复设。1963 年 1 月，浙江省交通厅设立浙江省海门港务管理所，与海门航运管理局合署办公。

1961 年 3 月，交通部又发文安港第 223 号《关于恢复沿海和内河航行船舶进出港签证制度的决定》，恢复船舶进出口签证制度。但至 1966 年，“文化大革命”又起，台州地区航运管理处下文通知各县航管机关停止办理沿海和内河船舶进出签证手续。直至 1977 年末，沿海和内河船舶进出口签证制度才全面恢复。

20 世纪 70 年代末，航运业开始出现民营企业。1979 年颁发的《船舶进出港口签证管理办法》首次涉及航运管理。80 年代，交通运输实行国家、集体、个体一起上的政策，“三统”管理消失。1986 年，海门港务局深化改革，建立货运处为货主服务，协助货主开拓经营，取得良好效果。

1987 年 4 月，浙江省交通厅航运管理局颁发《浙江省加强船舶进出口签证工作管理若干规定》，对航运管理提供法规依据。其后，航运管理主要处理以下违章行为。

（1）船舶无证航行或证件逾期，船员配备不齐。

（2）船舶无船名、船号、声号、灯号、旗号和必要的安全设备，或在夜间航行、停泊不按规定悬挂号灯。

（3）船舶装载超重、超高、超宽，或船身破损冒险航行、任意搭客。

（4）不按规定办理船舶进出口签证或装运危险品违反安全规定。

（5）非机动船抢越轮船船头或拖挂客货船头或强行拖挂，各类船舶不按避碰规则避让。

（6）船舶不按指定地点停泊，没有足够船员值班护船。

（7）船舶发生海损事故隐瞒不报，发现遇难船舶不尽力救助，捞获船舶、货物不送缴港航管理机关和肇事后驾船逃逸。

（8）在船上赌博、偷拿运输货物，拦截和强行乘坐航行中的客货船舶，以及向船舶抛丢污物、石子、泥块等物。

（9）在发生大风、洪水有沉船危险时，强行开航或摆渡或争先抢登渡船，在乘客超载情况下强迫渡船摆渡以致危及安全，或扰乱渡口、码头秩序。

1995—2020 年

台州建市后，台州市港航管理局下设运输管理处管理航运。其职责是：承担全市水路运输行业管理、安全管理；负责对水路运输经营资质条件的许可工作；负责开展水运经济发展调研；组织实施水路运输发展规划；负责全市水路运输行业的信息统计、分析工作；负责协调、检查完成国家重点物资、军事物资、抢险救灾等物资水路运输；负责水路运输“三防”（防汛、防台、防洪）工作。台州市港航管理局在各县（市、区）下设玉环港航分局和市辖椒江、黄岩、路桥三区港航管理处，以及临海市、温岭市、三门县所设港航管理处，分局与各管理处均设航运管理科，专管辖区有关航运管理事宜。

在建立完善的市、县（区、市）两级航运管理机制的基础上，台州市港航管理局运输管理处开展水运经济发展调研，制定台州市水路运输“九五”“十五”“十一五”“十二五”“十三五”规划，努力追求管理的规范化、制度化、常态化、便民化、精细化，以推进航运的科学管理。具体措施有下列几方面。

（1）实施水路运输业务经营许可无休息日服务，推进行政服务的便利化。

（2）按照《台州市水路运输经营资质管理工作规范》，分门别类编制经营资质管理台账标准格式，对企业和船舶按“一企一档、一船一档”进行归档管理，使管理更趋规范化。

（3）针对委托经营船舶吨位小、数量多、分散、流动、安全隐患多、船员素质差等特点，实施“退二进一”措施（淘汰二艘老旧小船，可新登记一艘大船），促其淘汰“老、旧、小”船舶，更新、优化运力。

（4）精心开展航运业安全生产专项整治，并促使安全监管常态化。

（5）专题部署船舶核查工作，责成各县（市、区）港航管理部门督促整改核查中发现的问题，加强动态监管，跟踪落实，促进企业规范经营。

2014 年，台州市港航管理局联合台州市应急办，邀请省、市专家，组织评审通过由浙江泰鸽安全科技有限公司编制的《台州市港口突发事件应急预案》及专项预案，专项预案包括《台州市港口危险货物事故专项应急预案》《台州市港口普通货物事故专项应急预案》《台州市港口预防自然灾害专项应急预案》《台州市港口旅客紧急疏散救援专项应急预案》。

2015 年，台州市港航管理局开展游艇业管理调研，针对当地游艇业现状，走访深圳等多地交通和港航管理部门、船检机构、游艇行业协会、游艇俱乐部，了解各地经营模式和管理方法，吸取有用经验，撰写调研报告上报政府，对推动台州游艇业发展和加强游艇业管理发挥积极作用。

2016 年 G20 国际峰会在杭州举办期间，按省港航管理局统一部署，在全市组织水陆运政大检查，各级港航管理部门出动检查人员 305 人次，检查水运企业 55 家，确保航运安全。其间，结合台州市荣远客运有限公司试点运行情况，通过搭建平台、实地考察、交流座谈，督促其他 2 家客运企业根据自身实际建立实名制售票、验票制度，合理制定管理规范、客运流程，形成实名制实施方案细则，敦促椒江、玉环 3 家水路客运企业全面实施售票实名制。

2016—2017 年，响应台州市政府关于“台商回归”的政策要求，台州市港航管理局运输管理处大力开展大陈航运集聚区建设，邀请北京欣风景园林景观规划设计院对大陈航运集聚基地进行场地设计，起草航运集聚区建设方案，争取各种政策支持。同时以“保姆式”的全程服务，成功说服在上海注册的安达散货运输有限公司从国际市场转移国内市场，实现台船回归；继而又召回台州津海海运有限公司落户大陈航运集聚区。至 2017 年成功引入 4 家航运企业，总运力达 24 万载重吨。

为提高管理效率，减少漏洞，航运管理部门运用现代信息化技术，积极创新管理手段。从信息化大数据角度出发，开发航运企业信息平台，对台州辖区航运企业、船舶、人员及日常管理等信息进行整合，形成基础资源数据库和资源共享的信息管理系统。该平台的推广应用，使航运管理更加规范、到位，在数据资源共享的基础上减少现场检查频次，提高检查效率，为智慧港航建设打下良好基础。

2018 年，交通部重点推动“一套表”联网直报工作，使相关数据直接反映水路运输企业的经营状况、航运市场实际行情，便利水路运输统计分析的稳健开展。在此同时完善能耗监测平台统计工作，配合全省把控水运船舶能耗信息，鼓励航运企业技术创新升级，促进运力结构调整，走可持续发展绿色交通道路。

2019 年，台州港航管理引入第三方安全评估，委托第三方机构浙江海尚安全技术咨询有限公司，完成对台州重点航运企业的安全核查。

2020 年，开发航运企业信息化系统二期项目，进一步加强行业信息化管理。

第四节　渡口管理

台州渡运分布椒江水系两岸和沿海港汊、陆岛之间，具体部位分布椒江口、灵江、永宁江、永安溪、始丰溪、清溪—旗门水道、珠游溪—蛇蟠水道、白溪—健跳港、浦坝港、金清港内河、漩门、江厦乌沙门、松门（龙门）陆岛间、玉环鸡山乡陆岛间、玉环海山乡陆岛间、上下大陈岛之间，详见第二编第一章第四节“河港、河埠、渡口”。史上津渡随着桥梁、公路的不断兴建逐步裁减，过程详见第四编第二章第一节“津渡与水上游览”。

至 2020 年仍存的渡运仅有椒江客渡；灵江青岭—沙渚、西洋—马头山、西芩—花街 3 客渡；蛇蟠水道上敖渡；浦坝港扩塘山渡（洞港渡）；龙门港龙门—北港岛、龙门—九洞门 2 客渡；江厦乌沙门渡；钓浜隔海山岛客渡；玉环鸡山乡栈台—鸡山岛、栈台—洋屿岛、栈台—大鹿岛 3 岛客渡；玉环海山乡大青山岛、江岩岛、茅埏岛、茅坦岛、横床岛 5 岛客渡；上下大陈岛客渡。还有一些不属交通渡的农渡。

现代交通渡运分客渡（人渡）、车渡（滚装渡）两种，农渔业自办的非经常性摆渡称为农渡。津渡通常为公益事业，古代常由宗祠以公产襄助，或由民间慈善乐助建设，受益地方民间自助管理维持，也有官府出资建设并管理的。20 世纪中叶计划经济时代，大型交通渡运由国营轮船公司、航运公司经营，小型交通渡由集体运输社经营，均纳入港航管理体系；农渡由人民公社和生产大队经营并管理。改革开放后，大型交通渡由具资质轮渡公司经营，小渡口采取船工承包方式，出现亏空，政府给予相应补贴。

渡运事关居民日常出行，其安全关乎乘客生命和财务损失，历来为官衙、政府、社团所关注。均会推出一些管理措施，保障渡运安全。台州建市后，渡口管理依据“谁经营，谁管理，谁负责”的原则，让经营者承担渡口安全的主体责任，属地主管部门和政府承担领导责任。在渡口审批权上，规定由县（市、区）人民政府负责审批渡口的设置、迁移、撤销，建立渡口安全管理责任制。

台州建市后渡口管理机构设置如下：台州市级设台州市渡口安全管理办公室，具体协调、指导、督促各县（市、区）的渡口安全管理工作；各县（市、区）也设渡口安全管理办公室，具体负责辖区渡口安全管理；乡镇和村居配兼职渡口安全管理人员；形成县（市、区）、乡、村、经营业主四级渡口安全管理网络，层层签订安全管理责任书，以达逐级落实管理职责的效果。历史上各地渡口管理措施略叙如下。

椒江诸渡

椒江古渡为唐宋时的栅浦渡、家子渡，彼岸章安，民间自发形成，未见有关管理记载。明建海门卫城后，始有海门至前所津渡，亦民间自发经营。清嘉庆元年（1796 年），海门椒济寺僧人筑石砌道头，官府给予工食钱补助；光绪二十九年（1903 年），立为义渡。民国 11 年（1922 年），有驻军司令陈照春及乡绅王槐卿介入，募款购永安义渡轮，并以椒江舞台盈利所得为维持经费，35 年在海门区署内设椒江义渡轮管理委员会，由区长亲任主任。

1949 年，永安义渡轮由台州专员公署生产委员会接管，用于椒临航线，渡运暂由民船承担。1951 年 3 月，渡轮归还，10 月组成椒江轮渡管理委员会负责运营。1956 年，轮渡划归公私合营海门轮船公司经营。此后公司合营海门轮船公司成为国营海门航运公司。

椒江渡运不仅台州为最，也是浙江省内最繁忙渡口之一。1949 年后椒江渡运除政府公办的海门—前所客渡外，还有海门—章安、海门—道头金、海门—百家徐、海门—百家舍诸线路渡运在不同时期营运，均为北岸村镇自营的农渡。

1987 年 1 月 25 日，海门—道头金民营木质农用渡船因严重超载倾覆沉没，酿成 97 人死亡的特大交通事故。椒江市政府决定停止农副业船舶从事客渡，并成立渡口安全管理办公室对椒江渡（海门—前所）、章安渡（海门—章安）、黄礁渡（海门—道头金）实行统一安全管理。

1990 年 1 月，海门至前所汽车轮渡建成，由椒江市第三航运公司椒江汽车轮渡站经营；同年 2 月，成立专业化的浙江省海门轮渡公司负责经营海门—前所轮渡，并成立章安轮渡站，经营管理海门—章安和海门—黄礁（道头金）的渡运。

台州建市后，台州港航局下设渡口安全管理办公室，椒江区交通局（交通运输局）亦下设渡口安全管理办公室，椒江渡运处在市、区两级职能部门安全管理之下。2001 年 10 月，椒江大桥建成通车，椒江汽车轮渡和海门至章安、黄礁均撤。海门至前所客渡存续。

灵江及支流、上流诸渡

灵江及其支流大田港、义城港和上流永安溪、始丰溪在古代无桥梁时均靠摆渡来往两岸，而且随着人口日众，渡口益多；至现代公路、桥梁不断兴建，日趋完善，渡口就日渐减少。灵江及其支流、上流古今渡口分布和兴废可参阅第二编第一章第四节“河港、河埠、渡口”和第四编第二章第一节“津渡与水上游览”，本节不再详述，仅记其概。

灵江及其支流、上流诸渡口中处于交通要口的交通渡一般由官府、地方社团及现代交通部门投资并管理；农渡一般为地方宗祠、乡村集体经济自建自管，或由农业部门负责管理。

灵江及支流重要古渡有西岑渡、石仙妇渡、亭山渡、碛村渡、泾山渡、冷水渡、下渡、中渡、西渡、三江渡、邵家渡等。后世有更多的小农渡。迄20世纪下叶，属于农渡兼交通渡的渡口有哂鲞岩渡（上午渡）、石村渡、马头山渡、涌泉渡、西岑渡—新亭头渡、红光渡，余皆农渡。至2020年仅存青岭—沙渚、西洋—马头山、西芩—花街（新亭头）3处。

永安溪主要古渡有张家渡（小海门渡）、仙人渡、曹庵渡、斋坦渡（白水洋渡）（以上在临海县，以下在仙居县）；石牛渡、石井渡（官路渡）、榉溪渡、韦羌渡（茶溪渡）、广业渡等。至民国，渡口发展至40余处。20世纪50年代起建公路，逐步建桥撤渡，至2005年，仙居境内已无渡运，临海境内尚存望洋店渡、磨头渡、塔儿头渡、新串渡，迄今全流域撤渡。

始丰溪主要古渡有石鼓渡、董岸渡、赤缪渡（今沿溪）、河头渡、百步渡；（以上在临海县，以下在天台县）；杜潭渡、隔水江渡、澥渚渡、溪南下渡、溪南上渡、响岩渡、曹家岩渡等。民国时渡口发展至30余处。后逐步建桥撤渡，至20世纪80年代末，全流域撤渡。

20世纪30年代，杭绍台温公路建成通车，临海城关灵江、义城港无桥，用3艘长船组拼渡车；50年代改用机动船，直至1965年建灵江大桥撤渡。1957年建临海至仙居公路，石鼓渡无桥，以钟摆式木质渡船渡车，1967年建桥撤渡。1971年建小海门至车口公路，在张家渡设人力渡船渡车，1993年建桥撤渡。车渡安全由所在县交通部门管理。

灵江上流及支流迄今虽全部撤渡，但所建水库和部分溪段仍有水运项目。70年代，小芝龙溪筑溪口水库，库内设有大坑渡、龙南渡，由临海县航运管理部门管理，后水库西岸筑公路，渡撤。天台里石门水库由水库管理局负责管理。仙居永安溪漂流由县交通、文化旅游、水利等职能部门和漂流项目经营单位、所在乡镇（街道）三级联合管理。

灵江、永安溪、始丰溪渡口管理涉临海、仙居、天台3县（市）。临海县自1952年起就有专设航运管理机构船民管理所或航运管理所，并在涌泉、章安、杜桥分设航运管理站。天台、仙居2县无专设航运管理机构，或由临海兼管，或由县交通局统管。20世纪90年代后，3县交通局均设置渡口安全管理办公室专管渡运安全事宜。

永宁江、长潭水库渚渡

永宁江传统津渡众多，有车埭渡、平义渡、江口渡、白石渡、王林施渡、江亭渡、西浦渡、岙岸渡、七里渡、七里王渡、东江渡、戴家汇渡、新江渡、新界渡、断江渡、古竹渡、汇头渡、三官堂渡、小澧汇渡、坦头渡、长潭渡、凌湖渡等。20 世纪 60 年代后，上游筑长潭水库，下游多处建桥，渡口减少，至 1988 年尚存江口、白石道头、王林施、王林、岙岸、新江、新界 7 渡口和长潭水库坝头殷家坑—宁溪、殷家坑—鱼岙—屿头、殷家坑—桐外岙—小坑 3 条渡运航线。至 2020 年长潭以下渡运全撤。

20 世纪 30 年代，杭绍台温公路修筑，黄岩城关永宁江无桥，以船渡车，至 1955 年建澄江大桥撤渡。车渡安全由县交通部门管理。

永宁江渡运在史上就有公益和私营之分。公益义渡一般由祠堂或慈善者资助公田，以其收益维持费用，并成立董事会进行管理；私营者以收费养渡。也有由政府以收过桥费等集资给渡运补贴经费的举措。在安全管理方面，民国时期就进行船舶登记检验发证，以此保障船舶可靠性；1949 年后，县级设航运管理站行使船舶检验职责；1970 年县属各航运企业均设安全领导小组，自管安全事宜。1980 年，黄岩县成立交通安全委员会，1987 年改为黄岩县安全生产管理委员会。台州设市后，黄岩区交通运输局下专设渡口安全管理办公室负责全区渡口安全管理。

长潭水库渡运由黄岩长潭航运公司经营，1977 年投入汽车渡驳用于至宁溪航线；1988 年，长潭环库公路建成，至宁溪、屿头两渡运撤销。21 世纪后环库公路更为完善，渡运客源渐少，采用个人承包方式营运，经营困难；2017 年，政府收购资产，以公司化模式另组国有黄岩宇星渡运有限公司继续经营，满足民众清明祭祖需要。

金清水系、温岭漫湖水库诸渡

金清水系干流河道宽阔，古代造桥不易时，过河也靠摆渡。新河附近古代曾有孟桂渡、南岸渡。近代，宽阔的金清港下游桥梁仍稀疏，两岸交通仍不通畅，直至 20 世纪 80 年代，仍有新港渡（泥涂—新明）、三角渡（会合—平安）、临江渡（临江—平安）、桩头渡（大浦—桩头）、上桩渡（联树上桩—水仓头）等跨水客渡。后随桥梁兴建陆续撤渡。

1958 年，温岭拦截黄西岙溪、桐桥溪、彭家溪建湖漫水库，库内设横溪渡、阮岙渡、下岙渡，维持多年，待公路修筑才全部撤销。

金清水系和漫湖水库在渡运存续时期，管理职责在温岭县交通局，以及下设的航运管理所和新河、永安、城关（北）三个航运管理站（工作组），也包括属地乡（人民公社）村（生产大队）的地方管理。

三门湾西岸海汊和陆岛诸渡

三门湾西海岸港汊众多，自北至南分布旗门港、海游港、健跳港、浦坝港，无桥时均靠渡运沟通两岸来往。

史上，旗门水道曾有外黎渡、旗门渡，均系农渡，至今全撤；珠游溪—蛇蟠水道曾有巡检司山北—涛头渡、江边山—正屿渡、水岙门渡、潺岙渡、善岙渡、海游渡等，皆小农渡，21 世纪 10 年代，涛头、正屿已连陆，两渡与其他渡运全撤。

蛇蟠岛与大陆间有至巡检司和上敖 2 条渡运线，20 世纪 80 年代起开发蛇蟠岛旅游景区，游人日众，改客渡为汽车轮渡。今蛇蟠岛已与宁海蛇蟠涂陆地相连，甬莞高速公路也于 2019 年跨海、跨蛇蟠岛通过，岛上设互通出入口，但上敖渡仍继续运营。

健跳港曾有长洛渡、健跳渡、黄门渡、沙木渡、金鸡渡、梅岙渡、铁强渡、横渡渡等，健跳渡为交通渡，余皆农渡；口门有健跳客渡码头至龙山岛农渡。1959—2001年，健跳渡设汽车轮渡，由县交通局管理；1987年划归地方，设健跳汽车轮渡管理所。2001年，健跳大桥建成，撤销健跳交通渡，其他农渡也逐步撤销。

浦坝港曾有赖峙渡、高湖渡、长坝头渡、浦坝渡，其中浦坝渡为交通渡，余皆农渡。20世纪末起，渡运逐步撤销。近年兴起扩塘山旅游，2019年成立扩塘山渡运公司应对服务。

以上诸渡均在三门县境内，早年渡运均民间自发自管，1949年后归县交通主管部门管理，县航运管理机构负责，经费由受益村负担，或由政府拨发补助经费及材料。1958年，依据《浙江省渡口管理规则》，县政府交通科制定具体办法，对船舶技术、核定载重、渡工选配等进行监管。1975年起，农渡归农业部门管理，蛇蟠、健跳、浦坝交通渡由交通部门管理。1986年，规定农渡也由交通部门管理。1987年起在交通局专设渡口安全管理办公室。

大港湾（龙门、松门）陆岛诸渡

松门外围大港湾岛屿众多，岛上聚居大量渔民。1987年前，陆岛交通以礁山为陆上渡口，由渔民自发以渔船摆渡解决各岛交通。1987年起由专设机构统筹管理，计有礁山—龙王山岛塘礁、礁山—南沙镬岛、礁山—北沙镬岛、礁山—横门岛—南港岛、礁山—龙门岛石板殿、礁山—九洞门岛—北港岛、北港岛—石板殿—横门岛前山和北港渡、龙门1号渡、龙门2号渡、龙门3号渡。迄2000年，龙王山岛、龙门岛、横门岛、南港岛都已有陆路相通，仅存龙门至北港岛和龙门至九洞门2条航线，在石板殿设龙门渡运中心作为陆上渡口。大港湾南侧钓浜隔海山岛虽近陆，但需过海，陆岛间有渔民自助摆渡，2020年5月始设渡轮。

1987年后的渡运专管机构是温岭县（市）航运管理所，以及下设的松门航运管理站。县（市）交通局（交通运输局）内也设渡口安全管理办公室加强管理力度。

玉环、楚门半岛与周边岛屿间陆岛诸渡

玉环岛与楚门半岛相隔200米漩门水道，古有深浦渡连接两岸。由于楚门半岛北侧有山脉阻挡，古代交通主要指向是沿海岸线至乐清，政区也属乐清县，途中经清港、江厦还需摆渡。漩门深浦渡是关乎玉环全岛出入的要渡，清光绪年间由官府出资设立官渡；光绪十四年（1888年）因官费不济，由里人捐田产维持义渡；1949年后改由政府收费管理；1960年改为汽车渡；1977年筑漩门大坝撤渡。清港古渡在明代就有“官置渡夫二名”的记载，清咸丰三年（1853年）建桥撤渡。江厦迄今仍存乌沙门至东门头的乌沙渡，管辖职责在温岭市交通部门。

玉环岛周边小岛屿棋布，各岛居民以捕鱼为生，陆岛和岛岛交通，在古代大多是渔民自驾渔船来往，近代才逐步出现自发的渡运服务。玉环岛西侧乐清湾内属于玉环县的岛屿有茅埏岛、茅坦岛、横床岛、大青岛、江岩山岛，渔民凭渡船来往于海湾东西两岸的集市。玉环岛东侧有鸡山岛、洋屿岛、大鹿岛、披山岛；鸡山、洋屿聚居渔民与坎门、楚门来往频繁；大鹿岛本为无人居住的弹丸小岛，20世纪80年代因森林植皮和礁崖石刻而开发为旅游景点，始设渡运；披山岛离陆较远，人口稀少，

仅有渔民与驻军的生产、生活给养需求。更多的沿海岬湾间的摆渡详见第二编、第四编有关渡口、渡运的记叙。

近现代玉环县（市）因政区隶属关系多变，渡口管理也呈归属频变状态。明清属乐清县管辖，民国时设浙江省第四区（温州）船舶事务所坎门分所，1954 年设玉环航管站，反复隶属温州和台州，亦曾属温岭县（详见本章第二节“县乡机构及其管理”）。

1959 年，交通部联合农垦、水产、农业、公安部门颁布《关于加强运输船、渡口船、渔船安全管理的规定》，成为县航管部门的管理规范。此时渡运经营者为县运输（航运）公司属下的坎门运输（航运）站、楚门运输（航运）站、鸡山运输社，后又成立沿海客运站。20 世纪 80 年代搞活农村经济、开放运输市场，渡运由集体、个体两类经营逐步转向全部由个体经营户承包。

进入 21 世纪，玉环周边岛屿人口出现外迁现象，并愈演愈烈，靠“以渡养渡”方式经营的个体承包渡运逐渐难以为继，即使依赖财政或村集体补贴也难维持，出现渡船老化、维修不到位、渡工老龄化等安全隐患。2020 年 6 月，玉环市提出渡运公交化改革实施方案，以市交通投资公司为主体，组建玉环市海上公交有限公司，收购原有渡船加以改造，整合为 9 艘渡船、7 条航线、11 处渡口，重新招聘船员，设置管理制度，升级支持系统。于 2021 年元旦开始试运行。玉环的渡口管理也在市交通（运输）局下设置渡口安全管理办公室。

汽车进入家庭后，乐清湾两岸产生通汽车需求。21 世纪初成立玉环滚装轮渡有限公司，开发连屿至乐清南岳滚装轮渡。营运 16 年实现安全运行无责任事故，连续 5 年获中国海事局“安全诚信公司”称号。迄 2019 年 10 月，跨乐清湾甬莞高速公路筑成通车，轮渡撤销。

上、下大陈岛间客渡

上大陈岛与下大陈岛间向无渡运，居民来往两岛只能搭乘渔船或经停上大陈岛的海门至下大陈客班轮。大陈岛旅游热络后，荣远客运有限公司调客轮营运上、下大陈岛间客渡，日设 3 班。大陈岛渡运管理归椒江区港航管理处和椒江区交通（运输）局渡口安全管理办公室。

第五节　港航监察与征费稽查

现行港航监察职能主要是纠正、查处各种港航违法行为的日常巡查执法，征收稽查指对港航规费的征收和稽查。历史上个别时代对港航的监察和征收稽查内容各不相同。在古代，由于机构简单，许多职能都综合一起，愈至近代、现代，管理机构愈趋细化，参与港口航运监察稽查的管理部门细分为港航监察、船检、海警、边防检查、缉私、海关、商检、检疫、海事等。由于古代管理呈综合状态，本节对古代的记叙难免纷杂，甚至牵涉不属现代意义的港航监察内容和征收事项，对近、现代则尽量排除职能细分后的非港航监察和征收事项。

清代及以前

先民瞄准灵江出口海岸聚集人口，成为浙南最先县治、郡治海疆都会，其立足之本即是港航。西汉元封五年（前106年）立县之始，港口即驻会稽郡东部都尉，纳入郡级监察管理体系。汉阳嘉元年（132年），会稽曾旌从海上攻章安，朝廷令浙东南沿海各县驻兵设防。东晋隆安四年（400年），孙恩自海上攻章安，郡守辛景失守，显见港口守备之不足。

隋移撤章安郡县治后，行政建制龟缩西部山区。至唐宋，官府反思不能无视海口防务，遂在章安西设亭场寨（今黄礁地），又移管界寨于对岸上马岩。亭场、管界均设巡检司，又在松门、长浦、临门等处设巡检司，形成对海港的巡检管理；同时又设监杜渎盐场、于浦盐场、长亭盐场、章安税场，对沿海鱼盐产业和航运课税。

唐宋时，沿海商舶兴旺，对商舶课税为台州"财赋所赖"。巡检司保护和押送货船，巡查船上物资，以防私漏违禁物品。港口的兵寨、巡检司、税场和设于州治的博易务，共同组成港航综合监察征收部门。宋乾道七年（1171年），台州通判楼钥甚而规定违禁物资以"入海五里"为限，超越警戒线即行没收。这条警戒线即亭场寨与管界寨的连线。

元代，漕运粮食在海运中处特殊地位，由官方组织雇民船承运，设防御海道运粮千户进行监察保护，台温两地合设一所。对其他货运，元朝廷在泉州至杭州海上设站赤15所，各配船舶5艘，水军200人，监察保护海上运输。

元末，台州洋屿盐民方国珍为暴吏所迫，入海为盗。始而梗阻海道、劫掠漕粮；继而接受招安，割据台州、温州、庆元三路，以虚与委蛇态度周旋于元蒙和朱明两大权势间，谋求保境安民。其时浙东航运全为方氏垄断、统管，统管台州的是方国璋、方国瑛。

明代，沿海饱受倭寇骚扰，设置沿海备倭卫所防护。椒江口设海门卫、前千户所，台州湾两翼设健跳所、桃渚所、新河所、松门卫、隘顽所、楚门所，形成军事防卫链条。明廷以海禁对付倭寇，不仅大部分民船为军队征用，还限制民船不得超过双桅，不得与外商交易。港口基本用于防缉海盗，唯官粮、军粮漕运和盐运、渔销等，仍由官船或民船在沿海、内江、内河营运，有河泊所作为管理机构。

清初行"迁海"之策，防边民"资敌"，海运濒绝。康熙二十三年（1684年）展复迁界后开海禁，次年在江、浙、闽、粤设四海关，台州家子（葭沚）设为浙海关下属15处口址（分口）之一，下辖金清、健跳、江厦、白峤4旁口，管辖宁海、临海、黄岩、太平四县各港口。此时海关并非专管外贸，而是作为"常关"管货物吞吐，既征收外贸货税，也分管船舶丈量、征收船钞、查禁违禁物。它不仅跟官府合作，也跟军事机关海门营汛合作，是一种多方配合的综合执法。重点是查禁大米偷越出口，晚清还禁运鸦片。

清末，除海关外，还设征收厘金的专门机构，分为三级，最上一级为厘捐总局，下设厘局，分布省、州、县和各商埠，再下设分局或厘卡，甚而又设分卡、巡卡。巡卡担任稽查和缉私，配巡船、炮船。台州在临海设台郡局，在内陆设关岭卡，在沿海设海门卡、江厦卡、大荆寨卡、箬寨（楚门）卡。海门厘捐总卡设于清同治二年（1863年），下设金清、葭沚、东逻（今前所东路）3分卡，金清分卡为抽厘卡，葭沚、东逻分卡为查验卡。这些机构都是对货运船舶进行查验和收税的机构。

民国时期

民国时期，海门厘捐总卡改为统捐局。民国元年（1912 年），海门设稽查漏米局，旋改查米局，10 年又改海禁局。盖因台州“负山面海，地脊民贫，居民除农者与渔外，绝鲜生计”，粮食较为紧缺，官府将其列为禁止外运物资。漏米局责成外海水警二区署长与驻椒陆军切实查禁。

民国 12 年（1923 年），海门遭受特大台风洪潮，沿江顿成一片白地，灾情奇重。次年重新成立禁米局，严禁米谷“漏海”，并禁柴炭出口。

民国 16 年（1927 年），《浙江海门海禁局组织大纲》主要规定是：海禁局隶属于省政府，掌管查禁贩运米谷出口、鸦片进口，及私运枪炮和军用爆裂物；局设海门，另设分局于金清、松门，设分所于江厦；局设巡缉队，置队长 1 名、巡长 2 名、巡丁 28 名；置巡船若干艘；局在职权范围内得调遣所在地水陆警察，必要时得商请驻在地省防军协助。19 年，省政府又因灾颁布《浙江省沿海各县米谷出口查验章程》。

民国 20 年（1931 年），浙海关裁撤，设海门的分关也裁撤。翌年，上海航政局在海门设海门航政办事处，同时存在浙江省第四区管理船舶事务所海门分所。22 年（1933 年），海门又设瓯海关海门分卡（支关）。此时，航政部门才赋有现代含义的各项职能，其中关于船舶出入证照之查验核发事项属于港航监察范畴，而此时的海关也开始专事对国际贸易征收关税，不涉其他事项。25 年，为维护商业秩序，政府又颁布《稽查进口货物运输暂行章程》《惩治偷漏关税暂行条例》以作港口稽查法律依据。

抗战期间，海门港时而封锁时而开放，实施贸易管制，疏运土产。民国 27 年（1938 年），在各县设立战时物产调整处，海门港设海门查验处，依据《浙江省战时物产出入口管理规则》《禁运资敌物品运沪审核办法》，严防粮食、竹木、柴炭、肉类、禽蛋、豆类、油类、樟脑、松胶、棕制品等战备物资运往上海。

民国 31 年（1942 年），浙江省又出台《战时管理进出口物品条例》，列煤油、纸烟、人造丝及制品、化妆品等为禁止进口物资，列粮食、肉类为禁止出口物资，木材、禽蛋、食盐、食糖、火柴、茶叶、麻、菜籽等需特许才可出口。

战时社会处于军管状态，港口的封锁开放都由台州守备区指挥部奉第三战区司令长官的命令执行，有关航政事务必受军事机关制约。其时参与港口航运监察、核发通行证或签证单的机关有：军事委员会运输统制局检察处海门稽查所、浙江省外海水上警察局、驿运管理处、台州守备区指挥部驻军、海门航政办事处。此种多头管理常使权限不清、管理紊乱。

为控制汉奸间谍活动、防止壮丁逃避兵役、防止物资输出资敌、防止日货输入，军事委员会于民国 31 年（1942 年）核发《修正浙东沿海各口岸通航暂行规定》，翌年，海门航政办事处制定《防止帆船资敌办法》，送交交通部电请第三战区司令长官核准。次年，交通部颁发《防止帆船资敌办法》给海门、温州、福州、厦门四航政办事处遵照执行，电文明确划分航政、货运、军事三方管理权限：航政事宜着由航政办事处办理，货运事宜着由海关缉私处及货运管理处负责办理，有关军事部分着由当地驻军负责办理。

民国 34 年（1945 年），日军海上运输工具短缺，到处搜刮木材赶造船舶，海门航政部门针对此情严密防范，在辖区内遍设帆船检查所。计在乐清湾、岙环（隘顽）、大闾、松门石塘箬山、金清、椒北、三门、宁海设立 8 个渔帆船检查所。但该年 6 月，海门航政办事处裁撤，由宁波航政办事处接管业务。

但严密管制下仍有纰漏，如海门大船主杨炵生船舶辗转出租后，竟替日军装运药材、铜铁、油布驶往广东汕头，在福建澄海洋面被盟军炸沉，救出船员押回海门，被设于海门的《宁绍台日报》以《船只资敌防止了没有？请海门航政办事处查明公开答复》为题报道。

民国 35 年（1946 年），内战又起，航运衰落，瓯海关海门支关入不敷出，于 1948 年裁撤。在民国政府即将崩毁的时段，航运既已衰败，管理也濒临消亡。

1949—1994 年

1949 年 6 月至 1950 年 7 月，台州航政仍由宁波航政办事处暂管，1950 年才设浙江省航务局海门管理所。航运监察在政权更替初期主要是防止物资偷运国民党军控制区域，在 1955 年 2 月解放军进驻大陈岛前，海门设有海门区港口管理委员会，制定《海门港口船只出入、停泊、旅商货物检查管理暂行条例》，禁止粮食、布匹、食盐、油料流入国民党军踞守岛屿。

1956 年 4 月，海门航运管理处港航监督股发布《为建立危险品装运准单制度的通知》，行使转运危险品申请制度，加强监督，促使装运危险品木帆船购置船用泡沫灭火机等消防设施，有力保障汽油和武器弹药装运的安全。

20 世纪 50 年代上叶，人民政府完成对私营轮船、木帆船、码头装卸作业的民主改革和社会主义改造。1956 年，港航部门在公有化的基础上实施“统一货源、统一调配、统一运价”的“三统”管理。在 50—60 年代，港航管理机构虽随行政区划的两度撤并而频繁变化，但都体现管理高度集中，与行政密切配合的态势。

计划经济时期的港航规费征收主要在下列几方面。

航政管理费（货物调配费） 1957 年，由省人民委员会规定收取全程运费 4% 作为航政管理费；1963 年，省交通厅规定沿海营运船舶一律按全程运费或租赁金额的 3% 征收；1972 年规定又调整为全程运费 4%。1983 年，规定按船籍港、按月、按营收实行统缴，发给统缴证，费率不一。如黄岩县规定浙沪线每月 2 元 / 吨，省内线每月 1.5 元 / 吨，地区内线每月 1 元 / 吨，木帆船八折征收。玉环县对县航运公司全部船舶、县第二航运公司部分船舶，因营收归公司，仍按营收 4% 征收；个体经营及乡镇企业船舶费率分三档，准航沪浙闽三省船舶按每净吨每月征收 2 元，浙江沿海船舶按每净吨每月征收 1.5 元，温台沿海船舶按每净吨每月征收 1 元；个人承包航运企业船舶按每净吨每月 1.5 元征收。

航运货物港务费 依据 1979 年浙江省交通局《关于征收航运货物港务费的报告》，1980 年开征航运货物港务费，凡经省内沿海、内河各港进口或出口的货物，均由所在地港务、航管机构，分别向货物单位征收货物港务费一次；一至二类货物为甲类，费率每吨收 0.1 元；三至九类货物为乙类，每吨收 0.2 元；甲类货物包括原煤、粉煤、矿石、矿砂、碎石、炉渣、灰烬、垃圾、沙土、砖瓦等低值重物。1987 年，企业自备及副业运输船按每月每吨 2 元固定标准征收。

船舶调配费　1952 年，黄岩县木帆船联合运输社向货主收取全程运费 1% 的船舶调配费，1954 年黄岩县航管站向货主征收全程运费 4% 船舶调配费。1965 年，台州地区航管处规定船舶调配费按全程运费或租赁金额 4% 征收，每吨不得超过 0.25 元。1967 年末，台州航管处规定停止征收调配费。

航道养护费　主要指内河航道养护费，用于内河航道养护，改善通航条件，提高通过能力。1965 年规定征收费率为运费收入的 4%，1971 年提高至 6%。1981 年，对本地农副业船舶采取包干办法，椒江、黄岩、温岭、临海收缴内河机动船每月 1 元 / 吨，非机动船 0.5 ～ 0.7 元 / 吨；三门收缴内河机动船每月 3 元 / 吨，非机动船 2 元 / 吨，沿海无证船 4 元 / 吨；1985 年，台州航管处规定对个体副业营运船统一征收航道养护费每月 2.5 元 / 吨。

代理服务费　1964 年起，对委托港方代理船舶收取代理费，计收办法：货物出口按货运收入计收 1.5%，进口不收；旅客行李出口按运费计收 6%，进口不收；进口有客货运业务，出口空载，或进出口均空载的，10 净吨以下不收，11 ～ 100 净吨收 5 元，101 ～ 500 净吨收 10 元，500 净吨以上收 20 元。

停泊费　1964 年开始，对在港航管理机关所属码头、浮筒停靠的国内船舶（除正常运行的客班轮外）；对卸货后 4 小时继续留泊或检修的船舶；对来港避难，警报解除后 4 小时继续留泊的船舶，均向船方征收停泊费。计收码头停泊每净吨 0.05 元 / 日、浮筒停泊每净吨 0.02 元 / 日。在码头船舶外档停泊，按码头费率计征。

港口码头生产管理费　1985 年，浙江省航运管理局针对沿海港口码头修建维护费用靠国家财政补贴，耗资较大的情况，规定向搬运装卸部门收取港口码头生产管理费，收费标准为搬运费的 3%，副业单位按搬运费 10% 计费。

船舶检验费　1977 年，台州航运管理处统一全航区船舶检验与丈量费率。丈量费规定 301 ～ 401 吨为 40 元，201 ～ 300 吨为 36 元，101 ～ 200 吨为 30 元，51 ～ 100 吨为 24 元，26 ～ 50 吨为 18 元，25 吨以下 12 元；检验费按吨位计，分初次、定期、年度 3 类，亦按 301 ～ 401 吨、201 ～ 300 吨、101 ～ 200 吨、51 ～ 100 吨、26 ～ 50 吨、25 吨以下 6 档，最高档初次 60 元、定期 48 元、年度 30 元，每档依次递减，最低档初次 15 元、定期 12 元、年度 9 元。船舶设备检验费按功率计费，亦按 3 类 6 档计征，最高 30 元，最低 6 元。

1958—1965 年“大跃进”和人民公社时代，航运业和港航管理更走上政企合一高度集中的计划体制。在此体制下，航运业直接与管理机构融合，所运货物和收费都直接由管理部门掌控，监察、征费对内只是内部循环，仅对外籍船舶才具意义。

在 1966—1976 年的“文化大革命”时期，港航行政机构受“造反派”冲击，几乎瘫痪，视各项规章制度为对工人的“管、卡、压”而被废除。最严重的 1968 年，海门派性冲突由文斗发展到武斗，海门港断续停产，关门累计达 55 天。其中包括 1 艘港监艇的船员离港躲避，时间长达半年。

改革开放后，海门港在 1985 年实行“港航分开”，将港务与航运分离，同时设中华人民共和国海门港务监督。港务监督具体职责为：掌握船舶登记，颁发船舶国籍证书，核定船名、呼号，决定船舶船籍港；对所属船籍港船舶实行行政、技术上的管辖和监督；对船员进行技术考核，签发船员职务证书；审批船舶进出港或水域的申请；维护港口秩序，防止和纠正违章作业；保障航道畅通，航标正常；组织海难救助，处理事故和发布航海通告。

1986 年，海门港务监督在岩头、莨沚两地增设船舶签证点，委托联运站代管三山港区的港务费征收，全面整理过去港务费的漏收、错收。

海门港航管理局和海门港务监督均为地区级管理机构，管理面涉台州全域。1981 年设立椒江市后，椒江市又有县级管理机构。椒江建市至台州设市期间，海门港航管理局直管以外的县（市）级港航监管与征费情况如下。

椒江市　1981 年设县级椒江市航运管理所，其前身曾为临海县和黄岩县航运管理处下设的航管站之一。下设行政、港监、运管、财务等股及海门、前所、栅浦、岩头、大陈、洪家、三甲 7 个航管站。征收规费种类涉沿海航政费、船舶港务费、货物港务费、停泊费、码头生产管理费、代理费、船舶检验费、内河河道护岸费、内河航道养护费。

临海县（市）　县级航运管理所和港务管理所合署办公，另在航运管理所增挂港航监督所牌子，下设涌泉、章安、杜桥 3 个航运管理站。征收规费种类涉货物港务费、船舶港务费、沿海航政费、船舶代理费、水路运输管理费、停泊费、港务监督管理费（包括船舶登记费、船员发证费、海事调解费、危险品监督管理费、清除污染管理费、安全检查复检费等）、船舶检验费、内河航道养护费、内河航道河道护岸费等。

黄岩县（市）　在县航运管理所下设路桥、金清、江口、长潭 4 个航管站。征收规费种类涉货物港务费、沿海航政费、码头停泊费、出口代理费、船舶检验费、内河航道养护费。

温岭县（市）　县航运（港务）管理所下设松门、永安、沙山、城关、城北、新河、长屿、箬横、泽国 9 个航管站，其中松门、永安、沙山 3 站兼管外海、内河运输，其余仅管内河运输。外海航运收取航政费、航养费、货港费、船舶检验费和其他费（代理费、码头停泊费和服务费等），内河航运无航政费。

玉环县　在县航运（港务）管理所下设楚门、坎门 2 个港务管理站，征收规费种类涉沿海航政费、货物港务费、船舶港务费、船舶停靠费、船舶检验费、服务费。由于该县小港湾众多，港监人手不足，为免逃漏税费，1985 年开始在外塘、龙岩、青马、里黄、普青、海山 6 乡招聘 6 名乡管员委托代收。

三门县　在县航运（港务）管理所下设健跳、蒲西 2 个港务管理站，征收规费种类涉航道养护费、货物港务费、船舶检验费、航政管理费、代理业务费。

台州设市以后

台州设市后，港航管理机构变更原浙江省海门港务管理局、浙江省交通厅海门航运管理局为台州港务管理局、台州市航运管理处，设台州市港航监督。2003 年，又合并台州港务管理局与台州市航运管理处为台州市港航管理局。台州市港航管理局下设的港航监察支队和征收稽查处为该两方面的专职机构。2001 年 2 月，合并海门港务监督和台州市港务监督，成立中华人民共和国台州海事局。（有关该机构及其职能记述于本编第三章“水上安全与海事监理”）

港航监察支队的职能为：负责港航监管的日常动态巡查；指导和组织各县（市、区）监察大队开展现场执法工作，纠正并查处各种港航违法行为；港航监察支队下设直属大队和违章处理中心，直属大队负责现场巡查执法，即负责案件调查工作和开展规费稽查催缴工作；违章处理中心负责作出具体行政处罚。

图 6-5 港务监督出海执勤（来自台州港航局档案资料）

征收稽查处的职能为：负责市本级港航事业规费的征收及营运船舶进出港验证工作；负责内部规费稽查、考核工作；参与制定港航规费征收办法及标准；办理规费减免的审查、报批；协助监察支队开展事业规费的外部稽查工作。

市级机构外，台州境域内椒江区、黄岩区、路桥区、临海市、温岭市、三门县均设港航管理处，玉环县设台州市港航管理玉环港航分局，天台、仙居两县在交通局下设渡口管理办公室，分别管理市级机关管辖以外的港航管理事务。

当代港航稽征管理工作分三方面。

一是规费征收，包括货港费、船检费、引航费。

二是规费稽查，在内部，掌握费源企业和免费企业货物到港情况，使规费应征不漏、应免不收；在外部，衔接船检处和引航处，沟通外轮理货公司、船舶代理公司、货运代理公司，全方位把关，防止漏收。

三是严格执行减免政策，对小微企业实行货港费减免。

规费征收实行市、县分级管理，台州港航管理局负责征收海门港（除椒江和路桥两港航管理处所辖码头外）内贸货港费、全市外贸货港费、局本级船检费和全市引航费。各县（市、区）港航管理部门负责征收本辖区内贸货港费、船检费。

1999 年，国家计委、省财政厅、物价局陆续对港航的一些规费进行免征和调整。9 月 1 日起，在浙江省范围内将浙江省水路货运附加费、沿海港口基础设施费、内河航道建设费合并，统一开征水路交通建设费，专项用于浙江省航道、港口的重点工程建设和还贷。原三项征费的有关规定和办法同时废止。

2000 年 2 月，浙江省停收“沿海航政费”。2002 年 4 月 9 日，决定对沿海运销结合船舶实行定额计征水路交通建设费，按月征收，月定额标准为 6 元 / 吨。

2009 年 1 月 1 日起，取消内河航道养护费和水路运输管理费。货物港务费、船舶港务费仍按规定征收。具体办法是本省籍内河船舶在 2 月、3 月、6 月、9 月、11 月、12 月按月度定额标准的 1/2 征收货物港务费、船舶港务费，其他月份按月度定额标准征收；外省籍船舶在 2 月按月度定额标准的 1/2 征收货物港务费、船舶港务费，其他月份按月度定额标准征收。

2013 年后，规费种类有货物港务费、港口设施保安费、引航（移泊）费、拖轮费、停泊费、围油栏使用费、港口作业包干费、库场使用费、船舶供应服务费和船舶污染物接受处理服务费。对各种港口收费，国家设政府定价、政府指导价和市场调节价。政府定价涉货物港务费、港口设施保安费；实行政府指导价的包括引航费、拖轮费、停泊费、围油栏使用费；实行市场调节的包括港口作业包干费、库场使用费船舶供应服务费、船舶污染接收处理服务费、理货服务费等。各费种的费率和收费标准由于运营环境和币值等因素，在不同年份常有调整，无恒定标准。下以 2019 年国家规定标准作简要记录。

外贸货物港务费　1 类货物（煤炭、矿石、水泥、砂石、砖瓦、生铁、各类钢材、化肥、轻泡货物、粮食、盐等），按重量吨计进口 1.2 元、出口 0.6 元，按体积吨计进口 0.7 元、出口 0.35 元；2 类货物（危险货物、冷藏货物、古画古玩、珠宝、玉器、金银器等），按重量吨计进口 5.6 元、出口 2.8 元，按体积吨计进口 3.7 元、出口 1.85 元；3 类货物（雕塑制品、漆器、瓷器、地毯、刺绣、壁挂等）按重量吨计进口 2.8 元、出口 1.4 元，按体积吨计进口 1.8 元、出口 0.9 元；一般集装箱，20 英尺箱进口 34 元、出口 17 元，40 英尺箱进口 68 元、出口 34 元；危险品和冷藏集装箱，20 英尺箱进口 68 元、出口 34 元，40 英尺箱进口 136 元、出口 68 元。

内贸货物港务费　沿海港口货物，按重量吨 0.425 元、按体积吨 0.21 元；内河港口货物，按重量吨 0.85 元、按体积吨 0.42 元；沿海和内河一般集装箱，20 英尺箱 7 元、40 英尺箱 14 元；危险品集装箱和冷藏箱，20 英尺箱 14 元、40 英尺箱 28 元。

港口设施保安费　集装箱，20 英尺箱 8 元、40 英尺箱 12 元；货物，重量吨或体积吨均 0.2 元。

引航（移泊）费政府指导价　国际航线，40000 净吨以下船舶每计费吨 0.45 元，40001 ～ 80000 净吨船舶每计费吨 0.40 元，80001 ～ 120000 净吨船舶每计费吨 0.375 元；10 海里以上超程部分每计费吨每海里 0.004 元；过闸引领，每计费吨 0.14 元；港内移泊，每计费吨 0.2 元。国内航线，每计费吨 0.18 元；10 海里以上超程部分每计费吨每海里 0.0018 元；港内移泊，每计费吨 0.135 元。

台州港 2020 年引航（移泊）收费价　海门港区：国际航线引航每净吨乘 0.372 元，超过 10 海里每海里加乘 0.004 元，移泊每净吨乘 0.2 元；国内航线引航每净吨乘 0.1854 元，超过 10 海里每海里加乘 0.0018 元，移泊每净吨乘 0.135 元。红光港点：国内航线引航每净吨乘 0.198 元，超过 10 海里每海里加乘 0.0018 元，移泊每净吨乘 0.135 元。大麦屿港区：国际航线引航每净吨乘 0.855 元，超过引航距离以远加乘 0.45 元之 30%，移泊每净吨乘 0.2 元；国内航线引航每净吨乘 0.234 元，超过引航距离以远加乘 0.18 元之 30%，移泊每净吨乘 0.135 元。其他港区：国际航线引航每净吨乘 0.72 元，移泊每净吨乘 0.2 元；国内航线引航每净吨乘 0.18 元，移泊每净吨乘 0.135 元。

停泊费政府指导价　航行国际航线，每计费吨每日 0.25 元，每计费吨每小时 0.15 元，锚地停泊每计费吨每日 0.05 元。航行国内航线，每计费吨每日 0.08 元，每计费吨每小时 0.12 元。

围油栏使用费政府指导价　国际航线，1000 净吨以下船舶每船每次 3000 元，1000 ～ 3000 净吨船舶每船每次 3500 元，3000 净吨以上船舶每船每次 4000 元。国内航线，500 净吨以下船舶每船每次 1000 元，500 ～ 1000 净吨船舶每船每次 1200 元，1000 净吨以上船舶每船每次 1400 元。

拖轮费　沿海按船长 80 ～ 390 米分 12 个档次，计费单位：元 / 拖轮艘次。国际沿海航线：集装箱船、滚装船、客船，从 6000 元至 12000 元按 12 挡依次提高；油船、化学品船、液化气体船，从 5700

元至 20300 元按 12 挡依次提高；散货船、杂货船及其他船，从 5300 元至 19600 元按 12 挡依次提高。国内沿海航线：集装箱船、滚装船、客船，从 3300 元至 7100 元按 12 挡依次提高；油船、化学品船、液化气体船，从 3300 元至 11900 元按 12 挡依次提高；散货船、杂货船及其他船，从 3000 元至 11300 元按 12 挡依次提高。台州内河航线无大船航行，有关内河拖轮费率从略。

2017 年 8 月起，规费征收基本下放县（市、区），市级管理机构仅负责两家下属托管国有企业台州湾港务有限公司、台州市中理外轮理货有限公司，以及浙江巨东股份有限公司、齐合天地股份有限公司两家废金属拆解业巨头的规费征收。浙江巨东股份有限公司创建于 2009 年，址在金清三山塘金属资源再生产业基地，年拆解废金属 50 万吨，在日本、韩国、马来西亚等地设有子公司；齐合天地股份有限公司 2010 年在香港挂牌上市，设总部于香港，生产基地在台州路桥。

台州市发展和改革委员会 2018 年 10 月 29 日发布的“台州口岸进（出）口收费目录清单”显示的港口收费清况如表 6-1。

表 6-1 **台州口岸集装箱、船舶进出口收费项目清单**

收费单位	收费项目	类型	收费对象	进口		出口	
				20 英尺标准箱	40 英尺标准箱	20 英尺标准箱	40 英尺标准箱
台州海事局	港口建设费	集装箱	外贸企业	64 元 / 柜	96 元 / 柜	64 元 / 柜	96 元 / 柜
台州市港航局	港务费			40 元 / 柜	80 元 / 柜	20 元 / 柜	40 元 / 柜
检疫机关	检疫处理费			180 元 / 柜	360 元 / 柜		
台州湾港务公司 大麦屿港务公司	港口作业装卸费		外贸企业或船公司	150 ～ 330 元 / 柜	200 ～ 500 元 / 柜	150 ～ 330 元 / 柜	200 ～ 500 元 / 柜
	吊机费			50 元 / 柜	75 元 / 柜	50 元 / 柜	75 元 / 柜
	掏箱费			0 ～ 300 元 / 小时			
	堆存费			3 ～ 4 元 / 天	6 ～ 8 元 / 天	3 ～ 4 元 / 天	6 ～ 8 元 / 天
	过磅费			0 ～ 30 元	0 ～ 60 元	0 ～ 30 元	0 ～ 60 元
	洗修箱费			根据集装箱污损情况确定收费标准			
	封志信息费			0 ～ 100 元 / 次			
台州市中理外轮理货公司	理货费（普柜）			12 元 / 柜	24 元 / 柜	12 元 / 柜	24 元 / 柜
服务公司	拖轮费	船舶	船公司	根据船长、船型、所需凸轮数量等收费			
台州港引航站	引航费			根据船舶净吨数、引航距离等确定收费			
海门港埠总公司	停泊费			生产性停泊 0.25 元 / 天净吨（马力） 非生产性停泊 0.15 元 / 天净吨（马力）			
检疫机关	检疫处理费			0.045 元 / 船舶总吨每吨			

注：表中检疫机关 2018 年前为台州出入境检验检疫局，其后编入海关，为出入境综合技术服务中心。拖轮费收取服务费的服务公司为台州鼎安海运服务公司和台州鼎洋海运服务公司。2021 年 1 月 1 日起免征港口建设费。港务费仅对少数大型货主企业征收。因海关查验产生的移位、吊装费由中央财政负担。大麦屿港务公司堆场免费堆 7 天。

第二章　口岸管理

台州涉外历史甚早。《三国志》载：吴黄龙二年（230 年），吴主遣将军卫温、诸葛直“浮海求夷洲（今台湾）及亶洲（日本）”，“其上人民，时有至会稽货布，会稽东县人海行，亦有遭风流移至亶洲者”。台州章安港自东汉即驻会稽郡东部都尉，“东县”即浙东地。吴太平二年（257 年），析会稽东部置临海郡，时有《临海水土异物志》将夷洲列为临海郡地。

自唐太和年间（827—835 年）起，中日商船就进出台州湾口。五代时，台州与日本、新罗（在朝鲜半岛）海路贸易渐盛，州治设博易务管理涉外事务。宋代在明州（宁波）、温州设市舶务，台州有番货贸易，商舶关征为地方“财赋所赖”，当有市舶务下辖机构。

元代以庆元（宁波）为外贸口岸，代末方国珍割据浙东三路，亦有外贸记录。明代行海禁之策，外贸以走私形式隐蔽，朝廷将走私海商当作“海贼”征剿。清初行“迁海”，平定台湾后有限开放。康熙二十四年（1685 年）设海关机构，椒江口设为浙海关家子口（分关）。

鸦片战争促使中国门户局部开放。清光绪三年（1877 年），海门设瓯海关海门分关，涉外渐多。民国抗战期间，海关时设时撤，主要与军方联手禁运资敌物资。20 世纪 50—70 年代，经济封闭自守，海门港无直接国际货运，亦无海关，进出口物资由上海、宁波转口。

1983 年，海门港设为一类外贸口岸，设口岸办公室，翌年设温州海关海门办事处和检验检疫机构，并设温州出入境边防检查站海门分站。1989 年改设海门海关及相应检验检疫机构。2000 年、2002 年，海关、边检相继改冠台州名。2006 年，海关增设驻临海、温岭办事处。台州设市后，设市口岸办公室、打私办公室、海防办公室；2006 年合并为台州市打击走私与海防口岸办公室。2018 年，整合港航、口岸、渔业机构，设台州市港航口岸和渔业管理局；检验检疫职能并入海关。出入境边防检查站隶属公安系统。

1992 年，大麦屿港区设为二类口岸，2008 年升为一类口岸；2020 年，国务院批复台州港口岸扩大开放范围，扩至头门、健跳、龙门三港区，达到全面开放。

第一节　海关设置与管理

现代海关为依据本国（或地区）法律、行政法规行使进出口监督管理职权的国家行政机关，但历史上，中外相应于海关的机构，其职能有着发展过程中的差异，但基本职能不外乎以下四项：对进出口客货进行通关管理，保障人员、货物合法进出边关；检验出入境商品和人员；征收关税和其他税费；查缉走私。

古代关征

《周礼•天官》载“关市之赋，以待王之膳服”，说明“关征”在春秋时代就有源头。“关市之征”即是国家对通过边境的“关”和国内的“市”的货物征收赋税。汉代的候关和唐、宋、元、明时期的市舶提举司即是海关的雏型。宋《嘉定赤城志》“公廨门”载有郡城临海设有商税务、平准务，章安镇设有税场。

明代官方的对外贸易是勘合朝贡，对内有钞关的设置，对装载商货的过往船只征税。税额按船舶梁头大小、船身宽窄计算，税船不税货。由于隶属户部管辖，又名户关，也称船钞、船料。因明朝廷厉行海禁，民间外贸被严厉压制，地方史志也缺失钞关的记载。清代除沿袭户关制度，又有工关的设置，执掌征收装运竹木的船钞，因隶属工部管辖，故名工关。

台州域内设海关机构始于清康熙二十四年(1685年)。其时，台湾平定，朝廷有限度开放海禁，在江、浙、闽、粤分别设海关，浙海关设宁波镇海南薰门外，下设口址（分口）15处，其中家子口初设葭沚，后移海门龙须巷之北，再迁道头新街（又称北大街，即今海门老街）杨府庙南，俗称“台大关”。此时海关是针对商人贩运商品经过港口关卡，向其征缴地方税捐。带有收取“买路钱”或港口、市场“通过费”、“使用费”的性质。

家子口始设时辖临海、宁海、黄岩、太平沿海各港埠，下设金清港、江厦埠、白峤（在宁海）、健跳4旁口。康熙三十七年（1698年）仅辖金清1旁口。“台大关”的职能仅是管理船舶丈量、征收船钞，征收烟糖、鱼鲞、杂木、柴炭、柑橘、靛青、竹笋等货税，并联合驻军和地方官府协助发照、验照。所管大部分不是涉外事务，实际即执掌原户关、工关的职能，主要对以贸易为目的而进出域内港口关卡的商品征收内地关税，也兼对进出国境的商品征收国境关税。

受农耕经济长期支配的清廷，更关心的是国内稳定，乾隆二十二年(1757年)，清廷以“民俗易嚣，洋商错处，必致滋事”为由，关闭江、浙、闽海关，“四口改一口”，仅留粤海关一口贸易。台州域内海关口址功能因而废止120年。

中国近代海关的开设肇始于鸦片战争后开放的通商口岸，与台州有影响的是上海江海关和宁波浙海关，海门有隶属浙海关的海门分口。清光绪元年(1875年)，由滇案“马嘉理事件”引发《中英烟台条约》签订，温州被辟为通商口岸。光绪三年，温州设瓯海关，海门设为瓯海关海门分关。此时的海关已有近代海关管理涉外关税的性质，俗称“洋关”，而原来性质的关卡则称为“常关”。在此之前，海门设有渔团局管理船舶给照、收费事宜。设海关分关后，分关也兼管原常关的事务，仍然主要执掌征收船钞，并无多少涉外

图6-6 设于海门道头新街的“台大关”（缪鹤贤摄）

事务；其时初创航标灯塔，海关也管航标。

晚清的常关税为内地货物通过税，有衣物税、食物税、用物税、杂税四项。在行船的地方，兼收船税。常关税税率没有统一规定，各关不同。

“洋关”征收进出口税，进口税指外国货物进入关境或国境时所课的关税，也称输入税，一般“定洋货税值百征五”；出口税指本国货物出口经过关境时所课的关税，也称输出税，税率也是“值百抽五”。

咸丰三年（1853 年），清政府开征厘金，规定内地商品流通，逢关（常关）纳税，遇卡抽厘。自同治二年（1863 年）起，海门设厘捐总卡，台州域内还有台郡局、关岭卡、江厦卡、大荆寨卡、箬寨卡。其时，以海关口岸为“母口”，内地常关、厘卡所在地为“子口”，按以上逢关纳税规定，货物通过多个关口就要重复征税。这就是子口税的来历。

台州域内海关分关属于海关的子口。子口税是指进口洋货运销内地或出口土货从内地运销国外，除在口岸海关完纳进出口税外，另缴百分之二点五的内地过境税，以代替沿途所经各内地关卡应征的税。与此相同的情况是，进出口货物从一个通商口岸运往另一个通商口岸应征的国内关税，谓之“复进口税”，税率也定在百分之二点五，其效果同子口税。外商从而获得免纳厘金重征只纳一次子口税的权利。外商为维护自己利益，在《南京条约》《天津条约》中提出如下契约：“今议定英国货物在某港按例纳税后，即准中国商人遍运天下，而路所经过税关，不得加重税例。”

清末，由于子口税仅为对外通商口岸关税“值百抽五”的一半，商人为减轻税负，在沪甬和甬瓯间航运的货物，常选择在海门进出口，加上海门海关“税归包认”，承包关税商人为招徕生意，常“任意减折”，于是“各货争趋”从海门转口，使当地海运吞吐量增加不少。

民国海关

民国初，海门设浙海常关海门分卡，其时也有漏米局、海禁局等查缉禁运物资的机构与海关联手办事。海关关税与常关税的税率，沿袭清末海关税与子口税的税率。商人为减税负，沪瓯间航运货物经由海门港转口的情况仍在继续。

民国 5 年（1916 年），为防止商人投机取巧，北洋政府税务处对在海门转口的货物作出限制的措施；13 年，又发出货物在海门转口要向常关加纳关税的通知。但商人还是变换手法，偷漏应纳关税。民国 20 年，浙海常关与海门分卡（支关）裁撤，走私活动更为猖獗。

民国 22 年（1933 年），瓯海关重设海门分卡，走私不敢公然在海门港进行，就分散港外石塘、松门各地，绕过海门海关检验，偷运进出关。

抗战期间，海门港时而封锁时而开放，并一度沦陷。其间，对进出口物资有战略上的禁运和安排。为有效管理物资流通，瓯海关于民国 32 年（1943 年）改海门分卡为支关，在 30 年、32 年分别设金清分卡、石塘分卡。在港口时遭封锁的情况下，内地水道成为物资流通重要通道，临海也设有分卡。

民国 35 年（1946 年），内战又起，海门港航运随之衰落，瓯海关海门支关入不敷出，无从支付 20 名官员、税警的工资，于 37 年（1948 年）4 月裁撤，5 月关门，轮船进出口行程簿暂由海门商会盖戳。

当代海关

20 世纪 50—70 年代，国际贸易受西方国家控扼，海门港出口物资仅为绣衣、麻帽、果品、食品等少数商品，均运上海、宁波转口，本地无海关机构。

20 世纪 70 年代末开启的改革开放，将本地产业引向外向型经济。随着椒江市的设立和港口的对外开放，涉外事务应运而生，相应机构逐步开设。

首先设立的是设于 1983 年 12 月的椒江市人民政府口岸办公室，但它仅是个政府行政层面负责口岸管理、监督、协调、仲裁的行政机构。此机构于海门海关批准设立时撤销，又于台州市成立时设为台州市人民政府口岸办公室。

1984 年 5 月，中华人民共和国海关总署批准在海门设温州海关驻海门办事处，开始对国轮外贸运输办理关税征收和监管的海关业务。1989 年 6 月 30 日，海关总署批准设立中华人民共和国海门海关，隶杭州海关，于 1990 年 10 月 6 日开关，址设建设路 16 号原为台州行署移设椒江市所建的办公楼。

现代海关是依据本国法律、行政法规行使进出口监督管理职权的国家行政机关。当代海关已无地方税捐的性质，专司征收进出口税。根据《中华人民共和国海关法》规定，中国海关职能有监管、征税、查私和编制海关统计 4 项，出入境检验检疫与出入境边防检查另设机构；2018 年检验检疫职能并入海关，边防检查职能并入公安系统。

海门海关业务管辖范围为台州地区全域。1990 年度，从台州口岸进出境的船舶有 78 艘次，进出口货物 6 万吨，其中出口货物 1.14 万吨、集装箱 1945 标准箱，进出口人员 2126 人。1993 年开始实施 H883 报关自动化科技应用，1998 年推行通关作业制度改革，至 1999 年，当年监管进出口船舶 1066 艘次、进出口货运总量 57.5 万吨，办理转关运输业务 689 批，受理进出口报关单 2566 份，全年共征税 26417 万元。其中 813 缉私艇缉私业绩名列 1995 年全国第二，被海关总署命名为“缉私先锋艇”。1998 年，海关组建缉

图 6-7　1990 年 10 月 6 日，海门港外贸泊位举行开港仪式，巴拿马籍海昌轮首靠泊位(金立新摄)

图 6-8　设于椒江建设路的海门海关大楼（来自 1994 年《椒江》画报）

图 6-9　设于台州市中心大道的台州海关大楼（缪鹤贤摄）

私警察队伍。

2000 年 9 月，海门海关更名台州海关，2006 年台州市中心大道 269 号新海关大楼落成，台州海关迁新址办公。2000—2006 年期间，台州市出口货值 225.28 亿美元，进口货值 52.10 亿美元，征收关税、进口环节税 30.24 亿美元。共查走私违规案件 246 起，总案值 7.9 亿元。

台州海关下设办公室(法规室)、人事政工科、综合业务科、监管通关科、加工贸易监管科、稽查科、技术科、财务装备科、机关服务中心、驻临海办事处、驻温岭办事处。其中各对外业务科室和下属派出机构的主要职能如下。

监管通关科　办理进出口货物的接单审核和税费征收；进行实物验估，审定和上报进出口货物完税价格；对货物进行风险布控；提取样品，登记、送检；办理进出口货物报关单的修改和撤销；审定进出口商品预归类和商品编码；受理、审核、审批（转报）企业的担保、滞报金、溢短税款退补税等申请；查验和放行货物；催缴欠税；计核涉嫌走私、违规货物、物品偷逃的税款；审核出口运输货物的转关，核销进口转关运输货物；办结进出口货物结关手续，签发进出口货物报关单证明联。

加工贸易监管科　办理加工贸易合同的备案、变更、延期、单证核销；办理加工贸易企业申请外发加工、余料结转、内销征税、放弃等业务；办理加工贸易深加工结转备案业务；受理企业设立保税仓库的申请，办理相关料件出入库的审批、核销业务；加工贸易的信息化管理；本部门的统计；审核加工贸易合同备案，承办货物内销征税环节的归类和审价；收集、整理本部门风险信息，并向相关部门传递；管理加工贸易合同档案；对加工贸易企业的监控、巡查、核查，收集、分析、处置有关风险。

稽查科　负责一般贸易货物的税后稽查、加工贸易货物的核销后稽查、减免税货物的审批后稽查；负责海关风险管理；承担贸易和市场调查工作；管理企业、报关员注册和分类；规范企业进出口行为；查处知识产权海关保护案件。

综合业务科　受理及审核特定减免税申请，并提出征免意见；办理企业特定减免税进口货物的抵押货款手续、解除监管手续、结转审批手续和后续其他管理；审核本关贸易统计数据；提取、核实、上报本关电路交换型系统（CSD）的数据；指导、协调本关业务统计工作，汇总、复核、上报本关业务统计数据；对进出口情况及时进行预警监测。

临海办事处、温岭办事处　临海办事处管辖范围为临海市、三门县、天台县、仙居县；温岭办事处管辖范围为温岭市、玉环县。办事处下设综合和业务两科，负责对辖区内进出口货物、运输工具及其服务人员的监管、征税和统计，对现场走私、违规案件进行调查、移交。

以上海关职能中有一条对加工贸易的监管，说明加工贸易在台州外贸产业中占相当比例。加工贸易是以加工为特征的再出口业务，按照所承接的业务特点不同，常见的加工贸易方式包括：进料加工、来料加工、装配业务和协作生产。

2001—2020 年台州出入境人货监管情况如表 6—2。

表 6-2 2001—2020 年台州海关历年出入境人货监管和征税情况统计

年份	受理报关（万份）	征税（亿元）	出入境货物（万吨）	集装箱（标准箱）	出入境人员（人次）	加工贸易额（亿美元）
2001	不详	4.3	104	11130	不详	不详
2002	不详	4.2	111	8668	14030	不详
2003	不详	6.5	159	15971	19891	861 份
2004	不详	9.09	166	19800	16768	1084 份
2005	0.38	12.07	180	24300	17428	1351 份
2006	不详	13.2	184.2	不详	12700	3.77 亿美元
2007	不详	不详	417	不详	18999	1444 份
2008	不详	17.8	（货值 25.2 亿美元）	不详	16174	不详
2009	不详	20.6	810.8	不详	29549	1151 份
2010	2.238	28.1	1061	46505	20114	不详
2011	不详	31.13	1069		63814	不详
2012	2.66	33	993	48729	26100	9.7 亿美元
2013	3.06	30.2	997	53539	145000	12.2 亿美元
2014	3.63	24	869	71000	467000	3.4 亿美元
2015	5.47	18.74	768	124000	25000	10.7 亿美元
2016	6.72	18.75	973	144700	79000	不详
2017	7.1	22.4	（货值 57 亿美元）	162000	150000	6.3 亿美元
2018	5.8	21.5	（货值 54.6 亿美元）	125000	23000	14.1 亿美元
2019	3.6	7.5	611.1	不详	10000	32.7 亿美元
2020	不详	不详	562.5（货值 275.5 美元）	不详	不详	18.75 亿美元

21 世纪海关历年查缉走私、违规案件情况如表 6-3。

表 6-3 21 世纪台州海关历年查缉走私案件和案值 案值单位：万元

年份	走私、违规案件	案值	年份	走私、违规案件	案值	年份	走私、违规案件	案值
2001	2 宗走私	274	2007	走私、违规 39 宗	2325	2013	走私、违规 39 宗	64700
2002	5 宗走私	550	2008	7 宗走私	2584	2014	走私、违规 26 宗	19700
2003	13 宗走私	17283	2009	走私、违规 39 宗	29000	2015	走私、违规 17 宗	26000
2004	27 宗走私	3786	2010	走私、违规 39 宗	50676	2016	走私、违规 23 宗	24400
2005	8 宗走私	3597	2011	走私、违规 49 宗	16578	2017	走私、违规 39 宗	69244
2006	走私、违规 38 宗	4829.3	2012	走私、违规 45 宗	29300	2018	—	—

第二节　出入境检验检疫

出入境检验检疫是指对出入国境的货物、人员等进行检验，以保障商品的质量和人员、动植物的卫生安全。此举在历史上也较早出现，如隋唐时，边境即有交市监之设置。交市监内有专为买卖双方牵线说合，并帮其检验鉴定商品质量、数量的牙人——互市郎。宋有榷场、平准务之设，元有舶牙人，明有勘合。近代，清有洋行，民国始有官方《实业部商品检验法》。

当代专设出入境检验检疫机构。

民国前商检

牙人最早出现在东汉，隋唐开始形成半官方的牙行组织。唐设市舶司管理海外贸易，内有检验商品的互市郎。宋设榷场，台州州治临海城设有平准务，章安设有章安镇税场，新亭设有盐监。《宋史·食货志五》称："榷场，与敌国互市之所也。""榷"为渡水横木，即木桥，榷场为征收专卖税的交易场所，"榷"又有商榷、讨论之义，商榷也就包含对商品的品评。北宋平准务由市易务改设，掌乘时贸易、平衡物价。元在市舶司内设舶牙人，商品经舶牙人检验发给"公验"，方可贸易；明官方推行勘合朝贡贸易（仅设宁波）。种种设置说明跨境贸易的商品检验或多或少存在。

清初行"迁海"之策，已无外贸可言。及平定台湾，开海禁，设海关；此海关在前期只是在地方关隘设卡收取"通过费"；鸦片战争以后所设海关才有现代海关含义，如广东的新兴牙行——十三行和英国劳合氏公司代理人在上海设立的仁记洋行，即是中国近代办理商品检验的机构。台州域内虽设浙海关家子（海门）分卡，但主要管收税、缉私，是否兼带行使商品检验职能，史料未有明确记载。

民国21年（1932年），政府颁发《实业部商品检验法》，海关对商品检验才有法可依。但时逢战争蜂起，在时不时的封锁和禁运令下，海关所费精力更多投向查缉禁运物资。

当代出入境检验检疫

20世纪50—70年代，台州无海关，亦无出入境检验检疫，外贸商品靠上海转运。台州境域现代出入境检验检疫事业的正式确立是在80年代。1983年11月，国务院批准海门港为国轮外贸运输港口时，同时批准海门设立商检、卫检、动植物检等涉外机构。

1984年1月，国家进出口商品检验局批准设立中华人民共和国浙江进出口商品检验局台州处，隶属浙江商检局，6月20日挂牌；1986年更名为中华人民共和国台州进出口商品检验局。1984年5月，设立中华人民共和国温州卫生检疫所海门卫生检疫站，1989年8月，更名为中华人民共和国海门卫生检疫所，仍隶属温州卫生检疫所。

1984年8月，设立中华人民共和共和国温州动植物检疫所海门检疫站，1988年更名为中华人民共和国椒江动植物检验所，1989 年更名为中华人民共和国海门动植物检疫所。

1986—1990 年，国家相继出台《中华人民共和国国境卫生检疫法》《中华人民共和国进出口商品检验法》《中华人民共和国进出境动植物检疫法》。出入境检验检疫逐渐走上法制轨道。

1998 年 4 月，国家实行“三检合一”机构改革，合并为国家出入境检验检疫局。1999 年 11 月 30 日，原台州进出口商品检验局、海门卫生检疫局、海门动植物检疫局合并组建为台州出入境检验检疫局及其分支机构临海办事处。

2001 年 4 月 30 日，国家又将国家质量技术监督局和国家出入境检验检疫局合并为中华人民共和国质量监督检验检疫总局。地方则仍以出入境检验检疫局隶属于国家质量监督检验检疫总局。

出入境检验检疫局是代表国家进行出入境检验检疫的行政执法部门，职责是以法律、行政行规、国际惯例或进口国法规要求为准则，对出入境人员、货物、交通工具、集装箱、行李邮包携带物等进行卫生检疫、动植物检疫、商品检验等的检查及认证，并提供官方检验证明、民间检验公证和鉴定。目的在保障人员、动植物及其制品的卫生安全和商品的质量。

前期“三检”绩效

以 1990 年、1991 年和 1998 年为例，海门的涉外商检、卫生检疫、动植物检疫情况如下：

商品检验　1990 年，共检验进出口商品 13544 批，货值 6.32 亿元，其中出口商品 13498 批，货值 6.21 亿元。1998 年，台州商检局共检验进出口商品 11907 批，货值 25.89 亿元，其中出口商品 11524 批，货值 20.82 亿万元。

图 6-10　台州出入境检验检疫局在台州海洋世界设立国门生物安全教育基地（来自 2017 年 4 月 14 日“台州 19 楼”）

卫生检疫　1991 年，出境船舶 68 艘次，出入境交通人员 1498 人次，集装箱检疫及卫生处理 823 标准箱，船舶卫生监督 10 艘次，船舶鼠患检查 7 艘次，废旧物资（旧衣服）监督处理 5 批 168 件，出入境人员健康检查 319 人，霍乱预防接种 368 人。1998 年共查检出入境船舶 850 艘次（入境 536 艘次，其中外轮 290 艘次；出境 314 艘次，其中外轮 107 艘次）；检疫查验出入境交通员工 9284 人次（其中外籍 1139 人次），出境人员 3402 人次（其中外籍 796 人次）；受理集装箱报验 4009 标准箱，卫生处理 524 标准箱；卫生监督国际航行船舶 354 艘；监督检验进口食品 12 批次，计 3075.39 吨。

动植物检疫　1990 年，共对进出口动植物及其产品检疫 758 批次，主要为柑橘和速冻蔬菜，货值 500 万美元；共消毒处理船舶 9 艘、集装箱 399 标准箱。1998 年，共对进出口植物及其产品检疫 2980 批次，货值 4440 美元；对进出口动物及其产品检疫 168 批次；对船舶检疫 504 艘次、集装箱 865 标准箱；处理带土废旧物资 232 批次。

出入境检验检疫局职责和科室分工

“三检”合并后的台州出入境检验检疫局主要职责为：

（1）贯彻执行相关法律、法规及工作规程，负责所辖区域的出入境检验检疫、鉴定、认证和日常监管等行政执法工作。

（2）负责实施所辖区域出入境卫生检疫、传染病监测和卫生监督，负责口岸传染病的预防与控制工作，负责出入境人员的预防接种和传染病监测体检等工作。

（3）负责实施所辖区域出入境动植物及其产品和其他检疫物的检验检疫与日常监管工作，负责动植物疫情监测、调查和汇总报告等工作，实施动植物疫情的紧急预防措施。

（4）负责实施所辖区域进出口商品（含食品）的法定检验和日常监管工作，负责实施一般包装和出口危险品货物包装检验，负责进出口商品鉴定管理工作，负责实施外商投资资产鉴定，办理进出口商品复验工作。

（5）负责实施与所辖区域进出口食品、动植物及其产品等的生产（养殖、种植）、加工和存放等单位卫生、检疫注册有关的宣传贯彻、受理、考核及日常监管；负责实施与进口安全质量许可制度相关的日常监管；负责实施与出口质量许可制度相关的宣传贯彻、受理、考核及日常监管；负责实施产品和体系认证工作。

（6）负责实施所辖区域在国家进口许可制度下的民用商品入境验证，负责出口商品、转口商品的有关出境验证。

（7）负责实施所辖区域出入境交通运载工具和集装箱及容器的卫生监督、检疫监督和有关的适载检验、鉴定；负责出入境交通运载工具、集装箱、包装物及铺垫材料和货物的卫生除害处理等工作。

（8）负责执行国家、国务院有关部门和国家出入境检验检疫局签署的有关检疫、检验的国际协议、协定和议定书等，负责技术性贸易壁垒协定和检疫协议的具体实施工作。

（9）负责签发所辖区域出入境检验检疫证单和标识、封识，并进行监督管理；负责出口商品普惠制原产地证和一般原产地证的签证工作。

（10）负责所辖区域的出入境检验检疫业务统计，调查和收集国外传染病疫情、动植物疫情和国际贸易商品质量状况，提供有关信息。

（11）承担对所辖区域内各类涉外检验检疫、鉴定和认证机构（包括中外合资、合作机构）以及卫生除害处理机构的监督管理。

（12）负责所辖区域出入境检验检疫科技、标准化和信息化工作的具体实施，承担省局下达的各项科研指标任务。

台州域内“三检”机构在1984年初设时借址办公，1990年10月6日海门海关在建设路16号办公楼开关后，“三检”机构移入海关大楼。2006年，中心大道新海关大楼和检验检疫局大楼建成，台州出入境检验检疫局迁入中心大道369号新大楼。

2012年，台州出入境检验检疫局内设科室有：办公室、政工处、综合处、动植检处、食检处、机电处、轻纺处、港口处、检务处、财务处、核电办。派出机构有：临海办事处、玉环办事处、温岭办事处、仙居现场办。直属单位有：检科分院、保健中心、服务中心。

以上动植检处、食检处、轻纺处、机电处四个检验检疫业务部门的分工职能如下：

动植检处　监管所辖区域出入境动植物及其产品和其他检疫物的检验检疫；检测、收集、汇报、统计、报送本地区动植物疫情；负责出口货物木质包装标识加施企业的许可考核、检疫监督；负责出口动植物产品生产企业的检疫注册和登记。

食检处　监管所辖区域出入境食品、化妆品等商品的卫生和质量的检验；调查和处理进出口食品重大卫生和质量问题，以及食源性疾病流行；负责进出口食品的质量评价工作和检验信息收集；协同有关部门行使企业卫生注册、登记工作；协助有关部门开展打假工作。

轻纺处　监管所辖区域出入境纺织原料、纺织品、服装、玩具、塑料制品、鞋类等产品的检验；负责进出口货物运输包装的性能鉴定和监督管理，负责进出口轻纺产品生产企业的许可证考核和备案登记；负责危险品包装的使用鉴定；对进出口纺织轻工产品进行统计、汇总，并进行质量分析；监督管理出口轻纺产品生产企业。

机电处　监管检验所辖区域进出口机电产品；负责旧机电产品的预审和备案工作；办理民用商品入境验证等相关业务；监管进出口机电类生产企业。

后期检验检疫归并海关。

下例举2006年、2012年、2014年、2015年、2018年、2020年台州出入境检验检疫工作概况。

2006年　共检验检疫出入境船舶1935艘次；货物13.28万批次，货值43.6亿美元；内支线集装箱4.64万标准箱；鉴定检疫进口可利用废物6120批，172.2万吨，货值9.33亿美元。

检验动植物及其产品38578批，货值4.93亿美元；检验食品及化妆品3458批，货值1.17亿美元。检疫出入境交通员工1.83万人次，健康检查2390人次，检出梅毒抗体阳性2例、艾滋病1例、HbsAg阳性166例，HIV抗体检测2232人次，签发国际旅行健康证书2103份、黄热病国际预防接种证书313份、霍乱国际预防接种证书857份。

共签发出入境通知单6526份、检验检疫证书12451份、入境检验检疫证明599份、换证凭单12.51万份、出境货物不合格通知书215份、包装鉴定证书3.79万份、普惠制证数5.53万份（金额18.44亿元）、一般原产地证书1.88万份（金额6.45亿元）、《曼谷协定》优惠原产地证书245份（金额547.3万美元）、东盟优惠原产地证书（FORME）275份（金额1225.53万美元）、中智优惠原产地证书（FORME）219份（金额966万美元）。

检出不合格工商业产品262批（货值2474万美元）；不合格动植物及产品15批（货值62万美元）；不合格食品、化妆品产品9批（货值9万美元）。查处夹带违禁物件事件3起，货物1000多吨；截获各类有害生物共计65次。

2012年　共检验检疫出入境船舶2668艘次；货物25.82万批次，货值112.61亿美元；集装箱51799标准箱；货物通关58628批，货值45.75亿美元。检出不合格货物851批，货值8380万美元。查验出入境人员62793人次，对出入境人员实施健康检查2765人次，发现病例714人次，对出入境人员进行预防接种3131人次。签发各类证单共42.95万份。截获各类有害生物724批。

2014年　共检验检疫出入境货物12.99万批，货值50.26亿美元，签发各类优惠原产地证69611份，货值31.7亿美元。依据《台州市人民政府关于支持外贸稳定增长的实施意见》，取消一般工业制成品的出口法检，落实出境检验检疫费减免政策，全年减免商品检验检疫费2112万元。与海关沟通协调，于11月启动关检“三个一”（一次申报、一次查检、一次放行）通关模式，全面推行报检、原产地申报等随附单据无纸化和自动审单系统，实现“就近申报、属地检验、就地放行”。

2015 年 共检验检疫出入境船舶 2136 艘；货物 11.9 万批，货值 28.05 亿美元；集装箱 39292 标准箱；货物通关 73552 批，货值 27.57 亿美元；进行重量鉴定 11222 批，总鉴重 686 万吨。签发检验检疫证书 13957 份，签发通关单 73552 份；签发各类原产地证书 79096 份，涉及金额 35.49 亿美元。检出不合格货物 3378 批，货值 10.08 亿美元。共截获入境有害生物 957 批次，其中检疫性有害生物 119 批次；截获入境旅客携带违禁物 156 批。

2015 年开通全省首条对台湾直航航班，累计安全往返 92 航次，运送旅客 24244 人次，对出入境人员实施健康检查 2845 人次，预防接种 4053 人次，检出传染病 65 例。在归国人员监测体检中检出 1 例登革热病例，为省内首例。

2018 年 4 月 20 日，根据国务院机构改革方案，出入境检验检疫管理职责和队伍划入海关总署，全国对外开放口岸一线检验检疫人员统一以海关名义对外展开工作；8 月 1 日，关检融合统一申报正式实施，报关单、报检单合并为一张报关单，并精简合并申报项目，大大提高统管效率。台州海关通过关检融合，以求提效、降费、减证，压缩通关时间，至 12 月，进出口货物整体通关时间降为 24.29 小时和 1.01 小时。该年在检验检疫方面制定台州口岸防控非洲猪瘟工作方案，处理来自疫区入境船舶 5 艘次，封存猪肉及其制品 210 千克，监督动植物废弃物、泔水无害化处理 120 千克，严阻疫病传播；强化出入境传染病监测，检出传染病 25 例；开展专项“绿蕾行动 4”，截获进口有害生物 12 种次；在玉环大麦屿旅检中引入检疫犬；针对大众途悦汽车发动机进水问题，对涉及的 332 辆缺陷汽车责成召回整改。

2020 年，台州海关全年检验检疫货物 9.1 万批次，签发原产地证 8.2 万份。在疫情期间，依托专业小组对进出境船舶实施精准防控，开展进口冷链食品和商品的风险监测和预防性消毒工作，两次妥善处置外籍船舶受伤船员紧急入境救治事件，先后派出 35 批志愿队 85 人次支援关区一线检疫。成立防疫物资快速通关保障小组，多方协调，确保疫情防控物资通关零延时。

第三节 出入境边防检查

边防检查是指对出入国境人员的护照、证件、签证、出入境登记卡、携带行李物品、交通运输工具及其运载的货物等等的检查和监护，以及对出入国境上下交通运输工具的人员的管理和违反规章行为的处理。它涉及发照签证、检查监护、查缉走私三方面，当代发照签证机关为公安部门和使领馆，检查监护机关为出入境边防检查站和海关，查缉走私依靠公安、海警、海关、边防多方协作。（本节记述发照签证、检查监护，查缉走私在下节专题记述）

发照签证

护照的渊源远在战国时代，先民用竹简、布帛、木板、金玉制作封传、契、照牒、过所、符节、符传、路证、路引等证件出入边塞关津，使用中也有类似现代的签证手续。历史上，各朝代的护照签发方式和执行机关各不相同，下分民国以前和以后两个时段记叙。

民国及以前

台州境域地处海疆，西汉即在回浦（章安）设会稽郡东部都尉，但疆外无番国关系，直至汉末三国吴卫温“浮海求夷洲及亶洲”，才涉海外番土（时有《临海水土异物志》将夷洲作为临海郡辖境记叙）。《三国志》载亶洲（日本）人“时有至会稽货布，会稽东县人海行，亦有遭风流移至亶洲者”，但史料所记及简，也无照碟、符节等记载。

迄唐宋，海上贸易兴起，台州已与新罗、日本有贸易交往。唐代所发国境证件称“过所”。《唐六典》载：“凡度关者，先经本部本司请过所，在京则省给之，在外州给之。”但唐之市舶使在开元年间（713—741 年）仅设广州一地；宋改称为市舶司。扩大至泉州、杭州、明州等港口，并在秀州、温州、江阴等地设市舶务。章安虽未设市舶务，但唐宋时有互市监、通市监等设置，史料语焉不详，进出椒江口船商是否持“过所”，地方史书未载。

明对外贸易称“勘合”，“勘合”即为朝廷颁发给番国用于朝贡的凭证。对日勘合贸易在宁波进行。清康熙二十八年（1689 年）中俄《尼布楚条约》规定，“凡两国人民持有护照者，得过界来往，并许其贸易互市”。此时已有护照。光绪后期还出现游历护照。晚清时，台州王咏霓、周文敬、周善祥等士人、学士，或出使欧洲，或漂洋考察、求学，均持护照出国。也有少数劳工偷渡香港、南洋，大多不循合法途径。

清末民初，在地方割据状况下，护照并非仅用于出入国境，甚至也是国内通过割据关卡的通行证，用以保护居民往来各割据地区，免受盘剥查验。北伐战争后，军阀割据局面得到改善，民国 18 年（1929 年）12 月，国民政府制定《外交部颁发出国护照暂行办法》和《外交部驻外使馆发给回国护照及签证外人来华护照暂行办法》，当时将出国护照分为外交护照、官员护照、普通护照三种，护照制度逐步规范化、一致化。此时台州出洋商人、学子渐多。护照申领办法是公民向当地政府提出申请，填写“请领护照事项表”和“请领出国护照保结书”，交半身照片，缴纳护照费和印花税，待一段时间才可领到护照。

1949 年后

中华人民共和国成立后，护照分外交护照、公务护照、因公普通护照、因私普通护照等类别。20 世纪 50 年代，所有护照都由外交部签发；后来，因私普通护照改由公安部门签发。50—70 年代，普通百姓基本无缘出入境，因私普通护照只用于有海外亲属者探亲，因公普通护照和公务护照也只用于政府高官。在国际贸易受制约和中央统筹计划经济体制下，台州极少有因公出国者。

鸦片战争后，香港、澳门地区为英、葡侵占租借地。1997 年、1999 年回归前，大陆居民只有探亲才可去港、澳，办证十分复杂，需港澳亲友签字，双方缴纳保证金，大陆探亲者需所在单位盖公章同意，然后待 3 个月才领取双程证。内地人出入港、澳持“前往港澳通行证”，港澳居民来大陆持“港澳同胞回乡证”。内地人在港逗留仅允 7 天。

20 世纪 80 年代开始，因公出国考察渐多，90 年代开始，劳务输出和私人出国、出境旅游开始盛行。普通居民可在户籍所在地县级公安机关出入境管理部门办理因私普通护照。流程为：携带户口簿和身份证等相关证件验证→填写出境申请表→缴费→提交申请；一般在 30 天内办妥，加急可在一周内取件。中国公民出国，除免签国家外均需对方大使馆签证；除英、美等国特需当事人亲临驻华大使馆面签外，旅游者可由旅行社代为办理签证手续。

1987 年，台湾解除戒严，结束长达 38 年的隔绝，开放大陆探亲。大陆地区公安部发行“台湾地区居民来往大陆通行证”供台湾居民进出大陆地区；大陆居民则持“大陆居民往来台湾地区通行证”赴台。1997 年、1999 年，香港、澳门相继回归祖国，往来大陆与港、澳特区，大陆居民持中华人民共和国“往来港澳通行证”，港澳居民持“港澳居民来往内地通行证”。台湾通行证和港澳通行证均由公安部门签发，公民可在户籍所在地市、县（区、市）公安机关出入境办证中心办理领证和签证。

21 世纪 10 年代，椒江城区办理护照和港、澳、台通行证有市、区两级两个办证点：一为康平路 2 号台州公安大楼市公安局出入境办证大厅；一为江城南路 88 号椒江区办证中心椒江区公安分局出入境办证窗口。为实现一站式便民服务，达到办证“最多跑一次”，2019 年 10 月 8 日，位于开发大道 692 号广达嘉苑 3 号楼的台州市人民政府行政服务中心新大厅启用。该中心集聚台州市政府 46 个职能机构共 120 个办事窗口。原分散各处的市公安出入境办证大厅、台州海关、台州出入境边防检查站、台州经济开发区税务局、市贸易促进会 5 部门服务窗口均搬迁至行政服务中心大厅。

检查监护

《周礼》“地官司徒”所载的“司门”、“司关”，即是掌国门启闭、征税和检查违禁品的机关。秦汉时，朝廷对行走边境者发“符”或“传”，设关查验，汉时北方有所谓“八关都尉”，即是边关的检查机构。口岸检查内容和执行机关也各朝各代有别，战时尤其有特殊的要求，下分清代以前、民国时期、1949—2001 年、2002—2020 年 4 个时段记述。

清代以前

西汉元封五年（前 106 年），回浦（今章安）设会稽郡东部都尉，虽不能在文献上确证边境检查之事，但对照北方边境，理应对来路不明船舶有所检查。

唐宋时，在沿海港口设市舶司，既为外贸管理机构，自然对货物有所查检。宋代规定在形势扼要处立寨管控，台州湾口设亭场寨、管界寨于椒江两岸，以“防托海道”；其他部位，临海地有吴都寨、黄岩地有松门寨，仙居地有白塔寨，宁海地有临门寨，除白塔寨外均设海疆。巡检司为始于五代，盛于两宋，延至元、明、清的县级以下基层保安捕盗组织。其职责也巡检船舶所载货物，保护和押送船舶，以防止船货私漏或运入违禁物资。台州沿海海游曼岙、六敖蒲西、健跳铁强、花桥关头、浦坝桃峙、路桥长浦、松门、石塘、石桥头沙角、沙门小鹿、楚门北监和台温交界湖雾等地，在元、明不同时期都设有巡检司。

元代为监护沿海漕运，设置运粮万户府、运粮千户所。元末，台州洋屿盐民方国珍因吏治腐败所逼，入海为盗，成为抢掠漕粮的流寇。招安后的方国珍却又被委任防御海道运粮万户府，成为运粮的经营者和监护者。方国珍的庞大船队，无论其运漕粮还是做海外贸易，都是集经营者与监护者于一身。

明人王圻说：“夫贡者，夷王之所遗，有定期，有金叶勘合表文为验，使其来也以时，其验也无伪。”此即勘合贸易。明代勘合贸易仅设广州、泉州、明州三市舶司，而且时设时废，足见朝廷对外贸存在戒心。但尽管常废勘合、市舶，民间走私还是无法禁绝。如万历《黄岩县志》就载弘治后（1488

年后）黄岩“奸商巨贾阑出不禁”、《明史·纪事本末》载“倭人利市舶入贡，来者皆大获而去”，“而我国沿海人亦往往至彼市易者”；朝鲜李朝实录也载嘉靖二十四年（1545年）有900多明人漂流济州岛。而这些走私就不受官府的查验。

明代为备倭寇在沿海设备倭卫所。海门卫、松门卫成为军事要港，余有健跳、桃渚、前所、新河、隘顽、楚门6千户所尽布台州沿海宜港海岸。卫所虽使台州沿海港区得到开发，但明廷严行海禁，卫所港点并未用作贸易窗口，反成查禁和扼杀海上贸易的据点。

清初的迁海是又一次更绝的海禁行为，康熙二十一年（1682年）展复迁界后，台州境域设浙海关家子口管理查验进口货物。虽放宽海禁，但对国际贸易仍严加防缉。严禁以外，却也有对外交往的记录，如乾隆六年（1741年），海门关口川礁洋有一艘“中途遇风失去桅木樯楫，随风飘到”的朝鲜船，台州知府接外籍船商到临海，并垫还船商海芥菜和船舶的价值，派前所巡检护送省城赴京交朝鲜使者带回本国。时琉球朝贡规定在福建泉州，但琉球航线直指松门港，使者常在松门登陆，自清乾隆三年至道光三十年（1738—1850年）就有琉球使者6次登陆台州；其中乾隆三年有中山国人新垣仁的双桅船漂至海门关，浙江总督加意抚恤，负责修船，提供口粮衣服，清点货物，遣送福建随琉球贡使回国。台州也有三门人张五官、杨明州等“风飘到琉球”，在琉球生殖繁育。

晚清，不仅有法传教士于同治十年（1871年）入境传教，也有日轮载阳丸于光绪三十年（1904年）航行椒沪线。但台州只有家子口常关，涉外处理权力相当薄弱，以致海门新涨江涂土地被海门天主堂独占近20年。清光绪元年（1875年），海门港设渔团局，管理船舶的发照和收费，也管船上货物的验看放行。

民国时期

民国初制定一系列出入境边防检查规章，如《外人游历护照办法》《稽查外国人护照（执照）章程》《出洋护照试办章程》《颁发出国护照暂行办法》《查验外人入境护照规则》《外国人来中国护照签证办法》等。同时明确中央由内务部警政司具体负责出入境边防检查，地方由各口岸所在地警察局（或公安局）负责管理。

但民国初的海门港仅有浙海关海门分卡，处于常关状态，另外还有清代遗留的渔团局管理进出口船舶。民国3年（1914年），浙江巡按使命令海门港改由水上警察厅对民船印发营业执照，收取规费和验看货物，但仍属国内管理，且遭船户抵制而罢。

民国20年（1931年），浙海关裁撤，海门分卡也裁撤；22年，重设为瓯海关海门分卡（支关）。瓯海关为光绪元年（1875年）签订《中英烟台条约》、温州辟为通商口岸后的“洋关”。此时的海关已有近代海关管理涉外关税的性质。25年，为维护商业秩序，政府颁布《稽查进口货物运输暂行章程》《惩治偷漏关税暂行条例》以作港口稽查法律依据。

抗战期间，港口的物资进出控制所关注的不是外贸、内贸，而是如何控制战略物资进入敌占区，如何抢运沦陷区物资去后方。参与者不只是港航和海关部门，而是一切听命于战区司令和军事机关。出台的有关规定有《战时外国人在国内旅行检查规则》《非常时期华侨出入国境办法》《浙江省战时物产出入口管理规则》《禁运资敌物品运沪审核办法》《战时管理进出口物品条例》《交通部防止帆船资敌办法》，以及本地制定的《防止帆船资敌办法》等。

1949—2001 年

20 世纪下叶，开初的 50—70 年代，台州境域虽地处海口边陲，但港口不对外开放，少数进出口货物均通过上海、宁波港口中转，域内无海关设置，仅有海岸线的军事设防，无对进出口物资的边防检查。1952 年所设浙江省公安厅边防保卫局海门边防分局辖 1 个边防大队、10 个边防派出所、1 个边防检查站，隶属公安第 17 师，主要任务为防范退踞海上的国民党敌对势力的干扰破坏。1955 年大陈收复后，有边防 15 团、16 团分别驻防椒江口以南和以北海域，主要职责也是边防。

20 世纪 80 年代改革开放后，台州对外交往日渐频繁，出入境边防检查受到重视。1985 年，全国边防检查和边防管理的部队自武警总部划出，归属公安部边防局管理。

台州之有专业边防检查，始自 1981 年委托中华人民共和国温州出入境边防检查站担任检查工作。1984 年 5 月，建中华人民共和国温州出入境边防检查站海门分站；1989 年 10 月，改为中华人民共和国海门出入境边防检查站，隶属浙江省公安厅边防局，址设建设路 16 号海门海关西侧，业务部门有司令部、业务科、监护队、后勤处，担负海门港出入境船舶货物和人员的检查、监护、管理工作。

海门出入境边防检查站成立次年（1990 年），共检查监护出入境中外籍船舶 22 艘次、人员 436 人次，其中外籍船舶 5 艘次、人员 38 人次；检查出口货物 5438 吨；实施船体检查 10 艘次，监护外轮 184 小时；处理违规事件 3 起、6 人次。

1990—2001 年，海门出入境边防检查站年检查监护出入境船舶艘次从二位数增至四位数的 2048 艘次，检查出入境船员从 436 人次增长至 13585 人次，表 6-4 为该阶段内部各年份各项检查的统计数据。

表 6-4 **1990—2001 年海门边防检查站检查监护数据**

年份	检查出入境船舶（艘次）	其中外轮（艘次）	检查出入境人员（人次）	船体检查和查处违规
1990	22	5	436（外籍 38）	实施船体检查 10 艘次
1991	89	11	2080	实施船体检查 27 艘次
1992	118	8	2973	不详
1993	227	94	3839	不详
1994	433	236	6191	不详
1995	529	366	6661	查处案件 25 宗、32 人次
1996	467	245	6410	查处违法违规案件 7 宗
1997	676	不详	7522	查处案件 4 宗、5 人次
1998	924	530	8170	查处案件 35 宗、96 人次
1999	1469	936	12507	查案件 75 起、117 人次。
2000	1918	1342	14659	不详
2001	2048	1540	13585	不详

其间，随着台州对外开放扩大，1993 年，海门出入境边防检查站改 8 小时联检为全天候服务；制定执勤方案、反偷渡外逃方案、非监管区和二类口岸执勤方案。1995 年，灵江边红光液化气码头对

外轮开放，成立海门出入境边防检查站红光分站。2000 年，海门边检站建成口岸电子监控动态防控体系，建立船方安全保卫小组、港区现场边防联防小组、船舶修理厂防偷渡小组。与各口岸单位签订反偷渡责任书。2001 年，边检站在港区设立船管科，实行 24 小时驻点监管；在船方建立临时安全保卫小组，与航修单位签订反偷渡责任书，与船公司建立定期情况通报制度。

2002—2020 年

2002 年，海门出入境边防检查站址移白云山南路 57 号，更名台州出入境边防检查站，同时构建船方安全保卫小组、港务公司边检联防小组、船舶修理企业防外逃小组。检查站隶属于浙江省公安边防总队，边防总队又隶属于公安部边防管理局和浙江省公安厅双重领导。承担沿海边防治安和船舶管理，以及海上缉私、缉枪、缉毒、打击偷渡外逃及维护海上治安秩序等职责。2009 年开始，检查站在黄岩区江口街道黄椒路 966 号建设新营区，10 年代初建成，台州出入境边防检查站移址该处。

图 6-11 大麦屿口岸 （来自 2019 年 12 月 10 日“台州发布”）

2009 年 10 月，组建大麦屿出入境边防检查站，担负货物检查和旅客检查双重业务。2010 年 8 月，组建台州出入境检验检疫局玉环办事处。至 2012 年 7 月，大麦屿出入境边防检查站、台州海关驻玉环办事处、台州出入境检验检疫局玉环办事处、台州海事局玉环海事处四大查检单位全部进驻玉环办公。时浙江省有宁波、温州、台州、舟山、北仑、嘉兴、大榭、马迹山、穿山、大麦屿、梅山 11 个国家对外开放一类口岸。

表 6-5 为该阶段台州边防检查站各年份统计数据。

表 6-5 **2002—2018 年台州边防检查站检查监护数据**

年份	检查出入境船舶（艘次）	其中外轮（艘次）	检查出入境人员（人次）	船体检查和查处违规
2002	2109	1786	14030	查处走私案 1 起、偷渡 6 起
2003	1943	1682	17471	查处案件 106 起、110 人次
2004	2650	不详	16768	查处案件 82 起、83 人次
2005	2742	不详	17428	走访出入境船舶 1258 艘次
2006	2917	1845	18400	查缉违法违规案件 61 起
2007	3079	不详	18999	查处案件 92 起、92 人次
2008	2569	不详	16174	不详
2009	3321	不详	29545	查处案件 70 起、70 人次
2010	2598	不详	54823	缉私 12 起、查违规 27 起
2011	2656	引领 3265	52868	缉私 16 起、查违规 33 起
2012	3583	1758	36654	查处违规案件 78 起、78 人次
2013	2744	引领 3638	31072	查处违规 173 起、146 人次

续表 6-5

年份	检查出入境船舶（艘次）	其中外轮（艘次）	检查出入境人员（人次）	船体检查和查处违规
2014	2890	不详	19720	查处违规 116 起、101 人次
2015	2410	不详	16840	查处违规案件 54 起、47 人次
2016	2432	不详	25532	查处违规案件 73 起、75 人次
2017	1950	不详	19979	查处违规案件 58 起、49 人次
2018	1313	不详	12044	查处违规案件 13 起、25 人次

2004 年，台州边检站救助遇险船舶 3 艘次。2005 年，边检站建立诚信管理机制，走访政府和企事业单位 285 家，走访出入境船舶 1259 艘次；2006 年，侦破“8·6”东亚 9 号轮船员职务侵占案。大麦屿港区自 2009 年开通对台湾直航迄 2012 年末，累计完成检查对台直航船舶 216 艘次、旅客 99870 人次；2018 年对台直航 94 航次，运送旅客 22966 人次，集装箱 1979 标准箱。迄 2019 年，10 年累计运送旅客 20 万人次，是浙江乃至长三角地区对台经贸合作交流的重要纽带。

第四节　海警巡防

现代海警的主要职能是维护近海安全，处理近海治安和刑事案件，查缉走私、偷渡、贩毒等海上违法犯罪活动。其渊源也可追溯到古代。

古代近海巡防

维护近海治安自古就有武装力量介入。如西汉始元二年（前 85 年）在回浦（章安）设会稽郡东部都尉，即是一支武装治安部队。唐宋以降，驻兵寨于亭场、管界以“防托海道”亦是此义。至明代设立沿海卫所，更是直接由国防军事力量介入海疆治安，台州设海门、松门 2 卫和健跳、桃渚、前所、新河、隘顽、楚门 6 所。

清代海防则废卫所代之以协、镇、营、汛（哨）、巡检司，如台州协、黄岩镇、海门镇，镇下设各营，海上设洋汛，计有石浦汛、健跳道头汛、南田汛、赤坎汛、牛头门汛、白岱（带）汛、大域汛、沿江汛和大陈岛风尾汛、红美汛等。巡检司为县下非常设地方自治组织，如海游蒲西巡检司、健跳铁强巡检司、临海连盘巡检司、椒江前所巡检司、路桥长浦巡检司、太平盘马巡检司、玉环小鹿巡检司等。直至清末，江河海域设立水师，其职责并非防范外敌，而是为水上治安、缉捕海盗，此为水上警察的雏形。台州湾口至光绪元年（1875 年）设渔团局管理航政和渔政；光绪三十三年，海门设警察局，置巡官、巡记、巡警；宣统三年（1911 年）警察局改为海葭镇巡警事务所。

民国水警

民国初，北洋政府将长江及其他水域水师改为水上警察，设水上警察厅管辖之，实现从军队到警察的过渡。浙江省将前清浙洋水师设为水警筹备处，于民国元年（1912 年）12 月改水上警察队为水上警察厅，隶属省警务处，分内河和外海两个水上警察厅，有巡艇 8 艘、巡船 90 艘、巡兵 1269 名。民国 2 年 12 月改编为浙江外海水上警察厅，由杭州移设镇海，下辖 2 总署 11 分署，第一总署驻海门，管辖第 4—8 分署。

民国 6 年（1917 年），浙江外海水上警察总署以区称呼，分署改为队，海门设外海水警第二区及第三游巡队，区辖 11 游巡队；11 年撤区、队，并 11 队为 5 个水巡队。民国 13 年，浙江外海水上警察厅派永平舰驻扎海门；14 年扩为 6 个水巡队，其中第六水巡队兼管椒江内港；17 年，成立浙江外海水上警察局，址设宁波，海门设外海水警第一署；20 年，沿海各县保卫团下设水巡队；22 年，称内河和外海水警为第一大队和第二大队，第二大队管外海治安，下辖 6 分队，有警官 121 人，长警 1019 人，巡舰 5 艘，巡船 60 艘。25 年改称浙江省外海水上公安局，辖 6 个队及 2 个特务队；26 年复改浙江外海水上警察局。

民国 27 年（1938 年），海门成立浙江外海水上警察局陆战大队，旋撤，11 月镇海沦陷，省外海水上警察局移驻海门。30 年，日军登陆海门期间，省水上警察局曾转移温岭南岙和黄岩前乡寺前；日军撤离后，又转移路桥、涂下桥（杜桥）；31 年复移海门。32 年 6 月，成立温台沿海护航委员会，海门设办事处，并成立护航总队，后撤。34 年，省水警局调整防区，第一大队驻海门，第二大队驻定海，第三大队驻坎门，总局设定海。35 年，由于台州湾处浙江海岸线中点，可兼顾南北海域，省水警局回迁海门。37 年，在海门添招水警 224 名补充警力，原 3 大队整编为 2 个大队和 1 个独立中队，全部驻台州。1949 年后，浙江省水警局先移上盘后移大陈岛，直至 1955 年撤退台湾。

当代海警

1949 年后，中国海警建制发展历程多变。

20 世纪 50 年代的公安部队或公安军及其边防大队只是陆上部队。海上巡防系统，在 1950 年初由人民解放军第 21 军 62 师在海门组建帆船队执勤，1953 年编为浙江军区第 1 海防大队（1962 年底改为台州军分区船艇大队，1975 年与嵊泗船队对调驻防）。1953 年 5 月，又有公安第 17 师第 5 海上巡逻队进驻海门，1955 年改为公安军第 5 海上巡逻队，直属浙江军区，1958 年撤销。

1952 年 9 月，设温台巡防区，以团级建制驻海门，辖台州巡逻艇大队；1953 年改编为温州水警区，辖温州、台州巡逻艇大队和洞头、坎门、松门、黄礁 4 观察站；1954 年团部从海门移温州；1957 年，台州巡逻艇大队改为海军护卫艇第 26 大队。1983 年撤销温州水警区，第 26 大队指挥所移温州。

1966 年，根据上级部署，包括海巡在内的全国边防部队及其职能统一移交中国人民解放军，海上秩序维护和护渔，均由海军负责。1973 年，在公安机构恢复边防处、科、股建制，在基层建立边防派出所、公安检查站等机构。海上巡逻仍由海军负担。

1981 年 9 月，浙江省公安厅边防局在椒江市组建浙江省人民边防武装警察海上巡逻大队（团级，址设葭沚泾入江口东侧江岸），辖第一（宁波）、第二（温州）两个中队，配备船艇 8 艘；1983 年 1 月，改称武警浙江省总队海上巡逻大队；1986 年 3 月，改称武警浙江省总队海上巡逻支队，所属 2 个中队改称大队；1987 年 3 月归属省公安厅边防局，改称省公安厅海上巡逻支队；1988 年改称武警浙江省边防总队海上巡逻队。1996 年，宁波新建海警第二支队，驻海门支队改称武警省边防总队海警第一支队，并在温州鳌江增设第三支队。

20 世纪 80 年代以来，因多部门介入海上执法，有所谓“五龙治海”之说，即指同时存在边防海警、港航海监、海关缉私、海事、渔政五个执法部门，分属国家海洋局、交通部、公安部、海关总署、农业部。其中海监队伍最大，海警装备最强。也有“九龙治水”之说，在五部门之外还有渔监、边防派出所、搜救中心、打捞部。

2005 年提出“五龙合一”设想。2013 年，国务院重组海洋局，将海监、渔政、海关缉私警察职能整合入中华人民共和国海警局，统一调度海警部队，以中国海警局名义开展海上维权执法活动，接受公安部业务指导。设立台州海警局，与海警支队合署，隶中国海警东海分局。2018 年，第十三届全国人民代表大会决议，国家海洋局领导管理的海警队伍转隶武警部队，驻台州海警部队称中国人民武装警察部队海警总队浙江支队台州大队，下属有各县级海警工作站。

第五节 防缉走私

走私产生于对某些物资禁运的突破，或商人为逃避关税的偷运；人员的违法违规流动则称之为偷渡、偷逃，也是查缉的重要内容。防缉走私是出入境边防检查的目的之一，包含在边防检查日常职责中。但在历史上未有专业出入境边防检查机构之前，此项职能常由军事、警察、海关、港航管理等部门执行或联合执行；即使在当代，也有赖多方合作，而非边防检查或海关单独能承担。将防缉走私别置一节，利于包含海关、边防系统以外的缉私行动，也利于记叙某些专项行动，同时可将缉私绩效集中展现。

古代缉私

缉私在台州历史较久。如南朝梁代天监十七年（518 年），临海郡太守见域内有产蜂蜜的蜜岩，就加“封固”，以便“专收其利”。

台州境域在唐宋时期始有海外贸易，时设“防托海道”的亭场寨、管界寨于“海门”（指今椒江水道）南北两岸，在军事震慑以外，也有查缉违禁物资的作用。宋乾道七年（1171 年），台州通判楼钥以“入海五里”为限，禁绝铜钱走私漏海，担任警戒任务的就是亭场、管界两兵寨，查缉违禁物资的职责就落在两寨的巡逻兵身上。

明代行闭关锁国政策，不允许民间有对外贸易行为，所有民间海外贸易均属非法。嘉靖二十七年（1548 年），发生史上最大规模的剿灭走私窝巢行动。其时，设在宁波的官方中日勘合贸易被中止，葡萄牙商人在广州被拒绝，中外走私海商集结宁波外围双屿港，形成规模宏大的走私基地。明官方海禁派认为此情有损社会安定，朝廷遂任朱纨为浙闽海道巡抚，率师剿灭双屿港走私窝巢。由于宁波官绅、守军与走私有染，难以调动，朱纨调福建和丽水官兵、乡兵数千，从海门港下海直指双屿港，一举剿灭岛上众多走私集团。但此举也被弛禁派官员斥为“注措乖方，专杀启衅”，上章弹劾朱纨，逼其罢官自杀。它的后果虽禁绝海上走私贸易，却引起紧接的“倭患”大爆发。

清初的“迁海”是更绝的禁海。在明、清两代长达五六百年的闭关锁国中，国门既然紧闭，官方认为海上非法活动者都是海贼。长期来沿海海盗猖獗，官府以武力缉盗、剿寇。

18 世纪末，鸦片从广东、台湾走私进入台州，奸商每有偷运米粮出口换取鸦片牟利行为，并导致台州在道光元年（1821 年）开始种植罂粟，生产土烟——“台土”。而朝廷急需军费，台州官府竟不去禁烟，而是设临海厘局、海门厘捐总卡对土烟征收厘金，无疑默认鸦片生产为合法。鸦片战争虽掀起禁烟运动，但海门港在道光后，鸦片出口竟然连年不断。

民国缉私

民国元年（1912 年），浙江省“咨议局始锐意禁绝境内烟毒，公布各种禁种禁售法案”，并对“反抗铲烟之顽民，许以军法从事”，海门港严禁船舶夹带烟土出口，但收效不大。

20 世纪初至抗日战争前，台州进口洋货、工业品，依赖出口土特产平衡贸易，稻米为海门港出口的大宗货物，但台州西部几县粮食不足，历来赖东部平原补充。且域内常遭天灾，如民国 11 年、12 年（1922 年、1923 年），台州连遭特大洪灾。当局为禁止稻米漏海外流，于民国 13 年（1924 年）8 月设立海门漏米局（也称查米局、禁米局），查验稻米私漏。

民国 16 年（1927 年），浙江省政府扩大海禁范围，将海门禁米局改为海禁局，“查禁贩运米谷出口，贩运鸦片进口，及私运军用枪炮、军用爆烈物”。19 年（1930 年），颁布《浙江省沿海各县米谷出口检查章程》，规定米商贩米出口必须经批准取得出口运输证；地方政府视米市行情作出暂禁或准运。以上禁运措施是内、外贸混合的地方关卡管理。

抗战期间，海门港时而封锁，时而开放，并短时间沦陷。为军事需要，当局对进出口物资有战略上的禁运和安排。先后出台的条例有：民国 27 年（1938 年）的《浙江省战时物产出入口管理规则》、《禁运资敌物品运沪审核办法》，31 年的浙江省《战时管理进出口物品条例》，32 年海门航政办事处制定的《防止帆船资敌办法》，33 年的《交通部防止帆船资敌办法》等。

战时，主要是查禁粮食、竹木、柴炭、肉类、禽蛋、豆类、油类、樟脑、松胶、棕制品等战备物资运沪，禁止煤油、纸烟、人造丝及制品、化妆品等进口；列粮食、肉类为禁止出口物资，列木材、禽蛋、食盐、食糖、火柴、茶叶、麻、菜籽等为经特许才可出口物资。

战时先后设立的查处机构有：海门航政办事处、驿运管理处、瓯海关海门支关及下属金清分卡和石塘分卡、海门查验处、军事委员会运输统制局检察处海门稽查所、浙江省外海水上警察局、台州守备区指挥部驻军等。以上机构分属航政、货运、海关、军事四方面，在此多头管理体制下，由于权限不清，管理不免紊乱。

民国政府交通部因而电文规定各方权限，缉私职责主要在海关缉私处，但仍需多方配合。譬如在抗战后期，日军海上运输工具短缺，到处搜刮木材赶造船舶，海门航政部门便在辖区内遍设帆船检查所，在乐清湾、隘顽（岙环）、大闾、石塘、金清、椒北、三门、宁海等地设渔帆船检查所，查禁木材资敌。

20世纪50—70年代

1949—1979年，国际、国内形势使台州沿海处于军事对峙之中，对外航运处封闭状态，海上有事属于“敌特”骚扰和对“敌特”的缉捕。

1951年5月，台州专署海门直属区设海防委员会，下设情报、警卫、政务3组。与此同时，海门先设台州专署直属海门区公安局，旋设浙江省公安厅边防保卫局台州专区海防分局，8月又改为浙江省公安厅边防保卫局海门分局，下辖1个边防大队、1个边防检查站、10个边防派出所（南田、健跳、浦坝港、连盘、金清、松门、石塘、江厦、长沙、青珠），辖境为整个台州沿海。12月，海门边防保卫分局对辖区船只进行登记，共登记各类渔船、商船5216艘。

20世纪50年代前期，边防检查主要针对台湾海峡对岸“敌对政权”。1955年前，大陈岛尚为国民党军驻守，形势尤为紧张。1954年2月，边防检查依据“外海重于内海，敌区重于我区”原则，采取“看行动、听言语、查物资、对证件、问来路”的检查方法，加强港口检查。海门港由公安17师驻海门部队和浙江军区第一海防大队派检查船1艘、战士11人在关内巡逻，协助检查。此时期由公安部队对付的走私、偷渡实质为国内内战的延续，惯称对方为“敌”。以下为各年份查缉情况。

1950年，查处2艘偷运物资去“敌占区”（国民党势力占领区）的机帆船，查处走私人员30余人，查处下海偷渡人员101人（指偷渡国民党势力占领区）。

1951年，查处1批走私物资，查处走私人员6人。

1953年，台州专署直属海门区政府发布《渔船不得携带人民币、银元进出口的规定》，全年查获私携黄金51克、白银3.5公斤、银圆323枚、银角子714枚。

1954年，查处走私和逃税船只55艘、重大走私人员14人、粮食水产等走私物资218件（价值新币1.7万元），其中一走私人员人携银首饰407件。

国民党军从大陈岛撤退台湾后，各年查缉状况如下。

1955年4月，检查进出关口机动船111艘次、木帆船189艘次。

1956年，查处走私船舶21艘，没收粮食900公斤。

1957年11月，椒江水上派出所发出《关于简化内河、内港船舶往返签证手续的公函》，取消对内河、内港进出船舶的签证。1959年实行船民证制度，监控水上人口，年底共发放船民证1676本。

“大跃进”时代（1958—1960年）过后，源于国际、台湾当局、大陆三方面原因，在1962年上半年发生“台海危机”，省公安局指示恢复船舶进出港签证制度。1963年5月8日，葭沚马锦华等5人雇船出公海，登日本渔轮去台湾。9月，台州专署公安处颁发《关于加强反偷渡、反空投斗争的通知》，要求加强戒备。1964年清查无证船17艘。

“文化大革命”时期（1966—1976年），造反夺权斗争使所有管理机构几乎瘫痪，海上敲罟作业滥捕黄鱼无人管理，缉私松懈。20世纪70年代初，台湾渔轮开始进入台州港湾，1974年12月，南京军区批准大陈港为台湾渔轮临时避风点。至70年代末，海上走私活动开始猖獗，主要走私货物为香烟、手表、黄金、家用电器、布匹。

1980—1989年

1981年1月5日，椒江市成立海门港口检查站，由公安、边防、交通、水产各部门派员组成，检查包括走私在内的各类非法经营活动。同年9月，海门港驻设浙江省人民边防武装警察海上巡逻大队（1982年5月升为海巡支队，1987年3月改称武警部队浙江省边防总队海上巡逻支队），专事负责浙江沿海海上治安巡逻缉私工作。1983年12月，椒江市设立口岸办公室（该机构于1990年升格为台州地区行署口岸办公室），开始筹建边防检查机构。

1984年1月，中华人民共和国温州边防检查站在海门港设海门分站，担负台州海域边防检查工作。此时，边防检查站、公安边防系统的各派出所、武警海上巡逻支队实际都参与缉私工作。表6-6反映1980—1989年武警部队在台州海域的缉私状况。

表6-6　**1981—1989年武警浙江省边防总队海上巡逻支队缉私业绩**

年份	出动舰艇和警力	查处案件和查缉船舶、物资	涉案人员
1981	舰艇21艘次，警力420人次	查处黄金、布匹、电器、手表等价200余万元	案41宗
1982	舰艇65艘次，警力1350人次	查处案件6宗，查缉走私货值26万元	48人
1983	舰艇78艘次，警力1530人次	在南鹿岛海面查获台湾金天鸿号轮特务船	16人
1984	舰艇25艘次，警力500人次	不详	不详
1985	舰艇37艘次，警力740人次	查缉走私尼龙丝199.4吨，价值400余万元	140人
1986	舰艇31艘次，警力620人次	查缉走私香烟2800条，价值32万元	16人
1987	舰艇105艘次，警力2100人次	查案件2起，查缉化肥、石斑鱼等价值4.8万元	不详
1988	舰艇54艘次，警力1080人次	查缉走私摩托车、彩电、香烟等货值45万元	49人
1989	舰艇116艘次，警力2320人次	查缉走私黄金、白银、鳗鱼苗等货值36万元	20人

除表6-6所列海巡支队缉私业绩外，还有采取联合行动的一些其他缉私业绩。

1981年4月1日至5月15日，浙江省打击走私领导小组统一指挥部署海上联合缉私行动，驻椒江海警大队公安108艇和次年归属驻椒江海巡支队的海军温州水警区护卫艇26大队4艘护卫艇参与此次行动，共查获走私船只20艘，缴获走私物品价值人民币68万元，收审走私人员130名。10月22日，驻椒海警大队公安109艇和渔政701艇又在温州平阳琵琶山查缉1艘走私船，缴获走私尼龙布7000码、银圆1672枚。

1982年9月10日，在大鹿岛附近抓获台湾金天鸿号、胜鹏号特务船。

1983年4月，在浙中、浙南海区缉捕闽连渔1438号、1423号走私船2艘，查缉走私人员16名；9月10日，海巡支队海公324艇在南鹿岛海面查获台湾金天鸿号特务船。

1985年7月25日，在披山至南鹿海域，抓获和达号走私船1艘。

1986年12月22日，查缉福建籍走私贩烟船宁德2004号。

1988年7月7日，椒江市公安局会同海门海关查获走私文物382件。

1990—2001 年

1989 年 10 月，中华人民共和国温州出入境边防检查站海门分站改为中华人民共和国海门出入境边防检查站。1993 年 6 月，台州地区设打击走私办公室，1998 年更名台州市打击走私综合治理领导小组，并在海关下设走私犯罪侦破局，要求各县（市、区）均在政府内设打击走私办公室。此时，缉私的执法部门有海关、出入境边防检查站、边防支队、公安局、海巡支队、工商行政管理局、烟草专卖局。1999 年，实行“联合缉私、统一处理、综合治理”体制。

以下为 1990—2001 年台州各缉私执法部门在辖区沿海缉私状况的不完全统计。

1990 年 1 月 12 日，驻椒江海上巡逻支队出动巡逻舰艇 130 艘次、警力 2900 人次；查缉走私案件 56 起、500 人次。其中一起特大外烟走私案共走私香烟 1004 箱，货值 170 多万元。9 月 13 日，在浙江海域查获走私船 3 艘，查缴走私香烟 1130 箱。10 月 15 日，缉获武装抗拒检查的走私船闽运 1581 号，查获走私香烟 750 箱，依法逮捕走私船长等 6 人，依法没收走私船。11 月 19 日，在东海洋面查缉浙玉渔 8108 船，查获走私外烟 900 箱。12 月 4 日，查获走私船 2 艘，缴获走私香烟 1097 箱，货值 118 万元。是年，海巡支队和边防大队共缉查走私案件 73 宗，走私物品总货值 1930 万元。

1991 年，驻椒海上巡逻支队出动巡逻舰艇 52 艘次、警力 1280 人次；海巡支队和边防大队共查处走私案件 47 宗，查缴走私香烟、美钞等总货值 1658 万元。

1992 年 5 月 2 日，在东海海域查获走私母船依切盟丸号，抓获走私分子 14 人，缴获走私香烟 4975 箱，总货值 640 万元。9 月 11 日，在东海洋面查获浙岭渔 7415 号和洋丰号走私船，查缴走私香烟 3614 箱，货值 430 万元。10 月 1 日，查获福建走私船 1 艘，查缴中、外走私香烟 1070 箱，货值 251 万元。11 月 25 日，查缉洪都拉斯千日红号在渔山海域走私香烟，货值 4000 万元。是年，海巡支队、边防大队、海门海关共缉查走私案 33 宗，走私物品总货值 6159.6 万元。

1993 年，边防大队和海巡支队共缉查海上走私案件 15 宗，总货值 804 万元。海门海关查缉圣义森特走私母船、洪都拉斯粤多米号、鲁荣渔 1459 号、巴拿马海丰 7 号、洪都拉斯华美贸易号母船、巴拿马顺风号母船、浙瑞渔 16570 号、闽狮渔 2701 号等船舶走私香烟和轿车，总货值 1.05 亿元。

1994 年，边防大队和海巡支队共缉查海上走私案件 9 宗，总货值 1099 余万元。其中 2 月 6 日，在东海洋面查获 1 条三无船，缴获中、外走私香烟 2567 箱，货值 390 万元；5 月 5 日，海巡支队公边 H3315 艇缉获闽狮渔 2714 号走私船 1 艘，查获走私香烟 528 箱，货值 60 余万元；5 月 8 日，海巡支队公边 H3321 艇在乐清湾执勤，缉获福建籍走私船闽惠渔 4225 号，查获走私香烟 360 箱，货值 50 余万元。另海门海关 813 艇查缉浙瑞渔 17218 号船走私香烟货值 1000 余万元。

1995 年 1 月 20 日，驻椒海巡支队缉私分队在浙东沿海海域缉获福建籍香烟走私船闽连运 1568 号，查获走私香烟 700 箱，货值人民币 110 万元。3 月 18 日，海巡支队公边 H3325 艇在温州洞头海域查缉福建籍闽连运 1558 号走私船走私香烟 450 箱，货值人民币 100 余万元。海门海关 813 艇查缉闽捷 9 号、永芳 10 号、新加坡普瑞玛号走私香烟、柴油，总货值 9575 万元。

1996 年查处违法案件 7 宗。海关 813 艇查缉闽狮渔 2837 号走私香烟货值 1145 万元。

1997 年，查处违法案件 4 宗、5 人次，在全国海港边检站中首次查处 1 名不准入境对象。海门海关813艇查缉闽狮渔2837号、闽海油18号走私香烟、柴油，总货值2128万元。

1998年，查处走私案件14宗，查处偷渡案件3宗、6人次。海门海关查缉王菊凤以台州进出口公司和浙江新世纪公司名义走私聚丙稀，货值5486万元；查缉闽狮渔2851号走私香烟，货值1500万元。

1999年，查处各种违法违规事件75宗、117人次，查处走私案件8起，查处违反《边检条例》案件66宗、82人次，成功侦查丰顺8号轮利用改装暗仓载运40名偷渡人员大案。

2000年，查处各类违法违规案件28宗、150人次；海关缉私侦查支局共受理案件9起，总涉案货值5869.88万元；追缴偷逃税款4924.22万元，缉获犯罪嫌疑人36人，执行逮捕32人，判决20人；侦破圣文森特籍丰顺8号轮和伯里兹籍金舵轮2宗特大团伙偷渡100多人大案。

2001年，查缉海上走私案件2宗，案值274万元，查处货运渠道走私案6宗，货值546万元，查处走私犯罪嫌疑人3名。

2002—2012年

2002年，中华人民共和国海门出入境边防检查站改为中华人民共和国台州出入境边防检查站，缉私工作在外贸蓬勃发展和边防检查机构日臻完善的前提下，逐步走上正常化轨道。2006年10月，台州市打击走私办公室、口岸管理办公室、海防管理办公室合并为台州市打击走私与海防口岸管理办公室。各具体的执法部门仍按1999年制定的“联合缉私、统一处理、综合治理”体制处理缉私事件。

以下为各缉私执法部门2002—2012年海上缉私状况的不完全统计。

2002年，查处走私案5宗，货值550万元，追缴偷逃税款60多万元；查处偷渡案6宗、10人次，其中包括丰源5号偷渡案和“7·18”偷渡案。

2003年，动用舰艇147艘次，出动警力256人次；查处走私案件13宗，货值17283万元；查处违规案件26宗，货值17000万元；其中包括查处“4·29”案件、海通轮船员职务侵占案件、“7·7”海上团伙抢劫案。侦破2起5人次偷渡案。

2004年，动用舰艇69艘次，出动警力412人次，与12单位签订反偷渡责任状，查缉“2·19”鸿达轮偷渡案。

2005年，出动舰艇98艘次、警力503人次，查处偷渡等违法违规案件59宗、59人。

2006年，出动舰艇193艘次、警力800余人次，查处偷渡等各类违法案件122宗、123人。涉嫌走私、违规移交缉私部门立案38宗，货值4829.3万元，涉税1134.75万元。

2007年，查缉走私、违规移交缉私部门立案39宗，货值14300万元，涉税2325万元。

2008年，查缉走私案4件38宗，其中走私案12宗，案值5425.66万元。

2009年，查处走私案70宗、70人次。涉嫌走私、违规移交缉私部门立案39宗，案值2.9亿元，涉税3190万元。

2010年，全年共立走私刑事案件7宗，货值6915.4万元，涉税1599.6万元，移送监察起诉4宗，法院判决6宗、23人。立走私行政案件12宗。

2011 年，全年共立走私刑事案件 12 宗，货值 1.02 亿元，涉税 2560 万元。立走私行政案件 16 宗。

2012 年，全年累计立案查处各类走私违法案件 61 宗，货值 3.37 亿元。

2013—2020 年

2013 年，推进“绿篱”专项行动，组织“2013 蓝剑”海上打私和海防巡查联合行动，组织路桥、温岭两地和相关部门妥善销毁来自东南亚疫区的 1200 多吨走私冻品，台州海关全面稽查 57 家进口固废拆解利用企业，全年刑事、行政立案 45 宗，案值 6.82 亿元，涉税 1560 万元。

2014 年，全市查缉非法买卖成品油案件 10 宗，其中台州海关缉私分局侦查“04·29”成品油走私大案，涉嫌走私成品油 1.5 万吨，案值 1.3 亿元；侦查“11·13”旧服装走私大案，现场查获旧服装 400 余吨。全年立案 28 宗，案值 1.94 亿元。

图 6-12 台州边防警察在大麦屿口岸滚装码头执勤（来自网络新闻）

2015 年，全市立案侦查刑事行政案件 19 宗，案值 2.78 亿元；涉税 6225.17 万元；其中查处“1·08”成品油走私案、“10·22”旧服装走私案各 1 宗。

2016 年，全市立刑事案件 6 宗，案值 2.04 亿元；立行政案件 67 宗，案值 5480.57 万元；现场查获成品油 4537.274 吨、旧服装 388.12 吨、走私卷烟 799.7 条、冷冻品 30 余吨、气枪 2 支、铅弹 1576 发。其中“07·04”海上偷运走私大案，由台州海关缉私分局根据边防移送的案件进行深挖扩线，涉案成品油达 12000 余吨。全年涉税 6580 万元。

2017 年，全市共查缉各类涉嫌走私案件 82 宗，其中成品油案件 66 宗、白糖案件 13 宗、冻品案件 2 宗、废物案件 1 宗。现场查获成品油 9878 吨、白糖 3383 吨、冻品 399 吨、红木 312 根，涉案船舶 44 艘、车辆 183 辆；案值约 4692 万元。其中台州海关缉私分局立刑事案件 8 起，案值 1460 万元，涉税 705 万元。

2018 年，全市共查缉各类涉嫌走私案件 74 宗。其中成品油案件 65 宗，8212 吨；白糖案件 5 起，2230 吨；冻品案件 2 宗，916.3 吨。累计查扣涉案船舶 59 艘、车辆 90 辆。海关缉私分局办理走私刑事案件 2 宗，退运固体废旧物资 224.6 吨；海警部门破获 1949 年以来最大海上毒品走私案，查处毒品 1.49 吨。

2019 年，台州海关保持打私高压态势，主要指标继续位居全国海关前列。罚没收入、处理违规案值、立案走私案值分别位居全国海关第 2、第 2 和第 5，查获大要案大幅攀升，全年立案侦查、调查千万元以上案件增长 64% 和 75%，立案侦查出口走私和案件数量和案值均增长一倍以上。

2020 年，台州海关围绕“五关”建设要求，坚持守土有责、守土担责、守土尽责，统筹推进疫情防控和促进外贸稳增长。因在疫情期间，主要对进出境船舶实施精准防控，两次妥善处置外籍船舶受伤船员紧急入境救治，确保疫情防控、物资通关“零延时”。

第三章　水上安全与海事监理

水上安全事故也称海难，由自然灾害或其他意外事故所造成，其类型有遇风翻船、遇雾触礁、碰撞、搁浅，以及因超载沉没或设备故障引起火灾、爆炸、船舶失控等。不局限于海域，也包括发生在内江、内河、湖泊等所有水域的航行事故。

海难事故瞬间吞噬乘客和货主的生命财产，至为悲惨。古人对之无可奈何，唯求海神保佑，台州沿海民俗相沿祭祀妈祖，葭沚至今仍存大暑节送海神遗俗。近现代理性日彰，科学昌明，气象预测和航海技术的进步，使得航行中不确定性隐患逐步转变为可预测、可防控、可驾驭。前事不忘，后事之师，海事记录是为后人铭记教训，免蹈覆辙。台州古志所载灾异大多为自然灾害和兵祸，间有船舶翻沉记录，晚清通航轮船，有相关海损事件记载。

保障水上航行安全是古今共识。航行事故的主要隐患，在自然力方面是风、浪、潮、雾、暗礁等，人为方面是船舶超载、驾驶不当、设备故障、违规航行和靠泊、违规装运危险品、消防措施不周全等。重视船舶检验、制定航行规则是保障航行安全的两大方面，古代、近代都视为必要措施，但监管较为紊乱。为消除这些隐患，现代对应措施有气象预报、航道清障、导航引航、维护航运和靠泊秩序、船舶检验、培训驾驶技术等等，都属防范范畴。

对海难的应急抢险救援，直至 1983 年设立中华人民共和国海门港务监督，才在安全监督之外包含指挥船舶避险、海上救助、海事处理、海域污染调处等职能。2001 年，该机构升为中华人民共和国台州海事局，下设派出机构有椒江、玉环、温岭、三门、灵江 5 个海事处和 1 个执法大队。因海上搜救涉及面广，在海事局内还设协调各方力量的非常设领导机构—水上搜救中心。

海难事故的善后，牵涉事故责任的认定、处罚，以及对损失的赔偿。对于海事纠纷，可通过和解、调解、仲裁、诉讼四种途径解决，港务监督和海事局负有一定争议处决权；诉讼则由海事法庭审理。对于损失理赔，则牵涉保险公司。

第一节　海难事故

海难事故在和平、战争年代都有发生。战争时期的船舶毁损，在本志第二编第三章“港航历史”和第四编“航运及相应服务”中有较详记叙，本节不赘。下文逐一记录和平时期发生的重大海难事故。

内江、内河水上事故

约在唐天宝至宝应年间（742—762 年），婺源县令陈英夫乘船在永宁江口覆舟，漂流出海至台州湾海岸挡港桥，为盐民王氏所救，事记《兆桥灵政庙碑记》。

民国 19 年（1930 年）冬，黄济轮经三官堂渡遇海匪洗劫，掳掠船商 5 人和旅客货物。

1953 年 1 月，箬横运输社 1 船员因断桨落水死亡。12 月，临海廖岸渡船漏船超载沉没，死 7 人。

1955 年，温岭城南西岭乡农船超载沉没，死 9 人；横峰渡船超载沉船，死 4 人；木城河农船沉没，死 2 人；箬横农船遇风沉没死 1 人。

1958 年 6 月 6 日，临海下桥渡口渡船超载沉没，死 6 人。同年，温岭轮船公司客班轮沉没，死 1 人。

1961 年 4 月 27 日，临海县运输公司先进号船于海门 1 号码头沉船，损失化肥 73 吨。

1962 年 11 月，小雄浦坝渡发生翻船事故，死亡 9 人。

1964 年 4 月 5 日清明节，路桥中学组织 485 名师生游览长潭水库，向长潭水库管理委员会借用游艇 1 艘，因游艇尚未配备专职驾驶员，向长潭运输社借人驾驶。适逢市日，交通船繁忙，无驾驶员可借，即由社长李昌顺和一名乌岩农机厂技工代驶。游艇载上第一批 144 名师生行至水库中央，遇 7 ～ 8 级西南大风，李昌顺将船转向山边避风，行至木鱼山南侧水域，用大舵角全速转向，船体急剧横倾，学生惊慌移动加剧船体横倾，致使侧翻，全部乘客闷于船舱。此时附近别无他船，直至航行小坑线的 602 客轮发现施救，为时已晚。事故共死 116 人。此重大事故促使中央交通、公安、农业、水电 4 部门以长潭帆船沉没事故为教训，联合向全国发出《关于防止农副业船、渡船翻沉事故的通知》。

1966 年 7 月 1 日，章安建设大队 27 位农民乘摆渡木帆船赴海门赶市，在江中遇狂风大雨倾覆，经道头船民发现施救，仍有 3 人死亡。

1968 年 5 月 6 日，松门内河运输船在木城河碰沉一农船，致农民落水身亡。5 月 28 日，涌泉农船超载，于浦口沉没，死 6 人。10 月 18 日，临海叶家岙渡船超载沉没，死 24 人。同年，永丰运输社战斗 193 号船未经交通运输管理站同意，装运柴草 2500 公斤，在栅浦道头开往江对岸，与正在抛锚的平阳船相撞翻船，27 人落水，2 货主淹死，其余经抢救生还。

1970 年 4 月 11 日，临海河头渡船超载沉没，死 47 人。

1971 年 4 月，温岭县运输公司 8 号轮在新河长春桥水域浪沉采菱菱桶，1 人落水死亡。

1972 年 2 月 1 日，临海西岑庄头村临副帆 226 号船于山下仇走锚沉没，货损 0.93 万元。8 月 22 日，西岑村临副帆 195 号船因风浪沉船，货损 1.2 万元。

1973 年 4 月 2 日，前所椒江大队渡船超载，于老鼠屿附近沉没，死 5 人。

1975 年 9 月 29 日，泽国运输社 12 号拖船队装运黄豆至横峰，被观清乡人强行拖带，造成船舶倾斜沉没，死船老大 1 人，损失黄豆 27350 斤。12 月 13 日，西岑涌副 255 号船于三江口江面超载，遇风沉没，死 28 人。

1976 年 8 月 2 日，温岭县运输公司 5 号轮在陈大娘桥与农船相撞，1 妇女落水身亡。

1977 年 1 月，临海沿溪谢岙上渡渡船超载沉没，死 5 人；12 月，黄礁东埭农船在三山附近因船漏沉没，死 7 人。

1978 年 2 月 20 日，临海沿溪赤缪渡船超载沉没，死 5 人。

1979 年 8 月 12 日，泽国货拖 1 号船与温岭县运输公司岭航 7 号船在坦头桥碰撞，旅客 5 人落水，2 人死亡。8 月 25 日，临海城东伏龙白塔渡船超载沉没，死 32 人。

1980 年 6 月 27 日，黄礁道头金农船超载，于王林道头附近碰沉，死 10 人。12 月 7 日，温岭肖村蔡根宝船与岩下彭冬春船在下叶林河段相撞，3 人落水，1 人死亡。同年，临海航管所所属红光码头木质趸船因漏水沉没，损失万元以上。

1981 年 9 月 29 日，临海龙溪大坑渡船超载，沉没于溪口水库，死 64 人。

1982 年 3 月 27 日，临海白水洋坎头店渡船超载沉没，死 37 人；又管岙沙渚渡船超载沉没，死 5 人。同年，3 月，温岭泽国运输社 8 号船在楼旗桥因载物超高翻船。

1983 年 8 月 8 日，临海渡头范农船翻沉，死 8 人。

1984 年 5 月，大溪运输社 1 号船航行海门—大溪，在栅浦翻船，死 1 人。

1985 年 10 月 30 日，黄岩长潭长垟村船户以 6.5 吨位、限载 23 人小机动船，载木材 3.75 吨、乘客 52 人，因严重超载、超高发生翻船，7 人死亡，47 人获救。同年，又有温岭县观清乡西塘村内河船在横峰被撞致沉，死 1 人。

1987 年 1 月 25 日，章安黄礁乡道头金村金礼炉、何顺友等 4 人，以 17.5 载重吨道头金 1 号木质机动船合股经营椒江农渡，时及农历年底，该渡船以核定载客 50 人超载至 117 人，并载钢材等其他物资，从江南红旗道头开往江北道头金道头，船离码头 300 米遇浪沉没，船上乘客和 2 名船员全部落水。经抢救，22 人脱险，97 人死亡。事后法院分别判处船老大金礼炉与轮机兼售票员何顺友有期徒刑 7 年、5 年。

1989 年 7 月 29 日，临海望洋店渡船严重超载沉没，死 27 人。

1990 年 5 月 4 日，载重吨 150 吨的浙黄机 107 轮装载 90 吨白糖和 60 吨杉木由宁波开往黄岩，途经三山对开水域，因该处沉船灯号熄灭，当班驾驶员疏忽，不慎触碰港作 1 号沉船，导致前舱破裂进水，虽经成功冲滩，船货直接损失 12 万元。

1992 年 6 月 28 日，临海白水洋状元地西村渡船翻沉，4 人死亡，1 人下落不明。

1993 年 9 月 19 日，栅浦运输队椒机 2138 海船在栅浦码头停泊修理，因涨潮浪击进水沉没，死亡 1 人，经济损失 10 万元。10 月 11 日，临海涌泉沙渚渡船与临副机 0012 号货船碰撞，渡船沉没，货损 3500 元。

1996 年 3 月 24 日，椒江椒 3069 号船与椒 2021 号船在涌泉沙渚江面对撞，椒 2021 号船沉没，死 1 人。

1997 年 3 月 3 日，黄岩王林运输站黄机 181 号船与临海红光街路村临沙机 238 号船在灵江前岙洋面出事，死 1 人。5 月 10 日，温岭镇海乡联海村浙岭机 853 号船与黄岩马鞍山村浙黄岩货 1308 号船在红光液化气码头对出江面碰撞，死 1 人，船损 1500 元。12 月 20 日，黄岩江口运输队浙黄机 165 号船与路桥下梁镇浙黄岩货 1308 号船在灵江沙渚水域发生浪损事故，1308 号船沉没，死 1 人。

1998 年 3 月 25 日，临海峙山村浙临海采 1207 号船与东洋下山村浙临海货 0353 号船在灵江十八往航段水域碰撞，0353 号船驾驶台破损，驾驶员受伤。5 月 28 日，临海红光庄头村临机 128 号船与黄岩澄江下灰洋村浙黄岩货 1424 号船在马头山江面碰撞，1424 号船沉没，死 1 人。6 月 7 日，黄岩江口运输队浙黄机 203 号船与临海更楼浦叶村王中兴船在灵江许墅航段碰撞，死 1 人。10 月 26 日，浙黄机 224 号船与浙临海采 1205 号船在灵江庄头航段碰撞，死 1 人。

1999 年 7 月 24 日，浙临海货 1008 号船、浙临海货 2078 号船、浙临海货 2074 号船在灵江红光码头对岸江面碰撞，2078 号船、2074 号船沉没，死 1 人。

2002 年 6 月 28 日，椒渔运输公司所属浙椒机 126 轮停泊红光岩头滩涂修理破裂内底板，因电焊引爆舱内所存易燃气体，导致内舱底脱焊掀翻，造成 3 人死亡，1 人受伤。

2005 年 12 月 4 日，5056 吨吉丰 389 号船锚泊灵江，2 名船员放小艇登岸，因操作失误，受潮流冲击翻沉；台州海事局调 2 艘巡逻艇和 2 艘社会船舶搜救，下水船员失踪。

民国及以前外海海难事故

唐乾符四年（877 年），李延孝船商由台州送日本高僧圆载回国，途中遭风暴罹难，仅日僧智聪和婺州永康商人李达得救。

明弘治元年（1488 年）闰正月十六日，朝鲜官吏崔溥一行 42 人乘船遭风暴，在海上漂流至台州三门湾牛头外洋，被当作犯境倭寇审核，查明身份后转送回国。

明崇祯二年（1629 年），三门人张五官、杨明州等遇风漂至琉球，即留琉球生活。

清乾隆三年（1738 年）六月十三日，中山国人新垣仁 1 艘双桅船遇风漂至海门关口，船员 25 人，搭客 4 人，装棉花、小米等物，官府给予抚恤，随琉球贡使回国。

乾隆六年（1741 年）三月二十六日，一艘朝鲜船载 20 人和马鞍、海芥菜、篾丝帽等物，因遇风刮断桅木樯楫，随风漂至台州湾川礁洋面，获救后转送回国。

乾隆二十六年（1761 年），黄岩镇官兵出海巡哨，遭遇海难，清廷颁诏抚恤。

乾隆五十四年（1789 年）七月九日，黄岩镇“黄标左营”巡哨双篷船 1 艘夜间在台州湾口猝遇狂风大浪，漂荡无踪，33 人遇难，空船漂至长江口外吕泗洋面被发现，罹难官兵三年后受抚恤。

清光绪十八年（1892 年），荷兰商船 1 艘在大陈洋洋旗海域遭风遇险，得大陈船商营救。

光绪三十二年（1906 年）农历十月，航行椒申线仅一年零七个月的永江轮在舟山洋面与福建船相撞破损。

民国 4 年（1915 年），英国亚细亚石油公司轮船在台州湾触礁沉没。

民国 12 年（1923 年）前，可贵轮在台州湾口穿礁触礁沉没，损失 40 余万元。

民国 12 年 3 月 1 日（农历正月十五），行驶金清与宁波间的 133 总吨金清轮以乘客 177 位的核定名额，严重超载至 692 人，还载蛏 65 担，在台州湾口穿礁头触礁翻船沉没，除 50 人获救全部遇难。事发，船主魏福林、买办缪仲珊被判刑，魏妻被死难家属殴毙。同年 4 月 3 日，新宝华轮载火油及油棉等物由沪抵椒，至吴淞口外起火焚毁，幸为外轮格来司大来号轮营救，500 名乘客脱险。

民国 17 年（1928 年）年初，永利轮在台州湾口白沙外洋面触礁，船身中断沉没。同年，新三江轮也在白沙触礁沉没。

民国 20 年（1931 年）2 月 5 日，椒甬线上新宁台轮在海门开航时，海匪冒充旅客上船，行至三沙洋在行李中取出手枪击毙4名护船士兵，逼迫大副开船至琅玑山洗劫货物，并掳10名旅客作人质榨取钱财。

民国22年（1933年）1月，473总吨新宁台木质轮船在椒甬航线运生猪超载，并搭客500余人，起碇时已摇晃不定，未引起注意，在镇海口外三山翻船沉没，全船人员遇难。同年2月，大华轮、永川轮遭海匪劫掠。5月，海匪混入开往上海的台州轮，行至椒江口外南水泽击毙2名水警，将船上货物洗劫一空。

民国24年（1935年）7月12日，新茂利二号轮初航椒申线，优待乘客，每位仅收小账1元，并赠洋伞、面巾、面盆，致使乘客逾千，严重超载，在定海靠泊时乘客涌向一侧观看岸上庆祝初航活动，致使船身倾覆沉没。

20世纪下叶外海海难事故

1953年2月，江厦船民冒险航行，在至坎门途中被风浪打翻，船老大及乘客3人遇难。

1955年2月19日，大陈洋北风骤增至8～9级，掀翻温岭小钓船3艘、网对船2艘、拦网船1艘，溺死渔民27人；掀翻玉环渔船23艘，溺死渔民53人，1艘大钓船南漂，失踪32人。同年3月12日，大陈渔场又起9级以上大风，掀翻温岭小钓船6艘、网对船2艘，溺死渔民36人；掀翻玉环坎门小钓船12艘，溺死渔民73人。

1956年，温岭江厦郑合兴海船在瓯江口遇风沉没，遇难1人。

1957年9月17日，大陈渔场遭强台风袭击，沉损渔船243艘，渔民死亡49人，失踪28人；同月26日，金清运输社新建40吨级帆船在玉环坎门洋面触礁沉没，遇难3人。

1958年，温岭石塘运输社沉船，遇难2人。

1959年，温岭江厦副业船在鳌江口遇风沉没，遇难2人。

1960年5月28日，临海县运输公司临帆6号船于铜沙洋触礁沉没，损失大米40吨。同年，温岭县岭帆134号船沉没，损失25万元。

1961年4月7日，临海灵江航运大队先进号轮在海门装化肥，因装载不当沉没。

1962年1月11日，澄江运输社黄帆103号船因装载货主混入的危险品，在经象山港梅山洋面时，由船员点火吸烟引起爆炸，船货全损，经济损失36万元。3月16日，乐清县清江公社一农船载客32人在江厦沙山和坞根之间搁浅沉船，获救30人，遇难2人。

1963年，温岭江厦岭帆336号在舟山搁浅，损失磷肥44.5吨，价值1万元；松门岭帆49号发生沉船，损失煤炭25.6吨，价值2.3054万元。

1964年5月10日，温岭江厦姆坑大队农船在沙山遇风沉没，遇难15人。此外又有江厦岭帆81号在舟山洋面沉没，损失煤炭58吨；松门岭帆3号在乃山洋触礁沉船，损失鱼盐77.5吨。

1966年2月22日，浙椒帆007号木帆船在五虎礁触礁沉没，冻死船员2人。

1968年8月14日，前所运输社临帆35号船在石浦带鱼礁触礁沉没，损失船货3.5万元。11月19日，章安运输社临帆21号船因大风沉没白沙海面，遇难6人，货损0.8万元。

1969年9月4日，温岭县1艘大钓船在大陈洋海域被英籍东狮号货轮撞沉，遇难渔民5人，获救 18 人。

1970 年 8 月 3 日，临海拖牛坝运输社临帆 601 号船在羊卵子礁触沉没，损失 1.6 万元。

1971 年 3 月 1 日，章安运输社临帆 207 号船于舟山菜花山触礁沉没，货损 1.4 万元。

1973 年 2 月 2 日，黄岩城关外海运输社红星 562 货轮装运煤炭，在石浦海域因浓雾全速偏航，在三岳礁触礁，船员幸免于难，经济损失 7.04 万元。3 月 10 日，海门外海运输社红星 542 轮装载 159 吨黄沙、118 箱樟脑块和樟脑粉、275 只空油桶、160 套淘米箩等物资开往上海，因驾驶技术不过硬，疏于瞭望，致使轮船偏离航线，在屿双港触礁沉没，死 1 人，经济损失 12.2 万元。8 月 1 日，临海新城渔业队新渔 1 号船于前所附近走锚翻沉，损失 0.56 万元。11 月 29 日，涌泉运输社临机 51 号船于金龙礁触礁沉没，损失 1 万元。12 月，玉环县坎门民主大队载藩茹丝船擅自搭客，在温岭积谷洋沉没，遇难 42 人。

1974 年 2 月 24 日，海门海运分公司万吨级旧船曙光号轮由上海载煤炭、钢材开往海门，因值班二副仅有驾驶小轮技术，不习惯操作大轮，在顺风条件下对航速估计不足，致使船舶在菜花山触礁沉没，经济损失 146.3 万元。同年 4 月 20 日，温岭坞根茅陶大队 24 人乘 1.5 吨小船到对岸捞蛏，因超载沉船，遇难 21 人。

1975 年 7 月 20 日，西岑大队农副 147 号船于羊卵子礁触礁沉没，损失 0.64 万元。

1976 年 4 月 16 日，温岭岭副机 6 号船在定海历港装 62 吨块石运横沙岛工地，因偏离航道在九段沙滩搁浅沉船，死 9 人，经济损失 6 万元。9 月 11 日，岭帆 2 号船从海门运煤去石塘，时有 7 ～ 8 级大风，老大因儿子定亲，急于回家，冒险航行，至钓浜斜头嘴被风浪打沉，死 5 人，经济损失 2 万元。

1977 年 5 月 9 日，温岭岭机 12 号船从上海运大米回松门，船舱装 444 包，甲板装 235 包，在石浦坛头山附近遇风，甲板上大米移动翻船，遇难 1 人，损失 5 万余元。

1978 年 2 月 28 日，大陈洋阵风骤增至 9 ～ 10 级，大陈岛东侧掀翻机帆船 23 艘，遇难 12 人，一说遇难 25 人。

1979 年 2 月 24 日，温岭县温帆 9 号船在镇海触礁沉船，损失 2 万元。3 月 29 日，岭帆 19 号船在三门湾牛头门海域触礁沉没，损失 1.8 万元。11 月 19 日，岭副帆 216 号船在平阳海域遭大风沉没，死 4 人，损失 7500 元。同年，岭帆 3 号船至上海运煤，在上海被东方红 403 轮撞沉，损失 7 万元。同年 12 月 23 日，灵江运输社临机 65 号船于舟山菜花山附近遇风沉没，遇难 16 人，货损 30 万元；同日同海域沉没的还有项松渔业队临副机 93 号船，遇难 18 人，货损 18 万元。

1980 年 6 月 15 日 11 时，浙黄渔 1013 号机动船运载鱼盐由下大陈岛返航上大陈大半天村，因搭载乘客货物过量，至缸爿礁附近水域倾覆，54 人落水，36 人获救，遇难 18 人。同年，温岭县塘礁大队岭副机 5 号船触礁沉没；岭机 31 号船在长江口被嵊泗一渔船撞沉。

1981 年 2 月，温岭县岭副机 35 号船在大戢洋搁浅沉没，损失 7 万元。7 月，岭帆 24 号船在永安至宁波航线运榨菜，于羊礁沉船，损失 4.4 万元。11 月 12 日，涌泉运输社临机 51 号船在龙胆礁触礁沉没，损失 1 万元。

1982 年 2 月 8 日，大陈岛大半天大队载重 4 吨鹰捕作业船，搭客 18 人从下大陈岛返航上大陈岛，时海面风力北至东风 7 ～ 8 级，浪高 1.3 米，因风浪较大，乘客避浪拥向一侧，造成倾覆，15 人落水，经附近船只抢险，14 人获救，1 人遇难。5 月 6 日，黄琅乡海燕村村民无证驾驶内河船出海，在琅矶山东侧龙太嘴海面翻沉，遇难 6 人。

1984 年 9 月 12 日，前所航运公司临机 7 号船于吴淞下浚触桩沉没，损失煤炭 190 吨，船损 2.38 万元。

1985 年 1 月 17 日，临海西岑临副机 147 号船在其头洋被撞沉，损失 0.98 万元。4 月 16 日，温岭岭机 7 号船在上海广兴锚地待航，船员 12 人乘小船上岸，途中被长征农场 5 号船撞翻，3 人淹死；同月，岭机 10 号船在三门湾触礁。12 月，温岭岭机 21 号船运石料去上海，超载触礁，损失 4 万余元。

1990 年 3 月 20 日，上大陈岛浙椒渔 1672 号渔船在浓雾中出海张网触礁，死亡 2 人。11 月 18 日，椒渔 5303 号船与 330 吨浙甬机 6 号船在上大陈岛北侧海域相撞，椒渔 5303 号船沉没。

1992 年 3 月 1 日，临海上盘航运公司浙临 29 号船在三门草鞋爬屿触礁，货损 2 万余元。4 月 22 日，临海前所航运公司浙临 18 号船在石浦水域碰撞渔船，致渔船沉没，遇难 4 人。

1993 年 4 月 4 日，临海前所航运公司浙临 15 号船在镇海长跳朱码头触礁，损失 50 万元。

1995 年 4 月，浙海 8 号轮在舟山海域与鲁海 302 轮碰撞沉没。同年 8 月 26 日，黄岩江口运输队浙黄机 165 号船在下大陈岛西南海域触礁沉没。

1996 年 4 月 3 日，临海滨海航运社浙临机 111 号船在宁波至温州海域失踪，3 人遇难，1 人失踪。

1997 年 4 月 21 日，黄岩江口运输队浙黄机 199 号船运载废电机从舟山开往椒江三山，途经三门湾草鞋蒲屿海域，因能见度不良发生碰撞沉没，遇难 2 人，直接经济损失 110 万元。

21 世纪海难事故

2000 年 11 月 1 日，浙岭渔 21015 号船从上海返回在大陈岛东南海域避风，遇大风浪沉没，获救 1 人，遇难 1 人。

2002 年 5 月 27 日，台州市海鸿船务有限公司所属浙椒机 611 轮靠泊台州物资局码头卸货，因操作不当造成台州港外沙港埠集装箱公司码头东栈桥 4 根桩基不同程度损坏，船舶进水，所载石板材破损，直接经济损失 20 万元。7 月 2 日，大连多达利船务有限公司所属丰岛轮与福建惠安长安航运有限公司所属长茂 1 号轮在东矶灯桩东北海域雾中碰撞，长茂 1 号沉没，丰岛轮受损，合计经济损失 1364 万元。8 月 1 日，临海回浦海运有限公司浙临机 205 号船在上海松江碰撞沉没，遇难 1 人。10 月 1 日，临海回浦海运有限公司天台 15 号船与山东威海鲁威渔 9516 号船碰撞，9516 号船沉没，遇难 1 人，失踪 1 人。

2004 年 10 月 15 日，浙岭渔 22408 号船在大陈岛以西约 2.5 海里处与金茂 6 号轮发生碰撞沉没，遇难 2 人，3 人失踪。

2005 年 2 月，7600 吨级杂货船浙海 308 轮运货开往越南，在北部湾遇风沉没。3 月 15 日，粤工拖 28 号轮在大陈岛东部水域与浙岭渔 5185 号船相撞，渔船沉没。4 月 6 日，东海 202 号轮在大陈岛西南 3 海里水域与华强海 228 号轮相撞，致华强海轮船体受损。

2005 年 4 月 23 日，台州、温州海域连发 3 起海难事故：凌晨 4 时 56 分，浙岭渔 0952 号渔船因大风在披山岛以东 14 海里洋面沉没，台州海上搜救中心接警指派玉环海事处协调附近浙岭渔 698 号、浙路渔运 073 号等船舶搜救，并请求东海救助局温州基地东海救 198 号轮、海警 33012 艇、苏泊尔 3 号轮救助，6 名落水船员 3 人获救，3 人下落不明。6 时 10 分，浙岭渔 6862 号渔船在洞头岛以东 155 海里洋面与一艘大轮碰撞沉没，温州海上搜救中心接报，因东海救 198 号轮正在救援中，向省海上搜救中心求助，由上海东海救助局调派东海救 195 号轮从洋山港驰援，并由温岭市派渔船协同搜救；9 名落水船员 1 人获救，1 人遇难、7 人下落不明；福建肇事逃逸船舶被追查。下午 5 时 59 分，闽鼎渔 F092 号船从大陈岛运鱼粉去福建沙埕港，途经钓浜门水域自沉，台州海上搜救中心接报指令温岭海事处组织附近船舶搜救，6 名落水船员 2 人获救，4 人下落不明。

2005 年 4 月 30 日早上大雾，由泉州开往上海的新万兴号货轮驶经披山岛东侧海域，在 4 海里距离发现对开的泉州籍成功 2 号货轮，因对讲机采用通用高频，受其他信号干扰，无法正常呼叫，导致两船相撞；新万兴号轮左舷前舱进水，迅速冲滩，船头沉至海底；台州公安边防支队大陈边防派出所出警救助，16 名船员安全转移。

2005 年 11 月 10 日，浙岱 82371 号轮载钢板和线材去温州，在台州湾点灯锚地东侧海域，因货物移动，船舶右倾下沉，8 名船员登救生筏，台州海事局指令椒江海事处派员随海巡 1159 艇救援，遇难船员遇北上浙岱 82399 号轮相救。同月 29 日，浙岭机 377 号船去温州载黄沙，在玉环小鹿山北侧遭遇海浪袭击进水沉没，4 人落水，台州海上搜救中心组织力量营救，船员陈允富在洞头自救上岸，其他 3 人下落不明。

2006 年 5 月 24 日，千详轮在大陈岛东南海域与华裕 1 号轮相撞，致千详轮船体受损。10 月 29 日，LONTEC（龙天客）轮在大陈岛东南 23 海里海域与浙椒渔 6027 号船相撞，致渔船沉没，死 1 人。12 月 22 日，上海振东船务公司 3800 吨凯丰号集装箱船由海门开往宁波，因天黑雾大，途经头门岛附近海域与安徽腾达股份公司 2000 吨腾峰 6 号散装货船相撞，致腾峰 6 号船沉没；事发后，凯丰号船全力抢救并向海上“110”报警，省边防总队海警第一支队海警 330 艇和附近船舶迅速援救，因风大流急，天冷水寒，7 人落水，5 人生还，2 人失踪。

2007 年 1 月 9 日，LT UNICA（意珍）轮在大陈岛东南 23 海里水域与浙椒渔 6027 轮相撞，致渔船沉没，死 1 人。4 月 8 日，福建籍 17061 吨金海鲲货船与伯利兹（Belize）籍 6500 吨 HAIVEST（丰收）号货船在大陈岛东南 10 海里水域碰撞，HAIVEST 轮沉没，金海鲲轮船首严重受损，交通部连夜调遣上海救捞局沪救捞 3 号船施救打捞，船上 20 名船员落水失踪，其中中国船员 19 名，印度尼西亚船员 1 名。

2008 年 3 月 13 日，新杭州轮在大陈岛附近海域自沉。7 月 4 日，椒渔 089 号渔船载 9 名医院后勤员工到一江山岛海域休闲垂钓，16 时 42 分遇风浪沉没；台州海事局、渔业公司派出海警 33012 艇和十余艘船舶连夜艘救，至次日 7 时 30 分，12 名落水人员中 8 人获救，3 人遇难，1 人失踪。

2009 年 11 月 14 日，CALM OCEAN 轮在大陈岛附近海域与闽霞渔 F706 号船相撞，致渔船沉没，7 人失踪，CALM OCEAN 轮船体变形。

2010 年 1 月 20 日，东方 8 号轮在大陈岛东北海域与浙苍渔 0930 号船相撞，致渔船受损。4 月 5 日，MELINA1 轮在大陈岛东部水域与浙平渔 0223 号船相撞，致渔船沉没，6 人失踪。6 月 13 日，浙临渔 1588 号船触礁，9 名渔民获救。8 月 10 日，浙洞渔运 429 号船沉船，9 名落水渔民获救。

2011 年 2 月 28 日，浙路渔 2403 号船在东矶岛附近海域触礁，台州海上搜救中心接警后，组织海巡 1150 艇、东海救 112 艇和上盘社会救援船、渔船赴现场搜救，13 名落水人员失踪。5 月 1 日，关河口轮在大陈岛附近海域与 UNION ERWIN 轮相撞，两船船体受损。8 月 13 日，浙路渔 1908 号船在金清闸以东 5 海里洋面失踪，浙江海警一支队接台州海上搜救中心警报，派出海警 33031 艇搜救，7 名落水人员中发现 4 名遗体，3 人下落不明。

2012 年 2 月 19 日，浙椒渔 75059 号船在大陈岛以东 30 海里水域锚泊，被浙岭渔 6917 号船撞沉，死 1 人，3 人失踪。10 月 28 日，华祥 666 号轮在大陈岛西北 3 海里水域与浙临渔 12270 号船相撞，致浙临渔 12270 号船沉没。

2014 年 10 月 12 日，润武 9 号轮在大陈岛以南水域遇风浪沉没。

2015 年 1 月 12 日，一艘无名运沙船在大陈岛西北 7 海里处侧翻倒扣，遇难 1 人，3 人失踪。12 月 7 日，端详 5 号轮在大陈岛东北 17 海里处与浙普渔冷 68228 号船相撞，两船不同程度受损。

2016 年 10 月 6 日，浙玉机 997 号轮在大陈岛以西 10 海里处自沉。10 月 28 日，希腊籍南极光号油轮与浙岭渔 91002 号渔船在台州海域相撞，6 名渔民落水失联，台州市海上搜救中心组织东海救助局、东海舰队、海事、海洋渔业等方面搜救力量搜救无果；涉事希腊油轮至指定地点接受海事调查，现场海域油污协调清污公司检测。

2018 年 9 月 23 日，通运 12 号轮在大陈岛东北 8 海里处与浙岭渔运 30003 号船相撞，两船不同程度受损。

2019 年 1 月 2 日，帕劳籍杂货船伦敦（LONDON）号轮从台湾台中运糖去韩国釜山，在玉环以东 90 海里洋面沉没；事发，浙江省渔业应急处理指挥中心组织附近浙岭渔 21518 号、浙椒渔 60001 号等 12 艘渔船和闽连渔 58888 号、58666 号等 5 艘渔船营救；闽连渔 58888 号渔船抢救弃船逃生落水者 3 人生还，韩国船抢救 2 人（其中 1 人遇难），其余 10 人下落不明，全船 15 人中 1 名台湾人、14 名缅甸人。5 月 4 日，兴航 998 轮与大件智慧轮在大陈岛西南 10 海里处相撞，致两船受损。7 月 14 日，鑫源鸿轮从唐山曹妃甸运载 4400 吨钢材来台州，在台州海域五棚屿洋面触礁搁浅，遇事船舶通过甚高频（VTS）通信系统向台州海事局船舶管理中心紧急呼救，台州海上搜救中心派海巡 07557 艇营救，借助潮水脱离浅点，驶往海门港实施抢卸。

2019 年 12 月 6 日大雾，台州海域连发 3 起撞船事故：凌晨 5 时 30 分，浙椒机 1056 号船在松门外海与浙黄机 722 号船碰撞，船首左面进水，驶入松门港抛锚；台州市海上搜救中心接报，派海巡 1160 艇救助，船上 8 人安全转移。6 时 43 分，金鱼号船在台、温交界水域被大轮碰撞下沉，温、台两地速派海巡 1111 艇、海巡 1168 艇营救，7 人乘救生筏获救，1 人失踪。7 时 39 分，浙玉渔 8237 号船与武汉佳利 58 号轮碰撞，渔船船首变形，所幸船体未进水，人员安全转移。

2019 年 12 月 22 日，浙椒渔 60038 号船在 1892 海域 5 小区因风翻沉，经有关方面营救，11 名船员转移浙苍渔 02288 号船，再转移浙象渔运 03211 号船，再转移中国渔政 33102 号船送回椒江。

2020 年 3 月 1 日，江苏南京籍内河船宁双顺 1106 号船与浙路渔 80030 号渔船在积谷山岛东侧水域碰撞，宁双顺船沉没；台州有关方面派出海巡 07559 艇、0750 艇、0751 艇营救，船商 4 人转移渔船。7 月 27 日，金双龙 3 号轮与锦鸿 89 号轮在大陈岛附近海域相撞，前者船首受损，后者翻扣海面，东海救 115 轮赶救，11 名船员全部获救。8 月 15 日，温州籍兴港 86 轮在温岭积谷山西 1.5 海里处触礁搁浅，船体破损进水，有沉没危险，台州市海上搜救中心接警救援，转移遇险人员6名。11月19日，浙临渔12977船在头门港南侧水域沉没，9人落水，台州市海上搜救中心接警救援，人员全部获救。

第二节　海事监管机构

在古代，凡对港航有所管理，保障安全的意图多少已包含其中，但都处在兼带管理的从属地位，往往流于疏忽。民国时期出台一些关于航行安全的规则、规定、条例。计划经济时期，安全管理也是政企合一管理体制中的要点，但还是缺乏专责监管。直至改革开放后，才逐步由建立港务监督进而设立专职海事机构。

海事监管的逐步专职化

水上事故的发生除天灾外，都属人为原因。古人除在船舶检验、航道整治、航标设置、提供避风等方面努力保障航行安全外，也涉及航行的法规制定。秦汉文物中有一种镌刻船员工作制度的木牍，是最初的航行规约。唐代《唐律疏议·杂律》有“行船茹船（堵塞船缝）不如法”条目，如规定：“诸船人……若船筏应回避而不回避者，笞五十”、“以故损失官私财物者，坐赃论，减五等，杀伤人者，减斗杀伤罪三等”。

古人对海难发生后的救助、抚恤，也采取一些措施。最先往往有僧人为代表的慈善人士承担救生和善后责任。唐宋时有救生会的设立；明清有官办或民办的打捞救援义救组织。对遇难者的善后，官方或民间慈善者也能伸出收尸安葬、给予优抚的援手。此情在长江流域和大运河较为彰显，如镇江等地，晚清南京还设立救生总局。台州未见明确文献记载，但对于几次大海难，如对朝鲜、中山国商船遇难漂泊台州湾和巡哨船海上遇难，地方当局也都有救援、抚恤措施。

民国12年（1923年）3月年关刚过，航行于金清至宁波的金清轮，核定载客177人，却违章超载至692人，致使倾覆沉没，除获救50余人，余皆罹难。旅甬台属同乡会代替政府拟定《取缔台属商轮规则》，规定在客运繁忙时节，分别在宁波、海门、宁海、金清港口设检查员检查船票，防止超载。此为民间社会团体越俎代庖，做政府该做的事。足见政府行为的滞后和社会自发机能的及时发挥。

近代水上安全措施明确见诸文件，始于民国16年（1927年）公布的《浙江省建设厅管理船舶事务所暂行条例》，其中有“取缔重载滥拖，船舶出险、航户纠纷及其他关于船舶各事务”的条文。其时，海门设浙江省管理船舶第六事务所。

抗战期间，海门港设交通部直辖海门航政办事处，职能中的造船修船督导、船舶检验、航业督导、船员及引水员考核监督等均与安全管理相关。民国33年（1944年），海门航政办事处为整顿航运秩序制定《各轮应即注意办理之要点》，规定航行时刻不得轻易更动、舱顶勿置座位、夜航须开船头顶大灯、拖船两侧挂灯、客船应贴“先上岸后下船”标语、乘客左右平均分坐等等。

20世纪50—70年代，海门港港航管理机构在航运业社会主义改造后，处于政企合一管理体制中，台属各县航运也处政企合一管理体制中，安全管理实际变成了企业内部自管。1964 年清明节，路桥学生春游在长潭水库遭沉船事故，死 116 人，引发国家交通、公安、水电、农业四部门联合发文防范，但未能促成应急救援机构的设置。“文化大革命”时期，由于管理机构遭“造反派”冲击而瘫痪，一些规章制度被抛弃，造成事故频发恶果。但有助于安全的引航、电台通信导航、航道清理、停泊锚地划定等工作和措施则有所进展。

1971 年 12 月，交通部颁发《海损事故调查和处理规则》，划定海损事故为：触礁、触岸或搁浅、碰撞或浪损；失火或爆炸；影响适航性的机件或重要属具的损坏和灭失；遭遇自然灾害；造成水上或水下建筑物或设备的损害；沉没和失踪；其他事故。

椒江设市期间，除完善港航管理机构的设置外，1983 年 12 月设中华人民共和国海门港务监督，是为海门港航运安全的专设监督机构，负责海门港水域和台州航区的航运安全监督、航行通告发布、指挥船舶避险、海上救助、海事处理。时全国沿海各港设 17 个港务监督。

椒江水系下游及支流自古依靠津渡沟通两岸。1987 年春节前夕，发生海门—黄礁渡农用渡船因超载沉没死 97 人重大事故。椒江市于 4 月特设渡口安全管理办公室负责渡口安全管理，禁止农副业船只从事客渡；台州各县也都设立渡口安全管理办公室。8 月，浙江省人民政府颁发《浙江省渡口安全管理规定（试行）》，规定十项守则为：渡口、渡船标示载客、载货定额，严禁超载；乘客依次序上下船，不得争先恐后；乘客上船听从渡工指挥，不得随意移动；扶老携幼，照顾病弱；不得携带易燃易爆危险品上船；严禁抢渡、强渡；遇恶劣天气必须停航；破陋失修船只不准开航；大牲畜过渡不得搭乘旅客；严禁残、病和酒后船工驾船。

台州建市后，原椒江市渡口安全管理办公室改冠台州市名。台州市渡口安全管理办公室职责为：监督检查各级落实渡运安全责任；协调跨县（市、区）渡口安全管理问题；统一规划建桥撤渡和渡口的更新改造；负责宣传渡口安全管理有关法律、法规，制定渡口安全管理制度；参与渡口重大安全事故的抢救、处理和事故的调查工作。

专设海事监管机构

1998 年，国务院依据《交通部职能配置、内设机构和人员编制规定》，将中华人民共和国港务监督局与中华人民共和国船舶检验局组合为中华人民共和国海事局，对下实行垂直管理体制。全国 31 个省（自治区、直辖市）及新疆生产建设兵团均设地方海事局，其中黑龙江、辽宁、河北、天津、山东、江苏、上海、浙江、福建、广东、深圳、广西、海南、长江、连云港 15 个海事局为国家海事局直属单位，另设直属的北海航海保障中心、东海航海保障中心、南海航海保障中心。

台州在 2001 年 2 月以原中华人民共和国海门港务监督和台州市港务管理局属下台州市港航监督的基础上组建中华人民共和国台州海事局，址设建设路 81 号；该机构为中华人民共和国浙江海事局的正处级分支机构；台州海关移中心大道后，海事局在白云山西路 22 号建新办公楼。初期下设椒江、玉环、温岭、三门 4 个海事处及 20 个基层办事处，共有管理用艇 8 艘；迄 2020 年，下设派出机构有椒江海事处（设于海运大楼 5 层）、玉环海事处、温岭海事处、三门海事处、灵江海事处、头门港海事处、执法支队；台州市辖区共有海事、海巡船舰 17 艘，其中 60 米级海巡船 1 艘、40 米级 1 艘、

30 米级 2 艘、20 米级 8 艘、15 米级 5 艘。

船舶在海上遇难，搜救工作往往需要动员社会各方面力量。为使海上遇险得到及时救助，国务院、中央军委于 1973 年成立全国海上安全指挥部，其办事机构设交通部。为与国际海上搜救工作接轨，根据《1979 年国际海上搜寻救助公约》要求，国务院、中央军委于 1989 年联合发文，在交通部建立中国海上搜救中心，负责全国海难救助和海域防污染工作的统一组织和协调，日常工作由海事局承担。台州设立海事局后，也在局内设置非常设办事机构台州海上搜救中心，有海事、港航、海警、交通、气象、渔业、武装部、沿海乡镇等 23 个部门参与。

台州湾及外洋海域是中国沿海南北大通道航线密集水域，温岭市、椒江区辖区踞其海岸线，2020 年 7 月 11 日，温岭市成立浙江省首个县级海上搜救中心，打造海上交通安全严管区；椒江区也在翌年 4 月 30 日设立县级海上搜救中心。

台州海事局根据《中华人民共和国海上交通安全法》《中华人民共和国海洋环境保护法》《中华人民共和国内河交通管理条例》等法律法规的授权，负责对辖区水域内的交通安全和防止船舶污染实施统一监督管理，依法对进出口岸的中外籍船舶实施查验和监管，承担浙江省台州市海上搜救中心办公室的日常工作。

台州海事局主要职责为：

负责辖区水域内禁航区、航道、交通管制区、锚地和安全作业区、施工作业区等区域的现场安全监督和秩序管理；监督检查辖区码头、泊位安全状况及监察锚地、航道、调头区泊位水深情况；维护辖区水域内水上游览区、体育竞技活动区的现场通航秩序；监督辖区内引航工作；应急处理有碍通航秩序、影响通航环境的异常情况；负责辖区内中国籍船舶的海事签证；调查处理辖区内非涉外、一次死亡 3 人以下（不含 3 人）的水上交通事故，并配合辖区内所有水上交通事故的现场初步调查和取证工作。

负责辖区内的国际航行船舶进出口查验和国内航行船舶进出港签证；负责权限范围内国内航行船舶的安全与防污染检查；现场监督检查辖区内船舶、设施的航行、停泊和作业情况，处理船舶、设施的违法行为。

现场监督检查辖区内船舶的船员配备、持证、适任值班等情况；负责权限范围内内河船员（五等）适任证书的考试、发证工作。

负责辖区内船载危险货物的申报审批及现场监督，并做好信息通报；审批辖区内船舶排放洗、压舱水和舱底水；负责辖区内船舶拆解的防污现场监督管理和船舶污油水、残油及生活垃圾等接收工作的监督管理；现场监督辖区内船舶明火作业、熏蒸作业等需经审批（报备）后方可进行的作业；负责辖区内港区、码头和船舶溢油应急计划的监督及港区水域污染监视，应急处理船舶污染事故；调查处理溢油（污染危害性物质）低于 1 吨的小规模船舶污染事故；负责责任区内海上搜救的现场应急处置工作，负责辖区助航标志的监督检查。

台州海事局机关内设业务机构有：指挥中心、监管处、督察处（以上为职能处室）、政务中心、船舶安检站（以上为直属机构）。各业务机构职能如下。

指挥中心　掌握辖区海事监管动态信息，负责实施辖区水上交通管理和组织、相关航行安全保障工作的协调、航行通（警）告管理、水上交通安全动态信息处理、船舶交通服务（VTS）、船舶自动识别系统（AIS）、甚高频电台（VHF）和中央电视台（CCTV）监控值班、季节性水上安全工作；

履行海上搜救中心办公室的职责，承担日常值班和应急反应（包括油类及化学品污染应急反应）的现场指挥和现场支持等任务。

督察处 监督台州海事局及各海事处的各项海事执法工作，审核管理海事业务规范性文件，审查执法行为和行政处罚的合法性；负责管理海事行政救济、执法规范化、海事业务综合评价、海事科研项目、执法人员资格等工作；负责水上交通事故调查处理工作。

监管处 研究辖区海事监管特点，贯彻落实海事法规、政策；管理和研究分支机构各项海事业务，并进行指导；具体承担船舶监督管理、通航业务管理、水工工程通航安全审核和评估、船员管理、危险品和防污染管理、航运公司安全管理体系审核等海事业务的专业管理，并承办相关口岸管理工作。负责辖区船舶技术状况的统计、分析与评估工作。

政务中心 受理台州局层面的各类行政许可和报备申请；审批分支机构层面的行政许可事项；审查超越政务中心审批权限的申请材料的齐备性，并对受理后报审各环节承担全程催办；负责各类行政许可审批结果的送达；提供海事监管业务的宣传和咨询服务。

船舶安检站 主要负责组织开展辖区内船舶安全检查；负责对海事处船舶安全检查业务的指导、考核、监督及安检员队伍的管理工作。

执法支队 承担台州局辖区内海区、重点水域、重点工程水上巡查等现场执法工作；负责海区应急待命和应急反应；指导各海事处执法大队相关业务工作；全面掌握、汇集、分析各海事处巡航执法动态；做好执法支队管辖内的巡逻艇日常维护保养工作。

台州海事局管辖水域范围包括台州市行政区沿海及内河通航水域。沿海管辖水域范围：东北界在猫头水道东侧宁海三山至田湾岛连线，至杨礁东侧、象山大甲山南侧连线，及向东延伸线；西界在乐清湾杨梅山嘴、西门岛东侧、大横床岛西侧、茅埏岛西侧、小乌岛西侧连线，及向南延伸线；南界在横趾山岛南侧、温州鹿西岛和北爿山北侧、中鹿岛下前山南侧连线，及向东延伸线；东至中国管辖海域界。椒江、温岭、玉环、三门、灵江、头门港6海事处分管各自政区水域。

第三节 通航管理和遇险救援

航道是否畅通，有无安全隐患与通航息息相关，是海事管理机构担负的首要责任，它涉及航道、码头、泊位、锚地、交通管制区、安全作业区、施工作业区、调头区、禁航区等的现场安全监督和秩序管理；水上事故发生后的应急救援也是海事管理机构义不容辞的责任。2001年设立的台州海事局负责处理有碍通航秩序、影响通航环境的异常情况；负责辖区内中国籍船舶的海事签证；调查处理辖区内非涉外、一次死亡3人以下（不含

图6-13 停泊在大陈水道的东海救112艇(缪鹤贤摄)

3人）的水上交通事故，并配合辖区内所有水上交通事故的现场初步调查和取证工作。

表6-7、表6-8、表6-9分别反映台州海事局自成立以来海上交通事故不完全统计、部分年份巡航状况、历年海上救援状况。统计数据来自《台州年鉴》，因资料残缺，表中空格数据不详，部分数据可疑，括号标注“疑”字。

表6-7 **2001—2020年台州水上交通事故统计**

年份	重大事故（起）	大事故（起）	一般事故（起）	事故合计（起）	死亡人数	沉船艘数（艘）	直接经济损失（万元）
2001	4	9	6	19	4	3	160.47
2002	16（疑）	12	8	36	6	4	1384
2003	3	8.5	4	34	7	9	685.87
2004	6	3	2	不详	7	9	669
2005	6	13	4	47	6	9	2792
2006	2	15	6	57	6	13	1254
2007	1	7	1	16	22	9	5883
2008	3	5	1	16	13	6	7147.7
2009	一般以上等级事故14起			19	9	6	821.1
2010	一般以上等级事故9起			不详	11	2	1432.8
2011	一般以上等级事故9起			不详	14	7	2422.3
2012	一般以上等级事故7起			不详	5	3	1376.88
2013	一般以上等级事故11起			不详	2	8	1435.1
2014	一般以上等级事故8起			不详	4	6	919.4
2015	无	1	3	不详	5	2	598.85
2016	一般等级以上事故2起			不详	9	2	292
2017	一般等级以上事故2起			不详	6	1	953
2018	一般等级以上事故3起			不详	6	3	270.65
2019	1	不详	1	7	11	3	不详
2020	不详	不详	不详	2	不详	不详	不详

表6-8 **2001—2010年台州海事局成立初部分年份海事巡航状况**

年份	巡航次数或时间	出动船艇（艘次）	出动巡航人员（人次）	巡航里程（海里）	完成任务
2001年6-12月	713次	670	3451	5360	843次
2002	2289次（含内河）	2700	10000	12499海里（含内河）	不详
2003	6461小时	2014	10282	29165	不详
2004	4745小时	1622	10039	26701	不详
2007	5696小时	1819	5801	37990	不详
2008	2029次	不详	不详	42771	不详
2009	1816次5812小时	不详	3988	38550	不详
2010	2023次5117小时	不详	5524	43286	不详

表 6-9 **2005 年后台州海事部门组织海上救援行动状况**

年份	搜救行动(次)	获救船舶(艘)	获救人员(人)	年份	艘救行动(次)	获救船舶(艘)	获救人员(人)
2005	66	83	675 人	2013	60	36	346 人
2006	73	70	471 人	2014	60	不详	286 人
2007	48	29	372 人	2015	30	不详	284 人
2008	不详	不详	242 人	2016	57	33	590 人
2009	45	32	393 人	2017	37	37	315 人
2010	72	47	509 人	2018	53	44	469 人
2011	73	47	525 人	2019	55	44	368 人
2012	60	47	586 人	2020	31	39	231 人

除巡航、救援外，海事部门在通航管理方面还涉通航环境、通航秩序的监管以及辖区内中国籍船舶的海事签证等。具体事务各年各有侧重。

2001 年 海事部门清除航道碍航物 254 件，处理违章设施 224 件，纠正违章船舶 75 艘。整治灵江 80 余艘无序挖沙船，留 47 艘办妥手续，余皆拆解或退出。

2002 年 审批水上水下施工作业 30 次，发布航行通（警）告 38 次，开通“12395”海上事故与遇险救助报警有线电话。

2003 年 纠正违章 1235 艘（件）次，共审批水上水下施工作业 36 次，发布航行通告 42 次、警告 28 次，寄送整改通知书并切实纠正违章 18 次，开通“12395”无线电话报警。

2004 年 共审批水上水下施工作业 32 次，发布航行通告 33 次、警告 30 次，寄送整改通知书并切实纠正违章 35 次。协查肇事船舶 48 件。制定《台州海事局应急反应待命暂行规定》《台州海事局应急事件反应程序》《台州市海上搜救中心应急事件反应预案》，初步建立台州市海上搜救工作运行机制。全年执行行政处罚 1445 件，其中一般程序 1329 件。

2005 年 开展船厂通航环境二期整治、海上运输安全生产专项整治、沿海航障联合清理等活动，严厉打击违章搭客行为，协助上海海事局温州航标处做好辖区航标调查工作。建立并实施首席海事调查官负责制，推行事故调查项目责任制度。

2006 年 10 月 16 日，在玉环大麦屿海域举办台州市海上综合搜救演习，主要科目为对滚装客轮遇险落水人员实施搜寻救助，在旅客有序疏散、机舱火灾扑灭、溢油污染围控清除等方面都增加了实践经验。

2007 年 对辖区危险源、安全隐患、重点船舶、重点航段进行再排查、再评估，以打造“链网工程”；对发现问题、违章行为及时整改、查处。玉环、三门海事处与毗邻乐清、象山海事处开展联合执法巡航，构建巡航搜救一体化队伍。开展“两防”专项整治，对辖区航道水域的桥梁、取排水（污）口、架空线等水上水下设施进行全面排查摸底，排查椒南平原内河危桥 10 座，下发 17 条整治意见。

2008 年 “链网工程”深入推进，完成椒灵江水域通航标准调研评估，制定并实施《辖区安全联席会议制度》《船厂安全与防污染例会制度》《危险品作业例会制度》。

2009 年　整治长潭水库排筏违规营运和玉环无证小船非法载客。建立石塘民间救助站海上搜救协作机制，牵头三门六敖渡船实行“以渡养渡”。先后与海警、海洋渔业局等 7 单位签订搜救联动备忘录。利用电信告警信号（AIS）、中央电视台（CCTV）等监控手段，对与台湾直航船舶实施连续跟踪。

2010 年　以温岭辖区为试点，开展渔商船防碰撞联合整治，实践“联合执法、安全互教、技术支持、信息共享、协调搜救”多项工作联动举措。在大麦屿对台湾直航检查大厅设立“绿色通道”，实施 5 ＋ 2 和 24 小时工作制，优化查验环境。

2011 年　完成《台州市海上突发公共事件应急预案》修改。承办全国商船渔船安全警示教育暨联合巡航执法专项行动设点台州启动仪式。推行行政审批零怠时。

2012 年　通过甚高频（VHF）、点对点手机即时预警、官方微博等形式，强化恶劣气象状况的安全预警，严格 24 小时应急待命制度，提升应急管理能力。40 米级海巡 110 艇列编，成为台州海事局最大海事巡逻艇。9 月，制定《椒（灵）江水域通航安全管理规定》。11 月 1 日，台州船舶交通管理服务（VTS）系统投入运行。是年，台州有 15 个应急待命点、21 艘社会应急待命船舶覆盖辖区沿海沿岸搜救责任区水域。

2013 年　开展科学搜救年活动，扎实推进船舶交通服务（VTS）运行，该系统全年共提供信息服务 1.6 万余次，纠正违法行为 368 次，避免险情 96 次。在头门港区举行台州史上最大规模水上搜救演习。统一全局船艇对外标识，新列编 2 艘海巡艇，1 艘为高海况巡逻艇。

2014 年　VTS 系统提供信息服务 4.45 万次，纠正违法行为 425 次，避免险情 97 次。完成“浣能”等 4 个台风的防御工作，抗台期间安排应急待命人员 1286 人次，出动人员 645 人次、船舶 109 艘次、车辆 205 辆次，发布信息 24760 条，实现人员零死亡、船舶零沉没。

2015 年　发布预警 53 次，核查船舶 1113 次、人员 5.8 余万人次，实施 25 次交通管制。遏制船舶冒雾、冒风航行，圆满预防苏迪罗、灿鸿、天鹅、杜鹃等多个台风的影响。全面铺开 VTS 覆盖区零事故行动，推动 VTS 远程监控和海巡艇现场游弋的有效结合，以实现对违章船舶实施精准打击。修订《台州市海上搜寻救助管理办法》，施行志愿船舶参与海上搜救行动的经济补助。是年，海门至大陈岛和一江山岛客运启动购票实名制，并安装红外感应摄像头，确保旅客计数准确。开展 4 次“猎狐”整治行动，作出违规行政处罚 779 起，罚款 371.86 万元。

2016 年　在海门—大陈和玉环滚装轮渡全面实施购票实名制。开展 3 次“猎狐”整治行动，配合二十国集团（G20）峰会在杭州召开，实施“三控两确保”保安工作。

2017 年　将 VTS 显示终端接入辖区所有基层海事处，增设船舶定位（AIS）基站，升级改造中央电视台（CCTV）高清监控系统。全年实施行政处罚 1100 件，罚款 472.4 万元。清理长期闲置和扣押内河水域造成隐患的船舶，拆解灵江闲置“三无”船 38 艘、金清水域扣押船 4 艘，实现水上防台“零险情、零走锚、零事故”目标。推进长潭水库渡运公交化。

2018 年　配合沿海高速公路跨海湾 6 座大桥建设，以及杭绍台高速铁路椒江大桥建设，秉承监管与服务并重理念，建立大桥协同监管机制、定期联席会议制度、施工船舶准入制度、信息通报制度等，多方联动，实现水工安全监管全程零事故。出台《台州海事局服务台州市港产城一体化发展工作意见》，践行“五心”和“妈妈式”服务，助推头门港一期改造、二期建设和玉环华能电厂码头、龙门港码头靠泊能力提升。建立乐清湾、三门湾海事协同监管机制。验收启用玉环口岸新检验大厅。

2020年　完善海上动态感知网络，建成由9个雷达站、105个中央电视台（CCTV）点位、10个船舶定位（AIS）基站组成的近、中、远三道防线分级感知网，实现从外海到港区逐层加强的违法行为和风险隐患全排查。推动船舶交通服务（VTS）国际化、可视化向智能化升级，接入船舶报告、船舶安全系统、行政处罚系统等数据信息和台州沿海17个气象观测站实时气象信息、渔业信息平台等外部数据信息，深入推进信息化融合应用。

第四节　船舶、船员监理

除通航和遇险管理外，海事部门还通过船舶、船员管理确保水上交通安全。主要负责国际航行船舶进出口查验和国内航行船舶进出港签证，现场监督检查船舶和设施的航行、停泊作业情况，处理船舶、设施的违法行为；现场监督检查船员配备、持证、适任值班等情况，负责内河船员（五等）适任证书的考试、发证工作。自2001年6月台州海事局成立以来，历年工作各有侧重，主要情况如下。

2001年　6—12月，共办理船舶所有权登记647艘次，抵押权登记33艘次，注销登记420艘，共查验进出口船舶868艘次，其中外国籍船舶692艘次，200总吨以上海船安全检查218艘次，审批明火作业257艘次；对重点跟踪和“黑名单”船舶建立检查责任追究制；及时公布报废和需特检船舶名单，强制报废船舶退出；对“四客一危”（客渡船、客滚船、高速客船、旅游船，危险品运输船）和装废铁等重点船舶实行现场签证。换发船员证书2650本，办理《船员服务簿》530本，举办船员培训班12期，培训船员1721名。

2002年　全年审批查验国际航行船舶2056艘次，办理内河船舶进出港签证637976艘次，海船进出港签证119704艘次；国轮安全检查390艘次，纠正缺陷2822项，开航前检查船舶107艘次，检查“黑名单”船舶40艘次，换发海船证书695本，新登记船舶307艘，注销登记船舶107艘。船员管理换发海船船员适任丙、丁类证书3794本，小型海船船员证690本，内河船员证342本；办理船员服务薄1913本。全年举办船员法规培训5期，3期小型海船船员培训，1250人考证；台州船员培训点共培训船员3687人次，举办1期客船船员培训班，培训船员47名。整治“三无”（无船舶证书、驾驶证书、船员适任证书）船舶，共有33艘“三无”船舶被拆解（包括11艘水泥船）。

2003年　1—8月，展开“三无”船舶整治，出动巡逻艇200余艘次，人员2000余人次，检查船舶3000余艘次，全年海船安检733艘次，内河船安检3060艘次，在“四客一危”船舶专项检查中，全年共实施开航前检查船舶150次，对外籍三星轮首次进行港口国（PSC）检查，全年实施PSC检查30艘次。全年共办理海船进出港签证12万艘次，3313万总吨，内河船舶签证52万艘次，办理国际航行船舶进出口岸查验2354艘次、284万总吨。全年完成所有权登记1931艘次，国际登记1937艘次，抵押登记79艘次；至年底，海船登记1014艘、584913总吨，内河1522艘，63608总吨。全年共签发船员适任证书 1735 本，船员服务簿 1180 本；实施船员违法记分制度，推行船员诚信制度；继续深化船舶“黑名单”制度，探索建立“白名单”制度。培训和考核值班水手 81 人、值班机工 107 人、船员 116 人。强制卸载内河运沙船 69 艘次，滞留“三无”船舶 18 艘，强制拆解 1 艘，自行拆解 8 艘，“三无”船舶从 40 余艘降至 10 艘。

2004 年　全年开船检查 45 艘次，无被外国滞留事件。跟踪“黑名单”船舶和低等级船舶，实施到港必检制度，保持此类船舶“零状态”。积极推进《国际船舶安全营运和防止污染管理规则》（ISM）/《中华人民共和国船舶安全营运和防止污染管理规则》（NSM）实施，实施航运公司和船舶信用监管制度和分级管理制度。全年实施船员违法记分 149 人次，共检查“四客”船舶 120 艘次，发现缺陷 378 项，发出《停航通知书》21 份。船员实操和安全检查 101 人次。全年共签发船员适任证书 1085 本，举办丁类高级船员统考 3 期、值班水手和机工培训 8 期，分别考试 346 人、615 人；举办小型海船船员培训 6 期、基本安全培训 8 期，分别考试 254 人、960 人；举办救生艇筏和急救培训 8 期，考试 320 人；举办内河四等船舶船员培训 1 期，考试 93 人。

2005 年　选派安检员参加 A、B、C 证安检培训，全年完成海船港口国检查（PSC）973 艘次、船旗国检查（FSC）1223 艘次，共滞留船舶 20 艘次；实施开航前检查后，无经检查而被国外滞留现象。全年录入新系统船舶 2515 艘次（其中海船 1047 艘次），整理档案 2175 艘次，发放 IC 卡 1004 张，推行船舶“一卡通”，补录船舶 2600 余艘次。全年举办各类船员培训考试 97 期，4123 人次，其中各等级类别船员适任证考试 40 期，1957 人次，各类专业训练 57 期，2166 人次。签发各类等级船员适任证书 2557 本。

2006 年　全年共安检海船 952 艘次、河船 1364 艘次，港口国检查（PSC）51 艘次。全面实施“一卡通”，迄年底，为 1241 艘（登记在册 1252 艘）海船和 1349 艘（登记在册 1402 艘）内河船发放智能（IC）卡。举办基本安全培训 19 期、救生艇和急救两精通培训 20 期、职务船员换证知识更新培训 12 期、丁类驾驶轮机培训 3 期、未满 220 千瓦轮机培训 3 期、运沙船船员考试 1 期、乙类水手培训 1 期、丙类水手和机工培训各 4 期 3 期、丁类水手 5 期和机工培训 2 期。

2007 年　实施海船安检 938 艘次，单船平均缺陷 7.88 项，对其中 35 艘存在严重缺陷船舶实施滞留；安检河船 1066 艘，单船平均缺陷 2.35 项；实施港口国检查（PSC）96 艘次，单船平均缺陷 7.43 项，滞留船舶 7 艘次。全市第三批 39 家航运公司和 162 艘船舶实施中国船舶安全营运和防止污染管理规则（NSM）。全年举办丁类值班水手和机工培训 5 期，考试 129 人；组织未满 220 千瓦轮机培训 3 期，考试 33 人。共签发船员适任证书 2660 本，办理船员服务簿 1058 本。

2008 年　集中力量对“两船”（砂石运输船、施工船）进行基本情况调查摸底，建立沿海、内江河砂石运输和施工船舶数据库，制定临时性简化检验标准和船舶安全配员临时性标准，有限遏制违法势头。全年安检海船 871 艘次、河船 745 艘次，实施港口国检查（PSC）72 艘次。完成航运公司审核 76 家次，审核船舶 109 艘次，组织通航安全评估项目 22 项。办理水上水下施工许可 22 项。办理海船进出港签证 14.1 万艘次，河船进出港签证 23.6 万艘次。

2009 年　针对“两船”船员配员普遍不足，在严查无证驾驶的同时，举办船员培训 8 期，培训船员 285 人次。其间共检查整治船舶 385 艘，砂石运输船和施工船总数由 385 艘下降为 164 艘，

39 艘违规船舶被取缔。全年完成港口国检查（PSC）89 艘次，滞留 6 艘次；检查海船 1004 艘次，滞留 19 艘次；检查河船 685 艘次。受理和安排公司审核 75 家次，审核船舶 275 艘次。完成海船签证 118836 艘次、河船签证 157868 艘次、进出口岸查验 3551 艘次。全年发布各类短信预警 241 条，受众 12 万人次。协助市政府出台《关于椒（灵）江水域新建船舶通航安全的通告》，对单船建造规模进行事前公示，遏制盲目提升造船尺度。

2010 年　全年完成港口国检查（PSC）100 艘次，滞留船舶 12 艘；完成海船安检 1196 艘次，滞留船舶 37 艘，完成河船安检 622 艘次。安排安全管理系统（SMS）审核，航运公司 66 次、船舶 259 次。办理海船进出港签证 123497 艘次，进出口岸查验 3547 艘次。在开展渔商船防碰撞联合整治中，利用休渔期组织安全知识培训班 16 期，2718 名渔民受训。

2011 年　全年完成港口国检查（PSC）100 艘次，滞留率 13%；完成海船安检 842 艘次，滞留率 3.44%，完成河船安检 304 艘次。办理海船进出港签证 121136 艘次，进出口岸查验 2926 艘次。介入船舶建造阶段质量把关，全年共对 227 艘次船舶实施质量监督检查。全年完成船舶登记 1028 艘次，船名审核 245 艘次，发放船员适任证书 2780 本，服务簿 3105 本，新建船舶识别号授号 491 艘次。

2012 年　完成港口国检查（PSC）149 艘次，滞留船舶 8 艘；完成海船安检 830 艘次，滞留率 5.54%；完成河船安检 139 艘次。共办理海船进出港签证 115092 艘次，进出口岸查验 3583 艘次，国际航行船舶进出口岸审批 3587 艘次。完成船舶登记 2152 艘次，船名审核 227 艘，发放船员适任证书 2312 本，服务簿 510 本，各类文书签发 3912 本。

2013 年　全年完成国内海船安全检查 881 艘次，滞留率 2.5%；完成外轮安全检查 85 艘次，滞留率 9.41%。审核公司 59 家，审核船舶 161 艘。

2014 年　推行简政放权，下放通航、船舶、船员、处罚等 4 类 5 项行政审批和行政执法层级权限。自 10 月开始，开展为期 3 个月针对采砂船舶的“打非治违”专项整治，会同海事、边防、海洋等部门，在台州湾、头门岛、温岭、玉环、三门湾近海水域，形成对采、运、售、吸、运、卸产业链的全程监管，作出行政处罚 250 起。

2015 年　实施海员证属地办理，全年办理海员证 116 本。开展南北航路重点船舶安全提醒服务，针对大陈岛西侧脚桶洋、积谷洋航路复杂，渔商船密集状况，开设小窗口，向客船、危险品船、集装箱船等重点船舶告知有关渔船分布和航行作业特点等情况，为有效减少事故提供信息参考。全面铺开船舶交通服务（VTS）系统覆盖区零事故行动，通过为期 1 个月的乐清湾定线制水域专项整治，推动 VTS 远程监控和海巡艇现场游弋两种途径有效结合，对违章船舶实施精准打击。针对游艇业兴起，向市政府提交有关调查报告。

2016 年　强化“两船”“三无”等难点船舶治理，成立金鹰青年突击队驻点头门实施“7＋黑”全天候监管。推动海门至大陈和玉环滚装轮渡等重点航线全面实施旅客实名制，促成温岭市成立国有性质渡运公司。

2017 年　海船单船检查率 22.97%，滞留船舶 37 艘，港口国监督检查率 52.63%。重点打击“三无”船、内河船非法参与海上运输，全年行政处罚 1100 件，行政强制扣押船舶 85 艘，促成拆解船舶 67 艘。开展船员培训考试 55 期，1792 人次，签发船员证书 3945 本。在全国首创“行政处罚、违法移送、行政强制，加上促成拆解”的“3 + 1”执法模式。

2018年　全年完成现场综合执法15746项，检查船舶6507艘次。深化“3 + 1”执法模式，联合公安局对无证假证驾驶、编造船舶证书和船员适任证书案件实现违法移送。全年实施行政处罚1951件，行政强制扣押船舶103艘，违法移送207人，促成拆解船舶9艘。承编《台州市休闲船舶管理规定》立法草案。

2020年　全年查处违法“两船”（砂石船、施工船）502艘次（其中内河50艘），移送拘留36人，行政强制船舶76艘，促成拆解9艘。疫情中指导帮扶运输船舶复工复产，全市54家航运公司和船舶于6月全部复工，累计免征各项海事规费1097.87万元。

第五节　危货监管和污染防控

海事部门还负责危险货物运输的申报审批及现场监督，监管所辖水域内船舶排放洗、压舱水和舱底水，以及船舶污油水、残油及生活垃圾接收和船舶拆解现场的防污，监管船舶明火作业、熏蒸作业等需经审批（报备）后方可进行的作业，监督港区、码头和船舶溢油应急计划，监视港区水域污染和应急处理船舶污染事故，调查处理溢油（污染危害性物质）低于1吨的小规模船舶污染事故等等。以下罗列台州海事局成立后20年历年监管状况。

2001年　对全市32座危险品接卸码头、64艘油船、11艘散装化学品船实施严格申报制度，出台《台州水域预防船舶货油装卸作业污染海域管理实施意见》和《台州海事局液货船一般船舶过驳作业审批程序》。全年共完成外贸进口散装化学品船32艘次，计2.465万吨；内贸散化船77艘次，计2.2725万吨；散装油船626艘次，计663万吨；外贸液化气船2艘次，计0.29万吨；内贸21艘次，计1.66万吨；旧电机70万吨。办理残油接受证明33艘次，审批《船上游无应急计划》42本。

2002年　全年办理载运危险品船舶申报1641艘次，其中国轮1605艘次，外轮36艘次。

2003年　新培训危险货物申报员9名，下发《关于加强港口油品运输企业及油码头防污染应急设备使用监督管理的通知》，要求各油码头业主对现有防污染设备进行自查，海事执法人员监督监察。审批进出口危险货物船舶1558艘次，审批液货船过驳5艘次，审批明火作业321艘次，未发生遇险造成水域污染事故。

2004年　全年共审核危货船申报1641艘次，船载危货1742.2万吨；审批船上油污应急计划230份、船上垃圾管理计划222份；签发油污损害民事责任保险及其他财务保证证书6份；审批残油接收作业346艘次，签发残油接收证明346份，接收量675.5吨；处理船舶防污染管理行为246起。辖区6家经营油品、化学品航运公司全部通过安全管理体系审核，取得船港保安符合（DOC）证书。积极推进《国际船舶安全营运和防止污染管理规则》（ISM）/《中华人民共和国船舶安全营运和防止污染管理规则》（NSM）实施，

2005年　船载危货网上申报系统投入运行。全年审核船载危货进出口申报1388艘次，无船舶污

染海域事故发生。

2006 年　探索建立健全水上危险源管理新机制，开展防、查、堵、救、纠责任链研究，形成《责任链、安全网与危险源研究概要》《水上危险源研讨要点》等研究资料。颁发《关于开展水上危险源标识管理工作的通知》。评审辖区重大危险源 27 个，一般危险源 64 个。

2007 年　“链网工程”初见成效，其中对椒（灵）江水域超高、超宽船舶过桥危险源按照“科学评估、合力监管”的要求，及时向地方政府呈文报告，采取措施控制舰船规模。召开限制船舶污染物排放专项行动宣传贯彻动员大会。对不适用的排污设备实施铅封，铅封船舶 77 艘，铅封率 100%。

2008 年　推进“链网工程”，完成椒（灵）江水域通航标准调研评估，制定实施《辖区安全联席会议制度》《船厂安全和防污染例会制度》《危险品作业例会制度》，初步形成政府牵头、部门协调配合、海事依法监管、企业自律、社会广泛参与的综合治理监管体系。

2009 年　拓展“链网”工程，形成《台州海事局链网工作手册》，明确全市重大危险源 40 个，并以此为基础，从人、船舶、管理、环境 4 方面入手，在防、查、堵、救、纠 5 方面完善分县防控措施。建立温岭油库码头溢油事故应急清污协作机制。

2010 年　配合对台湾直航常态化，协调相关部门整合水上资源，加强港口安全和防污染基础设施建设。

2011 年　大力推进辖区防污染应急能力建设，指导成立 3 家具有资质的船舶污染物接收单位，积极推动 1 家企业组建二级船舶污染清除单位。

2012 年　启动船舶油污保险证书办理工作，审批防污文书 619 本。推动完成辖区二级船舶污染清除单位组建和资质验收，共签订清污协议 903 份。

2013 年　台州溢油应急设备库完成交通运输部工程可行性研究评审。

2014 年　制定《台州市防治船舶污染海洋应急能力规划》，台州整体溢油应急能力建设向前迈进。发放 2000 份《告船长书》，宣传水域环境保护知识。针对台州“大水缸”长潭水库，推动由黄岩区政府、水库管理局、海事、交通、公安、水利等多部门联合执法的格局，调遣 17 米级快速海事巡逻艇和 10 名执法人员进库“5 + 2”蹲点监管，现场查扣 3 艘摩托艇、拆解排筏 39 张。

2015 年　台州市海上溢油应急中心成立，先后在海门港区、大麦屿港区组织开展两次大型溢油应急演习。联合宁波大学、清污公司举办溢油应急操作人员培训班，着手组建首支溢油应急志愿者队伍。

2016 年　推动落实《台州市防治船舶及其有关作业活动污染海洋环境应急能力建设规划》，台州市海上溢油应急中心网站上线运行，推出溢油应急区域联防构架，并在灵江水域试点。规范辖区溢油应急志愿者队伍管理。

2017 年　协助市政府编制《台州市船舶污染事故应急预案》，并进入审查阶段。创新推出具有台州特色的船舶溢油应急联防体，在灵江水域建成全国首家河港型船舶溢油应急联防体，拥有人数过百、覆盖全域的专业溢油应急志愿者队伍。积极参与“五水共治”，在全国率先试行船舶污染物接收转运处置五环联单制度，形成“台州样本”。

2018 年　发布《台州市船舶污染事故应急预案》。扩容升级椒（灵）江溢油应急联防体。深化全国首创的船舶污染物接收、转运、处置联单制度，推出国内首个船舶污染接收转运处置联合监管平台。相关经验被纳入交通运输部、生态环境部、住房和城乡建设部《关于建立完善船舶水污染物转移处置联合监管制度的指导意见》。

2020年　推进船舶污染物接收转运处置联单电子化监管建设项目试点立项。协同港航等部门推进长江经济带船舶和港口污染突出问题整治，长江船舶污染治理暗查暗访涉台州问题全面完成整改。开展供油船安全和防污染专项整治活动，实施辖区供油船船舶安全检查全覆盖。

编 后 记

2009 年，台州市港航管理局启动修志文化工程，未几，时任港航局办公室主任陈建伟通过台州市椒江区地方志办公室聘请椒江文化馆退休地方文史研究者缪鹤贤协助开展此项工作。其时，台州已有 1995 年出版的《海门港史》，有一定修志基础，但台州港所涉范围更广，因搜集资料工作较复杂，该项工作多年未能进入实质性程序。但港航局办公室和受托的缪鹤贤都已在有目的收集相关资料，缪鹤贤在参与编纂《椒江区志》时借赴省档案馆查档之机，特意关注收集台州港航史料，并开始编写纲目和部分章节。

2014 年后，由台州港航局新任办公室主任郑青华和林小杰、李毅等负责，接续此项工作。因诸多原因，搜集基层资料工作仍难开展。延至 2020 年，台州市港航事业发展中心成立台州港航志编纂委员会，编写组人员由周祥寿、李毅、季巧云、陈媛颖、何大伟、郑波、缪鹤贤组成，着手收集 20 世纪 90 年代出版的各县（市）交通志，并要求各县（市、区）港航管理所提供当代资料，紧张的编纂工作才全面铺开。

编写《台州港航志》的难点之一在于台州最早史料仅有宋嘉定《赤城志》，且该志少有溯源史料，汉、晋、六朝、隋、唐几乎空白，欲上溯源头只能在《史记》《汉书》《三国志》《晋书》等全国性史书查找，但此类书籍对于地方事至多仅一二行文字。其间，台州有失传的《临海水土异物志》和南朝刘宋学者孙诜的《临海记》，前者所留引录文字仅是关于台湾和临海的物种和风情，后者也只寥寥几页，语焉不详。

难点之二在于帝制时代的古志书只关注建置沿革、地理、公廨、版籍、秩官、财赋、军防、山水、寺庙、风土、人物等，不关注经济民生，对交通运输基本不记。专题史料只有《大元海运记》。唐宋时期，台州商贸发达，有至日本、朝鲜半岛的贸易，但在重农抑商的中国没有记录贸易的史料，唐宋时期台州海外交往只能在宗教和外交文献中侧面了解。叶明哲著《台州海运海港发展史》和周琦、赵宗彪合著《台州海外交往史话》从浩瀚的宗教文献中梳理出一些海运的蛛丝马迹。《临海海洋文化研究文集》中徐三见、卢如平、丁伋、彭连生、何达兴等学者，椒江《海防文化研究》中楼组民、王及、叶长春、陈志超、陶棣华、牟振彬等的研究文章也散见一些航海信息。

难点之三在于台州沿海南北两县的行政归属不稳。玉环时属温州、时属台州；宁海（包括今象山县和今三门县北部）在民国时也时属台州、时属宁波，最后析出三门县隶台州，余隶宁波。玉环、三门行政归属多变，其历史资料大多在乐清县和宁海县。行政区划的不稳定导致历史资料稀缺、分散，归整困难，只能从各县志中提取。它涉及明弘治《赤城新志》和古今各朝代《台州府志》《临海县志》《黄岩县志》《太平县志》《天台县志》《仙居县志》《乐清县志》《玉环厅志》《宁海县志》《三门县志》《椒江市志》。但古代志书基本不记交通运输内容。

近代港航史料在邱克璋、陈令勇编撰的《海门港史》中较为翔实，其中许多宝贵史料来自上海海运局保存的民国交通部直辖海门航政办事处原始档案。晚清民国资料还能从金商、金星洲著《海门志稿》、项士元著《海门镇志稿》、杨晨著《路桥志略》、周承训著《椒江工商史》中获得较详细的信息。

难点之四是当下台州整合港口资源，组成台州港。而现实的台州行政建制却在20世纪50—60年代被撤销两次，区域分属宁波、温州，总时长达8年。其间只有海门港务局尚坚持不同政区下的台州航区管理。20世纪90年代初编撰的各县（市）交通志大多溯源不佳，关联性差，仅重本位的当代记叙。对此素材需着力梳理串联，庶可融入集约化叙事。

但各县《交通志》毕竟记录了近现代宝贵史料，台州沿海6县交通志有张苏光主编《椒江市交通志》、洪晓法主编《黄岩市交通志》、李尔猷主编《临海县交通志》、黄圭杰主编《三门县交通志》、林兆佩主编《玉环县交通志》，以及徐文彬、粱光耀、金持正主编《温岭县水运志》。各志下限均在90年代初或80年代末，下限2005年的只有何达兴主编的《临海市交通志》。三门县港航管理处提供了在编三门县志有关港航的材料。除交通志外，还有台州市地方志编纂委员会所编《台州会要》、大陈岛志编纂委员会所编《大陈岛志》、椒江志编纂委员会所编《椒江志》、王宏森主编《三门县水利志》、吴小谦主编《温岭市水利志》、彭连生主编《杜桥志》和牟重行主编《椒江水利志》《椒江海岛资源》等，都是《台州港航志》编写的参考资料。

20世纪末至21世纪初，除临海市续修交通志，各县未修。该阶段史料只有在《台州年鉴》和各县年鉴中搜集。2014年后，港航管理局每年编辑《台州港航发展报告》，为港航志编纂提供极大方便，但内容较简，且基本为全市集合数据，缺少各港区细分材料；同时也缺与港航相关的海关、边检、海事、造船方面内容。因而还需借助年鉴、媒体报道、政府网站信息和企业年度总结等获取资讯。“爱企查”网络搜索平台也有助查询企业信息。

2016年，台州市港航管理局成立《史说·台州港航》课题组，由浙江大学研究员、浙江省海洋文化研究会课题负责人黄立轩撰写《史说台州港航》，集合了不少港航史料。与此同时，《台州日报》以“台州江海行”选题组织记者遍访台州江海港航故地和新开港区，形成《台州江海行》现场采访录；台州航海学会副秘书长牟重行提供《中国沿海航路图集》和有关台州海运集团、台州航海学校的信息，都为编写《台州港航志》提供丰富素材。

史志编纂是一项浩繁的工程，必须集众智、聚合力方能成事。聚沙成塔，集腋成裘，《台州港航志》得以出版是无数先贤和当代文史研究者潜心努力的成果。“众人拾柴火焰高”，《台州港航志》编纂经过十年“拾柴”、两年“烧炼”，终究“炼铁成钢”，其间尤其是主编缪鹤贤先生在疫情中足不出户、闭门笔耕，间或亲赴现场查勘核实，付出甚巨，真可谓“日拱一卒无有尽，功不唐捐终入海”。书稿经方志出版社三校三审，得到和卫国、李江、詹利萍、朴莹诸编审的指教和匡正，获得“该书框架合理，内容翔实，特别注重史实考证，资料性较强，是一部基础较好的志书”的终审评价。但是尽管有较好的评价，由于编者学识局限，信息渠道也并不很通畅，志书编写必然会有疏漏和错误，谨望方家和后人正之。

编　者

2023年12月25日